**welt-**
**geschichte**
**im**
**aufriß**

Neubearbeitung für den historisch-gesellschaftlichen Lernbereich der Sekundarstufe II

**Band 3, Teil 2**

# Deutschland in der Welt nach 1945

Von Werner Ripper und Joachim Hoffmann



**Verlag Moritz Diesterweg**
Frankfurt am Main · Berlin · München

# Weltgeschichte im Aufriß

Begründet von Hermann Meyer und Eugen Kaier

Neubearbeitung für den historisch-gesellschaftlichen Lernbereich der Sekundarstufe II

Band I
**Vom Altertum bis zum Ende des Absolutismus**

Band 2
**Von den bürgerlichen Revolutionen bis zum Imperialismus**
von Werner Ripper
in Verbindung mit Eugen Kaier und Wilhelm Langenbeck

Band 3, Teil 1
**Vom Ersten Weltkrieg bis 1945**
Von Werner Ripper in Verbindung mit Eugen Kaier

Band 3, Teil 2
**Deutschland in der Welt nach 1945**
Von Werner Ripper und Joachim Hoffmann

Band 4
**Die Welt der Gegenwart**
Von Werner Ripper und Joachim Hoffmann

ISBN 3-425-07390-7



Umschlagentwurf: Hetty Krist, Frankfurt am Main
Satz und Druck: Appl, Wemding
Bindung: Großbuchbinderei Monheim

# Vorbemerkung

Unser Gegenstand ist diejenige Vergangenheit,
welche deutlich mit Gegenwart und Zukunft zusammenhängt.
*Jacob Burckhardt*

Der vorliegende Teilband folgt in seinen methodisch-didaktischen Intentionen jenen Prinzipien, die für die neubearbeitete „Weltgeschichte am Aufriß" insgesamt konstitutiv sind. Dazu rechnen vorrangig:

1. Die grundlegende Überzeugung, daß als Gegenstände des Geschichtsunterrichts nicht primär fachhistorische Probleme, sondern Probleme des politischen Verständnisses der Gegenwart zu gelten haben. Demgemäß wird der Gegenwartsbezug als eine maßgebliche Kategorie für Auswahl und Akzentsetzung begriffen.
2. Die quantitativ ausgedehntere Berücksichtigung statistischer Daten, die nicht nur der Priorität der Texte entgegenwirken, sondern zugleich den angemessenen Umgang mit einem Material fördern soll, dessen Beschaffenheit den unterrichtlichen Dreischritt: Analysieren, Erklären und Werten in besonderer Weise verlangt.
3. Die dosierte Aufnahme von Situationsberichten, die mit ihrer handfesten Spiegelung von Lebenswirklichkeit nicht nur das Moment der Anschaulichkeit verstärken, sondern auch eine anregende Unterbrechung der problemorientierten Anstrengungen ermöglichen sollen.
4. Das gezielte Konzipieren der Arbeitsthemen, die häufig nicht nur auf einen Text Bezug haben, sondern gleichzeitig gedankliche Querverbindungen herstellen, als erprobte Empfehlungen und nicht als verbindliche Regieanweisungen.

Die Fülle der Materialien und legitimen Aspekte zwingt dazu, bei dem Band III/2 von dem Grundsatz der weitgehenden Kongruenz mit den zugehörenden Themenheften stärker abzuweichen, als dies für die Zeit vor 1945 notwendig und sinnvoll war. Allerdings sind wir der Auffassung, daß diese Differenzierung den unterschiedlichen Bedürfnissen des Kursunterrichts, die – wie auch die einschlägigen Rahmenpläne ausweisen – durch eine unterschiedliche thematische Akzentuierung gekennzeichnet sind, in hohem Maße entgegenkommt.

Im Vordergrund der Betrachtung steht die Genese dessen, was man die deutsche Frage nennt. Denn schon lange vor der Konstituierung der beiden deutschen Teilstaaten hatte sich erwiesen, daß der Eiserne Vorhang zwischen den Westzonen und der Ostzone, ja zwischen West und Ost überhaupt nicht nur eine machtpolitische Grenze, sondern auch eine ordnungspolitische Trennwand markierte. Der Option der Westmächte für die liberale Demokratie, die mit dem Mehrheitsvotum der westdeutschen Bevölkerung übereinstimmte, stand das Streben der Sowjetunion nach einem volksdemokratischen Gürtel, in dem die SBZ ihren festen Platz haben sollte, gegenüber. Dies legt die These nahe, daß die Spaltung Deutschlands im Grunde eine Folge des bipolaren Systems darstellt. Dennoch kann nicht übersehen werden, daß mit der Etablierung der beiden deutschen Staaten und erst recht mit ihrer Einbindung in die jeweiligen Machtblöcke die deutsche Teilung eine andere Qualität gewann. So wenig vor diesem Hintergrund eigentlich verkannt werden konnte, daß die Ausprägung unterschiedlicher politischer, gesellschaftlicher und wirtschaftlicher Ordnungen in der Bundesrepublik und in der DDR einer einfachen Wiederherstellung des deutschen Einheitsstaates substantiell den Boden entzog, hinderte dieses Faktum erstaunlicherweise nicht, die Existenz teilstaatlicher Identitäten im Rahmen einer Nation bis in die späten 60er Jahren mit geradezu verblüffender Selbstverständlichkeit zu verdrängen.

Sogar als mit dem Beitritt der Bundesrepublik zur NATO und der DDR zum Warschauer Pakt die „doppelte Blockintegration" (Chr. Kleßmann) besiegelt und die Spaltung Deutschlands – ohnehin ein konstitutives Element des Kalten Krieges von Anfang an – auf absehbare Zeit irreversibel geworden war, „beruhigten" die zunehmend hilfloser wirkenden Beschwörungen der Trias „Einheit

– Freiheit – Frieden" – wie sie vor allem im Kontext der Gedenkfeiern zum 17. Juni 1953 laut wurden – das nationale Bewußtsein in der Bundesrepublik und nährten jene illusionäre Sicht der deutschen Frage, in der „Adenauers Westpolitik als wahre Ostpolitik erschien" (A. Baring).
Dennoch ist vor schnellen Urteilen und Schuldzuweisungen zu warnen: Gab es überhaupt eine realistische Alternative?
Auch wenn man der Auffassung des Historikers Rolf Steininger, der die Annahme, „die Westmächte hätten es mit der Wiedervereinigung wirklich ernst gemeint", als „Legende" bezeichnet, nicht folgen kann, bleibt zu konstatieren, daß der deutschlandpolitische Immobilismus der Supermächte, der auf der eingetretenen blockpolitischen Abgrenzung als Grundlage einer kalkulierbaren europäischen Friedensordnung beruhte, eine aktive Wiedervereinigungspolitik ausschloß.
Gerade das konferenztaktische Schattenboxen des Jahres 1955 hätte lehren können, daß der Stellenwert des „gesamtdeutschen Vorbehalts" (W. Besson) für die Großmächte nicht mehr über eine verbale Deklamation hinausreichte. Im Gegenteil: Die Akzeptierung des Status quo in Europa durch die USA und die UdSSR, deren frühe Indizien weit zurückreichen, implizierte die Festschreibung der deutschen Doppelstaatlichkeit als politische Realität. Die vor allem aus innenpolitischen Gründen in der Bundesrepublik erklärliche Verschleierung des Tatbestandes, „daß weder die deutsche Frage weiterhin obenan auf der Tagesordnung der internationalen Politik stand, noch daß es angesichts der unterschiedlichen Interessenlagen in Ost und West konkrete Aussichten für ihre Lösung gab" (H. Haftendorn), leistete einer lange nachwirkenden Verdrängung Vorschub.
In eigenartiger Spiegelbildlichkeit nahmen an dieser Verdrängung auch die führenden Kräfte der DDR teil. Ungerührt von den eigenen Einheitsparolen wie „Deutsche an einen Tisch" und „Gesamtdeutscher Rat jetzt" entzogen sie in der Realität den Einheitsbestrebungen einschließlich aller Neutralisierungsmodelle die Grundlagen, indem sie das gesamte gesellschaftliche System dieses Staates einer rigorosen, der Bevölkerung aufgezwungenen Transformation nach sowjetischem Vorbild unterwarfen. Das angebliche Offenhalten einer gesamtdeutschen Option – noch in der Verfassung von 1968! – diente der DDR-Führung in dieser Zeit als Mittel der Herrschaftssicherung, das nach innen beruhigend und nach außen auch drohend wirken sollte. Zunehmend wurde aber kein Zweifel daran gestattet, daß das eigene gesellschaftliche System ohne jeden Abstrich der Einheit vorzugehen habe.
Wenn das Grundgesetz der Bundesrepublik im Jahre 1949 als oberste Staatszielbestimmung den Auftrag definierte, „in freier Selbstbestimmung die Einheit und Freiheit Deutschlands zu vollenden", dann gingen die Mitglieder des Parlamentarischen Rats von zwei – in relativ kurzer Frist überwindbaren – Provisorien in Deutschland aus. Diese Einschätzung hat sich aufgrund von Optionen, die in diesem Teilband für eine wichtige Phase dokumentiert werden, als illusionär erwiesen, und „die Diskrepanz zwischen dem im Grundgesetz Deklarierten und der Realität in Mitteleuropa nach mehr als einem Vierteljahrhundert ist eklatant" (A. Hillgruber). Dieser Befund, daß die weltpolitische Machtsituation einer Reorganisation Deutschlands nicht günstig und – wie es im Beschluß der Kultusministerkonferenz zur „Deutschen Frage im Unterricht" vom 23. 11. 1978 heißt – „die Wiedervereinigung zur Zeit nicht zu erreichen ist", kann nicht geleugnet werden. Doch darf die gegenwärtige Nicht-Erreichbarkeit der nationalen Einheit keineswegs zum Kriterium für die Frage nach ihrer Berechtigung gemacht werden.
Vor mehr als hundert Jahren hat der englische Premierminister Disreali die Nation „a work of art und time" genannt und damit hervorgehoben, daß Wille und Bewußtsein primäre Voraussetzungen nationaler Verbundenheit darstellen. Der frühere Bundeskanzler Helmut Schmidt hat in seinem „Bericht zur Lage der Nation" vom Januar 1975 diese alte fundamentale Einsicht in spezifischer Weise aktualisiert: „Letztlich wird über den Fortbestand der deutschen Nation das Verhalten aller Deutschen in ihrer Gesamtheit entscheiden. Weder kann die Vitalität des Bewußtseins nationaler Zusammengehörigkeit durch ostdeutsche Beschlüsse abgeschafft noch kann diese Vitalität allein durch westdeutsche Postulate und durch Bekenntnisse gestärkt werden. Vielmehr fließt die Bewahrung der gemeinsamen deutschen Substanz aus dem, was wir tun."
Was bedeutet dies nun für die Schule? Zweifellos kann es nicht Aufgabe des historisch-politischen

Unterrichts sein, sich an die Stelle der praktischen Politik zu setzen und Handlungskonzepte für Gegenwart und Zukunft zu entwickeln. Durch Aufklärung ohne Selbstgerechtigkeit mithelfen zu verhindern, daß die deutsche Frage der Irreversibilität der Vergangenheit anheimfällt, ist jedoch seine Sache.

# Inhaltsverzeichnis

## Erstes Kapitel: Deutschland im Spannungsfeld der Siegermächte (1945–1949)

### I. Die alliierte Politik gegenüber dem besiegten Deutschland



### II. Neuanfänge des politischen und wirtschaftlichen Lebens in Deutschland



#### II/1 Rahmenbedingungen und Realsituation im Jahr 1945

**II/7 Die Frage nach den Alternativen: Restauration oder Neuordnung?**



## III. Der „Kalte Krieg" als Forschungsproblem



## IV. Die Entstehung der beiden deutschen Staaten



**IV/1 Die Staatsbildung im Westen**

## Zweites Kapitel: Die beiden deutschen Staaten und ihre Integration in die Paktsysteme (1949–1955)

### I. Stationen der ökonomischen, politischen und militärischen Integration der Bundesrepublik 1949–1955

**I/4 Stalin-Note und Wiedervereinigungsfrage**



**I/5 Die Pariser Verträge und die Souveränität der Bundesrepublik**

**III/6 Die Integration in den Ostblock**

# Erstes Kapitel: Deutschland im Spannungsfeld der Siegermächte (1945–1949)

## I. Die alliierte Politik gegenüber dem besiegten Deutschland

### Übersicht

**1944** Frühjahr: Beratungen des Zentralkomitees (ZK) der KPD in Moskau und der „Operativen Leitung" der (Untergrund-)KPD über das strategische Vorgehen während und nach dem Sturz der Hitler-Diktatur. Es werden Etappen beschrieben, die vom „Block der kämpferischen Demokratie" bis zur „Periode" der Diktatur des Proletariats reichen.

Juli: Das prosowjetische „Polnische Komitee der Natinalen Befreiung" (Lubliner Komitee) wird von der Sowjetunion als einzige Repräsentation Polens anerkannt. Daraufhin beginnt am 1. 8. in Warschau ein Aufstand der nationalpolnischen „Heimatarmee", der im Lande stehenden bewaffneten Macht der polnischen Exilregierung in London, die von den Westmächten anerkannt wird. Er bleibt ohne Unterstützung durch die Rote Armee und wird durch die deutsche Besatzungsmacht bis Anfang Oktober brutal niedergeschlagen. In den Teilen Polens, die von sowjetischen Truppen besetzt werden, werden Angehörige der „Heimatarmee", die sich zu erkennen geben, verhaftet und zum Teil umgebracht.

September: Der US-Finanzminister Morgenthau findet die vorläufige Zustimmung Roosevelts und Churchills zu seinem Plan, Deutschland aufzuteilen und insbesondere das Ruhrgebiet völlig zu „entindustrialisieren". Als friedliches „Agrarland" soll Deutschland als militärische und wirtschaftliche Gefahr ausgeschaltet werden. Auf Proteste der Außenminister hin, die Gefahren für das spätere Machtgleichgewicht, und von Wirtschaftskreisen, die den Wiederaufbau Europas gefährdet sehen, wird die Zustimmung im Frühjahr 1945 wieder zurückgezogen. Die Morgenthau-Politik beeinflußt jedoch stark die Direktive JCS 1067 für die Durchführung der amerikanischen Besatzungspolitik in Deutschland (April 1945).

Oktober: Treffen Churchill-Stalin in Moskau. „Prozentabsprachen" über die südosteuropäischen Länder: Rumänien 90 Prozent für die Russen; Griechenland 90 v. H. für die Briten (in Zusammenarbeit mit den USA); Bulgarien 75 Prozent für die Russen; Ungarn und Jugoslawien 50:50.

September bis November: Abschluß der Arbeiten der „Europäischen Beratenden Kommission" über die Einteilung der Besatzungszonen und das künftige Kontrollsystem in Deutschland. Vertreter der USA, der UdSSR und Großbritanniens unterzeichnen am 12. 9. 1944 das Londoner Protokoll, „das in territorialer Hinsicht wichtigste Dokument für die Nachkriegsentwicklung" (Deuerlein). Frankreich tritt später bei. Bereits im Februar 1944 hatte die Sowjetunion dem britischen Vorschlag der Linie Lübeck-Eisenach-Hof zugestimmt und ihrerseits die Bildung einheitlicher, nur von jeweils einer Besatzungsmacht (statt von mehreren) zu besetzender Zonen durchgesetzt. Die Bezirke von Groß-Berlin werden ebenfalls unter den Besatzungsmächten aufgeteilt. Das „Abkommen über die Errichtung eines Kontrollapparates" vom 14. 11. 1944 sieht die Einrichtung eines Kontrollrates der alliierten Oberbefehlshaber als „höchste Autorität" in Deutschland mit Sitz in Berlin vor.

Geographisch wird, entsprechend dem erwarteten Kriegsverlauf, der UdSSR der größte Teil Deutschlands zugesprochen. Die Regelungen für Groß-Berlin und für das Funktionieren des Kontrollrates zeigen, daß von einer grundsätzlichen Übereinstimmung in der Nachkriegszeit ausgegangen wird.

**1945** 4.–11. Februar: Konferenz der „Großen Drei" (Roosevelt, Stalin, Churchill) in Jalta auf der Krim. Festlegung der Behandlung von Nachkriegs-Deutschland: Teilungsabsichten, Einbeziehung Frankreichs in das Besatzungssystem, Reparationen, Westverschiebung Polens, Zwangsumsiedlung der Deutschen.

Der Westen gibt die polnische Exilregierung in London auf zugunsten der Aufnahme einiger Politiker in eine Regierung der „nationalen Einheit" in Warschau. Eine „Erklärung über das befreite Europa" verheißt den „befreiten Völkern" die Möglichkeit, „demokratische Einrichtungen nach ihrer eigenen Wahl zu schaffen". Die faktische „Teilung der Welt" soll nach der Ansicht Roosevelts die Grundlage für eine weitere vertrauensvolle Zusammenarbeit der Anti-Hitler-Koalition, vor allem im Rahmen der in Aussicht genommenen „Vereinten Nationen" bilden.

9. Mai: Gesamtkapitulation der Deutschen Wehrmacht tritt in Kraft.

5. Juni: Übernahme der „obersten Gewalt" in Deutschland durch die alliierten Oberbefehlshaber. Am 30. August folgt die Arbeitsaufnahme des Kontrollrats.

10. Juni: Befehl der sowjetischen Militäradministration (SMAD) genehmigt die Bildung von antifaschistischen Parteien und Gewerkschaften. Innerhalb kurzer Zeit entstehen KPD, SPD, CDU und LDP in Berlin, die sich als „Reichsparteien" für ganz Deutschland verstehen und in einem „antifaschistischen Block" zusammenarbeiten. In den Westzonen werden erst in der zweiten Jahreshälfte Parteigründungen, zuerst auf Gemeinde- und Kreis-, später auf Länderebene zugelassen.

Juli 1945: Entsprechend der im Herbst 1944 beschlossenen Zoneneinteilung räumen die Westmächte Gebiete in Deutschland und Österreich und besetzen die ihnen zufallenden Sektoren in Berlin und Wien.

17. Juli bis 2. August: Konferenz von Potsdam. Der neue US-Präsident Truman setzt die Kooperationspolitik Roosevelts vorerst fort. Während der Konferenz wird Churchill durch den Wahlsieger Attlee (Labour-Party) ersetzt. Im Schlußkommuniqué wird die Absicht erklärt, Deutschland während der Besatzungszeit als „wirtschaftliche Einheit" zu betrachten. Gleichzeitig werden durch die Reparationsregelungen – insgesamt 25 v. H. der im Westen zu demontierenden industriellen Ausrüstungen sollen an die UdSSR überstellt werden, die sich im übrigen aus ihrer Zone befriedigt, – faktisch zwei getrennte Wirtschaftsgebiete geschaffen. Die Frage der polnischen Westgrenze wird verbal bis zu einem Friedensvertrag offen gehalten, tatsächlich werden mit der Zustimmung zur Zwangsaussiedlung der deutschen Bewohner aus den „Verwaltungsgebieten" endgültige Tatsachen geschaffen. Der erreichte Mindestkonsens unter den Alliierten ist auch in anderen Punkten (z. B. „endgültige Umgestaltung des deutschen politischen Lebens auf demokratischer Grundlage", „wahrhaft demokratische Einrichtungen" und „Grundsätze der Demokratie") auslegungsfähig.

September: Beginn der „Bodenreform" in der sowjetischen Besatzungszone. Die Führung der (Ost)-CDU, die sich der unterschiedslosen Enteignung ohne Entschädigung widersetzt, wird im Dezember von der SMAD abgesetzt.

1. Oktober: Am Einspruch Frankreichs scheitert im Kontrollrat die Einrichtung „zentraler deutscher Verwaltungsstellen", die in Potsdam beschlossen worden war.

November: Wahlen in Österreich und Ungarn führen zu vernichtenden Niederlagen der kommunistischen Parteien. Daraufhin ändert die KPD in der SBZ endgültig ihren Kurs: Die Vereinigung mit der SPD, im Sommer noch abgelehnt, wird – auch unter Anwendung von Zwang – vorbereitet.

**1946** 5. März: Der britische Oppositionsführer Churchill hält in Fulton (Missouri) eine Rede in Anwesenheit von und nach Absprache mit Präsident Truman. Er fordert eine enge militärische Zusammenarbeit der Westmächte gegen die sowjetischen Expansionsbestrebungen in Europa und in der Welt, vor allem aber in Deutschland. Er spricht von einem „eisernen Vorhang quer durch den Kontinent", hinter dem alle Hauptstädte Mittel- und Osteuropas unter sowjetischer Kontrolle lägen. Damit wird öffentlich ausgesprochen, was der US-Geschäftsträger in Moskau, Kennan, am 22. Februar in seinem „long telegram" als Wesenszug der russischen Außenpolitik bezeichnet hat, nämlich nach innen und außen „die russische Polizeigewalt noch weiter auszuweiten".

5. März: Die Ministerpräsidenten der Länder der US-Zone unterzeichnen in einem feierlichen Staatsakt das von der US-Militärregierung vorgelegte „Gesetz zur Befreiung von Nationalsozialismus und Militarismus". Nachdem in der ersten Phase die Entnazifizierung allein in der Hand der Alliierten lag (umfangreiche Internierungen und Entlassungen aus öffentlichen Ämtern und privaten Unternehmen), beginnt jetzt die zweite Phase, in der deutsche Stellen mitwirken („Selbstreinigung"). In der sowjetischen Besatzungszone wird die Entnazifizierung zum Instrument der kommunistischen Gesellschaftspolitik mit umfangreichen Internierungen, Deportationen, Entlassungen und Enteignungen.

21. April: Vollzug des Zusammenschlusses von SPD und KPD in der sowjetischen Besatzungszone zur „Sozialistischen Einheitspartei Deutschlands", der lediglich in den Berliner Westsektoren durch eine Urabstimmung verhindert werden kann. Für viele westliche Politiker gilt dieser Vorgang als Bestätigung dafür, daß die sowjetische Führung bereit ist, die von ihr gewollte Entwicklung in der SBZ ohne Rücksicht auf gesamtdeutsche Möglichkeiten voranzutreiben (vgl. II, Übersicht, S. 37).

3. Mai: US-General Clay befiehlt die Einstellung aller Vorauslieferungen an Reparationsgütern aus der amerikanischen Zone in alle Empfängergebiete, darunter auch die sowjetische Besatzungszone. Angesichts der schlechten wirtschaftlichen Lage in der amerikanischen Besatzungszone will Clay Initiativen zur wirtschaftlichen Zusammenarbeit der Besatzungszonen erzwingen. Unmittelbarer Anlaß ist die Weigerung der SMAD, die im Potsdamer Abkommen im Austausch zu Reparationen vorgesehenen Rohstoff- und Lebensmittellieferungen in die Westzonen zu leiten (vgl. II, Übersicht, S. 37).

Juni/Juli: Viermächte-Außenministerkonferenz in Paris. Frankreich weigert sich weiterhin, den im Potsdamer Abkommen vorgesehenen zentralen deutschen Verwaltungsstellen zuzustimmen. Großbritannien betont die wirtschaftliche Belastung durch seine Besatzungszone. Die UdSSR besteht auf Anerkennung ihrer Reparationsforderungen und auf Teilnahme an der Kontrolle des Ruhrgebietes sowie auf einem (nicht-föderativen) deutschen Einheitsstaat. Die US-Regierung zweifelt zunehmend an der Möglichkeit von Kompromissen mit der UdSSR und beginnt mit Vorbereitungen zu einer eigenen Lösung der deutschen Probleme.

6. September: Programmatische Rede des US-Außenministers Byrnes vor Repräsentanten der US-Zone in Stuttgart. Er schlägt einen „Deutschen Nationalrat" als Vorparlament vor, der eine föderative Bundesverfassung ausarbeiten soll, und fordert dazu auf, die anderen Zonen mit der amerikanischen Zone zu vereinen. Tatsächlich schließen sich nur die Briten an, die große wirtschaftliche Schwierigkeiten bei der Ernährung ihrer Zone haben.

Herbst: Bei Landtagswahlen in einigen westdeutschen Ländern erhalten die Kommunisten nur einen geringen Stimmenanteil; trotz zahlreicher Manipulationen erreicht die SED bei den einzigen Wahlen in der SBZ, bei denen mehrere Listen zur Wahl standen, nur knapp die Hälfte, in Berlin, wo die Wahlen unter Viermächtekontrolle stattfanden, nur knapp ⅕ der Stimmen. Die Wahlergebnisse stützen die von den Westmächten angestrebte parlamentarisch-demokratische Entwicklung in Nachkriegsdeutschland und zeigen die weitgehende Ablehnung der von der UdSSR betriebenen Politik der Systemveränderung durch die Bevölkerung.

1. Oktober: Verkündung der Urteile gegen 23 nationalsozialistische Hauptkriegsverbrecher in Nürnberg, gegen die vor einem Internationalen Militärgerichtshof seit November 1945 verhandelt worden war. In den Verhandlungen wurde das Ausmaß der Verbrechen der Hitler-Diktatur vor der Weltöffentlichkeit aufgedeckt.

5. November: Veränderungen in der Innenpolitik der USA durch Kongreßwahlen. Auswirkungen auf die amerikanische Europapolitik: Aufgabe des bisher angestrebten modus vivendi mit der UdSSR zugunsten der Westblockpolitik.

## Einführung in die Arbeitsthemen

Wer sich heute mit der deutschen Nachkriegsgeschichte und mit dem Anteil der alliierten Politik an ihr beschäftigt, tut das wie selbstverständlich von deren Ergebnis her: der Teilung Deutschlands. Eine zwangsläufige, fast gesetzmäßige oder eine der Entscheidung offene Entwicklung? Die Quellen zeigen, daß sich bereits die Zeitgenossen und die unmittelbar Handelnden diese Frage stellten.
In Europa, insbesondere in Deutschland, mußte sich nach der Niederwerfung des Hauptfeindes der Anti-Hitler-Koalition zeigen, ob dieses Bündnis mehr war als das von „Eigennutz, Zweckmäßigkeit und gebieterischem Zwang einer schicksalsschweren Stunde" (so der Berliner Journalist Manfred Rexin 1964) geprägte Zusammengehen zweier nicht nur ideologisch grundverschiedener Systeme. Die vollständige Niederlage des nationalsozialistischen Deutschland hinterließ ein machtpolitisches Vakuum, in das die aufstrebenden Weltmächte USA und UdSSR stießen, während die verbliebenen europäischen Hauptmächte England und Frankreich versuchten, ihre Stellung in der völlig veränderten politischen Struktur Europas zu wahren. Angesichts der Opfer des Zweiten Weltkrieges und der gemeinsamen Verbundenheit im Kampf gegen die Bedrohung durch die na-

tionalsozialistische Gewaltherrschaft konnte erwartet werden, daß es auch nach Beendigung des Krieges zu einer gemeinsamen Politik der Großmächte kommen würde. Andererseits war bereits seit 1917, seit dem Eintritt der USA in den Krieg der europäischen Mächte und der Revolution in Rußland, eine Konstellation deutlich, in der sich zwei Weltmächte mit missionarischem Anspruch und gegensätzlichem Selbstverständnis gegenüber standen.

Noch auf der Konferenz von Jalta im Februar 1945 hatte US-Präsident Roosevelt seinen Verhandlungspartnern Stalin und Churchill mitgeteilt, die USA beabsichtigten, ihre Truppen binnen achtzehn Monaten oder zwei Jahren wieder aus Europa abzuziehen. Die Vorplanungen der USA für die Besatzung in Deutschland beschränkten sich auf die Frage, wie Deutschland niederzuhalten sei. Am konsequentesten war dabei der US-Finanzminister Morgenthau, ein enger Vertrauter Roosevelts seit den Tagen des New Deal. Kontroversen gab es innerhalb der US-Führung und zwischen den Alliierten darüber, ob eine so gründliche Ausschaltung Deutschlands aus dem System der Industriestaaten für das Funktionieren der Weltwirtschaft erträglich und für die westlichen Industriestaaten nützlich sei. Ein Gegenkonzept zu einer möglichen Deutschlandpolitik der UdSSR war hierin nicht zu erkennen. Bereits zu dieser Zeit gab es jedoch andere Positionen, insbesondere unter den Rußlandkennern der US-Diplomatie, die auf den grundsätzlichen Systemgegensatz und dessen mögliche Folgen hinwiesen. Anders als Roosevelt teilte Churchill diese Sorgen, umso stärker, je mehr die sowjetischen Truppen in das Zentrum Europas vorrückten, hierin den Traditionen der Politik des europäischen Gleichgewichts ebenso folgend wie der Abneigung des Konservativen gegenüber der kommunistischen Revolution.

Stalin verfolgte, soviel ist erkennbar, zuerst die Sicherheitsinteressen der sich seit ihrem Entstehen bedroht fühlenden und vom Krieg am schwersten mitgenommenen Sowjetunion. Was er wollte, war der „cordon sanitaire" der 20er Jahre mit umgekehrtem Vorzeichen: einen Gürtel völlig abhängiger Staaten vor der nach Westen verschobenen Grenze der UdSSR. Doppeldeutig war, was er im April 1945 in einem Gespräch mit Milovan Djilas, dem Verbindungsmann Titos in Moskau, äußerte: „Dieser Krieg ist anders als alle früheren; wer ein Gebiet erobert, zwingt ihm auch sein eigenes Gesellschaftssystem auf, soweit seine Armee kommt. Es kann gar nicht anders sein." Das konnte offensiv oder defensiv aufgefaßt werden. In der Politik abgegrenzter Einflußsphären traf sich Stalin mit Churchill und den „Realisten" unter den US-Diplomaten, wie diese sich selbst bezeichneten. Die Frage war, wie diese Einflußsphären aussehen sollten, welches Maß an Eigenständigkeit die darin wohnenden Völker haben sollten und ob es eine Vertrauensbasis für die Respektierung dieser Verhältnisse gab.

Vor diesem Hintergrund spielen sich die Ereignisse und Prozesse der alliierten Politik im Deutschland der Jahre 1945 und 1946 ab. Die Konferenz in Potsdam zeigte noch einmal, worin die Gemeinsamkeiten der Anti-Hitler-Koalition bestanden, aber viele der verwendeten Begriffe galten bereits den Zeitgenossen als mehrdeutig. In wichtigen Fragen gab es bloße Formelkompromisse. Jedenfalls boten die Potsdamer Beschlüsse „breiten Spielraum für unterschiedliche Auslegungen" (Hermann Weber).

Die „Entnazifizierung", an sich zentraler Bestandteil der Gemeinsamkeiten der Anti-Hitler-Koalition, wurde zum Spiegel gesellschaftspolitischer Traditionen und Vorstellungen der Besatzungsmächte: Sehr moralisch bestimmt agierten anfangs die Amerikaner, die der strikten Meinung waren, daß die Deutschen für die Verbrechen des NS-Regimes „zu büßen" hätten. Die UdSSR machte die Entnazifizierungsmaßnahmen zum wichtigen Teil eines Prozesses gesellschaftspolitischer Umwälzungen.

Auch das gemeinsame Programm, durch Demontagen und Reparationen Kriegsschäden und Verluste der Alliierten auszugleichen und gleichzeitig das deutsche Militär- und Wirtschaftspotential auszuschalten, geriet in die gleichen, hier allerdings wirtschaftspolitisch betonten Gegensätze. Aus zum Teil unterschiedlichen Gründen belasteten die UdSSR und Frankreich ihre Besatzungszonen besonders, während Großbritannien und die USA in weitgehender Übereinstimmung bald am Aufbau des Wirtschaftslebens ihrer Gebiete mit dem Ziel der Selbsterhaltung auf verhältnismäßig hohem Niveau interessiert waren. Fragen der Reparationslieferungen, des Wirtschaftsaustauschs zwischen den Zonen und der Kontrolle über das Ruhrgebiet, das deutsche Wirtschaftszentrum, werden bald zentrale Themen des beginnenden Ost-West-Gegensatzes.

War die sowjetische Politik auf möglichst schnelle und umfassende Einbeziehung ihrer Besatzungszone in das eigene Gesellschaftssystem gerichtet, auch gegen den Willen der Bewohner, oder aber eher auf einen dauerhaften Einfluß im gesamten Deutschland? Die „Fahrpläne" gab es seit 1944, aber wann welche Weichen zu stellen waren, hing auch vom Lauf der Ereignisse ab.

Die westlichen Besatzungsmächte mit ihrem offenen Gesellschaftssystem hatten größere Chancen, von den besiegten Deutschen akzeptiert und als Hoffnung angesehen zu werden. Frankreich ging seine eigenen Wege, in erster Linie vom Sicherheitsinteresse bestimmt. Seine Politik arbeitete einer einheitlichen Behandlung Deutschlands entgegen. Der französische Vertreter im Kontrollrat blockierte die Einrichtung zentraler deutscher Verwaltungsstellen, die in den Potsdamer Beschlüssen vorgesehen waren. Mitwirkung deutscher Stellen und deutscher Politiker wurde in der amerikanischen und in der britischen Zone nur sehr zögernd zugelassen. Bald wurden aber die Übereinstimmungen zwischen den grundsätzlichen Zielen der Besatzungspolitik dieser Länder und den Wünschen und Absichten der deutschen Seite stärker spürbar.

## Arbeitsthemen

1. *Wie definiert die „Operative Leitung" der (Untergrund-)KPD im Frühjahr 1944 die Begriffe „Demokratie" und „Diktatur des Proletariats"? (Nr. 1 a) Welche Schlüsse können aus diesen Beratungen für die beabsichtigte Entwicklung im Nachkriegsdeutschland gezogen werden? (Nr. 1 a und b)*
2. *Welches Maß an Übereinstimmung der Anti-Hitler-Koalition zeigen die Londoner Protokolle? (Nr. 2 a und 2 b) Wie ist der Status von Groß-Berlin beschrieben? (Nr. 2 a) Ist es berechtigt, in den Aussagen über die Zuständigkeiten und die Zusammenarbeit der „Oberkommandierenden" Ansätze oder Ursachen für spätere tiefgreifende Differenzen zu sehen? (Nr. 2 b)*
3. *Welche Ziele und Mittel bestimmt die Direktive JCS 1067 für die US-Militärregierung in Deutschland? (Nr. 3)*
4. *Welche Einstellung hat Churchill gegenüber der UdSSR? Wie begründet er sie? Was möchte er erreichen? (Nr. 4)*
5. *Analyse des Abschlußkommuniqués der Potsdamer Konferenz:*
   - *Welche allgemeinen Ziele werden für Nachkriegsdeutschland gesetzt? Mit welchen Mitteln sollen sie erreicht werden? (Nr. 5)*
   - *Woran wird in Zielaussagen und Einzelmaßnahmen deutlich, daß Deutschland als Einheit behandelt werden soll? Wo werden Ansätze und Ursachen für Differenzen zwischen den Alliierten und für die spätere Teilung Deutschlands erkennbar? (Nr. 5)*
   - *In welchen Teilen widerspricht, in welchen unterstützt das Abschlußkommuniqué (Nr. 5) Tendenzen der sowjetischen und KPD-Planungen (Nr. 1 a und b) und der Direktive JCS 1067? (Nr. 3)*
   - *Welche Unterschiede bestehen in den Aussagen über „Königsberg und das anliegende Gebiet" und über die „Festlegung der Westgrenze Polens"? Welche Unklarheiten bestehen zwischen den Aussagen der Abschnitte IX b und XIII? (Nr. 5)*
6. *Welche Politik schlägt Kennan für die USA vor? Wie begründet er sie und seine Einstellung zu den Ergebnissen der Potsdamer Konferenz? (Nr. 6) Ist es berechtigt, in den sowjetischen und KPD-Planungen (Nr. 1 a und b) eine Bestätigung von Kennans Ansichten zu sehen?*
7. *Worin stimmt Webers nachträgliche Analyse (Nr. 7) mit den Ansichten Kennans aus dem Jahre 1945 überein? (Nr. 6) Worin unterscheiden sie sich?*
8. *Aus welchen historischen Zusammenhängen können die Vorgänge, die in der „Bevölkerungsbilanz" ihren Niederschlag finden, erklärt werden? (Nr. 8 a) Was hat dazu geführt, daß die Potsdamer Vereinbarung der Alliierten, „jede Überführung (von Deutschen), die stattfinden wird, (soll) in ordnungsgemäßer und humaner Weise durchgeführt werden", nicht beachtet wurde? (Nr. 8 b und c)*
9. *Welche Möglichkeiten gibt der „Befehl Nr. 2" der SMAD den deutschen Politikern und der sowjetischen Besatzungsmacht? (Nr. 9 a) Welche Zusammenhänge bestehen mit den Planungen aus dem Jahre 1944? (Nr. 1 a und b) Welche Unterschiede zur Haltung der US-Direktive JCS 1067? (Nr. 3) Welche Wirkungen auf Deutschland als Ganzes sind möglich? (Nr. 7 und 9 a–b)*
10. *Welche Ziele, bezogen auf die Situation 1945 und auf künftige Entwicklungen, sind aus dem „Statut für den Internationalen Militärgerichtshof" erkennbar? Welche Chancen, welche politischen und juristischen Probleme werden deutlich? (Nr. 10)*
11. *Mit welchen Mitteln werden im Entnazifizierungsgesetz der US-Zone eine allgemeine Erfassung und eine Differenzierung versucht? (Nr. 11 a)*
    *Welche Wirkung hatten die Entnazifizierungsmaßnahmen für die Betroffenen und für das politische Leben in Westdeutschland? (Nr. 11 b)*
    *Welche gesellschaftspolitischen Ziele der Entnazifizierung in der SBZ werden aus der Presseerklärung über deren Abschluß deutlich? (Nr. 11 c) Welche Zusammenhänge bestehen mit den Plänen aus der Kriegszeit? (Nr. 11 c; Nr. 1 a und b)*
12. *Auswertung der Angaben über Demontagen und Reparationen:*
    - *Welche Unterschiede bestehen bei der Verminderung der industriellen Kapazität durch Demontagen zwischen den einzelnen Regionen? Wie sind diese Unterschiede zu erklären? (Nr. 12 a–d) Welche Rückwirkungen und Folgen für die weitere politische und wirtschaftliche Entwicklung sind hieraus ableitbar?*

– *In welchem Umfang wurde die sowjetische Besatzungszone durch weitere Entnahmen und durch die SAGs belastet? (Nr. 12 b–d)*

13. *Welche Probleme hinsichtlich der gegenwärtigen und der zukünftigen Entwicklung in Deutschland stehen 1946 für die Besatzungsmächte USA und UdSSR im Vordergrund? Welche Differenzen sind erkennbar? Welche werden offen ausgesprochen und wie werden sie begründet? (Nr. 13 a und b)*

## Materialien

### 1. Die gemeinsamen Pläne der UdSSR und der deutschen Kommunisten

*a) Aus der Plattform der Operativen Leitung der KPD „Wir Kommunisten und das Nationalkomitee ‚Freies Deutschland'" vom Frühjahr 1944*

Wir haben davon gesprochen, daß der Hitlerfaschismus nicht direkt von den Organen der proletarischen Diktatur abgelöst werden kann, sondern an seine Stelle wird – infolge der antifaschistischen Volksrevolution – eine demokratische Übergangszeit treten, die nichts anderes sein wird, als das vom Nationalkomitee und von uns propagierte „freie, unabhängige, demokratische Deutschland". In dem Deutschland nach Hitler wird die deutsche Arbeiterklasse sich behaupten, alle Möglichkeiten freier Betätigung haben und sie durch ihre revolutionäre gewaltige Kraft auch sichern (bewaffnete Arbeiterformationen), so daß unter Führung unserer Kommunistischen Partei die Stunde herannahen wird, in der das Proletariat die Macht ergreift und die proletarische Diktatur durch die Arbeiter- und Soldatenräte im Bündnis mit den werktätigen Bauern und Mittelschichten verwirklicht.
Der Weg zum Sozialismus führt über die permanente Revolution!
Drei Etappen muß die deutsche Arbeiterklasse durchlaufen, um ihr Hauptziel zu erreichen.
Die erste Etappe, das ist die gegenwärtige Periode unserer Bündnispolitik mit allen Hitlergegnern. Das strategische Ziel: Sturz Hitlers! Schnellste Beendigung des Krieges! Schaffung eines freien, unabhängigen, demokratischen Deutschlands!
Die zweite Etappe, das ist die Periode, die mit dem Sieg der antifaschistischen Revolution des deutschen Volkes über den Faschismus und den räuberischen Imperialismus beginnt. Im freien, unabhängigen, demokratischen Deutschland ist die Hauptaufgabe und das strategische Ziel: Steigerung des Kampfes. Mobilisierung der Arbeiterklasse für das sozialistische Aktionsprogramm. Beginn der Arbeiterkontrolle über die Produktion durch die von den Proletariermassen gewählten Räte. Kampfbündnis mit einem Teil des Kleinbürgertums und den Bauernmassen. Die Errichtung der proletarischen Diktatur.
Die dritte Etappe, das ist die Periode der Diktatur des Proletariats. Die Arbeiterklasse hat die politische Macht erobert und hält sie fest in den Händen. Die Arbeiterklasse ist der alleinige Herrscher im proletarischen Staat, sie hat ihre Klassenherrschaft über die Bourgeoisie errichtet, sie ist zur unterdrückenden Klasse geworden. Im Bündnis mit den Bauernmassen und städtischen Mittelschichten – die unter ihrer Führung stehen – führt die Arbeiterklasse ihre Diktatur durch. Das Ziel dieser Etappe ist: Liquidation des Kapitalismus. Aufbau des Sozialismus ...
Wir Kommunisten reichen jedem Hitlergegner die Hand – und schlagen in jede ehrlich uns gereichte Hand ein – zum gemeinsamen Kampf gegen den Volksfeind Hitler. Die Antifaschisten werden sich klar darüber, daß es nach dem Sieg über die faschistischen Kriegsabenteurer kein Zurück zur kapitalistischen Demokratie geben kann, sondern nur ein Vorwärts. Die kommende Demokratie ist keine Demokratie der Noske, Severing und Zörgiebel, ist keine Demokratie der Hitler und Goebbels, ist keine Demokratie der Reichswehrgenerale und Kapp-Putschisten, sie ist keine Demokratie des Finanzkapitalismus – des deutschen Imperialismus. Die kommende Demokratie wird eine revolutionäre Demokratie der um den Fortschritt kämpfenden Massen sein.

Zit. nach: Geschichte der deutschen Arbeiterbewegung, hrsg. vom Institut für Marxismus-Leninismus beim Zentralkomitee der SED, Band 5, Berlin (Ost) 1966, S. 595 f.

### *b) Moskauer Beratungen 1944*

Unter dem Eindruck der militärischen Erfolge der Roten Armee und in der Gewißheit der alliierten Teilungsabsichten gingen die Russen eigene Wege. Um die Jahreswende 1943/44 wuchs in Moskau mit der Zuversicht, einen bestimmenden Einfluß auf die künftige politische Gestaltung der neuen Ordnung im mittel- und osteuropäischen Raum gewinnen zu können, das Bedürfnis, praktische Vorbereitungen für eine mögliche Einbeziehung Deutschlands in das sowjetische Gesellschafts- und Sicherheitssystem einzuleiten ...

Damit schlug in Moskau die Stunde der deutschen Kommunisten um Wilhelm Pieck, Wilhelm Florin und Walter Ulbricht ... Nun leiteten sie, nach einem vergeblichen Versuch zu Beginn des Jahres 1943 und vergleichbar den sowjetischerseits initiierten Aktivitäten ihrer polnischen, ungarischen, rumänischen, bulgarischen und tschechoslowakischen Genossen, um die Jahreswende 1943/44 eine neue Etappe in der sowjetischen Deutschlandpolitik ein: „Mit der großzügigen Unterstützung der KPdSU und der Regierung der UdSSR", wie das Einvernehmen mit der sowjetischen Partei- und Staatsführung heute umschrieben wird, begann die Moskauer Führungsspitze der KPD mit der Ausarbeitung von „Grundlinien für die Gestaltung eines neuen demokratischen Deutschland", mit der Vorbereitung detaillierter Vorschläge „für alle einzelnen Bereiche des gesellschaftlichen Lebens in diesem neuen Deutschland" und mit der Schulung von Kadern „für den antifaschistisch-demokratischen Neuaufbau" ...

Eine erste Bilanz zogen die Mitglieder des Politbüros aus den Ergebnissen der Kommissionsarbeit im Oktober 1944: Nach internen Beratungen mehrerer Entwürfe formulierten der Parteivorsitzende Wilhelm Pieck und die Politbüromitglieder Anton Ackermann und Walter Ulbricht mit der dritten Fassung des „Aktionsprogramms des Blocks der kämpferischen Demokratie" ein Dokument, das für die künftigen sowjetischen Besatzungsorgane und ihre deutschen Erfüllungsgehilfen die politischen und ökonomischen Grundsätze für die von der Sowjetunion angestrebte demokratische Neugestaltung Deutschlands enthielt. Das in zwei Teile gegliederte Aktionsprogramm vermittelte im ersten Abschnitt zunächst in knappen Strichen ein Bild von der Lage, in die Hitler das deutsche Volk gebracht hatte („durch imperialistischen Raubkrieg und Terrorregime zu wirtschaftlichen, politischen und nationalen Katastrophe", „Bestand und Einheit der Nation aufs Spiel gesetzt"), zählte dann die nach Meinung der deutschen Kommunisten verantwortlichen Hauptursachen für die nationale Katastrophe auf und führte schließlich allgemeine Schlußfolgerungen für eine Rettung Deutschlands unter den Bedingungen der militärischen Besetzung an. Wenn man bisher unveröffentlichten Aufzeichnungen Wilhelm Piecks aus seiner Moskauer Emigrationszeit folgen will, dann sollte der antifaschistisch-demokratische Neuaufbau Deutschlands nach dogmatisierten Grundsätzen verwirklicht werden, die der Vorsitzende der KPD aus Lenins Schrift „Zwei Taktiken der Sozialdemokratie in der demokratischen Revolution" aus dem Jahre 1905 bezog. Demnach bestand eine Chance zur Rettung Deutschlands nach dem Sturze Hitlers nur dann, wenn der imperialistische Kriegs- und Gewaltapparat zerschlagen, die Allmacht des faschistisch-imperialistischen Monopolkapitals" gebrochen und jeder Kriegsverbrecher verhaftet, bestraft und enteignet würde – kurzum: wenn die „Ausrottung aller Wurzeln des Faschismus und Imperialismus und [die] entsprechende Umerziehung des ganzen Volkes zur Demokratie" gelingen sollte. In den damit bewirkten ökonomischen Veränderungen erblickten Pieck, Ackermann und Ulbricht die Voraussetzung für die „Aufrichtung einer starken demokratischen Volksregierung", die es nach ihrer Meinung allein ermöglichen werde, das vom Hitlerfaschismus hinterlassene Chaos zu beseitigen und die „Schaffung einer festen Ordnung, Disziplin und Sauberkeit im staatlichen und wirtschaftlichen Leben" zu sichern. Den drei führenden Kommunisten war freilich klar, daß es nicht nur „einer breiten antifaschistischen und antiimperialistischen Propaganda", sondern auch einer numerischen Verstärkung der eigenen Reihen bedurfte, um ihr revolutionäres Minimalprogramm zu verwirklichen. So propagierten sie nicht allein die Zusammenfassung aller Organisationen, Parteien, Gruppen und Personen, „die für die Rettung Deutschlands durch Vernichtung der faschistisch-imperialistischen Reaktion und Aufrichtung eines demokratischen Volksregimes kämpfen werden", zum „Block der kämpferischen Demokratie", sondern forderten darüber hinaus die

„Schaffung der Einheit der Arbeiterklasse", die, so lautete die Begründung, „nur durch innere Geschlossenheit und eine richtige Politik die ihr zukommende wichtige Rolle" im Blocksystem spielen können ...
Die theoretische Bedeutung dieses „Aktionsprogramms", des ersten Schlüsseldokuments für die sowjetische Besatzungspolitik gegenüber Deutschland, faßte Wilhelm Pieck am 9. November 1944 in einer seiner Lektionen vor sowjetischen Funktionären dahingehend zusammen, daß es sich um ein „Programm der nächsten politischen und ökonomischen Umgestaltungen" handle, „die einerseits auf dem Boden der jetzigen gesellschaftlich-ökonomischen Verhältnisse vollauf durchführbar und andererseits für den weiteren Schritt vorwärts, für die Verwirklichung des Sozialismus, notwendig sind". Praktisch bedeutete es, daß in Moskau insgeheim ein konkretes politisches Konzept für die Behandlung Deutschlands in dem Moment in den Grundzügen vorlag, als sich die Rote Armee anschickte, die Grenzen des Deutschen Reiches zu überschreiten.

Aus: Alexander Fischer, Antifaschismus und Demokratie. Zur Deutschlandplanung der UdSSR in den Jahren 1943 bis 1945; in: Ernst Deuerlein u.a., Potsdam und die deutsche Frage, Köln 1970, S. 15 ff., 23 ff.

## 2. Londoner Protokolle

### *a) Protokoll über die Aufteilung Deutschlands in Besatzungszonen und die Verwaltung von Berlin vom 12.9.1944*

Die Regierungen der Vereinigten Staaten von Amerika, des Vereinigten Königreichs von Großbritannien und Nord-Irland und der Union der Sozialistischen Sowjetrepubliken haben folgendes Übereinkommen im Hinblick auf die Ausführung des Artikels 11 der Urkunde der bedingungslosen Kapitulation Deutschlands erreicht:
1. Deutschland, innerhalb der Grenzen, wie sie am 31. Dezember 1937 bestanden, wird zum Zwecke der Besetzung in drei Zonen eingeteilt, deren je eine einer der drei Mächte zugewiesen wird, und ein besonderes Berliner Gebiet, das gemeinsam von den drei Mächten besetzt wird.
2. Die Grenzen der drei Zonen und des Berliner Gebietes und die Verteilung der drei Zonen unter den USA, dem UK und der UdSSR wird wie folgt sein:
(folgt Beschreibung des Grenzverlaufs)
Das Berliner Gebiet (unter welchem Ausdruck das Territorium Groß-Berlins, wie im Gesetz vom 27. April 1920 definiert, zu verstehen ist) wird gemeinsam von den bewaffneten Streitkräften der USA, des UK und der UdSSR, die durch die entsprechenden Oberkommandierenden dazu bestimmt werden, besetzt. Zu diesem Zweck wird das Gebiet von Groß-Berlin in die folgenden drei Teile eingeteilt:
(folgt Bezeichnung der Bezirke)
3. Die Besatzungsstreitkräfte jeder der drei Zonen, in die Deutschland eingeteilt wird, unterstehen einem Oberkommandierenden, der von der Regierung desjenigen Landes, dessen Streitkräfte die betreffende Zone besetzen, bestimmt wird.
4. Jede der drei Mächte kann nach ihrem Ermessen in die für Besatzungspflichten zugewiesenen Streitkräfte unter dem Kommando ihres Oberkommandierenden Hilfskontingente von Streitkräften anderer alliierter Mächte, die an militärischen Operationen gegen Deutschland teilgenommen haben, einbeziehen.
5. Eine Interalliierte Regierungsbehörde (Komendatura), bestehend aus drei Kommandanten, die jeweils von ihren entsprechenden Oberkommandierenden ernannt worden sind, wird gegründet, um eine gemeinsame Verwaltung des Groß-Berliner Gebietes zu errichten.

### *b) Abkommen über die Errichtung eines Kontrollapparats in Deutschland vom 14.11.1944*

Die Regierungen der Vereinigten Staaten von Amerika, des Vereinigten Königreichs von Großbritannien und Nord-Irland und der Union der Sozialistischen Sowjetrepubliken haben das folgende

Abkommen hinsichtlich der Organisation der Alliierten Kontrolleinrichtungen in Deutschland in der Zeit, während welcher Deutschland die grundlegenden Erfordernisse der bedingungslosen Kapitulation ausführen muß, beschlossen:

§ 1

Die höchste Autorität wird in Deutschland ausgeübt auf Grund von Anweisungen seitens ihrer entsprechenden Regierungen durch die Oberkommandierenden der Streitkräfte der Vereinigten Staaten, des Vereinigten Königreiches und der Union der Sozialistischen Sowjetrepubliken, jeder in seiner eigenen Besatzungszone und auch gemeinsam in solchen Angelegenheiten, die Deutschland als ein Ganzes betreffen, in ihrer Eigenschaft als Mitglieder des höchsten Kontrollorgans, das unter dem vorliegenden Abkommen errichtet worden ist ...

§ 3

a) Die drei Oberkommandierenden, die zusammen als eine Körperschaft wirken, werden ein höchstes Kontrollorgan gründen, das Kontrollrat genannt wird.

b) Die Funktionen des Kontrollrates werden folgende sein:

aa) eine angemessene Einheitlichkeit der Aktionen der Oberkommandierenden in ihren entsprechenden Besatzungszonen sicherzustellen;

bb) Pläne zu entwerfen und abgestimmte Entscheidungen über die hauptsächlichsten militärischen, politischen, wirtschaftlichen und anderen Fragen, die Deutschland als Ganzes betreffen, zu erreichen auf der Grundlage von Instruktionen, die jeder Oberkommandierende von seiner Regierung erhält;

cc) die deutsche Zentralverwaltung zu kontrollieren, die unter der Direktive des Kontrollrates arbeitet und ihm verantwortlich ist, die Erfüllung seiner Forderungen zu sichern;

dd) die Verwaltung Groß-Berlins durch entsprechende Organe zu leiten.

c) Der Kontrollrat wird wenigstens einmal innerhalb von zehn Tagen zusammenkommen, außerdem zu irgendeiner Zeit auf Verlangen eines seiner Mitglieder zusammentreffen. Entscheidungen des Kontrollrates sollen einstimmig sein. Der Vorsitz des Kontrollrates wird abwechselnd von jedem der drei Mitglieder geführt.

d) Jedes Kontrollratsmitglied wird von einem politischen Berater unterstützt, der – wenn notwendig – Kontrollratssitzungen beiwohnen wird. Jedes Kontrollratsmitglied kann auch – wenn notwendig – bei Ratssitzungen von Marine- oder Luftwaffenberatern unterstützt werden.

Zit. nach: Berlin, Quellen und Dokumente 1945–1951, hg. im Auftrag des Senats von Berlin, 1. Halbband, Berlin 1964, S. 38ff., 45f.

## 3. Die Direktive JCS 1067

*Direktive des Generalstabes der Streitkräfte der USA an den Oberbefehlshaber der Besatzungstruppen der USA hinsichtlich der Militärregierung für Deutschland (Direktive JCS 1067) vom April 1945*

...

*3. Der Kontrollrat und die Besatzungszonen:*

...

d) Der Kontrollrat soll Vorkehrungen treffen, um die gleichmäßige Verteilung lebenswichtiger Güter auf die Zonen zu bewirken, und Sie werden dies in Ihrer Zone unterstützen. Falls der Kontrollrat keine anderslautenden Richtlinien gibt, können Sie mit einem oder mehreren Zonenbefehlshabern über Angelegenheiten, die für die betreffenden Zonen von besonderem Interesse sind, unmittelbar verhandeln.

...

*4. Grundlegende Ziele der Militärregierung in Deutschland:*

a) Es muß den Deutschen klargemacht werden, daß Deutschlands rücksichtslose Kriegführung und der fanatische Widerstand der Nazis die deutsche Wirtschaft zerstört und Chaos und Leiden unvermeidlich gemacht haben, und daß sie nicht der Verantwortung für das entgehen können, was sie selbst auf sich geladen haben.

b) Deutschland wird nicht besetzt zum Zwecke seiner Befreiung, sondern als ein besiegter Feindstaat. Ihr Ziel ist nicht die Unterdrückung, sondern die Besetzung Deutschlands, um gewisse wichtige alliierte Absichten zu verwirklichen. Bei der Durchführung der Besetzung und Verwaltung müssen Sie gerecht, aber fest und unnahbar sein. Die Verbrüderung mit deutschen Beamten und der Bevölkerung werden Sie streng unterbinden.
c) Das Hauptziel der Alliierten ist es, Deutschland daran zu hindern, je wieder eine Bedrohung des Weltfriedens zu werden. Wichtige Schritte zur Erreichung dieses Zieles sind die Ausschaltung des Nazismus und des Militarismus in jeder Form, die sofortige Verhaftung der Kriegsverbrecher zum Zwecke der Bestrafung, die industrielle Abrüstung und Entmilitarisierung Deutschlands mit langfristiger Kontrolle des deutschen Kriegspotentials und die Vorbereitungen zu einem späteren Wiederaufbau des deutschen politischen Lebens auf demokratischer Grundlage.
d) Andere alliierte Ziele sind die Durchführung des Reparations- und Rückerstattungsprogramms, Nothilfe für die durch den Naziangriff verwüsteten Länder und die Betreuung und Rückführung der Kriegsgefangenen und Verschleppten der Mitgliedstaaten der Vereinten Nationen.

5. *Wirtschaftskontrollen:*
a) Als Mitglied des Kontrollrats und als Zonenbefehlshaber werden Sie sich von dem Grundsatz leiten lassen, daß der deutschen Wirtschaft in dem Maße Kontrollen auferlegt werden können, als erforderlich ist, um die in der vorstehenden Ziffer 4 aufgezählten Ziele zu erreichen und außerdem, soweit sie zum Schutz der Sicherheit und zur Befriedigung des Bedarfs der Besatzungskräfte und zur Sicherstellung der Produktion und Aufrechterhaltung von Lieferungen und Dienstleistungen notwendig sind, um Hungersnot oder Krankheiten und Unruhen, die eine Gefährdung dieser Streitkräfte darstellen würden, vorzubeugen. Sie werden bei der Durchführung des Reparationsprogramms oder anderweitig nichts unternehmen, was geeignet wäre, die grundlegenden Lebensbedingungen in Deutschland oder in Ihrer Zone auf einem höheren Stand zu halten als in irgendeinem benachbarten Mitgliedstaat der Vereinten Nationen.
...

*Teil II: Wirtschaftliche Angelegenheiten*
Allgemeine Ziele und Kontrollmethoden:
...
16. Sie werden dafür sorgen, daß die deutsche Wirtschaft so verwaltet und kontrolliert wird, daß die in den Ziffern 4 und 5 dieser Direktive enthaltenen Hauptziele erreicht werden. Wirtschaftskontrollen sind nur in dem Maße einzuführen, wie sie zur Erreichung dieser Ziele notwendig sind, vorausgesetzt, daß Sie in vollem Ausmaß die für die Durchführung der industriellen Abrüstung Deutschlands notwendigen Kontrollen einführen. Abgesehen von den für diese Zwecke erforderlichen Maßnahmen werden Sie keine Schritte unternehmen, die (a) zur wirtschaftlichen Wiederaufrichtung Deutschlands führen könnten oder (b) geeignet sind, die deutsche Wirtschaft zu erhalten oder zu stärken.

Zit nach: Ernst Deuerlein, Die Einheit Deutschlands. Ihre Erörterung und Behandlung auf den Kriegs- und Nachkriegskonferenzen 1941–1949, Frankfurt/M 1957, S. 238 ff.

## 4. Telegramm Churchills an Truman vom 12. 5. 1945

2. ... Ich habe immer für die Freundschaft mit den Russen gearbeitet, mache mir aber – genau wie Sie – große Sorgen wegen ihrer fälschlichen Auslegung der Entscheidungen von Jalta, ihrer Haltung gegenüber Polen, ihres überwältigenden Einflusses in den Balkanländern, Griechenland ausgenommen, wegen der Schwierigkeiten, die sie in bezug auf Wien machen, wegen der Verbindung zwischen russischer Macht und den Territorien unter ihrer Herrschaft oder Besetzung, verbunden mit der kommunistischen Technik in so vielen anderen Ländern, und vor allem wegen der ihnen gegebenen Möglichkeit, so große Heere so lange Zeit im Feld zu halten. Wie wird die

Lage in einem oder zwei Jahren aussehen, wenn die britischen und amerikanischen Armeen dahingeschmolzen sind und die französische Armee noch nicht in größerem Umfang gebildet worden ist, wenn wir möglicherweise eine Handvoll, größtenteils französischer Divisionen haben und wenn sich Rußland möglicherweise entscheidet, zwei- oder dreihundert im aktiven Dienst zu behalten?

3. Längs der russischen Front ist ein Eiserner Vorhang niedergegangen. Wir wissen nicht, was dahinter vor sich geht. Es scheint wenig Zweifel daran zu geben, daß die gesamten Gebiete östlich der Linie Lübeck – Triest – Korfu bald vollständig in ihren Händen sein werden. Diesem muß das weitere, enorme Gebiet hinzugefügt werden, das von den amerikanischen Armeen zwischen Eisenach und der Elbe erobert worden ist und das, so nehme ich an, in ein paar Wochen von der russischen Macht besetzt sein wird, wenn die Amerikaner sich zurückziehen …

4. Währenddessen wird die Aufmerksamkeit unserer Völker damit befaßt sein, Deutschland – welches ruiniert ist und am Boden liegt – Härten aufzuerlegen. Den Russen wäre es in sehr kurzer Zeit freigestellt, bis zu den Gewässern der Nordsee und des Atlantiks vorzurücken, wenn sie es wünschen.

5. Sicher ist es jetzt lebensnotwendig, mit Rußland zu einer Einigung zu gelangen oder festzustellen, wie wir zu Rußland stehen, ehe wir unsere Armeen tödlich schwächen oder uns in die Besatzungszonen zurückziehen. Dies kann nur durch ein persönliches Treffen geschehen. Wir können uns natürlich auf den Standpunkt stellen, daß sich Rußland untadelig benehmen wird, und ohne Zweifel bietet diese Unterstellung die bequemste Lösung. Zusammenfassend scheint mir, das Problem einer Regelung mit Rußland, bevor unsere Stärke dahin ist, stellt alle anderen Probleme in den Schatten.

Zit. nach: Ernst Deuerlein (Hg.), Potsdam 1945. Quellen zur Konferenz der „Großen Drei", München 1963, S. 96 ff.

## 5. Aus dem Abschluß-Kommuniqué der Potsdamer Konferenz vom 2. 8. 1945

…

III. Deutschland

Alliierte Armeen führen die Besetzung von ganz Deutschland durch, und das deutsche Volk fängt an, die furchtbaren Verbrechen zu büßen, die unter der Leitung derer, welche es zur Zeit ihrer Erfolge offen gebilligt hat und denen es blind gehorcht hat, begangen wurden. Auf der Konferenz wurde eine Übereinkunft erzielt über die politischen und wirtschaftlichen Grundsätze der gleichgeschalteten Politik der Alliierten in bezug auf das besiegte Deutschland in der Periode der alliierten Kontrolle.

Das Ziel dieser Übereinkunft bildet die Durchführung der Krim-Deklaration über Deutschland. Der deutsche Militarismus und Nazismus werden ausgerottet, und die Alliierten treffen nach gegenseitiger Vereinbarung in der Gegenwart und in der Zukunft auch andere Maßnahmen, die notwendig sind, damit Deutschland niemals mehr seine Nachbarn oder die Erhaltung des Friedens in der ganzen Welt bedrohen kann.

Es ist nicht die Absicht der Alliierten, das deutsche Volk zu vernichten oder zu versklaven. Die Alliierten wollen dem deutschen Volk die Möglichkeit geben, sich darauf vorzubereiten, sein Leben auf einer demokratischen und friedlichen Grundlage von neuem wiederaufzubauen. Wenn die eigenen Anstrengungen des deutschen Volkes unablässig auf die Erreichung dieses Zieles gerichtet sein werden, wird es ihm möglich sein, zu gegebener Zeit seinen Platz unter den freien und friedlichen Völkern der Welt einzunehmen.

Der Text dieser Übereinkunft lautet:

„Politische und wirtschaftliche Grundsätze, deren man sich bei der Behandlung Deutschlands in der Anfangsperiode der Kontrolle bedienen muß:

*A. Politische Grundsätze*

1. Entsprechend der Übereinkunft über das Kontrollsystem in Deutschland wird die höchste Regierungsgewalt in Deutschland durch die Oberbefehlshaber der Streitkräfte der Vereinigten Staaten von Amerika, des Vereinigten Königreichs, der Union der Sozialistischen Sowjetrepubliken und der Französischen Republik nach den Weisungen ihrer entsprechenden Regierungen ausgeübt, und zwar von jedem in seiner Besatzungszone, sowie gemeinsam in ihrer Eigenschaft als Mitglieder des Kontrollrates in den Deutschland als Ganzes betreffenden Fragen.

2. Soweit dieses praktisch durchführbar ist, muß die Behandlung der deutschen Bevölkerung in ganz Deutschland gleich sein.

3. Die Ziele der Besetzung Deutschlands, durch welche der Kontrollrat sich leiten lassen soll, sind:

(I) Völlige Abrüstung und Entmilitarisierung Deutschlands und die Ausschaltung der gesamten deutschen Industrie, welche für eine Kriegsproduktion benutzt werden kann oder deren Überwachung …

(II) Das deutsche Volk muß überzeugt werden, daß es eine totale militärische Niederlage erlitten hat und daß es sich nicht der Verantwortung entziehen kann für das, was es selbst dadurch auf sich geladen hat, daß seine eigene mitleidlose Kriegführung und der fanatische Widerstand der Nazis die deutsche Wirtschaft zerstört und Chaos und Elend unvermeidlich gemacht haben.

(III) Die Nationalsozialistische Partei mit ihren angeschlossenen Gliederungen und Unterorganisationen ist zu vernichten; alle nationalsozialistischen Ämter sind aufzulösen; es sind Sicherheiten dafür zu schaffen, daß sie in keiner Form wieder auferstehen können; jeder nazistischen und militaristischen Betätigung und Propaganda ist vorzubeugen.

(IV) Die endgültige Umgestaltung des deutschen politischen Lebens auf demokratischer Grundlage und eine eventuelle friedliche Mitarbeit Deutschlands am internationalen Leben sind vorzubereiten.

4. Alle nazistischen Gesetze, welche die Grundlagen für das Hitlerregime geliefert haben oder eine Diskriminierung auf Grund der Rasse, Religion oder politischer Überzeugung errichteten, müssen abgeschafft werden. Keine solche Diskriminierung, weder eine rechtliche noch eine administrative oder irgendeiner anderen Art, wird geduldet werden.

5. Kriegsverbrecher und alle diejenigen, die an der Planung oder Verwirklichung nazistischer Maßnahmen, die Greuel oder Kriegsverbrechen nach sich zogen oder als Ergebnis hatten, teilgenommen haben, sind zu verhaften und dem Gericht zu übergeben. Nazistische Parteiführer, einflußreiche Nazianhänger und die Leiter der nazistischen Ämter und Organisationen und alle anderen Personen die für die Besetzung und ihre Ziele gefährlich sind, sind zu verhaften und zu internieren.

6. Alle Mitglieder der nazistischen Partei, welche mehr als nominell an ihrer Tätigkeit teilgenommen haben, und alle anderen Personen, die den alliierten Zielen feindlich gegenüberstehen, sind aus den öffentlichen oder halböffentlichen Ämtern und von den verantwortlichen Posten in wichtigen Privatunternehmungen zu entfernen. Diese Personen müssen durch Personen ersetzt werden, welche nach ihren politischen und moralischen Eigenschaften fähig erscheinen, an der Entwicklung wahrhaft demokratischer Einrichtungen in Deutschland mitzuwirken.

7. Das Erziehungswesen in Deutschland muß so überwacht werden, daß die nazistischen und militaristischen Lehren völlig entfernt werden und eine erfolgreiche Entwicklung der demokratischen Ideen möglich gemacht wird.

8. Das Gerichtswesen wird entsprechend den Grundsätzen der Demokratie und der Gerechtigkeit auf der Grundlage der Gesetzlichkeit und der Gleichheit aller Bürger vor dem Gesetz ohne Unterschied der Rasse, der Nationalität und der Religion reorganisiert werden …

9. …

(II) In ganz Deutschland sind alle demokratischen politischen Parteien zu erlauben und zu fördern mit der Einräumung des Rechtes, Versammlungen einzuberufen und öffentliche Diskussionen durchzuführen.

10. Unter Berücksichtigung der Notwendigkeit zur Erhaltung der militärischen Sicherheit wird die Freiheit der Rede, der Presse und der Religion gewährt. Die religiösen Einrichtungen sollen re-

spektiert werden. Die Schaffung freier Gewerkschaften, gleichfalls unter Berücksichtigung der Notwendigkeit der Erhaltung der militärischen Sicherheit, wird gestattet werden.

*B. Wirtschaftliche Grundsätze*

II. Mit dem Ziele der Vernichtung des deutschen Kriegspotentials ist die Produktion von Waffen, Kriegsausrüstung und Kriegsmitteln, ebenso die Herstellung aller Typen von Flugzeugen und Seeschiffen zu verbieten und zu unterbinden. Die Herstellung von Metallen und Chemikalien, der Maschinenbau und die Herstellung anderer Gegenstände, die unmittelbar für die Kriegswirtschaft notwendig sind, ist streng zu überwachen und zu beschränken, entsprechend dem genehmigten Stand der friedlichen Nachkriegsbedürfnisse Deutschlands, um die in dem Punkt 15 angeführten Ziele zu befriedigen. Die Produktionskapazität, entbehrlich für die Industrie, welche erlaubt sein wird, ist entsprechend dem Reparationsplan, empfohlen durch die interalliierte Reparationskommission und bestätigt durch die beteiligten Regierungen, entweder zu entfernen oder, falls sie nicht entfernt werden kann, zu vernichten.

12. In praktisch kürzeste Frist ist das deutsche Wirtschaftsleben zu dezentralisieren mit dem Ziel der Vernichtung der bestehenden übermäßigen Konzentration der Wirtschaftskraft, dargestellt insbesondere durch Kartelle, Syndikate, Trusts und andere Monopolvereinigungen.

13. Bei der Organisation des deutschen Wirtschaftslebens ist das Hauptgewicht auf die Entwicklung der Landwirtschaft und der Friedensindustrie für den inneren Bedarf (Verbrauch) zu legen.

14. Während der Besatzungszeit in Deutschland als eine wirtschaftliche Einheit zu betrachten …

15. Es ist eine alliierte Kontrolle über das deutsche Wirtschaftsleben zu errichten, jedoch nur in den Grenzen, die notwendig sind:

a) zur Einführung des Programms der industriellen Abrüstung und Entmilitarisierung, der Reparationen und der erlaubten Aus- und Einfuhr;

b) zur Sicherung der Warenproduktion und der Dienstleistungen, die zur Befriedigung der Bedürfnisse der Besatzungsstreitkräfte und der verpflanzten Personen in Deutschland notwendig sind und die wesentlich sind für die Erhaltung eines mittleren Lebensstandards in Deutschland, der den mittleren Lebensstandard der europäischen Länder nicht übersteigt (Europäische Länder in diesem Sinne sind alle europäischen Länder mit Ausnahme des Vereinigten Königreiches und der Sowjetunion);

c) zur Sicherung – in der Reihenfolge, die der Kontrollrat festsetzt – einer gleichmäßigen Verteilung der wesentlichsten Waren unter den verschiedenen Zonen, um ein ausgeglichenes Wirtschaftsleben in ganz Deutschland zu schaffen und die Einfuhrnotwendigkeit einzuschränken …

IV. Reparationen aus Deutschland

In Übereinstimmung mit der Entscheidung der Krim-Konferenz, wonach Deutschland gezwungen werden soll, in größtmöglichem Ausmaß für die Verluste und die Leiden, die es den Vereinten Nationen verursacht hat, und wofür das deutsche Volk der Verantwortung nicht entgehen kann, Ausgleich zu schaffen, wurde folgende Übereinkunft über Reparationen erreicht:

1. Die Reparationsansprüche der UdSSR sollen durch Entnahmen aus der von der UdSSR besetzten Zone in Deutschland und durch angemessene deutsche Auslandsguthaben befriedigt werden.

2. Die UdSSR wird die Reparationsansprüche Polens aus ihrem eigenen Anteil an den Reparationen befriedigen.

3. Die Reparationsansprüche der Vereinigten Staaten, des Vereinigten Königreiches und der anderen zu Reparationsforderungen berechtigten Länder werden aus den westlichen Zonen und den entsprechenden deutschen Auslandsguthaben befriedigt werden.

4. In Ergänzung der Reparationen, die die UdSSR aus ihrer eigenen Besatzungszone erhält, wird die UdSSR zusätzlich aus den westlichen Zonen erhalten:

a) 15% derjenigen verwendungsfähigen und vollständigen industriellen Ausrüstung, vor allem der metallurgischen, chemischen und Maschinen erzeugenden Industrien, soweit sie für die deutsche Friedenswirtschaft unnötig und aus den westlichen Zonen Deutschlands zu entnehmen sind, im

Austausch für einen entsprechenden Wert an Nahrungsmitteln, Kohle, Kali, Zink, Holz, Tonprodukten, Petroleumprodukten und anderen Waren, nach Vereinbarung.
b) 10% derjenigen industriellen Ausrüstung, die für die deutsche Friedenswirtschaft unnötig ist und aus den westlichen Zonen zu entnehmen und auf Reparationskonto an die Sowjetregierung zu übertragen ist ohne Bezahlung oder Gegenleistung irgendwelcher Art.
Die Entnahmen der Ausrüstung, wie sie oben in a) und b) vorgesehen sind, sollen gleichzeitig erfolgen ...
VI. Stadt Königsberg und das anliegende Gebiet
...
Die Konferenz hat grundsätzlich dem Vorschlag der Sowjetregierung hinsichtlich der endgültigen Übergabe der Stadt Königsberg und des anliegenden Gebietes an die Sowjetunion gemäß der obigen Beschreibung zugestimmt, wobei der genaue Grenzverlauf einer sachverständigen Prüfung vorbehalten bleibt.
Der Präsident der USA und der britische Premierminister haben erklärt, daß sie den Vorschlag der Konferenz bei der bevorstehenden Friedensregelung unterstützen werden.
...
IX. Polen
...
b) Bezüglich der Westgrenze Polens wurde folgendes Abkommen erzielt:
In Übereinstimmung mit dem bei der Krim-Konferenz erzielten Abkommen haben die Häupter der drei Regierungen die Meinung der Polnischen Provisorischen Regierung der Nationalen Einheit hinsichtlich des Territoriums im Norden und Westen geprüft, das Polen erhalten soll. Der Präsident des Nationalrates Polens und die Mitglieder der Polnischen Provisorischen Regierung der Nationalen Einheit sind auf der Konferenz empfangen worden und haben ihr Auffassungen in vollem Umfange dargelegt.
Die Häupter der drei Regierungen bekräftigen ihre Auffassung, daß die endgültige Festlegung der Westgrenze Polens bis zu der Friedenskonferenz zurückgestellt werden soll.
Die Häupter der drei Regierungen stimmen darin überein, daß bis zur endgültigen Festlegung der Westgrenze Polens die früher deutschen Gebiete östlich der Linie, die von der Ostsee unmittelbar westlich von Swinemünde und von dort die Oder entlang bis zur Einmündung der westlichen Neiße und die westliche Neiße entlang bis zur tschechoslowakischen Grenze verläuft, einschließlich des Teiles Ostpreußens, der nicht unter die Verwaltung der Union der Sozialistischen Sowjetrepubliken in Übereinstimmung mit den auf dieser Konferenz erzielten Vereinbarungen gestellt wird und einschließlich des Gebietes der früheren Freien Stadt Danzig, unter die Verwaltung des polnischen Staates kommen und in dieser Hinsicht nicht als Teil der sowjetischen Besatzungszone in Deutschland betrachtet werden sollen ...

XIII. Ordnungsmäßige Überführung deutscher Bevölkerungsteile
Die Konferenz erzielte folgendes Abkommen über die Ausweisung Deutscher aus Polen, der Tschechoslowakei und Ungarn:
Die drei Regierungen haben die Frage unter allen Gesichtspunkten beraten und erkennen an, daß die Überführung der deutschen Bevölkerung oder Bestandteile derselben, die in Polen, Tschechoslowakei und Ungarn zurückgeblieben sind, nach Deutschland durchgeführt werden muß. Sie stimmen darin überein, daß jede derartige Überführung, die stattfinden wird, in ordnungsgemäßer und humaner Weise erfolgen soll. Da der Zustrom einer großen Zahl Deutscher nach Deutschland die Lasten vergrößern würde, die bereits auf den Besatzungsbehörden ruhen, halten sie es für wünschenswert, daß der alliierte Kontrollrat in Deutschland zunächst das Problem unter besonderer Berücksichtigung der Frage einer gerechten Verteilung dieser Deutschen auf die einzelnen Besatzungszonen prüfen soll.

Zit. nach: Ernst Deuerlein (Hrsg.), Potsdam 1945. Quellen zur Konferenz der „Großen Drei", München 1963, S. 353–367

## 6. Die „Politik der Interessensphären“ und die Ergebnisse von Potsdam

Der erste Grund, weshalb ich für eine „Politik der Interessensphären“ eintrat, war ... die Überzeugung, daß wir in dem sowjetisch kontrollierten Gebiet doch keinen wirklichen Einfluß würden geltend machen können und daß es würdelos und sogar irreführend wäre, so zu tun, als glaubten wir das. Der zweite Grund war, daß ich den Eindruck hatte, wir würden aus Rücksicht auf unseren Wunschtraum von der Zusammenarbeit aller Europäer und noch mehr aus Furcht, die Russen durch einen Alleingang zu verärger, eigene Wiederaufbaumaßnahmen in dem Teil von Europa verschleppen, der unserm Einfluß wirklich offenstand. Wenn wir dort zu lange mit der Schaffung angemessener Lebensbedingungen warteten, würden wir nur den westlichen kommunistischen Parteien in die Hände arbeiten, denen ihr Zusammengehen mit den Widerstandsbewegungen kürzlich ohnehin erst großen Auftrieb gegeben hatte ... Und daß der internationale Geldmarkt in ihnen [den sowjetischen Führern] geeignete Partner fände, schien bei ihrer eifersüchtig abgeriegelten und kontrollierten Wirtschaft und ihrer Währung ohne Weltmarktstatus, bei ihrem völlig willkürlichen und künstlichen Preisgefüge und dem totalen Außenhandelsmonopol eine mehr als abwegige Hoffnung, selbst für den Fall, daß die Ziele identisch gewesen wären, und das waren sie nicht. Aber der Punkt, in dem alle meine Besorgnisse zusammenliefen, war wie immer Deutschland. Die Kämpfe waren beendet. Jetzt würden unsere Ideale und unsere Politik die Probe zu bestehen haben ... Für die Russen war bei einer Mitarbeit am Wiederaufbau Europas wenig zu holen, um so mehr dagegen bei einer Politik, die uns die verführerische Aussicht darauf vor der Nase baumeln ließ und so den Aufschub unsrer eigenen Aufbaumaßnahmen erreichte. Denn das fortgesetzte Elend im Westen mußte ja den ungeduldig wartenden kommunistischen Parteien dieser Länder in die Hände arbeiten.

In einem undatierten Entwurf, der zwischen anderen privaten Papieren steckte und allem Anschein nach aus dem Sommer 1945 stammt, finde ich den folgenden Abschnitt:

„Die Idee, Deutschland gemeinsam mit den Russen regieren zu wollen, ist ein Wahn. Ein ebensolcher Wahn ist es, zu glauben, die Russen und wir könnten uns eines schönen Tages höflich zurückziehen, und aus dem Vakuum werde ein gesundes und friedliches, stabiles und freundliches Deutschland steigen. Wir haben keine andere Wahl, als unseren Teil von Deutschland – den Teil, für den wir und die Briten die Verantwortung übernommen haben – zu einer Form von Unabhängigkeit zu führen, die so befriedigend, so gesichert, so überlegen ist, daß der Osten sie nicht gefährden kann. Das ist eine gewaltige Aufgabe für Amerikaner. Aber sie läßt sich nicht umgehen; und hierüber, nicht über undurchführbare Pläne für eine gemeinsame Militärregierung, sollten wir uns Gedanken machen.

Zugegeben, daß das Zerstückelung bedeutet. Aber die Zerstückelung ist bereits Tatsache, wegen der Oder-Neiße-Linie. Ob das Stück Sowjetzone wieder mit Deutschland verbunden wird oder nicht, ist jetzt nicht wichtig. Besser ein zerstückeltes Deutschland, von dem wenigstens der westliche Teil als Prellbock für die Kräfte des Totalitarismus wirkt, als ein geeintes Deutschland, das diese Kräfte wieder bis an die Nordsee vorläßt.

... Wenn wir auch unsere bereits übernommenen Verpflichtungen bei der Kontrollkommission loyal erfüllen sollten, so dürfen wir uns doch über die Möglichkeiten einer Dreimächtekontrolle keine Illusionen machen ... Im Grunde sind wir in Deutschland Konkurrenten der Russen. Wo es in unserer Zone um wirklich wichtige Dinge geht, sollen wir in der Kontrollkommission keinerlei Zugeständnisse machen.“

Es versteht sich – bei solchen Überzeugungen –, daß ich die Arbeit der Konferenz von Potsdam mit Skepsis und Entsetzen verfolgte. Ich kann mich an kein politisches Dokument erinnern, das mich je so deprimiert hätte wie das von Truman unterzeichnete Kommuniqué am Ende dieser wirren und verwirrenden Verhandlungen. Nicht nur weil ich wußte, daß die Idee einer gemeinsamen Viermächtekontrolle, die man jetzt zur Grundlage für die Regierung Deutschlands gemacht hatte, abwegig und undurchführbar sei. Auch die unpräzise Ausdrucksweise, die Verwendung so dehnbarer Begriffe wie „demokratisch“, „friedlich“, „gerecht“ in einem Abkommen mit den Russen lief allem direkt zuwider, was siebzehn Jahre Rußlanderfahrung mich über die Technik des Verhandelns mit der sowjetischen Regierung gelehrt hatten. Die Behauptung zum Beispiel, wir würden zusammen mit den Russen das deutsche Erziehungssystem „nach demokratischen Richtlinien" umformen, ließ Rückschlüsse zu, die nach allem, was wir von der Geisteshaltung der sowjetischen Führer und den damaligen russischen Erziehungsgrundsätzen wußten, völlig ungerechtfertigt waren.

Noch erschreckender las sich die von uns verkündete Absicht, in Zusammenarbeit mit den Russen das deutsche Rechtswesen so umzugestalten, daß es „den Prinzipien der Demokratie, der Urteilsfindung nach Recht und Gesetz und der gleichen Behandlung aller Bürger ohne Ansehen von Rasse, Nationalität oder Religion" entspräche. Für die weitere Behauptung, man werde die politische Tätigkeit „demokratischer Parteien und die dazugehörige Versammlungsfreiheit und öffentliche Diskussion" nicht nur gestatten, sondern „ermutigen", würden mildernde Umstände schwer zu finden sein. Jeder Mensch in Moskau hätte unsern Unterhändlern sagen können, was die sowjetische Führung unter „demokratischen Parteien" verstand. Die Irreführung der Öffentlichkeit in Deutschland und im Westen durch die Verwendung eines solchen Ausdrucks in einem Dokument, das außer von Stalin auch von den Herren Truman und Attlee unterzeichnet war, ließ sich selbst mit allergrößter Naivität nicht entschuldigen.

Was die Reparationen betraf, so schienen mir die Potsdamer Beschlüsse zu diesem Thema nichts als eine weitere Extrapolation der in Teheran eingeleiteten Politik des Wunschdenkens, die nicht anders als mit einem völligen Fehlschlag enden konnte (daß sie das schließlich tat, zeigt General Clays Befehl vom 3. Mai 1946, alle Lieferungen von Reparationsgütern aus der Amerikanischen Zone in den Osten zu stoppen). Ein paar Monate davor hatte ich schon einmal in einem Privatbrief geschrieben, es wäre albern, sich einzubilden, daß wir ein solches Vorhaben gemeinsam mit den Russen verwirklichen könnten. Es würde in den einzelnen Zonen einfach auf ein *Catch-as-catch-can* hinauslaufen. Wir würden an Reparationen gerade so viel erhalten, wie wir in unserer Zone nehmen könnten und wollten, und sonst nichts. Bei den Russen könne man unterstellen, daß sie in ihrem Besatzungsgebiet ganz nach eigenem Belieben verfahren würden, ohne Rücksicht auf irgendwelche Abkommen mit uns. Da ich diese Meinung schon seit 1944 vertreten hatte und die Ereignisse der Zwischenzeit mich immer wieder darin bestärkten, ist leicht zu verstehen, warum ich die hinhaltende Behandlung des Reparationsproblems in Potsdam ohne Begeisterung registrierte.

Aus: George F. Kennan, Memoiren eines Diplomaten (Memoirs 1925–1950). Dt. Ausgabe, Stuttgart 1968, S. 261 ff.

## 7. Das Potsdamer Abkommen als „Legitimation" einer „veränderten Politik" der UdSSR

In den wesentlichen Punkten bot das Abkommen breiten Spielraum für unterschiedliche Auslegungen: Deutschland sollte Wiedergutmachung leisten, die Alliierten wollten „Militarismus und Nazismus" ausrotten, ein demokratisches Staatswesen schaffen und eine einheitliche Wirtschaftsordnung erhalten. Diese Vereinbarungen dienten der UdSSR in den folgenden Jahren als Legitimation, um stufenweise ihre veränderte Politik in Deutschland durchzusetzen.

Die sowjetische Europapolitik nach 1945 zeigt weder die klare Absicht, ganz Europa zu sowjetisieren, noch beschränkte sie sich auf die Schaffung von Sicherheitszonen, um die Sowjetunion notfalls besser verteidigen zu können. Die verschiedenen Konzeptionen, die die Sowjetunion Stalins vermutlich besaß, boten die Möglichkeit, sich der jeweiligen konkreten Situation anzupassen, um schrittweise bestimmte strategische und taktische Ziele zu realisieren. Das bedeutete aber, daß die Außenpolitik der Sowjetunion wesentlich von der Haltung der USA abhing (und umgekehrt).

Ein „Fernziel" der UdSSR bestand wohl darin, in Deutschland ihr eigenes System zu installieren. Nur dadurch glaubte sie letztlich „Faschismus und Militarismus" ausrotten zu können, die ja nach der sowjetischen Ideologie Folgen des Kapitalismus und der bürgerlichen Staatsform, also auch des

Parlamentarismus, waren. Die aktuellen Interessen der UdSSR verlangten 1945 jedoch eine andere Taktik. Die Sowjetunion wollte eben nicht nur ihren Machtbereich erweitern und ihr internationales Gewicht verstärken, sie benötigte nach den schweren Kriegsverlusten Ruhe für den Wiederaufbau und sie brauchte Reparationen.

Zunächst war also die Zusammenarbeit mit den West-Alliierten notwendig. Daher sollte jeder Anschein einer „kommunistischen Entwicklung“ oder einer Übertragung des Sowjetsystems in Osteuropa und erst recht im gemeinsam besetzten Deutschland vermieden werden. Ideologisch gestand Stalin deshalb allen kommunistischen Parteien einen „eigenen“ Weg zum Sozialismus zu und verzichtete auf eine sofortige Sowjetisierung (die die Westmächte provoziert und die sowjetischen Reparationsansprüche gefährdet hätte). Die UdSSR gestattete vielmehr die Tätigkeit verschiedener politischer Richtungen, legte also damals „antifaschistisch-demokratisch“ im Sinne der pluralistischen Demokratie aus. Mit dieser Taktik ließ sich die UdSSR verschiedene Möglichkeiten offen: Bei entsprechender Interessenlage und politischen Erfordernissen blieb der Weg für eine gesamtdeutsche und demokratische Entwicklung offen; die Alternative war der tatsächlich eingeschlagene Weg der SBZ, nämlich die erneute Umstrukturierung des Parteiensystems, die über die Stufe der „antifaschistisch-demokratischen Umwälzung“ führte und den Weg zur Stalinisierung freimachte.

Aus: Hermann Weber, DDR. Grundriß der Geschichte 1945–1976, Hannover 1976, S. 19f.

## 8. Der Komplex der Vertreibung

*a) (siehe Tabelle Seite 18)*

*b) Die Vertreibung der Deutschen aus der mährischen Hauptstadt Brünn am 30. 5. 1945*

Hier, zum Beispiel, die Ereignisse vom vergangenen Monat in Brno, als junge Revolutionäre der tschechischen Nationalgarde beschlossen, die Stadt zu „reinigen“.

Kurz vor neun Uhr abends marschierten sie durch die Straßen und riefen alle deutschen Bürger auf, um neun Uhr vor ihren Häusern zu stehen, ein Gepäckstück in jeder Hand, bereit, die Stadt auf immer zu verlassen.

Den Frauen blieben zehn Minuten, die Kinder zu wecken, sie anzuziehen, ein paar Habseligkeiten zusammenzupacken und sich auf die Straße zu stellen.

Hier mußten sie allen Schmuck, Uhren, Pelze und Geld den Nationalgardisten ausliefern, bis auf den Ehering; dann wurden sie mit vorgehaltenen Gewehren in Marsch gesetzt, der österreichischen Grenze entgegen.

Es war stockfinster, als sie die Grenze erreichten, die Kinder weinten, die Frauen stolperten vorwärts. Die tschechischen Grenzwachen drängten sie über die Grenze den österreichischen Grenzwachen entgegen. Da kam es zu neuer Verwirrung. Die Österreicher weigerten sich, die Leute aufzunehmen, die Tschechen, sie wieder ins Land zu lassen. Sie wurden für die Nacht auf ein offenes Feld getrieben. Am nächsten Morgen erschienen ein paar Rumänen als Wache.

Sie sind immer noch auf diesem Feld, das zum Konzentrationslager geworden ist. Sie haben nur zu essen, was ihnen die Wachen gelegentlich bringen. Rationen erhalten sie nicht ... Jetzt wütet eine Typhusepidemie unter ihnen, und es heißt, daß täglich hundert sterben.

Fünfundzwanzigtausend Männer, Frauen und Kinder haben diesen Gewaltmarsch aus Brünn mitgemacht, darunter eine Engländerin, die mit einem Nazi verheiratet ist, eine Österreicherin von siebzig Jahren, eine sechsundachtzigjährige Italienerin.

Überall im Lande werden jetzt Konzentrationslager für Deutsche errichtet. Man schickt die Leute unterschiedslos hinein, während sie auf ihr Visum für Deutschland warten. Sogar deutsche Juden und Nazigegner, die erst kürzlich aus den Konzentrationslagern der SS befreit wurden, sind nicht sicher ...

Aus einem Artikel von Rhona Churchill im Londoner Daily Mail vom 6. 8. 1945; zit. bei: Alfred M. de Zayas, Die Anglo-Amerikaner und die Vertreibung der Deutschen, 5. Aufl. München 1979, S. 125

*a) Bevölkerungsbilanz für die Ostgebiete des Deutschen Reiches (Gebietsstand 31. 12. 1937) und die deutschen Siedlungsgebiete im Ausland 1945–1950*

| Gebiet | Wohnbevölkerung am 17.5.1939[1] | | Wehrmachtssterbefälle | Verluste der Zivilbevölkerung | Kriegs- und Nachkriegsverluste insgesamt | | Vertriebene im Sept. 1950[4] | | Zurückgebliebene und zurückgehaltene deutsche Bevölkerung (Sept. 1950) |
|---|---|---|---|---|---|---|---|---|---|
| | insgesamt | darunter deutsche Bevölkerung | | | absolut | in v.H. | Insgesamt | darunter im Bundesgebiet (ohne Saarld.) einschließlich Berlin (W.)[5] | |
| **Ostgebiete des Deutschen Reiches** | **9620800** | **9575200** | **656000** | **1236400** | **1892400** | **19,8** | **7107600** | **4541300** | **1101000** |
| Ostpreußen | 2488100 | 2473000 | 210000 | 279400 | 489400 | 19,8 | 1984400 | 1375500 | 160000 |
| Ostpommern | 1895200 | 1883700 | 125000 | 336900 | 461900 | 24,5 | 1464600 | 922800 | 55000 |
| Ostbrandenburg | 644800 | 642000 | 41000 | 173000 | 214000 | 33,3 | 430000 | 152900 | 16000 |
| Schlesien | 4592700 | 4576500 | 280000 | 447100 | 727100 | 15,9 | 3228600 | 2090000 | 870000 |
| **Deutsche Siedlungsgebiete im Ausl.** | – | **7423300** | **432000** | **885900** | **1317900** | **17,8** | **4912200** | **3153200** | **1452000** |
| Baltische Staaten und Memelgebiet | – | 249500 | 15000 | 50600 | 65600 | 26,3 | 169500 | 109000 | |
| Danzig | – | 380000 | 22000 | 89900 | 111900 | 29,4 | 290800 | 230200 | 4000 |
| Polen | – | 1371000[2] | 108000 | 185000 | 293000 | 21,4 | 688000 | 419600 | 431000 |
| Tschechoslowakei | – | 3477000 | 180000 | 266600 | 446600 | 12,8 | 3000400 | 1917800 | 250000 |
| Ungarn | – | 623000[3] | 32000 | 57000 | 89000 | 14,3 | 213000 | 178200 | 270000 |
| Jugoslawien | – | 536800 | 40000 | 135800 | 175800 | 32,7 | 297500 | 148000 | 82000 |
| Rumänien | – | 786000[3] | 85000 | 101000 | 136000 | 17,3 | 253000 | 149500 | 400000 |
| insgesamt | – | 16998500 | 1088000 | 2122300 | 3210300 | 18,9 | 12019800 | 7694500 | 2553000 |

(*Quelle:* Statistisches Jahrbuch für die Bundesrepublik Deutschland, Jg. 1960, S. 79.)

[1]) Für die deutschen Siedlungsgebiete im Ausland bei Kriegsbeginn.

[2]) Darunter 383000 Zweisprachige, die zu dem von der Vertreibung nicht betroffenen Bevölkerungsteil gehören.

[3]) Im Jahr 1940.

[4]) Einschließlich des Geburtenüberschusses der Vertriebenen seit Kriegsende (insgesamt 289800).

[5]) Die Zahl der Heimatvertriebenen in der sowjetischen Besatzungszone (ohne Ost-Berlin) erreichte ihren Höchststand 1948 mit 4,2 Mill. (Bundesrepublik ohne West-Berlin 1948: 7,326 Mill.). Bis 1955 verringerte sich diese Zahl durch Abwanderung in die Bundesrepublik auf 3,56 Mill. (+ 50000 in Ost-Berlin). In Österreich lebten 1955 350000 Heimatvertriebene. Vgl. G. *Reichling*. Die Heimatvertriebenen im Spiegel der Statistik (1958), S. 14f.

Zit. nach: Karl Dietrich Erdmann, Das Ende des Reiches und die Entstehung der Republik Österreich, der Bundesrepublik Deutschland und der Deutschen Demokratischen Republik; Bd. 22 der Taschenbuchausgabe von Gebhardt, Handbuch der Deutschen Geschichte, München 1980, S. 365

*c) Das Dilemma der USA*

Unser Wissen, daß sie Opfer harter politischer Beschlüsse sind, die mit äußerster Rücksichtslosigkeit und Mißachtung der Menschlichkeit durchgeführt werden, mildert die Wirkung nicht. Die Erinnerung an andere Massendeportationen stellt sich ein, von denen die Welt entsetzt war und die den Nazis den Haß eintrugen, den sie verdienten. Diese Massendeportationen, die von den Nazis inszeniert wurden, haben zu unserer moralischen Empörung beigetragen, in der wir den Krieg wagten und die unserer Sache Kraft verlieh.

Nun ist die Sache umgekehrt. Wir finden uns in der scheußlichen Lage, Partner in diesem deutschen Unternehmen zu sein und als Partner unweigerlich die Verantwortung mitzutragen. Die Vereinigten Staaten kontrollieren allerdings nicht unmittelbar die Ostgebiete Deutschlands, durch welche diese hilflosen und ausgeraubten Menschen ziehen, nachdem man sie aus ihrem Heim gewiesen hat. Die unmittelbare Verantwortung liegt bei der polnischen provisorischen Regierung und in geringerem Maß bei der tschechischen ...

In Potsdam kamen die drei Regierungen überein, daß die Umsiedlungen in geregelter und humaner Weise durchgeführt und daß Polen und die Tschechoslowakei aufgefordert werden sollten, vorübergehend die Ausweisung von Deutschen einzustellen. Trotz offizieller Beteuerungen spricht doch alles dafür, daß man die beiden Punkte nicht beachtet hat, vor allem Polen nicht ...

Wenn die Vereinigten Staaten auch vielleicht keine Mittel haben, einen grausamen, unmenschlichen und immer noch fortgesetzten Prozeß aufzuhalten, so scheint es doch, daß unsere Regierung unsere in Potsdam klar dargelegte Einstellung unmißverständlich wiederholen könnte und müßte. Es wäre sehr bedauerlich, wenn es einmal heißen sollte, daß wir ein *particeps* von Methoden gewesen seien, die wir bei anderen Gelegenheiten oft verdammt haben.

Aus einem Memorandum von Robert Murphy, des politischen Beraters der amerikanischen Militärregierung in Deutschland, vom 12.10.1945, zit. bei: Alfred M. de Zayas, die Anglo-Amerikaner und die Vertreibung der Deutschen, a.a.O., S. 145

## 9. Zulassung von Parteien in der SBZ

*a) Befehl Nr. 2 des Obersten Chefs der Sowjetischen Militäradministration in Deutschland vom 10.6.1945*

1. Auf dem Territorium der sowjetischen Besatzungszone in Deutschland ist die Bildung und Tätigkeit aller antifaschistischen Parteien zu erlauben, die sich die endgültige Ausrottung der Überreste des Faschismus und die Festigung der Grundlage der Demokratie und der bürgerlichen Freiheiten in Deutschland und die Entwicklung der Initiative und Selbstbestätigung der breiten Massen der Bevölkerung in dieser Richtung zum Ziel setzen.
2. Der werktätigen Bevölkerung der sowjetischen Besatzungszone in Deutschland ist das Recht zur Vereinigung in freien Gewerkschaften und Organisationen zum Zweck der Wahrung der Interessen und Rechte der Werktätigen zu gewähren. Den gewerkschaftlichen Organisationen und Vereinigungen ist das Recht zu gewähren, Kollektivverträge mit den Arbeitgebern zu schließen sowie Sozialversicherungskassen und andere Institutionen für gegenseitige Unterstützung, Kultur-, Bildungs- und andere Aufklärungsanstalten und -organisationen zu bilden.
3. Alle in den Punkten 1 und 2 genannten antifaschistischen Parteiorganisationen und freien Gewerkschaften sollen ihre Vorschriften und Programme der Tätigkeit bei den Organen der städtischen Selbstverwaltung und beim Militärkommandanten registrieren lassen und ihnen gleichzeitig die Liste der Mitglieder ihrer führenden Organe geben.
4. Es wird bestimmt, daß für die ganze Zeit des Besatzungsregimes die Tätigkeit aller in Punkt 1 und Punkt 2 genannten Organisationen unter der Kontrolle der Sowjetischen Militärverwaltung und entsprechend den von ihr gegebenen Instruktionen vor sich gehen wird.

| | |
|---|---|
| Der Oberste Chef der Sowjetischen<br>Militärverwaltung in Deutschland<br>Marschall der Sowjetunion *G. K. Shukow* | Der Stabschef der Sowjetischen<br>Militärverwaltung in Deutschland<br>Generaloberst *W. W. Kurasow* |

Aus: Geschichte der deutschen Arbeiterbewegung, a.a.O., Band 6, S. 349f.

*b) Die SMAD und die Ziele der Parteienbildung*

Nachdem am 5. Juni 1945 die Oberbefehlshaber der Alliierten im Auftrage ihrer Regierungen die „oberste Gewalt“ in Deutschland übernommen hatten, wurde wenige Tage später, am 9. Juni, die „Sowjetische Militäradministration für Deutschland“ (SMAD) geschaffen. Ihr oberster Chef war Marschall G. K. Shukow, dem im April 1946 Marschall W. D. Sokolowski folgte (Ende März 1949 dann Armeegeneral W. I. Tschuikow). Da die Besatzung tatsächlich die allein bestimmende Macht war, kam der SMAD für die Entwicklung der Sowjetisch besetzten Zone (SBZ) eine eminent wichtige Rolle zu. Die SMAD setzte die Interessen der UdSSR in der SBZ durch (vor allem die Sicherstellung der Reparationen), sie dirigierte auch den Neuaufbau in Wirtschaft, Verwaltung, Kultur und in der Politik. Mit Hilfe der SMAD konnte die Sowjetunion Stalins ihre Vorstellungen in der SBZ – natürlich entsprechend den Möglichkeiten und unter Berücksichtigung der Politik der Alliierten – realisieren. Es war die in Berlin-Karlshorst residierende SMAD, die bis zu ihrer Auflösung 1949 die sozialökonomische, politische und kulturelle Umwandlung der SBZ betrieb und damit die Voraussetzungen für die spätere Eingliederung der DDR in den Ostblock schuf.

Bereits einen Tag nach ihrer Gründung erlaubte die SMAD mit ihrem „Befehl Nr. 2“ die Bildung von antifaschistisch-demokratischen Parteien ...

Das war eine Änderung der sowjetischen Deutschlandpolitik. Sie überraschte nicht nur die westlichen Alliierten (die Parteien erst später zuließen und auch dann zunächst nur auf lokaler Ebene), sondern auch die deutschen Kommunisten. Erst wenige Tage zuvor hatten sie durch Wilhelm Pieck (der Anfang Juni aus Moskau kam) von der neuen Linie erfahren. In Moskau hatte in den ersten Junitagen eine Konferenz stattgefunden, an der neben Pieck auch Ackermann u. a. teilgenommen hatten. Dort war die neue Taktik festgelegt worden. Die Kommunisten in Deutschland wurden vor vollendete Tatsachen gestellt. Wolfgang Leonhard berichtet darüber:

„Fast zwei Tage dauerten die Sitzungen, dann wurde uns das Ergebnis mitgeteilt: ‚Es wird keine einheitliche sozialistische Partei geben. Sowohl die KPD als auch die SPD werden als selbständige Parteien neu entstehen. In wenigen Tagen soll die Kommunistische Partei Deutschlands gegründet werden. Vorarbeiten für die Herausgabe einer eigenen Parteizeitung müssen sofort beginnen. Die Bildung bürgerlicher Parteien soll gefördert werden. Sie müssen der früheren Demokratischen Partei und dem früheren Zentrum entsprechen. Danach muß man einen antifaschistischen demokratischen Block der neuen Parteien bilden. Alle Kräfte müssen zuerst für die Gründung der Kommunistischen Partei eingesetzt werden. Unmittelbar nach der Gründung muß mit der Schulungsarbeit begonnen werden ...‘

Es entging mir nicht, daß auch in anderen Fragen die neuen Direktiven, die Wilhelm Pieck jetzt mitgebracht hatte, jenen entgegengesetzt waren, die wir im Frühjahr 1945 erhalten hatten. Damals war uns gesagt worden, eine politische Betätigung des deutschen Volkes könne sich zunächst nur im Rahmen einer großen allgemeinen antifaschistischen Bewegung, dem ‚Block der kämpferischen Demokratie‘ entfalten. Jetzt dagegen wurde von der Gründung politischer Parteien gesprochen...“.

Bereits am 9. Mai 1945 war der Stellvertretende Vorsitzende der Sowjetregierung, A. I. Mikojan, in Berlin gewesen. Offensichtlich war die Sowjetregierung überzeugt, daß in Deutschland – entgegen den Behauptungen der NS-Propaganda – keine antisowjetische „Werwolf“-Bewegung vorhanden war, die antifaschistischen Kräfte vielmehr bereit waren, den Wiederaufbau in die Hand zu nehmen. Mit der Zulassung von Parteien, d. h. dem Wiederaufbau des traditionellen deutschen Parteiensystems, wollte die UdSSR signalisieren, daß keine baldige kommunistische Machtübernahme in Deutschland beabsichtigt war. Zugleich konnte sie der KPD jedoch im Parteiensystem wichtige Positionen einräumen...

Die neue Linie führte die Beschlüsse der KPD-Konferenzen von 1935 bis 1939 („Brüsseler“ und „Berner“ Konferenz) weiter, sie gestattet der KPD, ihre Absichten zu verhüllen und schrittweise die Macht in die Hand zu nehmen, aber sie ließ auch den Weg einer gesamtdeutschen einheitlichen Entwicklung offen, solange noch kein Bruch in der gesellschaftlichen Entwicklung zwischen Ost- und Westdeutschland bestand, die Partei konnte also mit dieser Konzeption ihre Strategie und Taktik flexibel der Realität anpassen.

Aus: Hermann Weber, Kleine Geschichte der DDR, Köln 1980, S. 16ff.

## 10. Der Nürnberger Prozeß

*Statut für den Internationalen Militärgerichtshof vom 8. 8. 1945*

I. Verfassung des Internationalen Militärgerichtshofes

*Artikel 1:* In Ausführung des Abkommens vom 8. August 1945 zwischen der Regierung des Vereinigten Königreiches von Großbritannien und Nordirland, der Regierung der Vereinigten Staaten von Amerika, der provisorischen Regierung der Französischen Republik und der Regierung der Union der Sozialistischen Sowjet-Republiken soll ein Internationaler Militärgerichtshof zwecks gerechter und schneller Aburteilung und Bestrafung der Hauptkriegsverbrecher der europäischen Achse gebildet werden.

*Artikel 2:* Der Gerichtshof besteht aus vier Mitgliedern und vier Stellvertretern, von jedem Signatar soll ein Mitglied und ein Stellvertreter ernannt werden...

*Artikel 3:* Weder der Gerichtshof, noch seine Mitglieder oder Stellvertreter können von der Anklagebehörde oder dem Angeklagten oder seinem Verteidiger abgelehnt werden.

Jeder Signatar kann sein Mitglied des Gerichtshofes oder seinen Stellvertreter aus Gesundheitsrücksichten oder anderen triftigen Gründen wechseln; während eines Prozesses kann jedoch ein Mitglied nur durch seinen Stellvertreter ersetzt werden.

*Artikel 4:* (a) Für Verhandlungen und Entscheidungen des Gerichtshofes ist die Anwesenheit aller vier Mitglieder des Gerichtshofes oder des Stellvertreters für ein abwesendes Mitglied erforderlich...

II. Zuständigkeit und allgemeine Grundsätze

*Artikel 6:* Der durch das in Artikel 1 genannte Abkommen eingesetzte Gerichtshof zur Aburteilung der Hauptkriegsverbrecher der der europäischen Achse angehörigen Staaten hat das Recht, alle Personen abzuurteilen, die im Interesse der der europäischen Achse angehörenden Staaten als Einzelperson oder als Mitglieder einer Organisation oder Gruppe eines der folgenden Verbrechen begangen haben:

Die folgenden Handlungen, oder jede einzelne von ihnen, stellen Verbrechen dar, für deren Aburteilung der Gerichtshof zuständig ist. Der Täter solcher Verbrechen ist persönlich verantwortlich:

(a) Verbrechen gegen den Frieden: Nämlich: Planen, Vorbereitung, Einleitung oder Durchführung eines Angriffskrieges oder eines Krieges unter Verletzung internationaler Verträge, Abkommen oder Zusicherungen oder Beteiligung an einem gemeinsamen Plan oder an einer Verschwörung zur Ausführung einer der vorgenannten Handlungen;

(b) Kriegsverbrechen: Nämlich: Verletzungen der Kriegsgesetze oder -gebräuche.

Solche Verletzungen umfassen, ohne jedoch darauf beschränkt zu sein, Mord, Mißhandlungen, oder Deportation zur Sklavenarbeit oder für irgendeinen anderen Zweck, von Angehörigen der Zivilbevölkerung von oder in besetzten Gebieten, Mord oder Mißhandlungen von Kriegsgefangenen oder Personen auf hoher See, Töten von Geiseln, Plünderung öffentlichen oder privaten Eigentums, die mutwillige Zerstörung von Städten, Märkten oder Dörfern oder jede durch militärische Notwendigkeit nicht gerechtfertigte Verwüstung;

(c) Verbrechen gegen die Menschlichkeit: Nämlich: Mord, Ausrottung, Versklavung, Deportation oder andere unmenschliche Handlungen, begangen an irgendeiner Zivilbevölkerung vor oder während des Krieges, Verfolgung aus politischen, rassischen oder religiösen Gründen, begangen in Ausführung eines Verbrechens oder in Verbindung mit einem Verbrechen, für das der Gerichtshof zuständig ist, und zwar unabhängig davon, ob die Handlung gegen das Recht des Landes verstieß, in dem sie begangen wurde, oder nicht.

Anführer, Organisatoren, Anstifter und Teilnehmer, die am Entwurf oder der Ausführung eines gemeinsamen Planes oder einer Verschwörung zur Begehung eines der vorgenannten Verbrechen teilgenommen haben, sind für alle Handlungen verantwortlich, die von irgendeiner Person in Ausführung eines solchen Planes begangen worden sind.

*Artikel 7:* Die amtliche Stellung eines Angeklagten, sei es als Oberhaupt eines Staates oder als verantwortlicher Beamter in einer Regierungsabteilung, soll weder als Strafausschließungsgrund noch als Strafmilderungsgrund gelten.

*Artikel 8:* Die Tatsache, daß ein Angeklagter auf Befehl seiner Regierung oder eines Vorgesetzten gehandelt hat, gilt nicht als Strafausschließungsgrund, kann aber als Strafmilderungsgrund berücksichtigt werden, wenn dies nach Ansicht des Gerichtshofes gerechtfertigt erscheint...

Zit. nach: Wolfgang Lautemann/Manfred Schlenke (Hrsg.), Geschichte in Quellen. Die Welt seit 1945. Bearbeitet von Helmut Krause und Karlheinz Reif, München 1980, S. 113 f.

## 11. Die Entnazifizierung

*a) Gesetz zur Befreiung von Nationalsozialismus und Militarismus in der amerikanischen Besatzungszone vom 5.3.1946*

1. Nationalsozialismus und Militarismus haben in Deutschland zwölf Jahre die Gewaltherrschaft ausgeübt, schwerste Verbrechen gegen das deutsche Volk und die Welt begangen, Deutschland in Not und Elend gestürzt und das Deutsche Reich zerstört. Die Befreiung von Nationalsozialismus und Militarismus ist eine unerläßliche Vorbedingung für den politischen, wirtschaftlichen und kulturellen Wiederaufbau.
2. Während der vergangenen Monate, die der Kapitulation folgten, hat die Amerikanische Militärregierung die Entfernung und den Ausschluß von Nationalsozialisten und Militaristen aus der Verwaltung und anderen Stellen durchgeführt.
3. Der Kontrollrat hat am 12. Januar 1946 für ganz Deutschland Richtlinien für diese Entfernung und den Ausschluß in der Anweisung Nr. 24 aufgestellt, die für die deutschen Regierungen und für das deutsche Volk verbindlich sind.
4. Das Gesetz Nr. 8 der Militärregierung einschließlich seiner ersten Ausführungsverordnung hat die Befreiung auf das Gebiet der gewerblichen Wirtschaft ausgedehnt und das Vorstellungsverfahren durch deutsche Prüfungsausschüsse eingeführt.
5. Die Amerikanische Militärregierung hat nunmehr entschieden, daß das deutsche Volk die Verantwortung für die Befreiung von Nationalsozialismus und Militarismus auf allen Gebieten mitübernehmen kann. Der Erfüllung der damit dem deutschen Volk übertragenen Aufgabe dient dieses Gesetz, das sich im Rahmen der Anweisung Nr. 24 des Kontrollrates hält.
6. Zur einheitlichen und gerechten Durchführung dieser Aufgabe wird gleichzeitig für Bayern, Großhessen und Württemberg-Baden das folgende Gesetz beschlossen und verkündet.

*Grundsätze*

Artikel 1

1. Zur Befreiung unseres Volkes von Nationalsozialismus und Militarismus und zur Sicherung dauernder Grundlagen eines deutschen demokratischen Staatslebens im Frieden mit der Welt werden alle, die die nationalsozialistische Gewaltherrschaft aktiv unterstützt oder sich durch Verstöße gegen die Grundsätze der Gerechtigkeit und Menschlichkeit oder durch eigensüchtige Ausnutzung der dadurch geschaffenen Zustände verantwortlich gemacht haben, von der Einflußnahme auf das öffentliche, wirtschaftliche und kulturelle Leben ausgeschlossen und zur Wiedergutmachung verpflichtet.
2. Wer verantwortlich ist, wird zur Rechenschaft gezogen. Zugleich wird jedem Gelegenheit zur Rechtfertigung gegeben.

Artikel 2

1. Die Beurteilung des Einzelnen erfolgt in gerechter Abwägung der individuellen Verantwortlichkeit und der tatsächlichen Gesamthaltung; danach wird in wohlerwogener Abstufung das Maß der Sühneleistung und der Ausschaltung aus der Teilnahme am öffentlichen, wirtschaftlichen und kulturellen Leben des Volkes bestimmt mit dem Ziel, den Einfluß nationalistischer und militaristischer Haltung und Ideen auf die Dauer zu beseitigen.
2. Äußere Merkmale, wie die Zugehörigkeit zur NSDAP, einer ihrer Gliederungen oder einer son-

stigen Organisation, sind nach diesem Gesetz für sich allein nicht entscheidend für den Grad der Verantwortlichkeit. Sie können zwar wichtige Beweise für die Gesamthaltung sein, können aber durch Gegenbeweise ganz oder teilweise entkräftet werden. Umgekehrt ist die Nichtzugehörigkeit für sich allein nicht entscheidend für den Ausschluß der Verantwortlichkeit.

*Meldeverfahren*
Artikel 3
1. Zur Aussonderung aller Verantwortlichen und zur Durchführung des Gesetzes wird ein Meldeverfahren eingerichtet.
2. Jeder Deutsche über 18 Jahre hat einen Meldebogen auszufüllen und einzureichen.
3. Die näheren Bestimmungen trifft der Minister für politische Befreiung.

*Gruppen der Verantwortlichen*
Artikel 4
Zur gerechten Beurteilung der Verantwortlichkeit und zur Heranziehung zu Sühnemaßnahmen werden folgende Gruppen gebildet:
1. Hauptschuldige
2. Belastete (Aktivisten, Militaristen, Nutznießer)
3. Minderbelastete (Bewährungsgruppe)
4. Mitläufer
5. Entlastete...
Artikel 13
*Entlastet ist:*
wer trotz seiner formellen Mitgliedschaft oder Anwartschaft oder eines anderen äußeren Umstandes sich nicht nur passiv verhalten, sondern nach dem Maß seiner Kräfte aktiv Widerstand gegen die nationalsozialistische Gewaltherrschaft geleistet und dadurch Nachteile erlitten hat.

Zit. nach: Geschichte in Quellen. Die Welt seit 1945, a.a.O., S. 122f.

*b) Die Entnazifizierung – Versuch einer Bilanz*

1. Das Fazit der zeitgenössischen „opinio communis" in Deutschland reduziert sich auf die lapidare Feststellung, daß die Entnazifizierung in jeder Hinsicht ein Mißerfolg war. Jede kritische Auseinandersetzung mit dem sehr fragwürdigen Verfahren der politischen Säuberung nach 1945 und ihren Konsequenzen für Staat, Gesellschaft und Bewußtsein der Deutschen hat jedoch die Tatsache zu berücksichtigen, daß die Entnazifizierung als notwendiger Versuch, den Nationalsozialismus innerhalb der betroffenen Gesellschaft zu überwinden, eine Folge der nationalsozialistischen Herrschaft selbst war.

2. Die positive Wirkungsabsicht der Entnazifizierungspolitik bestand darin, der demokratischen Entwicklung des deutschen Volkes nach der erlittenen Katastrophe den Weg zu ebnen und die Betroffenen durch Selbsterkenntnis und Sühne von den Verfehlungen und Irrtümern der Vergangenheit zu reinigen. Tatsächlich haben die demokratischen Parteien durch die völlige Ausschaltung der Nationalsozialisten zwischen 1945 und 1949 die Chance gewonnen, sich ungehindert zu entfalten und in Bund, Ländern und Gemeinden zur politischen Führung zu gelangen. Insofern kann die Entnazifizierung in der Rückschau nicht nur als Mißerfolg gewertet werden.

3. Das Entnazifizierungsprogramm wurde getragen von einem politischen, rechtlichen und moralischen Impuls. Mit der Revision der nationalsozialistischen Machtergreifung von 1933 und ihrer personellen Konsequenzen verband sich die Forderung nach Wiederherstellung der Gerechtigkeit durch das Feststellen von Schuld und das Verhängen von Strafe sowie das Ziel der Erziehung zu demokratischem Geist und humanitärer Gesinnung. Die Gemengelage dieser drei Motive hat nach übereinstimmender Auffassung der Kritiker wesentlich zum Versagen der Entnazifizierung beigetragen. Denn „Ersatz einer Revolution, die nicht stattgefunden hat, Volksgericht und moralische Erneuerung" waren Funktionen, die einander hemmten und es schwierig machten, im einzelnen Fall jeweils das zu treffen, was es zu verändern galt.

4. Aus den Millionen von Entnazifizierungsverfahren gingen letztlich mehr als 90 Prozent als „Mitläufer“ und „Entlastete“ hervor. Allein diese Tatsache verdeutlicht, daß der Spruchkammerbescheid nur temporäre Wirkungen hatte. Im Bereich der westlichen Besatzungszonen blieben die sozialen Wirkungen der Entnazifizierung letztlich auf den – gemessen an der Gesamtbevölkerung – zahlenmäßig unbedeutenden Teil der politischen NS-Führungselite beschränkt. Die Säuberungsaktion beeinflußte nur vorübergehend die Personalpolitik der behördlichen und privaten Arbeitgeber, die wirtschaftlichen Chancen und das soziale Prestige der Masse der Betroffenen. Die sich im Bereich der Verwaltung, der Justiz und des Erziehungswesens infolge der Massenentlassung von Beamten zunächst gravierend auswirkenden Veränderungen wurden in der Endphase der Entnazifizierung weitgehend rückgängig gemacht (131er-Gesetz) oder ausgeglichen. Mit Ausnahme der strafrechtlich Verurteilten kehrten fast alle Entlassenen in ihre früheren Ämter nahezu ohne soziale Diskriminierung zurück. Das heißt nicht, daß *entschiedene* nationalsozialistische Aktivität für Beruf und Ansehen in der deutschen Nachkriegsgesellschaft ohne Konsequenzen geblieben wäre. Aber diese waren nicht ursächlich Folge der „Entnazifizierung“, sondern der Entwertung und des Legitimationsverlustes, den der aktive Führungskader der Partei durch die Niederlage des Nationalsozialismus erfuhr.

...

7. Das Entnazifizierungsverfahren trug den bewußten oder halbbewußten Reaktionen der Betroffenen zu wenig Rechnung. Es setzte in naiver Weise die einsichtige Vernunftperson voraus, die beim Ausfüllen der Fragebogen und vor den Spruchkammern gleichsam einen Prozeß gegen sich selbst führen sollte. Tatsächlich bestand der psychologische Effekt für die Millionen einzelner, die sich vor den Spruchkammern zu verantworten hatten, darin, daß sie „das Gericht, ihre Umwelt und schließlich sich selber glauben machten, wie wenig sie mit der Sache zu tun gehabt hätten“ (K. D. Erdmann). Die Mängel des Verfahrens, die noch lange nachwirkende These von der deutschen Kollektivschuld, die Notwendigkeit der Existenzerhaltung führten zu einer Selbstrechtfertigung und Aggressivität, die das Gegenteil von dem erreichte, was die Entnazifizierung bezwecken wollte, nämlich Gewissenserforschung, Selbstbesinnung und Schärfung des Bewußtseins für die politische Mitverantwortlichkeit am nationalsozialistischen Unrecht.

Aus: Volker Dotterweich, Die „Entnazifizierung“ in: Josef Becker/Theo Stammen/Peter Waldmann (Hrsg.), Vorgeschichte der Bundesrepublik Deutschland. Zwischen Kapitulation und Grundgesetz, München 1979, S. 152ff.

### *c) Ende der Entnazifizierung in der sowjetischen Besatzungszone*

Berlin, 20. April (ADN). Wie nunmehr bekannt wird, sind bis zur Auflösung der Entnazifizierungskommissionen in der sowjetischen Besatzungszone am 10. März 1948 zusammen mit 455 000 Entscheidungen vor Erlaß des SMAD-Befehls 201 rund 520 000 Naziaktivisten aus allen führenden Stellen entfernt worden.

Damit hat die sowjetische Besatzungszone den Punkt II der Moskauer Beschlüsse vom April 1947, der eine gründliche und schnelle Entnazifizierung Deutschlands innerhalb einer gesetzten Frist verlangt, als einzige der vier Besatzungszonen realisiert. Die wichtigen Gebiete der Volksbildung, Justiz und Polizei sind von Faschisten gesäubert und durch fortschrittlich-demokratische Kräfte ersetzt worden, die sich in ihren neuen Stellungen bereits voll bewährt haben. Durch weitere konsequente demokratische Maßnahmen wurde dem Faschismus jede wirtschaftliche Basis entzogen.

So wurden im Zuge der Bodenreform bis Ende 1947 6807 Junker und Gutsbesitzer sowie 1605 ehemalige aktive Faschisten und Kriegsverbrecher enteignet und 2917826 ha Land an 466065 Neubauern verteilt. In Verbindung mit der Enteignung der Kriegsverbrecher in der Industrie ergaben alle diese Maßnahmen eine gründliche Umwandlung der ökonomischen und sozialen Struktur der sowjetischen Besatzungszone im Gegensatz zur Entwicklung in den Westzonen, wo die Repräsentanten und Nutznießer des Faschismus und Militarismus noch heute in ihren alten Positionen wirken können...

Unter die Vergangenheit ist ein Schlußstrich gezogen, die wirklichen Naziverbrecher sind bestraft und ausgeschaltet, und den sogenannten nominellen Pgs ist die Möglichkeit gegeben, mit allen fortschrittlichen Kräften gemeinsam an den großen Zielen der Einheit Deutschlands, dem Wiederaufbau und der Verständigung der Völker untereinander mitzuarbeiten.

Aus: Neues Deutschland vom 21. April 1948; zit. nach: Geschichte in Quellen. Die Welt seit 1945, a.a.O., S. 127

## 12. Demontagen und Reparationen

*a) Verminderung der industriellen Kapazität durch Demontagen*

I. In Nettoproduktionswerten (zu Preisen von 1936)

| | | | |
|---|---|---|---|
| Nettowert der industriellen Produktion im alten Reichsgebiet 1936[1]) | | | 29,9 Mrd. RM |
| davon östlich der Oder-Neiße-Linie | | – 1,69 | " " |
| Im Saargebiet | | – 0,42 | " " |
| Gebiet der vier Besatzungszonen | | | 27,8 Mrd. RM |
| Zunahme der Kapazität bis 1943 rd. 15 vH. | | + 4,17 | " " |
| Kriegsschäden rd. 20 vH. | | – 6,40 | " " |
| Nettowert der Erzeugung (Kapazität 1945) | | | 25,6 Mrd. RM |
| Kapazitätsverlust durch Demontagen: | | | |
| *1. In der Ostzone:* | | | |
| 1936 Nettoproduktion | 7,1 Mrd. RM[1]) | | |
| Kapazität 1945 | 7,1 | | |
| davon demontiert 45 vH. = | 3,19 Mrd. RM | 3,19 | |
| *2a. In Ostberlin:* | | | |
| 1936 Nettoproduktion | 1,0 Mrd. RM[1]) | | |
| Kapazität 1945 | 0,77 | | |
| davon demontiert 33 vH. = | 0,25 Mrd. RM | 0,25 | |
| *2b. In Westberlin:* | | | |
| 1936 Nettoproduktion | 1,7 Mrd. RM[1]) | | |
| Kapazität 1945 | 1,3 | | |
| davon demontiert 67 vH. = | 0,9 Mrd. RM | 0,90 | |
| *3. In den Westzonen:* | | | |
| 1936 Nettoproduktion | 18,9 Mrd. RM[1]) | | |
| Kapazität 1945 | 16,55 | | |
| davon demontiert 8 vH. = | 1,32 Mrd. RM | 1,32 | |
| 1. bis 3. zusammen Verlust an Kapazität | | 5,66 | 5,6 Mrd. RM |
| Ende 1949 noch vorhandenen Kapazität[1]) (ohne den seit 1945 erfolgten Wiederaufbau) | | | 20,0 Mrd. RM |

II. In Prozent

| Gebiet | | Verminderung der Kapazität durch | | | |
|---|---|---|---|---|---|
| | | Abtrennung von Gebieten | Kriegsschäden[2]) (Saldo) | Demontage | zusammen |
| Reichsgebiet von 1936 | | 7 | 7 | 19 | 33 |
| Rumpfdeutschland[3]) | Kapazität von 1936 | – | 8 | 20 | 28 |
| | Kapazität von 1945 | – | – | 22 | 22 |

[1]) Ohne Bauindustrie und sonstige Industriezweige

[2]) Im Restgebiet (Gebiet der vier Besatzungszonen und Berlin).

[3]) Gebiet der vier Besatzungszonen.

*b) Zum Umfang und zur Interpretation der Demontagen in der SBZ*

*Demontagen und Kriegsschäden in der SBZ Ende 1946*

| Industriezweig | demontiert in v.H. der Kapazität von 1936 | | Totalverlust durch Kriegsschäden und Demontagen in v.H. der Kapazität von 1936 | |
|---|---|---|---|---|
| | deutsche Schätzung | Manchester Guardian | deutsche Schätzung | Manchester Guardian |
| Eisengießerei und Hüttenwerke | 50–55 | 80 | 50–55 | 80 |
| Schwere Maschinenindustrie | 55–63 | 55 | 80 | 80 |
| Kraftfahrzeugindustrie | 55–63 | 55 | 80 | 75 |
| Elektroindustrie | 55–63 | 60 | 80 | 80 |
| Elektrizitätsgewinnung | 50–55 | – | 70 | – |
| Feinmechanische und optische Industrie | 55–63 | 60 | 80 | 75 |
| Zementindustrie | – | 40 | – | 50 |
| Gipserzeugung | – | 35 | – | 40 |
| Glas und Keramik | 40–50 | 35 | 60 | 50 |
| Sperrholz | 100 | 100 | 100 | 100 |
| Zellstoff- und Papierindustrie | 40–50 | 45 | 60 | 60 |
| Andere Holzindustrie | 30–35 | 15 | 40 | 35 |
| Gummiwarenfabrikation | – | 80 | – | 90 |
| Schwefelsäureindustrie | 50–55 | 60 | 70 | 65 |
| Sodaindustrie | 50–55 | 80 | 70 | 85 |
| Stickstoffindustrie | 50–55 | 60 | 70 | 65 |
| Kunstfaser- und Kunststoffindustrie | 50–55 | 35 | 70 | 40 |
| Kunstfasern | 30–35 | – | 50 | – |
| Textilindustrie | 20–30 | 15 | 40 | 25 |
| Lederwaren | 20–30 | 25 | 30 | 30 |
| Schuhindustrie | 30–35 | 15 | 40 | 20 |

Zwar verfügte die SBZ selbst 1945 noch über ein größeres industrielles Potential als die vorwiegend agrarisch strukturierten Länder Ost- und Südosteuropas (mit Ausnahme der ČSR). Verglichen mit den entwickelten kapitalistischen Gesellschaften Westeuropas aber, und verglichen auch mit den drei Westzonen war der Rückstand der SBZ erheblich. Und er konnte auch erst relativ spät – seit Mitte der 50er Jahre – verkürzt werden, weil die DDR erst 1953/54 von Reparations-Leistungen an die Sowjetunion entbunden wurde.
Bis dahin hatte die SBZ/DDR direkt aus der Produktion der deutschen – oder indirekt – aus der Produktion der ca. 200 seit 1946 in Sowjetische Aktiengesellschaften (SAG) umgewandelten Betriebe (unter ihnen so bedeutende wie die Leunawerke, die Benzinhydrierungs-Anlagen in Böhlen und Espenhain und die Krupp-Gruson-Schwermaschinen-Fabrik in Magdeburg) – erhebliche Teile ihrer Produktion als Wiedergutmachungsleistungen in die Sowjetunion zu liefern und erhebliche Summen für die Stationierung der Sowjet-Truppen aufzubringen. So hieß es in einem Bericht der sächsischen Landesbank vom November 1945: „Als neues Moment treten die Reparationslieferungen stärker in den Vordergrund, mit denen immer weitere Wirtschaftszweige beauftragt werden, besonders stark zur Zeit noch die Textilindustrie, die fast ausschließlich für die Besatzungsmacht arbeitet. Auch aus der Eisen- und Stahlindustrie, der Musikinstrumentenindustrie, dem graphischen Gewerbe, der Holzindustrie, besonders den Sägewerken werden große Aufträge für die Besatzungsmacht gemeldet, so daß erhebliche Teile unserer Wirtschaft voll beschäftigt und mit Aufträgen auf Monate hinaus versehen sind."
Dieser kurzfristige Vorteil – die Schaffung und Sicherung von Arbeitsplätzen – führte jedoch zu einem langfristig wirkenden Nachteil, der verschiedentlich auch von DDR-Autoren betont wurde.

So resümiert Krause: „Selbstverständlich mußte die Zahlung von Reparationen aus der laufenden Produktion bald aus einem die Wirtschaft belebenden Moment in einen den wirtschaftlichen Wiederaufbau hemmenden Faktor umschlagen, indem nämlich der Wirtschaft durch Reparationen Rohstoffe und Fertigwaren für den inneren Bedarf entzogen wurden. So betrugen z.B. die Ausgaben aus dem Haushalt des Bundeslandes Sachsen für Besatzungs- und Reparationszwecke im Jahre 1946 22,8 Prozent (688,3 Mill. RM). Die Reparationsleistungen aus der laufenden Produktion waren unbestreitbar eine erhebliche – historisch aber nicht von der Sowjetunion sondern vom deutschen Imperialismus und Hitlerfaschismus verursachte – Belastung der Wirtschaft..."

Daß Demontagen und Reparationen die SBZ erheblich belasteten, ist auch in den Jahren zwischen 1945 und 1953 wiederholt von KPD- bzw. SED-Funktionären betont worden. Gleichwohl bemühten sie sich aber, auch deren positive Folgen herauszustellen. So argumentierte Fritz Selbmann, damals stellvertretender Vorsitzender der Deutschen Wirtschaftskommission (DWK), im April 1949: „Reparationen wurden bisher immer nur als eine unerfreuliche Belastung angesehen, Nun unterliegt es keinem Zweifel: volkswirtschaftlich sind Reparationen eine Belastung, Lieferungen aus der laufenden Produktion belasten den volkswirtschaftlichen Prozeß und die Konsummöglichkeiten im eigenen Lande. Darüber gibt es keine Diskussion ... Aber die Sache hat auch eine andere Seite, nämlich die, daß die Verpflichtung zu Reparationsleistungen aus der laufenden Produktion, die wir in den vergangenen Jahren erfüllen mußten, nicht zu übersehende Vorteile für unsere industrielle Entwicklung gebracht hat. Worin liegen diese Vorteile?

1. Die Verpflichtung zu Reparationsleistungen auf bestimmten Gebieten der Produktion der Friedensindustrie ... hat uns zu einem schnellen Wiederaufbau einer für unsere Friedenswirtschaft wichtigen Kapazität geführt...
2. Die Verpflichtung zu Reparationsleistungen aus der laufenden Produktion hat uns gezwungen, höchste Anforderungen an die Qualitätsarbeit zu stellen.
3. Da die Reparationsleistungen grundsätzlich nur zu Preisen des Jahres 1944 abgenommen wurden, waren wir gezwungen, so niedrig wie möglich zu kalkulieren und diese minimalsten Kalkulationen einzuhalten..."

Ganz sicher haben Demontagen und Entnahmen aus der laufenden Produktion nicht nur – wie Selbmann annahm – das „Verhältnis zwischen der Sowjetunion und Teilen der Bevölkerung der sowjetischen Besatzungszone ... belastet". Sie waren auch mitbestimmend für das Verhältnis der SBZ-Bürger zur häufig als „Russenpartei" charakterisierten SED, und haben mithin die durch den traditionellen Antikommunismus bedingten und durch die Begegnungen mit der siegestrunkenen Roten Armee noch geförderten Ressentiments vieler Ostdeutscher nur noch bestärkt.

Aus: Dietrich Staritz, Sozialismus in einem halben Land, Berlin 1976, S. 17 ff.

*c) Die „Sowjetischen Staatlichen Aktiengesellschaften"*

In sowjetischem Besitz befanden sich bis zum Frühjahr 1950 ... 126 Betriebe, welche in 30 Holding-Gesellschaften, den *„Sowjetischen Staatlichen Aktiengesellschaften (SAG)"* organisiert sind ... Zu diesen SAG-Betrieben gehören fast sämtliche Riesenbetriebe und eine beträchtliche Anzahl der Großbetriebe der Zone, und zwar mit ganz wenigen Ausnahmen fast nur Betriebe der Grundstoff- und Produktionsmittelindustrien. Die Sowjetunion hat sich damit eine Anzahl der *wirtschaftlichen Schlüsselpositionen* ihrer Zone gesichert, die außerdem gegenüber den deutschen Betrieben eine ausgesprochene Vorzugsstellung genießen und infolgedessen ihre Kapazität in besonders hohem Maße ausnützen können. So gehören zum Konzern der SAG-Betriebe die sämtlichen mitteldeutschen Großbetriebe der IG. Farbenindustrie AG., das Eisen- und Hüttenwerk Thale, das Walzwerk für Buntmetalle in Hettstedt (früher Mansfeld AG.), eine Anzahl der größten Kohlengruben, Brikettfabriken und Kraftwerke, sämtliche großen Betriebe der synthetischen Treibstoffgewinnung sowie eine beträchtliche Anzahl führender Betriebe der Maschinenindustrie (besonders des Schwermaschinenbaus), der elektrotechnischen Industrie, des Fahrzeug- und Waggonbaus. Insgesamt waren Ende 1949 in den SAG-Betrieben (ohne Uranbergbau) *nahezu 300 000 Menschen beschäftigt,* die sich auf die einzelnen Branchen folgendermaßen verteilen:

| | | | |
|---|---|---|---|
| Chemische Industrie | 76 000 | Treibstoffgewinnung | 14 000 |
| Maschinen- und Apparatebau | 58 000 | Kalibergbau | 12 000 |
| Kohlenbergbau | 52 000 | Feinmechanik und Optik | 5 000 |
| Elektroindustrie | 26 000 | Baustoff- und Glasindustrie | 4 000 |
| Fahrzeugbau (einschl. Werftindustrie) | 25 000 | Gummi verarbeitende Industrie | 500 |
| Metallurgie | 17 000 | | |

...

An der Produktion einiger Zweige, in denen die SAG-Betriebe eine wichtige Stellung einnehmen, waren diese Ende 1949 etwa wie folgt beteiligt:

| | | | |
|---|---|---|---|
| Mineralölindustrie | 82 vH. | Maschinenbau, Kohlenbergbau, Metallurgie | je 35 vH. |
| Chemische Industrie | 52 vH. | Feinmech. und optische Industrie | 25 vH. |
| Elektroindustrie, Fahrzeugbau, Energieerzeugung | je 40 vH. | | |

Bei so hohen Anteilen an einigen entscheidend wichtigen Produktionszweigen ist es natürlich von größter Wichtigkeit, wem die Produktion dieser Betriebe zugute kommt. Die in der Presse häufig vertretene Meinung, daß die *gesamte* Produktion der SAG in die Sowjetunion ginge, ist nicht haltbar; es ist sicher, daß ein Teil der Produktion auch für deutsche Zwecke verwendet wird, so z.B. der größte Teil der Stickstoffgewinnung des Leunawerkes und ein Teil der Treibstoffe. Der größte Teil der Erzeugung aber fließt tatsächlich direkt oder indirekt der Sowjetunion zu, entweder – bei Grundstoffen – durch Weiterverarbeitung zu Produkten, die für die Sowjetunion bestimmt sind, oder – bei Fertigerzeugnissen – durch Lieferung an die Sowjetunion oder Export zugunsten der Sowjets. Ein Teil dieser Lieferungen wird als Reparationslieferung verrechnet; wie groß dieser Teil ist, entzieht sich bisher jeder Kenntnis der Öffentlichkeit oder gar deutscher Stellen überhaupt. Man kann schätzen, daß 1949 der Bruttoproduktionswert der SAG mit etwa 5 Mrd. DM-Ost *ein Drittel der sowjetzonalen Industrie* (ohne Lebensmittel) ausmachte. In der *chemischen Industrie entfallen auf die SAG sogar zwei Drittel des Gesamterzeugungswerts.*

*d) Leistungen Deutschlands zugunsten der Alliierten (Stand 1947)*

| 1. Entnahmen aus innerdeutschem Volksvermögen | Mrd. RM |
|---|---|
| a) Deutsche Auslandsguthaben | 9,75 |
| b) Volkswirtschaftlicher Wert der abgetrennten Gebiete | 70,0 |
| c) Demontagen und Besitzübertragungen | 12,5 |
| d) Zwangsexport von Holz | 1,0 |
| e) Abschöpfung von Steuererträgen in der Ostzone für verschleierte Reparationen[1]) | 4,5 |
| f) Einbuße an öffentlichem Vermögen[2]) | 1,0 |
| g) Ablieferung der deutschen Goldbestände | 0,75 |
| h) Ablieferung der See- und Binnenschiffe | 0,5 |
| | 100,0[3]) |
| **2. Leistungen aus laufender Produktion** | |
| a) Reparationen aus laufender Warenproduktion[4]) | 5,0 |
| b) Zwangsexport von Kohle | 0,5 |
| c) Abschöpfung von Steuererträgen in der Ostzone für verschleierte Reparationen[1]) | 4,5 |
| | 10,0 |

[1]) Die Posten 1e und 2c gehören nach der Art der Aufbringung der Geldmittel zusammen, über ihre Verwendung liegen jedoch keine Unterlagen vor. Es kann angenommen werden, daß sie teils zum Ankauf von Vermögensbestandteilen, teils zum Erwerb von Erzeugnissen aus laufender Produktion verwendet werden.

[2]) Demontierte Gleisanlagen in der Ostzone, Büchereien u.ä., ohne Kunstwerke.

[3]) Der Gesamtbetrag der Entnahmen aus deutschem Volksvermögen in Höhe von 100 Mrd. RM ergänzt sich mit den für das Restgebiet geschätzten Kriegsschäden von ebenfalls 100 Mrd. RM zu dem Gesamtverlust an Volksvermögen von 200 Mrd. RM.

[4]) Entnahmen der Besatzungsmächte in der sowjetischen und der französischen Besatzungszone. Einbezogen ist weiter die Wertschöpfung der deutschen Belegschaften, der sowjetischen Aktien-Gesellschaften in der Ostzone, sowie deren Verbrauch an im Inland erzeugten Roh- und Hilfsstoffen.

| 3. Sonstige Leistungen | |
|---|---|
| a) Wert der deutschen Patente, Betriebsgeheimnisse usw. | 12,5 |
| b) Arbeit der Kriegsgefangenen | 5,0 |
| c) Demontagekosten | 8,0 |
| d) Verluste durch „Währungsmanipulationen" | 1,75 |
| | 27,25 |
| 4. Vermögensverluste der aus dem Ausland ausgewiesenen Volksdeutschen | 40,5 |
| Leistungen insgesamt bis Ende 1947 | 177,75 |

Übersichten a und c aus: Am Abend der Demontage. Sechs Jahre Reparationspolitik, hg. vom Bremer Ausschuß für Wirtschaftsforschung, Bremen 1951, S. 25, S. 88 ff.; d aus: Reparationen, Sozialprodukt, Lebensstandard. Versuch einer Wirtschaftsbilanz Heft 4, Bremen 1948, S. 52, 59 – RM-Angaben in Vorkriegspreisen

## 13. Die Auffassungen der USA und der UdSSR zur Deutschlandpolitik 1946

*a) Außenminister Molotow (UdSSR) vor der Außenministerkonferenz in Paris am 9. und 10. 7. 1946*

Wir müssen bei der Frage der Reparationen verweilen, die wir von Deutschland zu empfangen haben. Diese Frage betrifft besonders die Staaten, die die Invasion der deutschen Truppen durchgemacht haben und das unendliche Unglück, das die deutsche Okkupation mit sich brachte, erduldet haben. Es ist verständlich, daß die Sowjetunion die Reparationen nicht vergessen kann, wie sie in dem vorgelegten Plan vergessen wurden. Als Gesamtsumme der Reparationen, die von Deutschland zugunsten der UdSSR geleistet werden sollen, haben die Regierungen der Sowjetunion und der Vereinigten Staaten bereits auf der Konferenz von Jalta den Betrag von zehn Milliarden Dollar als möglichen Ausgangspunkt anerkannt. Auf der Potsdamer Konferenz hat die Sowjetregierung von neuem darauf bestanden, daß die Reparationen, die von Deutschland zugunsten der Sowjetunion geleistet werden sollen, auf der Basis des Betrages von zehn Milliarden Dollar festgesetzt werden müssen. Damals wurde auf Grund eines Vorschlages der Vereinigten Staaten beschlossen, daß sich die Sowjetunion ihre Reparationen vor allem aus ihrer Okkupationszone sichern wird und teilweise auch aus den Westzonen, wie es in den Beschlüssen der Potsdamer Konferenz niedergeschrieben wurde. Es versteht sich von selbst, daß diese Reparationen nicht nur Ausrüstung, sondern auch Waren der laufenden Produktion Deutschlands umfassen müssen. Aber bekanntlich stößt die Verwirklichung der Reparationslieferungen auf immer neue Hindernisse. Trotz der Verpflichtungen, die die Vereinigten Staaten und ebenso Großbritannien und das sich danach angeschlossene Frankreich übernommen haben, wurden die Reparationslieferungen in den westlichen Besatzungszonen Deutschlands nicht durchgeführt.
Man findet immer neue Vorwände, um die Ausführung dieser Beschlüsse zu verzögern und zu hintertreiben. Kürzlich hat der amerikanische General Clay eine ungesetzliche Deklaration veröffentlicht, in der er sogar die Reparationslieferungen für die Sowjetunion und die anderen Länder entsprechend den ursprünglichen und gänzlich ungenügenden Beschlüssen ablehnte, die zwischen den vier Regierungen im Alliierten Kontrollrat vereinbart wurden.

...

Um die Welt vor einer eventuellen Aggression Deutschlands zu sichern, ist es notwendig, seine völlige militärische und wirtschaftliche Abrüstung durchzuführen, wobei über das Ruhrgebiet eine internationale Kontrolle von vier Mächten errichtet werden soll, mit der Aufgabe, eine Wiedergeburt der Rüstungsindustrie Deutschlands nicht zuzulassen.
Das Programm der völligen militärischen und wirtschaftlichen Abrüstung Deutschlands stellt nichts Neues dar. Darüber wird ausführlich in den Beschlüssen der Potsdamer Konferenz gesprochen. Es ist hierbei natürlich, daß die Ruhr als die Hauptbasis der Rüstungsindustrie Deutschlands unter einer wachsamen Kontrolle der wichtigsten alliierten Mächten stehen soll ...
Das alles erfordert, daß eine gebührende interalliierte Kontrolle über die Industrie Deutschlands und insbesondere über die Industrie des Ruhrgebiets errichtet wird, für die irgendein einzelnes al-

liiertes Land nicht die Verantwortung tragen kann. Die Annahme eines entsprechenden Programms der Entwicklung der deutschen Friedensindustrie, die eine Entwicklung des deutschen Außenhandels sowie die Errichtung einer interalliierten Kontrolle über die gesamte deutsche Industrie vorsieht, entspricht der Notwendigkeit, die Beschlüsse der Potsdamer Konferenz darüber, daß Deutschland als ein einheitliches wirtschaftliches Ganzes betrachtet werden muß, zu erfüllen.
Ich muß noch bei der Frage des Friedensvertrages mit Deutschland verweilen.
Wir sind natürlich im Prinzip für den Abschluß eines Friedensvertrages mit Deutschland; aber bevor ein solcher Vertrag abgeschlossen wird, muß eine einheitliche deutsche Regierung geschaffen werden, die demokratisch genug ist, um die Reste des Faschismus in Deutschland auszurotten, und verantwortlich genug ist, um alle ihre Verpflichtungen den Alliierten gegenüber, darunter auch insbesondere hinsichtlich der Reparationslieferungen an die Alliierten, zu erfüllen. Es ist selbstverständlich, daß wir der Schaffung einer zentralen deutschen Verwaltung als einer Übergangsmaßnahme zur Bildung einer zukünftigen deutschen Regierung nicht widersprechen.

Zit. nach: Zwischen Krieg und Frieden. Eine Dokumentensammlung, Berlin 1946, S. 132 f., 136 ff.

*b) Außenminister Byrnes (USA) vor deutschen Politikern der US-Zone in Stuttgart am 6.9.1946*

Die jetzigen Verhältnisse in Deutschland machen es unmöglich, den Stand der industriellen Erzeugung zu erreichen, auf den sich die Besatzungsmächte geeinigt hatten als absolutes Mindestmaß einer deutschen Friedenswirtschaft. Es ist klar, daß wir, wenn die Industrie auf den vereinbarten Stand gebracht werden soll, nicht weiterhin den freien Austausch von Waren, Personen und Ideen innerhalb Deutschlands einschränken können. Die Schranken zwischen den vier Zonen Deutschlands sind weit schwieriger zu überwinden als die zwischen normalen unabhängigen Staaten. Die Zeit ist gekommen, wo die Zonengrenzen nur als Kennzeichnung der Gebiete angesehen werden sollten, die aus Sicherheitsgründen von den Streitkräften der Besatzungsmächte besetzt gehalten werden, und nicht als eine Kennzeichnung für sich abgeschlossener wirtschaftlicher oder politischer Einheiten.
Das war der Gang der Entwicklung, wie er in den Potsdamer Beschlüssen vorgesehen war, und das ist auch der Gang der Entwicklung, den die amerikanische Regierung mit ihrer ganzen Autorität verfolgen wird. Sie hat offiziell ihre Absicht ausgedrückt, die Wirtschaft ihrer eigenen Zone mit einer oder allen anderen zu vereinigen, die hierzu bereit sind.
Bis jetzt hat sich nur die britische Regierung bereit erklärt, mit ihrer Zone daran teilzunehmen. Wir begrüßen diese Zusammenarbeit aufs wärmste. Natürlich soll diese Vereinigungspolitik nicht jene Regierungen ausschließen, die heute noch nicht zum Beitritt bereit sind. Die Vereinigung steht ihnen zu jeder Zeit frei.
Wir treten für die wirtschaftliche Vereinigung Deutschlands ein. Wenn eine völlige Vereinigung nicht erreicht werden kann, werden wir alles tun, was in unseren Kräften steht, um eine größtmögliche Vereinigung zu sichern ...
Der Hauptzweck der militärischen Besetzung war und ist, Deutschland zu entmilitarisieren und entnazifizieren, nicht aber, den Bestrebungen des deutschen Volkes hinsichtlich einer Wiederaufnahme seiner Friedenswirtschaft künstliche Schranken zu setzen.
Die Nazikriegsverbrecher sollten für die Leiden, die sie über die Welt gebracht hatten, bestraft werden. Die in den Potsdamer Beschlüssen enthaltenen Grundsätze für die Reparationen und industrielle Abrüstung sollten durchgeführt werden. Die Ziele der Besetzung sahen jedoch weder eine langanhaltende fremde Diktatur über die deutsche Friedenswirtschaft, noch eine langanhaltende fremde Diktatur über Deutschlands innerpolitisches Leben vor ...
Die amerikanische Regierung steht auf dem Standpunkt, daß dem deutschen Volk innerhalb ganz Deutschlands die Hauptverantwortung für die Behandlung seiner eigenen Angelegenheiten bei geeigneten Sicherungen jetzt übertragen werden sollte.
Seit dem Ende der Feindseligkeiten ist mehr als ein Jahr vergangen. Die Millionen deutscher Menschen sollten nicht gezwungen werden, in Ungewißheit über ihr Schicksal zu leben. Die amerika-

nische Regierung ist der Ansicht, daß die Alliierten dem deutschen Volk unverzüglich die wesentlichen Friedensbedingungen klarmachen sollten, deren Annahme und Befolgung sie vom deutschen Volk erwarten. Wir sind der Ansicht, daß dem deutschen Volk jetzt die Erlaubnis und Unterstützung gewährt werden sollte, um die notwendigen Vorbereitungen zur Bildung einer demokratischen deutschen Regierung zu treffen, die in der Lage ist, diese Bedingung anzunehmen und zu befolgen ...

Die amerikanische Regierung steht auf dem Standpunkt, daß die vorläufige Regierung nicht von anderen Regierungen ausgesucht werden soll, sondern daß sie aus einem Deutschen Nationalrat bestehen soll, der sich aus den nach demokratischen Prinzipien verantwortlichen Ministerpräsidenten oder anderen leitenden Beamten der verschiedenen Länder oder Provinzen zusammensetzt, die in jeder der vier Zonen gebildet worden sind.

Unter Vorbehalt der Befugnisse des Alliierten Kontrollrates soll der Deutsche Nationalrat für die sachgemäße Erfüllung der Aufgaben der zentralen Verwaltungsbehörden verantwortlich sein, die ihrerseits angemessene Machtbefugnisse besitzen sollen, um die Verwaltung Deutschlands als eine wirtschaftliche Einheit, wie sie in den Potsdamer Beschlüssen geplant war, zu sichern.

Der Deutsche Nationalrat sollte auch mit der Vorbereitung des Entwurfs einer Bundesverfassung für die Vereinigten Staaten von Deutschland beauftragt werden, die unter anderem den demokratischen Charakter des neuen Deutschlands, die Menschenrechte und die grundsätzlichen Freiheiten all seiner Einwohner sichern soll.

Nach grundsätzlicher Genehmigung durch den Alliierten Kontrollrat wäre die vorgeschlagene Verfassung einer gewählten Versammlung zur endgültigen Formulierung vorzulegen und sodann dem deutschen Volk zur Ratifizierung zu unterbreiten.

Während wir darauf bestehen werden, daß Deutschland die Grundsätze des Friedens, der gutnachbarlichen Beziehungen und der Menschlichkeit befolgt, wollen wir nicht, daß es der Vasall irgendeiner Macht oder irgendwelcher Mächte wird oder unter einer in- oder ausländischen Diktatur lebt. Das amerikanische Volk hofft, ein friedliches und demokratisches Deutschland zu sehen, das seine Freiheit und Unabhängigkeit erlangt und behält.

Zit. nach: Zwischen Krieg und Frieden, a.a.O., S. 151, 153 f., 156.

# II. Neuanfänge des politischen und wirtschaftlichen Lebens in Deutschland

## Übersicht

**1945** 5. Juni: Die vier Siegermächte übernehmen auf der Basis der „Berliner Erklärung" die oberste Regierungsgewalt in Deutschland. Sie teilen gemäß der „in der Endphase des Krieges entworfenen Kartographie" (W. Abelshauser) das um ein Viertel dezimierte, nur noch bis zur Oder-Neiße-Linie reichende „überfüllte Ruinenland" (G. Stolper) in vier Besatzungszonen:

a) Sowjetunion: östliche Zone (mit den späteren Ländern: Mecklenburg, Sachsen, Thüringen, Brandenburg und Sachsen-Anhalt
b) Großbritannien: nordwestliche Zone (mit den späteren Bundesländern: Schleswig-Holstein, Niedersachsen, Nordrhein-Westfalen und Hamburg)
c) USA: südwestliche Zone (mit den späteren Bundesländern: Bayern, Hessen, Württemberg-Baden und Bremen; dabei war Bremen zunächst eine amerikanische Militärenklave in der britischen Zone und erhielt zum 1. 1. 1947 den Status eines Landes der US-Zone)
d) Frankreich: die westliche Zone (mit den späteren Bundesländern: Rheinland-Pfalz, dem Saarland, Südbaden und Württemberg-Hohenzollern)

Gleichzeitig erfolgt die Etablierung des Alliierten Kontrollrats mit Sitz in Berlin, dessen Zuständigkeit sich auf alle Deutschland als Ganzes betreffenden Fragen erstreckt und sich nur in einstimmigen Beschlüssen konkretisieren kann. Daraus ergibt sich, daß die jeweiligen Oberbefehlshaber in ihren Besatzungszonen uneingeschränkte Vollmachten und geduldete deutsche Instanzen nur den Rang von Hilfsorganen besitzen.

10. Juni: Durch Befehl Nr. 2 der Sowjetischen Militäradministration (SMAD) wird in deren Bereich die Gründung antifaschistischer Parteien und Gewerkschaften erlaubt. Bereits am nächsten Tag tritt die – seit 1933 in die Illegalität gezwungene und von zurückgekehrten Moskauer Emigranten wie Ulbricht und Pieck geleitete – KPD mit einem auf Werbewirkung ausgerichteten Aufruf an die Öffentlichkeit, in dem sie sich überraschend gegen ein „Aufzwingen des Sowjetsystems" ausspricht und für eine „parlamentarisch-demokratische Republik mit allen demokratischen Rechten und Freiheiten für das Volk" plädiert.
Ebenso unmittelbar erfolgt die Bildung des „Freien Deutschen Gewerkschaftsbundes" (FDGB) für die gesamte SBZ, einer Einheitsgewerkschaft mit zentralisierter Führungskompetenz gegenüber den einzelnen Industriegewerkschaften, die sich von Anfang an als wirkungsvolles Sprachrohr der sowjetischen Deutschlandpolitik erweist.
Dem SMAD-Befehl vorausgegangen war – wie in den westlichen Zonen – ein Verbot der vielerorts „im kurzen Machtvakuum des Zusammenbruchs entstandenen räteartigen Spontangruppen" (J. Kocka), der sog. Antifaschistischen Ausschüsse und Betriebskomitees, die sich zumeist konkreten Aufgaben wie der Ankurbelung der Energie- und Wasserversorgung, des Verkehrswesens und auch der industriellen Produktion „gesäuberter" Betriebe annahmen. Ihre zum Teil alternativen Konzepte – etwa die Gründung von Produktionsgenossenschaften – erweckten jedoch Mißtrauen, zumal sie zentralen Regelungen im Weg zu stehen schienen.

15. Juni: Der Zentralausschuß der als Folge der Zulassungspraxis gleichfalls von oben nach unten wieder gegründeten SPD in der SBZ – mit Otto Grotewohl an der Spitze – bekennt sich zu Demokratie und Sozialismus; zugleich wird der KPD-Aufruf „aufs wärmste begrüßt" und als Basis für die „notwendige Einheit der deutschen Arbeiterklasse" bezeichnet. Die KPD entzieht sich jedoch dem Versuch der politischen und organisatorischen Verschmelzung, weil sie die ideologische Formierung der eigenen Kader und deren Immunisierung gegen den sog. „Sozialdemokratismus" als eine zwingende Voraussetzung ansieht und eine Majorisierung durch die gegenwärtig mitgliederstärkere SPD befürchtet. Lediglich der Bildung einer „Aktionsgemeinschaft" stimmt die KPD zu.

19. Juni: Zentralkomitee der KPD und Zentralausschuß der SPD gründen einen gemeinsamen Arbeitsausschuß mit je fünf Vertretern aus beiden Parteiführungen, um „die Voraussetzungen für die politische

Einheit des werktätigen Volkes zu schaffen". Dieses Kooperationsmodell soll auch auf den unteren Ebenen praktiziert werden.

26. Juni: Auf Initiative von Andreas Hermes und Jakob Kaiser, ehemaligen christlichen Gewerkschaftlern, kommt es zur Gründung der CDU in der SBZ, einer christlichen Partei beider Konfessionen, die für partielle Sozialisierung (Bodenschätze, Bergbau und monopolartige Schlüsselunternehmungen) und „Aufbau in straffer Planung" eintritt.

1. Juli: Amerikanische und britische Truppen verlassen die von den Westalliierten im April 1945 eroberten Gebiete in Thüringen, Sachsen und Mecklenburg, die auf der Jalta-Konferenz der sowjetischen Besatzungszone zugeschlagen worden waren. Im Gegenzug räumen die Sowjets die westlichen Teile des von ihnen allein eingenommenen Berlin (3.7.).

4.–23. Juli: Aufgrund von Anordnungen der SMAD werden in der SBZ fünf Landes- bzw. Provinzialverwaltungen eingerichtet: Mecklenburg, Sachsen-Anhalt, Thüringen, Sachsen und Brandenburg.

5. Juli: Gründung der Liberal-Demokratischen Partei (LDP), „der Rechtspartei im Parteiengefüge der SBZ" (D. Staritz), die sich als einzige von Sozialisierungsforderungen distanziert und für die Wiederherstellung des Berufsbeamtentums plädiert.

14. Juli: In der SBZ kommt es im Zusammenwirken von KPD-Führung und Besatzungsmacht zur Konstituierung einer „Einheitsfront antifaschistisch-demokratischer Parteien" – später „antifaschistischer Block" genannt – mit je 5 Vertretern aus KPD, SPD, CDU und LDP. Die Einheitsfrong – etwas völlig Neues in der deutschen Parteiengeschichte" (H. Weber) und wichtiges Instrument der KPD-Strategie – faßt ihre Beschlüsse „bindend für alle Parteien" allein „auf dem Wege der Vereinbarung" und „nicht durch Abstimmung". Der „Block" soll nicht nur als zentrales Spitzengremium fungieren, sondern in allen Orten der SBZ gegründet werden, um – wie es Ulbricht formuliert – „sicherzustellen, daß die Arbeiterschaft die führende Rolle in der demokratischen Entwicklung übernimmt". Die bürgerlichen Parteien überwinden ihre Skepsis gegen die Einbindung in dieses Parteienkartell unter Rekurs auf ihr antifaschistisches Engagement und ihren Glauben, daß die Bewältigung des Nachkriegschaos Gemeinsamkeit verlange.

17. Juli–2. August: Die Regierungschefs der drei Siegermächte treten zu ihrer ersten (und bisher letzten) Nachkriegskonferenz über Deutschland zusammen. Das als Potsdamer Abkommen geltende Abschlußkommuniqué fixiert die politischen und wirtschaftlichen Grundsätze für die Behandlung des besetzten Deutschland: Entmilitarisierung, Reparationen, Entnazifizierung und Demokratisierung. Obwohl es auf der Konferenz nicht gelingt, sich über die Höhe der Reparationen zu verständigen – wobei es jedoch unstrittig ist, daß jede Siegermacht ihrer Zone Entschädigungen abverlangen kann – werden der Sowjetunion 10% der westdeutschen industriellen Ausrüstung ohne Gegenleistung und weitere 15% gegen die Lieferung von Nahrungsmitteln und Kohle zugesprochen.

23. Juli: In der SBZ werden die noch bestehenden Privatbanken entschädigungslos enteignet und durch neue Provinzial- und Länderbanken ersetzt.

26. Juli: Die Verwaltung des in vier Sektoren mit je einem eigenen Stadtkommandanten geteilten Berlin wird einer Alliierten Kommandantur übertragen, deren Entscheidungen an das Prinzip der Einstimmigkeit gebunden sind.

27. Juli: Durch SMAD-Befehl Nr. 17 wird der mit der Errichtung von Landesverwaltungen angebahnte föderalistische Aufbau in der SBZ abgebrochen und durch die Schaffung von 11, später 13, dann 16 Zentralressorts im Rang von Ministerien und mit Sitz in Berlin in eine gegenläufige Richtung gelenkt. Bereits bei der ersten Besetzung dieser Ämter zeigt sich die für die Taktik der KPD typische Vorgehensweise, indem sie repräsentative Funktionen durchaus an Politiker anderer Provenienz abzutreten bereit ist, die einflußreichen Schaltstellen, z. B. Personal-, Kultus- und Innenressorts, aus den eigenen Reihen besetzt gemäß der kennzeichnenden Devise Ulbrichts aus diesen Tagen: „Es muß demokratisch aussehen, aber wir müssen alles in der Hand haben".

27. August: Die in der SBZ in Gang gekommene Formierung der politischen Parteien zwingt die Westalliierten zu ähnlichen Zugeständnissen in ihrem Einflußbereich, wobei sich im Rückblick auffällige Parallelen in Zahl und Struktur erkennen lassen. Jedoch vollzieht sich hier der organisatorische Aufbau – anders als in der östlichen Zone – schrittweise von unten nach oben. Überzonale Kontakte bleiben zunächst verboten.
Die CDU, als überkonfessionelle bürgerliche Sammlungspartei die wichtigste Neugründung in den

Westzonen, entstammt lokal getrennten, aber gleichgerichteten Initiativen. Sie hat ihr zunächst maßgebendes programmatisches Zentrum in Köln (Kloster Walberberg). Ab Herbst gewinnt in ihr Konrad Adenauer, der frühere und vorübergehend wieder amtierende Kölner Oberbürgermeister, zunehmend Resonanz und Einfluß.
Die Liberalen, angetreten mit dem Ziel, die Weimarer Trennung von DDP und DVP zu überwinden, formieren sich unter vielfältigen Bezeichnungen. Der einheitliche Name FDP datiert erst vom November 1948.
Die SPD stellt – gleich nach der Wiedergründung – eine relativ geschlossene Organisation dar. Sie verdankt dies zu einem wesentlichen Teil der „autoritären Faszination" (Th. Pirker) Kurt Schumachers, dem aufgrund seiner kompromißlosen Gegnerschaft zum Nationalsozialismus, seines hohen moralischen Pathos und seiner mitreißenden Energie bis zu seinem Tode im August 1952 eine unbestrittene Führungsrolle eingeräumt wird.
Die KPD unter Max Reimann steht in den Westzonen von vornherein in einer Konkurrenzsituation gegenüber der SPD, doch mindert sie ihre Mobilisierungschancen in entscheidendem Maße durch ihre bedingungslose Identifikation mit der Politik der Sowjetunion. Zur Bildung einer Rechtspartei von nennenswertem Gewicht kommt es nach dem Zweiten Weltkrieg nicht mehr.

27.–31. August: Anläßlich einer Kirchenversammlung in Treysa (Hessen) wird ein vorläufiger Rat der Evangelischen Kirche in Deutschland (EKiD) mit Landesbischof Wurm als Vorsitzendem und Martin Niemöller als seinem Stellvertreter gewählt.

3. September: Beginnend mit der Provinz Sachsen-Anhalt wird in den übrigen vom landwirtschaftlichen Großbetrieb geprägten Ländern der SBZ eine Bodenreform (als „unaufschiebbare, nationale, wirtschaftliche und soziale Notwendigkeit" proklamiert) durchgeführt, in deren Rahmen über 3 Millionen ha – überwiegend von Privatbetrieben mit mehr als 100 ha Gesamtfläche und „Nazinutznießern" – entschädigungslos enteigneter Boden (analog zum Vorgehen bei der russischen Agrarrevolution 1917/18) in einen Fond überführt und partiell in Form von Landstücken zwischen 5 und 10 ha an etwa 500 000 Personen verteilt werden (Parole: „Junkerland in Bauernhand"). Bereits die Zeitgenossen vermuten zutreffend, daß „diese Bodenreform mit ihrer Riesenzahl von Zwergbetrieben nur als provisorische Maßnahme gedacht ist (G. Stolper).

5. Oktober: Auf der ersten „Reichskonferenz" der SPD in Wennigsen bei Hannover, die von Funktionären aus allen Teilen Deutschlands und dem Londoner Exil besucht wird, kommt es zu einer Abgrenzung der Zuständigkeitsbereiche („Wennigser Kompromiß") in der Weise, daß der Zentralausschuß Kurt Schumacher als den „politischen Beauftragten der drei westlichen Besatzungszonen" und Schumacher den Zentralausschuß als die „Führung der Sozialdemokratischen Partei Deutschlands in der östlichen Besatzungszone" anerkennt.
Mit der – dem Abgrenzungsbeschluß zugrundeliegenden – Feststellung, daß unter den gegebenen besatzungspolitischen Verhältnissen eine zentrale Reichsleitung und Reichsparteitage der SPD nicht möglich seien, wird die Hinhaltetaktik des Zentralausschusses gegenüber dem Fusionsverlangen des KPD-Zentralkomitees der wesentlichen Begründung beraubt, daß die Verschmelzung eine reichseinheitliche Organisation der SPD voraussetze. Zudem ist mit der Abgrenzung der Zuständigkeiten fraglos die Spaltung der SPD eingeleitet.

17. Oktober: Die Regierungschefs der Länder Bayern, Hessen und Württemberg-Baden (ab Februar 1947 auch Bremen) schließen sich zu dem regelmäßig in Stuttgart tagenden Länderrat zusammen mit dem Ziel, eine einheitliche Praxis in Verwaltung und Rechtsprechung herbeizuführen.
Vor allem die SPD unterstützt Versuche, eine analoge Institution in der britischen Zone zu schaffen, scheitert aber am Veto der Besatzungsmacht, die lediglich einen sog. Zonenbeirat (ab Februar 1946 mit Sitz in Hamburg) mit beratender Funktion zugesteht. Zu seinen von der Militärregierung berufenen 27 Mitgliedern gehören auch Adenauer und Schumacher.

19. Oktober: Die EKiD verkündet im Beisein von Vertretern der Ökumene das sog. Stuttgarter Schuldbekenntnis, das – den Charakter eines liturgischen Sündengeständnisses übersteigend – das politische Versagen der Christen in Deutschland gegenüber dem nationalsozialistischen Gewaltregime konkret anklagt. Im Innern heftig umstritten, trägt das Stuttgarter Schuldbekenntnis entscheidend dazu bei, die Zusammenarbeit mit den ausländischen Kirchen wieder in Gang zu setzen. Es verschafft den Kirchen zudem die moralische Legitimation, sich mit Appellen an die Besatzungsmächte zu wenden, z. B. bei Fragwürdigkeiten der Entnazifizierung in den Westzonen oder der Beibehaltung der Konzentrationslager aus der NS-Zeit in der SBZ.

29. Oktober: Durch Gesetz des Alliierten Kontrollrats, der sich inzwischen zu einem komplizierten Apparat mit 40000 Beschäftigten entwickelt hat, werden für alle deutschen Männer zwischen 14 und 65 Jahren und alle Frauen zwischen 15 und 50 Jahren Arbeitspflicht und -lenkung eingeführt.

30. Oktober: Das Gesetz Nr. 4 des Alliierten Kontrollrats über die „Umgestaltung des deutschen Gerichtswesens" sieht die Ausschaltung aktiver Nationalsozialisten aus dem Justizdienst vor. In der SBZ wird diese Anweisung auf alle ehemaligen NSDAP-Mitglieder ausgedehnt, wodurch eine fast vollständige Auswechslung des höheren Justizpersonals stattfindet. Der KPD schließt die Lücken durch linientreue, kurz ausgebildete „Volksrichter".

30. Oktober: Gemäß SMAD-Befehl Nr. 124 „Über die Beschlagnahme allen Eigentums des deutschen Staates, der NSDAP und ihrer Organisationen, der Verbündeten des Nazi-Reiches und darüber hinaus aller jener Personen, die von der SMAD durch besondere Listen oder auf andere Weise bezeichnet werden", werden mehr als 10000 Betriebe „sequestriert". Davon werden über 200 der größten und wichtigsten „herrenlosen" Industrieunternehmen im Rahmen von Reparationsansprüchen, der sog. „juristischen Demontage", in „Sowjetische Aktiengesellschaften" (SAG) umgewandelt und in Eigentum der UdSSR überführt.
Der SMAD-Befehl wird durch nachfolgende Volksentscheide oder Landtagsbeschlüsse sanktioniert, ein kombiniertes Verfahren, das für den gesamten Komplex der „Verwandlung der Eigentumskategorien" bezeichnend ist. Außerdem wirkt das in Sachsen zuerst praktizierte Modell prägend: Durch das zuständige Landesministerium werden die Betriebe einer Branche in „Vereinigungen Volkseigener Betriebe" (VVB) zusammengefaßt und zentral geleitet.

Ende Oktober 1945: Die KPD in der SBZ nimmt nach einer taktischen Schwenkung Bemühungen um den organisatorischen Zusammenschluß mit der SPD auf, da sie – im Vorfeld sich ankündigender Wahlen – der Erkenntnis nicht mehr ausweichen kann, keine Wählermehrheit hinter sich zu bringen. Dem Kalkül der Kommunisten – durch die katastrophale Niederlage bei den Wahlen zum österreichischen Nationalrat dann bestätigt – liegt die Auffassung zugrunde, daß ihnen durch den Rückhalt bei der Besatzungsmacht die führende politische Rolle zufallen, während die SPD der Einheitspartei die Zustimmung der Massen garantieren werde.

14.–16. Dezember: Das „Reichstreffen" der CDU-Landesverbände in Bad Godesberg, das diese Bezeichnung allerdings wegen der von den Sowjets verhinderten Teilnahme der Berlinder CDU-Vertreter eigentlich nicht verdient, legt endgültig den Parteinamen CDU fest und bekennt sich – in betonter Absetzung zu den Anfängen – zu einem „Sozialismus aus christlicher Verantwortung".

19. Dezember: Auf Intervention der SMAD werden die CDU-Führer Andreas Hermes und Walther Schreiber abgesetzt, die sich gegen die Praxis der entschädigungslosen Enteignung von Grund und Boden ausgesprochen und Bedenken gegen die überstürzte Zerschlagung agrarischer Betriebseinheiten vorgebracht hatten. Ihre Nachfolge werden Jakob Kaiser und Ernst Lemmer, die sich um einen modus vivendi bemühen.

20./21. Dezember: Trotz „zunehmender Zweifel an der Ehrlichkeit des Bekenntnisses der KPD zur Demokratie und des Willens zur Zusammenarbeit und zur Einheit ohne betonten Führungsanspruch der KPD" (O. Grotewohl), womit er offenkundig mehr die weitgestreuten Bedenken der Basis als die eigenen artikuliert, willigt der Zentralausschuß der SPD in eine – mit je 30 Vertretern – paritätisch beschickte Konferenz mit dem Zentralkomitee der KPD (sog. Sechziger-Konferenz) in Berlin ein. Der Zentralausschuß verpflichtet sich in einer gemeinsamen Resolution, „überall neue Schritte zur Entfaltung der antifaschistischen Aktionseinheit" zu unternehmen. Dies ist für Schumacher Veranlassung klarzustellen, daß „Abmachungen und Beschlüsse der Partei in der östlichen Besatzungszone nicht bindend oder richtungweisend für die SPD in den westlichen Besatzungszonen" sein können, und erneut der Ost-SPD die Selbstauflösung nahezulegen.

**1946** 12. Januar: Durch eine Direktive des Kontrollrats wird die in Potsdam vereinbarte Entnazifizierung einem geregelten Verfahren unterworfen. Dennoch bleibt es nicht aus, daß sich Methode und Zielsetzung dieses Prozesses einer politisch-personalen Säuberung in Ost und West nachdrücklich unterscheiden: In der SBZ steht die Absicht im Vordergrund, mit Hilfe von Sonderstrafkammern die bisherigen gesellschaftlichen Führungsschichten, Landadel und Besitzbürgertum, auszuschalten und das Etikett „Nazi-Aktivist" extensiv in den Dienst der politischen Umstrukturierung zu stellen; in den Westzonen dominiert (nach Erlaß des sog. „Befreiungsgesetzes" vom 5. 3. 1946) trotz aller Nuancen der Charakter einer bürokratischen Inquisition gegenüber einem Phänomen kollektiver Kriminalität. Angesichts der Millionenzahl der Fälle und wachsender Zweckmäßigkeitserwägungen wird die Entnazifizierung immer stärker zu einer „Mitläuferfabrik" (L. Niethammer).

27. Januar: In der amerikanischen Zone finden die ersten Kommunalwahlen statt, denen im April die Kreistagswahlen folgen. Sie sehen durchweg die CDU/CSU als stärkste Partei vor der SPD; die KPD erreicht nur den Rang einer Splitterpartei.

Februar: Der auch von der SMAD – offenbar unter dem Eindruck der Kommunalwahlen in der amerikanischen Zone – forcierte Prozeß der Vereinigung von SPD und KPD trifft auf Seiten des Zentralausschusses auf keinen prinzipiellen Widerstand mehr. Bei der zustimmenden Haltung, die selbst den Fusionstermin einschließt, mag auch eine Rolle gespielt haben, daß die KPD gerade in diesen Wochen mit ihrer Parole vom „besonderen deutschen Weg zum Sozialismus", wie sie vor allem der Parteitheoretiker Anton Ackermann propagiert, die Verbindlichkeit des Sowjetsystems zu relativieren, wenn nicht gar eine „Distanzierung von der stalinistischen Praxis in der Sowjetunion" (H. Weber) auszusprechen scheint.

1. März: In Neheim-Hüsten erfolgt der Zusammenschluß der beiden Landesverbände der CDU in der britischen Zone und die Wahl Konrad Adenauers, der im Oktober 1945 von der britischen Besatzungsmacht seines Amtes als Kölner Oberbürgermeister enthoben worden war, zum Vorsitzenden.

5. März: Nach der Übertragung des Vollzugs der Entnazifizierung an deutsche Behörden erläßt der Länderrat in Stuttgart das „Gesetz zur Befreiung vom Nationalsozialismus und Militarismus" (vgl. S. 22 f.). Ihm zufolge haben alle Deutsche über 18 Jahre einen Fragebogen auszufüllen und sich im Falle nationalsozialistischer Aktivitäten vor einer sog. Spruchkammer mit öffentlichem Ankläger zu verantworten. Das Gesetz unterscheidet fünf Kategorien von Betroffenen und sieht nach Prüfung jedes einzelnen Falles Sühnemaßnahmen vor, die von der zeitweiligen Einschränkung des Wahlrechts bis zur Einweisung in ein Arbeitslager reichen.

7. März: Gründung der Freien Deutschen Jugend (FDJ) in der SBZ unter Führung Erich Honeckers, die – obwohl satzungsgemäß zur Überparteilichkeit verpflichtet – relativ rasch von den Kommunisten dominiert wird. CDU und LPD ziehen daraufhin im Januar 1948 ihre Vertreter aus dem Zentralrat der FDJ zurück.

12.–14. März: Erste zonale Konferenz der Gewerkschaften in Hannover. Die Westalliierten lassen nur schrittweise die Organisation von Gewerkschaften auf zonaler Ebene zu, um ihren demokratischen Aufbau zu gewährleisten und eine Dominanz der Kommunisten zu verhindern. Sie begünstigen deshalb einen föderativen Aufbau des Deutschen Gewerkschaftsbundes aus autonomen Industriegewerkschaften und stehen den interzonalen Kontakten mit der FDGB mit Skepsis gegenüber. Die westlichen Besatzungsmächte – vor allem die Amerikaner – mißbilligen das soziale Reformprogramm der Gewerkschaften (mit Vergesellschaftung der Schlüsselindustrien und überbetrieblicher Mitbestimmung), das in seinen wesentlichen Elementen den Zukunftsplänen des deutschen Widerstandes entstammt. Sie ziehen – wie in Potsdam festgelegt – Entflechtung und Dekartellisierung monopolistischer Unternehmungen als strukturelle Reformmaßnahme vor, die nach ihrer Auffassung auch die Machtübernahme Hitlers verhindert hätte. Im Rahmen dieses Konzepts wird (besonders in Betrieben der Montanindustrie) auf Initiative der Unternehmer die paritätische Mitbestimmung der Arbeitnehmer realisiert, was die Gewerkschaften – angesichts der nicht erreichbaren Sozialisierung – als Teilerfolg akzeptieren.

26. März: Trotz der Differenzen der Alliierten über die Verwaltung der Ruhrindustrie, wo sich die Westmächte gegen eine Beteiligung der Sowjetunion sperren, gelingt im Kontrollrat eine Verständigung über einen Industrieplan für Deutschland („Plan für Reparationen und den Nachkriegsstand der deutschen Wirtschaft"). Die Höhe der Produktion soll – mit Ausnahme des Bausektors – bei 50–55% der Vorkriegszeit liegen und die Ernährung einen täglichen Kaloriensatz von 2000 (als Normalsatz gelten 3000) erreichen. Um diesen Standard sicherzustellen, soll der auf 3 Milliarden Mark veranschlagte Export mit Vorrang zur Finanzierung der notwendigen Importe verwendet werden. Diesem Vorschlag zu entsprechen, zeigt sich die von den Kriegsfolgen am stärksten betroffene Sowjetunion jedoch nicht bereit, sondern setzt ihre Politik der Deindustrialisierung mit forcierten Demontagen und Entnahmen aus der laufenden Produktion fort.

31. März: Ausgehend von der Überzeugung, daß es „dem Wesen einer demokratischen Partei widerspreche, einen so fundamentalen Schritt wie die Vereinigung mit den Kommunisten auf parteiadministrativem Wege durch die Funktionäre besorgen zu lassen" (K. D. Erdmann), ruft ein „Aktionsausschuß"

der SPD in Groß-Berlin unter Franz Neumann gegen das Votum von Zentralausschuß und Bezirksvorstand zu einer Urabstimmung auf, die jedoch in der sowjetischen Zone und auch in Ost-Berlin nicht zugelassen wird. Die SPD-Mitglieder in den Westsektoren von Berlin stimmen mit überwältigender Mehrheit für die antikommunistische und einheitsfeindliche Linie der Strategie Schumachers, der die KPD als „rotlackierte Nazis" tituliert, und gegen den Fusionsvorschlag des Zentralausschusses. Dieses Ergebnis hält freilich die von der SMAD konsequent geförderte Vereinigungspolitik nicht auf.

10. April: Das Betriebsrätegesetz des Alliierten Kontrollrats bildet die Rechtsbasis für die im Sommer 1946 in allen vier Besatzungszonen stattfindenden Betriebsratswahlen. Da die alliierte Anordnung jedoch in ihren wesentlichen Passagen nicht über das Betriebsrätegesetz von 1920 hinausgeht, d.h. keine Bestimmungen über die Teilhabe der Arbeiter an Planungs- und Leitungsentscheidungen enthält, setzen die Gewerkschaften und Betriebsräte punktuell solche Befugnisse im Rahmen sog. „Betriebsvereinbarungen" – oft durch Kampfmaßnahmen – durch.

20. April: Aus den Landtagswahlen in der britischen Zone, der „Zone der guten Absichten" (Schumacher), geht die SPD als die stärkste Partei hervor. Die KPD erreicht mit knapp über 10% ihr bestes Nachkriegsergebnis.

21./22. April: Dem Zusammenschluß von KPD und SPD zur SED gehen getrennte Parteitage beider Organisationen in allen Ländern der SBZ voraus, auf denen auch die Delegierten für den Vereinigungskongreß gewählt werden. Der gemeinsame Parteitag verabschiedet mit den „Grundsätzen und Zielen" das Programm der SED, das „in seinen wesentlichen Passagen den Versuch widerspiegelt, Momente der politischen Zielsetzungen beider Parteien zu vereinheitlichen" (D. Staritz). So bekennt sich die SED zur „Herstellung der Einheit Deutschlands als antifaschistische, parlamentarisch-demokratische Republik", spricht sich für den Ausbau der Selbstverwaltung durch „demokratisch durchgeführte Wahlen" aus, plädiert für die „gleichberechtigte Mitwirkung der Gewerkschaften" in den zu „Wirtschaftskammern" zusammengefaßten Unternehmen und für die „Beseitigung der kapitalistischen Monopole". Sie propagiert als Fernziel die „Verwandlung des kapitalistischen Eigentums an den Produktionsmitteln in gesellschaftliches Eigentum, die Verwandlung der kapitalistischen Warenproduktion in eine sozialistische, für und durch die Gesellschaft betriebene Produktion", wobei sie auch „revolutionäre Mittel" nicht ausschließt, „wenn die kapitalistische Klasse den Boden der Demokratie verläßt". In organisatorischer Hinsicht wird zwar eine paritätische Besetzung der Parteivorstände auf allen Ebenen vereinbart, doch gewinnen die KPD-Kader – aufgrund ihres aktiveren Engagements und der Unterstützung durch die SMAD – rasch die Oberhand. Insgesamt erweist sich das mit der Fusion verbundene „faktische Verbot der SPD in der Sowjetzone als entscheidender Schritt zur Trennung" (Th. Eschenburg).

3. Mai: Der stellvertretende Militärgouverneur der amerikanischen Zone Clay läßt die seit September 1945 erfolgende Lieferung von demontierten Werksanlagen an die Sowjetunion einstellen. Dabei argumentiert Clay, daß die in Potsdam zwischen den Siegermächten vereinbarte weitgehende Entindustrialisierung Deutschlands an die Vorbedingung eines einheitlichen Wirtschaftsgebiets geknüpft war. Wenn nun die Sowjetunion – aber ebenso Frankreich – ihre Zone abschotte, dann impliziere dies für Amerikaner und Briten die Notwendigkeit, in ihren Zonen das Industrieniveau zu erhöhen, um sie überhaupt existenzfähig zu machen und die Erreichung eines mittleren Lebensstandards auf der Grundlage deutscher Selbstversorgung zu ermöglichen. Bisher waren die Westalliierten zu selbstfinanzierten Nahrungsmittelimporten nach Deutschland gezwungen, in deren Zusammenhang es in England zur Brotrationierung gekommen war, einer nicht einmal im Krieg erforderlichen Maßnahme.

8.–11. Mai: Erster Parteitag der SPD in den Westzonen (abgehalten in Hannover), auf dem Kurt Schumacher – als unbestrittener Parteiführer bestätigt – die SPD als „den entscheidenden politischen Faktor Deutschlands" bezeichnet und sich gegen die „latente soziale Restauration" in den westlichen Zonen wendet.

30. Juni: Die von der SMAD angeregte Sperrung der Zonengrenze zwischen der SBZ und den Westzonen durch den Alliierten Kontrollrat soll vor allem dazu beitragen, die Abwanderung von Arbeitskräften zum Stillstand zu bringen. Allein in der britischen Zone sind seit Oktober 1945 über 1,5 Millionen Flüchtlinge registriert worden, deren Beschäftigung und Ernährung kaum lösbare Probleme aufwerfen.

13. August: Der Länderrat der amerikanischen Zone erläßt das „Gesetz zur Beschaffung von Siedlungsland und zur Bodenreform", demgemäß rd. 290000 ha, nämlich die jeweils 100 ha an Einzelbesitz übersteigende Quote, gegen Entschädigung abgetreten werden müssen. Angesichts des lokalen Widerstandes und der als bedrohlich apostrophierten Verschärfung der wirtschaftlichen Notlage werden je-

doch nicht einmal 10% verteilt, so daß die agrarischen Besitzverhältnisse weithin unangetastet bleiben. In der britischen Zone, wo der Anteil des landwirtschaftlichen Großgrundbesitzes eindeutig höher, wenngleich beträchtlich unter dem der SBZ liegt, erreicht die von der Militärregierung angeordnete Bodenreform (18.10. 1947) nominell einen etwas größeren Umfang. Aber auch hier entspricht das – auf freiwilliger Landabgabe beruhende – Angebot an Siedlungsland, an dem vor allem Flüchtlinge interessiert sind, nicht dem aktuellen Bedarf, zumal die notwendigen finanziellen Entschädigungen aus der öffentlichen Hand nicht aufgebracht werden können.

5. September: Der amerikanische und der britische Militärgouverneur verständigen sich über den am 1. 1. 1947 in Kraft tretenden wirtschaftlichen Zusammenschluß ihrer beiden Zonen. Als erste gemeinsame Einrichtung der „Bizone" wird ein „Wirtschaftsrat" in Minden installiert mit der Zielvorgabe, „die wirtschaftliche Selbständigkeit des Gebiets bis Ende 1949 zu erreichen".

6. September: Der amerikanische Außenminister Byrnes kündigt in seiner weichenstellenden Rede vor Vertretern der Militärregierung und einem ausgewählten deutschen Kreis eine Revision des Industrieplans und die Bildung einer deutschen Regierung auf Länderbasis an. Nicht zuletzt zerstreut er die Mutmaßungen über einen Rückzug der USA aus Europa.

Mitte September: In der Zeit zwischen dem 1. und 15.9. finden in allen Ländern der SBZ Gemeindewahlen statt, von denen ein eindeutiges Bekenntnis der Wähler zur Einheitspartei erwartet wird, zumal die SMAD die beiden bürgerlichen Parteien bei der örtlichen Zulassung ihrer Wahlvorschläge und – etwa durch betont gekürze Papierlieferungen – bei ihrer Wahlwerbung behindert. Zwar erreicht die SED in der Zusammenfassung fast 58% der gültigen Stimmen, doch wird dieses Resultat wesentlich dadurch getrübt, daß in Großstädten wie Leipzig, Zwickau, Weimar, Jena, Halle und Naumburg die Einheitspartei deutlich hinter CDU und LDP zusammen zurückbleibt.

13. Oktober: Bei den Landtagswahlen in der französischen Zone wird die CDU mit über 20% Vorsprung gegenüber der SPD zur stärksten Partei.

20. Oktober: Die letzten relativ freien Landtagswahlen in der SBZ bestätigen zwar die führende Stellung der SED, doch erreicht sie nirgends die absolute Mehrheit und bleibt auf die beiden bürgerlichen Parteien, CDU und LDP, angewiesen.

20. Oktober: Zum ersten und letzten Mal finden in Groß-Berlin freie Wahlen zum Stadpalrament unter Aufsicht der Besatzungsmächte statt, aus denen die SPD mit knapp 49% als stärkste Partei hervorgeht. Die SED – erstmals in direkter Konkurrenz mit der SPD konfrontiert – wird noch von der CDU übertroffen und bleibt unter 20%: ein von der Parteiführung als katastrophal empfundenes, doch symptomatisches Ergebnis.

29. Oktober: Der Alliierte Kontrollrat verfügt mit der Direktive Nr. 63 die Einführung des Interzonenpasses und ermöglicht damit einen bescheidenen, auf Fälle von geschäftlicher und familiärer Dringlichkeit beschränkten grenzüberschreitenden Reiseverkehr.

8./9. November: Was den beiden großen Parteien nicht gelingt, eine gemeinsame Organisation über die vier Zonen hinweg aufzubauen, bringen die Liberalen in Gestalt eines Reichsverbandes zustande, der sich unter dem Namen Demokratische Partei Deutschlands (DPD) mit Theodor Heuss und Wilhelm Külz als gleichberechtigten Vorsitzenden konstituiert. Doch Ende 1947 erweist sich die geringe Tragfähigkeit dieses Zusammenschlusses, als es über der Frage der Teilnahme am Volkskongreß, die von den Parteien der Westzonen generell abgelehnt, jedoch von der LDP unter der Voraussetzung der parteipolitischen Offenheit akzeptiert wird, zum irreparablen Bruch kommt.

16. November: Der Parteivorstand der SED veröffentlicht den „Entwurf einer Verfassung für die Deutsche Demokratische Republik". Zu dessen spezifischen Kennzeichen rechnen: Keine Gewaltenteilung, ein nur durch Volksentscheide eingeschränktes Einkammerparlament, Länder nur Gebietskörperschaften, alle Bodenschätze und Naturkräfte in Volkseigentum, Planwirtschaft. Der „Entwurf" bildet die Grundlage für die im Januar und Februar 1947 in den Ländern der SBZ verabschiedeten Verfassungen.

1. Dezember: Die amerikanische Militärregierung verlangt, daß neben der Volksabstimmung über die hessische Verfassung ein gesondertes Referendum über den Artikel 41, der die konkrete Sozialisierung von Kohle, Eisenindustrie und Bahnen vorsieht, durchgeführt wird. Es erbringt eine Mehrheit von über 62% Ja-Stimmen. Das gleiche Verfahren wird bei dem Verfassungsvotum in Bremen für den sozialpolitisch relevanten Artikel 47, der eine weitgehende Mitbestimmungskompetenz der Arbeitnehmer betrifft, am 12. 10. 1947 angewendet.

18. Dezember: Das Saargebiet wird in Einlösung der bereits im Februar 1946 propagierten französischen Absicht und mit Zustimmung der USA und Großbritannien aus dem Kompetenzbereich des Alliierten Kontrollrats ausgegliedert und – um etwa ein Drittel auf Kosten des rheinland-pfälzischen Territoriums vergrößert und durch eine Zollgrenze vom übrigen Deutschland getrennt – wirtschaftlich Frankreich angeschlossen.

**1947** 1.–3. Februar: Der in Ahlen tagende Zonenausschuß der CDU verabschiedet auf Initiative Adenauers das „Ahlener Programm", das – ausdrücklich als nur für die britische Zone verbindlich erklärt – sich gegen „das kapitalistische Gewinn- und Machtstreben" wendet, doch in seinem Verbindlichkeitsgrad und Stellenwert von Anfang an umstritten ist und bleibt.

5./6. Februar: Zonenübergreifend bildet die CDU in Königstein eine Arbeitsgemeinschaft, die erst mit der Gründung der Bundespartei im Oktober 1950 aufgelöst wird.

25. Februar: Durch Gesetz des Alliierten Kontrollrats wird Preußen rechtlich aufgelöst. Daraufhin erhalten Brandenburg und die Provinz Sachsen den Status von Ländern.

13.–15. März: Auf Betreiben des Vorsitzenden der CDU-Ost, Jakob Kaiser, appelliert der Vorstand der Arbeitsgemeinschaft von CDU/CSU – in Abwesenheit Adenauers – an alle Parteien, eine „nationale Repräsentation" zu schaffen. Die SED – grundsätzlich bereit zur Partizipation – fordert, die Praxis der Volkskongreß-Bewegung vorwegnehmend, die Einbeziehung einer „antifaschistischen Massenorganisation". Kurt Schumacher lehnt ein gesamtdeutsches Gespräch der Parteien nicht von vornherein ab, bringt jedoch mit seiner Vorbedingung der Wiederzulassung der SPD in der SBZ diesen Vorstoß früh zum Scheitern.

16. März: Die SED, die sich bisher „jeder Verkleinerung deutschen Gebiets" widersetzt hatte, akzeptiert erstmals öffentlich die Oder-Neiße-Linie als sog. „Friedensgrenze" und billigt Reparationen aus der laufenden Produktion.

8. Mai: In Sachsen werden aufgrund eines vom Landtag beschlossenen Gesetzes die Bergwerke und Bodenschätze entschädigungslos enteignet. Die übrigen Länder der SBZ folgen mit gleichlautenden Beschlüssen in kurzem Abstand.

5. Juni: Auf Initiative des bayerischen Ministerpräsidenten Hans Ehard finden sich die Regierungschefs aller deutschen Länder zu einer Konferenz in München ein, um – wie es in der Einladung heißt – „ein weiteres Abgleiten des deutschen Volkes in ein rettungsloses wirtschaftliches und politisches Chaos zu verhindern". Da man sich jedoch nicht über die Tagesordnung einigen kann, die die Ministerpräsidenten der SBZ – vom Zentralsekretariat der SED inspiriert – um den Punkt „Bildung einer deutschen Zentralverwaltung durch Verständigung der demokratischen Parteien und Gewerkschaften zur Schaffung eines deutschen Einheitsstaates" erweitert sehen wollen, während die westzonalen Regierungschefs die Erörterung politischer Fragen – speziell die der zukünftigen politischen Ordnung – verweigern, verlassen die ostdeutschen Vertreter die noch bis zum 9. 6. dauernde Konferenz.

5. Juni: Der von dem amerikanischen Außenminister George Marshall initiierte und nach ihm benannte Plan eines groß dimensionierten europäischen Hilfsprogramms, in dem sich politische und ökonomische Motive kreuzen, entspringt primär dem Problem der amerikanischen Überproduktion. Doch neben dem „aufgeklärten amerikanischen Eigeninteresse" (Senator Vandenberg) spielen die Einsicht, eine gemeinsame Deutschlandpolitik mit der Sowjetunion nicht organisieren zu können, und die Befürchtung, ein verelendetes Europa könne der kommunistischen Propaganda erliegen, gleichfalls eine gewichtige Rolle. Die amerikanische Hilfeleistung richtet sich nicht an ein einziges Empfängerland, sondern an die europäischen Länder insgesamt, die sich – Bedingung der USA – zur wechselseitigen wirtschaftlichen Unterstützung verpflichten müssen. Nicht zuletzt diese Auflage läßt die Sowjetunion die amerikanische Offerte ablehnen.

10. Juni: Durch Verordnung der britischen Militärregierung wird der Zonenbeirat parlamentarisiert, d. h. anstelle der Nominierung der Mitglieder durch die Besatzungsmacht tritt die Delegierung durch die Landtage, doch bleiben ihm legislative oder exekutive Kompetenzen auch jetzt vorenthalten.

14. Juni: Gemäß SMAD-Befehl Nr. 238 wird – als Reaktion auf die Schaffung des Wirtschaftsrats in der Bizone – die „Deutsche Wirtschaftskommission" (DWK) eingesetzt, deren Zuständigkeit sich auf die Koordination der fünf wirtschaftsplanenden und -leitenden Zentralverwaltungen erstreckt. In schrittweiser Erweiterung ihrer Kompetenzen erhält sie im Februar 1948 das Recht, verbindliche Verfügun-

gen „für alle deutschen Organe“ in der SBZ zu erlassen und deren Durchführung zu überwachen; sie wird damit zum zentralen Führungsorgan, „zur Vorstufe einer Regierung“ (H. Weber). Der DWK werden die – inzwischen zentralistisch zusammengefaßten – „Vereinigungen Volkseigener Betriebe“ (VVB) unterstellt, die damit jede juristische Selbständigkeit verlieren.

24. Juni: Ernst Reuter wird mit überwältigender Mehrheit – allerdings gegen die Stimmen der SED – zum Oberbürgermeister von Berlin gewählt, jedoch verhindert der sowjetische Stadtkommandant die Bestätigung des „kommunistischen Renegaten“ (K. D. Erdmann) durch die Alliierte Kommandantur. Für Reuter amtiert interimistisch Louise Schroeder.

25. Juni: In Frankfurt/M konstituiert sich der von den Landtagen der Bizone beschickte Zweizonen-Wirtschaftsrat, „das Ur-Parlament der Nachkriegszeit“ (K. Sontheimer), dem insgesamt 52 Abgeordnete angehören. Er hat sich vor allem einschlägiger gesetzgeberischer und koordinierender Aufgaben anzunehmen; seine Beschlüsse freilich bedürfen der Zustimmung durch die Militärgouverneure. Die Exekutive des Wirtschaftsrats – „monokratisch organisiert“ (K. D. Erdmann) – gliedert sich in fünf Ressorts (Ernährung und Landwirtschaft; Finanzen; Verkehr; Post- und Fernmeldewesen; Wirtschaft), deren Leitung – eine wichtige Vorentscheidung – sich sämtlich die mit der FDP kooperierende CDU zu sichern weiß.

12. Juli: Jakob Kaiser, Vorsitzender der Ost-CDU, übt entschiedene Kritik an der Gleichschaltungspolitik der SED mit Hilfe des „Blocks“ und tritt gleichzeitig für die Annahme des Marshall-Plans ein. Damit setzt er sich in Oppositon zur SMAD und zur SED.

29. August: Die Dreimächtekonferenz in London (USA, Großbritannien, Frankreich) beschließt den zweiten Industrieplan, demgemäß die Produktion in den Westzonen auf 90–95% des Standes von 1938 angehoben werden soll. Der gleichfalls neu festgelegte Umfang der Demontagen wird bis Jahresende noch einmal erheblich reduziert.
Schließlich einigen sich Briten und Amerikaner über eine gemeinsame Kontrolle der Ruhrkohlenproduktion in der Weise, daß sie deutsche Treuhänder – ohne über die kontroverse Frage der Eigentumsverhältnisse zu entscheiden – einsetzen.

20.–24. September: Auf dem zweiten Parteitag der SED, der unter dem Motto „Mehr produzieren, richtig verteilen, besser leben“ steht, wird die Notwendigkeit betont, zu einer langfristigen Wirtschaftsplanung überzugehen, jedoch die sozialistische Gesellschaftsordnung als „nicht unmittelbare Aufgabe“ bezeichnet.

5. Oktober: Die im Saarland durchgeführten Wahlen zu einer verfassunggebenden Versammlung bringen eine große Mehrheit für die Parteien, die den Status quo, die Eingliederung in das französische Wirtschaftsgebiet, bejahen: CVP, SPS und DPS.

9. Oktober: Im Rahmen einschlägiger Bemühungen der SED kommt dem SMAD-Befehl Nr. 234 über „Maßnahmen zur Erhöhung der Arbeitsproduktivität und zur weiteren Verbesserung der Lage der Arbeiter und Angestellten der Industrie und des Verkehrswesens“ prinzipielle Bedeutung zu, indem er „die Anwendung von Stück- und Akkordlohn als Mittel zur Steigerung“ vorsieht und die Erfüllung des Produktionsplanes mit einer verbesserten Ernährung („Warme Zusatzverpflegung in Werksküchen“) verknüpft.
Auf diesen SMAD-Befehl gestützt und von der Gewerkschaftsführung ermuntert, erläßt die Zentralverwaltung eine sog. Arbeitsordnung, die die Erfüllung der Leistungsnorm durch „öffentliche Danksagungen“ und individuelle Privilegien honoriert, für ihr Nichterreichen dagegen „öffentlichen Tadel“ und „Strafmaßnahmen“ ankündigt. Der „Aufbauplan“ stößt in den Betrieben auf teilweise heftigen Widerstand, der jedoch als Ausdruck „revolutionärer Ungeduld“ und „falsch verstandener kommunistischer Gleichheit“ zurückgewiesen wird.

8. November: Der saarländische Landtag beschließt mit großer Mehrheit eine Verfassung, die den wirtschaftlichen Anschluß des Landes an Frankreich und die politische Autonomie vorsieht. Im Anschluß an dieses Votum wird die von den französischen Behörden eingeführte Saar-Mark vom französischen Franc abgelöst.

6./7. Dezember: Der von der SED organisierte erste „Volkskongreß für Einheit und gerechten Frieden“, der sich als einzige gesamtdeutsche Repräsentanz begreift, tritt – von über 2200 Delegierten besucht – in Ost-Berlin zusammen: Etwa 1500 stammen, von den Parteien und Massenorganisationen nominiert, aus der SBZ, die übrigen aus den Westzonen. Sie verabschieden ein Manifest, in dem zentrale deutsche Verwaltungen, die Enteignung der Großindustrie und die Bildung einer demokratischen Regierung noch vor Abschluß eines Friedensvertrags mit Deutschland gefordert werden, und konstituieren einen „Ständigen Ausschuß", der dann den zweiten Volkskongreß für Mitte März 1948 einberuft.

20. Dezember: Wegen ihrer Weigerung, am Volkskongreß teilzunehmen, werden die ostzonalen CDU-Führer Jakob Kaiser und Ernst Lemmer auf Initiative der SMAD aus ihren Ämtern gedrängt und mit Redeverbot belegt. Ihre Nachfolger beugen sich dem Diktat der SED. Der Berliner Landesverband der CDU löst sich daraufhin von der Partei in der SBZ.

**1948** 9. Februar: Aufgrund alliierter und deutscher Initiative wird der Frankfurter Wirtschaftsrat in seiner Mitgliederzahl verdoppelt (jetzt: 104) und um eine zweite Kammer, den sog. Länderrat, ergänzt, in den jedes Land zwei Vertreter zu entsenden hat. Da die Nominierungskompetenz weiterhin bei den Landtagen liegt, verschieben sich die Kräfteverhältnisse nicht wesentlich. Ferner wird im Zuge der Umbildung ein Verwaltungsrat als Koordinations- und Exekutivorgan geschaffen, dem als eine Art parlamentarischer Regierung der Vorsitzende und die Direktoren der einzelnen Verwaltungen angehören. Die Leitungspositionen – darunter die Ludwig Erhards als Ressortchef für Wirtschaft – bleiben von Exponenten der CDU besetzt. Das von Erhard propagierte und von den Sozialdemokraten im Wirtschaftsrat bekämpfte Konzept der „Sozialen Marktwirtschaft" bedeutet: Privateigentum an den Produktionsmitteln statt Sozialisierung, Mechanismus des Marktes statt planwirtschaftlicher Verfügung, kontrollierter Wettbewerb statt altliberalem Laisser-faire, organisierter sozialer Ausgleich statt staatlicher Passivität. Von allen Fraktionen im Wirtschaftsrat wird jedoch die Einsicht geteilt, daß jede konstruktive Wirtschaftspolitik die Konsolidierung der Währung voraussetzt.

17./18. März: Der zweite „Volkskongreß" – am 100. Jahrestag der Revolution von 1848 in Ost-Berlin zusammengetreten und von fast 2000 Delegierten beschickt – wählt aus seiner Mitte den „Deutschen Volksrat", dem 300 Mitglieder aus der SBZ und 100 aus den Westzonen angehören, und trägt ihm ein „Volksbegehren" darüber auf, „bo das deutsche Volk die Durchführung einer Volksabstimmung über die Einheit Deutschlands verlangt". Das im Mai/Juni 1948 veranstaltete Volksbegehren findet dann die Zustimmung von 12,3 Millionen in der SBZ und von 2,4 Millionen in den Westzonen.
Mit ihrem Appell an den Einheitswillen der Deutschen hatte die SED die Politik der Sowjetunion zu unterstützen versucht. Mit der Konstituierung des „Volksrats" und eines Verfassungsausschusses steuert sie auf die Verfassung einer „Deutschen Demokratischen Republik" zu. Im Oktober 1948 legt sie einen Entwurf vor, der auf dem Verfassungskonzept der SED vom November 1946 basiert. Damit „hatte sich ein unter gesamtdeutschen Vorzeichen gebildetes Gremium zu einem Vorparlament entwickelt. Es war – so scheint es – auch bewußt im Hinblick auf diese Doppelfunktion gebildet worden" (D. Staritz).

20. März: Auseinanderbrechen des Alliierten Kontrollrats, als der russische Vertreter Sokolowski vollständige Information verlangt über die Londoner Konferenz, die vom 23.2–6.3. unter Beteiligung der USA, Großbritanniens, Frankreichs und der Beneluxstatten getagt hatte, sie ihm jedoch verweigert wird.

April/Juni: Um das bürgerliche Lager massiv zu schwächen und zu spalten, inspiriert die SMAD die Gründung zweier neuer Parteien: die Demokratische Bauernpartei Deutschlands (DBPD) und die Nationaldemokratische Partei Deutschlands (NDPD). Funkton der wichtigeren NDPD sollte es sein, die etwa 2 Millionen kleiner PGs, denen der Beitritt zur LDP und CDU verwehrt war, aufzufangen und sie für die Ziele der SED zu mobilisieren. Auch die DBPD gerät sofort ins Schlepptau der SED.

17. Juni: Unmittelbar vor der Verkündung der Währungsreform durch die Militärregierungen in den Westzonen verabschiedet der Wirtschaftsrat ein von Ludwig Erhard eingebrachtes „Gesetz über die wirtschaftspolitischen Leitsätze nach der Geldreform" mit den Stimmen von CDU und FDP, das – als „bedeutendste Entscheidung der deutschen Nachkriegsgeschichte auf parlamentarischer Ebene" (H. Pünder) apostrophiert – den „Direktor für Wirtschaft" ermächtigt, Warenbewirtschaftung und Preisvorschriften zu beseitigen. Lediglich die Lebensmittelrationierung und die Begrenzung der Preise für Grundnahrung und die Mieten sollen zunächst beibehalten werden.

18. Juni: Um dem inflationären Mißverhältnis zwischen Ware und Geld (dem aufgeblähten Geldvolumen von 298 Milliarden Mark steht ein Minimum an Waren gegenüber) zu steuern, die entstandenen Schwarzen Märkte zu eliminieren und dem Papiergeld seine Funktion als Tauschmittel wieder zu verschaffen, gewinnt die von den westlichen Besatzungsmächten initiierte und von deutschen Experten mitgestaltete Währungsreform als radikale Deflation in vier Gesetzen konkrete Form:

a) in dem Währungsgesetz, das die Deutsche-Mark-Währung einführt,
b) in dem Emissionsgesetz, das der Bank Deutscher Länder das Notenausgaberecht verleiht,
c) in dem Umstellungsgesetz, das alle Bankguthaben auf 6,5% ihres Wertes und Verbindlichkeiten auf 10% reduziert und
d) in dem Festkontengesetz, das die endgültige Höhe alter Bankguthaben in neuer Währung regelt.

Zur Überwindung der Anfangsschwierigkeiten erhält jeder Deutsche ein Kopfgeld von 40,– bzw. 60.– DM. Löhne, Gehälter, Mieten, Renten werden im Verhältnis 1 : 1 in neuer Währung bezahlt.

23. Juni: Auf die westdeutsche Währungsreform, mit der die Grundlagen des Potsdamer Abkommens außer Kraft gesetzt werden, antwortet die SMAD mit der gleichen Maßnahme: Mit Wirkung vom 24.6. gelten für die SBZ und für Berlin alte Reichsmarkscheine mit aufgeklebten Spezialkupons als neue Zahlungsmittel. Sämtliches Altgeld soll bis zum 28.6. abgeliefert und im Verhältnis 10 : 1 umgetauscht werden. Ein Kopfbetrag von 70.– DM (Ost) wird eingewechselt. Von der SED kontrollierte Betriebe werden bevorzugt mit neuen Zahlungsmitteln ausgestattet. Im Juli beginnen die sowjetzonalen Behörden mit der Ausgabe neuer Geldscheine – der Deutschen Mark der Deutschen Notenbank –, die die Kuponscheine ersetzen. Dem Versuch der SMAD, Berlin währungstechnisch der SBZ gleichzuschalten, treten die Westmächte entgegen und verfügen, daß in den Westsektoren der ehemaligen Hauptstadt die DM-West als gültiges Zahlungsmittel anzusehen sei.

30. Juni: Der Parteivorstand der SED beschließt, die Transformation der SED in eine „Partei neuen Typus", d. h. in eine zentralistisch geführte, disziplinierte und periodisch zu säubernde Kaderpartei im Stil der KPdSU, einzuleiten und sie damit für die ihr zugedachte Rolle als zentrales Steuer- und Kontrollinstrument tauglich zu machen. Man beruft sich dabei bewußt und programmatisch, wie die von Wilhelm Pieck formulierte Losung „Von der Sowjetunion lernen heißt siegen lernen" zu erkennen gibt, auf das Leitbild der Sowjetunion und fördert damit – ungeachtet der propagandistischen Verweise auf die Herausforderung durch den schrittweisen Zusammenschluß der Westzonen und deren Westorientierung – die „langfristig bedachte und letztlich gewünschte Integration der SBZ in den Ostblock" (D. Staritz). Zugleich verkündet der Parteivorstand den ersten Zweijahresplan, demgemäß Produktion und Arbeitsproduktivität um 30% gesteigert werden sollen, und initiiert – nach sowjetischem Muster – eine sog. Aktivistenbewegung.

30. Juni: Die SMAD verkündet die Einstellung der Demontagen, in deren Rahmen u. a. das zweite Gleis fast aller Bahnstrecken abgebaut worden war. Diese destruktiven Maßnahmen waren in der SBZ auf vielfältigen Protest gestoßen, der sich nicht zuletzt in einer immer stärker ausufernden Fluchtbewegung artikuliert hatte.

30. Juli: Die SMAD befiehlt die Aufstellung kasernierter bewaffneter Verbände der Volkspolizei. Schon im August 1945 hatte sie die – im Unterschied zur Polizei in den Westzonen – zentralisierte nichtmilitärische Volkspolizei der KPD unterstellt, die damit jene Führungskräfte und Mannschaften heranbilden konnte, auf die es für den Aufbau der Armee ankam.

25. August: Die britische Militärregierung suspendiert auf Druck der Amerikaner, die seit Dezember 1947 die finanziellen Lasten der Bizone fast ausschließlich tragen, das im nordrhein-westfälischen Landtag auf Antrag der SPD und bei Stimmenthaltung der in dieser Frage gespaltenen CDU-Fraktion beschlossene Gesetz vom 6. 8. über die Sozialisierung der Kohlenindustrie. Sie macht sich dabei das bisher von dem amerikanischen Gouverneur Clay gebrauchte Argument zu eigen, daß eine so fundamentale Entscheidung einer zukünftigen frei gewählten deutschen Regierung überlassen werden müsse. „Damit war de facto eine weit über den Bergbau hinreichende politische Vorentscheidung über die künftige westdeutsche Wirtschaftsordnung gefallen" (Chr. Kleßmann).

28. August: Der zweite Parteitag der CDU in der britischen Zone billigt „einmütig und nachdrücklich die Abkehr von der zusammengebrochenen staatlich gelenkten Plan- und Zwangswirtschaft", da die Marktwirtschaft in kurzer Zeit „bereits zu einer grundlegenden Besserung der Ernährung und Versorgung der Bevölkerung geführt" habe. Er optiert damit für Erhards Konzept – so der Titel seines Parteitagsreferats – der „Marktwirtschaft moderner Prägung".

1. Oktober: Auf Drängen der Gewerkschaften entschließt sich der Wirtschaftsrat zur generellen Aufhebung des seit Oktober 1945 aufgrund einer Kontrollratsdirektive bestehenden Lohnstopps. Sie schlägt jedoch nicht auf das Lebenshaltungsniveau der Arbeiter durch, da der seit der Währungsreform beobachtbare Preisauftrieb kurzfristig nicht gebremst und Lohnerhöhungen auch nur schleppend durchgesetzt werden können.

Im Gegensatz zur Entwicklung bei den Gewerkschaften, die ein beachtliches und fast kontinuierliches Anwachsen ihrer Mitgliederzahlen registrieren, verzeichnen vor allem die großen Parteien seit der Währungsreform starke Verluste. Für diesen gravierenden und mittelfristig anhaltenden Mitgliederschwund lassen sich mehrere Gründe ins Feld führen: Finanzielle Schwierigkeiten hinsichtlich der Beitragszahlung, das Abspringen von Opportunisten und Enttäuschten, das Aufkommen neuer kleiner Parteien und die Zunahme antisozialistischer Strömungen.

10. November: Das Gesetz der westlichen Besatzungsmächte Nr. 75, das als Ziel der wirtschaftlichen Umgestaltung festlegt, „die Wiederherstellung von Eigentumsverhältnissen, aus denen sich eine übermäßige Konzentration von ökonomischer Macht ergeben würde, nicht zuzulassen sowie die Gesundung der deutschen Wirtschaft zu fördern", überweist zwar die Entscheidung über die Eigentumsverhältnisse bei Kohle und Stahl einer künftigen deutschen Bundesregierung, doch ist damit allen Konzepten, die auf eine Vergesellschaftung der Grundstoffindustrien oder gar die Einführung einer Planwirtschaft abstellen, jede Verwirklichungschance genommen.

12. November: Die Gewerkschaften in der Bizone rufen zu einem auf 24 Stunden befristeten Generalstreik gegen „eine Wirtschaftspolitik der Ausbeutung" auf, zu „dem größten Streik in der Nachkriegsgeschichte der Gewerkschaftsbewegung in Westdeutschland" (A. Weiß-Hartmann), wobei sie ökonomische und politische Forderungen verknüpfen. Sie bleiben jedoch ohne nachhaltige Wirkung auf den Kurs des Frankfurter Wirtschaftsrats.

## Einführung in die Arbeitsthemen

Jede unterrichtliche Beschäftigung mit der deutschen Nachkriegsgeschichte in den Jahren 1945–1948 hat von zwei fundamentalen Tatbeständen auszugehen: von der totalen Verfügungsgewalt der alliierten Besatzungsmächte über den „besiegten Feindstaat", die deutschen Initiativen nur einen eng begrenzten Handlungsspielraum bot, und der schwer vorstellbaren materiellen Not, die plastisch, aber sachlich unzutreffend gemeinhin mit der Metapher „Stunde Null" umschrieben wird. Beide, die politische Fremdbestimmung wie die „Aufgaben der Notbewältigung" (W. Jacobmeyer), waren dazu angetan, jene politische Apathie hervorzurufen, wie sie zeitgenössische Berichte so eindringlich spiegeln. Dennoch formierten sich – wenngleich durch die Abschottung der zonalen Grenzen zusätzlich behindert – relativ rasch politische Gruppierungen und entwickelten – zumal nach der verzögerten Wiederzulassung von Parteien im Herbst 1945 in den Westzonen – programmatische Reformvorstellungen. Sie waren von bemerkenswerter Identität und konvergierten – überlagert von der Intention, einen neuen Faschismus unmöglich zu machen – in der Forderung nach einer demokratischen Republik, die an den Prinzipien des Rechtsstaats orientiert sein und sich als Sozialstaat verstehen müsse. Dies setze – so die allgemein akzeptierte Auffassung, wie sie instruktiv die weitgehend einstimmig verabschiedeten Länderverfassungen in den Westzonen erkennen lassen – die Ausschaltung innerstaatlicher Machtzusammenballung voraus, ob sie sich nun in der Gestalt ökonomischer Konzentration oder gesellschaftlicher Vorrangstellung manifestiere. Antimonopolismus und Antimilitarismus hießen die signifikanten Stichwörter der programmatischen Diskussion im bürgerlichen wie im sozialistischen Lager.
Die Politik der vier Besatzungsmächte hätte eigentlich, legt man die normativen Optionen für ein „friedliches und demokratisches Deutschland" im Potsdamer Abkommen (die sog. vier D: Demilitarization, Denazification, Decentralisation, Democratization) zugrunde, diesen Postulaten entsprechen müssen. Doch in der Praxis war dies nicht der Fall und konnte es auch kaum sein, da diese zentralen Absichten von vornherein divergenten Interpretationen ausgesetzt waren. Sie entsprangen unterschiedlichen Ordnungsvorstellungen ebenso wie unterschiedlichen Interessenlagen der Siegermächte, die – was vor allem für die amerikanische Deutschlandpolitik gilt – ihrerseits von einem temporären Wandel gekennzeichnet waren.
Das schwindende interalliierte Einvernehmen dokumentierte sich nicht nur bei der Bewältigung konkreter Sachprobleme – wie etwa der Regelung der Reparationen oder der Verwaltung des Ruhrgebiets –, sondern generell in einer fortschreitenden Lähmung der Funktionsfähigkeit des Kontrollrats als paritätisch besetzem übergreifendem Kooperationsorgan. Dieser Umstand beschleunigte den Prozeß der Regionalisierung und des schrittweisen Auseinanderdriftens, der freilich aus der zielstrebig betriebenen Politik der Systemangleichung durch die sowjetische Besatzungsmacht seine frühe und substantielle Schubkraft bezog. Die fundamentale Divergenz der Entwicklung in Ost und West, die die beiderseitige Grenzlinie „zu einer politischen und ökonomischen Demarkationslinie vertiefte" (M. Knapp), relativierte ihrerseits die zunächst durchaus vorhandenen kon-

zeptionellen Unterschiede in der westalliierten Besatzungspolitik, wobei nicht zuletzt die wirtschaftliche Abhängigkeit der Briten und Franzosen von amerikanischen Subventionen einebnend wirkte. Das weithin als negativ bewertete Ordnungsmodell der sowjetischen Besatzungszone und die Dominanz des liberalen Stabilisierungskonzepts der Amerikaner führten darüber hinaus zu programmatischen Akzentverschiebungen im westdeutschen Parteiengefüge, indem sie jenen Kräften Auftrieb gaben, die einerseits – unter dem Vorzeichen der kurzfristigen Krisenüberwindung – für einen Aufschub tiefgreifender sozioökonomischer Strukturveränderungen plädierten, andererseits – unter dem Vorzeichen der sog. Magnettheorie – für den Primat der westeuropäischen Einigungspolitik auf Kosten der nur noch verbal beschworenen nationalen Einheit eintraten. Diese „erstaunliche, geschichtlich ungemein folgenreiche Konvergenz westalliierter und westdeutscher Bestrebungen" bedingte, daß die „Geschichte der Bundesrepublik Deutschland zu einem Gutteil vorentschieden wurde, bevor diese überhaupt ans Licht der Welt trat" (H.-P. Schwarz).

## II/1 Rahmenbedingungen und Realsituation im Jahr 1945

### Arbeitsthemen

1. *Woran orientiert sich die Einschätzung des Jahres 1945 als des „absoluten Tiefpunkts der deutschen Geschichte der Neuzeit"? (Nr. 1)*
2. *In welchen Regionen lassen sich die stärksten Fluktuationen in der Bevölkerungszahl beobachten? Worauf sind sie zurückzuführen? Mit welchen elementaren Problemen waren sie verknüpft? (Nr. 2)*
3. *Welche regionalen Unterschiede im Grad der Wohnraumzerstörung lassen sich der Übersicht entnehmen? Womit sind sie ursächlich in Zusammenhang zu bringen? (Nr. 3)*
4. *In welchem Umfang wurde durch den Verlust der Ostgebiete der Nahrungsraum in Deutschland verengt? Welche zusätzlichen Verschärfungen wurden durch den Zustrom der Flüchtlinge und die unterschiedliche Politik der Besatzungsmächte ausgelöst? (Nr. 4 und 5)*
5. *Welche Schlüsse lassen sich aus der Situation der Kartoffel- und Getreideerzeugung hinsichtlich der Versorgungslage der westzonalen Bevölkerung ziehen? (Nr. 2 und 6)*
6. *Wie sind die mit dem Verlust der Gebiete östlich von Oder und Neiße verbundenen Einbußen quantitativ und sektoral zu definieren? Welche strukturellen Unterschiede der vier Zonen, die als zwangsautarke Wirtschaftsgebiete begriffen wurden und die der amerikanische Außenminister Byrnes als „luftdichte Kammern" bezeichnete, lassen sich benennen? (Nr. 7)*
7. *Mit welchen Einschränkungen und Auflagen sah sich die Bevölkerung in der unmittelbaren Nachkriegszeit im kommunalen Bereich konfrontiert? (Nr. 8 a, 8 b, 9 a und 9 b)*
8. *In welchen Auswirkungen wurden die Kriegsfolgen unmittelbar greifbar? Welche Konsequenzen hatten sie für die Bevölkerung in den Jahren bis 1947? (Nr. 10)*
9. *Worauf führt der Gewerkschaftler Hubert Biernat in seinem Situationsbericht vom Dezember 1945 die politische Apathie der westdeutschen Bevölkerung zurück? Welche Maßnahmen der Militärregierung stoßen auf besonders vehemente Kritik in der Arbeiterschaft? Wie könnte ihr der Boden entzogen werden? (Nr. 11)*
10. *Weshalb spricht das sog. Stuttgarter Schuldbekenntnis, das der Historiker K. D. Erdmann als „eines der erstaunlichsten Dokumente der deutschen Geschichte" bezeichnet hat, von einer „Solidarität der Schuld"? Wie sieht es die Rolle der Kirche im Dritten Reich? Auf welche Resonanz dürfte diese Sicht in der westdeutschen Öffentlichkeit gestoßen sein? (Nr. 12)*

## Materialien

### 1. Die Ausgangssituation 1945

Die zeitgenössische Formel von der „Stunde Null" signalisiert allzu unzulänglich die nationalgeschichtliche und zugleich weltgeschichtliche Bedeutung der deutschen Kapitulation von 1945. Ein Rückgriff auf scheinbar analoge Ereignisse der jüngeren deutschen Nationalgeschichte kann allenfalls die Unvergleichbarkeit historischer Zäsuren demonstrieren und muß damit das Urteil erhärten, daß die Vorgänge vom Frühjahr 1945 einen ungleich tieferen politischen Sturz des deutschen Volkes als je zuvor besiegelt haben. Das Ende des Ersten Weltkriegs wurde durch einen Waffenstillstand herbeigeführt, ehe feindliche Armeen deutschen Boden betraten, und es ließ die Souveränität des Deutschen Reiches nicht nur unangetastet, sondern setzte sie in den nachfolgenden Friedensverhandlungen als eine feste Größe geradezu voraus. Die Niederlegung der Kaiserkrone des Heiligen Römischen Reiches Deutscher Nation durch Franz II. im Jahre 1806 war wenig mehr als eine Geste, da das alte Deutsche Reich zu diesem Zeitpunkt schon von einer neuen staatlichen Ordnung abgelöst war. Und selbst 1648 als das Ende des gewiß katastrophalen Dreißigjährigen Krieges, das Percy Ernst Schramm als Analogie zur Kapitulation von 1945 heranzieht, kann ausreichende Maßstäbe zu deren historischer Beurteilung nicht liefern. Das Ausmaß der deutschen Kapitulation von 1945 entzieht sich vielmehr jedem Vergleich und jedem historischen Vorbild. Die deutsche Kapitulation und der mit ihr verbundene Untergang des Reiches stellen somit ohne Zweifel „den absoluten Tiefpunkt der deutschen Geschichte der Neuzeit" (R. Hansen) dar.

In der Hauptsache reflektiert dieses Urteil freilich weniger auf das Zerstörungspotential der modernen Kriegsführung, das dem Zweiten Weltkrieg mit der neuen quantitativ-technischen auch eine neue qualitative Dimension gegeben hat, oder auf die Verwischung der Grenze zwischen kämpfender Truppe und Zivilbevölkerung, sondern viel intensiver auf die Paradoxie, daß sogar deutsche Patrioten, so wenig sie sich der Illusion über das danach Kommende hingeben konnten, „den Tag der Kapitaulation herbeiflehen mußten" (H. Rothfels). Darin wird der wohl wichtigste innere Unterschied zwischen 1918 und 1945 deutlich. Denn es ist offensichtlich, daß sich unter diesen Voraussetzungen die deutsche Kapitulation am Ende des Zweiten Weltkriegs nicht mehr in den Kategorien einer „nationalen Schmach" oder einer „demütigenden Niederlage" fassen läßt ...

Nur durch die „bedingungslose Kapitulation" schien gewährleistet, daß die nationalsozialistische Kriegsmacht und Staatsgewalt insgesamt erfolgreich und radikal beseitigt wurde. Diese Formel, der die „Großen Drei" sogleich zustimmten, stellte freilich ein völkerrechtliches Novum dar. Die Kapitulation im überkommenen Völkerrecht erschöpfte sich in ausschließlich militärischen Übergabeabmachungen, während hier eine nicht nur militärische, sondern auch staatlich-politische Totalkapitulation gefordert wurde, deren strikte Exekution 1945 den Siegermächten eine so vollständige Verfügungsgewalt über das besiegte Deutschland an die Hand gab, daß in der Tat die künftige Friedensordnung auf einer „tabula rasa" beginnen konnte. Denn „unconditional surrender" war ein Kriegsziel und schuf keine Präjudizien für die Art der Friedensregelung.

Tatsächlich sprach denn auch die Urkunde, als am 9. Mai 1945 ... die Gesamtkapitulation in Kraft trat, von dieser „bedingungslosen Kapitulation" und davon, daß Deutschland sich „allen Forderungen, die ihm jetzt oder später auferlegt werden", vorbehaltlos unterwirft. Insofern konnte General de Gaulle eine Woche nach der Unterzeichnung der Kapitulation in seiner Ansprache an die französische Assemblée Consultative mit Recht behaupten: „Deutschland, in seinem Traum von der Herrschaft bis zum Fanatismus hingerissen, hat den Krieg so geführt, daß der Kampf materiell, politisch und moralisch ein totaler Kampf war. Der Sieg mußte daher ein totaler Sieg sein. Das ist geschehen. Insofern sind der Staat, die Macht und die Doktrin, ist das Deutsche Reich zerstört". – Die fatale Logik in Ablauf und Gesamtzusammenhang ist nicht zu verkennen.

Aus: Wolfgang Jacobmeyer, Die Niederlage 1945, in: Westdeutschlands Weg zur Bundesrepublik 1945–1949, München 1976, S. 11 ff.

## 2. Fläche und Bevölkerung der Besatzungszonen

*Fläche und Bevölkerung der Länder der amerikanischen, britischen und französischen Zone*

| Länder | Fläche in 1000 qkm | Wohnbevölk. nach der Volkszählung vom 17. 5. 1939 | Ortsanw. Bev. nach der Volkszählung vom 29. 10. 1946 | Zu- oder Abnahme der Bevölk. 1946 gegenüber 1939 in vH | Bevölkerungsdichte auf 1 qkm 1939 | 1946 |
|---|---|---|---|---|---|---|
| | | in 1000 | | | | |
| Schleswig-Holstein | 15,7 | 1589,9 | 2650,9 | + 66,7 | 101 | 169 |
| Hansestadt Hamburg | 0,7 | 1711,7 | 1426,7 | − 16,7 | 2445 | 2038 |
| Niedersachsen | 47,3 | 4541,8 | 6448,4 | + 42,0 | 96 | 136 |
| Nordrhein-Westfalen | 34,0 | 11946,5 | 11798,6 | − 1,2 | 351 | 347 |
| Britische Zone insg. | 97,7 | 19789,9 | 22324,6 | + 12,8 | 203 | 229 |
| Bayern | 70,3 | 7037,6 | 8983,0 | + 27,6 | 100 | 128 |
| Hessen | 15,7 | 3178,6 | 4050,2 | + 27,4 | 202 | 258 |
| Württemberg-Baden | 21,1 | 3479,1 | 3649,6 | + 4,9 | 165 | 173 |
| Bremen | 0,4 | 562,3 | 491,6 | − 12,5 | 1406 | 1229 |
| Amerik. Zone insg. | 107,5 | 14257,6 | 17174,4 | + 20,5 | 133 | 160 |
| Baden | 9,9 | 1230 | 1190 | − 3,3 | 124 | 120 |
| Württemberg/Hohenzollern[1]) | 10,4 | 1076 | 1129 | + 4,9 | 103 | 108 |
| Rheinland-Pfalz | 19,8 | 3016 | 2770 | − 8,2 | 152 | 139 |
| Saargebiet[2]) | 2,5 | 887 | 850 | − 4,1 | 355 | 330 |
| Franz. Zone insgesamt | 42,8 | 6209 | 5939 | − 4,4 | 145 | 139 |
| Franz. Zone ohne Saargebiet | 40,2 | 5322 | 5089 | − 4,4 | 133 | 126 |

[1]) Einschließlich Kreis Lindau

[2]) Einschließlich der früher zu Rheinland/Pfalz gehörenden, nunmehr dem Saargebiet 1946 angegliederten 33 Gemeinden

*Fläche und Bevölkerung der Länder der sowjetischen Zone*

| Länder | Fläche in 1000 qkm | Wohnbevölk. nach der Volkszählung vom 17. 5. 1939 | Ortsanw. Bev. nach der Volkszählung vom 29. 10. 1946 | Zu- oder Abnahme der Bevölk. 1946 gegenüber 1939 in vH | Bevölkerungsdichte auf 1 qkm 1939 | 1946 |
|---|---|---|---|---|---|---|
| | | in 1000 | | | | |
| Mark Brandenburg | 26,9 | 2413,9 | 2535,7 | + 5,0 | 90 | 94 |
| Mecklenburg | 23,6 | 1405,4 | 2148,5 | + 52,9 | 60 | 91 |
| Sachsen-Anhalt | 24,4 | 3442,0 | 4162,1 | + 20,9 | 141 | 171 |
| Thüringen | 15,8 | 2430,6 | 2943,2 | + 21,1 | 154 | 186 |
| Sachsen | 17,1 | 5465,2 | 5543,4 | + 1,4 | 320 | 324 |
| Sowjetische Zone insgesamt | 107,8 | 15157,1 | 17332,9 | + 14,4 | 141 | 161 |

Aus: Harald Winkel, Die Wirtschaft im geteilten Deutschland 1945–1970, Wiesbaden 1974, S. 19, 24, 27

## 3. Die Wohnraumzerstörung in den Westzonen

| Länder | total zerstört | | schwer beschädigt | | mittelschwer beschädigt | | leicht beschädigt | | Gesamtverlust an Bausubstanz umgerechnet auf 100 vH. zerstörte Wohnungen | Zahl d. Wohnungen Mitte 1939 | Verlust an Bausubstanz vH. des Wohnungsbestandes 1939 |
|---|---|---|---|---|---|---|---|---|---|---|---|
| | Schadensgrad vH. | Zahl d. Wohnungen | Schadensgrad vH. | Zahl d. Wohnungen | Schadensgrad vH. | Zahl d. Wohnungen | Schadensgrad vH. | Zahl d. Wohnungen | | | |
| Nordrhein-Westfalen | 60–100 | 668 520 | 40–60 | 348 828 | 15–40 | 553 259 | 0–15 | 458 299 | 895 748 | 3 355 929 | 26,7 |
| Niedersachsen | 70–100 | 144 000 | 50–70 | 37 000 | 30–50 | 35 000 | 0–30 | 296 000 | 203 000 | 1 158 562 | 17,5 |
| Hamburg | 70–100 | 277 330 | 50–70 | 23 005 | 30–50 | 38 970 | 0–30 | 109 471 | 281 543 | 556 068 | 50,6 |
| Schleswig-Holstein | 60–100 | 47 200 | 45–60 | 12 120[4]) | 25–45 | 18 180[4]) | 0–25 | 18 200 | 52 761 | 435 302 | 12,1 |
| Bayern | 75–100 | 236 150 | 50–75 | 40 046 | 25–50 | 83 021 | 0–25 | 120 831 | 277 897 | 1 789 400 | 15,5 |
| Württemberg-Baden | 75–100 | 132 665 | 40–75 | 59 664 | 20–40 | 52 467 | 0–20 | 155 111 | 181 640 | 891 217 | 20,4 |
| Hessen | 80–100 | 132 970 | 50–80 | 40 193[1]) | 25–50 | 59 685 | 0–25 | 136 010 | 185 181 | 956 059 | 19,4 |
| Bremen[5]) | 75–100 | 69 387 | 50–75 | 10 365 | 25–50 | 16 875 | 0–25 | 29 000[2]) | 77 145 | 165 919 | 46,5[2]) |
| Bizone (ohne Berlin) | | 1 708 222 | | 571 221 | | 857 457 | | 1 322 922 | 2 154 915 | 9 308 456 | 23,2 |

[1]) Die für Ende 1946 nur in einer Summe ermittelten mittelschwer- und schwerbeschädigten Wohnungen (25–80 vH.) nach den Unterlagen über ihre Bewohnbarkeit je zur Hälfte auf schwer- (50–80 vH.) und mittelschwer- (25–50 vH.) beschädigte Wohnungen aufgeteilt, dazu die bis Ende 1946 wiederhergestellten Wohnungen zu ⅔ als leicht- und ⅓ als mittelschwer beschädigt angenommen.

[2]) Geschätzt in Anlehnung an Hamburg mit rund 30 vH. der Gesamtschäden (ohne leichte Schäden).

[3]) Das engere Stadtgebiet von Bremen weist einen Zerstörungsgrad von etwa 60 vH. auf.

[4]) Die nur in einer Summe ermittelten mittelschwer- und schwerbeschädigten Wohnungen (25–60 vH.) je ⅖ auf schwerbeschädigte (45 bis 60 vH.) und ⅗ auf mittelschwerbeschädigte (25–45 vH.) Wohnungen aufgeteilt.

[5]) Nach dem Gebietsstand vom 1. Januar 1947 (Stadt Bremen und Stadt Bremerhaven).

Zit. nach: Christoph Kleßmann/Peter Friedemann, Streiks und Hungermärsche im Ruhrgebiet 1946–1948, Frankfurt/M 1977, S. 26

## 4. Die Verengung des Nahrungsraumes in Deutschland

| Gebiet | Bevölkerung 1000[1]) | Landw. Nutzfläche 1000 ha | davon Grünland vH. | Bereinigte ldw. Nutzfl. 1000 ha | Landw. Nutzfläche ha je 100 Einw. | Bereinigte ldw. Nutzfl. ha je 100 Einw. |
|---|---|---|---|---|---|---|
| | | | 1938 | | | |
| Russische Zone | 19496 | 6695 | 20,5 | 5782 | 34,3 | 29,7 |
| Britische Zone | 20338 | 6290 | 39,9 | 4616 | 30,9 | 22,7 |
| US-Zone | 13734 | 6069 | 36,1 | 4608 | 44,2 | 33,6 |
| Französische Zone | 6174 | 2344 | 37,6 | 1757 | 38,0 | 28,5 |
| 4 Besatzungszonen | 59742 | 21398 | 32,6 | 16763 | 35,8 | 28,1 |
| Deutscher Osten | 9560 | 7139 | 21,9 | 6099 | 74,7 | 63,8 |
| Altreich | 69302 | 28537 | 29,8 | 22862 | 41,2 | 32,7 |
| | | | 1946 | | | |
| Russische Zone | 18355 | 6340 | 20,7 | 5465 | 34,5 | 29,8 |
| Britische Zone | 22492 | 6142 | 40,2 | 4497 | 27,3 | 20,0 |
| US-Zone | 17759 | 5948 | 39,5 | 4382 | 33,5 | 24,7 |
| Französische Zone | 5455 | 2175 | 41,3 | 1576 | 39,9 | 28,9 |
| 4 Besatzungszonen | 64061 | 20605 | 34,1 | 15920 | 32,2 | 24,9 |
| Bizone | 40251 | 12090 | 39,9 | 8879 | 30,0 | 22,1 |
| 3 Westzonen | 45706 | 14265 | 40,1 | 10455 | 31,2 | 22,9 |

[1]) Zählungen vom 17. 5. 1939 und vom 29. 10. 1946.
1939: russ. Zone einschl. Berlin; brit. Zone einschl. Bremen; US-Zone ohne Bremen; franz. Zone einschl. Saargebiet.
1946: Zonen jeweils einschl. der dazu gehörigen Sektoren von Berlin; franz. Zone ohne Saargebiet.
Die Zählung von 1946 erhält die Kreis-Flüchtlingslager, jedoch nicht alle übrigen deutschen Lagerinsassen und auch nicht die Insassen von DP-Lagern (rd. 950000).

Aus: Hans Schlange-Schöningen, Im Schatten des Hungers, Hamburg 1955, S. 295

## 5. Die Reduktion der Ernährungsbasis

Gegen Ende des Zweiten Weltkrieges dagegen konnte niemand, der eine Vorstellung von der geplanten Besetzung Deutschlands und der in Jalta festgelegten Zoneneinteilung hatte, der die fortschreitende Lähmung von Transport und Produktion beobachtete und die Millionenzahlen ausländischer Zwangsarbeiter kannte, daran zweifeln, daß diesmal die Ernährungskrise nach Kriegsende noch bevorstand. Während des Krieges war es bis zuletzt gelungen, in Deutschland einen durchaus erträglichen Ernährungsstandard aufrechtzuerhalten. Der Tageskaloriensatz lag vor dem Kriege im Durchschnitt der Bevölkerung zwischen 2900 und 3000. Der Teil der städtischen Bevölkerung, der in der Rationierungszeit etwa der Gruppe der „Normalverbraucher" entsprach, verzehrte täglich etwa 2600–2700 Kalorien. Der Normalverbraucher erhielt 1941 noch 2400, 1943 2200 und im Frühjahr 1945 immer noch über 2000 Kalorien. Dabei wurden die errechneten Kaloriensätze in den Zuteilungen, zusammen mit den frei käuflichen Nahrungsmitteln, auch tatsächlich erreicht.
Bis zum Kriegsende war Deutschland ernährungswirtschaftlich eine Einheit. Die Kommandowirtschaft lenkte die Erfassung und Verteilung über das ganze Reichsgebiet nach einem im ganzen reibungslos funktionierenden Plan mit Hilfe der Reichsnährstandsorganisation und der Ernährungsämter. Mit dem Zusammenbruch und der Beseitigung der deutschen Regierung riß die gesamte bis dahin zentral gesteuerte Versorgung schlagartig ab. Da Länderregierungen im Dritten Reich nicht mehr existiert hatten, entstand mit dem Fortfall der Reichsgewalt ein völliges hoheitsrechtliches Vakuum. Aber abgesehen davon, daß es für eine deutsche Initiative zur Fortführung zentraler Auf-

gaben keinerlei Träger mehr gab, waren auch die technischen Voraussetzungen für ein Funktionieren des bisherigen Systems und eine geregelte Nahrungsmittelversorgung infolge der Zerschlagung des Verkehrsapparates nicht mehr vorhanden. Ein weiteres Hindernis war die Aufteilung Deutschlands in Zonen, die gerade in der kritischen Zeit, als die inländische Nahrungsmittelproduktion hätte zusammengefaßt werden müssen, künstliche Grenzen zwischen Gebieten verschiedenen Ernährungspotentials schuf und die drei Westzonen von den Überschüssen der russischen Zone überhaupt bald so gut wie ganz abschnitt. Nur im Wege des Interzonenhandels gegen westdeutsche Industrieerzeugnisse konnte seither ein geringer Teil der landwirtschaftlichen Erzeugung Mitteldeutschlands den Westzonen nutzbar gemacht werden.

Nachdem die Aliierten am 5. Juni 1945 die oberste Regierungsgewalt in Deutschland übernommen hatten, standen die drei Westzonen zunächst kurze Zeit unter dem Kommando Eisenhowers. Am 14. Juli 1945 wurden sie voneinander unabhängig, und seitdem nahmen sie auch ernährungswirtschaftlich eine verschiedene Entwicklung. Diese wurde je nachdem nicht nur von den politischen Verwaltungsprinzipien der drei Besatzungsmächte, sondern auch von deren eigener Versorgungslage und dem Umfang ihrer Hilfsquellen und nicht zuletzt davon bestimmt, wieweit die Sieger das vae victis in ihrer Ernährungspolitik zum Ausdruck kommen ließen. In der französischen Besatzungszone hat dieser Grundsatz noch lange Anwendung gefunden. Frankreich, das im Kriege unter dem Druck der Besatzung gelitten hatte und wo nach Kriegsende zunächst auch noch Nahrungsmittelknappheit herrschte, betrachtete seine Zone als Kompensationsobjekt. Es entzog ihr große Mengen Nahrungsmittel und sicherte damit seinen militärischen und zivilen Besatzungsangehörigen, deren Familien und auch den in die französische Zone geschickten Erholungsreisenden eine reichliche Verpflegung ohne Rücksicht darauf, daß dadurch unter der deutschen Bevölkerung die Ernährungskrise verschärft wurde. Bis zur Vereinigung mit der amerikanischen und britischen Zone war die Ernährungslage in der französischen Zone schlechter als im übrigen Westdeutschland. Der Rationsanspruch des Normalverbrauchers lag hier in der eigentlichen Hungerszeit noch um 200–300 Tageskalorien unter der Bizone ...

Es ist in den Hungerjahren der Besatzungsmächten immer wieder gesagt worden, und es kann auch an dieser Stelle nicht stark genug betont werden, daß erst die Abschneidung der westlichen Besatzungszonen von den landwirtschaftlichen Überschüssen Ostdeutschlands und zum Teil auch Mitteldeutschlands jenes Nahrungsdefizit entstehen ließ, das Westdeutschland mit der Hilfe seines Bedarfs von der Hilfe der Besatzungsmächte abhängig machte ...

Um eine Vorstellung davon zu gewinnen, wieviel schwächer die eigene Ernährungsbasis der drei Westzonen im Vergleich zu der des Altreichs war, muß man davon ausgehen, daß die Möglichkeit der Selbstversorgung eines Gebietes in der Hauptsache durch seine landwirtschaftliche Nutzfläche im Verhältnis zu seiner Bevölkerungszahl bestimmt wird. Und zwar ist das Ernährungspotential um so geringer, je größer der Anteil des Grünlandes an der gesamten Nutzfläche ist.

Aus: Hans Schlange-Schöningen, Im Schatten des Hungers, a. a. O., S. 15 ff.

## 6. Index der Kartoffel- und der Getreideerzeugung in den drei Westzonen einschl. Saargebiet (∅ 1935/39 = 100)

| Erzeugung | Gebiet | Anbaufläche 1945 | Anbaufläche 1946 | ha-Ertrag 1945 | ha-Ertrag 1946 | Ernte 1945 | Ernte 1946 |
|---|---|---|---|---|---|---|---|
| Kartoffeln | brit. Zone | 85 | 111 | 81 | 69 | 69 | 76 |
| | amerik. Zone | 83 | 83 | 97 | 80 | 80 | 66 |
| | franz. Zone | 66 | 63 | 88 | 66 | 59 | 41 |
| Roggen | brit. Zone | 76 | 85 | 64 | 71 | 49 | 61 |
| | amerik. Zone | 76 | 76 | 83 | 84 | 63 | 64 |
| | franz. Zone | 60 | 64 | 79 | 79 | 47 | 50 |
| Weizen | brit. Zone | 70 | 76 | 67 | 67 | 47 | 51 |
| | amerik. Zone | 82 | 83 | 81 | 80 | 66 | 66 |
| | franz. Zone | 72 | 76 | 82 | 79 | 59 | 60 |
| Futtergetreide | brit. Zone | 88 | 86 | 67 | 66 | 60 | 57 |
| | amerik. Zone | 82 | 78 | 74 | 75 | 61 | 58 |
| | franz. Zone | 74 | 72 | 82 | 75 | 64 | 57 |

Aus: Die deutsche Wirtschaft zwei Jahre nach dem Zusammenbruch, hg. vom Deutschen Institut für Wirtschaftsforschung, Berlin 1947, S. 272 f.

## 7. Vorkriegsanteile der einzelnen Zonen und der Gebiete östlich der Oder-Neiße-Linie an Fläche, landwirtschaftlicher Nutzfläche, Bevölkerung und Wert der Industrieproduktion

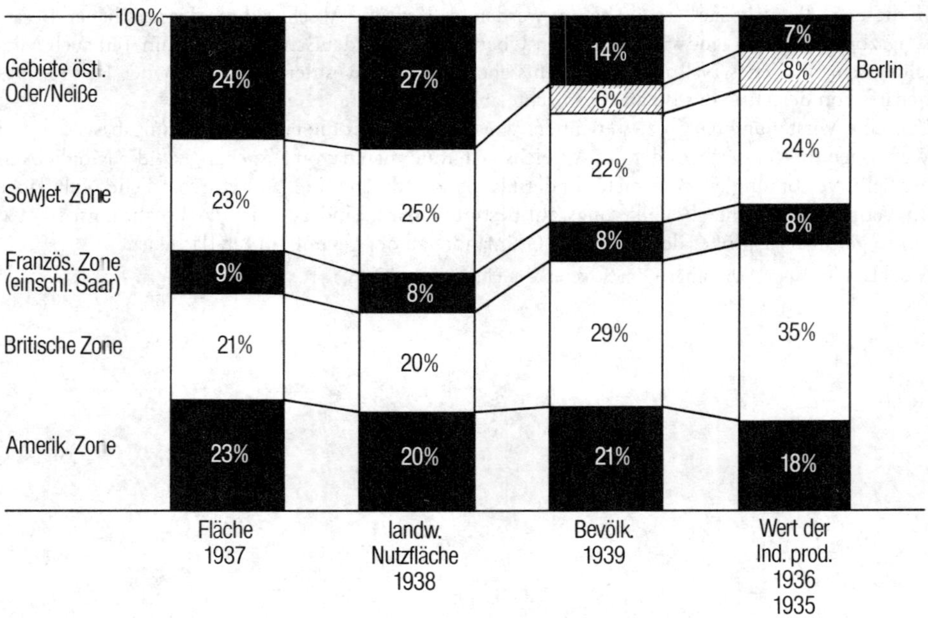


Aus: Wirtschaftsstatistik der deutschen Besatzungszonen 1945–1948 in Verbindung mit der deutschen Produktionsstatistik der Vorkriegszeit, Oberursel 1948, S. 27

## 8. Bekanntmachungen für die Stadt Kassel

*a) Bekanntmachung Nr. 67*

Nach der Botschaft des Oberbefehlshabers der amerikanischen Streitkräfte in Europa, General Eisenhower, vom 6. d.M. an die deutsche Bevölkerung werden in diesem Winter *keine Kohlen* zur Beheizung von Wohnhäusern zur Verfügung stehen. Die Bevölkerung wird in dieser Botschaft aufgefordert, zur Deckung des notwendigsten Bedarfs genügend Holz in den Wäldern zu fällen oder einzusammeln. Hierzu ist jedoch in jedem einzelnen Falle die *Erlaubnis* der zuständigen *Forstbehörde* einzuholen. Die unerlaubte Entnahme von Holz aus dem Walde ist Diebstahl und verboten. Jede Willkür führt zur Unordnung und ist geeignet, den heimatlichen Waldbestand ernstlich zu gefährden.

*b) Bekanntmachung Nr. 98*

Einschränkung im Stromverbrauch

In der letzten Zeit ist die Lieferung der zur Erzeugung von elektrischem Strom erforderliche Braunkohlenmenge erheblich zurückgegangen, dagegen der Verbrauch an Strom durch Benutzung von elektrischen Kochern und Heizöfen stark gestiegen. Wenn nicht die gesamte Stromerzeugung und damit vor allem die Versorgung der Krankenhäuser und sonstiger wichtiger Betriebe sowie der Haushaltungen mit Licht während des Winters in Frage gestellt werden soll, ist es unerläßlich, den Stromverbrauch wesentlich einzuschränken.

Im Einvernehmen mit der Militärregierung ordne ich daher an:

*A. Höchstverbrauch in Haushaltungen:*

1. Es darf nicht mehr Strom verbraucht werden als
   in Wohnungen mit 1–3 Räumen 5 kwh/wöchentlich
   in Wohnungen mit 4–5 Räumen 7 kwh/wöchentlich
   in Wohnungen mit 6 und mehr 9 kwh/wöchentlich
2. Für Untermieter wird ein zusätzlicher Mehrverbrauch gestattet:
   für jedes abvermietete Zimmer 2 kwh/wöchentlich.
3. Der Gebrauch von Strom *für Heizzwecke* ist *nicht gestattet*. Nur bei nachweisbaren Krankheitsfällen dürfen die unter 1. angegebenen Mengen um 5 kwh/wöchentlich überschritten werden ...

Herausgegeben vom Oberbürgermeister der Stadt Kassel im Oktober 1945, abgedruckt in: Hessen in der Stunde Null 1945/46, Wiesbaden 1977, S. 29

## 9. Bekanntmachungen für die Stadt Darmstadt

*a) Aufbaudienst = Aufbauhilfe!*

Vergessen Sie nicht: Bei der Lebensmittelkarten-Ausgabe am 10. Sept. 1946 muß der Nachweis erbracht sein, daß alle Männer von 16 bis 60 Jahren zum zweiten Male für den Wiederaufbau geschippt haben!

*Tiefbauamt*

*b) Sperrung des Zuzugs*

Zuzug nach Darmstadt ist wie in allen anderen umliegenden Städten vollständig mit nur zwei Ausnahmen *gesperrt*. Diese sind:

1. Soldaten, die in Darmstadt wohnten und jetzt aus der Gefangenschaft in den Kreis ihrer Familie zurückkehren,
2. Bauhandwerker und Architekten.

Vorsprachen beim Wohnungs- und Quartieramt oder bei dessen Beamten und bei mir sind deshalb völlig zwecklos.

Der Oberbürgermeister
i. V. *Reiber*

Zitiert nach den Originaldokumenten im Stadtarchiv Darmstadt

## 10. Deutschland und die Kriegsfolgen

Mehr als zwölf Millionen Menschen sind bei Kriegsende und in den ersten Nachkriegsjahren geflüchtet oder vertrieben worden. In den ehemaligen Ostgebieten des Reiches blieben nur etwa eine Million Deutsche zurück und in den auslandsdeutschen Siedlungsgebieten, außer Splittergruppen besonders in Ungarn, der Großteil der Siebenbürger Sachsen. Nicht eingerechnet in die Zahl der Flüchtlinge und Vertriebenen sind die etwa zwei Millionen Toten, die das Opfer dieser Völkerwanderung geworden sind. Der Zustrom mündete in die vier Besatzungszonen, verteilte sich aber sehr ungleichmäßig. Der Anteil von Heimatvertriebenen an der Wohnbevölkerung betrug nach der ersten Anordnung des Kontrollrats durchgeführten Volkszählung vom 29. Oktober 1946 in der sowjetischen Besatzungszone 20,8%, in den drei westlichen Zonen 13,4%[3]). Im Westen verhielten sich die Franzosen besonders abwehrend gegen die Zuwanderung von Vertriebenen in ihre Zone (Anteil an der Bevölkerung 1,5%). Innerhalb des britischen und des amerikanischen Besatzungsbereiches (Anteil an der Bevölkerung 13,9% und in 3%) wiederum verdichtete sich der Zustrom in den landwirtschaftlichen Gebieten, besonders in Schleswig-Holstein, Niedersachsen und Bayern (Anteil an der Bevölkerung 33,3%, 23,4%, 18,9%). Den niedrigsten Anteil von Heimatvertriebenen an der Bevölkerung hatte Rheinland-Pfalz (1,1%). Nach der Gründung der Bundesrepublik wurden die Flüchtlingsballungen wieder aufgelockert, eine abermalige Binnenwanderung setzte ein.

Mit Flucht und Vertreibung war die Ost-West-Bewegung aber noch nicht abgeschlossen. Der Prozeß der politischen Spaltung Deutschlands, der sich in den Nachkriegsjahren vollzog, wurde von einem neuen Schub in der Ost-West-Bewegung der Deutschen begleitet. In den Jahren bis zum Mauerbau in Berlin am 13. August 1961 und der Errichtung der Stacheldrahtgrenze quer durch Deutschland verließen an die 3 Millionen Deutsche die sowjetische Besatzungszone bzw. die DDR. In der Zeit nach der Errichtung der Todessperre ging die Fluchtbewegung, wenn auch erheblich vermindert, weiter. Der Gesamtvorgang dieses Zustroms in den Westen wurde eine der Voraussetzungen, aus denen sich der spätere industrielle Aufschwung der Bundesrepublik Deutschland ergab. In den ersten Jahren aber nach dem Zusammenbruch stellten die hereinströmenden Flüchtlingsmassen eine Belastung dar, die kaum zu bewältigen schien. Ihre Elendsscharen vermischten sich in den Monaten nach dem Zusammenbruch auf den Landstraßen mit den Millionen Evakuierter, die wegen des Bombenkrieges die Städte verlassen hatten.

Viele Familien waren durch Gefangenschaft, Internierung, Flucht, Verschleppung auseinandergerissen worden und lebten in Ungewißheit über das Schicksal ihrer Angehörigen. Gefangen oder gefallen? – das war in vielen Familien Jahre hindurch die quälende Fragee. Durch Krieg und Kapitulation waren 11,094 Millionen Wehrmachtsangehörige, darunter auch weibliche Hilfskräfte, in Gefangenschaft geraten; dazu kam die große Zahl der im Osten verschleppten Zivilisten. Von den Westalliierten wurde ein Teil der durch die Kapitulation auf deutschem Boden in Gefangenschaft Geratenen bald entlassen, ein Teil aber zu Aufräumungsarbeiten in den kriegszerstörten Gebieten oder zur Arbeit in Bergwerken und in der Landwirtschaft in Frankreich, Belgien, den Niederlanden und England verwendet. Die Entlassung zog sich über mehrere Jahre nach dem Ende des Krieges, dem kein Friedensschluß gefolgt war, hin. Ende 1946 wurden noch 1,9 Millionen Kriegsgefangene zurückerwartet. Aus den USA konnten die letzten im Juli 1946 nach Deutschland zurückkehren, aus England im Juli 1948, aus Frankreich im Dezember 1948. In russische Hand waren 3,155 Millionen deutsche Kriegsgefangene geraten. Man schätzt, daß von diesen 1 110 250 in der Gefangenschaft gestorben sind. Aus der Sowjetunion wurde der letzte Transport mit Heimkehrern, die in der Gefangenschaft zu Strafen verurteilt worden waren, erst im Januar 1956 auf den Weg geschickt. Aus sowjetischen Lagern Nachricht zu erhalten, war besonders schwierig, weil die Sowjetunion das Genfer Kriegsgefangenenabkommen von 1929 nicht unterzeichnet hatte und keine Meldungen über die in ihrem Gewahrsam Befindlichen an das Internationale Komitee des Roten Kreuzes gab. In dieser Notlage der Sorge und Ungewißheit entfaltete der aus verschiedenen Initiativen entstandene und im wesentlichen vom Deutschen Roten Kreuz getragene „Suchdienst" beharrliche und erfolgreiche Bemühungen. Durch Befragungen, systematische Erfassung der Namen von Millionen Suchender und Gesuchter, unterstützt vom Internationalen und schließlich auch vom sowjetischen Roten Kreuz, gelang es dem Suchdienst in vielen Fällen, das Schicksal von im Kriege Vermißten und in Gefangenschaft Verschollenen aufzuklären, verlorene Kinder aufzuspüren, getrennte Familien zusammenzuführen ...

Die Wohnstätten des dezimierten deutschen Volkes waren weitgehend zerstört. Viele Städte glichen einem Trümmerfeld. Besonders hart getroffen waren Berlin, Hamburg und Köln. Orte wie Düren und Jülich waren in den Erdkämpfen fast völlig vernichtet worden. Von den Besatzungszonen war am stärksten die britische mit den Hafenstädten und dem Industriegebiet an Ruhr und Rhein betroffen (22% zerstört, 35% beschädigt), am relativ geringsten die sowjetische Zone (7% zerstört, 12% beschädigt). In allen vier Besatzungszonen einschließlich Berlin war ein Viertel des Wohnungsbestandes zerstört oder schwer beschädigt. In den Städten richteten sich die Menschen in Kellern und Ruinen ein. Auf dem Lande drängten sich die Verschonten und die Einquartierten. In extremen Situationen steigert sich das Gute und das Böse. Es gab viel Hilfsbereitschaft zwischen Einheimischen und Fremden und viel Verbitterung in dem Ringen um Unterkunft und Nahrung. Die Grenzen des Erlaubten und Unerlaubten verwischten sich. Diebstahl aus Not, Lüge und Verschleierung der politischen Vergangenheit um der bürgerlichen Existenz willen waren verständlich und schienen erlaubt. Die Zahl der Straftaten stieg. Sie war weitgehend situationsbedingt – man sprach von „Ruinenkriminalität". Sie sank nach der späteren Besserung und Festigung der Lebensverhältnisse.

Die Masse des Volkes hungerte. In den ersten Nachkriegsjahren gingen die Ernteerträge infolge von Dürre und Mangel an Düngemitteln, Saatgut, Gerät und Arbeitskräften zurück. Die Nahrungskrise erreichte ihren Höhepunkt Anfang 1948. Die offizielle Norm für die Zuteilung an rationierten Lebensmitteln war unter dem für eine ausreichende Ernährung notwendigen Maß angesetzt, die tatsächliche Zuteilung lag aber noch erheblich niedriger (Normalernährung liegt bei 3000 Kalorien; als Minimum angesehen 2000 Kalorien; angesetzt für den „Normalverbraucher" in der anglo-amerikanischen Zone 1550 Kalorien; mit zeitlichen und regionalen Schwankungen zugeteilt 700–1200 Kalorien).

Wie an Nahrungsmitteln, so fehlte es an den notwendigsten Verbrauchsgütern und Kleidern. Das Fehlende suchte sich die Bevölkerung auf dem Schwarzen Markt zu beschaffen. Das Geld verlor seinen Wert. Die Neue Zeitung vom 21. April 1947 notierte für die britische Zone an Schwarzmarktpreisen: „Butter 240–250 Mark das Pfund, Speck 200 Mark, Fleisch 60–80 Mark, Zucker 70–90 Mark, Mehl 30 Mark, drei Pfund Brot 25 Mark, ein Bückling 5 Mark". Ein Facharbeiter verdiente damals etwa 230 Mark im Monat.

Man schätzte, daß sich die Hälfte des gewerblichen Umsatzes durch Tausch und Schwarzmarkt außerhalb der Bewirtschaftung vollzog. Es fehlte an Kohle für Industrie, Bahn und Hausbrand, an Gas und Strom; elektrische Heizöfen waren verboten. Der Winter 1946/47 war besonders hart. Holzeinschlag war für die Städter kaum erreichbar. Sie halfen sich selber und plünderten, wo die Möglichkeit bestand, die Kohlenzüge, so etwa in Köln die Brikett-Transporte aus dem benachbarten Braunkohlenrevier. Wo es sich um notbedingten Mundraub handelte, gab die Kirche ihr Plazet dazu. Unter solchen Verhältnissen grassierten Krankheiten, besonders die Tuberkulose. Im Sommer 1947 z. B. waren für 40 000 Fälle von offener Tuberkulose in der britischen und amerikanischen Zone keine Krankenhausbetten verfügbar. Die Todesrate stieg (28,5 auf 1000 Personen im ersten Viertel 1947; zum Vergleich New York 10,1 auf 1000 im Jahre 1946), besonders die Kindersterblichkeit. Als Fazit der Entwicklung in den ersten beiden Nachkriegsjahren kam Gustav Stolper zu der Feststellung: „Vieles, was im Jahre 1945 an materiellen Hilfsmitteln und an moralischer Kraft tatsächlich verschont blieb, wurde in den folgenden zwei Jahren alliierter Politik verschleudert. Im Sommer und Herbst 1947 war das deutsche Volk in vieler Beziehung nicht besser, sondern schlechter daran als je zuvor nach dem Zusammenbruch."

Aus: Karl Dietrich Erdmann, Die Zeit der Weltkriege, in: Bruno Gebhardt, Handbuch der Deutschen Geschichte, Bd. 4, 9. Aufl. Stuttgart 1976, S. 659 ff.

## 11. Politischer Situationsbericht (Dezember 1945)

Hubert Biernat

Heeren-Werve, im Schattenweg 23,
16. Dezember 1945

An den
Herrn Regierungspräsidenten Fries
*Arnsberg*

nachrichtlich dem Herrn Landrat in Unna

Betrifft: *Politischer Situationsbericht*

Die Stimmung in der Bevölkerung ist allgemein depressiv. Zwischen Hoffen und Fürchten wird schwunglos die tägliche Pflicht erfüllt. Die ungeklärte politische und wirtschaftliche Situation Deutschlands wirkt sich ungeheuer hemmend auf allen Lebensgebieten aus. Die Forderung nach endlicher Klarheit über das künftige Schicksal wird allgemein erhoben. Die Ungeklärtheit der Lage bietet gewissen Elementen reichlich Gelegenheit, Gerüchte in die Welt zu setzen und Kombinationen anzustellen. Die politische Willens- und Meinungsbildung wird dadurch negativ beeinflußt. Sachliche Differenzen unter den alliierten Mächten werden benutzt, um eine bestimmte Psychose im deutschen Volk zu erzeugen und eine objektive Willensbildung und einen tatkräftigen Krafteinsatz zu verhindern. Das deutsche Volk ist durch die 12 Jahre lange Naziherrschaft des freien Spiels der Kräfte und des Geistes entwöhnt und nun durch die plötzliche Meinungsfreiheit in seelische und geistige Turbulenz geraten. An politische Führung und einseitige Meinungsbeeinflussung und Orientierung gewöhnt, faßt es den jetzigen Zustand der allseitigen freien Meinungsäußerung in Presse und Rundfunk als Ausdruck allgemeiner Verwirrung und als Vorzeichen neuer internationaler Komplikationen auf. Die Möglichkeit, internationale Differenzen anders als durch Macht zu lösen, erscheint ihm neu und unmöglich. Notwendig ist daher eine intensivere Aufklärung und Schulung und wünschenswert eine stärkere Wirkungs- und Arbeitsmöglichkeit der Parteien als Exponenten der verschiedenen politischen und wirtschaftlichen Kräftegruppen. Die bisherige Beschränkung der parteipolitischen Betätigung ist bei der derzeitigen Situation und der besonderen Mentalität der Deutschen durchaus nachteilig gewesen. Unzweifelhaft wäre die Grundeinstellung der Deutschen zu allen nationalen und internationalen Fragen positiver, hätten die demokratischen, antinationalsozialistischen Parteien von Anbeginn an aktiv in die Geschehnisse eingreifen können. Das Fehlen eigener Initiative in eigener Sache wird allgemein als schweres Manko empfunden und führt in nicht unerheblichen Fällen zu politischer Desinteressiertheit oder negativer Meinungsbildung. Nicht selten ist bei solchen Leuten, die seit Jahren mehr oder weniger offen gegen den Nationalsozialismus gekämpft haben, die Meinung vertreten, daß sie bei der jetzigen Praxis der Alliierten sich selbst und ihrem Volk unendlich geschadet haben. Die Enttäuschung über das Verhalten der Alliierten zu unmittelbaren Lebensfragen des deutschen Volkes ist groß, es herrscht eine stark abfällige Kritik vor. Man sagt, daß das tatsächliche Verhalten gegenüber dem deutschen Volke im großen Widerspruch zu den Verheißungen vor Kriegsende und zu den allgemein anerkannten Grundsätzen des demokratischen Prinzips und Völkerempfindens stehe. „Die Alliierten sind nicht besser als die Nazis", so alutet sehr häufig die Formulierung. Besonders unverstanden sind gewisse wirtschaftliche Maßnahmen. In diesen Tagen werden besonders im hiesigen Gebiet eine große Anzahl von Betriebsstillegungen bekannt, die angesichts des ungeheuren Bedarfs aller Bevölkerungskreise starkes Befremden und große Erregung hervorrufen. Der von unkontrollierten Elementen ausgestreute Gedanke, daß das deutsche Volk zu einem Sklavendasein verurteilt sei, erfährt hierdurch Nahrung. Die diesen Stillegungen beigegebene Erklärung, daß sie zeitbedingt und durch die besonders große Kohlen- und Stromknappheit hervorgerufen seien, findet keinen Glauben, zumal große Kohlenhalden im Ruhrgebiet bestehen und auf einigen Schachtanlagen bereits Feierschichten eingelegt werden müssen. In der Meinung des Volkes erfährt die Kohlen- und Brennstofflage überhaupt eine andere Beurteilung als seitens der Militärregierung. Zweifellos bestehen in der jetzigen Verwaltungsorganisation der Kohlenproduktion erhebliche

Manken. Wenn z.B. bestimmte Werke der näheren Umgebung bestimmte Mengen Kohlen mit der Weisung zugesprochen bekommen, sie aus dem Recklinghauser, usw-Gebiet zu holen, dann löst das im Hinblick auf die Transport-, Benzin- und Arbeitskraftlage berechtigtes Mißfallen aus. Der Deutsche, an rationelles Wirtschaftsdenken gewöhnt, hat für diesen Bürokratismus absolut kein Verständnis. Die Arbeiterschaft, die wohl der positive Träger völkerverbindender Gedanken und Bestrebungen ist und als der sicherste Garant für eine echte Staats- und Wirtschaftsdemokratie bezeichnet werden muß, wird durch gewisse Maßnahmen der Militärregierung häufig negativ beeinflußt. Nachdem sie 12 Jahre lang skrupellos als Ausbeutungsobjekt mißbraucht und nur zum widerspruchslosen Gehorchen degradiert worden war, muß ihr Drang nach Freiheit und Persönlichkeitsentfaltung verstanden und anerkannt werden. Die Forderung nach Entnazifizierung der Verwaltung und Wirtschaft ist mit Mäßigkeit erhoben und häufig in den Fällen, wo Selbsthilfe der Arbeiterschaft eine Lösung herbeiführte, von der Militärregierung ignoriert bzw. rückgängig gemacht worden. Insbesondere im Kohlenbergbau wurden von der Belegschaft abgelehnte Beamte von den Werksleitungen zu Schwesternunternehmungen in gleicher oder höherer Position versetzt, oder aber sogar im eigenen Betrieb weiter verwendet. Daß dies als eine Brüskierung von der Arbeiterschaft empfunden und so ausgelegt wird, als wenn deutsche Reaktion und gewisse Teile der Militärregierung meinungseinig seien, ist die Folge ...

Nach einem Jahrzehnt der Lüge und knechtischen Unterdrückung muß der Wunsch nach Ehrlichkeit, Gleichheit und Gerechtigkeit verstanden werden. Die Bereitschaft, nach besten Kräften an der Beseitigung aller internationalen Schäden mitzuwirken, kehrt in allen Gesprächen hervor, wenn das deutsche Schicksal mit in die Bestrebungen zur Normalisierung der Verhältnisse in der übrigen Welt eingeschlossen wird. Eine Wandlung in der psychologischen Grundeinstellung der Militärregierung zu den Deutschen muß und wird eine positive Auswirkung auf alle Bereiche haben. Die richtige Behandlung der Arbeiterschaft allein garantiert im Hinblick auf die derzeitigen wirtschaftlichen Verhältnisse eine tatkräftige Förderung der an sich berechtigten Ansprüche der übrigen Länder. Sicherlich würden manche Entbehrungen der Jetztzeit geduldig und ohne Haß getragen werden, wenn das Bewußtsein einer gerechten Behandlung und einer baldigen wirtschaftlichen Wiedergenesung Förderung erführe. Die pessimistische Grundstimmung hat durch die Publikation, daß die deutsche Wirtschaft in drei Etappen aufgebaut und bis 1950 ihren Friedensstandard erreicht haben würde, eine sichtliche Besserung erfahren. Wichtig ist nun, daß diese Tendenzen durch entsprechende praktische Maßnahmen ihre Untermauerung erfahren und dadurch der Meinung entgegengewirkt wird, daß das deutsche Volk bewußt mit schönen Worten abgespeist und im übrigen nur als Büttel mißbraucht würde ... Allgemein erwünscht ist, daß die Besatzungsbehörden sich auf die Erteilung von Richtlinien, der Kontrolle der Durchführung beschränken und deutschen Stellen das Recht zugebilligt werde, deutsche Angelegenheiten selbst in die Hand zu nehmen. Sicherlich würde durch die genaue Kenntnis der deutschen Verhältnisse durch Deutsche manches Ärgernis vermieden bleiben. So würden beispielsweise nicht wie heute in großem Umfange geschehen, Wohnungen von Antinazis für alliierte Militärzwecke benutzt werden, während Nazis unbehelligt in ihren Räumen sitzen.

Die Stimmung ist wie gesagt depressiv, aber noch nicht fatalistisch. Durch geeignete Maßnahmen auf dem Gebiete der Ernährung, Bekleidung und Wohnungswirtschaft kann viel dazu beigetragen werden, den durchaus gesunden Kern des deutschen Volkes durchaus gesund zu erhalten und positiv einzusetzen. Bekommt das deutsche Volk den begründeten Glauben, daß es nur noch eine kurze Zeit alle Kräfte anzuspannen und dann Aussicht auf Wiedergenesung hat, dann wird es auch diese Leistung noch vollbringen. Ein gefoltertes und geschundenes Volk lechzt nach Gerechtigkeit.

(gez.) *Hubert Biernat*

Zit. nach: Christoph Kleßmann/Peter Friedemann, Streiks und Hungermärsche im Ruhrgebiet, a.a.O., S. 94 ff.

### 12. Die Stuttgarter Erklärung des Rates der Evangelischen Kirche in Deutschland vom 19. 10. 1945

Der Rat der Evangelischen Kirche in Deutschland begrüßt bei seiner Sitzung am 18. und 19. Oktober 1945 in Stuttgart Vertreter des Ökumenischen Rates der Kirchen. Wir sind für diesen Besuch um so dankbarer, als wir uns mit unserem Volk nicht nur in einer großen Gemeinschaft der Leiden wissen, sondern auch in einer Solidarität der Schuld. Mit großem Schmerz sagen wir: Durch uns ist unendliches Leid über viele Völker und Länder gebracht worden. Was wir unseren Gemeinden oft bezeugt haben, das sprechen wir jetzt im Namen der ganzen Kirche aus: Wohl haben wir lange Jahre hindurch im Namen Jesu Christi gegen den Geist gekämpft, der im nationalsozialistischen Gewaltregiment seinen furchtbaren Ausdruck gefunden hat; aber wir klagen uns an, daß wir nicht mutiger bekannt, nicht treuer gebetet, nicht fröhlicher geglaubt und nicht brennender geliebt haben.

Nun soll in unseren Kirchen ein neuer Anfang gemacht werden. Gegründet auf die Heilige Schrift, mit ganzem Ernst ausgerichtet auf den alleinigen Herrn der Kirche, gehen sie daran, sich von glaubensfremden Einflüssen zu reinigen und sich selber zu ordnen. Wir hoffen zu dem Gott der Gnade und Barmherzigkeit, daß Er unsere Kirchen als Sein Werkzeug brauchen und ihnen Vollmacht geben wird, Sein Wort zu verkündigen und Seinem Willen Gehorsam zu schaffen bei uns selbst und bei unserem ganzen Volk.

Daß wir uns bei diesem neuen Anfang mit den anderen Kirchen der ökumenischen Gemeinschaft herzlich verbunden wissen dürfen, erfüllt uns mit tiefer Freude.

Wir hoffen zu Gott, daß durch den gemeinsamen Dienst der Kirchen, dem Geist der Gewalt und der Vergeltung, der heute von neuem mächtig werden will, in aller Welt gesteuert werde und der Geist des Friedens und der Liebe zur Herrschaft komme, in dem allein die gequälte Menschheit Genesung finden kann.

So bitten wir in einer Stunde, in der die ganze Welt einen neuen Anfang braucht: Veni creator spiritus!

Stuttgart, den 19. Oktober 1945

gez. Landesbischof *D. Wurm*
Landesbischof *D. Meiser*
Bischof *D. Dr. Dibelius*
Superintendent *Hahn*
Pastor *Asmussen D. D.*
Pastor *Niemöller D. D.*
Landesoberkirchenrat *Dr. Lilje*
Superintendent *Held*
Pastor Lic. *Niesel*
*Dr. Dr. Heinemann*

Zit. nach: Armin Boyens, Das Stuttgarter Schuldbekenntnis vom 19. Oktober 1945. Entstehung und Bedeutung, in: Vierteljahreshefte für Zeitgeschichte 19 (1971), S. 374 f.

## II/2 Zur Entstehung deutscher Selbstverwaltung

### Arbeitsthemen

*1. Welche Positionen werden in den ost- und westdeutschen Länderverfassungen bezogen im Blick auf*
*a) die Funktion der Grundrechte*
*b) die Rolle des Parlaments und*
*c) die Organisation der Wirtschaft?*
*(Nr. 1)*

*2. Welche Relationen zwischen den konkurrierenden Parteien erbrachten die ersten Bürgerschafts- und Landtagswahlen in den westlichen Besatzungszonen? Wie ist der auffällig hohe Anteil ablehnender Stimmen zu erklären? (Nr. 2 a–c).*

3. *In welchen Punkten heben sich die Wahlergebnisse in den Ländern der SBZ von den westlichen ab? (2 a–d) Wie nimmt sich der Stimmenanteil der SED gegenüber dem der bürgerlichen Parteien aus? (Nr. 2 d)*
4. *Wodurch unterschieden sich die Wahlen zur Berliner Stadtverordnetenversammlung in Anlage und Ergebnis von den Landtagswahlen in der SBZ? (Nr. 2 e und 2 d)*

## Materialien

### 1. Zu den Verfassungen der deutschen Länder

In der Zeit von September 1946 bis Mai 1947 haben die Länder der sowjetischen, amerikanischen und französischen Zone wie auch Groß-Berlin Verfassungen erhalten. Die Länder der britischen Zone folgten später, und zwar erst einige Zeit nach Begründung der Bundesrepublik, nachdem sie zunächst mit nur vorläufigen Organisationsstatuten gearbeitet hatten, die von der Militärregierung erlassen worden waren und auf deren Grundlage die Landtagswahlen vom 20. April 1947 durchgeführt wurden …

Die Verfassungen der Länder in der sowjetischen Besatzungszone wurden nicht jeweils autonom erarbeitet, sondern sie richteten sich in ihren wesentlichen Aussagen nach einem zentral erarbeiteten Konzept. Dieses stellte einen Kompromiß dar zwischen den Vorstellungen der damals noch nebeneinander bestehenden Parteien SED, LDP und CDU. Den Beratungen der Parteien lagen ein Entwurf der SED und ein Gegenentwurf der CDU für die Länderverfassungen zugrunde. Diese Vorberatung durch die zentralen Zonenparteien erklärt das hohe Maß an Übereinstimmung zwischen den von den Landesparlamenten schließlich verabschiedeten Texten. Für die Verfassunggebung der Länder in der sowjetischen Besatzungszone war aber – im Unterschied zu den Westzonen – von vornherein noch ein anderer Orientierungspunkt gegeben. Der Parteivorstand der SED hatte am 22. September 1946 eine Erklärung über die „Grundrechte des deutschen Volkes" veröffentlicht, und am 14. November 1946, fünf Wochen vor der Verabschiedung der ersten sowjetischen Länderverfassung in Thüringen vom 20. Dezember 1946, nahm er den „Entwurf einer Verfassung für die Deutsche Demokratische Republik" an. Die in ihnen enthaltenen Grundrechte sind weitgehend an der Weimarer Verfassung orientiert. Sie fanden in den Länderverfassungen der Sowjetzone ebenso ihren Niederschlag wie das Demokratieverständnis des Verfassungsentwurfs. Bevor im Westen überhaupt Vorstellungen über die Gestalt eines zukünftigen deutschen Staates eine entsprechende offizielle Formulierung gefunden hatten, wurden durch den frühzeitigen Verfassungsentwurf der SED für eine Deutsche Demokratische Republik, ausgehend von dem Gedanken, daß alle Macht dem Parlament gehöre, sowohl der rechtsstaatliche Gedanke der Gewaltenteilung als auch die föderalistische Gliederung des Staatsaufbaues verworfen …

Die dem Verfassungsdenken der SED zugrunde liegende marxistische Theorie kennt kein die Souveränität des Volkes beschränkendes, vorgegebenes Naturrecht. In einigen Verfassungen der westlichen Zonen ist im Unterschied hierzu der vorstaatliche Charakter der personalen Grundrechte in einem an den Anfang der Verfassung gestellten Rechtskatalog ausdrücklich formuliert worden, so in Rheinland-Pfalz, Baden, Württemberg-Baden und Hessen. In den übrigen westlichen Länderverfassungen sind die Grundrechte in die Verfassungen als staatliche Selbstbegrenzungen eingeschlossen.

Als Inhalt der Grundrechte finden sich in allen Länderverfassungen weitgehend in Anlehnung an die Weimarer Reichsverfassung die klassischen liberalen Rechte wie Freiheit der Person, Glaubens- und Gewissensfreiheit, Freiheit der Meinungsäußerung. Bemerkenswert ist, daß nicht nur in westlichen, sondern auch in sowjetzonalen Verfassungen das Recht auf Freizügigkeit und das Streikrecht anerkannt werden. Hieran wird besonders deutlich, wie weit sich die Verfassungswirklichkeit in der sowjetischen Besatzungszone vom damaligen Verfassungsbild entfernte. In einigen Verfassungen der Sowjetzone wie der westlichen Zonen wird aus dem zu den Grundrechten zählenden Gleichheitssatz ein subjektives öffentliches Recht auf Bildung abgeleitet, so in Brandenburg und

Thüringen, Bremen und Bayern sowie in Baden und Württemberg-Baden, in diesen beiden letzteren Verfassungen durch eine Pflicht zur Bildung ergänzt. Aus den Erfahrungen des Machtmißbrauchs in der Endphase der Weimarer Republik und in der nationalsozialistischen Zeit ist es zu verstehen, daß in den Verfassungen von Brandenburg, Hessen und Bremen ein Widerstandsrecht, in den beiden letzteren zugleich eine Widerstandspflicht gegen Unrechtshandlungen des Staates verankert wurde.

Ob eine Einschränkung der Grundrechte nur durch den Verfassungsgesetzgeber oder bereits auf dem Wege der einfachen Gesetzgebung möglich sein soll, ist von Land zu Land sehr unterschiedlich geregelt. Ohne Zweifel aber drückt sich in den Grundrechtsbestimmungen der westlichen wie auch der sowjetischen Besatzungszone die damalige allgemeine Überzeugung des deutschen Volkes aus, daß der Bürger nicht schutzlos der Staatsgewalt preisgegeben werden dürfe. Daß andererseits der Staat ein Recht hat, gegen den Mißbrauch der Freiheitsrechte geschützt zu werden, war die Überzeugung der Verfassungsgeber in den westdeutschen Ländern. So heißt es etwa in der hessischen Verfassung: Auf das Recht der freien Meinungsäußerung, der Versammlungs- und Vereinsfreiheit sowie auf das Recht der Verbreitung wissenschaftlicher oder künstlerischer Werke kann sich nicht berufen, wer den verfassungsmäßigen Zustand angreift oder gefährdet. Ob diese Voraussetzung vorliegt, entscheidet im Beschwerdeweg der Staatsgerichtshof" (Art. 17). Entsprechend schränkt u. a. die Bremer Verfassung das Vereinsrecht ein: Vereinigungen können verboten werden, „die die Demokratie oder die Völkerverständigung gefährden" (Art. 17,2; vgl. Baden Art. 118 und 124, Bayern Art. 114, Rheinland-Pfalz Art. 10, Württemberg-Baden Art. 11 und 15, Württemberg-Hohenzollern Art. 9).

Um dem Recht des Bürgers gegen Staatswillkür eine wirkungsvolle Sicherung zu geben, wird als Ergebnis der abendländischen Verfassungsentwicklung die Staatsgewalt als eine aufgeteilte organisiert. Die Teilgewalten stehen in einem Rechtsverhältnis zueinander und kontrollieren sich gegenseitig. Wo es keine Gewaltenteilung gibt, gibt es keine Verfassung – so lautet schon eine Grundthese der Erklärung der Menschenrechte von 1789. Dieser Gedanke findet in den Verfassungen der sowjetischen Zone keine Entsprechung. Das Verfassungsdenken der SED, das sich in diesem Punkte durchsetzte, geht von der Allmacht des Parlaments als des einzigen obersten politischen Organs aus. Nach den Verfassungen von Mecklenburg, Sachsen und Brandenburg kontrolliert das Parlament außer der Regierung auch die Rechtspflege. Hier besteht allenfalls noch eine Funktionstrennung, aber nicht mehr eine Gewaltenteilung zwischen Legislative und Judikatur. Insbesondere kennen diese Verfassungen im Unterschied zu den westdeutschen Länderverfassungen nicht die Einrichtung eines Staatsgerichtshofs, der über die Verfassungsmäßigkeit von Gesetzen und Regierungsmaßnahmen zu wachen hatte, um zu gewährleisten, daß sich die Tätigkeit des Staates in den Bahnen des Rechts hält. Nur in Thüringen ist ein Verfassungsprüfungsausschuß vorgesehen, der aber keine eigentliche Gerichtsbarkeit besitzt ...

Eine andere Form der Gewaltenteilung ist der Föderalismus, d. h. der Aufbau einer in ihren Aufgaben begrenzten Zentralgewalt von den Ländern her, die als selbständige, nicht abgeleitete Teilgewalten bestehen bleiben. Gegenüber dem zentralistischen Denken, in dem sich SED und LDP begegneten, konnte das föderalistische Denken der CDU in die Verfassungen der Sowjetzone keinen Eingang finden. In ihnen gelten die Länder schon vor ihrer tatsächlichen späteren Beseitigung lediglich als Selbstverwaltungskörperschaften innerhalb der zukünftigen „Deutschen Demokratischen Republik" ohne Vorbehalt eigener unableitbarer Rechte. Im Unterschied hierzu wird in den westdeutschen Verfassungen der Staatscharakter der Länder, allerdings in unterschiedlich starker Weise, betont. Die zukünftige übergreifende politische Verbindung wird in einigen der Verfassungen als Republik, Bundesrepublik oder auch Bundesstaat bezeichnet. In der badischen Verfassung ist lediglich von der Gemeinschaft der deutschen Länder die Rede. In Rheinland-Pfalz erklärt die Verfassung, daß dieses Land ein „sozialer Gliedstaat Deutschlands" sei, wobei die Frage, ob man sich dieses Deutschland als Bundesstaat oder Staatenbund vorzustellen habe, offen bleibt. Die bayerische Verfassung schließlich spricht ausschließlich davon, daß die Grundlage des künftigen Bundesstaates der freiwillige Zusammenschluß der deutschen Einzelstaaten sei, deren „staatsrechtliches Eigenleben" gesichert bleiben soll. Bereits in den Länderverfassungen von 1946/47 zeichnen sich demnach die spätere unterschiedliche zentralistische und föderalistische deutsche Staatenbildung in der sowjetischen und in den westlichen Besatzungszonen ab und zwischen den westdeutschen Ländern die unterschiedlichen Vorstellungen von der Art des künftigen föderalen Zusammenschlusses.

Daß die Macht im Staate keine einheitliche, sondern eine geteilte sei, findet in der liberalen parlamentarischen Verfassungswirklichkeit seinen Ausdruck schließlich auch dann, daß sich Regierung und Opposition gegenüberstehen. In der modernen Demokratie ist hieraus der Machtwechsel konkurrierender organisierter Wählerparteien geworden. Obwohl demnach für das Verfassungsleben die Struktur und Zielsetzung der Parteien bestimmend sind, beschäftigten sich die klassischen Verfassungen mit ihnen nicht. Das galt auch noch für die Weimarer Verfassung. Nach 1945 hat als erste und unter den damaligen deutschen Länderverfassungen einzige die badische hieraus die Folgerungen gezogen und die öffentlich-rechtliche Stellung der Parteien in einem eigenen Abschnitt geregelt (Art. 118–121). Sie spricht der Opposition in Ausübung ihrer kritischen Rolle gegenüber der Regierung ausdrücklich eine Mitverantwortung für die „Lenkung des Status" zu und bindet zugleich die Parteien, um zwischen ihnen den bei allen Gegensätzen notwendigen Fundamentalkonsensus zu gewährleisten, in Aufbau, Programm und Verhalten an die Spielregeln des demokratischen Staates ...

In fast allen Länderverfassungen 1946/47 wird ein wirtschaftlich-gesellschaftliches Leitbild in eigenen Kapiteln formuliert. In den verschiedenen sowjetzonalen Länderverfassungen sind die verwendeten Formulierungen fast identisch. In keinem dieser Texte findet sich das Wort Sozialismus. Vielmehr nennen diese Verfassungen im Rahmen des allgemeinen Grundsatzes der „sozialen Gerechtigkeit" als konkrete Zielsetzung die Förderung der privaten Initiative der selbständigen Gewerbetreibenden und Bauern und die Freiheit von Handel und Gewerbe. Auch das Eigentum, insbesondere das aus der Bodenreform vom September 1945 stammende neue bäuerliche Grundeigentum, wird ausdrücklich garantiert. Von Sozialismus ist also nicht die Rede. Wohl aber finden sich Bestimmungen, die man als gemeinwirtschaftlich bezeichnen könnte, nämlich eine am Bedarf orientierte Planung der Wirtschaft und die Möglichkeit einer Beteiligung von Land und Selbstverwaltungskörpern an der Unternehmensverwaltung. Entsprechend den Bestimmungen des Potsdamer Abkommens sprechen sich die Verfassungen gegen private wirtschaftliche Monopolorganisationen aus. Von einer Enteignung wirtschaftlicher Unternehmungen über die bereits unter dem Vorzeichen von Entnazifizierung und Entmilitarisierung vollzogene Überführung von Privateigentum in die öffentliche Hand hinaus spricht nur die sächsische Verfassung. Dabei soll „angemessene Entschädigung" erfolgen. Es läßt sich zusammenfassend sagen, daß das Wirtschafts- und Gesellschaftsbild, wie es sich in den Verfassungstexten der Sowjetzone ausdrückt, durch bürgerlich-demokratische Vorstellungen bestimmt ist, ähnlich wie auch das Parteiprogramm, mit dem die Kommunisten bei ihrem ersten Auftreten nach dem Zusammenbruch 1945 sich an das Volk gewandt hatten. Die wirtschaftlich-soziale Wirklichkeit aber sah zum Zeitpunkt der Entstehung dieser Verfassungen bereits erheblich anders aus. Ende 1946 befanden sich – außer den Produktionsstätten unter sowjetischer Regie – in deutscher Hand 60% private und 40% verstaatlichte bzw. sozialisierte Betriebe. Der Produktionswert des sozialisierten Sektors überflügelte aber bereits den des privaten.

Die wirtschaftlich-gesellschaftlichen Aussagen der westzonalen Verfassungen ähneln in vielem denen der Ostzone. Als gemeinsamer Grundzug der westdeutschen Länderverfassungen läßt sich herausstellen: die Ablehnung von wirtschaftlicher Machtbildung durch Monopole und Kartelle; die Anerkennung der Koalitionsfreiheit, des kollektiven Tarifvertrags, des Streikrechts und des Schiedswesens; die Befürwortung von Mitbestimmung auf betrieblicher und überbetrieblicher Ebene und die Anerkennung der Notwendigkeit von begrenzter Planwirtschaft in Steuerung von Produktion und Verteilung unter dem obersten Gesichtspunkt einer gerechten Bedarfsdeckung für alle. Hierbei heben sich folgende Besonderheiten in einzelnen Verfassungen heraus: Durchweg wird das Eigentum, außer in Hessen, unter Grundrechtsgarantie gestellt. Rheinland-Pfalz erklärt es

ausdrücklich zum Naturrecht, fordert eine Gewinnbeteiligung der Arbeitnehmer und schreibt die in vielen Verfassungen vorgesehen Möglichkeit der Sozialisierung gegen Entschädigung für Schlüsselunternehmungen als ein Gebot vor, wenn dies das Gemeinwohl erfordert. Arbeitgeber und Arbeitnehmer sollen in den Industrie- und Handelskammern gleichberechtigt vertreten sein und ebenso in den Gesamtgremien, die der Lenkung der Wirtschaft dienen. Die bayerische Verfassung erklärt, daß Bodenschätze, Energie und Bahnen in der Regel öffentliches Eigentum sein sollen. Bremen will wichtige Großunternehmen sozialisieren. Ein eindeutiges Sozialisierungsgebot für Bergbau, Eisenindustrie und Schienenverkehr kennt die hessische Verfassung, die in dieser Hinsicht am weitesten geht. Sie erklärt Aussperrung für rechtswidrig, während sie den Streik anerkennt, allerdings nur, wenn er von Gewerkschaften durchgeführt wird. Die Mitbestimmung soll paritätisch sein, sowohl in den Betrieben wie in der allgemeinen Wirtschaftsplanung.
Der Überblick ergibt, daß sich in den westdeutschen Länderverfassungen mit ihren Aussagen über Sozialisierungsmöglichkeiten, über Gewerkschaften und kollektiven Tarifvertrag, über Mitbestimmung in Betrieben, Unternehmen und Planungsgremien der Wirtschaft ein klarer Wille zur sozialen Reform ausspricht. Der reale Hintergrund dieser Verfassungsaussage ist wie in den entsprechenden Programmaussagen der großen Parteien in der Erfahrung der deutschen Geschichte, besonders aber in dem Umstand zu sehen, daß zur Zeit der Verfassungsberatungen große Teile des deutschen industriellen Eigentums von den Alliierten beschlagnahmt waren. Das galt insonderheit für die Bergwerke, die Schwerindustrie und die Großchemie. Sie standen unter treuhänderischer Verwaltung der Besatzungsmächte, wobei völlig offen war, was einmal daraus werden sollte. Die sozial- und wirtschaftspolitischen Vorstellungen der amerikanischen und der britischen Besatzungsmacht wichen voneinander ab. Wenn in den Verfassungen die Möglichkeit vorgesehen wurde, dieses Eigentum weitgehend zu sozialisieren oder zu ihrer Kontrolle die Mitbestimmung der Arbeitnehmer auszubauen, so boten diese Wegen vielleicht die Möglichkeit, die Verfügungsgewalt über dieses deutsche Eigentum schneller zurückzugewinnen. Historische Erfahrungen, die sozialpolitische Zielvorstellung der „Zusammenarbeit", besonders deutlich in der Verfassung von Württemberg-Hohenzollern zum Ausdruck gebracht, und eine nationale Motivation wirkten zusammen, um in den westdeutschen Verfassungen die formale Demokratie der Menschenrechte und Gewaltenteilung auf eine sozialreformerische Zielvorstellung auszurichten.

Aus: Karl Dietrich Erdmann, Die Zeit der Weltkriege, in: Bruno Gebhardt, Handbuch der Deutschen Geschichte, Bd. 4, a. a. O., S. 716 ff.

## 2. Die Ergebnisse der deutschen Nachkriegswahlen bis 1947

### *a) Die Wahlen in der amerikanischen Besatzungszone*

Landtagswahl Württemberg-Baden vom 24. November 1946

| Partei | SPD | CDU | DVP[1]) | KPD |
|---|---|---|---|---|
| Stimmen | 408 554 | 486 734 | 247 542 | 129 685 |
| Sitze | 32 | 39 | 19 | 10 |

| | | | |
|---|---|---|---|
| Wahlbeteiligung: | 74,9%; | Abstimmung über die Verfassung | |
| Wahlberechtigte: | 1 870 208 | Ja | 981 184 |
| abgegebene Stimmen: | 1 402 202; | Nein | 140 727 |
| ungültige Stimmen: | 282 317 | Ungültig | 280 291 |

[1]) = Deutsche Volkspartei; dann: FDP

Landtagswahl Bayern vom 1. Dezember 1946[1])

| Partei | SPD | CSU | FDP | KPD | WAV[1]) |
|---|---|---|---|---|---|
| Stimmen | 874030 | 1595027 | 172261 | 185178 | 225922 |
| Sitze | 54 | 104 | | – | 13 |

| | | | | |
|---|---|---|---|---|
| Wahlbeteiligung: | 75,8%; | Abstimmung über die Verfassung | | [1]) = Wirtschaftliche Aufbauvereinigung |
| Wahlberechtigte: | 4210424; | Ja | 2092385 | |
| abgegebene Stimmen: | 3192872; | Nein | 871027 | |
| ungültige Stimmen: | 141454 | Ungültig | 227910 | |

[1]) Nach der bayerischen Verfassung erhielten Parteien, auf die nicht mindestens in einem Wahlkreis 10% der abgegebenen Stimmen entfallen waren, keinen Sitz im Landtag (Anmerkung des Hrsg.)

Landtagswahl Hessen vom 1. Dezember 1946

| Partei | SPD | CDU | FDP | KPD |
|---|---|---|---|---|
| Stimmen | 686423 | 495667 | 251430 | 171373 |
| Sitze | 38 | 28 | 14 | 10 |

| | | | |
|---|---|---|---|
| Wahlbeteiligung: | 72,7%; | Abstimmung über die Verfassung | |
| Wahlberechtigte: | 2370878; | Ja | 1156710 |
| abgegebene Stimmen; | 1736933; | Nein | 350358 |
| ungültige Stimmen: | 132040 | Ungültig | 216148 |

Bürgerschaftswahl Bremen vom 12. Oktober 1947

| Partei | SPD | CDU | BDV[1]) | KPD | FDP | DP[2]) | RSF[3]) | Unabh. |
|---|---|---|---|---|---|---|---|---|
| Stimmen | 91229 | 48116 | 30546 | 19189 | 12095 | 8441 | 411 | 6824 |
| Sitze | 46 | 24 | 15 | 10 | 2 | 3 | – | – |

| | | | | |
|---|---|---|---|---|
| Wahlbeteiligung: | 67,6%; | Abstimmung über die Verfassung | | [1]) = Bremer Demokratische Volkspartei |
| Wahlberechtigte: | 338177; | Ja | 152447 | |
| abgegebene Stimmen: | 229250 | Nein | 57875 | [2]) = Deutsche Partei |
| ungültige Stimmen: | 10399 | Ungültig | 18347 | [3]) = Radikalsoziale Freiheitspartei |

Zit. nach: Europa-Archiv 2 (1947), S. 1023

*b) Die Wahlen in der britischen Besatzungszone*

Bürgerschaftswahl Hamburg vom 13. Oktober 1946[1])

| Partei | SPD | CDU | FDP | KPD | RSF[1]) | DRP[2]) | DKP[3]) | Unabh. |
|---|---|---|---|---|---|---|---|---|
| Stimmen | 1210010 | 749153 | 509632 | 291701 | 20094 | 3769 | 9625 | 13881 |
| Sitze | 83 | 16 | 7 | 4 | – | – | – | – |

| | | | | |
|---|---|---|---|---|
| Wahlbeteiligung: | 79,6%; | abgegebene Stimmen: | 765008; | [1]) = Radikalsoziale Freiheitspartei |
| Wahlberechtigte: | 968456; | ungültige Stimmen: | 29415 | [2]) = Deutsche Rechtspartei |
| | | | | [3]) = Deutsche Konservative Partei |

[1]) Es handelt sich hier um eine Besonderheit des Hamburgischen Wahlrechts: Jeder Wähler hatte vier Stimmen (Anmerkung des Hrsg.)

Landtagswahl Niedersachsen vom 20. April 1947

| Partei | SPD | CDU | NLP[1]) | KPD | FDP | Zentrum | DRP[2]) |
|---|---|---|---|---|---|---|---|
| Stimmen | 1066370 | 498422 | 440367 | 138977 | 215815 | 101283 | 7245 |
| Sitze | 65 | 30 | 27 | 8 | 13 | 6 | – |

Wahlbeteiligung: 65,1%;
Wahlberechtigte: 3956845;
abgegebene Stimmen: 2576368;
ungültige Stimmen: 116889

[1]) = Niedersächsische Landespartei
[2]) = Deutsche Rechtspartei; dann: Deutsche Reichspartei

Landtagswahl Nordrhein-Westfalen vom 20. April 1947

| Partei | SPD | CDU | RVP[1]) | KPD | FDP | Zentrum | DRP | Unabh. |
|---|---|---|---|---|---|---|---|---|
| Stimmen | 1601889 | 1874431 | 13247 | 701615 | 209115 | 488150 | 24879 | 855 |
| Sitze | 64 | 92 | – | 28 | 12 | 20 | – | – |

Wahlbeteiligung: 67,3%;
Wahlberechtigte: 7815519;
abgegebene Stimmen: 5262689;
ungültige Stimmen: 259630

[1]) = Rheinisch-Westfälische Volkspartei

Landtagswahl Schleswig-Holstein vom 20. April 1947

| Partei | SPD | CDU | SSV[1]) | KPD | FDP | Zentrum |
|---|---|---|---|---|---|---|
| Stimmen | 469131 | 365274 | 99383 | 50266 | 53299 | 1073 |
| Sitze | 43 | 21 | 6 | – | | – |

Wahlbeteiligung: 69,8%
Wahlberechtigte: 1595346;
abgegebene Stimmen: 1116708;
ungültige Stimmen: 62614

[1]) = Südschleswigscher Verein

Zit. nach: Europa-Archiv 2 (1947), S. 1023

*c) Die Wahlen in der französischen Besatzungszone*

Landtagswahl Rheinland-Pfalz vom 18. Mai 1947

| Partei | SPD | CDU | FDP | KPD |
|---|---|---|---|---|
| Stimmen | 397065 | 538701 | 112809 | 100466 |
| Sitze | 34 | 48 | 11 | 8 |

Wahlbeteiligung: 78%;
Wahlberechtigte: 1644049;
abgegebene Stimmen: 1282468;
ungültige Stimmen: 133427

Abstimmung über die Verfassung
Ja 578105
Nein 514409

Landtagswahl Südbaden vom 18. Mai 1947

| Partei | SPD | CDU | DVP[1]) | KPD |
|---|---|---|---|---|
| Stimmen | 95818 | 239285 | 60976 | 31701 |
| Sitze | 13 | 34 | 9 | 4 |

Wahlbeteiligung: 67,8%;
Wahlberechtigte: 694463;
abgegebene Stimmen: 471388;
ungültige Stimmen 43114

Abstimmung über die Verfassung
Ja 296959
Nein 140188
Ungültig 34277

[1]) = Deutsche Volkspartei; dann: FDP

Landtagswahl Südwürttemberg-Hohenzollern vom 18. Mai 1947

| Partei | SPD | CDU | DVP | KPD |
|---|---|---|---|---|
| Stimmen | 76650 | 204927 | 66985 | 27536 |
| Sitze | 12 | 32 | 11 | 5 |

| | | | |
|---|---|---|---|
| Wahlbeteiligung: | 68,5%; | Abstimmung über die Verfassung | |
| Wahlberechtigte: | 615800; | Ja | 268661 |
| abgegebene Stimmen: | 408936; | Nein | 116013 |
| ungültige Stimmen: | 30838 | Ungültig | 24047 |

Landtagswahl Saargebiet vom 5. Oktober 1947

| Partei | SPS[1]) | CVP[2]) | DPS[3]) | KPS[4]) |
|---|---|---|---|---|
| Stimmen | 147261 | 230068 | 34253 | 37929 |
| Sitze | 17 | 28 | 3 | 2 |

| | | | |
|---|---|---|---|
| Wahlbeteiligung: | 92,4%; | Abstimmung über Verfassung im Landtag (8. 11. 1947): | |
| Wahlberechtigte: | 520860; | mit Ja: | 25 Stimmen der CVP, |
| abgegebene Stimmen | 498665; | | 17 Stimmen der SPS |
| ungültige Stimmen: | 49159 | | 3 Stimmen der DPS |
| | | mit Nein: | 1 Stimme der KPS |

[1]) 1 = Sozialistische Partei Saar
[2]) = Christliche Volkspartei
[3]) = Demokratische Partei Saar
[4]) = Kommunistische Partei Saar

Zit. nach: Europa-Archiv 2 (1947), S. 1024

*d) Die Wahlen in der sowjetischen Besatzungszone*

Landtagswahl Sachsen vom 20. Oktober 1946

| Partei | SED | CDU | LDP | Bauern-hilfe | Kultur-bund | Frauen-aussch. |
|---|---|---|---|---|---|---|
| Stimmen | 1595723 | 756740 | 806163 | 573229 | 18565 | 17861 |
| Sitze | 59 | 28 | 30 | 2 | 1 | – |

| | |
|---|---|
| Wahlbeteiligung: | 92,5%; |
| Wahlberechtigte: | 3700000; |
| abgegebene Stimmen: | 3368281; |
| ungültige Stimmen: | 164442 |

Landtagswahl Sachsen-Anhalt vom 20. Oktober 1946

| Partei | SED | CDU | LDP | Bauernhilfe |
|---|---|---|---|---|
| Stimmen | 1063889 | 507397 | 695685 | 56630 |
| Sitze | 51 | 24 | 33 | 2 |

| | |
|---|---|
| Wahlbeteiligung: | 91,6% |
| Wahlberechtigte: | 2695664 |
| abgegebene Stimmen: | 2467964 |
| ungültige Stimmen: | 144363 |

Landtagswahl Brandenburg vom 20. Oktober 1946

| Partei | SED | CDU | LDP | Bauernhilfe |
|---|---|---|---|---|
| Stimmen | 634786 | 422216 | 298311 | 70728 |
| Sitze | 44 | 31 | 20 | 5 |

| | |
|---|---|
| Wahlbeteiligung: | 91,5%; |
| Wahlberechtigte: | 1652342; |
| abgegebene Stimmen: | 1471117; |
| ungültige Stimmen: | 12543 |

Landtagswahl Thüringen vom 20. Oktober 1946

| Partei | SED | CDU | LDP | Bauernhilfe |
|---|---|---|---|---|
| Stimmen | 816864 | 313824 | 471415 | 55093 |
| Sitze | 50 | 19 | 28 | 3 |

| | |
|---|---|
| Wahlbeteiligung: | 90,7%; |
| Wahlberechtigte: | 1911682; |
| abgegebene Stimmen: | 1735197; |
| ungültige Stimmen: | 78001 |

Landtagswahl Mecklenburg-Vorpommern vom 20. Oktober 1946

| Partei | SED | CDU | DPD | Bauernhilfe |
|---|---|---|---|---|
| Stimmen | 547 663 | 377 808 | 138 572 | 43 260 |
| Sitze | 45 | 31 | 11 | 3 |

| | |
|---|---|
| Wahlbeteiligung: | 90,1%; |
| Wahlberechtigte: | 1 301 703; |
| abgegebene Stimmen: | 1 172 831; |
| ungültige Stimmen: | 65 528 |

Zit. nach: Europa-Archiv 2 (1947), S. 1024 f.

*e) Wahlen zur Berliner Stadtverordentenversammlung vom 20. Oktober 1946*

| | US-Sektor | % | Brit. Sektor | % | Franz. Sektor | % | Sowj. Sektor | % | Gesamt | % | Mandate |
|---|---|---|---|---|---|---|---|---|---|---|---|
| Wahlberecht. | 724 114 | – | 443 084 | – | 329 832 | – | 852 692 | – | 2 349 722 | – | |
| Wahlbeteil. | 649 579 | 89,0 | 399 228 | 90,1 | 276 477 | 83,6 | 799 219 | 93,7 | 2 124 503 | 90,4 | |
| Gült. Stimmen | 638 540 | 98,3 | 392 743 | 98,4 | 271 689 | 98,3 | 782 367 | 97,9 | 2 085 339 | 98,2 | |
| Ungült. Stimmen | 11 039 | 1,7 | 6485 | 1,6 | 4788 | 1,7 | 16 852 | 2,1 | 39 164 | 1,8 | |
| SPD | 331 830 | 52,0 | 199 594 | 50,8 | 142 796 | 52,6 | 341 400 | 43,6 | 1 015 620 | 48,7 | 63 |
| SED | 80 922 | 12,7 | 40 641 | 10,3 | 57 551 | 21,2 | 233 458 | 29,8 | 412 572 | 19,8 | 29 |
| CDU | 158 399 | 24,8 | 106 089 | 27,0 | 51 718 | 19,0 | 146 220 | 18,7 | 462 426 | 22,2 | 26 |
| LDP | 67 389 | 10,5 | 46 419 | 11,9 | 19 624 | 7,2 | 61 289 | 7,9 | 194 721 | 9,3 | 12 |

Zit. nach: Manfred Overesch, Deutschland 1945–1949. Vorgeschichte und Gründung der Bundesrepublik. Ein Leitfaden in Darstellung und Dokumenten, 1979, Düsseldorf S. 205

# II/3 Gründung, Programmatik und Aktivitäten der Parteien

## Arbeitsthemen

1. *Mit welchen Postulaten läßt sich die Überraschung erklären, die der KPD-Aufruf in Ost und West ausgelöst hat? Worin bestehen die für dieses Dokument kennzeichnenden relativierenden Einschränkungen? (Nr. 1)*
2. *Welche Optionen hinsichtlich des demokratischen Neuaufbaus enthält der Aufruf des Zentralausschusses der SPD? Wie wird der Aufruf der KPD beurteilt? (Nr. 2)*
3. *Auf welche politischen Zielsetzungen verständigt sich die Einheitsfront der antifaschistisch-demokratischen Parteien? Welche Bereiche erscheinen ausgeblendet? Inwiefern rechtfertigt die Einheitsfront die Formel vom „modifizierten Einparteiensystem" (O. K. Flechtheim)? (Nr. 3)*
4. *In welchen Etappen vollzieht sich die Reorganisation der SPD in den Westzonen? Wie wird das Verhältnis zur KPD definiert? Weshalb warnt Schumacher vor einer „grobklotzigen Vereinfachung der Klassenkampfidee"? Welche Rolle schreibt er seinem Sozialismus-Konzept zu? (Nr. 4)*
5. *Womit stützt Schumacher den politischen Führungsanspruch der SPD ab? Mit welchen Hinweisen relativiert er die Gütligkeit der marxistischen Theorie? Welche Form des Privateigentums hält er für zulässig? Woraus leitet er die politische Notwendigkeit der Gewinnung des Mittelstandes ab? An welchen Voraussetzungen macht er die Etablierung der Demokratie fest? Welche Vorwürfe richtet er an die Adresse der KPD? Mit welchen Hinweisen wehrt er eine zentrale Parteileitung der SPD ab? (Nr. 5)*
6. *Inwiefern wird in den Leitsätzen der SPD von einem neuen Verhältnis zwischen Staat und Wirtschaft gesprochen? Weshalb wird die Selbststeuerung der Wirtschaft abgelehnt? Welche Funktion wird der Wirtschaftsdemokratie als „Zwischenland" und „Vorstufe" geschrieben? (Nr. 6)*
7. *Mit welchen Argumenten wird die Durchführung der Bodenreform in dem Aufruf des KPD-ZK begründet? (Nr. 7)*
8. *Inwiefern läßt sich behaupten, daß das Offenhalten der Grenzfrage für die SED lediglich noch taktisch-verbalen Charakter besitzt? (Nr. 8)*
9. *Weshalb hielt Grotewohl bis in den Spätherbst 1945 den Zusammenschluß von SPD und KPD für eine politische Notwendigkeit und relativ leicht vollziehbar? Mit welchen Einwänden aus den eigenen Reihen sah sich der Zentralausschuß seit Ende 1945 zunehmend konfrontiert? Weshalb blieb er jedoch bei dem Einheitskurs? (Nr. 9)*

*10. Inwiefern erweist sich das Programm der SED als Beleg der These vom „besonderen deutschen Weg zum Sozialismus"? Wo wird die Distanzierung von einer marxistisch-leninistischen Kader-Partei besonders greifbar? (Nr. 10)*

*11. Durch welche Differenz zwischen den ideologischen Optionen und den praktischen Aktivitäten ist die SED-Politik in den Jahren 1946–1947 gekennzeichnet? Inwiefern brachte das Jahr 1948 eine Aufhebung dieser Diskrepanz, doch zugleich die „selbstverschuldete Isolierung" (H.-P. Schwarz) der KPD im Westen? (Nr. 11 und 12)*

*12. Welche Forderungen dominieren die Kölner Leitsätze der CDU, die der Historiker Gerhard Schulz als „das wichtigste programmatische Dokument der Gründungszeit in Westdeutschland" bezeichnet hat? Was bedeutete die Eliminierung des Bekenntnisses zum „christlichen Sozialismus" in der zweiten Fassung? Weshalb konnte der deutsche Episkopat den „christlichen Sozialismus" als einen Widerspruch in sich selbst bezeichnen? (Nr. 13)*

*13. Welche programmatischen Postulate durchziehen die Richtlinien der FDP? Wo liegen Differenzen zur CDU? (Nr. 14 und 13)*

*14. Wie hebt Kaiser den christlichen vom marxistischen Sozialismus ab? Welche außenpolitische Funktion schreibt er dem besetzten Deutschland zu? (Nr. 15)*

*15. Welches Sozialisierungskonzept verficht die Entschließung der Berliner CDU-Tagung? Welche Form des Klassenkampfes läßt sie gelten? (Nr. 16)*

*16. Mit welchen Argumenten wirbt Adenauer für eine Zusammenfassung der „Vertreter christlicher Grundsätze"? Auf welcher regionalen Basis möchte er diese neue Partei ansiedeln? Wo vermutet er das Mitgliederreservoir? (Nr. 17)*

*17. Wie ist die Feststellung des Politologen Hans-Peter Schwarz zu verstehen, daß sich in der kühl-resignativen Situationsanalyse Adenauers vom Oktober 1945 „das Konzept der späteren Bonner Außenpolitik knapp und vollständig zugleich skizziert" finde? (Nr. 18)*

*18. Inwiefern läßt sich aus dem Grundsatzprogramm der CSU ihr soziologischer Charakter als Sammlungspartei ablesen? Weshalb wurde es später als „Ahlener Programm der CSU" apostrophiert? (Nr. 19 und 20)*

*19. Woraus wird im Ahlener Programm, dessen innerparteilicher Stellenwert stets umstritten war, die Ablehnung von Staatskapitalismus und Staatssozialismus gespeist? Was ist mit dem Schlüsselbegriff des „machtverteilenden Prinzips" gemeint? Wie lassen sich die zeitgenössische Einschätzung der Ahlener Beschlüsse als eines „Programms zur Verhinderung des Sozialismus" und Adenauers relativierendes Statement „Alle solche Programme und programmatischen Sätze haben keinen Ewigkeitswert, sondern sollen sich mit den Dingen beschäftigen, die akut sind", erklären? (Nr. 20)*

*20. Inwiefern lassen sich an dem von ihm mitinitiierten Ahlener Programm und seiner taktischen Instrumentalisierung bezeichnende Züge von Adenauers Handlungsstil als Parteiführer erkennen? (Nr. 21)*

## Materialien

### 1. Aufruf des Zentralkomitees der KPD vom 11.6.1945

Schaffendes Volk in Stadt und Land!
Männer und Frauen! Deutsche Jugend!
Mit der Vernichtung des Hitlerismus gilt es gleichzeitig, die Sache der Demokratisierung Deutschlands, die Sache der bürgerlich-demokratischen Umbildung, die 1848 begonnen wurde, zu Ende zu führen, die feudalen Überreste völlig zu beseitigen und den reaktionären altpreußischen Militarismus mit allen seinen ökonomischen und politischen Ablegern zu vernichten.
Wir sind der Auffassung, daß der Weg, Deutschland das Sowjetsystem aufzuzwingen, falsch wäre, denn dieser Weg entspricht nicht den gegenwärtigen Entwicklungsbedingungen in Deutschland.
Wir sind vielmehr der Auffassung, daß die entscheidenden Interessen des deutschen Volkes in der gegenwärtigen Lage für Deutschland einen anderen Weg vorschreiben, und zwar den Weg der Aufrichtung eines antifaschistischen, demokratischen Regimes, einer parlamentarisch-demokratischen Republik mit allen demokratischen Rechten und Freiheiten für das Volk.
An der gegenwärtigen historischen Wende rufen wir Kommunisten alle Werktätigen, alle demokratischen und fortschrittlichen Kräfte des Volkes zu diesem großen Kampf für die demokratische Erneuerung Deutschlands, für die Wiedergeburt unseres Landes auf!
Die unmittelbarsten und dringendsten Aufgaben auf diesem Wege sind gegenwärtig vor allem:

*1. Vollständige Liquidierung der Überreste des Hitlerregimes und der Hitlerpartei.*
Mithilfe aller ehrlichen Deutschen bei der Aufspürung versteckter Naziführer, Gestapoagenten und SS-Banditen. Restlose Säuberung aller öffentlichen Ämter von den aktiven Nazisten ...

*2. Kampf gegen Hunger, Arbeitslosigkeit und Obdachlosigkeit.*
Allseitige aktive Unterstützung der Selbstverwaltungsorgane in ihrem Bestreben, rasch ein normales Leben zu sichern und die Erzeugung wieder in Gang zu bringen. Völlig ungehinderte Entfaltung des freien Handels und der privaten Unternehmerinitiative auf der Grundlage des Privateigentums. Wirkungsvolle Maßnahmen zum Wiederaufbau der zerstörten Schulen, Wohn- und Arbeitsstätten. Strenge Sparsamkeit in der Verwaltung und bei allen öffentlichen Ausgaben. Umbau des Steuerwesens nach dem Grundsatz der progressiven Steigerung, Sicherung der restlosen Ernteeinbringung auf dem Wege breiter Arbeitshilfe für die Bauern. Gerechte Verteilung der Lebensmittel und der wichtigsten Verbrauchsgegenstände; energischer Kampf gegen die Spekulation.

*3. Herstellung der demokratischen Rechte und Freiheiten des Volkes.*
Wiederherstellung der Legalität freier Gewerkschaften der Arbeiter, Angestellten und Beamten sowie der antifaschistischen demokratischen Parteien. Umbau des Gerichtswesens gemäß den neuen demokratischen Lebensformen des Volkes. Gleichheit aller Bürger ohne Unterschied der Rasse vor dem Gesetz und strengste Bestrafung aller Äußerungen des Rassenhasses. Säuberung des gesamten Erziehungs- und Bildungswesens von dem faschistischen und reaktionären Unrat. Pflege eines wahrhaft demokratischen, fortschrittlichen und freiheitlichen Geistes in allen Schulen und Lehranstalten. Systematische Aufklärung über den barbarischen Charakter der Nazi-Rassentheorie, über die Verlogenheit der „Lehre vom Lebensraum", über die katastrophalen Folgen der Hitlerpolitik für das deutsche Volk. Freiheit der wissenschaftlichen Forschung und künstlerischen Gestaltung.

*4. Wiederaufrichtung der auf demokratischer Grundlage beruhenden Selbstverwaltungsorgane in den Gemeinden, Kreisen und Bezirken sowie der Provinzial- bzw. Landesverwaltungen und der entsprechenden Landtage.*

*5. Schutz der Werktätigen gegen Unternehmerwillkür und unbotmäßige Ausbeutung.*
Freie demokratische Wahlen der Betriebsvertretungen der Arbeiter, Angestellten und Beamten in allen Betrieben, Büros und bei allen Behörden. Tarifliche Regelung der Lohn- und Arbeitsbedingungen. Öffentliche Hilfsmaßnahmen für die Opfer des faschistischen Terrors, für Waisenkinder, Invaliden und Kranke. Besonderer Schutz den Müttern.

*6. Enteignung des gesamten Vermögens der Nazibonzen und Kriegsverbrecher.*
Übergabe dieses Vermögens in die Hände des Volkes zur Verfügung der kommunalen oder provinzialen Selbstverwaltungsorgane.

*7. Liquidierung des Großgrundbesitzes, der großen Güter der Junker, Grafen und Fürsten und Übergabe ihres ganzen Grund und Bodens sowie des lebenden und toten Inventars an die Provinzial- bzw. Landesverwaltungen zur Zuteilung an die durch den Krieg ruinierten und besitzlos gewordenen Bauern.*
Es ist selbstverständlich, daß diese Maßnahmen in keiner Weise den Grundbesitz und die Wirtschaft der Großbauern berühren werden.

*8. Übergabe aller jener Betriebe, die lebenswichtigen öffentlichen Bedürfnissen dienen (Verkehrsbetriebe, Wasser-, Gas- und Elektrizitätswerke usw.), sowie jener Betriebe, die von ihren Besitzern verlassen wurden, in die Hände der Selbstverwaltungsorgane der Gemeinden oder Provinzen bzw. Länder.*

*9. Friedliches und gutnachbarliches Zusammenleben mit den anderen Völkern.*
Entschiedener Bruch mit der Politik der Aggression und der Gewalt gegenüber anderen Völkern, der Politik der Eroberung und des Raubes.

*10. Anerkennung der Pflicht zur Wiedergutmachung für die durch die Hitleraggression den anderen Völkern zugefügten Schäden. Gerechte Verteilung der sich daraus ergebenden Lasten auf die verschiedenen Schichten der Bevölkerung nach dem Grundsatz, daß die Reicheren auch eine größere Last tragen.*
Werktätige in Stadt und Land!
Das sind die ersten und dringendsten Aufgaben zum Wiederaufbau Deutschlands, zur Neugeburt

unseres Volkes. Diese Aufgaben können nur durch die feste Einheit aller antifaschistischen, demokratischen und fortschrittlichen Volkskräfte verwirklicht werden ...
Das Zentralkomitee der Kommunistischen Partei Deutschlands ist der Auffassung, daß das vorstehende Aktionsprogramm als Grundlage zur Schaffung eines *Blocks der antifaschistischen demokratischen Parteien* (der Kommunistischen Partei, der Sozialdemokratischen Partei, der Zentrumspartei und anderer) dienen kann.
Wir sind der Auffassung, daß ein solcher Block die feste Grundlage im Kampf für die völlige Liquidierung der Überreste des Hitlerregimes und für die Aufrichtung eines demokratischen Regimes bilden kann.

Zit. nach: Geschichte in Quellen. Die Welt seit 1945, a.a.O., S. 200ff.

## 2. Aufruf des Zentralausschusses der SPD zum Neuaufbau der Organisation, 15.6. 1945

Arbeiter, Bauern und Bürger! Männer und Frauen! Deutsche Jugend!
Der Nazifaschismus ist in einem grausigen Abgrund der Vernichtung versunken! Er hat das deutsche Volk in tiefster seelischer Qual, in einer unvorstellbaren Not zurückgelassen! Das Gefühl für Rechtlichkeit ist gelähmt! Die nackte Not grinst dem Volke aus den Ruinen vernichteter Wohnungen und geborstener Fabriken entgegen. Hitlers Cäsarenwahnsinn ist durch die siegreichen verbündeten Armeen ausgemerzt und damit die militärische Raubgier des deutschen Imperialismus für alle Zeiten vernichtet ...
Die Geschichte erteilt dem deutschen Volk die eherne Lehre, sich auf seinem dornenvollen Opfergang, trotz Hunger und Elend, durch unermüdliche Arbeit und eisernen Willen die Achtung aller friedlichen, freiheitliebenden Völker zu erwerben.
Niemals und von niemandem soll das deutsche Volk je wieder als vertrauensseliges Opfer gewissenloser politischer Abenteurer mißbraucht werden. Der politische Weg des deutschen Volkes in eine bessere Zukunft ist damit klar vorgezeichnet: Demokratie in Staat und Gemeinde, Sozialismus in Wirtschaft und Gesellschaft!
Wir sind bereit und entschlossen, hierbei mit allen gleichgesinnten Menschen und Parteien zusammenzuarbeiten. Wir begrüßen daher auf das wärmste den Aufruf des Zentral-Komitees der Kommunistischen Partei Deutschlands vom 11. Juni 1945, der zutreffend davon ausgeht, daß der Weg für den Neubau Deutschlands von den gegenwärtigen Entwicklungsbedingungen Deutschlands abhängig ist und daß die entscheidenden Interessen des deutschen Volkes in der gegenwärtigen Lage die Aufrichtung eines antifaschistischen demokratischen Regimes und einer parlamentarisch-demokratischen Republik mit allen demokratischen Rechten und Freiheiten für das Volk erfordern. In dieser entscheidenden Stunde ist es wiederum die geschichtliche Aufgabe der deutschen Arbeiterklasse, Trägerin des Staatsgedankens zu sein: einer neuen antifaschistisch-demokratischen Republik! Jedes eigensüchtige Parteiengezänk, wie es das politische Schlachtfeld der Weimarer Republik erfüllte, muß im Keime erstickt werden. In einer antifaschistisch-demokratischen Republik können demokratische Freiheiten nur denen gewährt werden, die sie vorbehaltlos anerkennen. Demokratische Freiheiten sind aber denen zu versagen, die sie nur nutzen wollen, um die Demokratie zu schmähen und zu zerschlagen.
Das elementarste Lebensgesetz des neuen Staates verlangt die völlige Beseitigung aller Reste der faschistischen Gewaltherrschaft. Ebenso muß der Militarismus aus den Köpfen und Herzen getilgt werden. Die durch den Faschismus geistig entwurzelte Jugend muß wieder zu freien und kritisch denkenden Menschen erzogen werden.
Der neue Staat muß wieder gutmachen, was an den Opfern des Faschismus gesündigt wurde, er muß wieder gutmachen, was faschistische Raubgier an den Völkern Europas verbrochen hat. Dieser Staat muß zuerst und vor allem dem deutschen Volk die wirtschaftliche und moralische Kraft geben, diese übermenschliche Aufgabe zu erfüllen ...

Zit. nach: Geschichte in Quellen. Die Welt seit 1945, a.a.O., S. 204f.

### 3. Bildung der Einheitsfront der antifaschistisch-demokratischen Parteien

(Kommuniqué vom 14.7.1945)

Am 14. Juli 1945 traten die Vertreter der antifaschistisch-demokratischen Parteien zu einer ersten gemeinsamen Besprechung zusammen.
An der Beratung nahmen teil:
vom Zentralkomitee der Kommunistischen Partei Deutschlands: Wilhelm Pieck, Walter Ulbricht, Franz Dahlem, Anton Ackermann, Otto Winzer;
vom Zentralausschuß der Sozialdemokratischen Partei Deutschlands: Erich W. Gniffke, Otto Grotewohl, Gustav Dahrendorf, Helmut Lehmann, Otto Meier;
vom Vorstand der Christlich-Demokratischen Union Deutschlands: Andreas Hermes, Walther Schreiber, Jakob Kaiser, Theodor Steltzer, Ernst Lemmer;
vom Vorstand der Liberal-Demokratischen Partei Deutschlands: Waldemar Koch, Eugen Schiffer, Wilhelm Külz, Artur Lieutenant.
In einer vom Willen aufrichtiger Zusammenarbeit getragenen Aussprache wurde festgestellt:
Hitler hat Deutschland in die tiefste Katastrophe seiner Geschichte gestürzt. Die Kriegsschuld Hitlerdeutschlands ist offenkundig. weite Kreise des deutschen Volkes waren dem Hitlerismus und seiner Ideologie verfallen und haben seinen Eroberungskrieg bis zum furchtbaren Ende unterstützt. Groß war die Zahl jener Deutschen, die willenlos der Hitlerpolitik folgten und sich damit mitschuldig gemacht haben. So hat Hitler unser ganzes Volk in ein Chaos von Schuld und Schande gestürzt.
Nur durch einen grundlegenden Umschwung im Leben und im Denken unseres ganzen Volkes, nur durch Schaffung einer antifaschistisch-demokratischen Ordnung ist es möglich, die Nation zu retten. Die Vertreter der vier Parteien beschließen, unter gegenseitiger Anerkennung ihrer Selbständigkeit, die Bildung einer festen Einheitsfront der antifaschistisch-demokratischen Parteien, um mit vereinter Kraft die großen Aufgaben zu lösen. Damit ist ein neues Blatt in der Geschichte Deutschlands aufgeschlagen.
Es wurde ein gemeinsamer Ausschuß gebildet, in den die vier Parteien je fünf Vertreter entsenden. Dieser Ausschuß wird unter wechselndem Vorsitz mindestens zweimal monatlich tagen. Ein Verbindungsbüro wird die gemeinsamen Besprechungen organisieren und für den Austausch des Materials sorgen.
Der gemeinsame Ausschuß stellt sich folgende Hauptaufgaben:
1. Zusammenarbeit im Kampf zur Säuberung Deutschlands von den Überresten des Hitlerismus und für den Aufbau des Landes auf antifaschistisch-demokratischer Grundlage, Kampf gegen das Gift der Naziideologie wie gegen alle imperialistisch-militaristischen Gedankengänge.
2. Gemeinsame Anstrengungen zu möglichst raschem Wiederaufbau der Wirtschaft, um Arbeit, Brot, Kleidung und Wohnung für die Bevölkerung zu schaffen.
3. Herstellung voller Rechtssicherheit auf der Grundlage eines demokratischen Rechtsstaates.
4. Sicherung der Freiheit des Geistes und des Gewissens sowie der Achtung vor jeder religiösen Überzeugung und sittlichen Weltanschauung.
5. Wiedergewinnung des Vertrauens und Herbeiführung eines auf gegenseitiger Achtung beruhenden Verhältnisses zu allen Völkern. Unterbindung jeder Völkerverhetzung.
Ehrliche Bereitschaft zur Durchführung der Maßnahmen der Besatzungsbehörden und Anerkennung unserer Pflicht zur Wiedergutmachung.
Die Parteien vereinbaren, ein gemeinsames Aktionsprogramm auszuarbeiten.
Den Organisationen der antifaschistisch-demokratischen Parteien in allen Landesteilen, Bezirken, Kreisen und Orten wird empfohlen, sich in gleicher Weise, wie es zentral geschehen ist, zu gemeinsamer Aufbauarbeit zusammenzuschließen.

Zit. nach: Geschichte in Quellen. Die Welt seit 1945, a.a.O., S. 287 f.

## 4. Kurt Schumacher und die Wiedergründung der SPD

Kern für die neu erstehende SPD wurde der hannoversche Kreis um Kurt Schumacher. Spontan hatten sich nach dem Zusammenbruch des nationalsozialistischen Regimes Ortsgruppen und Kreisverbände aus dem alten Mitgliederbestand gebildet. Ihre führende Schicht war schon in der Weimarer Zeit politisch aktiv gewesen. Sie wurde in der Beurteilung der Lage zunächst weitgehend von den traditionellen Leitvorstellungen der wirtschaftlichen und politischen Demokratie und des Klassenkampfes bestimmt. Vom 5.–7. Oktober 1945 versammelten sich im Kloster Wennigsen bei Hannover Vertreter zahlreicher Kreisverbände. An dieser ersten Parteikonferenz, die offiziell nur für die britische Zone abgehalten werden durfte, nahmen auch Grotewohl vom Berliner Zentralrat und Ollenhauer vom Parteivorstand in London teil. Auch Vertreter früher abgesplitterter radikaler Gruppen wie der Sozialistischen Arbeiterpartei und des Internationalen Sozialistischen Kampfbundes beteiligten sich an dem Zusammenschluß. Das Verhältnis der Sozialdemokraten zu den Kommunisten wurde nicht als eine bloß deutsche, sondern als eine Frage der internationalen Arbeiterbewegung angesehen. Von der SPD in der sowjetischen Zone hieß es in einem Rückblick des Jahrbuches der Sozialdemokratischen Partei Deutschlands 1946: „Ihre Anhänger sind in ihrer Freiheit und in ihrem Leben bedroht, wenn sie sich sozialdemokratisch äußern oder betätigen. Die Sozialdemokratische Partei Deutschlands erfaßt daher in ihrer Organisation heute nur die Sozialdemokraten, die in den Westzonen leben. Die Partei hat nicht die Macht, diesen Zustand zu ändern. Sie wird ihn aber nie anerkennen." Die SPD war in der Weimarer Zeit im Unterschied zu den bürgerlichen Parteien eine Mitgliederpartei gewesen. Aufgrund der sehr starken Bindung des einzelnen Sozialdemokraten an die Partei und ihre vielfältigen Organisationen sozialer, kultureller und sportlicher Art trat sie unmittelbar nach dem Kriege sofort wieder mit einer großen Zahl eingeschriebener Mitglieder in Erscheinung. Ende 1946 waren es in Westdeutschland einschließlich Berlin 0,7 Millionen, im Juni 1948 0,89 Millionen, im Deutschen Reich 1913 0,983 Millionen, 1931 1,037 Millionen. Später sollte sich die Kurve senken bis 0,59 Millionen im Jahre 1955. Erst danach begann ein neuer Anstieg. Die Zahl der Wählerstimmen im Verhältnis zu den Mitgliederstimmen nahm jedoch seit den ersten Nachkriegswahlen zu. Bei den Länderwahlen 1946/47 kamen auf ein Parteimitglied 7,4 Stimmen, die für die SPD abgegeben wurden, 1949 8,9 und bei den ersten Bundestagswahlen 11,4. Im Unterschied zur früheren SPD nahm unter ihren Wählern also der Anteil derjenigen ab, die in der Partei und ihren das Leben in seinen verschiedenen Bezügen erfassenden Untergliederungen organisiert waren. Die SPD entwickelte sich von einer Mitgliederpartei zu einer Rahmenpartei, wenn sie auch im Vergleich zu den bürgerlichen Parteien der Westzonen an Mitgliederzahl die weitaus stärkste blieb und über einen festen Kern treuer Anhänger verfügte. Jedenfalls stellte sie nicht mehr eine durch die marxistische Erlösungs- und Befreiungsideologie geprägte „demokratisch-proletarische Gegenkultur" (Th. Pirker) dar, die früher im Protest gegen die bürgerlich-feudale Kultur des Kaiserreiches und auch noch in der Weimarer Zeit den Zusammenhalt und den Geist ihrer Organisationen bestimmt hatte. Gegenüber der Masser der potentiellen Wähler, die nicht in einem engen Loyalitätsverhältnis zur Partei standen, erlangte daher die konkrete wirtschaftliche und politische Programmatik, mit der sie um die Stimmen warb, um so größere Bedeutung. Hier ist nun festzustellen, daß die SPD in den ersten Jahren des Wiederbeginns nicht zu einer neuen theoretischen Durchformulierung eines Programms im Stile etwa des Erfurter Programms von 1891 oder des Heidelberger Programms von 1925 erlangte. Das Eigentümliche dieser beiden großen Manifeste hatte darin bestanden, daß sich das Aktionsprogramm für den Befreiungskampf der Arbeiterklasse aus einer eingehenden Analyse des ökonomisch-sozialen Geschichtsprozesses ableitete. Aus der Überzeugung, daß es möglich sei, zwangsläufige Entwicklungen der Vergangenheit aufzuzeigen, war in jenen älteren Programmschriften die Gewißheit auch über die zukünftige Entwicklung abgeleitet worden. Solche Analysen fehlen in den ersten programmatischen Äußerungen der Partei nach 1945. Durch die historischen Umbrüche, die man erfahren hatte, war die frühere, am proletarischen Klassenbewußtsein und der marxistischen Zukunftsprognose orientierte theoretische Sicherheit verlorengegangen. Die starke politische Persönlichkeit Kurt Schumachers vermochte es jedoch, der Partei bis zu seinem Tode 1952 eine klare Richtung zu geben. Unter Verzicht auf einen dogmatischen Marxismus und unter starker Betonung der liberalen und demokratischen Menschenrechte warnte er vor einer „grobklotzigen Vereinfachung der Klassenkampfidee“. In der Gewinnung des Mittelstandes sah er die Voraussetzung für die Verwirklichung des Sozialismus. Aber wenn er auch den traditionellen Rahmen der SPD als Arbeiterpartei durchbrechen wollte, so blieb für ihn der Klassenkampf doch „die große gesellschaftliche Tatsache“. Kriterium der Klassengrenze war für ihn „nicht schlechthin die Tatsache des Eigentums an Produktionsmitteln ..., sondern der Umfang, die Intensität und die Anwendung der Eigentumsrechte. Das Unterscheidungsmerkmal“, so erklärte er, „ist die Frage, ob das Eigentum im Sinne der kapitalistischen Ausbeutung angewendet wird oder nicht“. In hieraus sich ergebenden Leitsätzen zum Wirtschaftsprogramm wurde daher gefordert, daß der gewerbliche und bäuerliche Mittelstand geschützt, der Großgrundbesitz aufgesiedelt und die Großindustrie wie die Großfinanz, die Energiewirtschaft und das Verkehrswesen verstaatlicht werden sollten. Als Vorstufe und Wegbereitung zur Sozialisierung galten die Entwicklung der Wirtschaftsdemokratie durch Ausdehnung der staatlichen Kontrollfunktionen über die Wirtschaft und durch Demokratisierung der Organe der wirtschaftlichen Selbstverwaltung. Ein solcher Gedankengang bewegte sich im Rahmen der gewerkschaftlichen Programmatik der Weimarer Zeit. Traditionsgeprägt war auch die Vorstellung, daß durch Vergesellschaftung „an die Stelle der kapitalistischen Unterkonsumtion infolge kapitalistischer Arbeiterausbeutung der sozialistische Reichtum treten“ werde.

Die auf dem ersten Parteitag in Hannover am 11. Mai 1946 verabschiedeten Leitsätze entsprachen diesen Gedanken. Die bestehenden Eigentumsverhältnisse, so hieß es hier, seien das schwerste Hemmnis für die wirtschaftliche Erholung. Im Gegensatz zu den vorsichtigen Programmformulierungen der KPD und der SED erklärte die SPD: „Sozialismus ist nicht mehr ein fernes Ziel, er ist die Aufgabe des Tages.“ Schumacher wurde einstimmig zum Parteiführer gewählt. Er lebte in der festen Überzeugung, daß nur der Sozialismus imstande sei, einen wirtschaftlichen Wiederaufschwung Deutschlands herbeizuführen und daß nach der Bildung eines deutschen Staates die SPD die politische Führung in Deutschland erlangen müsse und werde. Dieser Staat war für ihn nicht anders denkbar als eine parlamentarische Demokratie mit einer starken zentralen Staatsgewalt, keine föderalistische Gewaltenteilung also, wenn auch eine dezentralisierte Verwaltung. Nach außen hin sollte das neue Deutschland in eine internationale Organisation der Völker eingegliedert werden. Die SPD setzte sich geschlossener und entschiedener als in der Weimarer Zeit für die „Vereinigten Staaten von Europa“ in Form einer demokratischen und sozialistischen Föderation ein. Für Schumacher aber blieb dieses Endziel einer deutschen Integration in Europa immer gebunden an die Vorbedingung der Wiederzusammenführung der jetzt von den vier Besatzungsmächten beherrschten deutschen Gebiete. Er verzehrte sich in einem leidenschaftlichen Kampf für die einheitliche sozialistische, in einem liberal-demokratischen parlamentarischen Staate über ihr eigenes Schicksal verfügende deutsche Nation.

Aus: Karl Dietrich Erdmann, Die Zeit der Weltkriege, in: Bruno Gebhardt, Handbuch der Deutschen Geschichte, Bd. 4, a. a. O., S. 670 ff.

## 5. Kurt Schumachers programmatische Rede von Wennigsen (5. 10. 1945)

In Anbetracht der grundlegenden Veränderung der Verhältnisse, der neuen Probleme und der neuen Menschen könnte man ein Parteiprogramm verlangen. Das ist in Anbetracht der Tatsachen, daß wir weder die Produktionsverhältnisse noch die Produktivkräfte kennen, daß wir über Schicksal und Grenzen des Reiches und Umfang der Reparationen und über die politischen und ökonomischen Verhältnisse in der Welt wenig oder nichts wissen, nicht zu verantworten. Wir müssen unser wissenschaftliches Handwerkszeug überholen und erst den konkreten soziologischen Standort ermitteln, von dem aus wir bindende Theorien entwickeln können. *Heute hat keine Partei ein Programm, sondern nur Aufrufe und Deklarationen aller Art.* Wer es ohne Programm nicht meint tun zu können, muß also von der Politik fernbleiben. Dem Volk kann man trotzdem eine politische

Vorstellung von den Zielen der Sozialdemokratie beibringen. Der Sozialismus ist heute wie je ein in seinen Einzelheiten nicht voraussehbares Resultat, wie Karl Marx sagte: „Die Arbeiterklasse hat keine fix und fertigen Utopien durch Volksbeschluß einzuführen." Trotzdem wissen wir, unter welchen großen Gesichtspunkten wir zu arbeiten haben. *Wir Sozialdemokraten sind die Vertreter Deutschlands, für welche die Demokratie nicht der Ausdruck der Überlegenheit der angelsächsischen Waffen ist.*

Wenn wir Demokraten sind, dann sind wir uns nur selber treu geblieben.

Darum ist die Sozialdemokratische Partei als die Partei, deren Linie vor dem Richterstuhl der Geschichte die Prüfung bestanden und auch vor allen anderen berechtigt, sich selbständig und unabhängig zu den Ereignissen zu äußern ...

Für uns gilt es, für das ungeschriebene sozialdemokratische Programm zu kämpfen: Hilfe für alle Schwachen und Elenden!

Darüber hinaus gilt es, alle Kräfte für die großen konstruktiven Aufgaben zu sammeln.

*Die Klasse der Industriearbeiter ist im eigentlichen Sinne die Hausmacht der SPD. Sie muß als ganze Klasse um die Idee der Demokratie gesammelt werden. Ohne die Arbeiter kann die Sozialdemokratie keinen Schritt tun.* Entscheidende Erfolge freilich gibt es erst, wenn es von dieser Plattform aus gelingt, die mittelständischen Massen zu gewinnen. So war und ist es in allen Ländern, und daß in Deutschland der Großbesitz durch seinen Propagandaapparat den Mittelstand für sich engagieren konnte, ist das nationale Unglück geworden. *Der demokratisch orientierte Mittelstand ist die Voraussetzung für die Stabilität der neuen Ordnung.*

Die übermäßige und grobklotzige Vereinfachung der Klassenkampfidee, die Formel Klasse gegen Klasse, geht in ihrer primitiven Undifferenziertheit an der wirklichen Kräftelagerung vorbei und ist im Effekt eine reaktionäre Parole. *Wir haben zu erkennen, daß die Linke in Deutschland die Theorie, aber die Rechte die Praxis des Klassenkampfes geschaffen hat ...*

*Der Klassenkampf war und ist die große gesellschaftliche Tatsache. Diese Tatsache ist unabhängig von unserer Anerkennung oder Negierung.* Sie übersehen, würde heißen, auf Erkenntnis und Klarheit verzichten. Es ist unsere Geschichtsauffassung, die uns das Blickfeld für unsere Politik freimacht. Freilich wäre es die größte Gefahr für uns, wenn wir die Erkenntnisse früherer Perioden dogmatisieren und auf die heutige Lage übertragen würden. „Die Tradition aller toten Geschlechter lastet wie ein Alp auf den Gehirnen der Lebenden" hat Marx gesagt, der diese Gefahren am treffendsten mit dem Wort charakterisiert hat: „Moi, je ne suis pas Marxiste." Die zeitliche Beschränktheit der Gültigkeit irgendwelcher Erkenntnisse zwingt uns in einer veränderten Welt zu neuen Untersuchungen und Fixierungen. Es gibt auch Illusionen im Negativen. Die Tatsache, daß heute viele großkapitalistische Hintermänner des Nazismus gefangengesetzt werden, bedeutet noch nicht, daß das kapitalistische System abgeschafft ist. Bis in unsere Reihen hinein kann man Stimmen hören, daß der Klassenkampf aus Mangel an eigentlichen Klassengegnern gegenstandslos geworden sei.

Nun müssen sich zwar die klassenpolitischen Auseinandersetzungen in solchen Zeiten von zerstörenden Methoden fernhalten und den ganzen Nachdruck auf die Veränderung der Wirtschaft und der Gesellschaft legen und noch stärker als sonst berücksichtigen, daß die Klassen variable und fluktuierende Grenzen haben, in sich aufgespalten sind und von differenzierenden Interessen der einzelnen Teile beherrscht werden. Starke Bestandteile der alten besitzenden Klassen sind aber noch vorhanden und neue bilden sich heraus. An ihnen werden sich unsere Erkenntnisse und unsere Politik auszurichten haben. Wir müssen nur von vornherein wissen, daß man nicht mit denselben Regeln einzelne Phasen der Entwicklung in den verschiedenen Ländern umspannen kann.

*Die Übertragung der Lehren aus den Verhältnissen des einen Landes auf die Gegebenheiten anderer Länder haben schon Verwirrung und Unheil genug in der Welt gebracht.*

Als äußere Klassengrenze, nach der sich unsere Politik zu richten hat, wird jetzt nicht schlechthin die Tatsache des Eigentums an Produktionsmitteln erkennbar, sondern der Umfang, die Intensität und die Anwendung der Eigentumsrechte. Das Unterscheidungsmerkmal ist die Frage, ob das Eigentum im Sinne der *kapitalistischen Ausbeutung* angewendet wird oder nicht. *Der kleine Eigentümer gehört nicht zu den Besitzverteidigern, sondern an die Seite der Besitzlosen ...*

Im Grundsatz bekennen wir uns zur *Einheitspartei aller Schaffenden*. Aber wir sehen auch, daß nirgends sonst in der Welt sich dieser Gedanke durchgesetzt hat, sich unter den gegebenen Voraussetzungen dieser historischen Epoche auch nicht durchsetzen kann. Das hat bei uns wie in anderen Ländern seinen Grund darin, daß die Kommunistische Partei sich nicht nach den Bedürfnissen und Erkenntnissen der Arbeitenden ihres Landes richtet.
*Wir deutschen Sozialdemokraten sind nicht britisch und nicht russisch, nicht amerikanisch und nicht französisch. Wir sind die Vertreter des deutschen arbeitenden Volkes und damit der deutschen Nation. Wir sind als bewußte Internationalisten bestrebt, mit allen internationalen Faktoren im Sinne des Friedens, des Ausgleichs und der Ordnung zusammenzuarbeiten. Aber wir wollen uns nicht von einem Faktor ausnützen lassen.*
Im Sinne der deutschen Politik ist die Kommunistische Partei überflüssig. Ihr Lehrgebäude ist zertrümmert, ihre Linie durch die Geschichte widerlegt. Nachdem ihre Hoffnung, sich als führende Arbeiterpartei etablieren und zur einzigen Arbeiterpartei entwickeln zu können, von den Tatsachen so völlig unmöglich gemacht wird, muß sie nach dem großen Blutspender suchen. Das Rezept ist die Einheitspartei, die einen Versuch darstellt, der *Sozialdemokratischen Partei eine kommunistische Führung aufzuzwingen*. Eine sozialdemokratische Partei unter kommunistischer Führung wäre aber eine kommunistische Partei. International wäre jeder Schritt auf diesem Wege eine außenpolitische Parteinahme und würde eine Gleichgewichtsstörung von deutscher Seite bedeuten ...
Nachdem die Kommunisten in den entscheidenden Perioden der Etablierung der Republik und des Kampfes mit dem Faschismus die Situation grundlegend verkannt haben, wäre es falsch, ihren Führungsanspruch in dieser Periode des Kampfes um das nackte Leben anzuerkennen.
Daran ändert nichts, daß die KPD aus ihrer Feindschaft gegen die Koalitionspolitik jetzt in eine förmliche Koalierungswut verfallen ist und sich mit allem und jedem verbrüdern möchte. Das geht so weit, daß in dem *Aufruf* der KPD vom 11.6. 1945 nicht einmal die Worte „Klassenkampf" und „Arbeiterklasse" zu finden sind. In dem Aufruf der hannoverschen Kommunisten heißt es sogar „Wir Kommunisten – die *Partei des Volkes* – die Partei der aufbauwilligen Kräfte". Eine Partei ist aber nicht so demokratisch, wie die Worte ihres Programms behaupten, sondern nur so demokratisch, wie ihre Grundideen und ihr Aufbau. Und die sind nach wie vor diktatorisch. Darüber hilft kein Lippenbekenntnis zur Demokratie hinweg, besonders dann nicht, wenn im Aufruf vom 11.6. 1945 davon die Rede ist, daß man „unter den *gegenwärtigen* Verhältnissen" dem deutschen Volke nicht das Sowjetsystem aufzwingen wolle, oder wenn in dem Funktionärsmaterial „Strategie und Taktik nach dem VII. Weltkongreß" davon die Rede ist, daß das Ziel die „Diktatur des Proletariats" bleibe ...
So wird *die Sozialdemokratische Partei zur schicksalentscheidenden Kraft der deutschen Politik!*
Bewährt sie sich in diesen schweren Zeiten, dann ist die erste Voraussetzung zum Aufstieg gegeben. Durch die Neuheit der Bedingungen wird auch *in dieser Partei vieles neu werden*. Auch für uns gilt der Satz, daß wir nicht da anknüpfen können, wo wir 1933 aufgehört haben. Auch wir werden unser theoretisches Rüstzeug und unsere politischen Methoden überprüfen müssen und im Zeitalter moderner geistiger Waffen manche alte Streitaxt und manchen eingestaubten Morgenstern in die Ecke stellen müssen...
Eine solche Partei muß viele Wohnungen für viele Arten von Menschen kennen. Unverzichtbar ist für sie nur der Wille ihrer Mitglieder, Sozialist, Demokrat und Träger der Friedensidee zu sein. Darüber hinaus kann für uns der Wert des Sozialdemokraten nicht durch das Motiv bestimmt werden, aus dem heraus er zu uns gekommen ist. Mag der Geist des Kommunistischen Manifestes oder der Geist der Bergpredigt, mögen die Erkenntnisse rationalistischen oder sonst irgendwelchen philosophischen Denkens ihn bestimmt haben, oder mögen es Motive der Moral sein, für jeden, die Motive seiner Überzeugung und deren Verkündung ist Platz in unserer Partei. Deren *geistige Einheit* wird dadurch nicht erschüttert.
*Die Einheit der Sozialdemokratischen Partei im nationalen Rahmen ist uns ebenso wert wie die Reichseinheit.* Aber die Einheit des Reiches lebt zur Zeit nur als Idee, denn Deutschland zerfällt in verschiedene Besatzungszonen. Wohl zeichnen sich die ersten Möglichkeiten von Zusammenfassungen ab,

aber ein einheitliches Reich haben wir erst, wenn nicht nur die wirtschaftlichen, sondern vor allem die politischen Kräfte durch eine zentrale Reichsregierung repräsentiert werden. So unmöglich, wie es bis dahin ist, Deutschland von *einer* der Besatzungszonen und unter ihrem Gesichtswinkel zu regieren, so unmöglich ist es auch, die Sozialdemokratische Partei als Ganzes zentral von Berlin aus zu leiten.

Zit. nach: Ossip K. Flechtheim (Hg.), Dokumente zur parteipolitischen Entwicklung in Deutschland seit 1945, Bd. III, Berlin 1963, S. 4 ff.

## 6. Leitsätze zum Wirtschaftsprogramm der SPD vom 28. 10. 1945

Die Zeit ist heute reif, *den Sozialismus zur Angelegenheit des ganzen Volkes* zu machen. Eine sozialistische Bewegung, die das ganze Volk erfassen will, muß daher ein Programm für Arbeiter, Bauern, Handwerker, Angestellte, Gewerbetreibende und geistige Berufe entwickeln. Diese Schichten stehen in einem *natürlichen Gegensatz* zu jener kleinen, aber mächtigen Ausbeuterschicht, die dank ihrem Klassenmonopol einen unverhältnismäßig großen Teil des gesellschaftlichen Reichtums an sich zu ziehen vermag und seit je jedem sozialen Aufstieg der breiten Massen entgegensteht. Sie ist zugleich der geschworene Feind der Demokratie, wissend, daß diese letzten Endes zum Arbeiterstaat und zur Vernichtung aller Klassenvorrechte führen muß.

Mit der Entwicklung vom Konkurrenz- zum Monopolkapitalismus verliert der Kapitalismus seine automatische Selbststeuerung. Die industriellen Monopole zerreißen die Steuerkette und das Schiff der Wirtschaft treibt steuerlos einem unabsehbaren Schicksal im Zeichen der Massenarbeitslosigkeit und der volkswirtschaftlichen Wertevernichtung entgegen. Das Wort von der Wirtschaftsanarchie wird im Monopolkapitalismus buchstäbliche Wirklichkeit.

Gleichzeitig ist ein bemerkenswerter Wandel im Verhältnis von Staat und Wirtschaft festzustellen. Allgemein läßt sich ein Gesetz zunehmender Staatstätigkeit beobachten. Nicht der Staat, wohl aber die Idee des Nachtwächterstaates und die Lehre vom absterbenden Staat sind in das historische Museum abgewandert. Der Spannrahmen der staatlichen Zuständigkeit erweitert sich ständig und der Staat gewinnt im gewaltigen Maße an Wirtschaftsschwere. *Wirtschaftspolitik ist ein Teil der Regierungspolitik geworden.* Sozialpolitik, Wirtschaftspolitik und Staatspolitik dringen ununterscheidbar ineinander. Der Staat ist die entscheidende Wirtschaftstatsache der Gegenwart, und von der Kräfteverteilung im Staat hängt die Gestaltung der Wirtschaft grundlegend ab.

Der demokratische Staat muß dank der den breiten Massen in ihm zufallenden Macht in eine immer deutlicher herausstrebende Kampfstellung gegen die kapitalistische Wirtschaft getrieben werden, die immer ausschließlicher von dem Profitstreben einer dünnen Kapitalistengruppe beherrscht wird. Damit wird der Staat aus einem Instrument der Unterdrückung zu einem Instrument sozialer Wirtschaftsgestaltung und allgemeiner Wohlfahrtsförderung. *Zu der alten Kampffront Arbeit gegen Kapital tritt die neue:* demokratischer Staat gegen kapitalistische Wirtschaft, wobei für die Arbeiterschaft die größeren Erfolgschancen ohne Zweifel auf dieser neuen Front gegeben sind. So unerläßlich und bedeutsam der unmittelbar in der Sphäre der Wirtschaft geführte Kampf bleibt, *heute siegt, wer die Gewichte des Staates in seiner Waagschale mit auswiegen kann.* Der Weg der Wirtschaftseroberung führt über die zuvor erfolgte Eroberung des Staates ...

Die schärfere Trennung von Verbrauchs- und Arbeitseigentum auf der einen Seite, von kapitalistischem Profit- und Verwertungseigentum auf der anderen Seite nimmt dem Gedanken der Eigentumsenteignung und Eigentumsvergesellschaftung ohnehin seine Schreckhaftigkeit, nachdem jeder weiß, *daß weder der Hof des Bauern, noch die Stätte des Handwerkers, noch der Laden des kleinen Händlers bedroht sind. Nur auf das wirtschaftliche Großeigentum, das keine volkswirtschaftliche Nutzfunktion mehr erfüllt, wird die Sozialisierung die Hand legen . . .*

*Die Verstaatlichung der Großindustrie, der Großfinanz und Aufsiedlung des Großgrundbesitzes sind aber auch notwendig, um der ökonomischen Ordnung des Staates ein sozialistisches Gepräge zu geben und um für alle Zukunft zu verhindern, daß ökonomische Macht in den Händen weniger Großkapitalisten zu politischer Macht wird.*

*Die Entwicklung hat heute dazu geführt, daß der Bergbau, die Schwerindustrie, die Energiewirtschaft, das Verkehrswesen sowie die Versicherungs- und Bankwirtschaft sozialisierungsreif geworden sind.* Daraus und aus den oben angeführten politischen Gesichtspunkten ergibt sich die Forderung auf Verstaatlichung dieser Wirtschaftszweige.

Aber auch in der übrigen Wirtschaft ist die Aufgabe gestellt, durch Schaffung einer vollkommeneren Produktionsordnung die kapitalistische Wirtschaftnot zu überwinden. Mit der Preisgabe des Konkurrenzprinzips tritt an die Stelle der Selbststeuerung eine von oben gesteuerte Wirtschafsführung, der jedoch die planmäßige Vereinheitlichung und die Ausrichtung auf das Gemeinwohl fehlt. Sie dient nicht wirtschaftlichen Gesamtinteressen, sondern der Überhöhung der normalen Profitrate um die dem schwächeren Abnehmer abgerungene Monopolrente. Um diese aus dem Monopolkapitalismus herausgewachsene Wirtschaftsführung im Sinn einer höheren, die Versorgungsbedürfnisse der Gesamtheit besser befriedigenden Wirtschaftsweise zu aktivieren, *muß sie erst schrittweise auf den Dienst an der Volksgesamtheit umgestellt* werden. Die hier einsetzenden Bestrebungen können unter dem Begriff der Wirtschaftsdemokratie zusammengefaßt werden, deren Aufgabe darin besteht, diesen Prozeß in Fluß zu bringen, der mit der Sozialisierung und Überleitung in eine wirkliche, an den Versorgungsbedürfnissen der Gesamtheit ausgerichtete Planwirtschaft seinen Abschluß und seine Erfüllung findet.

*Wirtschaftsdemokratie ist nicht mehr reiner Kapitalismus und noch nicht sozialistische Wirtschaft, sie ist Zwischenland zwischen Kapitalismus und Sozialismus, Vorstufe der Sozialisierung und ihr Wegbereiter.*

Parallel mit dieser Entwicklung geht ein zunehmender Einfluß der Arbeiterorganisationen und eine Ausdehnung der staatlichen Wirtschaftslenkung und Wirtschaftskontrolle. Mit diesen Elementen sind die Bedingungen gegeben, aus deren Zusammenwirken Wirtschaftsdemokratie als möglicher und zugleich notwendiger Zustand der derzeitigen Wirtschaftsorganisation hervorwächst. Auf zwei Wegen hat man dabei zum Ziel vorzustoßen: Ausdehnung der staatlichen Kontrollfunktionen über die Wirtschaft und zum anderen Demokratisierung der die Wirtschaftsführung repräsentierenden Organe der wirtschaftlichen Selbstverwaltung.

Die Wirtschaftsdemokratie gibt dem Volk das Recht der Mitbestimmung in einer doppelten Weise zurück: Über den Staat auf Grund des allgemeinen Wahlrechts, sodann über die Zugehörigkeit zu einer Organisation, die berufen ist, an der Wirtschafsführung mitzuwirken ...

Ohne Planung ist der Wiederaufbau der Wirtschaft unmöglich. Daher muß das kapitalistische zugunsten des sozialistischen Regulativprinzips aufgegeben werden. Es gilt hierbei eine Wirtschaftspolitik zu verfolgen, die sich nicht scheut, Wirtschaftsunternehmen, die für den Wiederaufbau und die Versorgung der Bevölkerung mit den unerläßlichen Bedarfsgütern unwesentlich sind, stillzulegen und aus dem Wirtschaftsprozeß auszuschalten. Nur solchen Betrieben werden die verfügbaren Arbeitskräfte, die erforderlichen Roh- und Hilfsstoffe sowie Verkehrsmittel und nicht zuletzt die benötigten Kredite zugeteilt, die lebenswichtige Versorgungsfunktionen erfüllen. Ohne eine solche sozialistische Gesamtsteuerung nach einem festen Wirtschaftsplan sind eine wirkliche Gesundung und ein Wiederaufstieg nicht zu erwarten. Innerhalb der nächsten Jahre werden notwendig die Fesseln der Wirtschaft eher enger angezogen als gelockert werden ....

So ist daran festzuhalten, daß es sich bei der Überführung des Kapitalismus in den Sozialismus nicht primär handelt um eine andere und gerechtere Verteilung des heutigen Einkommensertrages, sondern um eine vollkommenere Produktionsordnung von wesentlich erhöhtem Leistungsertrag. *Es gilt nicht, die kapitalisitsche Armut in anderer Weise aufzuteilen, es gilt zuvor, den Reichtum der sozialistischen Gesellschaft zu organisieren.*

Zit. nach: Ossip K. Flechtheim (Hg.), Dokumente zur parteipolitischen Entwicklung in Deutschland seit 1945, Bd. I, Berlin 1962, S. 9ff.

## 7. Aufruf des ZK der KPD zur Bodenreform vom 8.9.1945

... In der Einheitsfront der vier antifaschistisch-demokratischen Parteien, in dem Zusammenwirken der Kommunistischen Partei und der Sozialdemokratischen Partei mit den beiden anderen antifaschistisch-demokratischen Parteien, der Liberal-Demokraten und der Christlich-Demokraten, wurde ein erfreulicher Anfang für die Durchsetzung der gemeinsam aufgestellten Forderungen gemacht. In allen Provinzen und Ländern haben sich die vier Parteien gemeinsam für die sofortige Durchführung der Bodenreform entschieden.
Die Bodenreform kann nicht aufgeschoben werden!
Das läßt die schwere Lage unseres Volkes nicht zu. Die Zuteilung des Junkerlandes an die armen Landarbeiter und Bauern wird ihr Interesse an der besten Bearbeitung und Ausnutzung des Bodens steigern und damit in bester Weise die Volksernährung sicherstellen. Auch werden die bäuerlichen Umsiedler wieder eine Existenzmöglichkeit finden. In der gemeinsamen Arbeit und auf Grund ihrer Erfahrungen werden die Bauern alle Schwierigkeiten überwinden.
Wir haben das volle Vertrauen zur Bauernschaft, daß sie ihre privaten Interessen durchaus mit den Interessen des gesamten deutschen Volkes verbinden und in harter Arbeit unserem Vaterlande helfen wird.
So demokratisch die Bodenreform in ihrem ganzen Wesen und von Grund aus ist, so demokratisch soll sie auch zur Durchführung gelangen.
Das Bauernvolk wird durch die von ihm gewählten Organe und in gemeinsamen Versammlungen alle Mittel und Wege beschließen, die zur bestmöglichen Regelung der Landzuteilung und der Bearbeitung des Bodens und Verwendung des Inventars notwendig sind.
Die wichtigste Voraussetzung ist, daß die Bauern selbst Tag für Tag aktivsten Anteil an der praktischen Durchführung der Bodenreform nehmen.
Wir rufen die Arbeiter, Angestellten und die werktätige Intelligenz auf, den Bauern bei der Durchführung dieser großen Aufgabe tatkräftig zu helfen ...

Aus: Hermann Weber (Hg.), Der deutsche Kommunismus. Dokumente, Köln 1963, S.609f.

## 8. Die SED und die Grenzfrage

(Beschluß des Parteivorstands vom 19.9.1946)

Die Stellung der Sozialistischen Einheitspartei Deutschlands zur Frage der Ostgrenzen ist vor kurzem eindeutig und klar dargelegt worden[1]). Die Sozialistische Einheitspartei Deutschlands macht jedoch darauf aufmerksam, daß der Versuch bestimmter reaktionärer Kreise, die Frage der Ostgrenze zur Entfachung einer neuen nationalistisch-chauvinistischen Hetze auszunützen, dem deutschen Volke bei der Gestaltung des Friedensvertrages und auch in bezug auf die künftigen deutschen Grenzen nur schweren Schaden zufügen kann.
Verkappte faschistische und reaktionäre Elemente, die sich in den bürgerlich-demokratischen Organisationen einnisten, bemühen sich, das deutsche Volk von der Lösung der aktuellsten lebenswichtigen Aufgaben abzulenken. Statt die demokratische Bodenreform in ganz Deutschland durchzuführen, die eine Unterbringung zehntausender Umsiedler und die Ernährung von Millionen Menschen sichern würde, wird von den Reaktionären die alte aggressive nazistische Losung vom „Lebensraum" aufgefrischt ...
Die Sozialistische Einheitspartei Deutschlands setzt alles daran, eine gründliche politische Umwandlung Deutschlands durch die Entmachtung der aggressiven Kriegsverbrecher und Naziaktivisten, eine tiefgehende Demokratisierung Deutschlands herbeizuführen. Indem die Sozialistische Einheitspartei Deutschlands dadurch dem deutschen Volke Achtung und Vertrauen bei den ande-

[1]) Der damalige 2. Vorsitzende der SED, *Max Fechner*, hatte am 14. September 1946 in *Neues Deutschland* geschrieben: „Zur deutschen Ostgrenze möchte ich erklären, daß die Sozialistische Einheitspartei Deutschlands sich jeder Verkleinerung deutschen Gebietes entgegenstellen wird. Die Ostgrenze ist nur provisorisch und kann erst bei der Friedenskonferenz unter Mitwirkung aller großen Siegerstaaten festgelegt werden."

ren Völkern besonders bei seinen Nachbarvölkern zu verschaffen sucht, will sie erreichen, daß bei den bevorstehenden Friedensverhandlungen das deutsche Volk einen erträglichen Friedensvertrag erhält. Die Sozialistische Einheitspartei Deutschlands wird alles tun, damit auch in den Fragen der künftigen Grenzen Deutschlands die Stimme des deutschen Volkes auf der Friedenskonferenz Gehör findet.

Zit. nach: Hermann Weber (Hg.), Der deutsche Kommunismus. Dokumente, a.a.O., S. 518 f.

## 9. Zur Vorgeschichte der SED-Gründung

„Als wir beide eben auf diese Bühne kamen, wurde mir die symbolische Bedeutung dieses Aktes klar: Wilhelm Pieck kam von links und ich kam von rechts. Wir kamen aber beide, um uns in der Mitte zu treffen." Mit diesen Worten begann Otto Grotewohl, Vorsitzender des Berliner Zentralausschusses der SPD, seine Begrüßungsansprache auf dem Parteitag am 21. und 22. April 1946, der die Vereinigung von KPD und SPD zur SED vollziehen sollte. Seither sind diese Szene im Ostberliner Admiralspalast und ihre Interpretation als Symbol für die Freiwilligkeit und den Kompromißcharakter des Zusammenschlusses der beiden Parteien in den Darstellungen über die Geschichte der SED in der DDR ohne wesentliche Änderung wiederholt worden. Abweichende Meinungen wurden auch 1979 noch z.B. von Heinz Heitzer in seinem Buch „DDR. Geschichtlicher Überblick" schlicht als „Fälschungen" „durch die bürgerliche Geschichtsschreibung" bezeichnet.
Für manchen heutigen Beobachter, der von Ost-West-Gegensatz und Gegnerschaft zwischen Sozialdemokraten und Kommunisten geprägt ist, überraschend, gab es in der Tat in Teilen der SPD auch über die Sowjetische Besatzungszone hinaus in der ersten Nachkriegszeit starke Bestrebungen zur Schaffung einer einheitlichen Partei der Arbeiterbewegung oder zumindest einer engen Zusammenarbeit zwischen SPD und KPD ...
Wortführer der für die Verschmelzung beider Parteien eintretenden Gruppierungen in der SPD war Otto Grotewohl. Für ihn wie für den Berliner Zentralausschuß war die Einheitspartei ein Erfordernis der gesellschaftlichen Entwicklung in Deutschland. Bereits bei der Gründungsversammlung der KPD am 11. Juni 1945, die für die SPD überraschend früh kam, drang ein Vertreter des Zentralausschusses der SPD auf die „organisatorische Einheit der Werktätigen". Trotz hinhaltender Taktik der KPD, die unter Verweis auf unterschiedliche Positionen einen sofortigen Zusammenschluß ablehnte, gelang es bereits eine Woche später einen Arbeitsausschuß zur Klärung ideologischer Meinungsverschiedenheiten zu bilden.
Eine Zusammenarbeit mit den Kommunisten erschien Grotewohl umso leichter als „wir im Prinzip nicht die Vermittlung zwischen zwei Systemen (sind), sondern vielmehr geht unsere wirtschaftliche und politische Entwicklung nach dem Osten". Zudem hatte sich auch die KPD in ihrem Gründungsaufruf für die Errichtung „einer parlamentarisch-demokratischen Republik" und gegen den Weg, „Deutshland das Sowjetsystem aufzuzwingen", ausgesprochen, da er den Entwicklungsbedingungen Deutschlands nicht entspreche. Ihr damals einflußreichster Theoretiker Anton Ackermann brachte zusätzlich die Formel vom „besonderen deutschen Weg zum Sozialismus" in die Debatte.
Nach Grotewohls Äußerungen war die SPD noch im Oktober in der SBZ keinerlei Beschränkungen unterworfen, Sozialdemokraten würden auch nach einem erstrebten Zusammenschluß beider Parteien eine zentrale Rolle spielen. Trotz offenkundiger Bevorzugung der KPD sah er die SPD als Hauptansprechpartner der Sowjetischen Militäradministration (SMAD), da sie die einzige deutsche politische Kraft sei, die von allen Besatzungsmächten akzeptiert werde, weil die Sowjets die bürgerlichen Parteien und die westlichen Besatzungsmächte die KPD als Partner ablehnten ...
Nicht nur in der SPD der Westzonen, wo sich Schumacher im Laufe des Herbstes endgültig durchsetzte, sondern auch in der SBZ gab es zunehmend Bedenken und Widerstand gegen den Einheitskurs des Zentralausschusses. So wurde Vertretern des Zentralausschusses z.B. in Leipzig vorgehal-

ten: „Die Kommunisten wollen uns überall überfahren, überall werden unsere Genossen rausgeworfen, mit den Kommunisten gibt es keine Zusammenarbeit." Neben der Benachteiligung in der Personalpolitik entzündete sich die Kritik vor allem an der Behinderung der SPD durch die SMAD. Sozialdemokraten bekamen nur schwer Lizenzen für Zeitungen und Zeitschriften, ihre Publikationen wurden strengerer Zensuren unterworfen und die Papierzuteilung fiel deutlich knapper aus als bei der KPD. Diesen Tatsachen und den immer stärker werdenden Zweifeln an der demokratischen Ausrichtung der KPD konnte sich der Zentralausschuß nicht länger verschließen. Grotewohl formulierte deshalb im Widerspruch zum Vereinigungsaufruf Wilhelm Piecks am 9. November 1945 auf einer getrennten Feier zum Gedenken an die deutsche Revolution 1918 eine Reihe von Bedingungen, die auf die Zustimmung eines Reichsparteitages der SPD zu einem Zusammenschluß auf Reichsebene und auf einen demokratischen Parteiaufbau hinauslief.

Nach Aussagen führender Mitglieder des Zentralausschusses nahm das Einheitsbestreben der KPD, insbesondere nach Formulierung dieser Bedingungen, Befehlscharakter an. Da auch der Druck von Seiten der SMAD immer mehr zunahm, konnte sich die SPD nicht weiter der Durchführung der sogenannten Sechziger-Konferenz am 20. und 21. Dezember 1945 verschließen, die der Vertiefung der Zusammenarbeit und der Vorbereitung der Verschmelzung dienen sollte ...

Über die bereits oben genannten Einwände hinaus wurde der KPD vorgeworfen, unter Ausnutzung der Unterstützung durch die SMAD die SPD zu bekämpfen und zu dominieren. Es wurde selbst in Frage gestellt, ob sich die KPD als „deutsche sozialistische Partei" betrachte. Zwar hätten – wie immer wieder von Seiten der Sozialdemokraten betont – sich die Voraussetzungen für eine Vereinigung verschlechtert, dennoch hielt der Zentralausschuß am Ziel der Einheitspartei fest. Er konnte zwar verhindern, daß bereits zu den anstehenden Kommunalwahlen gemeinsame Kandidatenlisten erstellt wurden. Doch konzedierte er die von der KPD gewünschten weiteren Schritte zur Verschmelzung wie ein gemeinsames Wahlprogramm, die Gründung eines Verlages, einer gemeinsamen Zeitschrift und gemeinsame Schulungstätigkeit.

Während der Zentralausschuß in einer eigenen Stellungnahme zu dieser Konferenz darauf verwies, auf die endgültige Entscheidung für die Einheit durch einen Reichsparteitag nicht verzichtet zu haben, und glaubte, Zeit gewonnen zu haben, verstärkte sich noch weiter der Druck der SMAD. Gegner der Vereinigung wurden an politischer Betätigung gehindert, einige wurden sogar verfolgt. Sowjetische Ortskommandanten verlangten von einzelnen Ortsvereinen den sofortigen Zusammenschluß beider Parteien. Anfang Februar 1946 verlangte schließlich der Chef der sowjetischen Militäradministration Marschall Shukow ultimativ von Grotewohl bis Ende Februar eine Entscheidung.

Am 10./11. Februar beschloß schließlich der Zentralausschuß, dem Einheitsdruck nachzugeben, zumal bereits vier Landesverbände den Zusammenschluß vollzogen hatten. Eine zweite Sechziger-Konferenz am 26. 2. erarbeitete einen Programm- und Statutenentwurf, den KPD und SPD auf getrennten Parteitagen am 19. und 20. April verabschiedeten, ehe sie sich am 21. und 22. zum formellen Gründungsparteitag der SED zusammenfanden.

Ein Bild des wirklichen Kräfteverhältnisses in der SPD lieferte die von den drei westlichen Stadtkommandanten zugelassene Abstimmung unter den Westberliner Parteimitgliedern. 82% stimmten gegen eine sofortige Vereinigung und nur 12,4% sprachen sich dafür aus.

Zusammenfassend läßt sich sagen, daß es zwar in der SPD durchaus in der unmittelbaren Nachkriegszeit Bestrebungen zur Gründung einer einheitlichen Arbeiterpartei gab, daß aber der Zusammenschluß in dieser Form 1946 nicht ohne Druck der SMAD vorstellbar war. Dafür spricht auch das weitere Schicksal eines großen Teils der SPD-Mitglieder, die bis auf wenige entgegen der vereinbarten Parität in allen Gremien sehr schnell an Einfluß verloren.

Aus: Jürgen Faulenbach, Die befohlene Einheit, in: „Das Parlament" vom 25.4. 1981, S. 11

## 10. Grundsätze und Ziele der Sozialistischen Einheitspartei Deutschlands

(Auf dem „Vereinigungsparteitag" vom 21./22. April 1946 beschlossen.)

... Die Arbeiterklasse wird alle demokratischen und fortschrittlichen Kreise des Volkes einen. Sie ist die konsequenteste demokratische Kraft und der entschiedenste Kämpfer gegen den Imperialismus. Sie ist die Kraft, die unser nationales Unglück überwinden wird. Die Arbeiterklasse allein hat ein großes geschichtliches Ziel: den Sozialismus.

Ihr gehört daher im Bunde mit den Werktätigen die Zukunft. Die bitteren Erfahrungen der Vergangenheit lehren, daß die Arbeiterklasse nur dann die Führung im Aufbau der neuen, freien, unteilbaren deutschen Republik haben wird und zur Umgestaltung der gesamten politischen, wirtschaftlichen, kulturellen und geistigen Beziehungen, zum Aufbau des Sozialismus nur schreiten kann, wenn sie die Spaltung in ihren eigenen Reihen überwindet, die Sozialistische Einheitspartei schafft und das ganze werktätige Volk um sich sammelt.

Die Vereinigung der Sozialdemokratischen Partei Deutschlands und der Kommunistischen Partei Deutschlands ist daher das unaufschiebbare Gebot der Stunde! Von diesen Erwägungen ausgehend, wird die Sozialistische Einheitspartei Deutschlands auf dem Boden folgender Grundsätze und Ziele gebildet:

I. Gegenwartsforderungen

I. Bestrafung aller Kriegsschuldigen und Kriegsverbrecher. Beseitigung der Überreste des Hitlerregimes in Gesetzgebung und Verwaltung. Völlige Säuberung des gesamten öffentlichen Lebens, aller Ämter und Wirtschaftsleitungen von Faschisten und Reaktionären.

2. Beseitigung der kapitalistischen Monopole, Übergabe der Unternehmungen der Kriegsschuldigen, Faschisten und Kriegsinteressen in die Hände der Selbstverwaltungsorgane.

3. Vernichtung des reaktionären Militarismus, Entmachtung der Großgrundbesitzer und Durchführung der demokratischen Bodenreform.

4. Aufbau der Selbstverwaltung auf der Grundlage demokratisch durchgeführter Wahlen.
Leitung aller öffentlichen Einrichtungen und der Wirtschaft durch ehrliche Demokraten und bewährte Antifaschisten. Systematische Ausbildung befähigter Werktätiger als Beamte der Selbstverwaltungsorgane, als Lehrer, Volksrichter und Betriebsleiter unter besonderer Förderung der Frauen.

5. Überführung aller öffentlichen Betriebe, der Bodenschätze und Bergwerke, der Banken, Sparkassen und Versicherungsunternehmungen in die Hände der Gemeinden, Provinzen und Länder oder der gesamtdeutschen Regierung. Zusammenfassung der wirtschaftlichen Unternehmungen in Wirtschaftskammern unter gleichberechtigter Mitwirkung der Gewerkschaften und Genossenschaften. Stärkste Förderung des Genossenschaftswesens, Begrenzung der Unternehmergewinne und Schutz der Werktätigen vor kapitalistischer Ausbeutung.

6. Aufbau der Wirtschaft und Sicherung der Währung auf Grund von Wirtschaftsplänen. Planmäßige Förderung der Bedarfsgütererzeugung in Industrie und Handwerk unter Einschaltung der Privatinitiative. Stärkste Intensivierung und Förderung der Landwirtschaft. Wiederaufbau der zerstörten Städte und beschleunigte Wiederherstellung des Transports und der Sicherheit des Verkehrs. Schaffung der Grundlagen zur Wiedereingliederung Deutschlands in den internationalen Warenaustausch durch Ausfuhr von Bedarfsgütern und Einfuhr fehlender Rohstoffe und Lebensmittel, auch mit Hilfe internationaler Warenkredite. Neuaufbau des Kreditwesens durch öffentliche Kreditinstitute.
Arbeitsbeschaffung für alle Werktätigen. Sicherung des lebensnotwendigen Bedarfs der breiten Volksmassen an Nahrung, Kleidung und Heizung.

7. Demokratische Steuerreform. Vereinfachung des Steuerwesens durch straffe Zusammenfassung aller Steuerarten. Stärkere Berücksichtigung der sozialen Lage bei der Steuerbemessung. Die Reicheren sollen die größeren Kriegslasten tragen.

8. Sicherung der demokratischen Volksrechte. Freiheit der Meinungsäußerung in Wort, Bild und Schrift unter Wahrung der Sicherheit des demokratischen Staates gegenüber reaktionären Anschlä-

gen. Gesinnungs- und Religionsfreiheit. Gleichheit aller Bürger vor dem Gesetz ohne Unterschied von Rassen und Geschlecht. Gleichberechtigung der Frau im öffentlichen Leben und Beruf. Staatlicher Schutz der Person. Demokratische Rechts- und Justizreform.
9. Sicherung des Koalitions-, Streik- und Tarifrechtes. Anerkennung der Betriebsräte als gesetzmäßige Vertretung der Arbeiter und Angestellten im Betrieb. Gleichberechtigte Mitwirkung der Betriebsräte in allen Betriebs- und Produktionsfragen.
10. Achtstundentag als gesetzlicher Normalarbeitstag. Ausbau des gesetzlichen Arbeitsschutzes, besonders für Frauen und Jugendliche. Ausbau einer einheitlichen Sozialversicherung unter Einbeziehung aller Werktätigen. Neuordnung der Sozialfürsorge, des Mutter-, Kinder- und Jugendschutzgesetzes. Besondere Fürsorge für die Opfer des Faschismus, Betreuung der Umsiedler und Heimkehrer.
11. Demokratische Reform des gesamten Bildungs- und Erziehungswesens. Aufbau der Einheitsschule. Erziehung der Jugend im Geist einer fortschrittlichen Demokratie, der Freundschaft unter den Völkern und einer wahren Humanität. Jeder Deutsche hat das Anrecht auf Bildung nach seinen Anlagen und Fähigkeiten. Trennung der Kirche von Staat und Schule. Kulturelle Erneuerung Deutschlands; Förderung von Literatur, Kunst und Wissenschaft.
12. Herstellung der Einheit Deutschlands als antifaschistische, parlamentarisch-demokratische Republik, Bildung einer Zentralregierung durch die antifaschistisch-demokratischen Parteien.
13. Anerkennung der Pflicht der Wiedergutmachung der durch das Hitlerregime den anderen Völkern zugefügten Schäden. Sicherung eines durchschnittlichen europäischen Lebensstandards für das deutsche Volk im Sinne der Potsdamer Konferenz der drei Großmächte.
14. Schärfster Kampf gegen Rassenhetze und jedwede Hetze gegen andere Völker. Friedliches und gutnachbarliches Zusammenleben mit anderen Nationen.

II. Der Kampf um den Sozialismus

Mit der Verwirklichung der Gegenwartsforderungen ist jedoch das System der kapitalistischen Ausbeutung und Unterdrückung nicht beseitigt und die Anarchie der kapitalistischen Produktionsweise nicht aufgehoben, der Frieden nicht endgültig gesichert.

Das Ziel der Sozialistischen Einheitspartei Deutschlands ist die Befreiung von jeder Ausbeutung und Unterdrückung, von Wirtschaftskrisen, Armut, Arbeitslosigkeit und imperialistischer Kriegsdrohung. Dieses Ziel, die Lösung der nationalen und sozialen Lebensfragen unseres Volkes, kann nur durch den Sozialismus erreicht werden.

Die Sozialistische Einheitspartei Deutschlands kämpft für die Verwandlung des kapitalistischen Eigentums an den Produktionsmitteln in gesellschaftliches Eigentum, für die Verwandlung der kapitalistischen Warenproduktion in eine sozialistische, für und durch die Gesellschaft betriebene Produktion. In der bürgerlichen Gesellschaft ist die Arbeiterklasse die ausgebeutete und unterdrückte Klasse. Sie kann sich von Ausbeutung und Unterdrückung nur befreien, indem sie zugleich die ganze Gesellschaft für immer von Ausbeutung und Unterdrückung befreit und die sozialistische Gesellschaft errichtet. Der Sozialismus sichert allen Nationen, allen Menschen die freie Ausübung ihrer Rechte und die Entfaltung ihrer Fähigkeiten. Erst mit dem Sozialismus tritt die Menschheit in das Reich der Freiheit und des allgemeinen Wohlergehens ein.

Die grundlegende Voraussetzung zur Errichtung der sozialistischen Gesellschaftsordnung ist die Eroberung der politischen Macht durch die Arbeiterklasse. Dabei verbündet sie sich mit den übrigen Werktätigen. Die Sozialistische Einheitspartei Deutschlands kämpft um diesen neuen Staat auf dem Boden der demokratischen Republik ...

Die Sozialistische Einheitspartei Deutschlands erstrebt den demokratischen Weg zum Sozialismus; sie wird aber zu revolutionären Mitteln greifen, wenn die kapitalistische Klasse den Boden der Demokratie verläßt.

III. Das Wesen der Sozialistischen Einheitspartei Deutschlands

... Diese Kampforganisation beruht auf dem demokratischen Beschlußrecht ihrer Mitglieder, der

demokratischen Wahl aller Parteileitungen und der Bindung aller Mitglieder, Abgeordneten, Beauftragten und Leitungen der Partei an die demokratisch gefaßten Beschlüsse.
Die Interessen der Werktätigen sind in allen Ländern mit kapitalistischer Produktionsweise gleich. Die Sozialistische Einheitspartei Deutschlands erklärt sich daher eins mit den klassenbewußten Arbeitern aller Länder. Sie fühlt sich solidarisch mit den friedliebenden und demokratischen Völkern der ganzen Welt.
Die Sozialistische Einheitspartei Deutschlands kämpft als unabhängige Partei in ihrem Lande für die wahren nationalen Interessen ihres Volkes. Als deutsche sozialistische Partei ist sie die fortschrittlichste und beste nationale Kraft, die mit aller Energie gegen alle partikularistischen Tendenzen für die wirtschaftliche, kulturelle und politische Einheit Deutschlands eintritt ...

Zit. nach: Geschichte in Quellen. Die Welt seit 1945, a.a.O., S. 288 ff.

## 11. Säuberung der SED (Beschluß des ZK vom 29. 7. 1948)

„Ausmerzung von schädlichen und feindlichen Elementen"
1. Mitglieder, die sich nicht an den Parteiveranstaltungen und an der Parteiarbeit beteiligen, sind von besonders dazu bestimmten Parteifunktionären aufzusuchen. Gegen Mitglieder, die sich trotz einer solchen kameradschaftlichen Aussprache beharrlich weigern, am Parteileben teilzunehmen, sei es aus Interesselosigkeit gegenüber der Partei oder aus parteifeindlicher Einstellung, ist in der Parteileitung Stellung zu nehmen und ihre Entfernung aus der Partei entsprechend den Bedingungen des Statuts einzuleiten.
2. Ein beschleunigtes Ausschlußverfahren ist gegen folgende Kategorien von Mitgliedern durchzuführen:
Mitglieder, die eine parteifeindliche Einstellung vertreten;
Mitglieder, die eine sowjetfeindliche Haltung bekunden;
Mitglieder, die an Korruptionsaffären, Schiebereien, kriminellen Verbrechen direkt oder indirekt beteiligt sind;
Mitglieder, die über ihre politische Vergangenheit in der Nazizeit wahrheitswidrige Angaben gemacht haben;
Mitglieder, bei denen begründeter Verdacht besteht, daß sie im Interesse parteifeindlicher Kräfte (Agenten des Ostsekretariats der SPD) oder als Spione und Saboteure fremder Dienste in der Partei wirken.
Zur beschleunigten Durchführung des Ausschlußverfahrens gegen diese Kategorie von Schädlingen und Parteifeinden können in den Parteileitungen besondere Untersuchungskommissionen eingesetzt werden. Die individuelle Behandlung jedes Falles ist entsprechend den Bestimmungen des Statuts innezuhalten ...

Zit. nach: Hermann Weber, Von der SBZ zur DDR 1945–1968, Hannover 1968, S. 275 f.

## 12. Entschließung des Parteivorstandes der KPD in den Westzonen vom 6./7. 10. 1948

... Es gibt Zweifel, daß die Außenpolitik der Sowjetunion eine Politik im Interesse der internationalen und somit auch der deutschen Arbeiterbewegung ist, es gibt Zweifel an der führenden Rolle der KPdSU in der internationalen Arbeiterbewegung und der führenden Rolle der Sowjetunion im antiimperialistischen Lager. Die Theorie vom ‚besonderen deutschen Weg zum Sozialismus' hat diese falsche Auffassung und das Zurückweichen vor der Hetze des Gegners gegen die Sowjetunion gefördert. Diese Theorie wurde benutzt zur Begründung einer Distanzierung von der Politik der Sowjetunion und zum Abweichen von der Erkenntnis, daß es *nur einen Weg zum Sozialismus gibt, nämlich den des Marxismus-Leninismus,* der von der KPdSU beschritten wurde ...
*Es gibt keinen ‚friedlichen Weg' zum Sozialismus*
Die Theorie vom ‚relativ friedlichen Weg zum Sozialismus' führte zu einer falschen Einschätzung

des Charakters des Staatsapparates in Westdeutschland. Sie ist darum besonders gefährlich, weil durch sie alte sozialdemokratische Theorien und Illusionen über das ‚friedliche Hineinwachsen in den Sozialismus' neu belebt werden ...
Die demokratische Ordnung in Westdeutschland kann daher nur durch den revolutionären Massenkampf errungen werden. Die Richtigkeit dieser Feststellung wird dadurch noch unterstrichen, daß im Westen Deutschlands die sozialen Spannungen wachsen und eine Zeit großer sozialer Kämpfe beginnt. Die Entwicklung in Westdeutschland steht somit im Zeichen eines verschärften Klassenkampfes.
Die Theorie von dem ‚besonderen deutschen, relativ friedlichen Weg zum Sozialismus' ist darum falsch und bedeutet nicht nur ein Abgleiten in den Nationalismus, sondern auch eine Verkennung unserer Aufgaben in Westdeutschland, ein Verlassen des Bodens des Klassenkampfes und eine Abkehr von der marxistisch-leninistischen Staatstheorie ...

Aus: KPD 1945–1965. Abriß – Dokumente – Zeittafel, Berlin 1966, S. 38 f.

## 13. Leitsätze der Christlich-Demokratischen Partei im Rheinland und in Westfalen

(Zweite Fassung der Kölner Leitsätze vom 2.9. 1945)

Gott ist der Herr der Geschichte und Völker, Christus die Kraft und das Gesetz unseres Lebens. Die deutsche Politik unter der Herrschaft des Nationalsozialismus hat diese Wahrheit geleugnet und mißachtet.
Das deutsche Volk ist deshalb in die Katastrophe getrieben worden. Rettung und Aufstieg hängen ab von der Wirksamkeit der christlichen Lebenskräfte im Volke.
Deshalb bekennen wir uns zum demokratischen Staat, der christlich, deutsch und sozial ist.
Unsere politische Arbeit wird daher von folgenden Grundsätzen bestimmt sein:

1. Die Würde des Menschen wird anerkannt. Der Mensch wird gewertet als selbstverantwortliche Person, nicht als bloßer Teil der Gemeinschaft.
2. Die Gerechtigkeit ist als Fundament des Staates. Der Rechtsstaat wird wiederhergestellt. Die Gerichtsbarkeit ist unabhängig und frei. Ihre einzige Richtschnur ist das Gesetz, vor dem alle gleich sind.
3. Jeder Deutsche hat das Recht, seine Meinung in Wort und Schrift im Rahmen der bestehenden Gesetze frei zu äußern. Die Vereins- und Versammlungsfreiheit wird gewährleistet.
4. Alle religiösen Bekenntnisse sind frei in ihrer öffentlichen Betätigung.
5. Die christlichen Kirchen sind Körperschaften des öffentlichen Rechts. Sie genießen den Schutz des Staates.
6. Die Familie ist die Grundlage der sozialen Lebensordnung. Von Natur aus hat sie ihre eigenen Rechte, die unter dem besonderen Schutz des Staates stehen.
7. Die der Frau wesenseigenen Kräfte werden in Familie, Beruf und öffentlichem Leben berücksichtigt.
8. Die Jugend ist zur Mitarbeit aufgerufen. Ihrem Schutz und ihrer Bildung gilt unsere besondere Aufmerksamkeit.
9. Das natürliche Recht der Eltern auf die Erziehung ihrer Kinder bildet die Grundlage für die weltanschauliche Gestaltung des Schulwesens. Der Aufbau der Schule erfolgt im Einvernehmen mit den Kirchen. Der bekenntnismäßige Religionsunterricht ist in allen Schulen ordentliches Lehrfach. Das Recht auf Privatschulen wird anerkannt.
10. Das kulturelle Schaffen ist frei von staatlichem Zwang. Seine Grundlage ist die deutsche, christliche und abendländische Überlieferung. Die Teilnahme an den kulturellen Gütern ist dem gesamten Volke zu sichern. Schmutz und Schund sind auf allen Gebieten des kulturellen Lebens zu bekämpfen.
11. Die politische Lebensform des deutschen Volkes ist das Reich als Bundesstaat. Die deutsche Einheit ist für uns ein unabänderlicher Grundsatz, sie zu wahren unsere höchste Pflicht.

12. Ziel unseres politischen Willens ist der soziale Volksstaat als Bürge eines beständigen inneren und äußeren Friedens. Alle Formen des öffentlichen Gemeinschaftslebens kommen aus der Demokratie. Jeder Totalitäts- und Diktaturanspruch wird verworfen. Mißbrauch der Demokratie und ihrer Einrichtungen wird mit allen Machtmitteln des Staates bekämpft.
13. Die Volksvertreter sind auf Grund des allgemeinen, gleichen, geheimen und direkten Wahlrechts zu wählen. Sie haben dem Wohle des gesamten Volkes zu dienen.
14. Das öffentliche Leben und die gesamte Wirtschaft sind von unzulässigen Elementen zu säubern. Ein zuverlässiges und staatstreues Berufsbeamtentum wird wiederhergestellt.
15. Die überlieferte dt. Selbstverwaltung der Gemeinde und Gemeindeverbände wird wiederhergestellt. In der gesamten Verwaltung sind Sauberkeit, Einfachheit und Sparsamkeit durchzusetzen.
16. Das Ziel der Wirtschaft ist die Bedarfsdeckung des Volkes. Grundlage der Wirtschaftstätigkeit ist die soziale Gleichberechtigung aller Schaffenden in Betrieben und öffentlich-rechtlichen Wirtschaftsvertretungen. Die Vorherrschaft des Großkapitals, der privaten Monopole und Konzerne wird beseitigt. Privatinitiative und Einzelverantwortlichkeit werden geweckt. Mittel- und Kleinbetriebe werden gefördert und vermehrt.
17. Das Recht auf Eigentum wird gewährleistet. Die Eigentumsverhältnisse werden nach dem Grundsatz der sozialen Gerechtigkeit und den Erfordernissen des Gemeinwohls geordnet. Durch gerechten Güterausgleich und durch soziale Lohngestaltung solles dem Nichtbesitzenden ermöglicht werden, zu Eigentum zu kommen. Das Gemeineigentum ist soweit zu erweitern, wie das Allgemeinwohl es erfordert. Post und Eisenbahn, Kohlenbergbau und Energieerzeugung sind grundsätzlich Angelegenheiten des öffentlichen Dienstes. Das Bank- und Versicherungswesen unterliegt der staatlichen Kontrolle.
18. Ein freies und gleichberechtigtes Arbeitertum ist unerläßlich. Die menschliche Arbeit wird gewertet als sittliche Leistung, nicht als Ware. Im Zuge einer großangelegten Arbeitsbeschaffung ist die Beteiligung aller Arbeitswilligen am Aufbau der deutschen Wirtschaft zu ermöglichen. Die Lohn- und Arbeitsbedingungen werden tariflich geregelt. Der erwachsene arbeitende Mensch hat Anspruch auf einen Lohn, der ihm die Gründung und Erhaltung einer Familie ermöglicht. Die Leistungen der Sozialversicherung sollen grundsätzlich erhalten bleiben. Der Aufbau der Gewerkschaften und der sonstigen Berufsvertretungen ist zu sichern, das Betriebsräterecht der Arbeitnehmer zu gewährleisten.
19. Ein kräftiger Bauernstand ist das Fundament eines gesunden Volkslebens. Durch planmäßige Pflege aller Zweige der Landwirtschaft ist die Erzeugung zu heben und die Ernährung unseres Volkes zu sichern. Durch großzügige Innensiedlung ist die Zahl der selbständigen Bauernhöfe und landwirtschaftlichen Kleinbetriebe zu vermehren. Das bäuerliche Genossenschaftswesen ist zu pflegen. Eine Verbesserung der Lage der Landarbeiter soll die Landflucht verhindern und die Rückwanderung aufs Land fördern.
20. Das Handwerk ist ein selbständiger und gleichberechtigter Berufsstand neben der Industrie, Landwirtschaft und Handel. Das handwerkliche Genossenschaftswesen wird gefördert. Die handwerkliche Selbstverwaltung bleibt erhalten.
21. Die nach dem Zusammenbruch des nationalsozialistischen Regimes in besonderem Ausmaß wachsenden Lasten sind nach sozialen Gesichtspunkten gerecht zu verteilen. Die Kriegsschäden sind als gemeinsame Last auf das ganze Volk umzulegen. Entschädigungen dürfen nur nach Maßgabe des Vermögens und Einkommens geleistet werden. Die für den Krieg und seine Verlängerung Verantwortlichen sind von der Entschädigung auszuschließen und zur Wiedergutmachung in besonderem Maße heranzuziehen. Die ungerechtfertigten Gewinne der nationalsozialistischen Konjunkturzeit und die Kriegsgewinne sind durch besondere Steuern zu erfassen.
22. Die zerstörten Städte und Dörfer werden wieder aufgebaut. Der vorhandene Wohnraum wird bewirtschaftet. Durch ein großzügiges Bauprogramm wird neuer Wohnraum geschaffen. Die Großstädte werden durch Anlage gesunder Außensiedlungen aufgelockert. Das Eigenheim wird gefördert. Unzulängliche Behelfsheime sind zu vermeiden. Der Wohnungsmangel erfordert eine gerechte Raumverteilung.

23. Die furchtbaren materiellen und seelischen Schäden in unserem Volkskörper können nur durch eine geordnete und umfassende öffentliche und private Wohlfahrtspflege behoben werden. Die Opfer des nationalsozialistischen Regimes und des Krieges bedürfen der besonderen Fürsorge.
24. Grundlage der künftigen deutschen Außenpolitik ist die Sicherung des eigenen, die Achtung des fremden Volkstums und die treue Innehaltung der Verträge. Es muß Gemeingut des ganzen Volkes werden, daß die Politik der Gewalt des Krieges nicht nur ein Verbrechen an der Menschheit ist, sondern auch eine Versündigung am eigenen Vaterland. Deutschland muß mitwirken an der Erfüllung der Völkersehnsucht nach einem dauernden Frieden.

Zit. nach: Ossip K. Flechtheim (Hg.), Dokumente zur parteipolitischen Entwicklung in Deutschland seit 1945, Bd. II, a. a. O., S. 34 ff.

## 14. Programmatische Richtlinien der Freien Demokratischen Partei der britischen Zone vom 4. 2. 1946

1. Inmitten des Unglücks, das der imperialistische Zwangsstaat herbeigeführt hat, darf das deutsche Volk nicht den Glauben an sich selbst verlieren. In der festen Zuversicht, daß der demokratische Gedanke, wie überall auf Erden, so auch im Herzen Europas, die Zukunft der Nationen bestimmen wird, wirkt die freie demokratische Partei für die Wiedererstehung eines deutschen Reiches.
Das neue Reich soll in organischer Neugliederung als Ganzes einen Staat bilden. Dieser Staat soll auf breitester Grundlage von unten nach oben aufgebaut werden, in freier Selbstverwaltung sollen unten die Gemeinden, darüber die Kreise, im größeren Bereich die Länder ihre eigenen Angelegenheiten selbständig regeln. Die Grenzen dieser Selbständigkeit bestimmt das Reich. Das Reich allein führt und bestimmt die Politik.
2. Das neue Reich des deutschen Volkes soll sobald wie möglich in die werdende Organisation der Menschheit eingegliedert werden. Die Vereinigten Staaten von Europa sollen für die Vereinigten Staaten der Erde die festeste Stütze sein.
3. Im Innern soll das Reich als Staat des deutschen Volkes ein wahrer Volksstaat sein, der sich jeglicher Diktatur widersetzt und keine Reste des alten Obrigkeitsstaates mehr duldet. Völlige Rechtssicherheit soll die Freiheit des Staatsbürgers schützen. Es soll nur ein Recht in Deutschland geben, ein gleiches Recht für alle, ohne Ansehen der Person, des Standes, der Konfession, der Rasse und des Geschlechts.
Diese Gleichheit des Rechts soll selbstverständlich auch für die Wahlen zu den Volksvertretungen gelten in Gemeinde, Kreis, Land und Reich. Dabei muß das Wahlverfahren so sein, daß der Wähler seinen Kandidaten direkt wählt. Anstelle der zersplitternden Verhältnis- und Listenwahl soll die persönliche Wahl durch Mehrheitsentscheidung klare und feste Mehrheitsverhältnisse in der Volksvertretung schaffen und damit eine starke politische Staatsführung sichern.
4. Zu den Rechten des freien Staatsbürgers gehört nicht zuletzt das Recht auf eine wirksame und folgerichtige Sozialpolitik, die bei gerechtem sozialem Ausgleich das Menschenrecht auf Arbeit und Schutz der Alten, Schwachen und Kranken sichert und insbesondere auch für die Kriegshinterbliebenen und Kriegsversehrten in würdiger und ausreichender Weise sorgt. Die Gewerkschaften sollen zu verantwortlichen Organisationen des Staates ausgebaut werden, die den Schutz der Arbeit gewährleisten. Ziel solcher Sozialpolitik ist die Verhinderung materieller Not, die Erhaltung der Menschenwürde und der persönlichen Freiheit und die Sicherung des sozialen Friedens.
5. Wie der Staat nicht Selbstzweck ist, sondern dem Volke dient, so auch die Wirtschaft. Erstes Ziel der Wirtschaftspolitik ist deshalb entsprechend dem Bedürfnis der breiten Massen die Steigerung der Erzeugung auf allen Gebieten zur Befriedigung des Lebensbedarfs der vermehrten Bevölkerung im verengten Raum. Das Ziel kann nur erreicht werden durch Wiedereinschaltung der freien Initiative unter Abbau der Wirtschaftsbürokratie. Die zur Überwindung von Notständen unentbehrliche Planung und Lenkung darf deshalb nicht bürokratisch sein, sondern muß in demokratischer Selbstverwaltung der Wirtschaft durch deren Organe unter kontrollierender Mitwirkung des Staates erfolgen. Die Planwirtschaft darf nicht Selbstzweck werden, damit nicht schließlich alles

Leben und alle freie Leistung im staatlichen Zwang erstickt. Persönliche Initiative und freier Wettbewerb steigern die wirtschaftliche Leistung, und persönliches Eigentum ist eine wesentliche Grundlage gesunder Wirtschaft. Andererseits darf jedoch die Freiheit der Wirtschaft nicht sozial mißbraucht werden und nicht zur Übermacht von Überstarken führen. Das Recht und die Möglichkeiten der Kleinen, sich neben den Großen zu behaupten, muß ebenso gesichert sein wie das Recht derer, die ihr Leben nicht in Selbständigkeit, sondern als Mitarbeiter in großen und kleinen Betrieben verbringen. Es ist Aufgabe und Pflicht der Wirtschaft, die Bedürfnisse der Masse zu dekken. Um das zu können, muß die Wirtschaft unter internationaler Arbeitsteilung in die Weltwirtschaft eingegliedert werden.
6. Was von der Wirtschaft im allgemeinen, gilt von der Landwirtschaft im besonderen: Die erste Aufgabe der Agrarpolitik ist die Steigerung der landwirtschaftlichen Erzeugung. Wo und wenn das Besitzrecht die Leistungssteigerung nicht fördert, sondern hemmt, ist es Aufgabe einer mit weisem Bedacht vorgehenden Politik, dafür zu sorgen, daß das Recht auch die Pflicht zur Nutzung des Bodens in sich schließt, um so die größtmögliche Erzeugung zu gewährleisten. Nur solche Politik, nicht willkürliche Zerschlagung und Enteignung, bedeutet eine wahre Bodenreform. Die bewährte Tüchtigkeit des deutschen Bauern, der mit dem Boden verwachsen ist, verbürgt am sichersten die rechte Nutzung. Darum ist die Erhaltung und Förderung des freien Bauernstandes die Grundlage demokratischer Agrarpolitik.
7. Ein demokratischer Volksstaat ist nur lebensfähig bei einem hohen Stand geistiger und moralischer Bildes des Volkes. Die Wiedergewinnung des hohen Bildungsstandes, der das Erbe unserer stolzen, durch den Nationalsozialismus zerstörten deutschen Vergangenheit war, ist die Aufgabe der Schule auf allen ihren Stufen, von der Volksschule bis zur Berufsschule und Universität. Wie die Freiheit der Forschung und Freiheit der Lehre die Vorbedingung aller wissenschaftlichen Leistungen ist, so kann auch die Volksbildung nur auf dem Boden der Freiheit und Wahrhaftigkeit gedeihen. Nur so wird eine freie Jugend den Weg finden zur alten Höhe der deutschen Kultur und darüber hinaus.
Voraussetzung dafür ist gegenseitiges Wohlwollen und Duldsamkeit. Bei der konfessionellen Zerklüftung unseres Volkes können die Schulen des Staates nicht einer Konfession dienen. Wir fordern daher die Gemeinschaftsschule, in der die von ihrer Kirche anerkannten Lehrkräfte konfessionellen Religionsunterricht erteilen. Die Schule soll in der Jugend die Achtung für die religiösen Bekenntnisse der Kirchen und aller gläubigen Menschen pflegen. Schule und Kirche müssen zusammenarbeiten mit dem Elternhaus, um das Verständnis der heranwachsenden Generationen für den Glauben der Väter und die Grundlagen unserer ganzen abendländischen Kultur wieder lebendig zu machen.
8. In dem Bewußtsein, daß das höchste Glück der Erdenkinder die Persönlichkeit ist, soll der neue demokratische Staat des deutschen Volkes als ein freier Staat die freie Entfaltung der Persönlichkeit auf allen Gebieten fördern. Nach der Vernichtung der Freiheit durch die Staatsgewalt eines nationalistischen und sozialistischen Staates ist jetzt für lange Zeit die Sicherung der Freiheit in Politik, Wirtschaft und Kultur die vordringlichste Aufgabe der Demokratie: Versammlungs- und Vereinigungsfreiheit, Freiheit des Gedankens und der Rede, der Schrift und der Presse, der Forschung und der Lehre, des Glaubens und des Bekennens! Jeder Totalitätsanspruch nationalistischer, klerikaler oder sozialistischer Färbung ist ein Feind der Demokratie. Der Volksstaat, den wir erstreben, erträgt weder den Klassenstaat, noch den Obrigkeitsstaat. Der marxistische Sozialismus führt wie der nationalistische Sozialismus gleichermaßen zu einem totalitären Staat. Statt der Verstaatlichung des Menschen erstrebt die freie Demokratie die Vermenschlichung des Staates. Frei sei der Mensch im freien Staat und frei der deutsche Volksstaat im freien Bund der Völker und Staaten der Erde!

Zit. nach: Peter Juling, Programmatische Entwicklung der FDP 1946 bis 1969 – Einführung und Dokumente, Meisenheim 1977, S. 70ff.

## 15. Jakob Kaiser zum Problem des christlichen Sozialismus

... Sozialismus bedeutet nichts anderes, als daß im Willen zum Neubau der Volksordnung die sozialen Erfordernisse die erste Stelle einnehmen. Nur so ist der Neubau möglich. Vor der würgenden Not unseres Volkes erscheint jeder Rückgriff auf das Gestern überlebt. Erkennen wir, was nötig ist: Der Sozialismus hat das Wort ...

Unser Sozialismus ist wesensverschieden vom Marxismus. Das christliche Sozialgesetz kann uns sozialistische Wege führen, da es an eine bestimmte Gesellschafts- und Wirtschaftsordnung nicht gebunden ist. Aber im christlichen Sozialgesetz und im Marxismus begegnen sich zwei Weltanschauungen, die einander ausschließen. Wir lehnen die materialistische Weltauffassung, die dem Marixismus zugrunde liegt, ab. Wir lehnen es ab, den Menschen im Grunde als das Ergebnis der wirtschaftlichen Umwelt zu sehen. Freiheit und Eigengesetzlichkeit der menschlichen Persönlichkeit sind uns unantastbare Lebensgesetze. Wir lehnen die Wirtschaft als beherrschende Macht im Leben ab, und wir verneinen die Diktatur einer Klasse und den revolutionären Weg des Klassenkampfes, der zu diesen Zielen führen soll.

Wenn wir uns zum Sozialismus, zum beherrschenden Faktor des Sozialen bekennen, so in dem Sinne, daß wir aus unserem Volk eine organische Gemeinschaft von freien, unabhängigen Persönlichkeiten machen wollen, Persönlichkeiten, die frei von Not, Armut und Elend in der Harmonie einer glücklich und sinnvoll gegliederten Gemeinschaft zu leben in der Lage sind. Nur auf dieser Grundlage scheint uns auch die Verwirklichung einer wahren Demokratie möglich.

Die Wesensverschiedenheit der Weltanschauungen hindert uns nicht, mit den Männern des Marxismus in gemeinsamer Front zur Wiederaufrichtung unseres Vaterlandes zu arbeiten. Wir üben diese Zusammenarbeit in aller Loyalität. Wir haben das bisher getan und werden es auch weiter tun. Daß es dabei immer in restloser Harmonie zugeht, wird keiner annehmen, der vom politischen Leben eine Ahnung hat. Das Wesentliche ist aber, daß uns die aufrichtige Sorge für unser Volk und der Wille, ihm zu helfen, verbindet. Dabei darf man uns natürlich keine Dinge zumuten, die sich mit unserem christlich-sozialistischen und unserem politischen Gewissen nicht vereinbaren lassen ...

Für einen Frevel aber sehe ich es an, wenn da und dort von der Möglichkeit eines Krieges zwischen Ost und West geredet wird. Meine Freunde, dieser Krieg würde Deutschland – das ganze Deutschland – zermalmen. Deshalb laßt uns dem Frieden dienen, dem Frieden und dem friedlichen Ausgleich zwischen Ost und West, an den wir glauben müssen, um ihm dienen zu können, und dem wir dienen müssen, um Deutschland zu retten. Ich stehe zu meiner Erkenntnis der Aufgabe von Berlin, von Deutschland: Wir haben Brücke zu sein zwischen Ost und West um Deutschlands, um Europas willen ...

Aus: Rede auf der Berliner Tagung der CDU vom 17.6.1946; zit. bei: Ernst-Ulrich Huster u.a., Determinanten der westdeutschen Restauration 1945–1949, Frankfurt/M. 7. Aufl. 1980, S. 417ff.

## 16. Entschließung der Berliner CDU-Tagung vom 15. bis 17.6.1946

Was heißt: Sozialismus aus christlicher Verantwortung? – Ziel jeder Gesellschaftsordnung muß es sein, eine Gemeinschaft von freien Menschen zu schaffen. Jeder hat das Recht auf Entfaltung seiner persönlichen Anlagen nach eigener Verantwortung. Kein Mensch darf als willen- und rechtloses Werkzeug mißbraucht werden, weder für eine Sache noch für einen anderen Menschen, auch nicht für eine Gemeinschaft.

Die Entfaltung zur freien Person ist heute besonders bedroht durch wirtschaftliche Abhängigkeit und durch den Druck der Vermassung. Um diesen beiden Gefahren zu begegnen, setzen wir uns ein für einen Sozialismus aus christlicher Verantwortung. Wir fordern eine Wirtschaftsordnung, in der die allgemeine Richtung der Produktion und die Grundzüge der Versorgung von der öffentlichen Hand entschieden werden, in der wirtschaftliche Vormachtstellungen von der Allgemeinheit überwacht und, wenn nötig, besetzt werden. Im einzelnen Menschen aber sollen die Kräfte freier

und selbständiger wirtschaftlicher Arbeit sich entfalten können, wobei aber die Beziehungen von Mensch zu Mensch und die sachgemäße Verfügung über die Dinge nach den Grundsätzen des Christenstums geregelt sind.
Die öffentliche Wirtschaftslenkung hat als wichtigste Aufgaben: dauerhafte, billige und gleichmäßige Versorgung des ganzen Volkes mit den vordringlichen Massengütern der Ernährung und Bekleidung und des Hausrats, die Beschaffung gesunder Wohnungen und die Vollbeschäftigung aller Arbeitsfähigen sowie vor allem auch die pflegliche Nutzung des Landes, der Bodenschätze und anderer Rohstoffe.
Die Sozialisierung, das heißt die Überführung des Eigentums an Produktionsmitteln in die öffentliche Hand, ist nur ein Mittel, neben anderen, zur sozialistischen Wirtschaftsordnung zu kommen. Ihre allgemeine Durchführung – wie der marxistische Sozialismus sie betreibt – lehnen wir ab. Auch wo sie am Platz ist, wie sicher bei Bergwerken und Versorgungsbetrieben, müssen neben der Verstaatlichung beweglichere Formen des öffentlichen Eigentums gefunden werden. Einen Staatskapitalismus mit seiner schwerfälligen Bürokratie lehnen wir ab.
Mit dem Bekenntnis zum Sozialismus bejahen wir den Kampf, den die Arbeiterbewegung um die Anerkennung der Menschenwürde und der Vollbürgerschaft des Arbeiters geführt hat . . .
Wir lehnen die revolutionären Wege des Klassenkampfes und der Diktatur als Mittel zum Sozialismus ab. Wir sind überzeugt, daß es zwischen den Schichten des Volkes genausowenig unüberbrückbare Gegensätze gibt wie zwischen den Völkern. Unser Ziel kann erreicht werden auf dem Wege friedlichen Ausgleichs und freier Entfaltung nach den Grundsätzen eines demokratischen Rechtsstaates und unter dem sittlichen Gesetz des Christentums.

Zit. nach: Hermann Weber, Von der SBZ zur DDR, a.a.O., S. 268 f.

## 17. Adenauer an den Münchener Oberbürgermeister Karl Scharnagl (Brief vom 21.8.1945)

. . .
Nach langen und eingehenden Verhandlungen und Aussprachen ist man an mehreren Orten, so am 19.8.45 in Köln zur Gründung einer neuen Partei, der Christlichen-Demokratischen Partei, geschritten. Für Rheinland und Westfalen wird die Gründung am 2.9.45 in Köln bzw. Wattenscheid stattfinden. Mit ganz überwiegender Mehrheit ist allenthalben beschlossen worden, den Namen Zentrum und seine Organisation zugunsten der neuen Partei aufzugeben.
Die grundlegenden Prinzipien der neuen Partei sind folgende:
1. Führung des Staates auf christlicher Grundlage, d.h. nach den Prinzipien, wie sie sich auf der Grundlage des Christentums in einer jahrhundertelangen Entwicklung in Europa herausgebildet haben.
2. Demokratie.
3. Betont fortschrittliche soziale Reform und soziale Arbeit, nicht Sozialismus.
Von protestantischer Seite ist der Plan der Gründung dieser Partei von Anfang an begrüßt und gefördert worden. Das gilt gleichermaßen von demjenigen Teile der Protestanten, der kirchenfrei gerichtet ist, wie von den Angehörigen und Führern der Bekenntniskirche.
Die Kölnischen Protestanten unter Führung des Herrn Superintendenten Encke werden heute Fühlung mit führenden evangelischen Kreisen Süddeutschlands, insbesondere mit Herrn Bischof Dr. Wurm, aufnehmen, um dort auch diese Kreise für die neue Partei zu gewinnen. Sie zweifeln nicht, daß sie hiermit Erfolg haben werden.
Ich traf vor einiger Zeit den Vorsitzenden des Caritas-Verbandes, Prälat Kreutz, Freiburg, der ebenfalls diese Entwicklung sehr begrüßte und meinte, daß sie in Baden, mit dem übrigens schwer Fühlung zu nehmen ist, ebenfalls durchaus begrüßt werden würde. Nun komme ich heute zu Ihnen und den anderen Herren in Bayern mit der Bitte, sich dieser Entwicklung anschließen zu wollen.

Ich halte sie im Interesse Deutschlands für absolut notwendig. Sie werden dort, wie hier, die Erfahrung gemacht haben, daß die Kommunistische Partei, begünstigt durch die allgemeine sehr schlechte Lage, mit ihrer skrupellosen Agitation großen Erfolg hat. Die sozialdemokratische Partei hat zwar noch an einzelnen Stellen führende Leute von früher, die gern die Sozialdemokratie auf ihrer alten Bahn, d.h. getrennt von den Kommunisten, halten möchten. Es scheint aber nicht, als ob das auf die Dauer möglich sein würde. So haben z.B. sowohl in Köln wie in Düsseldorf Sozialdemokraten und Kommunisten eine politische Arbeitsgemeinschaft geschlossen. Dieser parteipolitischen Entwicklung gegenüber würde eine solche christlich-demokratische Partei eine sehr große Bedeutung und einen sehr großen Einfluß haben.
Ich und sehr viele mit mir würden es sehr bedauern, wenn gegenüber einer so starken Verbindung, wie die Sozial-Demokraten und Kommunisten darstellen, die Vertreter der christlichen Grundsätze sich in deren Parteien zersplittern und somit ihre Bedeutung und ihren Einfluß selbst mindern würden.
Allein eine Zusammenfassung in einer solchen Partei würde gegenüber achristlichen Parteien die Vertreterin des christlichen Prinzips sein, und ich glaube, daß unser Volk nur dann wieder gesunden kann, wenn in ihm das christliche Prinzip wieder herrschen wird. Ich glaube weiter, daß lediglich dadurch ein starker Widerstand gegen die Staatsform und Ideenwelt des Ostens – Rußland – und ein gedankenmäßiger und kultureller und damit auch ein außenpolitischer Anschluß an West-Europa gesichert werden kann.
Was das Programm der Christlichen-Demokratischen Partei angeht, so war man sich darüber einig, daß es unmöglich sei in einer derartig fluktuierenden Zeit wie der gegenwärtigen, ein ins Einzelne gehendes Parteiprogramm aufzustellen. Man läuft sonst Gefahr, daß schon in wenigen Monaten jetzt genau festgelegte Sätze und Forderungen über Bord geworfen werden müßten. Man will deshalb sich bei der Formulierung des Programms darauf beschränken, in der Hauptsache die tragenden Grundgedanken, wie ich sie oben spezifiziert habe, festzulegen. Man glaubt weiter, daß eine außerordentlich große Anziehungskraft die Namen der Unterzeichner eines demnächst zu erlassenden Aufrufs haben würden. Man will deshalb möglichst gute und bekannte Persönlichkeiten aus dem ganzen, nicht von Rußland besetzten Teile Deutschlands zu gewinnen suchen. Wir glauben, im Laufe der Entwicklung auch rechtsgerichtete Teile der heutigen Sozialdemokratie. Gegenüber Strömungen, die die frühere Bayerische Volkspartei beibehalten wollen, kann man m.E. mit Recht sagen, daß jede Zersplitterung der Anhänger des christlichen Gedankens seine empfindliche Schwächung bedeuten würde. Falls aus den Verhältnissen Bayerns heraus eine dort entstehende Bayerische Landesgruppe für sich einige mit dem übrigen Inhalt des noch genauer festzustellenden Parteiprogramms nicht in Widerspruch stehende besondere Punkte wünscht, so würde dem m.E. nichts entgegenstehen. Man muß natürlich immer darauf bedacht sein, daß die Einheit der Partei und die Geschlossenheit ihrer Führung nicht darunter leiden darf.
Ich bitte Sie und die anderen Herren, immer wieder bei Ihren Überlegungen sich zu vergegenwärtigen, daß allein diese geplante Zusammenfassung aller auf christlicher und demokratischer Grundlage stehenden Kräfte uns vor aus dem Osten drohenden Gefahren schützen kann.
Es wird Sie interessieren zu hören, daß diejenigen Bischöfe, die unlängst in Werl in Westfalen versammelt waren, sich auch dafür ausgesprochen haben, Namen und Organisation des Zentrums zugunsten einer neu zu gründenden Partei fallenzulassen. Ich habe nichts dagegen, wenn Sie von diesen meinen Ausführungen in Ihnen geeignet erscheinender Weise vertraulichen Gebrauch machen. Ich würde mich ganz außerordentlich freuen, wenn wir von dort her möglichst bald ein zustimmendes Echo hören und dann Herren von Ihnen und uns in persönlichen Kontakt treten könnten. Prälat Dr. Müller-Hohenlind vom Caritas-Verband wird Anfang September, nach 5.9., bei Ihnen vorsprechen. Vielleicht ist es Ihnen möglich, ihm eine Antwort mitzugeben.
Seien Sie herzlichst gegrüßt von Ihrem ergebenen *Dr. Adenauer,* Oberbürgermeister

Zit. nach: Adenauer-Briefe 1945–1947 (Rhöndorfer Ausgabe), bearbeitet von Hans Peter Mensing, Berlin 1983, S. 77ff.

## 18. Adenauer an den Duisburger Oberbürgermeister Heinrich Weitz (Anlage zu einem Brief vom 31.10.1945)

Rußland hat in Händen: die östliche Hälfte Deutschlands, Polen, den Balkan, anscheinend Ungarn, einen Teil Österreichs. Rußland entzieht sich immer mehr der Zusammenarbeit mit den anderen Großmächten und schaltet in den von ihm beherrschten Gebieten völlig nach eigenem Gutdünken. In den von ihm beherrschten Ländern herrschen schon jetzt ganz andere wirtschaftliche und politische Grundsätze als in dem übrigen Teil Europas.
Damit ist eine Trennung in Osteuropa, das russische Gebiet, und Westeuropa eine Tatsache.
In Westeuropa sind die führenden Großmächte England und Frankreich. Der nicht von Rußland besetzte Teil Deutschlands ist ein integrierender Teil Westeuropas. Wenn er krank bleibt, wird das von schwersten Folgen für ganz Westeuropa, auch für England und Frankreich sein. Es liegt im eigensten Interesse nicht nur des nicht von Rußland besetzten Teiles Deutschlands, sondern auch von England und Frankreich, Westeuropa unter ihrer Führung zusammenzuschließen, den nicht russisch besetzten Teil Deutschlands politisch und wirtschaftlich zu beruhigen und wieder gesund zu machen. Eine Lostrennung Rheinlands und Westfalens von Deutschland dient diesem Zwecke nicht, sie würde das Gegenteil herbeiführen. Man würde eine östliche politische Orientierung des nichtrussisch besetzten Teiles Deutschlands herbeiführen. Dem Verlangen Frankreichs und Belgiens nach Sicherheit kann auf die Dauer nur durch wirtschaftliche Verflechtung von Westdeutschland, Frankreich, Belgien, Luxemburg, Holland wirklich Genüge geschehen. Wenn England sich entschließen würde, auch an dieser wirtschaftlichen Verflechtung teilzunehmen, wo würde man dem noch so wünschenswerten Endziele, Union der westeuropäischen Staaten, ein sehr großes Stück näherkommen.
Zum staatsrechtlichen Gefüge des nicht von Rußland besetzten Teiles Deutschlands: Ein vernünftiges staatsrechtliches Gefüge besteht zur Zeit überhaupt nicht, es muß wiederhergestellt werden. Die Schaffung eines zentralisierten Einheitsstaates wird nicht möglich, auch nicht wünschenswert sein, der staatsrechtliche Zusammenhang kann lockerer sein als früher, etwa in der Form eines bundesstaatlichen Verhältnisses.

Zit. nach: Adenauer-Briefe 1945–1947 (Rhöndorfer Ausgabe), a.a.O., S. 130f.

## 19. Grundsatzprogramm der Christlich-Sozialen Union vom 15.12.1946

I. Staatliche Ordnung
1. Der Staat ist nach Wesen und Aufgabe der gottgewollte Ordnungszustand eines Volkes. Wir erstreben den Staatsaufbau auf christlicher Grundlage. Nur in einer Ordnung, die von christlichem Geist beseelt ist, wird allgemeine Sicherheit, bleibender Wohlstand und Fortschritt verwirklicht.
2. Träger und Vollzieher des Volkswillens sind die vom Volk bestellten staatlichen Organe. Wir bekennen uns zum demokratischen Staat.
Wir kämpfen gegen jede Art von Diktatur eines einzelnen, einer Partei oder eine Klasse. Wir kämpfen gegen Staatsbürokratismus und Staatsallmacht.
3. Jedes Volk ist eine organisch gewordene Lebensgemeinschaft. Wir treten ein für die Einheit und Unteilbarkeit Deutschlands!
4. Der Staatsaufbau hat sich auf den natürlichen Gegebenheiten eines Volkes zu vollziehen.
Wir fordern den föderativen Aufbau Deutschlands auf bundesstaatlicher Grundlage.
Wir lehnen jeden Militarismus und Zentralismus ab. Wir treten ein für die Staatspersönlichkeit jedes Bundeslandes. Wir fordern in jedem Bundesland größtmögliche Selbständigkeit der nachgeordneten Verwaltungskörperschaften.
5. Gesunde und befriedete Berufsstände sind die Voraussetzung für das Gedeihen von Wirtschaft und Kultur.

Wir bejahen eine zweite unpolitische Kammer, vor allem auch zur Interessenvertretung der Berufsstände!
6. Die Lösung der Staatsaufgaben entscheidet ausschlaggebend über Gegenwart und Zukunft unseres Volkes: Wir fordern den rechten Mann am rechten Platz! Wir kämpfen gegen die Unfähigkeit auf allen Gebieten der staatlichen Verwaltung. Wir treten ein für ein sachgemäß vorgebildetes Berufsbeamtentum.

II. Rechtsordnung
1. Der Mensch ist nach göttlichem Willen ins Leben gerufen:
Wir vertreten das Anrecht eines jeden auf ein menschenwürdiges Dasein. Wir bejahen den Anspruch jedes einzelnen auf ausreichende Arbeit, Nahrung, Kleidung und Wohnung, auf Familiengründung und ein sorgenfreies Alter.
2. Der Mensch ist das Ebenbild Gottes von hoher Würde: Wir verlangen die Ehrfurcht vor der Unverletzlichkeit der Person.
Niemand darf verfolgt, verhaftet oder festgehalten werden, außer auf Grund der allgemein gültigen Gesetze. Jedem Angegriffenen müssen alle Möglichkeiten einer raschen Rechtfertigung zu Gebote stehen. Das Heim des Menschen soll seine Freistatt sein.
3. Die menschliche Willensfreiheit ist eine Tatsache der göttlichen Ordnung. Wir vertreten die Freiheit der Meinungsäußerung in Wort und Schrift, die Freiheit des Handelns und der Berufswahl, die Freiheit des Zusammenschlusses und der Religionsausübung!
Nur am christlichen Sittengesetz und am Gemeinwohl findet die menschliche Freiheit ihre Grenzen.
4. Mann und Frau sind in Wert und Aufgabe ebenbürtig:
Wir fordern die rechtliche und soziale Gleichstellung der Geschlechter. Die Arbeit der Hausfrau kommt der Berufsarbeit des Mannes gleich.
5. Jeder Stand und Beruf ist notwendig für das Ganze:
Wir verlangen die rechtliche und soziale Gleichstellung aller Stände und Berufe! Wir kämpfen gegen Klassenhaß und Standeshochmut sowie gegen die Bevorzugung und den Vormachtsanspruch irgendwelcher Bevölkerungsschichten.
6. Das Bewußtsein von Recht und Unrecht ist dem Menschen von Natur aus gegeben:
Wir verlangen in der Gesetzgebung die Beachtung der Grundsätze des Naturrechts.
Wir vertreten eine Reform des Straf- und Zivilrechts in diesem Sinne. In gleicher Weise muß das Sozial- und Arbeitsrecht neu gestaltet werden.
7. Der Richter ist der Künder allgemein gültiger Rechtsnormen:
Wir verlangen einen unabhängigen Richterstand!
Wir lehnen den politischen Richter ab. Wir verneinen eine gelenkte Justiz.
8. Strafvollzug ist Sühne:
Wir fordern einen Strafvollzug im Sinne einer strengen und gerechten Erziehung mit dem Ziel der Wiedereingliederung in die werteschaffende Gemeinschaft!
Wir lehnen die dauernde Brandmarkung eines Bestraften nach Verbüßung der Strafe ab.
...
IV. Wirtschaftsordnung
1. Die Wirtschaft ist nicht Selbstzweck; sie muß dem Wohl der Gesamtheit wie des einzelnen dienen:
Wir anerkennen das Recht des Staates, die Wirtschaft nach Gesichtspunkten des Gemeinwohls zu lenken!
Wir lehnen die Planwirtschaft als Ausfluß eines kollektivistischen Denkens ab. Wir kämpfen gegen den Wirtschaftsliberalismus und treten ein für freie Entfaltung der Einzelpersönlichkeit im Rahmen ihrer sozialen Pflichten.
2. Arbeitgeber und Arbeitnehmer sind für die Wirtschaft in gleicher Weise wichtig:
Wir verlangen ein angemessenes Mitbestimmungsrecht der Arbeitgeber und Arbeitnehmer bei der

Lenkung der Wirtschaft, ein Mitbestimmungsrecht der Arbeitnehmer bei der Gestaltung der Arbeitsbedingungen und Produktionsverhältnisse. Bei Betrieben von erheblicher Bedeutung sollen die Arbeitnehmer einen unmittelbaren Einfluß auf die Leitung und Verwaltung durch geeignete Vertreter ausüben.
Wir verneinen jede Willkür und Einseitigkeit von Interessengruppen innerhalb der Wirtschaft.
3. Für Bayern ist der Mittelstandsbetrieb die Grundlage einer gebundenen Wirtschaft:
Wir verlangen eine besondere Förderung des Klein- und Mittelbetriebes in Landwirtschaft, Handwerk, Handel, Gewerbe und Industrie und dessen Schutz gegen Auflösung und Aufsaugung.
Soweit der wirtschaftliche Großbetrieb sich entwickelt und besteht, darf er unter keinen Umständen zu einem selbstsüchtigen und kapitalistischen Profitunternehmen ausarten.
4. Das Recht auf Eigentum ist ein natürliches Recht, auf dessen Erfüllung alle Anspruch haben; Eigentum verpflichtet gegenüber der Gemeinschaft: Wir erwarten, daß alle Möglichkeiten geschaffen werden, um jedermann zu einem sittlich berechtigten Eigentum kommen zu lassen.
Wir treten für die Erfüllung der Gemeinschaftspflicht ein, allen jenen zu neuem Eigentum zu verhelfen, die ohne eigene Schuld ihr bisheriges Eigentum verloren haben.
Wir verlangen den Schutz des rechtmäßig erworbenen Eigentums.
Wir lehnen die Aufhebung des Eigentums durch Kollektivierung oder allgemeine Sozialisierung ab.
Wir bekämpfen den rücksichtslosen Eigentumserwerb.
Wir vertreten die Überführung von Privat- in Gemeineigentum gegen angemessene Entschädigung dann, wenn es das Gemeinwohl fordert.
5. Die Steuerpolitik muß sozial, gerecht und wirtschaftsfördernd sein:
Wir fordern in der Steuerpolitik die Durchführung der Grundsätze sozialer Tragbarkeit und wirtschaftlicher Zweckmäßigkeit.
Die Steuer darf den Anreiz zur Mehrleistung nicht unterbinden …

Zit. nach: Alf Mintzel, Geschichte der CSU. Ein Überblick, Opladen 1977, S. 213 ff.

## 20. Programmatische Erklärung der CDU für die britische Zone zur Neuordnung der industriellen Wirtschaft vom 3. 2. 1947 („Ahlener Programm")

*Das kapitalistische Wirtschaftssystem ist den staatlichen und sozialen Lebensinteressen des deutschen Volkes nicht gerecht geworden.* Nach dem furchtbaren politischen, wirtschaftlichen und sozialen Zusammenbruch als Folge einer verbrecherischen Machtpolitik kann nur eine *Neuordnung von Grund aus* erfolgen.
Inhalt und Ziel dieser sozialen und wirtschaftlichen Neuordnung kann nicht mehr das kapitalistische Gewinn- und Machtstreben, sondern nur das Wohlergehen unseres Volkes sein. *Durch eine gemeinwirtschaftliche Ordnung soll das deutsche Volk eine Wirtschafts- und Sozialverfassung erhalten, die dem Recht und der Würde des Menschen entspricht, dem geistigen und materiellen Aufbau unseres Volkes dient und den inneren und äußeren Frieden sichert.*
In dieser Erkenntnis hat das Parteiprogramm der CDU vom März 1946 folgende Grundsätze aufgestellt: *Ziel aller Wirtschaft ist die Bedarfsdeckung des Volkes.*
Die Wirtschaft hat der Entfaltung der schaffenden Kräfte des Menschen und der Gemeinschaft zu dienen. *Ziel aller Wirtschaft ist die Bedarfsdeckung des Volkes.*
Die Wirtschaft hat der Entfaltung der schaffenden Kräfte des Menschen und der Gemeinschaft zu dienen. *Ausgangspunkt aller Wirtschaft ist die Anerkennung der Persönlichkeit.* Freiheit der Person auf wirtschaftlichem und Freiheit auf politischem Gebiet hängen eng zusammen. Die Gestaltung und Führung der Wirtschaft darf dem einzelnen nicht die Freiheit seiner Person nehmen. Daher ist notwendig:
Stärkung der wirtschaftlichen Stellung und Freiheit des einzelnen; Verhinderung der Zusammenballung wirtschaftlicher Kräfte in der Hand von Einzelpersonen, von Gesellschaften, privaten oder

öffentlichen Organisationen, durch die wirtschaftliche oder politische Freiheit gefährdet werden könnte. Kohle ist das entscheidende Produkt der gesamten deutschen Volkswirtschaft. Wir fordern die Vergesellschaftung der Bergwerke.
In Verfolg dieser Grundsätze ist nunmehr von der CDU folgendes Programm für die Neuordnung der Wirtschaft beschlossen worden:

*I. Die deutsche industrielle Wirtschaft in der Vergangenheit*
1. Die deutsche industrielle Wirtschaft war technisch und wissenschaftlich in der Zeit von 1918 bis 1945 im allgemeinen auf der Höhe. Sie konnte jeden Vergleich mit der Wirtschaft anderer Länder nach dieser Richtung aushalten. Das gilt auch vom Bergbau. Den klarsten Beweis für die technische und wissenschaftliche Höhe der deutschen Industrie liefern die Erklärungen ausländischer Staatsmänner und Zeitungen über den ungeheuren Wert der von ihnen beschlagnahmten deutschen Patente und Geheimverfahren. Sie erklären, daß die deutsche Wissenschaft, Technik und Industrie in vielen Beziehungen voraus gewesen sei.
2. Das Verhältnis zwischen der deutschen industriellen Wirtschaft und dem Staate, der Gesamtheit des Volkes und dem einzelnen Arbeitnehmer zeigte in vieler Hinsicht schwere Mängel. *Es darf auch hier nicht verkannt werden, daß in Deutschland, ehe es 1933 zum getarnten Staatssozialismus überging, erhebliche Teile der industriellen Wirtschaft in Gemeindebesitz waren: Bahnen fast restlos, einschl. der Kleinbahnen und Straßenbahnen, Post, Telegraf, Rundfunk, Gas- und Wasserversorgung, der größte Teil der Erzeugung elektrischer Kraft, ein erheblicher Teil des Bergbaues in der britischen Zone, der Saarbergbau ganz.* Auch das Genossenschaftswesen war in Deutschland auf allen Gebieten einschließlich dem des Geldwesens sehr stark entwickelt. Auf dem Gebiete des Geld- und Bankwesens war der gemeinwirtschaftliche Einfluß durch Reichsbank, Staatsbanken, Giroverbände der Sparkassen, Landesbanken, Sparkassen sehr groß. Dasselbe gilt vom Versicherungswesen durch die staatlichen und provinziellen Versicherungen.
Aber auf den wichtigsten Gebieten des Bergbaues und der Schlüsselindustrien waren schwere Schäden vorhanden. Die Zeit vor 1933 hat zu große Zusammenballungen industrieller Unternehmungen gebracht. Diese bekamen dadurch einen monopolartigen Charakter. *Sie wurden für die Öffentlichkeit undurchsichtig und unkontrollierbar.* Wenn der Aktienbesitz der großen industriellen Unternehmungen, abgesehen von wenigen Ausnahmen wie z.B. Krupp, auch stark gestreut war, so wurde doch die Zusammensetzung des Aufsichtsrats und Vorstandes infolge der Vertretung der zahlreichen Aktionäre durch wenige Banken von einem verhältnismäßig kleinen Kreis von Personen bestimmt. *Die zu dem engen Kreis der Vertreter der Großbanken und der großen Industriellen Unternehmungen gehörigen Personen hatten infolgedessen eine zu große wirtschaftliche und damit zu große politische Macht.*
Das Verhältnis des Arbeitnehmers zu seinem Betriebe war vor 1933 im Beginn einer die Interessen des Arbeitnehmers berücksichtigenden Entwicklung. Diese Entwicklung war aber 1933 noch nicht zu einem befriedigenden Abschluß gelangt. *Während der Jahre 1933 bis 1945 waren auch die größeren industriellen Unternehmungen der Sache nach, wenn auch nicht dem Namen nach, Staatsbetriebe.* Der nationalsozialistische Staat nahm sich das Recht, jede leitende Persönlichkeit, wenn sie ihm politisch oder wirtschaftlich widerstrebte, ohne weiteres zu entfernen; er vergab Aufträge, er verteilte dementsprechend die Rohstoffe, die Arbeitskräfte, er setzte Preise, Löhne usw. fest.
Der Arbeitnehmer war gegenüber seinem Betriebe machtlos. Es gab keine Lohnbewegungen, keine Lohnerhöhungen, keinen Wechsel des Arbeitsplatzes, kein Mitspracherecht bei der Führung der Betriebe. Es *herrschte in vollem Umfange ein getarnter Staatssozialismus.*

*II. Neue Struktur der deutschen industriellen Wirtschaft*
Die neue Struktur der deutschen Wirtschaft muß davon ausgehen, daß die Zeit der unumschränkten Herrschaft des privaten Kapitalismus vorbei ist. *Es muß aber ebenso vermieden werden, daß der private Kapitalismus durch den Staatskapitalismus ersetzt wird,* der noch gefährlicher für die politische und wirtschaftliche Freiheit des einzelnen sein würde. Es muß eine neue Struktur der Wirtschaft

gesucht werden, die die Mängel der Vergangenheit vermeidet und die Möglichkeit zu technischem Fortschritt und zur schöpferischen Initiative des einzelnen läßt.
1. *Konzerne und ähnliche wirtschaftliche Gebilde, die nicht technisch, sozial oder wirtschaftlich absolut notwendig sind, sind zu entflechten und in selbständige Einzelunternehmungen zu überführen.* Die technische Entwicklung verlangt bei gewissen Unternehmungen eine bestimmte Mindestgröße, namentlich auch, um gegenüber dem Ausland konkurrenzfähig zu sein. Diese Mindesgröße muß derartigen Unternehmungen unbedingt belassen werden.
2. Unternehmungen monopolartigen Charakters, Unternehmungen, die eine bestimmte Größe überschreiten müssen, verleihen eine wirtschaftliche und damit eine politische Macht, die die Freiheit im Staate gefährden kann. Dieser Gefahr muß dadurch vorgebeugt werden, *daß entsprechende Kartellgesetze erlassen werden.* Darüber hinaus soll bei diesen Unternehmungen das *machtverteilende Prinzip eingeführt werden, damit jede mit dem Gemeinwohl unverträgliche Beherrschung wesentlicher Wirtschaftszweige durch den Staat, Privatpersonen oder Gruppen ausgeschlossen wird.*
a) Zu diesem Zweck sollen öffentliche Körperschaften wie Staat, Land, Gemeinde, Gemeindeverbände, ferner Genossenschaften und die im Betrieb tätigen Arbeitnehmer an diesen Unternehmungen beteiligt werden; der dringend notwendigen Unternehmerinitiative ist der erforderliche Spielraum zu belassen.
b) Weiter soll bei solchen Unternehmungen der private Aktienbesitz, der in einer Hand dem Eigentum oder dem Stimmrecht nach vereinigt ist, in der Höhe gesetzlich begrenzt werden.
3. *Bergbau.* Monopolartigen Charakter haben die Kohlenbergwerke schlechthin wegen des von ihnen geförderten, für das gesamte Volk lebenswichtigen Urproduktes. Daher ist die Anwendung der in Ziffer II/2 aufgestellten Grundsätze auf sie vordringlich; sie sind somit zu vergesellschaften. Wenn in besonderen Fällen die Form des Staatsbetriebes zweckmäßiger erscheint, so sollen die vorstehenden Grundsätze der Anwendung dieser Form nicht entgegenstehen.
4. *Eisenschaffende Großindustrie.* Auch bei der eisenschaffenden Großindustrie ist der Weg der Vergesellschaftung zu beschreiten.
5. *Das Genossenschaftswesen* ist mit aller Kraft auszubauen und die Rechtsform der Stiftungen auch in wirtschaftlichem Bereich nachdrücklich zu fördern.
6. Die schon vor 1933 begonnene gesetzliche Kontrolle des Geld- und Bankwesens sowie des Versicherungswesens muß weiter ausgebaut werden.
7. Leistungsfähige Klein- und Mittelbetriebe sind um ihres volkswirtschaftlichen Wertes und ihrer sozialen Aufstiegmöglichkeiten willen zu fördern. In Industrie, Handel, Handwerk und Gewerbe ist die private Unternehmertätigkeit zu erhalten und zu entwickeln.
8. Rechtmäßig erworbenes Eigentum, mit dem politischer Mißbrauch nicht getrieben wurde, ist im übrigen bei der Durchführung dieser wirtschaftlichen Neuordnung im Rahmen der allgemeinen Gesetze zu achten.

*III. Neugestaltung des Verhältnisses zwischen Arbeitgeber und Arbeitnehmer im Betriebe*
*In den Betrieben, in denen wegen ihrer Größe das Verhältnis zwischen Arbeitnehmer und Unternehmer nicht mehr auf einer persönlichen Grundlage beruht, ist ein Mitbestimmungsrecht der Arbeitnehmer an den grundlegenden Fragen der wirtschaftlichen Planung und sozialen Gestaltung sicherzustellen.* Dies muß zunächst dadurch geschehen, *daß die Arbeitnehmer des Betriebes in den Aufsichtsorganen, z. B. im Aufsichtsrat des Unternehmens, die ihnen zustehende Vertretung haben.* Zu diesem Zweck bedarf es einer Reform des Gesellschaftsrechts. Insbesondere ist dem Aufsichtsrat eine stärkere Stellung gegenüber der Verwaltung zu verleihen.
Bei Großbetrieben mit mehrköpfigem Vorstand *sollte Betriebsangehörigen, die in langjähriger Betriebszugehörigkeit sich um den Betrieb verdient gemacht haben, Mitwirkung in der Leitung des Unternehmens durch Berufung in den Vorstand gewährt werden.* Die Berufung erfolgt auf Vorschlag der Betriebsangehörigen, die dem Aufsichtsrat mindestens drei Vorschläge zu unterbreiten haben.
Dem von der Belegschaft gewählten Vorsitzenden des Betriebsrates ist Gelegenheit zur Mitwirkung in allen Fragen zu geben, welche die sozialen Interessen der Betriebsangehörigen berühren.

Darüber hinaus hat die Betriebsleitung in jedem Fall dem Betriebsrat einmal monatlich Bericht über die Lage des Unternehmens zu erstatten, und den Betriebsangehörigen ist ein Anspruch auf Auskunftserteilung in diesen Besprechungen zuzubilligen. *Durch geeignete Maßnahmen soll den Arbeitnehmern eine Beteiligung am Ertrage gesichert werden.* Die Formen dieser Beteiligung können verschiedenartig sein und unterliegen besonderer Vereinbarung.

*IV. Planung und Lenkung der Wirtschaft*
wird auf lange Zeit hinaus in erheblichem Umfange notwendig sein; es ist aber ein Unterschied, ob die Planung und Lenkung im Hinblick auf die Schwierigkeiten der wirtschaftlichen Lage erfolgt oder von Fall zu Fall als notwendig betrachtet wird oder ob die Planung und Lenkung der Wirtschaft als Selbstzweck angesehen wird. *Planung und Lenkung wird auch in normalen Zeiten der Wirtschaft in gewissem Umfange notwendig sein, was sich aus unserer Auffassung ergibt, daß die Wirtschaft der Bedarfsdeckung des Volkes zu dienen hat.*
*Diese Planungs- und Lenkungsaufgaben sollen von Selbstverwaltungs-Körperschaften der Wirtschaft in Wirtschaftskammern wahrgenommen werden.* Ob diese Wirtschaftskammern identisch sein werden mit den Industrie- und Handelskammern, ist eine Frage von sekundärer Bedeutung. Notwendig ist auf jeden Fall, daß die breiten Massen der Arbeitnehmer und Konsumenten an dieser Planung und Lenkung innerhalb der wirtschaftlichen Selbstverwaltung neben den Unternehmern gleichberechtigt teilnehmen. In ihren letzten Entscheidungen unterliegen auch die Selbstverwaltungskörperschaften der parlamentarischen Kontrolle.

*V. Bei allen Reformen der deutschen Wirtschaft,*
mag es sich um Bodenreform, Neuaufbau der industriellen Wirtschaft oder Neugestaltung des Verhältnisses zwischen Arbeitnehmern und Betrieb handeln, ist das erste und vornehmste Ziel das Wohl des gesamten Volkes. Die deutsche Wirtschaft hat weder in erster Linie dem Wohle einer bestimmten Schicht zu dienen noch dem Auslande. Die Alliierten insbesondere haben ein Recht und ein Interesse an der Beseitigung der ausgesprochenen Kriegsindustrie und an Wiedergutmachungsleistungen nach Befriedigung der Lebensnotwendigkeiten des deutschen Volkes. Sie haben aber kein Recht, unter Hintansetzung der notwendigen Lebensbedürfnisse des deutschen Volkes, die deutsche Industrie zu beschneiden oder so zu gestalten, wie es das Exportbedürfnis ihrer eigenen Industrien verlangt. Demontage nicht kriegsindustrieller Werke dient ebenso diesem Zwecke wie die Übertragung des Eigentums an den Grundindustrien auf den deutschen Staat, da sich dann jede gewollte wirtschaftliche Maßnahme durch politischen Druck auf den politischen schwachen Staat erreichen läßt. Es ist ferner zu berücksichtigen, daß die deutsche Wirtschaft nicht nur industriell ist; sie umfaßt als wesentliche Teile: die industrielle Wirtschaft, die bäuerliche Wirtschaft, das Handwerk, Handel, Gewerbe und Verkehr, Geld- und Bankwesen.
Alle Teile der Wirtschaft greifen ineinander und stehen in Wechselwirkung. Kein Teil darf losgelöst vom anderen betrachtet werden. Bei der Gestaltung der industriellen Wirtschaft muß deshalb der Zusammenhang mit den übrigen Wirtschaftsteilen berücksichtigt werden.

Zit. nach: Programme der politischen Parteien in der Bundesrepublik. Herausgegeben und erläutert von Rainer Kunz, Herbert Maier, Theo Stammen, München 1975, S. 127ff.

## 21. Adenauers Strategie als Parteiführer

Richtig ist, daß Adenauer das Bündnis mit den Gewerkschaftlern suchte und nicht im offenen Konflikt, sondern in der theoretischen Zusammenarbeit mit dem linken Flügel seiner Partei sozialistische Tendenzen bekämpfte. Seine Spannungen mit dem Exponenten des linken Flügels, Karl Arnold, dürfen darüber nicht hinwegtäuschen. Im Gegenteil, die programmatischen Initiativen für eine neue Wirtschaftsordnung erlaubten es Adenauer erst, die personale Auseinandersetzung mit den Exponenten des linken Flügels zu führen. Erst das von Adenauer in seinen wesentlichen Akzenten mitgestaltete Ahlener Programm gestattete es ihm, nicht gegen das Programm des linken

Flügels, sondern zu seiner Verteidigung, etwa im Konflikt mit Arnold nach den Landtagswahlen vom 20. April 1947, aufzutreten. Dabei ging es Adenauer vor allem darum, ein Zusammenspiel der CDU-Fraktion des nordrhein-westfälischen Landtages, in der der linke Flügel eine überwiegende Mehrheit hatte, mit der SPD-Fraktion in der Frage der Sozialisierung zu verhindern. Das trefflichste Instrument war ihm hierfür die Kampfansage des „linken“ Ahlener Programms an den Staatssozialismus. Der programmtheoretische Einsatz hatte sich für Adenauer gelohnt.

In engem Zusammenhang mit Adenauers programmtheoretischer Initiative ist sein permanentes Bemühen der Integration unterschiedlicher innerparteilicher Positionen zu sehen. Sein Meisterstück lieferte er hier auf der Tagung des Zonenausschusses in Neheim-Hüsten. In seinen „Erinnerungen“ berichtet Adenauer, daß ein großer Teil der Anwesenden in der Frage der Sozialisierung zu weit gegangen sei und „eine sehr enge Nachbarschaft mit den Auffassungen der Sozialdemokraten“ gezeigt habe. Eine Einigung sei nur nach einem sehr harten Ringen zustande gekommen. Die „Erreichung des Kompromisses“, daß die Frage der Vergesellschaftung zur Zeit nicht praktisch sei, wird von Adenauer als in seiner Bedeutung nicht zu überschätzend herausgestellt. Zweimal betont er, daß andernfalls die Partei wohl auseinandergefallen wäre. Interessant ist ebenfalls Adenauers Bemerkung, daß dem Exponenten des linken CDU-Flügels, Johannes Albers, großes Verdienst bei der Lösung der Sozialisierungsfrage zukomme.

Adenauer gelang es, in der Rolle des Parteiführers, der die Flügel zusammenhielt, anerkannt zu werden. Er versäumte auch nicht, diese seine Rolle immer wieder zu unterstreichen. So sah er etwa auf der Sitzung des Zonenausschusses in Herford am 18. März 1947 den Wert des Ahlener Programms im Beweis dafür, „daß es keinen linken und keinen rechten Flügel gibt, daß wir nicht reaktionär sind; sondern daß wir wirklich den sehr ernsthaften Versuch machen, die ganze deutsche Wirtschaft auf eine andere soziale Grundlage zu stellen, als sie bisher gestanden hat. Ich empfehle bei der Agitation gerade die Ahlener Beschlüsse ganz konsequent durchzusprechen.“

Seine integrierende Kraft erlaubte es Adenauer, in der programmatischen Entwicklung seiner Partei ganz anders Akzente zu setzen, als wenn er sich als Exponent des konservativen Flügels gegen Sozialisierungsvorstellungen schlechthin gewandt hätte.

Zahlreiche weitere taktische Züge und Instrumente Adenauers könnten hier ausgebreitet werden: etwa die dilatorische Rolle, die er in der Frage der organisatorischen Integration seiner Partei auf der interzonalen Ebene spielte, solange er sich seines Einflusses nicht sicher sein konnte. Zentral war auch sein meisterliches Geschick, innerparteilichen ideologischen Diskussionen durch außenorientierte Hinweise, vornehmlich durch Hinweise auf bevorstehende Wahlen und das Verhältnis zu den anderen Parteien, seine Akzente aufzuzwingen. Im Mittelpunkt stand dabei früh das Verhältnis zur SPD. Adenauer versuchte seit den ersten Wahlen nach 1945, die Identität seiner Partei als antisozialistischen Kontrast zur SPD darzustellen. So warf er vor dem Zonenausschuß am 17. Dezember 1946 in einer Analyse der Wahlen in Hessen und Württemberg-Baden den dortigen Christdemokraten vor, die Rückschläge in den Wahlen u. a. dadurch mitverschuldet zu haben, daß sie „auf dem Gebiete der Sozialisierung“ zu sehr mit den Sozialdemokraten „geliebäugelt“ hätten, anstatt das „weltanschaulich Trennende“ der CDU gegenüber den Sozialdemokraten herauszustellen. Andererseits wußte Adenauer, daß die CDU für einen Wahlsieg beträchtliche Stimmenanteile der Arbeiter für sich mobilisieren mußte. Ohne Sozialisierungsvorstellungen war dies nicht zu verwirklichen. Die nordrhein-westfälischen Landtagswahlen vom 20. April 1947 (37,5% der Stimmen), in denen die CDU im Verhältnis zu dem Kommulanwahlen vom Herbst 1946 (46% der Stimmen) einen Rückschlag erlitten hatte, wurden denn auch in der Öffentlichkeit weithin in diesem Sinne interpretiert. Das Ahlener Programm war für Adenauer der taktische Weg, der zwischen der Skylla, keine Antwort für eine neue Sozial- und Wirtschaftsordnung zu wissen, einerseits und der Charybdis von Verstaatlichung und Kollektivismus andererseits hindurchführte zum Erfolg einer integrierten Partei, die sich auf breite Wählerschichten stützte.

Aus: Wolfgang Jäger, Adenauers Einwirkung auf die programmatische Entwicklung der CDU, in: Konrad Adenauer und seine Zeit. Politik und Persönlichkeit des ersten Bundeskanzlers, Bd. 2: Beiträge der Wissenschaft, hg. von Dieter Blumenwitz u. a., Stuttgart 1976, S. 446 f.

# II/4 Formierung und Ziele der Gewerkschaften

## Arbeitsthemen

1. *In welchen Phasen sollte sich – nach dem Willen der britischen Besatzungsmacht – der Aufbau der Gewerkschaften vollziehen? Inwiefern beugte sich die Gewerkschaftsführung in organisatorischer Hinsicht den Vorstellungen der Militärregierung? Welche Rolle spielten die Interessen der Basis für die konkrete Politik der Gewerkschaften? (Nr. 1)*
2. *Welche Kritik wird in den Entschließungen der Gewerkschaftskonferenz an der Realsituation der Arbeitnehmer geübt? Welche Gegenmaßnahmen werden vorgeschlagen? Womit wird die Forderung nach paritätischer Mitbestimmung abgestützt? (Nr. 2)*
3. *Wie reagierte die Militärregierung in Hessen noch im Mai 1947 auf die Ankündigung gewerkschaftlich organisierter Streiks? Welche Schlüsse lassen sich daraus für den Handlungsspielraum der Gewerkschaften ziehen? (Nr. 3)*
4. *Zu welcher Bilanz gelangt der Historiker W. L. Bernecker in seiner Würdigung gewerkschaftlicher Politik in den Westzonen bis 1948? Wodurch sieht er Möglichkeiten und Grenzen gewerkschaftlicher Politik in der Nachkriegsphase definiert? (Nr. 4)*

## Materialien

### 1. Zum Aktionsrahmen der Gewerkschaften in den Westzonen

Während des Zusammenbruchs des politischen Lebens in Deutschland im Mai 1945 war auch in den Betrieben so etwas wie ein Vakuum entstanden, zumal viele Eigentümer ihren Besitz verlassen oder sich zumindest zurückgezogen hatten. In diesem machtfreien Raum kam es zu zahlreichen spontanen Zusammenschlüssen ehemaliger Gewerkschaftler, die sich verantwortlich fühlten für „ihren Betrieb", aber auch für überbetriebliche Belange. Die britische Militärregierung tolerierte diese betriebsratähnlichen Gebilde zunächst, beschränkte sie aber sofort auf reine Wohlfahrtsaufgaben und hinderte sie nicht nur an überlokalen Gewerkschaftsgründungen, sondern auch am Versuch, mit dem zusammenbrechenden System und seinen Repräsentanten abzurechnen. Unter diesen Umständen war von Anfang an eine Entwicklung zu einer Rätebewegung wie nach dem Ersten Weltkrieg ausgeschlossen. Auch die ersten Verlautbarungen der Besatzungsmacht in dieser Frage (August 1945) sowie das Kontrollratsgesetz Nr. 22 (April 1946) änderten nichts an dieser restriktiven Haltung, aufgrund derer zwar die Existenz von Betriebsräten erlaubt war, ihre Befugnisse jedoch hinter den Bestimmungen des Betriebsrätegesetzes von 1920 zurückblieben. Mit einer weiteren Direktive vom April 1946 setzten die Briten ihre Politik in dieser Frage fort: Nach einem bürokratischen Genehmigungsverfahren hatte sich der Gewerkschaftsaufbau in drei Phasen zu vollziehen; überlokale Zusammenschlüsse wurden erst Ende 1946 möglich. Dieses zögernde Vorgehen entsprach zum Teil der britischen Auffassung vom allmählichen Wachstum demokratischer Institutionen von unten nach oben, zum anderen aber die Furcht vor stärkerem kommunistischem Einfluß innerhalb einer zentralistischen Gewerkschaftsorganisation. Um eine derartige Zentralisierung, die deutscherseits vor allem Hans Böckler verfolgte, zu verhindern, griff die britische Regierung sogar zu dem Schachzug, Ende November 1945 eine britische Gewerkschaftsdelegation nach Deutschland zu entsenden, die unter den deutschen Kollegen erfolgreich für das britscherseits favorisierte Industrieverbandsprinzip warb. Da die Gewerkschaftsspitzen der Britschen Zone an einem raschen Aufbau eines funktionierenden Apparates interessiert waren, paßten sie sich den britischen Wünschen wietgehend an, so daß im April 1947 der DGB als zonaler Dachverband der industriellen Einzelgewerkschaften gegründet werden konnte. Die programmatischen Überlegungen der neu entstehenden deutschen Gewerkschaften schienen dagegen von Anfang an eine größere Affinität zu den britischen Vorstellungen aufzuweisen: Kontrolle des Großeigentums durch Neuregelung der Besitzverhältnisse (Sozialisierung der Schlüsselindustrien) und Demokratisierung der Wirtschaft (betriebliche und überbetriebliche Mitbestimmung) wurden seit 1946 von allen Gewerkschaften als wesentliche ökonomische und gesellschaftliche Voraussetzungen für die Schaffung einer dauerhaften und stabilen politischen Demokratie gefordert. Obwohl in diesen Strukturfragen zwischen Gewerkschaften und Parteien bis Anfang 1947 ein weitgehender Konsens entstanden war, ging davon kein sonderlich starker Impuls auf die Besatzungsmacht aus, eine aktivere Politik in diesem Sinne zu betreiben, vor allem auch deshalb nicht, weil die gewerkschaftliche Basis für lange Zeit weniger an Strukturreform als an der Sicherung der materiellen Existenz interessiert war. Der einzelne Arbeitnehmer engagierte sich überwiegend nur für eine Verhinderung der Demontagen zwecks Erhaltung seines Arbeitsplatzes und gegen die weitere Herabsetzung der Ernährungsrationen. Infolge dieser Konstellation besaß die Gewerkschaftsführung kaum die Möglichkeit, notfalls für die Verwirklichung ihrer wirtschaftspolitischen Ziele wirksame Kampfmaßnahmen zu ergreifen.

Aus: Günter J. Trittel, Von der ‚Verwaltung des Mangels' zur ‚Verhinderung der Neuordnung', in: Die Deutschlandpolitik Großbritanniens und die britische Zone 1945–1949, hersg. von Carl Scharf und Hans-Jürgen Schröder, Wiesbaden 1979, S. 141 ff.

## 2. Entschließungen der Gewerkschafts-Konferenz der britischen Zone vom 21. bis 23. 8. 1946 in Bielefeld

*Zur Lohn- und Preisfrage:*

Bei ständig steigenden Preisen sinkt der Reallohn immer mehr, trotzdem wird am Lohnstopp festgehalten. Die Grenze des Tragbaren ist bereits überschritten. Eine allgemeine Lohnerhöhung müßte die notwendige Folge dieser Entwicklung sein. Sie wäre jedoch nur zum Teil wirksam, da ein großer Teil der Produktion nicht mehr im normalen Verteilungsweg, sondern nur auf dem Schwarzen Markt zu erhalten ist.

Um das Realeinkommen der arbeitenden Bevölkerung wieder auf einen auskömmlichen Stand zu bringen, fordern deshalb die Gewerkschaften die Auflockerung des bestehenden Lohnstopps über die bisherigen Bestimmungen (Direktive 13) hinaus, eine Angleichung der Löhne und energische Maßnahmen zur Rückführung der überhöhten Preise auf ihren normalen Stand sowie die stärkste Bekämpfung des Schwarzmarktes.

Die Gewerkschaften sind bereit, in den erforderlichen Preisüberwachungsausschüssen mitzuwirken, wenn diese mit den notwendigen Vollmachten ausgerüstet sind.

*Zur Beseitigung der Monopole:*

Die unheilvolle Rolle, welche die privaten Monopole der Wirtschaft in der Vergangenheit gespielt haben, verlangt in der zukünftigen Wirtschaft ihre Beseitigung, wie es zugleich die Potsdamer Beschlüsse fordern. Wir dürfen bei Durchführung dieser Maßnahmen jedoch nicht in eine Vielzahl isoliert arbeitender Unternehmen zurückfallen, da die morderne Wirtschaft, insbesondere die Wirtschaft unserer Nachkriegszeit einer organischen Zusammenfassung unterliegen muß.

Diese Ordnung ist eine Angelegenheit des demokratisch aufgebauten und demokratisch regierten Staates. Die Beseitigung der monopolischen Gebilde kann somit nur unter gleichzeitigem Aufbau einer staatlichen Planung erfolgen. Dabei wird es sich in vielen Fällen als notwendig erweisen, Kartelle, Konzerne und Trusts nicht einfach zu zerschlagen, sondern nach einer Prüfung ihrer Zusammenhänge und einer evtl. Bereinigung in die staatliche Lenkung einzubeziehen bzw. ganz in den Staatsbesitz zu übernehmen.

Das Eigentum derartiger Gebilde ist in die Hände des Staates zu überführen und nicht einzelnen Gemeinden, Provinzen oder Ländern zu übertragen. In diesem Falle würden Schwergewichte entstehen, die einer Einheit Deutschlands höchst abträglich sind. Selbstverständlich ist jedoch den Gemeinden, Provinzen oder Ländern ein Mitwirkungsrecht in der Verwaltung der entsprechenden in ihrem Gebiet liegenden Gesellschaften einzuräumen.

*Zur Mitwirkung der Arbeitnehmer in der Unternehmungsleitung:*
Die Unternehmung ist die unterste Organisationseinheit innerhalb der Wirtschaftsverfassung. Soll die Demokratisierung der Wirtschaft Erfolg haben, muß sie bereits bei der Unternehmung beginnen. Es ist deshalb erforderlich, daß in allen Unternehmungen, deren Größe ein besonderes Aufsichtsorgan erforderlich machen, – bei Aktiengesellschaften z.B. die Aufsichtsräte – die Arbeitnehmer als Träger des Produktionsfaktors Arbeit hieran ebenfalls beteiligt sind.
Die Gewerksclaften halten es deshalb für notwendig, daß die Vertreter der Arbeitnehmer in den Aufsichts- und Kontrollorganen der Unternehmungen paritätisch mit den Vertretern der Unternehmer beteiligt sind. Die Auswahl der Arbeitnehmervertreter obliegt dabei den Gewerkschaften mit der Maßgabe, daß mindestens zwei Vertreter aus dem Betriebsrat genommen werden.

Zit. nach: Ulrich Borsdorf – Hans O. Hemmer – Martin Martiny (Hg.), Grundlagen der Einheitsgewerksclaft. Historische Dokumente und Materialien, Frankfurt/M 1977, S. 282 f.

## 3. Gewerkschaftliche Streiks und die Besatzungsmacht

(Aus einer Verlautbarung des Direktors der hessischen Militärregierung James Newman anläßlich mehrerer betrieblicher Protestversammlungen wegen der schlechten Versorgungslage in der Bizone vom 16. 5. 1947)

General Clay ist gerade von Washington unterrichtet worden, daß im Kongreß eine entschiedene Neigung besteht, sich weiteren Geldbewilligungen für Lebensmittel in Deutschland zu widersetzen. Dies ist zurückzuführen auf die jüngsten Gerüchte über Streiks, Androhungen von Streiks und einen gewissen Widerstand in der Haltung gegenüber der Besatzung, der in letzter Zeit zutage getreten ist. Streiks oder andere Umtriebe gegen die Politik der Militärregierung, die in irgendeiner Weise die Forderungen oder Pläne der Besatzungsmacht gefährden könnten, werden in Hessen nicht geduldet werden; dabei spielt es keine Rolle, ob ihr Zweck ein politischer oder ein anderer sein möge. Jede Person oder Gruppe von Personen, die so handelt, wird bestraft werden, und vergessen Sie nicht, daß nach den Gesetzen der Besatzungsarmeen und der Militärregierung die Schuldigen sogar mit der Todesstrafe belegt werden können ... Vermeiden Sie Streiks, meiden Sie Agitatoren, die Streiks anschüren, und lehnen Sie es ab, jenen zuzuhören, die aus politischen oder selbstsüchtigen Gründen die Besatzungspolitik unnötig kritisieren und zum Widerstand gegen die Gesetze und Forderungen der Militärregierung hetzen. Seien Sie fleißig!

Zit. nach: Die Gewerkschaftszeitschrift „Stimme der Arbeit" vom 31. 5. 1947, S. 114

## 4. Erfolg oder Versagen der westdeutschen Gewerkschaften?

Die hauptsächlichen Faktoren, die für das Scheitern der gewerkschaftlichen Bestrebungen konstitutiv waren, seien noch einmal zusammenfassend genannt:
Entscheidende wirtschaftliche und politische Kommandostellen der Alliierten waren mit unternehmerfreundlichen Kräften besetzt, die die gewerkschaftlichen Sozialisierungs- und Mitbestimmungsforderungen ablehnten. Außerdem verstärkten die USA mit dem beginnenden Kalten Krieg, der Verkündung der Truman-Doktrin und dem Scheitern der Moskauer Konferenz vom Frühjahr 1947 deutlich ihr Engagement in Westeuropa; die zunehmende Spannung im Ost-West-Verhältnis förderte das Blockdenken, bremste gesellschaftliche Reformvorstellungen und ließ alle sozialistischen Bestrebunen in den Sog des Antikommunismus geraten. In diesem Zusammenhang ist auch der Marshallplan zu sehen, der in der Praxis die Restitution der privatkapitalistischen Wirtschaftsordnung zur Voraussetzung hatte.
Parallel zu den alliierten, vor allem amerikanischen, Kräften, die den gewerkschaftlichen Neuordnungsvorstellungen ablehnend gegenüberstanden, gewannen seit 1947 zunehmend jene deutschen

sozialkonservativen Kräfte an Einfluß, die eine grundlegende Reform der Wirtschafts- und Sozialverfassung ablehnten. Vor allem die Politik des Frankfurter Wirtschaftsrates zielte auf die Wiederherstellung einer (neu-)liberalen Wettbewerbswirtschaft und auf die Ausschaltung der Gewerkschaften aus allen wirtschaftlichen Mitentscheidungsgremien.

Angesichts solch ungünstiger Rahmenbedingungen hätten die Gewerkschaften keine (wie auch immer geartete) Anstrengung scheuen dürfen, um ihre wirtschaftsdemokratischen Ziele dennoch zu erreichen. Aus verschiedenen Gründen jedoch, zu denen ihre reformistische Tradition, ihre Furcht vor alliiertem Eingreifen, ihre zeitweilige Hoffnung auf Unterstützung durch die britische Labour-Regierung, die wieder ausgebrochenen Spannungen zwischen den beiden Richtungen der alten Arbeiterbewegung und (damit zusammenhängend) ihre Befürchtung vor einer Radikalisierung der Arbeiterschaft gehörten, griffen die Gewerkschaften nicht zum Mittel der massenhaften Mobilisierung ihrer Basis und begaben sich damit freiwillig eines potentiellen Pressionsmittels gegenüber den Alliierten.

Greift man abschließend die Ausgansfrage nach „Erfolg" oder „Versagen" der Gewerksclaften in der Nachkriegsphase wieder auf, so wird man angesichts der internationalen politischen Konstellation und der für das Gewerkschaftsprogramm zusehends ungünstiger werdenden Realisierungsbedingungen zu dem Ergebnis gelangen, daß der Wunsch nach *vollständiger* Durchführung der gewerkschaftlichen Neuordnungskonzeption als illusionär zu bezeichnen ist. Dies gilt besonders dann, wenn man die politische und ökonomische Funktion der Rekonstruktion im Interessenkontext der US-Politik jener Jahre betrachtet. Daß die Gewerkschaften trotz der restriktiven Haltung der Alliierten einige, wenn auch noch so beschränkte Ziele auf dem Organisations- und Mitbestimmungssektor erreichten, ist in diesem Zusammenhang als ein gewisser Erfolg zu bewerten.

Betrachtet man jedoch andererseits den (von Wolfgang Abendroth überzeugend beschriebenen) breiten Strom der Entfaltung sozialistischer Ideen nach 1945, deren Träger keineswegs nur die früheren Anhänger der Arbeiterparteien waren, sondern deren Verfechter bis weit in die Kreise des christlichen Glaubens hinein reichten, so wird man die Schnelligkeit und den Umfang der Wiederherstellung tradierter sozialökonomischer Verhältnisse in den Westzonen auf ein Versagen der Arbeitnehmerorganisationen und insbesondere der Gewerkschaften mit-zurückführen müssen. Das Dilemma der Gewerkschaften darf dabei nicht übersehen werden: Sie konnten nur durch Anlehnung an die Vorstellungen der Besatzungsmächte aktiv werden, mußten damit aber zugleich eigene Zielvorstellungen aufgeben. Trotzdem wurden die vorhandenen Chancen nicht voll ausgenutzt, verbliebene (wenn auch sicherlich sehr eingeschränkte) Handlungsspielräume nicht ausgeschöpft, die wirtschaftsdemokratischen Ordnungsvorstellungen der ersten Länderverfassungen nicht durchgesetzt. Fehlende Strategien und mangelhafte Situationseinschätzungen ließen die kurze Blüteperiode der sozialistischen Renaissance nach 1945 weitgehend ungenutzt verstreichen. Die Gewerkschaften entschieden sich für eine reformistische Haltung und haben in diesem Sinne eine wichtige Integrationsfunktion beim Wiederaufbau des Kapitalismus ausgeübt. Den Widerspruch zwischen dem Radikalismus der sozialistischen Neuordnungsvorstellungen und ihrer affirmativen Wiederaufbaupraxis konnten sie nicht lösen.

Aus: Walther L. Bernecker, Die Neugründung der Gewerkschaften in den Westzonen 1945–1949, in: Becker/Stammen/Waldmann (Hg.), Vorgeschichte der Bundesrepublik Deutschland, a.a.O., S. 285 ff.

# II/5 Verfassungskonzepte und Einheitsvorstellungen

## Arbeitsthemen

1. *Welche Positionen werden in den beiden Stellungnahmen zur „Verfassung einer Deutschen Republik" bezogen im Blick auf*
   *a) das Wahlsystem*
   *b) die Staatsorganisation*
   *c) die Funktion einer Zweiten Kammer?*
   *(Nr. 1 a und 1 b)*
2. *An welcher Frage entzündete sich der Streit um die Tagesordnung der Münchener Minsterpräsidenten-Konferenz? Mit welchen Argumenten wurde die ostdeutsche Initiative abgeblockt? (Nr. 2)*
3. *Was meint die sog. Magnet-Theorie, wie sie – bei breiter publizistischer Befürwortung – am profiliertesten von dem SPD-Vorsitzenden Kurt Schumacher vertreten wurde? Von welchen Voraussetzungen geht sie aus? Welche Funktion ist ihr zugedacht? Was bedeutete sie für die Haltung der SPD zur wirtschaftlichen Konsolidierung der Westzonen und damit zur Ausprägung eines bestimmten ökonomischen Systems? Wie lassen sich die Alternativformeln des amerikanischen Historikers Manuel Gottlieb verstehen, der in der Magnet-Theorie naive Zuversicht oder kalten Zynismus am Werke sieht? (Nr. 3 und 4)*
4. *Von welchen Komponenten war das Wiedervereinigungskalkül Jakob Kaisers bestimmt? Worauf beruhte sein Dissens zum Konzept Adenauers und der westzonalen CDU? Woran scheiterte Kaisers Brückentheorie bereits in einem frühen Stadium? (Nr. 5)*

## Materialien

### 1. Grundsätzliche Aussagen zur Verfassung einer Deutschen Republik, vorgetragen auf der 17. Sitzung des Zonenbeirates am 24. 11. 1947

*a) Walter Menzel (SPD)*

Man sollte den verfassungsmäßigen Aufbau der Republik mit der Erkenntnis verbinden, daß nur eine gesunde Politik Gesamtdeutschlands die beste Gewähr für eine gleichbleibende, in sich ausgeglichene Friedenspolitik sein kann. Daher lehnen wir ein Deutschland ab, das ein Staatenbund sein würde. Das ist für uns selbstverständlich. Wir lehnen auch jeden Aufbau ab, der einem Staatenbund ähnlich ist. Wir wollen kein föderalistisch konstruiertes Deutschland, und ich bitte, die Betonung zu sehen auf „föderalistich konstruiertes Deutschland". Wir wollen keinen Reichstag, der sich zusammensetzt aus indirekten Wahlen der Länderparlamente, und wir wollen keine Reichsregierung, die sich nur zusammensetzt oder mit zusammensetzt aus den Ministerpräsidenten der Länderregierungen. Das gilt nicht nur für die endültige Lösung, das gilt notfalls auch für Zwangslösungen, die uns die geschichtliche Entwicklung eines Tages aufzwingen könnte. Eine Regierung bestehend aus den Ministerpräsidenten der Länder würde sich diesen Ländern und ihren Parlamenten, nicht aber dem Parlament der Gesamtrepublik verantwortlich fühlen ...

Wir wollen vielmehr einen unmittelbar vom Volk gewählten Reichstag als Träger der Gesamtgewalt, und diese Gesamtgewalt darf auch nicht getrübt werden durch die Einschaltung einer zweiten Kammer, die die politische Willensbildung dieses vom Volk unmittelbar gewählten Reichstages auch nur in etwa verwischen könnte. Gewiß werden wir für die Länder ein Organ brauchen ähnlich dem alten Bundesrat oder Reichsrat. Aber die Macht dieser sogenannten zweiten Kammer sollte bei Gesetzen und wichtigen Finanzfragen nur auf ein Veto beschränkt bleiben mit lediglich aufschiebender Wirkung. Niemals darf es die Wirkung eines Vetos haben, das den Willen des Reichstages inhibieren oder zunichte machen kann ...

Diese Auffassung ... bedeutet keine Verneinung des Eigenlebens der Länder. Wir sind der Meinung, daß die Länder einen Raum darstellen, der jedem einzelnen Staatsbürger die Möglichkeit bietet, den Nutzen, den Effekt seiner politischen Arbeit zu übersehen. Wir sind der Auffassung, daß es viele Dinge, vor allem auf dem Gebiet der kulturellen Aufgaben geben wird, die – vielleicht an Hand gewisser Rahmengesetze der Gesamtrepublik – die Länder in eigener Zuständigkeit erledigen sollen. Aber wir legen entscheidenden Wert darauf, daß die Länder dem Willen der Gesamtrepublik unterstellt sind.
Dabei wollen wir uns gerade bei den Länderfragen darüber klar sein, daß die Wirkung der praktischen Durchsetzbarkeit einer Reichsverfassung abhängt von einer vernünftigen Grenzziehung zwischen den Ländern ...
In einem so zusammengefügten Deutschland wollen wir eine zentrale Gesetzgebung. Wir wollen auf den Gebieten, die alle Deutschen gleichmäßig angehen, nicht, daß jedes Land seine eigene Gesetzgebung machen darf. Wir wollen nicht, daß die Fragen der Wirtschaft, der Grund- und Freiheitsrechte in fünfzehn bis zwanzig Formulierungen in Deutschland wiederzufinden sind. Hier ist es Aufgabe der Gesamtrepublik, die wesentlichen Gesetze von sich aus zu machen.
Wir sind auch der Meinung, daß die Kompetenzkompetenz, d.h. das Recht, die Zuständigkeit der Gesetzgebung zu bestimmen, nicht bei den Ländern, sondern beim Reich zu liegen hat ...
Wenn wir so für eine zentrale Gesetzgebung sind, ist es für uns ebenso selbstverständlich, daß die Exekutive, die Durchführung dieser Gesetze, möglichst weit nach unten gelegt werden muß. Wir wollen neben einer zentralen Gesetzgebung den Grundsatz der zentralisierten Verwaltung haben. Sie soll nicht auf allen Gebieten von der Weisung einer Zentrale in einer Reichshauptstadt abhängen. Wir vertreten nach wie vor den Standpunkt der universellen Zuständigkeit der Selbstverwaltung. Wir wollen endlich wieder dazu kommen, daß die meisten öffentlichen Aufgaben in der kommunalen Selbstverwaltung erledigt und auch in sie die vielen unkontrollierbaren Sonderaufgaben eingebaut werden ...
Seit 1945 haben wir in zunehmendem Maße erkannt, daß der Aufbau Deutschlands nicht ohne eine Eingliederung in die Ideen einer europäischen Union möglich sein wird ...

*b) Konrad Adenauer (CDU)*

... Wir wollen einen Bundesstaat, aber einen wirklichen Bundesstaat, und wir wollen nicht einen zentralisierten Staat mit bundesstaatlichem Anstrich. Ein Bundesstaat setzt voraus, daß seine Glieder aus Ländern zu eigenem Recht bestehen. Das ist der staatsrechtliche Ausdruck, er besagt, daß die Rechte dieser Länder sich nicht herleiten von der Zentralgewalt, die heute Recht geben und die morgen dann wieder Recht nehmen kann, sondern daß diese Länder das, was sie bekommen, zu eigenem Recht haben.
Die Grenzen dieser Länder müssen anders aussehen als die der heutigen Länder. Denn die heutigen Ländergrenzen sind ja vielfach mehr oder weniger zufällig gezogen worden. Diese Länder müssen auch in der Psyche ihrer Einwohner eine innere Begründung finden.
Man muß deshalb bei der Grenzziehung Rücksicht nehmen auf die Stammeszugehörigkeit, auf die historische Entwicklung, auf die kulturelle Gliederung, auf die wirtschaftliche Gliederung und auf die Verkehrsgegebenheiten. Es müssen dann diese merkwürdigen Territorien – man kann sie nicht „Länder" nennen –, die zum Teil in der französischen Zone entstanden sind, ohne weiteres korrigiert werden ...
Die Zentralgewalt, die Deutschland bekommen muß, muß so stark sein, daß sie das Ganze in Ordnung halten kann. Es ist auch eine Selbstverständlichkeit, daß gewisse Verhältnisse, die Folgen des verlorenen Krieges, nur durch eine zentrale Gesetzgebung geordnet werden können. Ich brauchte mich daher darüber nicht weiter auszusprechen. Aber wir wollen, daß die Länder diejenigen Rechte bekommen, die die Zentralgewalt nicht nötig hat, um das Ganze in Ordnung halten zu können ...
Wir wollen weiter, daß die Exekutive auch bei den von der Zentralgewalt erlassenen Gesetzen und Bestimmungen – ganz wird das nicht gehen – aber möglichst weitgehend bei den Ländern verbleiben soll.

Zu der außerordentlich wichtigen Frage, ob eine oder zwei Kammern geschaffen werden sollen, möchte ich einige Ausführungen machen. Wir stehen auf dem Standpunkt des Zweikammersystems, und zwar aus folgenden Erwägungen heraus:
Nach den Erfahrungen, die wir in Deutschland nun einmal in den Zeiten von 1918 bis 1933 gemacht haben, sind wir der Auffassun g, daß für uns Deutsche das Zweikammersystem das richtige ist. Über die Abgrenzung der Rechte der Kammern gegeneinander möchte ich mich hier nicht verbreiten. Aber daß auch die Zweite Kammer Recht haben muß und nicht lediglich eine dekorative Existenz zu führen hat, das steht für uns fest.
Als das Wesentliche betrachten wir bei dieser Zweiten Kammer, daß sie im Gegensatz zur Ersten Kammer, die in direkter Wahl gewählt werden soll, ganz oder zum Teil in indirekter Wahl geschaffen werden soll. Wir erblicken darin eine sehr gute und angebrachte Sicherungsmaßnahme gegen radikale Entwicklungen in Deutschland, sei sie nach der einen Seite radikal, sei sie nach der anderen Seite radikal, eine Entwicklung, mit der wir nach unserer Auffassung noch auf Jahrzehnte rechnen müssen. Wir sind der Auffassung, daß nach allem, was das deutsche Volk seit 1914 erlebt und durchgemacht hat, die innere politische Ausgeglichenheit des deutschen Volkes noch nicht so ist, wie wir das wünschen. Wir glauben, daß hier – ich wiederhole – gegenüber den radikalen Erscheinungen, sei es nach der einen, sei es nach der anderen Seite, eine Zweite Kammer ein gutes Gegengewicht bilden wird ...
Wir legen in der zukünftigen Verfassung noch auf zwei Dinge einen entscheidenden Wert: einmal auf die Schaffung eines Staatsgerichtshofes. Diesen Staatsgerichtshof müssen wir unabhängig machen, so denkbar unabhängig wie das überhaupt möglich ist. Dieser Staatsgerichtshof soll die Aufgabe haben, einmal die Zentralgewalt zu schützen vor Ungehorsam oder Übergriffen der Länder. Umgekehrt soll dieser Staatsgerichtshof auch die Aufgabe haben, die Länder zu schützen gegenüber Übergriffen seitens der Zentralgewalt.
Dieser Staatsgerichtshof soll weiter die Aufgabe haben, einem jeden Einwohner Deutschlands den nötigen Schutz zu gewähren gegen Beeinträchtigung der ihm verfassungsmäßig zugesicherten Grundrechte. Auch darin erblicken wir eine absolute Notwendigkeit. Es gibt nicht nur eine Diktatur eines Einzelnen, es kann auch eine Diktatur einer parlamentarischen Mehrheit geben, und davor wollen wir einen Schutz haben in der Form des Staatsgerichtshofes. Auch darin wollen wir aus den Erfahrungen lernen, die wir 1933 gemacht haben ...
Von sehr großer Bedeutung wird die Frage sein: Wie kann man möglichst dauerhafte und stabile Regierungen schaffen? Man kann verschiedene Wege gehen. Diese Wege werden zu besprechen und zu überlegen sein. Ich verweise auf den Weg, den die bayerische Verfassung gewählt hat, die bestimmt, daß das einmal gewählte Kabinett für die Dauer der Wahlperiode des Landtages nicht absetzbar ist. Ich weise hin auf die Bestimmungen, die in der französischen Verfassung getroffen worden sind, nach denen u.a. festgelegt ist, daß ein Kabinett so lange im Amt bleibt, bis ein neues Kabinett die Mehrheit, das Vertrauen der Mehrheit des Parlaments, gefunden hat.
Über diese Fragen wird zu diskutieren sein. Am wichtigsten scheint uns aber in diesem Zusammenhang die Frage des Wahlrechts zu sein. Wir wünschen nicht das Verhältniswahlrecht wieder zu sehen, weil dieses Verhältniswahlrecht tatsächlich nur scheinbar gerecht ist, während es in Wirklichkeit kleinen Parteien einen Einfluß gibt, der weit über die Bedeutung der Stimmen, die sie auf sich vereinen, hinausgeht ...
Meine Damen und Herren! Ehe eine neue deutsche Verfassung das Licht des Tages erblicken wird, wünschen wir ein Statut, das sowohl der Besetzung die Rechte und die Pflichten gibt, die sie haben muß, das den Deutschen ebenfalls ihre Pflichten, aber auch ihre Rechte zuweist ...

Zit. nach: Manfred Overesch, Deutschland 1945–1949, a.a.O., S. 226 ff.

## 2. Aus dem Protokoll der Vorbesprechung zur Münchener Ministerpräsidenten-Konferenz am 5.6. 1947

Ministerpräsident *Dr. Höcker* (Mecklenburg) führt aus, die Ministerpräsidenten der Ostzone hätten vor allen Dingen einen Wunsch gehabt, daß in den Mittelpunkt gestellt werde die Frage der wirtschaftlichen und politischen Einheit Deutschlands, weil sie die Ursache unserer ganzen wirtschaftlichen Not in erster Linie darin sähen, daß Deutschland zerrissen sei in verschiedene Zonen. Er glaube, daß man ihm recht geben werde, daß ein großer Teil, vielleicht der größte Teil unserer wirtschaftlichen Nöte, die wir alle hätten, darauf zurückzuführen sei. Deshalb hätten sie es mit vollem Ernst vertreten, daß man, wenn schon die Ministerpräsidenten zusammenkämen, diese Frage als Hauptpunkt behandeln müsse. Sie seien nicht der Meinung, daß man auf dieser Konferenz nicht über die Zonen sprechen solle. Im Gegenteil, sie seien der Meinung, daß man dem deutschen Volk sagen müsse, worin unsere wirtschaftliche Notlage begründet sei. Wenn wir weiter nichts tun und nichts anderes erreichen könnten, als daß wir endlich einmal die deutschen Parteien und Gewerkschaften durch die Initiative der Ministerpräsidenten dazu brächten, zu dieser wichtigen Frage Stellung zu nehmen, dann habe diese Konferenz einen großen Erfolg gehabt. Das sei ihre Meinung. Wenn wir das nicht täten, wenn wir nur über die Schwierigkeiten und Nöte redeten – dazu sei sicher die Möglichkeit, bei den verschiedensten Punkten darauf einzugehen –, aber das deutsche Volk erwarte von dieser ersten Konferenz etwas, nämlich nicht, daß wir hier redeten und Entschließungen faßten, nicht nur das deutsche Volk, darüber hinaus das Ausland blicke auf diese Konferenz. Wir dürften hier nicht auseinandergehen, ohne daß wir zu dieser Kernfrage ernstlich Stellung genommen und unsere Meinung dem Volk und den Besatzungsmächten kundgegeben hätten. Die Einheit Deutschlands: dafür brauche er keine Begründung mehr zu geben ...

Senatspräsident *Kaisen* (Bremen) erwidert, dieser Punkt komme für diese Konferenz zu früh. Die Sache liege so, daß die Besatzungsmächte beschlossen hätten, eine zentrale Verwaltung zu schaffen. Praktisch sei dies jedoch auch in Moskau nicht geschehen. Nun wolle man mit Hilfe der Parteien eine solche Zentralverwaltung schaffen, die auch eine zentrale politische Spitze haben müsse. Dem stünden aber vorläufig noch die Gesetze der Besatzungsmacht entgegen. Auch die Parteien seien damit nicht einverstanden.

In der Ostzone seien die Parteien mit diesem Konzept wohl einverstanden, in der Westzone aber nicht, weil sie befürchten müßten, daß in dem Augenblick der Schaffung einer deutschen Zentralregierung der letzte Rest von Substanz sich auch noch verflüchtige. Daher sei es erforderlich, daß dieses Problem zunächst einmal von den Parteien angefaßt würde, auch in der Westzone. Die Parteien bestünden darauf, daß sie das prae in diesen politischen Konzeptionen hätten, sie hielten die Ministerpräsidenten nicht für befugt, in diese entscheidende Frage jetzt einzugreifen. So wie die Ministerpräsidenten der Sowjetzone von ihren Parteien getrieben würden, so würden die Ministerpräsidenten der westlichen Zone von ihren Parteien gehindert. Die Lage sei äußerst prekär. Man habe deswegen unter Zurücksetzung vieler anderer Bedenken davon abgesehen, zu tun, was man wünsche. Man habe einer Konferenz zugestimmt, die sich mit der Behebung der wirtschaftlichen Schwierigkeiten befasse. Die nächste Konferenz könne dann einen Schritt weitergehen. Die jetzige Konferenz würde sonst zu sehr belastet sein und nicht vorwärtskommen.

Ministerpräsident *Dr. Paul* (Thüringen) erklärt, es sei keine Prinzipienreiterei und sie seien auch keine getriebenen Jockeys der Parteien, wenn sie diesen Antrag hier und mit diesem Nachdruck stellten. Er kenne genau die Grenzen, die einem Regierungschef gesteckt seien, und er wisse, wie weit unsere Möglichkeiten gingen, die Not des Volkes zu beheben ...

Er frage, was vergebe man sich, wenn man in dieser Sitzung zum Ausdruck bringe, daß die Ministerpräsidenten es für geboten hielten, daß die Parteien und die Gewerkschaften sich baldmöglichst zusammenfänden, und zwar zusammenfänden mit dem Ziele einer Schaffung einer zentralen Verwaltung, später einmal Wahlen oder ein deutsches Reich vorzubereiten. Einmal müsse man den Anfang machen. Einmal müsse man aus den Eiertänzen der Paragraphen-Juristen herauskommen. Man müsse an die Probleme herantreten, die Zeit des Abwartens sei vorbei. Er stehe auf dem

Standpunkt, daß sich durch die Annahme eines solchen Antrags, daß sich die Parteien in Berlin zusammenfinden möchten, die Konferenz nicht nur nichts vergebe, sondern im Gegenteil auf dem Wege zur Schaffung eines wirtschaftlich und politisch einheitlichen Deutschlands selbst einen Schritt gehen und nicht nur über diesen Schritt reden solle. Aus diesem Grunde bitte er entsprechend dem Antrag, morgen über diesen Punkt zu reden. Es werde dies nicht mehr als 15 bis 20 Minuten erfordern. Damit werde die Angelegenheit erledigt sein.
Ministerpräsident *Dr. Ehard* (Bayern) erklärt, er habe sich natürlich diese Dinge auch überlegt. Man könne zwei Wege gehen. Entweder man mache eine politische Demonstration aus dieser Konferenz, oder man mache eine nüchterne Arbeitstagung, die aufzeige, wo wir stehen, was wir tun könnten und wozu wir die Hilfe der Besatzungsmächte bräuchten. Wenn wir die Frage der Einheit Deutschlands vorwegnehmen, dann bestehe die Gefahr, daß die Aufgabe der Konferenz gefährdet werde. Wenn wir die Konferenz zu einer politischen Demonstration machen, dann bestehe von vornherein eine ganz große Gefahr, daß wir die Einheit nicht erreichten, sondern daß die innerpolitischen Gegensätze sie auffräßen. Wir seien noch nicht so weit, daß wir auf die Besatzungsmächte einwirken könnten. Wenn wir als Ministerpräsidenten erklären, daß wir ein gemeinsames deutsches Volk wollten, die Parteien hätten es aber nicht fertiggebracht, dann würde dadurch das deutsche Volk tatsächlich darauf hingewiesen werden, daß die Parteien es nicht fertiggebracht hätten ...
Ministerpräsident *Dr. Ehard* fragt, ob man also meine, die Tagesordnung mit gewissen Modulationen ablaufen zu lassen und im Anschluß an die einzelnen Referate die einzelnen Ministerpräsidenten ihre Meinung sagen lassen solle. An die Vertreter der Ostzone gewandt, fährt er fort, wenn er sie richtig verstanden habe, hätten sie den Antrag gestellt, die Bildung einer Zentralverwaltung durch die Parteien und Gewerkschaften zu schaffen.
Ministerpräsident *Dr. Paul* erwidert, wenn dieser Antrag abgelehnt werde, nämlich daß sie darüber sprechen könnten, daß sie den Standpunkt verträten, sie begrüßten außerordentlich das Zusammentreten der Ministerpräsidenten als ersten Schritt zur Einheit, darüber hinaus den Standpunkt, daß entscheidender Träger für den Aufbau Deutschlands und zur Lösung der Not das Volk in seiner Gesamtheit, repräsentiert durch die Parteien und Gewerkschaften, sei, ferner, daß eine Entschließung – nicht mehr – gefaßt werden solle, wobei nicht über den Staat als solchen, der entstehe, diskutiert werden solle, sondern nur eine Empfehlung von den Ministerpräsidenten in Betracht komme, die an die Parteien und Gewerkschaften gerichtet sei, daß sie (die Min. Präsidenten) in Erkenntnis der Notlage des Volkes es für geboten hielten, daß die Parteien sich zwecks Bildung einer zentralen Verwaltung zusammensetzten; mehr verlangten sie nicht und könnten sie nicht verlangen. Das, was hier im Rahmen der Debatte hereingebracht worden sei, sei nicht Inhalt dessen, was sie vorschlügen. Sie wollten keine Zentralverwaltung einsetzen lassen, auch kein Statut erlassen. Sie wollten auch nicht sagen, was sie unter dem zukünftigen Aufbau Deutschlands verstünden. Gewiß schwebe ihnen eine Art Weimarer Verfassung und nicht ein Staatenbund vor, aber keiner der Konferenzteilnehmer dürfe bei ihnen eine hundertprozentige Taktlosigkeit voraussetzen, auch wenn sie aus der russischen Zone kämen.
Ministerpräsident *Dr. Ehard* bittet, doch nicht diese Schärfe und persönlichen Angriffe in die Diskussion hineinzubringen. Dies sei bisher von keiner Seite geschehen.
Ministerpräsident *Dr. Paul* erwidert, dies habe darin seinen Grund, daß sie seit 3 Wochen immer nur ein Nein hörten. Er halte es daher für geboten, daß er sich mit den anderen Vertretern der Ostzone zurückziehe ...
Ministerpräsident *Lüdemann* (Schleswig-Holstein) äußert, was sich hier abgespielt habe, sei für die deutsche Entwicklung von sehr großer Bedeutung. Die Herren hätten von Anfang an gewußt, warum sie keine Sachbearbeiter mitgebracht hätten. Man müsse jetzt sofort ein Kommuniqué an die Presse geben, man dürfe nicht warten, daß diese Herren zuvorkommen. Man müsse dabei feststellen, daß noch gar keine Entscheidung über die Tagesordnung gefallen sei, als diese gegangen seien, und ferner, daß jeder der hier anwesenden Herren immer erklärt habe, daß die Einheit Deutschlands geschaffen werden müsse, daß es nur eine Frage sei, wie dies zu machen sei ...
Ministerpräsident *Dr. Ehard* erklärt, da er gewußt habe, daß Schwierigkeiten kämen, habe er die

Herren der SPD aus den Westzonen eindringlich gebeten, entgegenzukommen. Er müsse anerkennen, daß sie dies sehr wohl getan hätten und man sich so zusammengesprochen habe, daß diese Schwierigkeiten vorläufig beseitigt gewesen seien. Nun hätten die Herren der Ostzone ein Ultimatum gestellt; die Herren aus der Westzone hätten das auch machen können. Er sei sehr dankbar, daß es nicht so gekommen sei. Er schlage weiter vor, die Tagesordnung erst fertigzumachen und dann das Kommuniqué für die Presse auszuarbeiten – und zwar in kleinerem Kreis.

Zit. nach: Rolf Steininger, Zur Geschichte der Münchener Ministerpräsidenten-Konferenz 1947, in: Vierteljahreshefte für Zeitgeschichte 23 (1975), S. 424 ff.

### 3. Schumacher zur ökonomischen Mobilisierung in der Bizone (Parteitagsrede vom 29. 6. 1947)

Wenn man Deutschland gesund machen will, so ist es nach den realen Möglichkeiten heute nur auf dem Wege zu erreichen, daß man die Bizone ökonomisch so lebendig macht, daß von ihr ein unwiderstehlicher Magnetismus auf andere Zonen ausgeht. Das ist die kardinale, praktisch-politische Frage, die noch vor Einbruch dieses Winters so weit klargestellt sein muß, daß auch das primitivste Gemüt die Tendenzen der Entwicklung zu überschauen vermag. Die Anziehungskraft einer wirtschaftlich gesunden Bizone wäre ungeheuer. Aber diese Anziehungskraft wäre der erste Schritt zur Vereinigung aller Zonen. Wenn man sagt, es wäre falsch, die Bizone wirtschaftlich stark zu machen, nun, werte Genossen und Genossinnen, wenn wir diese Bizone wirtschaftlich stark haben wollen, dann nicht nur mit Rücksicht auf das deutsche Volk in den Westzonen, dann auch – ja, in erster Linie – mit Rücksicht auf das deutsche Volk der Ostzone. Denn eine Zonenvereinigung ist wirtschaftlich nur denkbar, und möglich, wenn der Westen stark genug ist, das ökonomische Vakuum der Ostzone bei einer Vereinigung auch auszufüllen.

Zit. nach: Heino Kaack, Das Problem der außenpolitischen Alternative für Deutschland, Kiel 1965, S. 132

### 4. Schumachers Wiedervereinigungskalkül seit Mitte 1947

Schumacher sah sich in den Jahren 1945 bis 1947 nicht in der Lage, eine der bestehenden politischen Instanzen oder ein Parteigremium als repräsentativ für das ganze Reich anzuerkennen. Die Länder mitsamt ihren Verfassungsorganen und erst recht die ad-hoc-Repräsentation deutscher Politiker stellten in seinen Augen nicht mehr dar als fragwürdige Provisorien inmitten eines provisorischen Zwischenzustandes.

Das galt auch für die überzonalen Einrichtungen, die seit dem Jahre 1946 die britische und die amerikanische Besatzungszone immer enger miteinander verbanden. Sie erweckten in vielem weniger Bedenken als die Länder, weil ihre Natur als reine Verwaltungseinrichtungen mindestens in der Frühzeit viel deutlicher zutage trat. Die für sie so kennzeichnende kontinuierliche Umstrukturierung unterstrich den Provisoriumscharakter aufs nachdrücklichste. Und die lediglich administrative Zweckbestimmung der Institutionen wurde auch von den Alliierten bei jeder Gelegenheit hervorgehoben.

Für Schumacher stand die Überwindung der ökonomischen Stagnation ganz im Vordergrund der Überlegungen. Jede Maßnahme, die hier Abhilfe zu schaffen versprach, fand seine Zustimmung. Der sozialdemokratische Parteivorstand versäumte im Januar 1947 denn auch nicht, das Inkrafttreten des amerikanisch-britischen Zwei-Zonen-Abkommens als wesentlichen Fortschritt auf dem Wege einer Überwindung der wirtschaftlichen Spaltung Deutschlands zu begrüßen.

Immerhin wurde schon bei dieser Gelegenheit die Befürchtung, damit könne ein entscheidender Schritt zur Spaltung Deutschlands vollzogen sein, von östlicher Seite mit großer Lautstärke geltend gemacht. Schumacher wehrte diese Vorwürfe mit einer Reihe von Argumenten ab, die er in der Folgezeit noch verschiedentlich verwenden sollte, wenn die Westmächte und die westdeutschen Politiker bei jeweils gegebenem Anlaß der Versündigung an der Reichseinheit bezichtigt wurden.

Seine Rechtfertigung des selbständigen Vorgehens in den Westzonen deckte sich in diesem Punkt durchaus mit derjenigen der Westmächte.
Die Teilung Deutschlands, so erwiderte er auf diese Vorwürfe seit Herbst 1947 in aller Offenheit, werde durch die westlichen Maßnahmen nicht herbeigeführt; sie sei bereits eine vollendete Tatsache. Sie ergebe sich aus der ökonomischen und politischen Sonderbehandlung der Ostzone. Dort seien zuerst deutsche Zentralverwaltungen errichtet worden. Der Anstoß sei von Sowjetrußland ausgegangen, das sich geweigert habe, das Reich als wirtschaftliche Einheit zu behandeln.
Dementsprechend verstand er die Strukturmaßnahmen in den Westzonen nur als Reflexbewegungen auf vorhergegangene russische Schritte. Die Gründung eines Weststaates, den er Ende 1947 für ziemlich sicher hielt, wurde seiner Meinung nach legitimiert durch die vorhergehende faktische Ausgliederung eines „Oststaates".
So gesehen, konnte es sich seit der zweiten Jahreshälfte 1947 schon gar nicht mehr darum handeln, die Einheit Deutschlands zu erhalten; vielmehr bestand die Aufgabe in einer *Wiedervereinigung* getrennter Teile Deutschlands. Voraussetzung dafür aber war eine rasche wirtschaftliche Gesundung der Bizone.
Diese Auffassung entwickelte er in den Grundzügen zuerst am 31. März 1947 vor den politischen Spitzengremien seiner Partei: „Die Prosperität der Westzonen, die sich auf der Grundlage der Konzentrierung der bizonalen Wirtschaftspolitik erreichen läßt, kann den Westen zum *ökonomischen Magneten* machen. Es ist realpolitisch vom deutschen Gesichtspunkt aus kein anderer Weg zur Erringung der deutschen Einheit möglich, als diese ökonomische Magnetisierung des Westens, die ihre Anziehungskraft auf den Osten so stark ausüben muß, daß auf die Dauer die bloße Innehabung des Machtapparates dagegen kein sicheres Mittel ist. Es ist gewiß ein schwerer und vermutlich langer Weg. Aber wir müssen ihn gehen, nicht nur des Westens, sondern auch des Ostens und vor allem Berlins wegen ..."
Immer wieder in den folgenden Monaten und Jahren entwickelte er dieses Wiedervereinigungskonzept; es trat erst zu Beginn der fünfziger Jahre vor anderen Überlegungen zurück. So lange aber hat er jede Konsolidierungsmaßnahme in den Westzonen mit diesem – wie sich zeigen sollte, falschen – Kalkül motiviert.

Aus: Hans-Peter Schwarz, Vom Reich zur Bundesrepublik. Deutschland im Widerstreit der außenpolitischen Konzeptionen in den Jahren der Besatzungsherrschaft 1945–1949, 2. Aufl. Stuttgart 1980, S. 550f.

## 5. Jakob Kaisers außenpolitische Konzeption: Deutschland als Brücke zwischen Ost und West

Von seiner ideologischen Grundlage und aus seiner Berliner Sicht, die ihm Deutschlands Mittellage in Europa besonders deutlich werden ließ, kam Jakob Kaiser zu der Vorstellung, daß die Verbindung von Christentum und Sozialismus auch eine Verbindung der östlichen und westlichen, d.h. der freiheitlich-demokratischen und kommunistischen Weltanschauungen herbeiführen könne. Nur bei einem Gelingen dieser Synthese glaubte er den Frieden in Europa auf die Dauer gerettet. Die Wiedervereinigung Deutschlands konnte seiner Meinung nach nur durch einen Kompromiß mit den Sowjets herbeigeführt werden. Im Gegensatz zu vielen anderen prominenten Politikern der deutschen Parteien glaubte er an die Möglichkeit eines solchen Kompromisses ebenso wie an eine Einigung aller deutschen Parteien auf eine gemeinsame Deutschlandpolitik.
Daher waren ihm auch die Pläne der westdeutschen CDU äußerst suspekt. Er erklärte dazu: „Meine Freunde, es ist schmerzlich, wenn man Willensäußerungen deutscher Menschen hört, die sich einseitig nach Westen orientieren möchten, die von einer Art Vereinigter Staaten von Europa träumen. Deutschland wird seine Aufgabe als Land der Mitte zwischen Ost und West erfüllen, oder es wird an seiner wesenhaftesten Aufgabe vorübergehen. Nur politische Krähwinkelei kann Gedanken nachgehen wie den eben angedeuteten." Er fährt an anderer Stelle fort: „Wir hätten Grund zum Verzweifeln, wenn wir aus der Tatsache der zonalen Besetzung Deutschlands keinen anderen Schluß zu ziehen wüßten, als daß der Westen dem Osten den Rücken kehrte."

Kaiser war nicht grundsätzlich gegen einen Zusammenschluß Europas, wollte aber zunächst die Einheit Deutschlands verwirklicht wissen: „Auch ich bekenne mich zur europäischen Schicksalsgemeinschaft, ich bekenne mich nicht nur zu ihr, weil wir sie als Brotgemeinschaft der europäischen Menschen in Zukunft kaum entbehren können, ich bekenne mich zu ihr um der geistigen Werte, um der Kultur des Abendlandes willen, denen die Vereinigten Staaten von Europa zu dienen, die sie zu erhalten, zu pflegen und weiterzugeben haben. Aber unser heutiges Deutschland ist kein Reich, kein Staat, keine Gemeinschaft, kein Volk. Mir will scheinen, als sei dieser Zustand Deutschlands nicht der geeignete Augenblick, nach den Vereinigten Staaten von Europa zu rufen. Es gilt vielmehr zunächst das Schicksal zu meistern, das Deutschland heißt. Dieses Schicksal ist die gemeinsame Aufgabe aller, die sich Deutsche nennen. Der Wille zu den Vereinigten Staaten von Europa soll nicht Flucht aus dem deutschen Schicksal, sondern Bereitschaft zu engster europäischer Gemeinschaft aus einem gesunden und geläuterten Selbstbewußtsein heraus sein."

Auch in der Einstellung zum Föderalismus befand sich die Berliner CDU im Gegensatz zur süd- und westdeutschen. Sie war der Meinung, daß der innere Aufbau Deutschlands so zentralistisch sein solle, wie die Alliierten es zuließen. Auf keinen Fall sollte ein Staatenbund geschaffen werden. Selbstverständlich war für Jakob Kaiser und seine Parteifreunde in Berlin und der sowjetischen Zone, daß Berlin deutsche Hauptstadt bleiben sollte. Berlin war für sie das Symbol der deutschen Einheit.

Die Differenz zwischen Kaisers und Adenauers Anschauungen ist nicht nur durch ideologische Unterschiede bedingt, sondern auch durch ein differierendes Verständnis der weltpolitischen Situation. Wie der Vorsitzende der LDP, Wilhelm Külz, hielt auch Jakob Kaiser einen Kompromiß mit der Sowjetunion für notwendig, aus Furcht die USA werden sich wie nach 1918 aus Europa zurückziehen. Da der Vergleich mit der Entwicklung nach 1918 den deutschen Politikern immer wieder als Maßstab diente, war diese Befürchtung verständlich. Erst die Rede des amerikanischen Außenministers Byrnes am 6. September 1946 in Stuttgart bestärkte die Hoffnung, die USA würden diesmal in Europa bleiben. Der Marshallplan schließlich machte das Engagement der Amerikaner in Europa endgültig.

Jakob Kaiser hatte richtig erkannt, daß zwischen dem Intensitätsgrad der europäischen Einigungsbemühungen und den Chancen einer deutschen Wiedervereinigung ein direkter Bezug bestand. Diese Relation war entscheidend für die deutsche Politik. Während Adenauer der europäischen Integration den Vorrang zu geben schien und sie später auch als das beste Mittel zur Erreichung der Wiedervereinigung propagierte, neigte Kaiser wie auch Kurt Schumacher dazu, zunächst auf Gleichberechtigung und Einheit Deutschlands zu bestehen als Voraussetzung für eine aktive Beteiligung an den europäischen Integrationsbestrebungen.

Die „Brückentheorie" Kaisers wurde auch von weiten Kreisen der FDP übernommen, die den „christlichen Sozialismus" ablehnten. Kaiser galt zeitweilig als der Repräsentant aller Kräfte, die ein neutrales Deutschland wünschten und die beste, wenn nicht die einzige Möglichkeit der Verhinderung der Spaltung in gesamtdeutschen Gesprächen und einem Kompromiß mit der Sowjetunion sahen. Er selbst wollte durch sein Ausharren in der Ostzone demonstrieren, daß dieser Weg gangbar sei. Als er Ende 1947 von den Sowjets als CDU-Vorsitzender abgesetzt wurde und die Ostzone verlassen mußte, war damit auch seine politische Konzeption ad absurdum geführt.

Aus: Heino Kaack, Das Problem der außerpolitischen Alternative für Deutschland, a.a.O., S. 31 ff.

# II/6 Herausbildung der ökonomischen und sozialen Strukturen

## Arbeitsthemen

1. *Welche Hemmnisse ergaben sich nach dem Ende des Zweiten Weltkriegs für eine funktionierende Wirtschaft in Westdeutschland? (Nr. 1 und 10)*
2. *Wie sah die Ernährungslage in Deutschland und in Europa nach dem Ende des Krieges aus? Welche Verschlechterungen sind aus den Vergleichen mit der Vorkriegssituation erkennbar? (Nr. 2 a, 2 b, 3 und 4)*
3. *Welche Schlüsse hinsichtlich der Kriegszerstörungen der westdeutschen Industrie lassen sich anhand der Entwicklung des Bruttoanlagevermögens ziehen? (Nr. 5)*
4. *In welchem Größenverhältnis – gemessen an dem Stand von 1936 – entwickelte sich die Produktion in den Westzonen zwischen 1945 und 1948? (Nr. 6 a–6 d)*
5. *Welcher Zusammenhang zwischen Ernährungskrise und sektoraler Beschäftigung läßt sich erkennen? (Nr. 7)*
6. *In welchem Ausmaß haben die Flüchtlingsbewegungen den westdeutschen Arbeitsmarkt beeinflußt? (Nr. 8)*
7. *Welche günstigen Bedingungen für den späteren raschen Wiederaufstieg der Wirtschaft sind in den Westzonen bereits in den Jahren 1945–1948 erkennbar? (Nr. 10) Inwieweit korrespondiert die Interpretation Abelshausers mit den erhobenen Daten? (Nr. 10, 9 a–9 c)*
8. *Mit welchen politischen und gesellschaftlichen Intentionen wird die Bodenreform motiviert? Auf welche Besitzverhältnisse im landwirtschaftlichen Bereich zielte sie ab? Auf welche Außendarstellung der Aktivitäten im Zusammenhang mit der Bodenreform kam es der KPD-Führung an? (Nr. 11)*
9. *Welche Auswirkungen der Bodenreform lassen sich beim Vergleich der Erhebungen über die landwirtschaftlichen Besitzverhältnisse registrieren? (Nr. 12 a und 12 b)*
10. *In welche politische Beleuchtung wollte die SED-Fürhung die Anfänge der „sozialistischen Umgestaltung" gerückt wissen? Warum will sie ihr das Etikett „Sozialisierung" vorenthalten? (Nr. 13)*
11. *Auf welchen Protest in der Arbeiterschaft stieß die Wiedereinführung der Leistungslöhne? Welche Interpretationen fand diese Kritik? Inwiefern geriet die SED mit der Kopie der sowjetischen Aktivistenbewegung in Konflikt zu ihrem Selbstanspruch? Welche unterschiedlichen Reaktionen löste Henneckes Rekordleistung aus? (Nr. 14)*
12. *Auf welche Zielsetzungen war die Wirtschaftsordnung der KPD/SED ausgerichtet? Inwiefern läßt sich – vom Ergebnis her gesehen – von einem „gemischten Wirtschaftssystem" sprechen? Welche Daten zeigen an, daß die SBZ-Wirtschaft durch Kriegszerstörungen und Demontagen stärker als die der westlichen Zonen betroffen wurde? Weshalb gelangte sie jedoch zu einer leistungsfähigeren Lebensmittelversorgung? Welche Umstrukturierung der Wirtschaftsordnung fällt in den Sommer 1948? Welches waren ihre gewichtigen Begleiterscheinungen? Welche übergreifende politische Alternative läßt sich mit der Wirtschaftsordnung der SBZ verbinden? (Nr. 15)*
13. *Worauf sollte sich die in Artikel 41 der Hessischen Verfassung formulierte Sozialisierung erstrecken? Wofür kann das Ergebnis des hessischen Referendums vom 1. 12. 1946 als Indiz gewertet werden? Inwiefern läßt sich die weitverbreitete These widerlegen, daß die hessische Sozialisierung am Veto der amerikanischen Besatzungsmacht und nicht – zumindest in gleichem Maße – an den veränderten Optionen der parlamentarischen Gruppen im Landtag gescheitert sei? (Nr. 16)*
14. *Welches für die gewandelten Kräfteverhältnisse und Interessen bezeichnende und dem geschriebenen Verfassungsgebot in Artikel 41 zuwiderlaufende Ende fand der hessische Sozialisierungsversuch? (Nr. 17)*
15. *Mit welchen Tatbeständen stützte der angesichts der republikanischen Mehrheit im Kongreß von der Truman-Administration hofierte republikanische Ex-Präsident Herbert Hoover seine These ab: „Die Produktivität Europas kann nicht wiederhergestellt werden, ohne daß ein gesundetes Deutschland zu dieser Produktivität beiträgt"? (Nr. 18)*
16. *Mit welchen Argumenten begründet der Bankier Owen D. Young die politische Notwendigkeit des Marshall-Plans? (Nr. 19)*
17. *Welches gedankliche Junktim stellt der spätere amerikanische Außenminister John Foster Dulles zwischen Marshall-Plan und deutscher Wiedervereinigung her? (Nr. 20)*
18. *Wie ist die These des Historikers Manfred Knapp zu verstehen, daß „mit der Beteiligung am Marshall-Plan gleichsam auch die Ideologie dieses Plans in Westdeutschland verbreitet wurde"? Welche Stabilisierungseffekte gingen von dem Marshall-Plan aus? Inwiefern begünstigte er den bereits vorher beobachtbaren Trend der Krisenüberwindung auf Kosten tiefgreifender Reformen? (Nr. 21)*
19. *Welche Geldwertsituation wird durch die Höhe der Schwarzmarktpreise signalisiert? Welche Schlußfolgerungen las-*

*sen sie im Blick auf die Versorgungslage der Bevölkerung zu, wenn man hinzunimmt, daß ein Facharbeiter pro Woche 70,- RM verdiente? (Nr. 22 a und 22 b)*

20. *Wie reagierten die Unternehmer angesichts des rapiden Geldwertverfalls? Worauf war ihre gezielte Strategie des Sachsparens gerichtet? (Nr. 23)*
21. *Wodurch sieht Ludwig Erhard, Direktor der Verwaltung für Wirtschaft, das ökonomische Dilemma für die arbeitende Bevölkerung geprägt? Welches Zauberwort stellt er bereits im April 1948 in den Mittelpunkt seines Therapie-Konzepts? Mit welchen Sachargumenten distanziert er sich von dem – auch in den Augen der Bevölkerung hinreichend diskreditierten – System der totalen Bewirtschaftung? (Nr. 44)*
22. *Weshalb bedauert Dudek, daß der Schnitt der Währungsreform nicht schon im Mai 1945 möglich war? Unter welchen Pressionen standen die Vorbereitungen der Währungsumstellung? Welche Bedingungen knüpft Dudek an einen Erfolg der Währungsreform? (Nr. 25)*
23. *Welche Reaktionen von Erzeugern und Verbrauchern im Vorfeld der Währungsreform lassen sich aus dem Appell der Bochumer Stadtvertretung erschließen? (Nr. 26)*
24. *Welche Intentionen verbindet Ludwig Erhard mit der Verabschiedung des Leitsätze-Gesetzes? Auf welche Skepsis stießen sie bei der Opposition? Gegen welche Zuweisungen setzte sie sich zur Wehr? (Nr. 27)*
25. *Inwiefern ist es begreiflich, wenn das Leitsätze-Gesetz als „das politische Grundsatzbekenntnis des Frankfurter Wirtschaftsrates und der hinter ihm stehenden Koalition zu einem bestimmten wirtschaftspolitischen Programm" (Tilman Pünder) bezeichnet wurde? Von welchen stimulierenden Prinzipien sollte die Wirtschaft künftig bestimmt werden? (Nr. 28)*
26. *Von welchen Tendenzen war die Preisentwicklung nach der Währungsreform charakterisiert? Auf welche Ursachen wurde der beherrschende Trend zurückgeführt? (Nr. 29)*
27. *Welche Forderungen zur Überwindung des wirtschaftlichen Notstandes werden in dem Streikaufruf der Gewerkschaften erhoben? Inwieweit suchten sie die in Gang gebrachte ökonomische Entwicklung zurückzudrehen? (Nr. 30)*
28. *Mit welchen Argumenten wehrt sich Ludwig Erhard gegen Forderungen und Situationsanalyse der Gewerkschaften? Worauf führt er die angeprangerten Preissteigerungen zurück? Mit welchen Überlegungen und Assoziationen kritisiert Erhard den Generalstreik vom 12.11.1948? (Nr. 31)*
29. *In welchen Etappen erfolgte der Ausbau der Zentralverwaltungswirtschaft in der SBZ? Mit welchen Mitteln suchte der Staat den Schwarzen Markt auszuschalten? Inwiefern wurde eine Art Mischsystem etabliert? (Nr. 32)*
30. *Durch welche Momente sieht Alfred Müller-Armack das System der Sozialen Marktwirtschaft konstituiert? Wie gelangt er zu dem Postulat, daß „die letzten Ziele staatsbürgerlicher Freiheit mit den Zielen der wirtschaftlichen Freiheit des einzelnen übereinstimmen müssen"? (Nr. 33)*

## Materialien

### 1. Die Engpaßsituation in den Westzonen 1945–1946

Das Ausmaß der wirtschaftlichen Notlage in Deutschland zeigte sich nicht sofort. Für das Existenzminimum genügte nämlich das deutsche Wirtschaftspotential im ersten Nachkriegsjahr tatsächlich noch. Bis Ende 1946 reichten die aus der Kriegszeit geretteten Vorräte an Rohstoffen für eine bescheidene Produktion noch aus. Mit dem Beginn des strengen Winters 1946/47 jedoch wurde die Katastrophe sichtbar: Ernährung, Energieversorgung und Verkehr – drei ohnehin voneinander abhängige, aber auch jeweils für sich allein genommen lebenswichtige Größen – brachen zusammen. Nur das Eingreifen der Besatzungsmächte (de facto: Großbritanniens und vor allem Amerikas) verhinderte das Ärgste.
Hatte der Durchschnittskalorienverbrauch in Deutschland im Jahre 1936 mit 3113 Kalorien noch über der vom Völkerbund aufgestellten Norm von 3000 Kalorien pro Tag gelegen, so war er bis zum Frühjahr 1945 allmählich auf 2010 abgesunken, um 1946 bei 1451 einen Tiefstand zu erreichen, der regional und lokal sogar noch unterschritten wurde. In der US-Zone lag der Durchschnitt bei 1564, in der französischen Zone bei 1209 Kalorien pro Kopf. Vor dem Krieg hatte die deutsche Landwirtschaft zu 80% den Ernährungsbedarf decken können, für 1946/47 wurde die Möglichkeit der Selbstversorgung nur noch auf 35% geschätzt, da etwa ein Viertel der landwirtschaftlichen Nutzfläche im Osten verloren gegangen war und außerdem infolge der Kriegseinwirkungen die

Ernte 1946/47 nur 50 bis 60% einer Normalernte betrug. Kalorienzahlen allein sagen jedoch nur wenig über die wirkliche Ernährungslage aus; entscheidend war auch der Mangel an tierischem Eiweiß und Fett.
Zur Ernährungskrise kam die Kohlenkrise. Kohle war der wichtigste Rohstoff der deutschen Industrie, aber ebenso unerläßliche Voraussetzung eines funktionierenden Verkehrs- und Transportsystems und wichtigster Energieträger der privaten Haushalte. Überdies bildete die Kohle einen der wesentlichsten Posten im Export der ersten Nachkriegsjahre, freilich ohne günstige Auswirkung für die deutsche Wirtschaftsbilanz: Die deutsche Kohle wurde von den Alliierten streng bewirtschaftet und weit unter dem Weltmarktpreis verkauft, wobei die Erlöse nicht in Devisen, sondern nur in Reichsmark gutgeschrieben wurden. Trotz beträchtlicher Anstrengungen auf alliierter (und auf deutscher) Seite, die Kohleförderung zu steigern, trotz materieller Anreize wie Schwerstarbeiterzulagen, Lohnerhöhungen und Prämiensystemen und trotz aller Bemühungen, durch Lenkungsmaßnahmen Prioritäten zu setzen, bildete die Kohle das Wirtschaftsproblem Nummer 1. Das lag zum Teil an mangelnder Effektivität der veralterten und verbrauchten Anlagen, zum Teil auch an der mangelnden Qualifikation der Bergleute – eine Folge der ungünstigen Altersstruktur einerseits und des Zuzugs von unerfahrenen „Neubergleuten" andererseits –, zum Teil lag es auch am unwirtschaftlichen Einsatz der Kohle infolge der Zonengrenzen (Braunkohle aus der Ostzone, die zum Hausbrand gut geeignet gewesen wäre, diente bei geringem Wirkungsgrad dort zur Lokomotivfeuerung, während in den Westzonen Steinkohle der Industrie entzogen werden mußte, um verheizt zu werden). Wichtige Gründe waren wiederum die Ernährungskrise und das mangelhafte Transportsystem. Die Verteilung der Kohle war nämlich das fast noch größere Problem als ihre Förderung.
Durch die amerikanischen und britischen Bomben war in der letzten Phase der Krieges das deutsche Verkehrs- und Transportsystem planmäßig und gründlich zerstört worden. (Die industriellen Anlagen hatten den Bombenkrieg insgesamt viel besser überstanden). Die Eisenbahn, die den weitaus überwiegenden Anteil an den Verkehrs- und Transportleistungen aufzubringen hatte, verfügte zwar noch über 22 800 Lokomotiven (gegenüber 23 500 im gesamten Altreichsgebiet im Jahre 1936), davon waren aber nur weniger als die Hälfte in betriebsfähigem Zustand. Die wichtigsten Strecken, Tunnels und Brücken waren zerstört. In der britischen Zone waren im Mai 1945 von rund 13 000 Streckenkilometern nur 1000 befahrbar, in der französischen Zone von 5667 km nur 500. Die zerstörten Strecken konnten zwar ziemlich schnell wieder in Stand gesetzt werden, das rollende Material befand sich jedoch zum großen Teil in kläglichem Zustand und die Reparaturbetriebe der Reichsbahn waren ungünstig verteilt (sie lagen überwiegend in der amerikanischen und britischen Zone) und litten an Materialmangel. Im Winter 1946/47, als die Binnenwasserstraßen wegen des Frostes vollständig ausfielen, wurde die Transportkrise vorübergehend zum schlimmsten Engpaß der deutschen Wirtschaft überhaupt.
Großbritannien hatte lebhaftes Interesse am möglichst raschen Funktionieren einer bescheidenen Wirtschaft in Deutschland. In London fürchtete man die Verantwortung für ein ökonomisch totes Deutschland, die bei den eigenen wirtschaftlichen Schwierigkeiten kaum getragen werden konnte. Churchill sprach es im Unterhaus bereits am 16. August 1945 deutlich aus: „Die deutschen Massen dürfen uns nicht zur Last fallen und erwarten, jahrelang von den Alliierten ernährt, organisiert und erzogen zu werden."

Aus: Wolfgang Benz, Wirtschaftspolitik zwischen Demontage und Währungsreform, in: Westdeutschlands Weg zur Bundesrepublik, a. a. O., S. 74 ff.

## 2. Lebensmittelrationen

*a) Lebensmittelrationen in der amerikanischen und der britischen Besatzungszone für Normalverbraucher (1 Zuteilungsperiode = ca. 4 Wochen)*

| | Brot | Nährmittel | Kartoffeln | Zucker | Fett | Fleisch | Fische | Käse | E.-Milch | Kal./Tag |
|---|---|---|---|---|---|---|---|---|---|---|
| | | | | **in Gramm** | | | | | | |
| **1945** | | | | | | | | | | |
| Amerikanische Zone | | | | | | | | | | |
| 17. 9.–14. 10. | 7000 | 500 | – | – | 463 | 800 | – | 62,5 | – | 846 |
| 12. 11.– 9. 12. | 10250 | 600 | 16000 | – | 400 | 800 | – | 125 | – | 1521 |
| Britische Zone | | | | | | | | | | |
| 23. 7.–19. 8. | 6800 | 500 | 10000 | 1000 | 400 | 600 | 470 | 62,5 | 4700 | 1376 |
| 12. 11.– 9. 12. | 10000 | 2000 | 8000 | 625 | 400 | 600 | 620 | 62,5 | 2000 | 1701 |
| **1946** | | | | | | | | | | |
| Amerikanische Zone | | | | | | | | | | |
| 16. 9.–13. 10. | 6000 | 1000 | 12000 | 250 | 400 | 2500 | 2500 | 125 | 4000 | 1247 |
| 4. 3.–31. 3 | 12000 | 600 | 12000 | – | 400 | 800 | – | 125 | 3000 | 1612 |
| Britische Zone | | | | | | | | | | |
| 1.4.–28.4. | 5000 | 1000 | 8000 | 725 | 400 | 700 | 900 | 62,5 | 2500 | 1042 |
| 4.2.– 3. 3. | 10000 | 2000 | 8000 | 625 | 400 | 450 | 705 | 62,5 | 1400 | 1694 |
| **1947** | | | | | | | | | | |
| Bizone | | | | | | | | | | |
| 28. 4.–25. 5. | 6000 | 600 | 10000 | 500 | 200 | 600 | 500 | 125 | 3000 | 1120 |
| 31. 3.–27. 4. | 10000 | 1500 | 10000 | 500 | 200 | 600 | 500 | 125 | 3000 | 1552 |
| **1948** | | | | | | | | | | |
| Bizone | | | | | | | | | | |
| März | 8780 | 1400 | 9000 | 1000 | 170 | 450 | 500 | 62,5 | 3000 | 1298 |
| Juli | 10000 | 1500 | 20000 | 1500 | 700 | 300 | 1000 | 125 | 3000 | 1990 |

Aus: Harald Winkel, Die Wirtschaft im geteilten Deutschland, a.a.O., S. 34

*b) Lebensmittelrationen in der sowjetischen Besatzungszone*

| | | Normalverbraucher | Schwerarbeiter |
|---|---|---|---|
| März | 1946 | 1100 Kal./Tag | 1903 Kal./Tag |
| November | 1947 | 1325 " " | 2053 " " |
| März | 1948 | 1336 " " | 2369 " " |
| Dezember | 1948 | 1526 " " | 2525 " " |

Aus Harald Winkel, Die Wirtschaft im geteilten Deutschland, a.a.O., S. 35

## 3. Europäischer und deutscher Verbrauch an Nahrungsmitteln

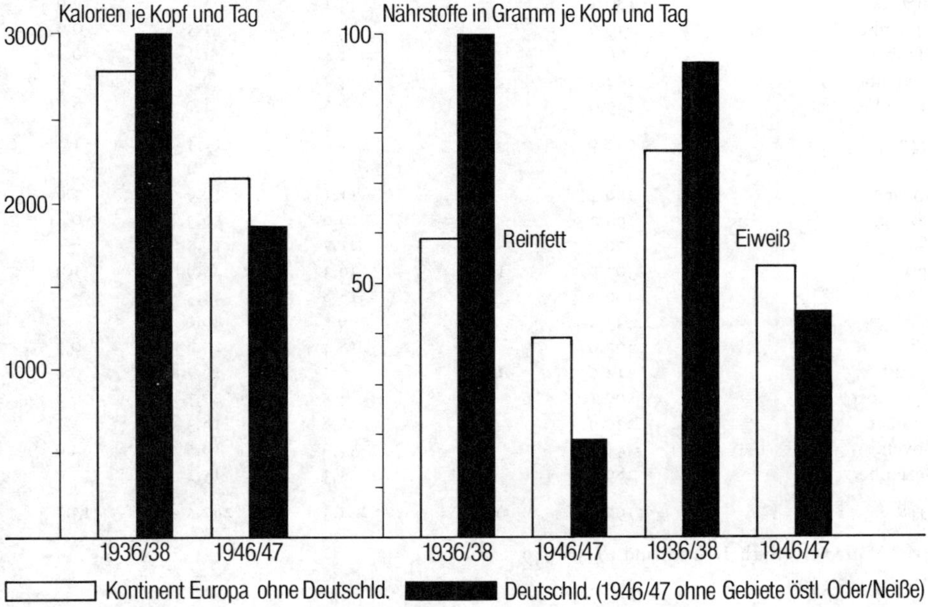


Nach: Gustav Wilhelm Harmssen, Reparationen, Sozialprodukt, Lebensstandard. Versuch einer Wirtschaftsbilanz, Heft 3, Bremen 1948, S. 50

## 4. Einfuhr der wichtigsten Nahrungsmittel in das Gebiet der Bizone 1947/48

| Monat | Mehl | Zucker | Fett | Fisch | Milch |
|---|---|---|---|---|---|
| | | | 1 000 t | | |
| Januar | 293,2 | – | – | 6,0 | 0,7 |
| Febraur | 235,1 | – | – | 31,3 | 1,6 |
| März | 209,5 | – | – | 19,3 | 0,1 |
| April | 170,0 | – | – | 3,1 | – |
| Mai | 288,2 | – | – | 12,9 | 2,4 |
| Juni | 454,4 | – | 0,2 | 6,8 | 2,1 |
| Juli | 410,5 | – | 5,9 | 6,4 | 23,1 |
| August | 480,4 | – | 0,1 | 8,6 | 8,9 |
| September | 430,0 | – | – | 1,5 | 0,9 |
| Oktober | 266,1 | – | 1,4 | 4,3 | 0,4 |
| November | 202,5 | 18,6 | 4,2 | 9,1 | 3,0 |
| Dezember | 219,0 | 35,1 | 0,8 | 4,0 | 8,3 |
| 1947 | 3658,9 | 53,7 | 12,6 | 113,4 | 51,4 |
| Januar | 229,4 | 14,5 | 11,1 | 10,9 | 1,6 |
| Februar | 192,2 | 34,7 | 19,6 | 56,5 | 0,4 |
| März | 276,7 | 77,5 | 21,7 | 10,5 | – |
| April | 307,0 | 127,1 | 36,3 | 25,9 | 1,9 |
| Mai | 306,7 | 47,2 | 18,8 | 34,5 | – |
| Juni | 433,2 | 74,5 | 9,1 | 26,0 | 0,1 |
| Juli | 462,9 | 0,3 | 18,4 | 20,8 | 0,3 |
| August | 614,0 | 116,3 | 6,1 | 16,7 | 0,3 |
| September | 500,1 | 97,9 | 4,5 | 27,7 | 0,6 |
| Oktober | 230,9 | 35,1 | 6,8 | 18,3 | 1,1 |
| November | 349,8 | – | 37,6 | 19,5 | 2,0 |
| Dezember | 289,8 | 9,9 | 51,3 | 15,1 | 7,0 |
| 1948 | 4192,5 | 634,9 | 241,3 | 282,5 | 15,1 |

Aus: Manfred Overesch, Deutschland 1945–1949, a. a. O., S. 233

## 5. Index des Brutto-Anlagevermögens der Industrie im Gebiet der drei Westzonen (1936 = 100)

| Jahr | Bergbau Grundstoff- und Prod.-güterind. | Investitionsgüter-industrien | Verbrauchs-güterind. | Nahrungs- und Genuß-mittelind. | Industrie, gesamt |
|---|---|---|---|---|---|
| 1938 | 108 | 105 | 105 | 103 | 106 |
| 1943 | 155 | 138 | 117 | 114 | 140 |
| 1944 | 151 | 135 | 114 | 110 | 136 |
| 1945 | 141 | 118 | 107 | 104 | 121 |
| 1946 | 124 | 112 | 105 | 102 | 116 |
| 1947 | 122 | 108 | 105 | 102 | 113 |
| 1948 | 120 | 107 | 106 | 103 | 113 |
| 1949 | 124 | 112 | 111 | 110 | 117 |

Aus: Rolf Krengel, Anlagevermögen, Produktion und Beschäftigung der Industrie im Gebiet der Bundesrepublik 1924 bis 1956, Berlin 1958, S. 94

## 6. Die Situation der Industrie

*a) Steinkohlenförderung im britisch-amerikanischen Besatzungsgebiet (Reviere: Ruhr, Aachen und Ibbenbüren) 1945–1948*

| Monat | 1945 | 1946 | 1947 | 1948 |
|---|---|---|---|---|
| Januar | – | 180 | 211 | 255 |
| Februar | – | 181 | 227 | 268 |
| März | – | 160 | 234 | 288 |
| April | – | 162 | 219 | 269 |
| Mai | – | 169 | 216 | 270 |
| Juni | – | 174 | 218 | 285 |
| Juli | 60 | 178 | 224 | 287 |
| August | 80 | 178 | 237 | 287 |
| September | 127 | 180 | 241 | 291 |
| Oktober | 143 | 183 | 247 | 303 |
| November | 163 | 193 | 280 | 318 |
| Dezember | 173 | 199 | 262 | 318 |
| Jahresdurchschnitt | – | 178 | 235 | 287 |

Arbeitstägliche Monatsdurchschnitte in 1000 t (Arbeitstäglicher Jahresdurchschnitt 1936 = 384 Tsd. t)
Aus: Manfred Overesch, Deutschland 1945–1949, a. a. O.,

*b) Die Entwicklung der industriellen Produktion in der britischen und der amerikanischen Besatzungszone 1945–1947*

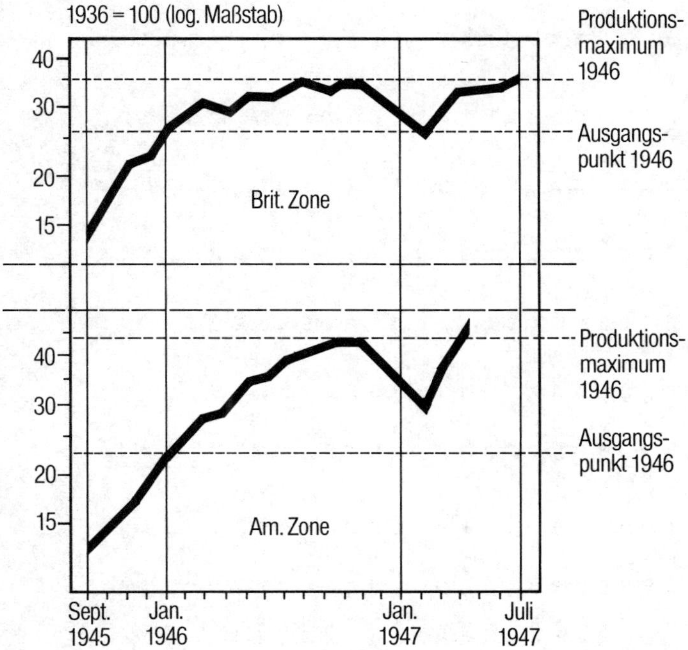


Nach: Werner Abelshauser, Wirtschaft in Westdeutschland 1945–1948, Stuttgart 1975, S. 38

*c) Sektorale Entwicklung der industriellen Produktion im Gebiet der Bizone 1946–1948 (1936 = 100)*

| Periode | Insg. | Kohle | Bergbau (o. Kohle) | Eisen und Stahlprodukt. | NE-Metalle | Stahl- und Eisenbau | Masch.-bau u. opt. Ind. | Fahrzeugbau | Elekt. Ind. | übrige Metallind. | Steine und Erden | Glas u. Keramik | Petroleum und Kohleprodukte | Chem. Ind. | Kautschuk-Ind. | Holzverarb. und Sägeind. | Papier und Pappe | Lederind. | Textil- u. Bekleid.-ind. | Elektrizitäts- u. Gasversorg. |
|---|---|---|---|---|---|---|---|---|---|---|---|---|---|---|---|---|---|---|---|---|
| Gewichtung | 100,0 | 8,6 | 1,2 | 8,7 | 2,7 | 2,9 | 9,9 | 3,6 | 3,8 | 11,4 | 4,4 | 1,5 | 1,1 | 8,6 | 1,4 | 3,6 | 4,3 | 2,4 | 11,0 | 6,7 |
| 1946 | 34 | 51 | 78 | 20 | 24 | 42 | 35 | 15 | 33 | 18 | 29 | 42 | 38 | 39 | 45 | 49 | 29 | 34 | 20 | 85 |
| 1947 | 40 | 65 | 80 | 22 | 28 | 47 | 34 | 15 | 59 | 21 | 35 | 54 | 46 | 40 | 48 | 47 | 31 | 34 | 30 | 96 |
| 1948 | 60 | 79 | 103 | 38 | 50 | 72 | 52 | 39 | 105 | 36 | 64 | 78 | 60 | 61 | 83 | 59 | 52 | 51 | 52 | 121 |
| 1947 Jan | 30 | 60 | 68 | 17 | 22 | 43 | 23 | 9 | 41 | 15 | 22 | 41 | 35 | 30 | 22 | 38 | 24 | 29 | 23 | 95 |
| Feb | 29 | 59 | 50 | 16 | 19 | 28 | 23 | 7 | 40 | 14 | 18 | 42 | 27 | 28 | 28 | 35 | 19 | 26 | 21 | 87 |
| Mär | 34 | 66 | 52 | 21 | 23 | 52 | 23 | 8 | 44 | 15 | 20 | 51 | 40 | 37 | 38 | 37 | 23 | 32 | 28 | 96 |
| Apr | 39 | 56 | 76 | 22 | 28 | 47 | 33 | 15 | 57 | 19 | 28 | 52 | 41 | 45 | 52 | 46 | 31 | 34 | 31 | 89 |
| Mai | 41 | 58 | 83 | 22 | 28 | 47 | 39 | 16 | 57 | 20 | 36 | 53 | 45 | 46 | 50 | 49 | 31 | 34 | 30 | 86 |
| Jun | 41 | 61 | 84 | 21 | 28 | 42 | 40 | 17 | 64 | 22 | 39 | 54 | 53 | 42 | 52 | 52 | 33 | 34 | 30 | 86 |
| Jul | 42 | 67 | 92 | 23 | 28 | 42 | 35 | 20 | 71 | 21 | 42 | 58 | 52 | 46 | 56 | 51 | 35 | 34 | 32 | 94 |
| Aug | 42 | 68 | 93 | 24 | 27 | 49 | 32 | 20 | 65 | 23 | 45 | 59 | 52 | 11 | 59 | 52 | 34 | 34 | 31 | 96 |
| Sept | 43 | 69 | 90 | 24 | 30 | 52 | 36 | 20 | 69 | 24 | 46 | 57 | 56 | 39 | 55 | 50 | 33 | 34 | 32 | 95 |
| Okt | 45 | 73 | 93 | 26 | 32 | 66 | 41 | 17 | 67 | 26 | 47 | 63 | 45 | 41 | 58 | 50 | 35 | 38 | 34 | 105 |
| Nov | 45 | 72 | 90 | 26 | 32 | 51 | 40 | 18 | 68 | 23 | 44 | 52 | 52 | 42 | 59 | 50 | 34 | 37 | 33 | 107 |
| Dez | 44 | 72 | 90 | 26 | 30 | 50 | 40 | 18 | 68 | 23 | 38 | 58 | 46 | 43 | 60 | 48 | 36 | 36 | 30 | 115 |
| 1948 Jan | 47 | 73 | 94 | 27 | 34 | 56 | 40 | 20 | 68 | 27 | 37 | 58 | 52 | 46 | 60 | 49 | 38 | 38 | 36 | 122 |
| Feb | 47 | 70 | 89 | 26 | 35 | 55 | 44 | 23 | 73 | 27 | 36 | 60 | 45 | 48 | 70 | 49 | 40 | 40 | 39 | 112 |
| Mär | 51 | 78 | 96 | 29 | 36 | 54 | 45 | 26 | 84 | 29 | 42 | 62 | 50 | 53 | 71 | 52 | 41 | 42 | 41 | 119 |
| Apr | 53 | 76 | 101 | 31 | 40 | 59 | 46 | 27 | 93 | 31 | 47 | 67 | 53 | 56 | 79 | 55 | 45 | 43 | 44 | 115 |
| Mai | 47 | 66 | 91 | 27 | 35 | 56 | 41 | 22 | 72 | 27 | 48 | 62 | 55 | 52 | 62 | 52 | 36 | 34 | 38 | 108 |
| Jun | 51 | 80 | 97 | 32 | 37 | 62 | 43 | 26 | 81 | 27 | 58 | 64 | 50 | 53 | 64 | 52 | 43 | 32 | 44 | 108 |
| Jul | 61 | 83 | 104 | 40 | 56 | 74 | 45 | 41 | 91 | 36 | 73 | 76 | 68 | 64 | 90 | 57 | 58 | 55 | 54 | 112 |
| Aug | 65 | 81 | 108 | 44 | 59 | 80 | 53 | 42 | 112 | 43 | 84 | 85 | 66 | 68 | 92 | 62 | 60 | 61 | 61 | 115 |
| Sept | 70 | 82 | 110 | 47 | 65 | 84 | 60 | 52 | 130 | 45 | 87 | 93 | 67 | 70 | 97 | 67 | 64 | 65 | 63 | 127 |
| Okt | 74 | 86 | 114 | 51 | 66 | 93 | 65 | 58 | 142 | 44 | 90 | 99 | 72 | 72 | 99 | 72 | 67 | 64 | 67 | 132 |
| Nov | 76 | 84 | 113 | 51 | 70 | 91 | 73 | 63 | 153 | 48 | 86 | 105 | 71 | 75 | 97 | 73 | 68 | 66 | 67 | 134 |
| Dez | 79 | 89 | 118 | 55 | 73 | 99 | 73 | 69 | 165 | 51 | 76 | 111 | 71 | 76 | 102 | 74 | 68 | 68 | 69 | 144 |

Aus: Manfred Overesch, Deutschland 1945–1949, a. a. O., S. 235

*d) Index der Produktion ausgesuchter Erzeugnisse im Gebiet der Bizone (1936 = 100)*

| | 1945 | 1946 | 1947 | 1948 | 1949 |
|---|---|---|---|---|---|
| Steinkohle | 30,3 | 46,1 | 60,8 | 74,4 | 88,3 |
| Steinkohlenbriketts | 29,9 | 43,2 | 49,2 | 67,4 | 81,2 |
| Steinkohlenkoks | 19,0 | 32,6 | 47,6 | 68,3 | 84,2 |
| Braunkohlenbriketts | 39,1 | 92,2 | 101,3 | 110,4 | 121,9 |

| | 1946 | 1947 | 1948 | 1949 |
|---|---|---|---|---|
| Rohstahl | 17,6 | 20,9 | 38,1 | 62,6 |
| Lastkraftwagen | 36,6 | 36,8 | 80,4 | 152,2 |
| Personenkraftwagen | 5,7 | 5,5 | 17,3 | 59,9 |
| Fahrräder | 32,4 | 34,6 | 104,0 | 166,3 |
| Bereifung | 34,4 | 37,5 | 71,9 | 111,7 |
| Phosphordüngemittel | 25,7 | 30,4 | 59,6 | 86,9 |
| Zement | 31,1 | 35,9 | 68,1 | 99,6 |
| Mauerziegel | 19,1 | 21,7 | 47,8 | 80,9 |
| Tafel- und Gußglas | 101,5 | 93,4 | 98,8 | 152,6 |
| Seife und Waschpulver | 35,9 | 32,8 | 39,8 | 41,0 |
| Papier, Pappe und Zeitungsdruckpapier | 29,8 | 30,7 | 53,4 | 87,4 |
| Baumwollgarne | 17,1 | 28,1 | 43,9 | 84,3 |
| Lederschuhe | 33,3 | 35,9 | 56,9 | 79,1 |

Aus: Wirtschaft und Statistik, 1. Jg. N.F. 1949/50, S. 1375 ff.

## 7. Index der Beschäftigten nach Wirtschaftsabteilungen in der britischen und der amerikanischen Zone (Juni 1936 = 100)

| | Beschäftigte, insgesamt | Industrie und Handwerk | Land- und Forst-wirtschaft | Dienst-leistungs-bereich |
|---|---|---|---|---|
| Juni 1938 | 110,2 | 113,6 | 93,1 | 109,2 |
| Mai 1939 | 117,0 | 121,5 | 95,8 | 115,4 |
| März 1946 | 91,5 | 82,5 | 158,1 | 89,4 |
| Ø 1946 | 103,4 | 91,8 | 181,1 | 102,2 |
| Ø 1947 | 116,9 | 104,7 | 180,1 | 119,6 |
| 1948 März | 120,7 | 110,7 | 167,1 | 124,2 |
| Juni | 123,2 | 114,4 | 165,7 | 126,2 |
| Sept. | 122,8 | 117,3 | 154,9 | 123,6 |
| Dez. | 124,8 | 123,0 | 144,9 | 123,1 |
| 1949 März | 122,2 | 120,4 | 136,1 | 121,6 |
| Juni | 122,6 | 121,4 | 135,5 | 121,3 |

Aus: Statistical Annex to the Report of the Military Governor, hrsg. vom Office of the Military Government for Germany (U.S.), 43 (Jan. 1949), S. 70 und 49 (Juli 1949), S. 70

## 8. Die Verteilung der Zwangsumgesiedelten und der Flüchtlinge nach dem Stand vom 1. April 1947

| Gebiet | aufgenommene Zwangsumgesiedelte aus Geb. östl. Oder/Neiße und dem Ausland (in 1000) | aufgenommene Flüchtlinge aus der sowj. Zone und Berlin (in 1000) | in % der Zonenbevölkerung vom 29. Okt. 1946 |
|---|---|---|---|
| brit. Zone | 3193 | 626 | 17,1 |
| amerik. Zone | 2904 | 260 | 18,3 |
| franz. Zone (mit Saargeb.) | 50 | 15 | 1,1 |
| 3 Westzonen, insgesamt | 6147 | 901 | 15,8 |
| sowj. Zone und Berlin | 3949 | | (19,3) |

Aus: Gustav Wilhelm Harmssen, Reparationen, Sozialprodukt, Lebensstandard. Versuch einer Wirtschaftsbilanz, Heft 3, Bremen 1948, S. 12

## 9. Die wirtschaftliche Entwicklung in den Westzonen

*a) Daten zur wirtschaftlichen Entwicklung der Bizone bis zur Währungsreform*

| Zeit | | Index der Industrieproduktion, gesamte Industrie (1936 = 100) | Erwerbstätige | | Arbeitslosenquote (in % der Beschäftigten) | Index des Brutto-Stundenverdienstes der Industriearbeiter (1938 = 100) |
|---|---|---|---|---|---|---|
| | | | insgesamt (in Mio.) | davon abhängig Beschäftigte (in Mio.) | | |
| 1946 | März | 30 | 13,3 | 9,1 | 9,2 | |
| | Juni | 33 | 14,3 | 10,0 | 7,3 | 108,7 |
| | Sept. | 37 | 15,5 | 10,8 | 6,8 | 110,9 |
| | Dez. | 32 | 16,1 | 11,1 | 6,8 | 111,0 |
| 1947 | März | 33 | 16,2 | 11,2 | 7,0 | 112,7 |
| | Juni | 39 | 16,6 | 11,5 | 5,2 | 114,1 |
| | Sept. | 41 | 16,9 | 11,7 | 4,0 | 117,3 |
| | Dez. | 43 | 17,1 | 11,9 | 3,7 | 117,9 |
| 1948 | März | 48 | 17,2 | 11,9 | 3,7 | 120,7 |
| | Juni | 51 | 17,5 | 12,2 | 3,5 | 122,0 |

Aus: Wirtschaft und Statistik, 1. Jg. N.F. 1949/50, S. 1417

*b) Daten zur wirtschaftlichen Entwicklung der drei Westzonen nach der Währungsreform*

| Zeit | | Index der Industrieproduktion, gesamte Industrie einschl. Energie - (1936 = 100) | abhängig Beschäftigte, insgesamt (in Mio.) | Arbeitslosenquote (in % der Beschäftigten) | Index des Brutto-Stundenverdienstes der Industriearbeiter (1938 = 100) | Preisindex für die Lebenshaltung einer 4-Personen-Arbeitnehmer-Haushaltung, mittl. Verbrauchergruppe (1938 = 100) |
|---|---|---|---|---|---|---|
| 1948 | Juni | 53,5 | 13,5 | 3,2 | 122,0 | 153 |
| | Juni | 60,0 | | | | 159 |
| | Aug. | 64,7 | | | | 163 |
| | Sept. | 71,1 | 13,5 | 5,5 | 133,2 | 166 |
| | Okt. | 75,7 | | | | 174 |
| | Nov. | 81,0 | | | | 173 |
| | Dez. | 78,9 | 13,7 | 5,3 | 140,3 | 175 |
| 1949 | Jan. | 80,6 | | | | 172 |
| | Febr. | 83,9 | | | | 170 |
| | März | 83,0 | 13,4 | 8,0 | 143,5 | 169 |

Aus: Wirtschaft und Statistik, 1. Jg. N.F. 1949/50, S. 418; S. 1013; S. 1352; S. 1417

*c) Die Entwicklung der industriellen Produktion im Gebiet der Bizone 1946–1948*

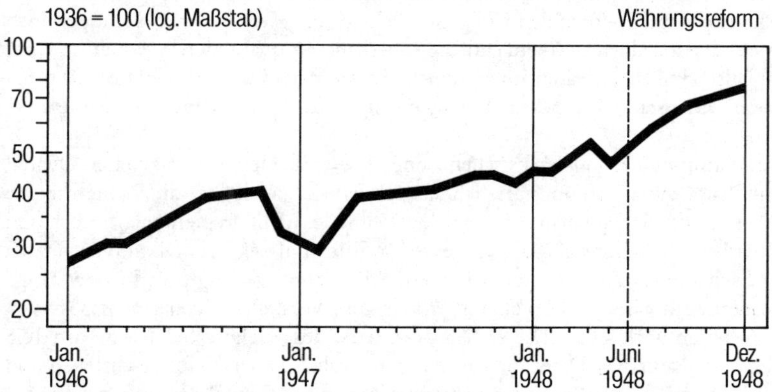


Aus: Werner Abelshauser, Wirtschaft in Westdeutschland 1945–1948, a. a. O., S. 48

## 10. Ursachen und Beginn des Wiederaufstiegs der westdeutschen Wirtschaft

An *Restriktionen* schien es auch nach dem Zweiten Weltkrieg mindestens bis 1948 nicht zu fehlen. Der industrielle Kapitalstock und die wirtschaftliche Infrastruktur wurden im Bombenkrieg teilweise zerstört. Noch mehr der Wohnungsbestand in den industriellen Ballungsgebieten, so daß es zu erheblicher Dislozierung der Arbeitskraft kam. Die verbliebene Produktionskapazität wurde durch Demontage und Produktionsbeschränkungen bzw. -verbote der Besatzungsmächte weiter eingeschränkt. Soweit ausdrücklich keine Produktionsbeschränkungen bestanden – wie im Kohlenbergbau –, blieb ein bedeutender Teil der Produktion der eigenen Nutzung durch Zwangsexport entzogen. Ein nennenswerter freier Außenhandel hingegen war bis 1948 nicht möglich. Die Restriktionen der deutschen Wirtschaftsaktivität durch die Besatzungsmächte zogen weitere nach sich. Sie behinderten die Nahrungsmittelversorgung und dadurch auch Arbeitsbereitschaft und -fähigkeit. Auch die späte Entscheidung über die Neuordnung von Wirtschaft und Gesellschaft scheint zu jenen Faktoren zu gehören, die die Rekonstruktion der westdeutschen Wirtschaft verzögert haben. Ist der Beginn der Rekonstruktion also durch *ordnungspolitische Vorentscheidungen* – wie die Währungsreform –. *Lockerungen wirtschaftlicher Restriktionen* – wie im Außenhandel – und durch *Hilfe von außen* – wie den Marshallplan – zustande gekommen?

Durch Maßnahmen des Jahres 1948 also, denen ein dramatischer Wandel in der alliierten Deutschlandpolitik im Jahre 1947 vorausgegangen war?

Um es vorwegzunehmen: Die Analyse der Rekonstruktionsbedingungen und des Verlaufs der industriellen Produktion in den Jahren 1945 bis 1948 rechtfertigt diese Annahmen nicht. Gewiß, der Kapitalstock war durch Kriegszerstörung, Restitution und Demontage vermindert worden. Eine *industrielle Vermögensrechnung* für die (britisch-amerikanische) Bizone zeigt jedoch, daß die Substanz des Anlagekapitals erhalten blieb, ja sogar – dank hoher Investitionen in den Jahren 1936 bis 1943 – um 20% über den Stand von 1936 hinaus gewachsen war. Auch seine Zusammensetzung war nicht ungünstig. Im Gegenteil: Sowohl Altersaufbau als auch die Netto-Brutto-Relation (Gütegrad) des Kapitalstocks erreichten 1945 einen Höchstwert. Andererseits entsprach das Anlagevermögen 1945 eben nur dem Stand von 1939; 1948 war es im Vergleich zum letzten Vorkriegsjahr sogar geschrumpft.

Das *Arbeitskräftepotential* war hingegen 1946 im Vergleich zu 1939 um 7% gewachsen, 1948 um 14%, und im Vergleich zu 1936 um 17,7%. Damit standen auf dem Gebiet der Bizone erheblich mehr Personen im arbeitsfhäigen Alter dem Produktionsprozeß zur Verfügung als vor dem Krieg. Sind an dieser quantitativen Bilanz auch noch in Bezug auf Erwerbsquote, Altersaufbau und Sexualproportion deutliche Abstriche zu machen, so steht doch außer Zweifel, daß die qualitative Verfassung des Arbeitskräftepotentials durch den Krieg nicht schlechter geworden war. Wichtiger noch als diese absoluten Werte ist jedoch der beträchtliche Überhang an qualifizierter Arbeitskraft im Verhältnis zum Kapitalstock. Damit waren im Hinblick auf die wichtigsten Produktionsfaktoren Kapital und Arbeit am Kriegsende die besten Voraussetzungen für einen schnellen Rekonstruktionsprozeß gegeben.

Die industrielle Produktion in den angelsächsischen Zonen stieg, nachdem sie im zweiten Quartal 1945 ihren Tiefpunkt hatte, zunächst kontinuierlich und schnell an – auch über die Wintermonate 1945/46 hinweg. Diese Entwicklung entspricht ganz der Politik der Militärregierungen – auch und gerade der amerikanischen, die schon im Mai 1945 eine Modifikation der ihrer Diktion nach noch in der Tradition des *Morgenthauplans* stehenden Direktive JCS 1067 verlangte und in der Folge vom Kriegsministerium auch genügend Spielraum erhielt, ihre Vorstellung von einem positiven Wirtschaftsprogramm zu entwickeln ... Dieser bereits in praxi ausgedehnte Spielraum von JCS 1067 wurde von der amerikanischen Delegation in Potsdam (Juli/Aug. 1945) festgeschrieben und damit abgesichert. Indes enthält das *Potsdamer Abkommen* neben „positiven" Regelungen für die Wirtschaftseinheit und den Außenhandel auch restriktive Bestandteile wie den *Industrieplan,* der zugunsten von Reparationen eine Beschränkung der Produktion auf den Stand von etwa 70–75 v.H. des Standes von 1936 vorsah. Der Aufschwung der westdeutschen Industrie scheiterte aber im Winter 1946/47 nicht an *diesem* Limit. Waren doch erst rund 40 Prozent der Industrieproduktion von 1936 erreicht und die Industriekapazität kaum zu einem Drittel ausgelastet.

Tatsächlich war die „Lähmungskrise" von Herbst 1946 bis Herbst 1947 in ihrem Kern eine *Transportkrise.* Paradoxerweise brach die Produktion zusammen, weil die industrielle Entwicklung zu *schnell* voranging – zu schnell jedenfalls gemessen an den Fähigkeiten des Transportsystems, die Industrie hinreichend mit Rohstoffen und Zwischenprodukten – insbesondere mit Kohle – zu beliefern. Während nämlich die Auswirkungen des Bombenkrieges auf Kapazität und Produktion der Industrie erstaunlich gering blieben, wurde das Verkehrssystem so hart getroffen, daß es nach Einschätzung des *U.S. Strategic Bombing Survey* „zur wichtigsten Einzelursache des endgültigen deutschen Wirtschaftszusammenbruchs" wurde. Damit war auf Jahre hinaus auch der wichtigste *Engpaßfaktor* der deutschen Nachkriegswirtschaft geschaffen. Die Überwindung der Transportkrise im Jahr 1947 ist deshalb sicher der größte Erfolg der bizonalen Wirtschaftsverwaltung in der Phase

der Wirtschaftslenkung. In einer umfassenden, nach dem Vorbild projektbezogener Organisationsformen der NS-Rüstungswirtschaft organisierten Aktion – und damit typisch für den Stil der Wirtschaftslenkung dieser Zeit – wurde „auf Wunsch der Besatzungsmacht" Schienennetz und Material der Reichsbahn wieder in Stand gesetzt. Im Herbst 1947 stiegen die Produktionszahlen dann wieder kräftig an – ein Anstieg, der ungeachtet saisonaler Einflüsse bis Mai 1948 anhielt. Dieser Einbruch im Mai war jedoch nur vorübergehend und muß ausschließlich als Vorauswirkung der *Währungsreform* gelten. Nachdem *Ludwig Erhard* am 21. April 1948 vor dem Frankfurter Wirtschaftsrat angesichts der bevorstehenden Währungsreform unverhohlen zu verstärkter Warenhortung aufgerufen hatte, brach die Zwischenproduktversorgung fast völlig zusammen. Die Währungsreform, der in der Literatur und von Zeitgenossen eine fast mythische Bedeutung für die Dynamik der Rekonstruktion in Westdeutschland zugesprochen wird, hat in ihrem *Vorfeld* eher das Gegenteil bewirkt. Aber auch die *Beschleunigung des Anstiegs* der Produktion *nach* der Währungsreform muß relativiert werden, weil sie offenbar nur in der amtlichen Statistik stattfand. Bis zur Währungsreform wird dort das Produktionsniveau systematisch um etwa ein Viertel unterschätzt, weil vor allem große Teile der Produktion statistisch nicht erfaßt wurden.
Wird aber das Niveau der Produktion vor der Währungsreform zu niedrig angesetzt, wird die Entwicklung nach dem Währungsschnitt zwangsläufig überschätzt. Die kritische Überprüfung der wirtschaftlichen Entwicklung in den ersten Nachkriegsjahren läßt daher keinen Zweifel: Nicht die Währungsreform steht am Beginn der westdeutschen Rekonstruktionsperiode, sondern der im Herbst 1947 beginnende Aufschwung hat sie erst möglich gemacht.

Aus: Werner Abelshauser, Am Anfang des „Wirtschaftswunders", in: Sozialwissenschaftliche Informationen für Unterricht und Schule 6 (1977), S. 107 ff.

## 11. Die Bodenreform in der SBZ

Es verstärkt den Eindruck bestechender Systematik, daß auf die planmäßige Schaffung der institutionellen Voraussetzungen politischen Handelns unverzüglich ein Schritt folgte, der in die überkommenen Strukturen des sowjetisch okkupierten Gebiets materiell eingriff, nämlich die Bodenreform. Die eben gebildeten, alle noch im ersten Aufbaustadium befindlichen Einrichtungen wurden sogleich sachlich gefordert: die Parteien, der Block, die administrativen Organe der Länder und Provinzen, die dazu ernannten Landtage, und, nicht zuletzt, die Zentralverwaltung für Landwirtschaft, als deren Chef – gewiß nicht zufällig – einer der drei kommunistischen Präsidenten, Edwin Hörnle, fungierte. Die Bedeutung dieser Reihenfolge ist evident: Die Enteignung des Großgrundbesitzes sollte nicht als Diktat des Siegers erscheinen, sondern als Maßnahme, die aus Gründen der Zweckmäßigkeit und des Fortschritts von den Deutschen selber realisiert wurde. So hieß es denn auch am 14.9. 1945 im Leitartikel der „Täglichen Rundschau", daß das „deutsche Volk" jetzt endlich zu der Schlußfolgerung gelangt sei, das Junkertum zu liquidieren. Und wörtlich: „Die deutschen Presseäußerungen sowie Aufrufe der antifaschistisch-demokratischen Parteien über die Notwendigkeit einer Bodenreform in Deutschland bringen die wirklichen Interessen des deutschen Volkes zum Ausdruck."
Der Anschein einer rein innerdeutschen Entschließung, der Moskau lediglich seinen nachträglichen Segen erteilte, war von Anfang an erstrebt worden. Die Resolution des Antifaschistischen Blocks der Provinz Sachsen vom 3.9. 1945 ... bildete den Auftakt, nachdem die „Deutsche Volkszeitung" am 29.8. 1945 eine entsprechende Propagandawelle ins Rollen gebracht hatte. Wie seit Anfang Juni bei allen einschneidenden Neuerungen üblich lief auch diese Operation mit einem Maximum an Zügigkeit und Präzision ab. Der ersten Verordnung in der Provinz Sachsen, die noch am gleichen Tag wie der genannte Blockbeschluß erging, folgten bis zum 12.9. die übrigen vier Länder mit mehr oder weniger gleichlautenden Gesetzen. Der Kern war überall derselbe: Der gesamte private Großgrundbesitz, soweit er – Wald und Ödland eingeschlossen – 100 ha überschritt, wurde entschädigungslos und vollständig enteignet. Härteregelungen gab es nicht. Wer 101 ha besaß, verlor alles, wer 99 ha sein eigen nannte, nichts. „Kriegsverbrecher und Kriegsschuldige" gin-

gen ihrer Wirtschaften unabhängig von deren Größe verlustig. Die enteigneten Betriebe mit ihrem toten und lebenden Inventar wurden einem Bodenfonds zugeschlagen.
Die Verteilung übertrug man Kommissionen, die bis zum 15.9.1945 in den Kreisen und Gemeinden gewählt werden mußten. Anfang Oktober begannen sie nach feststehenden Richtlinien mit ihrer Tätigkeit. Das zugeteilte Land durfte 5 ha grundsätzlich nicht überschreiten, nur bei schlechter Bodenbeschaffenheit waren Erhöhungen auf 8 bis 10 ha zugelassen. Das Inventar ging an Ausschüsse der gegenseitigen Bauernhilfe über, die einige Monate später im Zuge der Reform gleichfalls gebildet wurden. Sie verteilten es oder stellten es über Ausleihstellen den sogenannten Neubauern zur Verfügung.
Obwohl die gesamte Aktion mit der Herbstbestellung zusammenfiel, hatten ihre Initiatoren schon den 31.10.1945 als Zeitpunkt genannt, an dem die Aufteilung des Bodens abgeschlossen sein sollte. Der Termin konnte – aufs Ganze gesehen – eingehalten werden. Am 11.12.1945 erklärte Ulbricht auf einer Versammlung in Schkopau voller Befriedigung daß die „erste Etappe der Bodenreform innerhalb von zweieinhalb Monaten", das heißt also Mitte November, abgeschlossen worden sei.

Aus: Walrab von Buttlar, Ziele und Zielkonflikte der sowjetischen Deutschlandpolitik 1945–1947, Stuttgart 1980, S. 122f.

## 12. Entwicklung der landwirtschaftlichen Besitzverhältnisse von 1939 bis 1946 im Gebiet der SBZ

*a) Land- und forstwirtschaftliche Betriebe in den Größenklassen nach der landwirtschaftlichen Nutzfläche (in 1000)*

| Größenklassen | Zahl der Betriebe | Prozent | Betriebsfläche | | landw. Nutzfl. | | Ackerfläche | |
|---|---|---|---|---|---|---|---|---|
| | | | Hektar | Prozent | Hektar | Prozent | Hektar | Prozent |
| 1. Betriebszählung 1939 | | | | | | | | |
| 0,5– 1 ha | 118,3 | 20,7 | 137,3 | 1,5 | 82,1 | 1,3 | 56,3 | 1,1 |
| 1 – 5 ha | 202,1 | 35,3 | 787,8 | 8,8 | 495,8 | 7,8 | 335,7 | 6,8 |
| 5 – 10 ha | 94,1 | 16,4 | 938,7 | 10,5 | 679,1 | 10,6 | 508,9 | 10,2 |
| 10 – 20 ha | 95,3 | 16,6 | 1752,4 | 19,5 | 1352,0 | 21,1 | 1055,5 | 21,2 |
| 20 – 50 ha | 48,7 | 8,5 | 1861,2 | 20,8 | 1436,6 | 22,5 | 1120,9 | 22,5 |
| 50 –100 ha | 8,1 | 1,4 | 824,4 | 9,2 | 538,1 | 8,4 | 426,2 | 8,6 |
| 100 ha und darüber | 6,3 | 1,1 | 2658,6 | 29,7 | 1812,3 | 28,3 | 1468,4 | 29,6 |
| Zusammen | 572,9 | 100,0 | 8960,4 | 100,0 | 6396,0 | 100,0 | 4971,9 | 100,0 |

*b) Land- und forstwirtschaftliche Betriebe in den Größenklassen nach der landwirtschaftlichen Nutzfläche (in 1000)*

| Größenklassen | Zahl der Betriebe | Prozent | Betriebsfläche | | landw. Nutzfl. | | Ackerfläche | |
|---|---|---|---|---|---|---|---|---|
| | | | Hektar | Prozent | Hektar | Prozent | Hektar | Prozent |
| 2. Betriebszählung 1946 | | | | | | | | |
| 0,5– 1 ha | 137,4 | 18,4 | 156,9 | 1,9 | 95,2 | 1,6 | 67,0 | 1,4 |
| 1 – 5 ha | 194,6 | 26,1 | 820,4 | 9,8 | 491,9 | 8,1 | 337,3 | 7,2 |
| 5 – 10 ha | 235,3 | 31,6 | 2095,9 | 25,1 | 1677,5 | 27,6 | 1360,5 | 29,0 |
| 10 – 20 ha | 118,4 | 15,9 | 1993,5 | 23,9 | 1564,5 | 25,8 | 1222,4 | 26,0 |
| 20 – 50 ha | 50,9 | 6,8 | 1853,9 | 22,2 | 1460,5 | 24,0 | 1118,3 | 23,8 |
| 50 –100 ha | 7,6 | 1,0 | 677,5 | 8,1 | 469,2 | 7,7 | 361,5 | 7,7 |
| 100 ha und darüber | 1,2 | 0,2 | 749,0 | 9,0 | 312,7 | 5,2 | 230,5 | 4,9 |
| Zusammen | 745,4 | 100,0 | 8347,1 | 100,0 | 6071,5 | 100,0 | 4697,5 | 100,0 |

Aus: Geschichte in Quellen. Die Welt seit 1945, a. a. O., S. 295 f.

## 13. Produktions- und Eigentumsverhältnisse in der SBZ

Ist in der Ostzone der Kapitalismus beseitigt?
Bei der Hetze, die gegen die sowjetisch besetzte Zone Deutschlands jenseits der Demarkationslinie betrieben wird, spielt die Behauptung eine erstrangige Rolle, dieser Teil Deutschlands werde auf kaltem Wege „bolschewisiert". Die Lügenhaftigkeit dieser Behauptung ist offensichtlich. Die Feinde des Sozialismus verstehen unter Bolschewisierung im Grunde nichts anderes als die Beseitigung des Kapitalismus. Folglich muß die Frage beantwortet werden, ob tatsächlich in der Ostzone der Kapitalismus beseitigt ist oder nicht.
Die demokratische Bodenreform ist auf den ersten Blick als eine Maßnahme zu erkennen, die zwar ungemein fortschrittlichen, aber keinesfalls sozialistischen Charakters ist. Sozialismus heißt Vergesellschaftung der Produktion. Der enteignete Grund und Boden der Junker wurde aber bekanntlich zum weitaus überwiegenden Teile (das heißt, mit Ausnahme der wenigen Güter, die als Staatsgüter geführt werden) an einzelne Familien von Landarbeitern, Kleinbauern und Umsiedlern verteilt und ist als Privatbesitz in die Hände der Hunderttausende dieser Neubauern übergegangen. Dementsprechend werden diese Bauernstellen genau wie die alten Bauernhöfe privat bewirtschaftet. Es handelt sich also keinesfalls um sozialistisches Eigentum und sozialistische Produktion, sondern um Privateigentum und Privatproduktion ...
Wann aber handelt es sich bei einer Verstaatlichung von wirtschaftlichen Objekten tatsächlich um die Sozialisierung?
Die Verstaatlichung von Industriebetrieben, Banken oder Verkehrsmitteln usw. erhält erst dann den Charakter einer sozialistischen Maßnahme, das heißt sie ist erst dann Sozialisierung, wenn sie von der Arbeiterklasse durchgeführt wird, die im Bunde mit den übrigen Schichten des werktätigen Volkes die politische Herrschaft ausübt (wenn also der Staat, der die Hand auf die Unternehmungen legt, ein proletarisch-sozialistischer Staat ist) und diese Verstaatlichung nur ein Teil der Gesamtumwälzung, nur der Beginn der sozialistischen Umgestaltung der gesamten wirtschaftlichen und sozialen Verhältnisse des betreffenden Landes ist. Da die Staatsordnung, die in der sowjetisch besetzten Zone Deutschlands im Aufbau begriffen ist, nicht die Staatsordnung der zur Herrschaft gelangten Arbeiterklasse ist, sondern eine fortschrittliche, antifaschistische, allgemeindemokratische Ordnung darstellt, ist die durchgeführte Verstaatlichung keine Sozialisierung, sondern eine Maßnahme fortschrittlichen, antifaschistischen, allgemein-demokratischen Charakters. Sie ist überhaupt nicht ohne weiteres mit Verstaatlichungsmaßnahmen zu anderen Zeiten in anderen Ländern gleichzusetzen, sondern entspringt den besonderen Verhältnissen, die nach Beendigung des Zweiten Weltkrieges in dem vom Hitlerfaschismus befreiten Deutschland entstanden sind. Sie stellt insofern etwas Neues dar, als sie ein tiefgreifendes und wirksames Abwehrmittel gegenüber dem Faschismus und der Kriegsgefahr bildet und zur Sicherung der Demokratie und des Friedens bestimmt ist ...

Aus einem Aufsatz von Anton Ackermann in „Einheit" vom September 1947, zit. nach: Geschichte in Quellen. Die Welt seit 1945, a.a.O., S. 298 f.

## 14. Die Aktivistenbewegung in der SBZ

Der wesentlichen Intention des „Aufbauplanes", der Wiedereinführung der Leistungslöhne wie den sie begleitenden Maßnahmen zur Durchsetzung einer extremen Leistungs-Orientierung, setzten Arbeiter und Angestellte und ihre Vertretungen, die Betriebsräte, aber auch die SED-Betriebsgruppen zum Teil heftigen Widerstand entgegen. So resümierte der DDR-Autor Horst Lipski: „Viele Arbeiter ... sprachen sich zunächst gegen den Leistungslohn aus. Selbst für manche Arbeiterfunktionäre war diese Absage an die Gleichmacherei nicht immer verständlich ... Es bedurfte vieler Diskussionen in den (SED-)Betriebsgruppen, um zunächst die Parteimitglieder und dann über die Betriebsräte und die Betriebsgewerkschaftsleitungen die Arbeiter davon zu überzeugen, daß die Anwendung des Leistungslohnprinzips den Interessen der Arbeiter und der Gesellschaft dient". Wie gering indes die Bereitschaft der Betriebe, der Betriebsräte und später auch der Betriebsgewerkschaftsleitungen war, das Leistungs-Lohnsystem zu akzeptieren, zeigte das Klagen des FDGB über das Festhalten an alten Vorstellungen gewerkschaftlicher Arbeit oder die nur formale Durchsetzung des Leistungsprinzips. So kritisierte der FDGB-Bundesvorstand: „In fast allen Industriezweigen wurden Versuche unternommen, Lohnerhöhungen durchzusetzen, ohne zu erkennen, daß Nominal-Lohnerhöhungen die Schwierigkeiten und die Not nicht überwinden können, ... Es ist nicht gelungen, in der gesamten gewerkschaftlichen Organisation restlose Klarheit darüber zu schaffen, daß mit dem Übergang zur Wirtschaftsplanung sich die Verteilung und dementsprechend auch die Entwicklung des Lohnes planmäßig vollziehen muß, und daß die Arbeitsproduktivität rascher zu steigen hat als der Lohn, um einen schnelleren wirtschaftlichen Aufbau zu erreichen". Zugleich kritisierte er: „Durch die allgemeine Propagierung der Einführung des progressiven Leistungslohnes glaubte man, zu einer fortschrittlichen Lohnpolitik zu kommen. In Wirklichkeit wurde aber das Gegenteil erreicht. Durch diese falsche Politik entstanden nicht die für den Aufbau notwendigen Werte, sondern eine unbegründete Vergrößerung der Lohnsumme und damit eine Verstärkung des Überhangs an Kaufkraft ...".

Als ebenso unpopulär, weil die betriebliche Solidarität zersetzend und die Differenzierung fördernd, erwiesen sich die Leistungs-Stimuli in Natural-Form. Daß die Richtlinien der SMAD und der deutschen Zentralverwaltung immer wieder unterlaufen wurden, zeigt die Kritik, die ein SED-Autor noch 1949 in der „Einheit" äußerte: „Wir reden schon zwei Jahre gegen die verderbliche und verbrecherische Gleichmacherei, aber in der Praxis gibt es fast noch auf allen Gebieten Gleichmacherei. Anstatt A- und B-Portionen wird oder wurde bis vor kurzem ... alles in einen Topf geworfen, damit auch die ‚anderen' ein Essen bekommen. Und so ist es auf dem Gebiet der Verteilung von Textilien, Schuhen, Lohn usw." Als „verbrecherische Gleichmacherei" empfand es offenbar auch die sowjetische Kommandantur Berlins, daß Walter Felsenstein, Intendant der Komischen Oper, 1948 die von der SMAD gestellten „Pajoks" (Lebensmittelpakete für die Angehörigen der „Intelligenz") zusammentat und – laut Brecht – „einigermaßen gleichmäßig" verteilte: Die Kommandantur entzog dem Theater die Pakete für zwei Monate. Brecht notierte: „die russen hatten die ungleichheit der entlohnung, felsenstein die eingleichung für produktionssteigernd befunden".

Folgt man Wolfgang Harich, dann war der Widerstand gegen das Leistungsprinzip in diesen Jahren vor allem Ausdruck „revolutionärer Ungeduld" oder „falsch verstandener kommunistischer Gleichheit", der Leistungslohn hingegen – angesichts der gegebenen ökonomischen Situation – ein Ansporn zu „neuen sittlichen Maßstäben", eine „echte revolutionäre Errungenschaft", und der Widerstand gegen ihn also ein Vorprellen kollektiver Spontaneität, die in „ungeduldiger Vorwegnahme des Ziels" die objektiven Bedingungen vernachlässigte.

Folgt man Krause, so wurde in ihm das „Zurückbleiben des Bewußtseins der Werktätigen und ihres neuen Verhältnisses zur Arbeit ... hinter den ökonomischen Grundlagen der Gesellschaft" sichtbar, ein Zurückbleiben, das – nach seiner Sicht – aus der relativ langsamen Verbesserung der Lebensbedingungen der Werktätigen und der „Form der Übernahme der politischen Führung durch die Arbeiterklasse" herrührte.

Folgt man hingegen Brecht, dann resultierte der Konflikt daraus, „daß die entwicklungsstufen der russen und der deutschen so verschieden sind. Da ist das leistungsprinzip, das die russen anwenden weil sie es als das zuletzt gefundene für das beste halten."

Tatsächlich widerspiegeln wohl alle drei Interpretations-Ebenen wesentliche Momente der Konflikt-Struktur. Denn was Harich, pauschal und deshalb überzeichnend, als Ausdruck revolutionärer Ungeduld ausmachte, war in einzelnen Fällen sicherlich identisch mit jenen linken Strömungen in der SED, die schon sehr früh den Übergang zur sozialistischen Transformation gefordert hatten. Und was Krause als nachhinkendes Bewußtsein deutet, war sicherlich auch Konsequenz der von ihm nur benannten – inhaltlich aber nicht bestimmten – Formen der Übernahme der politischen Führung durch die Arbeiterklasse, d.h. sowohl Ergebnis der schrittweisen Ablösung der Partei und des Behördenapparates von der Basis-Bewegung, die sich speziell in deren Widerstand gegen die nach 1945 gefundenen Vergesellschaftungsweisen äußerte, als auch Erscheinungsform einer betriebsbornierten, weil (aufgrund des rasch dominierenden Zentralismus) allein auf die Betriebe verwiesenen Spontaneität und Solidarität der Arbeiter und Angestellten.

Was schließlich Brecht, zurecht, als das Zusammentreffen verschiedener gesellschaftlicher Entwicklungsstufen thematisierte, gewann seine Bedeutung allerdings besonders dadurch, daß sich die deutschen Kommunisten in diesen Jahren besonders intensiv an den (ex definitione) fortschrittlichen Erfahrungen der Sowjet-Union orientierten (und wohl auch orientieren sollten) und kaum einen Schritt, auch in ihrer Wirtschafts- und Sozialpolitik, ohne vorherige Konsultationen mit der KPdSU-Führung gingen. So reisten in dieser Zeit regelmäßig SED-Delegationen in die UdSSR, machten sich dort mit dem sowjetischen Lohnsystem vertraut und setzten diese Erkenntnisse – wieder in die SBZ zurückgekehrt – in Richtlinien für die Parteiarbeit um. So berichtet Gerhard Roßmann über den Besuch der ersten SED-Delegation Anfang 1947 in Moskau, bei dem sich u.a. Pieck, Grotewohl und Ulbricht „mit der Rolle und Tätigkeit der sowjetischen Gewerkschaften, mit Problemen der Steigerung der Produktion und die Verbesserung der Arbeits- und Lebensbedingungen bekannt machten ... Sie hatten wesentlichen Einfluß auf die Vorbereitung des II. Parteitages der SED."

Mit anderen Worten: Die SED-Führung übernahm wesentliche Momente der sowjetischen Arbeitsverfassung und übertrug sie auf eine Gesellschaft, die nach der damaligen SED-Deutung doch einen anderen Weg gehen sollte als ihn die Sowjet-Gesellschaft gegangen war.

Die Übertragung sowjetischer Erfahrungen, die Ausrichtung am Gesellschafts-Modell der Sowjet-Union von 1947/48 an, zeigte sich gleichfalls in der parallel zur Lohn-Kampagne initiierten Aktivisten-Bewegung. Sie wurde 1947 ins Leben gerufen, erreichte aber erst 1948, mit der Leistung eines Bergmanns SBZ weite Bedeutung: Am 13. Oktober 1948 – am 1. Jahrestag des Befehls 234 – fuhr im Zwickauer Steinkohlenschacht „Gottes Segen" der Grube „Karl Liebknecht" der ehemalige RGO-Funktionär und damalige Instrukteur der Aktivistenbewegung Adolf Hennecke (SED) nach sorgfältiger arbeitsorganisatorischer Vorbereitung eine Hochleistungs-Schicht. Er stellt mit 387% der Normleistung einen DDR-Rekord auf. Wie intensiv diese Leistung politisch vorbereitet worden war, berichtete Otto Buchwitz, der damalige Vorsitzende der SED-Landesleitung Sachsen dem SED-Parteivorstand kurz nach der Aktivisten-Tat: „Seine Leistungen übertrafen schon immer diejenigen seiner Kollegen ... Der Plan ist (von der Parteileitung) dann im Laufe der nächsten Wochen entwickelt worden (und) Hennecke wurde das Ziel gesteckt, seine Norm mit 250% zu erfüllen ... Unser Ziel war, herauszufinden, wie wir eine (breitere) Aktivistenbewegung entwickeln können. Ich gebe gern zu, wir wurden ein wenig beeinfluß, daß wir so etwas ähnliches wie einen Stachanow (ein sowjetischer Bergmann, der, 1935, seine Norm um das Vierzehnfache überboten hatte – St.) bei uns brauchen".

Wie Henneckes Kollegen reagierten, schilderte Hennecke selbst so: „Ich wußte, die Arbeiter in der Ostzone würden toben gegen mich. Aber in einer Sache war ich absolut sicher: Meine Kumpel in meinem Schacht, die würden zu mir halten. Sie würden mir wahrscheinlich nicht um den Hals fallen. Aber wir würden weiter gemeinsam unser Bier trinken, uns die Hand geben, uns streiten und vertragen wie immer ... Und als ich dann ausfuhr, war alles ganz anders. Ich existierte mit einemmal nicht mehr. Meine Kumpel sahen micht nicht. Ich war für sie Luft ... Es kamen Briefe, anonyme Briefe, mit Morddrohungen. Der Strick läge schon bereit und ähnliche Naziparolen. – Das Schlimmste war, daß auch fortschrittliche Menschen verwirrt waren. Funktionäre vom Nachbarschacht riefen an und machten unseren Funktionären Vorwürfe, daß sie einen Normenbrecher wie micht herausstellten. Drei Tage wußte ich nicht, was ich bin. War ich nur ein schlechter Genosse oder ein guter? Dann kam ein Brief aus Berlin von Pieck und Grotewohl."

Die Partei bestätigte die Tat, nannte die Aktivisten-Bewegung fortan Hennecke-Bewegung, unterstützte die Kampagne (kurzfristig) durch Sonderschichten ihrer Funktionäre und förderte sie durch materielle wie ideelle Anreize (Hennecke bekam für seine Leistung einen Anzugstoff, 1,5 kg Fett, eine Flasche Trinkbranntwein, drei Schachteln Zigaretten sowie – kennzeichnend für die damalige Bedeutung des Geldes: nur 50 DM), die schließlich dazu beitrugen, daß die Aktivisten-Bewegung von Ende 1948 (ca 4200) bis 1950 (ca. 114400 Aktivisten) zunehmend an Bedeutung gewann. Dieser Durchbruch gelang freilich erst, nachdem in den Betrieben der in den Betriebsräten organisierte Widerstand gegen die differenzierenden neuen Lohnformen und die sie stützenden leistungsorientierten Zuteilungs-Weisen von Industriewaren und Lebensmitteln gebrochen worden war.

Aus: Dietrich Staritz, Sozialismus in einem halben Land, a.a.O., S. 111 ff.

## 15. Thesen zu Wirtschaftsordnung und Wirtschaftswachstum in der SBZ

1. Bestimmend für die Entwicklung der Wirtschaftsordnung war in der SBZ/DDR vor allem die (in ihren Grundzügen mit der KPdSU abgestimmte) antikapitalistische Stoßrichtung der Wirtschaftspolitik der KPD/SED. Sie zielte auf die Zerschlagung privater Verfügungsmacht in der Groß- wie in der Mittelindustrie sowie auf die Auflösung des Großgrundbesitzes. Zweierlei sollte erreicht werden: die Beseitigung der (nach kommunistischem Faschismus-Verständnis) ökonomischen Basis des Nationalsozialismus; die Schaffung der (nach kommunistischem Sozialismus-Verständnis) notwendigen Grundlagen sozialistischer Entwicklung – Staatseigentum an den wesentlichen Produktionsmitteln, Bündnis mit den Klein- und Mittelbauern.
2. Die Zerschlagung der alten Wirtschaftsordnung resultierte sowohl aus Befehlen der Sowjetischen Militäradministration, aus Verordnungen der Länderverwaltungen sowie aus der unmittelbaren Übernahme von (zumeist verlassenen) Betrieben durch die Belegschaften bzw. deren Vertretungsorgane (Betriebsräte, Gewerkschafts-Ausschüsse u. ä.).
Sie wurde partiell legitimiert durch den Volksentscheid in Sachsen (Sommer 1946), bei dem 77,6% für die Überführung des Besitzes von „Naziaktivisten und Kriegsverbrechern“ in Landeseigentum stimmten. Die Aufteilung des Großgrundbesitzes (aller Besitz über 100 ha) erfolgte in der – gleichfalls auf dem Verordnungswege begonnenen – Bodenreform im Herbst 1945.
3. Was in der SBZ bis zur Gründung der DDR – im Hinblick auf die Wirtschaftsordnung – entstand, läßt sich allgemein charakterisieren als ein gemischtes Wirtschaftssystem, in dem sich die wesentlichen Grundstoff- und Verarbeitungsindustrien in Staats-(Länder-)Eigentum befanden (ihr Anteil an der industriellen Bruttoproduktion lag 1948 bei ca. 40%). Speziell im Grundstoff- und metallverarbeitenden Industriebereich waren intakte Produktionsstätten in Sowjetische Aktiengesellschaften (SAG) umgewandelt worden (ihr Anteil an der Bruttoproduktion betrug 1948 etwa 20%), und allein in der Leicht- und Lebensmittelindustrie dominierte noch private Initiative. Auf dem Lande hatte die Bodenreform zu einem Anwachsen der Betriebe mit einer Betriebsfläche zwischen 5 und 10 ha geführt (1939 = 16,4%, 1946 = 31,6%) und zum Rückgang der Großbetriebe mit einer Fläche von mehr als 100 ha (von 28,3% im Jahre 1939 auf 5,2% [Kirchen- und Staatsgüter] im Jahre 1946).
Die Staatsbetriebe (Industrie) produzierten nach zonal abgestimmten Wirtschaftsplänen der Länder und unterstanden seit 1948 je nach ihrer ökonomischen Bedeutung der Deutschen Wirtschaftskommission in Berlin oder den Industrieverwaltungen der Länger. Betriebe des gleichen Zweiges wurden (wiederum nach ihrer Bedeutung) in Vereinigungen Volkseigener Betriebe (VVB) der Länder bzw. der SBZ zusammengefaßt.
Wesentliche Teile der Industrieproduktion dienten – wie die Erzeugnisse der SAG – der Befriedigung der sowjetischen Reparationsforderungen. Die Privatindustrie wurde durch ein schrittweise entwickeltes Vertragssystem in die Planung der Staatsbetriebe einbezogen.
4. Die Entwicklung der Wirtschaftsordnung stand in engem Zusammenhang mit den SBZspezifischen Voraussetzungen für das Wirtschaftswachstum. Sie waren im wesentlichen geprägt durch den Grad der Kriegszerstörungen der Industrie (nach DDR-Angaben wurden ca 45% des Industrie-Potentials zerstört) und die Demontagen noch intakter Betriebe (nach westlichen Berechnungen ca. 40% des Industrie-Potentials). Ost- wie westdeutsche Berechnungen erscheinen problematisch, weil (auch) politisch motiviert. Gleichwohl geben sie zumindest grobe Anhaltspunkte für den offenkundigen Substanzverlust der SBZ-Wirtschaft, der umso schwerer auszugleichen war, als die

SBZ über eine nur schwache schwerindustrielle Basis verfügte (Anteil an der gesamtdeutschen Produktion des Jahres 1936 : Steinkohle 2,9%, Eisenerze 5,4%), der freilich ein hoher Anteil metallverarbeitender Produktionen (SBZ-Anteil am Werkzeugmaschinenbau 1936=49,7%, an der Elektrotechnik=61,6%) gegenüberstand. Dieses in der DDR-Literatur „Disproportionen" genannte reale Mißverhältnis wirkte sich umso stärker aus, je langsamer der interzonale Güteraustausch in Gang kam und je mehr politische Hindernisse seit etwa 1948 errichtet wurden (1948 betrugen die „Importe" der SBZ aus den Westzonen bei Industrieerzeugnissen nach DDR-Angaben 6% des Umfanges von 1936). Neben diesen Faktoren müssen auch die Reparationsleistungen aus der laufenden Produktion (nach westlichen Schätzungen noch in den frühen 50er Jahren rund 20%) und das auf die traditionelle West-Ost-Kommunikation auslegte (stark zerstörte) Verkehrswesen in Rechnung gestellt werden. Und zu berücksichtigen ist schließlich auch die Veränderung der Bevölkerungs-Struktur (hoher Frauen-Überschuß, Verringerung der Zahl der Facharbeiter durch Krieg und Gefangenschaft, Anwachsen der Wohnbevölkerung um ca. 4 Millionen Menschen als Folge von Flucht und Aussiedlung).

5. Kennzeichnend für die Wirtschaftsweise der SBZ war in jenen Jahren ihr (bei allem Bemühen um Planung) systemprägender Improvisations-Charakter. In Anbetracht der Materialknappheit, der geringen Motivation der Produzenten (Versorgungslage), des Zusammenbruchs des Leistungslohn-Systems, der geringen fachlichen Qualifikation des betrieblichen wie überbetrieblichen Managements (Entnazifizierung) entwickelte sich das Phänomen der „Kompensationen", d.h. eine auf den unmittelbaren Produktentausch (häufig: Industriewaren gegen Lebensmittel) gerichtete Produktion.

6. Daß die SBZ-Wirtschaft in diesen Jahren überhaupt nennenswerte Wachstumsraten aufwies (in Anbetracht der Tatsache, daß die Industrie-Produktion des Jahres 1946 auf etwa 42% des Jahres 1936 gefallen war, erscheint das Erreichen des 1936er Niveaus im Jahre 1950 als bedeutsame Leistung) und im Hinblick auf die Lebensmittelversorgung kurzfristig leistungsfähiger war als die der Westzonen, kann zurückgeführt werden auf das konsequentere Erfassungs- und Distributionssystem, das Warenhortung erschwerte und eine gerechtere Verteilung begünstigte. Die tatsächliche Leistungs-Differenz zwischen der SBZ und den Westzonen offenbarte sich jedoch spätestens seit der westdeutschen Währungsreform.

7. Die Initialzündung für das Wirtschaftswachstum in der Bundesrepublik (die Währungsreform) fällt zeitlich zusammen mit dem Übergang zu einem System der straffen zentralistischen und detailfixierten Volkswirtschaftsplanung in der SBZ/DDR. Sie konzentrierte das ökonomische Potential der SBZ auf die Rekonstruktion und den Ausbau der Schwerindustrie und des Maschinenbaus; sie führte aber erst Mitte der 50er Jahre – nach Beendigung der Reparationen (und dem 17. Juni 1953) – zu einem Wirtschaftswachstum, das weitaus stärker als zuvor auch die konsumrelevanten Produktionsbereiche umfaßte.

8. Mit dem Übergang zur zentralistischen Detail- und Mengenplanung wurden freilich auch jene weit entwickelten Mitbestimmungs-Organe, die Betriebsräte, aufgelöst, die sich seit 1945 entwickelt hatten. An ihre Stelle traten die Betriebsgewerkschaftsleitungen (BGL). Sie fungierten stärker als Helfer bei der Planerfüllung denn als Interessen-Vertretungen.

9. Ob die KPD/SED-Führung tatsächlich – wie sie behauptete – von der Übertragbarkeit der in der SBZ entstandenen Wirtschaftsordnung auf den Westen Deutschlands ausging oder mit der sozioökonomischen Umwälzung die separatstaatliche Entwicklung Ostdeutschlands fundieren wollte, läßt sich (aufgrund der Quellenlage) bislang nur spekulativ diskutieren.

Vortrag von Dietrich Staritz im Ostkolleg Köln (Oktober 1980)

## 16. Zur Sozialisierung in Hessen

Im Juni 1946 wurde eine „Verfassungsberatende Landesversammlung" gewählt. Durch den Einfluß der SPD und KPD, die die Mehrheit der 90 Mandate besaßen, erhielt insbesondere der Teil über die Wirtschaftsordnung stark sozialistische Züge: die Wirtschaft hat gemeinwirtschaftlichen

Zwecken zu dienen, die Betriebsvertretungen bestimmen gleichberechtigt mit den Unternehmern auch in wirtschaftlichen Fragen mit, eine einheitliche Sozialversicherung für das ganze Volk ist zu schaffen, die Schlüsselindustrien werden qua Verfassung sozialisisert, monopolisierte Bereiche können sozialisiert werden, es besteht ein unbeschränktes Streikrecht. Um die Stimmen der CDU zu gewinnen, die im Gegensatz zur LPD der sozialistischen Ausrichtung weithin zustimmte, wurden bei der Frage der Gemeinwirtschaftlichkeit, der Sozialversicherung und dem Streikrecht Abstriche gemacht. Gegen die Herausnahme der chemischen Industrie wurde das Einverständnis der CDU mit der Sofortwirkung der Sozialisierung eingehandelt. Der Sozialisierungsartikel 41 erhielt schließlich folgende Fassung:

Mit Inkrafttreten dieser Verfassung werden

1. in Gemeineigentum überführt: der Bergbau (Kohlen, Kali, Erze), die Betriebe der Eisen- und Stahlerzeugung, die Betriebe der Energiewirtschaft und das an Schienen oder Oberleitungen gebundene Verkehrswesen,

2. vom Staate beaufsichtigt oder verwaltet: die Großbanken und Versicherungsunternehmen und diejenigen in Ziffer 1 genannten Betriebe, deren Sitz nicht in Hessen liegt. Das Nähere bestimmt das Gesetz.

Wer Eigentümer eines danach in Gemeineigentum überführten Betriebes oder mit seiner Leitung betraut ist, hat ihn als Treuhänder des Landes bis zum Erlaß von Ausführungsgesetzen weiterzuführen.

Art. 39 Abs. 4 bestimmt ergänzend:

Die Entschädigung für das in Gemeineigentum überführte Vermögen wird durch das Gesetz nach sozialen Gesichtspunkten geregelt.

Am 29. 10. 1946 wurde der Entwurf mit 82 Stimmen der SPD, CDU und KPD gegen 6 Stimmen der LDP angenommen. Die amerikanische Militärregierung hatte kurz vorher die Herausnahme des Art. 41 oder doch seine Umwandlung in eine Ermächtigung verlangt, steckte aber angesichts der einmütigen Ablehnung durch SPD und CDU zurück. Sie ordnete stattdessen eine gesonderte Volksabstimmung für Art. 41 an und genehmigte den Entwurf. Am 1. 12. 1946 fand die Volksabstimmung statt. 76,8% der Stimmen entschieden sich für die Verfassung, 71,9% speziell für den Art. 41.

Die Landesregierung sah folgende Betriebe als sozialisiert an:

1. *Bergbau:* 19 Braunkohlegruben im Eigentum von 15 Unternehmen, 39 Eisengruben im Eigentum von 14 Unternehmen, 2 Kaligruben und 1 Tongrube in der Hand von 3 verschiedenen Unternehmen.

2. *Eisen- und Stahlerzeugung:* ein Unternehmen (Buderus'sche Eisenwerke, Wetzlar).

3. *Energiewirtschaft* (Erzeugung und Verteilung von Gas und Strom): 11 Aktiengesellschaften, überwiegend im Kommunalbesitz, mit insgesamt 15 Werken; 56 Eigen- und Regiebetriebe von Gemeinden und 16 Klein- und Mittelbetriebe in privater Hand.

4. *Verkehrswesen* (Schienen- und Oberleitungsverkehr): 9 Kleinbahnen in der Form der AG und 15 Eigenbetriebe von 15 Kommunen.

Aus dem Verhältnis der Anzahl der Betriebe zu der der Unternehmen wird deutlich, daß es sich um wenig konzentrierte Industrie handelte. Zwar gehörten einige Betriebe zu großen Unternehmen (z. B. Mannesmann AG, Wintershall AG, Vereinigte Stahlwerke AG, BUBIAG), doch befanden sich deren Sitz und/oder hauptsächliche Produktionsstätten nicht in Hessen.

Auch absolut gesehen war die Mehrzahl der Betriebe klein oder mittelgroß. Unter den 15 Unternehmen der Kohleförderung erreichten im ersten ¾ Jahr 1948 einen (auf die Kohleförderung bezogenen) Umsatz von mehr als RM 100 000,- und 3 mehr als RM 500 000,-. Bei den 14 Unternehmen der Eisenerzförderung setzten 5 mehr als RM 100 000 um, darunter 2 mehr als 1 Mio RM. In der Energiewirtschaft erreichten 5 der AG einen Umsatz von mehr als 1 Mio. RM. Ebenso war die Anzahl der Beschäftigten verhältnismäßig gering: nur 2 der Kohlegruben hatten mehr als 200 Beschäftigte, keine der Erzgruben hatte mehr als 100 Beschäftigte, während in den Energie- und Verkehrsunternehmen der größeren Städte Frankfurt, Darmstadt und Kassel immerhin je mehr als 1000 Personen beschäftigt waren.

Am 19.12. 1946 trat der erste Hessische Landtag zusammen. Von 90 Sitzen erhielt die SPD 38, die CDU 28, die LDP 14 und die KPD 10. SPD und CDU bildeten die Regierung. Zur Durchführung trafen Landtag und Landesregierung nun zugleich provisorische und endgültige Maßnahmen: der Wirtschaftsminister setzte noch im Dezember 1946 für Bergbau, Energie und Verkehr Überwachungsausschüsse ein und bestellte für die sozialisierten Betriebe weisungsgebundene Treuhänder (die freilich überwiegend mit den früheren Eigentümern, Vorständen oder früheren leitenden Angestellten identisch waren). Ab Anfang 1947 wurde im Wirtschaftsministerium ein Entwurf erarbeitet, dessen Grundzüge im Oktober 1947 durch einen Landtagsbeschluß gebilligt wurden ...
Der Gesetzentwurf des Wirtschaftsministers wurde im Juni 1948 einem Kabinettsausschuß überwiesen, der paritätisch von der SPD und CDU besetzt war. Hier brach der Konsens der ersten beiden Nachkriegsjahre mehr und mehr zusammen. Die CDU, darunter der Verfasser der letzten Version des Art. 41, Dr. Kanka, hielt den ganzen Aufwand der Suche nach neuen Rechtsreformen des Gemeineigentums nun nicht mehr für lohnend, weil zu wenig Betriebe erfaßt würden. Das Volk sei an neuen Rechtsformen gar nicht interessiert, primär sei ihm an Gewinnerzielung gelegen ...
Die Militärregierung antwortete mit angesichts der vorherigen Genehmigung des Art. 41 bemerkenswerter Freiheit:
„Der Eigentumstitel auf die genannten Besitztümer ist nach unserer Ansicht nicht Kraft des genannten Art. 41 auf die Landesregierung übergegangen, sondern ruht noch bei den am Tage des Inkrafttretens der Verfassung urkundlich verzeichneten Eigentümern. Freilich kann der Eigentumstitel übertragen werden, sobald die Einzelheiten dafür gesetzlich festgelegt werden. Zu diesen Einzelheiten gehört die Entschädigung der Eigentümer. Es kann nicht ernstlich behauptet werden, daß der Eigentumstitel auf das Land Hessen habe übergehen können, bevor diese wichtige Frage durch gesetzgeberische Maßnahmen in angemessener Weise geregelt worden ist."
Nach Hinweis des hessischen Ministerpräsidenten Stock auf seine abweichende Rechtsmeinung einigte man sich schließlich, daß „die Erörterung dieser Frage zur Zeit akademischer Natur" sei ...
Als entscheidende Barriere gegen die (auch die Teil-) Sozialisierung gilt die Macht der amerikanischen Besatzung. In der Tat mußte die Sozialisierung ganz dem „American creed" des liberalen Kapitalismus widersprechen, der in Clay einen exakten Repräsentanten hatte ...
Trotz allem, diese Barriere war stark durch die Persönlichkeit Clays und nicht eindeutig durch die Struktur der Machtressourcen geprägt: zum American creed gehörte auch der Demokratiegedanke. Angesichts des Anspruchs der Besatzungspolitik, ihn den Deutschen anzuerziehen, bewirkte er immerhin soviel, daß z. B. Art. 41 HV genehmigt werden, die Suspendierung des hessischen Betriebsverfassungsgesetzes aufgehoben, Viktor Agartz als Vorsitzender des Verwaltungsrats für Wirtschaft der Bizone bestätigt werden mußte und mögliche Interessenkollisionen statt dessen nur mittelbar oder hinterrücks, also unter der ständigen Möglichkeit der publizistischen Aufdeckung, ausgeräumt werden konnten. Zudem betonte die Regierung in Washington in den ersten 3 Jahren nach 1945 den Demokratiegedanken noch stärker als Clay: eine von Clay Ende 1946 angeforderte Grundsatzerklärung Washingtons zur Sozialisierung lautete, „die Vereinigten Staaten hätten keine Einwände, wenn das deutsche Volk darüber in angemessener, demokratischer Form entscheide". Und trotz nochmaliger Schilderung der unabsehbaren Folgen einer Sozialisierung anläßlich des Berliner Sozialisierungsgesetzes hieß es noch in der Richtlinie an Clay vom 17.7.47:
„Während es zwar Ihre Pflicht ist, dem deutschen Volke die Möglichkeit zu geben, die Grundsätze und Vorteile einer freien Wirtschaft kennenzulernen, werden Sie in der Frage des öffentlichen Besitzes von Unternehmungen in Deutschland nur einschreiten, wenn es sich darum handelt, sicherzustellen, daß jegliche Entscheidung für oder gegen das öffentliche Besitzverhältnis frei und durch das normale Vorgehen innerhalb einer demokratischen Regierungsform getroffen wird."
... Bemerkenswert ist auch, daß die hessische Regierung anscheinend nie den Versuch machte, den Militärgouverneur von dem Unterschied zwischen der von diesem befürchteten diktatorischen Planwirtschaft und der Teilsozialisierung zu überzeugen, ihn beim demokratischen Wort zu nehmen oder gar die Differenzen seiner und der amerikanischen Regierung Auffassungen auszuspielen.

Aus: Gerd Winter, Sozialisierung in Hessen 1946–1955, in: Kritische Justiz 7 (1974), S. 159 ff.

## 17. Das Ende des hessischen Sozialisierungsversuchs

Nach der Verabschiedung des Grundgesetzes, mit der es denkbar geworden war, eine Vergesellschaftung der Grundindustrien im gesamten Gebiet der Bundesrepublik herzustellen, gerieten die Diskussionen um das Sozialgemeinschaftsmodell ins Stocken. Da jedoch bald abzusehen war, daß solche Gesetzesinitiativen vom Bundestag bei seiner Zusammensetzung nicht zu erwarten waren, entschied man sich schließlich, die in der Regierungserklärung als wichtigste Aufgabe aufgeführte Verwirklichung des Artikel 41 der Hessischen Verfassung weiterzudiskutieren. Während die SPD weiterhin die Verkündigung des Sozialgemeinschaftsgesetzes anstrebte, richtete sich die CDU-Politik immer stärker auf weitere Einschränkungen und schließlich die Verhinderung eines solchen Gesetzes. Die am 13.9. 1950 durchgeführte zweite Lesung des Gesetzentwurfs wurde schließlich gegen die Stimmen der LDP und bei Enthaltung der CDU abgeschlossen. Trotz einer daraufhin erfolgten erneuten Veränderung der Zusammensetzung des Verwaltungsrats zugunsten der Unternehmer lehnte die CDU schließlich die Verabschiedung des Gesetzes ab und forderte die Aussetzung der Verhandlungen.

In der dritten abschließenden Lesung des Sozialgemeinschaftsgesetzes am 25.10. 1950 wurde der Antrag der CDU bei Stimmengleichheit von 41 zu 41 Stimmen abgelehnt. Anschließend wurde auch der Gesetzentwurf bei dem gleichen Stimmenverhältnis gegen die Stimmen von SPD und KPD abgelehnt.

Zwei Monate vor der dritten Lesung hatte die LDP darüberhinaus in einem Normenkontrollantrag die Wirksamkeit des Artikel 41 überhaupt in Frage gestellt. Grundlage für diesen Antrag bildeten zu diesem Zeitpunkt erstmals bemängelte Verfahrensfehler bei der Verabschiedung der Verfassung. Dieser Antrag und das Verfahren vor dem Staatsgerichtshof führten zu einer Flut juristischer Stellungnahmen und Gutachten. Die meisten wandten sich mit immer neuen Begründungen gegen die Wirksamkeit des Artikel 41. In Urteilen vom 20.7. 51 und 6.6. 52 entschied der Staatsgerichtshof schließlich, daß der Artikel 41 der Verfassung gültig und unmittelbar wirksam sei. Allerdings nahm er auch zu den Formen der Überführung in Gemeineigentum Stellung und legte fest, daß diese sich nicht auf Betriebe in öffentlicher Hand erstrecke und nicht auf Klein- und Mittelbetriebe, die unter dem besonderen Schutz der Verfassung stünden.

Diese Urteile hatten zur Konsequenz, daß die ohnehin geringe Zahl der von den Bestimmungen des Artikel 41 betroffenen Betriebe noch weiter reduziert wurde. Im Energiebereich waren nun sämtliche Betriebe nicht mehr betroffen, da sie vorher bereits als kommunale oder gemischt-wirtschaftliche Betriebe in öffentlicher Hand gewesen waren. Im Verkehrsbereich blieben nur noch die Kasseler Verkehrsgesellschaft und 5 Kleinbahnen übrig. Im Bergbau schieden außer den Hessischen Braunkohlen- und Ziegelwerken GmbH alle Betriebe als Klein- und Mittelbetriebe aus und für den Bereich der Eisen- und Stahlerzeugung war nur noch der Erzeugungsteil der Buderusschen Eisenwerke verblieben.

Die hessische Regierung verzichtete nun auf eine erneute Vorlage des vorher mit so viel Lob bedachten Sozialgemeinschaftsgesetzes und legte zur Konkretisierung der Urteile zum 6.7. 1954 lediglich ein Abschlußgesetz vor, das die Abgrenzungen eines Großbetriebs definierte und Entschädigungen für den vollen Substanz- und Ertragswert vorsah. Die Kasseler Verkehrsgesellsclaft und die Hessischen Braunkohlen- und Ziegelwerke wurden 1955 kommunalisiert. Für die Kleinbahnen gründete man eine Holding-GmbH; schon einige Jahre später mußten sie aber wegen Unrentabilität eingestellt werden. Für die Eisenproduktion von Buderus gründete man schließlich die Hessische Berg- und Hüttenwerke AG, deren Aktien dem Land Hessen gehörten. 17% davon gingen als Entschädigung an Buderus zurück. Insgesamt kostete diese „Neuordnung" 30,4 Millionen DM an Entschädigungen. Damit war das Schichsal der „Sozialisierung" in Hessen allerdings noch nicht abgeschlossen. 1967 wurde durch eine Ergänzung des Abschlußgesetzes die Reprivatisierung wieder zugelassen, und der hessische Staat verkaufte seine Anteile an der Berg- und Hüttenwerk AG für 27 Millionen DM zurück an den alten Eigentümer.

Aus: Anne Weiß-Hartmann, Der Freie Gewerkschaftsbund Hessen 1945–1949, Marburg 1977, S. 300ff.

## 18. Das Gutachten von Herbert Hoover vom 18. 3. 1947

Der ehemalige amerikanische Präsident Herbert Hoover verfaßte Anfang 1947 ein Gutachten über die wirtschaftliche Situation Deutschlands, das er der Regierung nach einer Reise durch die Besatzungszone unterbreitete. Hoovers Grunderkenntnis lautete: „Die Wirtschaft ganz Europas ist durch Austausch von Rohstoffen und Fabrikaten mit der deutschen Wirtschaft verflochten. Die Produktivität Europas kann nicht wiederhergestellt werden, ohne daß ein gesundetes Deutschland zu dieser Produktivität beiträgt."

Hoover ging von der Tatsache aus, daß jeder britische und amerikanische Steuerzahler 600 Dollar jährlich nur dafür aufbringen mußte, um die Bevölkerung der beiden Besatzungszonen vor dem Hunger zu bewahren. Die Hauptziele der Besatzungspolitik – Entnazifizierung, Ausrottung des Militarismus, Reeducation, Wiedergutmachung, Verhinderung von Rüstungsproduktion – stellte Hoover keineswegs in Frage, er wies aber eindringlich auf die Folgen der Kriegszerstörungen und der territorialen Abtretungen für die friedensmäßige Produktivität der deutschen Wirtschaft und die Ernährung der Bevölkerung hin. Er schätzte, daß Restdeutschland (alle vier Zonen) weniger als 60% des Nahrungsmittelbedarfs selbst erzeugen könne, nicht zuletzt wegen der aufgrund des „Industrieplans" fehlenden Möglichkeiten zur Erzeugung von Düngemitteln und mangels Exportchancen. Sein Konzept für eine „neue Wirtschaftspolitik" lautete:

„1. Wir sollten die deutsche Industrie freisetzen; allerdings unter einer Kontrollkommission, die dafür zu sorgen hat, daß in der Industrie kein Unfug getrieben wird ...

2. Die Demontage und Zerstörung von Fabrikanlagen [mit Ausnahme ausgesprochener Waffenfabriken] sollten aufhören.

3. Ein weiters Hindernis für den Wiederaufbau Deutschlands als wesentlichem Bestandteil der europäischen Wirtschaft bildet die Enteignung von großen Teilen wichtiger Schlüsselindustrien durch die russische Regierung in ihrer Zone. Deutschland muß im Frieden davon befreit sein, daß seine Industrie im Eigentum einer fremden Regierung steht ... Selbst wenn irgendeine internationale Kontrolle funktionieren soll, muß die deutsche Industrie von Deutschen betrieben werden, ebenso wenn sich die Industrieproduktion erholen und allen anderen Nationen in gleicher Weise dienen soll.

4. Es kann für das Ruhrgebiet oder für das Rheinland keine Trennung von Deutschland und dort kein von dem übrigen Deutschland verschiedenes Regime geben ..."

Hoover hatte den Beifall der amerikanischen Steuerzahler; ihre Dollars mußten auf unabsehbare Zeit für die Unterstützung der deutschen Bevölkerung ausgegeben werden, wenn keine Änderung der wirtschaftlichen Situation Europas erreicht werden konnte. Im August 1947 wurde daher ein revidierter Industrieplan für die Bizone veröffentlicht; er lockerte manche Produktionsbehinderungen, aber er zog immer noch nicht die vollen Konsequenzen aus der ökonomischen Lage Deutschlands.

Aus: Wolfang Benz, Wirtschaftspolitik zwischen Demontage und Währungsreform, in: Westdeutschlands Weg zur Bundesrepublik, a. a. O., S. 76 f.

## 19. Zu den politischen Intentionen des Marshall-Plans

Ich teile völlig die Befürchtung des Auswärtigen Amtes, daß – falls wir die augenblickliche Nahrungs- und Energiekrise nicht beheben können, die das deutsche Volk bedroht, und falls es uns nicht gelingt, ihm dabei zu helfen, sofort ein Langzeitprogramm zur Wiedererstarkung zu entwikkeln, das es ihm ermöglicht, sich selbst zu erhalten – daß dann die große Gefahr besteht, daß der westliche Teil Deutschlands kommunistisch und von Rußland vereinnahmt wird. Wenn Rußland seine momentanen riesigen Ressourcen an Rohmaterialien und Arbeitskraft mit den schöpferischen, produktiven und organisatorischen Fähigkeiten der Deutschen verbinden könnte, würde es in kurzer Zeit zur mächtigsten Nation der Welt. Das ziemlich wahrscheinliche Ergebnis davon wäre, daß das gesamte Westeuropa zur Annahme eines kommunistischen Programms gezwungen wäre. Die USA stünden dann einer Bedrohung gegenüber, die die Bedrohung durch Hitler als Kinderspiel erscheinen ließe.

Aus einem Brief des Bankiers Owen D. Young an W. Averell Harriman vom 12. 9. 1947; zit. bei Manfred Knapp, Deutschland und der Marshallplan, in: Politische und ökonomische Stabilisierung Westdeutschlands 1945–1949, Wiesbaden 1977, S. 27 (Übersetzung des Herausgebers)

## 20. Marshall-Plan und Magnettheorie

Das westliche Deutschland sollte so schnell wie möglich dem westlichen Wirtschaftssystem Europas eingegliedert werden. Wenn ich dies sage, so denke ich nicht an eine permanente Teilung Deutschlands, aber der einzig mögliche Weg, auf dem man Deutschland einen kann ist der, im Westen Europas einen Zustand zu schaffen, der so attraktiv ist, der für den Osten eine solche Anziehungskraft hat, daß die Sowjets nicht in der Lage sind, den Osten Deutschlands einzubehalten. Dann kann man Deutschland wieder zusammenbekommen. Mit anderen Worten: ich finde mich nicht notwendigerweise mit einer permanenten Teilung Deutschlands ab, sondern sage, daß der einzige Weg, Deutschland unter Bedingungen zusammenzubringen, die für uns und die westlichen Staaten akzeptabel sind, der ist, mit der Eingliederung des westlichen Deutschlands in die so gesunde und kraftvolle Wirtschaft Westeuropas zu beginnen, so daß die Bewohner des östlichen Deutschlands einfach sagen werden: „Gut, diesen Weg gehen wir nicht mehr weiter. Wir wollen ein wesentlicher Bestandteil des Westens sein."

Aus einem Statement von John Foster Dulles vor einem Senatsausschuß im Januar 1948; zit. bei Manfred Knapp, Deutschland und der Marshallplan, a. a. O., S. 40 (Übersetzung des Herausgebers)

## 21. Zu den Auswirkungen des Marshall-Plans

Der Marshallplan hatte zweifellos auch tiefgreifende politische Auswirkungen bei der Einrichtung des sozio-ökonomischen Systems, das heißt auf die innere Ordnung in Westdeutschland. Er knüpfte in seinen diesbezüglichen Wirkungen nahtlos an die Politik des amerikanischen Militärgouverneurs Clay an, der die Auffassung vertrat: „... there must be economic and political stability in Germany before the German people can be expected to freely express their views." Durch die Einbeziehung Westdeutschlands in das ERP wurde der westdeutsche Staat während seiner entscheidenden Gründungsphase zusätzlich zu den bereits bestehenden Interventionsmöglichkeiten der US-Militärbehörden bzw. des amerikanischen Hochkommissars in ein enges Bezugsverhältnis zu den USA gebracht. Allein schon aufgrund dieser Tatsache war zu erwarten, daß sich durch die Vergabe konditionierter Wirtschaftshilfe eine zusätzliche Abhängigkeit des Hilfsempfängers von den wirtschafts- und gesellschaftspolitischen Prinzipien des Gebers entwickeln mußte, noch dazu, wo der Geber der Auslandshilfe durch vertraglich festgelegte Richtlinien, wie sie in der Aufforderung zur Einführung bzw. Wiederherstellung „individueller Freiheiten", „freier Institutionen", der Schaffung „gesunder ökonomischer Verhältnisse" umschrieben waren, mehr oder weniger explizit die Übernahme der Grundprinzipien des bürgerlich-kapitalistischen amerikanischen Modells empfohlen hatte. Zumindest aber wußte er die Einführung eines völlig konträren Systems zu verhindern ...

Daß die Einbeziehung Westdeutschlands in das ERP sozusagen ein Klima schuf, das die Wiederbelebung einer freien Unternehmerwirtschaft begünstigte, ist evident. Denn mit der Beteiligung am Marshallplan wurde gleichsam auch die Ideologie dieses Plans in Westdeutschland verbreitet. Diese besagte, daß die Wiederherstellung oder Aufrechterhaltung der Gundsätze individueller Freiheit, freiheitlicher Institutionen, d. h. die politischen Systemeigenschaften einer freiheitlichen Demokratie, weitgehend auf der Herstellung „gesunder wirtschaftlicher Verhältnisse" und freier internationaler Wirtschaftsbeziehungen beruhe. Mit anderen Worten, in der Economic Cooperation Act und in anderen Schlüsseldokumenten des ERP sowie bei der Durchführung des Marshallplans wurde das Leitprinzip propagiert, daß eine freie, prosperierende Wirtschaft und ein freier interna-

tionaler Handel als unerläßliche Voraussetzung und Bedingung für demokratische Lebensformen anzusehen sei. Angewendet auf die Verhältnisse in Nachkriegsdeutschland, bedeutete dieser Grundsatz eine Abkehr von den Potsdamer Vereinbarungen auch insofern, als nun der wirtschaftliche Wiederaufbau West-Deutschlands – ohne Rücksicht auf die Aufrechterhaltung der deutschen (Wirtschafts-)Einheit – nicht nur forciert, sondern auch einer durchgreifenden politischen Neuordnung auf demokratischer Grundlage vorgeordnet werden sollte (wie immer vieldeutig bzw. unklar der Demokratiebegriff des Potsdamer Abkommens gewesen sein mag). Die in Westdeutschland angewandte Marshallplan-Ideologie und die Erfordernisse des ERP selbst trugen jedenfalls stark dazu bei, daß auf der Basis einer im wesentlichen unveränderten sozioökonomischen Struktur die westdeutschen Wirtschaftsexperten, Geschäftleute und Industriellen relativ schnell wieder ins Geschäft kamen, und zwar weitgehend unabhängig davon, in welchem Verhältnis diese zum NS-Regime gestanden bzw. wie deren Entnazifizierungsbescheide ausgesehen hatten...
Aufs Ganze gesehen, löste jedoch der Marshallplan in Westdeutschland, wie in keinem anderen ERP-Land, die von seinen Initiatoren intendierten Stabilisierungseffekte aus: Zum einen leistete er in einer kritischen Phase einen erheblichen Beitrag zur Versorgung der westdeutschen Bevölkerung (und Industrie) mit Mangelgütern und wurde von dieser auch, wie Meinungsumfragen zeigen, im Sinne einer Verbesserung der Lebensbedingungen perzipiert. Der damit verbundene Wirtschaftsaufschwung im Zeichen eines zum amerikanischen Vorbild affinen Wirtschafts- und Gesellschaftssystems ließ die ursprünglich erhobenen Forderungen nach sozialistischen Neuansätzen in den Hintergrund treten. Erst recht war dadurch die Gefahr einer Übertragung eines radikalen Gegenmodells sowjetrussischer bzw. kommunistischer Provenienz gebannt.

Aus: Manfred Knapp, Deutschland und der Marshallplan, in: Politische und ökonomische Stabilisierung, a.a.O., S. 38 ff.

## 22. Der Schwarze Markt

*a) Einzelhandels- und Schwarzmarktpreise ausgesuchter Nahrungsmittel und Gebrauchsgüter*

| Produkt | | Einzelhandelspreise 1938 RM | Einzelhandelspreise Nov. 1945 RM | Schwarzmarktpreise brit. Zone April 1947 RM | Schwarzmarktpreise Berlin Frühj. 1947 RM |
|---|---|---|---|---|---|
| 1 500 g | Roggenbrot | –,47 | –,52 | ca. 25 | 35– 45 |
| 500 g | Weizenmehl | –,22 | –,23 | ca. 30 | 40– 60 |
| 500 g | Zucker | –,38 | –,44 | 70–90 | 80–100 |
| 500 g | Butter | 1,57 | 1,80 | 240–250 | 250–350 |
| 500 g | Speck | 1,07 | | ca. 200 | 350–460 |
| 500 g | Rindfleisch | –,83 | –,87 | 60–80 | 120–150 |
| 500 g | Schweinefleisch | –,82 | –,92 | | |
| 5 000 g | Kartoffeln | –,44 | –,56 | | |
| 1 | Ei | –,12 | –,12 | | 15– 20 |
| 50 kg | Braunkohlenbriketts | 1,51 | 1,86 | | 50– 80 |
| 1 Paar | Herrenschuhe | | 16,00 | 750 | |
| 1 | Herrenanzug | | 75,00 | 1 000 | |
| 1 | Damenkleid | | 31,90 | 800 | |
| 1 Paar | Schuhe besohlen | | 5,20 | | 25– 50 |

Aus: Statistisches Handbuch von Deutschland 1928–1944, München 1949, S. 467 und Hilde Thurnwald: Gegenwartsprobleme Berliner Familien, Berlin 1948, S. 66

*b) Schwarzmarktpreise[1]) typischer Waren in Frankfurt/Main (September 1947–Juni 1948)*

| Monat | Eier | Butter | Margarine | Zucker | Weizen-mehl | Kaffee | amerika-nische Zigaretten |
|---|---|---|---|---|---|---|---|
| | Bezahlte durchschnittliche Preise in RM | | | | | | |
| | Stück | kg | kg | kg | kg | kg | Stück |
| **1947** | | | | | | | |
| September | 1,– | 473,– | 445,– | 165,– | 49,– | 703,– | 4,56 |
| Oktober | – | 482,– | – | 230,– | 53,– | 705,– | 4,62 |
| November | – | 395,– | – | 170,– | 40,– | 700,– | 5,– |
| Dezember | 4,– | 476,– | 320,– | 150,– | 46,– | 660,– | 4,75 |
| **1948** | | | | | | | |
| Januar | 5,– | 485,– | – | 168,– | 41,35 | 600,– | 4,06 |
| Februar | 7,– | 520,– | – | 110,– | 48,60 | 696,– | 4,– |
| März | 10,– | 399,– | 325,– | 150,– | 44,50 | 678,– | 4,50 |
| April | 7,50 | 510,– | 430,– | – | 49,– | 611,– | 5,25 |
| Mai | 6,50 | 549,– | – | – | 48,65 | 539,– | 5,25 |
| Juni | 5,50 | 476,– | 460,– | 140,– | 45,– | 560,– | 5,– |

[1]) Ermittelt bei der Auswertung der in Hessen geführten Haushaltungsbücher

Aus: Hessen in der Stunde Null 1945/46, a.a.O., S. 28

## 23. Geldwertverfall und Unternehmerverhalten

„... An die Stelle des Geldsparens (ist) in beträchtlichem Umfang ein willkürliches Sachsparen getreten... Die Industrie sträubt sich dagegen, ihre Rohstoffreserven anzugreifen oder überflüssige Maschinen abzustoßen ... die Unternehmungen wollen nur noch kaufen, aber nicht mehr verkaufen. Oft wird sogar die Produktion systematisch gedrosselt, um die Rohstoffbestände nicht zu rasch zu erschöpfen oder den Produktionsapparat zu schonen, da man in ihm sein „wertbeständigstes" Kapital erblickt. Die Wirtschaft stemmt sich also, wo sie kann, gegen den Einsatz von Reserven... ja zum Teil läßt sie sogar einen Teil der laufenden Produktion in Hamsterlager versickern und verhindert damit, daß diese Güter zur Grundlage einer weiteren Produktionsausdehnung werden."

Aus: Frankfurter Rundschau vom 29. 1. 1948; zit. bei Anne Weiß-Hartmann, Der Freie Gewerkschaftsbund Hessen 1945–1949, a.a.O., S. 145

## 24. Erklärung des Direktors der Verwaltung für Wirtschaft, Ludwig Erhard, vor dem Wirtschaftsrat am 21.4. 1948

Für den arbeitenden Menschen bedeutet es keinen Unterschied, ob seine Kaufkraft zur Erlangung von begehrten Gütern bei inflationistischer Preisbildung nicht ausreicht oder ob er zwar über die Kaufkraft verfügt, das im Verhältnis zur Nachfrage aber völlig unzureichende Sozialprodukt die Abdeckung verhindert. Fast ist es ein Wunder zu nennen, und es zeugt für das hohe Maß an Disziplin unseres Volkes, daß die Regulative der Bewirtschaftung und des Preisstopps das wirtschaftliche Gefüge und die äußere Ordnung noch so lange aufrechterhielten; aber auf dieser Grundlage eine lückenlose Bewirtschaftung und dazu noch eine gerechte Verteilung erwarten zu wollen, würde voraussetzen, daß hier nicht Menschen, sondern Engel und Götter handelnd am Werke sind.
Diese Darlegungen bedeuten keine billige Entschuldigung für ein Versagen; aber wenn Sie sich vergegenwärtigen, daß unsere Wirtschaft infolge des fortdauernden Währungschaos jedes Wert- und Vergleichmaßstabes beraubt ist, daß wir bei jedem Kauf und Verkauf mit inkommensurablen Wertgrößen operieren und uns ständig auf dem Boden von Fiktionen bewegen, wenn Sie sich darauf besinnen, was es bedeutet, eine hochentfaltete, moderne Geldwirtschaft auf die Verkehrssitten einer primitiven Tauschwirtschaft reduzieren zu sollen, dann bedarf es wirklich nicht mehr der

Suche nach Sündenböcken, sondern es bedarf – und das ist zwingend – der Wiederherstellung geordneter Geldverhältnisse.
Nur durch dieses Mittel allein ist wieder eine wirtschaftliche Ordnung sicherzustellen...
Als Direktor der Verwaltung für Wirtschaft aber habe ich mich nicht mit Erkenntnissen als Selbstzweck zu begnügen und darf vor allem daraus nicht die Rechtfertigung ableiten, bis zu dem nicht in unserer Hand liegenden Vollzug der Währungsreform der Entwicklung tatenlos zuzusehen. Wenn ich jedoch weiß – und wer täte das heute nicht –, daß unter den hinlänglich charakterisierten Gegebenheiten keine Wirtschaftsbehörde es mit dem System der totalen Bewirtschaftung dahin bringen kann, der Vielzahl von industriellen, handwerklichen und bäuerlichen Betrieben zu dem jeweils erforderlichen Zeitpunkt in richtiger Menge und in geeigneter Qualität die vieltausendfachen Arten von Roh- und Hilfsstoffen, von Arbeitskräften und Produktionsmitteln zuzuweisen, eine wirksame Kontrolle über die vorgeschriebene Anwendung dieser Mittel und über Preisbestimmungen durchzuführen, den reibungslosen Durchlauf der in der Fertigung begriffenen Güter durch alle Stufen der Erzeugung und des Handels wirkungsvoll zu überwachen und dazu noch die Garantie für eine lückenlos funktionierende und nach sozialen Grundsätzen gerechte Verteilung zu übernehmen, dann werden Sie mir, wie ich hoffe, zustimmen, daß ich meine Aufgabe nicht darin erblicken kann, dieses System der totalen behördlichen Zwangswirtschaft noch zu verfeinern, d.h. in diesem Falle zu verschärfen, sondern umgekehrt überall dort und dann neue Wege und Mittel der Auflockerung anzuwenden suchen will, wo dieses Verfahren nicht eine Gefährdung, sondern eine Verbesserung der Ordnung erwarten läßt.

Zit. nach: Wörtliche Berichte und Drucksachen des Wirtschaftsrates des Vereinigten Wirtschaftsgebietes 1947–1949, bearbeitet von Christoph Weisz und Hans Woller, Bd. 2, München 1977, S. 436 ff.

## 25. Der Hamburger Finanzsenator Walter Dudek zur Vorbereitung der Währungsreform

Der Bart ist ab. Nämlich der Papierbart, den Hitler mit seinem Geld dem deutschen Volk angeklebt hatte. Von Anbeginn seiner Herrschaft an wollte Hitler seine Macht ausweiten. Planmäßig bereitete er daher den Krieg vor. Er schuf eine Luftwaffe, rüstete ein Millionenheer aus, stellte die ganze Industrie auf die Rüstung ein. All das kostete Geld, viel Geld. Das beschaffte er sich durch Hingabe von Schuldscheinen, Reichsschatzanweisungen genannt, an Banken, Sparkassen, Versicherungsgesellschaften. Kurzum, alle jene Einrichtungen, die über große Geldbestände verfügten, mußten – ob sie wollten oder nicht – diese Schuldscheine annehmen und ihm dafür Geld zur Verfügung stellen. Dieses Geld holten sie sich ihrerseits wieder von der Reichsbank, deren Notendruckmaschinen allmählich auf Hochtouren liefen. Auf diese Art und Weise kam viel Geld unter die Leute. Mit diesem Geld wurden aber, wie gesagt, keine Güter für den üblichen Gebrauch – Schuhe, Kleider, Möbel, Hausrat und ähnliche nützliche Gegenstände – hergestellt, sondern Kanonen, Flugzeuge, Kriegsschiffe, Unterseeboote, Pulverfabriken, alles ganz unnütze Dinge, die nur bestimmt waren zu zerstören und selbst zerstört zu werden.
Das viele, viele Geld flog mit Beginn des Krieges buchstäblich in die Luft, nicht zuletzt die Rüstungsfabriken. Das Geld war, da ihm keine Werte gegenüberstanden, innerlich völlig wertlos, ein Papierlappen. Die große Masse des deutschen Volkes bemerkte zunächst gar nichts. Sie lauschte hingegeben dem Propagandageschwätz der Goebbels und Konsorten und hielt sich, weil es viel Geld hatte, sogar noch für reich. Diese Täuschung wurde noch dadurch von Hitler unterstützt, daß er im Jahre 1936 allgemein eine Preiserhöhung verbot. Dieser Preisstopp gilt grundsätzlich noch heute. Es war eine künstliche Maßnahme, zur Täuschung des deutschen Volkes bestimmt. Sie war auch mühselig nur aufrechtzuerhalten, solange der Polizeiknüppel des Dritten Reiches hinter allem stand. Nach dem Untergang dieses Reiches änderte sich das Bild. Eine zentrale deutsche Regierung existierte nicht mehr. Die Besatzungsmacht übernahm die gesamte Verwaltung. Die Preisgesetze wurden durchlöchert. Die gesamte Bankwirtschaft brach langsam, aber sicher zusammen. Tauschgeschäfte kamen auf. Naturalentlohnung verlangten die Arbeiter, kurzum, die Wertlosigkeit des Gel-

des zeigte sich überall. Damit wurde die Beseitigung dieses wertlosen Geldes immer brennender. Wenn es schon im Mai 1945 möglich gewesen wäre, dann hätte die Bevölkerung unter dem Eindruck des Kriegsausgangs wahrscheinlich viel leichter den Vorgang begriffen als jetzt. Das war leider nicht möglich, da der Druck von Geldnoten kompliziert ist und viele Sicherungen erfordert. Der Druck dauert eine ganze Reihe von Monaten. Die ganze Last der ungünstigen wirtschaftlichen Entwicklung seit 1945 hat der Lohn- und Gehaltsempfänger getragen, dessen Entgelt nicht für eine Versorgung auf dem Schwarzen Markt ausreichte. Ihm vor allem galt und gilt die Sorge der Verantwortlichen.

Im Oktober 1946 beauftragte der deutsche Wirtschaftsrat Frankfurt/Main einen Kreis von Sachverständigen aus der Finanz, der Wirtschaft und der Verwaltung damit, eine deutsche Währungsreform nach deutschen Gesichtspunkten vorzubereiten und ein entsprechendes Gesetz auszuarbeiten. Im März 1947 lag der Gesetzentwurf mit ausführlicher Begründung fertig vor und wurde der Militärregierung überreicht. Wir haben damals immer gehofft, daß die Sachverständigen der Militärregierung sich mit uns an einen gemeinsamen Beratungstisch setzen würden. Ein hoffnungsvoller Anfang wurde gemacht, aber dann versandete alles wieder. Die Alliierten verhandelten unter sich auf der Viermächtebasis in Berlin, und damit entfiel eine deutsche Mitwirkung.

Ganz unerwartet kam etwa vor zwei Monaten an die deutschen Sachverständigen die Aufforderung, in einem Militärlager gemeinsam mit den drei Alliierten der Westzonen die Fragen zu beraten. Am 20. April 1948 kamen wir zehn Sachverständige in das Lager Rothwesten bei Kassel, wo wir unter strengem Ausschluß der Öffentlichkeit sieben Wochen arbeiten mußten. Wir haben in zahllosen Unterhaltungen mit dem amerikanischen Vertreter, zu dem sich gelegentlich französische und englische Vertreter gesellten, ausführliche Anregungen geben können.

Leider teilte man uns kurz nach dem Beginn unserer Arbeit mit, daß in den Hauptpunkten die drei Regierungen in Washington, London und Paris bereits Entscheidungen getroffen hatten. Wir standen vor der außerordentlich schweren Frage, ob wir daraufhin unsere Mitarbeit versagen oder vielmehr versuchen sollten, noch das Beste aus der Sache zu machen, was vom deutschen Standpunkt aus möglich war. Wir haben den letzteren Weg gewählt. Eine spätere Geschichtsschreibung wird aufgrund unserer ausführlichen Aufzeichnungen genau nachweisen können, in welchen Punkten wir andere Vorschläge gemacht haben, als jetzt durchgeführt werden. Die Gerechtigkeit aber gebietet, offen zu erklären, daß im Bereich der Wirtschaft objektive Voraussagen nicht möglich sind.

Man kann eine wirtschaftspolitisch-finanzielle Frage, wie es die Währungsreform darstellt, auf die verschiedenste Weise lösen. Ich bin überzeugt, daß auch die von alliierter Seite jetzt durchgeführte Form zu einem Erfolg führen kann, wenn die maßgebenden deutschen Stellen sich darauf einstellen und das deutsche Volk mitgeht. Selbstverständlich muß die deutsche Wirtschaft so rasch wie möglich wieder voll in Gang kommen. Dazu ist erforderlich, daß der deutsche Arbeiter wesentlich besser ernährt wird als bisher. Die deutsche Wirtschaft muß durch ungehinderten Zugang zu internationalen Märkten sich Rohstoffe aus der Welt verschaffen können, die sie braucht. Eine deutsche Regierung, unabhängig nach innen und außen, muß eine gesunde und planmäßige Wirtschaftspolitik treiben können. Wir müssen über unsere Finanzen in den Ländern und Gemeinden frei verfügen können. Kurzum, wir müssen wieder einen Staat moderner Prägung bilden, wie er in einer westeuropäischen Völkerfamilie unerläßlich ist. Daß wir im Wege des Lastenausgleichs die mit dem Krieg und seinen Folgen (Ausgebombte, Flüchtlinge) und dieser Währungsreform verbundenen Härten durch ein deutsches Gesetz so rasch wie möglich ausgleichen müssen, ist selbstverständlich.

Das Wichtigste aber ist Frieden in der ganzen Welt. Nur wenn alle Völker sich gegenseitig im Vertrauen begegnen und nicht voreinander Angst haben und kriegerische Verwicklungen befürchten müssen, nur wenn freier Handel und Wandel in der ganzen Welt herrscht, dann wird auch jedes einzelne Volk auf dieser Welt, mag es groß oder klein sein, seiner friedlichen Beschäftigung nachgehen können und seinerseits dazu beitragen, daß der Wohlstand der Welt und damit der Wohlstand jedes einzelnen wächst.

Möge endlich guter Wille, friedfertige Gesinnung und aufrichtige, christliche Nächstenliebe alle

Völker dieser Erde beseelen! Möge das deutsche Volk aber auch seine Aufgabe im Kreis dieser großen Völkerfamilie erkennen und durch unablässigen Ernst und, wenn es sein muß, entbehrungsreiche Arbeit sich den gleichberechtigten Platz unter diesen Völkern erringen!

Aus: Der Spiegel 26/1948, S. 18

## 26. Appell der Bochumer Stadtvertretung

*An die Bochumer Bevölkerung*

Nach allen Verlautbarungen steht die *Durchführung der Geldreform* unmittelbar bevor. Es kommt jetzt darauf an, daß in diesen letzten Tagen der geordnete Ablauf des Wirtschaftslebens auf den lebensnotwendigen Gebieten unbedingt gewährleistet bleibt. An die gewerbliche Wirtschaft, insbesondere an die Erzeuger, den Groß- und Einzelhandel, ergeht daher die dringliche Mahnung, die lebensnotwendige Versorgung der Bevölkerung durch ordnungsmäßigen Verkauf der vorhandenen Waren unbedingt sicherzustellen. Dies wird durch vermehrten Einsatz der Ernährungskontrollausschüsse und Preisüberwachungsstellen kontrolliert. Bei groben Verstößen wird entsprechend den angekündigten Maßnahmen das Ernährungs- und Wirtschaftsamt mit scharfen Strafen einschreiten.

An die Verbraucherschaft ergeht die ebenso dringende Mahnung, nur den lebensnotwendigen Bedarf für die nächsten Tage zu decken. Jeder Versuch, durch Vorratskäufe sich unberechtigte Vorteile zu verschaffen, ist als eine Schädigung der Allgemeinheit anzusehen und wird unterbunden werden. Wenn alle Teile der Bevölkerung Vernunft annehmen und Ruhe bewahren, werden wir auch diese letzten kritischen Tage bis zur Währungsreform erfolgreich bestehen. Zu irgendwelchen Beunruhigungen über die Vorratslage in der Lebensmittelversorgung liegt keinerlei Veranlassung vor.

Bochum, den 15. Juni 1948

Die Stadtvertretung
SPD-Fraktion CDU-Fraktion KPD-Fraktion

Der Oberbürgermeister
Der Oberstadtdirektor
Deutscher Gewerkschaftsbund

Industrie- und Handelskammer
Einzelhandelsverband/Kreishandwerkschaft
Konsumgenossenschaft Bochum

Zit. nach: Johannes Volker Wagner, Deutschland nach dem Krieg. Kapitulation, Neubeginn, Teilung. Eine illustrierte Dokumentation, Bochum 1975, S. 245

## 27. Der Streit um das Leitsätze-Gesetz im Wirtschaftsrat am 17. 6. 1948

*1. Der Direktor für Wirtschaft Ludwig Erhard*

Es kann also ... der Weg nur dahin gehen, wieder zu freieren marktwirtschaftlichen Formen zurückzufinden, den Zwang, der das einzelne Individuum, den Verbraucher vom Konsumenten bis zum Produzenten hin täglich gepeinigt hat, wieder aufzulösen und an die Stelle dieses Zwanges wieder die Verantwortung, das Verantwortungsbewußtsein, die Leistung und den Leistungswillen zu setzen ... Wir müssen in der Volkswirtschaft alles, was unwirtschaftlich ist, ausschalten. Wir können nicht mehr nach irgendwelchen schematischen Verfahren jeden einzelnen Betrieb beschäftigen wollen. Wir können nicht das, was krank, faul und untätig ist, hier mitschleifen. Die höchste Leistung, die wir in der Volkswirtschaft erzielen können, ist gerade recht, um das Sozialprodukt zu erhöhen, das Volkseinkommen zu erhöhen und den Lebensstandard unseres Volkes im ganzen zu verbessern ... Das schaffen Sie aber auch nicht durch behördliche Verbote, sondern das schaffen Sie nur, wenn Sie den einzelnen bei Strafe des wirtschaftlichen Untergangs dazu zwingen, Dinge zu produzieren, die Arbeit zu leisten, die die Gesellschaft wirtschaftlich anerkennt und die nützlich ist ...

Alle diese Formen, selbst die freieren, wie der Höchstpreis, haben einen ziemlich starken Sog an sich und lassen nicht die freie Bewegung nach unten zu ... Bei einer tendenziell sinkenden Preis-

entwicklung ist aber jede Preisbindung sozial schädlich, weil nämlich die Behörde gar nicht in der Lage ist, alle 14 Tage oder alle vier Wochen eine Bilanz zu machen, welche Daten sich in der Volkswirtschaft verändert haben, wo jetzt wieder die Möglichkeit besteht, durch zwischenzeitlich eintretende Kostensenkungen auch den Preis nachträglich nach unten korrigieren zu können ...
Denn wenn ich schon von der Produktionsseite her vorschreibe, was produziert wird, in welchem Umfang es produziert wird, und womöglich noch, zu welchem Preis es produziert wird, dann bedeutet das nichts anderes, als daß ich dem einzelnen Staatsbürger sage: Du hast eben das zu konsumieren, was der Vater Staat für dich vorgesorgt hat. Ich bin der Meinung, die Menschen haben sich dabei nicht besonders wohl gefühlt.
Wir werden auch – das ist noch ein Grundsatz – erst dann zu einer gesunden Wirtschaft kommen, wenn wir die freie Berufswahl und die freie Konsumwahl haben. Sie wissen, daß deshalb in diesen Tagen ein weiteres Gesetz vorgelegt wird, und zwar zur Auflockerung und Aufhebung der Gewerbebeschränkungen. Ich halte das für unbedingt notwendig ... Wenn wir diesen Weg gehen, was können wir dann noch tun? Wir können den individuellen Bezugsschein verschwinden lassen und die örtlichen Wirtschaftsämter zur Auflösung bringen ... Dieses Gesetz soll nicht dazu dienen, die behördliche Macht zu stärken, sondern es soll dazu dienen, diese behördliche Macht zu überwinden und im Bereich der Wirtschaft überhaupt völlig mit ihr zu brechen.

*2. Die Hauptredner der Opposition*

*a) Der Abgeordnete Gerhard Kreyssig (SPD)*

Das ist sehr schwer zu glauben, daß die ‚freie' Preisbewegung wirklich nach unten führt. Vor allen Dingen aber hat man das Gefühl, daß die freien Unternehmer in Deutschland, die nach der jetzigen Entwicklung wieder zum Zuge kommen wollen, ihre Preise lieber nach oben statt nach unten gestalten. Meine Partei ist durchaus mit dem Standpunkt einverstanden, daß jener Preis bezahlt werden sollte, wenn man eine gesunde Wirtschaft hat; nicht aber in einer Wirtschaft, wo der Mangel so unerschöpflich ist. Auf Grund der Mangellage ist es eine undenkbare Situation, in Deutschland das freie Spiel von Angebot und Nachfrage in die Praxis umsetzen zu wollen. Wenn Sie es tun, dann führt es zwangsläufig dazu, daß die Ärmsten, die am wenigsten haben – und das sind wieder eben diejenigen, die arbeiten, um dieses Sozialprodukt zu schaffen –, am allerschlechtesten dabei fahren werden, während diejenigen, die auf der neuen Währungsbasis wiederum leichter und glücklicher leben werden, dieses Sozialprodukt in die Hand bekommen. Was sich hier anbahnt, ist schon einmal sehr klar und zutreffend gekennzeichnet worden als das ‚Stahlbad der freien Preise', durch das die deutschen Unternehmer das deutsche Volk hindurchtreiben wollen.

*b) Der Abgeordnete Erwin Schoettle (SPD)*

Ich möchte bei der Gelegenheit, meine Damen und Herren, noch einmal – ich weiß nicht, zum wievielten Mal – ein immer wieder auftauchendes Mißverständnis zerstören, von dem man annehmen kann und darf, daß es nicht ohne Absicht immer wieder verbreitet wird. Es klang heute morgen während der Debatte auf, und es klang auch in der Rede des Herrn Direktors der Verwaltung für Wirtschaft durch, wir Sozialdemokraten seien Anwälte der bestehenden Zwangswirtschaft. Die Sozialdemokratie verabscheut das, was wir in Deutschland als Zwangswirtschaft, als eine Erbschaft des Nationalsozialismus kennen und was im Laufe der letzten drei Jahre daraus geworden ist, genau so wie jeder andere in diesem Saal. Wir sind nur anderer Meinung bezüglich der Mittel und des Tempos, mit deren Hilfe man von dieser Zwangswirtschaft wegkommen kann.

Zit. nach: Wörtliche Berichte und Drucksachen des Wirtschaftsrates, a.a.O., S. 623 ff.; 629; 654

## 28. Gesetz über Leitsätze für die Bewirtschaftung und Preispolitik nach der Geldreform vom 24. 6. 1948

Aus dem Zusammenbruch der Kriegswirtschaft hat sich ein Zustand ergeben, der die wirtschaftlichen Energien gelähmt, sie in eine dem Gemeinwohl schädliche Richtung gelenkt und zu großen sozialen Ungerechtigkeiten geführt hat. Die Geldreform soll diese unheilvolle Entwicklung überwinden helfen, indem sie die natürliche Beziehung zwischen Leistung und Gegenleistung wiederherstellt, damit den Bezieher von Arbeitseinkommen zum bevorzugten Käufer macht und so die Voraussetzungen für eine Steigerung der Arbeitsleistung und der Produktion schafft. Indem die Kaufkraft im wesentlichen auf den Betrag der in der laufenden Erzeugung entstehenden Arbeitseinkommen beschränkt wird, wird die bisher durch die großen Geldhorte aufgeblähte Nachfrage auf ihr berechtigtes Ausmaß zurückgeführt. Zugleich wird das Warenangebot durch Auflösung der gehorteten Bestände vergrößert. Die bisherigen inflationistischen Tendenzen werden unterbunden. Das aus der Vergangenheit stammende, kaum noch wirksame Zwangssystem kann daher, insbesondere unter Berücksichtigung des anlaufenden Marshall-Plans, aufgelockert, der Markt stärker zur Steigerung der Wirtschaftlichkeit in Erzeugung und Verteilung eingesetzt werden. Die wirtschaftlichen und sozialen Notwendigkeiten gehen somit Hand in Hand, da eine bessere Versorgung der breiten Massen nicht ohne Anspannung aller produktiven Kräfte, eine vollständige Ausnutzung aller produktiven Kräfte nicht ohne bessere Versorgung der breiten Massen möglich ist. Daraus folgt, daß die Wirtschaftspolitik wirtschaftliche und soziale Gesichtspunkte in gleicher Weise in Betracht zu ziehen hat.

Die Auflockerung des staatlichen Warenverteilungs- und Preisfestsetzungssystems findet ihre Grenzen dort, wo es darauf ankommt

1. den Schutz des wirtschaftlich Schwächeren zu gewährleisten,
2. die Durchführung von Wirtschaftsprogrammen im öffentlichen Interesse sicherzustellen,
3. die Ausnutzung einer Mangellage durch monopolitische Einflüsse zu unterbinden.

Um die damit umrissenen Aufgaben zu erfüllen und dadurch zugleich die Grundlage für eine die Stabilität der neuen Währung sichernde Geld- und Kreditpolitik schaffen zu können, bedarf die Wirtschaftsverwaltung in der Übergangszeit ausreichender Eingriffsmöglichkeiten, die eine schnell und nachdrücklich wirkende Lenkung der vorher nicht übersehbaren wirtschaftlichen Vorgänge im Rahmen der nachfolgenden Leitsätze und zu deren Verwirklichung gestatten.

Der Wirtschaftsrat hat daher das folgende Gesetz beschlossen:

*Artikel I*

Für die Bewirtschaftung und Preispolitik nach der Geldreform werden die aus der Anlage ersichtlichen Leitsätze, die einen Bestandteil des Gesetzes bilden, aufgestellt.

*Artikel II*

Der zuständige Direktor wird beauftragt, im Rahmen dieser Leitsätze (Artikel I)

1. die erforderlichen Maßnahmen auf dem Gebiet der Bewirtschaftung nach Maßgabe des Bewirtschaftungsnotgesetzes zu treffen,
2. die Waren, Warengattungen, Güter und Leistungen im einzelnen zu bestimmen, die von den Preisvorschriften freigestellt werden sollen, wobei er Preisvorschriften auf Zeit oder Dauer außer Kraft oder wieder in Kraft setzen kann.

*Artikel III*

Zur Überwachung und Beratung des Direktors hinsichtlich der Einhaltung seines Auftrages wird ein Ausschuß aus fünf Mitgliedern des Wirtschaftsrats und drei Mitgliedern des Länderrats gebildet. Der Direktor gibt dem Ausschuß von allen grundsätzlichen Maßnahmen unverzüglich Kenntnis. Der Ausschuß berät den Direktor auf dessen Wunsch vor dem Erlaß grundsätzlicher Maßnahmen.

*Artikel IV*

Dieses Gesetz tritt zugleich mit dem Inkrafttreten der gesetzlichen Regelung der Geldreform in Kraft und am 31. Dezember 1948 außer Kraft.

Das vorstehende Gesetz wird nach Zustimmung des Länderrates hiermit verkündet.

Frankfurt am Main, den 24. Juni 1948. Der Präsident des Wirtschaftsrates

*Dr. Erich Köhler*

*Anlage zum Gesetz über Leitsätze für die Bewirtschaftung und Preispolitik nach der Geldreform. Leitsätze für die Bewirtschaftung und Preispolitik nach der Geldreform.*

I.

1. Der Freigabe aus der Bewirtschaftung ist vor ihrer Beibehaltung der Vorzug zu geben.
2. Die Hauptnahrungsmittel und die Rohstoffe, die eine wesentliche Grundlage für die gewerbliche und landwirtschaftliche Gütererzeugung bilden, sind zur Erzielung eines planmäßigen Einsatzes dieser Güter weiterhin zu bewirtschaften.
3. Die Freigabe von Getreide und Getreideerzeugnissen, Milch und Milcherzeugnissen, Kartoffeln, Fleisch und Fett, von Kohle, Eisen und Stahl aus der Bewirtschaftung bedarf in jedem Falle der vorherigen Genehmigung durch den Wirtschaftsrat.
4. Textilwaren, die der Bekleidung dienen, Schuhe und Seifen können als für den unmittelbaren menschlichen Bedarf lebensnotwendig einer Verbrauchsregelung unterworfen bleiben.
5. Wenn und insoweit eine Bewirtschaftung von Rohstoffen, Halb- und Fertigerzeugnissen der gewerblichen Wirtschaft unterbleibt, kann durch Lieferanweisungen, durch Herstellungsgebote und -verbote eine für die gesamte Volkswirtschaft und insbesondere für den Bedarf der Bevölkerung notwendige Fertigung und Auslieferung sichergestellt werden.
6. Die Einschaltung des Behördenapparates bei der Durchführung der Bewirtschaftung ist auf ein Mindestmaß einzuschränken. An die Stelle des Bezugscheinsystems mit individueller Bedürfnisprüfung tritt die allgemeine Bezugskarte (Punktkarte), die je nach der Vorratslage durch allgemeine Aufrufe zum Bezuge der bewirtschafteten Güter berechtigt. Die allgemeine Bezugskarte ist durch Sonderbezugskarten für besonders notleidende Bevölkerungskreise (z.B. Flüchtlinge, Ausgebombte) und für die Ausstattung bestimmter Berufsgruppen (z.B. mit Arbeitskleidung und Arbeitsschuhen) zu ergänzen. Die Übertragung von Kontingenten kann zugelassen werden.

II.

1. Der Freigabe der Preise ist vor der behördlichen Festsetzung der Vorzug zu geben.
2. Die Preise für die Hauptnahrungsmittel und die Rohstoffe, die eine wesentliche Grundlage für die gewerbliche und landwirtschaftliche Gütererzeugung bilden, sowie die Mieten und Verkehrstarife sind behördlich festzusetzen.
3. Die Festsetzung und die Freigabe der Preise für Getreide und Getreideerzeugnisse, Milch und Milcherzeugnisse, Kartoffeln, Fleisch und Fett, für Kohle, Eisen, Stahl, Gas und Elektrizität bedarf der vorherigen Genehmigung durch den Wirtschaftsrat.
4. Wo Preise behördlich gebunden werden, sind sie als Höchstpreise festzusetzen. Die Höchstpreise müssen in einem angemessenen Verhältnis zu den Kosten eines wirtschaftlich geführten Betriebes stehen. Auf einen möglichst niedrigen Endpreis der Fertigerzeugnisse ist Bedacht zu nehmen.
5. Alle Preise – auch die freigegebenen – sind behördlich zu überwachen. Wer Höchstpreise überschreitet oder wirtschaftliche Überlegenheit oder ein im Verhältnis zur Nachfrage geringes Angebot mißbraucht oder wer Waren zurückhält in der Absicht, die Preise zu steigern, ist streng zu bestrafen. Insoweit gesetzliche Grundlagen hierfür nicht vorhanden sind, sind dem Wirtschaftsrat unverzüglich die erforderlichen Gesetze vorzulegen.

III.

Soweit der Staat den Verkehr mit Waren und Leistungen nicht regelt, ist dem Grundsatz des Leistungswettbewerbs Geltung zu verschaffen. Bilden sich wirtschaftliche Monopole, so sind sie zu beseitigen und bis dahin staatlicher Aufsicht zu unterstellen. Der Entwurf eines dahingehenden deutschen Gesetzes ist dem Wirtschaftsrat alsbald vorzulegen.

IV.

Der Kreditpolitik ist von der Verwaltung für Wirtschaft im engen Einvernehmen mit den sonst dafür verantwortlichen Stellen besondere Aufmerksamkeit zu schenken.

V.

Es ist darauf hinzuwirken, daß mit der Lockerung der Bewirtschaftung und der Preisbildung eine entsprechende Lockerung der Lohnbildung verbunden wird.

Aus: Gesetz- u. Verordnungsblatt des Wirtschaftsrates des Vereinigt. Wirtschaftsgebietes [WiGBl] 12/1948, S. 59 f.

## 29. Die Auswirkungen der Währungsreform am hessischen Beispiel

Im Gefolge einer Anordnung des Verwaltungsrats vom 25.6.1948 wurden die Preise für die meisten Waren freigegeben. Die Aufhebung des Lohnstopps erfolgte allerdings noch nicht zu dieser Zeit, so daß die Zielrichtung der Wirtschaftspolitik in der Bizone, nämlich Beschränkungen für die Arbeiterschaft und die Freiheit der Unternehmer, höchstmögliche Gewinne zu realisieren, schon in dem Beschluß selbst deutlich wurde.

Unternehmer und Händler nutzten diese gebotene Möglichkeit für Preiserhöhungen sofort aus, die angesichts eines noch immer relativ niedrigen Stands der Produktion und einer durch jahrelangen nicht erfüllten Bedarf und erhöhter Bevölkerungszahlen ungeheuer angestiegenen Nachfrage besonders günstig zu realisieren war. Die Preise aller Güter, besonders aber von langlebigen Konsumgütern wie Hausrat, Schuhen und Textilien stiegen nach der Freigabe rasch an und erreichten Ende des Jahres 1948 mehr als das Doppelte des Standes von 1938.

Auch die Preise für die aus der Bewirtschaftung herausgenommenen Lebensmittel wie Obst, Gemüse und Eier erhöhten sich rasch, ein Ei z.B. war schon im August 1948 nicht unter 55 Pfennig zu kaufen.

Die noch bewirtschafteten Lebensmittel verteuerten sich demgegenüber nicht so stark, aber auch für diesen Bereich ermöglichten Beschlüsse des Verwaltungsrats selbst einen zwar nicht so raschen, aber kontinuierlichen Anstieg der Preise. So wurden im Oktober 1948 Preiserhöhungen für Getreide und Getreideprodukte, also Brot, für Fleisch und Wurst sowie Strom und Gas beschlossen, und im März 1949 erfolgte eine nochmalige Erhöhung der Fleischpreise.

Die dargestellte Preisentwicklung führte unmittelbar zu einer weiteren Erhöhung der Lebenshaltungskosten, die infolge verschiedener Unzulänglichkeiten in der statistischen Erfassung allerdings nur abgeschwächt in der Statistik der Lebenshaltungskosten zum Ausdruck kam:

| 1938 | Juni 1948 | Juli 1948 | Dezember 1948 | April 1949 | Juli 1949 |
|---|---|---|---|---|---|
| 100,0 | 150,5 | 158,7 | 167,9 | 163,9 | 159,4 |

Anfang 1949 sanken die Preise für Konsumgüter wieder ab, da trotz bestehenden großen Bedarfs weite Teile der Bevölkerung sich diese Güter nicht mehr kaufen konnten und Absatzschwierigkeiten auftraten. Zusammen mit Steuersenkungen für bestimmte Genußmittel führte dies zu einem Rückgang der Lebenshaltungskosten Anfang 1949. Auf Grund der kontinuierlich steigenden Ausgaben für Ernährung, Heizung und Körperpflege bewegen sich die Lebenshaltungskosten dann aber wieder auf einem gegenüber der Zeit vor der Währungsreform erhöhten Niveau.

Die Preisentwicklung nach der Währungsreform war also durch zwei nebeneinanderherlaufende Tendenzen charakterisiert:

Auf der einen Seite ein sehr rapider Preisanstieg bei Konsumgütern und nicht bewirtschafteten Lebensmitteln, der 1949 wieder etwas zurückging; auf der anderen Seite ein langsamer und kontinuierlicher Preisanstieg für bewirtschaftete Lebensmittel und Heizungsgüter. Darüber hinaus hatten sich besonders 1948 sehr starke regionale Unterschiede und Preisgefälle innerhalb der einzelnen Branchen herausgebildet, die sich erst 1949 allmählich anglichen.

Gerade die regionalen und innerhalb der Branchen bestehenden Unterschiede zeigten deutlich, daß die entscheidende Ursache für das Ansteigen der Preise die rücksichtlose Ausnutzung aller Möglichkeiten durch Unternehmer und Händler bildete, die der Markt bot, um zusätzliche Gewinne über Preiserhöhungen zu erzielen:

„Nach Berichten der Preisbehörden haben sich auch im Oktober und November die Preise weiter nach oben entwickelt. Wesentliche Preissenkungen sind nicht festzustellen. Offensichtlich wird vielfach nicht sorgfältig kalkuliert, sondern es werden vielmehr die konjunkturbedingten Verkaufsmöglichkeiten rücksichtslos ausgenutzt ... Die Veröffentlichung der Preisspiegel und der Zwang, sie ... zum Aushang zu bringen, sind in Handelskreisen zum Teil auf erheblichen Widerstand gestoßen.... Von der Verbraucherschaft wird hingegen die Einführung des Preisspiegels begrüßt." (Frankfurter Rundschau vom 21.12.1948)

Nachdem jahrelang alle Bedürfnisse nach Schuhen, Kleidung, Möbeln, Hausrat und anderen Konsumgütern nur völlig unzureichend befriedigt werden konnten, konnte es nicht verwundern, daß ein ungeheurer Nachholbedarf bestand, der seine Auswirkungen auf die Wirtschaftspolitik zeigte. Dies betraf die Erfüllung dringendster Bedürfnisse und war die Grundlage dessen, was als Warenhunger bezeichnet wurde. Die durchgeführte Wirtschaftspolitik löste die anstehenden Probleme allerdings eindeutig im Sinne der Unternehmer, die über die freie Festsetzung der Preise enorme Gewinne realisieren konnten und auf diese Weise die Kaufkraft verringerten. Diese Konsequenzen stellte auch das Hessische Statistische Landesamt fest. Nach seiner Beurteilung bestand in der Zeit unmittelbar nach der Währungsreform für die Bevölkerung „bei einigermaßen tragbaren Preisen die Möglichkeit, sich im bescheidenen Rahmen ihres Einkommens zu versorgen. Die schnell anziehenden Preise beschränkten jedoch bald die Kauflust der breiten Masse vor allem auf lebensnotwendige Verbrauchsgüter..."

Die Verbesserung der Kaufkraft der Arbeiterschaft war darüberhinaus dadurch behindert, daß der Lohnstopp in den Monaten nach der Währungsreform weiter aufrecht erhalten wurde und außerdem die vor der Währungsreform in großem Umfang gezahlten Bonusse und Sonderzuwendungen eingestellt wurden.

Damit brachten die Monate nach der Währungsreform für die Arbeiterschaft trotz wirtschaftlichen Aufschwungs und voller Läden ein weiteres Absinken des Lebensstandards. Erst auf Grund erheblicher Unruhen und massivster Proteste hob der Bizonen-Verwaltungsrat schließlich zum 1. Oktober 1948 den Lohnstopp auf.

War schon die Realisierung der von der Militärregierung im April 1948 genehmigten 15%igen Lohnerhöhung auf erhebliche Schwierigkeiten gestoßen, setzten die Unternehmer auch den nun aufgestellten Lohnforderungen große Widerstände entgegen. Durch längere Arbeitszeiten und damit höhere Verdienste sowie die Erkämpfung von Lohnerhöhungen gelang es zwar, die Senkung der Lebenshaltung nach der Währungsreform wieder rückgängig zu machen und Verbesserungen zu erreichen, aber bis Ende des Jahres 1949 lag die Lebenshaltung der Arbeiterschaft immer noch unter dem vergleichbaren Stand der Vorkriegszeit:

| (1938 = 100) | Arbeitszeit | Brutto-stunden-verdienst | Brutto-wochen-verdienst | Real-verdienst |
|---|---|---|---|---|
| Dez. 1947 | 81,0 | 115,8 | 93,9 | 73,2 |
| Juli 1948 | 86,8 | 121,6 | 105,7 | 68,1 |
| Dez. 1948 | 88,1 | 137,3 | 121,1 | 74,1 |
| Juni 1949 | 90,5 | 142,6 | 129,0 | 82,9 |

Das durchschnittliche wöchentliche Bruttoeinkommen stieg damit von ungefähr DM 45,00 im Juli 1948 auf DM 54,00 im Juni 1949. Sämtliche Berechnungen der gestiegenen Lebenshaltungskosten zeigten, daß mit diesen Löhnen gerade die dringendsten Bedürfnisse befriedigt werden konnten.

Es stand zwar nicht mehr, wie in den ersten Nachkriegsjahren, die physische Existenz und Arbeitsfähigkeit selbst in Frage, und somit hatte sich die Situation verbessert, aber darüberhinaus hatte die Arbeiterschaft bei ihren Löhnen keine Möglichkeit, die gestiegene Produktion und die vollen Schaufenster zur Befriedigung ihrer Bedürfnisse zu nutzen.

Die Lebenshaltung der Arbeiterschaft und die Kampfbedingungen für eine Verbesserung ihrer Existenz wurden in wachsendem Maß durch ein neues Problem bedroht: seit Anfang des Jahres 1949 war eine starke Zunahme der Arbeitslosigkeit zu verzeichnen.

Aus: Anne Weiß-Hartmann, Der Freie Gewerkschaftsbund Hessen, a.a.O., S. 273 ff.

## 30. Aufruf des Gewerkschaftsrates des Vereinigten Wirtschaftsgebietes zum Demonstrations- und Generalstreik vom 12.11.1948

Arbeiter, Angestellte, Beamte im Vereinigten Wirtschaftsgebiet!
Zur Demonstration des gewerkschaftlichen Willens ruht die Arbeit am Freitag, dem 12. November 1948, von 00 Uhr bis 24 Uhr im gesamten Wirtschaftsgebiet der vereinigten Zonen.

*Die Gewerkschaften fordern:*
1. Die amtliche Verkündigung des wirtschaftlichen Notstandes.
2. Zur Überwindung dieses Notstandes zeitlich befristete außerordentliche Maßnahmen:
a) Einsetzung eines Preisbeauftragten mit besonderen Vollmachten;
b) Erlaß eines dem Notstand angepaßten Preis-, Kontroll- und Wuchergesetzes;
c) erweiterte Vollmachten und Verpflichtungen für Polizei und Behörden zur wirksamen Bekämpfung von Preiswucher, Warenhortung und illegalem Warenhandel;
d) schnellste Aburteilung von Verstößen gegen Gesetze und Anordnungen in Verbindung mit dem Notzustand in einem besonderen Verfahren.
3. Beschleunigung des Jedermann-Programms und seine Erweiterung in einem Ausmaß, das dem Verhältnis zwischen vordringlichem Massenbedarf und weniger vordringlichem Bedarf gerecht wird.
4. Neuordnung der Steuererfassung und drakonische Strafmaßnahmen gegen Steuerbetrüger und deren Mithelfer.
5. Wirksame Maßnahmen, um beim Lastenausgleich den Sachwertbesitz sowie die Sachwertgewinne aus Warenhortung und Preiswucher zu erfassen und für einen gerechten sozialen Ausgleich zu verwenden.
6. Aufrechterhaltung bzw. Wiederherstellung der vollen Erfassung und Bewirtschaftung im Ernährungssektor.
7. Planung und Lenkung im gewerblich-industriellen Sektor, insbesondere für Rohstoffe, Energie und Kredite sowie für den Außenhandel und den Großverkehr.
8. Überführung der Grundstoffindustrien und Kreditinstitute in Gemeinwirtschaft.
9. Demokratisierung der Wirtschaft und gleichberechtigte Mitwirkung der Gewerkschaften in allen Organen der wirtschaftlichen Selbstverwaltung.
10. Inkraftsetzung der zu Ziffer 8 und 9 von den Parlamenten bereits beschlossenen Gesetze.

*Männer und Frauen, reiht Euch ein! Es handelt sich um Euer Lebensinteresse!*
Frankfurt a.M., den 6. November 1948.
Der Gewerkschaftsrat des Vereinigten Wirtschaftsgebietes *Hans Böckler*

Zit. nach: Gerhard Beier, Der Demonstrations- und Generalstreik vom 12. Nov. 1948, Frankfurt/M 1975, S. 41

## 31. Erhards Kritik am Generalstreik vom 12.11.1948

(Rundfunkansprache vom Vorabend)

Der deutsche Gewerkschaftsrat hat, wie bekannt, für Freitag, den 12. November eine 24-stündige Arbeitsruhe angeordnet. Er hat diese Entscheidung getroffen, noch ehe eine Stellungnahme des Verwaltungsrates zu den Forderungen der Gewerkschaften vorgelegen und die vereinbarte abschließende Besprechung zwischen Verwaltungsrat und Gewerkschaftsrat stattgefunden hat. Die Aktion wird gestartet in einem Augenblick, in dem nicht nur eine wesentliche Beruhigung und Konsolidierung in der Preisbewegung eingetreten ist, sondern umfangreiche wirtschaftspolitische Maßnahmen schon getroffen oder eingeleitet worden sind, um die bestehenden Spannungen zwischen Löhnen und Preisen soweit und so rasch als möglich vollends zu überwinden.
Es kommt einer Fälschung gleich, wenn es gegen den völlig eindeutigen ökonomischen Tatbestand von gewerkschaftlicher Seite bewußt verschwiegen wird, daß die Preissteigerungen als eine Folgewirkung der Währungsreform bzw. der zu reichlichen Dotierung des Konsumentengeldes

unvermeidbar waren, sondern wenn man dem Volke glauben machen will, daß ausschließlich eine falsche Wirtschaftspolitik für diese Erscheinung verantwortlich sei. Ohne diesen ökonomischen Ausgleich zwischen Geld- und Gütervolumen aber läßt sich eine gesunde, leistungsfähige Wirtschaft nicht aufbauen. Ohne diesen Ausgleich würden wir in dem Zustand der preisgestoppten Inflation verharren müssen, und es würden fortbestehen der Schwarzmarkt, Kompensationen und alle die anderen üblen Erscheinungen der Zwangswirtschaft, die allen gegen Nominallohn arbeitenden Menschen zur Last und Qual geworden sind.
Die Gewerkschaften können diese Gefahren nicht leugnen, aber sie wollen sie bekämpfen mit der Bestellung eines Preiskommissars mit außerordentlichen Vollmachten, durch staatliche Lenkung der Rohstoffe, der Kredite und des Außenhandels, durch Überwachung und Lenkung des Warenflusses und ähnlichen Maßnahmen mehr.
Diese Auffassung von Planwirtschaft bedeutet aber praktisch nichts anderes als Zwangswirtschaft oder sie mündet doch sehr schnell wieder in diese ein. Die gerade in sozialer Hinsicht verhängnisvollen Wirkungen dieser Wirtschaftsmethode sind uns aber zu bekannt, als daß ich es an verantwortlicher Stelle mit meiner Einsicht und meinem Gewissen vereinbaren und verantworten könnte, einer Entwicklung Raum zu geben, die nicht die Warenbesitzer treffen würde, wohl aber alle anderen Menschen. Und ich denke hier im besonderen wieder an die Normalverbraucher, die in neue Not und Drangsal stürzen müßten.
Alle für das Schicksal unserer Währung verantwortlichen deutschen und alliierten Instanzen sind mit mir der Meinung, daß die Preissteigerungen auf die notwendige Anpassung des Preisniveaus an das Geldvolumen zurückzuführen sind. Es heißt in einem Bericht von dieser Seite wörtlich: ‚Es muß dringend davor gewarnt werden, die eingetretenden Preisübertreibungen mit den überholten Mitteln der staatlichen Zwangswirtschaft, das heißt mit einer Wiedereinführung der Preisüberwachung bekämpfen zu wollen. Nach den Erfahrungen der letzten Jahre würde eine Rückkehr zu den bisherigen Methoden der Preispolitik mit Sicherheit sofort wieder all jene unerwünschten Erscheinungen hervorrufen, die durch die Preisfreigabe beseitigt worden sind. Die Waren würden vom Markte verschwinden, Grauer und Schwarzer Markt würden zu neuer Blüte gelangen, Kompensationsgeschäfte wären an der Tagesordnung, Deputatentlohnungen und Anspornsysteme müßten wiedereingeführt werden. Damit wären die bisherigen Erfolge der neuen Wirtschaftspolitik zunichtegemacht und die Währung käme in ernste Gefahr. Auswüchse der Marktwirtschaft müssen mit marktwirtschaftlichen Mitteln bekämpft werden.‘ Soweit dieses Zitat.
Wenn die Arbeitsruhe dazu dienen soll, den verantwortlichen Instanzen den Ernst der Lage vor Augen zu führen, dann ist die Aktion mehr als überflüssig ...
Das Ausland gewinnt wieder Vertrauen in den deutschen Wiederaufbau, in unseren guten Willen und in unsere Kraft, und ich weiß sehr wohl, daß uns nicht zuletzt der Fleiß und die Leistung des deutschen Arbeiters dieses internationale Vertrauen zurückgewinnen ließ. Glaubt man aber von gewerkschaftlicher Seite wirklich, daß die Verkündung der Arbeitsruhe ein Mittel zur Heilung unserer Nöte sei? Erscheint ein solcher Schritt angebracht in einer Situation, in der jeder gerecht und objektiv Denkende die Überzeugung gewinnen muß, daß die Schwierigkeiten nicht nur erkannt, sondern auch mit aller Kraft zu meistern versucht werden? Warum verschließt man sich seitens der Gewerkschaften gewaltsam der Einsicht und warum sagt man es unserem deutschen Arbeiter nicht, daß das Übel der Preissteigerungen auf der einen Seite doch auch die heilsame Wirkung einer möglichen Verhinderung größerer Arbeitslosigkeit zeigte? Spürt man es seitens der Gewerkschaften nicht, daß die verdächtige Sympathie der Ost-Zonen-SED mit dieser Aktion gefährlich ist und höchst bedenklich stimmen muß? Ich sage es darum noch einmal, was ich bereits gestern im Wirtschaftsrat ausgesprochen habe: Wenn unsere deutschen Arbeiter wüßten, wohin in letzter Konsequenz die Forderungen der Gewerkschaften führen müssen, nämlich zurück zur bürokratischen Fron der staatlichen Kommandowirtschaft, dann würden sie sich wohl mit Entschiedenheit gegen eine solche Zumutung verwahren.

Zit. nach: Ludwig Erhard, Deutsche Wirtschaftspolitik – Der Weg der Sozialen Marktwirtschaft, Düsseldorf 1962, S. 96 ff.

## 32. Der Ausbau der Zentralverwaltungswirtschaft im Jahr 1948

Dem in den drei Westzonen geglückten Versuch, eine neue Wirtschaftsordnung zu gestalten, stand in der sowjetischen Zone nichts Vergleichbares gegenüber. Auseinandersetzugen um die Neuordnung des Wirtschaftslebens wurden hier nicht geführt: Nachdem man mit einer Währungsreform dem Vorgehen in den Westzonen noch folgen mußte, blieb eine Wirtschaftsreform aus. Vielmehr wurden das überkommene System des staatlichen Lenkungsapparates sowie die kriegswirtschaftlichen Bewirtschaftungsmaßnahmen voll übernommen und im Sinne einer sozialistischen Planwirtschaft weiter ausgebaut. Bereits 1945 wurden bei den neu entstandenen Ländern Ämter für Wirtschaftsplanung geschaffen, daneben entstanden besondere Zentralverwaltungen für einzelne Wirtschaftsbereiche. Aus diesen ökonomischen Zentralverwaltungen entstand am 27. Juni 1947 die Deutsche Wirtschaftskommission (DWK), die am 12. Februar 1948 das Recht erhielt, wirtschaftliche Verordnungen für die ganze Besatzungszone zu erlassen. Am 9. März 1948 wurde aus der Zentralverwaltung Planung eine eigene Hauptverwaltung Wirtschaft ausgegliedert, die nach Gründung der DDR am 7. Oktober 1949 zu einem Ministerium für Planung umgewandelt wurde. Im Zuge der Angleichung des DDR-Wirtschaftssystems an das anderer sozialistischer Länder wurde diese oberste Planungsverwaltung dann am 8. November 1950 zur Staatlichen Plankommission. Mit Beibehaltung und dem weiteren Ausbau der Zentralverwaltungswirtschaft nach 1948 wurde deutlich, welcher der Wirtschaftsordnung in den Westzonen entgegengesetzte Weg gegangen werden sollte. Zwar schien es auch hier wirtschaftliche Erleichterungen zu geben: Im Juni 1948 wurden in einigen Großstädten insgesamt 25 „freie Läden“ und 23 „freie Gaststätten“ eröffnet, denen im Laufe des Jahres weitere folgten. In ihnen wurden Lebensmittel ohne Kartenabgabe zu stark heraufgesetzten Preisen verkauft. Eigentümer der Läden war die „Staatliche Handelsorganisation“ (HO); die Preisgestaltung war so, daß man hier eher auf einen staatlich organisierten Schwarzmarkt schließen mußte (z. B. 1 kg Mehl = 20,– DM, 1 kg Butter = 130 DM, 1 kg Zucker = 33,– DM, Herrenlederhalbschuhe ab 270,– DM). Zwar wurden die Preise 1949 teilweise um über 75% herabgesetzt, trotz dessen konnte sich hier nur ein sehr kleiner Teil der Bevölkerung versorgen. Durch „Selbstübernahme“ wollte der Staat den Schwarzmarkt ausschalten und gleichzeitig wohl auch das in den Westzonen zunächst aufgetretene Problem lösen, daß der ausgegebenen Geldmenge noch nicht genügend Waren gegenüberstanden. So verlangte der DDR-Minister Selbmann 1949 „... daß man die Preispolitik der HO im wesentlichen von dem Gesichtspunkt aus sieht, die noch vorhandene überflüssige Kaufkraft, die ja nichts anderes ist als Geld, dem nicht genügend Waren gegenüberstehen, abzuschöpfen.“ Neben diesem relativ kleinen freien Markt blieb das Bewirtschaftungssystem bestehen und wurde weiter gefestigt. So wurde im August 1948 z. B. die Herstellung „überflüssiger“ Textilien (z. B. Bademäntel, Taschen u. ä.) verboten, im Dezember 1948 mit der Punktkarte die Textilrationierung wieder eingeführt, bis sich im November 1949 wieder Erleichterungen ergaben.

Für die Wirtschaft der DDR bleibt das zentrale Bewirtschaftungs- und Planungssystem mit seiner ganzen Schwerfälligkeit, Kompetensüberschneidung, Fehlplanung und Improvisation bestehen. Die Preise sind staatlich festgelegt, ein Markt, wie er sich in den Westzonen aus Angebot und Nachfrage entwickelt, existiert nicht. An seine Stelle tritt die Zuteilung laut Plan. Bereits 1948 begannen die Arbeiten zum ersten Zweijahresplan 1949/50, der die Wiederherstellung der zerstörten und demontierten Produktionsstätten, die Sicherung der noch zu leistenden Reparationen und in der Planung den Anschluß an die in der Sowjetunion geltenden Fünf-Jahrespläne bringen sollte. Im Verlauf dieses Planes gelang es auch der DDR, das industrielle Produktionsvolumen von 1936 wieder zu erreichen, wenn auch später als die Bundesrepublik Deutschland und mit größeren Entbehrungen der Bevölkerung.

Aus: Harald Winkel, Die Wirtschaft im geteilten Deutschland 1945–1970, Wiesbaden 1974, S. 64 f.

## 33. Alfred Müller-Armack: Wesen und Funktionen der Sozialen Marktwirtschaft (Mai 1948)

Die Lage unserer Wirtschaft zwingt uns zu der Erkenntnis, daß wir uns in Zunkunft zwischen zwei grundsätzlich voneinander verschiedenen Wirtschaftssystemen zu entscheiden haben, nämlich dem System der antimarktwirtschaftlichen Wirtschaftslenkung und dem System der auf freie Preisbildung, echten Leistungswettbewerb und soziale Gerechtigkeit gegründeten Marktwirtschaft.
Alle Erfahrungen mit wirtschaftlichen Lenkungssystemen verschiedenster Schattierungen haben erwiesen, daß sie unvermeidlich zu einer mehr oder weniger weitgehenden Vernichtung der Wirtschaftsfreiheit des einzelnen führen, also mit demokratischen Grundsätzen unvereinbar sind, und zweitens mangels zuverlässiger Maßstäbe infolge der Aufhebung des Preismechanismus nicht in der Lage sind, die verschiedenen Knappheitsgrade zuverlässig zu erkennen. Jede Lenkungswirtschaft hat daher in der Praxis am wirklichen volkswirtschaftlichen Bedarf „vorbeigelenkt".
Die angestrebte moderne Marktwirtschaft soll betont sozial ausgerichtet und gebunden sein. Ihr sozialer Charakter liegt bereits in der Tatsache begründet, daß sie in der Lage ist, eine größere und mannigfaltigere Gütermenge zu Preisen anzubieten, die der Konsument durch seine Nachfrage entscheidend mitbestimmt und die durch niedrige Preise den Realwert des Lohnes erhöht und dadurch eine größere und breitere Befriedigung der menschlichen Bedürfnisse erlaubt.
Durch die freie Konsumwahl wird der Produzent gezwungen, hinsichtlich Qualität, Sortiment und Preis seiner Produkte auf die Wünsche der Konsumenten einzugehen, die damit eine echte Marktdemokratie ausüben. Eine ähnliche die Wirtschaft maßgeblich bestimmende Stellung vermag eine Lenkungswirtschaft der Masse der Verbraucher nicht einzuräumen. Demokratie und Lenkungswirtschaft sind eben nicht vereinbar.
Um den Umkreis der Sozialen Marktwirtschaft ungefähr zu umreißen, sei folgendes Betätigungsfeld künftiger sozialer Gestaltung genannt:
1. Schaffung einer sozialen Betriebsordnung, die den Arbeitnehmer als Mensch und Mitarbeiter wertet, ihm ein soziales Mitgestaltungsrecht einräumt, ohne dabei die betriebliche Initiative und Verantwortung des Unternehmers einzuengen.
2. Verwirklichung einer als öffentliche Aufgabe begriffenen Wettbewerbsordnung, um dem Erwerbsstreben der einzelnen die für das Gesamtwohl erforderliche Richtung zu geben.
3. Befolgung einer Anti-Monopolpolitik zur Bekämpfung möglichen Machtmißbrauches in der Wirtschaft.
4. Durchführung einer konjunkturpolitischen Beschäftigungspolitik mit dem Ziel, dem Arbeiter im Rahmen des Möglichen Sicherheit gegenüber Krisenrückschlägen zu geben. Hierbei ist außer kredit- und finanzpolitischen Maßnahmen auch ein mit sinnvollen Haushaltssicherungen versehenes Programm staatlicher Investitionen vorzusehen.
5. Marktwirtschaftlicher Einkommensausgleich zur Beseitigung ungesunder Einkommens- und Besitzverschiedenheiten, und zwar durch Besteuerung und durch Familienzuschüsse, Kinder- und Mietbeihilfen an sozial Bedürftige.
6. Siedlungspolitik und sozialer Wohnungsbau.
7. Soziale Betriebsstruktur-Politik durch Förderung kleinerer und mittlerer Betriebe und Schaffung sozialer Aufstiegschancen. 8. Einbau genossenschaftlicher Selbsthilfe in die Wirtschaftsordnung.
9. Ausbau der Sozialversicherung. 10. Städtebauplanung.
11. Minimallöhne und Sicherung der Einzellöhne durch Tarifvereinbarungen auf freier Grundlage.
Es kommt also darauf an zu erkennen, daß der Übergang zur Marktwirtschaft als einem System freiheitlicher und demokratischer Wirtschaftsordnung zugleich die Gewinnung der deutschen Menschen für die Ideale der persönlichen Freiheit und Selbstbestimmung in sich schließt. Die letzten Ziele staatsbürgerlicher Freiheit müssen mit den Zielen der wirtschaftlichen Freiheit des einzelnen übereinstimmen.

Aus: Alfred Müller-Armack, Vorschläge zur Verwirklichung der Sozialen Marktwirtschaft, in: Genealogie der Sozialen Marktwirtschaft, Bern 1974, S. 98ff.

# II/7 Die Frage nach den Alternativen: Restauration oder Neuordnung?

## Arbeitsthemen

1. *Wie gelangt der Historiker Günter J. Trittel in der – auch innerhalb der Fachwissenschaft umstrittenen – Frage nach den Alternativen zu der Schlußfolgerung, daß „die politischen Hoffnungen der Jahre 1945–1947 auf eine grundlegende Neuordnung der wirtschaftlichen und sozialen Struktur vom heutigen Standpunkt aus unrealistisch waren"? (Nr. 1)*
2. *Mit welchen Argumenten wendet sich der Politologe Hans-Peter Schwarz gegen den „Mythos von der verhinderten Neuordnung" und der damit implizierten Annahme, daß „der Kapitalismus damals gleichsam hinter dem Rücken der westdeutschen Bevölkerung restauriert worden sei"? (Nr. 2)*
3. *Inwiefern läßt sich die These vertreten, daß eine sozialistische Alternative auch an innerparteilichen Widerständen in KPD und SPD gescheitert ist? (Nr. 3)*

## Materialien

### 1. Zur Frage nach den Alternativen

Die endgültige und für alle sichtbare Vor-Entscheidung für ein marktwirtschaftliches System fiel freilich erst mit der Währungsreform und den sie begleitenden Wirtschaftsratsgesetzen. Eine derartige Reform war bereits im Potsdamer Abkommen als Voraussetzung (Art. 15 b, 17, 19) für Produktionskontrolle und wirtschaftliche Gesundung gefordert worden. Da dieser Auftrag vom Kontrollrat nicht verwirklicht werden konnte und mehrere deutsche Initiativen ohne Echo blieben, verstrich wichtige Zeit, während der die westlichen Zonen in einem Zustand der Unsicherheit verblieben. Auch und gerade den Westmächten war jederzeit klar, daß alle Pläne für eine Geldreform in engem Zusammenhang nicht nur mit der Frage der deutschen Wirtschaftseinheit, sondern auch „mit dem künftigen Wirtschaftssystem und den Prinzipien wirtschaftspolitischer Lenkung sowie mit der gesellschafts- und sozialpolitischen Frage eines großangelegten Lastenausgleichs" (H. H. Hartwich) standen. Waren alle wirtschaftspolitischen Maßnahmen, die vor der Reform im Juni 1948 beschlossen wurden, stärker als in anderen Bereichen, tatsächlich auf möglichst weitgehende Offenheit bezüglich des künftigen Wirtschaftssystems angelegt, d.h. die Alternative staatliche Planwirtschaft mit großem Interventionsspielraum oder zunehmende Liberalisierung in Richtung auf ein marktwirtschaftliches System noch nicht entschieden, so schuf die Währungsreform selbst und die nachfolgende, vom Wirtschaftsrat weitgehend in eigener Verantwortung verabschiedete Gesetzgebung eindeutig die Voraussetzungen für die Installierung einer neoliberalen Wirtschaftsordnung. Nicht nur wurden die Sachwert- und Produktionsmittelbesitzer durch die Art der Währungsumstellung eindeutig bevorteilt, sondern der Verzicht auf einen gleichzeitigen Lastenausgleich bedeutete vor allem, daß eine „Neuverteilung von Besitz durch Aufteilung der Lasten" (H. H. Hartwich) und sonstige soziale Korrekturen als nachrangig klassifiziert und damit die bestehende Wirtschaftsordnung als Fundament für die weitere Entwicklung zementiert wurden ...
Im „Ahlener Wirtschaftsprogramm für Nordrhein-Westfalen vom 3. 2. 1947" heißt es: „Das kapitalistische Wirtschaftssystem ist den staatlichen und sozialen Lebensinteressen des deutschen Volkes nicht gerecht geworden. Nach dem furchtbaren politischen, wirtschaftlichen und sozialen Zusammenbruch als Folge einer verbrecherischen Machtpolitik kann nur eine Neuordnung von Grund aus erfolgen. Inhalt und Ziel dieser sozialen und wirtschaftlichen Neuordnung kann nicht

mehr das kapitalistische Gewinn- und Machtstreben, sondern nur das Wohlergehen unseres Volkes sein. Durch eine gemeinwirtschaftliche Ordnung soll das deutsche Volk eine Wirtschafts- und Sozialverfassung erhalten, die dem Recht und der Würde des Menschen entspricht, dem geistigen und materiellen Aufbau unseres Volkes dient und den inneren und äußeren Frieden sichert."
Und Kurt Schumacher erklärte wiederholt für die SPD: „Die deutsche Demokratie kann nur sozialistisch sein oder sie wird gar nicht sein." Mit anderen Worten: Es bestand zumindest bis Ende 1947 ein weitgehender deutscher Konsens darüber, daß das kapitalistische Wirtschaftssystem die Schuld an der gegenwärtigen Misere trage und daß es demzufolge unmöglich sei, die vorhandene Krise durch Rekonstruktion dieses Systems zu lösen. Vielmehr müßten die ökonomischen und gesellschaftlichen Wurzeln des Faschismus beseitigt, müßte eine grundlegende Neuordnung stattfinden, die antikapitalistisch, sozialistisch bzw. gemeinwirtschaftlich zu organisieren sei. Diese gemeinsame Überzeugung und Zielprojektion steht im Widerspruch zu dem Ergebnis jenes realen gesellschaftlichen und ökonomischen Entwicklungsprozesses, der seit der zweiten Jahreshälfte 1948 zu erkennen war. Er mündete schließlich in eine Restauration einer privatkapitalistischen Wirtschaft, deren marktwirtschaftlichem Funktionssystem zwar soziale Korrekturelemente eingefügt wurden, deren Repräsentanten aber sehr bald die traditionellen gesellschaftlichen Eliten waren ...
Das Ziel von Gewerkschaftlern und Sozialisten, die politische Demokratie durch ökonomische und soziale Strukturreform zu stützen und zu verlängern, war, selbst wenn es in diesem Gremium angestrebt worden wäre, nicht mehr durchsetzbar: Die Forderungen nach Sozialisierung als Beseitigung oder Kontrolle des privaten Großeigentums in öffentlicher oder genossenschaftlicher Trägerschaft, die Forderung nach einer Wirtschaftsdemokratie mit weitgehender betrieblicher und überbetrieblicher Mitentscheidungsmöglickeit der Arbeitnehmer und ihrer Vertreter, die Forderung nach Umverteilung des großen und mittleren Grundbesitzes, nach einschneidender Umverteilung aller verbliebenen Vermögenssubstanzen im Zuge eines Lastenausgleichs und das Postulat einer „gelenkten" Wirtschaft, die weniger am Prinzip der Gewinnmaximierung als an dem der Bedarfsdeckung des Volkes orientiert sein sollte, all diese Forderungen waren im Grunde bereits zum Zeitpunkt der Weststaatsgründung zu historischen und nicht mehr realisierbaren Positionen geworden.
Sicher waren die politischen Zielprojektionen der Jahre 1945–47 für einen Neubau Deutschlands unrealistisch in dem Sinne, daß der Handlungsspielraum ihrer deutschen Repräsentanten viel zu eng bemessen war. Wer politisch agieren wollte, tat dies als Funktionsträger der Besatzungsmächte, zunächst als Berater, dann als Mitwirkender und erst, als bereits die wesentlichen Weichen gestellt worden waren, als Mitentscheidender.
Naturgemäß liegt deshalb die Hauptverantwortung für die skizzierte Entwicklung bei den jeweiligen Besatzungsmächten. Wenn es eine Chance gab, auch die sozialen und ökonomischen Strukturen als Konsequenz aus der Katastrophe zu verändern, dann mußten die entscheidenden Impulse von den Briten in ihrer eigenen Zone ausgehen. Um es zusammenzufassen: Die Engländer mochten wohl die Grundpositionen eines ökonomischen und sozialen Neubaus mit der Mehrheit der deutschen Parteien- und Gewerkschaftsvertreter teilen. Allerdings – und das war der entscheidende Unterschied – waren sie angebunden an die eigenen nationalen Interessen und vor allem an die materiellen Zwänge des Tages: sie waren verantwortlich. So vermochten sie zwar in fast allen Bereichen eigenständige Reformvorschläge zu entwerfen, diese blieben aber in Ansätzen stecken, da sie stets nachgeordnete Ziele waren oder bleiben mußten. Und selbst wenn britische Politiker erkannt hätten, daß ihre „Verwaltung und Bekämpfung des Mangels", da nur in Anlehnung an die USA möglich, der Erhaltung der tradierten Strukturen diente und daß Reformen nur so weit durchführbar waren, als sie geeignet waren, die Regenerationsbedingungen der deutschen Wirtschaft zu verbessern, so wäre, wollte man die ursprünglich weitgreifenden Ansprüche nicht auch verbal zurücknehmen, auch nur jenes Einschwenken auf eine Politik des Offenhaltens geblieben, die de facto eine Politik schwerwiegender Entscheidungen gewesen ist. So verständlich und vermutlich auch zwangsläufig diese britische Politik gewesen sein mag, sie unterstützte jene seit 1948

sichtbar werdende Veränderung des innerdeutschen Kräftefeldes, sie stärkte letztlich jene deutschen Repräsentanten vor allem in den bürgerlichen Parteien, denen nun durch Anpassung an die alliierten Ziele und durch deren Durchführung die Möglichkeit gegeben wurde, Machtpositionen zu erobern, die ihnen bei fortschreitender Stabilisierung der wirtschaftlichen Lage die Vertreter alternativer politischer Positionen mit immer weniger Aussicht auf Erfolg streitig machen konnten. Diese Positionen zu verteidigen, fiel um so leichter, als die Auffassung, der deutsche Faschismus sei ein „Betriebsunfall" in der deutschen Geschichte gewesen oder auch als einmalige Negierung ethischer und religiöser Grundwerte zu verstehen, einer Wählermehrheit die Chance politischer Selbstfindung bot.

Greift man abschließend die Frage nach den Alternativen auf, so bleibt die Feststellung, daß die politischen Hoffungen der Jahre 1945–1947 auf eine grundlegende Neuordnung der wirtschaftlichen und sozialen Strukturen vom heutigen Standpunkt aus unrealistisch waren. „Sie waren im Rahmen der internationalen und nationalen Machtkonstellationen nicht zu verwirklichen, oder sie wären nur mit den größten Kraftanstrengungen und auf äußerst gefährlichen Wegen zu verwirklichen gewesen." (Th. Pirker). Die Briten als Hauptverantwortliche waren nicht bereit, diese Anstrengungen und Gefahren auf sich zu nehmen; sie zogen es vor, die tradierten Strukturen zu sanieren, um sie dann eventuell reformieren zu können. Die Unaufhebbarkeit dieses Zielkonflikts zeigte sich nach 1948. Jetzt gab es weder eine reformwillige deutsche Mehrheit, noch schien angesichts des sich abzeichnenden wirtschaftlichen Gesundungsprozesses die Notwendigkeit zu bestehen, an der restaurierten Ordnung Experimente mit ungewissem Ausgang vorzunehmen. Während im Bewußtsein breiter Wählerschichten der beginnende Aufstieg der restaurierten und verbesserten Wirtschaftsordnung zugeschrieben wurde, blieb ebenso nachhaltig die Gleichsetzung von Mangelwirtschaft in den Kriegs- und und Nachkriegsjahren mit sozialistischen Planungs- und Lenkungssystemen bestehen.

Aus: Günter J. Trittel, Von der „Verwaltung des Mangels" zur „Verhinderung der Neuordnung", a.a.O., S. 145 ff.

## 2. „Verhinderte Neuordnung" oder geglückte Neuordnung?

In diesem Zusammenhang ist noch die Frage aufzuwerfen, ob die in neoliberalem Geiste strukturierte Wirtschaftsordnung damals tatsächlich demokratisch legitimiert war. Daß die Gründung eines bürgerlichen Verfassungsstaates in Westdeutschland von Anfang an als legitime Entscheidung verstanden wurde, kann nicht bezweifelt werden. Doch gilt dies auch für die Wirtschaftsordnung? Liegt nicht zumindest in diesem Bereich eindeutige „Fremdbestimmung" oder aber eine Kollusion alliierter und westdeutscher „Kapitalisten" vor, die gewissermaßen hinter dem Rücken der Bevölkerung eine „Restauration des Kapitalismus" in die Wege leiteten?

Die Kritik sozialistischer Autoren an der „verhinderten Neuordnung" geht von der bekannten Vorstellung aus, daß politische Demokratie als Verwirklichung von Freiheit und Gleichheit nur vollkommen und dauerhaft gewährleistet ist, wenn die überkommenen Einkommens- und Besitzverhältnisse verändert werden, wenn eine Einkommensumverteilung stattgefunden hat, wenn die Grundstoffindustrien sozialisiert, effektive Mitbestimmung der Arbeitnehmer auf allen Ebenen durchgesetzt und die Gleichgewichtigkeit von Wirtschafts- und Sozialpolitik gewährleistet seien. Ihre These lautet: Eben die Zielsetzung eines demokratischen Sozialismus (im Unterschied zum Modell der sozialen Marktwirtschaft) sei zwar von der deutschen Bevölkerung und den deutschen politischen Parteien in den Jahren 1946/47 erstrebt, aber von der amerikanischen Besatzungsmacht und ihren deutschen Verbündeten durch verschiedene Manipulationen verhindert worden.

Der Vorwurf bezieht sein Pathos natürlich aus der Überzeugung, daß eine sozialistische Gesellschaftsordnung den schaffenden Menschen tatsächlich mehr Wohlfahrt, mehr Freiheit und mehr Gleichheit bringt – eine These, die schon in den Jahren 1947/48 fragwürdig war und durch den seither in Deutschland möglichen empirischen Vergleich zwischen sozialistischer und marktwirtschaftlicher Wirtschaftsordnung nicht überzeugender geworden ist.

Aber selbst wenn man die wenig überzeugende Prämisse dieses Demokratieverständnisses akzeptieren würde, fiele der zeitgeschichtliche Nachweis immer noch schwer, daß der Kapitalismus damals gleichsam hinter dem Rücken der westdeutschen Bevölkerung und ohne ihre Zustimmung restauriert worden sei. Der Mythos von der „verhinderten Neuordnung" weist die Eigenart vieler schöner Mythen auf – sein Wahrheitskern ist schwer zu finden.
Es trifft zu, daß die amerikanische Militärregierung sowohl in der amerikanischen Besatzungszone in den Jahren 1946, 1947 und auch noch 1948 Sozialisierungsmaßnahmen untersagt hat und auch im gesamten Vereinigten Wirtschaftsgebiet ihren Einfluß in diesem Sinne geltend machte. Auch weitgehende Mitbestimmungsregelungen wurden nicht genehmigt. Die Militärregierung ließ sich bei diesem Kurs von den ... allgemeinen Grundsätzen des amerikanischen Weltwirtschaftskonzepts für die Nachkriegswelt leiten. Daß die USA auch in Deutschland die Weichen hin zur marktwirtschaftlichen Ordnung zu stellen suchten, ist ganz evident.
Nur: die amerikanische Militärregierung war sich darüber im klaren, daß sie allenfalls frühzeitige Präjudizierungen der wirtschaftlichen Grundentscheidung verhindern und erste konkrete Erfolge der marktwirtschaftlichen Ordnung induzieren konnte. Früher oder später – diese Grundlinie hat sie seit 1947 beibehalten – würde aber die Wirtschaftsordnung zur Disposition einer deutschen Regierung gestellt werden.
Niemand wird also die entsprechenden deutschen Einflußmöglichkeiten in den Jahren bis 1949 allzu hoch veranschlagen können. Tatsache aber ist, daß die ordnungspolitischen Vorstellungen der amerikanischen Führungsmacht auch in diesem Punkt durch die Wahlentscheidung der westdeutschen Bevölkerung legitimiert wurden.
Schlechthin entscheidend waren in dieser Hinsicht die Wahlen der Jahre 1946/47. Sie desavouierten den politischen Führungsanspruch der demokratischen Sozialisten unter Schumacher. Stärkste Partei wurde bei den Landtagswahlen zwischen Oktober 1946 und Oktober 1947 mit 6,55 Millionen Stimmen die CDU. 6,07 Millionen wählten die SPD, 2,04 Millionen die KPD und 1,62 Millionen die Liberalen. Man kann annehmen, daß die Wähler damit politische Richtungsentscheidungen zum Ausdruck bringen wollten.
Die Konsequenzen dieser Wahlergebnisse der Jahre 1946 bis 1947 reichen bis heute. Zusammen mit NLP (Niedersächsische Landespartei, später Deutsche Partei [DP]) und WAV (Wirtschaftliche Aufbauvereinigung) verfügten CDU/CSU und FDP im ersten Wirtschaftsrat der Bizone, der nach dem Parteienanteil bei den Landtagswahlen beschickt wurde, über 27 Stimmen gegenüber 20 SPD-Abgeordneten, 3 Kommunisten und 2 Zentrumsabgeordneten. Diese Stimmenverteilung in Verbindung mit kurzsichtigem Taktieren der SPD im Wirtschaftsrat gab dem Bürgerblock die Chance, die Wirtschaftspolitik der Bizone nach ihren Vorstellungen zu gestalten. Die Militärregierungen halfen dem Übergewicht bei der Umstrukturierung in der dritten Organisationsphase zusätzlich noch etwas nach, indem sie die Zuständigkeiten des Länderrates beschnitten. Im Parlamentarischen Rat spiegelten sich die Wahlergebnisse bei den seinerzeitigen Landtagswahlen erneut wider. Auch hier dominierte der „Bürgerblock". Anders als im Frankfurter Wirtschaftsrat vermied die SPD-Fraktion im Parlamentarischen Rat allerdings eine Konfrontationsstrategie. Hinsichtlich der Verfassungsordnung bestanden ohnehin keine unvereinbaren Gegensätze zu den bürgerlichen Parteien. Die Frage der Wirtschaftsordnung aber wurde von den Sozialdemokraten ausgeklammert; einmal deshalb, weil sie sich klar in der Minderheit sahen, zum anderen in der Erwartung eines Wahlsieges bei den ersten Bundestagswahlen.
Die Bundestagswahl von 1949 war denn auch in der Tat eine Art Plebiszit über die Wirtschaftsordnung. Sie ging zugunsten der marktwirtschaftlich orientierten Parteien aus.
Es ist müßig, darüber zu spekulieren, ob die im Hinblick auf das Problem der Reichseinheit von niemandem gewünschte Volkswahl einer verfassunggebenden Versammlung Mitte 1948 ein anderes Resultat erbracht hätte. Die Bundestagswahlen im August 1949 brachten zwar – verglichen mit den früheren Landtagswahlen – Stimmenverluste sowohl der CDU wie der SPD. Doch die Erfolge der kleineren Parteien bedeuteten keine Trendumkehr der Wählerstimmung zugunsten einer sozialistischen Wirtschaftsordnung. Die SPD erhielt lediglich einen Stimmenanteil von 29,2 Pro-

zent, die mit ihr tödlich verfeindete, wenn auch gleichfalls antikapitalistische KPD 5,7 Prozent und das vergleichsweise sozialistisch orientierte Zentrum 3,1 Prozent.
Man kann also annehmen, daß es der SPD auch zwischenzeitlich nicht gelungen wäre, ein günstigeres Ergebnis bei Wahlen zu einer verfassunggebenden Versammlung zu erzielen, falls diese durchgeführt worden wären. Tatsächlich war die Mitgliedschaft der SPD seit Mitte 1948 stark rückläufig. Auch in der öffentlichen Meinung fanden liberale wirtschaftliche Ordnungsvorstellungen seit Anfang 1948 zunehmend Anklang. Die Zukunft sollte somit der CDU gehören, die sich mit der internationalen Zeitströmung im Einklang wußte und trotz einigen Widerstrebens ihrer konservativen und linken Flügel 1948 die Stimmung der Wählermehrheit deutlich erkannte und im Sinn ihrer Zielvorstellungen weiter zu formen wußte.
Die sozialistische „Neuordnung" ist also in den Jahren 1948/49 nicht durch Manipulation „verhindert" worden. Sie wurde von den Wählern verworfen. Die Bevölkerung wünschte in ihrer Mehrheit eine liberale Wirtschaft und Gesellschaft, die sich zum erstenmal in der deutschen Geschichte ohne Vorbehalt am Vorbild der westlichen Demokratien orientierte.
Rückblickend läßt sich feststellen, daß das, was von den Unterlegenen als „verhinderte Neuordnung" kritisiert wird, tatsächlich eine geglückte Neuordnung war – eine Neuordnung, die eine freiheitliche Demokratie mit einer Wirtschaftsordnung verbunden hat, deren Leistungsfähigkeit den demokratischen Staat in den Augen der Bevölkerung zusätzlich legitimierte.

Aus: Hans-Peter Schwarz, Die außenpolitischen Grundlagen des westdeutschen Staates, in: Die zweite Republik, hg. von Richard Löwenthal und Hans-Peter Schwarz, 2. Aufl. Stuttgart 1974, S. 57 ff.

## 3. Gab es eine sozialistische Alternative?

Was die Entwicklung der West-Zonen nach 1945 geprägt hat, ist in der zeitgeschichtlich-politikwissenschaftlichen Literatur sowohl als „erzwungener Kapitalismus" *(Schmidt/Fichter)* als auch als „verhinderte Neuordnung" *(Eberhard Schmidt)* charakterisiert worden. Beide Begriffe könnten die Vorstellung suggerieren, es habe 1945 die Chance eines radikalen Wandels der Produktionsverhältnisse und damit auch der politischen Ordnung Westdeutschlands gegeben. Wenn hier auch nicht auf die ganze Breite der Diskussion um das Für und Wider dieser Sichtweisen eingegangen werden kann, soll doch – im Hinblick auf die Aktions-Möglichkeiten der Arbeiterparteien und insbesondere ihrer linken Flügel sowie auf die Problematik der gewerkschaftlichen Arbeit in dieser Zeit – auf einige Momente der Nachkriegssituation verwiesen werden.
Die revolutionär-sozialistischen Kräfte in KPD und SPD hatten sich vor allem mit drei Problemen auseinanderzusetzen, die ihre Erfolgs-Chancen von vornherein begrenzten. Sie
- waren mit der Politik von Besatzungsmächten konfrontiert, die, statt einer sozioökonomischen Alternative zur tradierten Produktionsweise, alle jene Kräfte favorisierten, die für die Kontinuität des Kapitalismus eintraten und, auf die Entwicklung in der SBZ verweisend, den traditionellen Antisozialismus förderten;
- konnten sich nur auf wenige Aktivisten (Antifa- und Betriebsausschüsse) einer Arbeiterklasse stützen, die mehrheitlich durch den Faschismus desorientiert, ihrer kollektiven Erfahrungen beraubt, durch die Notsituation der Nachkriegszeit keineswegs rasch politisiert worden war, gleichwohl aber alternativen Konzepten offen schien;
- sahen sich überdies in ihren Parteien und Gewerkschaften isoliert, die aus vermeintlich realpolitischer Notwendigkeit oder strategischem Kalkül revolutionär-sozialistische Ansätze zurückdrängten.

Innerhalb der KPD mußten die Linken die von der kommunistischen Weltbewegung und ihrem ZK vertretene Konzeption einer antifaschistisch-demokratischen Umwälzung akzeptieren, eine Konzeption, die den Übergang zum Sozialismus im Rahmen der langfristig angelegten Strategie – angesichts der konfliktreichen Beziehungen der Siegermächte auch im Interesse der sowjetischen West-Politik – erst am Ende eines langen bündnispolitisch abgesicherten Transformations-Prozesses für möglich hielt.

Die Linken in der SPD scheiterten an dem tief verwurzelten, legalistischen Demokratie-Verständnis der überwiegenden Parteimehrheit, das auf institutionalisierte Kompromiß-Findung zielte, eine ständige Konflikt-Scheu hervorrief und so auch nach 1945 die klassische Diskrepanz zwischen sozialistischer Programmatik und reformistischer Politik reproduzierte. Was die Linken ernsthaft wollten, war – wie 1918 – Inhalt einer sozialdemokratischen Agitation („Sozialismus als Tagesaufgabe"), die von der sozialdemokratischen Politik zwar nicht eingelöst wurde, gleichwohl aber die sozialistischen Intentionen der Nachkriegs-Aktivisten integrierte und so den unmittelbaren Einfluß der SPD-Linken auf diese Gruppen schwächte.
Eine weitere Ursache ihres Scheiterns lag in der Politik der Gewerkschaften.

Aus: Horst W. Schmollinger – Dietrich Staritz, Zur Entwicklung der Arbeiterparteien in den Westzonen (1945–1949), in: Dietrich Staritz (Hg.), Das Parteiensystem der Bundesrepublik, 2. Aufl. Opladen 1980, S. 122f.

# III. Der „Kalte Krieg" als Forschungsproblem

## Übersicht

**1947** 19. Januar: „Wahlen" unter terroristischen Bedingungen in Polen. 93,7 v. H. der Sitze für den kommunistisch beherrschten „Demokratischen Block". Der Führer der Bauernpartei, Mikolajczyk, flieht.

12. März: Truman verkündet seine „Doktrin", nach der es „der außenpolitische Grundsatz der Vereinigten Staaten werden (muß), allen Völkern, deren Freiheit von militanten Minderheiten oder durch einen äußeren Druck bedroht ist, unseren Beistand zu leihen". Gemeint sind zunächst die Türkei und Griechenland, weil die Türkei seit 1945 unter sowjetischem Druck steht (auch territoriale Forderungen), in Griechenland erneut seit 1946 ein Bürgerkrieg tobt. Großbritannien, das die griechische Regierung gegen die kommunistische Seite unterstützt, sieht sich dazu aus wirtschaftlichen Gründen nicht mehr in der Lage. Die „Truman-Doktrin", in der von „zwei Lebensformen" gesprochen wird, die durch „freiheitliche Einrichtungen" oder „totalitäre Regierungen" gekennzeichnet sind, bekommt jedoch universale Geltung. Zusammen mit einem im Juli erscheinenden Aufsatz von Kennan wird sie zur ideologischen Grundlage der „Eindämmungs"-(Containment)-Politik gegenüber der UdSSR.

Mai: Nach einer Verhaftungswelle der Sowjets Flucht des ungarischen Ministerpräsidenten Nagy (Kleinlandwirtepartei) in den Westen. Die restliche Opposition in Rumänien und Bulgarien wird bis Ende des Jahres gewaltsam unterdrückt.

Mai/Juni: In Frankreich und Italien sowie in den westdeutschen Ländern scheiden die kommunistischen Mitglieder aus den Regierungen aus.

5. Juni: Der US-Außenminister Marshall verkündet den nach ihm benannten Wiederaufbauplan für Europa. Unter Rückgriff auf bereits seit Kriegsende besonders in liberalen amerikanischen Wirtschaftskreisen diskutierte Pläne sollen Wiederaufbau und Zusammenarbeit der europäischen Staaten durch Kapitalhilfen gefördert werden, gleichzeitig wird angestrebt, den amerikanischen Einfluß zu stärken und damit den kommunistischen zurückzudrängen. Seinen vollen Stellenwert in der „Eindämmungspolitik" erhält der Marshall-Plan jedoch erst, als Moskau die Beteiligung ablehnt und auch die Tschechoslowakei zwingt, ihre bereits gegebene Zusage zurückzunehmen. Insbesonere soll nunmehr Westdeutschland „wirkungsvoll mit den westeuropäischen Staaten verbunden und verhindert werden, daß

ganz Deutschland in den östlichen Einflußbereich einbezogen wird". (Telegramm Marshalls vom 19. Februar 1948).

November/Dezember 1947: In London scheitert die letzte Viermächte-Konferenz der Außenminister, die eine gemeinsame Lösung des Deutschland-Problems zum Ziele hat.

**1948** 23. Februar: Kommunistischer Staatsstreich in der ČSR. Schnelle Umwandlung des Landes in eine Volksdemokratie mit terroristischen Mitteln.

28. Juni: „Kominform", die im Vorjahr gegründete Organisation der moskautreuen kommunistischen Parteien, schließt die KP Jugoslawiens aus und fordert zum Sturz der „Tito-Clique" auf. Es folgen mit Hinrichtungen endende Schauprozesse gegen als „Titoisten" bezeichnete kommunistische Führer in osteuropäischen Staaten.

## Einführung in die Arbeitsthemen

Eine Summe vieler Einzelereignisse führte dazu, daß der Bruch zwischen den Kriegsalliierten immer offenkundiger wurde und 1947 die klare Form eines amerikanisch-sowjetischen Gegensatzes annahm. Der Konflikt um Macht und Einfluß wurde nun zur offenen ideologischen Auseinandersetzung zwischen dem „freien Westen" und dem „totalitären, kommunistischen Osten". Markierungspunkte dieser Entwicklung waren auf westlicher Seite die Verkündigung der Truman-Doktrin am 12. 3. 1947, auf östlicher Seite die Shdanow-Rede vom 22. 9. 1947. Dazwischen lagen die Ereignisse um den am 5. 6. 1947 angekündigten Marshall-Plan. Der jetzt ausgebrochene und nunmehr auch so bezeichnete „Kalte Krieg" – durch den Begriff wird nach Nolte „die Härte des auf verschiedenen Ebenen geführten Kampfes durch die bloße Metapher ‚Krieg' besser zum Ausdruck gebracht als durch das Allerweltswort ‚Konflikt'" – sollte die Weltpolitik bis in die 60er Jahre bestimmen.
Die Frage, ob der „Kalte Krieg" unvermeidlich war und welche Seite vornehmlich zu ihm beigetragen hat, ist inzwischen zum Gegenstand einer Forschungskontroverse geworden, die insbesondere in den USA untrennbar mit der Bewertung der Politik und der politischen Kräfte des Landes verbunden ist. Ähnlich wie bei der Fischer-Kontroverse um die Entstehung des Ersten Weltkriegs in Deutschland schieden sich in den USA an dieser Frage auch politisch und moralisch die Geister. Befürworter und Gegner der Vietnam-Politik der USA führten diese Kontroverse und holten sich aus ihr die Argumente. Lange Zeit beherrschten die Argumente der amerikanischen Containment- (Eindämmungs-)Politik, die auf George Kennan zurückgingen, die Analysen des Ost-West-Konflikts. 1959 begann der Historiker William A. Williams mit der „revisionistischen" Interpretation: Seit dem Ende des 19. Jahrhunderts, als auf dem Kontinent keine „neuen Grenzen" mehr zu erreichen waren, sei die Politik der USA auf Wirtschaftsexpansion in Übersee zur Vermeidung innerer Sozialkonflikte gerichtet. Untrennbar verknüpft mit dieser Politik einer (notfalls gewaltsam aufzubrechenden) „Offenen Tür" ist nach revisionistischer Auffassung das Bemühen, das amerikanische System liberaler Demokratie als Überbau und Garanten des Kapitalismus weltweit durchzusetzen. David Horowitz verschärfte in den 60er Jahren in seinen auch in Deutschland weit verbreiteten Büchern die These zu einem „permanenten Klassenkampf", in dem sich die „Logik der permanenten Revolution" und die „Permanenz der kapitalistischen Aggression gegen die sozialistische Revolution" (D. Horowitz, Imperialismus und Revolution. Neue Fakten zur gegenwärtigen Geschichte, Berlin 1970) unversöhnlich gegenüber stehen. Das sowjetische Vorgehen in Osteuropa wird dabei als Ausdruck eines legitimen Sicherheitsinteresses angesehen, die Politik Stalins als kooperationswillig, defensiv, antirevolutionär und letzlich als reaktionär betrachtet. Die Hauptverantwortung für die Konflikte des Kalten Krieges wird den USA angelastet. Neuere Forschungsrichtungen bestreiten den Primat der ökonomischen Interessen. Sie weisen stärker auf den Zusammenhang von Innen- und Außenpolitik hin, auf Trumans Lage gegenüber einem mehrheitlich von der Gegenpartei, den Republikanern, beherrschten Kongreß, der auf einen ausgeglichenen Haushalt drängte und wirtschaftlich und politisch eher isolationistisch eingestellt war. Truman, so die These Yergins (1977), mußte „übertreiben", um die Mittel für Auslandshilfe und das für notwendig gehaltene System der „Nationalen Sicherheit" zu erhalten. Die Maßnahmen Stalins zur Sicherung seiner Einflußsphäre wurden in den USA ebenso als Bedrohung der eigenen Lebensform betrachtet, wie die Äußerungen und Maßnahmen der US-Politik in Moskau als Angriff auf den eigenen Bereich angesehen wurden. Hans-Peter Schwarz wiederum erkennt (1980) in einem Forschungsresümee im Begriff von der vermeidbaren „Tragik des Kalten Krieges" (Wilfried Loth 1980) „die bekannten Interpretationsmuster der inzwischen zu Ende gegangenen Entspannungsära" und verweist im übrigen auf die Zeit- und Situationsgebundenheit historischer Analysen, die gerade am Thema des „Kalten Krieges" deutlich werde: „Die Kontroversen bleiben."

Die Auseinandersetzung über den „Kalten Krieg“ ist innerwestlich, weitgehend inneramerikanisch. Nur hier stehen Akten aller Art, Dokumente, Biographien, Statistiken, im größeren Umfang zur Verfügung. Nur hier ist eine offene Diskussion über die Politik der Führungseliten möglich. Eine innersowjetische Diskussion gibt es nicht. Westliche Forscher sind auf die Analyse offizieller sowjetischer Veröffentlichungen angewiesen. Sie stellen auch hier einen Zusammenhang zwischen Innen- und Außenpolitik fest. Bonwetsch sieht (1980) die „außenpolitische Kompromißfähigkeit der Sowjetunion“ als „Opfer des Bedürfnisses, der äußeren Bedrohung innere, vor allem wohl innerparteiliche Glaubwürdigkeit zu verleihen.“

## Arbeitsthemen

1. *Welche historischen, ideologischen und machtpolitischen Gründe sieht Kennan in dem Vorgehen der sowjetischen Führung? Welche Wirkung ist von der Annahme dieser Analyse, die der Historiker Daniel Yergin als „Bibel der amerikanischen Politiker“ bezeichnet, auf die konkrete Politik der USA und ihr Verhältnis zur UdSSR zu erwarten? (Nr. 1)*
2. *Inwiefern wird aus Trumans Memoiren der Zusammenhang von Innen- und Außenpolitik bei der Erklärung des Präsidenten deutlich? Welche Selbsteinschätzung, welche Einschätzung der Gegenseite ergibt sich aus der Beschreibung der „zwei Richtungen“? Was bedeutet diese Einschätzung für das Verhältnis zu Drittländern? (Nr. 2)*
3. *Wie begründet Marshall die Hilfsmaßnahmen der USA? Sind Zusammenhänge erkennbar zwischen Innen- und Außen- sowie Wirtschafts- und Machtpolitik? (Nr. 2 und 3) Welche Bedeutung hat dieses Vorgehen für Drittländer? (Nr. 3)*
4. *Welche historischen, ideologischen und machtpolitischen Gründe sieht Shdanow für das Verhalten der führenden westlichen Politiker? Welche Wirkung ist von dieser offiziellen Analyse auf die Politik der UdSSR und auf ihr Verhältnis zu den Westmächten und den Staaten im eigenen Einflußbereich zu erwarten? (Nr. 4)*
5. *Worin sieht Williams das „Dilemma der amerikanischen Außenpolitik“? Worin sieht er den „Übergang der Politik der Offenen Tür von einer utopischen Idee zu einer Ideologie“? Wie sieht er den Zusammenhang von Innen- und Außenpolitik beim Marshall-Plan? Erlauben es seine Ausführungen, von einer „historischen Schuld“ der USA am Ausbruch des „Kalten Krieges“ zu sprechen? (Nr. 5)*
6. *Ist es berechtigt zu sagen, daß Bonwetsch sowohl Williams als auch den Begründungen Trumans und Kennans widerspricht? (Nr. 1, 2, 5 und 6)*
7. *Wie erklärt Yergin den Übergang der USA vom Isolationismus zur „Doktrin der (machtgeschützten) nationalen Sicherheit“? Welche Wirkung schreibt er diesem Wandel zu? (Nr. 7) Wie verhält sich seine Analyse zu den Kennans und Williams? (Nr. 1, 5 und 7)*
8. *Welche Gemeinsamkeiten, welche Unterschiede bestehen in den Analysen von Horowitz (Nr. 8 a) und Yergin (Nr. 8 b) in bezug auf die Politik der UdSSR und der USA und deren Anteil an der sich verschärfenden Polarisierung? Wie schätzt Yergin das Vorgehen Stalins in den Ostblockländern und dessen Ursachen und Folgen ein? (Nr. 8 b)*
9. *Wie sieht Bonwetsch den Zusammenhang von Innen- und Außenpolitik der UdSSR in der Nachkriegszeit? (Nr. 9) Welche Gemeinsamkeiten und welche Unterschiede bestehen zur Analyse Kennans (Nr. 1 und 9) und zum Verhältnis von Innen- und Außenpolitik der USA (Nr. 2 und 5, 9)? Wie sieht er den Anteil der USA und der UdSSR am „Kalten Krieg“?*
10. *Wie erklärt Hans-Peter Schwarz das Neben- und Gegeneinander verschiedener Forschungsrichtungen und die Dauerhaftigkeit der Kontroversen bei der Analyse des „Kalten Krieges“? (Nr. 10)*

## Materialien

### 1. Das „long telegram“ Kennans vom 22. 2. 1946 – die „Bibel der amerikanischen Politiker“ (Yergin)

Die neurotische Betrachtungsweise der Welthändel durch den Kreml geht zurück auf das traditionelle und instinktive Gefühl der Unsicherheit. Ursprünglich war es die Unsicherheit eines friedlichen Agrarvolkes, das versuchte, auf einer weiten ungeschützten Ebene in der Nachbarschaft wilder Nomadenvölker zu leben. Als Rußland mit dem wirtschaftlich fortgeschrittenen Westen in Berührung kam, trat die Furcht vor den tüchtigeren, mächtigeren, besser organisierten Gemeinschaften jener Gebiete hinzu. Aber das war eine Art von Unsicherheit, die die russischen Herrscher stärker befiel als das russische Volk; denn die russischen Herrscher wußten im Grunde alle, daß ihre Herrschaft der Form nach veraltet und in ihrer psychologischen Begründung schwach und künstlich war, so daß sie den Vergleich mit den politischen Systemen westlicher Länder nicht aushalten konnte. Aus diesem Grunde haben sie immer vor fremder Durchdringung Furcht gehabt; Furcht gehabt vor direktem Kontakt der westlichen Welt mit ihrer eigenen; Furcht gehabt, was passieren würde, wenn die Russen die Wahrheit über die Welt draußen oder die Ausländer über die Welt drinnen erführen. Und sie sind darauf verfallen, ihre Sicherheit nur im geduldigen, aber tödlichen Ringen um die totale Zerstörung des Nebenbuhlers zu suchen, niemals in Pakten oder Kompromissen.

Es war kein Zufall, daß der Marxismus, der in Westeuropa ein halbes Jahrhundert wirkungslos geschwelt hatte, zuerst in Rußland aufloderte. Nur in diesem Land, das niemals einen freundlichen Nachbarn gekannt hatte oder überhaupt irgendein Gleichgewicht verschiedener einander tolerierender nationaler oder internationaler Kräfte, konnte eine Doktrin gedeihen, die ökonomische Probleme der Gesellschaft als auf friedliche Weise unlösbar bezeichnet.

Nach Errichtung der bolschewistischen Herrschaft wurde das in der Leninschen Interpretation noch grausamer und unduldsamer gewordene marxistische Dogma ein perfektes Gegenmittel gegen das Gefühl der Unsicherheit, von dem die Bolschewisten noch stärker befallen waren als ihre Vorgänger. Dieses Dogma mit seiner ursprünglich altruistischen Zielsetzung lieferte ihnen die Rechtfertigung ihrer instinktiven Furcht vor der Außenwelt; der Diktatur, ohne die sie nicht zu reagieren verstanden; der Grausamkeiten, die sie nicht wagten, nicht zu begehen; der Opfer, die zu verlangen sie sich verpflichtet fühlten. Im Namen des Marxismus opferten sie ihren Methoden und ihrer Taktik alle ethischen Werte. Heute können sie ohne ihn nicht auskommen. Er ist für sie das Feigenblatt moralischer und geistiger Wohlanständigkeit. Ohne ihn würden sie vor der Geschichte bestenfalls die jüngsten in der langen Kette grausamer und verschwenderischer russischer Machthaber sein, die ihr Land erbarmungslos zu immer neuen militärischen Anstrengungen trieben, um ihrem innerlich schwachen Regime äußere Sicherheit zu garantieren. Das ist der Grund, weshalb die Absichten der Sowjets immer feierlich marxistisch verbrämt werden, und deshalb sollte keiner die Wichtigkeit des Dogmas in sowjetischer Angelegenheiten unterschätzen.

Die Erfordernisse ihrer eigenen vergangenen und gegenwärtigen Position sind es, die die sowjetische Führung dazu zwingen, ein Dogma zu verkünden, nach dem die Außenwelt böse, feindselig und drohend, aber zugleich von einer schleichenden Krankheit befallen und dazu verurteilt ist, von immer stärker werdenden inneren Krämpfen zerrissen zu werden, bis sie schließlich von der erstarkenden Macht des Sozialismus den Gnadenstoß erhält und einer neuen und besseren Welt weicht. Diese These liefert den Vorwand für das Anwachsen von Militär und Polizei im russischen Staat, für die Isolierung der russischen Bevölkerung von der Außenwelt und für die ständigen Versuche, die russische Polizeigewalt noch mehr auszuweiten, alles Dinge, die seit je den natürlichen Instinkten russischer Herrscher entsprechen. Im Grunde zeigten sie nichts weiter als das stetige Fortschreiten des ruhelosen russischen Nationalismus, einer jahrhundertealten Bewegung, in der offensive und defensive Vorstellungen unentwirrbar verflochten sind. Aber in dem neuen Gewand des internationalen Marxismus mit seinen glattzüngigen Versprechungen an eine verzweifelte und von Kriegen zerrüttete Außenwelt ist er gefährlicher denn je.

Zit. nach: George F. Kennan, Memoiren eines Diplomaten (Memoirs 1925–1950), Dt. Ausgabe, Stuttgart 1968, S. 557 f.

## 2. Truman-Doktrin vom 12.3. 1947

Aus der Kongreßbotschaft des Präsidenten über die Lage im Mittelmeer

Amerikas Ideale und Tradition waren in die Schranken gerufen: Griechenland und der Türkei mußte geholfen und aller Welt klar zu verstehen gegeben werden, daß wir entschlossen waren, inskünftig die Sache der Freiheit gegen jede Bedrohung zu schützen. Die Gefahren einer solchen Politik hatte Amerika als große Nation auf sich zu nehmen. Wie bedeutend sie waren, ergab sich aus den mir von Marshall und Acheson vorgelegten Unterlagen.

Über die von den Vereinigten Staaten angesichts der Bedrohung der freien Welt durch den russischen Totalitarismus einzuschlagende Politik hatte ich mich in dem abgelaufenen Jahr bei vielen Gelegenheiten mit meinen außenpolitischen Beratern ausgesprochen und zur Förderung eines weitsichtigen außenpolitischen Denkens einen dem Staatsdepartement angegliederten außenpolitischen Planungsstab ins Leben gerufen, mit George F. Kennan, einem unserer erfahrensten Rußlandexperten, an der Spitze.

Obschon einem Präsidenten sehr wenig Zeit zum Meditieren bleibt, beschäftigte ich mich in solchen kritischen Momenten ausgiebig mit diesem Hauptproblem Amerikas, das aus dem im Gefolge des Zweiten Weltkrieges sich mächtig regenden russisch-kommunistischen Totalitarismus erwachsen war. In diesem Zusammenhang bildete der Isolationismus, der nach dem Ersten Weltkrieg unser Volk in seinen Bann geschlagen hatte, eine weitere große Sorge ...

Was ein Wiederaufleben des amerikanischen Isolationismus für die Welt bedeuten würde, war nur zu offensichtlich. Außer Amerika war nach dem Zweiten Weltkrieg keine andere Macht stark genug, den Russen die Stirn zu bieten. Das kriegsgeschwächte, innerlich zerrissene Griechenland mußte fast ohne Anstrengung des Kremls im kommunistischen Abgrund versinken. Ein solcher Erfolg, zusammen mit dem offenkundigen Desinteressement Amerikas, mußte wiederum in Italien und Frankreich, wo sich ohnehin die bedrohlichen Anzeichen häuften, die kommunistischen Parteien stärken. Untätigkeit, Rückzug auf die „Festung Amerika", Isolationismus – all das konnte nur ein Ergebnis zeitigen, nämlich Rußland riesige Ländermassen in den Rachen zu werfen.

Der Zeitpunkt war gekommen, da sich die Vereinigten Staaten unmißverständlich an die Seite, ja an die Spitze der freien Nationen stellen mußten, wenn ich auch wußte, daß die Geister Washingtons ... und aller anderen Schutzheiligen des Isolationismus gegen mich aufgeboten werden würden; aber ich war überzeugt, daß die Gegebenheiten meiner Zeit die von mir zu proklamierende Politik ebenso gebieterisch forderten, wie die Politik Washingtons oder die Monroe-Doktrin von den damaligen Zeitumständen diktiert worden war ...

Daß der neue Kongreß in seiner Mehrheit republikanisch war, komplizierte das Problem noch mehr. Wohl konnte ich mit der Unterstützung meiner Außenpolitik seitens so hervorragender Männer wie des Senators Vandenberg und des Abgeordneten Eaton von New Jersey rechnen; dennoch wäre die Situation mit einem mehrheitlich demokratischen Kongreß weniger schwierig gewesen. Auf alle Fälle schien es ratsam, die Kongreßführer allerschnellstens von dem Ernst der Lage und meinem schwerwiegenden Beschluß zu unterrichten ...

Da der Beschluß des britischen Kabinetts, Griechenland preiszugeben, der Öffentlichkeit noch unbekannt war, mußte ich den Ernst der so plötzlich hereingebrochenen Krise erst auseinandersetzen, ehe ich die Schlußfolgerung zog, daß Amerika Griechenland und der Türkei zu Hilfe kommen müsse und ich mit der Bewilligung der erforderlichen Mittel seitens des Kongresses rechne.

Dann ergriff Marshall das Wort zur Schilderung der diplomatischen Vorgänge, und schließlich beantworteten wir Fragen. Die Kongreßmitglieder waren ganz offensichtlich tief beeindruckt, obschon der eine oder andere vor nicht allzu langer Zeit ausgesprochen isolationistisch eingestellt gewesen war und es sicher vorgezogen hätte, die Mittel für die von mir geplanten Schritte zu verweigern. Dennoch schlossen sie sich einmütig meinem Standpunkt an ... Am Mittwoch, dem 12. März 1947, um 13 Uhr betrat ich die Rednertribüne des Repräsentantenhauses, um zu den in einer gemeinsamen Sitzung versammelten beiden Häusern des Kongresses und gleichzeitig über alle Sender zur gesamten Nation zu sprechen. Nach den einleitenden Worten führte ich aus:

„Es muß, glaube ich, der außenpolitische Grundsatz der Vereinigten Staaten werden, allen Völkern, deren Freiheit von militanten Minderheiten oder durch einen von außen ausgeübten Druck bedroht wird, unseren Beistand zu leihen.
Wir müssen, glaube ich, allen freien Völkern dabei helfen, ihre Geschichte selbst zu bestimmen. Unter einem solchen Beistand verstehe ich vor allem wirtschaftliche und finanzielle Hilfe zur Herstellung geordneter politischer Verhältnisse und zur Sicherung der wirtschaftlichen Stabilität ..."
Anschließend charakterisierte ich die zwei großen Richtungen unserer Zeit:
„Die eine Lebensform gründet sich auf den Willen der Mehrheit und ist gekennzeichnet durch freiheitliche Einrichtungen: eine repräsentative Regierung, unbeeinflußte Wahlen, Rechtsgarantien für die persönliche Freiheit, Rede- und Religionsfreiheit und Schutz vor politischer Unterdrükkung.
Die andere Lebensform gründet sich auf den von einer Minderheit der Mehrheit gewaltsam aufgezwungenen Willen. Sie stützt sich auf Terror und Unterdrückung, auf die Gleichschaltung der Presse und des Rundfunks, auf vorgeschriebene Wahlen und auf den Entzug der persönlichen Freiheit ... Die totalitären Regierungen wurzeln in dem üblen Boden der Armut und des Bürgerkriegs, sie saugen ihre Nahrung aus Elend und Not und erreichen ihr volles Wachstum dort, wo die Hoffnung auf ein besseres Dasein stirbt.
Diese Hoffnung aber gilt es lebendig zu erhalten.
Die freien Völker erhoffen von uns Hilfe für ihren Kampf um die Freiheit.
Wenn wir Schwäche zeigen, gefährden wir den Frieden der Welt und schaden der Wohlfahrt unseres eigenen Landes."
Als ich endete, erhob sich der Kongreß wie ein Mann und spendete Beifall. Nur Vito Marcantonio, der New Yorker Abgeordnete der Labour Party, blieb sitzen.
Die Rede kennzeichnet einen Wendepunkt der amerikanischen Außenpolitik, denn bald danach begann man die darin niedergelegten Grundsätze die „Truman-Doktrin" zu nennen. Auch die Reaktion im Ausland bewies, daß ich den richtigen Ton getroffen hatte. Den beifälligen Stimmen aus der freien Welt stand das wütende Gekläff der Kommunisten und ihrer Mitläufer gegenüber. Der Trennungsstrich war gezogen: Jede Nation hatte von jetzt an zwischen den beiden Lebensformen zu wählen.

Aus: Harry S. Truman, Memoiren, Band 2, Dt. Ausgabe, Stuttgart 1956, S. 110ff., 114f.

## 3. Aus der Rede von US-Außenminister George Marshall am 5.6.1947

(Gehalten in der Harvard-Universität)

In Wahrheit liegt die Sache so, daß Europas Bedarf an ausländischen Nahrungsmitteln und anderen wichtigen Gütern – hauptsächlich aus Amerika – während der nächsten drei oder vier Jahre um so viel höher liegt als seine gegenwärtige Zahlungsfähigkeit, daß beträchtliche zusätzliche Hilfsleistungen notwendig sind, wenn es nicht in einen wirtschaftlichen, sozialen und politischen Verfall sehr ernster Art geraten soll.
Die Lösung liegt in einer Durchbrechung des Circulus vitiosus und in der Wiederherstellung des Vertrauens bei den europäischen Völkern auf die wirtschaftliche Zukunft ihrer Länder und ganz Europas. Der Fabrikant und der Landwirt in weiten Gebieten müssen gewillt und in der Lage sein, ihre Produkte für eine Währung in Tausch zu geben, deren fester Wert außer Zweifel steht. Abgesehen von der demoralisierenden Wirkung auf die ganze Welt und von der Möglichkeit, daß aus der Verzweiflung der betroffenen Völker sich Unruheherde ergeben könnten, dürfte es auch offensichtlich sein, welche Folgen dieser Zustand auf die Wirtschaft der Vereinigten Staaten haben muß. Es ist nur logisch, daß die Vereinigten Staaten alles tun, was in ihrer Macht steht, um die Wiederherstellung gesunder wirtschaftlicher Verhältnisse in der Welt zu fördern, ohne die es keine politische Stabilität und keinen sicheren Frieden geben kann. Unsere Politik richtet sich nicht gegen irgendein Land oder irgendeine Doktrin, sondern gegen Hunger, Armut, Verzweiflung und Chaos.

Ihr Zweck ist die Wiederbelebung einer funktionierenden Weltwirtschaft, damit die Entstehung politischer und sozialer Bedingungen ermöglicht wird, unter denen freie Institutionen existieren können.
Ich bin überzeugt, daß eine solche Unterstützung nicht nach und nach entsprechend der jeweiligen Entwicklung von Krisen geleistet werden darf. Wenn die Regierung der Vereinigten Staaten in Zukunft Hilfsleistungen gewährt, so sollten diese eine Heilungskur und nicht nur ein Linderungsmittel darstellen. Jeder Regierung, die bereit ist, beim Wiederaufbau zu helfen, wird die volle Unterstützung der Regierung der Vereinigten Staaten gewährt werden, dessen bin ich sicher. Aber eine Regierung, die durch Machenschaften versucht, die Gesundung der anderen Länder zu hemmen, kann von uns keine Hilfe erwarten. Darüber hinaus werden alle Regierungen, politischen Parteien oder Gruppen, die es darauf abgesehen haben, das menschliche Elend zu einem Dauerzustand zu machen, um in politischer oder anderer Hinsicht Nutzen daraus zu ziehen, auf den Widerstand der Vereinigten Staaten stoßen.
Es wäre weder angebracht noch zweckmäßig, wenn die Regierung der Vereinigten Staaten von sich aus ein Programm entwerfen würde, um die wirtschaftliche Wiederaufrichtung Europas durchzuführen. Das ist Sache der Europäer selbst. Die Initiative muß von Europa ausgehen, meine ich. Unsere Rolle sollte darin bestehen, den Entwurf eines europäischen Programms freundschaftlich zu fördern und später dieses Programm zu unterstützen, soweit das für uns praktisch ist. Es sollte ein gemeinsames Programm entworfen werden, hinter dem, wenn nicht alle, so doch eine Anzahl von europäischen Nationen stehen.

Aus: Europa-Archiv 2 (1947), Heft Juli-Dezember; auch in Ernst-Ulrich Huster u.a., Determinanten der westdeutschen Restauration 1945–1949, Frankfurt/M. 7. Aufl. 1980, S. 341 ff.

### 4. Shdanow und die beiden „Lager"

Rede auf der Konferenz der kommunistischen Parteien Europas in Schreiberhau (Polen) vom 22.9. 1947

Das durch den Zweiten Weltkrieg veränderte Kräfteverhältnis zwischen der Welt des Kapitalismus und der Welt des Sozialismus hat die Bedeutung der Außenpolitik des Sowjetstaates noch erhöht und die Maßstäbe seiner außenpolitischen Aktivität erweitert. Die Aufgabe der Sicherung eines gerechten demokratischen Friedens faßte alle Kräfte des antiimperialistischen und antifaschistischen Lagers zusammen. Auf dieser Grundlage wuchs und erstarkte die freundschaftliche Zusammenarbeit der UdSSR und der demokratischen Länder in allen Fragen der Außenpolitik. Diese Länder und vor allem die Länder der neuen Demokratie, Jugoslawien, Polen, die Tschechoslowakei und Albanien, die eine große Rolle in dem Befreiungskrieg gegen den Faschismus gespielt haben, sowie Bulgarien, Rumänien, Ungarn und zum Teil auch Finnland, die sich der antifaschistischen Front in der Nachkriegsperiode angeschlossen haben, erwiesen sich als standhafte Kämpfer für den Frieden, für die Demokratie und für ihre Freiheit und Unabhängigkeit gegen alle Versuche der USA und Englands, ihre Entwicklung zurückzudrehen und sie erneut unter das imperialistische Joch zu zwingen.
Die Erfolge und das Anwachsen des internationalen Ansehens des demokratischen Lagers paßten den Imperialisten nicht. Bereits während des Zweiten Weltkrieges wuchs in England und in den USA ständig die Aktivität der reaktionären Kräfte, die danach strebten, das gemeinsame Vorgehen der alliierten Mächte zu hintertreiben, den Krieg in die Länge zu ziehen, die UdSSR ausbluten zu lassen und die faschistischen Aggressoren vor einer vollständigen Zerschmetterung zu retten. Die Sabotierung der zweiten Front durch die angelsächsischen Imperialisten mit Churchill an der Spitze spiegelte klar diese Tendenz wider, die im Grunde genommen eine Fortsetzung der „München-Politik" unter neuen, veränderten Verhältnissen darstellte. Aber solange der Krieg andauerte, wagten die reaktionären Kreise Englands und der USA nicht, der Sowjetunion und den demokratischen Ländern mit offenem Visier entgegenzutreten, weil sie sich wohl bewußt waren, daß die Sympathien der Volksmassen in der ganzen Welt ungeteilt auf der Seite der Sowjetunion und der demokratischen Länder waren.
Aber bereits in den letzten, dem Kriegsende vorangehenden Monaten begann die Situation sich zu

ändern. Bereits im Laufe der Besprechungen auf der Berliner Konferenz der drei Mächte im Juli 1945 zeigten die anglo-amerikanischen Imperialisten, daß sie nicht gewillt waren, die legitimen Interessen der Sowjetunion und der demokratischen Länder zu berücksichtigen.

Zit nach: Hans-Joachim Lieber und Karl-Heinz Ruffmann (Hg.), Der Sowjetkommunismus. Dokumente, Band 2, Köln 1964, S. 603 f.

## 5. Das „Dilemma" der US-Außenpolitik aus revisionistischer Sicht

Zur Zeit des Ersten Weltkriegs war also das grundlegende Dilemma der amerikanischen Außenpolitik klar definiert. Durch seine großzügige, humanitäre Haltung war es verpflichtet, das Los weniger glücklicher Völker zu verbessern, aber diese Seite seiner Diplomatie wurde durch zwei andere Aspekte seiner Diplomatie in Frage gestellt. Zum einen glaubten die Amerikaner, den Menschen helfen hieße, sie sich selbst ähnlich zu machen. Dies untergrub ihr Ideal der Selbstbestimmung. Andererseits behaupteten sie, daß wirtschaftliche Expansion in Übersee die Voraussetzung für ihr eigenes materielles Wohlergehen sei, und handelten dementsprechend. Aber da diese Expansion nichts anderes bedeutete als einen Gewinn von Märkten für die amerikanischen Exporte sowie eine Kontrolle über die Rohstoffe für die amerikanische Industrie, wurde die Möglichkeit anderer Völker, sich nach ihren eigenen Vorstellungen von Entwicklung zu verhalten, weiter ausgehöhlt ...
Die an die Stelle Roosevelts tretenden Führer begriffen weder das Dilemma noch die Notwendigkeit, ihre Auffassungen zu modifizieren. Einige von ihnen dachten zeitweilig daran, die Beziehungen zur Sowjetunion auf der Basis wirtschaftlicher und politischer Abkommen zu stabilisieren, aber selbst diese schwache Minderheit sah die Zukunft unter dem Gesichtspunkt einer Fortsetzung der durch die Strategie der Offenen Tür geleiteten Expansion. Die große Mehrheit verstand sich schnell zu einem Programm, das vorsah, die Sowjetunion zum Akzeptieren der traditionellen Vorstellungen Amerikas von sich selbst und der Welt zu zwingen. Diese Entscheidung eröffnete die letzte Phase des Übergangs der Politik der Offenen Tür von einer utopischen Idee zu einer Ideologie, von einer intellektuellen Konzeption für die Veränderung der Welt zu einer solchen, die sie in ihrer traditionellen Form erhalten wollte.
Die Führer Amerikas hatten die Theorie, die Notwendigkeit und die Moral der Expansion im Namen der Politik der Offenen Tür verinnerlicht und *glaubten* daran. Daher hielten sie es selten für notwendig, ihre Haltung zu erklären oder zu rechtfertigen. Statt dessen setzten sie die Prämissen voraus und beschränkten sich auf die Ausübung ihrer Macht und ihrer Freiheit, die durch eine solche Auffassung definierten Notwendigkeiten und Möglichkeiten auszunutzen. Was die Führer Amerikas betraf, so waren Philosophie und Praxis der Expansion im Namen der Politik der Offenen Tür sowohl in ihren missionarischen als auch in ihren wirtschaftlichen Aspekten zu der feststehenden Weltanschauung geworden. Wer diese Tatsache nicht erkannte und akzeptierte, von dem wurde nicht nur behauptet, daß er sich irrte, sondern daß er überhaupt unfähig war, richtig zu denken ...
Diese Feststellung besagt nicht, daß die Vereinigten Staaten den Kalten Krieg begonnen oder verursacht hätten. Auch soll damit nicht dem ausgewichen werden, was viele anscheinend für die wichtigste – wenn auch widersprüchlichste und verwirrendste – Frage der jüngeren Zeitgeschichte halten. Denn im Gegensatz zur allgemeinen Annahme bietet das Problem, welche Seite den Kalten Krieg begann, weder eine besonders intelligente noch eine besonders lohnende Methode, die zentralen Fragen hinsichtlich der amerikanischen Außenpolitik seit 1941 anzugehen. Wenn man in diesem Sinn überhaupt sagen kann, jemand habe den Kalten Krieg verursacht, dann liegt die Verantwortung in erster Linie, wenn nicht ausschließlich, bei Adolf Hitler und Nazi-Deutschland ...
Und im Verlauf der Niederschlagung ihrer niedrigen Ambitionen geschah es, daß die Vereinigten Staaten und die Sowjetunion von der Ostsee bis zum Schwarzen Meer in eine direkte und anhaltende Konfrontation gerieten ...
Noch vor Marshalls berühmter Ansprache in Harvard hatten sich der Kongreß und das Außenministerium mit der Gefahr einer weiteren Depression beschäftigt. Der Staatsekretär im Wirtschafts-

ministerium, Clayton, bezeichnete es abermals als die Aufgabe, „die großen Überschüsse" Amerikas loszuwerden. „Im Innern wie international kann das kapitalistische System nur funktionieren", erklärte er im Mai 1947, „indem es dauernd ein Ungleichgewicht der relativen Produktionskosten schafft." Implizit sagte Clayton damit dasselbe, was Acheson 1944 explizit festgestellt hatte: die Profite des amerikanischen korporativen Systems waren von der wirtschaftlichen Expansion in Übersee abhängig. Setzt man diese Übereinstimmung unter den Führern Amerikas voraus, dann überrascht es nicht sehr, daß Marshall vor dem Kongreß eine ähnliche Haltung vertrat: „Die wichtigste Frage, mit der wir es zu tun haben, läßt sich, wie ich glaube, in wirtschaftlichen Begriffen formulieren." Die Konsequenzen, die es für Amerika hätte, wenn der Plan nicht durchgeführt würde, bestünden „wenn nicht in einer Handelsbarriere, dann sicher in großen Schäden für unsere täglichen Geschäfte, unsere Wirtschaft und unseren Handel".
Marshall und andere Befürworter des Programms sprachen auch ganz offen von einer Parallele zwischen ihrer Politik und der früheren Expansion Amerikas über den Kontinent nach Westen. In dieser traditionellen Form präsentierte Marshall sein Programm als eine Möglichkeit, den Untergang der Demokratie in der Heimat zu verhindern. Der Minister unterstellte, daß es die einzige Lösung für die ökonomischen Schwierigkeiten Amerikas bot, und behauptete, daß die Nation vor einer Situation des Entweder-Oder stehe. Würde der Plan nicht angenommen, so versicherte er, dann würden „die summierten Verluste der Auslandsmärkte und der Rohstoffquellen zweifellos einen deprimierenden Einfluß auf unsere Inlandswirtschaft haben und uns zu verstärkten Kontrollmaßnahmen der Regierung treiben". Aber indem Marshall die Expansion Amerikas als den Schlüssel zur Prosperität bezeichnete, definierte er die Außenpolitik als den Schlüssel zu den heimischen Problemen und zur Erhaltung der Demokratie im Innern. Die intellektuelle Übereinstimmung seines Denkens mit der Frontier-These und der Politik von John Hay, Woodrow Wilson, Herbert Hoover und Franklin D. Roosevelt war offensichtlich.

Aus: William A. Williams, Die Tragödie der amerikanischen Diplomatie, Dt. Ausgabe. Frankfurt a. M. 1973, S. 97, 234 f., 306

## 6. Gegen „wirtschaftliche Vernunft"?

Wenn tatsächlich der „Alptraum der Depression" auch die amerikanische Osteuropapolitik geleitet hätte, so würde der sowjetische Markt ganz andere Perspektiven eröffnet haben als das übrige Osteuropa. Jede wirtschaftliche Vernunft hätte es dann geboten, auf die sowjetischen Kreditwünsche in Milliardenhöhe einzugehen. Genau dies empfahlen die zuständigen Ressortchefs Wallace und Morgenthau unter Hinweis auf die Arbeitsplatzsicherung in den USA. Auch die verbreitete These, daß die US-Regierung den freien Handel in Osteuropa für die Rekonstruktion Westeuropas als unerläßlich und damit indirekt auch für den Wohlstand und die Sicherheit der Vereinigten Staaten als notwendig ansah, überzeugt nicht. Dagegen spricht, daß die USA hinsichtlich Osteuropas auch nach Kriegsende praktisch „Un-Politik" betrieben und gegenüber der Sowjetunion auch ihre nichtmilitärische Stärke nicht einsetzten, dagegen spricht die Leichtigkeit, mit der die Containment-Politik auf Einwirkung in Osteuropa ganz verzichtete und die Architekten des Marshall-Plans den Ausschluß der osteuropäischen Länder einkalkulierten.

Aus: Bernd Bonwetsch, Kalter Krieg als Innenpolitik. Überlegungen zu innenpolitischen Bedingungen des Ost-West-Konflikts nach 1945; in: F. Quarthal, W. Setzler (Hg.), Aus Sozial- und Verfassungsgeschichte. Festschrift für E. Naujoks, Sigmaringen 1980. Nach einem Manuskript zitiert.

## 7. Neue Politik der USA: „Doktrin der nationalen Sicherheit"

Die Doktrin der nationalen Sicherheit entstand aus dem Bewußtsein von vier Veränderungen. Erstens war das bröckelnde und auf Europa konzentrierte internationale Gefüge zu einem von zwei früheren Außenseitern, den Vereinigten Staaten und der Sowjetunion, beherrschten Weltgefüge geworden. Die konventionelle Ansicht vor dem Kriege war, daß ein vielfältiges Verteidigungssy-

stem die amerikanische Sicherheit gewährleistete und das Land von den Problemen der Welt isolierte. Man unterstellte, das Land sei geographisch von den anderen Großmächten entfernt, die überlegene amerikanische Flotte würde es vor Angriffen schützen, die Vereinigten Staaten könnten sich auf große natürliche und industrielle Reichtümer verlassen, die bedeutender waren als die eines potentiellen Feindes. Man glaubte auch, das europäische Kräftegleichgewicht würde so langsam verfallen, daß Zeit genug bliebe, kommenden Gefahren zu begegnen ...
Diese Faktoren hatten dem Isolationismus eine diskutable Grundlage gegeben, aber durch den Zweiten Weltkrieg, im Gegensatz zum Ersten ein globaler Krieg, hatten sie ihre Bedeutung verloren. Nun waren die Vereinigten Staaten als eine vorherrschende Macht aufgestiegen, die auf der ganzen Welt eine neue Rolle zu spielen hatte. Amerikanische Führer – von einem übertriebenen Missionseifer erfüllt, von ihrer weltweiten Verantwortlichkeit überzeugt und voller Selbstvertrauen, weil sie in einer verwundeten Welt unverletzt geblieben waren – verlangten nun begierig nach ihrem himmlischen Mandat ...
Eine zweite Quelle der neuen Doktrin war eine Reaktion auf Erfahrungen – die Männer hatten eine Lektion gelernt, sie waren sich der Bedingungen, die zum allgemeinen Krieg geführt hatten, wie auch der Praktiken weltweiter Kriegsführung bewußt. Die Abfolge von Ereignissen, die für Asien 1931 in der Mandschurei und für Europa 1936 im Rheinland begann, wurde als Teil eines Musterablaufs, Teil der Dynamik diktatorischer, totalitärer Staaten angesehen. In der Retrospektive sah es so aus, als seien die Nichtangreifer bei jeder Krise passiv zurückgewichen, was den Appetit der Aggressoren nur noch stimuliert hatte. Nirgends in der Retrospektive hatten friedlich gesinnte Staaten sich weniger bewährt als im September 1938 in München. Genau an dem Tage, als Chamberlain nach München flog, hatte ein unbeachteter amerikanischer Diplomat Washington gewarnt, je stärker Deutschland würde und je mehr Diplomaten Hitler nachgäben, um so mehr Gebietsansprüche würde dieser stellen. Wer in der Mitte der vierziger Jahre konnte die jüngste Vergangenheit vergessen und würde so leicht ihre Wiederholung zulassen? Doch war „München" im Denken der politischen Elite nicht nur eine Analogie, sondern ein eisernes Gesetz und moralisches Prinzip: nie wieder! Umstände, die das Prinzip hätten modifizieren können – die Art des anliegenden Falles, historische Umstände, die Aspekte internationaler Politik –, wurden übersehen. Der *Friedensmacher* der Welt, der sich leicht hatte herumstoßen lassen, war jetzt mit außenpolitischen Verteufelungen schnell bei der Hand, der schnellste Weg, einen Andersdenkenden zum Schweigen zu bringen. Und natürlich bedeutete Einlenken Schwäche, es zeugte von Blindheit und Dummheit oder schlimmer – Verrat. Um in den Nachkriegsjahren Ereignisse zu interpretieren und politische Richtlinien festzulegen, rief man sich immer wieder die Lektion von München ins Gedächtnis.
So kam es dazu, daß Hitlers „Salamitaktik" mit den Jahren zur „Dominotheorie" wurde. Die Münchner Lektion ging von der Annahme aus, daß internationale Ereignisse sich als einfache Kettenreaktionen abspielten, alle Punkte auf der Karte gleich nahe lägen und jedes Ereignis von gleicher Bedeutung sei. Solch eine Annahme lag hinter Averell Harrimans Telegramm von 1944 bezüglich der Polenfrage: „Mich beängstigt jedoch, daß, wenn immer ein Land seinen Einfluß dadurch auszuweiten beginnt, daß es sich unter dem Deckmantel der Sicherheit mit Waffengewalt außerhalb seiner Grenzen durchsetzt, man kaum noch eine Trennungslinie ziehen kann. Erkennt man der Sowjetunion das Recht zu, aus Sicherheitsgründen bei ihren nächsten Nachbarn einzudringen, muß zu einem gewissen Zeitpunkt das Eindringen in die dahinter nächstgelegenen Nachbarstaaten ebenfalls logisch scheinen." Mit anderen Worten, jeder Schritt, den Rußland im Namen der sowjetischen „Sicherheit" über die eigenen Grenzen hinaus tat, würde durch eine solche Auslegung mit der Auffassung der amerikanischen „nationalen Sicherheit" in Widerspruch geraten. Zwei Jahre später wies Kennan genau auf diesen Punkt hin. „Wir müssen den Russen begreiflich machen", sagte er 1946, „daß sie ihre Sicherheitsforderungen dem Konzept der unseren anpassen müssen." Die unvermeidlichen Einflußsphären konnte man nicht zulassen, weil man meinte, daß sie für den Frieden der Welt eine Bedrohung darstellten.

Aus: Daniel Yergin, Der zerbrochene Frieden. Der Ursprung des Kalten Krieges und die Teilung Europas, Dt. Ausgabe. Frankfurt a.M. 1979, S. 192ff.

## 8. Polarisierung 1947

### *a) David Horowitz*

Nach den Klauseln des Marshallplans sollten die europäischen Mächte ihr eigenes Programm für den Wiederaufbau Europas ausarbeiten, das dann jeweils von den USA (das Einverständnis eines republikanischen Kongresses vorausgesetzt) finanziert würde. Um einen solchen Plan auszuarbeiten, kamen die europäischen Staaten im Sommer 1947 in Paris zusammen. Die Sowjets wurden von den Briten eingeladen, doch Rostow zufolge „waren Bevin und das britische Außenministerium (wie auch einige amerikanische Regierungsbeamte) besorgt, daß Stalin zusagen würde, und machten nicht die geringsten Anstrengungen, für Molotow in Paris eine aufgeschlossene Atmosphäre zu schaffen". (Rostow, S. 211: „Eine Befürchtung war übrigens, daß, falls die Russen den Plan akzeptierten, der amerikanische Kongreß ihn nicht finanzieren würde.")
Molotow kam zu der Konferenz mit einem Aufgebot von 89 Wirtschaftsexperten und Beratern. Die Sowjets, deren wiederholte Bitte um Gewährung eines Sechs-Milliarden-Dollar-Kredits in Washington „verlorengegangen" war, äußerten sich in ihrer vor der Konferenz gegenüber dem britischen Vertreter in Moskau abgegebenen Erklärung sehr vorsichtig.
Während der entscheidenden zwei Tage, die Molotow in Paris weilte, wurde ihm ein Plan vorgelegt, den Bevin und Bidault ausgearbeitet hatten und dem das Prinzip einer Integration der Wirtschaft aller Länder zugrunde lag. Aber „eine Integration in einen einzigen Plan bedeutet, daß jedes Land das produzieren muß, was es am besten produziert. Für Mr. Molotow sah das so aus, als habe man die osteuropäischen Länder aufgefordert, ihre verschiedenen nationalen Industrialisierungs-‚pläne' über Bord zu werfen und statt dessen die landwirtschaftliche Kornkammer des Westens zu werden; dies wäre die ideale Integration. Die Bindung an eine Industrienation macht ein Land, dessen Schwerpunkt auf Landwirtschaft liegt, stets zur schwächeren, abhängigen Schwester".
Molotow lehnte den Plan ab und verließ die Konferenz in einem Akt unverhohlener Feindseligkeit, der diejenigen verblüffte, die den Marshallplan – aus welchem Irrtum heraus auch immer – als einen ersten Schritt zur Wiederherstellung der europäischen Einheit ansahen ...
Vom Standpunkt der Sowjets aus stellte die „Gegenoffensive" des Marshallplans eine ernsthafte Bedrohung ihrer Interessen dar. Man muß sich erinnern, daß nach Rostows Bemerkungen „Osteuropa im Frühsommer 1947 noch keineswegs den Status eines sowjetischen Satellitenmachtblocks erreicht hatte. Es gab eine demokratische Regierung in Prag; in Warschau waren die polnischen Nationalisten innerhalb und außerhalb der kommunistischen Partei noch nicht zum Nachgeben gezwungen worden; in Jugoslawien inspirierte Tito ohne Wissen des Westens die bulgarischen und ungarischen Kommunisten, eine kommunistische Allianz der Balkanstaaten, gleichsam unabhängig von Moskau, zu gründen."

Aus: David Horowitz, Kalter Krieg. Hintergründe der US-Außenpolitik von Jalta bis Vietnam, Dt. Ausgabe, Berlin 1976[2], S. 65 f. H. zitiert Wolf W. Rostow, The United Staates in the World Arena, 1960. R. war 1946 Referent für deutsche und österreichische Wirtschaftsangelegenheiten im US-Außenministerium.

### *b) Daniel Yergin*

Die Amerikaner befürchteten, die Sowjetunion würde die Wirtschaftskrise ausnutzen, um ihre politische Herrschaft über den Rest Europas auszudehnen. Aber hatte Moskau wirklich diese Absicht? Das ist nicht sehr wahrscheinlich. Gewiß war die Truman-Doktrin in Moskau sorgfältig gelesen und zur Kenntnis genommen worden. Doch trotz ihres evangelistischen Tones und ihrer klaren Verheißung, amerikanische Wirtschaftsmacht für bestimmte politische Ziele Amerikas und die Errichtung einer amerikanischen Militärmacht nahe dem sowjetischen Randgebiet an der Türkei einzurichten, hatten die Russen die Operation offensichtlich auf Griechenland beschränkt angesehen, ein Gebiet, das Stalin an den Westen abgetreten hatte. Stalin schien an der Beibehaltung des Konsortiums immer noch interessiert, und seine öffentlichen Aussagen bezeugten dieses Interesse. Hätte er den Kommunismus – oder um genauer zu sein, seine Macht – mit geringerem Aufwand nach Westeuropa ausweiten können, würde er das zweifellos auch getan haben. Doch hatte er schon immer Neigung gehabt, die Stärke seiner Feinde zu überschätzen. Innerhalb der Sowjetunion, wo das Kräftegleichgewicht für ihn günstig stand, hatte er sie vernichtet; in der internationalen Politik, wo das Gleichgewicht höchst unsicher war, respektierte er ihre Macht, versuchte zu bluffen und mit ihnen zu verhandeln und dabei gleichzeitig seine eigene Position zu festigen. Vielleicht beeindruckte ihn die amerikanische Macht in den Jahren nach dem Kriege mehr als die ängstlichen amerikanischen Politiker. Die Vereinigten Staaten besaßen nicht nur eine ungeheure Wirtschaftsmacht, auch ihre Luftmacht und Atomwaffen konnten wenigstens kurzfristig das Fehlen starker amerikanischer Landheere in Europa aufwiegen. Er erkannte zweifellos, daß ein größerer kommunistischer militärischer oder politischer Angriff auf Westeuropa bei den Vereinigten Staaten auf eine allzu starke und unvorhergesehene Reaktion gestoßen wäre. Schließlich hatten die Amerikaner gerade zum zweitenmal in weniger als drei Jahrzehnten wegen der Frage des Kräftegleichgewichtes auf dem Kontinent in Europa eingegriffen. Stalin nahm das Gerede von einem Präventivkrieg in den Vereinigten Staaten vermutlich nicht allzu ernst, obgleich er es zweifellos zur Kenntnis nahm. Er wußte auch, daß es bei veränderten Umständen als erstes auf die Tagesordnung kommen würde. Als er den Jugoslawen befahl, ihre Einmischung im griechischen Bürgerkrieg zu beenden, erklärte Stalin, wie bereits erwähnt, daß die Vereinigten Staaten – „die Vereinigten Staaten, die mächtigste Nation der Welt" – nie eine Unterbrechung ihrer Verbindungslinien zum Mittelmeer zulassen würden. Was er über die amerikanische Reaktion auf einen kommunistischen Sieg in Griechenland sagte, hätte man in bezug auf kommunistische Bewegungen in Frankreich oder Italien vervielfachen können.

Gleichzeitig hatte Stalin nicht die Absicht, seine Einflußsphäre aufzugeben. Die Große Allianz während des Krieges war eine internationale Volksfront gewesen. Als ihr Erbe und Nachfolger waren hinter ihr nationale Volksfronten, Koalitionen von Kommunisten und Nichtkommunisten, verblieben. So war die Lage in Westeuropa, in Frankreich und Italien, und auch, obwohl unter sehr viel schwierigeren Umständen, in Osteuropa, abgestuft unterschiedlich in der Tschechoslowakei, Ungarn und sogar Polen. Als die Große Allianz auseinanderbröckelte, wurden solche Koalitionen zu Anomalien, und Koalitionsmitglieder auf einer Seite der Trennungslinie Europas, die mit Kräften auf der anderen Seite verbunden waren, galten als fünfte Kolonne, als heimische Verräter. Die Erinnerung an die Komintern war so stark, daß die Amerikaner nicht richtig die Vorteile sehen konnten, die ein Verhandeln mit den nationalen kommunistischen Parteien, ihre Anerkennung als von Moskau unabhängige Gruppen mit sich brachte und den Einsatz amerikanischer Wirtschaftsmacht, um über den Abgrund eine Brücke zu bauen.

Die Verschärfung der Wirtschaftslage machte die Koalitionen in Westeuropa immer unbeständiger[1]). Washington erklärte den Franzosen und Italienern, daß sie um so eher Wirtschaftshilfe bekommen würden, wenn sie (so formulierte es der amerikanische Botschafter in Italien) „Mittel fänden, um die gegenwärtige Lage zu berichtigen". Die Berichtigung erfolgte. Obwohl die Kommunisten erbittert darum kämpften, um in den Regierungen von Frankreich und Italien zu verbleiben, wurden sie im Mai 1947 aus beiden verstoßen. Wenige Tage nach dem Ausschluß der Kommunisten in Frankreich verkündete John J. McCloy, der neue Präsident der Weltbank, an Frankreich eine größere Anleihe.

Stalins Antwort erfolgte Ende Mai, obgleich immer noch nicht klar ist, ob es sich um eine wirkliche Antwort, eine Koinzidenz handelte, oder ob die Russen die Veränderungen in Frankreich und Italien nur zynisch für ihre eigenen Zwecke ausnutzten. Ende 1945 hatten die Ungarn unter sowjetischer Vormundschaft eine nichtkommunistische Mehrheit gewählt, in der die Kleinbauernpartei eine führende Rolle spielte. Das Land wurde nun, wie es das State Department unter sich nannte, von „einem gemäßigten Koalitionskabinett" regiert. Die Lage hielt sich nicht. Im Februar 1947 wurde der frühere Generalsekretär der Kleinbauernpartei verhaftet, bekannte sich angeblich der

[1]) Natürlich schuf die Beteiligung der Kommunisten an westlichen Koalitionsregierungen Probleme. „Wir können die Diskussion nicht mehr zwischen zwei Großmächten fortführen", hatte Bevin sich bei Bidault beklagt, „wenn im Schrank eine dritte Macht mit einem Abhörgerät sitzt."

Spionage für schuldig und verschwand. Viele in Ungarn sahen als bedeutsames Zeichen die Tatsache an, daß seine Verhaftung nicht von örtlichen Polizeibehörden, sondern von der Roten Armee selbst durchgeführt worden war. Im Mai wurde Premierminister Ferenc Nagy in dieses „Geständnis" verwickelt, wählte das Exil, und nun erreichten die Kommunisten eine straffere Kontrolle über die ungarische Regierung. Dies war nur das offensichtlichste Beispiel der Art, wie die Sowjets jetzt im Rahmen der internationalen Polarisierung ihre Macht über Osteuropa ausbauten. Polen war zum Beispiel der erste Streitpunkt gewesen, der die Mitglieder der Großen Allianz lange vor Kriegsende entzweite. Im Januar 1947 wurde er in einer Hinsicht erledigt. Seit der Niederlage Deutschlands war die Lage des Landes noch ziemlich offen geblieben. Als der Wahltag herannahte, gingen die Kommunisten rücksichtslos gegen ihre Widersacher vor, die Wahlen selbst wurden gefälscht, und der von den Kommunisten beherrschte „demokratische Block" gewann im Parlament eine überwältigende Mehrheit.

Die Polarisierung wirkte sich auch auf den Westen aus, aber dort konnten die nun ausgeschlossenen kommunistischen Parteien unter dem Schutz des Gesetzes noch weiter bestehen. In Ungarn wurde, wie überall in Osteuropa, zur Vertreibung der Terror gefügt, worauf in der Folge nicht nur die nichtkommunistischen Parteien, sondern auch nichtkommunistische Politiker zugrunde gingen.

Aus: Daniel Yergin, Der zerbrochene Frieden. Der Ursprung des Kalten Krieges und die Teilung Europas, a.a.O., S. 299 f.

## 9. UdSSR, Fünfjahrplan (1946–1950) und „Kalter Krieg"

In der Sowjetunion wurde tatsächlich durch die Wiederbelebung von Dogmen über die Unversöhnlichkeit von Kapitalismus und Sozialismus bis hin zur Beschwörung von Kriegsgefahr ein Bild der Welt gezeichnet, das die eigene Zusammenarbeitsbereitschaft diskreditierte und die amerikanische Interpretation der sowjetischen Politik erst ermöglichte und glaubwürdig machte ...

Bereits seit 1943/44, seit dem Kriegsumschlag im Osten, gab es pausenlose ideologische Kampagnen. Sie dienten der Reintegration einer Bevölkerung, die die Deutschen häufig genug als Befreier begrüßt hatte. Es galt, von den *„Okkupanten eingeflößte Privateigentums-, Antikolchos- und Anti-Staats-Tendenzen zu überwinden"*. „Bürgerlicher Nationalismus" war zu bekämpfen, und zwar nicht nur in den Westgebieten, sondern auch im Hinterland, wo es ebenfalls zu Aufweichungserscheinungen gekommen war.

Die Wiederbelebung marxistischer Dogmen diente ferner der Immunisierung und Rekonditionierung von Millionen Rotarmisten, die selbst in ärmeren Ländern auf einen Lebensstandard stießen, der die sowjetische Propaganda Lügen strafte und seinen demoralisierenden Effekt nicht verfehlte. Die Kampagnen dienten schließlich der Mobilisierung und Disziplinierung einer durch Anstrengungen und Entbehrungen erschöpften Bevölkerung, die auf innenpolitische Erleichterungen und bessere Lebensbedingungen hoffte und in dieser vielfach bezeugten Hoffnung durch manch eine Liberalisierung der Kriegszeit bestärkt worden war ...

Staatspräsident Kalinin etwa machte sich keine Illusionen über den Wunsch der Bevölkerung nach Erholung und Konsum, über die Tatsache, daß die heimkehrenden Soldaten die *„Lust an der Arbeit verlieren"*. Und er erklärte am 22. August 1945 vor Parteiarbeitern, daß für den Krieg, der die Bauern zu großen Leistungen angespornt habe, gleichsam Ersatz gefunden werden müsse. Sein Rat lautete, den Bauern *„offen zu sagen"*, daß mit dem Sieg keineswegs jede, sondern nur die *„konkreteste, unmittelbarste Gefahr"* beseitigt sei. Damit die *„Kriegsgefahr tatsächlich für lange Zeit"* schwinde, sei es nötig, durch große Aufbauleistungen den *„Sieg zu sichern"*. Die potentielle Kriegsgefahr leitete Kalinin jedoch allein aus der *„Grundtatsache"* ab, daß die Sowjetunion weiterhin der *„einzige sozialistische Staat der Welt"* bleibe. Selbst wenn man Kalinin Ehrlichkeit unterstellt, wird man nicht übersehen können, daß das Interesse, ein Mittel zur Leistungsmobilisierung zu finden, der Erkenntnis äußerer Bedrohung nachgeholfen hat. Das gilt für alle derartigen Äußerungen. Der Ausnahmezustand des Krieges, der die Notwendigkeit von Entbehrungen bei gleichzeitiger Höchstleistung

selbstverständlich erscheinen ließ, sollte als potentielle Bedrohung konserviert werden. Nur wenn es gelang, glaubhaft zu machen, daß trotz der Niederlage Deutschlands *„ein schwieriger Kampf . . . gegen alle möglichen Versuche der deutschen Imperialisten“* bevorstehe, den Völkern *„einen Krieg aufzuzwingen“*, schien es gerechtfertigt, von der Bevölkerung zu verlangen, die *„Selbstaufopferung“* der Kriegszeit *„mit noch größerer Kraft beim Wiederaufbau . . . zu zeigen“*.
Im Hinblick auf den neuen Fünfjahrplan für 1946–1950 gewannen diese Zusammenhänge noch spezifischere Bedeutung, weil bei aller unbezweifelten Priorität der Schwerindustrie in der sowjetischen Führung offenbar umstritten war, wie weit der Konsumverzicht der Bevölkerung gehen sollte . . .
Der Plan sah keine Atempause für die Bürger vor. Hohen Steigerungsraten der Schwerindustrie standen niedrige oder vage Zuwachsraten in verbraucherrelevanten Bereichen gegenüber. In der tatsächlichen Wirtschaftsentwicklung kamen die eigentlichen Präferenzen noch schärfer zum Ausdruck. Nicht zufällig begründete Voznesenskij, der noch kurz zuvor der Hebung des Lebensstandards das Wort geredet hatte, den jetzt projektierten Kurs mit der Gefahr durch *„neue Aggressoren“*, die der *„monopolistische Kapitalismus“* hervorbringe. Mit dem abschließenden Zitat Stalins von 1931: *„Ein Verlangsamen des Tempos . . . würde einem Rückschritt gleichkommen, – und die Rückständigen werden geschlagen“*, waren die Prioritäten eindeutig festgelegt.
Es ist zu bezweifeln, daß die Mehrheit der Parteiführung, die sich jetzt für den harten Kurs entschieden hatte, wirklich an die Gefahr eines Krieges glaubte. Dagegen sprechen nicht nur zahlreiche Äußerungen Stalins und Shdanows, in denen die Kriegsgefahr bestritten wurde. Dagegen sprechen auch die kontinuierliche Demobilisierung der Roten Armee von 11,4 Mio. Mann 1945 auf 2,9 Mio. 1948 und die Senkung der Verteidigungsausgaben. Erst 1949 stiegen sie wieder an, und der Mannschaftsstand der Streitkräfte wurde vor allem im Zusammenhang mit dem Koreakrieg 1950 wieder erhöht . . .
Gewiß erscheint jedoch, daß das Argument der Kriegsgefahr für die Konsensbildung innerhalb der Parteiführung großes Gewicht hatte. Gewiß ist auch, daß man mit der Beschwörung akuter Kriegsgefahr einen entbehrungsreichen Industrialisierungs- und Rekollektivierungskurs gegenüber einer Bevölkerung rechtfertigte, die 1946 eine Hungerkatastrophe erlebte, die noch zu Zehntausenden in Erdhöhlen hauste, der man die Kaufkraft durch Preiserhöhungen und die Ersparnisse durch eine Währungsreform nahm, die sich weiterhin mit einem jämmerlichen Warenangebot sowie einem Realeinkommen abfinden mußte, das noch 1947 nur die Hälfte des ohnehin niedrigen Vorkriegsstandes erreichte, die aber ebenfalls 1947 in immer neuen Kampagnen den relativ hohen Stand der schwerindustriellen Vorkriegsproduktion überschreiten half . . .
Wie wenig spontan Äußerungen drohender Kriegsgefahr waren, zeigt auch die Behandlung der „All-Out“-Rede Trumans vom 12. März 1947. Die Rede stand der Churchills an Schärfe sicher nicht nach und kam überdies nicht aus dem Munde eines soeben abgewählten Premierministers. Nichtsdestoweniger fiel die – veröffentlichte – sowjetische Reaktion ungleich gemäßigter aus – aus Gründen welcher politischen Opportunität auch immer. Im Zusammenhang mit dem Kampf gegen den weit weniger militanten Marshall-Plan und den daraus folgenden Veränderungen der sowjetischen Osteuropapolitik auf der Basis der „Zwei-Lager“-Theorie wurde die Kriegsgefahr dagegen wieder hochgespielt. Ihre Publizität knüpfte vor allem an den sowjetischen Entwurf einer *„Kriegsbrandstifter“*-Resolution vom 18. September 1947 in der UNO an und rahmte die Gründungskonferenz des Kominform ein. Die Thematisierung der Kriegsgefahr diente in diesem Fall vor allem der Legitimierung der sowjetischen Politik in Osteuropa und einer entsprechenden Kurskorrektur der westeuropäischen Kommunisten.
Auch in diesem Fall läßt sich wirkliche Kriegsfurcht der sowjetischen Führung bezweifeln. In Schlüsselreden wie der Molotows vom 6. November 1947 und denen Shdanows und Malenkows auf der Gründungskonferenz des Kominform wurde bei aller Beschwörung imperialistischer Kriegsgelüste nicht nur die Unvermeidlichkeit, sondern auch die Wahrscheinlichkeit eines Krieges ausgeschlossen. Malenkow sprach sogar davon, daß die *„Koexistenz beider Systeme . . . für eine längere Zeitspanne nicht zu vermeiden“* sei. Das Problem dieser Politik war jedoch, daß auch sie die Gei-

ster, die sie rief, dort nicht loswurde, wo sie es wollte: im Bereich der Großmachtbeziehungen ... William Fulbright hat als einer der damaligen Beteiligten nicht ganz unrecht, wenn er meint, daß „Stalin den Kalten Krieg begann", und hinzufügt, daß die „Truman-Administration ihn zu begrüßen schien". Der sowjetische Wirtschaftskurs erzeugte in gewisser Weise den Kalten Krieg, weil er seiner zur Rechtfertigung bedurfte. Die primär „inwendigen", auf die Mobilisierung der eigenen Bevölkerung gerichteten Drohungen gegenüber „imperialistischen Aggressoren" lieferten der amerikanischen Regierung ihrerseits die Rechtfertigung für eine ebenfalls innenpolitisch begründete, antisowjetische Konfrontationspolitik. Alle Interviews Stalins, alle sowjetischen Bemühungen, das Interesse an friedlicher Zusammenarbeit im Ausland glaubhaft zu machen, scheiterten. Sie scheiterten aber nicht nur am Desinteresse der Truman-Regierung an Kompromissen mit der Sowjetunion, die ihr auch bei härtestem Verhandeln zu Hause doch nur als Appeasement ausgelegt worden wären. Auch die außenpolitische Kompromißfähigkeit der Sowjetunion war sicher ein Opfer des Bedürfnisses, der äußeren Bedrohung innere, vor allem wohl innerparteiliche Glaubwürdigkeit zu verleihen.

Aus: Bernd Bonwetsch, Kalter Krieg als Innenpolitik, a.a.O.

## 10. Der „Kalte Krieg" – Versuch einer Bilanz

Seit Mitte der sechziger Jahre hat die Frage der Schuld am Kalten Krieg die amerikanische Geschichtswissenschaft stark beschäftigt. Trotz der großen Kontroverse läßt sich aber immer noch keine einigermaßen verläßliche Aussage darüber machen, ob überhaupt und wie lange in Europa Möglichkeiten für eine kooperative Lösung der zwischen der Sowjetunion und den Westmächten schwebenden Streitfragen bestanden haben.

Der Hauptgrund dafür liegt nicht nur in den wohlbekannten unterschiedlichen ideologischen Ausgangspositionen der Forscher, sondern eben doch auch entscheidend in der Tatsache, daß weder für die hier behandelte Periode noch für später verläßliche und auch nur halbwegs zulängliche Quellen zur Verfügung stehen, aufgrund derer die internen Überlegungen auf sowjetischer Seite nachvollzogen werden können ...

Das interne amerikanische Material, heute auch das britische, liegt fast vollständig offen und gibt auch kritischsten Forschern, die den damaligen Regierungen den Prozeß machen möchten, alles Beweismaterial in die Hand. Man stelle sich demgegenüber vor, wir müßten Strategie und Taktik amerikanischer Rußlandpolitik allein aus den öffentlichen Äußerungen der amerikanischen Regierung aus den bei Verhandlungen eingenommenen Positionen, aus einigen zufällig bekannt gewordenen internen Äußerungen Trumans (verglichen mit den vielzitierten Bemerkungen Stalins gegenüber Djilas) und aus den Vorstellungen rekonstruieren, die sich sowjetische Analytiker, Politiker und Militärs davon gemacht haben, deren internes Material lückenlos vorliegt! ...

Die beträchtlichen Auffassungsunterschiede hinsichtlich einer Bewertung der damaligen sowjetischen Politik resultieren freilich nicht nur aus der problematischen Quellenlage, sondern zugleich aus dem Umstand, daß sich die Forscher bei der Auswahl ihres analytischen Instrumentariums wie auch bei der Bewertung der Befunde mehr oder weniger bewußt von politischen Überzeugungen leiten lassen.

Das ist gar nicht weiter erstaunlich. Unser Bild von den weiter zurückliegenden Phasen des Ost-West-Konflikts hat natürlich eine ganz unmittelbare politische Relevanz für die gegenwärtige Einstellung der Öffentlichkeit, auch für die Grundlegung künftiger Ostpolitik. Und in einer Lage, in der die letzten wie die vorletzten Aspirationen, Motive und Kalküle der sowjetischen Führung eben doch vielfach allein aufgrund von Indizien erschlossen werden müssen, steht jeder in der Versuchung, die weißen Flecken auf der eurasischen Landkarte mit guten oder bösen Fabeltieren zu füllen, die letzten Endes politischen Überzeugungen Ausdruck geben.

Schließlich ist die Erfahrung ja nicht gerade neu, daß die Historiker nach 20, 30, 50 oder auch 100 Jahren immer wieder dazu neigen, die politischen Kontroversen der Jahre, über die sie arbeiten, nochmals auszufechten.

Jedermann weiß, daß die vielfach vereinfachten Vorstellungen von einer überlegt geplanten, durchgehend expansiven sowjetischen Außenpolitik in der Kriegs- und Nachkriegszeit, die in Teilen der Geschichtsschreibung der fünfziger und sechziger Jahre ihren Niederschlag gefunden haben, auch den politischen Geist der Zeit zum Ausdruck brachten.
Dasselbe gilt aber ebenso für die „Revisionisten". Inzwischen ist es sich auch in Deutschland langsam herumgesprochen, daß die revisionistische Geschichte des Kalten Krieges, die allen oder fast allen Tadel auf die USA häufte, während der brutale Tyrann im Kreml als bedrohte, in mehr oder weniger weißen Farben strahlende Unschuld porträtiert wurde, lediglich die Verwirrungen einer Generation artikulierte, die vom Vietnamprotest umgetrieben wurde und in den Vereinigten Staaten die imperialistische Weltmacht schlechthin hassen gelernt hatte.
Doch selbst einige beachtliche neuere Werke, die seit Mitte der siebziger Jahre erschienen sind, lassen die Einflüsse des Zeitgeistes erkennen. Bücher, die insgesamt solide gearbeitet sind und allseitige Ausgewogenheit anstreben, wie etwa in Daniel Yergins suggestiv geschriebener Darstellung „Shattered Peace" oder die neuerliche Gesamtdarstellung des Kalten Krieges aus der Feder von Wilfried Loth[1]), lassen doch auch – weitgehend unreflektiert – die bekannten Interpretationsmuster der inzwischen zu Ende gegangenen Entspannungsära der siebziger Jahre aufscheinen …
Im ganzen sind Entspannungs-Interpretationen des Kalten Krieges dadurch gekennzeichnet, daß sie gemäß dem Zeitgeist der siebziger Jahre dazu neigen, auch die Ost-West-Differenzen der Jahre 1945–1949 für prinzipiell lösbar zu halten, falls der Westen bereit gewesen wäre, das sowjetische Sicherheitsglacis in Ost- und Ostmitteleuropa hinzunehmen, wobei meist unterstellt wird, Stalin wäre ohne die westliche Blockbildung in den Jahren 1947–1950 seinerseits weiter zur Respektierung des Status quo einer westeuropäisch-atlantischen Sphäre bereit gewesen …
Im übrigen ist es angesichts einer erheblichen Vielfalt von Deutungsansätzen irreführend, wenn, wie das heute gern geschieht, pauschal von „traditionellen", „revisionistischen" oder „post-revisionistischen" Interpretationen die Rede ist, als ob diese durch innere Einheit gekennzeichnet seien …
Aber selbst wenn sich die „traditionellen" Auffassungen dadurch auszeichnen würden, daß sie dem Expansionsstreben und der Inflexibilität der Sowjetunion die Hauptschuld an Blockbildung und Konfrontation zuschreiben, ist der Ausdruck „traditionell" unangemessen. Denn auch neueste, methodensicher angelegte Studien wie etwa Vojtech Mastnys faszinierend kenntnisreiche Analyse von Stalins Diplomatie und Kriegsführung zwischen 1941 und 1945[2]) finden nach Überprüfung aller relevanten Quellen erneut zu dieser angeblich traditionellen Deutung zurück! Der sowjetische Führer, so lautet Mastnys Fazit, wurde letzten Endes der Gefangene seines eigenen Systems, das auf schrankenloser Machtausübung und unversöhnlichem Mißtrauen gegründet war. Zwar arbeitet auch Mastny mit einem Actio-Reactio-Modell, aber er geht dabei von der Annahme aus, daß zumindest Stalin so gefährlich war, wie die westlichen Gegenspieler vermuteten, und mit seinen Ambitionen nur dort zurücksteckte, wo er auf starke und entschlossene Gegenwehr stieß. In dieser Sicht der Dinge ist die Kooperationsbereitschaft der sowjetischen Führung in Erwartung eines wirtschaftlichen und politischen Zusammenbruchs in Zentral- und Westeuropa sowie eines amerikanischen Rückzugs zeitlich begrenzt und sehr bedingt gewesen.
Im übrigen ist es auffällig, wie in den meisten westlichen Arbeiten zur Entstehung des Kalten Krieges auch die Weltordnungsvorstellungen der einzelnen Autoren deutlich durchschimmern.
Verfasser, die in einer Gleichgewichtspolitik zwischen Großmächten und in der Abgrenzung von Einflußsphären den immer noch verläßlichsten Ansatz zur Friedenssicherung erkennen, halten meist auch die Errichtung des sowjetischen Imperiums in Osteuropa und in Ostmitteleuropa für legitim und neigen zur Kritik an der amerikanischen oder britischen Politik, die Stalins Hegemonialsphäre streitig machen wollte.

[1]) *Wilfried Loth,* Die Teilung der Welt. Geschichte des Kalten Krieges 1941–1955, dtv-Geschichte des 20. Jahrhunderts, München 1980.

[2]) *Mastny, Vojtech:* Russia's Road to the Cold War. Diplomacy, Warfare and the Politics of Communism. 1941–1945. New York 1979. Dt. Ausgabe: Moskaus Weg zum Kalten Krieg. Von der Kriegsallianz zur sowjetischen Vormachtstellung in Osteuropa. München 1980.

Umgekehrt verstehen jene Historiker, die an universale Menschenrechte glauben und das Selbstbestimmungsrecht der Nationen hochhalten, westliche Versuche, die Unterdrückung Osteuropas zu verhindern oder die Sowjetunion zurückzudrängen, als einen verständlichen, wenn nicht gar lobenswerten Vorgang. Sie verweisen darauf, daß eine Deutung der ersten Nachkriegsjahre, die allein mit dem Maßstab der Gleichgewichtspolitik arbeitet, moralisch fragwürdig ist, aber auch den Blick für die geschichtliche Realität jener Übergangsperiode verstellt. Moralisch fragwürdig, weil schlechthin nicht einzusehen ist, weshalb allein das sowjetische Sicherheitsverlangen und Unabhängigkeitsstreben legitim sein soll und das der Polen oder der Tschechoslowaken nicht. Moralisch fragwürdig auch, weil die bereits damals erkennbaren oder nur zu klar vorhersehbaren Leiden, die das kommunistische Terrorregime über Millionen von Menschen brachte, für weniger gewichtig gehalten werden als die Herstellung einigermaßen harmonischer Beziehungen zwischen westlichen Demokratien und dem totalitären Sowjetstaat. Wer diesen moralischen Ansatz des Universalismus nicht nachvollziehen kann oder will, versteht freilich schwer, weshalb jene politischen Kräfte im sowjetischen Machtbereich, die unter größten Opfern und Risiken Widerstand leisteten, die Unterdrückung für widerwärtiger hielten als den Kalten Krieg. Er versteht auch nicht, weshalb es Regierungen und Gruppen im Westen gab, die beim Todeskampf der osteuropäischen demokratischen Bewegungen nicht gleichgültig zuschauen wollten und bei ihrer kritischen Reaktion auch scharfe Spannungen zur Sowjetunion in Kauf nahmen.
Wie damals schon steht also auch in den Geschichten des Kalten Krieges und der sowjetischen Außenpolitik die Moralität (oder die Bequemlichkeit) einer Gleichgewichtspolitik zum Zweck der Friedenserhaltung gegen die Moralität des risikoreichen Widerstands gegen totalitäre Unterdrükkung. Für beide Ansätze gab es unter den Bedingungen der Jahre 1944 bis 1950 gute Argumente, beide haben seinerzeit schon ihre Anwälte gefunden, aber beide waren auch letztlich miteinander unvereinbar. Die bis heute erschienenen Darstellungen zur Thematik „Kalter Krieg und sowjetische Europapolitik“ kranken daran, daß diese grundsätzliche Verschiedenheit der Ordnungsvorstellungen zu wenig selbstkritisch reflektiert wird.
Kurz: noch weniger als in der Geschichtsschreibung ohnehin schon, sind in bezug auf die sowjetische Europa- und Deutschlandpolitik der vierziger Jahre endgültige Aussagen möglich.
Die Kontroversen bleiben. Am angemessensten sind immer noch jene Arbeiten, in denen die verschiedensten Deutungsansätze miteinander kombiniert sind und die von vorherein auf absolute Ansprüche verzichten.

Aus: Hans-Peter Schwarz, Vom Reich zur Bundesrepublik. Bibliographischer Essay zur Neuauflage, Stuttgart 1980, S. LIff.

# IV. Die Entstehung der beiden deutschen Staaten

## Übersicht

**1947** 15. Dezember: Die Londoner Vier-Mächte-Außenministerkonferenz, die fünfte in den Jahren 1946/47, wird abgebrochen. Eine Einigung in der deutschen Frage erweist sich als nicht mehr möglich. Zentraler Streitpunkt sind die Reparationen. Der sowjetische Außenminister Molotow fordert weiterhin für die UdSSR 10 Mrd. Dollar in Form von Lieferungen aus der laufenden Produktion, dazu eine Vier-Mächte-Kontrolle über das Ruhrgebiet; eine deutsche Zentralregierung soll gebildet werden mit den

Hauptaufgaben der „Ausmerzung der Überreste von Militarismus und Faschismus", der „vollen Demokratisierung" und der „unbedingten Erfüllung der Verpflichtungen" gegenüber den Besatzungsmächten. Der US-Außenminister Marshall, unterstützt vom britischen Außenminister Bevin, sieht als Grundlage der Lösung des Reparationsproblems die Einbeziehung ganz Deutschlands einschließlich des schlesischen Industriereviers in das alliierte Kontrollsystem an; beide fordern eine starke Stellung der Länder, der Weg zur Regierungsbildung soll über eine mit deutscher Mitwirkung erarbeitete Verfassung und freien Wahlen gehen. In diesen Vorschlägen sieht jeweils die eine Seite den Versuch der anderen, machtpolitische und wirtschaftliche Vorteile zu erlangen und letztlich ihr System und ihren Machtbereich auf ganz Deutschland auszudehnen.

20. Dezember: Die SMAD setzt die CDU-Vorsitzenden Kaiser und Lemmer ab, die sich gegen die Bildung eines „Deutschen Volkskongresses" ohne Wahlen wehren. Damit wird die letzte abweichende politische Kraft in der SBZ ausgeschaltet.

**1948** 23. Februar: Kommunistischer Umsturz in der ČSR.

Februar bis Juni: Sechsmächte-Konferenz in London, an der außer den westlichen Großmächten auch die Benelux-Länder teilnehmen. Damit wird die UdSSR zum ersten Mal aus einer Deutschland betreffenden internationalen Konferenz bewußt ausgeschaltet. Frankreich gibt aufgrund wirtschaftlicher Schwierigkeiten seine eigene Deutschlandpolitik auf. Die Konferenzteilnehmer einigen sich auf die Bildung eines föderativen westdeutschen Staates und auf die Grundzüge für eine internationale Ruhrkontrolle (17. März: Brüsseler Vertrag über wirtschaftliche, soziale und kulturelle Zusammenarbeit und über kollektive Selbstverteidigung – „Westunion" – von Frankreich, Großbritannien und den Benelux-Ländern unterzeichnet; 7. Juni: Londoner Empfehlungen).

9. März: Reorganisation der von der SMAD eingesetzten Deutschen Wirtschaftskommission in der SBZ, die nunmehr für alle Organe, einschließlich der gewählten Länderregierungen, verbindliche Verfügungen erlassen kann. Der Vorsitzende und vier der sechs Stellvertreter gehören der SED an, deren Einfluß in Wirtschaft und Verwaltung damit gesichert wird.

20. März: Aus Protest gegen die Beratungen der Westmächte verläßt der sowjetische Militärgouverneur Sokolowski den Kontrollrat. Damit ist das alliierte Kontrollsystem nach knapp dreijährigem Bestand zusammengebrochen.

20. Juni: Währungsreform in Westdeutschland. Die Ausgabe von „Kopfgeld" in der neuen Währung und die Umstellung der Konten (10: 1, z. T. weniger, zeitweise eingefroren) soll die aufgeblähte Geldmenge reduzieren. Zusammen mit den Marshallplan-Krediten wird damit die Grundlage für den Übergang zum marktwirtschaftlichen System und zum Wirtschaftsaufschwung geschaffen.

23. Juni: Ausdehnung der Währungsumstellung auf die Westsektoren Berlins. Parallele Währungsreform in der SBZ mit Anspruch auf Geltung in ganz Berlin.

24. Juni: Beginn der sowjetischen Blockade der Berliner Westsektoren, mit der die Sowjetunion die Westmächte zu einem Verzicht auf ihre Pläne zwingen will.

26. Juni: Aufnahme der Versorgung durch eine Luftbrücke, die auf ihrem Höhepunkt mit über 900 Flugzeugen über 6 300 t Güter, darunter Kohlen und Maschinen, an einem Tage in die belagerte Stadt befördert.

30. Juni: Der Parteivorstand der SED beschließt den ersten Zweijahresplan für die Jahre 1949/50. Nach sowjetischem Vorbild sollen zentrale Lenkung und eine „Aktivistenbewegung" die Produktion steuern und die Arbeitsproduktivität erhöhen.

1. bis 26. Juli: Die westlichen Militärgouverneure überreichen den westdeutschen Ministerpräsidenten die „Frankfurter Dokumente", in denen die Bildung eines in seiner inneren Ordnung freien, außen- und militärpolitisch durch ein „Besatzungsstatut" eingeschränkten westdeutschen „Staates" angeboten wird. Verhandlungen der Ministerpräsidenten untereinander und mit den Militärgouverneuren führen zu Modifizierungen, die mit Rücksicht auf eine spätere deutsche Einheit den Übergangscharakter des zu bildenden Staates betonen sollen. Die Annahme der westalliierten Empfehlungen wird insbesondere durch die Haltung des Berliner Vertreters Ernst Reuter gefördert.

August: Beginn der Beratungen über ein Grundgesetz in einem vorbereitenden Ausschuß in Herrenchiemsee, ab 1. September im „Parlamentarischen Rat", der aus gewählten Vertretern der Landtage besteht, in Bonn.

September: Kommunistische Demonstranten stürmen das Stadthaus im Ostsektor Berlins und zwingen die nichtkommunistischen Stadtverordneten zum Umzug in die Westsektoren Beginn der Spaltung der Berliner Verwaltung.

30. November: Wenige Tage vor dem Wahltermin in Berlin wird ein Ost-Berliner Magistrat eingesetzt. Die Wahlen können nur in den Westsektoren stattfinden.

**1949** Januar: Die SED wird unter dem führenden Einfluß des Generalsekretärs Ulbricht zu einer marxistisch-leninistischen Kaderpartei („Partei neuen Typs") umgestaltet. Der „Sozialdemokratismus" innerhalb der Partei wird bekämpft.

8. April: Besatzungsstatut, das die Phase der westlichen Militärregierungen beendet, den Besatzungsbehörden jedoch wesentliche Rechte vorbehält.

8. Mai: Der „Parlamentarische Rat" in Bonn schließt seine Beratungen ab.

12. Mai: Das vom „Parlamentarischen Rat" verabschiedete „Grundgesetz" wird von den westlichen Militärgouverneuren gebilligt.

Nach einer Vereinbarung zwischen den USA und der UdSSR wird die Blockade der Berliner Westsektoren aufgehoben.

15./16. Mai: in der SBZ finden „Wahlen" zum „3. Deutschen Volkskongreß" aufgrund einer Einheitsliste statt, für die nur mit „ja" oder „nein" gestimmt werden kann. Schwere Manipulationen und Fälschungen der Ergebnisse. Dieser „Kongreß" bestätigt Ende Mai den „Entwurf einer Verfassung der Deutschen Demokratischen Republik".

23. Mai: Nach Ratifizierung durch die Landtage (mit Ausnahme Bayerns) wird das „Grundgesetz" für die Bundesrepublik Deutschland" verkündet.

14. August: Wahlen zum 1. Deutschen Bundestag, CDU/CSU (31 vH), SPD (29,2 vH) und FDP (11,9 vH) erhalten die meisten Wählerstimmen; die KPD erhält nur 5,7 vH.

7. Oktober: Der „Deutsche Volksrat", hervorgegangen aus dem „Volkskongreß", erklärt sich zur „Provisorischen Volkskammer der Deutschen Demokratischen Republik" und setzt die Verfassung in Kraft.

## Einführung in die Arbeitsthemen

Ereignisse und Entscheidungen der Jahre 1948/49 prägen im Grunde das Gesicht Europas und des in seiner Mitte gelegenen Deutschland bis heute. Dabei war die Situation für Alternativen weniger offen als in den vorangegangenen Jahren. Dem Betrachter von heute erscheint es, als sei damals eine Art vorgezeichneter Mechanik des „Kalten Krieges" abgelaufen. War es so?

Die beiden Konferenzen, die 1947 in Moskau (10. 3. bis 24. 4) und London (25. 11. bis 15. 12.) im Rahmen des in Potsdam eingesetzten Rates der Außenminister stattgefunden hatten, bestätigten nur die zunehmend starrer und feindseliger werdenden Fronten. In den unverändert vorgebrachten Vorschlägen sah jeweils die eine Seite den Versuch der anderen, machtpolitische und wirtschaftliche Vorteile zu erlangen und letztlich ihr System und ihren Machtbereich auf ganz Deutschland auszudehnen. Dadurch sah wiederum jede Seite ihr gesamtes Sicherheits- und Wirtschaftssystem bedroht. Eine Einigung in der deutschen Frage erwies sich als nicht mehr möglich. Offen blieben Formen und Perspektiven des Konflikts.

Das abrupte Ende der Londoner Konferenz war für die westliche Führungsmacht USA nur die letzte Bestätigung, ihre Absicht zu verwirklichen, nunmehr eine Weststaatslösung gegen die Interessen der UdSSR durchzusetzen. Sie konnte sich dabei auf die in der letzten Jahreshälfte 1948 gebildete „Westunion" Großbritanniens, Frankreichs und der Benelux-Länder stützen. Damit war auf westlicher Seite eine einheitliche Deutschlandpolitik formuliert, der sich auch Frankreich infolge seiner wirtschaftlichen Schwäche, wenn auch widerstrebend, angeschlossen hatte.

Die Gegenzüge und Pressionen der UdSSR blieben wirkungslos. Sie trugen, zusammen mit den Maßnahmen in den volksdemokratischen Staaten und in der sowjetischen Besatzungszone, dem Staatsstreich in der ČSR und dem Bruch zwischen Stalin und Tito, sogar dazu bei, die gegen die Formierung eines Westblocks unter der

Führung der USA gerichtete Opposition in den westeuropäischen Ländern und in Deutschland zum Schweigen zu bringen.
Die Quellen geben Hinweise auf die Selbstdarstellung der beiden Seiten und deren Wirkungen sowie auf die unterschiedliche Vorgehensweise. Formen der Konfliktaustragung und Überzeugungskraft der Argumente beeinflußten Verlauf und Perspektiven: Der Westen setzte auf die Zustimmung der Regierten, auch in Deutschland, und erhielt sie. Die Zwangsmittel, die die östliche Seite in ihrem Machtbereich anwandte, wurden trotz ideologischer Verschleierung so offenbar, daß sie zwar den eigenen Machtbereich sichern, nicht jedoch in den anderen hineinwirken konnten. Berliner Blockade und Luftbrücke erscheinen dabei wie ein Modell für das Austragen eines Konflikts der beiden Blöcke unterhalb der Schwelle eines heißen Krieges.
So wurde auch das Bild der entstehenden beiden deutschen Staaten geprägt von dem Ausmaß der Zustimmung, auf die sie bei den Regierten rechnen konnten. Vorgänge und Einzelschritte beim Entstehungsprozeß unterschieden sich charakteristisch. Dem heutigen Betrachter fällt es dabei schwer zu entscheiden, wie weit das Bemühen der westdeutschen Politiker, den neuen Staat als Provisorium und Vorstufe eines freien Gesamtdeutschland zu begreifen, als mehr oder weniger bewußte Selbsttäuschung angesehen werden kann. Der ostdeutsche Anspruch, die eigene Formierung nach sowjetischem Vorbild als gesamtdeutsches Modell erscheinen zu lassen, wirkte bereits seinerzeit nicht überzeugend.
Das unterschiedliche Vorgehen wird auch in der Quellenlage deutlich: Im Westen sind viele Protokolle der entscheidenden Sitzungen und Diskussionen veröffentlicht, im Osten gibt es nur offizielle Verlautbarungen und Darstellungen.

# IV/1 Die Staatsbildung im Westen

## Arbeitsthemen

1. *Welche Zielsetzungen sind aus dem Abschlußkommuniqué des ersten Teils der Sechsmächtekonferenz vom 6. März 1948 erkennbar? Welche Rahmenbedingungen für die weitere Entwicklung Westdeutschlands werden vereinbart? Wie wird das Vorgehen begründet? (Nr. 1)*
2. *Welche Vorwürfe gegen die Westmächte erhebt die UdSSR in ihrer Note vom 6. 3. 1948? Welche Argumente werden angeführt? Welche Rückschlüsse lassen sich aus der verwendeten Sprache auf die Absichten dieser Note ziehen? (Nr. 2)*
3. *Warum wurde in den „Londoner Empfehlungen" vom 7. 6. 1948 die „Kontrolle des Ruhrgebietes" mit den Vorbereitungen für einen westdeutschen Staat verbunden? Was bedeutet die vorgesehene Form der Ruhrkontrolle für die beteiligten westeuropäischen Staaten, für die Deutschen, für die UdSSR? (Nr. 3 a)*
4. *Welche Staatsform, welche Art der Legitimation durch die deutsche Bevölkerung und welche Begrenzung der Souveränität einer künftigen westdeutschen Regierung geben die Alliierten vor? Welche Bedeutung hat das Problem der direkten oder indirekten Wahl zur „Verfassunggebenden Versammlung"? (Nr. 3 a und 3 b)*
5. *Welche Ziele der sowjetischen Blockademaßnahmen gegen die Berliner Westsektoren werden aus Sokolowskis Äußerungen erkennbar? (Nr. 4 d) Wie beurteilen die westlichen Militärs die Lage? (Nr. 4 c und 4 d) Welche technischen und psychologischen Druckmittel benutzt die östliche Seite? Welche Folgen hatten die sowjetischen Maßnahmen für die Berliner Bevölkerung? (Nr. 4 a und b) Woran wird erkennbar, daß sich beide Seiten bemühen, unterhalb der Schwelle des „heißen" Krieges zu bleiben?*
6. *Vor welchen Problemen stehen die westdeutschen Ministerpräsidenten? Wie versuchen sie, diese zu lösen? Welche Bedeutung haben in diesem Zusammenhang die Bezeichnungen „Parlamentarischer Rat" und „Grundgesetz" sowie der Verzicht auf eine Volksabstimmung? (Nr. 5 a, 5 b, 5 c und 5 d) Welche mittel- und langfristigen politischen Zielsetzungen werden in den Äußerungen des Berliner Vertreters Ernst Reuter deutlich? (Nr. 5 b, 5 c und 5 d)*
7. *Welche Begrenzungen, Möglichkeiten und Zielsetzungen der westdeutschen Staatsbildung werden aus den Beiträgen Carlo Schmids erkennbar? Wie werden sie begründet? Was bedeuten in diesem Zusammenhang die Begriffe „Fragment" und „gesamtdeutsche treuhänderische Funktion"? Welche historischen Erfahrungen werden in den Aussagen über den „Grundrechtskatalog" deutlich? (Nr. 6 a und 6 c)*

8. *Welcher Grundkonsens über Bedingungen und Charakter der westdeutschen Staatsbildung ist in den Beiträgen Carlo Schmids und Adolf Süsterhenns erkennbar? Worin unterscheiden sich die Auffassungen der Vertreter der beiden großen Parteien? (Nr. 6 a und 6 b)*
9. *Welche Vorwürfe erhebt der KPD-Vertreter Renner gegen die westlichen Militärregierungen und gegen die Mehrheit des Parlamentarischen Rates? Welche Vorstellungen von einer „gesamtdeutschen Republik" vertritt er? Warum werden diese Vorstellungen von der Mehrheit abgelehnt? (Nr. 6 c und 6 d)*
10. *Welche gesellschaftlich relevanten Gruppen versuchten, auf die Arbeit des Parlamentarischen Rates Einfluß zu nehmen? Von welchen Forderungen waren diese Interventionen getragen? (Nr. 7) Welcher Erfolg war diesen Bemühungen beschieden? (Nr. 7 und 11)*
11. *Welche Begrenzungen der deutschen Handlungsfreiheit und welche Kontinuität in den alliierten Vorgaben für das Grundgesetz sind aus dem Memorandum der alliierten Militärgouverneure vom 22. 11. 1948 erkennbar? (Nr. 3 a, 3 b und 8)*
12. *Woran wird erkennbar, daß das Besatzungsstatut dem deutschen Volk in der künftigen Bundesrepublik Deutschland zwar „die Ausübung einer demokratischen Selbstregierung" gestattet, daß diesem Staat jedoch wesentliche Merkmale der Souveränität fehlen? (Nr. 9)*
13. *In welcher Weise charakterisieren das alliierte und das deutsche Zustimmungsverfahren zum Grundgesetz die Bedingungen seines Zustandekommens? Welche Perspektiven für die künftige Entwicklung sind erkennbar? (Nr. 10 a und 10 b)*
14. *Welche politischen Absichten sind aus der Präambel und dem Schlußartikel des Grundgesetzes erkennbar? (Nr. 11) Inwiefern ist es berechtigt, das Grundgesetz als „eine ‚Anti-Verfassung' sowohl gegenüber der Weimarer Reichsverfassung als auch gegenüber den Verfassungszuständen des Dritten Reiches" (Theo Stammen, Gerold Maier) zu bezeichnen? Welche Sicherungen enthält das Grundgesetz gegen die Beseitigung oder Aushöhlung seiner Grundsätze? Welche Rolle ist dabei insbesondere für das Bundesverfassungsgericht vorgesehen? Welche Rahmenordnung enthält das Grundgesetz für das Verhältnis von Bund und Ländern? Welche für die Wirtschafts- und Sozialordnung? (Nr. 11)*

## Materialien

### 1. Kommuniqué der Londoner Besprechungen über Deutschland vom 6. 3. 1948

... Das andauernde Unvermögen des Rates der Außenminister, zu einer Viermächte-Einigung zu kommen, hat in Deutschland eine Lage geschaffen, die in zunehmendem Maße unglückliche Folgen für Westeuropa haben würde, wenn man sie fortdauern ließe. Es war darum notwendig, die dringenden politischen und wirtschaftlichen Probleme zu lösen, die sich aus dieser Lage in Deutschland ergaben. Die teilnehmenden Mächte hatten die Notwendigkeit im Auge, den wirtschaftlichen Wiederaufbau Westeuropas einschließlich Deutschlands sicherzustellen und eine Grundlage für die Beteiligung eines demokratischen Deutschlands an der Gemeinschaft der freien Völker zu schaffen. Eine Verzögerung auf dem Wege zu diesem Ziele kann nicht länger hingenommen werden, doch wird damit das schließliche Zustandekommen einer Viermächte-Einigung durchaus nicht von vornherein ausgeschlossen ...
Zwischen den Delegationen der Vereinigten Staaten, Frankreichs und des Vereinigten Königreichs wurde weiterhin das Verhältnis Westdeutschlands zum europäischen Wiederaufbauprogramm besprochen. Man war sich einig, daß im Interesse des politischen Gleichgewichts und wirtschaftlichen Wohlergehens der westeuropäischen Länder und eines demokratischen Deutschlands eine enge Verbindung ihres Wirtschaftslebens vorhanden sein muß. Da es sich als unmöglich erwiesen hat, die wirtschaftliche Einheit Deutschlands zustande zu bringen, und die Ostzone gehindert worden ist, ihre Rolle im europäischen Wiederaufbauprogramm zu spielen, sind die drei Westmächte übereingekommen, zwischen ihnen und den Besatzungsbehörden in Westdeutschland eine enge Zusammenarbeit in allen Angelegenheiten herbeizuführen, die sich aus dem europäischen Wiederaufbauprogramm in bezug auf Westdeutschland ergeben. Eine derartige Zusammenarbeit ist unerläßlich, wenn Westdeutschland seinen vollen Beitrag zu Erholung Europas leisten soll.

Man beschloß weiterhin, den drei Regierungen zu empfehlen, daß die vereinigten Zonen und die französische Zone voll am europäischen Wiederaufbauprogramm beteiligt und in angemessener Weise in der ständigen Organisation vertreten sein sollen ...
Die Errichtung einer internationalen Kontrolle für das Ruhrgebiet, in der Deutschland vertreten sein soll, wurde von allen Delegationen eingehend geprüft. Die Aufgabe dieser internationalen Kontrolle wäre es, sicherzustellen, daß die wirtschaftlichen Hilfsquellen der Ruhr nicht erneut für Zwecke der Aggression verwendet werden und daß ausreichender Zugang zu der Kohlen-, Koks- und Stahlerzeugung des Ruhrgebiets zum Wohle weiter Teile der europäischen Gemeinschaft einschließlich Deutschlands geschaffen wird. Gemeinsame Empfehlungen über Ausmaß und Form dieser Kontrolle werden den beteiligten Regierungen unterbreitet werden.
Eine erfolgreiche Aussprache fand unter allen Delegationen über die gegenwärtige Lage und die mögliche Entwicklung des politischen und wirtschaftlichen Aufbaus Deutschlands in der vereinigten britisch-amerikanischen und in der französischen Zone statt. Eine weitgehende Einigung wurde in einer Anzahl umstrittener Punkte erreicht. Insbesondere kam man überein, daß eine föderative Regierungsform, die die Rechte der betreffenden Staaten ausreichend schützt, aber gleichzeitig für eine angemessene neutrale Autorität sorgt, am besten für die schließliche Wiederherstellung der gegenwärtig fehlenden Einheit Deutschlands geeignet ist. Weiterhin wurde, um die Beteiligung Westdeutschlands am europäischen Wiederaufbauprogramm zu erleichtern, von den drei betroffenen Delegationen beschlossen, sofort Maßnahmen zu treffen, um die Wirtschaftspolitik der drei Zonen in Angelegenheit wie Außen- und Interzonenhandel, Zollwesen und Freizügigkeit von Personen und Gütern soweit wie möglich gleichmäßig auszurichten.

Zit. nach: Europa-Archiv 3 (1948), S. 1349 f.

## 2. Note der Sowjetunion an die Vereinigten Staaten, Großbritannien und Frankreich vom 6. 3. 1948 hinsichtlich der Londoner Deutschland-Besprechungen

In der Ihnen am 13. Februar überreichten Erklärung der Sowjetregierung wurde festgestellt, daß die Londoner Beratung der Vertreter Großbritanniens, der USA und Frankreichs zur deutschen Frage eine Verletzung des Abkommens Großbritanniens, der UdSSR, der USA und Frankreichs über den Kontrollrat in Deutschland darstellt, sowie eine Verletzung des Potsdamer Abkommens über die Einsetzung des Außenministerrats, dem als eine seiner Hauptaufgaben die Vorbereitung der Friedensregelung für Deutschland auferlegt worden war. Als Antwort darauf erklärten die Regierungen Großbritanniens, der USA und Frankreichs, das Abkommen über den Kontrollmechanismus in Deutschland und das Potsdamer Abkommen enthielten kein Verbot von Konsultationen der Mächte untereinander. Solche Erklärungen können jedoch nicht als überzeugend angesehen werden ...
Der Sinn dieses auf die Liquidierung des Außenministerrats gerichteten Vorgehens besteht darin, jede Beengung zu beseitigen, die der Durchführung jener Deutschlandpolitik hinderlich sein könnte, der der Außenministerrat nicht zustimmen konnte, weil sie der früher vereinbarten Politik der Mächte radikal widerspricht. Die Tatsachen zeigen, daß der sogenannte „amerikanische Plan" für Europa, der auch Deutschland einschließt, zur Grundlage jener Politik der aggressiven Kreise der Vereinigten Staaten von Amerika, Großbritanniens und Frankreichs geworden ist, die gegenwärtig von diesen Mächten unter Ignorierung der Aufgaben der Entmilitarisierung und Demokratisierung Deutschlands durchgeführt wird, statt der Politik, die zwischen den Mächten der Anti-Hitler-Koalition bei der Festlegung der Kapitulationsbedingungen für Deutschland und bei der Beschlußfassung in den Konferenzen von Jalta und Potsdam vereinbart worden war. Dabei wird alles darangesetzt, um Westdeutschland, als sei es irgendeine Kolonie, zu einem einfachen Objekt und Werkzeug derartiger Pläne zu machen ...
Da das Abrücken von der Jalta- und Potsdam-Politik im Kontrollrat auf Widerstand gestoßen ist, schufen die Regierungen Großbritanniens und der USA das britisch-amerikanische Bizonien mit

seinen Zweimächteorganen, wo sie unter Umgehung des Kontrollrats ihre separaten politischen und wirtschaftlichen Pläne durchzuführen begonnen haben.
Während die britischen und amerikanischen Vertreter im Kontrollrat es ständig mit den Forderungen der Sowjetunion, in allen Besatzungszonen unentwegt die Entmilitarisierung durchzuführen, zu tun hatten, so bekamen sie in Bizonien freie Hand, und die Liquidierung des Kriegspotentials wurde in diesem Teil Deutschlands zunichte gemacht. Die Liquidierung der deutschen Kriegsbetriebe, sogar jener, die als Reparationslieferungen vorgesehen waren, ist daher nicht durchgeführt worden.
Während im Kontrollrat über die Maßnahmen zur Demokratisierung in allen Zonen Rechenschaft verlangt wurde, so konnten die britisch-amerikanischen Behörden in Bizonien unkontrolliert und ohne Einhaltung der von den vier Mächten früher vereinbarten Beschlüsse über die Demokratisierungspolitik für Deutschland schalten und walten. Dabei stützten sie sich in immer stärkerem Maße auf die aggressiven deutschen Kreise und die deutschen Monopole, die früher dem Hitlerismus und der deutschen Aggression als Stütze dienten, und die stets bereit sind, als streitbare deutsche Revanchisten aufzutreten. Die Entwürfe der Bodenreform und die Übergabe der Ländereien der Großgrundbesitzer und Junker, die stets eine Stütze des deutschen Militarismus waren, an die Kleinbauern, blieben auf dem Papier.
Dazu muß noch hinzugefügt werden, daß in der französischen Besatzungszone eine Politik betrieben wurde und wird, die sich von der in der britisch-amerikanischen Zone in nichts unterscheidet. Heute sieht ein jeder, daß die Schaffung der vereinigten britisch-amerikanischen Zone als Vorbereitung zur Realisierung des sogenannten „amerikanischen Plans“ in Bezug auf Europa gedient hat. Das Erscheinen des „Marshall-Plans“ wurde hauptsächlich auf wirtschaftliche Gründe zurückgeführt. Es wurde argumentiert, daß dieser „Plan“ darauf ziele, den europäischen Staaten Hilfe zu leisten, welche durch den Krieg gelitten haben. Es ist jetzt klar, daß diese Erklärungen keinesfalls stichhaltig sind. Tatsächlich wurden die Länder, die durch den Krieg am meisten gelitten hatten, aus dem amerikanischen „Plan“ herausgelassen, weil diese Länder sich nicht dazu bereit erklären konnten, die durch den „Plan“ gestellten Bedingungen anzunehmen, die mit ihrer nationalen Souveränität und politischen Unabhängigkeit unvereinbar waren. Es ist durchaus verständlich, daß demokratische Staaten, die ihre nationale Unabhängigkeit im Kampfe gegen den Faschismus mit ihrem Blut verteidigt hatten, auf die Bedingungen der sogenannten amerikanischen „Hilfe“ nicht eingegangen sind, die die Einmischung eines fremden Staates in ihre inneren Angelegenheiten, in ihr Wirtschaftsleben und ihre nationale Entwicklung bedeuten. Andererseits ist nicht nur Italien, sondern auch Westdeutschland in den „Marshall-Plan“ einbezogen worden, obwohl bisher nicht einmal die Verpflichtung Deutschlands für die Wiedergutmachung der riesigen Verluste festgelegt worden ist, die es den verbündeten Staaten zugefügt hat ...
Nach alledem ist es nicht verwunderlich, daß die Versuche, eine gemeinsame Kontrolle aller vier Besatzungsmächte über das industrielle Ruhrgebiet zu sichern, bei den Vereinigten Staaten von Amerika und bei Großbritannien auf entschlossenen Widerstand gestoßen sind. Diese Politik der britisch-amerikanischen Behörden auf dem Gebiete der Wirtschaftsmaßnahmen in Deutschland ist darauf berechnet, sich die Unterstützung der Magnaten der deutschen Schwerindustrie zu sichern. Sie widerspricht jedoch offensichtlich den Zielen einer friedlichen und demokratischen Umgestaltung Deutschlands.
Diese Politik führt nicht zur Wiederherstellung der deutschen Friedenswirtschaft, sondern birgt die Gefahr in sich, daß Westdeutschland in einen strategischen Stützpunkt für eine künftige Aggression in Europa verwandelt wird.
Jetzt ist die Regierung Großbritanniens mit dem Plan der Schaffung der sogenannten „Westunion“ hervorgetreten. In diesen politischen Block werden Frankreich, Belgien, Holland, Luxemburg sowie Westdeutschland einbezogen, gleichzeitig ist die Teilnahme der Vereinigten Staaten von Amerika vorgesehen. Auch die Einbeziehung einiger anderer westeuropäischer Staaten ist in Aussicht genommen.
Es läßt sich unschwer erkennen, daß dieser britische Plan mit dem „Marshall-Plan“ eng verbunden

ist, ihn ergänzt und die politischen Ziele des amerikanischen Plans hinsichtlich Europas enthüllt. Sowohl der amerikanische Plan der wirtschaftlichen „Hilfe" als auch der britische Plan der „Westunion" stellen Westeuropa Osteuropa entgegen und führen folglich zur politischen Spaltung Europas. Daraus folgt, daß sowohl der amerikanische Wirtschaftsplan als auch der ihn ergänzende britische Plan mit den Interessen der Festigung des Friedens und der Sicherheit der Völker Europas nichts gemein haben ...

Daraus geht hervor, daß die Schaffung des britisch-amerikanischen Bizoniens und die Spaltung Deutschlands, die hierdurch verursacht wurde, keine zufällige Erscheinung waren. Nachdem der westliche Teil Deutschlands der gemeinsamen Viermächtekontrolle entzogen worden ist, wird jetzt der Versuch unternommen, ihn zu benutzen, um eine besondere Gruppe von westeuropäischen Staaten zu schaffen, die den anderen Staaten Europas entgegengestellt wird, was zur politischen Spaltung Europas und zur Bildung von zwei Lagern europäischer Staaten führt.

Sowohl der amerikanische Wirtschaftsplan als auch der britische politische Plan dienen somit nicht der Festigung des Friedens, des wirtschaftlichen Wiederaufbaus und des Fortschritts, sondern völlig entgegengesetzten Zielen. Das alles erklärt die Einstellung der Sowjetunion zu diesen Plänen ...

Aus dem Gesagten geht hervor, daß die Politik Großbritanniens und der Vereinigten Staaten von Amerika sowie Frankreichs zur Untergrabung des Viermächteabkommens über den Kontrollrat in Deutschland und zur Untergrabung des Potsdamer Abkommens über den Außenministerrat geführt hat, dem die gesamte Vorbereitungsarbeit zur Friedensregelung in Europa auferlegt worden war. Diese Politik der drei Mächte ist nicht nur in keiner Weise der Errichtung eines festen demokratischen Friedens in Europa förderlich, sondern sie birgt auch die Gefahr solcher Folgen in sich, die lediglich dazu angetan sind, den verschiedenen Brandstiftern eines neuen Krieges ihr Spiel zu erleichtern.

Die unter Umgehung des Außenministerrats, an dem auch die Sowjetunion teilgenommen haben würde, durchgeführten Geheimsitzungen der Vertreter Großbritanniens, der Vereinigten Staaten von Amerika und Frankreichs in London zur deutschen Frage zeugen davon, daß die Regierungen der drei Mächte sich nicht vor der völligen Ignorierung der übernommenen Verpflichtungen scheuen. Die Tatsache, daß zu diesen Beratungen lediglich die Vertreter einer engen Gruppe von Staaten herangezogen worden sind und daß die Mehrzahl der Staaten, die unter der deutschen Aggression am meisten gelitten haben, außerhalb dieser Beratungen geblieben ist, zeugt davon, daß die Londoner Beratungen die engen Ziele der Gruppenbildung der Schöpfer des Westblocks, der allen übrigen Staaten Europas entgegengestellt wird, verfolgt haben.

In Anbetracht dessen erachtet es die Sowjetunion für notwendig, ihre abgegebene Erklärung zu erhärten, daß die von dieser Beratung vorbereiteten Beschlüsse keine Gesetzeskraft und keine internationale Autorität besitzen können.

Zit. nach: Ernst Deuerlein, Die Einheit Deutschlands. Ihre Erörterung und Behandlung auf den Kriegs- und Nachkriegskonferenzen 1941–1949, Frankfurt/M. 1957, S. 307, 310ff.

## 3. Die westalliierten Vorschläge

*a) Die Londoner Empfehlungen der sechs Westmächte vom 7. 6. 1948*

II. Die Rolle der deutschen Wirtschaft in der Wirtschaft Europas und die Kontrolle der Ruhr

...

b) Es wurde Übereinstimmung erzielt, die Errichtung einer internationalen Behörde für die Kontrolle des Ruhrgebietes zu empfehlen, in der die Vereinigten Staaten, das Vereinigte Königreich, Frankreich, die Benelux-Länder und Deutschland vertreten sein sollen. Die Errichtung dieser Behörde bedeutet keine politische Abtrennung des Ruhrgebietes von Deutschland. Vorgesehen ist jedoch die Kontrolle über die Verteilung der Kohlen-, Koks- und Stahlproduktion der Ruhr, um einerseits zu verhindern, daß die industrielle Konzentration in diesem Gebiet zu einem Aggressionsmittel wird, und andererseits zu gewährleisten, daß die Produktion allen am europäischen Wirtschaftsprogramm teilnehmenden Ländern einschließlich Deutschlands zugute kommt.

Ein Entwurf für das Abkommen, das die Bestimmungen für die Errichtung dieser Behörde enthält, ist als Anhang beigefügt.
Dieses Abkommen wird von den Vereinigten Staaten von Amerika, dem Vereinigten Königreich und Frankreich als den Besatzungsmächten abgeschlossen werden. Außerdem sollen jedoch die Benelux-Länder voll in die Vorbereitungsarbeit für das mehr in die Einzelheiten gehende Abkommen eingeschaltet werden, das in Artikel 12 vorgesehen ist. Auch sollen die Benelux-Länder zur Beratung herangezogen werden, sobald die Ruhrbehörde zu arbeiten beginnt ...
III. Entwicklung der politischen und wirtschaftlichen Organisation Deutschlands
...
Auf Grund dieser Sachlage sind die Delegationen zu dem Schluß gekommen, daß das deutsche Volk jetzt in den verschiedenen Ländern die Freiheit erhalten soll, für sich die politischen Organisationen und Institutionen zu errichten, die es ihm ermöglichen werden, eine regierungsmäßige Verantwortung soweit zu übernehmen, wie es mit den Mindesterfordernissen der Besetzung und der Kontrolle vereinbar ist, und die es schließlich auch ermöglichen werden, die volle Verantwortung zu übernehmen. Die Delegationen sind der Ansicht, daß die Bevölkerung in den Ländern die Ausarbeitung einer Verfassung wünscht, die Bestimmungen enthält, die von allen deutschen Ländern angenommen werden können, sobald die Umstände es zulassen.
Die Delegationen sind daher übereingekommen, ihre Regierungen zu empfehlen, daß die Militärgouverneure eine gemeinsame Sitzung mit den Ministerpräsidenten der Westzone Deutschlands abhalten sollen. Auf dieser Sitzung werden die Ministerpräsidenten Vollmacht erhalten, eine verfassunggebende Versammlung zur Ausarbeitung einer Verfassung einzuberufen, die von den Ländern zu genehmigen sein wird. Die Abgeordneten dieser verfassunggebenden Versammlung werden von den einzelnen Ländern nach Bestimmungen ernannt werden, die von den einzelnen Länderparlamenten selbst festgelegt werden. Diese Verfassung soll so beschaffen sein, daß sie es den Deutschen ermöglicht, ihren Teil dazu beizutragen, die augenblickliche Teilung Deutschlands wieder aufzuheben, allerdings nicht durch die Wiedererrichtung eines zentralistischen Reiches, sondern mittels einer föderativen Regierungsform, die die Rechte der einzelnen Staaten angemessen schützt und gleichzeitig eine angemessene zentrale Gewalt vorsieht und die Rechte und Freiheiten des Individuums garantiert ...

Zit. nach: Der Parlamentarische Rat 1948–1949. Akten und Protokolle. Band I: Vorgeschichte, bearbeitet von Johannes Volker Wagner. Boppard 1974. S. II f.

*b) Die Frankfurter Dokumente der alliierten Militärgouverneure vom 1. 7. 1948*

Dokument Nr. I: [Verfassungsrechtliche Bestimmungen]
In Übereinstimmung mit den Beschlüssen ihrer Regierungen autorisieren die Militärgouverneure der amerikanischen, britischen und französischen Besatzungszone in Deutschland die Ministerpräsidenten der Länder ihrer Zonen, eine Verfassunggebende Versammlung einzuberufen, die spätestens am 1. September 1948 zusammentreten sollte. Die Abgeordneten zu dieser Versammlung werden in jedem der bestehenden Länder nach den Verfahren und Richtlinien ausgewählt, die durch die gesetzgebende Körperschaft in jedem dieser Länder angenommen werden[1]) ... Die Anzahl der Abgeordneten von jedem Land wird im selben Verhältnis zur Gesamtzahl der Mitglieder der Verfassunggebenden Versammlung stehen, wie seine Bevölkerung zur Gesamtbevölkerung der beteiligten Länder.
Die Verfassunggebende Versammlung wird eine demokratische Verfassung ausarbeiten, die für die beteiligten Länder eine Regierungsform des föderalistischen Typs schafft, die am besten geeignet ist, die gegenwärtig zerrissene deutsche Einheit schließlich wieder herzustellen, und die Rechte der

[1]) Der Wahlmodus war bewußt offen gelassen, da sich die Alliierten in London nicht einigen konnten und die Franzosen an indirekten Wahlen durch die Landtage festhielten, um von vornherein eine zentralistische Entwicklung in Deutschland zu verhindern. Deshalb sollte auf amerik. Vorschlag die Entscheidung den Deutschen überlassen bleiben. Auch in Deutschland waren die Ansichten geteilt: während die SPD zunächst direkte Wahlen befürwortete, dann jedoch ihre Haltung modifizierte, gab es in der CDU sowohl Befürworter in indirekten Wahlen (vor allem Adenauer) als auch von direkten Wahlen, die allein der Verfassunggebenden Versammlung die erforderliche Autorität und Legitimation geben könnten (Arnold, Ministerpräsident NRW).

beteiligten Länder schützt, eine angemessene Zentralinstanz schafft und die Garantien der individuellen Rechte und Freiheiten enthält.
Wenn die Verfassung in der von der Verfassunggebenden Versammlung ausgearbeiteten Form mit diesen allgemeinen Grundsätzen nicht in Widerspruch steht, werden die Militärgouverneure ihre Vorlage zur Ratifizierung genehmigen. Die Verfassunggebende Versammlung wird daraufhin aufgelöst. Die Ratifizierung in jedem beteiligten Land erfolgt durch ein Referendum, das eine einfache Mehrheit der Abstimmenden in jedem Land erfordert, nach von jedem Land jeweils anzunehmenden Regeln und Verfahren. Sobald die Verfassung von zwei Dritteln der Länder ratifiziert ist, tritt sie in Kraft und ist für alle Länder bindend. Jede Abänderung der Verfassung muß künftig von einer gleichen Mehrheit der Länder ratifiziert werden. Innerhalb von 30 Tagen nach dem Inkrafttreten der Verfassung sollen die darin vorgesehenen Einrichtungen geschaffen sein.
Dokument Nr. III: [Grundzüge eines Besatzungsstatuts]
Die Schaffung einer verfassungsmäßigen deutschen Regierung macht eine sorgfältige Definition der Beziehungen zwischen dieser Regierung und den Alliierten Behörden notwendig[1]). Nach Ansicht der Militärgouverneure sollten diese Beziehungen auf den folgenden Grundsätzen beruhen:
A. Die Militärgouverneure werden den deutschen Regierungen Befugnisse der Gesetzgebung, der Verwaltung und der Rechtsprechung gewähren und sich solche Zuständigkeiten vorbehalten, die nötig sind, um die Erfüllung des grundsätzlichen Zwecks der Besatzung sicherzustellen. Solche Zuständigkeiten sind diejenigen, welche nötig sind, um die Militärgouverneure in die Lage zu setzen:
a) Deutschlands auswärtige Beziehungen vorläufig wahrzunehmen und zu leiten.
b) Das Mindestmaß der notwendigen Kontrollen über den deutschen Außenhandel und über innenpolitische Richtlinien und Maßnahmen, die den Außenhandel nachteilig beeinflussen könnten, auszuüben, um zu gewährleisten, daß die Verpflichtungen, welche die Besatzungsmächte in Bezug auf Deutschland eingegangen sind, geachtet werden und daß die für Deutschland verfügbar gemachten Mittel zweckmäßig verwendet werden.
c) Vereinbarte oder noch zu vereinbarende Kontrollen, wie zum Beispiel in Bezug auf die Internationale Ruhrbehörde, Reparationen, Stand der Industrie, Dekartellisierung, Abrüstung und Entmilitarisierung und gewisse Formen wissenschaftlicher Forschung auszuüben.
d) Das Ansehen der Besatzungsstreitkräfte zu schützen und sowohl ihre Sicherheit als auch die Befriedigung ihrer Bedürfnisse innerhalb bestimmter zwischen den Militärgouverneuren vereinbarten Grenzen zu gewährleisten.
e) Die Beachtung der von ihnen gebilligten Verfassungen zu sichern.
B. Die Militärgouverneure werden die Ausübung ihrer vollen Machtbefugnisse wieder aufnehmen, falls ein Notstand die Sicherheit bedroht, und um nötigenfalls die Beachtung der Verfassung und des Besatzungsstatuts zu sichern ...

Zit. (einschl. der Anmerkungen) nach: Der Parlamentarische Rat, a.a.O., S. 30ff.

## 4. Die Berliner Blockade

*a) Meldung des Allgemeinen Deutschen Nachrichtendienstes (ADN) der sowjetischen Besatzungszone über Gefährdung der Lebensmittelversorgung in den westlichen Sektoren, 24. 6. 1948*

Berlin, 24. Juni (ADN).
Die bereits gemeldeten technischen Störungen an der Eisenbahnstrecke Berlin-Helmstedt sind laut Auskunft zuständiger Stellen viel ernster, als zunächst angenommen wurde. Es ist daher im Augen-

[1]) Während das Londoner Kommuniqué [s. Nr. 1] zum Bedauern der Deutschen, die diese Frage seit 1947 lebhaft diskutiert hatten, keine Einzelheiten über ein Besatzungsstatut enthielt (Sozialdemokratischer Pressedienst, 9. 6. 1948), führte die Bekanntgabe der Londoner Vereinbarungen vom 19. 6. 1948 [hier nicht abgedruckt] zu heftigen Reaktionen: das vorgesehene Besatzungsstatut wurde als Rückschritt (Brauer, Kaisen, NZ, 4. 7. 1948), als bitteres Dokument der Niederlage, das Erinnerungen an Versailles wekke (Stellungnahme Ehards zu den Frankfurter Dokumenten, 2. 7. 1948, bayer. StK, München, 100 Bd. 3), als Verewigung des Zustandes der bedingungslosen Kapitulation (Sitzung des bayer. MinRates vom 3. 7. 1948, GStA München, LR Stuttgart Nr. 11) angesehen, das die dt. Souveränität soweit einschränke, daß keine Verfassung, sondern höchstens ein Verwaltungsstatut ausgearbeitet werden könne.

blick schwer zu übersehen, wann der inzwischen in beiden Richtungen auf der Strecke Berlin-Helmstedt eingestellte Güter- und Personenverkehr wiederaufgenommen werden könnte. Da die Lebensmittelversorgung der drei westlichen Sektoren Berlins von den über diese Strecken herangeführten Transporten abhängig ist, sind starke Besorgnisse über die Versorgung entstanden. Die größten Schwierigkeiten dürften zunächst im französischen Sektor zu erwarten sein, da hier keine Vorräte an Kartoffeln, Fleisch, Fett und Getreide vorhanden sind. Auch im amerikanischen und britischen Sektor Berlins sind die Lebensmittelvorräte nicht allzu groß[1]).

*b) Meldung des Allgemeinen Deutschen Nachrichtendienstes (ADN) der sowjetischen Besatzungszone über Stromeinschränkungen für die westlichen Sektoren, 24.6.1948.*

Berlin, 24. Juni (ADN).
Die Berliner Westsektoren sind seit Donnerstag[2]) von starken Stromeinschränkungen betroffen. Wie bekannt wird, ist die Ursache auf eine Störung im Kraftwerk Golpa-Tschornewitz zurückzuführen, das Berlin mit Fernstrom beliefert. Darauf hin hat die BEWAG von sowjetischer Seite die Anweisung erhalten, die Stromlieferungen an die Westsektoren einzuschränken[3]). Die dort eingeführte Stomsperre erstreckt sich über den ganzen Tag, wird von der BEWAG mitgeteilt. Mit der Stromabschaltung ist zwischen 6 und 7.30 Uhr und mit der Einschaltung zwischen 23 und 1 Uhr zu rechnen. Sollte infolgedessen der Stromverbrauch von Wirtschaft und Haushaltungen stärker auf die Nachtstunden verlagert werden, dann sei auch für die Nacht mit Stromabschaltungen zu rechnen[4]).
Die in der Stromversorgung Berlins entstandene Krise hat auch dazu geführt, daß von 87 Pumpwerken der Rieselfelder 19, die in den westlichen Sektoren Berlins liegen, stillgelegt werden mußten, erklärte Stadtrat Lübbe, der Dezernent der Abteilung Städtische Betriebe, am Donnerstag[5]).
Aus einigen Bezirken der westlichen Sektoren Berlins wird noch gemeldet, daß dort auch Wasserwerke still liegen und die Wasserversorgung der Bevölkerung zum Teil eingestellt werden mußte[6]). Es sei noch nicht zu übersehen, wieviel Zeit beansprucht werde, um den Schaden im Kraftwerk Golpa-Tschernowitz zu beheben, wird von sachverständiger Seite mitgeteilt.

Zit. (einschl. der Anmerkungen) nach: Berlin, Quellen und Dokumente 1945–1951, hg. im Auftrag des Senats von Berlin, 2. Halbband, Berlin 1964, S. 1458 f.

[1]) Der amerikanische und der britische Stadtkommandant, Oberst Howley und Generalmajor Herbert, versicherten noch am gleichen Tag in Aufrufen an die Berliner Bevölkerung, daß genügend Lebensmittelvorräte vorhanden seien.
[2]) 24. Juni 1948
[3]) Dazu erklärte der Direktor der BEWAG, Dr. Rudolf Wissell jr., gegenüber der Berliner Presse, von den sowjetischen Maßnahmen sei die BEWAG um so mehr überrascht gewesen, als ihr bei Verhandlungen in der sowjetischen Zentralkommandantur am 22. Juni zugesagt worden, sei die währungstechnischen Maßnahmen in den westlichen Sektoren würden nicht das geringste in der Berliner Stromversorgung ändern. Die Fernstromlieferungen aus dem Kraftwerk Golpa-Tschornewitz (Bitterfelder Braunkohlenrevier) hätten in den letzten Wochen 70 000 bis 80 000 Kilowatt betragen und könnten leicht auf 100 000 Kilowatt gesteigert werden, womit fast der gesamte Strombedarf des sowjetischen Sektors gedeckt wäre. Die in den westlichen Sektoren gelegenen 7 Kleinkraftwerke erzeugten nur 75 000 bis 85 000 Kilowatt, was gerade für die lebenswichtigen Betriebe ausreichte. Die fehlenden 50 000 bis 60 000 Kilowatt lieferten bis dahin die im sowjetischen Sektor gelegenen Groß-Kraftwerke Klingenberg und Rummelsburg, die über eine Gesamtkapazität von 190 000 Kilowatt verfügten und nach Einführung der sowjetischen Einschränkungsmaßnahmen nicht mehr voll ausgelastet wurden.
[4]) Die westlichen Stadtkommandanten sahen sich gezwungen, den Einschränkungen der Stromlieferungen sofort mit umfangreichen Sparmaßnahmen zu begegnen, die aber von der BEWAG angesichts der nur für wenige Tage vorhandenen Kohlenvorräte als noch nicht ausreichend erachtet wurden. Während der Blockade mußte die Berliner Bevölkerung in der Tat noch sehr einschneidende Stromsperren auf sich nehmen.
[5]) 24. Juni 1948. Da die Pumpwerke zeitweise nicht mehr arbeiten und die Abwässer nicht mehr wie üblich auf die Rieselfelder abgeleitet werden konnten, wurden diese in die Spree, die Havel und den Landwehrkanal gepumpt.
[6]) Die auch am Abend des 24. Juni vom unter kommunistischer Leitung stehenden Berliner Rundfunk verbreitete Meldung über Schwierigkeiten in der Wasserversorgung Berlins diente offensichtlich nur dazu, unter der Bevölkerung Angst und Unruhe hervorzurufen; denn die Direktion der Berliner Wasserwerke teilte sofort mit, daß die Wasserversorgung aller vier Sektoren voll gesichert sei. Auch die von der sowjetischen Militärverwaltung verfügten Stromeinschränkungen hätten keinen Einfluß, da in den westlichen Sektoren genügend Wasserwerke vorhanden seien, deren Pumpen auch mit Dieselöl oder Dampf betrieben werden könnten

*c) Der Beginn der Luftbrücke*

... Am Morgen des 25. Juni kamen die ersten Maschinen mit Nahrungsmitteln für die Berliner Bevölkerung an. Am selben Tag berief die Armeeabteilung des Kriegsministeriums abermals eine Telekonferenz ein. Man riet mir, die Einführung der Westmark in Berlin zu verlangsamen, falls sie möglicherweise einen bewaffneten Konflikt veranlassen würde, – doch das war nun zu spät. In meiner Antwort wies ich darauf hin, daß über die zu erwartenden Schwierigkeiten ausführlich berichtet worden sei und man uns angewiesen habe, die Westmark in Umlauf zu setzen, wenn eine Einigung über eine eigene Währung für Berlin nicht erzielt werden könnte. Ich fügte hinzu:
„Wir rechnen nicht mit einem bewaffneten Konflikt ... Die Hauptgefahr bilden russisch inspirierte Gruppen deutscher Kommunisten ... Die Lage ist gespannt ... Wir haben unsere und die britischen Truppen fest in der Hand; auf sie ist Verlaß. Uns beiden ist klar, daß unsere Regierungen einen bewaffneten Konflikt zu vermeiden wünschen. Trotzdem können wir uns nicht überrennen lassen, und eine feste Haltung bedeutet stets ein gewisses Risiko."
Ich hob auch den erstaunlich mutigen Widerstand der Berliner Bevölkerung hervor, durch den die Sowjetische Administration zu extremen Maßnahmen getrieben werde, sowie die Proklamation, die Sokolowski am vorherigen Tag erlassen und in der er die Viermächte-Regierung für beendet erklärt hatte; damit sollte die Berliner Bevölkerung eingeschüchtert und davor zurückgehalten werden, ihr altes Geld gegen Westmark einzutauschen. Ich sagte:
„Alle deutschen Politiker, abgesehen von denen der SED, und Tausende Deutscher bekunden mutig ihre Gegnerschaft zum Kommunismus. Wir dürfen sie nicht enttäuschen, indem wir einen Abzug aus Berlin auch nur andeuten. Ich bin noch immer dagegen, unsere Angehörigen aus Berlin fortzuschicken. Wir müssen es eben auslöffeln, ganz gleich, was kommt. Falls die Sowjets einen Krieg wollen, wird er nicht wegen der Berliner Währungsreform ausbrechen, sondern weil ihnen der Zeitpunkt günstig erscheint. Ich halte die Wahrscheinlichkeit für gering, obwohl sie nicht vollständig übersehen werden kann. Ganz bestimmt versuchen wir nicht, Krieg zu provozieren. Wir stecken eine Menge Kinnhaken ein, ohne zurückzuschlagen."
Am nächsten Tag, 26. Juni, wurde die Luftbrücke ein organisiertes Unternehmen.

Aus: Lucius D. Clay, Entscheidung in Deutschland. Dt. Ausgabe, Frankfurt/Main 1950, S. 405

*d) Unterredung der westlichen Militärgouverneure mit Marschall Sokolowski über die Blockade, 3. 7. 1948*

Übertragung der Unterhaltung zwischen den Oberkommandierenden der westlichen Besatzungszonen in Deutschland und dem Sowjetischen Oberkommandierenden, die am 3. Juli 1948 um 17 Uhr im Hauptquartier des Sowjetischen Oberkommandierenden in Babelsberg stattfand[1]).
Anwesend waren:

General Clay, US-Oberkommandierender
General Robertson, Britischer Oberkommandierender
General Noiret, Französischer stellvertretender Oberkommandierender
Marschall der Sowjetunion Sokolowski

Nach den üblichen Begrüßungen erklärte General Clay den Grund für den Besuch der drei Oberkommandierenden der Westzonen.
*General Clay:* General Robertson, General Koenig und ich wünschten gemeinsam dieses Gespräch, um Berliner Transportfragen zu erörtern. Seit einigen Tagen sind unsere Verbindungen mit Berlin allein die Flugzeuge. Das kann nicht unbegrenzt fortgesetzt werden. Daher haben wir um diese Zusammenkunft ersucht. Wir möchten gern wissen, welche Schwierigkeiten die Stockung des Verkehrs verursachen und was wir zu erwarten haben. Um diesen Punkt zu klären, sind wir hier.
*General Robertson:* Ich möchte gleich auf die Frage zurückkommen, die ich in meiner Note an Sie

[1]) Das Protokoll dieser Unterredung wurde von einem französischen Stabsoffizier aufgezeichnet und am 6. Juli von Divisionsgeneral Noiret an General Clay geschickt.

angeschnitten habe[1]): Die Frage der Versorgung der Zivilbevölkerung von Berlin. Soweit ich verstanden habe, ist der Schienenweg Helmstedt-Berlin aus technischen Gründen stillgelegt. Da wir keine anderen Verkehrswege außer diesem haben, befinden sich 2¼ Millionen Deutsche, die ihre Lebensmittelversorgung aus den Westzonen beziehen, in einer ernsten Lage. Sie waren so nett, mir die Versicherung zu geben, daß alles Mögliche für eine schnelle Wiederherstellung der Strecke getan würde. Nun sind es fast zehn Tage her, daß der Schienenweg stillgelegt wurde, und es scheint mir, daß die Reparaturen so weit vorgeschritten sein müßten, daß Sie uns genau sagen können, wann der Verkehr wieder aufgenommen werden kann. Vom materiellen Standpunkt ist es eine sehr ernste Angelegenheit, aber sie ist auch sehr wichtig wegen des Eindrucks auf die öffentliche Meinung, und das um so mehr, als wir nicht wissen, worin die technischen Schwierigkeiten bestehen. Das ist in großen Zügen, was ich Ihnen zu sagen wünschte, um von Ihnen zu erfahren, ob und wann der Verkehr wieder aufgenommen werden kann.

*Marschall Sokolowski:* Es ist sehr schwer, eine Teilfrage getrennt zu beantworten aus folgendem Grunde:

Sie müssen zugeben, daß wir uns nie geweigert haben und nicht weigern, Versorgungszüge, die für die Berliner Bevölkerung bestimmt sind, passieren zu lassen. So ist es jedenfalls bis jetzt gewesen. Aber in Anbetracht gewisser Vorkommnisse weiß ich nicht, wie das in Zukunft sein wird. Drei Jahre lang ist die Strecke Helmstedt-Berlin stark überlastet gewesen und es ist daher nur natürlich, wenn früher oder später technische Verbesserungen vorgenommen werden müssen. Ich will damit nicht sagen, daß in diesen drei Jahren diese Linie nie repariert worden ist. Aber während solcher Reparaturen ist der Verkehr über andere Linien umgeleitet worden. Zu jener Zeit, unter normaleren Bedingungen, standen uns andere Möglichkeiten zur Verfügung. Gegenwärtig ist eine Situation entstanden, nicht plötzlich, sondern allmählich seit dem Herbst 1947 und während des vergangenen Teiles dieses Jahres aus den wachsenden Schwierigkeiten nicht nur politischer Natur, sondern auch auf den Gebieten des Handels und der Wirtschaft zwischen den Westzonen und der Ostzone. Diese Schwierigkeiten haben logische Folgerungen nach sich gezogen. Ich muß offen gestehen, daß ich mir über die Entwicklung seit dem letzten Herbst und jetzt darüber hinaus nach den Londoner Entscheidungen und den letzten Ereignissen der Währungsreform, die schwere Rückwirkungen auf die Wirtschaft der sowjetischen Zone haben, ernste Sorgen mache. Das berührt 20 Millionen Deutsche und nicht bloß 2¼ Millionen Berliner. Ich kann Sie verstehen, wenn Sie für die West-Berliner-Bevölkerung Wünsche äußern, aber wenn ich 20 Millionen Deutschen gegenüberstehe, für die ich moralisch und auch sonst verantwortlich bin und deren Schicksal in meiner Hand liegt, habe ich keine Wahl zwischen diesen 20 Millionen und den anderen 2¼ Millionen. Ich bin es nicht gewesen, der diese Situation herbeigeführt hat, die sich nach und nach entwickelte. Infolge dieser Lage sehe ich mich außerstande, Ihnen andere Schienenwege zur Verfügung zu stellen. Ich kann einmal mehr versichern, daß alles Nötige getan wird, um die Linie Helmstedt-Berlin so schnell wie möglich wiederherzustellen. Aber ich wiederhole auch nochmals, daß es meiner Meinung nach eine Teilfrage ist. Ich kann verstehen, daß Sie an dieser Teilfrage interessiert sind. Wir sind an der Frage als Ganzes interessiert. Sie verlangen von uns Dinge in dieser besonderen Angelegenheit, aber wie es zu dieser Frage kam, ist ein Problem, welches Sie nach Ihrer Art und zu Ihren Gunsten gelöst haben. Logischerweise hätte man, ehe man selbständige Beschlüsse in London faßte, sich fragen müssen, was in Berlin geschehen würde. Es scheint mir, daß diejenigen, die an der Londoner Konferenz teilnahmen, sich selbst diese Frage hätten stellen sollen. Das wäre logisch gewesen. Sie müssen verstehen, daß es für mich schwer ist, diese bestimmte Frage zu lösen, während die übergeordnete Frage ohne mich gelöst worden ist. Beschlüsse wurden ohne unsere Beteiligung gefaßt und, das ist sicher, ohne Berücksichtigung unserer persönlichen Wünsche. Ich glaube, es wäre richtiger, erst die Elementarfrage zu bereinigen, und dann würde die besondere Frage des Verkehrs sich selbst regeln. Diese besondere Frage ist die Frage Berlins.

[1]) General Robertson hatte in einem Brief an Marschall Sokolowski vom Vortage seine Bereitschaft, die er bereits in einem Schreiben vom 26. Juni ausgedrückt hatte, wiederholt, über die Einführung einer einzigen Währung in Berlin unter Viermächtekontrolle und über die Wiederherstellung der Verkehrsverbindungen von und nach Berlin zu sprechen.

*General Robertson:* Ich glaube, Ihre Ausführungen haben die Situation schon sehr geklärt. Ich habe diese Frage zuerst angeschnitten, und ich allein, weil Sie in Ihrem Brief an mich andeuteten, daß die Unterbrechung des Verkehrs auf technischen Schwierigkeiten beruhe, die bald behoben sein würden. Jetzt sagen Sie, daß diese technischen Schwierigkeiten tatsächlich vorhanden sind, aber Sie haben mir auch klar zu verstehen gegeben, daß diese Angelegenheit mit einer noch größeren zusammenhängt, insbesondere mit der Londoner Konferenz.
*Marschall Sokolowski:* Es ist doch einleuchtend, daß die in Gang befindlichen Reparaturen keinen Zusammenhang mit der Londoner Konferenz haben. Wenn Sie es so verstanden haben, so muß das an einem Fehler in der Übersetzung liegen. Andererseits aber habe ich gesagt, daß die Frage Berlins eng verknüpft ist mit der Londoner Konferenz.
*General Robertson:* Mir ist klar, daß die Freigabe für den Verkehr auf besagter Linie nicht nur eine Frage technischer Natur ist. Das ändert die Situation vollkommen, und ich habe nichts mehr dazu zu sagen.
*General Clay:* Dieser Meinungsaustausch ist so eindeutig, daß auch ich nichts mehr dazu zu sagen habe.
*General Noiret:* Was mich anbelangt, so ist auch mir klargeworden: die Wiedereröffnung des Verkehrs für militärische Versorgungszüge hängt von der Reparatur auf der Linie Helmstedt-Berlin ab und Einzelheiten darüber können uns nicht gegeben werden.
*Marschall Sokolowski:* Ich kann nur wiederholen, daß die Reparaturen auf der Eisenbahnlinie Fortschritte machen. Leider kann ich im Augenblick kein Datum nennen und nicht dafür garantieren, daß, wenn diese Reparaturen beendet sind, es nicht wieder an einer anderen Stelle dieser Strecke neue Reparaturen geben wird.
Die Frage kann nur gelöst werden durch eine Umleitung des Verkehrs über andere Strecken aus Gründen, die ich soeben genannt habe. Das sind Gründe, die nicht von uns abhängen. Wir sind es nicht gewesen, die mit der Zerrüttung unserer Wirtschaft in unserer Zone angefangen haben; das haben andere getan.
*General Robertson:* Jetzt ist alles viel eindeutiger.
*General Clay:* Ja, es bleibt uns nur noch übrig, Marschall Sokolowski zu danken und uns zu verabschieden.
Die Zusammenkunft endete um 17.30 Uhr.

Zit. (einschl. der Anmerkungen) nach: Berlin, Quellen und Dokumente 1945–1951, a.a.O., S. 1495 f.

## 5. Die Position der westdeutschen Ministerpräsidenten

### *a) Antwortnote der Ministerpräsidenten an die Militärgouverneure (Koblenz, 10. 7. 1948)*

...

Die Ministerpräsidenten sind davon überzeugt, daß die Notstände, unter denen Deutschland heute leidet, nur bezwungen werden können, wenn das deutsche Volk in die Lage versetzt wird, seine Angelegenheiten auf der jeweils möglichen höchsten territorialen Stufe selbst zu verwalten. Sie begrüßen es daher, daß die Besatzungsmächte entschlossen sind, die ihrer Jurisdiktion unterstehenden Gebietsteile Deutschlands zu einem einheitlichen Gebiet zusammenzufassen, dem von der Bevölkerung selbst eine kraftvolle Organisation gegeben werden soll, die es ermöglicht, die Interessen des Ganzen zu wahren, ohne die Rechte der Länder zu gefährden.
Die Ministerpräsidenten glauben jedoch, daß, unbeschadet der Gewährung möglichst vollständiger Autonomie an die Bevölkerung dieses Gebietes alles vermieden werden müßte, was dem zu schaffenden Gebilde den Charakter eines Staates verleihen würde; sie sind darum der Ansicht, daß auch durch das hierfür einzuschlagende Verfahren zum Ausdruck kommen müßte, daß es sich lediglich um ein Provisorium handelt sowie um eine Institution, die ihre Entstehung lediglich dem augenblicklichen Stand der mit der gegenwärtigen Besetzung Deutschlands verbundenen Umstände verdankt.

In Anbetracht der bisherigen Unmöglichkeit einer Einigung der vier Besatzungsmächte über Deutschland müssen die Ministerpräsidenten besonderen Wert darauf legen, daß bei der bevorstehenden Neuregelung alles vermieden wird, was geeignet sein könnte, die Spaltung zwischen West und Ost weiter zu vertiefen. Sie sind der Überzeugung, daß das von ihnen vorgeschlagene Verfahren geeignet ist, das in Anbetracht der gegebenen Verhältnisse zur Bewältigung der gegenwärtigen Schwierigkeiten tauglichste Instrument für die Verwaltung des den drei westlichen Besatzungsmächten unterstehenden Gebietes Deutschlands in der kürzesten Zeit zu schaffen.
Für den Vorschlag der Ministerpräsidenten, von einem Volksentscheid Abstand zu nehmen, waren die gleichen Erwägungen maßgebend. Ein Volksentscheid würde dem Grundgesetz ein Gewicht verleihen, das nur einer endgültigen Verfassung zukommen sollte. Die Ministerpräsidenten möchten an dieser Stelle noch einmal betonen, daß ihrer Meinung nach eine deutsche Verfassung erst dann geschaffen werden kann, wenn das gesamte deutsche Volk die Möglichkeit besitzt, sich in freier Selbstbestimmung zu konstituieren; bis zum Eintritt dieses Zeitpunktes können nur vorläufige organisatorische Maßnahmen getroffen werden[1]).

...

*Anlage 1*

Stellungnahme der Ministerpräsidentenkonferenz zu dem Dokument Nr. 1

I. Die Ministerpräsidenten werden die ihnen am 1. Juli 1948 durch die Militärgouverneure der amerikanischen, britischen und französischen Besatzungszone übertragenen Vollmachten wahrnehmen.

2. Die Einberufung einer deutschen Nationalversammlung und die Ausarbeitung einer deutschen Verfassung sollen zurückgestellt werden bis die Voraussetzungen für eine gesamtdeutsche Regelung gegeben sind und die deutsche Souveränität in ausreichendem Maße wieder hergestellt ist.

3. Die Ministerpräsidenten werden den Landtagen der drei Zonen empfehlen, eine Vertretung (Parlamentarischer Rat) zu wählen, die die Aufgabe hat,

a) ein Grundgesetz für die einheitliche Verwaltung des Besatzungegebietes der Westmächte auszuarbeiten,

b) ein Wahlgesetz für eine auf allgemeinen und direkten Wahlen beruhende Volksvertretung zu erlassen ...

4. Die Wahlen zur Volksvertretung sollen noch im Laufe des Jahre 1948 durchgeführt werden.

Zit. (einschl. der Anmerkungen) nach: Der Parlamentarische Rat, a.a.O., S. 143 f., 146 f.

### *b) Konferenz der Ministerpräsidenten der westdeutschen Besatzungszonen im Jagdschloß Niederwald, 21.–22.7.1948*

(Auszug aus dem stenographischen Protokoll)

*Stadtrat Reuter:* Meine Herren! ... Wir stehen auf dem Standpunkt, daß wir zu Ihnen gehören und ein Teil von Ihnen sind, auch wenn wir es staatlich im Augenblick noch nicht sein können. Es ist meine Überzeugung, daß der Kampf um Berlin auch bei uns nicht ein Kampf für die Wiederherstellung des status quo ante ist, sondern daß der Kampf dazu führen muß, daß die Blockade gebro-

[1]) Vgl. auch die Ausführungen Carlo Schmids „Zwischen Koblenz und Frankfurt". Die Koblenzer Beschlüsse zielten auf eine wesentlich andere Verfassung der politischen Wirklichkeit, als sie die Militärgouverneure im Auge hätten. Im Unterschied zu den Frankfurter Dokumenten seien sie einer einheitlichen und in sich geschlossenen politischen Konzeption entsprungen. Da Deutschland nicht souverän und die eigentliche Verfassung der Deutschen das Besatzungsstatut sei, habe man sich nicht in Fiktionen abdrängen lassen und die Wirklichkeit, die nur auf einen Zweckverband nach Art eines vereinigten Verwaltungs- und Wirtschaftsgebietes hinauslaufen könne, klar definiert. Dabei habe man alles vermieden, was der zu schaffenden Organisation äußerlich den Anschein eines Staates verleihen würde, da die Bildung eines westdeutschen Staates eine Wiedervereinigung für lange Zeit wahrscheinlich ausschließen und die Spaltung zwischen Ost und West vielleicht unüberbrückbar machen würde (Telegraf, 15.7.1948). Ähnlich Ehard vor seinem Kabinett am 12.7.1948. Um die Verantwortung für eine sichtbare Trennung vom Osten von der deutschen Seite abzuschieben, habe man sich geeinigt, keine Verfassung, sondern ein Organisationsstatut zu schaffen. Man wolle keinen Weststaat, aber ein Exekutivorgan, und man wolle es sichtbar als Provisorium schaffen, aber mit der Hoffnung, es in einen Dauerzustand zu überführen, wenn die Verhältnisse es erlauben, sich mit dem Osten zuammenzufinden (GStA München, LR Stuttgart Nr. 11).

chen wird, und daß wir zu dem Teil Deutschlands kommen, zu dem wir unserer politischen Überzeugung nach gehören und mit dem wir aus wirtschaftlichen Gründen auf Gedeih und Verderb verbunden sind. Wir haben im Gegensatz zu der Kritik, die mancherorts an den Koblenzer Beschlüssen geübt worden ist, die Koblenzer Beschlüsse durchaus positiv aufgenommen und begrüßt. Wir haben begrüßt, daß in den Formulierungen der Koblenzer Beschlüsse der Versuch gemacht worden ist, sie so zu wählen, daß der notgedrungen provisorische Charakter alles dessen, was zur Zeit in Deutschland beschlossen werden kann, unterstrichen wird. Wir sind uns alle darüber im klaren, daß jede Organisation, die im Westen geschaffen wird, insofern provisorisch sein muß, als sie unter Berücksichtigung der durch die Besetzung gegebenen Verhältnisse, also unter Berücksichtigung der Teilung Deutschlands geschaffen werden muß. Das ist eine Politik, die uns noch nicht gegeben ist. Wir sind uns aber klar, daß der Schritt von der Nichtsouveränität zur Vollsouveränität nicht auf einmal getan werden kann, sondern daß die Eroberung der Souveränität ein historischer Prozeß ist, der letztlich erst durch einen formellen Akt vollzogen wird, wenn wir ihn in politischer Arbeit vorbereitet haben, so daß diese Souveränität uns nicht mehr vorenthalten werden kann. Wir glauben, daß der Kampf, den wir um Berlin führen, ein wichtiger Beitrag zur Eroberung der Souveränität der Deutschen ist, und wir sehen ihn so an, daß wir ihn nicht nur für Berlin führen, sondern daß wir gemeinsam für uns arbeiten, denn in dem Maße, in dem es uns in diesem Kampf gelingen wird, die Machtansprüche einer Besatzungsmacht zurückzuschrauben und auf das gebotene Maß zu beschränken, in dem Maß erhöhen wir auch die politische Bewegungsfreiheit aller anderen Deutschen in den einzelnen Zonen. In diesem Sinne glauben wir, daß zwischen den Dingen, die wir in Berlin durchkämpfen und den Dingen, die wir hier durchzuexerzieren haben, ein enger Zusammenhang besteht. Daraus folgert, daß wir eines in Berlin und im Osten nicht ertragen können: das Verbleiben des Westens in seinem bisherigen politisch unentschiedenen Status. Wir sind der Meinung, daß die politische und ökonomische Konsolidierung des Westens eine elementare Voraussetzung für die Gesundung auch unserer Verhältnisse und für die Rückkehr des Ostens zum gemeinsamen Mutterland ist ...

Wir benötigen unter allen Umständen eine politische und eine ökonomische Konsolidierung des Westens. Die Verarmung, die im Gegensatz zu den Westzonen in der Ostzone herrscht, ist uns in Berlin gegenwärtiger als Ihnen, weil wir sie sehen. Sie ist die wichtigste Waffe und die Voraussetzung dafür, um den Osten der Herrschaft der sowjetischen Besatzung eines Tages wieder entreißen zu können. Die Berliner Bevölkerung hat trotz der großen Mühsale, die sie in der augenblicklichen Situation zu ertragen hat, in dieser Frage eine ganz klare Entscheidung gefällt, und sie hat eine klare Linie bezogen. Wir wissen, daß wir in dieser klaren Stellungnahme auch die Repräsentanten der Hoffnungen der gesamten Bevölkerung der Ostzone sind. Wir richten in dieser unserer Auseinandersetzung nur die Forderung an Sie, daß Sie uns helfen, daß wir standhalten und die enge Verbindung mit dem Westen unter keinen Umständen aufgeben, daß wir sie nicht verschlechtern oder in irgend einer Form gefährden dürfen ...

*Ministerpräsident Maier:* Meine Herren! Die Ausführungen des Herrn Bürgermeisters Dr. Reuter waren für mich in jeder Beziehung aufschlußreich. Ich möchte hier die Entwicklung unserer Ansichten, die wir seit Januar zu verzeichnen haben, ganz kurz rekapitulieren. Es ist doch so, daß seit Januar eine ganze Reihe von Herren unter uns ohne Rücksicht auf die Parteizugehörigkeit immer mehr zu der Erkenntnis gekommen ist, daß wir etwas tun müssen, um im Westen einen deutschen Staat zu konsolidieren und ihn auf die Füße zu stellen. Damit geben wir auch dem deutschen Osten, damit geben wir auch Berlin den besten Halt.

In dieser Auffassung, die von Monat zu Monat stärker wurde, ist dann aber eine gewaltige Bresche geschlagen worden. Es wird Sie interessieren, Herr Bürgermeister Reuter, daß auf der Tagung der Ministerpräsidenten, die Anfang Juni in Düsseldorf stattgefunden hat, ebenfalls eine Delegation der Stadt Berlin vertreten war. Es haben an jener Tagung zwei Berliner Stadträte teilgenommen, und diese Herren haben uns an jedem Morgen und jedem Abend und bei jedem Mittagessen eingeheizt und haben uns gesagt: Was, Ihr wollt einen deutschen Staat im Westen schaffen und Ihr wollt uns auf diese Weise sozusagen verraten? Ihr werdet das doch nicht tun? Ich kann Ihnen sagen,

Herr Bürgermeister Reuter, daß dieses Erlebnis in Düsseldorf für mich der eigentliche Grund dafür war, daß ich in meiner Auffassung nun einen großen Schritt nach rückwärts getan habe. Das gleiche habe ich bei verschiedenen Ministerpräsidenten und Senatspräsidenten beobachtet...

Nun stehen wir in diesem Punkt ja vor einer durchaus neuen Situation, auf die wir nun treten können, und wir werden uns auch in der Terminologie etwas stärkere Ausdrücke gestatten dürfen. Wir haben ja den ersten Ansturm der Ostpropaganda geschickt abgewendet...

Weiter gehört in diesen Zusammenhang folgende Überlegung: Wenn man einen Staat errichten will, kann man das auf zweierlei Weise tun. Man kann ihn wollen als sogenannten Weststaat, der begrenzt ist auf den Anspruch, hier im Westen der Staat zu sein. In diesem Falle würde man, glaube ich, nichts anderes tun, als schon im Ansatz eine Separation im Ganzen zu vollziehen. Darüber hilft, glaube ich, alles Reden nicht hinweg. Wenn man einen Staat will, dann soll man m. E. weitergehen. Dann sollte man sagen: Es wird jetzt im Westen die deutsche Republik errichtet. Wir errichten sie im Westen, weil wir zur Zeit über den Westen nicht hinausgreifen können. Diese Republik und ihr Parlament müßten dann für sich in Anspruch nehmen, die Vertretung für ganz Deutschland zu sein, legalisiert im Westen durch Wahlen und legalisiert im Osten durch communis consensus der Ostbevölkerung. Das wäre die einzige Möglichkeit. Das wäre für die Bildung eines Staates, glaube ich, das Einzige, von dem man sich etwas versprechen könnte, ein Erfolg im Hinblick auf das Gesamtschicksal Deutschlands.

Dabei muß man allerdings wissen, was man als Risiko dabei einzukalkulieren hat. Man muß sich klar werden darüber, ob man das riskieren kann oder riskieren muß, insbesondere, ob man damit die künftige echte organisatorische und konstitutionelle Einheit Gesamtdeutschlands fördert, ob man deren Chancen vergrößert oder verkleinert. Die Amerikaner und ein Teil der Deutschen sind der Meinung, daß ein solcher Staat, eine solche deutsche Republik mit dem Sitz ihrer Organe hier im Westen diese Chance fördern könnte. Das ist eine Meinung, über die sich diskutieren läßt. Andere sind der Meinung – zu ihnen gehöre ich –, daß man dadurch die kleine Chance, die in Bezug auf eine friedliche Erledigung des Gesamtproblems Deutschland noch besteht, nämlich die Einigung der vier Besatzungsmächte über ein einheitliches Deutschland, endgültig verschütten würde. Wer recht hat, ist schwer auszumachen. Man muß sich für die eine oder für die andere Konzeption entscheiden. In erster Linie aber muß man wissen, was man will. Man muß wissen, welches Risiko in die Entscheidung, die hier getroffen werden soll, man einzubringen bereit ist.

Zit. nach: Der Parlamentarische Rat; a.a.O., S. 191 ff., 196 f., 200 f.

*c) Beschluß der westdeutschen Ministerpräsidenten vom 22. 7. 1948*

1. Die Ministerpräsidenten haben in Koblenz zu Dokument I erklärt, daß sie die ihnen übertragenen Vollmachten wahrnehmen wollen. Damit ist zum Ausdruck gebracht worden, daß sie bereit und entschlossen sind, die volle Verantwortung in demselben Ausmaße zu übernehmen, als ihnen von den Besatzungsmächten Befugnisse übertragen werden.
2. Die Ministerpräsidenten stellen mit Befriedigung fest, daß sie mit den Militärgouverneuren völlig in dem Entschluß übereinstimmen, die erstrebte Neuregelung so schnell wie möglich zu schaffen.
3. Sie sind weiter mit den Militärgouverneuren darin einig, daß im Rahmen der Londoner Empfehlungen bei der gegebenen Sachlage zur Zeit nur eine vorläufige Regelung möglich ist. Nichtsdestoweniger sind sie entschlossen, diese so kraftvoll und wirksam wie möglich zu gestalten.
4. Der terminologische Unterschied zwischen dem Wortlaut der Dokumente und den Vorschlägen der Ministerpräsidenten findet seine Erklärung nicht in der Verfolgung inhaltlich verschiedener Ziele, sondern nur in einer verschiedenen Auffassung über die anzuwendenden Formen.
5. Das Wort „Verfassung" ist absichtlich nicht gebraucht worden, weil weder ganz Deutschland noch eine endgültige Lösung in Frage kommt. Das gewählte Wort „Grundsatz" wäre wohl zutreffender mit „basic constitutional law" übersetzt worden.
6. Es besteht Einverständnis darüber, daß die Aufgabe, ein Grundgesetz zu schaffen, dem „Parlamentarischen Rat" übertragen wird.

7. Die Ministerpräsidenten sind sich mit den Militärgouverneuren darin einig, daß die Bestellung dieses Parlamentarischen Rates auf Grund eigener Beschlüsse der Landtage erfolgen soll.
8. Was den Inhalt des zu schaffenden Grundgesetzes anbelangt, so besteht Einigkeit, daß der Parlamentarische Rat selbst seinen Inhalt festsetzen wird. Soweit die Vorschläge von Koblenz sich über den Inhalt geäußert haben, sollten dadurch lediglich Anregungen gegeben werden. Selbstverständlich werden die Länderregierungen vor dem Parlamentarischen Rat ihre Ansichten vertreten.
9. Die Ministerpräsidenten sind mit den Militärgouverneuren der Ansicht, daß die Ratifikation des Grundgesetzes auf breiter demokratischer Grundlage erfolgen muß. Diese Ratifikation kann auf direktem oder indirektem Wege vorgenommen werden.
Die Ministerpräsidenten machen deshalb den Vorschlag, die Ratifikation durch die Landtage der einzelnen Länder vornehmen zu lassen.
Die Landtage sind die demokratisch legitimierten Vertreter der 45 Millionen Einwohner des amerikanischen, britischen und französischen Besatzungsgebietes[1]) ...

Zit. (einschl. der Anmerkungen) nach: Der Parlamentarische Rat, a.a.O., S. 270ff.

### *d) Die Abwendung von den Koblenzer Beschlüssen*

Das Ergebnis, das schließlich die Beratungen auf Schloß Niederwald brachten, läßt sich indes auf den ersten Blick eher als *Bruch* und *Abwendung* von den Koblenzer Beschlüssen verstehen, denn als deren konsequente Fortsetzung. Hatte man sich in Koblenz ausdrücklich von einer Weststaatsgründung zu distanzieren versucht, so mußte man sie jetzt – unter dem Druck der westlichen Besatzungsmächte – akzeptieren; so hieß es in den Beratungen von Niederwald entsprechend: „Wir wollen eine Organisation im Endergebnis mit einer Regierung, einer Verfassung, einer gesetzgebenden Körperschaft, einem Länderrat." Nachwievor wird allerdings starke Betonung auf den *provisorischen* Charakter der politischen Integration der Westzonen gelegt; in diesem Zusammenhang gewinnen auch die Formulierungsvorschläge der Ministerpräsidenten, die sie den Militärgouverneuren unterbreiten, Wichtigkeit: „Die Fragen der Terminologie haben für uns Bedeutung", hob Bürgermeister Brauer, Hamburg, hervor, „für die Alliierten brauchen sie diese Bedeutung nicht zu haben. Die Fragen der Terminologie haben für uns Bedeutung in dem politischen Kampfe, in dem wir mit dem Osten stehen. Deshalb haben wir eine größere Vorsicht zu üben, als es die Alliierten zu tun brauchen. Wenn wir für das, was wir wollen, die Bezeichnung ‚Grundgesetz' gewählt haben, dann haben wir uns dabei etwas gedacht".
Flexibel wird man nun auch in der Frage des Referendums, das man in Koblenz strikt ablehnte. Man ist sich jetzt einig darüber, daß man nicht mehr „justament erklären" kann, „unter keinen Umständen ein Referendum, auch auf die Gefahr hin, daß die ganze Sache daran platzt". Vielmehr nimmt man jetzt eine mehr taktische Position ein, indem man den Alliierten, vor allem den Amerikanern, durchaus denkbare negative Auswirkungen eines solchen Referendums vor Augen führt, daß man u.a. damit rechnen müsse, „daß an einem solchen Referendum die Menschen, weil sie an-

[1]) Die nur mündlich bekanntgegebenen Argumente gegen eine Ratifizierung der Verfassung durch Volksabstimmung wurden in einer besonderen Aufzeichnung noch einmal zusammengefaßt:
„Gegen die direkte Befragung des Volkes sprechen folgende Gründe:
a) Ein Referendum kann in Deutschland nicht ohne vorhergehenden Abstimmungskampf durchgeführt werden. Es besteht unbestreitbar die Gefahr, daß sich bei einem Referendum alle oppositionellen und destruktiven Elemente trotz der Verschiedenheit ihrer Motive in einem negativen Votum zusammenfinden. Die so entfachte Agitation würde sich naturgemäß auch gegen die Besatzungsmächte wenden und eine Verschlechterung im Verhältnis der Deutschen zu den Besatzungsmächten herbeiführen.
b) Das Referendum würde einen großen Zeitverlust bedeuten, der unter den heutigen Umständen unerträglich ist.
c) Eine Ablehnung könnte eine politische und wirtschaftliche Katastrophe in Deutschland herbeiführen, die das begonnene Konsolidierungswerk gefährden würde. Diese Lage könnte bereits durch eine Minorität in einem Drittel der kleinsten Länder verursacht werden.
Es ist ernstlich zu prüfen, ob ein solches Risiko eingegangen werden darf.
Für eine Ratifikation durch die Landtage spricht insbesondere, daß diese die Ratifikation mit überwältigender Mehrheit vornehmen werden.
Damit dürfte die Annahme des Grundgesetzes (vorläufige Verfassung) durch das Volk sichergestellt sein und im Rahmen der Londoner Empfehlungen erfolgen".

dere Sorgen haben oder weil ihnen die ganze Konstruktion, die ihnen zu einer Zerreißung Deutschlands zu führen scheint, oder weil ihnen das ganze nicht gefällt, sich nur in einer sehr geringen Zahl beteiligen werden. Daß es keinen besonders guten Eindruck machen würde, wenn etwa nur 25–30% der Bevölkerung an einem solchen Referendum sich beteiligen würden ..."
Außer den neuen Informationen, die sie durch die Militärgouverneure über den Inhalt und die Zielsetzung der Londoner Sechs-Mächte-Konferenz erhalten hatten, trugen zu dieser Meinungsänderung der deutschen Ministerpräsidenten nicht unwesentlich die Diskussionsbeiträge des Berliner Bürgermeisters Ernst Reuter in Niederwald bei, der – in deutlichem Unterschied zur Position der Oberbürgermeisterin Louise Schröder noch in Koblenz – erklärte: „Wir sind der Meinung, daß die politische und ökonomische Konsolidierung des Westens eine elementare *Voraussetzung* für die Gesundung auch unserer Verhältnisse und für die Rückkehr des Ostens zum gemeinsamen Mutterland ist." Die Wiedergewinnung der Souveränität der Deutschen sei ein historischer Prozeß, der sich in verschiedenen Schritten realisiere. Der Kampf um Berlin während der sowjetischen Blockade sei ein solcher Schritt, die Gründung eines westdeutschen Staates sei ein anderer auf dem selben Wege. „Daraus folgert, daß wir eins in Berlin und im Osten nicht ertragen können: das Verbleiben des Westens in seinem bisherigen politisch unentschiedenen Status."
Diese Argumente, mit denen Ernst Reuter – vor allem gegen Carlo Schmids Thesen – seine „dynamische Kernstaatskonzeption" (H.-P. Schwarz) vortrug, fielen in der Ministerpräsidentenkonferenz auf fruchtbaren Boden; man machte sie sich weitgehend zu eigen und gewann dadurch eine Position, die die Annahme der Frankfurter Dokumente jetzt leichter machte. So kamen die Ministerpräsidenten nach zweitägigen Beratungen zu einem Ergebnis, das sie in einem „Aide-Memoire" den drei westlichen Militärgouverneuren zuleiteten ...
Diese zweite Stellungnahme zu den Frankfurter Dokumenten bildete die Grundlage für die am 26.7. 1948 stattfindende neue dritte Verhandlungsrunde zwischen den drei westlichen Militärgouverneuren und den deutschen Ministerpräsidenten. Obwohl die Haltung der deutschen Seite sichtlich von der Bemühung getragen war, „im Rahmen der Londoner Erklärungen mit den Militärgouverneuren zu einer Einheitlichkeit der Auffassungen zu kommen", nahm das Treffen einen schwierigen Verlauf und kam schließlich lediglich durch eine geschickte Vermittlung des bayerischen Ministerpräsidenten Ehard zu einem einvernehmlichen Ergebnis. Das knappe Presse-Kommuniqué vom 26.7. läßt die Dramatik und Brisanz der Verhandlungen ebensowenig erkennen wie die konkreten Ergebnisse der Übereinkunft:
„Als Ergebnis der letzten Beratungen zwischen den Militärgouverneuren und den Ministerpräsidenten der drei westlichen Zonen, die heute unter Vorsitz von General Koenig stattfanden, wurde ein Übereinkommen erreicht, demzufolge die Organisation der drei Zonen auf der Basis der Londoner Übereinkommen sofort begonnen wird. Die Landtage der elf Länder werden nunmehr sofort mit den nötigen Vorbereitungen zur Auswahl der Vertreter zu der parlamentarischen Versammlung beginnen, welche die vorläufige Konstitution ausarbeiten wird. Es ist in Aussicht genommen, daß der Parlamentarische Rat nicht später als zum 1. September zusammentreten wird. Gewisse Bemerkungen der Ministerpräsidenten wurden den Regierungen zur Information und Berücksichtigung überwiesen. Das endgültig erzielte Übereinkommen über dieses wichtige Problem hat die größte Genugtuung bei den Ministerpräsidenten und Militärgouverneuren ausgelöst."
Der gefundene Kompromiß bestand darin, daß sich die alliierte Serie hinsichtlich der sachlichen Forderungen der Frankfurter Dokumente, die deutsche Seite hinsichtlich ihrer terminologischen Änderungswünsche („Parlamentarischer Rat" statt „Verfassunggebende Versammlung" und „Grundgesetz" statt „Verfassung") durchsetzen konnte. Hinsichtlich des umstrittenen Referendums und der Revision der Ländergrenzen kam man überein, hier die deutschen Gegenvorstellungen (Abstimmung über die Verfassung durch die Landtage und Zurückstellen der Ländergrenzrevision) den Regierungen der drei Westmächte zur letzten Entscheidung zu überweisen (die später auch den deutschen Wünschen entsprechend erfolgte).

Aus: Theo Stammen/Gerold Maier, Der Prozeß der Verfassunggebung, in: Becker/Stammen/Waldmann: Vorgeschichte der Bundesrepublik Deutschland, a.a.O., S. 390ff.

## 6. Beratung des Grundgesetzes im Parlamentarischen Rat

### *a) Carlo Schmid (SPD) am 8.9. 1948*

... Meine Damen und Herren! Worum handelt es sich denn eigentlich bei dem Geschäft, das wir hier zu bewältigen haben? Was heißt denn: „Parlamentarischer Rat“? Was heißt denn „Grundgesetz“? Wenn in einem souveränen Staatswesen das Volk eine verfassunggebende Nationalversammlung einberuft, ist deren Aufgabe klar und braucht nicht weiter diskutiert zu werden: sie hat eine Verfassung zu schaffen. Was heißt aber „Verfassung“? Eine Verfassung ist die Gesamtentscheidung eines freien Volkes über die Formen und die Inhalte seiner politischen Existenz. Eine solche Verfassung ist dann die Grundnorm des Staates. Sie bestimmt in letzter Instanz, ohne auf einen Dritten zurückgeführt zu werden brauchen, die Abgrenzung der Hoheitsverhältnisse auf dem Gebiet, und dazu bestimmt sie die Rechte der Individuen und die Grenzen der Staatsgewalt. Nichts steht über ihr, niemand kann sie außer Kraft setzen, niemand kann sie ignorieren. Eine Verfassung ist nichts anderes als die in Rechtsform gebrachte Selbstverwirklichung der Freiheit eines Volkes. Darin liegt ihr Pathos, und dafür sind die Völker auf die Barrikaden gegangen.

Wenn wir in solchen Verhältnissen zu wirken hätten, dann brauchten wir die Frage: worum handelt es sich denn eigentlich? nicht zu stellen. Dieser Begriff einer Verfassung gilt in einer Welt, die demokratisch sein will, die also das Pathos der Demokratie als ihr Lebensgesetz anerkennen will, unabdingbar ...

Zu den interventionistischen Maßnahmen, die die Besatzungsmächte in Deutschland vorgenommen haben, gehört unter anderem, daß sie die Ausübung der deutschen Volkssouveränität blockiert haben. An und für sich ist die Volkssouveränität, in einem demokratischen Zeitalter zum mindestens, der Substanz nach unvernichtbar und unverzichtbar. Ich glaube, sagen zu können, daß dies auch heute der Standpunkt der offiziellen amerikanischen Stellen ist. Aber man kann die Ausübung der Volkssouveränität ganz oder teilweise sperren. Das ist bei uns 1945 geschehen. Sie wurde ursprünglich völlig gesperrt. Dann wurde diese Sperrung stückweise von den Besatzungsmächten zurückgezogen. Immer weitere Schichten der deutschen Volkssouveränität wurden zur Betätigung freigegeben. Zuerst die Schicht, aus der heraus die Selbstkonstituierung und Selbstverwaltung der Gemeinden erfolgte, dann die Schicht, aus der heraus die politische und administrative Organisation von Gebietsteilen etwa in der Gestalt unserer Länder erfolgte. Die „regionale“ Schicht der deutschen Volkssouveränität wurde hier unter Vorbehalt des Ganzen freigelegt. Aber geben wir uns keinem Irrtum hin: auch bei diesen konstitutiven Akten handelte es sich nicht um freie Ausübungen der Volkssouveränität. Denn auch da war immer die Entscheidung weithin vorgegeben, am weitestgehenden dadurch, daß ja die Besatzungsmächte selber es gewesen sind, die den größten Teil dieser Länder abgezirkelt und damit bestimmt haben. In der britischen Zone hatten die Länder bis heute noch keine Möglichkeit, sich auch nur formell selbst zu konstituieren. Dort wird am besten deutlich, in welchem Umfang Existenz und Konfiguration unserer Länder im wesentlichen Ausfluß des Willens der Besatzungsmächte sind.

Nunmehr hat man uns eine weitere Schicht zur Volkssouveränität freigegeben. Wir müssen uns fragen: Ist das, was uns nunmehr freigegeben worden ist, der ganze verbliebene Rest der bisher gesperrten Volkssouveränität? Manche wollen die Frage bejahen; ich möchte sie energisch verneinen. Es ist nicht der ganze Rest freigegeben worden, sondern ein Teil dieses Restes.

Zuerst räumlich betrachtet: Die Volkssouveränität ist, wo man von ihrer Fülle spricht, unteilbar. Sie ist auch räumlich nicht teilbar. Sollte man sie bei uns für räumlich teilbar halten, dann würde das bedeuten, daß man hier im Westen den Zwang zur Schaffung eines separaten Staatsvolks setzt. Das will das deutsche Volk in den drei Westzonen aber nicht sein! (Lebhafte Zustimmung.) Es gibt kein westdeutsches Staatsvolk und wird keines geben! (Erneute Zustimmung.) ...

Zu dieser räumlichen Einschränkung der Möglichkeit, Volkssouveränität auszuüben, kommt noch eine substanzielle Einschränkung. Wenn man die Dokumente Nr. I und III liest, die die Militärbefehlshaber den Ministerpräsidenten übergeben haben, dann erkennt man, daß die Besatzungsmächte sich eine ganze Reihe von Sachgebieten und Befugnissen in eigener oder in konkurrie-

render Zuständigkeit vorbehalten haben. Es gibt fast mehr Einschränkungen der deutschen Befugnisse in diesem Dokument Nr. I als Freigaben deutscher Befugnisse!
Die erste Einschränkung ist, daß uns für das Grundgesetz bestimmte Inhalte auferlegt worden sind; weiter, daß wir das Grundgesetz, nachdem wir es hier beraten und beschlossen haben, den Besatzungsmächten zur Genehmigung werden vorlegen müssen. Dazu möchte ich sagen: Eine Verfassung, die ein anderer zu genehmigen hat, ist ein Stück Politik des Genehmigungsberechtigten, aber kein reiner Ausfluß der Volkssouveränität des Genehmigungspflichtigen! (Sehr wahr!)
Die zweite Einschränkung ist, daß uns entscheidende Staatsfunktionen versagt sind: Auswärtige Beziehungen, freie Ausübung der Wirtschaftspolitik; eine Reihe anderer Sachgebiete sind vorbehalten. Legislative, Exekutive und sogar die Gerichtsbarkeit sind gewissen Einschränkungen unterworfen.
Die dritte Einschränkung: Die Besatzungsmächte haben sich das Recht vorbehalten, im Falle von Notständen die Fülle der Gewalt wieder an sich zu nehmen. Die Autonomie, die uns gewährt ist, soll also eine Autonomie auf Widerruf sein, wobei nach den bisherigen Texten die Besatzungsmächte es sind, die zu bestimmen haben, ob der Notstand eingetreten ist oder nicht.
Vierte Einschränkung: Verfassungsänderungen müssen genehmigt werden.
Als: Auch die jetzt freigegebene Schicht der ursprünglich voll gesperrten deutschen Volkssouveränität ist nicht das Ganze, sondern nur ein Fragment. Daraus ergibt sich folgende praktische Konsequenz: Um einen Staat im Vollsinne zu organisieren, muß die Volkssouveränität sich in ihrer ganzen Fülle auswirken können. Wo nur eine fragmentarische Ausübung möglich ist, kann auch nur ein Staatsfragment organisiert werden …
Die eigentliche Verfassung, die wir haben, ist auch heute noch das geschriebene oder ungeschriebene Besatzungsstatut. Die Art und Weise, wie die Besatzungsmächte die Besatzungshoheit ausüben, bestimmt darüber, wie die Hoheitsbefugnisse auf deutschem Boden verteilt sein sollen. Sie bestimmt auch darüber, was an den Grundrechten unserer Länderverfassungen effektiv und was nur Literatur ist. Diesem Besatzungsstatut gegenüber ist alles andere sekundär, solange man in Anerkennung seiner Wirklichkeit handelt. Nichts ist für diesen Zustand kennzeichnender als der Schlußsatz in Dokument Nr. III, worin ausdrücklich gesagt ist, daß nach dem Beschluß des Parlamentarischen Rates und vor der Ratifikation dieses Beschlusses in den Ländern die Besatzungsmächte das Besatzungsstatut verkünden werden, damit das deutsche Volk weiß, in welchem Rahmen seine „Verfassung" gilt. Wenn man einen solchen Zustand nicht will, dann muß man dagegen handeln wollen. Aber das wäre dann Sache des deutschen Volkes selbst und nicht Sache staatlicher Organe, die ihre Akte jeweils vorher genehmigen lassen müssen.
Damit glaube ich die Frage beantwortet zu haben, worum es sich bei unserem Tun denn eigentlich handelt. Wir haben unter Bestätigung der alliierten Vorbehalte das Grundgesetz zur Organisation der heute freigegebenen Hoheitsbefugnisse des deutschen Volkes in einem Teile Deutschlands zu beraten und zu beschließen. Wir haben nicht die Verfassung Deutschlands oder Westdeutschlands zu machen. Wir haben keinen Staat zu errichten.
Wir haben etwas zu schaffen, das uns die Möglichkeit gibt, gewisser Verhältnisse Herr zu werden, besser Herr zu werden, als wir das bisher konnten. Auch ein Staatsfragment muß eine Organisation haben, die geeignet ist, den praktischen Bedürfnissen der inneren Ordnung eines Gebietes gerecht zu werden. Auch ein Staatsfragment braucht eine Legislative, braucht eine Exekutive und braucht eine Gerichtsbarkeit …
Meine Damen und Herren! Es ist uns aufgegeben worden, ein Grundgesetz zu machen, das demokratisch ist und ein Gemeinwesen des föderalistischen Typs errichtet. Was bedeutet das? Welche allgemeinen Inhalte muß danach das Grundgesetz haben, wenn diesen Auflagen Gerechtigkeit erwiesen werden soll? Was heißt denn eigentlich bei Verfassungen „demokratisch"? Gerade heute gefällt man sich darin, die Demokratie „weiterzuentwickeln", indem man „progressistische" Demokratien erfindet (Zurufe von der SPD: „Volks"demokratie!) – Lucus a non lucendo. – Mir persönlich liegt es, wenn von Demokratie gesprochen wird, eher dabei an die klassische Demokratie zu denken, für die bisher die Völker Europas gekämpft haben. Wenn wir das so Erkämpfte betrach-

ten, dann finden wir, daß offenbar einige Merkmale erfüllt sein müssen, wenn von einer demokratischen Verfassung soll gesprochen werden können.

Das Erste ist, daß das Gemeinwesen auf die allgemeine Gleichheit und Freiheit der Bürger gestellt und gegründet sein muß, was in zwei Dingen zum Ausdruck kommt. Einmal im rechtsstaatlichen Postulat; daß jedes Gebot und jedes Verbot eines Gesetzes bedarf und daß dieses Gesetz für alle gleich sein muß; und zweitens durch das volksstaatliche Postulat, das verlangt, daß jeder Bürger in gleicher Weise an dem Zustandekommen des Gesetzes teilhaben muß. Ob das in der Form der plebiszitären unmittelbaren Demokratie erfolgt oder in der Form der repräsentativen Demokratie, wird im allgemeinen eine Zweckmäßigkeitsfrage sein, bei der das quantitative Element den Ausschlag wird geben müssen. Das Entscheidende ist, daß jeder Hoheitsträger mittelbar oder unmittelbar auf einen Wahlakt muß zurückgeführt werden können. Der Beamte zum Beispiel muß durch einen Minister ernannt sein, der selber durch ein allgemein gewähltes Parlament bestätigt und eingesetzt worden ist ...

Das Zweite, was verwirklicht sein muß, wenn man von demokratischer Verfassung im klassischen Sinne des Wortes sprechen will, ist das Prinzip der Teilung der Gewalten. Sie wissen, daß die Verfassung von 1792 den Satz enthielt, daß ein Staat, der nicht auf dem Prinzip der Teilung der Gewalten aufgebaut sei, überhaupt keine Verfassung habe ...

Als drittes Erfordernis für das Bestehen einer demokratischen Verfassung gilt im allgemeinen die Garantie der Grundrechte. In den modernen Verfassungen finden wir überall Kataloge von Grundrechten, in denen das Recht der Personen, der Individuen, gegen die Ansprüche der Staatsraison geschützt wird. Der Staat soll nicht alles tun können, was ihm gerade bequem ist, wenn er nur einen willfährigen Gesetzgeber findet, sondern der Mensch soll Rechte haben, über die auch der Staat nicht soll verfügen können. Die Grundrechte müssen das Grundgesetz regieren; sie dürfen nicht nur ein Anhängsel des Grundgesetzes sein, wie der Grundrechtskatalog von Weimar ein Anhängsel der Verfassung gewesen ist. Diese Grundrechte sollen nicht bloße Deklamationen, Deklarationen oder Direktiven sein, nicht nur Anforderungen an die Länderverfassungen, nicht nur eine Garantie der Länder-Grundrechte, sondern unmittelbar geltendes Bundesrecht, auf Grund dessen jeder einzelne Deutsche, jeder Bewohner unseres Landes vor den Gerichten soll Klage erheben können.

Nun wird die Frage sein, wieweit man den Umfang dieses Grundrechtskatalogs ziehen will. Sollen lediglich die sogenannten Grundrechte aufgenommen werden, also die Rechte der Individualperson, oder auch die Rechtsbestimmungen über die sogenannten Lebensordnungen, die so zahlreich über unsere neuen Länderverfassungen hin verstreut sind: Wirtschaft, Kultur, Familie usw.? Vielleicht wird es sich bei einem Provisorium empfehlen, keine endgültige Gestaltung der Lebensordnung zu versuchen und sich statt dessen zu begnügen, einen recht klaren und wirksamen Katalog von Individual-Grundrechten aufzustellen, so wie in den klassischen Bills of Rights der angelsächsischen Länder verfahren worden ist. Aber auf der anderen Seite sollte das Grundgesetz die Länder nicht daran hindern, von ihren weitergehenden Grundrechten und Ordnungsbestimmungen Gebrauch zu machen.

Die Frage wird auch sein, ob diese Grundrechte betrachtet werden als Rechte, die der Staat verliehen hat, oder als vorstaatliche Rechte, als Rechte, die der Staat schon antrifft, wenn er entsteht, und die er lediglich zu gewährleisten und zu beachten hat. Auch das ist nicht nur von theoretischer, sondern von eminent praktischer Bedeutung, insbesondere für die Entscheidung der Frage, ob diese Grundrechte auch sollen auf Schranken stoßen können: Sollen sie schlechthin absolut unberührbar sein? Ich glaube, daß man bei den Grundrechten eine immanente Schranke wird anerkennen müssen: es soll sich jener nicht auf die Grundrechte berufen dürfen, der von ihnen Gebrauch machen will zum Kampf gegen die Demokratie und die freiheitliche Grundordnung. (Lebhafte Zurufe: Sehr richtig!) Wir wollen nicht mehr, daß man sich auf das Grundrecht der Pressefreiheit berufen kann nur zu dem einen Zweck, die Republik zu beseitigen, um an ihre Stelle eine Diktatur zu setzen, die keine Pressefreiheit mehr kennen wird! (Lebhafte Zustimmung.) Wir wollen auch nicht haben, daß man diese Grundrechte mit einem allgemeinen Gesetzesvorbehalt versieht, wie das

etwa in den Verfassungsrichtlinien des Volksrats und in einigen Verfassungen der Länder der Ostzone der Fall ist. Wenn ich jedes Grundrecht durch Gesetz einschränken kann, dann ist es sinnlos, es durch die Verfassung zu garantieren, (erneute lebhafte Zustimmung) dann ist es eine bloße Deklamation und keine effektive Wirklichkeit. Der allgemeine Gesetzesvorbehalt entwertet das Grundrecht, reduziert es auf Null.
Man wird aber bei einigen Grundrechten ohne einen beschränkten Gesetzesvorbehalt nicht auskommen können. Ich erinnere nur an alles, was sich aus der Notwendigkeit zum Beispiel der Wohnungsbewirtschaftung ergibt, der Einquartierungen und anderem mehr. Aber man sollte von diesen beschränkten Vorbehalten nur einen äußerst sparsamen Gebrauch machen, und keinesfalls sollen die Möglichkeiten des Gesetzgebers so weit gehen, daß er das Grundrecht in seiner Substanz kränken kann.
Und nun das Entscheidende: soll der Staat den Grundrechten gegenüber vom Staatsnotstandsrecht Gebrauch machen können, so daß er, wenn er mit den ordentlichen Mitteln nicht fertig werden kann, die Grundrechte aufhebt, um Ruhe und Ordnung und Sicherheit wieder herzustellen? Man wird sich diese Frage sehr genau überlegen müssen. Man wird sich fragen müssen, ob die Tatsache der Unberührbarkeit der Grundrechte in sich selber nicht ein so hohes Gut ist, daß der Staat auch in Zeiten des Notstands vor ihnen soll zurücktreten müssen. Vielleicht kann eine Untersuchung der möglichen Tatbestände zeigen, daß bei Notständen, wie sie bei uns denkbar sind, der Staat im allgemeinen mit den gewöhnlichen polizeilichen Mitteln wird fertigwerden können. Vielleicht aber wird man auch zur Erkenntnis kommen, daß diese Mittel nicht genügen könnten und daß dann das Individuum vor dem Notstand des Staates zurückstehen muß. Sollte man zu dieser Überzeugung kommen, wird man aber darauf bedacht sein müssen, daß auch im Fall des Notstands nur bestimmte Grundrechte sollen suspendiert werden dürfen, und auch dann nur für Zeit und nur unter der Kontrolle demokratischer Institutionen ...
Mein Anliegen ist gewesen, klare Einsicht zu vermitteln und dabei nüchtern zu verfahren. Klare Einsicht, und Nüchternheit und leidenschaftliche Liebe zum deutschen Volke und brennende Sorge um den Frieden Europas werden die Sozialdemokratische Partei bei ihrer Arbeit im Parlamentarischen Rate leiten. Einsicht und Nüchternheit gebieten, die Begrenzungen zu erkennen, denen unsere Möglichkeiten unterworfen sind. Je mehr wir bei voller Ausschöpfung dieser Möglichkeit dieser Realität Rechnung tragen, desto wirksamer wird das Instrument sein, das wir zu schmieden haben. Wofür schmieden wir dieses Instrument? Schmieden wir es, um Deutschland zu spalten? Wir schmieden es, weil wir es brauchen, um die erste Etappe auf dem Wege zur staatlichen Einigung aller Deutschen zurückzulegen! Noch liegen die weiteren Etappen außerhalb unseres Vermögens. Möchten die Besatzungsmächte sich der Verantwortung bewußt sein, die sie übernommen haben, als sie sich zu Herren unseres Schicksals aufwarfen. Diese Verantwortung schließt die Pflicht ein, um des Friedens Europas willen Deutschland endlich den Frieden zurückzugeben und damit dem deutschen Volk die Möglichkeit, von seinem unvernichtbaren Recht auf eigene Gestaltung der Formen und Inhalte seiner politischen Existenz Gebrauch zu machen. Ein geeintes demokratisches Deutschland, das seinen Sitz im Rate der Völker hat, wird ein besserer Garant des Friedens und der Wohlfahrt Europas sein als ein Deutschland, das man angeschmiedet hält wie einen bissigen Kettenhund! (Beifall.)

Zit. nach: Geschichte in Quellen. Die Welt seit 1945, a.a.O., S. 169ff.

*b) Adolf Süsterhenn (CDU) am 8. 9. 1948*

Wenn also der äußere Anstoß zur Bildung dieses Parlamentarischen Rates, dem die Aufgabe gestellt ist, eine vorläufige Verfassung bzw. ein Grundgesetz für die politische Zusammenfassung der Länder der Westzonen auszuarbeiten, von den Vertretern der Besatzungsmächte ausgeht, so bedeutet das nicht, daß wir hier unser Mandat letztlich von der Besatzungsmacht herzuleiten und uns als ausführendes Organ eines fremden Willens zu betrachten haben. Schon die Ministerpräsidenten waren nicht Befehlsempfänger, sondern vor die freie Wahl gestellt, ob sie von der seitens der Besatzungsmacht gewährten Autorisation Gebrauch machen wollen oder nicht. Als die von ihren Landtagen gewählten demokratischen Repräsentanten ihrer Länder, die auch der dauernden Kontrolle ihrer Landtage unterworfen sind, haben sie sich im allgemeinen gesamtdeutschen Interessen gegenüber den Militärgouverneuren bereit erklärt, von der ihnen gebotenen Ermächtigung Gebrauch zu machen und die Vorbereitungen für die Bildung der politischen Organisation der Trizone in die Wege zu leiten.

Die Entscheidung der Ministerpräsidenten beruht also auf einem feien deutschen Willensentschluß. Damit ist eine neue selbständige Kausalkette in die politische Entwicklung eingefügt worden, die zu unserem Zusammentritt hier geführt hat. Im Rahmen dieses deutsch bestimmten Kausalzusammenhangs haben die Landtage der elf Länder uns gewählt und uns den Auftrag erteilt, ein Staatsgrundgesetz für die politische und wirtschaftliche Zusammenfassung der Länder der drei Westzonen auszuarbeiten. Wir stehen also nicht hier in einem fremden Auftrag, sondern handeln auf Grund eines deutschen Auftrags, der uns von den elf Landtagen gemeinsam erteilt worden ist, also den bis zu unserem Zusammentritt einzigen Repräsentanten deutschen demokratischen Wollens.

Diese deutsche demokratische Legitimation unserer politischen Arbeit müssen wir deutlich herausstellen einerseits gegenüber den Kräften unseres Volkes, die, ohne selbst eine solche deutsche demokratische Legitimation zu besitzen, uns als Söldlinge des amerikanischen Kapitals verdächtigen, andererseits gegenüber den Besatzungsmächten, auch den westlichen Besatzungsmächten, denen gegenüber wir die Interessen des deutschen Volkes zu vertreten haben. Der vom Abgeordneten Schmid vertretenen Auffassung, daß auch die Tätigkeit dieser Versammlung in Funktion der obersten Gewalt geschehe, die die Besatzungsmacht in Anspruch nimmt, und nicht etwa Ausdruck deutscher Volkssouveränität sei, vermögen wir uns nicht anzuschließen. Wir bekennen uns vielmehr zu dem schon vor der christlichen Staatslehre des Mittelalters ausgesprochenen Grundsatz, daß jedes Volk einen von Gott gegebenen Anspruch auf politische Selbstorganisation und eigene politische Repräsentation besitzt. Schon der große europäische Staatsphilosoph Thomas von Aquin, der wirklich ein Europäer war, der in Italien geboren, in Köln studiert, in Paris gelehrt hat, bekennt sich zu dem Grundsatz, daß das Volk der naturrechtliche Träger der Staatsgewalt ist, daß diese Staatsgewalt also wesenhaft beim Volke liegt.

Auch das deutsche Volk hat nach unserer Auffassung seinen naturrechtlichen Anspruch auf politische Selbstbestimmung und Selbstdarstellung durch eine eigene Staatsgewalt nicht eingebüßt, auch nicht durch die sogenannte bedingungslose Kapitulation, die im übrigen der Herr Abgeordnete Schmid ihrem juristischen Wesen nach heute morgen durchaus zutreffend gekennzeichnet hat. Die deutsche Staatsgewalt ist potentiell beim deutschen Volk verblieben, und unsere Aufgabe ist es nunmehr, diese Staatsgewalt wieder zu aktualisieren. Durch unsere gesetzgeberische Arbeit, die eine der wichtigsten demokratischen Befugnisse eines Volkes überhaupt darstellt, tritt zum erstenmal wieder der Ansatz einer über die Länder- und Zonenebene hinausreichenden deutschen politischen Gewalt in die Erscheinung.

Als Repräsentanten dieser in Wiedererstehung begriffenen deutschen Staatsgewalt fühlen wir uns in der Erfüllung unserer Aufgabe völlig frei und nur verantwortlich dem deutschen Volk und unserem Herrgott. Man könnte zwar einwenden, diese unsere Freiheit sei nur eine Fiktion, weil in Dokument Nr. I seitens der Militärbefehlshaber gewisse Mindestanforderungen an die von uns zu erarbeitende Verfassung gestellt sind, nämlich eine demokratische Verfassung auszuarbeiten, die für die beteiligten Länder eine Regierungsform des föderalistischen Typs schafft, die die Rechte der beteiligten Länder schützt, eine angemessene Zentralinstanz schafft und schließlich Garantien der individuellen Rechte und Freiheiten enthält. Die Militärgouverneure können, wie aus dem Dokument Nr. I hervorgeht, ihre Zustimmung zu der kommenden Verfassung davon abhängig machen, daß sie mit diesen allgemeinen Grundsätzen nicht im Widerspruch steht. Die Fraktion der CDU/CSU erblickt in diesen von den Militärgouverneuren aufgestellten Grundsätzen und Mindestforderungen keinerlei Beschränkung ihrer politischen Willensfreiheit; denn diese Grundsätze entsprechen vielmehr dem, was meine Fraktion von sich aus auch ohne Existenz einer Militärregierung und ohne eine Forderung der Besatzungsmacht von der künftigen deutschen Verfassung verlangt...

Andererseits würden wir uns allerdings einer verhängnisvollen Selbsttäuschung hingeben, wenn wir die in der Natur der Sache liegenden Beschränkungen unserer Arbeitsmöglichkeit nicht erkennen würden. Unser aller Wille ist darauf gerichtet, die staatliche Einheit wiederherzustellen und Deutschland als voll souveränen Staat in die europäische Völkergemeinschaft und in die Gemeinschaft der freien demokratischen Organisationen der Welt wieder einzuordnen.

Die Verwirklichung dieses Vorhabens ist zur Zeit noch nicht möglich, und zwar, wie wir ausdrücklich feststellen möchten, nicht durch unsere Schuld. Wir haben von jeher die Aufspaltung Deutschlands in Zonen abgelehnt. Soweit es in unserer Kraft lag, haben wir uns bemüht, die Zonengrenzen zu überwinden und wenigstens im Wege der Koordination dem Gedanken der deutschen Einheit zu dienen. Wir freuen uns, daß es durch unsere Arbeit hier im Parlamentarischen Rat nunmehr ermöglicht werden soll, die politische und wirtschaftliche Einheit wenigstens der drei Westzonen wiederherzustellen. Wir würden es von ganzem Herzen begrüßen, wenn auch die gesamte Ostzone durch freigewählte Vertreter hier vollberechtigt vertreten wäre, um Gesamtdeutschland mit uns gemeinsam aufzubauen. Die Konfliktsituation zwischen den Alliierten, der verhängnisvolle Riß zwischen Ost und West, der quer durch Deutschland und Europa geht, hindert uns an der Durchführung unseres Vorhabens. Als Realpolitiker wollen wir im Interesse des deutschen Volkes das Bestmögliche zu erreichen versuchen. Wir betrachten die politische und wirtschaftliche Zusammenfassung der drei westlichen Zonen als einen wesentlichen Fortschritt gegenüber dem bisherigen Zustand, wo die beiden angelsächsischen Zonen nur wirtschaftsorganisatorisch vereinigt sind und die französische Zone noch politisch und wirtschaftlich völlig unverbunden neben den anderen Zonen steht. Unser Ziel ist, die deutsche Einheit auf der jeweils erreichbaren höchsten Ebene zu verwirklichen. (Sehr gut! bei der CDU.)

Wenn wir diese Einheit nunmehr für die drei Westzonen herstellen, sind wir uns bewußt, daß unser Werk gebietsmäßig so lange ein Torso bleibt, bis die Gebiete des deutschen Ostens den Zusammenschluß mit den deutschen Westgebieten vollzogen haben werden. Wir nehmen aber den fragmentarischen Charakter unseres Reiches in gebietsmäßiger Hinsicht bewußt in Kauf. Denn es erscheint uns im Interesse Gesamtdeutschlands einschließlich des deutschen Ostens, aber auch im Interesse Europas unabweislich notwendig, die politische Konsolidierung der drei Westzonen zu bewirken, weil sie die Voraussetzung auch für die wirtschaftliche Gesundung der Lebensverhältnisse unseres gesamten Volkes darstellt. Eine Fortdauer des gegenwärtigen politischen und wirtschaftlichen Chaos würde nicht nur eine Gefährdung der Existenz unseres deutschen Volkes bedeuten, sondern ganz Europa, das sich bereits am Rande des Abgrundes befindet, mit in unser Verderben hineinziehen. Nur die sofortige und effektive Konsolidierung Westeuropas und die Schaffung einer politischen Ordnungs- und einer wirtschaftlichen Wohlstandssphäre in Westdeutschland wird in der Lage sein, auf die auch dem abendländischen Kulturbereich angehörenden Völker Ost-, Mittel- und Südeuropas soviel Anziehungskraft auszuüben, daß ihre demnächstige Wiedereingliederung in die europäische Konföderation ermöglicht wird. (Sehr gut! bei der CDU.)

Wir gehen unseren politischen Weg bei der Zusammenfassung der drei Westzonen ohne Rücksicht auf einen etwaigen Vorwurf des Separatismus, von welcher Seite er auch erhoben werden mag. Die Schuldfrage, wen die Verantwortung für die bisher weithin bereits vollzogene Aufspaltung Deutschlands trifft, ist durch die über Berlin verhängte Hungerblockade gegen Frauen und Kinder auch dem primitivsten Beurteiler klar geworden, und zwar so plastisch und eindringlich, daß keine Vernebelungspropaganda daran mehr etwas verwischen kann.

Im übrigen werden wir unsere Arbeit so gestalten, daß bei einer Veränderung der politischen Verhältnisse die Länder der Ostzone mit gleichen Rechten und Pflichten die Mitgliedschaft in dem von uns zu schaffenden Bundesstaat erwerben können, wobei wir allerdings zur Bedingung machen, daß nicht nur die Verfassung, sondern auch die realen politischen Verhältnisse der Länder der

Ostzone freiheitlichen, demokratischen und rechtsstaatlichen Grundsätzen entsprechen. (Sehr gut! bei der CDU.) ...

Zit. nach: Geschichte in Quellen. Die Welt seit 1945, a.a.O., S. 180ff.

*c) Carlo Schmid (SPD) am 20.10.1948*

Deutschland ist von uns also nicht neu zu konstituieren, sondern neu zu organisieren. Hierauf hat in einer demokratischen Welt jedes Volk ein eigenständiges und unverzichtbares Recht. Man nennt dieses Recht Volkssouveränität, was nichts anderes bedeutet als das Recht auf freie Gestaltung des nationalen Lebens. Dieses Recht steht auch dem deutschen Volke zu und ist weder durch die Kapitulation noch durch die Besetzung untergegangen. Die Besetzung Deutschlands hat aber die Ausübung dieses Rechtes erheblichen Beschränkungen unterworfen. Diese Beschränkungen waren ursprünglich absolut. Sie wurden in der Folgezeit immer mehr gelockert, bis schließlich die westlichen Besatzungsmächte die Riegel soweit zurückgezogen haben, daß wir heute imstande sind, im Westen Deutschlands eine Organisation zu schaffen, die uns erlauben wird, zum mindesten unsere inneren Angelegenheiten in hoffentlich voller Autonomie selbst und einheitlich zu besorgen und zu verantworten.

Wir können mit der Schaffung höherer Organisationsformen, als die Länder sind, nicht warten, bis die vier Besatzungsmächte sich auf eine gemeinsame Deutschlandpolitik geeinigt haben. Das kann noch lange dauern. Bis dahin könnte das Chaos in Deutschland endgültig geworden sein. Wir müssen auf der jeweils höchsten möglichen territorialen Stufe die deutschen Hoheitsbefugnisse in geordneter Weise in einer Spitze zusammenfassen, die so ausgestaltet ist, daß es möglich wird, gesamtdeutschen Anliegen unter gesamtdeutschen Gesichtspunkten gerecht zu werden. Das muß in der Präambel gesagt werden.

Damit sind aber gleichzeitig andere Zielsetzungen zum Ausdruck zu bringen. Durch das Grundgesetz soll ja eine Ordnung geschaffen werden, die jedem einzelnen Deutschen die Freiheitsrechte schützt, ohne die ein Leben in Würde und Selbstachtung nicht möglich ist.

Weiter soll das Grundgesetz ein wesentliches Mittel für die Erhaltung der Einheit der deutschen Nation sein: es wird Mut und Entschlossenheit und Hoffnung und Zuversicht auch dort wecken, wo eine schwere Hand die Deutschen vielleicht schon verzagen und ihnen die deutsche Zukunft ausweglos erscheinen ließ.

Schließlich muß die Präambel deutlich machen, daß dieses Grundgesetz nicht Selbstzweck ist, sondern daß es nichts anderes ist als die heute mögliche Etappe auf dem Wege, der zur Schaffung einer neuen staatlichen Ordnung für die Bundesrepublik Deutschland führt.

Ich glaube, meine Damen und Herren, daß wir uns alle in folgendem einig sind: wir wollen durch dieses Grundgesetz keinen separaten westdeutschen Staat schaffen, sondern wir wollen lediglich die Grundnorm für das Gefüge des organisatorischen Aufbaus schaffen, in dem das gesamtdeutsche Staatswesen, das durch Auflagen, die von außen kommen, an der vollen Selbstverwirklichung verhindert ist, heute in Erscheinung zu treten vermag. Es kann dies heute nur als Fragment; denn wesentliche Elemente der Staatlichkeit bleiben ihm auch weiterhin noch versagt. Und dieser organisatorische Aufbau kann nur auf einem Teil des deutschen Staatsgebietes verwirklicht werden. Denn nur auf einem Teil dieses Gebietes wurde dem deutschen Volk erlaubt, in freier Wahl Abgeordnete zu entsenden, um die Formen und Inhalte dieses Notbaues zu bestimmen. Aber wenn auch nur auf ein Teilgebiet Deutschlands beschränkt – was der Parlamentarische Rat schafft, ist eine gesamtdeutsche Angelegenheit

(Bravo!)

und geschieht seiner Legitimität nach auf Grund eines gesamtdeutschen Mandats,

(Beifall)

eines Mandats des deutschen Volkes, das sich in Ländern gliedert, aber nicht auf Grund eines Mandats der deutschen Länder selbst!

Gewiß, die Legalität unseres Mandats beschränkt sich auf die Vollmacht, die uns – in gesamtdeutscher treuhänderischer Funktion handelnd – die Landtage der elf Länder zu geben vermochten. Wir wissen aber, daß alle Deutsche, auch jene, denen man nicht erlaubt hat, Abgeordnete zu wählen, in uns die Treuhänder auch ihrer Rechte und die Träger auch ihres Willens sehen.
(Zustimmung.)
Darum sind wir legitimiert, auch für sie zu handeln. Weil dem so ist, sitzen – um nur eines zu nennen – die Abgeordneten Berlins in unserer Mitte, wenngleich, wie wir wissen, Berlin nicht Gegenstand der Londoner Empfehlungen war.
Die Folgerung aus all dem ist, daß im Westen Deutschlands durch das Grundgesetz keine partikuläre Hoheitsgewalt, sondern gesamtdeutsche Hoheitsgewalt – die heute mögliche Hoheitsgewalt der Bundesrepublik Deutschland – ausgeübt werden wird.
Es haben manche gefragt, warum wir nicht bei dem alten Namen „Deutsches Reich" geblieben seien. Wir haben es deswegen nicht getan, weil um diesen Namen Reich gewisse Untertöne schwingen, die seit einer geraumen Zahl von Jahren – entgegen der Tradition des alten Deutschen Reiches – sich verhängnisvoll ausgewirkt haben. Wir sollten einmal in Deutschland versuchen, auch einem nüchternen Namen, wie der Name Republik es ist, durch unser gegenwärtiges Tun eine Weihe zu geben, die imstande ist, die Deutschen in seinem Zeichen zu großen Taten des Friedens zu beflügeln.

Zit. nach: Carl Christoph Schweitzer (Hg.), Die deutsche Nation. Aussagen von Bismarck bis Honecker. Köln 1976, S. 308f.

*d) Heinz Renner (KPD) am 20. 10. 1948*

Aber eines steht fest: Diese Verfassung, die Sie sich hier geben, ist die Verfassung für einen separaten föderalistischen Weststaat. Sie wollen nicht sagen „Weststaat". Alles Gerede ändert aber nichts an der Tatsache, daß Sie ihn praktisch schaffen.
(Abg. Dr. Schmid: Und der Oststaat?)
Sie sagen, das deutsche Volk der westdeutschen Länder habe Ihnen den Auftrag gegeben, eine den Aufgaben der Übergangszeit dienende Ordnung der Hoheitsgewalt und so eine staatliche Ordnung für die Bundesrepublik Deutschland zu schaffen. Das ist Ihre „Aktivlegitimation", von der Sie Gebrauch machen.
Und nun die Wirklichkeit, die historische Wahrheit: Sie haben keine Aktivlegitimation vom deutschen Volk erhalten! Sie sitzen hier in Ausübung eines Befehles der Militärregierungen, enthalten in den Londoner Empfehlungen, die an Sie weitergeleitet wurden durch die Herren Ministerpräsidenten.
(Abg. Dr. Schmid: Sie sitzen ja mit dabei!)
Das ist die historische Wahrheit. Es kommt aber darauf an, Herr Dr. Schmid, zu welchem Zwecke man hier sitzt. Wenn man zu dem Zwecke hier sitzt, den Sie verfolgen, am Ende langer Diskussionen zu einem Kompromiß zu kommen,
(Zuruf: sehr richtig!)
dann ist das etwas anderes, als wenn man zu dem Zweck in dieses Hohe Haus eingetreten ist – –
(Zuruf: die Diktatur zu erreichen!)
– versuchen Sie doch, ein bißchen sachlich zu bleiben – ich sage also: dann ist es etwas anderes, als wenn man in dieses Hohe Haus allein deswegen hineingeht, um zu verhüten, daß die Spaltung, die Sie betreiben, sich so unter Ausschluß der Öffentlichkeit vollzieht.
(Abg. Dr. Schmid: Das könnten Sie besser im Osten sagen!)
Leider haben wir im Augenblick nicht die Kraft, die Spaltung aufzuhalten.
(Abg. Dr. Schmid: Im Osten könnten Sie es?!)
...
Und nun sagen Sie: Wir laden das gesamte deutsche Volk ein, sich dieser unserer Verfassung anzuschließen. Sie sagen weiter, daß Sie das tun auf Grund der Tatsache, daß Ihnen das deutsche Volk in seiner Gesamtheit das Mandat gegeben hätte, einschließlich der Vertreter Berlins, wobei Sie unter-

lassen, davon zu sprechen, daß die Vertreter Berlins bestenfalls die Westsektoren Berlins vertreten. Sie sagen also: Wir laden das übrige deutsche Volk ein, sich dieser Verfassung anzuschließen. – Da ergibt sich doch nun die Frage: Wer lädt wen ein, und in welche Verfassung soll der Eintretende sich hineinbegeben?
(Zuruf: In eine demokratische, Herr Renner, nicht in eine volksdemokratische Ihrer Art!)
– Ich werde Sie noch auf einige Unterschiede in der Demokratie hüben und drüben aufmerksam machen.
(Große Heiterkeit.)
...
Und nun ein letztes Wort: Wir sind der Auffassung, daß eine gesamtdeutsche Republik gebildet werden muß, in der die monopolkapitalistischen Kräfte, die auf den Krieg treiben und die für den letzten Krieg verantwortlich sind, wirtschaftlich und politisch entmachtet sind. Wir stehen auf dem Boden einer zentralen deutschen Republik, die die Grundsätze verwirklicht, die ja in der Ostzone auf politischem, wirtschaftlichem und gesellschaftlichem Gebiet vollzogen worden sind. Wir sind der Auffassung, daß allein die Verwirklichung dieser Grundvoraussetzungen und -bedingungen das schafft, was Sie alle angeblich wollen, nämlich die Sicherung der Einheit der Nation, den sozialen Fortschritt, den Frieden und die Völkerverständigung. Das ist der Inhalt der Verfassung, wie wir sie bejahen. Und da diese Punkte weder in Ihrer Präambel noch in Ihrer Verfassung vorgesehen sind, lehnen wir diese Präambel ab.

Zit. nach: Carl Christoph Schweitzer (Hg.), Die deutsche Nation, a.a.O., S. 315 ff.

## 7. Der Einfluß gesellschaftlicher Kräfte auf die Beratungen des Parlamentarischen Rates

*Gewerkschaften*

Von den Interessenverbänden, die sich um 1948 in den Westzonen bereits wieder konstituiert hatten, waren die Gewerkschaften fraglos am bedeutendsten; damals noch als „Gewerkschaftsrat der Vereinten Zonen“ organisiert, hatten sie sich im Rahmen der Verfassungsdiskussion des Sommers 1948 positiv für eine Demokratiegründung in Westdeutschland ausgesprochen und akzeptierten daher die Notwendigkeit einer (provisorischen) Verfassungsgebung durch den Parlamentarischen Rat. Es verstand sich, daß die Gewerkschaften, ihrem Selbstverständnis als Organisation der Arbeitnehmer entsprechend, vor allem auf wirtschafts- und sozialpolitischem Gebiet Vorstellungen für eine neue Verfassungsordnung entwickelten. Obwohl sie schon damals von ihrer Massenbasis zweifelsfrei zu den mächtigsten Interessenvertretungen in Westdeutschland gehörten, vermochten sie erstaunlicherweise nur einen recht begrenzten Einfluß auf die Verfassungsberatungen des Parlamentarischen Rates auszuüben. Die Gründe dafür lagen einmal in der Tatsache, daß die Gewerkschaften über keine eigenen Vertreter im Parlamentarischen Rat verfügten, sondern sich auf die SPD-Fraktion, aber auch auf den Arbeitnehmerflügel der CDU-Fraktion angewiesen sahen, mithin ihre Verfassungskonzeptionen nur indirekt über diese zur Geltung bringen konnten. Zum anderen bestand bei den Fraktionen des Parlamentarischen Rates schon früh Übereinstimmung darüber, daß die ja als Provisorium zu konzipierende Verfassung keine geschlossene Wirtschafts- und Sozialordnung enthalten solle. Dieser Verzicht mußte sich zwangsläufig zu ungunsten der Gewerkschaften auswirken, die gerade auf diesem Gebiet den eindeutigen Schwerpunkt ihrer Verfassungsvorstellungen besaßen. So schwer es ihnen fallen mußte, stimmten sie im Einvernehmen mit der SPD und ihrer Einschätzung des Grundgesetzes als einer provisorischen Verfassung zu, eine detailliertere normative Fixierung ihrer sozialpolitischen Forderungen aus dem Grundgesetz auszuklammern. C. Schmid (SPD) empfahl dementsprechend im Parlamentarischen Rat, „keine endgültige Gestaltung der Lebensordnungen zu versuchen, im Grundgesetz sich auf einen Katalog von Individual-Grundrechten zu beschränken“.

*Unternehmer*

Mit einer gewissen Zwangsläufigkeit mußte sich dieser Verzicht der Gewerkschaften, ihre Vorstellungen zur Wirtschafts- und Sozialordnung in den Text der Verfassung zu bringen, zugunsten der Unternehmer auswirken: „eine *offene,* also nicht verfassungsrechtlich fixierte Sozial- und Wirtschaftsordnung (wahrte) den Unternehmern am besten die Chance, sich im Rahmen einer Quasiwirtschaftsordnung zu entfalten, die in Westdeutschland damals bereits durch die *Währungsreform* und die *soziale Marktwirtschaft* faktisch gegeben war. Sie entsprach optimal dem Interesse der Unternehmerschaft".

Dies ist um so bemerkenswerter, als sich die Unternehmerverbände im Nachkriegsdeutschland unter dem Besatzungsregime zunächst recht schwer taten, sich zu reorganisieren. Es hatten sich jedoch spätestens seit der Währungsreform enge Beziehungen zwischen den Unternehmerverbänden einerseits, der CDU/CSU und der FDP andererseits entwickelt. Hierdurch wurden bereits vor dem Beginn der Beratungen des Parlamentarischen Rates in den Organen des Vereinigten Wirtschaftsgebietes (Bizone) eine für die Unternehmer günstige Wirtschaftsverfassung faktisch begründet. Deswegen bedurfte es von seiten der Unternehmer kaum noch stärkerer Beeinflussung des Parlamentarischen Rates.

Dabei lag das Hauptinteresse der Unternehmer in der Sicherung der unternehmerischen Autonomie. „Dieses Interesse konkretisierte sich in dem Verlangen der Unternehmer, der Parlamentarische Rat möge tunlichst auf grundgesetzliche Bestimmungen über die künftige Sozialordnung der Bundesrepublik verzichten, andererseits jedoch das sachliche Substrat eines freien Wirtschaftens – das Eigentum – als Grundrecht schützen."

Darüber hinaus traten die Unternehmen zur Sicherstellung der Einheit der künftigen deutschen Wirtschaftspolitik für weitreichende wirtschaftspolitische Kompetenzen einer zu schaffenden Bundesregierung ein und lehnten einen „extremen Föderalismus" als schädlichen Partikularismus ab. In diesem Interesse trafen sich die Unternehmer durchaus mit den Gewerkschaften.

Deswegen erinnerten sie während der Beratungen des Parlamentarischen Rates immer wieder, speziell beim alliierten Memorandum vom März 1949, daran, daß die „ökonomische Ratio" keine „Übertreibung des föderalistischen Gedankens" vertrage. Dementsprechend gingen die Forderungen der Unternehmerschaft auf möglichst umfassende Bundesgesetzgebungskompetenzen, vor allem auch im Finanzwesen; selbst die Finanzverwaltung sollte bundeseigen werden. Hinter diesen Forderungen stand durchaus auch das Interesse, die in einigen Länderverfassungen enthaltenen eher unternehmerfeindlichen Bestimmungen aus Wirtschafts- und Sozialordnung durch höherrangiges Bundesrecht zu überwinden.

Als – nicht zuletzt auf Druck der alliierten Besatzungsmächte – die Bundesverfassung föderalistischer wurde, als den Forderungen der Unternehmer entsprach, artikulierten diese deutlich ihre Unzufriedenheit mit dem Grundgesetz in diesen Teilen.

*Kirchen*

Auch die Kirchen, sowohl die protestantische als auch besonders die katholische, suchten ihren Einfluß auf die Verfassungsberatungen des Parlamentarischen Rates geltend zu machen und ihre Vorstellungen von der richtigen Zuordnung von Kirchen, Staat und Gesellschaft verfassungsrechtlich zu verankern.

Die Kirchen konnten dies um so eher, als sie nicht zuletzt in den Augen der Besatzungsmächte als wichtige Vertreter der gesellschaftlichen Kreise in Deutschland galten, die sich durch keine Kollaboration mit dem NS-Regime disqualifiziert hatten und daher in den ersten Nachkriegsjahren auch im politischen Raum hohe Reputation genossen.

So stimmten die Kirchen der Gründung eines westdeutschen Staates, wie sie sich auf Initiative und Drängen der Westmächte 1948 anbahnte, zu; ihre Zustimmung war von der Hoffnung getragen, daß der Parlamentarische Rat bei der Beratung des Grundgesetzes das fundamentale Interesse der Kirchen nach verfassungsrechtlicher Anerkennung und Verankerung der kirchlichen Autonomie gegenüber Staat und Gesellschaft erfülle. So forderten sie in der Öffentlichkeit wie in zahlreichen Eingaben an den Parlamentarischen Rat immer wieder ihre Anerkennung als öffentlich-rechtliche Anstalten und die Verbürgung ihrer traditionellen Rechte. Letzteres bedeutete die Forderung nach verfassungsrechtlicher Anerkennung der früher vom Deutschen Reich geschlossenen Konkordate und Staatskirchenverträge.

Über diese institutionellen Garantien hinaus forderten die Kirchen auch noch weitgehende verfassungsrechtliche Berücksichtigung fundamentaler christlicher Glaubenssätze vor allem im Rahmen der Grundrechte. Eine mehr formale Sicherung der Glaubens- und Bekenntnisfreiheit genügte ihnen dazu nicht.

So wurde zu einem zentralen Punkt der kirchlichen Forderungen an den Parlamentarischen Rat die weltanschauliche Ausrichtung des Schulwesens im Sinne der christlichen Bekenntnisse (Bekenntisschule). Mit naturrechtlichen Argumenten und unter Berufung auf das Elternrecht trat vor allem die katholische Kirche für die verfassungsrechtliche Verankerung der Einrichtung konfessioneller Schulen in Deutschland ein.

Schließlich ging es den Kirchen noch um die Inhalte des Grundrechtskatalogs: hier forderten sie eine Berücksichtigung christlich-abendländischer Wert- und Ordnungsvorstellungen. So sollten ihrem Willen nach Ehe und Familie, Elternrecht, Menschenwürde u.ä. in der Verfassung als Grundrechte besonderen Schutz genießen. So verlangte der Kölner Kardinal Frings als Vorsitzender der Deutschen Bischofskonferenz, „Ehe und Familie als die dem Menschen nächstliegenden Lebensgemeinschaften und Träger natürlicher Rechte und Pflichten unter den besonderen Schutz des Staates“ zu stellen. Mit diesen ihren Vorstellungen übten die Kirchen, speziell die katholische, einen maßgeblichen Einfluß auf die naturrechtliche Konzeption der Grundrechte nach dem Zweiten Weltkrieg aus, d.h. auf die Auffassung der Grundrechte als „vorstaatliche Rechte, als Rechte, die der Staat schon antrifft, wenn er entsteht, und die er lediglich zu gewährleisten und zu beobachten hat“.

Bei den anderen Hauptforderungen stießen die Kirchen indes auf erheblichen Widerstand in den Reihen des Parlamentarischen Rates. Bereits der Konvent von Herrenchiemsee hatte aufgrund des provisorischen Charakters des Grundgesetzes bewußt darauf verzichtet, institutionelle Garantien für Kirchen und Religionsgemeinschaften in den Verfassungsentwurf hineinzunehmen. Aufgrund von zum Teil recht massiven Eingaben der Führung der evangelischen Kirche sowie der Fuldaer Bischofskonferenz traten Mitglieder der CDU/CSU, des Zentrums wie der DP, vor allem der Abgeordnete Dr. Süsterhenn (CDU), im Parlamentarischen Rat nachdrücklich dafür ein, wenigstens die wichtigsten kirchlichen Forderungen, „einige Hauptgesichtspunkte in komprimierter Form als Leitsätze“, in die Verfassung aufzunehmen, stießen dabei aber auf den einhelligen Widerstand der SPD, FDP und KPD. Der Abgeordnete Th. Heuss (FDP) hatte „grundsätzliche Bedenken, daß über die Kirchen etwas in das Grundgesetz hereinkommt“.

Sowohl im Grundsatzausschuß als auch im Hauptausschuß konnten sich die CDU/CSU-, Zentrums- und DP-Fraktionen nicht durchsetzen. Ihre Fassung der kirchlichen Forderungen wurde von den anderen Parteien mit knapper Mehrheit zurückgewiesen. Schließlich gelang im sog. „Fünferausschuß“ doch noch eine Regelung, die breitere Zustimmung fand und nach der die Kirchenartikel der Weimarer Verfassung (Artikel 136 ff.) für „noch gültig“ erklärt und in das Verfassungsrecht der Bundesrepublik hinübergenommen wurden.

Nach härterem Widerstand erregte die kirchliche Forderung nach einer verfassungsrechtlichen Anerkennung der geltenden Konkordate und Staatskirchenverträge. Obwohl die Fraktionen der CDU/CSU, den Zentrums und der DP sich diese Forderungen zu eigen machten, fand sich im Parlamentarischen Rat dafür keine Mehrheit. So kam es lediglich zu einer allgemeinen Aussage in Artikel 123, Abs. 2, wo die Weiterregelung der vom Deutschen Reich abgeschlossenen Staatsverträge allgemein geregelt wird.

Schließlich löste auch noch die kirchliche Forderung nach grundgesetzlicher Fixierung des Elternrechts heftige Kontroversen im Parlamentarischen Rat aus. Von seiten der katholischen Kirche wurde im November 1948 erklärt, „ein etwaiger Verzicht des Parlamentarischen Rates auf die Garantie

des Elternrechts würde von der katholischen Öffentlichkeit ganz besonders schmerzlich empfunden und als unannehmbar abgelehnt". Darüber hinaus sei es ein „unbedingtes Erfordernis", einen „ausreichenden schulplanmäßigen Religionsunterricht grundrechtlich zu sichern."
Trotz des öffentlichen Druckes von seiten der Kirche fand sich im Parlamentarischen Rat keine Mehrheit für eine Verankerung des Elternrechts als Grundrecht. Im Zusammenhang mit dem Kompromiß über die institutionelle Garantie der Kirchen durch die Übernahme der Weimarer Kirchenartikel mußte die CDU/CSU im Fünferausschuß die Forderung nach der Aufnahme des Elternrechts in die Verfassung fallenlassen. Dies fand das Mißfallen der katholischen Kirche und Öffentlichkeit in einem so starken Maße, daß sich die CDU/CSU-Fraktion sowie die Abgeordneten des Zentrums und der DP in der vierten Lesung des Grundgesetzes im Plenum nicht mehr an den oben genannten Kompromiß hielten, sondern erneut für eine Verankerung des Elternrechts, ja sogar für einen Volksentscheid in dieser Frage plädierten; sie konnten aber das Blatt nicht mehr wenden und unterlagen der knappen Mehrheit von SPD, FDP und KPD.
So konnten die Kirchen – trotz klarer Artikulation ihrer Forderungen und durch eine weitreichende Mobilisierung kirchlicher Kreise der westdeutschen Öffentlichkeit – schließlich nur einen Teil ihrer prinzipiellen Wünsche in den Verfassungstext einbringen.
Aus: Theo Stammen/Gerold Maier, Der Prozeß der Verfassungsgebung, in: Becker/Stammen/Waldmann: Vorgeschichte der Bundesrepublik Deutschland a.a.O., S. 402 ff.

## 8. Memorandum der alliierten Militärgouverneure vom 22.11.1948 an den Präsidenten des Parlamentarischen Rates

Angesichts des fortgeschrittenen Stadiums der Arbeit des Parlamentarischen Rates, das jetzt erreicht worden ist, halten es die Militärgouverneure für ratsam, dem Rat jetzt einen Hinweis zu geben hinsichtlich der Auslegung der im Dokument Nr. I aufgestellten allgemeinen Grundsätze, da man auf verschiedenen Wegen zu einer demokratischen föderalistischen Regierung gelangen kann. Sie beabsichtigen, die Bestimmungen des Grundgesetzes (der vorläufigen Verfassung) in ihrem ganzen Zusammenhang zu prüfen. Trotzdem sind sie der Ansicht, daß das Grundgesetz (die vorläufige Verfassung) in möglichst hohem Grade vorsehen sollte,
a) ein Zweikammersystem, bei dem die eine Kammer die einzelnen Länder vertreten und genügende Befugnisse haben muß, um die Interessen der Länder wahren zu können;
b) daß die Exekutive lediglich die Befugnisse haben darf, die in der Verfassung genau vorgeschrieben sind, und daß, wenn überhaupt, Ausnahmebefugnisse der Exekutive nötig wären, diese eingeschränkt werden müßten durch die Bestimmung, daß sie unverzüglich einer gesetzlichen oder gerichtlichen Nachprüfung bedürfen;
c) daß die Befugnisse der Bundesregierung auf diejenigen beschränkt sind, die in der Verfassung ausdrücklich aufgezählt sind, und auf jeden Fall sich nicht erstrecken auf Erziehungswesen, kulturelle und kirchliche Angelegenheiten, Selbstverwaltung und öffentliches Gesundheitswesen (außer im letzten Fall, um zum Schutze der Volksgesundheit die notwendige Koordinierung in den verschiedenen Ländern zu erzielen);
daß ihre Befugnisse auf dem Gebiet der öffentlichen Wohlfahrt auf diejenigen beschränkt sind, die für die Koordinierung sozialer Maßnahmen notwendig sind;
daß ihre Befugnisse auf dem Gebiet der Polizei auf diejenigen beschränkt sind, die während der Besatzungszeit von den Militärgouverneuren ausdrücklich gebilligt werden;
d) daß die Befugnisse der Bundesregierung auf dem Gebiet der öffentlichen Finanzen so eingeschränkt sind, daß sie über Gelder einschließlich des Steueraufkommens nur für Zwecke verfügen darf, für die sie verantwortlich ist;
daß die Bundesregierung Steuersätze festsetzen darf und über die allgemeinen Grundsätze der Veranlagung bei anderen Steuern, für die Einheitlichkeit nötig ist, Gesetze erlassen darf, daß aber die Einbeziehung und Nutznießung solcher Steuern den einzelnen Ländern überlassen bleiben;
daß sie öffentliche Gelder nur für Zwecke verwenden darf, für die sie verfassungsmäßig verantwortlich ist;

e) daß die Verfassung für eine unabhängige Gerichtsbarkeit sorgt, deren Aufgabe es ist, die Bundesgesetzgebung zu überprüfen, die Ausübung der Vollziehungsgewalt des Bundes zu überwachen, über Streitigkeiten zwischen Behörden des Bundes und der Länder sowie zwischen Länderbehörden zu entscheiden und die bürgerlichen Rechte und die Freiheit des einzelnen zu schützen;
f) daß die Befugnisse der Bundesregierung zur Schaffung von eigenen Bundesbehörden für die Ausführung und Verwaltung ihrer Aufgabengebiete klar umrissen und auf diejenigen Gebiete beschränkt sein sollen, bei denen die Verwaltung durch Landesbehörden offensichtlich untunlich ist;
g) daß jeder Bürger Zutritt zu öffentlichen Ämtern hat und daß Ernennung und Beförderung ausschließlich von seiner Eignung zur Erfüllung der Aufgaben des Amtes abhängen, und daß der öffentliche Dienst unpolitischen Charakters ist;
h) daß ein öffentlicher Bediensteter, sollte er in die Bundeslegislative gewählt werden, vor Annahme der Wahl von seinem Amt bei der ihn beschäftigenden Behörde zurückzutreten hat.
Die Militärgouverneure werden sich bei der endgültigen Prüfung des Grundgesetzes (der vorläufigen Verfassung) und aller etwaigen späteren Änderungen desselben von diesen Grundsätzen leiten lassen und werden das Grundgesetz (die vorläufige Verfassung) als Ganzes betrachten, um festzustellen, ob die allgemeinen Forderungen des Dokuments Nr. I erfüllt worden sind oder nicht.

Zit. nach: Bodo Dennewitz, Vor- und Entstehungsgeschichte des Bonner Grundgesetzes, Hamburg 1950, S. 100.

## 9. Das Besatzungsstatut für die Bundesrepublik Deutschland vom 8. 4. 1949

In Ausübung der von den Regierungen Frankreichs, der Vereinigten Staaten und des Vereinigten Königreiches beibehaltenen obersten Gewalt,
verkünden wir, General Pierre Koenig, Militärgouverneur und Oberbefehlshaber der französischen Zone Deutschlands,
General Lucius D. Clay, Militärgouverneur und Oberbefehlshaber der amerikanischen Zone Deutschlands, und
General Sir Brian Hubert Robertson, Militärgouverneur und Oberbefehlshaber der britischen Zone Deutschlands, hiermit gemeinsam das Besatzungsstatut:
1. Die Regierungen Frankreichs, der Vereinigten Staaten und des Vereinigten Königreichs wünschen und beabsichtigen, daß sich das deutsche Volk in dem Zeitraum, während dessen das Fortdauern der Besatzung notwendig ist, im größtmöglichsten Maße selbst regiert, soweit dies mit der Besatzung vereinbar ist. Der Bund und die beteiligten Länder haben, lediglich den Beschränkungen dieses Statuts unterworfen, volle gesetzgebende, vollziehende und rechtsprechende Gewalt gemäß dem Grundgesetz und den Länderverfassungen.
2. Um die Erreichung der Grundziele der Besatzung sicherzustellen, wird die Zuständigkeit für die folgenden Gebiete, einschließlich des Rechts, von den Besatzungsbehörden benötigte Auskünfte und statistische Angaben anzufordern und deren Richtigkeit zu prüfen, ausdrücklich vorbehalten:
a) die Entwaffnung und Entmilitarisierung einschließlich der damit in Beziehung stehenden Gebiete der wissenschaftlichen Forschung, Verbote und Beschränkungen der Industrie und die Zivilluftfahrt,
b) die Kontrolle über die Ruhr, die Restitutionen, Reparationen, Dekartellisierung, Dezentralisation, Ausschluß von Diskriminierungen in Handelsangelegenheiten, die ausländischen Interessen in Deutschland und die Ansprüche gegen Deutschland,
c) auswärtige Angelegenheiten einschließlich der von Deutschland oder in seinem Namen getroffenen internationalen Abkommen,
d) verschleppte Personen und die Aufnahme von Flüchtlingen,
e) der Schutz, das Prestige und die Sicherheit der Allierten Streitkräfte, Familienangehörigen, Angestellten und Vertretern, ihre Immunitäten und das Aufkommen für die Besatzungskosten und für ihre anderen Anforderungen,
f) die Beachtung des Grundgesetzes und der Länderverfassungen,

g) die Überwachung des Außenhandels und der Devisenwirtschaft,
h) die Überwachung innerer Maßnahmen, aber nur in dem Umfang, der erforderlich ist, um die Verwendung von Geldmitteln, Lebensmitteln und sonstigen Bedarfsgütern in der Weise sicherzustellen, daß Deutschlands Bedarf an ausländischer Unterstützung auf ein Mindestmaß herabgesetzt wird,
i) die Überwachung der Versorgung und Behandlung in deutschen Strafanstalten von Personen, die vor Gerichten oder Tribunalen der Besatzungsmächte oder Besatzungsbehörden angeklagt oder von ihnen verurteilt worden sind; die Überwachung der Vollstreckung von Strafurteilen gegen solche Personen und in Angelegenheiten ihrer Amnestierung, Begnadigung und Freilassung.
3. Es ist die Hoffnung und Erwartung der Regierungen Frankreichs, der Vereinigten Staaten und des Vereinigten Königreichs, daß die Besatzungsbehörden keinen Anlaß haben werden, auf anderen als den oben ausdrücklich vorbehaltenen Gebieten Maßnahmen zu ergreifen. Die Besatzungsbehörden behalten sich jedoch das Recht vor, entsprechend den Weisungen ihrer Regierungen die Ausübung der vollen Gewalt ganz oder teilweise wieder zu übernehmen, wenn sie dies für unerläßlich erachten für die Sicherheit oder zur Aufrechterhaltung der demokratischen Ordnung in Deutschland, oder um den internationalen Verpflichtungen ihrer Regierungen nachzukommen. Zuvor werden sie die zuständigen deutschen Behörden von ihrer Entscheidung und den dazu führenden Gründen förmlich in Kenntnis setzen.
4. Die Bundesrepublik Deutschland und die Länder haben die Befugnis, nach ordnungsmäßiger Mitteilung an die Besatzungsbehörden auch auf den diesen Behörden vorbehaltenen Gesetze zu erlassen und Maßnahmen zu ergreifen, es sei denn, daß die Besatzungsbehörden ausdrücklich anders bestimmen oder daß solche Gesetze oder Maßnahmen mit den Besatzungsbehörden selbst getroffenen Entscheidungen oder Maßnahmen unvereinbar sind.
5. Jede Änderung des Grundgesetzes bedarf vor ihrem Inkrafttreten der ausdrücklichen Genehmigung der Besatzungsbehörden. Länderverfassungen, Änderungen dieser Verfassung, alle sonstige Gesetzgebung und alle Abkommen zwischen dem Bund und ausländischen Regierungen treten 21 Tage nach ihrem amtlichen Eingang bei den Besatzungsbehörden in Kraft, es sei denn, daß diese sie vorher vorläufig oder endgültig ablehnen. Die Besatzungsbehörden werden gesetzgeberische Maßnahmen nicht ablehnen, es sei denn, daß sie ihrer Ansicht nach mit dem Grundgesetz, mit einer Landesverfassung, mit der Gesetzgebung oder den sonstigen Direktiven der Besatzungsbehörden oder mit Bestimmungen dieses Statuts unvereinbar sind, oder daß diese Maßnahmen die Grundziele der Besatzung ernstlich gefährden.
6. Unter dem ausschließlichen Vorbehalt der Gewährleistung ihrer Sicherheiten garantieren die Besatzungsbehörden die Beachtung durch alle Besatzungsstellen der Rechte des Bürgers auf Schutz gegen willkürliche Verhaftung, Durchsuchung oder Beschlagnahme; auf Vertretung durch einen Anwalt; auf Freilassung gegen Sicherheitsleistung, soweit es die Umstände rechtfertigen; auf die Möglichkeit, mit den Angehörigen in Verbindung zu bleiben und auf ein gerechtes und baldiges Verfahren.
7. Vor dem Inkrafttreten des Grundgesetzes erlassene gesetzgeberische Maßnahmen der Besatzungsbehörden bleiben bis zu ihrer Aufhebung oder Änderung durch die Besatzungsbehörden nach Maßgabe der folgenden Bestimmungen in Kraft:
a) Gesetzgebung, die mit dem Vorausgehenden nicht übereinstimmt, wird aufgehoben oder so abgeändert werden, daß sie mit ihm übereinstimmt,
b) Gesetzgebung, die auf den oben in Absatz 2 aufgeführten Befugnissen beruht, wird kodifiziert werden,
c) Gesetzgebung, die nicht unter a) oder b) fällt, wird von den Besatzungsbehörden auf Ersuchen der zuständigen deutschen Behörden aufgehoben werden.
8. Jede Maßnahme der Besatzungsbehörden soll als im Rahmen der hierin vorbehaltenen Befugnisse liegend angesehen und als solche gemäß diesem Statut wirksam werden, wenn sie auf Grund einer Vereinbarung zwischen ihnen getroffen worden ist oder offensichtlich in irgendeiner Weise darauf beruht.

Aus: Amtsblatt der Alliierten Hohen Kommission in Deutschland, Nr. 1 (1949), S. 13 ff.

## 10. Das Zustimmungsverfahren zum Grundgesetz

*a) Genehmigungsschreiben der Militärgouverneure zum Grundgesetz an den Präsidenten des Parlamentarischen Rates, 12.5.1949*

Sehr geehrter Herr Dr. Adenauer!

1. Das Grundgesetz, welches am 8. Mai durch den Parlamentarischen Rat verabschiedet wurde, hat unsere sorgfältige und eingehende Aufmerksamkeit gefunden. Nach unserer Ansicht vereinigt es deutsche demokratische Tradition in glücklicher Weise mit den Begriffen einer repräsentativen Regierung und einer Rechtsordnung, welche die Welt nunmehr als für das Leben eines freien Volkes unerläßlich betrachtet.

2. Indes wir dazu zustimmen, daß diese Verfassung dem deutschen Volk zur Ratifizierung gemäß den Bestimmungen des Artikels 144 (1) unterbreitet wird, sind wir überzeugt, daß Sie verstehen werden, daß wir verschiedene Vorbehalte machen müssen. In erster Linie sind die dem Bunde durch das Grundgesetz übertragenen Vollmachten ebenso wie die durch die Länder und örtlichen Verwaltungskörper ausgeübten Vollmachten den Bestimmungen des Besatzungsstatuts unterworfen, welches wir Ihnen bereits übermittelt haben und welches mit diesem Tage verkündet wird.

3. Zweitens ist klarzustellen, daß die in Artikel 91 (2) enthaltene Polizeigewalt nicht ausgeübt werden kann, bis sie durch die Besatzungsbehörden ausdrücklich genehmigt ist. In gleicher Weise werden die sonstigen Polizeifunktionen des Bundes sich nach unserem am 14. April 1949 in dieser Angelegenheit an Sie gerichteten Schreiben zu richten haben.

4. Ein dritter Vorbehalt betrifft die Teilnahme Groß-Berlins am Bund. Wir interpretieren die Auswirkungen des Artikels 23 und 144 (2) des Grundgesetzes dahingehend, daß sie eine Annahme unseres früheren Wunsches bedeuten, dahingehend, daß Berlin zwar nicht Stimmberechtigung im Bundestag oder Bundesrat eingeräumt werden, noch von der Bundesregierung regiert werden kann, daß es jedoch nichtsdestoweniger eine kleine Anzahl von Vertretern zur Teilnahme an den Sitzungen jener gesetzgeberischen Körperschaften bestimmen mag.

5. Ein vierter Vorbehalt bezieht sich auf die Artikel 29 und 118 und die allgemeine Frage der Neuregelung der Ländergrenzen. Ausgenommen im Falle von Württemberg-Baden und Hohenzollern haben sich unsere Auffassungen in dieser Frage nicht geändert, seitdem wir diese Angelegenheit mit Ihnen am 2. März besprochen haben. Falls nicht die Hohen Kommissare einstimmig dahingehend übereinkommen, diese Auffassung zu ändern, werden die in diesen Artikeln vorgesehenen Vollmachten nicht ausgeübt werden können und die Grenzen aller Länder, ausgenommen Württemberg-Baden und Hohenzollern, werden so, wie es jetzt festgelegt sind, bis zum Friedensschluß bleiben.

6. Fünftens sind wir der Auffassung, daß Artikel 84 (5) und Artikel 87 (3) dem Bund sehr weitgehende Vollmachten auf dem Gebiet der Verwaltung einräumen. Die Hohen Kommissare werden der Ausübung dieser Befugnisse sorgfältige Aufmerksamkeit zuwenden müssen, um sicherzustellen, daß sie nicht zu einer übertriebenen Machtkonzentration führen.

7. Bei unserem Zusammentreffen mit Ihnen am 25. April haben wir Ihnen eine Formel vorgelegt, mit welcher wir in englischer Sprache die Bedeutung des Artikels 72 (2, 3) interpretieren. Diese Formel, welche Sie angenommen haben als Wiedergabe Ihrer Auffassung, lautet wie folgt: „... weil die Aufrechterhaltung gesetzlicher oder wirtschaftlicher Einheit dies verlangt, um die wirtschaftlichen Interessen des Bundes zu fördern, oder um eine vernünftige Einheitlichkeit der wirtschaftlichen Lebensmöglichkeiten für alle Menschen sicherzustellen." Wir möchten Ihnen zur Kenntnis bringen, daß die Hohen Kommissare diese Artikel entsprechend auslegen werden.

8. Um die Möglichkeit künftiger juristischer Kontroversen auszuschalten, möchten wir klarstellen, daß wir, als wir die Verfassungen der Länder billigten, bestimmt haben, daß nichts an diesen Verfassungen als eine Einschränkung der Bestimmungen der Bundesverfassung ausgelegt werden dürfte; Konflikte zwischen den Länderverfassungen und der vorläufigen Bundesverfassung müssen deshalb zugunsten der letzteren entschieden werden.

9. Wir möchten, daß klar verstanden wird, daß nach der Einberufung der in dem Grundgesetz vor-

gesehenen gesetzgebenden Körperschaften und nach der Wahl des Präsidenten und der Wahl und Ernennung des Kanzlers und der Bundesminister in der dafür im Grundgesetz vorgesehenen Form die Regierung der Bundesrepublik Deutschland errichtet und das Besatzungsstatut in Kraft treten wird.

10. Nach der Fertigstellung seiner Schlußaufgaben wo, wie sie in Artikel 145 (1) festgelegt sind, wird der Parlamentarische Rat aufgelöst.

Wir möchten diese Gelegenheit wahrnehmen, um den Mitgliedern des Parlamentarischen Rats unsere Glückwünsche zu der erfolgreichen Fertigstellung ihrer schwierigen Aufgabe zum Ausdruck zu bringen, welche unter so schwierigen Umständen vollbracht wurde. Wir beglückwünschen sie zu der offensichtlichen Sorgfalt und Gründlichkeit, mit welcher sie ihre Arbeit vollendet haben, und zu ihrer Hingabe zu den demokratischen Idealen, deren Verwirklichung wir alle anstreben.

*Lucius D. Clay,* General US-Army, Militärgouverneur amerikanische Zone
*B. H. Robertson,* General, Militärgouverneur britische Zone
*Pierre Koenig,* General der Armee, Militärgouverneur französische Zone

Zit. nach: Geschichte in Quellen. Die Welt seit 1945, a.a.O., S. 189f.

*b) Die Ratifizierung des Grundgesetzes durch die Landtage*

| Länder: | Mitglieder insgesamt | Ja | Nein | Enthaltungen | Abwesend |
|---|---|---|---|---|---|
| Bayern | 180 | 63 | 101 | 9 | 7 |
| Bremen | 99 | 77 | 9 | 1 | 12 |
| Hamburg | 109 | 97 | 3 | – | 9 |
| Hessen | 90 | 73 | 8 | – | 9 |
| Niedersachsen | 149 | 98 | 37 | – | 14 |
| Nordrhein-Westfalen | 216 | 153 | 38 | – | 25 |
| Rheinland-Pfalz | 101 | 91 | 8 | – | 2 |
| Schleswig-Holstein | 70 | 59 | 6 | 1 | 4 |
| Südbaden | 60 | 49 | 2 | – | 9 |
| Württemberg-Baden | 98 | 80 | 8 | – | 10 |
| Württemberg-Hohenzollern | 62 | 34 | 16 | 1 | 11 |
| Gesamtzahlen | 1234 | 874 | 236 | 12 | 112 |

Nachdem die Militärgouverneure das Grundgesetz gebilligt hatten, ermächtigten sie die Ministerpräsidenten, das Dokument den Landtagen zur Ratifizierung vorzulegen. Alle Länder außer Bayern ratifizierten das Grundgesetz, gegen die Stimmen der Deutschen Partei, der Kommunisten, der Zentrumspartei, der Wählervereinigung von Südschleswig (SSW) und einiger Splittergruppen. In Bayern und Württemberg-Hohenzollern stimmte jedoch die Mehrheit der CDU/CSU entweder gegen das Grundgesetz oder enthielt sich der Stimme. Die Berliner Stadtverordnetenversammlung war nicht berechtigt, an der Abstimmung teilzunehmen, sie gab jedoch ein einhelliges Vertrauensvotum ab als Zeichen ihrer Loyalität gegenüber Westdeutschland. Es soll hier festgehalten werden, daß diese Landtage und Stadtverordnetenversammlungen zumeist schon zwei oder drei Jahre vor dieser Abstimmung gewählt worden waren, so daß ihre Zustimmung weder als mittelbare Ratifizierung durch das Volk zu betrachten war, noch als genaues Spiegelbild der parteimäßigen Ausrichtung des Volkes zur Zeit der Ausarbeitung des Grundgesetzes gelten konnte. Insofern aber, als das Grundgesetz das Ergebnis von Parteikompromissen auf höchster Ebene darstellte und das Volk die Entscheidung bereitwillig diesen Gruppen überließ, bedeuten die Ja-Stimmen von mehr als drei Vierteln der Landtagsabgeordneten tatsächlich eine überwältigende Mehrheit der politischen Kräfte in Westdeutschland zur Unterstützung dieser provisorischen Verfassung. Die SPD und FDP/DVP traten in allen Ländern ausnahmslos für das Grundgesetz ein, während die DP, CSU und Teile der CDU von Württemberg-Hohenzollern eine abweichende Meinung vertraten und erst in der

Folge zur Teilnahme an der Regierung des neuen Bundesstaates gewonnen wurden. Anders als in der Weimarer Republik sicherte dieses Ergebnis dem neuen Staat eine breite Grundlage, auf der er versuchen konnte, seine sozialen und wirtschaftlichen Probleme zu lösen.

Aus: Peter H. Merkl, Die Entstehung der Bundesrepublik Deutschland, Stuttgart 1965, S. 158 f.

## 11. Aus dem Grundgesetz für die Bundesrepublik Deutschland vom 23. 5. 1949

*Präambel*

Im Bewußtsein seiner Verantwortung vor Gott und den Menschen, von dem Willen beseelt, seine nationale und staatliche Einheit zu wahren und als gleichberechtigtes Glied in einem vereinten Europa dem Frieden der Welt zu dienen, hat das deutsche Volk in den Ländern Baden, Bayern, Bremen, Hamburg, Hessen, Niedersachsen, Nordrhein-Westfalen, Rheinland-Pfalz, Schleswig-Holstein, Württemberg-Baden und Württemberg-Hohenzollern, um dem staatlichen Leben für eine Übergangszeit eine neue Ordnung zu geben, kraft seiner verfassungsgebenden Gewalt dieses Grundgesetz der Bundesrepublik Deutschland beschlossen.

Es hat auch für jene Deutschen gehandelt, denen mitzuwirken versagt war.

Das gesamte deutsche Volk bleibt aufgefordert, in freier Selbstbestimmung die Einheit und Freiheit Deutschlands zu vollenden.

*Artikel 1*

(1) Die Würde des Menschen ist unantastbar. Sie zu achten und zu schützen ist Verpflichtung aller staatlichen Gewalt.

(2) Das deutsche Volk bekennt sich darum zu unverletzlichen und unveräußerlichen Menschenrechten als Grundlage jeder menschlichen Gemeinschaft, des Friedens und der Gerechtigkeit in der Welt.

(3) Die nachfolgenden Grundrechte binden Gesetzgebung, Verwaltung[1]) und Rechtsprechung als unmittelbar geltendes Recht.

*Artikel 2*

(1) Jeder hat das Recht auf die freie Entfaltung seiner Persönlichkeit, soweit er nicht die Rechte anderer verletzt und nicht gegen die verfassungsmäßige Ordnung oder das Sittengesetz verstößt.

(2) Jeder hat das Recht auf Leben und körperliche Unversehrtheit. Die Freiheit der Person ist unverletzlich. In diese Rechte darf nur auf Grund eines Gesetzes eingegriffen werden.

*Artikel 3*

(1) Alle Menschen sind vor dem Gesetze gleich.

(2) Männer und Frauen sind gleichberechtigt.

(3) Niemand darf wegen seines Geschlechtes, seiner Abstammung, seiner Rasse, seiner Sprache, seiner Heimat und Herkunft, seines Glaubens, seiner religiösen oder politischen Anschauung benachteiligt oder bevorzugt werden.

*Artikel 4*

(1) Die Freiheit des Glaubens, des Gewissens und die Freiheit des religiösen und weltanschaulichen Bekenntnisses sind unverletzlich.

(2) Die ungestörte Religionsausübung wird gewährleistet.

(3) Niemand darf gegen sein Gewissen zum Kriegsdienst mit der Waffe gezwungen werden. Das Nähere regelt das Bundesgesetz.

*Artikel 5*

(1) Jeder hat das Recht, seine Meinung in Wort, Schrift und Bild frei zu äußern und zu verbreiten und sich aus allgemein zugänglichen Quellen ungehindert zu unterrichten. Die Pressefreiheit und

[1]) In der Fassung des 7. Ergänzungsgesetzes vom 19. 3. 1956 wurde das Wort „Verwaltung" durch „vollziehende Gewalt" ersetzt.

die Freiheit der Berichterstattung durch Rundfunk und Film werden gewährleistet. Eine Zensur findet nicht statt.
(2) Diese Rechte finden ihre Schranken in den Vorschriften der allgemeinen Gesetze, den gesetzlichen Bestimmungen zum Schutze der Jugend und in dem Recht der persönlichen Ehre.
(3) Kunst und Wissenschaft, Forschung und Lehre sind frei. Die Freiheit der Lehre entbindet nicht von der Treue zur Verfassung.

*Artikel 6*
(1) Ehe und Familie stehen unter dem besonderen Schutze der staatlichen Ordnung.
(2) Pflege und Erziehung der Kinder sind das natürliche Recht der Eltern und die zuvörderst ihnen obliegende Pflicht. Über ihre Betätigung wacht die staatliche Gemeinschaft.
...

*Artikel 7*
(1) Das gesamte Schulwesen steht unter der Aufsicht des Staates.
(2) Die Erziehungsberechtigten haben das Recht, über die Teilnahme des Kindes am Religionsunterricht zu bestimmen.
(3) Der Religionsunterricht ist in den öffentlichen Schulen mit Ausnahme der bekenntnisfreien Schulen ordentliches Lehrfach. Unbeschadet des staatlichen Aufsichtsrechtes wird der Religionsunterricht in Übereinstimmung mit den Grundsätzen der Religionsgemeinschaften erteilt. Kein Lehrer darf gegen seinen Willen verpflichtet werden, Religionsunterricht zu erteilen.
(4) Das Recht zur Errichtung von privaten Schulen wird gewährleistet. Private Schulen als Ersatz für öffentliche Schulen bedürfen der Genehmigung des Staates und unterstehen den Landesgesetzen
...

*Artikel 8*
(1) Alle Deutschen haben das Recht, sich ohne Anmeldung oder Erlaubnis friedlich und ohne Waffen zu versammeln.
(2) Für Versammlungen unter freien Himmel kann dieses Recht durch Gesetz oder auf Grund eines Gesetzes beschränkt werden.

*Artikel 9*
(1) Alle Deutschen haben das Recht, Vereine und Gesellschaften zu bilden.
(2) Vereinigungen, deren Zweck oder deren Tätigkeit den Strafgesetzen zuwiderlaufen, oder die sich gegen die verfassungsmäßige Ordnung oder gegen den Gedanken der Völkerverständigung richten, sind verboten.
(3) Das Recht, zur Wahrung und Förderung der Arbeits- und Wirtschaftsbedingungen Vereinigungen zu bilden, ist für jedermann und für alle Berufe gewährleistet. Abreden, die dieses Recht einschränken oder zu behindern suchen, sind nichtig, hierauf gerichtete Maßnahmen sind rechtswidrig.
...

*Artikel 11*
(1) Alle Deutschen genießen Freizügigkeit im ganzen Bundesgebiet.
(2) Dieses Recht darf nur durch Gesetz und nur für alle Fälle eingeschränkt werden, in denen eine ausreichende Lebensgrundlage nicht vorhanden ist und der Allgemeinheit daraus besondere Lasten entstehen würden und in denen es zum Schutze der Jugend vor Verwahrlosung, zur Bekämpfung von Seuchengefahr oder um strafbare Handlungen vorzubeugen, erforderlich ist.

*Artikel 12*
(1) Alle Deutschen haben das Recht, Beruf, Arbeit, Arbeitsplatz und Ausbildungsstätte frei zu wählen. Die Berufsausübung kann durch Gesetz geregelt werden.
(2) Niemand darf zu einer bestimmten Arbeit gezwungen werden, außer im Rahmen einer herkömmlichen allgemeinen, für alle gleichen öffentlichen Dienstleistungspflicht.
...

*Artikel 13*
(1) Die Wohnung ist unverletzlich.
...

*Artikel 14*
(1) Das Eigentum und das Erbrecht werden gewährleistet. Inhalt und Schranken werden durch die Gesetze bestimmt.
(2) Eigentum verpflichtet. Sein Gebrauch soll zugleich dem Wohle der Allgemeinheit dienen.
(3) Eine Enteignung ist nur zum Wohle der Allgemeinheit zulässig. Sie darf nur durch Gesetz oder auf Grund eines Gesetzes erfolgen, das Art und Ausmaß der Entschädigung regelt. Die Entschädigung ist unter gerechter Abwägung der Interessen der Allgemeinheit und der Beteiligten zu bestimmen. Wegen der Höhe der Entschädigung steht im Streitfalle der Rechtsweg vor den ordentlichen Gerichten offen.

*Artikel 15*
Grund und Boden, Naturschätze und Produktionsmittel können zum Zwecke der Vergesellschaftung durch ein Gesetz, das Art und Ausmaß der Entschädigung regelt, in Gemeineigentum oder in andere Formen der Gemeinwirtschaft überführt werden. Für die Entschädigung gilt Artikel 14 Absatz 3 Satz 3 und 4 entsprechend.
...

*Artikel 18*
Wer die Freiheit der Meinungsäußerung, insbesondere die Pressefreiheit (Artikel 5 Abs. 1), die Lehrfreiheit (Artikel 5 Abs. 3), die Versammlungsfreiheit (Artikel 8), die Vereinigungsfreiheit (Artikel 9), das Brief-, Post- und Fernmeldegeheimnis (Artikel 10), das Eigentum (Artikel 14) oder das Asylrecht (Artikel 16, Abs. 2) zum Kampfe gegen die freiheitliche demokratische Grundordnung mißbraucht, verwirkt diese Grundrechte. Die Verwirkung und ihr Ausmaß werden durch das Bundesverfassungsgericht ausgesprochen.

*Artikel 19*
(1) Soweit nach diesem Grundgesetz ein Grundrecht durch Gesetz oder auf Grund eines Gesetzes eingeschränkt werden kann, muß das Gesetz allgemein und nicht nur für den Einzelfall gelten. Außerdem muß das Gesetz das Grundrecht unter Angabe des Artikels nennen.
(2) In keinem Falle darf ein Grundrecht in seinem Wesensgehalt angetastet werden.
(3) Die Grundrechte gelten auch für inländische juristische Personen, soweit sie ihrem Wesen nach auf diese anwendbar sind.
(4) Wird jemand durch die öffentliche Gewalt in seinen Rechten verletzt, so steht ihm der Rechtsweg offen. Soweit eine andere Zuständigkeit nicht begründet ist, ist der ordentliche Rechtsweg gegeben.
...

*Artikel 20*
(1) Die Bundesrepublik Deutschland ist ein demokratischer und sozialer Bundesstaat.
(2) Alle Staatsgewalt geht vom Volke aus. Sie wird vom Volke in Wahlen und Abstimmungen und durch besondere Organe der Gesetzgebung, der vollziehenden Gewalt und der Rechtsprechung ausgeübt.
(3) Die Gesetzgebung ist an die verfassungsmäßige Ordnung, die vollziehende Gewalt und die Rechtsprechung sind an Gesetz und Recht gebunden.

*Artikel 21*
(1) Die Parteien wirken bei der politischen Willensbildung des Volkes mit. Ihre Gründung ist frei.

Ihre innere Ordnung muß demokratischen Grundsätzen entsprechen. Sie müssen über die Herkunft ihrer Mittel öffentlich Rechenschaft geben.
(2) Parteien, die nach ihren Zielen oder nach dem Verhalten ihrer Anhänger darauf ausgehen, die freiheitliche demokratische Grundordnung zu beeinträchtigen oder zu beseitigen oder den Bestand der Bundesrepublik Deutschland zu gefährden, sind verfassungwidrig. Über die Frage der Verfassungswidrigkeit entscheidet das Bundesverfassungsgericht.
...

*Artikel 28*
(1) Die verfassungsmäßige Ordnung in den Ländern muß den Grundsätzen des republikanischen, demokratischen und sozialen Rechtsstaates im Sinne dieses Grundgesetzes entsprechen. In den Ländern, Kreisen und Gemeinden muß das Volk eine Vertretung haben, die aus allgemeinen, unmittelbaren, freien, gleichen und geheimen Wahlen hervorgegangen ist. In Gemeinden kann an die Stelle einer gewählten Körperschaft die Gemeindeverwaltung treten.
(2) Den Gemeinden muß das Recht gewährleistet sein, alle Angelegenheiten der örtlichen Gemeinden im Rahmen der Gesetze in eigener Verantwortung zu regeln. Auch die Gemeindeverbände haben im Rahmen ihres gesetzlichen Aufgabenbereiches nach Maßgabe der Gesetze das Recht der Selbstverwaltung.
(3) Der Bund gewährleistet, daß die verfassungsmäßige Ordnung der Länder den Grundrechten und Bestimmungen der Absätze 1 und 2 entspricht.
...

*Artikel 31*
Bundesrecht bricht Landesrecht
...

*Artikel 38*
(1) Die Abgeordneten des Deutschen Bundestages werden in allgemeiner, unmittelbarer, freier, gleicher und geheimer Wahl gewählt. Sie sind Vertreter des ganzen Volkes, an Aufträge und Weisungen nicht gebunden und nur ihrem Gewissen unterworfen.
(2) Wahlberechtigt ist, wer das 21., wählbar, wer das 25. Lebensjahr vollendet hat.
...

*Artikel 50*
Durch den Bundesrat wirken die Länder bei der Gesetzgebung und Verwaltung des Bundes mit.

*Artikel 51*
(1) Der Bundesrat besteht aus Mitgliedern der Regierungen der Länder, die sie bestellen und abberufen. Sie können durch andere Mitglieder ihrer Regierungen vertreten werden.
(2) Jedes Land hat mindestens drei Stimmen. Länder mit mehr als zwei Millionen Einwohner haben vier, Länder mit mehr als sechs Millionen Einwohner fünf Stimmen.
...

*Artikel 54*
(1) Der Bundespräsident wird ohne Aussprache von der Bundesversammlung gewählt. Wählbar ist jeder Deutsche, der das Wahlrecht zum Bundestage besitzt und das vierzigste Lebensjahr vollendet hat.
...

*Artikel 62*
Die Bundesregierung besteht aus dem Bundeskanzler und aus den Bundesministern.

*Artikel 63*
(1) Der Bundeskanzler wird auf Vorschlag des Bundespräsidenten vom Bundestag ohne Aussprache gewählt.

(2) Gewählt ist, wer die Stimmen der Mehrheit der Mitglieder des Bundestages auf sich vereinigt. Der Gewählte ist vom Bundespräsidenten zu ernennen.

...

*Artikel 65*

Der Bundeskanzler bestimmt die Richtlinien der Politik und trägt dafür die Verantwortung. Innerhalb dieser Richtlinien leitet jeder Bundesminister seinen Geschäftsbereich selbständig und unter eigener Verantwortung. Über Meinungsverschiedenheiten zwischen den Bundesministern entscheidet die Bundesregierung. Der Bundeskanzler leitet ihre Geschäfte nach einer von der Bundesregierung beschlossenen und vom Bundespräsidenten genehmigten Geschäftsordnung.

...

*Artikel 67*

(1) Der Bundestag kann dem Bundeskanzler das Mißtrauen nur dadurch aussprechen, daß er mit der Mehrheit seiner Mitglieder einen Nachfolger wählt und den Bundespräsidenten ersucht, den Bundeskanzler zu entlassen. Der Bundespräsident muß dem Ersuchen entsprechen und den Gewählten ernennen.

...

*Artikel 68*

(1) Findet ein Antrag des Bundeskanzlers, ihm das Vertrauen auszusprechen, nicht die Zustimmung der Mehrheit der Mitglieder des Bundestages, so kann der Bundespräsident auf Vorschlag des Bundeskanzlers binnen einundzwanzig Tagen den Bundestag auflösen. Das Recht zur Auflösung erlischt, sobald der Bundestag mit der Mehrheit seiner Mitglieder einen anderen Bundeskanzler wählt.

...

*Artikel 77*

(1) Die Bundesgesetze werden vom Bundestage beschlossen. Sie sind nach ihrer Annahme durch den Präsidenten des Bundestages unverzüglich dem Bundesrate zuzuleiten.

(2) Der Bundesrat kann binnen zwei Wochen nach Eingang des Gesetzbeschlusses verlangen, daß ein aus Mitgliedern des Bundestages und des Bundesrates für die gemeinsame Beratung von Vorlagen gebildeter Ausschuß einberufen wird. Die Zusammensetzung und das Verfahren dieses Ausschusses regelt eine Geschäftsordnung, die vom Bundestag beschlossen wird und der Zustimmung des Bundesrates bedarf. Die in diesen Ausschuß entsandten Mitglieder des Bundesrates sind nicht an Weisungen gebunden. Ist zu einem Gesetze die Zustimmung des Bundesrates erforderlich, so können auch der Bundestag und die Bundesregierung die Einberufung verlangen. Schlägt der Ausschuß eine Änderung des Gesetzbeschlusses vor, so hat der Bundestag erneut Beschluß zu fassen.

(3) Soweit zu einem Gesetze die Zustimmung des Bundesrates nicht erforderlich ist, kann der Bundesrat, wenn das Verfahren nach Absatz 2 beendigt ist, gegen ein vom Bundestage geschlossenes Gesetz binnen einer Woche Einspruch einlegen. Die Einspruchsfrist beginnt im Falle des Absatzes 2 letzter Satz mit dem Eingange des vom Bundestage erneut gefaßten Beschlusses, in allen anderen Fällen mit dem Abschlusse des Verfahrens vor dem in Absatz 2 vorgesehenen Ausschusse.

(4) Wird der Einspruch mit der Mehrheit der Stimmen des Bundesrates beschlossen, so kann er durch Beschluß der Mehrheit der Mitglieder des Bundestages zurückgewiesen werden. Hat der Bundesrat den Einspruch mit einer Mehrheit von mindestens zwei Dritteln seiner Stimmen beschlossen, so bedarf die Zurückweisung durch den Bundestag einer Mehrheit von zwei Dritteln, mindestens der Mehrheit der Mitglieder des Bundestages.

*Artikel 78*

Ein vom Bundestage beschlossenes Gesetz kommt zustande, wenn der Bundesrat zustimmt, den Antrag gemäß Artikel 77 Absatz 2 nicht stellt, innerhalb der Frist des Artikels 77 Absatz 3 keinen Einspruch einlegt oder ihn zurücknimmt oder wenn der Einspruch vom Bundestage überstimmt wird.

*Artikel 79*
(1) Das Grundgesetz kann nur durch ein Gesetz geändert werden, das den Wortlaut des Grundgesetzes ausdrücklich ändert oder ergänzt.
(2) Ein solches Gesetz bedarf der Zustimmung von zwei Dritteln der Mitglieder des Bundestages und zwei Dritteln der Stimmen des Bundesrates.
(3) Eine Änderung dieses Grundgesetzes, durch welche die Gliederung des Bundes in Länder, die grundsätzliche Mitwirkung der Länder bei der Gesetzgebung oder die in den Artikeln 1 und 20 niedergelegten Grundsätze berührt werden, ist unzulässig.
...

*Artikel 92*
Die rechtsprechende Gewalt ist den Richtern anvertraut, sie wird durch das Bundesverfassungsgericht, durch das Oberste Bundesgericht, durch die in diesem Grundgesetz vorgesehenen Bundesgerichte und durch die Gerichte der Länder ausgeübt.

*Artikel 93*
(1) Das Bundesverfassungsgericht entscheidet:
1. über die Auslegung dieses Grundgesetzes aus Anlaß von Streitigkeiten über den Umfang der Rechte und Pflichten eines obersten Bundesorgans oder anderer Beteiligter, die durch dieses Grundgesetz oder in der Geschäftsordnung eines obersten Bundesorgans mit eigenen Rechten ausgestattet sind;
2. bei Meinungsverschiedenheiten oder Zweifeln über die förmliche und sachliche Vereinbarkeit von Bundesrecht oder Landesrecht mit diesem Grundgesetz oder die Vereinbarkeit von Landesrecht mit sonstigem Bundesrecht auf Antrag der Bundesregierung, einer Landesregierung oder eines Drittels der Mitglieder des Bundestages;
...
5. in den übrigen in diesem Grundgesetze vorgesehenen Fällen.
...

*Artikel 97*
(1) Die Richter sind unabhängig und nur dem Gesetz unterworfen.
(2) Die hauptamtlich und planmäßig endgültig angestellten Richter können wider ihren Willen nur kraft richterlicher Entscheidung und nur aus Gründen und unter den Formen, welche die Gesetze bestimmen, vor Ablauf ihrer Amtszeit entlassen oder dauernd oder zeitweise ihres Amtes enthoben oder an eine andere Stelle oder in den Ruhestand versetzt werden ...

*Artikel 98*
(1) Die Rechtsstellung der Bundesrichter ist durch besonderes Bundesgesetz zu regeln.
(2) Wenn ein Bundesrichter im Amte oder außerhalb des Amtes gegen die Grundsätze des Grundgesetzes oder gegen die verfassungsmäßige Ordnung eines Landes verstößt, so kann das Bundesverfassungsgericht mit Zweidrittelmehrheit auf Antrag des Bundestages anordnen, daß der Richter in ein anderes Amt oder in den Ruhestand zu versetzen ist. Im Falle eines vorsätzlichen Verstoßes kann auf Entlassung erkannt werden.
...
(5) Die Länder können für Landesrichter eine Absatz 2 entsprechende Regelung treffen. Geltendes Landesverfassungsrecht bleibt unberührt. Die Entscheidung über eine Richteranklage steht dem Bundesverfassungsgericht zu.
...

*Artikel 100*
(1) Hält ein Gericht ein Gesetz, auf dessen Gültigkeit es bei der Entscheidung ankommt, für verfassungswidrig, so ist das Verfahren auszusetzen und, wenn es sich um die Verletzung der Verfassung eines Landes handelt, die Entscheidung des für Verfassungsstreitigkeiten zuständigen Gerichtes des

Landes, wenn es sich um die Verletzung dieses Grundgesetzes handelt, die Entscheidung des Bundesverfassungsgerichtes einzuholen. Dies gilt auch, wenn es sich um die Verletzung dieses Grundgesetzes durch Landesrecht oder um die Unvereinbarkeit eines Landesgesetzes mit einem Bundesgesetz handelt.

...

*Artikel 102*

Die Todesstrafe ist abgeschafft.

...

*Artikel 116*

(1) Deutscher im Sinne dieses Grundgesetzes ist vorbehaltlich anderweitiger gesetzlicher Regelung, wer die deutsche Staatsangehörigkeit besitzt oder als Flüchtling oder Vertriebener deutscher Volkszugehörigkeit oder als dessen Ehegatte oder Abkömmlinge in dem Gebiete des Deutschen Reiches nach dem Stande vom 31. Dezember 1937 Aufnahme gefunden hat.

(2) Frühere deutsche Staatsangehörige, denen zwischen dem 30. Januar 1933 und dem 8. Mai 1945 die Staatszugehörigkeit aus politischen oder religiösen Gründen entzogen worden ist, und ihre Abkömmlinge sind auf Antrag wieder einzubürgern. Sie gelten als nicht ausgebürgert, sofern sie nach dem 8. Mai 1945 ihren Wohnsitz in Deutschland genommen haben und nicht einen entgegengesetzten Willen zum Ausdruck gebracht haben.

...

*Artikel 146*

Dieses Grundgesetz verliert seine Gültigkeit an dem Tage, an dem eine Verfassung in Kraft tritt, die von dem deutschen Volke in freier Entscheidung beschlossen worden ist.

Zit. nach: Herbert Michaelis/Ernst Schraepler (Hg.), Ursachen und Folgen. Bd. 26, Die staatliche Neuordnung Deutschlands, Berlin o. J., S. 280ff.

## IV/2 Die SBZ auf dem Weg zur DDR

### Arbeitsthemen

*1. Inwieweit kann die von der SMAD eingesetzte „Deutsche Wirtschaftskommission" der SBZ als Vorläufer einer zentralen Regierung bezeichnet werden? (Nr. 1 und 3)*

*2. Wie charakterisiert Walter Ulbricht die „gesellschaftlichen Umwälzungen" in der SBZ? Welche Mittel und welche Zielsetzungen sind erkennbar? (Nr. 2) Welche Rolle spielen dabei die SED, die „Staatsmacht", „eine einheitliche Leitung, eine zentrale Verwaltung und ein einheitlicher Wirtschaftsplan"? (Nr. 2 und 3)*

*3. Wie wird die Umformung der SED zu einer „Partei neuen Typus" begründet und durchgeführt? Was bedeutet diese Umformung für die ehemaligen SPD-Mitglieder? Was unterscheidet die „Partei neuen Typus" von einer demokratischen Partei nach westlichen Vorstellungen? (Nr. 2, 3 und 4) Welche Rückwirkungen dieser Vorgänge auf Einstellungen und Verhalten in Westdeutschland sind wahrscheinlich?*

*4. Wie begründet Manfred Overesch seine „berechtigten Zweifel" an der Behauptung, die Gründung der DDR sei lediglich der „Nachvollzug eines von außen aufgezwungenen Schrittes"? Wie charakterisiert er die sog. Volkskongreßbewegung und die Umstände der Gründung des neuen Staates und seiner Institutionen? (Nr. 5)*

*5. Inwiefern ist aus dem Text der DDR-Verfassung der „Charakter eines Kompromisses" bzw. einer „Übergangslösung" (Siegfried Mampel) erkennbar:*

*– Ist es berechtigt, von einer „Gewaltenkonzentration" statt von einer „Gewaltenteilung" zu sprechen? Welche Bedeutung haben dabei insbesondere die Positionen der Volkskammer und der richterlichen Gewalt? (Nr. 6 und 7)*

– *Kann – im Vergleich zum Grundgesetz – von einem föderalistischen Staatsaufbau gesprochen werden? (IV/1, Nr. 11 und IV/2, Nr. 6)*
– *Welche Entwicklungslinien sind in den Bestimmungen über die Wirtschafts- und Sozialordnung vorgegeben? (Nr. 6)*

6. *Auf welche scheinbar distanzierte, doch politisch ausschlaggebende Funktion zieht sich die sowjetische Besatzungsmacht zurück? (Nr. 8) Wo liegen Parallelen und wo Divergenzen zum Formierungsprozeß der Bundesrepublik? (Vgl. IV/1, 10 a und 10 b; IV/2, 9 a und 9 b)*
7. *Die Entstehung der DDR in der DDR-Geschichtsschreibung:*
– *Welche Rolle wird in der Diskussion der DDR-Historiker der UdSSR als „sozialistischer Besatzungsmacht" zugeschrieben? Welche Aufschlüsse geben in diesem Zusammenhang die herangezogenen historischen Parallelen? (Nr. 9 c)*
– *Welche Ziele werden für die gesamtdeutsche Politik der UdSSR und der SED genannt und unter welchen Bedingungen wurde eine Vermeidung der Teilung für möglich gehalten? Was bedeutet in diesem Zusammenhang die Charakterisierung der westdeutschen politischen Kräfte und des neuen westdeutschen Staates? (Nr. 9 a und b)*
– *Inwiefern sind in der „Weiterführung des revolutionären Prozesses" und den damit verbundenen Maßnahmen langfristige Strategien erkennbar? (Nr. 9 a und b bzw. I, Nr. 1 a und b)*

## Materialien

### I. Befehl Nr. 138 des Obersten Chefs der Sowjetischen Militärverwaltung in Deutschland, betreffend die Genehmigung der Vereinbarung über die Gründung einer ständigen Wirtschaftskommission vom 4. 6. 1947

Zwecks weiterer Entwicklung der Ökonomik (Wirtschaftslage) in der Sowjet-Besatzungszone Deutschlands befehle ich:
1. Das am 10. Februar 1947 getroffene Übereinkommen der Deutschen Verwaltungen für Industrie, Brennstoffe und Energetik, Handel und Versorgung mit den Regierungen der Provinzen und Länder der Sowjet-Besatzungszone Deutschlands als Grundlage einer Zusammenarbeit der genannten deutschen leitenden Organe gutzuheißen.
Das von der Deutschen Verwaltung für Land- und Forstwirtschaft und den Regierungen der Länder in Vorbereitung befindliche Übereinkommen über die Zusammenarbeit mir zum 10. Juni 1947 zur Bestätigung vorzulegen.
2. Festzulegen, daß die Deutschen Verwaltungen für Industrie, Brennstoff und Energetik, Handel und Versorgung, Land- und Forstwirtschaft für die Aufstellung und Erfüllung der Produktions-(Wirtschafts-)Pläne sowie der Verteilungspläne innerhalb ihrer Kompetenzen für die Zone als Ganzes verantwortlich sind. Die Regierungen der Provinzen und Länder sind verantwortlich für die Aufstellung und Erfüllung der Pläne innerhalb der Grenzen der Provinzen und Länder.
3. Den oben angeführten Deutschen Verwaltungen den entsprechenden Verwaltungen der Sowjet-Militär-Administration in Deutschland zur Bestätigung einzureichen.:
a) Die Zonenpläne für Erzeugung und Verteilung,
b) Projekte der Verfügungen über prinzipielle Fragen der Ökonomik der Zone.
4. Den Ministerpräsidenten der Regierungen der Provinzen und Länder die Einreichung einer regelmäßigen Rechnungslegung über die Erfüllung der Pläne für Erzeugung und Verteilung an die Deutschen Verwaltungen sicherzustellen, und dem Präsidenten der Deutschen Verwaltungen eine systematische Kontrolle der Ausführung dieser Pläne in den Provinzen und Ländern sicherzustellen.
5. Zwecke Erreichung der notwendigen Übereinstimmung in der Arbeit der Deutschen Verwaltungen für Industrie, Verkehr, Brennstoff und Energetik, Landwirtschaft und Handel und Versorgung zu gestatten, eine ständige ökonomische Kommission, bestehend aus den Präsidenten der oben angeführten Verwaltungen, zu organisieren und bei dieser Kommission eine ökonomische Abteilung mit einem Personalbestand bis zum 100 Mann unter Leitung eines Präsidenten – eines Mitgliedes der Kommission.

In dieser Kommission sind als Mitglieder aufzunehmen: der Vorsitzende des Freien Deutschen Gewerkschaftsbundes und der Vorsitzende der Vereinigung der gegenseitigen Bauernhilfe.
6. Zur besseren Versorgung der Zone mit Rohstoffen und Materialien und Erschließung der Export-Ressourcen als selbständige Verwaltung ein Amt für Interzonen- und auswärtigen Handel der Deutschen Verwaltung für Handel und Versorgung auszusondern. Dem Vizepräsidenten der Deutschen Verwaltung für Handel und Versorgung, Orlopp, mir zum 15. Juni d. J. Vorschläge über die Organisation dieser Verwaltung zur Bestätigung einzureichen.

Zit. nach: Dokumente des geteilten Deutschland. Hg. von Ingo von Münch, Bd. 1: 1941–1968, Stuttgart 1968, S. 295 f.

## 2. Die gesellschaftlichen Veränderungen in der sowjetischen Besatzungszone als Voraussetzung für den Neuaufbau

(Referat Walter Ulbrichts auf der 11. Tagung des Parteivorstandes der SED, 29. und 30.6. 1948)

Die Vorlage des Wirtschaftsplans für 1949/50 ist von großer geschichtlicher Bedeutung. Zum ersten Male in der deutschen Geschichte wird der Bevölkerung ein Wirtschaftsplan unterbreitet, der dem Neuaufbau und der Herbeiführung eines besseren Lebens unseres Volkes dient. Mit der Ausarbeitung dieses Plans erfüllt die SED das auf dem II. Parteitag gegebene Versprechen, einen Aufbauplan vorzulegen, der zeigt, was zu tun ist, um zu einem besseren Leben zu kommen. So wie im Jahre 1945 die Initiative zur Normalisierung des Lebens bei der Vorhut der Arbeiterklasse lag, so hat auch jetzt die fortschrittlichste Kraft unseres Landes, die SED, die Initiative ergriffen und diesen Zweijahrplan ausgearbeitet. Diesen Plan zur *Sache aller Schaffenden, aller demokratischen Parteien und Massenorganisationen zu machen, ungeachtet ihrer eigenen Ziele oder besonderen Weltanschauung, muß unser Ziel sein* . . .
Der *vorliegende Zweijahrplan beantwortet alle Grundfragen des Neuaufbaus*. Es werden die Lehren aus der Vergangenheit gezogen, und es wird gleichzeitig dargelegt, auf welcher neuen gesellschaftlichen Grundlage der Plan beruht, wer die Initiatoren und die tragende Kraft des großen Aufbauwerkes sind und mit welchen neuen Methoden es durchgeführt werden soll. *Der Übergang zur weitsichtigen Planung bedeutet den Übergang zu einer bewußten Lenkung des gesellschaftlichen Fortschritts.*
Der vorliegende Plan bezieht sich zunächst nur auf die sowjetische Besatzungszone, weil Deutschland durch die Beschlüsse von London und Frankfurt gespalten wurde und weil es längerer Zeit bedarf, die treibenden Kräfte dieser Spaltung, die reaktionären, halbfaschistischen Kräfte des Konzern- und Bankkapitals und ihre Helfershelfer in Frankfurt und an der Ruhr, aus ihren Machtpositionen zu vertreiben. *Unser Ziel bleibt jedoch ein gesamtdeutscher Plan des Neuaufbaus* . . .
Die Durchführung unseres Zweijahrplans wird dem ganzen deutschen Volk beweisen, daß der demokratische Weg des Deutschen Volkes zum Erfolg führt, daß die Wirtschaftsordnung, wie sie in der sowjetischen Besatzungszone verwirklicht ist, der kapitalistischen Wirtschaftsanarchie Westdeutschlands überlegen ist und damit *für ganz Deutschland ein lebendiges Beispiel gibt* . . .
Es wird festgestellt, daß die wirtschaftlichen Schlüsselstellungen in der sowjetischen Besatzungszone in die Hände des Volkes übergegangen sind. In den volkseigenen Betrieben werden etwa 40 Prozent der Produktion der wichtigsten Industrien der gesamten Zone erzeugt. Ebenso befinden sich das Verkehrswesen sowie das Bank- und Versicherungswesen in den Händen des Volkes. Mit Stolz kann das werktätige Volk sagen, daß in der sowjetischen Besatzungszone kein Betrieb mehr den Großaktionären der Konzerne von Siemens und AEG, den Kuponabschneidern des Flick-Konzerns oder den Bankherren der Dresdner Bank gehört. Die Herren Großgrundbesitzer, die vom Schweiße der Landarbeiter lebten, können nicht mehr die Landarbeiter peinigen und der Bevölkerung ihres Gebietes ihren politischen Willen aufzwingen.
Es wäre unrichtig, diese gesellschaftliche Umwälzung als „Reformwerk" zu bezeichnen. Der Kapitalismus wurde nicht reformiert, sondern die entscheidende kapitalistische Kraft, die Konzern- und Bankherren wurden entmachtet. Der Staat wurde nicht reformiert, sondern durch die in den Län-

derverfassungen festgelegte staatliche Ordnung wurde eine neue, höhere, demokratische Ordnung geschaffen. Die Staatsgewalt dient nicht mehr der Sicherung und Ausbeutung des Volkes durch die Großkapitalisten und Großgrundbesitzer, sondern sie liegt in den Händen der Arbeiterklasse und der anderen fortschrittlichen, demokratischen Kräfte.
*Die Staatsmacht dient dem Volke, dem Neuaufbau der Wirtschaft und der Kultur, sie dient der Niederhaltung der alten faschistischen und reaktionären Kräfte und der Unschädlichmachung der Saboteure.*
Diese gesellschaftliche Umwälzung erfolgte im Ergebnis der Katastrophe Deutschlands und seiner militärischen Niederlage. Da die deutsche Arbeiterklasse nicht die Kraft aufzubringen vermocht hatte, durch große Kampfaktionen entscheidend zum Sturze der faschistischen Herrschaft beizutragen, mußte die *Schaffung der Grundlage einer friedlichen Ordnung mit Hilfe der Sowjetarmee erfolgen* ...

Die gewaltigen Aufgaben des Neuaufbaus können nur gelöst werden, wenn eine einheitliche Leistung, eine zentrale Verwaltung und ein einheitlicher Wirtschaftsplan, der Gesetzeskraft besitzt, existieren. So wurde die Deutsche Wirtschaftskommission als Organ der Leitung und Kontrolle gebildet, mit dem Recht, Gesetz und Anweisungen zu erlassen. Damit geht die Verantwortung für die deutsche Wirtschaft einschließlich der Reparationsleistungen an die deutsche Verwaltung über. Das letztere ist besonders wichtig. Da die Reparationsleistungen zahlenmäßig festgelegt sind, dient die Übererfüllung des Plans ausschließlich dem Nutzen des deutschen Volkes beziehungsweise des Aufbaus. Die Reparationsleistungen betragen für 1948 10 Prozent der industriellen Bruttoproduktion, das sind 17 Prozent der Nettoproduktion. Die Lieferungen für die Besatzungsorgane betragen 5 Prozent der Bruttoproduktion, das sind 8 Prozent der Nettoproduktion ...
Im Zusammenhang mit der Vorlage dieses Plans des Neuaufbaus steht die Aufgabe, unsere Partei vorzubereiten, ihre Rolle als führende Kraft der Arbeiterklasse und des schaffenden Volkes zu erfüllen. Bisher hat die Partei in großen Lebensfragen des Volkes eine richtige Initiative entwickelt. Zum großen Teil waren das aber Einzelfragen. Mit dem Übergang der Leitung von Verwaltung und Wirtschaft in die Hände der demokratischen Kräfte steht vor unserer sozialistischen Partei die Aufgabe, als Avantgarde *die Lösung aller demokratischen, wirtschaftlichen und organisatorischen Aufgaben zu leiten und mit Hilfe der Massenorganisationen die ganze Initiative der Arbeiterklasse und der Bevölkerung zu entfalten.* In den Volksausschüssen, aber auch im Block der politischen Parteien gilt es so zu arbeiten, daß die fortschrittlichen Kräfte in den anderen Parteien aktiviert werden und eine breite demokratische Bewegung für den Neuaufbau zustande kommt.
*Die Rolle der Partei als Vorhut der Arbeiterklasse* zeigt sich vor allem darin, daß ihre Funktionäre in Staat und Wirtschaft nicht einfach verwalten, sondern als Initiatoren die führende Rolle der Arbeiterklasse im Bündnis mit den werktätigen Bauern und der fortschrittlichen Intelligenz verwirklichen. *Jeder Funktionär* muß fähig werden, die feindliche Propaganda wirkungsvoll zu bekämpfen, in Staat und Wirtschaft die Position des Fortschritts zu stärken, die jungen fähigen Kräfte aus der Arbeiterklasse und den übrigen werktätigen Schichten zu entwickeln und die Wachsamkeit der Arbeiter gegen Saboteure und feindliche Agenten zu schärfen.
Unsere Partei hat sich im Kampfe um die Bodenreform und um die Wiederherstellung der Wirtschaft und den Neuaufbau des Staates als Partei des schaffenden Volkes bewährt. *Jetzt aber stehen wir in Verbindung mit dem Zweijahrplan vor größeren, komplizierteren Aufgaben. Deshalb sind entschiedene Maßnahmen notwendig, damit die Partei wirklich zu einer Partei neuen Typus wird ...*
*Eine Reihe unserer ideologischen Schwächen hat ihre Wurzel in der falschen Einschätzung des Charakters der Partei und ihrer Aufgabe in der gegenwärtigen Periode.* Ein großer Teil der Parteimitglieder ist im Kampfe um die neue, demokratische Ordnung gewachsen und von Klassenbewußtsein erfüllt worden. Sie haben große Opfer in diesem Kampfe gebracht. Durch die Vereinigung der beiden Massenparteien, KPD und SPD, sind aber auch manche Mitglieder in unsere Partei gekommen, die innerlich mit ihr nicht verbunden sind. Es gibt Mitglieder, die gegnerischen Ideologen unterlegen sind und dadurch die Parteiarbeit lähmen.

Zit. nach: Walter Ulbricht, Zur Geschichte der deutschen Arbeiterbewegung. Aus Reden und Aufsätzen, Band III: 1946–1950, Berlin (Ost) 1953, S. 219 f., 226, 231 f., 250, 254.

Der nächste entscheidende Schritt war am 30. Juni 1948 die Beschlußfassung des SED-Vorstands über den Zweijahresplan 1949/50, den Ulbricht vor diesem Gremium begründet hatte. Zuvor waren schon wichtige Veränderungen in der Verwaltungsstruktur der Ostzone erfolgt, die die partikularistischen Tendenzen in den Ländern ausschalten und die zentral gelenkte Durchführung des Plans ermöglichen sollten. Bereits seit Juni 1947 bestand die „Deutsche Wirtschaftskommission" (DWK). Sie wurde im Februar 1948 von der SMAD reorganisiert, teilweise mit den alten Zentralverwaltungen verschmolzen (nur die Zentralverwaltungen für Inneres, Volksbildung und Justiz blieben bestehen) und mit weitergehenden Vollmachten ausgestattet. Auch auf die personelle Besetzung der DWK nahm die SMAD starken Einfluß. An ihre Spitze trat Heinrich Rau, die einflußreichsten Stellvertreterposten erhielten Bruno Leuschner und Fritz Selbmann, alle drei ehemalige Kommunisten. Den aus der SPD hervorgegangenen Politikern wurden erstmals paritätische Positionen verweigert. Einein wichtigen Teil der enteigneten Industriebetriebe nahm man aus der Zuständigkeit der Länder heraus und unterstellte sie direkt der DWK, die dadurch vor allen andern Behörden die Verantwortung für die Erfüllung der Reparationsverpflichtungen zu tragen hatte, die den Kern des Wirtschaftsplanes ausmachten. An die DWK überwies die SED-Führung ihren Planentwurf mit dem Auftrag, ihn detailliert auszuarbeiten und als Gesetz zu beschließen. Dem Zweijahresplan war noch ein Halbjahresplan vorgeschaltet, der schon am 1. Juli 1948 in Kraft treten sollte.

Von Bedeutung war die oben erwähnte Rede Ulbrichts, mit der er den Plan vor dem Parteivorstand erläuterte. Innerhalb des ZK-Sekretariats hatte Ulbricht die Abteilung Wirtschaft und Finanzen übernommen und war somit der zuständige Mann. Für ihn bedeutete das Anlaufen des Wirtschaftsplans nicht nur ein ökonomisches Ereignis, sondern darüber hinaus „den Übergang zu einer bewußten Lenkung des gesellschaftlichen Fortschritts". Die Durchführung des Zweijahresplans sollte, wie er meinte, bereits beweisen, daß die Wirtschaftsordnung der Ostzone dem westdeutschen System „überlegen" sei, und damit „das lebendige Beispiel für ganz Deutschland" geben. Für die Bewältigung der Probleme sei eine straffe Zentralisierung nötig: „eine einheitliche Leitung, eine zentrale Verwaltung und ein einheitlicher Wirtschaftsplan, der Gesetzeskraft besitzt". Im Kampf um die Produktionssteigerung und die Erfüllung des Planes müsse sich auch die Rolle der Gewerkschaften verändern; das gelte vor allem für den Sektor der volkseigenen Betriebe. Entsprechend dem Befehl Nr. 234 forderte Ulbricht die Einführung von Leistungslöhnen, Organisierung der Aktivistenbewegung und Kampf gegen „Gleichmacherei".

In einem wichtigen Abschnitt seiner Rede stellte er klar, daß auch die Einheitspartei ihrer neuen Rolle gerecht werden müsse. Ihr obliege es, als Avantgarde die Lösung der Gesamtheit der Aufgaben in Staat und Wirtschaft zu leiten und die fortschrittlichen Kräfte bei den Bündnispartnern zu aktivieren. Deswegen müsse sich die SED zu einer „Partei neuen Typus" entwickeln. In diesem Zusammenhang verlangte Ulbricht eine Reihe von organisatorischen Maßnahmen, die ihn allesamt seinem alten Ziel der Kaderpartei näher bringen sollten: an erster Stelle stand dabei die „Schaffung eines ideologisch festen, disziplinierten Funktionärskörpers"; Mitgliederwerbung für die Partei sollte nur noch unter den Aktivisten erfolgen; die Lehre Lenins über die Rolle der Partei sei in den Parteiorganisationen selbstkritisch durchzuarbeiten; die Parteigruppen im Verwaltungs- und Wirtschaftsapparat müßten gefestigt und die dort tätigen Funktionäre in Parteidisziplin genommen werden; nicht zuletzt müsse dafür gesorgt werden, daß – wie Ulbricht sagte – die „Schumacherleute" rücksichtslos entfernt würden.

Die hier wiedergegebenen Vorstellungen Ulbrichts über Struktur und Arbeitsweise der Partei waren Thema der nächsten Vorstandssitzung der SED, die einen Monat später – am 28./29. Juli 1948 – stattfand. In einem folgenreichen Beschluß bestätigte der Parteivorstand die „Anweisungen für die organisatorische Festigung der Partei und für ihre Säuberung von feindlichen und entarteten Elementen". Die Entschließung ging auf eine von Ulbricht favorisierte Vorlage zurück. Grotewohl war diesem Antrag zunächst sehr skeptisch gegenübergestanden, hatte sich aber dann doch – zur

Bestürzung selbst seiner engsten Mitarbeiter aus der früheren Sozialdemokratie – bereitgefunden, ihn persönlich zu vertreten ...

Der Entschließungstext knüpfte an § 2 des Parteistatus an, der jedes Mitglied – mit deutlichem Bezug auf die Leninsche Position im Organisationsstreit der russischen Sozialdemokratie von 1903 – verpflichtete, „aktiv in der Partei zu arbeiten". Es wurde Front gemacht gegen die Passivität mancher Mitglieder und darüber hinaus – wie es heißt – die „Ausmerzung von schädlichen und feindlichen Elementen" aus der Partei verlangt. Zu diesem Zwecke stellte man folgenden Katalog auf:

„Ein beschleunigtes Ausschlußverfahren ist gegen folgende Kategorien von Mitgliedern durchzuführen:

Mitglieder, die eine parteifeindliche Einstellung vertreten; Mitglieder, die eine sowjetfeindliche Haltung bekunden; Mitglieder, die an Korruptionsaffären, Schiebereien, kriminellen Verbrechen direkt oder indirekt beteiligt sind; Mitglieder, die über ihre politische Vergangenheit in der Nazizeit wahrheitswidrige Angaben gemacht haben; Mitglieder, bei denen begründeter Verdacht besteht, daß sie im Interesse parteifeindlicher Kräfte (Agenten des Ostsekretariats der SPD) oder als Spione und Saboteure fremder Dienste in der Partei wirken.

Zur beschleunigten Durchführung des Ausschlußverfahrens gegen diese Kategorie von Schädlingen und Parteifeinden können in den Parteileitungen besondere Untersuchungskommissionen eingesetzt werden. Die individuelle Behandlung jedes Falles ist entsprechend den Bestimmungen des Statuts innezuhalten."

Ohne weiteres ist zu erkennen, daß auf Grund dieser Formulierungen jeder Mißliebige unschwer verfolgt werden konnte.

Die Entschließung verdeutlichte auch die Vorstellungen über die Straffung des Funktionärskörpers, wie sie schon in Ulbrichts Referat zum Wirtschaftsplan angesprochen worden waren. Grundsätzlich sollten nicht nur die Mitglieder der Vorstände und Leitungen der Partei als Parteifunktionäre gelten, sondern auch alle diejenigen Parteimitglieder, die in Staat, Wirtschaft, Verwaltung, in den Massenorganisationen, Parlamenten oder im Kulturleben eine verantwortliche Funktion bekleideten. Eine Elite dieser Funktionäre (bald „Parteiaktiv" genannt) sollte nach dem Kaderprinzip zusammengefaßt und als Instrument der Parteiführung politisch tätig werden:

„Zur schnellen und wirksamen Durchführung von Parteibeschlüssen wird bei den Parteileitungen aus den politisch klarsten und parteiergebensten Funktionären und aktivsten Mitgliedern aus den Parteiorganisationen, aus den Betrieben, aus den Organen von Staat und Wirtschaft, aus den Gewerkschaften und Massenorganisationen, aus den öffentlichen und kulturellen Einrichtungen ein *fester Funktionärstab* gebildet. Dieser feste, disziplinierte und stets einsatzbereite Funktionärstab soll die Parteileitungen befähigen, die ihnen gestellten konkreten Aufgaben zu lösen. Seine Zusammensetzung wird von der zuständigen Parteileitung bestimmt. Diese Funktionäre werden besonders registriert und erhalten einen besonderen Ausweis vom zuständigen Kreisvorstand".

In der Sitzung des Parteivorstands vom 15./16. September 1948 und in den dort gefaßten Beschlüssen wurden schließlich alle Vorbehalte gegenüber der Verbindlichkeit des sowjetrussischen Vorbilds als falsch und gefährlich abgestempelt. Ausdrücklich wurde Anton Ackermanns These vom besonderen deutschen Weg zum Sozialismus zurückgewiesen; sie führe dazu, das große historische Beispiel der Sowjetunion zu mißachten. Ackermann übte vor dem Parteivorstand Selbstkritik, die er im „Neuen Deutschland" (am 24. September 1948) wiederholte: seine Theorie – so schrieb er da – habe „das Element einer Abgrenzung von der Arbeiterklasse und von der bolschewistischen Partei der Sowjetunion" enthalten, „eine Konzession an die starken antisowjetischen Stimmungen" in deutschen Bevölkerungskreisen bedeutet und für feindliche Agenten (u.a. für „Schumacher-Anhänger") die Arbeit in der Partei ermöglicht.

Aus: Frank Moraw, Die Parole der „Einheit" und die Sozialdemokratie, a.a.O., S. 213 ff.

## 4. Entschließung der 1. Parteikonferenz der SED vom 28. 1. 1949

...

*IV. Die Entwicklung der SED zu einer Partei neuen Typus*

1. Die großen Aufgaben, die vor dem werktätigen Volke Deutschlands stehen, machen es erforderlich, das große historische Versäumnis der deutschen Arbeiterbewegung nachzuholen und die SED zu einer Partei neuen Typus zu entwickeln.
Die Verschmelzung der KPD und SPD zur Sozialistischen Einheitspartei Deutschlands war das bedeutendste Ereignis in der jüngsten Geschichte der deutschen Arbeiterbewegung. Die Einheit hat sich bewährt – das beweisen die Erfolge im demokratischen Aufbau der Ostzone. Das beweist auch die ideologische Einheit und Festigkeit der Partei, die in den fast drei Jahren seit der Vereinigung erzielt wurden.
Es muß selbstkritisch festgestellt werden, daß der Kampf um die ideologische Klarheit in der Partei nach der Vereinigung nicht mit genügender Aktivität geführt wurde. Insbesondere wurde der bedeutende Schritt, den der II. Parteitag zur ideologischen Klärung vorwärts tat, nicht genügend in der ganzen Partei ausgewertet. Auch gab es ernste Schwächen im ideologischen Kampf, die gewisse Elemente ermutigten, Versuche zu unternehmen, die SED zu einer opportunistischen Partei westlicher Prägung zu machen. Diese Versuche wurden dadurch gefördert, daß der Klassenfeind durch seine Schumacher-Agentur Spione und Agenten in die Reihen unserer Partei entsandte mit der Aufgabe, innerhalb der SED antisowjetische und nationalistische Tendenzen und Stimmungen zu erzeugen. Die damit heraufbeschworene Gefahr wurde dadurch abgewendet, daß der Parteivorstand auf seiner 11. Tagung im Juni eine entschiedene Wendung vollzog und mit der Annahme des Zweijahrplans die Aufgabe verband, die SED zu einer Partei neuen Typus zu entwickeln. Diese Arbeit wurde auf der 12. und 13. Tagung des Parteivorstandes fortgesetzt und besonders die Frage des ideologischen Kampfes in den Vordergrund der Parteiarbeit gerückt. Die der 13. Tagung folgende Parteidiskussion, in der eine Reihe grundsätzlicher Fragen geklärt wurde (unser Verhältnis zur Sowjetunion, zum Marxismus-Leninismus, der Weg zum Sozialismus, die falsche Theorie des besonderen deutschen Weges, die Entartung der jugoslawischen Parteiführer, das Bündnis mit der Bauernschaft, die Rolle der Partei, die Bedeutung und Aufgaben der Betriebsgruppenarbeit u. a.), hat gezeigt, daß die Partei bereits ein beachtliches theoretisches Niveau und eine weitgehende ideologische Einheit erreicht hat. Die Meinungsverschiedenheiten, die zum Austrag gebracht wurden, zeigten, daß der frühere ideologische Unterschied zwischen Kommunisten und Sozialdemokraten weitgehend verschwunden ist und daß in der Partei zahlreiche neue Kräfte herangewachsen sind, die keiner der alten Parteien angehört haben. Die Parteidiskussion hat ebenso wie die praktische Parteiarbeit bewiesen, daß das bisherige Prinzip der paritätischen Besetzung aller führenden Funktionen sich überlebt hat und zu einem Hemmschuh für die zweckmäßige Einsetzung der Kräfte geworden ist.
Die Parteidiskussion hat zugleich Klarheit darüber geschaffen, daß wir auf dem Wege zu einer Partei neuen Typus, d. h. einer Kampfpartei des Marxismus-Leninismus sind.
2. Die Kennzeichen einer Partei neuen Typus sind:
*Die marxistisch-leninistische Partei ist die bewußte Vorhut der Arbeiterklasse.* Das heißt, sie muß eine Arbeiterpartei sein, die in erster Linie die besten Elemente der Arbeiterklasse in ihren Reihen zählt, die ständig ihr Klassenbewußtsein erhöhen. Die Partei kann ihre führende Rolle als Vorhut des Proletariats nur erfüllen, wenn sie die marxistisch-leninistische Theorie beherrscht, die ihr die Einsicht in die gesellschaftlichen Entwicklungsgesetze vermittelt. Daher ist die erste Aufgabe zur Entwicklung der SED zu einer Partei neuen Typus die ideologisch-politische Erziehung der Parteimitglieder und besonders der Funktionäre im Geiste des Marxismus-Leninismus.
Die Rolle der Partei als Vorhut der Arbeiterklasse wird in der täglichen operativen Leitung der Parteiarbeit verwirklicht. Sie ermöglicht es, die gesamte Parteiarbeit auf den Gebieten des Staates, der Wirtschaft und des Kulturlebens allseitig zu leiten. Um dies zu erreichen, ist die Schaffung einer

kollektiven operativen Führung der Partei durch die Wahl eines Politischen Büros (Politbüro) notwendig.
*Die marxistisch-leninistische Partei ist die organisierte Vorhut der Arbeiterklasse.* Alle Mitglieder müssen unbedingt Mitglied einer der Grundeinheiten der Partei sein. Die Partei stellt ein Organisationssystem dar, in dem sich alle Glieder den Beschlüssen unterordnen. Nur so kann die Partei die Einheit des Willens und die Einheit der Aktion der Arbeiterklasse sichern.
*Die marxistisch-leninistische Partei ist die höchste Form der Klassenorganisation des Proletariats.* Die Partei, in der die besten Menschen der Klasse zusammengefaßt sind, die mit der Theorie des Marxismus-Leninismus, mit der Kenntnis der Gesetze des Klassenkampfes und mit der Erfahrung der revolutionären Bewegung gewappnet sind, hat die Möglichkeit und ist berufen und verpflichtet, alle anderen Organisationen der Werktätigen dadurch zu leiten, daß die Parteimitglieder vorbildliche Arbeit in diesen Massenorganisationen leisten.
Die Partei verkörpert die Verbindung des Vortrupps der Arbeiterklasse mit den Millionenmassen der Arbeiter und der übrigen Werktätigen. Darum darf sie sich nicht von den Massen abkapseln und isolieren, sondern muß ihre Verbindung mit ihnen festigen und das Vertrauen und die Unterstützung der breiten Massen verstärken.
Um die führende Rolle der Partei sicherzustellen und die Partei vor Schwankungen zu bewahren, ist die Einführung einer Kandidatenzeit für die Aufnahme in die Partei erforderlich. Diese Kandidatenzeit soll es dem Kandidaten ermöglichen, sich mit dem Programm und den Statuten, der Politik und Taktik der Partei vertraut zu machen und sich in der Parteiarbeit und in der Arbeit in den Massenorganisationen im Sinne der Partei zu bewähren.
*Die marxistisch-leninistische Partei beruht auf dem Grundsatz des demokratischen Zentralismus.* Dies bedeutet die strengste Einhaltung des Prinzips der Wählbarkeit der Leitungen und Funktionäre und der Rechnungslegung der Gewählten vor den Mitgliedern. Auf dieser innerparteilichen Demokratie beruht die straffe Parteidisziplin, die dem sozialistischen Bewußtsein der Mitglieder entspringt. Die Parteibeschlüsse haben ausnahmslos für alle Parteimitglieder Gültigkeit, insbesondere auch für die in Parlamenten, Regierungen, Verwaltungsorganen und in den Leitungen der Massenorganisationen tätigen Parteimitglieder.
Demokratischer Zentralismus bedeutet die Entfaltung der Kritik und Selbstkritik in der Partei, die Kontrolle der konsequenten Durchführung der Beschlüsse durch die Leitungen und die Mitglieder. Die Duldung von Fraktionen und Gruppierungen innerhalb der Partei ist unvereinbar mit ihrem marxistisch-leninistischen Charakter.
*Die marxistisch-leninistische Partei wird durch den Kampf gegen den Opportunismus gestärkt.* Die Arbeiterklasse ist keine nach außen abgeschlossene Klasse. Der Geist des Opportunismus wird ständig durch bürgerliche Kräfte in sie hineingetragen und ruft dadurch Unsicherheit und Schwankungen in ihren Reihen hervor. Deshalb ist der schonungslose Kampf gegen alle opportunistischen Einflüsse die unerläßliche Voraussetzung für die Stärkung der Kampfkraft der Partei.
Höchste Klassenwachsamkeit ist unbedingte Pflicht eines jeden Parteimitgliedes. Durch sie muß auch das Eindringen von Spionen, Agenten der Geheimdienste und des Ostbüros Schumachers in die Partei und die demokratischen Organe verhindert werden.
*Die marxistisch-leninistische Partei ist vom Geiste des Internationalismus durchdrungen.* Dieser Internationalismus bestimmt ihren Platz in der weltweiten Auseinandersetzung zwischen den Kriegshetzern und den Friedenskräften, zwischen Reaktion und Fortschritt, zwischen Kapitalismus und Sozialismus. In diesem Kampfe steht die marxistisch-leninistische Partei eindeutig im Lager der Demokratie und des Friedens, an der Seite der Volksdemokratien und der revolutionären Arbeiterparteien der ganzen Welt. Sie erkennen die führende Rolle der Sowjetunion und der KPdSU (B) im Kampfe gegen den Imperialismus an und erklärt es zur Pflicht jedes Werktätigen, die sozialistische Sowjetunion mit allen Kräften zu unterstützen.

Zit. nach: Ernst Deuerlein (Hg.), DDR 1945–1970. Geschichte und Bestandsaufnahme, 3. Aufl. München 1971, S. 82 ff.

## 5. Volkskongreßbewegung in der Ostzone

Wenn auch der formale Gründungsakt der DDR zeitlich dem der Bundesrepublik folgte und dadurch der Eindruck entstehen mag, er sei als Reaktion und Konsequenz zu verstehen, so lassen die Vorgänge und das dabei geäußerte Selbstverständnis der Ost-Berliner Führung berechtigte Zweifel an einem bloßen Nachvollzug eines von außen aufgezwungenen Schrittes aufkommen. Unmittelbar nach Beginn der Londoner Konferenz, als die Deutschen im Westen sich nicht über Sinn und Möglichkeiten einer erneuten Ministerpräsidentenkonferenz hatten einigen können und über die Frage der nationalen Repräsentation zerstritten waren, ergriff die SED vehement eine scheinbar gesamtdeutsche Initiative. Sie lud am 26. November 1947 mit einem Aufruf zu einem *„Deutschen Volkskongreß für Einheit und gerechten Frieden“* für den 6. und 7. Dezember 1947 nach Berlin ein. Nicht ungeschickt waren die beiden zentralen Themen der Zeit, die deutsche Einheit und der deutsche Friedensvertrag, als wohllautende Kristallisationspunkte in den Vordergrund gestellt. Doch schon der Kreis der Eingeladenen – „alle antifaschistisch-demokratischen Parteien, Gewerkschaften und andere Massenorganisationen, Betriebsräte und Belegschaften großer Betriebe, Organisationen der Bauernschaft, Vertreter der Wissenschaft und der Kunst in ganz Deutschland“ – ließ erkennen, daß die SED mit dem Deutschen Volkskongreß ihrem Verständnis von demokratischer Repräsentanz und ihrem Aktionswillen ein Tableau zu geben bemüht war. Mehr als die Hälfte der 1729 Delegierten gehörte dann auch dieser Partei und den von ihr kontrollierten Massenorganisationen (651) oder der ihr folgenden westdeutschen KPD (252) an. Widersprüche gegen die Volkskongreßbewegung in der sowjetischen Zone, die dort von der CDU kamen, suchten die Besatzer durch die von ihnen am 20. Dezember 1947 erzwungene Absetzung der CDU-Vorsitzenden Jakob Kaiser und Ernst Lemmer zu brechen.

Daß die politisch Verantwortlichen in den Westzonen Deutschlands und die westlichen Alliierten die Volkskongreßbewegung zuerst übergingen und dann ein Ausgreifen auf ihr Gebiet verboten, hinderte die SED nicht daran, am 17./18. März 1948 einen *2. Deutschen Volkskongreß* einzuberufen. Die dieses Mal zusammengekommenen rund 2000 Delegierten, unter ihnen fast 500 Vertreter aus dem Westen, bezeichneten sich als einzige gesamtdeutsche Repräsentanz, anerkannten die Oder-Neiße-Linie als deutsche Ostgrenze, beschlossen, ein Volksbegehren über die deutsche Einheit durchzuführen, und beriefen aus ihrer Mitte und als ihr Exekutivorgan einen *„Deutschen Volksrat“*, bestehend aus 400 Mitgliedern. Dieser so scheinbar dem antiken Athener Vorbild folgende Rat der 400 konstituierte sich am 19. März 1948 unter den Vorsitzenden Pieck (SED), Külz (LDPD) und Nuschke (CDU), einer Troika, die den Eindruck der Blockpolitik aus dem Jahre 1945 fortzusetzen schien, in Wahrheit aber Exekutivorgan der SED war. Die praktische Arbeit wurde in Ausschüssen geleistet, den für Verfassung leitete Grotewohl, den für Wirtschaft Ulbricht.

Während das Ende des *Alliierten Kontrollrats* (20. März 1948) und der *Alliierten Kommandantur* (16. Juni/1. Juli 1948), die beiden *Währungsreformen* (19./23. Juni 1948) und die *Berliner Blockade* (23. Juni 1948–12. Mai 1949) zu den sicht- und fühlbaren Einschnitten in der Geschichte der deutschen Teilung wurden, bereitete die SED das vorgesehene Volksbegehren, dargestellt als Wahlen zu einem *3. Deutschen Volkskongreß,* vor. Es wurde am 15./16. Mai 1949 durchgeführt. Abzustimmen war über die suggestive Frage: „Bist Du für Einheit und gerechten Frieden und den Abzug aller Besatzungstruppen?“ Wer konnte dagegen sein? 38,9% waren es, in Ost-Berlin sogar 42,9%. Es wären wohl noch mehr gewesen, wenn nicht durch eine nachträgliche Festlegung alle weißen Stimmzettel oder solche mit irgendwelchen Bemerkungen als Ja-Stimmen gezählt worden wären. Die Nein-Stimmen waren ein Votum gegen das mit dem Volksbegehren intendierte Begehren der SED.

Trotz der für eine Parlamentswahl untypischen Fragestellung sah die SED mit der Wahl vom 15./16. Mai 1949 den 3. Deutschen Volkskongreß als demokratisch legitimiert an, weitreichende verfassungspolitische Entschlüsse zu treffen. Die Zusammensetzung des Kongresses, auch dies ein Novum in der deutschen Parlamentsgeschichte, stand schon vor der Wahl fest. Eine sog. *Einheitsliste* griff dem Willen des so häufig als Souverän angesprochenen Volkes vor und legte die Sitzver-

teilung vor den Wahlen fest: 25% für die SED, je 15% für CDU und LPD und je 7,5% für die erst im April 1948 gegründete und deswegen noch an keiner Wahl beteiligte „Nationaldemokratische Partei Deutschland" (diese NDPD war gedacht als Sammelbecken der früher im Nationalkomitee „Freies Deutschland" zusammengeschlossenen deutschen Soldaten) und die im Juni 1948 gegründete „Demokratische Bauernpartei Deutschlands" (DBD), für die dasselbe galt. Diesem Anteil von 70% für die Parteien standen 30% für die Massenorganisationen gegenüber: 10% für den FDGB, je 5% für die FDJ und den „Kulturbund", je 3,7% für den „Deutschen Frauenbund" und die „Vereinigung der Verfolgten des Naziregimes" (VVN), und je 1,3% für die „Vereinigung der gegenseitigen Bauernhilfe" (VdgB) und die Genossenschaften. Nach der zugrundegelegten Wahlinterpretation haben 61,1% der ostzonalen Bevölkerung diese Einheitsliste angenommen, 38,9% sie abgelehnt, 2 von 5 wahlberechtigten Bürgern der Ostzone waren also parlamentarisch nicht repräsentiert, ein kurioses Faktum für eine Demokratie.
Auf dieser Grundlage konstituierte sich am 29./30. Mai 1949 der *3. Deutsche Volkskongreß*. Er wählte aus seinen Reihen am 30. Mai 1949 den *2. Deutschen Volksrat*. Dieser konstituierte sich am 7. Oktober 1949 ohne eine weitere demokratische Legitimierung als *„Provisorische Volkskammer"*. Pieck begründete als Vorsitzender des Blocks der Parteien diesen Schritt so: „So sonderbar es auch klingen mag: der Volksrat muß zur Erfüllung der vor ihm liegenden Aufgaben aufgelöst und in eine Provisorische Volkskammer der Deutschen Demokratischen Republik umgebildet werden, um zu einer höheren Form des Kampfes für die Einheit und einen gerechten Frieden überzugehen. Vor der Volkskammer steht die erhabene nationale Aufgabe, eine Provisorische Regierung der Deutschen Demokratischen Republik zu schaffen". In der Tat: sonderbar; aber der Volksrat löste diskussions- und damit auch problemlos die ihm so pathetisch gestellte „erhabene nationale Aufgabe" durch sein erstes, noch am 7. Oktober 1949 verabschiedetes Gesetz. Art. 1 lautete: „Die Provisorische Volkskammer der Deutschen Demokratischen Republik konstituiert sich in der Zusammensetzung des vom Dritten Deutschen Volkskongreß am 30. Mai 1949 gewählten Deutschen Volksrates auf Grund der vom Deutschen Volksrat am 19. März 1949 beschlossenen, vom Dritten Deutschen Volkskongreß am 30. Mai 1949 bestätigten Verfassung der Deutschen Demokratischen Republik". Ein zweites Gesetz, ebenfalls am 7. Oktober verabschiedet, sah die Gründung einer provisorischen Länderkammer vor, die aus elf Abgeordneten des Landes Sachsen, acht aus Sachsen-Anhalt, sechs aus Thüringen, fünf aus Brandenburg und vier aus Mecklenburg bestand. Berlin entsandte „sieben Vertreter als Beobachter". Ein drittes Gesetz setzte die Verfassung in Kraft und ein viertes eine provisorische Regierung ein, bestehend aus einem Ministerpräsidenten, drei Stellvertretern und vierzehn Fachministern. Der 7. Oktober 1949 ist damit zum Gründungsdatum der DDR geworden.
In seiner Antrittsrede als erster gewählter *Präsident* der DDR erklärte *Wilhelm Pieck* auf der gemeinsamen Sitzung von Volks- und Länderkammer am 11. Oktober 1949, die aus der Volkskongreßbewegung hervorgegangene Regierung besitze die „Legitimation ..., für das ganze deutsche Volk zu sprechen". Daraus leite sich der Auftrag der DDR ab, nicht zu ruhen, „bis die widerrechtlich von Deutschland losgerissenen und dem Besatzungsstatut unterworfenen Teile Deutschlands mit dem deutschen Kerngebiet, mit der deutschen Demokratischen Republik, in einem einheitlichen demokratischen Deutschland vereinigt sind". Auch *Otto Grotewohl* bezeichnete am 12. Oktober 1949 in seiner Antrittsrede als erster *Ministerpräsident* vor dem gleichen Forum die Bundesrepublik als abgespaltenen „Bonner Separatstaat", der zudem nicht nach dem Willen der Bevölkerung, sondern gemäß dem Diktat der Westmächte entstanden sei: „Der westdeutsche Sonderstaat ist nicht in Bonn, sondern in London entstanden", seine Verfassung ist „nur die Ausführungsbestimmung des Besatzungsstatuts der westlichen Alliierten". Grotewohl glaubte prophezeien zu können: „Der westdeutsche Separatstaat weist schon in seiner Geburtsstunde alle Krankheitszeichen eines politischen Wechselbalges und seiner Krisis auf, er kann darum vor dem Urteil der Geschichte nicht bleiben".

Aus: Manfred Overesch, Deutschland 1945–1949, a.a.O., S. 145 ff.

## 6. Aus der Verfassung der Deutschen Demokratischen Republik vom 7.10.1949

Von dem Willen erfüllt die Freiheit und die Rechte des Menschen zu verbürgern, das Gemeinschafts- und Wirtschaftsleben in sozialer Gerechtigkeit zu gestalten, dem gesellschaftlichen Fortschritt zu dienen, die Freundschaft mit allen Völkern zu fördern und den Frieden zu sichern, hat sich das deutsche Volk diese Verfassung gegeben.

*Artikel 1*
(1) Deutschland ist eine unteilbare demokratische Republik, sie baut sich auf den deutschen Ländern auf.
(2) Die Republik entscheidet alle Angelegenheiten, die für den Bestand und die Entwicklung des deutschen Volkes in seiner Gesamtheit wesentlich sind; alle übrigen Angelegenheiten werden von den Ländern selbständig entschieden.
(3) Die Entscheidungen der Republik werden grundsätzlich von den Ländern ausgeführt.
(4) Es gibt nur eine deutsche Staatsangehörigkeit.

*Artikel 2*
(1) Die Farben der Deutschen Demokratischen Republik sind Schwarz-Rot-Gold.
(2) Die Hauptstadt der Republik ist Berlin.

*Artikel 3*
(1) Alle Staatsgewalt geht vom Volke aus.
(2) Jeder Bürger hat das Recht und die Pflicht zur Mitgestaltung in seiner Gemeinde, seinem Kreise, seinem Lande und in der Deutschen Demokratischen Republik.
(3) Das Mitbestimmungsrecht der Bürger wird wahrgenommen durch
Teilnahme an Volksbegehren und Volksentscheiden.
Ausübung des aktiven und passiven Wahlrechts.
Übernahme öffentlicher Ämter in Verwaltung und Rechtsprechung.
(4) Jeder Bürger hat das Recht, Eingaben an die Volksvertretung zu richten.
(5) Die Staatsgewalt muß dem Wohl des Volkes, der Freiheit, dem Frieden und dem demokratischen Fortschritt dienen.
(6) Die im öffentlichen Dienst Tätigen sind Diener der Gesamtheit und nicht einer Partei. Ihre Tätigkeit wird von der Volksvertretung überwacht.

*Artikel 4*
(1) Alle Maßnahmen der Staatsgewalt müssen den Grundsätzen entsprechen, die in der Verfassung zum Inhalt der Staatsgewalt erklärt sind. Über die Verfassungsmäßigkeit der Maßnahmen entscheidet die Volksvertretung gemäß Artikel 66 dieser Verfassung. Gegen Maßnahmen, die den Beschlüssen der Volksvertretung widersprechen, hat jedermann das Recht und die Pflicht zum Widerstand.
(2) Jeder Bürger ist verpflichtet, im Sinne der Verfassung zu handeln und sie gegen ihre Feinde zu verteidigen.
...

*Artikel 6*
(1) Alle Bürger sind vor dem Gesetz gleichberechtigt.
(2) Boykotthetze gegen demokratische Einrichtungen und Organisationen, Mordhetze gegen demokratische Politiker, Bekundung von Glaubens-, Rassen-, Völkerhaß, militaristische Propaganda sowie Kriegshetze und alle sonstigen Handlungen, die sich gegen die Gleichberechtigung richten, sind Verbrechen im Sinne des Strafgesetzbuches. Ausübung demokratischer Rechte im Sinne der Verfassung ist keine Boykotthetze.
(3) Wer wegen Begehung dieser Verbrechen bestraft ist, kann weder im öffentlichen Dienst noch

in leitenden Stellen im wirtschaftlichen und kulturellen Leben tätig sein. Er verliert das Recht, zu wählen und gewählt zu werden.

...

*Artikel 8*

(1) Persönliche Freiheit, Unverletzlichkeit der Wohnung, Postgeheimnis und das Recht, sich an einem beliebigen Ort niederzulassen, sind gewährleistet. Die Staatsgewalt kann diese Freiheiten nur auf Grund der für alle Bürger geltenden Gesetze einschränken oder entziehen.

*Artikel 9*

(1) Alle Bürger haben das Recht, innerhalb der Schranken der für alle geltenden Gesetze ihre Meinung frei und öffentlich zu äußern und sich zu diesem Zweck friedlich und unbewaffnet zu versammeln. Diese Freiheit wird durch kein Dienst- oder Arbeitsverhältnis beschränkt; niemand darf benachteiligt werden, wenn er von diesem Recht Gebrauch macht.

(2) Eine Pressezensur findet nicht statt.

*Artikel 10*

...

(3) Jeder Bürger ist berechtigt auszuwandern. Dieses Recht kann nur durch Gesetz der Republik beschränkt werden.

...

*Artikel 14*

(1) Das Recht, Vereinigungen zur Förderung der Lohn- und Arbeitsbedingungen anzugehören, ist für jedermann gewährleistet. Alle Abreden und Maßnahmen, welche diese Freiheit einschränken oder zu behindern suchen, sind rechtswidrig und verboten.

(2) Das Streikrecht der Gewerkschaften ist gewährleistet.

*Artikel 15*

(1) Die Arbeitskraft wird vom Staat geschützt.

(2) Das Recht auf Arbeit wird verbürgt. Der Staat sichert durch Wirtschaftslenkung jedem Bürger Arbeit und Lebensunterhalt. Soweit dem Bürger angemessene Arbeitsgelegenheit nicht nachgewiesen werden kann, wird für seinen notwendigen Unterhalt gesorgt.

...

*Artikel 17*

(1) Die Regelung der Produktion sowie der Lohn- und Arbeitsbedingungen in den Betrieben erfolgt unter maßgeblicher Mitbestimmung der Arbeiter und Angestellten.

(2) Die Arbeiter und Angestellten nehmen diese Rechte durch Gewerkschaften und Betriebsräte wahr.

*Artikel 18*

(1) Die Republik schafft unter maßgeblicher Mitbestimmung der Werktätigen ein einheitliches Arbeitsrecht, eine einheitliche Arbeitergerichtsbarkeit und einen einheitlichen Arbeitsschutz.

(2) Die Arbeitsbedingungen müssen so beschaffen sein, daß die Gesundheit, die kulturellen Ansprüche und das Familienleben der Werktätigen gesichert sind.

(3) Das Arbeitsentgelt muß der Leistung entsprechen und ein menschenwürdiges Dasein für den Arbeitenden und seine unterhaltsberechtigten Angehörigen gewährleisten.

*Artikel 19*

(1) Die Ordnung des Wirtschaftslebens muß den Grundsätzen sozialer Gerechtigkeit entsprechen; sie muß allen ein menschenwürdiges Dasein sichern..

(2) Die Wirtschaft hat dem Wohle des ganzen Volkes und der Deckung seines Bedarfes zu dienen; sie hat jedermann einen seiner Leistungen entsprechenden Anteil an dem Ergebnis der Produktion zu sichern.

(3) Im Rahmen dieser Aufgaben und Ziele ist die wirtschaftliche Freiheit des einzelnen gewährleistet.

*Artikel 20*

(1) Bauern, Handel- und Gewerbetreibende sind in der Entfaltung ihrer privaten Initiative zu unterstützen. Die genossenschaftliche Selbsthilfe ist auszubauen.

*Artikel 21*

(1) Zur Sicherung der Lebensgrundlagen und zur Steigerung des Wohlstandes seiner Bürger stellt der Staat durch die gesetzgebenden Organe, unter unmittelbarer Mitwirkung seiner Bürger, den öffentlichen Wirtschaftsplan auf. Die Überwachung seiner Durchführung ist Aufgabe der Volksvertretungen.

*Artikel 22*

(1) Das Eigentum wird von der Verfassung gewährleistet. Sein Inhalt und seine Schranken ergeben sich aus den Gesetzen und den sozialen Pflichten gegenüber der Gemeinschaft.
(2) Das Erbrecht wird nach Maßgabe des bürgerlichen Rechts gewährleistet. Der Anteil des Staates am Erbe wird durch Gesetz bestimmt.

*Artikel 23*

(1) Beschränkungen des Eigentums und Enteignungen können nur zum Wohle der Allgemeinheit und auf gesetzlicher Grundlage vorgenommen werden. Sie erfolgen gegen angemessene Entschädigung, soweit das Gesetz nichts anderes bestimmt. Wegen der Höhe der Entschädigung ist im Streitfall der Rechtsweg bei den ordentlichen Gerichten offenzuhalten, soweit ein Gesetz nichts anderes bestimmt.

*Artikel 24*

(1) Eigentum verpflichtet. Sein Gebrauch darf dem Gemeinwohl nicht zuwiderlaufen.
(2) Der Mißbrauch des Eigentums durch Begründung wirtschaftlicher Machtstellung zum Schaden des Gemeinwohls hat die entschädigungslose Enteignung und Überführung in das Eigentum des Volkes zur Folge.
(3) Die Betriebe der Kriegsverbrecher und aktiven Nationalsozialisten sind enteignet und gehen in Volkseigentum über. Das gleiche gilt für private Unternehmungen, die sich in den Dienst einer Kriegspolitik stellen.
(4) Alle privaten Monopolorganisationen, wie Kartelle, Syndikate, Konerzen, Trusts und ähnliche auf Gewinnsteigerung durch Produktions-, Preis- und Absatzregelung gerichtete private Organisationen sind aufgehoben und verboten.
(5) Der private Großgrundbesitz, der mehr als 100 Hektar umfaßt, ist aufgelöst und wird ohne Entschädigung aufgeteilt.
(6) Nach Durchführung dieser Bodenreform wird den Bauern das Privateigentum an ihrem Boden gewährleistet.

*Artikel 25*

(1) Alle Bodenschätze, alle wirtschaftlich nutzbaren Naturkräfte sowie die zu ihrer Nutzbarmachung bestimmten Betriebe des Bergbaues, der Eisen- und Stahlerzeugung und der Energiewirtschaft sind in Volkseigentum zu überführen.
(2) Bis dahin untersteht ihre Nutzung der Aufsicht der Länder und, soweit gesamtdeutsche Interessen in Frage kommen, der Aufsicht der Republik.

...

*Artikel 49*

(1) Soweit diese Verfassung die Beschränkung eines der vorstehenden Grundrechte durch Gesetz zuläßt oder die nähere Ausgestaltung einem Gesetz vorbehält, muß das Grundrecht als solches unangetastet bleiben.

*Artikel 50*
(1) Höchstes Organ der Republik ist die Volkskammer.

*Artikel 51*
(1) Die Volkskammer besteht aus den Abgeordneten des deutschen Volkes.
(2) Die Abgeordneten werden in allgemeiner, gleicher, unmittelbarer und geheimer Wahl nach den Grundsätzen des Verhältniswahlrechts auf die Dauer von vier Jahren gewählt.
(3) Die Abgeordneten sind Vertreter des ganzen Volkes. Sie sind nur ihrem Gewissen unterworfen und an Aufträge nicht gebunden.
...

*Artikel 63*
(1) Zur Zuständigkeit der Volkskammer gehören:
die Bestimmung der Grundsätze der Regierungspolitik und ihre Durchführung;
die Bestätigung, Überwachung und Abberufung der Regierung;
Die Bestimmung der Grundsätze der Verwaltung und die Überwachung der gesamten Tätigkeit des Staates;
das Recht zur Gesetzgebung, soweit nicht ein Volksentscheid stattfindet;
die Beschlußfassung über den Staatshaushalt, den Wirtschaftsplan, Anleihen und Staatskredite der Republik und die Zustimmung zu Staatsverträgen;
der Erlaß von Amnestien;
die Wahl des Präsidenten der Republik gemeinsam mit der Länderkammer;
die Wahl der Mitglieder des Obersten Gerichtshofes der Republik und des Obersten Staatsanwaltes der Republik sowie deren Abberufung.
...

*Artikel 66*
(1) Die Volkskammer bildet für die Dauer der Wahlperiode einen Verfassungsausschuß, in dem alle Fraktionen entsprechend ihrer Stärke vertreten sind. Dem Verfassungsausschuß gehören ferner drei Mitglieder des Obersten Gerichtshofes der Republik sowie drei deutsche Staatsrechtslehrer an, die nicht Mitglieder der Volkskammer sein dürfen.
(2) Die Mitglieder des Verfassungsausschusses werden von der Volkskammer gewählt.
(3) Der Verfassungsausschuß prüft die Verfassungsmäßigkeit von Gesetzen der Republik.
(4) Zweifel an der Verfassungsmäßigkeit von Gesetzen der Republik können nur von mindestens einem Drittel der Mitglieder der Volkskammer, von deren Präsidium, von dem Präsidenten der Republik, von der Regierung der Republik sowie von der Länderkammer geltend gemacht werden.
(5) Verfassungsstreitigkeiten zwischen der Republik und den Ländern sowie die Vereinbarkeit von Landesgesetzen mit den Gesetzen der Republik prüft der Verfassungsausschuß unter Hinzuziehung von drei gewählten Vertretern der Länderkammer.
(6) Über das Gutachten des Verfassungsausschusses entscheidet die Volkskammer. Ihre Entscheidung ist für jedermann verbindlich.
(7) Die Volkskammer beschließt auch über den Vollzug ihrer Entscheidung.
(8) Die Feststellung der Verfassungswidrigkeit von Regierungs- und Verwaltungsmaßnahmen ist Aufgabe der Volkskammer in Durchführung der ihr übertragenen Verwaltungskontrolle.
...

*Artikel 71*
(1) Zur Vertretung der deutschen Länder wird eine Länderkammer gebildet. In der Länderkammer hat jedes Land für je 500 000 Einwohner einen Abgeordneten. Jedes Land hat mindestens einen Abgeordneten.
...

*Artikel 81*
(1) Die Gesetze werden von der Volkskammer oder unmittelbar vom Volke durch Volksentscheid beschlossen.

*Artikel 83*
(1) Die Verfassung kann im Wege der Gesetzgebung geändert werden.
(2) Beschlüsse der Volkskammer auf Abänderung der Verfassung kommen nur zustande, wenn zwei Drittel der Abgeordneten anwesend sind und wenn wenigstens zwei Drittel der anwesenden Abgeordneten zustimmen.
(3) Soll durch Volksentscheid eine Verfassungsänderung beschlossen werden, so ist die Zustimmung der Mehrheit der Stimmberechtigten erforderlich.

*Artikel 84*
(1) Gegen Gesetzesbeschlüsse der Volkskammer steht der Länderkammer ein Einspruchsrecht zu. Der Einspruch muß innerhalb von zwei Wochen nach der Schlußabstimmung in der Volkskammer eingebracht und spätestens innerhalb zweier weiterer Wochen mit Gründen versehen werden. Anderenfalls wird angenommen, daß die Länderkammer von ihrem Einspruchsrecht keinen Gebrauch macht.
(2) Der Einspruch wird hinfällig, wenn die Volkskammer ihren Beschluß nach erneuter Beratung aufrechterhält.
...
(4) Richtet sich der Einspruch der Länderkammer gegen einen verfassungsändernden Gesetzesbeschluß der Volkskammer, so bedarf die Beschlußfassung über den Einspruch in der Länderkammer bei Anwesenheit von mindestens zwei Drittel der Abgeordneten einer Mehrheit von zwei Dritteln der Abstimmenden.
(5) Der Einspruch wird hinfällig, wenn die Volkskammer ihren Beschluß mit der für Verfassungsänderungen vorgeschriebenen Mehrheit ihrer Abgeordneten aufrechterhält.
...

*Artikel 91*
(1) Die Regierung der Republik besteht aus dem Ministerpräsidenten und den Ministern

*Artikel 92*
(1) Die stärkste Fraktion der Volkskammer benennt den Ministerpräsidenten; er bildet die Regierung. Alle Fraktionen, soweit sie mindestens 40 Mitglieder haben, sind im Verhältnis ihrer Stärke durch Minister oder Staatssekretäre vertreten. Staatssekretäre nehmen mit beratender Stimme an den Sitzungen der Regierung teil.
(2) Schließt sich eine Fraktion aus, so findet die Regierungsbildung ohne sie statt.
(3) Die Minister sollen Abgeordnete der Volkskammer sein.
(4) Die Volkskammer bestätigt die Regierung und billigt das von ihr vorgelegte Programm.

*Artikel 93*
(1) Die Mitglieder der Regierung werden bei ihrem Amtsantritt vom Präsidenten der Republik eidlich verpflichtet, ihre Geschäfte unparteiisch zum Wohle des Volkes und getreu der Verfassung und den Gesetzen zu führen.

*Artikel 94*
(1) Die Regierung sowie jedes ihrer Mitglieder bedürfen zur Geschäftsführung des Vertrauens der Volkskammer.

*Artikel 95*
(1) Die Tätigkeit der Regierung in ihrer Gesamtheit endet mit der Annahme eines Mißtrauensantrages durch die Volkskammer.

(2) Der Mißtrauensantrag kommt nur zur Abstimmung, wenn gleichzeitig mit ihm der neue Ministerpräsident und die von ihm zu befolgenden Grundsätze der Politik vorgeschlagen werden. Über den Mißtrauensantrag und diese Vorschläge wird in ein und derselben Abstimmungshandlung entschieden.

...

*Artikel 98*

(1) Der Ministerpräsident bestimmt die Richtlinien der Regierungspolitik nach Maßgabe der von der Volkskammer aufgestellten Grundsätze. Er ist dafür der Volkskammer verantwortlich.
(2) Innerhalb dieser Richtlinien leitet jeder Minister den ihm anvertrauten Geschäftszweig selbständig unter eigener Verantwortung gegenüber der Volkskammer.

...

*Artikel 101*

(1) Der Präsident der Republik wird in gemeinsamer Sitzung von Volkskammer und Länderkammer auf die Dauer von vier Jahren gewählt. Die gemeinsame Sitzung wird vom Präsidenten der Volkskammer einberufen und geleitet.
(2) Wählbar ist jeder Bürger nach Vollendung des 35. Lebensjahres.

...

*Artikel 109*

(1) Jedes Land muß eine Verfassung haben, die mit den Grundsätzen der Verfassung der Republik übereinstimmt. Der Landtag ist die höchste und alleinige Volksvertretung des Landes.
(2) Die Volksvertretung muß in allgemeiner, gleicher, unmittelbarer und geheimer Wahl von allen wahlberechtigten Bürgern nach den im Wahlgesetz für die Republik niedergelegten Grundsätzen des Verhältniswahlrechts gewählt werden.

...

*Artikel 114*

Gesamtdeutsches Recht geht dem Recht der Länder vor.

*Artikel 115*

(1) Die Gesetze der Republik werden grundsätzlich durch die Organe der Länder ausgeführt, soweit nicht in dieser Verfassung oder in den Gesetzen etwas anderes bestimmt ist. Soweit ein Bedürfnis dazu besteht, errichtet die Republik durch Gesetz eigene Verwaltungen.

...

*Artikel 126*

(1) Die ordentliche Gerichtsbarkeit wird durch den Obersten Gerichtshof der Republik und durch die Gerichte der Länder ausgeübt.

*Artikel 127*

(1) Die Richter sind in ihrer Rechtsprechung unabhängig und nur der Verfassung und dem Gesetz unterworfen.

*Artikel 128*

(1) Richter kann nur sein, wer nach seiner Persönlichkeit und Tätigkeit die Gewähr dafür bietet, daß er sein Amt gemäß den Grundsätzen der Verfassung ausübt.

...

*Artikel 131*

(1) Die Richter des Obersten Gerichtshofes und der Oberste Staatsanwalt der Republik werden auf Vorschlag der Regierung der Republik durch die Volkskammer gewählt.
(2) Die Richter der Obersten Gerichte und die Obersten Staatsanwälte der Länder werden auf Vorschlag der Landesregierungen von den Landtagen gewählt.

(3) Die übrigen Richter werden von den Landesregierungen ernannt.

*Artikel 132*

(1) Die Richter des Obersten Gerichtshofes und der Oberste Staatsanwalt der Republik können von der Volkskammer abberufen werden, wenn sie gegen die Verfassung und die Gesetze verstoßen oder ihre Pflichten als Richter oder als Staatsanwalt gröblich verletzen.
(2) Die Abberufung erfolgt nach Einholung des Gutachtens eines bei der Volkskammer zu bildenden Justizausschusses.

...

(5) Die von den Landesregierungen ernannten Richter können unter den gleichen Voraussetzungen von den Landesregierungen abberufen werden, jedoch nur mit Genehmigung des Justizausschusses des betreffenden Landtages.

...

*Artikel 138*[1])

(1) Dem Schutz der Bürger gegen rechtswidrige Maßnahmen der Verwaltung dienen die Kontrolle durch die Volksvertretungen und die Verwaltungsgerichtsbarkeit.

...

*Artikel 144*

(1) Alle Bestimmungen dieser Verfassung sind unmittelbar geltendes Recht. Entgegenstehende Bestimmungen sind aufgehoben. Die an ihre Stelle tretenden, zur Durchführung der Verfassung erforderlichen Bestimmungen werden gleichzeitig mit der Verfassung in Kraft gesetzt. Weitergeltende Gesetze sind im Sinne dieser Verfassung auszulegen.
(2) Die verfassungsmäßigen Freiheiten und Rechte können nicht den Bestimmungen entgegengehalten werden, die ergangen sind und noch ergehen werden, um den Nationalsozialismus und Militarismus zu überwinden und das von ihnen verschuldete Unrecht wiedergutzumachen.
Die vorstehende, vom Deutschen Volksrat unter Beteiligung des gesamten Deutschen Volkes erarbeitete und am 19. März 1949 beschlossene, vom Dritten Deutschen Volkskongreß am 30. Mai 1949 bestätigte und durch Gesetz der Provisorischen Volkskammer vom 7. Oktober 1949 in Kraft gesetzte Verfassung der Deutschen Demokratischen Republik wird hiermit verkündet.
Berlin, den 7. Oktober 1949

Der Präsident der Provisorischen Volkskammer
der Deutschen Demokratischen Republik
*Dieckmann*

Zit. nach: Günter Albrecht (Hg.), Dokumente zur Staatsordnung der DDR, Bd. 1. Berlin (Ost) 1959, S. 420 ff.; Die Verfassung der DDR, mit einer Einleitung von Karl Steinhoff. Berlin 1949.

## 7. Verfassung und Verfassungswirklichkeit in der DDR

Werden die in der Verfassung verwendeten Begriffe nach ihrem geisteswissenschaftlich-phänomenologischen Sinn ausgelegt, hat sie ein parlamentarisch-demokratisches Gepräge mit föderalistischen und rechtsstaatlichen Zügen ...
Von den Strukturelementen und -prinzipien der Volksdemokratie enthält die Verfassung bereits den Grundsatz der Gewaltenkonzentration und das Volkseigentum. Dem Fortschritt, zu dem die Verfassung sich selbst bekennt, waren damit keine Hemmnisse gesetzt. Mit der Übertragung des Blocksystems auf die Regierung, der schwachen Stellung des Staatsoberhauptes, der starken Stellung der Republik gegenüber den Ländern, der ungenügenden Untermauerung der Unabhängigkeit der Richter, der weiten Ausdehnung der Staatsaufsicht über die kommunale Selbstverwaltung und der spezifischen Gestaltung der Wirtschafts- und Sozialordnung waren aber bereits die Keime für eine Entwicklung in Richtung auf die Volksdemokratie gelegt.

[1]) Die in einigen Ländern bestehenden Verwaltungsgerichte wurden durch das „Gesetz über die weitere Demokratisierung des Aufbaus und der Arbeitsweise der Staatlichen Organe in den Ländern der DDR“ vom 23. 7. 1952 beseitigt. (d. H.)

Die Verfassung zeigt trotzdem den Charakter eines Kompromisses zwischen der SED, die eine noch fortschrittliche Fassung wünschte, und den bürgerlichen Kräften, die in der parlamentarischen Demokratie einen Endzustand sahen. Die SED konzedierte die Institution des Präsidenten der Republik, das Zweikammersystem, die Wesensgarantie der Grundrechte und die Bindung der Staatsgewalt an die Grundsätze, die in der Verfassung zum Inhalt der Staatsgewalt erklärt sind.
Den nichtkommunistischen Kreisen wurde der Entschluß zur Zustimmung insbesondere durch einige Erklärungen des späteren Ministerpräsidenten *Otto Grotewohl* erleichtert. Er versicherte in seiner Rede vom 22. Oktober 1948, daß die Staatsgewalt die persönlichen Freiheitsrechte des Bürgers zu respektieren und zu garantieren habe. In einer Rede auf der Ersten Parteikonferenz der SED vom 27. Januar 1949 bestritt er energisch, daß in der SBZ bereits eine volksdemokratische Ordnung errichtet worden sei oder in nächster Zeit zu einer volksdemokratischen Ordnung übergegangen werden könne. Der Druck der Besatzungsmacht tat ein übriges ... Der SED wurde die Zustimmung zum Verfassungskompromiß dadurch ermöglicht, daß ihre Konzessionen nur untergeordnete Fragen betrafen und sie die Verfassung eben nur als eine Übergangslösung ansah ...
Weil die Inhaber der öffentlichen Gewalt wegen der in der Verfassung konstituierten Gewaltenkonzentration und vor allem wegen des Mangels einer Verfassungsgerichtsbarkeit zu Richtern über ihre eigenen Maßnahmen gesetzt waren, bestimmte ihre Interpretation der Verfassung die Verfassungswirklichkeit. Sie legten die Verfassung im Sinne der marxistisch-leninistischen Staatslehre aus und wandten ihre Bestimmungen entsprechend an.
Die parlamentarisch-demokratischen Elemente der Verfassung kamen so von Anfang an nicht zur faktischen Geltung. Die Elemente, die die Keime der Volksdemokratie waren, wurden im Sinne der marxistisch-leninistischen Verfassungstheorie weiterentwickelt ...
Die Verfassungswirklichkeit wurde durch Maßnahmen und Duldungen der öffentlichen Gewalt gestaltet. Zu derartigen Maßnahmen gehörten von Anfang an auch Gesetze, die als mit der Verfassung unvereinbar gewertet werden müssen, da sie dem geistesgeschichtlich-phänomenologischen Sinne einiger ihrer Bestimmungen widersprechen. Solange diese Gesetze nur an einigen Stellen die Verfassungsurkunde durchlöcherten, liegt hier für den außenstehenden Betrachter das Problem des verfassungsdurchbrechenden Gesetzes vor. Im Laufe der weiteren Entwicklung jedoch ergingen fast Jahr für Jahr Gesetze, die geschlossene Teilgebiete der Verfassung betrafen. Nur in drei Fällen insgesamt wurde der Text der Verfassung geändert. Im übrigen blieb der Text der Verfassung von ihnen auch dann unberührt, wenn der Inhalt der neuen Regelungen selbst in kommunistischer Sicht mit dem Text der Verfassung unvereinbar war oder Teile der Verfassung gegenstandslos machte. Das war leicht möglich. Denn der Bestand der Verfassung ist nicht wie der Bestand des Grundgesetzes der Bundesrepublik Deutschland dadurch gesichert, daß eine Änderung nur dann möglich ist, wenn der Wortlaut des Grundgesetzes ausdrücklich geändert oder ergänzt wird (Artikel 79 Abs. 2). Eine Bestandssicherung ist nur insofern gegeben, als Beschlüsse der Volkskammer auf Abänderung der Verfassung der Zustimmung von zwei Dritteln der anwesenden Abgeordneten bedürfen unter der Voraussetzung, daß zwei Drittel der gesetzlichen Zahl der Abgeordneten anwesend sind (Artikel 83 Abs. 1). Wegen des Blocksystems hat die Volkskammer seit ihrem Bestehen indessen nur einstimmig Gesetze verabschiedet, also auch dann, wenn sie nicht verfassungsändernd waren, stets mit einer Mehrheit, die größer war als die zur Verfassungsänderung notwendige. Niemals konnte daher die Frage akut werden, ob eine verfassungsändernde Mehrheit auch erreicht war. Das führte dazu, daß bei der Verkündung niemals auf das Verhältnis des Gesetzes zur Verfassung eingegangen wurde. Es wurde gleichsam als selbstverständlich angesehen, daß ein von der Volkskammer als höchstem Organ der Republik verabschiedetes Gesetz mit der Verfassung übereinstimmte – ein Ausdruck der an keine Schranken gebundenen Selbstinterpretation der Verfassung durch die Inhaber der öffentlichen Gewalt.

Aus: Siegfried Mampel, Die Entwicklung der Verfassungsordnung in der sowjetisch besetzten Zone Deutschlands von 1945–1963, Tübingen 1964, S. 511, 520ff.

## 8. Erklärung des Vorsitzenden der Sowjetischen Kontrollkommission zur Übergabe von Verwaltungsfunktionen an deutsche Behörden vom 11. 11. 1949

Im Auftrag der Sowjetregierung habe ich am 10. Oktober das Präsidium der Provisorischen Volkskammer und den Ministerpräsidenten, Herrn Otto Grotewohl, von dem Beschluß der Sowjetregierung in Kenntnis gesetzt, der Provisorischen Regierung der Deutschen Demokratischen Republik die Verwaltungsfunktionen zu übertragen, die bis dahin der Sowjetischen Militärverwaltung zustanden und an Stelle der Sowjetischen Militärverwaltung in Deutschland die Sowjetische Kontrollkommission zu bilden ...

*Tschuikow*

Zit. nach: Dokumente des geteilten Deutschland, a. a. O., Bd. 1, S. 324 f.

## 9. Entstehung der DDR in der DDR-Geschichtsschreibung

*a) Die Rolle der UdSSR als „sozialistische Besatzungsmacht"*

Die Zerschlagung des Faschismus und die konsequente Verwirklichung der Beschlüsse der Anti-Hitlerkoalition durch die Sowjetunion schufen für die Arbeiterklasse in den von der UdSSR besetzten Gebieten die bis dahin in Deutschland beispiellose Möglichkeit, sich zu organisieren und ihre Kräfte zu entfalten, auf alle gesellschaftlichen Prozesse entscheidenden Einfluß zu nehmen, sich in der unmittelbaren Zusammenarbeit mit den sowjetischen Kommunisten den Marxismus-Leninismus und die Erfahrungen der KPdSU anzueignen und ihre wissenschaftliche Weltanschauung zu verbreiten, die werktätigen Bauern, die Intelligenz und andere Werktätige für ein breites antiimperialistisches Bündnis zu gewinnen ... Andererseits waren die Hauptkräfte der imperialistischen Reaktion in den von der Sowjetarmee besetzten Gebieten von vornherein von der Ausübung staatlicher Gewalt ausgeschlossen. Sie waren ihrer Massenmedien beraubt und hatten keine Möglichkeit, sich legal – z. B. in Parteien und Unternehmerverbänden – zu organisieren. Ein bewaffneter Widerstand gegen die im Potsdamer Abkommen vorgezeichneten antiimperialistischen Maßnahmen war angesichts der Anwesenheit der Sowjetarmee von vornherein selbstmörderisch und aussichtslos.
Indem die Sowjetunion ihre Verpflichtungen als sozialistische Besatzungsmacht konsequent erfüllte, spielte sie also eine höchst aktive Rolle im Kampf um den Übergang vom Kapitalismus zum Sozialismus im Osten Deutschlands. Als Besatzungsmacht schuf sie bis dahin nie dagewesene Verhältnisse der realen Demokratie für das werktätige Volk. Ihre Anwesenheit, ihr Wirken war der letztlich entscheidende Faktor, der es der Arbeiterklasse und ihren Verbündeten ermöglichte, das Kräfteverhältnis grundlegend zu ihren Gunsten zu verändern ...
In dieser Hinsicht gibt es offensichtlich keine qualitative Besonderheit der revolutionären Umwälzung in der DDR gegenüber den anderen volksdemokratischen Revolutionen. Die Existenz, die zunehmende Macht und Autorität, die mittelbare und unmittelbare Hilfe der UdSSR waren Grundbedingungen für den Sieg der volksdemokratischen Revolution in zahlreichen Ländern. Die Sowjetunion vervielfachte die Kräfte der Arbeiter und Bauern in Bulgarien und Rumänien, in China und Albanien. Sie gab den Ausschlag dafür, daß die Völker, die den Weg des Sozialismus beschritten, dem politischen, ökonomischen, militärischen und ideologischen Druck des Imperialismus widerstehen konnten.
...Ähnliches gilt übrigens für die Revolutionen in den baltischen Ländern im Jahre 1940. Wie der sowjetische Historiker I. Schtejman schrieb, werden „bei einer Analyse der Voraussetzungen und des Verlaufs der Revolution in den baltischen Ländern einige Besonderheiten deutlich, wie sie sich in noch stärkerem Maße nach dem zweiten Weltkrieg in einigen Ländern Ost- und Südosteuropas zeigten. Sie waren hauptsächlich bedingt durch die günstigeren Voraussetzungen für den revolutionären Prozeß, die durch die Veränderungen des Kräfteverhältnisses in der Welt in der zweiten Etappe der allgemeinen Krise des Kapitalismus entstand"[1]).

[1]) *I. Schtejam,* Charakter und Besonderheiten der Revolution 1940 in den baltischen Ländern, in: Beiträge zur Geschichte der Arbeiterbewegung, 1971, H. 3, S. 386.

Zum zweiten Aspekt:
Die Besonderheiten der revolutionären Umwälzung auf dem Territorium der DDR von 1945 an ändern nichts an der Wesensgleichheit dieser Umwälzung mit den volksdemokratischen Revolutionen in mehreren anderen Ländern. Hauptinhalt der revolutionären Umwälzung von 1945 bis Anfang der sechziger Jahre waren der Übergang vom Kapitalismus zum Sozialismus und die Errichtung der Grundlagen des Sozialismus. Hauptträger war von Anfang an die Arbeiterklasse unter Führung ihrer revolutionären Partei im Bündnis mit den werktätigen Bauern und anderen Werktätigen.
Neben der Wesensgleichheit zeigt sich auch eine zunehmende Übereinstimmung im Rhythmus der revolutionären Umwälzung. In der Regel begann diese mit der Errichtung revolutionär-demokratischer Staatsorgane, der Entmachtung des Großgrundbesitzes und des Monopolkapitals und der Schaffung eines staatlichen Sektors in der Industrie. Die europäischen volksdemokratischen Staaten und die DDR gingen etwa zur gleichen Zeit zur langfristigen Wirtschaftsplanung über, führten etwa zur gleichen Zeit die sozialistische Umgestaltung der Landwirtschaft durch usw. Bei der Errichtung der entwickelten sozialistischen Gesellschaft ist die Annäherung und Übereinstimmung im Rhythmus sowie in den Formen und Methoden noch auffallender. Gleichzeitig findet dadurch der Modellcharakter der sozialistischen Revolution und des sozialistischen Aufbaus in der UdSSR vielfache Bestätigung ...
Was die Form und den Verlauf der revolutionären Ablösung des Kapitalismus durch den Sozialismus auf dem Territorium der DDR betrifft, so dürfte die hauptsächliche Besonderheit darin bestehen, daß diese Umwälzung in ganz Deutschland auf der Tagesordnung stand und von der Vorhut der Arbeiterklasse auch im Rahmen des gesamten, vom Potsdamer Abkommen festgelegten deutschen Territoriums angestrebt wurde, aber nur im Osten Deutschlands verwirklicht werden konnte.

Aus: Heinz Heitzer, Neue Probleme der Erforschung der Geschichte der DDR, in: Zeitschrift für Geschichtswissenschaft, Berlin (Ost) 1972, Heft 8, S. 959 ff.

*b) „Revolutionärer Prozeß" und „Übergangsperiode"*

Die Weiterführung des revolutionären Prozesses – und dies in unmittelbarer Konfrontation mit den Hauptmächten des Imperialismus und unter den Bedingungen des Kalten Krieges – warf viele schwierige Probleme auf. In dieser Phase der Übergangsperiode vom Kapitalismus zum Sozialismus, in der sich Neues schon entwickelte und Altes noch fortbestand, traten die der Übergangsperiode eigenen gesellschaftlichen Widersprüche schroff hervor, verschärfte sich der Klassenkampf. Letztlich ging es dabei um die Alternative: entweder konsequente Weiterführung der revolutionären Umwälzung auf dem Wege zum Sozialismus oder Preisgabe der revolutionären Errungenschaften und zurück zum Kapitalismus.
Diese geschichtliche Entscheidungssituation stellte neue, höhere Anforderungen an die Arbeiterklasse und ihre revolutionäre Partei. Vor allem war es erforderlich, die Kampfkraft der SED zu erhöhen, ihre Einheit und Geschlossenheit weiter zu festigen. Die Mitglieder verstärkten deshalb ihre Anstrengungen, sich den Marxismus-Leninismus und die Erfahrungen der KPdSU anzueignen und diese in der Praxis anzuwenden. Besonders in den volkseigenen Betrieben, den Staatsorganen und den Gewerkschaften leistete die SED eine beharrliche Arbeit, um die führende Rolle der Arbeiterklasse immer umfassender zu verwirklichen ...
Mit dem Zweijahrplan begann in der sowjetischen Besatzungszone die längerfristige zentrale Wirtschaftsplanung. Der 1947 als beratendes Organ der SMAD gebildeten Deutschen Wirtschaftskommission (DWK) wurden deshalb 1948 weitgehende Vollmachten zur Leitung und Planung der Volkswirtschaft übertragen. Die DWK wurde erweitert, Vorsitzender wurde der bewährte Arbeiterfunktionär Heinrich Rau. Die DWK, die sich jetzt zum größten Teil aus gewählten Vertretern der Landtage sowie der Parteien und Massenorganisationen zusammensetzte, hatte maßgeblichen Anteil an der Vorbereitung und Inangriffnahme des Zweijahrplans.

Um die volkseigene Wirtschaft besser leiten zu können, wurden Vereinigungen volkseigener Betriebe (VVB) gebildet. Die Entwicklung der volkseigenen Wirtschaft im Wettbewerb mit dem kapitalistischen Sektor machte es aber auch notwendig, das System der Volkskontrolle auszubauen. Bei der DWK entstanden Ausschüsse zum Schutze des Volkseigentums. Im Juli 1948 nahm die Zentrale Kontrollkommission bei der DWK ihre Tätigkeit auf. Die Schaffung einer einheitlichen zentralen Polizeiverwaltung, der Aufbau von bewaffneten Bereitschaften der Volkspolizei und die verstärkte Sicherung der Genzen zu den westlichen Besatzungszonen waren grundlegende Maßnahmen zum Schutz der revolutionären Errungenschaften. All dies zeugte vom Ausbau der Machtpositionen und der führenden Rolle der Arbeiterklasse.
Die Weiterführung der revolutionären Umwälzung verstärkte den Differenzierungsprozeß in CDU und LDPD. Während proimperialistische Politiker in den zum Teil heftigen innerparteilichen Auseinandersetzungen weiter zurückgedrängt wurden, konnten die fortschrittlichen Kräfte um Otto Nuschke und Reinhold Lobedanz in der CDU, um Johannes Dieckmann und Hans Loch in der LDPD ihren Einfluß erhöhen. Bei einer wachsenden Zahl von CDU- und LDPD-Mitgliedern begann sich die Erkenntnis durchzusetzen, daß nur an der Seite und unter Führung der Arbeiterklasse der gesellschaftliche Fortschritt zum Wohle des ganzen Volkes gesichert werden kann ...
Die Bundesrepublik Deutschland war ein Ergebnis der Restaurations- und Spaltungspolitik der Westmächte, der imperialistischen deutschen Bourgeoisie sowie rechter Führer der SPD. Die deutsche Bourgeoisie vollendete ihren fortgesetzten nationalen Verrat und spaltete Deutschland aus Furcht vor einer offenen politischen Auseinandersetzung mit der geeinten Arbeiterklasse und anderen progressiven Kräften in einem einheitlichen demokratischen deutschen Staat. Ihre Politik wurde von dem Bestreben diktiert, die eigene Klassenherrschaft zu retten und wiederherzustellen und ihre volksfeindlichen Ziele durchzusetzen.
Mit der Bundesrepublik Deutschland entstand ein Staat, in dem erneut jene Klassenkräfte die Macht ausübten, die das deutsche Volk zweimal in die Katastrophe eines Weltkrieges gestürzt hatten ...
Entschiedene Gegenmaßnahmen waren erforderlich, um den Frieden und die revolutionären Errungenschaften der Werktätigen in der sowjetischen Besatzungszone zu sichern. Ende September/Anfang Oktober 1949 forderten zahlreiche Werktätige, eine demokratische Regierung in Berlin zu bilden. Die SED beriet mit der KPdSU die notwendigen Maßnahmen. Sie nahm mit den anderen Blockparteien entsprechende Verhandlungen auf. Am 5. Oktober 1949 beschloß eine gemeinsame Tagung des Präsidiums des Deutschen Volksrates und des Blocks der antifaschistisch-demokratischen Parteien, den Deutschen Volksrat für den 7. Oktober 1949 einzuberufen.
Am 7. Oktober 1949 trat in Berlin, im Festsaal des heutigen Hauses der Ministerien in der Leipziger Straße, der Deutsche Volksrat unter Leitung von Wilhelm Pieck zu seiner 9. Tagung zusammen. Der Volksrat war vom 3. Deutschen Volkskongreß im Mai 1949 gewählt worden, dessen Delegierte wiederum von zwei Drittel der wahlberechtigten Bevölkerung der sowjetischen Besatzungszone in freier, demokratischer Wahl ihr Mandat erhalten hatten. Es war die historische Konsequenz der für ein einiges, demokratisches Deutschland kämpfenden Volkskongreßbewegung, daß sie nach der staatlichen Spaltung des Landes durch die Bildung der Bundesrepublik Deutschland in die Gründung des Arbeiter-und-Bauern-Staates mündete.
Einmütig beschlossen die 330 Abgeordneten die Konstituierung des Deutschen Volksrates als Provisorische Volkskammer der Deutschen Demokratischen Republik und wählten Johannes Dieckmann, stellvertretender Vorsitzender der LDPD, zu deren Präsidenten. Sie setzten die Verfassung der Deutschen Demokratischen Republik, die in einer mehrmonatigen Volksdiskussion beraten worden war, in Kraft. Als Mitglied der stärksten Fraktion, der Fraktion der SED, wurde Otto Grotewohl gemäß der Verfassung mit der Bildung der Provisorischen Regierung beauftragt.
Die erste Verfassung der DDR verankerte die historischen Errungenschaften der antifaschistisch-demokratischen Umwälzung ... Zugleich sicherte sie die Weiterführung der 1945 eingeleiteten re-

volutionären Umwälzung und half, dem Aufbau des Sozialismus den Weg zu bahnen. In ihrem Charakter und ihren wichtigsten Bestimmungen hatte die Verfassung der DDR viele Gemeinsamkeiten mit den Verfassungen der volksdemokratischen Länder.

Aus: Heinz Heitzer, DDR, Geschichtlicher Überblick, Berlin (Ost) 1979, S. 64 ff., 75 ff.

# Zweites Kapitel: Die beiden deutschen Staaten und ihre Integration in die Paktsysteme (1949–1955)

## I. Stationen der ökonomischen, politischen und militärischen Integration der Bundesrepublik 1949–1955

### Übersicht

**1949** 28. April: Das Abkommen über die internationale Ruhrkontrolle, wie sie der nordrhein-westfälische Ministerpräsident Karl Arnold in mehreren Initiativen (allerdings als „Europäisierung der Kohle- und Stahlindustrie") vorgeschlagen hat, tritt in Kraft. Die Internationale Ruhrbehörde aus Regierungsvertretern der Besatzungsmächte, der Benelux-Staaten und der Bundesrepublik (vertreten durch die Alliierte Hohe Kommission) soll die Kohleförderung und die Stahlproduktion an der Ruhr kontrollieren und die Verbrauchs- und Exportquoten einschließlich der Preise festsetzen.

Nach dem Petersberger Abkommen (vgl. S. 230) wird die Bundesrepublik offizielles Mitglied der Ruhrbehörde.

12. Mai: Nach Aufhebung der Berlin-Blockade verpflichtet sich die Sowjetunion (New Yorker Abkommen) gegenüber den Westmächten, hinsichtlich der Zufahrtswege nach Berlin den Status quo wiederherzustellen. Den damit wieder möglichen deutschen zivilen Verkehr erkennt sie insofern indirekt als Teil des alliierten militärischen Verkehrs an.
Schon vor der Gründung der Bundesrepublik haben sich vielgestaltige Beziehungen zwischen dem westlichen Teil Deutschlands und Berlin herausgebildet; vor allem infolge der frühen Aufforderung der Sowjetunion an die Westmächte, ihre Berliner Sektoren aus den Westzonen zu versorgen. Zwar bekennen sich nach ihrer Konstituierung beide deutsche Staaten (wenn auch unter verschiedenen Vorzeichen) zur Wiedervereinigung Deutschlands mit Berlin als Hauptstadt, doch läuft die tatsächliche Entwicklung auf eine verstärkte Anbindung der jeweiligen Stadthälfte an die Bundesrepublik und die DDR hinaus. Wenngleich die Alliierten im Unterschied zu der im Grundgesetz und dann auch in der Berliner Verfassung verankerten Definition des „Landes Berlin" (wie der westliche Stadtteil seit 1950 offiziell heißt) als Gliedstaat der Bundesrepublik auf den Vier-Mächte-Status verweisen und Vorbehalte geltend machen (eingeschränktes Stimmrecht der vom Abgeordnetenhaus zu nominierenden Berliner Abgeordneten im Bundestag, Übernahme von Bundesgesetzen nur nach ausdrücklichem Beschluß des Berliner Abgeordnetenhauses und unter Respektierung des Vier-Mächte-Status, der z. B. die Wehrgesetze ausschließt), billigen sie die Behandlung von Berlin (West) als Bundesland in der politischen Praxis.

21. September: Das von den Außenministern der drei Westmächte auf ihrer Konferenz in Washington im April 1949 vereinbarte und an die Konstituierung westdeutscher Organe geknüpfte Besatzungsstatut wird in Kraft gesetzt. Das Kabinett Adenauer wird von der Alliierten Hohen Kommission, einem interalliierten und den jeweiligen Außenministern unterstehenden zivilen Rat, auf dem Petersberg bei Königswinter zum Antrittsbesuch empfangen. Mit dem Besatzungsstatut endet zwar die Periode der Militärverwaltung, d. h. die Befehlshaber der Streitkräfte, die nach wie vor in der Bundesrepublik stationiert sind, üben nur noch ihre militärischen Funktionen aus, doch behält sich die neue Kontrollbehörde entscheidende Zuständigkeiten vor (Sicherheitsfragen, auswärtige Angelegenheiten, Genehmigung von Grundgesetzänderungen, Überwachung der Gesetzgebung, der Verwaltung, der Wirtschaft und des Außenhandels). Eine Revision des Besatzungsstatuts mit der Intention, die Befugnisse der deutschen Instanzen auszudehnen, soll nach spätestens 18 Monaten stattfinden.

21. Oktober: Die neue Bundesregierung bezeichnet in einer für lange Zeit richtungweisenden und mit

den Westalliierten abgestimmten Erklärung „die Bundesrepublik Deutschland bis zur Erreichung der deutschen Einheit insgesamt als die alleinige legitimierte staatliche Organisation des deutschen Volkes" und „Berlin als Bollwerk des demokratischen Westeuropa".

23. Oktober: In seiner Regierungserklärung definiert Adenauer das Verhältnis zur DDR in Formeln, die – als überparteilicher Konsens – für zwei Jahrzehnte als Prinzipien der Bonner Politik verbindlich bleiben: Ablehnung des Ostzonenstaates wegen fehlender demokratischer Legitimation und Alleinvertretungsanspruch der Bundesrepublik für die Interessen des deutschen Volkes, auch für die unterdrückten Deutschen in der DDR, wie er bereits in der Präambel des Grundgesetzes erhoben worden ist.

22. November: Im sog. Petersberger Abkommen gestehen die Alliierten Hohen Kommissare der Bundesrepublik das Recht zu, konsularische Beziehungen mit den westlichen Staaten aufzunehmen und internationalen Organisationen – etwa dem Europarat in Straßburg – beizutreten. Dafür wie für die Zusage eines alliierten Demontagestopps verpflichtet sich die Bundesrepublik, Mitglied der Ruhrbehörde zu werden, jede militärische Aufrüstung zu unterlassen und demokratische Verhältnisse im Innern zu bewahren.
Das Petersberger Abkommen, mit dem Adenauer die Freiheiten und Zuständigkeiten der Bundesrepublik zu erweitern und die Eingliederung in die europäische Gemeinschaft zu erreichen sucht, findet die Zustimmung des DGB, stößt jedoch auf die heftige Kritik der SPD-Opposition im Bundestag, die die Vereinbarungen an den Postulaten von Wiedervereinigung und nationaler Souveränität mißt. Schumacher beschimpft Adenauer am 24. 11. 1949 im Parlament als „Bundeskanzler der Alliierten".

14. Dezember: Der Bundestag lehnt in einer Resolution eine deutsche Wiederbewaffnung einstimmig ab.

1950 9. Mai: Dem Vorschlag des französischen Außenministers Robert Schuman – wesentlich inspiriert durch Überlegungen des Planungsministers Jean Monnet – zur Gründung einer (west)europäischen „Gemeinschaft für Kohle und Stahl" (Montanunion, vgl. S. 247 f.), der die uneingeschänkte Billigung durch die USA findet und den Durchbruch zur deutsch-französischen Verständigung bedeutet, stimmt Adenauer sofort zu in vollem Bewußtsein, daß dieses Projekt die Bundesrepublik auf 50 Jahre ökonomisch ausschließlich an ihre westeuropäischen Nachbarn binden soll. Der positiven Reaktion von Gewerkschaften und Industriellen, die den Wegfall der alliierten Beschränkungen für die deutsche Stahlproduktion begrüßen, steht die scharfe Kritik der SPD entgegen, die von einem „regionalen Spezialpakt innerhalb Europas" und der „Gefahr des Abgleitens in eine zweite Kapitulation" spricht.

25. Juni: Der Beginn des Korea-Krieges verlagert das Engagement der USA von Europa nach Ostasien und forciert die seit Herbst 1949 betriebenen Planungen für einen militärischen Beitrag der Bundesrepublik zur Verteidigung Westeuropas gegen einen befürchteten kommunistischen Angriff. Die militärischen Vorgänge auf der – ebenso wie Deutschland zweigeteilten – Halbinsel Korea erweisen sich als von erheblicher Fernwirkung.
Überlegene Verbände des mit der angrenzenden Sowjetunion verbündeten Nordkorea – wobei Stalin als Initiator der Aggression außer Frage steht – greifen den südlichen Landesteil an, nachdem die amerikanischen Besatzungstruppen abgezogen sind. Die USA – nach Überwindung eines intensiven Schocks – erwirken daraufhin einen UN-Beschluß, der diesen Gewaltakt ächtet und eine koordinierte Intervention auslöst. Das wechselvolle Kriegsgeschehen, in dem auf südlicher Seite die USA – von Kontingenten aus 15 Staaten unterstützt – die Hauptlast tragen und sich im Norden 200 000 chinesische Freiwillige beteiligen, führt zur völligen Verwüstung des Landes. Nach einer Stabilisierung der Front und langwierigen Waffenstillstandsverhandlungen kommt es im Juli 1953 zur Festlegung einer Demarkationslinie am 38. Breitengrad, die noch heute – von UN-Truppen gesichert – Nord- und Südkorea teilt.

8. Juli: Die Bundesrepublik tritt dem im Mai 1949 von den westeuropäischen und skandinavischen Staaten gegründeten Europarat in Straßburg als assoziiertes Mitglied bei, d. h. ohne Stimmrecht im Ministerkomitee. Den Status eines Vollmitglieds erwirbt sie im Mai 1951. Die SPD kritisiert den Beitritt – vor allem deshalb, weil zugleich das Saarland separat aufgenommen wird.
Der als Staatenbund konzipierte Europarat, der besonders die politische und wirtschaftliche Zusammenarbeit seiner Mitglieder fördern soll, umfaßt drei Organe:
1. die Beratende Versammlung, die – gestaffelt nach der Größe der Mitgliedstaaten – aus Delegierten der nationalen Parlamente besteht,

2. das Ministerkomitee, dem die Außenminister angehören und das die Empfehlungen der Versammlung an die Regierungen weiterleitet, und
3. das Generalsekretariat, in dessen Zuständigkeit die Aufgaben von Organisation und Verwaltung fallen.

Der Bundesrepublik wird in der Beratenden Versammlung mit 18 Sitzen die gleiche Quote wie Frankreich, Italien und Großbritannien zugestanden. Die SPD-Opposition bezeichnet das durch die Straßburger Institutionen repräsentierte „Ersatz-Europa" als Teil einer Sieger-Besiegten-Konstruktion – eine Einschätzung, die die anschließende engagierte Mitarbeit der Sozialdemokraten allerdings nicht hindert.

11. August: Dem Vorschlag des britischen Premierministers Winston Churchill folgend, empfiehlt der Europarat in Straßburg mehrheitlich die Aufstellung einer „Europa-Armee" mit westdeutschen Kontingenten. Einer deutschen Beteiligung stehen freilich noch die alliierten Entmilitarisierungsbestimmungen entgegen.

29. August: Bundeskanzler Adenauer richtet – beunruhigt durch die Vorgänge in Korea und ausgehend von der Befürchtung, daß die 50000 Mann starke Bereitschaftspolizei der sowjetischen Zone „zum Marsch nach Westen aufbrechen könnte" (A. Hillgruber) – ohne Konsultation seines Kabinetts ein „Sicherheitsmemorandum" an die Adresse der Westmächte. Darin fordert er die Aufstellung einer Bundespolizeitruppe, die Einbeziehung der Bundesrepublik in das westliche Verteidigungssystem und – in grundsätzlicher Abkehr von der bisherigen Position – einen eigenen militärischen Beitrag Westdeutschlands, womit der Kanzler sich erstmals konkret zu dem Zentralthema der deutschen Politik für die nächsten fünf Jahre äußert.

12.–18. September: Eine Konferenz der drei westalliierten Außenminister in New York – nachdem sich die USA und Großbritannien längst über die Einbeziehung der Bundesrepublik in die militärische Verteidigung Westeuropas verständigt haben („decision to rearm Germany") – vereinbart, „die Regierung der Bundesrepublik als die einzige frei und gesetzlich konstituierte deutsche Regierung anzusehen" (Basis des in der Folge weiterhin verfochtenen Alleinvertretungsanspruchs) und eine „Europäische Verteidigungsgemeinschaft (EVG) unter Einschluß Westdeutschlands zu errichten. Die Realisierung dieser wichtigen Grundentscheidung zur deutschen Wiederbewaffnung setzt allerdings nicht nur eine partielle Aufhebung des Besatzungsstatuts voraus, die „die militärische Besetzung in eine Schutzfunktion und die Bundesrepublik in eine Art Junior-Partner mit erheblich mehr Rechten als bisher verwandelt" (A. Hillgruber), sondern – weit schwieriger – die Überwindung der prinzipiellen Bedenken Frankreichs und des weitgestreuten pazifistischen Widerstandes in der Bundesrepublik selbst. Diese Umstände machen es – abgesehen von dem fortdauernden Engagement der USA in Ostasien – begreiflich, daß sich der Abschluß des EVG-Vertrages und des mit ihm gekoppelten Deutschland-Vertrages bis in den Frühsommer 1952 hinauszögert. Zugleich eröffnen sich damit für die Sowjetunion, die diese Entwicklung als bedrohlich betrachtet, vielfältige Möglichkeiten zu gezielten Interventionen.

11. Oktober: Gustav Heinemann (CDU), der dem Bundeskanzler bereits in der Kabinettssitzung am 31.8. wegen des eigenmächtig verkündeten Sicherheitsmemorandums eine bewußte Verletzung des demokratischen Stils und „ungefragte Bereitwilligkeit" vorgeworfen hat, tritt als Bundesinnenminister zurück. Sein Nachfolger wird Robert Lehr.

29. Oktober: Das unter der tarnenden Bezeichnung „Dienststelle für die mit der Vermehrung der alliierten Truppen zusammenhängenden Fragen" etablierte Amt unter dem CDU-Politiker Theodor Blank (deshalb kurz: Dienststelle Blank) wird direkt dem Bundeskanzler unterstellt und dient in Wirklichkeit der planvollen Vorbereitung einer westdeutschen Armee. Diese Wiederaufrüstungsabsicht Adenauers, die der Regierungschef ausschließlich als politischen Hebel auf dem Weg zur westdeutschen Gleichberechtigung einzusetzen gedenkt, stößt auf starken Widerstand der irritierten Öffentlichkeit, wo die Parole „Nie wieder Krieg" trotz des Eintretens der katholischen Kirche für einen deutschen Wehrbeitrag und der schwankenden Haltung der Gewerkschaften breite Resonanz findet.

8. November: Adenauer begrüßt in der ersten großen Wehrdebatte des Bundestags den – auf der Grundlage der New Yorker Vereinbarung beruhenden – Plan des französischen Ministerpräsidenten René Pleven, eine europäische Armee mit einheitlicher Ausrüstung und Führung aufzustellen, als ein Instrument, das die Sicherheit der Bundesrepublik gewährleiste und den Weg zur Wiedervereinigung ebne. Allerdings setze dieses Konzept die Gleichberechtigung der Bundesrepublik und damit eine „Totalrevision des Besatzungsstatuts" (K. Düwell) voraus. Die SPD-Opposition unter Kurt Schumacher

lehnt diese Form der Wiederaufrüstung ab, da sie nicht der eigenen Verteidigung und nationalen Wiedervereinigung diene, sondern lediglich dem Schutz des westlichen Glacis zwischen Elbe und Rhein. Allerdings tritt auch die SPD für einen möglichen deutschen Wehrbeitrag ein, wenn er mit der Rückgewinnung der Souveränität verbunden sei (Formel: „Gleiches Risiko, gleiches Opfer, gleiche Chancen" oder: „Man stirbt nicht für ein Besatzungsstatut").
In der Öffentlichkeit geht die heftig umstrittene Absicht der Wiederbewaffnung doch zunächst allein zu Lasten der CDU, die sich „in einem tiefen Wellental der Unpopularität" (H.-P. Schwarz) bewegt und bei den Landtagswahlen 1950/51 erdrutschartige Einbußen erleidet. Die Furcht vor einem sowjetischen Präventivschlag im Falle einer westdeutschen Wiederaufrüstung beherrscht die öffentliche Meinung.

**1951** 15. Januar: Adenauer lehnt – mit Zustimmung der SPD – den Vorschlag des DDR-Ministerpräsidenten Grotewohl vom 30. 11. 1950 ab, in dem dieser einen gesamtdeutschen „Konstituierenden Rat" aus einer gleich großen Zahl von Vertretern der Bundesrepublik und der DDR angeregt hat. Dieser „Rat" sollte die Bildung einer gesamtdeutschen Regierung vorbereiten, den vier Besatzungsmächten bei der Ausarbeitung eines Friedensvertrages mit Deutschland beratend zur Seite stehen und gesamtdeutsche Wahlen organisieren (vgl. S. 418 f.). In seiner Ablehnung verweist Adenauer auf die – von Bundesregierung und Bundestag erhobene – frühere Forderung vom 22. 3. 1950, die vier Besatzungsmächte sollten ein Wahlgesetz für die Durchführung freier gesamtdeutscher Wahlen zu einer verfassunggebenden deutschen Nationalversammlung als erstem Schritt zur Wiederherstellung der deutschen Einheit erlassen. Außerdem verlangt der Bundeskanzler eine freie Betätigung aller Parteien in ganz Deutschland und den persönlichen Schutz aller politisch tätigen Bürger als Vorbedingung für die Durchführung der Wahlen.

15. März: Die Revision des Besatzungsstatuts vom 6. 3. 1951, dergemäß die Alliierte Hohe Kommission gegen die Anerkennung der deutschen Auslandsschulden aus Vor- und Nachkriegszeit (festgesetzt auf 14,3 Milliarden DM und zahlbar in Jahresraten von 750 Millionen DM) u.a. auf eine Überwachung der Bundes- und Ländergesetzgebung und des deutschen Außenhandels verzichtet, bewirkt vor allem eine Einstellung der Demontagen, die – als eine Arbeitsplatzvernichtung großen Stils empfunden – angesichts einer Arbeitslosenquote von 9% große Erbitterung hervorgerufen haben. Da das geänderte Besatzungsstatut der Bundesregierung zudem gewisse Zuständigkeiten in der Außenpolitik einräumt, wird ein Auswärtiges Amt möglich und notwendig. Die Funktion des Außenministers übernimmt Adenauer selbst (bis Juni 1955) mit Walter Hallstein als Staatssekretär.

18. April: Gründung der Montanunion (EGKS) zwischen der Bundesrepublik, Frankreich, Italien und den Benelux-Staaten (aber ohne Großbritannien), die für die Kohle, Eisen und Stahl erzeugende Industrie einen gemeinsamen Markt ohne Restriktionen, Diskriminierungen und Subventionen vorsieht. Die am 25. 7. 1952 in Kraft gesetzte Montanunion bedeutet nicht nur das Ende von Ruhrstatut, Ruhrbehörde und alliierten Kontrollen im Montanbereich, sondern wird zugleich zur entscheidenden Initialzündung für die politische und wirtschaftliche Integration Westeuropas.
Die Hohe Behörde in Luxemburg übt die oberste Gewalt aus und verfügt als Regierungsorgan über supranationale Hoheitsrechte. Die Gemeinsame Versammlung aus nationalen Delegierten fungiert als Parlament, der Ministerrat als Staatenkammer und der Gerichtshof als Organ für Streitigkeiten.

9. Juli: Die drei Westmächte beschließen die formelle Beendigung des Kriegszustandes mit Deutschland. Die Sowjetunion folgt erst am 25. 1. 1955 nach.
Obwohl dieser Beschluß auf das alliierte Besatzungsrecht in Deutschland keinerlei Auswirkungen hat, verschafft er z.B. größere Sicherheit beim Aufenthalt im Ausland.

10.–14. September: Auf einer Konferenz der westalliierten Außenminister in Washington wird als Hauptziel der drei Regierungen die „Integration der Bundesrepublik Deutschland auf dem Fuße der Gleichberechtigung in eine europäische Gemeinschaft, die selbst in einer atlantischen Allianz aufgehen soll", vereinbart. Darüber hinaus werden eine Aufhebung des Besatzungsstatuts und das Zugeständnis innerer Autonomie für Westdeutschland in Aussicht gestellt.

September/Oktober: Als sich konkrete Ergebnisse in den EVG-Verhandlungen abzeichnen, unternimmt Grotewohl, der zuvor mit der Parole „Deutsche an einen Tisch" geworben hatte, eine neue Initiative, in der er – vom bisherigen Vorrang eines Friedensvertrages abrückend – die Festlegung „freier Wahlen" für die Nationalversammlung als wichtigsten Punkt der geforderten „gesamtdeutschen Beratungen" bezeichnet. Der Bundestag reagiert mit der Verabschiedung einer Wahlordnung für eine ver-

fassunggebende gesamtdeutsche Nationalversammlung, in der die Überwachung der Wahlen in allen Teilen Deutschlands durch eine internationale Kontrollkommission der UN vorgesehen ist.
Wie angesichts der Entscheidung der UN im Koreakonflikt gegen die von der Sowjetunion unterstützten Kommunisten Chinas und Nordkoreas zu erwarten war (vgl. S. 230; 249), sperrt sich die DDR gegen die Einreise der – seit Ende 1951 gebildeten – UN-Delegation, apostrophiert jedoch die westdeutsche Wahlordnung als annehmbar. Allerdings macht sie die endgültige Zustimmung vom Abbruch der EVG-Verhandlungen abhängig, worauf sich die Bundesregierung nicht einläßt und die UN-Kommission ihre Tätigkeit einstellt.

**1952** 9. Januar: Entgegen seiner Bedingung vom Oktober 1951, die den weiteren Austausch in der Frage gesamtdeutscher Wahlen vom Abbruch der EVG-Verhandlungen durch die Bundesregierung abhängig machte, legt Grotewohl nun seinerseits der Volkskammer einen Gesetzentwurf für gesamtdeutsche Wahlen gemäß den Bestimmungen des Reichswahlgesetzes der Weimarer Republik vom 24. 3. 1921 vor. Die Wahlen sollen unter Kontrolle der vier Besatzungsmächte stehen und für die Zeit des Wahlkampfes über drei Monate ein ungehinderter Reiseverkehr für die Vertreter aller Parteien in ganz Deutschland gewährleistet sein. Praktische Schritte sollen allerdings erst nach Einstellung der EVG-Verhandlungen eingeleitet werden.

10. März: Bedeutete Grotewohls letzte Offerte vom 9. 1. 1952 einen hohen Einsatz zur Verhinderung der Westverträge, weil sie „bei loyaler Verwirklichung den voraussehbaren Untergang des SED-Regimes einschloß“ (A. Hillgruber), so geht die Sowjetunion in ihrer Note vom 10. 3. 1952, die der stellvertretende sowjetische Außenminister Gromyko den Botschaftern der drei Westmächte in Moskau überreichte, erheblich darüber hinaus. Darin schlägt Stalin den Abschluß eines Friedensvertrages mit einem bis zur Oder und Neiße verkleinerten und neutralisierten, d. h. keinem der beiden Machtblöcke angehörenden, Gesamtdeutschland vor, dem nach Abzug aller Besatzungstruppen binnen eines Jahres „eigene nationale Streitkräfte“ zur Landesverteidigung zugestanden werden sollen. Auf dieser Basis – so die Stalin-Note – „gewinnt das geeinte Deutschland die Möglichkeit, sich als unabhängiger, demokratischer, friedliebender Staat zu entwickeln“. Im Rahmen des folgenden Notenwechsels mit den Westmächten stimmt die sowjetische Seite am 9. 4. 1952 den – zunächst ausgeklammerten – „freien gesamtdeutschen Wahlen“ zu, besteht jedoch auf einer Aufsicht durch die vier Besatzungsmächte und lehnt – wie stets bisher – eine UN-Kontrolle ab. Der entscheidende Dissens betrifft allerdings neben der Reihenfolge der Maßnahmen die Frage der Neutralisierung, die für die Westmächte ebenso wie für Adenauer nicht zugestehbar erscheint.

26. Mai: Die westlichen Außenminister Acheson, Eden und Schuman unterzeichnen in Bonn den „Vertrag über die Beziehungen zwischen der Bundesrepublik und den drei Mächten“, meist als „Deutschland- oder Generalvertrag“ bezeichnet. Demgemäß sollen das Besatzungsregime beendet, die Alliierte Hohe Kommission aufgelöst und die Bundesrepublik souverän werden („volle Macht über ihre inneren und äußeren Angelegenheiten“). Die alliierten Sonderrechte sollen beschränkt bleiben auf: Truppenstationierung und Notstand, Berlin und Deutschland als Ganzes, Fragen der Wiedervereinigung und des Friedensvertrages. Die Vertragspartner verständigen sich auf „ein wiedervereinigtes Deutschland, das eine freiheitlich-demokratische Verfassung ähnlich wie die Bundesrepublik besitzt und in die Europäische Gemeinschaft integriert ist“. Das Inkrafttreten des Deutschland-Vertrages wird an das Gültigwerden des EVG-Vertrages gebunden, was bei dessen Scheitern im August 1954 eine Neuregelung notwendig macht.
Die Opposition im deutschen Bundestag bekämpft die Vertragsregelung mit verbaler Schärfe (Schumacher: „Wer diesem Generalvertrag zustimmt, hört auf, ein Deutscher zu sein“) und mit dem Argument, das provisorische Gebilde Bundesrepublik dürfe nicht durch solche Abmachungen den definitiven Status Gesamtdeutschlands präjudizieren wollen, denn dies ermuntere die DDR zu vergleichbarem Handeln. Dies heißt: Ablehnung einer Westintegration vor Initiativen zur Wiedervereinigung.

27. Mai: In Paris unterzeichnen die Regierungschefs von Frankreich, Italien, den Benelux-Staaten und der Bundesrepublik den Vertrag über die Europäische Verteidigungsgemeinschaft (EVG), die die Integration der nationalen Streitkräfte unter einem gemeinsamen Oberbefehl bei gleicher Ausrüstung, Ausbildung und Dienstzeit der Soldaten anstrebt. Mit Hilfe des EVG-Vertrages soll das – vor allem von Frankreich befürchtete – Risiko der deutschen Wiederaufrüstung gemindert und zugleich die europäische Einigung vorangetrieben werden.

1953 19. März: Nach lebhaften Auseinandersetzungen billigt der Bundestag mit den Stimmen der Regierungsfraktionen den Deutschland- und EVG-Vertrag in dritter Lesung.

Die Intensität der Meinungsverschiedenheiten war auch daran sichtbar geworden, daß die SPD-Fraktion und Abgeordnete der aus Zentrum und Bayernpartei bestehenden Föderalistischen Union am 31. 1. 1952 beim Bundesverfassungsgericht vorbeugende Normenkontrollklage erhoben hatten. Die beantragte Feststellung, daß eine Entscheidung über den Wehrbeitrag ohne Änderung des Grundgesetzes verfassungswidrig sei, wies der Erste Senat in Karlsruhe jedoch am 30. 7. 1952 als „im gegenwärtigen Zeitpunkt unzulässig" zurück, da „die gesetzgebenden Körperschaften ihre Beratungen noch nicht abgeschlossen" hätten. Bundespräsident Heuss ersuchte am 10. 6. 1952 das Bundesverfassungsgericht um ein beratendes Gutachten über die Verfassungsmäßigkeit des EVG-Vertrages, zog seinen Antrag jedoch am 10. 12. 1952 zurück. Die Feststellungsklage der Regierungsfraktionen vom 6. 12. 1952, wonach der Bundestag mit einfacher Mehrheit den Deutschland- und den EVG-Vertrag verabschieden dürfe, hat das Bundesverfassungsgericht am 7. 3. 1953 als unzulässig verworfen, da die klagende Bundestagsmehrheit „als solche gar nicht parteifähig" sei, wie es eine Organklage erfordere. Mit dem Verfassungsstreit über die Wiederbewaffnung findet „die exzessive Einschaltung des Bundesverfassungsgerichts" (W. Hennis) ihren vorläufigen Abschluß.

1954 25. Januar bis 18. Februar: Die Berliner Außenministerkonferenz mit Dulles, Molotow, Eden und Bidault findet auf dem entscheidenden Feld der Deutschland- und Sicherheitspolitik keine Übereinstimmung und erweist sich als „diplomatisches Schauringen" (H.-P. Schwarz). Dem von Eden vorgeschlagenen 5-Punkte-Programm zur Wiedervereinigung: 1. gesamtdeutsche, kontrollierte freie Wahlen abzuhalten; 2. eine Nationalversammlung einzuberufen; 3. eine Verfassung und einen Friedensvertrag vorzubereiten; 4. die Verfassung anzunehmen und eine auch für den Friedensvertrag zuständige Regierung zu bilden; 5. den Friedensvertrag abzuschließen (wobei es der gesamtdeutschen Regierung freistehen sollte, die Bündnisverpflichtungen der Bundesrepublik bzw. der DDR zu übernehmen, zu annullieren oder neue einzugehen), setzt Molotow den sowjetischen Fahrplan entgegen: 1. einen Friedensvertrag mit Vertretern der Bundesrepublik und der DDR auszuarbeiten; 2. eine provisorische Regierung durch Bundestag und Volkskammer einzusetzen; 3. die Besatzungstruppen bis auf geringfügige kontrollierende Kontingente abzuziehen und freie gesamtdeutsche Wahlen durchzuführen; 4. eine gesamtdeutsche Regierung zu bilden. Das wiedervereinigte Deutschland solle von den Bündnisverträgen der Bundesrepublik und der DDR freigestellt, zur Neutralität verpflichtet und – in erstmaliger Verknüpfung von deutscher Frage und europäischer Sicherheit – in ein kollektives Sicherheitssystem in Europa eingebunden werden.

26. März: Der Bundestag verabschiedet mit der ⅔-Mehrheit der Regierungsparteien die erste Wehrergänzung (Art. 73 GG), die die Wehrhoheit des Bundes begründet, d. h. ihm die ausschließliche Gesetzgebungskompetenz in allen Fragen der Verteidigung, der Wehrpflicht und des Zivilschutzes einräumt. Durch die beschlossene Grundgesetzänderung und den Einschub des Artikels 142 a, der die Vereinbarkeit der Verträge mit dem Grundgesetz ausdrücklich feststellt, sind alle rechtlichen Einwände der Opposition gegen die Verfassungskonformität von EVG- und Deutschlandvertrag gegenstandslos geworden.

30./31. August: Die Ratifizierung des EVG-Vertrages scheitert in der französischen Nationalversammlung zwar lediglich verfahrenstechnisch, indem diese mit 319 gegen 264 Stimmen die Absetzung dieses Punktes von der Tagesordnung beschließt, doch bedeutet dies selbstverständlich, wie Ministerpräsident Mendès-France vor der Abstimmung betonte, eine materielle Entscheidung. Dieses von Adenauer als „schwarzer Tag für Europa" bezeichnete Ereignis ist vornehmlich darauf zurückzuführen, daß es den Abgeordneten der nationalistischen und der kommunistischen Fraktion politisch nicht ratsam schien:

1. die eigenen Streitkräfte in eine supranationale Armee zu integrieren und damit eine Einbuße an Souveränität hinzunehmen,
2. sich in eine Allianz mit dem ehemaligen Kriegsgegner zu begeben ohne direkte Beteiligung des traditionellen Verbündeten England und
3. sich in einer Phase sowjetischen Werbens um Frankreich und einer funktionierenden innenpolitischen Kooperation zwischen Nationalisten, Kommunisten und Sozialisten der Optionsmöglichkeit zwischen Ost und West selbst zu berauben.

28. September bis 3. Oktober: Nach dem Scheitern des EVG-Vertrages sucht die Londoner 9-Mächte-Konferenz (Benelux-Staaten, Bundesrepublik, England, Frankreich, Italien, Kanada und USA) nach einer realisierbaren Alternative und trifft u. a. folgende Vereinbarungen:

1. die Bundesrepublik wird der Nato beitreten, doch die nationale Einheit oder eine Änderung ihrer Grenzen nicht gewaltsam erstreben und freiwillig auf die Herstellung von ABC-Waffen verzichten,
2. das Besatzungsstatut wird aufgehoben, doch stationieren die Alliierten weiterhin Truppen auf dem Kontinent,
3. die Bundesregierung gilt allein als legitime Regierung in Deutschland, die in der Frage der Wiedervereinigung der Unterstützung ihrer Bündnispartner sicher sein darf,
4. die deutsche Grenzfrage soll bis zu dem Friedensvertrag offengehalten, doch die Freiheit Berlins durch weitere militärische Präsenz der Alliierten garantiert werden.

19.–23. Oktober: Die Beziehungen zwischen den Staaten der europäischen Gemeinschaft werden – gemäß den Londoner Vereinbarungen – auf den Pariser Konferenzen der Außenminister bzw. Regierungschefs, an denen die deutsche Delegation erstmals in einer gleichberechtigten Rolle teilnimmt, vertraglich neu geregelt. Die sog. „Pariser Verträge" sehen vor:
1. Eine Revision des Deutschland-Vertrages, dergemäß die Beendigung des Besatzungsregimes vereinbart, die Sicherheitsgarantien der Westmächte erneuert und die Hilfeleistungen der Bundesrepublik für Berlin bekräftigt werden.
2. Eine Erweiterung des am 17. 3. 1948 zwischen Frankreich, Großbritannien, den Niederlanden, Belgien und Luxemburg geschlossenen Brüsseler Vertrags „über wirtschaftliche, soziale und kulturelle Zusammenarbeit und über kollektive Selbstverteidigung" durch die Aufnahme der Bundesrepublik und Italiens. Der erweiterte Zusammenschluß erhält die Bezeichnung „Westeuropäische Union" (WEU).
3. Den Beitritt der Bundesrepublik zur Nato, die im Gegensatz zur WEU keine automatische Beistandspflicht der Partner bei einem Fremdangriff beinhaltet, sondern das Ob und Wie in die autonome Entscheidung stellt.
4. Das Saarstatut, demzufolge die politische Autonomie des Saarlandes bei fortdauernder Zoll- und Währungsunion mit Frankreich durch einen WEU-Kommissar überwacht und die demokratischen Freiheiten wiederhergestellt werden sollen. Über das Saarstatut soll drei Monate nach seinem Inkrafttreten eine Volksabstimmung im Saarland stattfinden.

**1955** 15. Januar: In einer „Erklärung zur deutschen Frage" stellt die Sowjetunion die Bundesregierung vor die Alternative, zwischen Verhandlungen über die Wiedervereinigung auf der Basis freier gesamtdeutscher Wahlen oder der Ratifizierung der Pariser Verträge zu wählen. Die geplante Remilitarisierung würde Deutschland endgültig spalten.
Während die SPD den Bundeskanzler auffordert, die Sowjetunion „jetzt beim Wort zu nehmen" und nicht – wie 1952 – zu versäumen, die Seriosität des Angebots freier und international beaufsichtigter Wahlen zu prüfen, lehnt Adenauer ab unter Verweis auf die bisherigen Erfahrungen und die „Gefahr, daß dann die Ratifizierung der Pariser Verträge nicht erfolgt, daß also die Verpflichtung der drei Westmächte, mit uns zusammen die Wiedervereinigung in Frieden und Freiheit zu betreiben, nicht zustande kommt".

29. Januar: Auf Einladung des DGB-Vorsitzenden Walter Freitag, des SPD-Chefs Erich Ollenhauer und der prominenten Professoren Helmut Gollwitzer und Alfred Weber kommt es zu einer pazifistischen Kundgebung mit mehr als 1 000 Teilnehmern in der Frankfurter Paulskirche, bei der das sog. „Deutsche Manifest" verabschiedet wird. Darin werden die Pariser Verträge abgelehnt, da sie die militärische Blockbildung vorantrieben und damit den Weg zur deutschen Wiedervereinigung, der nur über 4-Mächte-Verhandlungen führen könne, versperrten.
Die Bundesregierung reagiert angesichts der breiten Resonanz des Manifests mit einer energischen Stellungnahme, in der sie vor allem auf die verfassungsrechtlich abgestützte Entscheidungskompetenz des Bundestages verweist.

5. Mai: Die ratifizierten Pariser Verträge treten in Kraft, woraufhin das Besatzungsregime erlischt und die Alliierten Hohen Kommissare durch Botschafter ersetzt werden. Die Bundesrepublik ist damit souverän und tritt am 9. 5. – genau 10 Jahre nach der Kapitulation – unmittelbar der WEU und der Nato bei. Die diplomatischen Missionen der Bundesrepublik sind bereits am 1. 5. in Washington, London und Paris in den Rang von Botschaften erhoben worden.
In der gleichzeitig mit dem Deutschland-Vertrag verkündeten und von der Bundesrepublik ausdrücklich gebilligten „Erklärung der Alliierten Kommandantur über Berlin" wird der besatzungsrechtliche Status Gesamt-Berlins mit einem originären Präsenz- und Zugangsrecht der westlichen Streitkräfte erneut festgestellt, weil man damit den eigenen wie den deutschen Sicherheitsinteressen am besten zu

dienen glaubt. In den konkreten Beziehungen zwischen der Bundesrepublik und West-Berlin bedeutet jedoch diese ungleiche Rechtsposition, dergemäß hier das Besatzungsstatut in modifizierter Form fortbesteht, während es dort annulliert wurde, keine irgendwie erhebliche Einschränkung.

11.–15. Mai: Als Gegengewicht gegen die Nato gründen die Ostblockstaaten auf ihrer Konferenz in Warschau den sog. „Warschauer Pakt", eine Militärallianz der Sowjetunion mit Albanien, Bulgarien, DDR, Polen, Rumänien, ČSSR und Ungarn (vgl. S. 428 ff.).

15. Mai: In Wien unterzeichnen die vier Großmächte den sog. „Staatsvertrag" mit Österreich, der – gegen die Zusicherung „immerwährender Neutralität" – die Räumung des Landes von Besatzungstruppen und die Wiederherstellung eines unabhängigen demokratischen Staates vorsieht. Der damals häufig erörterte Vorschlag der Anwendung des Österreich-Modells als Weg zur Lösung der deutschen Frage verkennt nicht nur die machtpolitischen Größenunterschiede, sondern auch die durch die Einbindung in die Militärblöcke geschaffene schwierigere Ausgangslage.

6. Juni: Der Sicherheitsbeauftragte des Bundeskanzlers Theodor Blank wird erster Verteidigungsminister der Bundesrepublik, seine Dienststelle analog zum Bundesministerium für Verteidigung.

18.–23. Juli: Auf der Genfer Gipfelkonferenz der vier Siegermächte des Zweiten Weltkrieges – der ersten seit Potsdam –, an der Delegationen der Bundesrepublik und der DDR als Beobachter teilnehmen, können sich Eisenhower/Dulles, Bulganin/Chruschtschow/Molotow, Eden/Macmillan und Faure/Pinay nur auf die Formel verständigen, daß zwischen der deutschen Wiedervereinigung auf der Grundlage freier Wahlen und der Schaffung eines gesamteuropäischen Sicherheitssystems ein Junktim bestehe. Die auf diesem – in der Publizistik als „Konferenz des Lächelns" apostrophierten – Gipfeltreffen wechselseitig vorgelegten Pläne für Abrüstung, militärisch verdünnte Zonen und Sicherheitspakte bleiben folgenlose Deklamationen. Bezeichnenderweise spricht Chruschtschow bei der Rückkehr aus Genf in Ostberlin erstmals von der Zwei-Staaten-Theorie, derzufolge die Wiedervereinigung unter Wahrung der „sozialistischen Errungenschaften" eine „unreale Sache" sei, da sie eine – angesichts der divergenten Entwicklung unwahrscheinliche – Annäherung der „souveränen" DDR und der Bundesrepublik voraussetze (vgl. S. 419 f.).

8.–14. September: Auf Einladung der Sowjetunion vom Juni 1955 verhandelt Adenauer, begleitet von Brentano, Kiesinger, Carlo Schmid und Arnold, in Moskau mit Bulganin, Chruschtschow und Molotow über die „Normalisierung der westdeutschen und der sowjetrussischen Beziehungen". Nach von wiederholtem Abbruch bedrohtem und mit sachlicher Härte geführtem Meinungsaustausch wird die Aufnahme diplomatischer Beziehungen vereinbart und von der Sowjetregierung die Freilassung der letzten deutschen Kriegsgefangenen und Zivilinternierten zugesichert. In einseitigen Vorbehaltserklärungen, die – trotz förmlicher Entgegennahme – die sowjetische Führung inhaltlich zurückweist, unterstreicht Adenauer, daß die Vereinbarung diplomatischer Kontakte weder eine Anerkennung des territorialen Status quo noch eine Preisgabe des bundesdeutschen Alleinvertretungsanspruchs impliziere. Für den Bundeskanzler kommt es darauf an, die Zwei-Staaten-Theorie der östlichen Vormacht abzuwehren, doch zugleich – wenige Monate nach Erlangung der deutschen Souveränität – die Besorgnis der westlichen Verbündeten vor einem neuen Rapallo zu zerstreuen, zumal seit der gescheiterten Moskauer Konferenz vom Frühjahr 1947 kein westlicher Außenminister, geschweige denn ein Regierungschef, eine offizielle Reise in die sowjetische Hauptstadt unternommen hat.

23. Oktober: In einer Volksabstimmung unter WEU-Aufsicht lehnen 67,7% der wahlberechtigten Saarländer bei einer Beteiligung von 97,5% das „Europäische Statut für die Saar" ab, das Bestandteil der Pariser Verträge war. Die für die Rückgliederung an Deutschland eintretenden Parteien DPS/FDP, SPD und CDU hatten sich im sog. Heimatbund zusammengeschlossen. In Reaktion auf das Abstimmungsergebnis, das den Weg zur Rückgliederung des Saarlandes an die Bundesrepublik frei macht, tritt die Regierung des CVP-Ministerpräsidenten Johannes Hoffmann zurück.

27. Oktober bis 16. November: Die von den Regierungschefs im Juli vereinbarte Konferenz der Außenminister in Genf dokumentiert, daß sich – angesichts der unterschiedlichen Konzepte der Großmächte (Eden-Plan und Zwei-Staaten-Theorie) – der Status quo in der deutschen Frage nicht mehr verändern läßt, zumal in der Folge die Westalliierten vom bisher verfochtenen Junktim Wiedervereinigung und Abrüstung abrücken.

8./9. Dezember: Auf einer Konferenz der deutschen Botschafter in Bonn stellt der seit Juni amtierende Außenminister von Brentano klar, daß – vor dem Hintergrund des völkerrechtlichen Alleinvertretungsanspruchs der Bundesrepublik und der deutschen Spaltung – die Aufnahme diplomatischer Beziehungen dritter Staaten mit der DDR als „unfreundlicher Akt" zu betrachten sei und notfalls mit einem Rückzug der eigenen Auslandsvertretung beantwortet werde. Von diesem – nach dem damaligen Staatssekretär im Auswärtigen Amt Walter Hallstein – als Hallstein-Doktrin bezeichneten Grundsatz der Deutschlandpolitik solle lediglich bei der Sowjetunion abgesehen werden, der als vierter Sieger- und Besatzungsmacht aufgrund der alliierten Verträge eine politische Verantwortung für ganz Deutschland zukomme. Die mit Hilfe der Hallstein-Doktrin intendierte weltweite Ächtung der DDR als – mehrheitlich von der eigenen Bevölkerung abgelehntes – sowjetisches Marionettenregime ohne demokratisches Mandat und ihre internationale Isolierung werden als das zweckmäßigste Mittel betrachtet, die Sowjetunion früher oder später zum Nachdenken darüber zu veranlassen, ob sie Ostdeutschland freigeben solle.

## Einführung in die Arbeitsthemen

Die Bundesrepublik Deutschland sah sich seit dem Tag ihrer Gründung mit zwei außenpolitischen Tatbeständen konfrontiert, deren Überwindung von Regierung und Opposition als existentielle Herausforderung begriffen wurde. Es handelte sich einmal um die Teilung Deutschlands in eine westliche bzw. eine östliche Hälfte und zum anderen um die Existenz der Bundesrepublik als „gemeinsames Protektorat der drei Westmächte" (Th. Eschenburg).

Reduziert man die Betrachtung auf die Bundesrepublik und die politisch relevanten Kräfte, so herrschte – jedenfalls für die Phase 1949–1951 – ein weitgehender Konsens darüber, daß die Wiedergewinnung westdeutscher Handlungsfreiheit und Gleichberechtigung nur über den Kurs einer konsequenten Europapolitik, d.h. einer partnerschaftlichen Integration in die Gemeinschaft der westeuropäischen Demokratien, zu erreichen sei. Dieser Situationsanalyse und der daraus abgeleiteten Strategie lag darüber hinaus als fundamentales Element die Auffassung zugrunde, daß die sowjetische Deutschlandpolitik expansiver Natur sei und die UdSSR ihre Ausgangsposition an der Elbe-Werra-Grenze zumindest nicht kurzfristig und ohne weiteres aufgeben werde. Demgemäß stand die westdeutsche Außenpolitik – so sehr es ihr zunächst an konkreter Bewegungsfreiheit fehlte – unter einer doppelten Zielsetzung: sie sollte den nichtrussischen Teil durch vertragliche Einbindung in die westeuropäische Staatenwelt vor dem sowjetischen Zugriff sichern und sukzessiv aus seiner abhängigen Lage herausführen. „In der harten Welt der Tatsachen" – so hat es Adenauer im Rückblick formuliert – „gab es für die Bundesrepublik nur zwei Wege: ein Zusammengehen mit dem Westen oder aber ein Zusammengehen mit den Sowjets. Alles, was dazwischenlag, war nicht Politik, sondern Illusion." Doch war dies so?

Wenn die SPD-Opposition im Bundestag ab Ende 1951 gegen diese „Politik der Vorleistungen, gebaut auf das Prinzip Hoffnung" (Carlo Schmid) und die von Adenauer angestrebte praktische Rangfolge (Schumacher: „Die deutsche Einheit ist kein Fernziel, sondern *das* Nahziel") Front machte, so war die Erkenntnis einer Zielantinomie maßgebend, daß nämlich Westintegration und Wiederbewaffnung der Bundesrepublik ein Blockieren der Wiedervereinigung bedeuteten, ja „die unwiderrufliche Ausgliederung des östlichen Teils bewirken müssen" (Adolf Arndt). Doch beinhaltete das SPD-Konzept des Offenhaltens der deutschen Frage, wie es Fritz Erler im Juni 1952 prägnant formulierte („Das wiedervereinigte Deutschland gehört politisch, ökonomisch und sozial zum Kreis der freien Völker, muß aber nicht unbedingt der Revolver Amerikas an den Rippen der Sowjetunion sein"), weder eine strukturelle Alternative noch eröffnete es einen alternativen Weg zur Wiedervereinigung.

Dem Plädoyer für ein neutralisiertes Deutschland, das angesichts der Angebote der DDR-Regierung und des Kremls zunehmende Resonanz in der westdeutschen öffentlichen Meinung fand, setzte Adenauer entgegen, daß lediglich eine unwiderrufliche wirtschaftliche, politische und militärische Allianz des westdeutschen Kernstaates mit den westeuropäischen Demokratien Gewähr biete, Sicherheitsbefürchtungen in Frankreich zu zerstreuen, der übermächtigen Sowjetunion im Verbund zu widerstehen und die Rückgewinnung der politischen Souveränität der Bundesrepublik zu beschleunigen.

Diese von Adenauer als „Politik des reinen Selbsterhaltungstriebs", „Politik des geringsten Risikos" und – landläufiger – als „Politik der Stärke" apostrophierte „Politik der Wiedervereinigung auf dem Umweg über die Westintegration" (H.-P. Schwarz) war für ihn durch klare Prioritäten gekennzeichnet: Die dauerhafte Eingliederung in die westliche Staatengemeinschaft als Instrument der Freiheitssicherung und als Hebel für die schrittweise Wiedergewinnung der politischen Handlungsfreiheit, die sich in der Aufhebung des Ruhrstatuts, dem Ende der Demontagen wie der Sicherheitskontrollen und schließlich der Lösung der Saarfrage konkretisieren sollte, hielt er auch dann für notwendig und vorrangig, wenn „die Ostzone für längere Zeit als Irredenta bestehen blieb" (H.-P. Schwarz). Die Politik des ersten Bundeskanzlers folgte nicht nur diesem Primat der Westintegration, die der Bundesrepublik wachsende Prosperität, äußere Sicherheit und internationale Rehabilitierung verschaffte mit unanfechtbarer Standfestigkeit, sondern ließ sie auch noch als den sicheren Weg zur nationalstaatlichen Wiedervereinigung ausgeben, als sie sich in diesem zentralen Punkt längst als Fiktion erwiesen hatte und „zunehmend deutlicher von der Erfahrung widerlegt wurde" (R. Löwenthal). Zwar weigerte sich die Bundesregierung in sachlogischer Konsequenz, die Existenz eines zweiten deutschen Staates und die völkerrechtliche Wirksamkeit der Oder-Neiße-Grenze anzuerkennen, doch konnte die verbale Übernahme dieser Position durch die westlichen Verbündeten nicht darüber hinwegtäuschen, daß sie ebenso wie die Sowjetunion „spätestens seit Mitte 1955" – wie H.-P. Schwarz nüchtern festgestellt hat – „die Teilung Deutschlands als Grundlage für eine tragfähige Friedensordnung betrachteten".

# I/1 Westbindung und europäische Zusammenarbeit

## Arbeitsthemen

1. *Worauf beruhte der – von der KPD abgesehen – Allparteien-Konsens in der Frage der Westbindung der Bundesrepublik? Was bedeutete dies für die Möglichkeiten der SPD als parlamentarische Opposition? (Nr. 1)*
2. *Wo liegen die Übereinstimmungen, wo die Differenzen in den Vorstellungen Adenauers und Schumachers zur deutschen Frage und zur europäischen Einigung? (Nr. 2 und 3)*
3. *Womit begründet Adenauer den – bis Ende der 60er Jahre aufrechterhaltenen – deutschlandpolitischen Alleinvertretungsanspruch der Bundesrepublik? (Nr. 4; vgl. auch Nr. 4 b, S. 427 f.)*
4. *Inwiefern manifestieren sich in dem Dissens zwischen Adenauer und Schumacher hinsichtlich der deutsch-alliierten Verhandlungen prinzipiell abweichende strategische Konzepte? (Nr. 5)*
5. *Inwiefern schreibt Schuman der Montanunion die Funktion einer Initialzündung auf dem Weg zu einem vereinten Europa zu? (Nr. 6)*
6. *Wo liegen für Adenauer die positiven Aspekte des Schuman-Plans? Welche problematischen Möglichkeiten sieht Rudolf Augstein im Schuman-Plan angelegt? Was stört den SPD-Führer Schumacher an dem – wie er sagt – „regionalen Spezialpakt innerhalb Europas"? (Nr. 7 a–c)*
7. *Inwiefern sollen gemäß dem Vertrag zur Montanunion mit der sektoralen wirtschaftlichen Kooperation übergreifende politische Ziele verfolgt werden? (Nr. 8)*

## Materialien

### 1. Vorentschiedene Westbindung

Als die erste Bundesregierung gebildet wurde, bestand gar keine theoretische Wahlmöglichkeit, einem westlichen Sicherheitssystem beizutreten oder nicht. De facto gehörte Westdeutschland, das noch unter westalliiertem Besatzungsstatut stand, der westlichen Sicherheitsgemeinschaft bereits an, und die theoretischen Alternativen der Jahre 1949 bis 1955 konnten allenfalls lauten: Stärkung der freien Welt durch einen freiwillig geleisteten westdeutschen Wehrbeitrag oder aber behutsames Hinwirken der Bundesrepublik auf ein Ausscheiden aus der westlichen Sicherheitsgemeinschaft, in die sie zunächst einmal hineingeboren war.
Tatsächlich ist es den maßgebenden deutschen Repräsentanten, die im Sommer 1948 das Angebot zur Schaffung eines „Weststaates" aufgriffen, recht deutlich gewesen, daß das Ja zur Staatsgründung auch ein Ja zur Einbeziehung in die westliche Sicherheitsgemeinschaft zur Folge haben müßte, die sich damals bereits in statu nascendi befand. Im Schatten der sowjetischen Blockade Berlins wäre

eine theoretische Überlegung, ob ein außenpolitisches Zusammengehen der Westdeutschen mit den Westmächten vorteilhaft sei, ziemlich unverständlich erschienen. Faktisch waren die westlichen Besatzungszonen damals eine Art westlicher Protektorate, deren Einwohner aber jedes Interesse daran hatten, daß die Protektoratsmächte ihre Schutzgewalt weiter beibehielten und ihre Sicherheitsinvestitionen in Westdeutschland noch verstärkten. Die außenpolitische Westbindung eröffnete darüber hinaus die Aussicht, das Protektoratsverhältnis zu einer Allianz zwischen Gleichberechtigten weiterzuentwickeln, die bis zum Inkrafttreten der Deutschlandverträge bestehende Gefahr eines Wiederauflebens der Vier-Mächte-Herrschaft in Deutschland zu verhindern und mit Hilfe der Westmächte die Sowjetunion aus der Ostzone herauszudrängen.
Zwar wurde bei den entscheidenden Beratungen auf deutscher Seite im Juni und Juli 1948 von einigen wenigen Politikern – unter anderem von dem Staatsrat von Südwürttemberg-Hohenzollern, Carlo Schmid – für eine Taktik des Abwartens plädiert, um das „fait accompli" der Schaffung zweier deutscher Teilstaaten, die mit den beiden Lagern im Kalten Krieg auch sicherheitspolitisch verflochten waren, erst einmal zu vermeiden. Aber selbst dieser Kurs vorsichtigen Zeitgewinns schien der überwiegenden Mehrheit der westdeutschen Ministerpräsidenten und Parteiführer zu riskant und wäre es wohl auch gewesen. Die faktische Zugehörigkeit zum westlichen Sicherheitssystem wurde also anfänglich von allen Parteien bejaht – mit Ausnahme der KPD.
Aus der Sicht der Westmächte wie auch der Westdeutschen ist die westliche Sicherheitsgemeinschaft immer weit mehr gewesen als nur ein rein militärisches Sicherheitssystem. Sicherheitspolitische Westbindung hieß damals wie heute: Entwicklung und Verstärkung einer Vielzahl politischer, wirtschaftlicher, schließlich auch militärischer Verflechtungen zwischen der Bundesrepublik und dem Westen mit dem Ziel, Westdeutschland zu einem dauernden Mitglied der westlichen Staatengemeinschaft zu machen. So war die Einbeziehung der Westzonen in den Marshall-Plan ebenso von sicherheitspolitischer Relevanz wie die Entscheidungen zur Ablösung der Interalliierten Ruhrkontrolle durch die Europäische Gemeinschaft für Kohle und Stahl oder der Beitritt zum Europarat. Kontroversen flammten erst auf, als es um diese konkreten Ausgestaltungen der außenpolitischen Westbindung ging. Wenn die SPD schon sehr früh gegen Europarat und Schuman-Plan Bedenken anmeldete, so nicht aufgrund einer fundamental unterschiedlichen Sicherheitspolitik. Die Gegensätze zur Westpolitik Adenauers lagen im Jahr 1950 noch teils im Methodischen, teils waren sie Ausdruck des natürlichen Gegensatzes zwischen Regierung und Opposition. Dr. Schumacher verstand den Kurs des Bundeskanzlers als voreilige „Erfüllungspolitik" und befürchtete neben Rückwirkungen auf die Saarfrage eine Verfestigung des westalliierten Protektorats, vor allem aber die Hegemonie Frankreichs. Selbst in den Anfängen der Auseinandersetzungen um den deutschen Wehrbeitrag war die Linie der SPD gleichfalls noch stärker von methodischen als von grundsätzlichen Vorbehalten bestimmt. Auch in Teilen der Regierungsparteien wurden solche Bedenken durchaus geteilt, wenn es auch Bundeskanzler Adenauer in dieser schwierigen Anfangsphase der Westpolitik letztlich immer wieder gelang, die Skeptiker zu überspielen.

Aus: Hans-Peter Schwarz, Die Politik der Westbindung oder die Staatsraison der Bundesrepublik, in: Zeitschrift für Politik 22 (1975), 315 ff.

## 2. Adenauers außenpolitische Grundsätze

(Aus der ersten Regierungserklärung vom 20.9. 1949)

...

Lassen Sie mich nun zu Fragen übergehen, die uns in Deutschland außerordentlich am Herzen liegen und die für unser gesamtes Volk Lebensfragen sind. Es handelt sich um die Abkommen von Jalta und Potsdam und die Oder-Neiße-Linie. Im Potsdamer Abkommen heißt es ausdrücklich: „Die Chefs der drei Regierungen (das sind die Vereinigten Staaten, England und Sowjetrußland) haben ihre Ansicht bekräftigt, daß die endgültige Bestimmung der polnischen Westgrenze bis zur Friedenskonferenz vertagt werden muß."

Wir können uns daher unter keinen Umständen mit einer von Sowjetrußland und Polen später einseitig vorgenommenen Abtrenung dieser Gebiete abfinden ...

Wir sind durchaus bereit, mit unsern östlichen Nachbarn, insbesondere mit Sowjet-Rußland und mit Polen, in Frieden zu leben. Wir haben den dringendsten Wunsch, daß die gegenwärtig bestehenden Spannungen zwischen Sowjet-Rußland und den Westallierten ihre Lösung im Laufe der Zeit auf friedlichem Wege finden. Aber wenn ich ausspreche, daß wir den Wunsch haben, in Frieden mit Sowjet-Rußland zu leben, so gehen wir davon aus, daß auch Sowjet-Rußland und Polen uns unser Recht lassen und unsere deutschen Landsleute auch in der Ostzone und in dem ihnen unterstehenden Teil von Berlin das Leben in Freiheit führen lassen, das deutschem Herkommen, deutscher Erziehung und deutscher Überzeugung entspricht.

Ich habe an einer anderen Stelle schon ausgeführt, daß das Besatzungsstatut zwar ein Fortschritt, sogar ein erheblicher Fortschritt gegenüber dem bisherigen Zustand ist. Es wird aber ganz darauf ankommen, ob es in dem Geist gehandhabt wird, der aus dem Begleitschreiben der Außenminister von England, Frankreich und den Vereinigten Staaten vom April dieses Jahres an den Präsidenten des Parlamentarischen Rats sprach. „Die Außenminister betonen", so heißt es in der Note, „daß es das höchste Ziel der drei Alliierten Regierungen ist, den festen Einbau des deutschen Volkes in einem demokratischen Bundesstaat in den Rahmen eines europäischen Zusammenschlusses zum beiderseitigen Besten zu ermutigen und zu fördern." Wir sind überzeugt davon, daß, wenn das Besatzungsstatut in diesem Sinne gehandhabt wird, es uns ein eigenes starkes Leben und weitere Fortschritte ermöglichen wird ... Der einzige Weg zur Freiheit ist der, daß wir im Einvernehmen mit der Hohen Kommission unsere Freiheiten und unsere Zuständigkeiten Stück für Stück zu erweitern versuchen.

Es besteht für uns kein Zweifel, daß wir nach unserer Herkunft und nach unserer Gesinnung zur westeuropäischen Welt gehören. Wir wollen zu allen Ländern gute Beziehungen, auch solche persönlicher Art, unterhalten, insbesondere aber zu unsern Nachbarländern, den Benelux-Staaten, Frankreich, Italien, England und den nordischen Staaten. Der deutsch-französische Gegensatz, der Hunderte von Jahren die europäische Politik beherrscht und zu manchen Kriegen, zu Zerstörungen und Blutvergießen Anlaß gegeben hat, muß endgültig aus der Welt geschafft werden. Ich hoffe, ja ich sage: ich glaube, daß das Saargebiet nicht zu einem Hindernis auf diesem Weg werden wird. Am Saargebiet hat Frankreich – das ist ohne weiteres anzuerkennen – wirtschaftliche Interessen. Deutschland hat dort wirtschaftliche und nationale Interessen. Schließlich aber haben die Saarbewohner selbst den begründeten Wunsch, daß ihre eigenen wirtschaftlichen und nationalen Interessen berücksichtigt werden. Alle diese Interessen sollen in eine Ordnung und Übereinstimmung gebracht werden, die sich im Rahmen der Europäischen Union, deren Mitglied wir möglichst bald zu werden wünschen, finden lassen wird ...

Wir sind entschlossen, alles zu tun, was in unserer Kraft steht, um den ... vorgezeichneten Weg zur Sicherung des Friedens in Europa und in der Welt zu gehen.

Wenn ich vom Frieden in der Welt und in Europa spreche, dann, meine Damen und Herren, muß ich auf die Teilung Deutschlands zurückkommen. Die Teilung Deutschlands wird eines Tages – das ist unsere feste Überzeugung – wieder verschwinden. Ich fürchte, daß, wenn sie nicht verschwindet, in Europa keine Ruhe eintreten wird. Diese Teilung Deutschlands ist durch Spannungen herbeigeführt worden, die zwischen den Siegermächten entstanden sind. Auch diese Spannungen werden vorübergehen. Wir hoffen, daß dann der Wiedervereinigung mit unseren Brüdern und Schwestern in der Ostzone und in Berlin nichts mehr im Wege steht.

Zit. nach: Die großen Regierungserklärungen der deutschen Bundeskanzler von Adenauer bis Schmidt, hrsg. von Klaus von Beyme, München 1979, S. 68 ff.

## 3. Schumacher: Die SPD und die Deutschlandfrage

(Rede im Bundestag am 20.9.1949)

Um Mißverständnisse, gewollten Mißverständnissen, entgegenzutreten, möchte ich sagen: Die deutsche Einheit ist nur möglich auf der Grundlage der persönlichen und staatsbürgerlichen Freiheit und Gleichheit und der gleichen Wertung und Würdigung der Menschenrechte in allen Besatzungszonen. Aber die deutsche Einheit ist nicht möglich in der Form einer russischen Provinz oder eines sowjetischen Satellitenstaates.

Wir müssen bei dieser Politik auch abrücken von einem Rückfall in die missionarische Illusion der Brückentheorie. Das sind Illusionen, die 1933 aus der Hoffnung entstanden, mit einem totalitären Gegner, der das Ganze will, zu einem Kompromiß zu kommen, der einem die eigene politische Existenz und Selbständigkeit läßt. Wir dürfen nicht in eine Anerkennung der Blockpolitik hineinrutschen, die in Wirklichkeit die Herrschaft der stärksten Regierungspartei und der hinter ihr stehenden Besatzungsmacht ist ...

Mögen nun viele Leute diesen Zustand der Spaltung Deutschlands für relativ und vorübergehend zufriedenstellend erachten, wir Sozialdemokraten können das nicht. Die Frage der deutschen Einheit kommt hinein in jede andere politische Frage, die Deutschland berührt. Diese Frage kommt nicht mehr von der Tagesordnung. Wir können niemanden als einen Freund des deutschen Volkes empfinden, dessen praktische Politik die deutsche Einheit auf der demokratischen Grundlage verweigert und behindert.

Wir können uns auch nicht damit einverstanden erklären, daß die deutsche Einheit zum Agitationsobjekt oder zum Agitationsinstrument einer politischen Richtung gemacht wird. Wir wünschen, daß bei aller Verschiedenheit der Auffassungen sozialer, politischer und kultureller Natur die Angelegenheit der deutschen Einheit überall in Deutschland die Angelegenheit der gleichen Herzenswärme und der gleichen politischen Entschiedenheit wird ...

Wir akzeptieren keine Regelung, die die Konjunktur der Spaltung des deutschen Staatswesens ausnützt. Wir nehmen nur Regelungen an, die so getroffen sind, als ob sie für das ganze Deutschland getroffen sind und die die kulturellen und sozialen Wünsche und Überzeugungen des gesamten deutschen Volkes in allen vier Zonen ausdrücken.

Wir haben bei der Prüfung des Verhältnisses zu anderen Ländern auch einiges über die Grenzen gehört. Es ist an der Zeit, festzustellen, daß die Sozialdemokratische Partei 1945 längere Zeit die einzige gewesen ist, die sich in Deutschland und vor der Weltöffentlichkeit gegen die Oder-Neiße-Linie gewandt hat. Aber, werte Versammlung, man kann nicht die Grenzprobleme einer Seite einseitig diskutieren ...

Wir haben das Gefühl: Es ist in der Beziehung der europäischen Völker untereinander zuviel von einem alten Anti-Europageist und zu wenig von dem Geist des wirklichen Neubaues „Europa", der allein uns die großen kontinental-ökonomischen und politischen Probleme bewältigen lassen kann.

Im Vordergrund der Aussprache steht jetzt das Saargebiet. Trotz der Verfassung von 1947, über die zu diskutieren wohl deutsches Interesse ist, über die wir aber jetzt nicht diskutieren wollen, weil wir den Weg zur Verständigung nicht versperren möchten, ist in dieser Saarfrage doch klar: Der Wille des deutschen Volkes in seiner Gesamtheit geht auf den politischen Verbleib des Saargebiets in Deutschland ...

Die Schaffung eines selbständigen Saarstaates und seine Vertretung im Europarat scheint mir ein bedrohliches Himmnis für die Entwicklung der europäischen Zusammenarbeit zu sein. Wenn wir nämlich ein selbständiges Saargebiet im Europarat tolerieren und – wie ich dies aus den Worten des Herrn Bundeskanzlers herauszuhören vermeine – erst in Straßburg den Ausgleich dieser Frage diskutieren, haben wir ja bereits eine vollendete Tatsache akzeptiert, die sehr schwer aus der Welt zu schaffen ist ...

Europa heißt Gleichberechtigung. Man sollte nichts akzeptieren, was die Vorwegnahme von Bestimmungen des Friedensvertrags bedeutet. Wir schwächen damit nicht nur unverantwortlich unsere Position im Westen; wir schwächen auch unsere Position im Osten. Jemand, der hier auf dem Gebiet der Kompromisse in die Loslösung des Saargebietes aus dem politischen Gebiet Deutschlands hereinrutscht, verliert den festen Boden des politischen Kampfes gegen die Oder-Neiße-Linie.

Zit. nach: 50 Reden aus dem Deutschen Bundestag 1949–1983, hrsg. von Dietrich Rollmann, Stuttgart 1983, S. 54 ff.

## 4. Der Alleinvertretungsanspruch der Bundesrepublik

(Erklärung Adenauers vor dem Bundestag am 21. 10. 1949)

Im Gegensatz zur Sowjetzone trat in den drei Westzonen bei den westlichen Alliierten das Bestreben, eine einheitliche staatliche Organisation für diese drei Zonen zu schaffen, erst auf der Londoner Konferenz der sechs Mächte – England, Frankreich, USA, Beneluxstaaten –, die vom Februar bis Juni 1948 gehalten wurde, zutage. Dieses Bestreben zeigte sich also erst, als die Entwicklung in der Ostzone ... schon weit fortgeschritten war, als der Erste und der Zweite Volkskongreß und der Volksrat schon geschaffen waren. Auf Grund der Empfehlungen der Londoner Konferenz wurde der Parlamentarische Rat zum 1. September 1948 einberufen. Das von ihm beschlossene Grundgesetz trat nach der Ratifizierung durch die Landtage am 23. Mai 1949 in Kraft.

Die Wahlen zum ersten Bundestag wurden am 14. August 1949 abgehalten. An ihnen beteiligten sich rund 25 Millionen von 31 Millionen stimmberechtigter Deutscher. Nur die 1,5 Millionen kommunistischer Stimmen, die abgegeben wurden, kann man als gegen die staatliche Neuordnung bezeichnen, so daß rund 23 Millionen Wähler bei dieser Wahl bestätigten, daß sie die staatliche Neuordnung der drei Westzonen, die Schaffung der Bundesrepublik Deutschland billigten.

Ich stelle folgendes fest: In der Sowjetzone gibt es keinen freien Willen der deutschen Bevölkerung. Das, was jetzt dort geschieht, wird nicht von der Bevölkerung getragen und damit legitimiert.

Die Bundesrepublik Deutschland stützt sich dagegen auf die Anerkennung durch den frei bekundeten Willen von rund 23 Millionen stimmberechtigter Deutscher. Die Bundesrepublik Deutschland ist somit bis zur Erreichung der deutschen Einheit insgesamt die alleinige legitimierte staatliche Organisation des deutschen Volkes. Hieraus ergeben sich innenpolitisch und außenpolitisch Folgerungen, die ich im einzelnen wiederzugeben mir heute versagen muß.

Die Bundesrepublik Deutschland fühlt sich auch verantwortlich für das Schicksal der 18 Millionen Deutschen, die in der Sowjetzone leben. Sie versichert sie ihrer Treue und Sorge. Die Bundesrepublik Deutschland ist allein befugt, für das deutsche Volk zu sprechen. Sie erkennt Erklärungen der Sowjetzone nicht als verbindlich für das deutsche Volk an.

Zit. nach: Dokumente zur Berlin-Frage 1944–1962, München 1962, S. 144 f.

## 5. Der grundsätzliche Konflikt zwischen Adenauer und Schumacher

Bereits im Herbst 1949 trieb die Konfrontation zwischen Regierung und Opposition ihrem ersten Höhepunkt zu. Anlaß waren die zum Petersberger Abkommen führenden deutsch-alliierten Verhandlungen, in deren Verlauf Adenauer wesentliche Erleichterungen hinsichtlich der Fortsetzung der Demontagepolitik erreichte und als Gegenleistung den Beitritt der Bundesrepublik zur Internationalen Ruhrbehörde, also die grundsätzliche Anerkennung des Ruhrstatuts und damit insbesondere auch des französischen Verlangens nach Sicherheit vor einem sich möglicherweise erneut herausbildenden deutschen Aggressionspotential zahlte. Der Kampf um Petersberg machte in nuce jene unterschiedlichen Motivationen, Situationseinschätzungen und kurz- wie mittelfristige Zielsetzungen sichtbar, von denen sich Regierungschef und Oppositionsführer auch während der folgenden Jahre leiten lassen sollten. Für Adenauer gab bei aller Einsicht in die Tatsache, daß das Abkommen manche deutschen Interessen und Wünsche nicht berücksichtigte, der Aspekt den

Ausschlag, daß dem westlichen Deutschland hier erstmals die Rolle eines formal gleichberechtigten Verhandlungspartners zugestanden wurde, daß es die Möglichkeit erhielt, auf einer internationalen Plattform deutsche Interessen geltend zu machen – unabhängig von der Frage, ob das konkrete politische Sachergebnis dem Preis des Ruhrbehördenbeitritts gleichwertig war oder nicht. Diesem Vorgehen lag die tiefe Überzeugung zugrunde, daß Deutschland auf Gedeih und Verderb darauf angewiesen war, bei seinen westlichen Partnern durch eine geduldige und geradlinige Politik, die von Unterwürfigkeits- und Unentbehrlichkeitsdemonstrationen gleichermaßen Abstand hielt und dem Sicherheitsbedürfnis der Nachbarstaaten psychologisch behutsam entgegenkam, Schritt für Schritt Vertrauen zu erwerben. Als unverrückbares Ziel hatte Adenauer angesichts der sowjetischen Bedrohung die feste Einbindung Deutschlands – wenn noch nicht Gesamtdeutschlands, so doch vorerst wenigstens des westdeutschen Teilstaates – in einen Block freier Völker im Auge, in die Gemeinschaft „einer ideologisch homogenen und machtpolitisch gleich orientierten Wir-Gruppe" (H.-P. Schwarz), die wechselweise mit Metaphern wie „freie Welt", „atlantische Gemeinschaft", „Abendland" oder „Europa" umschrieben wurde. Der Bundeskanzler rechnete fest mit der auf alliierter Seite allmählich zum Durchbruch gelangenden Erkenntnis, daß Deutschland im westeuropäisch-atlantischen Formierungsprozeß ein notwendiger Partner sei, den man gerade deshalb über längere Zeit nicht in Fesseln halten könne.

Adenauers Politik des geduldigen Vertrauensgewinns traf bei einzelnen Sozialdemokraten, z.B. bei Ernst Reuter, auf verwandte Grunddispositionen. Für die bundespolitische Spitze der SPD galt dies freilich mitnichten. Wenn Schumacher gelegentlich der Petersberger Debatte auch – mit gutem Grund – an die stets eindeutige Pro-West-Entscheidung der deutschen Sozialdemokratie erinnerte und in diesem Zusammenhang vor einer Denunzierung seiner Partei als „nationalistischer" Kraft warnte, so konnte aus dem von ihm ansonsten seit Anfang November ins Feld geführten Vokabular nur geschlossen werden, daß er der nationalen Selbstbehauptung einen quasi absoluten Eigenwert zumaß und die damals vorhandenen deutschen Möglichkeiten im zwischenstaatlichen Verkehr maßlos überschätzte. Er nannte Adenauers angeblichen Erfolg ein brutales Geschäft zu deutschen Lasten, geißelte im Bundestag die alliierte Politik des „Junktim", als müßten die Westmächte wie selbstverständlich bereits einen deutschen Partner mit de facto gleichen Rechten und Ansprüchen akzeptieren, und wandte sich vor den SPD-Führungsorganen gegen einen „nationalen Ausverkauf", wozu auch die Verhinderung der Sozialisierung und des Mitbestimmungsrechts der deutschen Arbeiter bei Anerkennung der Ruhrbehörde zähle. Unter dem Druck der Erfahrungen, welche die Partei in Weimar mit der von ihr mitverantworteten „Erfüllungs"-Politik und dem daraus resultierenden Massennationalismus hatte machen müssen, war Schumacher in dieser Auseinandersetzung wie auch später geradezu besessen von der Idee, es sei der erneuerten Sozialdemokratie aufgegeben, durch Hervorkehrung nationaler Interessen jegliches Odium einer „erfüllungs"-politischen Neuauflage zu meiden. Bei seinen Argumentationen übersah Schumacher jedoch, daß die historische Analogie nicht zutraf, daß der nationalen Idee 1949/50 längst nicht mehr die tiefe Verwurzelung und Sogkraft eignete, die sie etwa im Ruhrkampfsturm von 1923 besessen hatte. Im Gegensatz zu ihm erkannte Adenauer, daß sich Westeuropa im Eigeninteresse aller seiner Teile vom vormaligen Muster des Konkurrenzkampfes zwischen souveränen Nationalstaaten trennen und auf kurze oder mittlere Sicht Deutschland in die wirtschaftlichen und politischen Konsolidierungsbemühungen einbeziehen mußte. Der Kanzler ging daher von der Gewißheit aus, daß „diskriminierende Forderungen, die von seiten der westeuropäischen Nationen psychologisch verständlich waren, nur für eine befristete Zeit würden aufrechterhalten werden können, während Vorleistungen geeignet waren, den Boden für zukünftige Gleichberechtigung zu bereiten" (H. Buchheim).

Die strategisch-taktischen Differenzen zwischen Regierung und Opposition kamen auch bei der Frage zum Durchbruch, wie man die Petersberger Übereinkunft im legislativ-exekutiven Kompetenzzusammenhang behandeln müsse. Während die SPD auf einer Ratifizierungsprozedur im Bundestag bestand und die Umgehung des Parlaments als Verfassungsbruch, als weiteren Versuch, „Verfassungskämpfe durch autoritären Handstreich zu gewinnen" (A. Arndt), anprangerte, machte

Adenauer geltend, das Abkommen falle wie alle Angelegenheiten, die das Verhältnis zur Hohen Kommission oder zu den alliierten Mächten berührten, nicht in die Zuständigkeit des Bundestages. Bedenkt man die realen Machtverhältnisse und den Handlungsspielraum der westdeutschen Republik in diesem Frühstadium ihrer Existenz, so hatte das Kanzlerargument einiges für sich. Mit dem Petersberger Abkommen wurde erstmals versucht, Chancen und Grenzen bundesrepublikanischer Außenpolitik zu ergründen. Dieses ohnehin delikate Unterfangen wäre durch eine offene Diplomatie und eine vorgeschaltete parlamentarische Debatte zusätzlich belastet, seine Bewältigung vielleicht ernsthaft gefährdet worden. Außerdem hätte eine Einschaltung des Bundestages dem Abkommen ein Gewicht verliehen, das den Interessen des Kanzlers durchaus widersprochen hätte. Für ihn war Petersberg nicht mehr als ein Anfang, eine Übergangsregelung, die möglichst bald günstigeren und politisch weiter gefaßten Lösungen weichen sollte.

Aus: Kurt Klotzbach, Der Weg zur Staatspartei. Programmatik, praktische Politik und Organisation der deutschen Sozialdemokratie 1945–1965, Berlin 1982, S. 194 ff.

## 6. Schumans Begründung der Montanunion vom 9. 5. 1950

Der Friede der Welt kann nicht gewahrt werden ohne schöpferische Anstrengungen, die der Größe der Bedrohung entsprechen. Der Beitrag, den ein organisiertes und lebendiges Europa für die Zivilisation leisten kann, ist unerläßlich für die Aufrechterhaltung friedlicher Beziehungen. Frankreich, das sich seit mehr als zwanzig Jahren zum Vorkämpfer eines vereinten Europas macht, hat immer als wesentliches Ziel gehabt, dem Frieden zu dienen. Europa ist nicht zustande gekommen, wir haben den Krieg gehabt. Europa läßt sich nicht mit einem Schlage herstellen und auch nicht durch eine einfache Zusammenfassung: Es wird durch konkrete Tatsachen entstehen, die zunächst eine Solidarität der Tat schaffen. Die Vereinigung der europäischen Nation erfordert, daß der jahrhundertealte Gegensatz zwischen Frankreich und Deutschland ausgelöscht wird. Das begonnene Werk muß in erster Linie Deutschland und Frankreich erfassen. – Zu diesem Zweck schlägt die französische Regierung vor, in einem begrenzten, doch entscheidenden Punkt sofort zur Tat zu schreiten. Die französische Regierung schlägt vor, die Gesamtheit der französisch-deutschen Kohle- und Stahlproduktion unter eine gemeinsame Hohe Behörde zu stellen, in einer Organisation, die den anderen europäischen Ländern zum Beitritt offensteht ...

Die Solidarität der Produktion, die so geschaffen wird, wird bekunden, daß jeder Krieg zwischen Frankreich und Deutschland nicht nur undenkbar, sondern materiell unmöglich ist. Die Schaffung dieser mächtigen Produktionsgemeinschaft, die allen Ländern offensteht, die daran teilnehmen wollen, mit dem Zweck, allen Ländern, die sie umfaßt, die notwendigen Grundstoffe für ihre industrielle Produktion zu gleichen Bedingungen zu liefern, wird die realen Fundamente zu ihrer wirtschaftlichen Vereinigung legen.

Zit. bei: Kurt Düwell, Entstehung und Entwicklung der Bundesrepublik Deutschland 1945–1961, Köln 1981, S. 173

## 7. Stimmen zum Schuman-Plan

*a) Adenauer*

Am Abend gab ich auf der Pressekonferenz Erläuterungen zum Schuman-Plan und zu dem Beschluß der Bundesregierung, dem Europarat beizutreten ...

Ich ging dann auf den Beschluß des französischen Ministerrates ein, der an diesem Vormittag des 9. Mai 1950 gefaßt worden war. Ich betonte nachdrücklich, daß ich ihn als einen großherzigen Schritt Frankreichs und seines Außenministers Schuman gegenüber Deutschland und gegenüber der europäischen Frage betrachte. Er sei zweifellos von der denkbar größten Bedeutung für die Beziehungen zwischen Deutschland und Frankreich und für die ganze europäische Entwicklung. Der Beschluß enthalte nicht allgemeine Redensarten, sondern konkrete und präzise Vorschläge über eine Zusammenfassung der Produktionen von Kohle, Eisen und Stahl Frankreichs und Deutschlands unter ausdrücklicher Betonung, daß alle anderen Staaten diesem Abkommen beitreten könnten. Ich hob hervor, der französische Vorschlag beruhe auf der Basis der Gleichberechtigung. Es sei vorgesehen, falls die Deutschen und die Franzosen sich in dem vorgesehenen Gremium nicht einigen könnten, daß ein Schiedsrichter, der von beiden Seiten gewählt würde, die Entscheidung über strittige Fragen fällen solle. Ich betrachtete den Vorschlag Schumans als einen sehr wichtigen Fortschritt in den deutsch-französischen Beziehungen, dessen Bedeutung nicht nachdrücklich genug unterstrichen werden könne. Ich fügte hinzu, daß auch die Saarproduktion unter diesen Plan falle und daß dadurch ein wesentliches Moment der Entfremdung zwischen Frankreich und uns beseitigt werde. Ich erklärte, die Zusammenlegung der Grundproduktion von Kohle, Eisen und Stahl schaffe eine echte Voraussetzung dafür, daß zwischen Frankreich und Deutschland in Zukunft jeder Konflikt ausgeschaltet sein werde.

Aus: Konrad Adenauer, Erinnerungen, Bd. 1 (1945–1953), Stuttgart 1965, S. 328 ff.

*b) Rudolf Augstein*

Schumans Meister-Coup zieht seine Kreise. Englands Foreign Office windet sich wieder in Eiertänzen. Eine deutsch-französische Industrie-Union wäre so ziemlich der heftigste Schlag gegen eine Grundmaxime englischer Festlandspolitik und gegen Labour[1]). Amerika begrüßt Frankreichs Vorschläge und beteuert, nichts von ihnen gewußt zu haben. Frankreich, das schwächste Glied in der Front gegen die Sowjets, steht als Vorreiter der europäischen Einheit da. Auch wenn England den Plan zum Scheitern bringt, der Triumph der französischen Diplomatie ist vollkommen.

Es hat nicht verwundert, daß Bundeskanzler Adenauer Schumans Überraschungsballon mit offenen Armen aufgenommen hat. Wo sein Herz zustimmt, nimmt der Kanzler sich selten Zeit zu prüfen. Und hier stimmt sein Herz schon seit 30 Jahren zu. Die Gefühle des Bundeskanzlers wären also bei künftigen Verhandlungen in Abzug zu bringen.

Es hat auch nicht verwundert, daß Kurt Schumacher die Reserve einhielt, die unorthodoxe Vorschläge bei ihm üblicherweise finden. Am Tage der Schuman-Erklärung kramte er die verstaubten Saar-Argumente wieder aus der Lade. Sachlich hat Schumachers Zurückhaltung gute Gründe.

Einleuchtend, daß ein Zusammenschluß der beiden Industrien nur möglich ist, wenn die Industrien beider Länder zustimmen. Einleuchtend, daß die Industriellen nur zustimmen, wenn der neue Verband nicht nach sozialistischen Doktrinen arbeitet und nicht nach den Grundsätzen des Labour-Wohlfahrtsstaates. Einleuchtend, daß die Amerikaner dieses Kind nur dann mit Beihilfen legitimieren, wenn es nicht sozialistisch ist. Einleuchtend endlich, daß die SPD verspielt hätte, wenn sie zulassen müßte, daß Lothringen und Ruhr zu einem schwerindustriellen Verband zusammenwüchsen, in dem Partei-Sozialdemokraten und sozialdemokratische Gewerkschaftler nicht die Mehrheit der deutschen Stimmen hätten ...

Der Schuman-Plan bezweckt offensichtlich, Deutschland durch industrielle Verzahnungen zu kontrollieren und an den Westen zu binden. Wie weit er bezweckt, Deutschland zu drosseln, muß sich herausstellen. Bleibt es wirklich ein Schuman-Plan, so wäre zu bedenken, daß die Drosselung Deutschlands im traditionellen französischen Lebensinteresse liegen muß. Soll aber Amerika mit seinem Beutel bei der Stange bleiben, ist eine Industrieallianz undenkbar, die nicht zu einer Rüstungsallianz hinstrebt. Was die Drosselung angeht, so werden die deutschen Industriellen schon aufpassen. Was aber die Aufrüstung angeht, so werden sie nicht aufpassen. Und auch der Kanzler wird vielleicht nicht aufpassen.

Wenn die Amerikaner Westeuropas Rüstungen dann auf eigene Füße stellen wollten, könnten wir wiederum nicht nein sagen, denn wir sind in unseren Entschlüssen nicht frei. Das ist für die Amerikaner ein großes Unglück, daß wir auf sie angewiesen sind und ihnen verpflichtet sind. Unsere

[1]) Englands Konservative Churchill und Eden stimmen dem Projekt zu, da sie mit seiner Hilfe das innenpolitische tote Rennen in eine Niederlage der Labour-Party umzuwandeln hoffen. Wie andererseits auch Adenauer und Blücher auf einer Woge von außenpolitischem Optimismus die wichtigen Landtagswahlen in Nordrhein-Westfalen für eine Rechtsregierung entscheiden wollen.

Aufgabe für den Weltfrieden ist, die deutsche Einheit in Freiheit wiederherzustellen. Wir werden sie bestimmt nicht lösen, wenn wir Waffen für den Westen schmieden. Die Aufgabe der Amerikaner ist es, für jedes Land, das jetzt noch mit Gewaltmitteln annektiert werden soll, zum Krieg gerüstet zu sein. Das mag ihnen passen oder es mag ihnen zuwider sein, es ist nicht anders.
Die Deutschen haben ohne Notwendigkeit zwei fürchterliche Kriege geführt, man mag sich darauf verlassen, daß sie auch den dritten fürchterlichsten führen würden, bei dem es diesmal nicht um die Knechtung, sondern um die Befreiung der Welt ginge. Aber der Atom-Krieg ist kein Mittel der Politik mehr. Die heutigen Deutschen nützen der Welt mehr, wenn sie nicht gerüstet sind. Die Welt braucht einen Gürtel der Beruhigung und Entspannung zwischen Sowjets und Amerikanern. Wenn Frankreich – und da gibt es Anzeichen – sich in solch eine Pufferzone zusammen mit Deutschland unter dem Patronat Amerikas eingliedern will, so ist das ein Projekt, das unsere freimütigste Aufgeschlossenheit verdient. Freilich sind Bundeskanzler Adenauer und die Franzosen zwei Partner, die in Berlin und auch anderwärts nicht den Ruf haben, daß ihnen die deutsche Einheit genauso am Herzen liegt wie die Union zwischen Lothringen und Rhein-Ruhr.

Aus: „Der Spiegel" vom 18. Mai 1950

*c) Schumacher*

Der Schuman-Plan ist, da er nur sechs Länder umfaßt, nicht ein europäischer Plan, sondern ein regionaler Spezialpakt innerhalb Europas. Er umfaßt die Länder eines gewissen kulturellen, politischen und wirtschaftlichen Typs. Dieser Typ ist konservativ und klerikal, er ist kapitalistisch und kartellistisch. Er ist bei der großen Auseinandersetzung der Prinzipien restaurativ und liegt nicht im Sinne der modernen Arbeiterbewegung. Er birgt, weil er nur eine bestimmte Gruppe von bestimmter Prägung umfaßt, mehr noch die Gefahr der Absonderung dieser Gruppe von den anderen europäischen Faktoren in sich als die Chance des Auswachsens zu einem Ganzen der Demokratie in Europa ...
Es kommt noch ein anderer Faktor hinzu ... Dieser andere ist die große Hypothek der Unterschiede in den wirtschaftlichen Voraussetzungen der einzelnen Länder. Ich meine hier nicht nur die Verschiedenheiten in Löhnen, Steuern und Sozialgesetzen, die sich auch in den Produktionskosten auswirken. Ich denke an die machtpolitischen, von den Besatzungsmächten zum Zwecke der Begünstigung der einen und der Benachteiligung der anderen geschaffenen Tatsachen ...
Angesichts der Tatsache, daß mit Hilfe der amerikanischen ERP-Mittel speziell die Stahlindustrie der Nationalwirtschaften in Frankreich, in den Benelux-Ländern und in Italien übermäßig ausgebaut worden ist, bedeutet dieses Verhältnis von Kohle und Stahl eine Hypothek auf die zukünftige deutsche Produktion. Mit dem Schuman-Plan wird eine Marktordnung geschaffen, die Frankreich und den anderen Ländern die Konkurrenz der deutschen Stahlindustrie vom Halse schafft, aber den Zugriff auf die deutsche Kohle aus bevorzugter Position heraus ermöglicht ...
Im Rat der Außenminister stellt die deutsche Bundesrepublik von sechs Vertretern einen. Das sind 16 Prozent. In der „Hohen Behörde" stellen wir zwei von neun Vertretern, das sind 22 Prozent. In der gemeinsamen Versammlung sollen wir 18 von 78 Delegierten, gleich 23 Prozent, haben. Das vergleiche man mit den 45 Prozent, die wir im Produktions- und Umsatzwert stellen ...
Die Zusammenfassung der „Hohen Behörde" ist nicht nur nationalpolitisch zu sehen, sie hat auch eine klassenpolitische Bedeutung. Acht Kapitalmanager sollen einem Gewerkschaftler gegenüberstehen. Das ist das „paritätische Mitbestimmungsrecht" für Kohle und Eisen im europäischen Rahmen. Ich meine, die deutsche Mitbestimmung in diesen Wirtschaftszweigen erleidet aus dieser internationalen Organisationsform eine sehr starke Einbuße. Es gibt im Plan nicht nur privilegierte Völker, es gibt auch privilegierte Klassen. Aber die Schlacht um das Mitbestimmungsrecht der arbeitenden Menschen in Deutschland ist noch lange nicht geschlagen ...
Um den Weg nach Europa freizuhalten, müssen wir den Schuman-Plan ablehnen. Wir lehnen ihn ab aus der Gesinnung der internationalen Sozialisten. Wir lehnen ihn ab aus den Notwendigkeiten der Arbeiterbewegung. Wir lehnen ihn ab aus den Gründen der Selbstbehauptung des deutschen

Volkes. Wir lehnen ihn gleicherweise ab als internationale Sozialisten wie als deutsche Patrioten. Wir lehnen ihn ab als Europäer! Wir wollen die Zusammenarbeit der Freien und Gleichen!

Rede vor einer SPD-Konferenz in Gelsenkirchen vom 24.5. 1951. Zit. nach: Kurt Schumacher: Reden und Schriften, a.a.O., S.364 ff.

## 8. Vertrag über die Gründung der Europäischen Gemeinschaft für Kohle und Stahl (Montanunion) vom 18.4. 1951

Der Präsident der Bundesrepublik Deutschland, Seine Königliche Hoheit der Kronprinz von Belgien, der Präsident der Französischen Republik, der Präsident der Italienischen Republik, Ihre Königliche Hoheit die Großherzogin von Luxemburg, Ihre Majestät die Königin der Niederlande,
in der Erwägung, daß der Weltfriede nur durch schöpferische, den drohenden Gefahren angemessene Anstrengungen gesichert werden kann, in der Überzeugung, daß der Beitrag, den ein organisiertes und lebendiges Europa für die Zivilisation leisten kann, zur Aufrechterhaltung friedlicher Beziehungen unerläßlich ist,
in dem Bewußtsein, daß Europa nur durch konkrete Leistungen, die zunächst eine tatsächliche Verbundenheit schaffen, und durch die Errichtung gemeinsamer Grundlagen für die wirtschaftliche Entwicklung aufgebaut werden kann,
in dem Bemühen, durch die Ausweitung ihrer Grundproduktionen zur Hebung des Lebensstandards und zum Fortschritt der Werke des Friedens beizutragen,
entschlossen, an die Stelle der jahrhundertealten Rivalitäten einen Zusammenschluß ihrer wesentlichen Interessen zu setzen, durch die Errichtung einer wirtschaftlichen Gemeinschaft den ersten Grundstein für eine weitere und vertiefte Gemeinschaft unter Völkern zu legen, die lange Zeit durch blutige Auseinandersetzungen entzweit waren, und die institutionellen Grundlagen zu schaffen, die einem nunmehr allen gemeinsamen Schicksal die Richtung weisen können,
haben beschlossen, eine Europäische Gemeinschaft für Kohle und Stahl zu gründen ...

Artikel 1

Durch diesen Vertrag begründen die Hohen Vertragschließenden Teile unter sich eine Europäische Gemeinschaft für Kohle und Stahl; sie beruht auf einem gemeinsamen Markt, verfolgt gemeinsame Ziele und hat gemeinsame Organe.

Artikel 2

Die Europäische Gemeinschaft für Kohle und Stahl ist dazu berufen, im Einklang mit der Gesamtwirtschaft der Mitgliedstaaten und auf der Grundlage eines gemeinsamen Marktes ... zur Ausweitung der Wirtschaft, zur Steigerung der Beschäftigung und zur Hebung der Lebenshaltung in den Mitgliedstaaten beizutragen.
Die Gemeinschaft hat in fortschreitender Entwicklung die Voraussetzungen zu schaffen, die von sich aus die rationellste Verteilung der Erzeugung auf dem höchsten Leistungsstande sichern; sie hat hierbei dafür zu sorgen, daß keine Unterbrechung in der Beschäftigung eintritt, und zu vermeiden, daß im Wirtschaftsleben der Mitgliedstaaten tiefgreifende und anhaltende Störungen hervorgerufen werden.

...

Artikel 97

Dieser Vertrag gilt für die Dauer von fünfzig Jahren vom Zeitpunkt seines Inkrafttretens an.

Artikel 98

Jeder europäische Staat kann einen Antrag auf Beitritt zu diesem Vertrag stellen. Der Antrag ist an den Rat zu richten, der nach Stellungnahme der Hohen Behörde einstimmig Beschluß faßt und ebenfalls einstimmig die Bedingungen für den Beitritt festsetzt. Der Beitritt wird mit dem Tage des Eingangs der Beitrittsurkunde bei der Regierung wirksam, bei welcher der Vertrag hinterlegt ist ...

Zit. nach: Dieter Grosser/Beate Neuß, Europa zwischen Politik und Wirtschaft, a.a.O., S.60 f.

# I/2 Die Debatte um den Wehrbeitrag

## Arbeitsthemen

1. *Wie läßt sich erklären, daß gerade der geographisch ferne Korea-Krieg eine so weitreichende „Enttabuisierung der deutschen Wiederaufrüstung" (Chr. Kleßmann) bewirkte? (Nr. 1)*
2. *Mit welchen Tatbeständen begründet der englische Premierminister Winston Churchill die Notwendigkeit einer europäischen Armee? Weshalb hält er einen aktuellen russischen Präventivschlag für unwahrscheinlich? (Nr. 2)*
3. *Womit begründet die SPD ihre – nur noch taktisch hinhaltende – Ablehnung eines deutschen militärischen Beitrags? (Nr. 3)*
4. *Inwiefern erweisen Adenauers Memoranden vom 29. 8. 1950, von denen das sog. Sicherheits-Memorandum erst 1978 in vollem Wortlaut veröffentlicht wurde, die instrumentelle Funktion, die der deutsche Militärbeitrag für den Bundeskanzler besaß? Welcher Einfluß wird den Ereignissen in der DDR zugeschrieben? (Nr. 4 a und 4 b)*
5. *Wie definiert Kardinal Frings den Zustand des Friedens? Welche Funktion erwächst daraus für die bewaffnete Macht? Wie verhält sich die hier vertretene Sicht der Kriegsdienstverweigerung zum Text des Grundgesetzes? (Nr. 5)*
6. *Welche belastenden Konsequenzen verknüpfen sich für den demissionierten Innenminister Heinemann mit einer westdeutschen militärischen Beteiligung? Womit begründet er speziell die Antinomie zwischen Wehrbeitrag und Wiedervereinigung? Mit welchen Argumenten wendet er sich gegen das diffamierende Etikett, ein „Gandhi-Apostel" zu sein? Haben sich seine Befürchtungen nach Ihrer Ansicht bewahrheitet? (Nr. 6)*
7. *Welche Gefahren sieht Schumacher, für den die Frage eines deutschen militärischen Beitrags prinzipiell entschieden ist, während der „Periode der Aufrüstung"? Welche – im Gegensatz zu Adenauer andere – Abfolge setzt er zwischen militärischer und politischer Gleichberechtigung? Warum lehnt er eine „defensive Auffassung" des deutschen militärischen Beitrags ab? (Nr. 7)*
8. *Inwiefern brachte Schumachers Konzept einer energischen Vorwärtsstrategie den SPD-Führer in ein innerparteiliches Dilemma und verhinderte zugleich eine Allianz mit den Wiederbewaffnungsgegnern aus dem kirchlichen Bereich? (Nr. 8)*
9. *Von welchen Zielsetzungen der sowjetischen Westpolitik geht Adenauer aus? Welche Alternative sieht er für die Bundesrepublik? Wie verklammern sich für ihn europäische Integration und deutsche Einheit? (Nr. 9)*
10. *Wie begründet Heinemann seine These, daß es „objektiv widersinnig" sei, „die deutsche Einheit über die Eingliederung Westdeutschlands in den Westblock zu suchen"? Weshalb hält er die Frage der Neutralisierung Deutschlands für zweitrangig? Wie schätzt er den Interessenkonflikt der Supermächte ein? Wo lassen sich illusionäre Züge seines Konzepts einer „Mittelstellung der deutschen Figur" ausmachen? (Nr. 10)*
11. *Wodurch sieht der DGB die Notwendigkeit eines westdeutschen Verteidigungsbeitrags verursacht? An welche Voraussetzungen bindet er jedoch seine Zustimmung? Welche Vorkehrungen gegen den „bekannten Militarismus" will er gewahrt wissen? (Nr. 11)*
12. *Welche Rolle spielt der katholische Episkopat bei der befürwortenden Unterstützung der westdeutschen Wiederbewaffnung? Wie beurteilt Frederic Spotts die Wahl der Mittel? (Nr. 12)*
13. *Mit welchen Argumenten verwirft die Denkschrift der evangelischen Landesbischöfe die totale Verweigerung gegenüber der bewaffneten Gewalt? Worin sieht sie die eigentliche Aufgabe der Kirche im Kontext „einer etwaigen Wiederbewaffnung" Westdeutschlands? (Nr. 13)*
14. *Welche Korrelation zwischen Konfession und Einstellung zur Wiederbewaffnung läßt die einschlägige Übersicht erkennen? Wie erklärt sich der rapide und statistisch erhebliche Wandel zwischen Oktober 1950 und März 1951? Artikulieren die Umfrageergebnisse des Allensbacher Instituts eine wachsende Zustimmung oder ein gleichbleibend ambivalentes Verhältnis zur Politik der Bundesregierung? Inwiefern dokumentiert noch der Befund vom September 1954, daß die Wiederbewaffnung in hohem Maße als ein notwendiges Übel angesehen wurde? (Nr. 14 und 15)*
15. *Welche Gruppen und Nuancen lassen sich in der Zustimmung zur bundesdeutschen Wiederbewaffnung unterscheiden? Inwiefern drohte die Gefahr einer Remilitarisierung? (Nr. 16)*

## Materialien

### 1. Koreakrieg und Wiederaufrüstung

Der Ausbruch des Korea-Krieges im Juni 1950 machte die Wiederaufrüstung zum beherrschenden innenpolitischen Thema in Deutschland. Bereits seit dem Herbst 1949 hatte Adenauer in Zeitungsinterviews unter Hinweis auf die Stärke der im Aufbau befindlichen Polizei in der DDR einen deutschen Verteidigungsbeitrag im Rahmen einer europäischen Streitmacht in die Diskussion gebracht. Dahinter stand kaum eine echte Furcht vor diesem halbmilitärischen Potential der DDR – 1950 wurde die Zahl der bewaffneten Volkspolizisten auf 50 bis 60000 geschätzt –, der eigentliche Sinn war vielmehr, mit der Diskussion eines Verteidigungsbeitrags einen Hebel zur Revision des Besatzungsstatuts und zur Rückgewinnung der Gleichberechtigung Westdeutschlands im Rahmen einer westeuropäischen Allianz anzusetzen. Hierin wird man auch für die Folgezeit ein wesentliches Motiv der Adenauerschen Außen- und Wiederaufrüstungspolitik sehen müssen, so sehr auch die Bedrohung aus dem Osten dabei als zugkräftige Begründung diente. Daß diese Instrumentalisierung der Wiederaufrüstung gelang, war jedoch wesentlich den Auswirkungen des Korea-Krieges zuzuschreiben. De facto bestanden mehr Unterschiede als Parallelen zwischen dem geteilten Korea ohne Besatzungstruppen und dem geteilten Deutschland mit Besatzungstruppen. Aber die Ähnlichkeiten reichten aus, um Korea zu einem wirksamen Drohmoment zu machen. Der CDU-Pressedienst sprach von Korea als „Anschauungsunterricht". Alles sei wie in einem Lehrfilm abgelaufen und könne sich in Deutschland in ähnlicher Form unter Umständen wiederholen. Lehrte der Korea-Krieg somit die deutsche Bevölkerung innenpolitisch das Gruseln und baute er Hemmschwellen gegen eine Diskussion der Wiederaufrüstung ab, so galt das vielleicht noch stärker für Westeuropa. „Der Gedanke an eine deutsche Wiederbewaffnung breitet sich bei den Siegermächten aus wie ein Ölfleck", schrieb Paul Sethe in der „Frankfurter Allgemeinen". In der Tat bedeutete der Korea-Krieg für die Öffentlichkeit in Westeuropa und in den USA eine Enttabuisierung der deutschen Wiederaufrüstung.

In dieser Konstellation wird wiederum bei prinzipiell ähnlicher Zielsetzung die ganz unterschiedliche außenpolitische Strategie Adenauers und Schumachers deutlich. Adenauer wurde von sich aus aktiv, um über das Angebot eines deutschen Beitrags das Besatzungsstatut aus der Welt zu schaffen. Am 29. August reichte er dem amerikanischen Hochkommissiar McCloy unter strenger Geheimhaltung ein entsprechendes Memorandum ein. Da nicht einmal das Bundeskabinett darüber informiert worden war, nahm der Innenminister Gustav Heinemann diesen Vorgang zum Anlaß, seinen Rücktritt einzureichen. Die politischen und strategischen Implikationen und Ziele der Wiederaufrüstung wurden erstmals ausführlich in der von Adenauer in Auftrag gegebenen „Himmeroder Denkschrift" dargelegt, die eine militärische Expertengruppe ausgearbeitet hatte.

Auch für Schumacher und die SPD-Führung war spätestens seit dem Korea-Krieg ein deutscher Militärbeitrag keineswegs tabu. Schumacher vertrat sogar ein ausgesprochen offensives Konzept, nach dem die Sowjetunion durch eine militärische Überlegenheit des Westens zum Rückzug gezwungen werden sollte. Grundsätzlich unterschied er sich aber von Adenauer darin, daß er einen deutschen Verteidigungsbeitrag nicht anbieten, sondern von den Westmächten unter bestimmten Bedingungen erbitten lassen wollte. Er ergänzte mit diesem Konzept die sogenannte „Magnet-Theorie", d.h. die Vorstellung, eine sozial und wirtschaftlich vorbildlich gestaltete Bundesrepublik werde auf die DDR eine so starke Anziehungskraft ausüben, daß die Sowjetunion genötigt wäre, sie freizugeben.

Aus: Christoph Kleßmann, Die doppelte Staatsgründung. Deutsche Geschichte 1945–1955, Göttingen 1982, S. 230f.

## 2. Winston Churchill zur Notwendigkeit einer europäischen Armee

(Rede vor dem Europarat in Straßburg am 11.8.1950)

Ich bitte die Versammlung, unseren deutschen Freunden zu versichern, daß wir ihre Sicherheit und Freiheit ebenso heilig wie unsere eigene halten werden.

Ich habe sagen hören, daß es ein Vorwand für einen Präventivkrieg von seiten Rußlands sein könnte, wenn alle Deutschen mit Ausnahme der Kommunisten bewaffnet würden. Glauben Sie mir, die auf lange Sicht berechneten Absichten der Sowjetregierung werden durch Ereignisse dieser Art weder zeitlich beeinflußt noch abgelenkt werden. Es steht außer Zweifel, daß wir uns alle in großer Gefahr befinden. Die Freiheit der Zivilisation Westeuropas liegt im Schatten einer russisch-kommunistischen Aggression, hinter der enorme Rüstungen stehen.

Die sowjetischen Streitkräfte in Europa sind denen der Westlichen Union, gemessen an stehenden Divisionen, Flugzeugen und Panzerfahrzeugen mindestens sechs- oder siebenfach überlegen. Dies sind furchtbare Tatsachen. Und es ist ein Wunder, daß wir hier in unserem neuen Europahaus sitzen und in aller Ruhe unsere Pläne für das künftige Wohlergehen und die künftige Einigkeit unserer Völker sowie ihre moralischen und kulturellen Ideale erörtern. Es ist ein Wunder. Aber zumindest ist dies besser, als in eine Panik zu geraten ...

Nunmehr haben jedoch plötzlich der Blitzschlag in Korea und der auf ihn folgende umsichgreifende Brand die gesamte freie Welt zu einer durchdringenden und aufrüttelnden Erkenntnis der Gefahr gebracht, in welcher sie schwebt. Viele Maßnahmen werden jetzt vorgeschlagen, die, wenn sie vor zwei Jahren getroffen worden wären, bis heute mindestens einige Früchte getragen haben würden. Was heute vorgeschlagen wird und vor zwei Jahren hätte getan werden sollen, könnte gut halbwegs unseren Bedürfnissen entsprechen. Ich zweifle nicht daran, daß die tiefere Erkenntnis der tödlichen Gefahr, in der wir uns befinden, in uns jenen Trieb der Selbsterhaltung wachrufen wird, der die Grundlage menschlichen Daseins ist ...

M. André Philip erklärte am Dienstag, daß „Frankreich nicht den Wunsch hätte, noch einmal befreit zu werden". Nach einer Zeit russisch-kommunistischer Besetzung würde es, wie M. Reynaud betont hat, nicht viel zu befreien geben. Die systematische Liquidierung aller kommunistenfeindlichen Elemente würde wenig übriglassen, was von den Rettern oder Überlebenden wiedererkannt werden könnte.

Wir in dieser Versammlung besitzen keine Verantwortung und keine Exekutivgewalt. Aber wir sind verpflichtet, zu warnen und zu raten. In der kürzestmöglichen Zeit muß eine echte Verteidigungsfront in Europa geschaffen werden. Großbritannien und die Vereinigten Staaten müssen starke Verbände nach dem Kontinent entsenden.

Frankreich muß seine berühmte Armee wiedererstehen lassen, unsere italienischen Kameraden willkommen heißen. Alle – Griechenland, die Türkei, Holland, Belgien und Skandinavien – müssen ihren Anteil tragen[1]). Mut und Einigkeit müssen uns beschwingen und die mächtigen Energien, die unseren Regierungen zur Verfügung stehen, auf solide und angemessene Verteidigungsmaßnahmen richten.

Wer höchsten Zielen dient, bedenkt nicht, was sein Lohn sein wird, sondern was er geben kann. Laßt Geben unser Vorrecht sein! Laßt uns darin wetteifern in den Jahren, die vor uns liegen!

Die uns herausfordernde Frage ist: „Werden wir die Zeit dazu haben?" Niemand kann diese Frage mit Sicherheit beantworten. Anzunehmen, daß wir zu spät kämen, wäre reinster Wahnsinn der Verzweiflung. Wir stehen noch unter dem Schutzschild der Atombombe, die allein die Vereinigten Staaten in achtunggebietender Menge besitzen.

Der Einsatz dieser Waffe würde die Grundlagen des Sowjetregimes im gesamten riesigen Raum Rußlands erschüttern. Und der Zusammenbruch der Verkehrsverbindungen und der zentralen Kontrolle könnte sehr wohl die tapferen russischen Völker in die Lage versetzen, sich von einer Ty-

[1]) Es erregte starkes Aufsehen, daß Churchill an dieser Stelle Deutschland nicht erwähnte. In einer nachträglich an die Presse abgegebenen Erklärung stellte Churchill jedoch ausdrücklich fest, daß es sich hierbei nur um ein Versehen handelte und daß er selbstverständlich hierbei auch an Deutschland gedacht habe.

rannei zu befreien, die weit schlimmer ist als die der Zaren. Es ist sehr wahrscheinlich, daß eine derartige Möglichkeit ein wirksames Abschreckungsmittel gegen eine sowjetische Aggression darstellt, wenigstens so lange, bis die Sowjets durch einen langwierigen Prozeß einen ausreichenden Vorrat von eigenen Atombomben geschaffen haben.
Es gibt einen weiteren Grund, weshalb der allgemeine bewaffnete Ansturm des Kommunismus auf die westlichen Demokratien sich verzögern mag. Der sowjetische Diktator hat keinen Anlaß, mit der Art und Weise unzufrieden zu sein, wie sich die Dinge entwickelt haben. Seit Ende des Weltkrieges im Jahre 1945 haben sie die Kontrolle über halb Europa und ganz China gewonnen, ohne einen einzigen russischen Soldaten zu verlieren. Sie haben auf diese Weise ihrer eigenen ungeheuren Bevölkerung nahezu 500 Millionen Menschen hinzugefügt …
Wenn wir in der Lage sind, im Verlauf von ungefähr zwei Jahren ein verläßliches Verteidigungssystem gegen eine kommunistische Invasion zu schaffen, so werden wir zumindest die greifbarste Versuchung für jene beseitigt haben, die danach trachten, den freien Demokratien ihren Willen mit Gewalt aufzuzwingen.

Zit. nach: Europa-Archiv 5 (1950), S. 3374 ff.

## 3. Die SPD zu Churchills Vorschlag einer Europa-Armee

(Presseerklärung vom 12. 8. 1950)

Die deutschen Sozialdemokraten haben nicht gegen den Vorschlag Churchills gestimmt, weil ihnen klar ist, daß man den Bolschewismus mit schönen Deklarationen allein nicht aufhalten kann und weil es ebenso illusionär wäre, zu erwarten, daß der Poilu und der Tommy bereit sind, an der Elbe zu sterben, während die Deutschen die Hände in die Taschen stecken. Aber sie konnten nicht Ja sagen, weil in diesem Stadium der Dinge die Aufstellung einer deutschen Armee übereilt ist und mehr schaden als nutzen würde …
Das Europa, das wert ist, verteidigt zu werden, muß aus einem Guß sein … Und bevor man die Deutschen, die im ersten Graben stehen, verpflichten will, muß es erst einen verbindlichen Rütli-Schwur an der Elbe geben.

Zit. nach: Ulrich Buczylowski, Die deutschland- und sicherheitspolitischen Vorstellungen Kurt Schumachers, Diss. Kiel 1971, S. 113 f.

## 4. Memoranden von Bundeskanzler Adenauer vom 29. 8. 1950

*a) Sicherung des Bundesgebietes nach innen und außen*

I.

Die Entwicklung im Fernen Osten hat innerhalb der deutschen Bevölkerung Beunruhigung und Unsicherheit ausgelöst. Das Vertrauen, daß die westliche Welt in der Lage sein würde, Angriffshandlungen gegen Westeuropa rasch und wirksam zu begegnen, ist in einem besorgniserregenden Ausmaß im Schwinden begriffen und hat zu einer gefährlichen Lethargie der deutschen Bevölkerung geführt.

II.

Der ganze Ernst der Situation ergibt sich aus der Betrachtung der in der Ostzone versammelten sowjetischen Kräfte und der dort im beschleunigten Aufbau befindlichen Volkspolizei …
Nach bestätigten Informationen befinden sich im Raum der Ostzone an sowjetischen Truppen zur Zeit zwei Armeen schneller Truppen mit zusammen 9 motorisierten Divisionen, vier Panzer-Armeen mit zusammen 13 Divisionen, insgesamt also 22 motorisierte und Panzerdivisionen. Die Divisionen zu 10 000 bis 12 000 Mann gerechnet sind personell voll aufgefüllt und verwendungsbereit auf den Sommerübungsplätzen versammelt. Sämtliche Führungsstäbe sind vorhanden. Die Mobilmachungsausrüstung (Munition, Betriebsstoff, Fahrzeuge, Marschverpflegung usw.) ist in den Händen der Truppe, die innerhalb 24 Stunden in Marsch gesetzt werden kann.

Diese sowjetischen Armeen stehen auf der Linie Neustrelitz – Döberitz/Berlin – Wittenberg/Elbe – Grimma/Harz. Ihr Aufmarsch zeigt in vorderer Linie die motorisierten schnellen Truppen, dahinter in zweiter Linie die schweren Panzerverbände, mit dazwischenliegenden besonderen Artillerie- und Flakeinheiten. – Dieses Bild muß als ausgesprochener Offensiv-Aufmarsch bezeichnet werden.

Die Zahl der einsatzbereiten Panzer muß mit 5 000 bis 6 000 angenommen werden ...

Neben diesen außerordentlich starken sowjetrussischen Kräften macht der Aufbau der Volkspolizei in der Ostzone in den letzten Monaten besondere Fortschritte. Dabei ist ihre Entwicklung von der Polizei zur Polizei-Armee bemerkenswert. In den letzten Monaten wurden ca. 70 000 Mann aus der Allgemeinen Polizei der Ostzone herausgelöst, in militärähnlichen Formationen organisiert und militärisch ausgebildet ...

Es ist damit zu rechnen, daß die Volkspolizei in naher Zukunft etwa 150 000 Mann umfassen wird, die nach der Gesamtplanung auf rund 300 000 Mann gebracht werden soll.

Die Nachrichten über die Zielsetzung, die von seiten der Sowjet- und der Ostzonenregierung diesen Truppen gegeben wird, lauten einheitlich dahin, daß ihre in naher Zukunft zu lösenden Aufgaben darin bestehen sollen, Westdeutschland von seinen alliierten Gewalthabern zu befreien, die „kollaborationistische Regierung" der Bundesrepublik zu beseitigen und Westdeutschland mit der Ostzone zu einem satellitenartigen Staatengebilde zu vereinigen. Hält man dies mit den gleichlautenden öffentlichen Erklärungen der ostzonalen Politiker Pieck und Ulbricht zusammen, so muß man annehmen, daß in der Ostzone Vorbereitungen zu einem Unternehmen getroffen werden, das unter vielen Gesichtspunkten an den Ablauf der Aktion in Korea mahnt ...

IV.

Das Problem der Sicherheit des Bundes stellt sich zunächst unter dem äußeren Gesichtspunkt. Die Verteidigung des Bundes nach außen liegt in erster Linie in den Händen der Besatzungstruppen. Der Bundeskanzler hat wiederholt um die Verstärkung dieser Besatzungstruppen gebeten und erneuert diese Bitte hiermit in dringendster Form. Denn die Verstärkung der alliierten Besatzungstruppen in Westeuropa kann allein der Bevölkerung sichtbar den Willen der Westmächte kundtun, daß Westdeutschland im Ernstfall auch verteidigt wird. Eine solche Verstärkung der alliierten Truppen ist aber auch deshalb notwendig, weil nur hinter dem Schutz einer ausreichenden Zahl gut ausgerüsteter alliierter Divisionen die gegenwärtig in Westeuropa anlaufenden Verteidigungsmaßnahmen ungestört durchgeführt werden können.

Der Bundeskanzler hat ferner wiederholt seine Bereitschaft erklärt, im Falle der Bildung einer internationalen westeuropäischen Armee einen Beitrag in Form eines deutschen Kontingents zu leisten. Damit ist eindeutig zum Ausdruck gebracht, daß der Bundeskanzler eine Remilitarisierung Deutschlands durch Aufstellung einer eigenen nationalen militärischen Macht ablehnt ...

*b) Zur Frage der Neuordnung der Beziehungen der Bundesrepublik zu den Besatzungsmächten*

I.

Das gegenwärtige Besatzungsregime beruht auf einem Statut, das vor eineinhalb Jahren unter politischen Voraussetzungen geschaffen wurde, die heute zum wesentlichen Teil nicht mehr bestehen. Die Bundesrepublik hat sich seit ihrem Bestehen auf staatlichem und wirtschaftlichem Gebiet zunehmend gefestigt. Sie hat das öffentliche Leben auf demokratischer Grundlage freiheitlich gestaltet und sich als Partner in die wirtschaftliche Zusammenarbeit Europas eingeordnet.

Die Außenminister der Besatzungsmächte haben bereits in der Londoner Schlußverlautbarung vom 13. Mai 1950 ihre Bereitschaft ausgedrückt, dem „natürlichen Wunsch des deutschen Volkes nach Erleichterung der Kontrollen und Wiederherstellung der Souveränität" Rechnung zu tragen.

Seitdem hat die Wiedereingliederung Deutschlands in die europäische Gemeinschaft durch den Beitritt zum Europarat und die Verhandlungen über den Schuman-Plan weitere Fortschritte gemacht. Darüber hinaus ist in jüngster Zeit die Beteiligung der Bundesrepublik an der gemeinsamen Verteidigung Westeuropas in den alliierten Ländern in zunehmendem Maß erörtert worden.

II.
Wenn die deutsche Bevölkerung die Pflichten erfüllen soll, die ihr im Rahmen der europäischen Gemeinschaft aus der gegenwärtigen Lage und ihren besonderen Gefahren erwachsen, muß sie innerlich hierzu instand versetzt werden. Es muß ihr ein Maß von Handlungsfreiheit und Verantwortlichkeit gegeben werden, das ihr die Erfüllung dieser Pflichten sinnvoll erscheinen läßt. Wenn der deutsche Mensch Opfer jeder Art bringen soll, so muß ihm wie allen anderen westeuropäischen Völkern der Weg zur Freiheit offen sein.

III.
Die Bundesregierung hält es daher daher für notwendig, daß die Beziehungen Deutschlands zu den Besatzungsmächten auf neue Grundlagen gestellt werden. Die Bundesregierung bittet die alliierten Außenminister, auf der kommenden Konferenz in New York etwa die folgenden Erklärungen abzugeben:

1. Der Kriegszustand zwischen den alliierten Mächten und Deutschland wird beendet.
2. Der Zweck der Besatzung ist in Zukunft die Sicherung gegen äußere Gefahr.
3. Die Beziehungen zwischen den Besatzungsmächten und der Bundesrepublik werden fortschreitend durch ein System vertraglicher Abmachungen geregelt.

Solche Erklärungen würden gerade im gegenwärtigen Augenblick innerhalb der deutschen Bevölkerung eine ganz besonders starke Resonanz haben ...[1])

Zit. nach: Klaus von Schubert (Hrsg.), Sicherheitspolitik der Bundesrepublik Deutschland. Dokumentation 1945–1977, Teil 1, Köln 1978, S. 79ff. und S. 84

## 5. Zur Position der katholischen Kirche in der Wehrfrage

(Aus der Predigt von Kardinal Frings anläßlich des Diözesan-Katholikentags am 23.7. 1950 auf dem Bonner Marktplatz)

...

Der Friede ist ein so kostbares Gut, daß man den Grundsatz: Willst du den Frieden, so rüste zum Kriege, verurteilen muß. Aber nicht minder falsch und verderblich wäre der Grundsatz: Frieden um jeden Preis! Wie jener eine ständige Bedrohung des Friedens darstellt, so würde der letztere für ehrgeizige und kriegslüsterne Völker oder Führer ein ständiger Anreiz zu jeglichem Unrecht, zu jeglicher Unterdrückung und Gewalttat sein.

Friede kann auf die Dauer nur bestehen durch Ordnung, jene Ordnung, die letztlich in Gott, dem Schöpfer aller Dinge, ihren Grund hat und deren Verletzung zutiefst ein Frevel gegen diesen Gott der Ordnung ist. Wo diese Gottesordnung in ihren tiefsten Grundlagen bedroht und angegriffen ist, da haben die Staaten oder ihre Vereinigung vor Gott das Recht, ja die Pflicht, wenn alle anderen Wege versagen und eine begründete Wahrscheinlichkeit des Erfolges vorausgesetzt, selbst mit Waffengewalt diese Ordnung wiederherzustellen. So entsetzlich das Vorgehen wäre, einen Krieg vom Zaune zu brechen, so wäre es unverantwortlich, die Rechtsbrecher nicht zur Rechenschaft zu ziehen oder in selbstsüchtiger Neutralität untätig beiseite zu stehen, anstatt dem zu Unrecht Angegriffenen zu Hilfe zu eilen. Der Heilige Vater Pius XII. weist darauf hin, welch furchtbares Übel durch solch unverantwortliche Gleichgültigkeit gegenüber dem Angriffskrieg angerichtet wurde und wie niemand davon Vorteil gehabt hat. Er läßt keinen Zweifel darüber bestehen, daß es eine verwerfliche Sentimentalität und ein falsches Humanitätsdenken wäre, wollten die Völker mit Rücksicht auf die entsetzlichen Folgen eines Krieges jegliches Unrecht geschehen lassen. Es geht um die Gottesordnung in der Welt, um die heiligen Rechte Gottes, deren Mißachtung auch die Welt selbst schließlich in noch größeres Elend stürzt.

Wenn der Fall gegeben sein kann, daß der Staat nicht nur ein Recht, sondern sogar eine Pflicht zum

[1]) Die Memoranden wurden McCloy als geschäftsführendem Vorsitzenden der Alliierten Hohen Kommission bei seinem Abflug nach New York übergeben mit der Bitte, es den drei Außenministern der Westmächte so rechtzeitig zukommen zu lassen, daß bei der geplanten Außenministerkonferenz (12.9.–18.9.) darüber beraten werden kann.

Kriege hat, so ergibt sich daraus, daß die Propagierung einer absoluten Kriegsdienstverweigerung mit christlichem Denken nicht vereinbar ist und daß diejenigen einen Irrweg einschlagen, die die Jugend zu solchem Denken bestimmen …

Zit. nach: Aus dem katholischen Leben. Mitteilungen der Erzdiözese Köln, Nr. 8 vom 25.9. 1950, S. 3

## 6. Gustav Heinemann: Memorandum über die deutsche Sicherheit vom 13. 10. 1950

*Die Sicherheitsgarantie*

Sicherheit gegen Umsturz im Inneren und gegen Angriff von außen ist ein Anliegen jedes Volkes. Für die Sicherheit gegen inneren Umsturz haben wir selbst zu sorgen. Die Sicherheit gegen Angriffe von außen liegt nicht in unserer Hand. Sie ist Sache der Besatzungsmächte. Seit dem Konflikt der Besatzungsmächte untereinander und dem Kampf um Berlin ist die Sicherheit der Bundesrepublik gegen einen Angriff von außen ein Gegenstand besonderer Sorge geworden. Auch sie kann heute nur von den Besatzungsmächten der Bundesrepublik, das heißt den Westmächten, gewährleistet werden. Die Westmächte haben sich im Kommuniqué der Außenminister vom 19. September 1950 zu ihrer Schutzpflicht bekannt und gesagt: „Sie werden jeglichen Angriff gegen die Bundesrepublik und Berlin, von welcher Seite er auch kommt, als einen gegen sich selbst gerichteten Angriff behandeln." Damit ist das, was gegenwärtig zur psychologischen Beruhigung getan werden kann, getan. Nachzuholen bleibt die militärische Fundierung dieser Erklärung. Die Westmächte sagen darüber in dem gleichen Kommuniqué, daß sie ihre Streitkräfte in Westdeutschland „vermehren und verstärken" werden …
Ich sehe ihn darin, daß die Westmächte, zumal die kontinentalen, damit ihre eigene Verteidigung gegen einen Angriff vom Osten im Vorfeld ihrer Länder auf deutschem Boden aufzufangen gedenken. Die Westmächte erklären mit anderen Worten, uns schützen zu wollen, weil sie damit sich selber zu schützen gedenken. Sie wollen eine etwaige Auseinandersetzung mit dem Osten lieber auf unserem Boden vollziehen als auf dem Boden ihrer Heimatländer.

*Das Gebot der Zurückhaltung*

Es ist nicht unsere Sache, eine deutsche Beteiligung an militärischen Maßnahmen nachzusuchen oder anzubieten. Wenn die Westmächte unserer Mitwirkung zu bedürfen glauben, so mögen sie an uns herantreten und dabei verbindlich sagen, welches die Grundlagen einer etwa von ihnen gewünschten deutschen Mitwirkung sein sollen. Nachdem es eines der vornehmsten Kriegsziele der Alliierten gewesen ist, uns zu entwaffnen und auch für die Zukunft waffenlos zu halten, nachdem die Alliierten in fünfjähriger Besatzungszeit alles darauf angelegt haben, das deutsche Militär verächtlich zu machen, unsere Wehrmöglichkeiten unter Einschluß sogar von Luftschutzbunkern zu zerstören und das deutsche Volk zu einer jedem Militärwesen abholden Geisteshaltung zu erziehen, haben wir allen Anlaß, auf gegenteilige Aufforderungen so zurückhaltend wie nur möglich zu reagieren. Dies wird für unsere Nachbarvölker im Westen wie im Osten der eindrücklichste und immer noch notwendige Beweis für die doch unleugbare Gesinnungsänderung des deutschen Volkes sein. Wenn wir anders handeln, kann nur der alte Verdacht gegen unseren Militarismus und die aus ihm folgende Mißachtung unseres Volkes verhängnisvoll belebt werden.

*Annahme der Aufforderung*

Die Aufstellung deutscher Truppen bedeutet eine schwere Belastung unserer sozialen Gestaltungsmöglichkeiten. Wenn es bisher nicht gelangt hat, den Ostvertriebenen und Kriegsbeschädigten, den Wohnungslosen und Sozialrentnern, der Jugend und manchen anderen Gruppen unseres Volkes zu geben, was ihnen zusteht, so werden Rüstungsausgaben ihre Situation nicht erleichtern. Wo ist die soziale Generalstabsarbeit, die hier eine Antwort vorbereitet?
Die andere Belastung erwächst unserer jungen Demokratie. Die militärische Macht wird nahezu unvermeidlich wieder eine eigene politische Willensbildung entfalten. Wenn wir diese Gefahr dadurch für gebannt halten, daß die deutschen Kontingente in einer internationalen Armee stehen, so

bleibt zu fragen, ob unsere Abhängigkeit von einem internationalen Generalstab erträglicher sein wird und wer diesen internationalen Generalstab politisch in der Hand hat.
Besonders bedeutungsvoll ist die Frage, ob eine westdeutsche militärische Beteiligung auf Rußland provozierend wirken würden. Der Marxist glaubt ohnehin an kapitalistische Einkreisung. Er glaubt andererseits an den Endsieg des Kommunismus, den er dadurch heraufziehen sieht, daß der Kapitalismus sich in seinen Krisen selbst zerstören wird. Der Marxist ist geneigt, diese Krisenentwicklung zu fördern, d.h. er ist Revolutionär und nicht primär ein Krieger. Deshalb ist ihm gegenüber die innere Immunisierung durch beispielhafte Ordnung der Gerechtigkeit und Freiheit mindestens ebenso wichtig wie äußere Panzerung. Wenn das Wiedererstehen des deutschen Soldaten in Frankreich ein tiefes Mißbehagen auslöst, was wird es in Rußland auslösen, das den furor teutonicus in besonderem Maße erlebt und ebenfalls nicht vergessen hat?
Ich versuche nicht, auf diese Fragen heute eine Antwort zu geben. Sie werden aber vor uns stehen, wenn wir unseren Weg von der Parole bestimmen lassen wollen, daß wir uns doch zur Verteidigung bereit machen müssen.

*Die deutsche Situation*

Es gibt viele Überlegungen, die wir mit den Westmächten gemeinsam anzustellen haben, wenn man uns zur militärischen Beteiligung am Schutze Westeuropas auffordern wird. Es gibt darüber hinaus aber auch noch einige Überlegungen, die uns Deutschen besonders obliegen werden.
Ein europäischer Krieg unter unserer Beteiligung wird für uns nicht nur ein nationaler Krieg sein, wie für die anderen betroffenen Völker, sondern obendrein ein Krieg von Deutschen gegen Deutsche. Er wird sich, so wie die Dinge liegen, auf deutschem Boden abspielen. Wer auch immer die erste Schlacht gewinnt – der Stoß geht in deutsches Land, im Westen oder im Osten. Wenn der erste Stoß sich nicht zu einem endgültigen entwickelt, kann dasselbe deutsche Land im Westen oder im Osten abermals der Schauplatz des Krieges sein.
Angesichts dieser Situation haben wir wahrlich bis zum Äußersten ein Lebensinteresse daran, daß eine friedliche Lösung gefunden wird. Was für Rußland und seine Satelliten auf der einen Seite und für die Westmächte auf der anderen Seite zwar ein todernstes Spiel um die Existenz ist, aber immerhin noch eine Chance des Gewinnens oder doch des Überlebens in sich schließt, ist für uns mit höchster Wahrscheinlichkeit der Tod, weil wir das Schlachtfeld eines beiderseitigen totalen Vernichtungswillens sind. Natürlich kann Deutschland jederzeit von den anderen zum Schlachtfeld gemacht werden. Aber wir legitimieren unser Deutschland selbst als Schlachtfeld, wenn wir uns in die Aufrüstung einbeziehen. Ich weiß, daß es zur Zeit irreal ist, an eine Verständigung unter den Weltmächten über Deutschland oder an eine UNO-Lösung für Deutschland zu denken. Wer aber vermöchte zu sagen, daß es auch morgen irreal sein wird? Es kommt darauf an, daß die Chance für eine friedliche Lösung nicht verlorengeht. Unsere Beteiligung an der Aufrüstung würde das Aufkommen einer solchen Chance kaum mehr offenlassen.
Was wird zu geschehen haben, um diesen Erwägungen gerecht zu werden? Auch diese Frage wird vor uns stehen, wenn es so weit ist.

*Gandhi-Apostel?*

Einige leichtfertige Leute haben mich einen Gandhi-Apostel genannt. Ich schmähe Gandhi durchaus nicht, wenn ich bündig sage, daß ich nicht sein Apostel bin. Es ist Gottes Wille, daß weltliche Obrigkeit regiert und daß sie das Schwert führt. Sie hat es auch gegen äußere Feinde zu führen – sofern sie überhaupt eins besitzt. Wir besitzen keins. Hier erhebt sich, zumal für Politiker, die aus christlicher Verantwortung zu handeln erklären, die Frage, ob es nicht etwa so ist, daß wir durch Gottes Gericht waffenlos gemacht worden sind um deswillen, was wir mit der Waffe angerichtet haben. Auch dann würden wir nicht für alle Zeit waffenlos bleiben müssen. Aber wir sollten uns gefragt wissen, ob es denn wirklich wieder soweit ist oder ob Gott uns heute nicht noch die Geduld und den Mut beibringen will, auch in gefahrvollster Situation seinem von uns nicht vorher zu berechnenden Weltregiment zu vertrauen.

Er hat Möglichkeiten die Fülle. Diese Frage kann indessen nur derjenige recht hören, der Gott nicht als Idee versteht, sondern in ihm den Schöpfer und Erhalter der Welt und ihrer Völker weiß. Ich bitte, diese Frage stehen zu lassen und nicht mit billigen Reden abzutun. Gott läßt sich nicht spotten. Das hat unser deutsches Volk wahrlich gerade erlebt. Wer nur aus Angst handelt, fällt erst recht in die Grube. Neben allem Aufruf zur Tat ist uns je und dann auch gesagt: „Wenn ihr umkehrtet und stille bliebet, so würde euch geholfen. Durch Stillesein und Hoffen würdet ihr stark sein, aber ihr wollt nicht.“ (Jes. 30, Vers 15.)
Wiederum sage ich in diesem Augenblick nichts anderes, als daß diese Frage vor uns stehen wird ...

Zit. nach: Gustav W. Heinemann, Es gibt schwierige Vaterländer ... Aufsätze und Reden 1919–1969, Reden und Schriften, Bd. III, hrsg. von Helmut Lindemann, Frankfurt/M. 1977, S. 97 ff.

## 7. Die Zielsetzung des deutschen militärischen Beitrags

(Brief Kurt Schumachers an Adenauer vom 6. 2. 1951)

Die Zielsetzungen sind maßgebend für die Behandlung eines deutschen militärischen Beitrages. Dieser Beitrag kann nicht isoliert für sich betrachtet werden. Er ist dem Gesamtkomplex der inneren und äußeren Politik eingeordnet. Bei der Erörterung der militärischen Frage kehren alle ungelösten Probleme der Politik wieder. Die Gesichtspunkte der Behandlung dieses Komplexes sollten sein:
Die Erhaltung des Friedens
Sinn und Aussicht eines militärischen Beitrages
Soziale und politische Festigung und Immunisierung des deutschen Volkskörpers
Eine starke funktionierende internationale Demokratie
Die deutsche Einheit auf der Grundlage der persönlichen und staatsbürgerlichen Freiheit und Sicherheit.
Die gegenwärtigen Gefahren, wie sie aus dem Osten drohen, können durch einen deutschen militärischen Beitrag nicht aus der Welt geschafft oder auch nur gemildert werden. Jede deutsche Aufrüstung kann, wenn sie ungestört bleibt, erst zukünftigen Gefahren begegnen. Die Schaffung der Möglichkeiten des Beginns braucht eine Anzahl von Monaten. Die Ausbildung der ersten größeren taktischen Formationen benötigt mindestens eineinhalb Jahre. Ein militärischer Beitrag von kriegswichtiger Bedeutung würde unter drei bis vier Jahren nicht zu leisten sein.
In dieser Periode wäre Deutschland ungeschützt. Es könnte sich weder aus eigener Kraft verteidigen, noch durch die vorhandenen oder für die überblickbare Zukunft bisher versprochenen alliierten Kräfte vor einem eventuellen sowjetrussischen Eingriff erfolgreich bewahrt werden.
Die deutsche Position in einer Periode der Aufrüstung ist entscheidend anders als die jedes anderen westlichen Volkes:
a) Die geographische Lage Deutschlands ist nicht durch militärische Machtmittel der Alliierten ausgeglichen.
b) Es gibt keine deutschen militärischen Verbände als Grundlage, sondern auch das Fundament müßte erst geschaffen werden.
c) Das Verhältnis der Westmächte zu den Deutschen ist anders als zu jedem anderen Volk Westeuropas.
...
Die Auswirkungen eines deutschen militärischen Beitrages auf die sowjetrussische Politik sind mit Sicherheit nicht zu überblicken. Die Meinung, daß auch bei einer deutschen Aufrüstung die Sowjetrussen in jedem Fall heißen Krieg vermeiden werden, ist keine sichere Grundlage der Politik.
Auch den Sowjetrussen ist bekannt, daß die Angelsachsen nicht gewillt sind, das Produktionspotential Deutschlands, im besonderen das Ruhrgebiet und die Energieerzeugung, unzerstört in die Hand ihres militärischen Gegners fallen zu lassen.

Es ist möglich, daß eine deutsche Aufrüstung den Russen als eine Gefahr in Europa von bisher nicht gekannter Größe erscheint. Ebenso möglich ist aber, daß, wenn aus irgendwelchen Gründen die Sowjets darauf verzichten, zu Beginn der Rüstung anzugreifen, das Ergebnis unter den heutigen von den Alliierten gewollten Umständen und Gegebenheiten so dürftig ist, daß seine Geringfügigkeit einen Anreiz für den Osten darstellt. Halbe, unentschiedene und differenzierende Maßnahmen, so wie sie heute betrieben werden, sind das schlechteste, was getan werden kann.

...

Die heutige Situation ist dadurch gekennzeichnet, daß die westlichen Alliierten auf die Deutschen ein Mehr an Opfer und Risiko aufbürden, ihnen aber keine wirkliche Chance geben, sondern praktisch die Aufopferung des deutschen Volkes für die westliche Welt verlangen. Es sind die anderen, die die von uns erstrebte Zugehörigkeit zum Westen dem deutschen Volke versagen.

...

Die militärische Kräftekonzentration der westlichen Demokratien, das heißt vor allem der Angelsachsen, ist die entscheidende machtpolitische Voraussetzung eines deutschen militärischen Beitrags. Ohne eine solche stählerne Mauer ist das Verlangen nach einem militärischen Beitrag der Deutschen nicht zumutbar und bedeutet die Aufforderung zur Selbstaufopferung.

...

Die militärischen Kräfte der Alliierten, wie sie heute auf deutschem Boden vorhanden sind, und die versprochene Verstärkung sind nicht ausreichend. Die Umgruppierung und Verstärkung der militärischen Machtmittel des Westens, wie sie notwendig wären, um einem russischen Angriff offensiv zu antworten, hätte zur Voraussetzung eine Veränderung der militärischen Kräftegruppierung in der Welt.

...

Jede Politik ist zum Scheitern verurteilt, die sich bemüht, die Gleichberechtigung mit militärischen Beiträgen zu erkaufen. Das Ergebnis ist immer die tatsächliche Ungleichheit zu Gunsten des anderen Teils. Die politische Gleichberechtigung ist die Voraussetzung eines militärischen Beitrages und nicht sein Ergebnis.

...

Man will den Deutschen kämpfen lassen und rüstet ihn nicht ausreichend gegenüber einem solchen Gegner wie der „Roten Armee“ aus. Man drängt ihn in die Partisanenrolle und weist ihm die Funktionen des hinhaltenden Widerstandes zu.

Die ganze Konzeption geht davon aus, daß man Deutschland als weniger verteidigungswert und verteidigungswürdig betrachtet als die anderen Länder. Hier wird Deutschland eindeutig die Rolle des Vorfeldes zugewiesen.

...

Die Folgen einer Beteiligung an der militärischen Aufrüstung der westlichen Welt müssen unter den heutigen Gegebenheiten und Bedingungen eindeutig negativ gesehen werden. Im Gegensatz zu einer weitverbreiteten Illusion kann in keinem Fall ein deutscher militärischer Beitrag im Rahmen des jetzt Möglichen und von den westlichen Alliierten Gewollten Deutschland vor dem Schicksal bewahren, „Kriegsgebiet“ zu werden.

Es gibt auch kein verbindliches und bindendes Versprechen irgendeines verantwortlichen Alliierten, der den Deutschen die Vermeidung dieses Schicksals verspricht. Leider gibt es in Deutschland Kräfte, die von sich aus im eigenen Volke Vorstellungen nähren, die die Alliierten selbst zu erwekken sich nicht unterfangen.

Die heutigen Möglichkeiten eines deutschen militärischen Beitrages gehen von einer defensiven Auffassung aus. Wenn nicht der Wunsch durchgesetzt wird, daß eine solche Konzentration der militärischen Kräfte der westlichen Alliierten in Mitteleuropa erfolgt, daß sie zusammen mit den Deutschen einen russischen Angriff im Bewegungskrieg offensiv beantworten können, dann ist im Kriegsfall die Ostzone aufgegeben und Berlin den Sowjets ausgeliefert.

Zit. nach: Udo F. Löwke, Für den Fall daß ... SPD und Wehrfrage 1949–1955, Hannover 1969, S. 246 ff.

## 8. Schumacher und der Pazifismus in der SPD

Schumacher befand sich in einer zwiespältigen Situation. Alles andere als ein prinzipieller Gegner eines deutschen Verteidigungsbeitrags oder gar ein Pazifist, erklärte er jedem, der es hören wollte: Wenn tatsächlich ein deutscher Verteidigungsbeitrag erfolge, dann müsse der Westen stark genug sein, die entscheidenden Schlachten sofort „östlich von Njemen und Weichsel" zu schlagen. Nur eine energische Vorwärtsstrategie – er nannte dies „offensive Defensive" – schien ihm akzeptabel, nicht aber eine Strategie der verbrannten Erde, in der deutsche Kontingente nur die Aufgabe hätten, den alliierten Rückzug zu decken. Wenn irgendein deutscher Staatsmann 1950 und 1951 für eine Politik der Stärke plädiert hat, so war es Schumacher. Alle Indizien sprechen dagegen, daß dieses Offensivkonzept bloß taktisch gemeint war, auch wenn man sich schwer vorstellen konnte, wie der Westen eine derart massive Überlegenheit aufbauen sollte. Dementsprechend hielt er auch zu den Generalen, die den Kanzler berieten, intensiven Kontakt. Er war entschlossen, seine Partei auf den Kurs eines Verteidigungsbeitrags zu führen, sofern die entscheidenden Vorbedingungen erfüllt würden.

Wie die Bundesregierung forderte auch er unbedingte Gleichberechtigung der deutschen Kontingente. Die berühmte Formel „gleiches Risiko, gleiches Opfer, gleiche Chancen" hätte in der Sache auch von Adenauer stammen können. Doch warf der SPD-Chef dem Bundeskanzler vor, er habe sich durch sein voreiliges Angebot eines deutschen Verteidigungsbeitrags vieler Vorteile begeben. Besser wäre es gewesen, die Alliierten kommen zu lassen. Freilich beinhaltete seine Zurückhaltung auch viel Taktik. Selbstverständlich sah er jetzt eine Chance, auf der Woge einer breiten Ohne-mich-Bewegung doch noch zur Macht zu kommen. Die Herbstwahlen des Jahres 1950 schienen dieses Kalkül zu bestätigen. Beim Kampf um die Macht hatte er auch keinerlei Bedenken, mit Kirchenpräsident Niemöller, dem führenden Kopf der pazifistischen Wiederaufrüstungsgegner, ein Stück Wegs zusammenzugehen, obschon er von Gewissenskonflikten, Kirchen und Pastoren herzlich wenig hielt. In einem Kommuniqué betonten Schumacher und Niemöller, der gegenwärtige Bundestag sei nicht legitimiert, die Wiederaufrüstungsfragen zu entscheiden. Das Ergebnis der Landtagswahlen ermutigte den SPD-Vorsitzenden, die Forderung nach Neuwahlen mit noch größerem Nachdruck zu erheben.

Die Herbstwahlen in den Ländern brachten jedoch auch ihn selbst in einige Bedrängnis. Tatsächlich lag er in der Wehrfrage mit vielen Funktionären und Mitgliedern seiner eigenen Partei über Kreuz. Die pazifistische, antimilitaristische Tradition hatte in der SPD auch damals noch Gewicht. Im Unterschied zu Schumacher, der keine prinzipiellen Bedenken hatte, das Instrument militärischer Macht politisch einzusetzen, neigte die SPD instinktiv dazu, auf äußere Gefährdung nicht sofort mit dem Ruf nach Waffen, sondern mit der Forderung nach vernünftigem Verhandeln, internationaler Abrüstung und kollektiver Friedenssicherung zu reagieren. Auf einer Sitzung des SPD-Vorstands im Winter 1950/51 gelang es Schumacher angeblich nur mit größter Mühe, eine prinzipielle Entschließung gegen die Wiederbewaffnung abzuwehren. Teilweise wurde er nun zum Gefangenen der eigenen Taktik.

Aus: Hans-Peter Schwarz, Die Ära Adenauer – Gründerjahre der Republik 1949–1957, Stuttgart 1981, S. 121 f.

## 9. Adenauer zum Washingtoner Abkommen

(Rundfunkansprache vom 18.9.1951)

Das, was jetzt in Gang kommt, lediglich danach zu beurteilen, daß das Besatzungsstatut fällt und daß die Interventionsrechte fallen, würde nicht richtig sein. Man muß vielmehr, um zu einem richtigen Urteil zu kommen, die politische Geschichte der letzten Jahre, die Zuspitzung in der Welt und die Entwicklungstendenzen der letzten Monate berücksichtigen.

Seit dem Zusammenbruch Deutschlands, seit 1945, ist Sowjetrußland der einzige Staat gewesen, der ständig weiter gerüstet hat. Die Westalliierten haben nach dem Zusammenbruch Deutschlands im Gegensatz zu Rußland abgerüstet. Erst, seit im vorigen Jahre Korea der Welt die Absichten So-

wjetrußlands enthüllte, rüsten die Westalliierten und die Völker des Nordatlantikpaktsystems. Erst seit diesem Krieg in Korea hat man klar erkannt, was Sowjetrußland in Wirklichkeit will …
Die Bundesrepublik Deutschland ist zur Zeit politisch und militärisch ein Niemandsland. Sie ist völlig entwaffnet. Sie ist nicht souverän. Sie schwebt zwischen dem Ostblock und den Westalliierten ohne jede Möglichkeit, sich zu schützen und sich zu verteidigen … Das Ziel der sowjetrussischen Westpolitik ist völlig klar. Sie will den politischen und militärischen Schwebezustand Deutschlands verewigen, weil damit eine Integration Westeuropas unmöglich gemacht wird. Sowjetrußland rechnet damit, daß die Vereinigten Staaten an einem zerbröckelnden Westeuropa – ohne Zusammenfassung und Integration ist Westeuropa im Zustand des Zerbröckelns, sind die westeuropäischen Staaten mehr oder weniger machtlos –, ich wiederhole: Sowjetrußland rechnet damit, daß die Vereinigten Staaten an einem schwachen Europa kein Interesse mehr haben und sich aus Europa zurückziehen würden. Sowjetrußland würde dann nicht nur die Bundesrepublik, sondern auch die übrigen westeuropäischen Länder ohne Krieg in seine Einflußsphäre ziehen und schließlich Herr von ganz Europa werden. Was dann unser Los sein würde, wissen wir. Wir brauchen nur an die Tschechoslowakei, an Ungarn, an Polen und die übrigen Satellitenstaaten zu denken. Der Untergang Deutschlands würde dann sicher sein. Ganz Europa wäre politisch ein Anhängsel desjenigen Teils von Asien, der von Sowjetrußland beherrscht wird. Wir würden den Kommunismus in seiner asiatischen Form mit all seinen Schrecken bekommen. Was uns heilig und teuer ist, würde vernichtet werden. Für niemanden gäbe es mehr Freiheit. Die abendländisch-christliche Kultur, das Christentum selbst, würden vernichtet werden. Wenn Deutschland Niemandsland bleibt und wenn es schließlich doch zu einer kriegerischen Auseinandersetzung in Europa käme, würde Deutschland Kampffeld für die aufeinanderprallenden Mächte werden. Das Schicksal des unglücklichen Koreas würde dann unser Schicksal sein, über Korea ist bisher siebenmal der Kampf hin- und hergegangen.
Die Erklärung der Außenminister und der Ausgang der darauf basierenden Verhandlungen werden in Wahrheit Entscheidungen von größtem historischen Ausmaß bringen. Entweder wir bleiben politisch und militärisch Niemandsland oder wir werden als freier und gleichberechtigter Staat Partner des europäischen und damit des nordatlantischen Verteidigungssystems gegen jede Aggression Sowjetrußlands. Das ist der Gesichtspunkt, unter dem wir die Verhandlungen führen und beurteilen müssen …
Wir wollen den Frieden! Wir wollen Deutschland nicht zum Schlachtfeld werden lassen. Wir wollen als gleichberechtigtes Volk wieder in den Kreis der Nationen eintreten. Darum wollen wir die Integration Europas. Nur durch sie kann der Friede gerettet werden. Auf diesem Wege, diesem friedlichen Wege, werden wir auch wieder zur Wiederherstellung der Einheit Deutschlands kommen.

Zit. nach: Europa-Archiv 6 (1951), S. 4405 f.

## 10. Gustav Heinemann: Deutschland in der Entscheidung

(Artikel in „Stimme der Gemeinde" vom 1. 1. 1952)

Interessant ist, daß in der Propagierung der westdeutschen Aufrüstung jetzt zwei Argumente betont werden, welche vor Jahresfrist nur wenig zu hören waren.
Das eine Argument lautet: Westdeutsche Aufrüstung und Eingliederung in den Westblock ist der Weg zur Wiederherstellung der deutschen Einheit. Dieses Argument soll offenbar dem inzwischen unüberhörbar gewordenen Verlangen nach Wiederherstellung der deutschen Einheit und alsbaldiger Befreiung der russischen Zone von dem dortigen politischen System Rechnung tragen. Leider sprechen aber viele Anzeichen dafür, daß mit der Betonung der deutschen Einheit seitens derer, welche im Begriffe stehen, in den Westblock abzumarschieren, nur eine Kulisse gezimmert wird, um diejenigen zu beruhigen, welche über den in Bonn gesteuerten Kurs höchst beunruhigt sind. Es wird schwer sein, über den letzten Willensernst der Beteiligten etwas auszumachen. Möge sich je-

der selbst aus ihrem bisherigen praktischen Verhalten gegenüber gesamtdeutschen Lösungsversuchen seine Meinung dazu bilden!
Vor allem ist es objektiv widersinnig, die deutsche Einheit durch Eingliederung Westdeutschlands in den Westblock zu suchen. Westdeutsche Aufrüstung wird den Eisernen Vorhang dichter schließen. Die Deutschen in der Sowjetzone haben Kriegs- und Rüstungsdienst für die Sowjetunion als Antwort auf unsere Eingliederung in den Westblock zu erwarten. Ein Keil wird den anderen treiben, mit dem Ergebnis, daß eine friedliche Wiedervereinigung Deutschlands immer aussichtsloser wird. Und auf der anderen Seite sollten uns die heute schon unausgesetzt vorgetragenen Besorgnisse der Westmächte, sonderlich Frankreichs, gegenüber einer zu stark werdenden westdeutschen Bundesrepublik endlich darüber belehren, daß diese Partner kein Interesse daran haben, mit uns den Weg zu einem Deutschland zu suchen und zu gehen, welches auch den deutschen Osten umfassen wird. Auch die Spaltung Deutschlands ist eine Lösung der Deutschlandfrage. Sie ist es für alle diejenigen, welche bei einer Wiedervereinigung Deutschlands ihre gegenwärtigen Positionen in Frage gestellt sehen oder gar von vornherein verloren geben müssen. Wenn wir uns die Befürworter der kleineuropäisch-westdeutschen Lösung daraufhin ansehen, so wird manches sehr nachdenklich machen. Darüber werden auch keine Deklarationen hinwegführen, die etwa jetzt im Zusammenhang mit einer Eingliederung der Bundesrepublik abgegeben werden. Wir stehen hier vor einer bündigen Alternative:
Die Einheit Deutschlands wird nur dann wieder zustande kommen, wenn sich West- und Ostdeutschland nicht in den Blockbildungen der Weltmächte verlieren.
Das andere Argument lautet: Deutschland kann nicht neutral bleiben, sonst wird es ein Opfer des Bolschewismus. Mit diesem Argument soll abgefangen werden, daß eine Wiedervereinigung Deutschlands uns in militärischer Hinsicht zwangsläufig in eine Mittelstellung zwischen Ost und West bringen wird. Dazu ist folgendes zu sagen:
Wenn Westdeutschland nicht aufrüstet, entsteht noch lange kein neutralisiertes Deutschland. Wohl aber werden alle die Gefahren vermieden, welche mit westdeutscher Aufrüstung verbunden sind. Auch eine gesamtdeutsche Regierung bedeutet noch keine Neutralisierung. Deutschland könnte auch unter einer gesamtdeutschen Regierung zunächst noch ein besetztes Land sein, so wie Österreich unter einer gesamtösterreichischen Regierung immer noch ein besetztes Land ist. Wohl aber könnte eine gesamtdeutsche Regierung für eine Angleichung der Lebens- und Rechtsverhältnisse der russischen Zone an die der Westzonen sorgen. Erst wenn Deutschland von allen Besatzungsmächten geräumt wird, entsteht die Frage seines Schutzes gegen eine Antastung seiner Ordnung oder seines Gebietes. Es muß schon eine große Entspannung des Weltkonfliktes eingetreten sein, ehe die vier Besatzungsmächte sich über eine gemeinsame Räumung Deutschlands verständigen. Dann aber sieht ohnehin alles nicht mehr so beängstigend aus wie heute. Im übrigen wird es Sache der gesamtdeutschen Regierung und einer Verständigung unter den Siegermächten sein, aus dem Vakuum, welches unsere Kapitulation 1945 geschaffen hat, den Schutz Deutschlands neu zu entwickeln. Ein wiedervereinigtes Deutschland wird seine Polizei haben. Darüber hinaus kann es von den Siegermächten und Nachbarn wechselseitig garantiert werden, weil sie ein sich aufhebendes Interesse daran haben, daß Deutschland keinem ihrer Gegenspieler zufällt. Schließlich kann auch eine für Verteidigungszwecke ausreichende Wehrmacht des wiedervereinigten Deutschland ins Auge gefaßt werden. Alles das sind Fragen, welche nicht einfach damit abgetan werden können, daß ein „neutralisiertes" Deutschland ein Opfer des Bolschewismus werde. Wo ein Wille ist, ist auch ein Weg.
Solange Deutschland eine Macht in der Mitte Europas war, führte es Westeuropa und Osteuropa oft als Bundesgenossen gegen die Mitte Europas zusammen. Seitdem Deutschland nach beiden Seiten kapituliert hat, stehen sich West- und Osteuropa auf seinem Boden feindselig gegenüber. Die deutsche Figur fehlt im internationalen Spiel. Sie soll wahrlich nicht in dem Sinne wiederkommen, wie sie uns selbst und den anderen Völkern zum Unheil gewesen ist. Sie soll und darf nicht abermals eine Gefahr für Europa werden und den Westen mit dem Osten erneut gegen die Mitte zusammenführen. Die deutsche Figur muß in eine Mittelstellung gebracht werden, indem

sie in ihrem Bereich den großen Gegensatz zwischen dem Osten und dem Westen aufhebt. Dies und nichts anderes ist der Beitrag zum Frieden, den wir etwa leisten können.

Zit. nach: Gustav W. Heinemann, Verfehlte Deutschlandpolitik. Irreführung und Selbsttäuschung. Artikel und Reden, 2. Aufl. Frankfurt/M. 1969, S. 25 ff.

## 11. Der DGB zur Frage der Wiederbewaffnung

In Anbetracht der durch jüngste Presseberichte hervorgerufenen Mißverständnisse über die Haltung der deutschen Gewerkschaften zur Frage eines deutschen Verteidigungsbeitrages stellt der Bundesausschuß des DGB ausdrücklich fest, daß sich an seiner Einstellung, wie er sie bereits im November 1950 darlegte, nichts geändert hat.
In einer am 23. 1. 1952 einstimmig angenommenen Entschließung des Bundesausschusses des DGB heißt es:
„Seit ihrem Bestehen hat die Gewerkschaftsbewegung in einer allgemeinen Abrüstung und der Zusammenarbeit der Völker die beste Garantie des Friedens gesehen. Sie wünschte deshalb, daß man sowohl im Osten wie im Westen diesen Gedanken aufrichtig durch Taten und nicht nur durch Worte verwirklichen würde.
Die Frage eines deutschen Verteidigungsbeitrages in unserer Zeit ist nur durch die Aufrüstung und die Politik in anderen Ländern, die die Gefahr einer militärischen Auseinandersetzung in sich tragen, zur Diskussion gestellt worden.
Die Gewerkschaften sind von jeher bereit gewesen, die Grundrechte der Freiheit, der Menschenrechte und der Demokratie zu verteidigen. Den inneren und äußeren Feinden dieser Idee gegenüber kann es keine Neutralität geben, denn sie bedrohen nicht nur die Existenz der freiheitlichen Gewerkschaftsbewegung, sondern den sozialen Fortschritt und den kulturellen Aufstieg der arbeitenden Menschen.
Die Frage des deutschen Verteidigungsbeitrages ist von den politischen Instanzen zu entscheiden. Die Gewerkschaften weisen aber darauf hin, daß die Verteidigung der Demokratie und Freiheit nur dann von den schaffenden Menschen getragen werden kann, wenn die demokratischen Staaten eine bewußt fortschrittliche Wirtschafts- und Sozialpolitik betreiben. Sie warnen vor Maßnahmen, die dem Wiedererstehen des alten, uns in seinen verhängnisvollen Auswirkungen bekannten Militarismus dienen können, und vor jeder aggressiven Außenpolitik. Von den Parlamentariern erwarten sie, daß sie bei ihren Entscheidungen diese Voraussetzungen erfüllen, damit nicht durch die Vorbereitung irgendwelcher Verteidigungsmaßnahmen jene Werte vernichtet werden, die verteidigt werden müssen."

Zit. nach: Georg Fülberth (Hrsg.), Geschichte der Bundesrepublik in Quellen und Dokumenten, Köln 1982, S. 65 f.

## 12. Katholische Kirche und Wiederbewaffnung

Es war die Zeit der geschlossenen katholischen Welt; der Episkopat gab seine Stellungnahme bekannt, die Mehrzahl der Gläubigen schloß sich ihr an, und damit war die Sache geregelt. Wenn der evangelische Laie den Skandal einer theologisch und kirchlich gespaltenen Kirche ertragen mußte, war der katholische Laie Opfer einer Kirche, die politische Gedankenkontrolle ausübte …
Die verhältnismäßig vielen Katholiken, die Laiengruppen angehörten, katholische Zeitungen lasen und die Gottesdienste besuchten, hörten immer nur eines: Unterstützung für die Verteidigungspolitik der Regierung. Adenauer war sich von Anfang an darüber im klaren gewesen, daß die öffentliche Meinung sorgfältig bearbeitet werden mußte, ehe sie die Wiederbewaffnung befürworten würde. Keine andere Institution half ihm dabei so entscheidend wie die katholische Kirche und ihre Laienbewegung.
Die katholische Opposition gegen die Wiederaufrüstung wurde von der Autorität des Episkopats

erstickt. Die Geistlichkeit war angewiesen, sich aus der Debatte herauszuhalten, aber erforderlichenfalls die Ansicht der Regierung mit theologischen Begründungen zu verteidigen. Die wenigen Priester und Theologen, die sich gegen die Wiederaufrüstung stellten, behielten ihre Meinung für sich oder liefen Gefahr, an einen abgelegenen Ort versetzt zu werden. Laien, die ausgesprochene Wiederbewaffnungsgegner waren – zum Beispiel Walter Dirks, Helene Wessel und Klara Faßbinder –, konnten natürlich nicht durch eine Verbannung aufs Land ausgeschaltet werden, aber man entzog ihnen die Möglichkeit, über katholische Vereinigungen Zugang zur Laienschaft zu gewinnen, und schwärzte sie in der katholischen Presse an. Der katholische Historiker und Dichter Reinhold Schneider zum Beispiel wurde im Frühjahr 1951 von fast allen Diözesanblättern heftig angegriffen wegen eines Artikels in einer ostdeutschen Veröffentlichung, in dem er die Wiederaufrüstung in beiden Teilen Deutschlands verurteilte. Das Westberliner *Petrusblatt* meinte sogar, er verdiene exkommuniziert zu werden, weil er implizit den Kommunismus befürworte. Bundespräsident Heuss entrüstete sich über diese Einschüchterung Schneiders von kirchlicher und politischer Seite. Er sorgte persönlich für seine politische Rehabilitierung und verlieh ihm 1952 das Bundesverdienstkreuz. Der Episkopat jedoch vergab Schneider nie. 1956, als er mit dem Friedenspreis des deutschen Buchhandels ausgezeichnet wurde (den auch Persönlichkeiten wie Albert Schweitzer, Martin Buber und Hermann Hesse erhalten hatten), blieb bei dem Festakt in der Paulskirche in Frankfurt der für einen Vertreter der katholischen Kirche vorgesehene Platz leer.

Aus: Frederic Spotts, Kirchen und Politik in Deutschland. Deutsche Ausgabe, Stuttgart 1976, S. 215 f.

## 13. Wiederbewaffnung und evangelische Kirche

(Denkschrift der evangelischen Landesbischöfe Westdeutschlands vom 15.2. 1952)

Die Frage des deutschen Verteidigungsbeitrags hat die deutsche evangelische Christenheit weithin in Verwirrung und Gewissensnot gebracht. Trotzdem halten wir es nicht für eine Aufgabe der Kirche, die politische Frage zu beantworten, ob unter den heute gegebenen Umständen ein deutscher Beitrag zu einer europäischen Verteidigungsgemeinschaft ratsam ist oder nicht. Wir versuchen, auf die Frage aber eine Antwort zu geben, soweit sie das christliche Gewissen betrifft.

Gott will, daß eine staatliche Ordnung das Recht schützt und den Frieden sichert. Recht und Friede werden von der Machtgier, aber auch von der Unterdrückung im Namen menschlicher Ideen bedroht. Die Bedrohung kommt von innen und außen. Um sich der Gewalt zu erwehren, haben die Staaten eine Polizei und ein Heer. Sie haben sie so lange mit Recht, als sie diese Machtmittel im Dienst des Rechtes und zur Abwehr des Unrechts verwenden.

Es ist dem Christen nicht erlaubt, diese Tatbestände zu leugnen. Es ist vielmehr seine Pflicht, sie in seine Verantwortung aufzunehmen. Insbesondere soll er durch lebendige Teilnahme am öffentlichen Leben den immer möglichen Mißbrauch der bewaffneten Gewalt, so weit er irgend kann, verhindern. In dieser tätigen Verantwortung, nicht aber dadurch, daß er um jeden Preis die Gewalt verwirft, vollzieht der Christ ein Stück der Bruderliebe, die in der Bergpredigt geboten ist.

Dies gilt im allgemeinen. Gilt es auch für die besondere Lage, in der sich Deutschland heute befindet?

Gewiß war Gottes Gericht am Werk, als uns nach dem letzten Krieg die Waffen aus der Hand geschlagen wurden. Und gewiß folgt daraus, daß wir sie nicht zu dem Zweck wieder aufnehmen dürften, um mit abermaligem Vertrauen auf die Gewalt unsere alte Machtstellung wieder zu erobern.

Es hieße aber den Weg einer selbstgewählten, nicht von Gott befohlenen Buße gehen, wollten wir sagen, es sei unserem Volk auch verwehrt, gemeinsam mit anderen Völkern diese und uns, den Frieden und das Recht vor einer erneuten Bedrohung durch die nackte Gewalt zu schützen. Wir sollen mit aller Kraft dem Frieden dienen. Der Wille eines Volkes zum Frieden erfordert aber nicht zugleich die Bereitschaft, selber dauernd waffenlos zu sein; denn schon oft hat die Waffenlosigkeit derer, denen es mit Recht und Frieden ernst war, die Kriegsgefahr erhöht, sobald wehrlose Räume zum Zugriff verlocken.

Unsere Kirche soll im deutschen Volk den Willen zum Frieden befestigen. Man muß aber bestreiten, daß ein prophetisches Amt der Kirche den Auftrag hat, das deutsche Volk vor der Mitwirkung an einer europäischen Verteidigungsgemeinschaft zu warnen. Es gibt politische Gründe, die dagegen sprechen, daß jetzt schon deutsche Wehrverbände aufgestellt werden. Es ist nicht Sache der Kirche, zu entscheiden, ob diese Gründe überzeugend sind oder nicht. Die Behauptung, es sei dem Christen gewissensmäßig unmöglich, für einen deutschen Wehrbeitrag zu stimmen oder sich an seiner Verwirklichung zu beteiligen, ist nicht in göttlichen Weisungen begründet ...

Wenn es nicht Aufgabe der Kirche, sondern eine Sache der zuständigen Organe des Staates ist, über die Aufstellung deutscher Wehrverbände zu entscheiden, so ist die Kirche doch nicht der Aufgabe enthoben, auf das Denken unseres Volkes einzuwirken, damit aus einer etwaigen Wiederbewaffnung nicht neuer Schaden für seine Seele entsteht. Den Versuchungen der Ruhmsucht, des Ranggeistes und der Soldatenspielerei muß von den Christen aller Länder entgegengewirkt werden. Wo soldatische Erziehung durchgeführt wird, muß sie jede Brechung der Persönlichkeit des einfachen Mannes vermeiden. Den geistigen Gefahren der modernen Kriegführung, dem Geist des Hasses, der Rache und der hemmungslosen Vernichtungslust, muß schon in Friedenszeiten offen widersprochen werden.

Vor allem aber müssen wir in der Kirche selbst darüber wachen, daß unser Friede mit Gott und mit den Brüdern nicht durch politische Meinungsverschiedenheiten untergraben werde. Die Tatsache, daß das richtige politische Handeln in der Frage des Wehrbeitrages nach menschlichem Ermessen über das Leben und die Freiheit unseres Volkes und unserer Kinder entscheidet, darf uns nicht hindern, auch in denen Brüder zu erkennen, die in dieser Frage anders denken als wir selbst. Über alle Ungewißheit und über allem Irren der Menschen steht der Herr der Geschichte. Ihm das Schicksal unseres Volkes und den Frieden der Welt anzubefehlen, ist unsere tägliche Pflicht.

Zit. nach: Johannes Hohlfeld (Hrsg.), Dokumente der deutschen Politik und Geschichte, Bd. 7, S. 155 ff.

## 14. Einstellung zur Wiederbewaffnung nach Konfessionen (in Prozent)

| | | Oktober 1950 | März 1951 | Juni 1951 | Februar 1952 |
|---|---|---|---|---|---|
| für die Wiederbewaffnung | Protestanten | 64 | 50 | 48 | 47 |
| | Katholiken | 60 | 47 | 43 | 52 |
| gegen die Wiederbewaffnung | Protestanten | 29 | 39 | 32 | 35 |
| | Katholiken | 33 | 39 | 34 | 28 |

Nach: Hans-Peter Schwarz, Die Ära Adenauer 1949–1957, a. a. O., S. 122

## 15. Umfragen des Allensbacher Instituts zur Wiederbewaffnung 1950–1954

Frage: *„Wer soll über die Wiederbewaffnung Deutschlands entscheiden?“* (November 1950)

| | % |
|---|---|
| Eine Volksabstimmung | 77 |
| Die Bundesregierung | 6 |
| Der Bundestag | 5 |
| Weiß nicht | 12 |
| | 100 |

Frage: *„Sind Sie für oder gegen eine Teilnahme deutscher Truppen an einer westeuropäischen Armee?“*

| | November 1950 | Juli 1952 | August 1953 |
|---|---|---|---|
| | % | % | % |
| Dafür (mit und ohne Einschränkungen) | 38 | 44 | 46 |
| Dagegen | 46 | 36 | 33 |
| Unentschieden | 16 | 20 | 21 |
| | 100 | 100 | 100 |

Frage: *„Sind Sie für oder gegen den Aufbau einer selbständigen deutschen Armee?“*

| | Oktober 1950 | November 1950 | Juni 1951 | Februar 1952 | Juli 1952 | Oktober 1952 | Januar 1953 | August 1953 | September 1954 |
|---|---|---|---|---|---|---|---|---|---|
| | % | % | % | % | % | % | % | % | % |
| Dafür | 35 | 30 | 42 | 46 | 41 | 39 | 39 | 42 | 45 |
| Dagegen | 46 | 50 | 42 | 38 | 40 | 44 | 39 | 36 | 35 |
| Unentschieden | 19 | 20 | 16 | 16 | 19 | 17 | 22 | 22 | 20 |
| | 100 | 100 | 100 | 100 | 100 | 100 | 100 | 100 | 100 |

Frage: *„Glauben Sie, daß die Wiederbewaffnung Deutschlands den Frieden in Europa festigt oder die Kriegsgefahr steigert?“* (September 1954)

| | Insgesamt | Männer | Frauen |
|---|---|---|---|
| | % | % | % |
| Festigt den Frieden | 34 | 41 | 28 |
| Steigert Kriegsgefahr | 33 | 30 | 35 |
| Bleibt sich gleich | 20 | 23 | 17 |
| Weiß nicht | 13 | 6 | 20 |
| | 100 | 100 | 100 |

Frage: *„Finden Sie, wir sollten uns von den Westmächten loslösen und einen Sicherheitspakt mit Rußland abschließen?“* (Juli 1952)

| | % |
|---|---|
| Nein, nicht loslösen | 75 |
| Ja, lösen | 4 |
| Weiß nicht | 21 |
| | 100 |

Aus: Erich Peter Neumann-Elisabeth Noelle, Antworten. Politik im Kraftfeld der öffentlichen Meinung, Allensbach 1954, S. 132ff.

## 16. Die Befürworter der Wiederbewaffnung

Die entschiedenen Befürworter der Wiederbewaffnung befanden sich einesteils in den Parteien der Regierungskoalition – der Union, der nationalkonservativen Deutschen Partei und der FDP, deren nationalliberaler Flügel zur politischen Heimat einer großen Anzahl ausgedienter Berufsoffiziere geworden war – und andernteils in den beiden Kirchen, in den Gewerkschaften und der Industrie. Der Protestantismus tat sich auf Grund seiner Einwurzelung in Mitteldeutschland und der deshalb vorwaltenden Sorge um die Wiedervereinigung mit seiner Zustimmung schwer und vertrat sie eher halblaut, da Teile der protestantischen Geistlichkeit ablehnend in die Nähe Martin Niemöllers rückten. Auch im Katholizismus waren nationalneutralistische Positionen anzutreffen, so daß die Zustimmung zur Wiederbewaffnung dem Kirchenvolk durch Klerus und Laienführer erst nahegebracht werden mußte. Nach einer kurzen Phase interner Auseinandersetzungen war der Katholizismus die erste gesellschaftliche Großgruppe, die geschlossen die Regierungspolitik unterstützte.

Gewerkschaften und Industrie waren stille Befürworter der Wiederbewaffnung; ihre Haltung ist bezeichnenderweise noch nicht eingehend untersucht worden. Die Gewerkschaftsbasis war unbestritten antimilitaristisch orientiert, doch hatte die Gewerkschaftsführung ebenso wie die Industrie ihre Zustimmung zur Wiederbewaffnung bekundet – nicht allein um der immer beschworenen Profite aus der Rüstungsproduktion willen als vielmehr aus Gründen der innen- und außenpolitischen Stabilisierung der Bundesrepublik zur Gewährleistung des Arbeitsfriedens und des Wirtschaftswachstums.

In den Augen nicht nur der Gegner drohte von der Zustimmung einer Gruppe zur Wiederbewaffnung Gefahr für den Staat: Die große Zahl der ehemaligen Soldaten, die nicht zur extremen Rechten zählten, welche sich der Bonner Politik in süffisantem Chauvinismus verweigerte, konnte sich vom deutschen Wehrbeitrag neue berufliche Möglichkeiten versprechen. Von daher drohte die Wiederbewaffnung in der Tat eine „Remilitarisierung" zu werden, und die frühzeitige Rehabilitierung der Wehrmachtssoldaten durch die Bundesregierung und die NATO-Führung im Frühjahr 1951 war eine erhebliche innenpolitische Belastung, die allerdings durch die projektierte Integration der deutschen Kontingente in die EVG und später der Bundeswehr in die NATO gemildert wurde.

Aus: Anselm Doering-Manteuffel, Die Bundesrepublik in der Ära Adenauer. Außenpolitik und innere Entwicklung 1949–1963, Darmstadt 1983, S. 76f.

## I/3 Deutschland-Vertrag und EVG-Vertrag

### Arbeitsthemen

1. *Welche beiden Integrationselemente suchte die EVG zu verknüpfen? Wie sollte das Verhältnis zur NATO geregelt werden? (Nr. 1)*
2. *Welchen Zusammenhang sieht Adenauer zwischen Deutschland- und EVG-Vertrag? Inwiefern begreift er den Beitritt zur EVG als Hebel auf dem Weg zur Rückgewinnung der westdeutschen Souveränität und der nationalen Einheit? Weshalb befürchtet Carlo Schmid absolut gegenteilige Konsequenzen in der Frage der Wiedervereinigung?*
   *Welche zentralen Einwände bringt Herbert Wehner gegen Adenauers Strategie einer „Politik der Stärke" und die damit verbundenen Erwartungen vor? (Nr. 2a–c)*
3. *Welche Vorteile – nicht zuletzt im Blick auf die Wiedervereinigung – schreibt die SPD ihrem Vorschlag eines Systems kollektiver Sicherheit als Alternative zum EVG-Vertrag zu? Auf welchen Prämissen basiert allerdings dieses Konzept? Inwiefern erschwerte der hohe Stellenwert, der dem Sicherheitsaspekt im öffentlichen Bewußtsein eingeräumt wurde, die Suche und Propagierung von abweichenden Ansätzen zu Adenauers Politik der Westintegration überhaupt? (Nr. 3a und 3b)*
4. *Weshalb gelang es nicht, das breite Protestpotential gegen die Wiederbewaffnung zu bündeln und politisch ins Spiel zu bringen? Warum erwies sich der Gedanke der Neutralität als von solch begrenzter Resonanz? Welcher Einfluß kann dabei den Ereignissen in der DDR – gerade im Jahr 1952 – zugeschrieben werden? Worin lag das Dilemma der SPD? Inwiefern gelang Adenauer, der schon im Juni 1951 eine eindeutige Auffassung vertreten hatte („Wer die Neutralisierung und Demilitarisierung in Deutschland hier bei uns will, ist entweder ein Dummkopf allerersten Ranges oder ein Verräter"), eine Abwertung seiner prinzipiellen Gegner in durchschlagender Weise? (Nr. 4)*

5. *Welchen unterschiedlichen Zwecken diente offenkundig Adenauers Aufruf vom Sommer 1954? Was macht das Plakative an ihm aus? (Nr. 5)*
6. *Ist Adenauers Einschätzung des französischen Ministerpräsidenten mit der tatsächlichen Rolle von Mendès-France zu vereinbaren? Welche generellen Konsequenzen fürchtet der Bundeskanzler? (Nr. 6 a)*
7. *Worauf gründet der SPD-Pressedienst seine Kritik an der Reaktion Adenauers auf den ablehnenden Beschluß in der französischen Nationalversammlung? (Nr. 6 b)*
8. *Welche Zuständigkeiten blieben der Bundesrepublik trotz Rückgewinnung der Souveränität mit Hilfe des Deutschland-Vertrages vorenthalten? Auf welche Rolle verpflichten sie die drei Mächte in Sachen Wiedervereinigung? (Nr. 7 und 8) Welche Gemeinsamkeiten und welche Unterschiede bestehen zu den entsprechenden Vereinbarungen zwischen der UdSSR und der DDR? (vgl. III/6 Nr. 4 a und 6)*
9. *Inwiefern trug der Deutschland-Vertrag offenkundige Züge eines Ersatzfriedensvertrags? Welche Vertragselemente erwiesen sich als von bleibender Bedeutung? Warum rechnet Grewe das Wiedervereinigungspostulat nicht dazu? (Nr. 9)*

## Materialien

### 1. Die Begründung der Bundesregierung zum EVG-Vertrag vom 27. 5. 1952

1. Vorgeschichte

Maßgebende Überlegungen

Die Verhandlungen, die zum Abschluß des Vertrages über die Verteidigungsgemeinschaft geführt haben, gehen auf zwei Erwägungen zurück: auf eine militär-politische und eine allgemein-politische.

Die militär-politische Erwägung war die Überlegung, daß es notwendig sei, die Verteidigung der westlichen Welt zu sichern und hierzu auch die deutsche Verteidigungskraft einzubeziehen. Die allgemein-politische Erwägung entsprang den Bemühungen um eine Integration Europas, die es nahelegten, die Verteidigungsbestrebungen als Element in die Bemühungen um die Herbeiführung einer solchen Integration einzubeziehen.

...

2. Grundgehalt

*a) Verfassung*

Die überstaatliche Gemeinschaft

Die Europäische Verteidigungsgemeinschaft ist, ebenso wie die Europäische Montangemeinschaft, eine mit eigenen Hoheitsbefugnissen ausgestattete überstaatliche Gemeinschaft.

Auch dem Aufbau der Verteidigungsgemeinschaft liegt die Überzeugung zugrunde, daß die angestrebten Ziele nicht mit den hergebrachten Mitteln zwischenstaatlicher Verknüpfung, sondern nur durch eine solche überstaatliche Gemeinschaft verwirklicht werden können. Der Vertrag regelt nicht, wie frühere Militärbündnisse, Rechte und Pflichten der Staaten zu militärischem Beistand und Zusammenwirken, sondern er schafft auf dem Gebiet der Verteidigung, in ähnlicher Weise, wie es die Montangemeinschaft auf dem Gebiet der Grundstoffindustrien getan hat, ein europäisches Gebilde mit eigenen Organen, eigenen Streitkräften und eigenem Haushalt.

Insbesondere sind die Streitkräfte europäisch, nicht national. Die Verteidigungsgemeinschaft steht damit im Gegensatz zu den Koalitionsarmeen alten Stils. Bei diesen verbleiben die Truppen im nationalen Status, sie sind nach wie vor Truppen der Einzelstaaten, nur unter gemeinsamem Oberbefehl. Demgegenüber gibt es bei der integrierten Armee der Verteidigungsgemeinschaft eine grundsätzlich neue Lösung. Es gibt bei ihr keine nationalen Truppen mehr; nicht nur der Oberbefehl ist gemeinsam, sondern die gesamte Armee mit sämtlichen Kontingenten hat europäischen Status.

Die Europäische Verteidigungsgemeinschaft zeigt hiernach, ähnlich wie die Montangemeinschaft, starke Ähnlichkeit mit bundesstaatlichen Begriffen und Einrichtungen. Sie ist aufgebaut auf der unbedingten Gleichstellung aller Mitgliedstaaten, und ihre Normen binden nicht nur die beteiligten

Staaten, sondern unmittelbar die Bürger dieser Staaten. Hierbei greift die Verteidigungsgemeinschaft weit stärker als die Montangemeinschaft in die nationalen Hoheitsrechte ein. Eines der wesentlichsten Hoheitsrechte, das Recht der Selbstverteidigung, geht mit ihrer Errichtung der Ausübung nach auf die Gemeinschaft über. Das wirkt weit über das Militärische hinaus auf die Finanz- und Wirtschaftspolitik.

So drängt die Verteidigungsgemeinschaft überall zur politischen Föderation Europas. Sie ist nicht nur die Vorbereitung einer solchen Föderation, sondern schon ein entscheidender Teil davon.

Demgemäß ist der Versammlung der Verteidigungsgemeinschaft die Aufgabe anvertraut, gleich nach ihrem Zusammentritt die Vollendung dieser politischen Föderation Europas in die Wege zu leiten. Und schon jetzt sind die Vorschriften des Vertrages darauf abgestellt, diese Föderation zu ermöglichen.

...

*c) Zwischenstaatliche Beziehungen*

...

*Verhältnis zum Nordatlantikpakt*

Auch der Organisation des Nordatlantikpaktes tritt die Gemeinschaft als Einheit gegenüber. Sie fügt sich, soweit es sich um operative Fragen handelt, dieser Organisation als Glied ein. Insoweit ist einerseits den zuständigen militärischen Stellen der Nordatlantikpakt-Organisation hinsichtlich der Beaufsichtigung und der militärischen Leitung die erforderliche Einflußnahme eingeräumt; andererseits ist vorgesehen, daß die Dienststellen der Gemeinschaft mit den Dienststellen der Nordatlantikpakt-Organisation auf zivilem wie auf militärischem Gebiete durch Austausch von Informationen und in persönlichem Kontakt eng zusammenarbeiten und daß bei den militärischen Kommandostellen eine entsprechende Vertretung der Verteidigungsgemeinschaft stattfindet. Diese Vertretung ist personell nach dem Grundsatz der Nichtdiskriminierung entsprechend der Zusammensetzung der Streitkräfte zusammengesetzt.

Zit. nach: Christoph Kleßmann, Die doppelte Staatsgründung, a. a. O. S. 469 f.

## 2. Der Streit um die EVG im Bundestag

### *a) Rede Adenauers vom 9. 7. 1952*

Bei der Frage, ob Genehmigung der Verträge oder nicht, handelt es sich – in wenigen Worten kurz zusammengefaßt – darum, ob sich die Bundesrepublik an den Westen anschließen soll oder nicht; ob sie sich den Schutz des atlantischen Verteidigungssystems sichern soll oder nicht; ob sie die Integration Europas einschließlich Deutschlands will oder nicht; ob sie die Wiedervereinigung Deutschlands in Freiheit, in einem freien Europa will oder ob sie bereit ist, eine Teilung Deutschlands oder eine Wiedervereinigung in Unfreiheit hinzunehmen. ...

Die Fragestellung bei der endgültigen Beschlußfassung wird meines Erachtens folgende sein müssen: Gestatten diese Abmachungen die Erreichung der von mir skizzierten Ziele und bringen sie die Bundesrepublik ihnen näher? ...

Lassen Sie mich nunmehr einige Ausführungen über den Zusammenhang zwischen Deutschlandvertrag und EVG-Vertrag machen. Keine Europäische Verteidigungsgemeinschaft ist möglich mit einem Staat, der unter Besatzungsstatut steht. Daher ist die Aufhebung des Besatzungsstatuts Voraussetzung des Vertrages über die Europäische Verteidigungsgemeinschaft. Umgekehrt gilt aber auch: Aufhebung des Besatzungsstatuts durch die Westmächte kann diesen vernünftigerweise bei der zwischen Ost und West nun einmal bestehenden Spannung nicht zugemutet werden; es kann ihnen nicht zugemutet werden, auf Rechtspositionen, die sich für sie aus der bedingungslosen Kapitulation Deutschlands ergeben haben, zu verzichten, solange die Bundesrepublik sich nicht in den Westen eingliedert. Es besteht ein innerer Zusammenhang zwischen den beiden Verträgen. Es handelt sich nicht etwa um eine äußere, künstlich konstruierte Verkoppelung. Man kann sie beide nur im Zusammenhang betrachten, nicht das eine bejahen und das andere ablehnen ...

Wie ich bereits ausgeführt habe, handelt es sich für Sie um eine politische Entscheidung, die zu

treffen ist. Wir können, lassen Sie mich die theoretischen Möglichkeiten klarlegen, wählen zwischen folgenden Möglichkeiten:
1. Bejahung der Verträge und damit Anschluß an den Westen,
2. Ablehnung der Verträge, um damit den Anschluß an den Osten oder die Neutralisierung Deutschlands zu ereichen und
3. Herauszögern einer Entscheidung, um eventuell neu zu verhandeln. …
Welche Fortschritte werden nun die Verträge nach ihrem Inkrafttreten gegenüber dem heutigen Zustand für Deutschland bringen?
Das Besatzungsstatut fällt fort.
Alle wirtschaftlichen Beschränkungen hören auf.
Wir erhalten die Unterstützung der Vereinigten Staaten.
Wir erhalten ein Defensiv-Bündnis mit Großbritannien.
Die europäische Föderation beginnt auf dem neuralgischsten Gebiet, nämlich dem militärischen.
Europäische Kriege sind in Zukunft ausgeschlossen.
Durch den Einbau in das größte Verteidigungssystem der Geschichte erhalten wir die denkbar größte Sicherheit.
Wir sind nicht mehr Objekt politischer und strategischer Überlegungen, sondern wir werden Mithandelnde.
Ich glaube, gerade dieser letzte Punkt verdient einige weitere Ausführungen. Die Spannungen zwischen Ost und West kennt jeder von uns; wenn es auch im hohen Grade unwahrscheinlich ist, daß es zu einem heißen Krieg zwischen Ost und West kommt, so muß man doch bei seinen Überlegungen auch diese entfernte Möglichkeit mit in Betracht ziehen. Solange wir besetztes Land sind, solange wir uns nicht in das westliche Verteidigungssystem eingefügt haben, sind wir ein Niemandsland zwischen zwei großen Mächtegruppen.
Wie wir in den diplomatischen Auseinandersetzungen Objekt sind, so würden wir auch Objekt bei ernsten Auseinandersetzungen sein. Mit anderen Worten: wir würden Schauplatz dieser Auseinandersetzungen werden mit allen den furchtbaren Folgen, die sich daraus für unser Volk ergeben würden. …
Ich bin überzeugt davon, daß Sowjetrußland, wenn es sieht, daß infolge des Abschlusses der Europäischen Verteidigungsgemeinschaft seine Politik, im Wege des Kalten Krieges im vorliegenden Fall zur Neutralisierung der Bundesrepublik zu kommen, keinen Erfolg mehr verspricht, daß dann Sowjetrußland diese neugeschaffene politische Situation beachten und seine Politik dementsprechend einstellen wird. Das eine ist sicher: wenn wir die Verträge nicht unterzeichnen, verbessern wir die Aussicht auf Wiedervereinigung Deutschlands in keiner Weise. Ich weiß, daß die Männer und Frauen in der Ostzone diese Ansicht teilen. Ich weiß, daß sie eine Ablehnung der beiden Verträge nicht verstehen würden. Ich weiß, daß auch sie den von uns eingeschlagenen Weg als den einzigen Weg betrachten, der auch sie aus ihrer Not herausführen wird.

Zit. nach: Verhandlungen des Deutschen Bundestages. Stenographische Berichte. 1. Wahlperiode, 221. Sitzung, S. 9789 ff.

*b) Rede Carlo Schmids vom 9. 7. 1952*

…

Das Ergebnis vieler Verhandlungen sind die Verträge, über die wir heute beraten. Man hat uns den amerikanischen Senat gepriesen, der so einmütig ratifiziert habe, und man sprach von dem großen Mut, den dieser Senat dabei aufgebracht habe. Ich glaube aber, zur Ratifikation in Washington brauchte es nicht viel Mut; die Amerikaner erhalten doch einen Vertrag, der ihre Politik krönt, einen Vertrag, der ihnen nunmehr vertraglich einschneidende Rechte in Deutschland einräumt, ohne daß sie dadurch Verpflichtungen übernommen hätten, die über das hinausgehen, was von ihnen schon übernommen worden ist und in ihrem unmittelbaren Interesse liegt. Für die Amerikaner sind diese Verträge die Ordnung eines Stückes ihrer Außenpolitik; für uns sind sie etwas, das die Existenz des deutschen Volkes unmittelbar betrifft, und das ist ein Unterschied!

Dieser EVG-Vertrag ist in Wirklichkeit die Verpflichtung, die Bundesrepublik unlöslich in ein politisches und militärisches Vertragssystem einzubringen, das die russische Besatzungsmacht, ohne deren Zustimmung wir die Voraussetzungen für die Schaffung der Einheit Deutschlands nicht erfüllen können – ob mit Recht oder Unrecht – nun einmal als gegen sich gerichtet betrachtet, und wir übernehmen darin recht präzise Verpflichtungen. Aber weder die Briten noch die Amerikaner übernehmen präzise Verpflichtungen für konkrete Leistungen, und wenn die NATO ihnen solche Verpflichtungen auferlegen sollte, dann wird das ohne unsere Beteiligung geschehen, und nichts im Generalvertrag außer der allzu allgemeinen Generalklausel hindert die Vereinigten Staaten, ihre Truppen zurückzuziehen oder das Maß der Truppen, die sie in Europa halten, nach ihren Vorstellungen zu bestimmen. ...

Nun kann die Einheit Deutschlands doch nur zustandekommen, wenn die Russen – ja, auch die Russen – mit gesamtdeutschen freien Wahlen einverstanden sind. Und glaubt man denn, daß sie dazu bereit sein werden, wenn von vornherein feststehen soll, daß der Teil Deutschlands, den sie aufgeben, auf Grund einer heute geschaffenen vertraglichen Verpflichtung einem Block zugeschlagen werden soll, den dieses Rußland nun einmal als feindselig empfindet? Als ich das in Straßburg einem Delegierten eines nordischen Landes sagte, gab er mir zur Antwort: „Ihr müßt euch eben damit abfinden: uns ist es lieber, wir haben das halbe Deutschland ganz als das ganze Deutschland halb." Das mag da ein Gesichtspunkt für Dritte sein, aber für uns Deutsche kann das kein Gesichtspunkt sein!

Wir können uns dagegen nicht mit den Worten trösten, daß wir durch diese Verträge nunmehr zusammen mit dem Westen so stark werden, daß wir mit den Russen endlich die Sprache sprechen können, die sie allein verstehen. Glaubt man denn wirklich, mit diesen Verträgen die Russen zur politischen Kapitulation zwingen zu können? Wenn man die Zustimmung der Russen will, muß man ihnen doch eine Chance lassen, durch die sie kompensiert finden könnten, was sie aufgeben!

...

Sie sagen: Wir machen durch die Verträge uns und den Westen stark, und nur, wenn wir den Westen stark machen – in einer früheren Debatte wurde einmal gesagt: militärisch stark machen –, kann man den Russen gegenüber eine offensive Deutschland-Politik betreiben, denn sie verstehen nur die Sprache der Macht. Dazu sagen wir Ihnen: Die Macht, die wir dazu brauchten, schaffen diese Verträge nicht. Keiner unserer Partner ist durch diese Verträge zu konkreten politischen Maßnahmen für die Einheit Deutschlands verpflichtet. Jeder einzelne bleibt in jedem einzelnen Falle Herr seiner Entscheidungen. ...

Werden die Russen nicht jeden Machtzuwachs im Westen durch Schaffung neuer eigener Machtmittel – vielleicht sogar in dem von ihnen besetzten Deutschland – kompensieren und überkompensieren? ...

Sie sagen weiter: Deutschland kann nicht neutral bleiben, es gehört zum Westen, es muß sich daher für den Westen entscheiden, und die Entscheidung für den Westen fordert Entscheidung für diesen konkreten EVG-Vertrag und für diesen konkreten Generalvertrag! Dazu sagen wir Ihnen: Ja, Deutschland will keinen Neutralismus und kann ihn nicht wollen! Es hat sich längst für ein Leben auf Grund von Ordnungen entschieden, die heute nur im Westen dieses Kontinents existieren können.

Und daß es diesen Willen hat, hat dieses deutsche Volk auch dort bewiesen, wo der Osten lockte. Aber diese Entscheidung für den Westen bedeutet doch nicht, daß man auf die Möglichkeit eigener deutscher Politik verzichten und eine Politik betreiben müsse, deren machtpolitische Versuche mit Sicherheit durch Gegenmaßnahmen im anderen Teile Deutschlands kompensiert werden!

Was *Sie* Neutralität nennen, *nennen* wir die Weigerung, alle Möglichkeiten einer deutschen Politik zu Funktionen der Politik anderer reduzieren zu lassen. Es ist nicht wahr, daß es nur die eine Alternative gebe, Satellit des Ostens oder Vasall des Westens zu sein. Es gibt die dritte: sich dem Westen in Formen zu verbinden, die der Osten nicht bedrohlich zu finden braucht, und mit dem Osten in ein Verhältnis freien Austausches zu treten, das den Westen stärkt, statt ihn zu schwächen.

Nur so können wir zur Wiederherstellung eines freien einheitlichen Deutschland kommen. Für

die Einzel-Etappen des Weges gibt es kein Patentrezept, aber man muß auf dieses Ziel hin verhandeln, und das ist besser, als militärisch zu denken, wo politisch gedacht werden muß! ...
Und schließlich: Sie fragen mich immer wieder, Herr von Brentano: „Was wollen *Sie* denn?" Nun, jetzt frage ich Sie, Herr von Brentano: Glauben Sie denn, daß die Verträge die Einheit Deutschlands automatisch erwirken werden?
Sie haben uns bisher nicht gesagt, was Sie mit diesen Verträgen machen wollen, auf daß die Einheit Deutschlands zustande komme! Und das dem deutschen Volke zu sagen, wäre doch die entscheidende Frage ...
Es sollte das vornehmste Nahziel unserer Politik sein, auf die Abhaltung einer Viermächtekonferenz hinzuwirken, auf der der Osten und der Westen klipp und klar zum Ausdruck bringen sollen, wie man sich dort, wo man noch Geschichte machen kann, die Lösung unserer Schicksalsfrage vorstellt und welche Voraussetzungen von der einen oder von der anderen Seite für das Einverständnis verlangt werden. Einen anderen Weg gibt es schlechthin nicht!

Zit. nach: Carlo Schmid, Bundestagsreden, hrsg. von Hansjoachim Daul, Bonn 1966, S. 147ff.

*c) Herbert Wehners Einwände gegen die „Politik der Stärke"*

Rede in der EVG-Debatte vom 10.7.1952

Es drängt sich einfach die Frage auf: Was wäre, wenn der Herr Bundeskanzler den Bemühungen um die Wiederherstellung der deutschen Einheit mindestens soviel Kraft und Zeit geopfert hätte wie seinen Bemühungen um die sogenannte Integration? Die sogenannte Integration führt ja nicht automatisch zur Wiedervereinigung Deutschlands. Der Bundeskanzler begeht in dieser Beziehung zwei Rechenfehler. Erstens: er nimmt an, die Zusammenlegung des Wirtschafts- und Militärpotentials einer Gruppe westeuropäischer Länder werde zu einem gewissen Zeitpunkt die Verhandlungsbereitschaft der Sowjetregierung erzwingen; zweitens: durch die Integrationsverträge seien die westlichen Vertragspartner eindeutig auf eine Politik der Wiedervereinigung festgelegt. ... Die Behauptung, die bisherigen sowjetischen Angebote seien schon das Ergebnis der – wie Sie es jetzt zu nennen belieben – „Politik der Stärke des Westens", und deshalb dürfe man sich nicht beirren lassen, geht von der falschen Behauptung aus, man könne mit gewissermaßen arithmetischer Sicherheit den Zeitpunkt errechnen, an dem es sich lohnen werde, mit den Sowjets zu verhandeln. Wenn Sie Wasser über einen bestimmten Punkt hinaus erhitzen, gibt es Dampf! Die deutsche Politik muß nicht nur das Risiko einer Entwicklung nach dem Muster von Prag, sondern sie muß auch das Risiko einer Koreanisierung Deutschlands zu verhindern trachten. ... Aufrichtiger wäre es, wenn die Befürworter der Verträge sagten: Jawohl, wir geben zu, für eine geraume Zeit müssen wir die Wiedervereinigung zurückstellen, aber wir haben dafür die und die Begründung. ... Aus Besatzungsfesseln werden nämlich Bündnisfesseln, und es ist mehr als fraglich, wie diese Bündnisfesseln, die unter dem Übergewicht der Besatzungsmächte geschmiedet worden sind, unsere Bemühungen um die Wiedervereinigung Deutschlands in Freiheit und mit friedlichen Mitteln fördern statt hemmen sollen.

Zit. nach: Udo F. Löwke, Für den Fall, daß ... SPD und Wehrfrage 1949–1955, Hannover 1969, S. 109f.

## 3. Das SPD-Konzept der kollektiven Sicherheit

*a) Erklärung des Parteivorstandes vom Mai 1953*

Die Sozialdemokratische Partei Deutschlands ist für ein wirksames System kollektiver Sicherheit, an dem Deutschland gleichberechtigt teilnehmen kann.
Die SPD lehnt einen militärischen Beitrag der Bundesrepublik unter den Voraussetzungen und in der Form des vorgesehenen EVG-Vertrages ab, weil sie
a) der Bundesrepublik keine Sicherheit gewähren und die den Verträgen zugrundeliegende, bisher erkennbare Konzeption der Bundesrepublik das Schicksal der verbrannten Erde nicht erspart,
b) die Möglichkeiten einer friedlichen Wiedervereinigung Deutschlands blockieren,

c) der Bundesrepublik keine Gleichberechtigung gewähren.
Ein wiedervereinigtes Deutschland würde als Mitglied der Vereinigten Nationen (UN) seinen Beitrag zu dem im Rahmen der UN bestehenden Weltsicherheitssystem leisten. Solange die staatliche Einheit Deutschlands nicht wiederhergestellt ist, kann die Bundesrepublik an gemeinsamen Anstrengungen der freien Welt zur Sicherung des Friedens nur teilnehmen, sofern gewährleistet sind
a) die Gleichberechtigung der Bundesrepublik gegenüber allen anderen Teilnehmerstaaten;
b) die Gleichwertigkeit der Bedingungen für die Sicherheit und die Lebensinteressen jedes Teilnehmerstaates;
c) die ausdrückliche Übereinstimmung aller Teilnehmerstaaten, Deutschlands Anspruch auf Wiederherstellung seiner staatlichen Einheit anzuerkennen und die Bundesrepublik in ihrem Streben nach friedlicher Wiedervereinigung Deutschlands in Freiheit zu unterstützen;
d) keine Bindung einer freigewählten gesamtdeutschen Regierung durch vertragliche Verpflichtungen, die die Bundesrepublik eingeht, sondern Kündbarkeitsklausel für den Fall der Wiedervereinigung Deutschlands in jedem Vertrag.
Die Bundesrepublik muß angesichts der durch die Spaltung Deutschlands geschaffenen besonderen Lage darauf bestehen, die Kräfte der USA und Großbritanniens durch festes Engagement mit den eigenen militärischen Anstrengungen der Bundesrepublik zu verbinden.
Frieden und Sicherheit können heute nicht mehr nur für ein beschränktes Territorium etwa im Form eines ausschließlich kontinental-europäischen Sicherheitssystems gewährleistet werden. Regionale Sicherheitspakte, an denen die Bundesrepublik in der ihren Verhältnissen angemessenen Weise beteiligt wäre, sollen das Weltsicherheitssystem ergänzen und effektiv machen.
Damit die Bundesrepublik den ihr zukommenden Anteil an solchen gemeinsamen Anstrengungen zur Sicherung des Friedens übernehmen und erfüllen kann, ist nach der Aufhebung des Besatzungsstatuts ihr rechtlicher Status so zu bestimmen, daß sie – ungeachtet des Artikels 107 der Satzungen der UN – die vom Statut der UN für die Mitgliedschaft geforderten Voraussetzungen erfüllt[1]).

Aus: Handbuch Sozialdemokratischer Politik, hrsg. vom Vorstand der Sozialdemokratischen Partei Deutschlands, Bonn 1953, S. 115.

*b) Fritz Erler in „Neuer Vorwärts" vom 15. 10. 1954*

Es ist eine Irreführung der Bevölkerung, jedes Militärbündnis als ein System kollektiver Sicherheit anzupreisen. Ein Militärbündnis richtet sich gegen eine außerhalb des Bündnisses stehende Macht: ein System der kollektiven Sicherheit schließt auch den möglichen Angreifer ein. Es funktioniert dadurch, daß sich in diesem System alle Teilnehmer verpflichten, gegen denjenigen *unter ihnen* zusammenzustehen, der den Frieden bricht. …
Die Eingliederung des wiedervereinigten Deutschlands in ein System der kollektiven Sicherheit erfüllt die offensichtliche Voraussetzung jeder friedlichen Wiedervereinigung. Deutschland würde damit kein Militärbündnis gegen die Amerikaner oder gegen die Sowjets eingehen. Es würde auf allen anderen Gebieten als dem militärischen nach dem freien Willen seiner Bevölkerung eindeutig auf der Seite der demokratischen Freiheiten und nicht bei der kommunistischen Knechtschaft stehen. Viele Staaten gehören einwandfrei zum Westen, ohne durch Militärbündnisse mit einer bestimmten westlichen Großmacht alliiert zu sein. Das gilt z. B. für Schweden.
Einbau in ein System der kollektiven Sicherheit ist nicht Isolierung, sondern das Gegenteil. Die Deutschen würden nicht ausgeklammert werden aus dem politischen, sozialen und militärischen Kräftefeld der übrigen Mächte, sondern sie würden gerade teilhaben an einem gemeinsamen Sicherheitssystem, das ihnen für den Fall einer Aggression die Hilfe der anderen Teilnehmer gegen den Aggressor sichert, was voraussichtlich die Verpflichtung mit sich bringt, sich selbst mit gegen

[1]) Der Art. 107 der UN-Charta vom 26. 6. 1945 gestand den Mitgliedern der Vereinten Nationen notwendige Sicherheitsmaßnahmen – sogar im Widerspruch zur UN-Satzung – gegenüber den Feindstaaten des Zweiten Weltkriegs zu (Anmerkung des Herausgebers); vgl. Wortlaut, S. 295

den Aggressor zu verteidigen. Die wirkliche Sicherheit für Deutschland liegt doch darin, daß der Aggressor weiß, durch einen Angriff auf das demokratische Deutschland den dritten Weltkrieg auszulösen. Diese Gewißheit dürfte den Angriff verhindern. Deutschland als Teilnehmer eines Systems der kollektiven Sicherheit wäre weder „neutralisiert“ noch im klassischen Sinne neutral. Es nimmt einfach nicht teil an Militärbündnissen. Das ist ein großer Unterschied. Ein neutralisiertes Land, dessen Neutralität von anderen garantiert und beaufsichtigt würde, müßte sich Einmischungen der Garantiemächte gefallen lassen, die angesichts der Methoden sowjetischer Infiltration nicht annehmbar sind.

Neutral wäre das wiedervereinigte Deutschland schon deshalb nicht, weil es sich gegen einen bewaffneten Angriff nicht allein durch seine eigenen Kräfte verteidigen könnte, sondern auf die Mitwirkung aller anderen Teilnehmer des Sicherheitssystems angewiesen wäre. Dieser Zusammenhang hat ja die Schweiz dazu gebracht, um ihrer klassischen Neutralität willen nicht einmal den Vereinten Nationen oder dem Europarat beizutreten. Das wiedervereinigte Deutschland soll also weder neutral noch „neutralisiert“, sondern ohne *Militär*bündnisse sein.

Zit. nach: Udo F. Löwke: Für den Fall, daß ..., a. a. O., S. 253 f.

## 4. Wiedervereinigung, Wiederaufrüstung und Ostpolitik

Der SPD gelang es weder, der Bevölkerung dieses komplizierte Konzept eines kollektiven Sicherheitssystems nahezubringen, noch die Priorität der Wiedervereinigung vor der Westintegration mehrheitsfähig zu machen. Gleichwohl gab es eine breite Oppositionsbewegung gegen die Wiederaufrüstung, die in fast allen großen Parteien, in Gewerkschaften, Kirchen und Vereinen beheimatet war. Besonders in den Gewerkschaften fand sie eine starke Stütze, so daß nach der anfänglichen Zustimmung durch die DGB-Spitze und nach den enttäuschenden Erfahrungen mit dem Betriebsverfassungsgesetz seit 1952 ein deutlicher Kurswechsel in der gewerkschaftlichen Haltung zur Wiederaufrüstung feststellbar ist. Einer der profiliertesten politischen Sprecher der Oppositionsbewegung war Gustav Heinemann. In einem Memorandum über die deutsche Sicherheit vom Oktober 1950[1]) legte er dar, daß die Aufstellung deutscher Truppen eine schwere Belastung der sozialen Gestaltungsmöglichkeiten und der jungen deutschen Demokratie bedeuten würde. Er stellte darüber hinaus die Frage, ob eine westdeutsche Wiederaufrüstung auf die Sowjetunion nicht provozierend wirken und somit die Gefahr heraufbeschwören könne, daß Deutschland erneut zum Hauptschauplatz eines europäischen Krieges werden würde. Damit „die Chance für eine friedliche Lösung nicht verloren geht“, plädierte er daher gegen einen deutschen militärischen Beitrag.

Die Gesamtbewegung war in sich sehr heterogen. Die gemeinsame Basis läßt sich am ehesten als „Ohne-mich-Haltung“ charakterisieren. Nach einer EMNID-Umfrage von 1952 waren etwa drei Viertel der deutschen Bevölkerung gegen deutsche Soldaten. Die Ergebnisse der Landtagswahlen 1951 brachten für die Regierungsparteien erhebliche Verluste und die innenpolitische Basis von Adenauers Außenpolitik schien ins Wanken zu geraten. Die SPD zog zugleich alle Register der nationalen Propaganda gegen EVG- und Deutschlandvertrag und blieb damit auf der gleichen Linie, die schon die Debatte um das Petersberger Abkommen gezeigt hatte. „Wer diesem Generalvertrag zustimmt“, erklärte Schumacher im Mai 1952 in einem Interview, „hört auf, ein Deutscher zu sein“. Eine breite publizistische Opposition, deren herausragende Wortführer Rudolf Augstein im „Spiegel“ und Paul Sethe in der „FAZ“ waren, warf Adenauer vor, er habe mit den Westmächten ohne Möglichkeit des „Nein“ verhandelt und ihnen deutsche Divisionen wie „türkischen Honig“ angeboten. Warum ließ sich dieses breite Oppositionspotential dennoch nicht in eine klare politische Entscheidung umsetzen?

Die Antwort scheint eindeutig: Die Wähler gaben letztlich der Sicherung durch Westintegration den Vorrang vor dem Risiko einer Wiedervereinigung. Eine genaue Analyse der innenpolitischen Auseinandersetzungen um die sowjetischen Noten von 1952 zeigt, daß der Gedanke einer Neutra-

[1]) s. Nr. 6, S. 254 ff.

lität – als zwingende Prämisse einer ernsthaften Diskussion der sowjetischen Initiative – in der Öffentlichkeit auf nur geringe Resonanz stieß, eben weil darin ein hoher Risikofaktor steckte. Demgegenüber versprach Adenauers Politik der Stärke nicht nur Sicherheit, sondern zusätzlich auch die Wiedervereinigung als langfristiges Ergebnis dieser Politik und machte so Westintegration und Wiederaufrüstung innenpolitisch vermutlich erst konsensfähig und durchsetzbar. Zwar gab es gegenüber der starren Fixierung der Regierungspolitik auf die Westintegration und der rückwärts gewandten Orientierung der Opposition am Nationalstaat flexiblere Konzeptionen wie die des FDP-Politikers Pfleiderer, die von der Legitimität eines starken sowjetischen Sicherheitsbedürfnisses ausgingen und auf den inneren Widerspruch der geforderten gesamtdeutschen Optionsfreiheit verwiesen. Jedoch hatten solche differenzierten Überlegungen weder bei der Masse der Gegner noch der Befürworter der Wiederaufrüstung eine Chance auf Resonanz. Wenngleich die Einstellungen der Bevölkerung zur Wiederbewaffnung in den Jahren 1950 bis 1953 erheblich schwankten, gab doch die Bundestagswahl von 1953, die Adenauer fast die absolute Mehrheit brachte, eine eindeutige Antwort auch auf die Prioritäten in der deutschen Außenpolitik.

Die Auseinandersetzungen um Westintegration und Wiederaufrüstung erreichten nochmals einen Höhepunkt nach dem Scheitern der EVG und im Vorfeld der Ratifizierung der Pariser Verträge von 1955. Die grundsätzliche Konstellation jedoch änderte sich wenig: Einer Regierungspolitik, die aus ihrer westeuropäischen Integrationspolitik sowohl wirtschaftliche Prosperität wie die Grundvoraussetzung einer künftigen Wiedervereinigung abzuleiten verstand, trat die SPD mit einem Konzept gegenüber, das die Priorität umkehrte, aber gleichwohl in sich nicht konsequent war, weil es die Unvereinbarkeit von sowjetischen Interessen und Wiedervereinigung auf der Basis einer gesamtdeutschen Entscheidungsfreiheit nicht ausreichend reflektierte. Ein breites Protestpotential – ein markanter Ausdruck davon war die Paulskirchenbewegung – blieb ohne organisatorische Konzentration und politische Durchsetzungskraft, so daß es den Regierungsparteien leicht fiel, ihre Gegner als gefährliche Illusionisten gegenüber einer zielstrebigen sowjetischen Strategie abzuwerten.

Im Gegensatz zur heftig umstrittenen West- und Wiedervereinigungspolitik hat es eine Ostpolitik in den fünfziger Jahren faktisch nicht gegeben. Die Potsdamer Grenzregelung gegenüber Polen wurde von den Parteien in einer politisch verzerrten, einseitig formal-juristischen Interpretation zur Basis des innenpolitischen Kampfes um Wählerstimmen von Flüchtlingen und Zwangsumsiedlern gemacht, die jeden Ansatz einer Normalisierung der Beziehungen mit Polen von vornherein verbaute. Der Potsdamer Vorbehalt, die endgültige Grenzregelung könne erst auf einer Friedenskonferenz erfolgen, diente als Vorwand eines territorialen Revisionsanspruches, der zwar durch ein prinzipielles Bekenntnis zum Gewaltverzicht abgemildert, aber damit für Polen nicht zuletzt vor dem historischen Hintergrund der Weimarer Erfahrungen keineswegs akzeptabler wurde. Daß die materielle Endgültigkeit der Grenzregelung, wie sie im Umsiedlungsartikel des Potsdamer Abkommens und in den vom Alliierten Kontrollrat im November 1945 vereinbarten Umsiedlerquoten für die Besatzungszonen unterstrichen wurde, einer generellen Revisionsmöglichkeit diametral widersprach, wurde in der innenpolitischen Debatte ignoriert. Seit Kriegsende waren sich alle großen Parteien – bis 1947 auch die Kommunisten – darin einig, daß es eine Anerkennung der Oder-Neiße-Linie und damit einen Verzicht auf die früheren Ostgebiete nicht geben könne. Bereits in der ersten Bundestagsdebatte vom 20. September 1949 äußerten Adenauer und Schumacher ihre dezidierte Ablehnung der Oder-Neiße. Dementsprechend legten alle Fraktionen des Bundestages (außer der KPD) im Juni 1950 eine förmliche Rechtsverwahrung gegen das bevorstehende Grenzabkommen von Görlitz zwischen der DDR und Polen ein. Noch dezidierter erklärte Adenauer am 29. 5. 1953 in einem Memorandum an den amerikanischen Präsidenten Eisenhower: „Keine deutsche Regierung wird je in der Lage sein, die Oder-Neiße-Linie anzuerkennen".

Die Westalliierten, die seit der Stuttgarter Rede des US-Außenministers Byrnes 1946 im Zeichen des beginnenden Kalten Krieges viel dazu beigetragen hatten, das politische Terrain für eine derartige Revisionspolitik aufzulockern, versagten sich einer von Adenauer gewünschten ausdrücklichen

Festlegung auf eine Wiederherstellung Deutschlands in den Grenzen von 1937 und verwiesen dabei auf den Unterschied, den sie stets in der Behandlung der Gebiete jenseits und diesseits der Oder-Neiße gemacht hatten. Weiter gingen sie jedoch nicht. Die unverbindliche Kompromißformulierung, die dann in den Deutschland-Vertrag von 1955 einging, lehnte sich erneut an das Potsdamer Abkommen an. Die „endgültige Festlegung der Grenzen Deutschlands“ sollte damit bis zum Friedensvertrag aufgeschoben werden.

Aus: Christoph Kleßmann, Die doppelte Staatsgründung, a.a.O., S. 232ff.

## 5. Aufruf Adenauers vom Sommer 1954

# AN ALLE DEUTSCHEN!

**Wir alle erstreben die Wiedervereinigung Deutschlands in Frieden und Freiheit. Wir wissen, daß wir allein auf uns gestellt dieses Ziel gegen den Willen Sowjetrußlands nicht erreichen können. Im Deutschlandvertrag aber übernehmen die drei Westmächte vertraglich die Verpflichtung, mit der Bundesrepublik zusammen die Wiedervereinigung Deutschlands auf friedlichem Wege unter einer demokratischen Verfassung herbeizuführen.**

**Schon das allein verpflichtet uns gegenüber den Deutschen hinter dem Eisernen Vorhang, den Verträgen mit dem Westen zuzustimmen.**

**Nach dem Vertrag über die Europäische Verteidigungsgemeinschaft werden dieser auch deutsche Truppen angehören. Ich möchte erklären, daß wir alle Waffenträger unseres Volkes, die im Rahmen der hohen soldatischen Überlieferungen ehrenhaft zu Lande, auf dem Wasser und in der Luft gekämpft haben, anerkennen.**

**Wir sind überzeugt, daß der gute Ruf und die großen Leistungen des deutschen Soldaten, trotz aller Schmälerungen während der vergangenen Jahre, in unserem Volke noch lebendig sind und es auch bleiben werden. Es muß unsere Aufgabe sein, die sittlichen Werte des deutschen Soldatentums mit der Demokratie zu verschmelzen.**

**Wir stehen vor der Wahl zwischen Sklaverei und Freiheit!**

# Wir wählen die Freiheit!

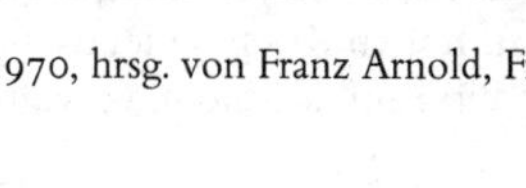

**Bundeskanzler Dr. Konrad Adenauer**

Zit. nach: Anschläge. Politische Plakate in Deutschland 1900–1970, hrsg. von Franz Arnold, Frankfurt/M, o. J., S. 142

## 6. Zum Scheitern der EVG

*a) Adenauer in einem Interview mit der „Times" vom 3. 9. 1954*

Ich gab mit Mühe, darauf zu sehen, daß sich keine unnötigen Differenzen zwischen Herrn Mendès-France und mir selbst ergeben sollten, aber ich erhob natürlich die stärksten Einwendungen, wenn er verlangte, daß jeder Partner des Vertrages das Recht haben sollte, seinen Rücktritt aus der Verteidigungsgemeinschaft im Falle der Wiedervereinigung Deutschlands zu erklären. Nach meiner Meinung (und auch nach der Auffassung anderer) war dies eine Einladung an Rußland, die Wiedervereinigung Deutschlands durch jedes Mittel zu erwirken zu suchen und damit der EVG ein Ende zu bereiten. Ich bedaure sagen zu müssen, daß Herr Mendès-France die EVG zu zerstören wünschte. Man erwäge doch die Art und Weise, auf welche die Frage in der Nationalversammlung entschieden wurde. Die Abstimmung wurde über einen Verfahrenspunkt vorgenommen, und die führenden Anhänger des Vertrages hatten keinerlei Chance zu sprechen. Die Gaullisten, die Kommunisten und die Unzufriedenen schlossen sich bei der Verwerfung des Vertrages zusammen. Was von Bedeutung festzustellen ist, ist, daß Herr Mendès-France keine Majorität hinter sich hat. ...

Im Osten haben wir die Sowjetunion und in Paris haben wir eine starke kommunistische Plattform. Der gute Wille, den Deutschland seit Ende des Krieges gezeigt hat, und der Wunsch, daß wir und die Franzosen brüderlich und freundschaftlich vorwärtsschreiten sollten, sind enttäuscht worden. Was sagen die Deutschen nun? Sie sagen etwa folgendes: „Stresemann verhandelte mit Briand, Brüning verhandelte mit Daladier und Adenauer verhandelte mit Schuman. All das war zwecklos." Müssen wir nunmehr annehmen, daß die Franzosen eine Verständigung zwischen unseren beiden Ländern nicht wünschen? Denken Sie an die jüngere Generation der Deutschen. Ich glaube, daß ich ehrlich behaupten kann, daß wir das alte Konzept eines engstirnigen Nationalismus durch die europäische Idee ersetzt haben. Wenn die europäische Idee durch die Handlungsweise Frankreichs zertrümmert wird, wird das dann nicht die Wiederkehr eines übertriebenen Nationalismus in Deutschland bedeuten? Ich meine damit nicht eine Rückkehr zum Nazismus von Hitler, aber gewiß eine Rückkehr zu irgendeiner Form des Nationalismus. Wenn Deutschland durch den Westen zurückgestoßen und durch den Osten umworben wird, glauben Sie dann nicht, daß der neue Nationalismus auf die Sowjetunion blicken wird? Das ist eine große Gefahr. ...

*b) Der SPD-Pressedienst zum Adenauer-Interview*

War dies die Sprache eines Europäers? Eine Bemerkung wie jene, daß sich in Paris die Kommunisten etabliert hätten, muß in französischen Ohren provokativ wirken und leidenschaftliche Ablehnung hervorrufen. Der faszinierende Erfolg eines Mendès-France und das internationale Ansehen, das er genießt, sind doch darauf zurückzuführen, daß er den Mut hatte, das Parlament vor Entscheidungen zu stellen, um die sich seine Vorgänger gedrückt hatten. Das Bleigewicht des Indochina-Krieges lähmte Frankreich und zehrte an seinen Kräften; Mendès-France beendete eine Epoche, in der Frankreich einem innen- und außenpolitischen Chaos zusteuerte. Und so wurde auch der Genfer Kompromiß von dem französischen Volk als eine Befreiung von einer Last empfunden, die es nicht mehr tragen konnte. ...

Eine andere Äußerung des Kanzlers berührt eine Grundfrage der deutschen Politik, und der Zusammenhang, in den sie gestellt ist, läßt schwerste Befürchtungen für die Haltung der Bundesregierung in der Frage der deutschen Wiedervereinigung aufkommen. Auf der Brüsseler Konferenz wandte sich bei der Unterredung mit Mendès-France der Bundeskanzler dagegen, daß ein wiedervereinigtes Deutschland das Recht habe, aus der EVG auszutreten. Dies wäre, sagte der Kanzler zum französischen Ministerpräsidenten, nach seiner Auffassung eine Einladung an Rußland, „die Wiedervereinigung Deutschlands durch jedes Mittel zu erwirken zu suchen und damit der EVG ein Ende zu bereiten".

Offenherziger wurde vom derzeitigen Lenker der deutschen Politik der Vorrang von kleineuropäischen Lösungen, ausgehend von der Spaltung unseres Landes, vor der Wiedervereinigung noch niemals herausgestellt. Das heißt doch mit anderen Worten, daß der Bundeskanzler jeden, aber auch jeden Vorschlag der Sowjetunion in Fragen der Wiedervereinigung in den Wind schlagen wird, solange nicht hinter den künftigen deutschen Unterhändlern auf einer Friedenskonferenz deutsche Divisionen und Kanonen stehen. Eine deutsche Außenpolitik, in diesem Geiste geführt, muß zwangsläufig zur Isolierung der Bundesrepublik führen, die Zerrissenheit Europas ins Unerträgliche steigern und die Spaltung Deutschlands verewigen.

Zit. nach: Archiv der Gegenwart 1954, S. 4716 bzw. S. 4718

## 7. Schlußakte der Londoner Neun-Mächte-Konferenz über die Aufnahme der Bundesrepublik Deutschland in das westliche Verteidigungssystem vom 3. 10. 1954

Die Konferenz der neun Mächte, Belgien, Kanada, Frankreich, Bundesrepublik Deutschland, Italien, Luxemburg, Niederlande, Vereinigtes Königreich von Großbritannien und Nordirland und die Vereinigten Staaten, tagte von Dienstag, dem 28. September, bis Sonntag, dem 3. Oktober. Sie behandelte die wichtigsten Probleme der westlichen Welt, Sicherheit und europäische Integration im Rahmen einer dem Frieden und der Freiheit ergebenen atlantischen Gemeinschaft, die im Entstehen begriffen ist. In diesem Zusammenhang prüfte die Konferenz die Frage, wie die volle Assoziierung der Bundesrepublik Deutschland mit dem Westen sowie der deutsche Verteidigungsbeitrag gewährleistet werden könnten.

...

*Brüsseler Vertrag*

Der Brüsseler Vertrag wird verstärkt und ausgebaut, um ihn zu einem wirksameren Kern der europäischen Integration zu gestalten. Zu diesem Zwecke sind folgende Abmachungen vereinbart worden:

a) Die Bundesrepublik Deutschland und Italien werden aufgefordert werden, dem Vertrag beizutreten, der in geeigneter Weise geändert wird, um dem Ziel der europäischen Einheit Nachdruck zu verleihen; die beiden Staaten haben sich zu diesem Beitritt bereit erkärt. Das System der gegenseitigen automatischen Beistandsleistung im Angriffsfalle wird damit auf die Bundesrepublik Deutschland und Italien ausgedehnt.

b) Die Struktur des Brüsseler Vertrages wird verstärkt werden. Insbesondere wird der in dem Vertrag vorgesehene Konsultativrat ein Rat mit Entscheidungsbefugnissen werden.

c) Der Aufgabenbereich der Brüsseler Vertragsorganisation wird erweitert, um weitere wichtige Funktionen einzuschließen:

– Der Umfang und die allgemeine Beschaffenheit des deutschen Verteidigungsbeitrags werden dem für die EVG festgesetzten Beitrag entsprechen.

– Der maximale Verteidigungsbeitrag, den alle Mitglieder der Brüsseler Vertragsorganisation zur NATO leisten, wird durch ein besonderes Abkommen festgesetzt, das die zahlenmäßigen Stärken bestimmt, welche nur mit einstimmiger Zustimmung erhöht werden können.

– Die Stärke und Bewaffnung der Heimatverteidigungskräfte und der Polizei auf dem Kontinent der Mitgliedstaaten der Brüsseler Vertragsorganisation werden durch Abmachungen innerhalb der Organisation bestimmt unter Berücksichtigung ihrer eigentlichen Aufgabe und auf der Grundlage der bestehenden Stärke und des Bedarfs.

Die Mächte des Brüsseler Vertrages vereinbaren, als Teil der Organisation des Brüsseler Vertrages eine Dienststelle für die Kontrolle der auf dem europäischen Kontinent befindlichen Waffen der kontinentalen Mitglieder der Organisation des Brüsseler Vertrages zu errichten. ...

Die Brüsseler Vertragsmächte haben die nachstehende Erklärung des Bundeskanzlers der Bundesrepublik Deutschland zur Kenntnis genommen und bekunden ihr Einverständnis damit:

Der Bundeskanzler erklärt, daß sich die Bundesrepublik verpflichtet, auf ihrem Gebiet keine Atomwaffen, chemische Waffen oder biologische Waffen herzustellen.

Zit. nach: Bulletin der Bundesregierung vom 6. 10. 1954, Nr. 188, S. 1663 ff.

## 8. Vertrag über die Beziehungen zwischen der Bundesrepublik Deutschland und den Drei Mächten (Deutschland-Vertrag) in der geänderten Fassung vom 23. 10. 1954

Die Bundesrepublik Deutschland, die Vereinigten Staaten von Amerika, das Vereinigte Königreich von Großbritannien und Nordirland und die Französische Republik haben zur Festlegung der Grundlagen ihres neuen Verhältnisses den folgenden Vertrag geschlossen:

*Art. 1.* (1) Mit dem Inkrafttreten dieses Vertrages werden die Vereinigten Staaten von Amerika, das Vereinigte Königreich von Großbritannien und Nordirland und die Französische Republik (in diesem Vertrag und in den Zusatzverträgen auch als „Drei Mächte" bezeichnet) das Besatzungsregime in der Bundesrepublik beenden, das Besatzungsstatut aufheben und die Alliierte Hohe Kommission sowie die Dienststellen der Landeskommissare in der Bundesrepublik auflösen.
(2) Die Bundesrepublik wird demgemäß die volle Macht eines souveränen Staates über ihre inneren und äußeren Angelegenheiten haben.

*Art. 2.* Im Hinblick auf die internationale Lage, die bisher die Wiedervereinigung Deutschlands und den Abschluß eines Friedensvertrages verhindert hat, behalten die Drei Mächte die bisher von ihnen ausgeübten oder innegehabten Rechte und Verantwortlichkeiten in bezug auf Berlin und auf Deutschland als Ganzes einschließlich der Wiedervereinigung Deutschlands und einer friedensvertraglichen Regelung. Die von den Drei Mächten beibehaltenen Rechte und Verantwortlichkeiten in bezug auf die Stationierung von Streitkräften in Deutschland und der Schutz der Sicherheit dieser Streitkräfte bestimmen sich nach den Artikeln 4 und 5 dieses Vertrages.

*Art. 3.* (1) Die Bundesrepublik wird ihre Politik in Einklang mit den Prinzipien der Satzung der Vereinten Nationen und mit den im Statut des Europarates aufgestellten Zielen halten.
(2) Die Bundesrepublik bekräftigt ihre Absicht, sich durch ihre Mitgliedschaft in internationalen Organisationen, die zur Erreichung der gemeinsamen Ziele der freien Welt beitragen, mit der Gemeinschaft der freien Nationen völlig zu verbinden. Die Drei Mächte werden zu gegebener Zeit Anträge der Bundesrepublik unterstützen, die Mitgliedschaft in solchen Organisationen zu erlangen.
(3) Bei Verhandlungen mit Staaten, mit denen die Bundesrepublik keine Beziehungen unterhält, werden die Drei Mächte die Bundesrepublik in Fragen konsultieren, die deren politische Interessen unmittelbar berühren.
(4) Auf Ersuchen der Bundesregierung werden die Drei Mächte die erforderlichen Vorkehrungen treffen, die Interessen der Bundesrepublik in ihren Beziehungen zu anderen Staaten und in gewissen internationalen Organisationen oder Konferenzen zu vertreten, soweit die Bundesrepublik dazu nicht selbst in der Lage ist.

*Art. 4.* (1) Bis zum Inkrafttreten der Abmachungen über den deutschen Verteidigungsbeitrag behalten die Drei Mächte weiterhin ihre bisher ausgeübten oder innegehabten Rechte in bezug auf die Stationierung von Streitkräften in der Bundesrepublik. Die Aufgabe dieser Streitkräfte wird die Verteidigung der freien Welt sein, zu der die Bundesrepublik und Berlin gehören. Vorbehaltlich der Bestimmungen des Artikels 5 Absatz 2 dieses Vertrags bestimmen sich die Rechte und Pflichten dieser Streitkräfte nach dem Vertrag über die Rechte und Pflichten ausländischer Streitkräfte und ihrer Mitglieder in der Bundesrepublik Deutschland („Truppenvertrag") ...
(2) Die von den Drei Mächten bisher ausgeübten oder innegehabten und weiterhin beizubehaltenden Rechte in bezug auf die Stationierung von Streitkräften in Deutschland werden von den Bestimmungen dieses Artikels nicht berührt, soweit sie für die Ausübung der im ersten Satz des Artikels 2 dieses Vertrags genannten Rechte erforderlich sind. Die Bundesrepublik ist damit einverstanden, daß vom Inkrafttreten der Abmachungen über den deutschen Verteidigungsbeitrag an Streitkräfte der gleichen Nationalität und Effektivstärke wie zur Zeit dieses Inkrafttretens in der Bundesrepublik stationiert werden dürfen. Im Hinblick auf die in Artikel 1 Absatz 2 dieses Vertrags umschriebene Rechtsstellung der Bundesrepublik und im Hinblick darauf, daß die Drei Mächte

gewillt sind, ihre Rechte betreffend die Stationierung von Streitkräften in der Bundesrepublik, soweit diese betroffen ist, nur in vollem Einvernehmen mit der Bundesrepublik auszuüben, wird diese Frage in einem besonderen Vertrag geregelt.

*Art. 5.* (1) Für die in der Bundesrepublik stationierten Streitkräfte gelten bis zum Inkrafttreten der Abmachungen über den deutschen Verteidigungsbeitrag die folgenden Bestimmungen:
a) Die Drei Mächte werden die Bundesregierung in allen die Stationierung dieser Streitkräfte betreffenden Fragen konsultieren, soweit es die militärische Lage erlaubt. Die Bundesrepublik wird nach Maßgabe dieses Vertrags und der Zusatzverträge im Rahmen ihres Grundgesetzes mitwirken, um diesen Streitkräften ihre Aufgabe zu erleichtern.
b) Die Drei Mächte werden nur nach vorheriger Einwilligung der Bundesrepublik Truppen eines Staates, der zur Zeit keine Kontingente stellt, als Teil ihrer Streitkräfte im Bundesgebiet stationieren. Jedoch dürfen solche Kontingente im Falle eines Angriffs oder unmittelbar drohenden Angriffs ohne Einwilligung der Bundesrepublik in das Bundesgebiet gebracht werden, dürfen dagegen nach Beseitigung der Gefahr nur mit Einwilligung der Bundesrepublik dort verbleiben.
(2) Die von den Drei Mächten bisher innegehabten oder ausgeübten Rechte in bezug auf den Schutz der Sicherheit von in der Bundesrepublik stationierten Streitkräften, die zeitweilig von den Drei Mächten beibehalten werden, erlöschen, sobald die zuständigen deutschen Behörden entsprechende Vollmachten durch die deutsche Gesetzgebung erhalten haben und dadurch in Stand gesetzt sind, wirksame Maßnahmen zum Schutz der Sicherheit dieser Streitkräfte zu treffen, einschließlich der Fähigkeit, einer ernstlichen Störung der öffentlichen Sicherheit und Ordnung zu begegnen. Soweit diese Rechte weiterhin ausgeübt werden können, werden sie nur nach Konsultation mit der Bundesregierung ausgeübt werden, soweit die militärische Lage eine solche Konsultation nicht ausschließt, und wenn die Bundesregierung darin übereinstimmt, daß die Umstände die Ausübung derartiger Rechte erfordern. Im übrigen bestimmt sich der Schutz der Sicherheit dieser Streitkräfte nach den Vorschriften des Truppenvertrags oder den Vorschriften des Vertrags, welcher den Truppenvertrag ersetzt, und nach deutschem Recht, soweit nicht in einem anwendbaren Vertrag etwas anderes bestimmt ist.

*Art. 6.* (1) Die Drei Mächte werden die Bundesrepublik hinsichtlich der Ausübung ihrer Rechte in bezug auf Berlin konsultieren.
(2) Die Bundesrepublik ihrerseits wird mit den Drei Mächten zusammenwirken, um es ihnen zu erleichtern, ihren Verantwortlichkeiten in bezug auf Berlin zu genügen.

*Art. 7.* (1) Die Unterzeichnerstaaten sind darüber einig, daß ein wesentliches Ziel ihrer gemeinsamen Politik eine zwischen Deutschland und seinen ehemaligen Gegnern frei vereinbarte friedensvertragliche Regelung für ganz Deutschland ist, welche die Grundlage für einen dauerhaften Frieden bilden soll. Sie sind weiterhin darüber einig, daß die endgültige Festlegung der Grenzen Deutschlands bis zu dieser Regelung aufgeschoben werden muß.
(2) Bis zum Abschluß der friedensvertraglichen Regelung werden die Unterzeichnerstaaten zusammenwirken, um mit friedlichen Mitteln ihr gemeinsames Ziel zu verwirklichen: Ein wiedervereinigtes Deutschland, das eine freiheitlich-demokratische Verfassung, ähnlich wie die Bundesrepublik, besitzt und das in die europäische Gemeinschaft integriert ist.
(3) (gestrichen)
(4) Die Drei Mächte werden die Bundesrepublik in allen Angelegenheiten konsultieren, welche die Ausübung ihrer Rechte in bezug auf Deutschland als Ganzes berühren.
…

Zit. nach: Ingo von Münch (Hrsg.), Dokumente des geteilten Deutschland, Stuttgart 1968, S. 229 ff.

## 9. Zur Bedeutung des „Deutschland-Vertrages" vom 26. 5. 1952

Damals war es ein außerordentliches Ereignis, daß die Außenminister der drei Westmächte – die noch Besatzungsmächte waren – in die Bundesrepublik (sie war es noch nicht einmal drei Jahre) kamen, um hier ein Vertragswerk zu unterzeichnen, das dem Besatzungsregime ein Ende setzen und die Bundesrepublik in die Gemeinschaft des Westens aufnehmen sollte. Der Vertrag trug den schwerfälligen Namen „Vertrag über die Beziehungen zwischen der Bundesrepublik Deutschland und den Drei Mächten". Adenauer gab ihm – aus gut entwickeltem Sinn für Publikumswirksamkeit und ohne seine Vertragspartner lange zu befragen – sofort den inoffiziellen Namen „Deutschland-Vertrag", ein Name, der sich im deutschen öffentlichen Sprachgebrauch rasch durchsetzte. …
Dieser trug in seinem Inhalt zwar viele Züge eines Ersatzfriedensvertrages mit den drei Westmächten – dies gilt insbesondere für den umfangreichen „Zusatzvertrag" zur „Regelung aus Krieg und Besatzung entstandener Fragen" mit seinen detaillierten Bestimmungen über Kriegsverbrecher, Dekartellierung und Entflechtung, Rückerstattungen, Reparationen, verschleppte Personen und Flüchtlinge, zivile Luftfahrt – um nur die wichtigsten Stichworte zu nennen, ging aber davon aus, daß ein Friedensvertrag noch geschlossen werden würde und die endgültige Entscheidung einiger grundlegender Fragen (wie zum Beispiel die künftigen Grenzen Deutschlands oder die Regelung der Reparationen) diesem vorbehalten bleiben müsse.

Heute, nach Ablauf von dreißig Jahren, ist die Frage eines Friedensvertrags praktisch gegenstandslos geworden: es wird aller Voraussicht nach zu einem solchen nicht mehr kommen. Soweit der Deutschland-Vertrag noch Fragen offen gelassen hatte, sind sie weitgehend durch die Ostverträge, den Grundlagenvertrag mit der DDR, das Viermächte-Abkommen über Berlin und die Schlußakte von Helsinki ihrer politischen Bedeutung entkleidet worden. Zwar hat die Bundesregierung auch beim Abschluß dieser Verträge den Friedensvertragsvorbehalt des Deutschland-Vertrages aufrechterhalten und das Bundesverfassungsgericht hat die Rechtswirksamkeit dieses Vorbehalts bestätigt, aber niemand kann sich noch der Illusion hingeben, daß die Grenzfrage dadurch noch offen gehalten werde. …

Die heutige Stellung der Bundesrepublik Deutschland in der Welt beruht auf einer Reihe grundlegender politischer Entscheidungen, die mit der Unterzeichnung des Deutschland-Vertrages begann: 1954/55 folgte der Beitritt zur Nato; 1955 die Aufnahme diplomatischer Beziehungen mit der Sowjetunion; 1957 die Unterzeichnung der Römischen Verträge, mit denen die Europäische Wirtschafts-Gemeinschaft begründet wurde, später erweitert zur Europäischen Gemeinschaft der Zehn und ergänzt durch die Institutionen der Europäischen Politischen Zusammenarbeit (EPZ); 1963 legte der deutsch-französische Vertrag die institutionelle Grundlage zu einer engen Zusammenarbeit mit Frankreich; 1970 bereinigten der Moskauer und der Warschauer Vertrag, 1971 der Prager Vertrag das Verhältnis zum Osten, ergänzt durch den Grundlagenvertrag mit der DDR und das Viermächte-Abkommen mit Berlin – insgesamt ein Vertragswerk, das einen modus vivendi und normale diplomatische Beziehungen mit der kommunistischen Staatenwelt Osteuropas herstellte. Die Anerkennung der DDR als zweiter deutscher Staat (mit welchen Vorbehalten in bezug auf die völkerrechtliche Natur der gegenseitigen Beziehungen auch immer) bildete die Voraussetzung für den Eintritt der Bundesrepublik in die Vereinten Nationen; 1975 folgte die Unterzeichnung der Schlußakte von Helsinki. Seit 1977 gehört die Bundesrepublik zu dem Kreis der großen westlichen Industrienationen, der auf alljährlichen Gipfelkonferenzen die Probleme der Weltwirtschaft berät.

Der Deutschland-Vertrag war nicht nur die erste, sondern auch die wichtigste und weitestreichende dieser Grundentscheidungen. Die Bonner Unterschrift vom 26. Mai 1952 war die Grundlage und die Voraussetzung für alle folgenden Schritte. Die meisten damals heiß umstrittenen Klauseln haben ihre praktische Bedeutung eingebüßt: die Notstandsrechte der drei Mächte, die besonders heftig angefeindete „Bindungsklausel", die noch im letzten Augenblick zu scharfen Auseinandersetzungen im Bundeskabinett (besonders mit Jakob Kaiser) geführt hatte, die Entflechtungsauflagen für die deutsche Industrie. Wirksam geblieben sind andere Elemente des Vertragswerkes, die für die Stabilisierung und Absicherung des jungen und vielen äußeren Gefährdungen ausgesetzten Staatswesens entscheidend waren: die Schutz- und Garantiefunktion der drei Mächte in bezug auf Berlin; die langfristige Stationierung westlicher, insbesondere amerikanischer Truppen im Bundesgebiet; der Aufbau eigener Verteidigungskräfte; die Vierer-Verantwortung für Deutschland als Ganzes, das letzte völkerrechtliche Band, das die beiden Teile Deutschlands noch übergreift.

Soll man zu diesen Vertragselementen von bleibender Bedeutung auch das Bekenntnis der Westmächte zum Ziel der Wiedervereinigung rechnen? Die an der Formulierung des Vertragstextes mitwirkenden deutschen Unterhändler haben sich auch damals keine Illusionen über eine westliche Bereitschaft gemacht, sich für dieses Ziel zu engagieren. Solange die deutschen Bundesregierungen selbst darauf verzichten, diesem Ziel praktische Bedeutung beizumessen, ist die Frage ohnehin gegenstandslos. Ob sie unter veränderten Umständen noch einmal aufleben wird, läßt sich heute nicht sagen. Es gibt zuweilen „schlafende" Vertragsbestimmungen, die wieder zum Leben erweckt werden können. Man sollte sie nicht ohne zwingenden Anlaß für tot erklären.

Aus: Wilhelm Grewe, Die Grundentscheidung der Bundesrepublik, in: Frankfurter Allgemeine Zeitung vom 20. Mai 1982

## I/4 Stalin-Note und Wiedervereinigungsfrage

### Arbeitsthemen

1. *Worauf führt Schumacher die deutsche Spaltung zurück? Wie werden die östlichen Einheitsofferten interpretiert? Weshalb hält sie der SPD-Vorsitzende, der Ulbricht als „sächsische Lenin-Imitation" abtut, für völlig unannehmbar? Welche Rolle schreibt er freien Wahlen als Einstieg zu? (Nr. 1 a)*
2. *Welche überzeugte Erwartung knüpft Adenauer an den bisher „eingeschlagenen Weg"? Wann sieht er den entscheidenden Punkt als erreicht an? (Nr. 1 b)*
3. *Womit begründet die Sowjetunion die Notwendigkeit, einen Friedensvertrag mit Deutschland abzuschließen? Welche Vorbedingungen sollten auf deutscher Seite erfüllt sein? Welche unter ihnen mußten bei den Westmächten auf Skepsis stoßen? (Nr. 2)*
4. *Worin sieht der – unter dem unmittelbaren Eindruck der Stalin-Note formulierende – Publizist Paul Sethe „das Gespenstische und Verführerische an dem Vorschlag"? Welchen Punkt hält er für den entscheidendsten und klärungsbedürftigsten? Warum erscheint ihm eine pauschale Zurückweisung nicht zulässig? (Nr. 3)*
5. *Welches Zerrbild der westdeutschen Wirklichkeit zeichnet der Prawda-Artikel vom 12. 3. 1952?*
   *Mit welchen polemischen Anwürfen an die Bonner Adresse sucht Grotewohl die ausschließliche demokratische Legitimität der DDR-Regierung zu propagieren? Weshalb lehnt er die Einschaltung der UN-Kommission ab? (Nr. 4 a und 4 b)*
6. *Welche Schwachstellen des Stalin-Vorschlags greift Adenauer ausdrücklich heraus? Weshalb plädiert er für eine zügige Fortführung der EVG-Verhandlungen? Wie ist das militärtechnische Argument des Kanzlers zu beurteilen? Wie seine Äußerungen vor dem Hintergrund der – im Kabinett ausgegebenen, aber von ihm in einem „eindrucksvollen Feldzug" (H. Graml) ständig widerlegten – Devise, „oberste Pflicht sei es jetzt zu schweigen"? (Nr. 5)*
7. *Welche Einwände artikuliert die erste Antwortnote der Westalliierten? Auf welchen gravierenden Unterschied in der Interpretation des Potsdamer Abkommens wird explizit verwiesen? Weshalb läßt sich allerdings behaupten, daß in Punkt 3, der die Handlungsfreiheit Gesamtdeutschlands betrifft, eine für die Sowjetunion unannehmbare und die Absicht ihrer Initiative unterlaufende Bedingung formuliert war? (Nr. 6)*
8. *Mit welchem modifiziertem Vorschlag zum Komplex gesamtdeutscher Wahlen tritt die Sowjetunion in ihrer zweiten Note hervor? Mit welchen Argumenten wird das Angebot nationaler Streitkräfte begründet? An welcher Auslegung der Potsdamer Beschlüsse wird ausdrücklich festgehalten? Welcher bezeichnende Hinweis auf den Zeitpunkt – und damit auf das dominante Motiv – der sowjetischen Offerte wird gegeben? (Nr. 7)*
9. *Auf welchen grundsätzlichen Widerspruch (oder Trugschluß?) in Adenauers „Politik der Stärke" verweist Carlo Schmid mit seinem Vergleich vom „Messer ohne Heft und Klinge"? Wie versucht demgegenüber der Bundeskanzler*

*Westintegration und Einheitsverlangen als komplementär zu rechtfertigen? Wird hier ein prinzipielles Dilemma der westdeutschen Situation erkennbar? (Nr. 8 a und 8 b)*

10. *Weshalb hält Schumacher Vier-Mächte-Verhandlungen zur deutschen Frage für zwingend geboten? Auf welchen zentralen Punkt beim Ausloten des Stalin-Angebots hebt – auch – der SPD-Führer in seinem Appell an den Bundeskanzler ab? (Nr. 9)*
11. *In welchen Punkten dokumentiert die zweite Note der Westmächte erneut den tiefgreifenden Dissens über Rolle und Grenzen eines wiedervereinigten Deutschlands gegenüber den Vorstellungen der Sowjetunion? Wie wird die Entwicklung im „Ostteil Deutschlands" qualifiziert? Welche Bedenken werden gegen die vorgeschlagene Wahlkontrolle durch eine Vier-Mächte-Kommission erhoben? Inwiefern hätte also gerade in der Ernsthaftigkeit des sowjetischen Angebots ein Ablehnungsgrund für den Westen und ein Indiz für die Unvereinbarkeit der Interessen von Ost und West von Anfang an liegen müssen? (Nr. 10)*
12. *Inwiefern war – nach Auffassung des Historikers Andreas Hillgruber – die Stalin-Note in ihren prinzipiellen Absichten für die USA unannehmbar? Was bedeutete dies für die Einwirkungsmöglichkeiten Adenauers? (Nr. 11)*
13. *Welche Überlegungen werden in dem geheimen Memorandum aus dem englischen Außenministerium vom 14. 5. 1948, die durch die Feststellung Bevins in einer Kabinettsvorlage vom 26. 4. 1950 („The division of Germany is an accomplished fact") gestützt werden, zur Einheit Deutschlands entwickelt? Inwiefern lassen sich Reflexe der hier formulierten divergenten Befürchtungen auch in der außenpolitischen Konzeption Konrad Adenauers finden? Gibt es Indizien dafür, daß das konkrete Verhalten der Westmächte – etwa im Kontext der Stalin-Note von 1952 – dieser frühen Situationsanalyse folgte? Wie ist es um die Kontinuität der englischen Sicht bestellt? (Nr. 12, 13 a und 13 b)*
14. *Weshalb hält Karl Georg Pfleiderer das von Adenauer propagierte Konzept der Wiedervereinigung für unrealistisch und widersprüchlich? Welchen Vorschlag setzt er dagegen? Inwiefern berührt sich die Position Pfleiderers mit der Sethes, wie er sie in der bildkräftigen Sentenz, daß „auch ein Tiger Angst haben kann", angedeutet hat? Warum konnte Pfleiderers Alternative jedoch keine praktische Bedeutung erlangen? (Nr. 14 a, 14 b und 3)*
15. *Womit begründet Thomas Dehler in seiner „gnadenlosen Generalsabrechnung mit der bisherigen Deutschlandpolitik der Regierung Adenauer" (A. Doering-Manteuffel) seine These von der verpaßten Gelegenheit im Frühjahr 1952? Welchen grundsätzlichen Vorwurf richtet Gustav Heinemann an die Adresse des „verächtlich schweigenden" Bundeskanzlers, dessen verbale Passivität inzwischen die verbreitete Legende von seiner Nichtanwesenheit in der vehementen Debatte entstehen ließ? Mit welchen Hinweisen versucht Hermann Höcherl diese oppositionelle Einschätzung zu widerlegen? (Nr. 15 a–c). Wieweit sind diese Ausdeutungen mit dem Text der Stalin-Note vereinbar? (vgl. S. 282 ff.)*
16. *Mit welchen Argumenten verteidigt Adenauer noch im Rückblick von 1965 seine Haltung gegenüber dem Angebot Stalins im Frühjahr 1952? Wie begründet er die These Neutralisierung = Sowjetisierung? Wo werden jedoch Elemente eines gewissen Selbstzweifels erkennbar? (Nr. 16)*
17. *Worauf stützt der Politikwissenschaftler Hans-Peter Schwarz seine These, daß der „schwer vereinbare Widerspruch von Wort und Tat, von Wollen und Können" in Adenauers Wiedervereinigungspolitik „in erster Linie Reflex einer Konstellation" war? Warum enthielt sie für den Kanzler keine realpolitische Alternative? (Nr. 17)*
18. *Inwiefern ließ die SPD mit ihrem Beharren auf freien Wahlen und auf Entscheidungsfreiheit für das wiedervereinigte Deutschland ihre Forderung nach „Rücksicht auf das sowjetische Interesse" zur Leerformel werden? (Nr. 18)*
19. *Mit welchen Argumenten wird im Frankfurter Manifest Front gemacht gegen die Pariser Verträge? Wie stand es mit der parlamentarischen Repräsentanz der hier bezogenen Position? (Nr. 19)*

## Materialien

### 1. Deutsche Spaltung und östliche Einheitspropaganda

*a) Rede Schumachers vor Mitgliedern der FDJ in West-Berlin am 17. 8. 1951*

Wer hat, frage ich euch, denn Deutschland gespalten? 1945 ist die Spaltung Deutschlands vorgenommen worden durch den politischen Egoismus und die ökonomische Raubgier der Reparationspolitik der Sowjets in ihrer Zone. Sie haben ihre Zone abgedichtet, sie haben sie für jede Beobachtung und Kritik unzugänglich gemacht. Die Sowjets sollten sich besser gar nicht anstrengen mit einer großen Kampagne für die deutsche Einheit. Sie brauchten nur ihre eigenen Taten während der letzten sechs Jahre in der Absperrung und Isolierung ihrer Zone zu annullieren – und Deutschland ist einig. Aber was jetzt vom Osten her als deutsche Einheit gepredigt wird, ist ja gar keine Einheit, sondern das ist der Versuch, den Deutschen zu erklären: Wenn ihr unser System akzeptiert, dann schenken wir euch die deutsche Einheit. Tröstet euch: sie können auch dann nichts schenken, denn wenn sie den Deutschen die Versprechungen, die sie in der Propaganda machen, erfüllen wollten, würden ihnen die Tschechen und die Polen schön auf die Haube steigen! Was uns versprochen wird, ist ja gar nicht die deutsche Einheit. Man sagt uns zwar, wir würden eine werden, aber man verlangt dabei, daß wir aufhören sollen, Deutsche zu sein. Es ist also keine deutsche Einheit, es ist die Einheit einer russischen Provinz. Alle Gespräche, wie sie jetzt vom Osten her am runden Tisch verlangt werden, sind doch nichts weiter als Schieber- und Übertölpelungsmanöver. Denn alle versuchen, eine Politik der vollendeten Tatsachen zu schaffen. Ich glaube, wer die deutsche Einheit will, der muß als ersten grundlegenden und entscheidenden Schritt freie und gleiche, direkte und geheime Wahlen in allen vier Besatzungszonen und Berlin durchführen. Das ist nur möglich unter den gleichen tatsächlichen Voraussetzungen und rechtlichen Bedingungen für alle Beteiligten demokratischer Färbung. Wer das ablehnt, kann noch soviel von deutscher Einheit reden; wenn er von Deutschland mit dem Munde spricht, meint er in seinem Herzen immer Rußland.

Zit. nach: Peter Brandt und Herbert Ammon (Hrsg.), Die Linke und die nationale Frage. Dokumente zur deutschen Einheit seit 1945, Reinbek 1981, S. 101 f.

*b) Rede Adenauers in Heidelberg vom 1. 3. 1952*

Ich möchte Ihnen sagen, daß ich der festen Überzeugung bin, auf dem eingeschlagenen Wege auch die Wiedervereinigung Deutschlands zu erreichen. Kann einer glauben, daß Sowjetrußland jemals, ohne dazu genötigt zu sein, die Ostzone wieder freigeben wird. Ich glaube es nicht. Aber ich denke mir die Entwicklung folgendermaßen: Wenn der Westen stärker ist als Sowjetrußland, dann ist der Tag der Verhandlungen mit Sowjetrußland gekommen. Dann wird man auf der einen Seite Deutschland die Furcht nehmen müssen, die es hat. Dann wird man auch Sowjetrußland klarmachen müssen, daß es so nicht geht, daß es unmöglich halb Europa in Sklaverei halten kann, und daß im Wege einer Auseinandersetzung, nicht einer kriegerischen Auseinandersetzung, sondern im Wege einer friedlichen Auseinandersetzung die Verhältnisse in Osteuropa neu geklärt werden müssen. Ich bin auch der Auffassung, daß Sowjetrußland zu solchen Verhandlungen alsdann bereit sein wird, denn, glauben Sie mir, auch Sowjetrußland hat schwere innere Probleme, sogar außerordentlich schwere innere Probleme, nämlich das Nahrungsmittelproblem.

Zit. nach: Bulletin der Bundesregierung vom 4. März 1952, S. 254

## 2. Die Stalin-Note vom 10. März 1952 an die Regierungen Frankreichs, des Vereinigten Königreichs und der Vereinigten Staaten

(Wortlaut der an die Vereinigten Staaten gerichteten Note)

Die Sowjetregierung hält es für notwendig, die Regierung der Vereinigten Staaten von Amerika darauf aufmerksam zu machen, daß, obwohl seit Beendigung des Krieges in Europa bereits etwa sieben Jahre vergangen sind, immer noch kein Friedensvertrag mit Deutschland abgeschlossen wurde.

Um diesen unnormalen Zustand zu beseitigen, wendet sich die Sowjetregierung, die das Schreiben der Regierung der Deutschen Demokratischen Republik mit der an die vier Mächte gerichteten Bitte um Beschleunigung des Abschlusses eines Friedensvertrages mit Deutschland unterstützt, ihrerseits an die Regierung der Vereinigten Staaten und an die Regierungen Großbritanniens und Frankreichs mit dem Vorschlag, unverzüglich die Frage eines Friedensvertrages mit Deutschland zu erwägen, damit in nächster Zeit ein vereinbarter Friedensvertragsentwurf vorbereitet und einer entsprechenden internationalen Konferenz unter Beteiligung aller interessierten Staaten zur Prüfung vorgelegt wird.

Es versteht sich, daß ein solcher Friedensvertrag unter unmittelbarer Beteiligung Deutschlands, vertreten durch eine gesamtdeutsche Regierung, ausgearbeitet werden muß. Hieraus folgt, daß die

UdSSR, die USA, Großbritannien und Frankreich, die in Deutschland Kontrollfunktionen ausüben, auch die Frage der Bedingungen prüfen müssen, die die schleunigste Bildung einer gesamtdeutschen, den Willen des deutschen Volkes ausdrückenden Regierung fördern.

Um die Vorbereitung des Entwurfs eines Friedensvertrages zu erleichtern, legt die Sowjetregierung ihrerseits den Regierungen der USA, Großbritanniens und Frankreichs den beigefügten Entwurf für die Grundlagen eines Friedensvertrages mit Deutschland zur Prüfung vor.

Die Sowjetregierung schlägt vor, diesen Entwurf zu erörtern, und erklärt sich gleichzeitig bereit, auch andere eventuelle Vorschläge zu dieser Frage zu prüfen.

Die Regierung der UdSSR rechnet damit, in kürzester Frist eine Antwort der Regierung der USA auf den obenerwähnten Vorschlag zu erhalten.

Gleichlautende Noten hat die Sowjetregierung auch an die Regierungen Großbritanniens und Frankreichs gerichtet.

*Entwurf für einen Friedensvertrag mit Deutschland*

Seit Beendigung des Krieges mit Deutschland sind fast sieben Jahre vergangen. Jedoch hat Deutschland immer noch keinen Friedensvertrag. Es ist gespalten und befindet sich gegenüber anderen Staaten in einer nicht gleichberechtigten Situation. Diesem unnormalen Zustand muß ein Ende gemacht werden. Das entspricht dem Willen aller friedliebenden Völker.

Ohne den schnellsten Abschluß eines Friedensvertrages mit Deutschland kann eine gerechte Behandlung der rechtmäßigen nationalen Interessen des deutschen Volkes nicht gewährleistet werden.

Der Abschluß eines Friedensvertrages mit Deutschland ist von großer Bedeutung für die Festigung des Friedens in Europa. Ein Friedensvertrag mit Deutschland wird die endgültige Lösung der Fragen ermöglichen, die infolge des Zweiten Weltkrieges entstanden sind. An einer Lösung dieser Fragen sind die europäischen Staaten, die unter der Hitleraggression gelitten haben, besonders die Nachbarn Deutschland, zutiefst interessiert. Der Abschluß eines Friedensvertrages mit Deutschland wird zu einer Besserung der internationalen Gesamtlage und damit zur Herstellung eines dauerhaften Friedens beitragen.

Die Notwendigkeit, den Abschluß eines Friedensvertrages mit Deutschland zu beschleunigen, wird dadurch diktiert, daß die Gefahr einer Wiederherstellung des deutschen Militarismus, der zwei Weltkriege entfesselt hat, nicht beseitigt ist, weil die entsprechenden Beschlüsse der Potsdamer Konferenz immer noch nicht durchgeführt sind. Ein Friedensvertrag mit Deutschland soll gewährleisten, daß ein Wiederaufleben des deutschen Militarismus und einer deutschen Aggression unmöglich wird.

Der Abschluß eines Friedensvertrages mit Deutschland wird für das deutsche Volk die Bedingungen eines dauerhaften Friedens herbeiführen, die Entwicklung Deutschlands als eines einheitlichen, unabhängigen, demokratischen und friedliebenden Staates in Übereinstimmung mit den Potsdamer Beschlüssen fördern und dem deutschen Volk die Möglichkeit einer friedlichen Zusammenarbeit mit anderen Völkern sichern.

Davon ausgehend, haben die Regierungen der Sowjetunion, der Vereinigten Staaten von Amerika, Großbritanniens und Frankreichs beschlossen, unverzüglich mit der Ausarbeitung eines Friedensvertrages mit Deutschland zu beginnen.

Die Regierungen der UdSSR, der USA, Großbritanniens und Frankreichs sind der Meinung, daß die Vorbereitung eines Friedensvertrages unter Beteiligung Deutschlands, vertreten durch eine gesamtdeutsche Regierung, erfolgen muß, und daß der Friedensvertrag mit Deutschland auf folgenden Grundlagen aufgebaut sein muß:

*Grundlagen des Friedensvertrages mit Deutschland*

Die Teilnehmer:

Großbritannien, die Sowjetunion, die USA, Frankreich, Polen, die Tschechoslowakei, Belgien, Holland und die anderen Staaten, die sich mit ihren Streitkräften am Krieg gegen Deutschland beteiligt haben.

Politische Leitsätze:
1. Deutschland wird als einheitlicher Staat wiederhergestellt. Damit wird der Spaltung Deutschlands ein Ende gemacht, und das geeinte Deutschland gewinnt die Möglichkeit, sich als unabhängiger, demokratischer, friedliebender Staat zu entwickeln.
2. Sämtliche Streitkräfte der Besatzungsmächte müssen spätestens ein Jahr nach Inkrafttreten des Friedensvertrages aus Deutschland abgezogen werden. Gleichzeitig werden sämtliche ausländischen Militärstützpunkte auf dem Territorium Deutschlands liquidiert.
3. Dem deutschen Volk müssen die demokratischen Rechte gewährleistet sein, damit alle unter deutscher Rechtsprechung stehenden Personen, ohne Unterschied der Rasse, des Geschlechts, der Sprache oder Religion, die Menschenrechte und die Grundfreiheiten genießen, einschließlich der Redefreiheit, der Pressefreiheit, des Rechts der freien Religionsausübung, der Freiheit der politischen Überzeugung und der Versammlungsfreiheit.
4. In Deutschland muß den demokratischen Parteien und Organisationen freie Betätigung gewährleistet sein; sie müssen das Recht haben, über ihre inneren Angelegenheiten frei zu entscheiden, Tagungen und Versammlungen abzuhalten, Presse- und Publikationsfreiheit zu genießen.
5. Auf dem Territorium Deutschlands dürfen Organisationen, die der Demokratie und der Sache der Erhaltung des Friedens feindlich sind, nicht bestehen.
6. Allen ehemaligen Angehörigen der deutschen Armee, einschließlich der Offiziere und Generale, allen ehemaligen Nazis, mit Ausnahme derer, die nach Gerichtsurteil eine Strafe für von ihnen begangene Verbrechen verbüßen, müssen die gleichen bürgerlichen und politischen Rechte wie allen anderen deutschen Bürgern gewährt werden zur Teilnahme am Aufbau eines friedliebenden, demokratischen Deutschland.
7. Deutschland verpflichtet sich, keinerlei Koalitionen oder Militärbündnisse einzugehen, die sich gegen irgendeinen Staat richten, der mit seinen Streitkräften am Krieg gegen Deutschland teilgenommen hat.

Das Territorium:
Das Territorium Deutschlands ist durch die Grenzen bestimmt, die durch die Beschlüsse der Potsdamer Konferenz der Großmächte festgelegt wurden.

Wirtschaftliche Leitsätze:
Deutschland werden für die Entwicklung seiner Friedenswirtschaft, die der Hebung des Wohlstandes des deutschen Volkes dienen soll, keinerlei Beschränkungen auferlegt.
Deutschland werden auch keinerlei Beschränkungen in bezug auf den Handel mit anderen Ländern, die Seeschiffahrt und den Zutritt zu den Weltmärkten auferlegt.

Militärische Leitsätze:
1. Es wird Deutschland gestattet sein, eigene nationale Streitkräfte (Land-, Luft- und Seestreitkräfte) zu besitzen, die für die Verteidigung des Landes notwendig sind.
2. Deutschland wird die Erzeugung von Kriegsmaterial und -ausrüstung gestattet werden, deren Menge oder Typen nicht über die Grenzen dessen hinausgehen dürfen, was für die Streitkräfte erforderlich ist, die für Deutschland durch den Friedensvertrag festgesetzt sind.

Deutschland und die Organisation der Vereinten Nationen:
Die Staaten, die den Friedensvertrag mit Deutschland abgeschlossen haben, werden das Ersuchen Deutschlands um Aufnahme in die Organisation der Vereinten Nationen unterstützen.

Zit. nach: Eberhard Jäckel (Hrsg.), Die deutsche Frage 1952–1956. Notenwechsel und Konferenzdokumente der vier Mächte, Frankfurt/M 1957, S. 23 f.

## 3. Paul Sethe: Stalins jähe Wendung

Der erste Eindruck bei der Lektüre der sowjetischen Dokumente, in denen der neueste diplomatische Vorstoß aus dem Kreml erläutert wird, ist der des Gespenstischen. Dies also ist möglich? Ist es wirklich noch nicht acht Jahre her, daß das Reich völlig zu Boden geworfen wurde, daß seine Soldaten verfemt und daß sich alle mächtigen Staaten der Welt darin einig waren, niemals, niemals wieder dürfe eine deutsche Wehrmacht auferstehen? Mit einer wahrhaft rasenden Eile scheint die

Zeit darüber hinwegzuschreiten. Schon seit Jahren erleben wir, daß die Mächte des Westens die Deutschen auffordern, eben die Waffen wieder zu tragen, die ihnen für immer aus der Hand geschlagen sein sollten. Und gestern nun sahen wir, wie das mächtige russische Reich, das eben noch der erbittertste Gegner der deutschen Wiederbewaffnung gewesen war, den großzügigsten Vorschlag zu einer Friedensregelung mit Deutschland zu machen schien: ein ungeteilter Staat, Freiheit für alle, deutsche Souveränität, ungehemmte Entwicklung der deutschen Wirtschaft, gleiches Recht für Berufssoldaten und frühere Nationalsozialisten, und als Überraschendstes: eine eigene deutsche Wehrmacht mit einer eigenen deutschen Waffenproduktion. Die Welt hat in den letzten Jahrzehnten mehr als eine plötzliche Wendung der sowjetischen Politik kennengelernt; keine doch war so jäh wie diese.

*Nüchtern bleiben*

Was das Verführerische an dem Vorschlag für den oberflächlichen Blick ist, liegt in dem Umfassenden, dem scheinbaren Mangel an Kleinlichkeit, der Entschlossenheit, mit der hier die Periode des gegenseitigen Hasses, der Niederhaltung des Besiegten, kurz: mit der hier die ganze noch immer lastende Atmosphäre des Krieges weggefegt werden soll. Und darüber hinaus wäre es zu begreifen, wenn nationalistische Gemüter in Deutschland von einer Art von Rausch über die veränderte Stellung Deutschlands in der Welt erfaßt würden. Der Westen und der Osten scheinen um Deutschland zu werben, beide bemühen sich offenbar, seine Unabhängigkeit und seine Selbständigkeit wiederherzustellen. Wer hätte noch vor wenigen Jahren an so bedeutende Möglichkeiten für den völlig zusammengebrochenen Staat denken können!

Aber der nationalistische Rausch ist schon einmal verhängnisvoll geworden, und die Befriedigung über das wiedererreichte Prestige ist nicht immer der beste Berater. Um ein Urteil zu bekommen, tut uns gerade in entscheidenden Augenblicken nichts mehr not als die kälteste Vernunft. Die erste Feststellung auch gegenüber dem neuen sowjetischen Schritt muß darin liegen, daß seine Beweggründe naturgemäß im sowjetischen politischen Egoismus liegen. Das ist nicht einmal als ein Vorwurf gemeint. Aber es kann einen davor bewahren, den russischen Schritt zu überschätzen, und es kann einem helfen, ihn auf seine wahre Bedeutung zurückzuführen. Die Sowjetunion hat seit Jahren, das ist eine nüchterne Feststellung, alles getan, um das Mißtrauen aller anderen Mächte in die Aufrichtigkeit ihrer Versicherungen und den Wert ihrer Vorschläge hervorzurufen. Dieses Mißtrauen ist eine der wichtigsten politischen Realitäten unserer Tage. Wenn die Sowjetunion es beseitigen will, muß sie mehr tun als Noten abschicken.

*Die Einheit*

Die Ursache des diplomatischen Vorgehens der Moskauer Regierung liegt in ihrer Besorgnis davor, Deutschland könne politisch und militärisch in das System des Westens einverleibt werden. Dies zu verhindern, hat sie seit anderthalb Jahren einiges getan und noch mehr versprochen. In dieser Beziehung ist ihr Schritt von gestern nur eine Fortsetzung der Politik, die in den Briefen des Ministerpräsidenten Grotewohl zum Ausdruck kam. Sie wiederholen jetzt das Zugeständnis, das sie schon mehr als einmal haben machen lassen: die Herstellung der deutschen Einheit. Aber wieder finden sich über die Voraussetzung dieser Einheit nur höchst unklare Andeutungen in ihren Dokumenten. Gerade dieser Punkt bedürfte aber noch der genauesten Klärung. Die Sowjetunion müßte wissen, daß sie dem Verdacht ausgesetzt ist, den gesamtdeutschen Staat nur schaffen zu wollen, um Gesamtdeutschland zu bolschewisieren. Sie müßte wissen, daß uns dieser Preis zu hoch ist. Eben deshalb müßte sie auch, wenn sie es aufrichtig meint, endlich klarlegen, daß sie die Voraussetzungen für freie Wahlen schaffen will.

Man sollte auf der anderen Seite doch wohl aufhören, von den Sowjets die Zulassung der Kommission der Vereinten Nationen zu fordern, die prüfen soll, ob jetzt schon die Voraussetzungen für freie Wahlen gegeben sind. Alle Welt weiß, daß in Mitteldeutschland der Terror herrscht; gerade deshalb haben die Sowjets die Zulassung der Kommission abgelehnt. Gewiß ist eine internationale Kontrolle nötig, aber es genügt, wenn diese die Voraussetzungen für die Zukunft schafft. Das sollte man den Russen vorschlagen; wenn sie dies ablehnen, ist alles geklärt.

*Oder und Neiße*

Für uns Deutsche ist dann der eine Punkt in den Dokumenten von der höchsten Bedeutung, in dem von der Potsdamer Grenzziehung die Rede ist. ... Hält die Sowjetunion die Oder-Neiße-Linie für eine Grenze von Besatzungszonen oder für eine endgültige staatliche Grenze? Es braucht nicht näher ausgeführt zu werden, wieviel Deutsche, denen auf den ersten Blick der russische Vorschlag verlockend erscheinen könnte, hier doch zu einer Ablehnung kommen müßten. Der Nation wird es unmöglich erscheinen, die feierliche Zustimmung zu der Lostrennung dieser alten deutschen Gebiete zu geben.

*Die eigene Armee*

Der neue deutsche Gesamtstaat soll nach den russischen Vorschlägen neutralisiert werden. Es ist zweifellos sehr geschickt, wenn die Russen hinzufügen, daß dieses neutralisierte Deutschland eine eigene Armee haben solle. Den Verfechtern der These, daß eine wehrlose Neutraltität keine echte Neutralität sei, könnte damit – wenn der Vorschlag ehrlich gemeint ist – eine Waffe aus der Hand geschlagen werden. Wenn die Sowjetunion Bürgschaften dafür wünscht, daß die deutsche Wehrmacht ihr nicht gefährlich werde, so wird das kaum Bedenken finden. Dergleichen ist in diesen Spalten als Inhalt einer konstruktiven Politik des Westens wiederholt vorgeschlagen worden.

*Verhandeln!*

Im ganzen ist es zu einem abschließenden Urteil wohl noch zu früh. Die Schriftstücke sind wichtig genug, daß sie sorgfältig geprüft werden müssen. Es gibt viele Bedenken, das wurde hier eben noch gesagt. Aber man darf seine Einwände nicht äußern, ohne gleich hinzuzufügen, daß man sich mit ihnen nicht begnügen darf. Eine einfache Ablehnung würde bei uns niemand verstehen. Mißtrauen gegenüber den Sowjets ist immer sehr naheliegend. Aber angesichts dessen, was auf dem Spiele steht, möchte man wünschen, die Diplomatie der Westmächte würde die Gelegenheit stärker als in den letzten Jahren benutzen, um in genauen Verhandlungen zu prüfen, welchen Wert eigentlich die russischen Vorschläge haben. Es ist möglich, daß die russischen Vorschläge wieder nur ein diplomatisches Scheingefecht bedeuten. Aber die Wahrheit wirklich mit äußerster Klarheit festzustellen, ist ohne eine gewisse diplomatische Aktivität auch der Westmächte kaum möglich. An ihre politische Phantasie und ihre Verhandlungskunst werden jetzt hohe Anforderungen gestellt. Kaum nötig zu sagen, daß dies auch für die Bundesrepublik gilt.

Aus: Frankfurter Allgemeine Zeitung vom 12. März 1952

## 4. Östliche Begleitmusik zur Stalin-Note

*a) Leitartikel der Prawda vom 12. 3. 1952*

Die Erhaltung der Spaltung Deutschlands dient lediglich den Friedensfeinden, denn sie schafft eine günstige Grundlage für die Wiedergeburt des deutschen Militarismus und für neue Revanche- und Aggressionsversuche von seiner Seite. Die Tatsachen zeigen, daß in den Westzonen Deutschlands die revanchelüsternen militaristischen Kräfte erneut ihr Haupt heben. Hier betätigen sich schon wieder die kriegslüsternen Ruhrmagnaten, diese unwandelbaren Inspiratoren und Organisatoren der deutschen Aggression. Hier sind erneut die Generale der ehemaligen Hitlerarmee auf der Bildfläche aufgetaucht, die darauf rechnen, unter der Flagge einer Teilnahme Westdeutschlands an der sogenannten „Europaarmee“ die deutsch-faschistischen Streitkräfte wiederherzustellen. Die Gefahr einer Wiedergeburt des deutschen Militarismus, der zweimal einen Weltkrieg entfesselt hat, ist nicht beseitigt, da die entsprechenden Bestimmungen der Potsdamer Konferenz immer noch nicht erfüllt sind. Der Friedensvertrag mit Deutschland muß gewährleisten, daß jede Möglichkeit für die Wiedergeburt des deutschen Militarismus und der deutschen Aggression beseitigt wird.

Zit. nach: Die Welt seit 1945. Materialien für den Geschichtsunterricht, Teil 1, hrsg. von Herbert Krieger, Ffm. 1983, S. 242

*b) Rede Grotewohls vor der Volkskammer am 14. 3. 1952*

Wenn die Gegner des Friedens und der Einheit Deutschlands immer wieder die Lüge kolportieren, in der Deutschen Demokratischen Republik gäbe es keine demokratische Freiheit, nur der Westen habe Freiheit und Demokratie gepachtet, so genügt eine einfache Gegenüberstellung der Tatsachen, um den wahren Sachverhalt klarzustellen. In der Deutschen Demokratischen Republik wurde dem Volke die Möglichkeit gegeben, über die lebenswichtige Frage der Remilitarisierung frei abzustimmen, während in Westdeutschland die Volksbefragung rechtswidrig verboten wurde.

In der Deutschen Demokratischen Republik ist eine Regierung, die vom Vertrauen aller Volkskreise getragen ist, während in Westdeutschland ein Kanzler unter Mißachtung des Volkes und des Parlaments schicksalschwere Entscheidungen trifft, der seine Legitimation nur aus seiner eigenen Stimme ableitet. In der Deutschen Demokratischen Republik genießt jeder Bürger ohne Unterschied der Rasse, des Geschlechts, der Sprache oder der Religion die allgemeinen und gleichen demokratischen Rechte und Freiheiten, nur Feinde der Demokratie und des Friedens, Agenten und Saboteure werden in ihrer Freiheit beschränkt. In Westdeutschland hingegen genießen faschistische Kriegsverbrecher und Antisemiten alle Freiheiten und können neue faschistische Parteien bilden, während Friedenskämpfer verfolgt und demokratische Organisationen unterdrückt werden. ...

Die verfassungsfeindlichen Handlungen des Bonner Kanzlers Adenauer, der hinter dem Rücken des deutschen Volkes mit den Oberkommissaren Verhandlungen über den Abschluß eines versklavenden und kriegerischen Generalvertrages führt, die Verfolgungen der Anhänger des Friedens und der Demokratie in Westdeutschland zeugen von der Entwicklung zu einer offenen Militärdiktatur. Das zeigt uns aber auch, wie notwendig die Errichtung eines wirklich friedliebenden Deutschlands ist, in dem allen deutschen Bürgern demokratische Freiheiten und die Gleichberechtigung ohne Unterschied der Rasse, des Geschlechts oder der Religion gewährleistet sind und in dem die freie Tätigkeit der demokratischen Parteien und Organisationen sowie die Presse- und Verlagsfreiheit gesichert sein müssen.

Von selbst versteht sich, daß ferner Maßnahmen getroffen werden müssen, die die Tätigkeit von Organisationen, die der Demokratie und der Sache der Erhaltung des Friedens feindlich sind, ausschalten. Es gibt keinen Zweifel darüber, daß die Existenz eines solchen friedliebenden und demokratischen Deutschlands den Interessen seiner Nachbarn, die mehr als einmal unter der räuberischen Aggression des deutschen Imperialismus zu leiden hatten, entspricht. Ich möchte dies insbesondere unterstreichen in bezug auf Frankreich, dessen Volk aus verständlichen Gründen besorgt und jeder Möglichkeit der Wiedergeburt Deutschlands als aggressive Kraft vorzubeugen wünscht. ...

Es wird von interessierter Seite auch versucht, die Vorschläge der Sowjetregierung mit dem Hinweis auf die von der UNO eingesetzte Kommission zur Überprüfung der Möglichkeit freier Wahlen in ganz Deutschland abzutun.

Die Regierung der Deutschen Demokratischen Republik erklärt noch einmal mit Nachdruck, daß es einer solchen Kommission nicht bedarf, daß diese Kommission keinerlei Rechtsgrundlage besitzt und ihre Tätigkeit eine ungerechtfertigte Einmischung in die inneren Angelegenheiten des deutschen Volkes darstellen würde. Nach dem Potsdamer Abkommen sind nur die vier Großmächte befugt, Kontrollfunktionen auszuüben. ... Ich erkläre hier im Namen der Regierung, daß alle unsere Vorschläge, insbesondere auch die im Appell der Volkskammer der Deutschen Demokratischen Republik vom 15. September 1951 unterbreiteten Vorschläge, voll und ganz aufrechterhalten bleiben. Die Regierung der Deutschen Demokratischen Republik ist jederzeit bereit, ihre Vertreter zu einer gesamtdeutschen Beratung zu entsenden und auf dieser Beratung alle Fragen erörtern, die zur schleunigsten Durchführung gesamtdeutscher Wahlen und damit zur Bildung einer gesamtdeutschen, den Willen des deutschen Volkes ausdrückenden Regierung führen.

Zit. nach: Gerhard Wettig, Politik im Rampenlicht, Ffm. 1967, S. 156 f.

## 5. Pressebericht über Adenauers Rede in Siegen vom 16. 3. 1952

Bundeskanzler Adenauer, der hier auf einer Arbeitstagung der evangelischen Christen in der CDU sprach, nahm zur Sowjetnote über einen Friedensvertrag mit Deutschland Stellung und richtete an Moskau folgende drei Fragen:
1. Wie stellt sich die Sowjetunion die Bildung einer gesamtdeutschen Regierung vor? – Nach deutscher Auffassung könne eine solche nur durch freie und geheime Wahlen zustande kommen.
2. Wie soll das Problem der deutschen Gebiete jenseits der Oder-Neiße-Linie gelöst werden? – Die Antwort hierauf werde sehr aufschlußreich sein.
3. Was versteht Moskau unter „nationaler Aufrüstung"? – Der Vorschlag einer nationalen deutschen Aufrüstung müsse als „Fetzen Papier" bezeichnet werden, denn seit 1945 habe die militärische Forschung so große Fortschritte gemacht, daß Deutschland, auf sich allein gestellt, schon aus finanziellen und materiellen Gründen keine nationale Rüstung aufbauen könne.
Der Bundeskanzler betonte, es sei nicht die Aufgabe der Bundesregierung, auf die Sowjetnote unmittelbar zu antworten, doch müsse die deutsche Seite, wenn auch mit der gebotenen Zurückhaltung, ihre Auffassung vertreten. Die Note stelle einen „gewissen Fortschritt" dar. ...
Keine Möglichkeit zu einer friedlichen Verständigung und Neuordnung in Europa dürfe außer acht gelassen werden. Auf der anderen Seite sei keine Verzögerung im Aufbau der westlichen Verteidigung zulässig, weil das den Bestrebungen für den Zusammenschluß des Westens den Todesstoß versetzen könnte.

In: „Die Welt" vom 17. 3. 1952

## 6. (Erste) Note der Regierungen Frankreichs, des Vereinigten Königreichs und der Vereinigten Staaten an die Regierung der Sowjetunion vom 25. 3. 1952

(Wortlaut der amerikanischen Note)

1. Die Regierung der Vereinigten Staaten hat die Note der Sowjetregierung vom 10. März, in der der Abschluß eines Friedensvertrages mit Deutschland vorgeschlagen wurde, in Beratung mit den Regierungen Großbritanniens und Frankreichs auf das sorgfältigste erwogen. Die Regierungen der Vereinigten Staaten, Großbritanniens und Frankreichs haben ferner die Regierung der Deutschen Bundesrepublik und Vertreter Berlins zu Rate gezogen.
2. Der Abschluß eines gerechten und dauerhaften Friedensvertrages, der die Teilung Deutschlands beendet, ist stets ein wesentliches Ziel der amerikanischen Regierung gewesen und wird es bleiben. Der Abschluß eines derartigen Friedensvertrages macht, wie die Sowjetregierung selbst anerkennt, die Bildung einer gesamtdeutschen Regierung erforderlich, die den Willen des deutschen Volkes zum Ausdruck bringt. Eine derartige Regierung kann nur auf der Grundlage freier Wahlen in der Bundesrepublik, der sowjetischen Besatzungszone und in Berlin geschaffen werden. Derartige Wahlen können nur unter Verhältnissen stattfinden, die die nationalen und individuellen Freiheiten des deutschen Volkes gewährleisten. Die Vollversammlung der Vereinten Nationen hat zur Prüfung der Frage, ob diese erste wesentliche Voraussetzung gegeben ist, eine Kommission ernannt, die eine gleichzeitige Untersuchung in der Bundesrepublik, der Sowjetzone und in Berlin durchführen soll. Dieser Untersuchungskommission ist in der Bundesrepublik und in West-Berlin die erforderliche Unterstützung zugesichert worden. Die amerikanische Regierung würde die Mitteilung zu schätzen wissen, daß eine derartige Unterstützung auch in der Sowjetzone und in Ost-Berlin vorhanden sein wird, damit die Kommission ihre Aufgabe durchzuführen vermag.
3. Die Vorschläge der sowjetischen Regierung geben keinen Hinweis auf die internationale Stellung einer gesamtdeutschen Regierung vor dem Abschluß eines deutschen Friedensvertrages. Die amerikanische Regierung ist der Ansicht, daß es der gesamtdeutschen Regierung sowohl vor wie nach Abschluß eines Friedensvertrages freistehen sollte, Bündnisse einzugehen, die mit den Grundsätzen und Zielen der Vereinten Nationen in Einklang stehen.

4. Mit der Unterbreitung ihrer Vorschläge für einen deutschen Friedensvertrag verlieh die Sowjetregierung ihrer Bereitschaft Ausdruck, auch weitere Vorschläge zu erörtern. Die US-Regierung hat von dieser Erklärung Kenntnis genommen. Nach ihrer Ansicht wird es nicht möglich sein, sich auf ins einzelne gehende Diskussionen über einen Friedensvertrag einzulassen, bis die Voraussetzungen für freie Wahlen geschaffen sind und eine freie gesamtdeutsche Regierung gebildet worden ist, die an derartigen Erörterungen teilnehmen könnte. Es bestehen verschiedene grundsätzliche Fragen, die gleichfalls gelöst werden müßten.
5. So stellt die amerikanische Regierung fest, daß die sowjetische Regierung erklärt, das deutsche Hoheitsgebiet werde durch die Grenzen bestimmt, die durch die Entscheidungen der Potsdamer Konferenz festgelegt wurden. Die amerikanische Regierung möchte daran erinnern, daß in Wirklichkeit keine endgültigen deutschen Grenzen in den Potsdamer Entscheidungen festgelegt wurden, die eindeutig vorsehen, daß die endgültige Entscheidung territorialer Fragen einer Friedensregelung vorbehalten bleiben muß.
6. Die amerikanische Regierung stellt ferner fest, daß die sowjetische Regierung gegenwärtig der Auffassung ist, der Friedensvertrag solle die Aufstellung nationaler deutscher Land-, Luft- und Seestreitkräfte vorsehen, während gleichzeitig die Freiheit Deutschlands, Bündnisse mit anderen Ländern abzuschließen, eingeschränkt wird. Die amerikanische Regierung ist der Ansicht, daß derartige Bestimmungen einen Schritt zurück bedeuten und den Anbruch einer neuen Epoche in Europa gefährden könnten, in der sich internationale Beziehungen auf Zusammenarbeit und nicht auf Rivalität und Mißtrauen aufbauen. Von der Notwendigkeit einer Politik der europäischen Einheit überzeugt, gibt die amerikanische Regierung Plänen ihre volle Unterstützung, die die Beteiligung Deutschlands an einer rein defensiven europäischen Gemeinschaft sichern, die Freiheit wahren, eine Aggression verhüten und das Wiederaufleben des Militarismus ausschließen sollen. Die amerikanische Regierung ist der Auffassung, daß der Vorschlag der sowjetischen Regierung zur Aufstellung nationaler deutscher Streitkräfte mit der Erreichung dieser Ziele nicht zu vereinbaren ist. Die amerikanische Regierung ist weiterhin überzeugt, daß diese Politik der europäischen Einheit die Interessen irgendeines anderen Landes nicht bedrohen kann und den wahren Weg zum Frieden darstellt.

Zit. nach: Eberhard Jäckel (Hrsg.), Die deutsche Frage 1952–1956, a.a.O., S. 24 f.

## 7. (Zweite) Note der Regierung der Sowjetunion an die Regierungen Frankreichs, des Vereinigten Königreichs und der Vereinigten Staaten vom 9. 4. 1952

(Wortlaut der an die amerikanische Regierung gerichteten Note)

Im Zusammenhang mit der Note der Regierung der USA vom 25. März dieses Jahres erachtet es die Sowjetregierung für notwendig, folgendes zu erklären:
In ihrer Note vom 10. März hat die Sowjetregierung der Regierung der USA sowie den Regierungen Großbritanniens und Frankreichs vorgeschlagen, unverzüglich die Frage eines Friedensvertrages mit Deutschland zu erörtern, damit in kürzester Zeit ein vereinbarter Entwurf des Friedensvertrages vorbereitet wird. Zur Erleichterung der Vorbereitung des Friedensvertrages hat die Sowjetregierung den Entwurf der Grundlagen des Friedensvertrages mit Deutschland unterbreitet und ihr Einverständnis erklärt, auch beliebige andere Vorschläge zu erörtern. Die Sowjetregierung hat dabei den Vorschlag gemacht, daß der Friedensvertrag unter unmittelbarer Beteiligung Deutschlands, vertreten durch eine gesamtdeutsche Regierung, ausgearbeitet werden soll. In der Note vom 10. März wurde weiterhin vorgesehen, daß die UdSSR, die USA, Großbritannien und Frankreich, die Besatzungsfunktionen in Deutschland ausüben, die Frage der Bedingungen prüfen sollen, die der schnellstmöglichen Bildung einer gesamtdeutschen, dem Willen des deutschen Volkes Ausdruck verleihenden Regierung förderlich sind.
Bei ihren Vorschlägen zur Frage eines Friedensvertrages mit Deutschland und zur Bildung einer gesamtdeutschen Regierung ging die Sowjetregierung davon aus, daß die Lösung dieser Grundfragen große Bedeutung für die Festigung des Friedens in Europa besitzt und den Forderungen nach

einer gerechten Einstellung zu den rechtmäßigen nationalen Interessen des deutschen Volkes entspricht. Die Dringlichkeit des Abschlusses eines Friedensvertrages mit Deutschland macht es notwendig, daß die Regierungen der UdSSR, der USA, Großbritanniens und Frankreichs unverzüglich Maßnahmen zur Vereinigung Deutschlands und zur Bildung einer gesamtdeutschen Regierung treffen.

In Übereinstimmung hiermit erachtet es die Sowjetregierung für notwendig, daß die Regierungen der UdSSR, der USA, Großbritanniens und Frankreichs ohne Verzug die Frage der Durchführung freier gesamtdeutscher Wahlen erörtern, wie sie dies bereits früher vorgeschlagen hat. Die Anerkennung der Notwendigkeit der Durchführung freier gesamtdeutscher Wahlen seitens der Regierungen der UdSSR, der USA, Großbritanniens und Frankreichs würde durchaus die Möglichkeit schaffen, diese Wahlen in kürzester Zeit durchzuführen.

Was den Vorschlag betrifft, daß eine UN-Kommission im Zusammenhang mit bevorstehenden freien gesamtdeutschen Wahlen prüfen soll, ob die Voraussetzungen für solche Wahlen gegeben sind, so steht dieser Vorschlag im Widerspruch zur UN-Charta, die gemäß Artikel 107[1]) eine Einmischung der Vereinten Nationen in deutsche Angelegenheiten ausschließt. Eine solche Prüfung könnte durch eine Kommission vorgenommen werden, die von den vier in Deutschland Besatzungsfunktionen ausübenden Mächten zu bilden wäre.

Die Regierung der USA hatte die Möglichkeit, sich mit dem von der Sowjetregierung vorgeschlagenen Entwurf der Grundlagen eines Friedensvertrages mit Deutschland vertraut zu machen. Die Regierung der USA hat sich nicht einverstanden erklärt, die Erörterung dieses Entwurfes aufzunehmen und hat keinen eigenen Entwurf eines Friedensvertrages vorgeschlagen. Zugleich hat die Regierung der USA eine Reihe von Einwänden zu einzelnen Punkten des sowjetischen Entwurfes der Grundlagen eines Friedensvertrages mit Deutschland erhoben; das hat den weiteren Notenaustausch zwischen den Regierungen und eine Verzögerung der Lösung der strittigen Frage zur Folge.

Das hätte bei unmittelbarer Erörterung durch die Mächte vermieden werden können. Da jedoch in der Note der USA vom 25. März solche Fragen aufgeworfen werden, hält es die Sowjetregierung für notwendig, auf diese Fragen einzugehen. Im sowjetischen Entwurf der Grundlagen eines Friedensvertrages mit Deutschland heißt es: „Deutschland verpflichtet sich, keinerlei Koalitionen oder Militärbündnisse einzugehen, die sich gegen irgendeinen Staat richten, die mit seinen Streitkräften am Krieg gegen Deutschland teilgenommen hat."

Die Sowjetregierung ist der Ansicht, daß ein solcher Vorschlag den Interessen der Mächte, die Besatzungsfunktionen in Deutschland ausüben, sowie auch der Nachbarstaaten und gleichermaßen den Interessen Deutschlands selber als eines friedliebenden und demokratischen Staates entspricht. Ein solcher Vorschlag enthält keine unzulässige Beschränkung der souveränen Rechte des deutschen Staates. Dieser Vorschlag schließt jedoch auch eine Einbeziehung Deutschlands in diese oder jene, gegen irgendeinen friedliebenden Staat gerichtete Mächtegruppierung aus.

In dem sowjetischen Entwurf eines Friedensvertrages mit Deutschland heißt es: „Es wird Deutschland gestattet sein, eigene nationale Streitkräfte (Land-, Luft- und Seestreitkräfte) zu besitzen, die für die Verteidigung des Landes notwendig sind."

Die Sowjetregierung hat bekanntlich einen gleichartigen Vorschlag auch zum Entwurf eines Friedensvertrages mit Japan gemacht. Ein solcher Vorschlag entspricht den Grundsätzen der nationalen Souveränität und der Gleichberechtigung der Staaten. Es ist undenkbar, daß Japan ein Recht auf nationale, für Zwecke der Landesverteidigung bestimmte Streitkräfte haben sollte, Deutschland hingegen dieses Rechtes beraubt und in eine schlechtere Lage versetzt sein sollte. Es kann kein Zweifel darüber bestehen, daß es sowohl für die Sache des Friedens als auch für die deutsche Nation bedeutend besser wäre, solche für die Verteidigung bestimmte Streitkräfte zu schaffen, als in Westdeutschland Söldnertruppen der Revanchepolitiker mit hitlerfaschistischen Generälen an der Spitze aufzustellen, die bereit sind, Europa in den Abgrund eines dritten Weltkrieges zu stürzen.

[1]) Vgl. dazu Anmerkung, Seite 271 und Wortlaut, Seite 295.

Was die Grenzen Deutschlands betrifft, so hält die Sowjetregierung die entsprechenden Beschlüsse der Potsdamer Konferenz, die von der Regierung der USA ebenso wie von den Regierungen der UdSSR und Großbritanniens angenommen wurden und denen Frankreich sich anschloß, für vollauf ausreichend und für endgültig.
Die Sowjetregierung schlägt der Regierung der USA erneut vor, gemeinsam mit den Regierungen Großbritanniens und Frankreichs die Erörterung eines Friedensvertrages mit Deutschland sowie der Frage der Vereinigung Deutschlands und der Bildung einer gesamtdeutschen Regierung aufzunehmen. Die Sowjetregierung sieht keinen Grund, die Lösung dieser Fragen zu verschieben.
Gerade gegenwärtig entscheidet sich die Frage, ob Deutschland als einheitlicher, unabhängiger, friedliebender, zur Familie der friedliebenden Völker Europas gehörender Staat wiederhergestellt wird oder ob die Spaltung Deutschlands und die damit verbundene Gefahr eines Krieges in Europa bestehen bleibt.
Gleichlautende Noten richtet die Sowjetregierung gleichzeitig an die Regierungen Großbritanniens und Frankreichs.

Zit. nach: Eberhard Jäckel, Die deutsche Frage 1952–1956, a.a.O., S. 25 f.

## 8. Sprache oder Politik der Stärke?

*a) Carlo Schmid: Bundestagsrede vom 3.4.1952*

Der Herr Bundeskanzler hat uns erklärt – und der Bundestag hat ja schon längst entsprechende Beschlüsse gefaßt –, daß es das oberste Ziel einer jeden Außenpolitik der Bundesrepublik sein müsse, die Herstellung der Einheit Deutschlands zu betreiben, nicht nur aus nationalen Gründen, die an und für sich ausreichen würden, um den Rang dieses Anliegens zu bestimmen, sondern auch aus internationalen Gründen, weil nur, wenn die Spaltung Deutschlands aufgehoben ist, überall in der Welt auf festem Grund wird gebaut werden können.
Damit aber sind gewisse Konsequenzen verbunden. Denn wenn man sagt, daß die Wiederherstellung der deutschen Einheit das vornehmste, das oberste oder das vordringlichste Ziel der deutschen Außenpolitik sei, dann sagt man damit zugleich, daß demgegenüber andere Ziele sekundär sind oder daß sie nichts anderes sind als Mittel zur Erreichung eben dieses vornehmsten und vordringlichsten Zieles. Ich unterstelle, daß auch die Bundesregierung so denkt, und ich erlaube mir nun zu untersuchen, ob sie recht mit der Behauptung hat, daß ihre Politik die Verwirklichung dieses Satzes sei, oder ob sie sich dabei irrt. Die Konsequenz dieses Satzes ist doch, daß auf jeden Fall alles unterlassen werden müßte, was diesem vornehmsten Ziel zum Nachteil gereichen könnte. Ich möchte hier aber noch eines feststellen. In dem Beschlusse, den wir vor vielen Monaten gefaßt haben und in dem es heißt: „die Einheit Deutschlands in einem geeinten Europa“ dürfen die Worte „in einem geeinten Europa“ nicht als Einschränkung, auch nicht hinsichtlich der Frage der Vordringlichkeit der Aufgabe, Gesamtdeutschland zu schaffen, verstanden werden. Diese Einheit Deutschlands ist friedlich nur über ein Viermächteabkommen zu erreichen. Wir mögen bedauern, daß wir die Vier dazu brauchen; aber es ist nun einmal so. Und der Weg, auf dem dieses Ziel erreicht werden kann, kann nur über gesamtdeutsche Wahlen und die Schaffung einer gesamtdeutschen, freien, in ihren Entschlüssen freien Regierung führen.
Wenn man das will, nun, dann muß man die Westmächte und die Russen dazu bringen, in gesamtdeutsche Wahlen einzuwilligen, und die Voraussetzungen dafür schaffen, daß diese Wahlen freie Wahlen werden. Das heißt, man darf nicht nur das Interesse der einen Seite wecken, sondern man muß auch das der anderen Seite ansprechen. Wenn man es für unmöglich hält, das Interesse auch der Sowjetunion anzusprechen, nun, meine Damen und Herren, dann ist die Konsequenz, daß man auf die Wiederherstellung der deutschen Einheit verzichten muß, es sei denn, daß man sich zu der Hoffnung berechtigt hält, man könne durch das Verhalten des Westens die Russen zwingen, in die Vorschläge des Westens einzuwilligen. Es gibt entweder die Möglichkeit, an das Interesse, oder die Möglichkeit, an die Macht zu appellieren.
Man sagt uns: Wir müssen uns stark machen, stark werden wir nur durch Vollendung der Einglie-

derung Deutschlands in den Mechanismus des politischen Systems des Westens; diese setzt den Beitritt Deutschlands zu dem europäischen Verteidigungsabkommen voraus, also seine Einfügung in die politische Ordnung des atlantischen Systems oder eine Ordnung am Rande des atlantischen Systems – was doch nichts anderes bedeutet als die Übernahme der Verpflichtung, die Politik der Führungsmächte dieses Systems mit zu übernehmen. Man glaubt also den Russen zumuten zu können, ihre Machtposition in Deutschland aufzugeben, und ihnen weiter zumuten zu können, das zuzugeben, daß Mitteldeutschland – sein politisches, wirtschaftliches Potential – dem Machtpotential des atlantischen Blocks zugeschlagen wird, den die russische Regierung heute nun einmal als feindlich betrachtet. Das heißt doch wohl die Selbstlosigkeit der Russen und vielleicht auch ihre Angst vor einer Europaarmee überschätzen.

Aber man sagt uns dazu: Wenn wir den Westen durch unseren Beitritt zu diesem politischen System stark genug gemacht haben, dann kann der Westen mit den Russen in einer Sprache reden, die sie allein verstehen. Nach der Auffassung vieler gehört dazu auch ein deutscher militärischer Beitrag an den Westen, weil er durch die Antwortnote der westlichen Alliierten zum mindesten offengehalten werden soll und weil er durch die Regierung betrieben wird und – wenn ich Ihre Resolution richtig verstanden habe – weiter betrieben werden soll bis zum Abschluß und zur Perfektion des Gewollten.

Was heißt es denn: gestützt auf diese Stärke eine Sprache sprechen, die der andere versteht? Bedeutet das – ich will es nicht hoffen und kann es auch nicht annehmen – die Möglichkeit der Drohung, von dieser militärischen Stärke Gebrauch zu machen, wenn der andere nicht hören will? Ich wiederhole: Ich glaube nicht, daß das die Absicht der Bundesregierung ist. Im übrigen stünde das ja nur zum ganz geringen Teil in ihrer Entscheidungsbefugnis. ... Ich glaube, daß hierüber andere Leute sehr viel mehr zu sagen haben würden als sie. Also ist es doch so, daß man eine militärische Stärke will, von der man entschlossen ist, in der politischen Offensive für die Einheit Deutschlands keinen Gebrauch zu machen. Was soll dann bei dieser politischen Offensive, die wir alle unternehmen wollen, diese militärische Stärke nützen? Ein Instrument, von dem ich keinen Gebrauch machen will, ist doch genau so, als hätte ich es nicht. Das ist doch ein Messer ohne Heft und Klinge!

Man sagt doch jetzt: Wir müssen uns – auch militärisch – in den Westen integrieren, nicht nur und in erster Linie zu Verteidigungszwecken, sondern damit wir eine Machtgrundlage für eine politische Offensive zur Herstellung der Einheit Deutschlands haben. Ich glaube, daß in dieser Konzeption der Bundesregierung so viel Widerspruch steckt, daß ein Faktor den anderen aufhebt, und ich möchte darauf hinweisen, daß die Stärke einer Verhandlungspartei auch auf andere Weise als durch Häufung militärischer Machtmittel gesteigert werden könnte. ...

Zit. nach: Klaus von Schubert (Hrsg.), Sicherheitspolitik der Bundesrepublik Deutschland. Dokumentation, a.a.O., S. 176 f.

*b) Adenauer: Interview im Nord-Westdeutschen Rundfunk mit Ernst Friedlaender am 24. 4. 1952*

*Friedlaender:* Gesetzt den Fall, die Viermächtebesprechungen scheitern ..., besteht dann überhaupt noch eine Hoffnung auf eine spätere friedliche Wiederherstellung der deutschen Einheit?

*Bundeskanzler:* Ich denke überhaupt nur an eine friedliche Erreichung dieses Ziels. Und ich sehe nicht, daß die Aussichten sich verschlechtern müßten. Im Gegenteil. Die Stärke des Westens nimmt zu. Man verhandelt immer besser aus der Stärke als aus der Schwäche.

*Friedlaender:* Dies Argument mit der Stärke hat auch seine Schattenseite. Es besteht nämlich die Gefahr, daß sie immer weiter aufgebaut, daß sie zum Selbstzweck wird. Wenn das der Fall ist, verbaut sich der Starke selbst den Weg zu Verhandlungen.

*Bundeskanzler:* In der Theorie will ich das gar nicht bestreiten. Aber solange ich Bundeskanzler bin, werde ich meinen ganzen Einfluß dafür aufbieten, daß dieser Fehler nicht begangen wird. Für mich ist Stärke immer nur Mittel zum Zweck und niemals Selbstzweck. Der Zweck kann nur der Friede sein. Der Wille zum Frieden ist bei allen Staatsmännern des Westens lebendig.

*Friedlaender:* Trotzdem fällt es schwer zu begreifen, wie sich aus der Einbeziehung der Bundesrepublik in den Westen ohne weiteres die deutsche Einheit ergeben soll.

*Bundeskanzler:* Ohne weiteres gewiß nicht. Aber erstens ist ein anderer Weg gar nicht sichtbar und zweitens ist es auch für die Sowjets keine sinnvolle Politik, sich jahrelang auf ein aussichtsloses Wettrüsten einzulassen. Sie sind die ersten, die die Sprache westlicher Stärke verstehen werden.

Zit. nach: Klaus von Schubert, Wiederbewaffnung und Westintegration, Stuttgart, 2. Aufl. 1972, S. 181

## 9. Schumachers Appell an den Bundeskanzler

(Brief vom 22.4. 1952)

Sehr geehrter Herr Bundeskanzler!

Obgleich das Verhalten der Bundesregierung nicht dazu ermutigt, Ihnen nochmals brieflich Vorschläge für eine gemeinsame Stellungnahme von Regierung und Opposition in der Frage der Wiedervereinigung Deutschlands zu machen, möchte ich Ihnen im Namen der Sozialdemokratischen Fraktion noch einmal darlegen, wie dringlich es ist, zum Notenwechsel zwischen den Regierungen der vier Besatzungsmächte konkrete deutsche Forderungen zur Geltung zu bringen. Das ist um so dringlicher, als man nicht weiß, ob sich in absehbarer Zeit noch eine Chance zur friedlichen und demokratischen Wiedervereinigung bieten wird.

Von den Regierungen der Westmächte wird zur Zeit der Text einer Antwortnote auf die sowjetische Note vom 9. April beraten. Meines Erachtens ist es notwendig, den Regierungen der drei Westmächte als gemeinsamen deutschen Standpunkt vorzutragen, daß nichts unversucht bleiben darf, festzustellen, ob die Sowjetnote eine Möglichkeit bietet, die Wiedervereinigung Deutschlands in Freiheit durchzuführen. Um dies festzustellen, sollten so bald wie möglich Vier-Mächte-Verhandlungen stattfinden. Wenn sich dabei herausstellen sollte, daß auch nach den letzten Noten der Sowjetregierung nicht die Möglichkeit gegeben ist, durch eine Vier-Mächte-Übereinkunft die Voraussetzung für freie Wahlen in den vier Zonen und Berlin zu gewährleisten, dann wäre doch auf jeden Fall klargestellt, daß die Bundesrepublik keine Anstrengung gescheut hat, um eine sich bietende Chance zur Wiedervereinigung Deutschlands und Befriedung Europas auszunützen.

Es sollte den Regierungen der drei westlichen Besatzungsmächte gegenüber als deutscher Standpunkt zum Ausdruck gebracht werden, daß durch eine Fortsetzung der brieflichen Diskussion über Einzelpunkte des ursprünglichen Sowjetvorschlages vom 10. März nicht die notwendige Klärung herbeigeführt werden könnte. Die Situation würde dadurch lediglich kompliziert, indem den Kommunisten die Möglichkeit gegeben würde, weiter mit der Einheitsparole zu operieren und die Behauptung aufzustellen, die Sowjetregierung sei zu Verhandlungen bereit gewesen, während die drei anderen Besatzungsmächte solche Verhandlungen abgelehnt hätten.

Die sowjetische Note vom 9. April bietet die Möglichkeit, in Vier-Mächte-Verhandlungen zu ermitteln, ob jetzt eine Übereinkunft der vier Mächte über die Gewährleistung der Voraussetzungen für freie Wahlen in den vier Zonen und Berlin erzielt werden kann. Von deutscher Seite sollte der vom Bundestag am 6. Februar 1952 verabschiedete Vorschlag einer Wahlordnung als deutscher Beitrag vorgelegt werden. Für die zur Gewährleistung der gleichen Bedingungen in allen vier Zonen und Berlin erforderliche internationale Kontrolle sollten von deutscher Seite einige Alternativmöglichkeiten zur Diskussion gestellt werden. Solche Möglichkeiten wären:

a) Die vier Mächte nehmen die guten Dienste der Vereinten Nationen (UN) zur internationalen Kontrolle der Wahlen in Anspruch.

b) Die vier Mächte einigen sich auf eine aus neutralen Staaten zusammenzusetzende Kommission zur Durchführung der internationalen Kontrolle der Wahlen.

c) Falls die vier Mächte selbst die Kontrolle ausüben wollen, kommt es darauf an, zu gewährleisten, daß keine der vier Mächte eine deutsche Partei benachteiligen oder bevorzugen kann. …

Vertreter der Sozialdemokratischen Fraktion stehen zu einer Beratung dieser Fragen zu Ihrer Verfügung.

Ich werde mir erlauben, von diesem Brief der Öffentlichkeit Kenntnis zu geben.

Mit vorzüglicher Hochachtung Ihr ergebener *gez. Schumacher*

Zit. nach: Konrad Adenauer, Erinnerungen, Bd. II (1953–1955), Stuttgart 1966, S. 84 ff.

## 10. (Zweite) Note der Regierungen Frankreichs, des Vereinigten Königreichs und der Vereinigten Staaten an die Regierung der Sowjetunion vom 13.5.1952

(Wortlaut der britischen Note)

1. In Beantwortung der Note der Sowjetregierung vom 9. April wünscht die Regierung Ihrer Majestät, die nachstehenden Bemerkungen zu der Einheit Deutschlands, der Wahl einer freien gesamtdeutschen Regierung und zu dem Abschluß eines Friedensvertrages mit dieser Regierung zu machen. Es ist nach wie vor die Politik Ihrer Majestät, diese Ziele unter Bedingungen zu erreichen, welche die Einheit in Freiheit und den Frieden in Sicherheit gewährleisten.

2. Die Regierung Ihrer Majestät ist bereit, über diese Fragen Verhandlungen mit der Sowjetregierung aufzunehmen; sie wünscht, dies zu tun, sobald sie die Überzeugung gewonnen hat, daß die sowjetische Haltung die Verhandlungen nicht wieder ergebnislos machen wird. Die Regierung Ihrer Majestät sowie die Regierungen der Vereinigten Staaten, Frankreichs und der Sowjetunion müßten daher zunächst zu einer klaren Verständigung über das Ausmaß der Verhandlungen und die zu prüfenden Grundprobleme gelangen. Eine gründliche Vorbereitung ist für den Erfolg erforderlich, sowie dafür, daß lange Verzögerungen vermieden werden, wie sie zu dem Mißerfolg früherer Zusammenkünfte geführt haben. Die Note der Sowjetregierung vom 9. April gibt nur in sehr geringem Maße neuen Aufschluß darüber, worin nach Auffassung der Sowjetregierung die Mittel bestehen müßten, um den Erfolg solcher Verhandlungen zu sichern.

3. In ihrer letzten Note legt die Sowjetregierung nunmehr dar, daß Deutschland „nicht in diese oder jene Mächtegruppierung einbezogen werden darf, die gegen irgendeinen friedliebenden Staat gerichtet ist". Deutschlands vorgeschlagene Mitgliedschaft in den Vereinten Nationen dürfte eine derartige Bestimmung sicherlich erübrigen. Auf jeden Fall könnte die Regierung Ihrer Majestät sich nicht mit Bestimmungen einverstanden erklären, durch die Deutschland untersagt würde, eine Verbindung mit anderen Staaten einzugehen, die von einem der Unterzeichnerstaaten des Friedensvertrages willkürlich als „gegen irgendeinen friedliebenden Staat gerichtet" angesehen werden könnte. Die Regierung Ihrer Majestät kann nicht zulassen, daß Deutschland das Grundrecht einer freien und gleichberechtigten Nation, sich mit anderen Nationen zu friedlichen Zwecken zu verbinden, vorenthalten werden soll. Die Regierung Ihrer Majestät muß annehmen, daß die Sowjetregierung ebenfalls keine Einwendungen dagegen erheben kann, daß Deutschland das Recht hat, Verteidigungsabkommen zu schließen.

4. Die Regierung Ihrer Majestät wies in ihrer Note vom 25. März darauf hin, daß sie die Bestrebungen, welche die freien Staaten Westeuropas einschließlich der Bundesrepublik Deutschland zur Schaffung einer friedlichen europäischen Gemeinschaft unternehmen und damit zum Beginn einer neuen Ära, in der die internationalen Beziehungen auf Zusammenarbeit und nicht auf Rivalität und Mißtrauen begründet sind, in vollem Ausmaß unterstützt. Die Regierung Ihrer Majestät begrüßt die Entwicklung einer derartigen europäischen Gemeinschaft, an der Deutschland teilnehmen wird. Deutschland ist gespalten, weil Europa gespalten ist. Diese Politik der europäischen Einheit kann die Interessen der Sowjetunion oder die irgendeines anderen Landes, dessen Politik der Aufrechterhaltung des Friedens gilt, nicht bedrohen. Die Regierung Ihrer Majestät wird sich daher nicht von der Unterstützung dieser Politik abbringen lassen. Sie ist mehr denn je davon überzeugt, daß diese Politik den wahren Weg des Friedens darstellt.

5. Die Regierung Ihrer Majestät trägt keine Verantwortung dafür, wenn es nicht gelingt, diese Zusammenarbeit über ihre gegenwärtigen Grenzen hinaus auszudehnen. Sie ist nach wie vor bereit, aufrichtig und voll des guten Willens alle praktischen und präzisen Vorschläge zu prüfen, die auf eine Verringerung der Spannung und eine Überbrückung der bestehenden Kluft gerichtet sind.

6. Ein deutscher Friedensvertrag kann nur ausgearbeitet werden, wenn eine gesamtdeutsche Regierung besteht, die auf Grund freier Wahlen gebildet und in der Lage ist, in voller Freiheit an der Erörterung eines derartigen Vertrages teilzunehmen. Es ist daher nicht möglich, im gegenwärtigen Zeitpunkt Besprechungen über die Bestimmungen eines deutschen Friedensvertrages abzuhalten. Die Regierung Ihrer Majestät hat ihre Stellungnahme zu einigen der sowjetischen Vorschläge be-

reits mitgeteilt, insbesondere über die irrige Auslegung der territorialen Bestimmungen des Potsdamer Protokolls, sowie über die Absicht der Sowjetregierung, Deutschland in ständiger Isolierung von Westeuropa zu halten und es gleichzeitig zu zwingen, den Versuch zu machen, für seine Verteidigung lediglich durch begrenzte Streitkräfte ausschließlich nationaler Art zu sorgen. Die sowjetischen Vorschläge würden eine ständige Fesselung des deutschen Rechtes auf internationale Verbindung und einen ständigen Zustand der Spannung und Unsicherheit in Mitteleuropa bedeuten.

7. Die aus freien Wahlen hervorgehende deutsche Regierung muß selbst frei sein. Diese Freiheit ist sowohl vor als auch nach der Aushandlung eines Friedensvertrages wesentlich. Die Regierung muß in der Lage sein, ihren wahrhaft repräsentativen Charakter aufrechtzuerhalten; sie muß ferner in der Lage sein, ihre Verantwortlichkeiten als Regierung eines wiedervereinigten Deutschlands zu übernehmen und in vollem Umfange an der Erörterung des Friedensvertrages teilzunehmen. Diese Frage der Freiheit ist daher untrennbar von der Frage der Wahlen. Die Sowjetregierung hat es bisher unterlassen, ihre Auffassung zu dieser Einheit auch nur anzudeuten. Die Regierung Ihrer Majestät muß insbesondere die Frage stellen, ob nach Auffassung der Sowjetregierung eine aus freien Wahlen hervorgegangene gesamtdeutsche Regierung bis nach Abschluß eines Friedensvertrages unter Viermächtekontrolle stehen würde oder die Sowjetregierung damit einverstanden ist, daß sie die erforderliche Handlungsfreiheit und Regierungsgewalt erhält.

8. Die Regierung Ihrer Majestät stellt zu ihrer Befriedigung fest, daß die Sowjetregierung nunmehr grundsätzlich damit einverstanden ist, daß in ganz Deutschland freie Wahlen abgehalten werden sollen. Diese freien Wahlen können jedoch nur dann stattfinden, wenn die erforderlichen Voraussetzungen in allen Teilen Deutschlands bestehen und nicht nur am Wahltage und davor, sondern auch danach aufrechterhalten werden. Ein wesentlicher erster Schritt besteht daher darin, diese Voraussetzungen zu gewährleisten. Auf andere Weise kann kein Fortschritt erzielt werden. In den letzten Jahren hat sich der Ostteil Deutschlands in einer Richtung entwickelt, die immer mehr von dem Hauptweg des deutschen Fortschritts abweicht. Dies ist ein Hauptgrund dafür, warum eine unparteiische Untersuchung erforderlich ist, bevor Wahlen stattfinden können.

9. Die Sowjetregierung ist jedoch nicht damit einverstanden, daß die von der Vollversammlung der Vereinten Nationen eingesetzte internationale Kommission eine derartige Untersuchung in ganz Deutschland durchführen soll. Sie begründet diese Weigerung mit ihrer Auslegung des Artikels 107 der Charta der Vereinten Nationen. Dieser lautet jedoch wie folgt: „Nichts in dieser Charta macht eine Maßnahme unwirksam oder schließt diese aus, die von seiten der dafür verantwortlichen Regierungen gegen einen Staat, der während des Zweiten Weltkrieges der Feind eines der Signatarstaaten dieser Charta war, als Folge dieses Krieges unternommen oder gestattet wird[1])." Dieser Wortlaut schließt die Vereinten Nationen eindeutig nicht von der Erörterung deutscher Angelegenheiten aus. Diese Auslegung ist von der Vollversammlung der Vereinten Nationen mit überwältigender Mehrheit bestätigt worden. Jedoch kann selbst nach der irrigen Auslegung der Charta seitens der Sowjetregierung nichts die vier Mächte daran hindern, sich der Kommission der Vereinten Nationen zu bedienen, um die Bedingungen festzustellen, unter denen in ganz Deutschland wirklich freie Wahlen abgehalten werden könnten.

10. Die Sowjetregierung schlägt statt dessen vor, daß die Verantwortung für die Untersuchung einer von den vier Besatzungsmächten gebildeten Kommission übertragen werden könnte. Bevor die Regierung Ihrer Majestät sich davon überzeugen kann, daß dieser Vorschlag zu einer unparteiischen Untersuchung führen würde, müßte sie wissen, wie sich die Zusammensetzung und Funktion eines solchen Organs gestalten würde. Eine lediglich aus Mitgliedern mit unmittelbaren Verantwortlichkeiten in Deutschland zusammengesetzte Kommission wäre gleichzeitig Richter und Partei. Die Erfahrung während der Zeit der Vier-Mächte-Kontrolle in Deutschland läßt darauf schließen, daß eine solche Kommission nicht in der Lage wäre, zu zweckdienlichen Entscheidungen zu gelangen. Damit würden die Wahlen außerordentlich verzögert. Auch kann die Regierung

[1]) vgl. Fußnote auf den Seiten 271 und 290

Ihrer Majestät die Tatsache nicht übersehen, daß die Einsetzung einer Vier-Mächte-Kommission als Schritt zu einer Wiederherstellung der Vier-Mächte-Kontrolle in Deutschland ausgelegt werden könne. Dies wäre ein Rückschritt, der mit der konstitutionellen Entwicklung in der Bundesrepublik nicht in Einklang stehen würde. ...

Zit. nach: Eberhard Jäckel, Die deutsche Frage 1952–1956, a.a.O., S. 27f.

## 11. Die Stalin-Note und die Westmächte

Die für ein historisches Urteil über die Entscheidung Adenauers grundlegende Frage lautet ..., ob die aus allzu optimistischen wie aus äußerst pessimistischen Einschätzungen, aus teils als richtig, teils zumindest als problematisch anzusehenden Elementen bestehende Lageanalyse Adenauers im Frühjahr 1952 und seine Schlußfolgerung, der sowjetischen Zielsetzung eines verkleinerten, neutralisierten Gesamtdeutschlands eine entschiedene Absage zu erteilen, den für den historischen Betrachter deutlicher als für den handelnden Staatsmann 1952 erkennbaren Gegebenheiten und Tendenzen der internationalen Konstellation besser entsprach als eine Befürwortung oder die Forderung nach einer Prüfung des sowjetischen Vorschlags, wie sie der Publizist Paul Sethe aus einer an Stresemann orientierten national-liberalen Grundhaltung und Gustav Heinemann aus der Gewissensnot des protestantischen Christen vor einer dauerhaften Spaltung der Nation und der Gefahr eines Bruderkrieges mit Nachdruck forderten.
Aufgrund intensiver Forschungen zur sowjetischen Außenpolitik der Nachkriegszeit kann heute kaum mehr bestritten werden, daß die Note einem ernsthaften Interesse Stalins an einer Neutralisierung Deutschlands entsprach. Im Gegensatz zu dem Axiom Shdanows, der in der Nachkriegssituation nur zwei große „Lager" zu erkennen vermochte, von denen das „imperialistische" fest unter der Führung der USA zusammengefaßt war, und von der Konfrontation und dem wahrscheinlichen kriegerischen Zusammenstoß der beiden „Lager" überzeugt war, ging Stalin wie in der Zwischenkriegszeit davon aus, daß Spannungen zwischen den „imperialistischen" Mächten bestünden, die es im Interesse der Sowjetunion zu fördern galt. Die Wiederermöglichung eines „Eigenweges" für Deutschland nahm in diesem Rahmen eine zentrale Stellung ein. Eine von Stalin, diesem Ansatz entsprechend, als besonders bedrohlich betrachtete Integration des von ihm aufgrund der Erfahrungen im Kriege 1941 bis 1945 sehr hoch eingeschätzten deutschen Militärpotentials in den Westblock sollte um einen sehr hohen Preis, auch um den der Aufgabe von DDR und SED, verhindert werden. Aus Stalins Sicht war ein von den Westmächten einschließlich der USA mit garantierter Status eines neutralisierten, aber nolens volens bürgerlich strukturierten Gesamtdeutschland eher akzeptabel als die Integrationslösung, die die Westverträge vorsahen. Adenauer hat – von der Ansatzhöhe seiner Konzeption und den Perspektiven, die sich ihm durch den bevorstehenden Abschluß der Westverträge zu öffnen schienen, erklärbar – wohl bewußt nichts unternommen, eine solche die Westmächte als Garantiemächte mit bindende gesamtdeutsche Lösung, die in Ost-West-Verhandlungen im Anschluß an die Stalin-Note hätte anvisiert werden können, ins Spiel zu bringen, obwohl sie eine Sicherung zumindest gegen eine kurz- oder mittelfristige Unterminierung des neutralisierten Deutschland hätte bieten können. Auch wenn er innerlich einer solchen Lösung näher gestanden, sie aus Einsicht in eine partielle Übereinstimmung von deutschem und sowjetischem Interesse nicht a limine ausgeschlossen hätte, wäre ihm von historischer Warte recht zu geben, daß er sie nicht versucht hat, weil er sie in Kenntnis der Ziele der anderen Weltmacht, der USA, die noch die maßgebliche Besatzungsmacht in Westdeutschland war, nicht für realisierbar halten konnte. Für die USA und den Westblock insgesamt hätte eine „Ausklammerung" Westdeutschlands aus dem Bündnis einen unvergleichbar größeren Verlust bedeutet als die Aufgabe der DDR für die Sowjetunion. Seit der großen Schwenkung der amerikanischen Europapolitik im Frühjahr 1947 war für die USA der angestrebte und 1949 errichtete deutsche „Weststaat" die wichtigste und durch nichts ersetzbare Basis auf dem europäischen Kontinent. Ein Rückzug auf das unsichere Frankreich, die Benelux-Staaten oder gar auf die britische Insel wurde seither nicht mehr als eine vertretbare Alternative für die amerikanische Europapolitik angesehen. Die Ablehnung der

Stalin-Note durch die USA stand daher – völlig unabhängig von der Stellungnahme Adenauers oder auch der beiden europäischen Westmächte – von vornherein fest. ...

Aus: Andreas Hillgruber, Adenauer und die Stalin-Note vom 10. März 1952, in: Konrad Adenauer und seine Zeit, Bd. 2, Beiträge der Wissenschaft, hrsg. von Dieter Blumenwitz u. a., Stuttgart 1976, S. 125 f.

## 12. Adenauer: „Deutschland gehört zum Westen"

(Interview mit Ernst Friedlaender im Nord-Westdeutschen Rundfunk vom 28. 5. 1952)

Die Verträge, die jetzt unterzeichnet worden sind, bilden kein Hindernis für die Wiedervereinigung Deutschlands. Im Gegenteil: sie sind das einzige Mittel, um uns der deutschen Einheit in Freiheit näher zu bringen ... Die Begründung ist sehr einfach. In der harten Welt der Tatsachen gibt es für die Bundesrepublik nur zwei Wege: ein Zusammengehen mit dem Westen oder aber ein Zusammengehen mit den Sowjets. Alles, was dazwischen liegt, versetzt uns in die Ohnmacht des Alleinseins und macht uns zum Spielball widerstreitender Kräfte. Als Ohnmächtige zwischen den Mächten wären wir ein Magnet für den Krieg. Nun gibt es aber keine Möglichkeit eines Zusammengehens mit den Sowjets. Mit ihnen im Bunde kann man nur zum Satelliten werden ... Deutschland gehört zum Westen, nach Überlieferung und Überzeugung. Das ganze Deutschland gehört zum Westen. In dieser Partnerschaft allein liegt unsere Zukunft.

Zit. nach: Klaus von Schubert, Wiederbewaffnung und Westintegration, a. a. O., S. 169

## 13. Die Wiedervereinigungsproblematik in englischer Sicht

*a) Aufzeichnung von R. M. A. Hankey, Leiter des u. a. für die Sowjetunion zuständigen Northern Department im Foreign Office vom 14. 5. 1948; geheim*

... Meiner Meinung nach wäre ein vereintes Deutschland eine viel größere Bedrohung des Friedens als ein geteiltes Deutschland, und zwar aus folgenden Gründen:

a) Rußland wird ein vereintes Deutschland zwangsläufig als eine konkrete Bedrohung für sich betrachten. Es muß immer befürchten, daß dieses Deutschland von feindlichen Mächten kontrolliert wird, und in den Augen der Russen ist jede nichtkommunistische Macht feindlich. Rußland muß daher unvermeidlich versuchen, Deutschland zu kontrollieren oder sich mit ihm zu verbünden.

b) Falls Rußland ganz Deutschland kontrolliert, es lenkt oder mit ihm verbündet ist, wird es immer versucht sein, Deutschland zu einer Expansion nach Westen hin zu ermutigen, um es auf diese Weise vom Osten abzubringen. Rußland und Deutschland zusammen würden eine fast unwiderstehliche Bedrohung für die westliche Welt sein. Die Probleme mit Rußland würden daher für uns unendlich größer, als sie es jetzt schon sind.

c) Ein vereintes Deutschland mit seinen 62 Millionen oder noch mehr Einwohnern kann nach meiner Auffassung nicht angemessen kontrolliert oder gelenkt werden mit irgendwelchen Methoden, die die Westmächte anwenden können, wie wir in der Zwischenkriegszeit erfahren haben. Nur die Russen können ein vereintes Deutschland lenken mit Hilfe der kommunistischen Partei und mit dem System der Geheimpolizei.

d) Ein vereintes und nichtkommunistisches Deutschland, das mit den Westmächten verbündet ist, wird, wie ich vermute, bei der erstbesten Gelegenheit für Unruhe sorgen, um seine verlorenen Ostgebiete zurückzuerobern. Die Westmächte könnten dann nicht zusehen, wie dieses Deutschland vernichtet und von Rußland besetzt wird. Als Verbündeter wäre ein vereintes Deutschland daher eine höchst gefährliche Hypothek.

e) Ein vereintes nichtkommunistisches Deutschland wird nach meiner Auffassung, selbst wenn es mit dem Westen verbündet ist, immer versucht sein, uns mit der Drohung zu erpressen, sich Rußland anzuschließen, und, falls die unter Punkt (c) beschriebene Situation eintritt, könnten wird dies nicht mit Sicherheit verhindern.

f) Ein Westdeutschland mit 40 Millionen Einwohnern, die allesamt vor russischem Angriff und Eindringen Angst haben, wird auf die Zusammenarbeit mit den Westmächten angewiesen sein, um Schutz zu erhalten (übrigens dürfte ja wohl klar sein, daß es wiederbewaffnet werden muß)[1]), und es wird vollkommen abhängig sein von den Westmächten im Hinblick auf Rohstoffe, Nahrungsmittel und Absatzmärkte. Es ist weniger wahrscheinlich, daß Westdeutschland in Ostdeutschland einmarschiert, als daß ein vereintes Deutschland in Polen einmarschiert. Kurz gesagt: es wäre weit willfähriger und eine viel geringere Gefahr für Frankreich.
g) Auf alle Fälle darf es ganz offensichtlich kein vereintes Deutschland geben („In any case there obviously cannot be a united Germany"). Weder wir noch die Russen können zulassen, daß der jeweils andere Deutschland kontrolliert, und es ist auch klar nach der Erfahrung der letzten drei Jahre, daß wird uns auf dessen gemeinsame Kontrolle nicht einigen können. Angesichts der in Rußland vorherrschenden Ideologie schien dies schon seit langem unausweichlich, aber es war auch klar, daß wir das Experiment wagen mußten.
h) ... Die Russen beabsichtigen offenkundig, ihre Zone nach ihren Vorstellungen zu lenken, möglicherweise mit einer dortigen deutschen Regierung. Ich vermute, sie warten nur darauf, bis wir als erste eine deutsche Regierung (im Westen) etablieren, damit sie uns dann bei den Völkern des sowjetischen Einflußbereiches die Schuld dafür zuschieben können, daß wir Deutschland wiederaufbauen und damit eine erneute deutsche Gefahr schaffen, und bei dem deutschen Volk dafür, daß wir Deutschland spalten. Für die Franzosen gilt es nur eine Frage zu überlegen, nämlich ob ein balkanisiertes und damit bedürftiges Westdeutland den Russen mehr Möglichkeiten eröffnet, um gegen uns zu intrigieren als eine geeintes und prosperierendes Westdeutschland. Die Antwort ist sonnenklar. Wohlstand und Einheit in Westdeutschland mögen bis zu einem gewissen Grad für die Westmächte eine finanzielle Belastung auf Kosten ihrer eigenen Sicherheit darstellen, aber wenn wir den russischen Aspekt berücksichtigen, ist dies eine sehr lohnenswerte Versicherungsprämie.

Zit. bei: Rolf Steininger, Wie die Teilung Deutschlands verhindert werden sollte. Der Robertson-Plan aus dem Jahre 1948, in: Militärgeschichtliche Mitteilungen 33 (1983), S. 59 (Eigene Übersetzung des Bearbeiters)

*b) Interview des Staatsministers im britischen Außenministerium Selwyn Lloyd in der Zeitschrift „Die Tat" vom 9. 7. 1952*

*Frage:* Wird die Einigung Deutschlands jetzt, nach der Unterzeichnung der Vertragswerke von Bonn und Paris, nicht schwerer sein als vorher?
*Antwort:* Ich bin nicht dieser Ansicht. Das wichtigste Hindernis zur Einigung ist die Haltung der Sowjetregierung. Im Potsdamer Abkommen war klar beabsichtigt, daß es ein *einiges* Deutschland geben werde. Aber unserer Ansicht nach ist es unmöglich, ein vereinigtes Deutschland zu bilden, außer auf der Grundlage freier Wahlen in der Ostzone. Es gab freie Wahlen in den Westzonen, aber die Haltung der Sowjetunion hat es unmöglich gemacht, freie Wahlen in der Ostzone durchzuführen.
Unter freien Wahlen verstehe ich das Recht der Wähler, ihr Stimmrecht in einer geheimen Abstimmung auszuüben, die Erlaubnis für politische Flüchtlinge, zurückzukehren, um zu wählen, die freie Organisierung politischer Parteien, die Möglichkeit für politische Parteien zur freien Propaganda, zur politischen Betätigung, die Freiheit der Rede, die Versammlungsfreiheit und eine Versicherung, daß die gewählte Regierung frei wäre, zu handeln.
Bis jetzt haben wir wenig Anzeichen von seiten der Sowjetunion, daß sie bereit wäre, irgendeine jener Freiheiten zuzulassen. Aber unser Wunsch ist es, die Bedingungen zu schaffen für diese Freiheiten, um ein vereinigtes freies Deutschland zu schaffen, das die Möglichkeit hat, seine eigene Zukunft zu bestimmen. Falls wir das Zusammengehen Westdeutschlands mit dem Westen verzögern würden, glaube ich, daß wir nichts damit erreichen würden. Ich glaube, die Möglichkeit wird größer, wenn wir weitergehen auf dem bisherigen Weg. Es ist unmöglich, daß einer der beiden Teile von Deutschland auf die Dauer mit Gewalt unterdrückt bleiben kann. Das Beispiel freier

[1]) Dieser Satz wurde im Original wieder gestrichen

gleicher Partnerschaft wird auf den Osten wie ein Magnet wirken und für die Vereinigung arbeiten.

*Frage:* Welche Gefahren sehen Sie in der Aufrüstung Westdeutschlands, wie sie jetzt geplant wird?

*Antwort:* Die Gefahr einer Aufrüstung Westdeutschlands ist viel kleiner als diejenige, die von einem vereinten, aufgerüsteten Deutschland mit nationaler Armee drohen würde. Die Konzeption der Europäischen Verteidigungsgemeinschaft ist, wie Sie wissen, die, daß die Armeen nicht national sein sollen, daß wir eine Partnerschaft haben sollten, die über die Zahl und Art der Bewaffnung zu entscheiden hat, die jeder Partner besitzt, die über die Zuteilung der militärischen Hilfe der USA entscheidet, über die Ausdehnung der Rüstungsindustrie in jedem Lande und ihre Lage. Wir glauben, daß aus dem eine Konzeption der westeuropäischen Einheit herauswachsen wird.

*Frage:* Welche Gefahren würden Sie bei einer Vereinigung Deutschlands ohne Aufrüstung sehen?

*Antwort:* Es würde sich ein Vakuum bilden. Jedes Vakuum neigt dazu, ausgefüllt zu werden, und wir glauben, dieses Vakuum würde durch eine kommunistische Infiltration ausgefüllt werden.

*Frage:* Halten Sie es für denkbar, daß der Westen auf eine Beteiligung Deutschlands an der Europäischen Verteidigungsgemeinschaft verzichten könnte, wenn dafür Sowjetrußland die Einigung Deutschlands zulassen würde?

*Antwort:* Wir hoffen, daß es den Deutschen klar wird, daß ihr nationaler Vorteil in einer Verbindung mit dem Westen liegt. Tatsächlich wird dies der einzige Weg sein, auf dem das neue Deutschland die Bedrohung einer Beherrschung durch Sowjetrußland vermeiden kann. Schließlich ist das Bündnis der Westmächte nur defensiv. Die Verbindung Deutschlands mit der Europäischen Verteidigungsgemeinschaft wird die jahrhundertealte Feindschaft zwischen Frankreich und Deutschland heilen und eine echte Hoffnung auf einen Frieden in Europa schaffen.

Die Möglichkeit einer nationalen deutschen Wehrmacht würde alle Gefahren eines neuen deutschen Militarismus mit sich bringen. Wie wir glauben, wollen dies die meisten Deutschen selber nicht.

*Frage:* Halten Sie nichts von einer deutschen Neutralität?

*Antwort:* Ich denke nicht, daß die Russen die geringste Absicht haben, ein vereinigtes Deutschland frei bestehen zu lassen. Sie würden entweder wünschen, es besetzt zu halten nach österreichischem Muster, oder es in einen neuen Satelliten zu verwandeln. Die Frage einer deutschen Neutralität ist nicht realistisch.

Wenn man den Deutschen den Anschluß an ein Bündnis verbietet, so bedeutet dies tatsächlich eine Fortsetzung der Besetzung.

Eine Verpflichtung zur Neutralität würde entweder jenes Vakuum schaffen, in welches der Kommunismus eindringen würde, oder Deutschland in die Lage versetzen, den Osten gegen den Westen und den Westen gegen den Osten auszuspielen. Keines dieser beiden Dinge ist dem Frieden in Europa förderlich. Entscheidend ist, daß keine Bedrohung des Friedens darin liegt, daß Deutschland mit dem Westen verbunden ist. Das letzte, was der Westen wünscht, ist ein neuer Krieg.

*Frage:* Sehen Sie Möglichkeiten zu Verhandlungen mit der Sowjetunion?

*Antwort:* Ich denke, wir müssen sorgfältig jede Anregung der Sowjetunion in bezug auf die Einigung Deutschlands prüfen. Ich zweifle hingegen sehr daran, daß die Sowjetunion je ihre Einwilligung zu wirklich freien Wahlen geben wird. Das würde nicht in logischem Zusammenhang stehen mit dem, was sie bis jetzt getan haben oder jetzt tun.

Wir müssen die Ehrlichkeit der sowjetischen Vorschläge prüfen. Ihre letzte Note hat uns keinen Grund zur Hoffnung gegeben, daß sie die Absicht hat, einem vereinten Deutschland wirklich die Freiheit zuzugestehen. Es ist eine Frage der Stadien. Das erste Stadium ist die Regelung der Frage der freien Wahlen. Dann kommt erst die Diskussion des Friedensvertrages.

Zit. nach: Sicherheitspolitik der Bundesrepublik Deutschland, a.a.O., S. 183 ff.

## 14. Die Position von Karl Georg Pfleiderer

*a) Waiblinger Rede vom 6.6.1952*

Und nun frage ich Sie: Glauben Sie, daß ein so riesengroßer, so übermächtiger Staat wie die Sowjetunion bereit ist, seine politische und wirtschaftliche Stellung in Deutschland, das heißt, eine seiner wichtigsten Stellungen in der Welt überhaupt, von dem ungewissen Ausgang einer Wahl abhängig zu machen, das heißt, davon abhängig zu machen, ob die Deutschen soherum oder andersherum abstimmen werden? Und wenn der Ausgang der Wahl nicht ungewiß ist, da anzunehmen ist, daß der überwiegende Teil der Bevölkerung gegen die Sowjetherrschaft stimmen wird, glauben Sie dann, daß es die Sowjetunion überhaupt zu Wahlen kommen lassen wird?
Niemals! Was aber dann? Nun, wir sollten den Gedanken an die Wahlen gewiß nicht preisgeben, denn sie sind nötig und müssen kommen. Wir sollten aber den Gedanken an die Wahlen zurückstellen und sollten klar und unverblümt von dem Hauptziel unserer Politik ausgehen, von der Räumung der Sowjetzone durch die Russen und von der Liquidierung des dortigen Systems. Und wenn wir dies tun, dann lautet die Frage einfach so: „Was kostet dies, wie hoch ist politisch der Preis?“, mit anderen Worten: Wie soll das Staatensystem zwischen Ost und West ausgewogen werden, in dessen Mitte das freie und vereinte Deutschland einzutreten hätte? …
Ich würde glauben, daß, wenn die unter polnischer Verwaltung stehenden Gebiete Deutschlands von der Sowjetmacht besetzt bleiben, die westlichen Alliierten mit gutem Grund entsprechende Teile Westdeutschlands besetzt halten sollten. Beide Parteien könnten ihre Stellungen durch Brükkenköpfe befestigen und sichern. Zwischen diesen beiden besetzten Teilen Deutschlands würde ein dritter, der größte Teil, liegen, der mit nationalen Streitkräften von festgelegter Stärke zu versehen wäre. Hier auch würde die wahre Hauptstadt Deutschlands liegen, von fremder Besetzung frei. Kein Deutscher würde die Oder-Neiße-Grenze als endgültig anerkennen, jeder Deutsche würde aber anerkennen, daß in dieser Frage Gewalt nicht angewandt werden darf. Daß Deutschland im Westen ohne politische Rückendeckung gelassen, das heißt, ohne Schutz und Hilfe dem riesigen Sowjetstaat und seinen hochgerüsteten, in Deutschenhaß erzogenen Satelliten gegenübergestellt würde, dies könnte kein politisch Denkender als tragbar betrachten.
Aber sicher fänden es Deutsche gerecht und billig, wenn der unbesetzte Teil ihres Gebiets nicht dem Aufmarsch fremder Truppen dienen dürfte. Dies etwa wäre im Ausgleich zwischen dem NATO- und EVG-System einerseits und dem russischen System andererseits eine Linie, auf der sich Ost und West begegnen könnten. Freilich, diesen kurzen ersten Strichen wäre vieles beizufügen, und viele Fragen habe ich offengelassen. …
Aber viele Deutsche würden es für ein Versäumnis halten, wenn nicht im jetzigen Augenblick aus unserer eigenen Mitte ein Vorschlag zur Erörterung gestellt würde, wie der Streit um die deutsche Wiedervereinigung zu lösen wäre. …

Zit. nach: Karl Georg Pfleiderer: Politik für Deutschland. Reden und Aufsätze 1948–1956, Stuttgart 1961, S. 95 ff.

*b) Denkschrift vom 2.9.1952 (Ursprünglich verfaßt für den Auswärtigen Ausschuß des Bundestages)*

Das Sicherheitsbedürfnis der Sowjetunion ist der politische Angelpunkt der deutschen Wiedervereinigung … In der Sowjetpolitik spielt aber das Sicherheitsbedürfnis in der Form der Furcht vor einem Angriff der kapitalistischen Welt zugleich die Rolle eines Komplexes, wurde doch die Sowjetunion zur Zeit des Bürgerkrieges durch die kriegerischen Interventionen weißgardistischer Generäle und im Zweiten Weltkrieg durch Hitler bis auf den Tod bedroht. Unter diesem Gesichtspunkt kann der Kalte Krieg in Deutschland auch als „offensiv geführte Verteidigung“ der Sowjetunion gegen die nicht mehr so sehr dogmatisch als empirisch gefürchtete kapitalistische Welt gekennzeichnet werden. …
Wenn der Bonner Vertrag davon ausgeht, daß ein wiedervereinigtes Deutschland ebenso in den Westen integriert werden müsse, wie es jetzt für die Bundesrepublik vorgesehen ist, dann schließt der Vertrag die Wiedervereinigung aus. Zu glauben, daß die Sowjetunion den von ihr besetzten

Teil Deutschlands räumen, gutwillig und im Frieden räumen würde, um nachher die NATO-Truppen und die EVG, soweit diese einen Teil von jener bildet, an der Oder-Neiße-Linie stehen zu haben, trägt den Gesichtspunkten des Gegners keine Rechnung und ist dadurch unwirklich. Das vertraglich festgelegte Ziel der vier Partner des Bonner Vertrages, nämlich die friedliche Wiedervereinigung der getrennten Teile Deutschlands unter mittelbarer Integrierung des neuen Gesamtdeutschlands in die NATO, ist ein Widerspruch in sich selbst, und die deutsche Politik, wenn sie solches gleichfalls zu wollen vorgibt, setzt sich im eigenen Lande Mißdeutungen aus. Ohne mit der Sowjetunion im Gespräch zu sein, ist es schwierig anzugeben, wie das europäische und atlantische Staatensystem aussehen müßte, in dem Sicherheitsbedürfnis der Sowjetunion zu entsprechen, ohne dabei das des Westens zu verletzen ...

Zit. nach: Karl Georg Pfleiderer, Politik für Deutschland, a. a. O., S. 102 ff.

## 15. Spätes Nachzittern

Reden in der Nachtsitzung des Bundestages vom 23. 1. 1958

*a) Thomas Dehler (FDP)*

In der Welt geschieht nichts, was nicht mit Leidenschaft gefühlt, gewollt, durchgesezt wird, nicht mit Nüchternheit, wahrlich nein! Wenn nicht das deutsche Volk leidenschaftlich eine Einheit sein will, zusammenkommen will, dann geben wir dieses nationale Ziel der deutschen Einheit auf ...

Sie [gemeint ist der Bundeskanzler] haben heute vormittag von dem Mythos gesprochen, den der Herr Sethe aufgerichtet hat von den Möglichkeiten des Jahres 1952, die außer acht gelassen worden sind usw. Meine Damen und Herren, ein Politiker, der nicht dauernd überdenkt, ob er nicht Fehler gemacht hat, der nicht zurückdenkt, der nicht beachtet, was ein anderer, der leidenschaftlich über diese Dinge nachdenkt, an Bedenken geltend macht, der ist fehl am Platze. Wenn wir überdenken, was wir 1952 ausgelassen haben. ...

Damals hatten wir ein Angebot Stalins, ein Jahr vor seinem Tod, am 10. März 1952. Man muß sich das wieder einmal in die Erinnerung zurückrufen, was dem deutschen Volke damals an Verhandlungsmöglichkeiten – mehr zu sagen wäre nicht zu verantworten – geboten war. ...

Was war damals die Gegenbedingung? Verzicht auf EVG! Das lag darinnen: Verzicht auf den Vertrag, der dann nach Jahr und Tag, am 30. August 1954, in der Französischen Nationalversammlung auf schändliche Weise vom Tisch gefegt wurde; man ging darüber zur Tagesordnung über. Hier hätte man eine Verhandlungsmöglichkeit gehabt. ...

Der Herr Bundeskanzler hat uns damals erklärt: Das ist ein Störungsmanöver! – Genau das gleiche, was er heute erklärt. Ich habe ihm vertraut. Ich bin in der Regierung geblieben. Ich schäme mich, ja! Ich beneide den Heinemann wegen seines Mutes.

Aber Herr Heinemann ... kannte seine Pappenheimer besser; er war ja in der CDU.

Ich war am Ende ein kleiner Mann, der glaubte, was dieser „große, geniale Staatsmann" uns sagte, sei richtig.

Aber das Entscheidende ist doch, daß sich erwiesen hat und daß jeder von Ihnen, selbst der Herr Stücklen, heute einsehen muß, was damals falsch gemacht, was geschadet worden ist. Wir wissen doch heute viel mehr. Wir haben inzwischen den 20. Bolschewistischen Kongreß erlebt, wir haben die Reden von Chruschtschow gelesen. Wir wissen jetzt, daß damals, im März 1952, Stalin innenpolitisch in einer verzweifelten Lage war. Das laste ich dem Herrn Bundeskanzler und den Westalliierten an. Damals war die Pause – die Pause, von der er uns heute etwas vorgaukelt –, die ihm geboten war, die er hätte benutzen müssen ...

Aber noch einmal etwas zu den Tatsachen. Antwort der drei Westmächte vom 25. März, maßgebend von Dr. Adenauer mit bestimmt: „Nicht zu billigen ist der sowjetische Vorschlag, Deutschland nationale Kräfte zu gewähren." – Meine Damen und Herren, stellen Sie sich einmal diese Illusion, nein, ich sage: diese Ironie der Situation vor. Die Sowjetunion bietet uns nationale Streitkräfte an, so wie wir sie heute auf Grund der Westeuropäischen Union und der Pariser Verträge haben, und die drei Westmächte lehnen dieses Angebot auf Veranlassung des Bundeskanzlers ab. ...

Meine Schlußfolgerung aus dem, was damals geschah: Hier fehlte der Wille, das Mögliche zu tun, eine Chance zu ergreifen.

Zit. nach: Thomas Dehler, Reden und Aufsätze. Herausgegeben vom Vorstand der Friedrich-Naumann-Stiftung, Köln 1969, S. 146ff.

*b) Gustav Heinemann (SPD)*

Herr Dehler ist besonders auf die Vorgänge vom März 1952 zu sprechen gekommen, als die Sowjetunion anbot: Wiederherstellung der deutschen Einheit, Redefreiheit, Pressefreiheit, Versammlungsfreiheit, freie wirtschaftliche Entwicklung, nationale Streitkräfte für ein wiedervereinigtes Deutschland, Aufnahme in die Vereinten Nationen, gesamtdeutsche Regierung, hervorzugehen aus freien Wahlen, alles das unter der Bedingung, daß Deutschland sich nicht an Militärbündnissen beteilige.
Verehrte frühere Freunde aus der CDU! Als diese Note der Sowjetunion 1952 auf den Tisch kam, gab es in Ihren Reihen eine weite Zustimmung zu dieser Note. Damals tagte in den gleichen Tagen des März 1952 der Evangelische Arbeitskreis der CDU in Siegen.[1]) Sie können im CDU-Informationsdienst über diese Tagung nachlesen, daß dort ausgesprochen wurde:
„Wir sehen in der Note der Sowjetunion vom 10. März 1952 einen Erfolg der Politik der Bundesregierung, da damit ein Gespräch zwischen den Mächten veranlaßt wird, auf denen die Verantwortung für die Teilung Deutschlands ruht. Wir bitten die Bundesregierung, bei ihren Beratungen mit den Westmächten sich dafür einzusetzen, daß auch diese nichts unversucht lassen, das von ihnen gleichfalls bejahte Ziel der deutschen Wiedervereinigung zu verwirklichen."
Was wurde aus diesem Appell des Evangelischen Arbeitskreises? Der Herr Bundeskanzler hat damals, als die Note ihm bekannt wurde, gleich wegwerfend gesagt – wie ja immer, wenn so etwas passiert –: „Belanglos". Er nahm in Siegen zu dem Arbeitsergebnis des Evangelischen Arbeitskreises selbst Stellung und sagte: Der Westen muß erst stärker werden, ehe wir in eine Verhandlung eintreten können! Noch ist der Zeitpunkt nicht gekommen! Und als Inhalt dieser anzustrebenden Verständigung beschrieb er: Wiedervereinigung Deutschlands sowie Bereinigung und Neuordnung im Osten.
Was hieß das?
Wenige Tage vorausgegangen war die Rede des Bundeskanzlers vor dem CDU-Tag in Heidelberg am 1. März 1952, wo er mit aller Klarheit gesagt hatte „Erst stärker werden", und dann sollte es gehen, so hieß es wörtlich, „um die Neuordnung der Verhältnisse in Osteuropa". Ebenso hieß es im Rundfunk in einer Rede vom 5. März 1952, es gehe nicht nur um die Ostzone; es gehe darum, ganz Osteuropa östlich des Eisernen Vorhangs zu befreien.
Kaum wurde eine Möglichkeit sichtbar, mit der Sowjetunion wirklich weiterzukommen, da war auch schon der ganze Übermut, die ganze Hybris wieder im Spiel, es uns als Aufgabe zuzuschreiben, ganz Osteuropa neu zu ordnen ... Was heißt denn das: „ganz Europa östlich des Eisernen Vorhangs befreien"? Das war doch schon der Anlauf auf die Zumutung an die Sowjetunion zur Kapitulation.
Dem Volke hier gegenüber wurde das alles zugedeckt durch eine ungewöhnlich verheerende Parole, verheerend, weil sie in einer tückischen Weise das Richtige und das Falsche miteinander vermengte, nämlich die Parole: „Zuerst freie Wahlen!" – Gewiß freie Wahlen wollen wir alle. Aber zu sagen „zuerst" – das mußte genau den Weg zu diesen Wahlen verschließen. ...

Ich habe dem Herrn Bundeskanzler nie und keinen Augenblick vorgeworfen, daß er mit den westlichen Nachbarn einen Ausgleich betrieb. Das war unerläßlich. Aber ich habe ihm immer vorgeworfen und tue es auch in dieser Stunde, daß er mit diesem westlichen Ausgleich neue Ostfeindschaft verbunden hat.

Zit. nach: 50 Reden aus dem Deutschen Bundestag (1949–1983), a.a.O., S. 191ff.

[1]) vgl. S. 288, Nr. 5

*c) Hermann Höcherl (CDU/CSU)*

Herr Dr. Dehler, zum Jahr 1952 haben Sie eine Legende dargestellt. Ich will Ihnen das auch beweisen. Sie haben zu dem Vorgang von 1952, den Sie und Herr Dr. Heinemann zum Mittelpunkt Ihrer Ausführungen hinsichtlich der angeblichen Unglaubwürdigkeit der Bundesregierung gemacht haben, erklärt, damals sei ein Angebot von Sowjetrußland gekommen, eine einmalige Chance, die verludert worden sei. Das waren Ihre Äußerungen. Jetzt will ich Ihnen einmal sagen, wie dieses Angebot gelautet hat.

Dieses Angebot stieß hinein in die damals laufenden EVG-Verhandlungen und enthielt u.a. folgende sowjetische Forderungen: erstens Neutralisierung Deutschlands; zweitens Anerkennung des Potsdamer Abkommens; drittens Anerkennung der Oder-Neiße-Linie; viertens Verbot aller politischen Parteien, die von der Sowjetunion nicht ausdrücklich als demokratisch anerkannt werden; fünftens Verbot aller Organisationen, die nach sowjetischer Terminologie friedensfeindlich, militaristisch oder nazistisch sind. Das weitere Procedere sah vor, daß ein Friedensvertrag vorbereitet werden solle. Über die Frage des Zeitpunkts und die Modalitäten der Bildung einer gesamtdeutschen Regierung sowie über freie Wahlen war darin kein Wort enthalten. Das war das „einmalige geschichtliche Angebot", das damals „versäumt" worden ist und dem man nicht stattgegeben hat. Ich sage: zu Recht nicht stattgegeben hat. Das wäre der Anfang vom Ende gewesen.

Zit. nach: Verhandlungen des Deutschen Bundestages. Stenographische Berichte, 3. Wahlperiode, 9. Sitzung, S. 410

## 20. Adenauers Beurteilung in der Rückschau

Mit Recht forderte die SPD, und die Bundesregierung teilte diese Meinung uneingeschränkt, die Ausnutzung jeder Verhandlungsmöglichkeit auf Grund der Note der Sowjetregierung vom 10. März 1952. Als dann die sowjetische Note vom 9. April 1952 veröffentlicht wurde, sah die SPD diese Note als ausreichende Grundlage an, direkte Viererverhandlungen über die Deutschlandfrage aufzunehmen. Nach dem Urteil der Bundesregierung zeigten sich jedoch in dieser Note keine Anzeichen für erfolgversprechende direkte Vier-Mächte-Erörterungen über die Deutschlandfrage.

Wie ich ... betont habe, wollte auch ich Vier-Mächte-Verhandlungen über die Wiedervereinigung Deutschlands, aber ich wollte sie erst dann, wenn sie tatsächlich Erfolg versprachen. Hierzu war es vor allem nötig, daß der Westen eine feste Ausgangsposition besaß. Bevor der Westen einschließlich Deutschlands in die Verhandlungen mit der Sowjetunion eintrat, mußte er geschlossen und einig sein. Ich sah den Deutschlandvertrag und den Vertrag über die Europäische Verteidigungsgemeinschaft als unabdingbare Voraussetzung dafür an. Die SPD jedoch lehnte sowohl den Deutschlandvertrag als auch die EVG auf das schärfste ab.

Der Abschluß des Deutschlandvertrages und des Vertrages über die Europäische Verteidigungsgemeinschaft war für mich eine Voraussetzung zu Verhandlungen mit der Sowjetunion, weil dadurch die Verhandlungen einen sicheren Kurs bekamen und nicht, wie üblich bei Verhandlungen mit Sowjetrußland, einfach ins Nebulose verliefen. Der Wille der Sowjetunion zu einer für uns Deutsche annehmbaren Verständigung war in dem bisherigen Verhalten der Sowjetunion nicht klar und eindeutig zutage getreten. Eine Aufgabe der bisherigen politischen Richtung der Sowjetunion würde auch in völligem Widerspruch zu den bisher klar gezeigten Zielen der sowjetischen Politik stehen. Den mit dem Eintritt in Verhandlungen mit der Sowjetunion als Konsequenz verbunden Verhandlungsstopp bezüglich der Europäischen Verteidigungsgemeinschaft und des Deutschlandvertrages glaubte ich nicht verantworten zu können. ...

Es gab nach wie vor nur eine einzige Möglichkeit, und zwar, daß wir mit aller Intensität versuchten, die Wiedervereinigung Deutschlands mit Hilfe der Westalliierten zu erreichen. Um die Hilfestellung der Westalliierten zu erlangen, mußten der Deutschlandvertrag und der Vertrag über die Europäische Verteidigungsgemeinschaft oder ein Ersatz für diese verwirklicht werden. Wir mußten uns eng mit dem Westen verbinden. Wir mußten ein gleichberechtigter Partner der Westmächte

werden, zu dem sie Vertrauen hatten, genauso wie wir Vertrauen zu ihnen haben mußten. Auf uns allein gestellt, würden wir nichts erreichen, mit dem Westen vereinigt, würden wir – das war meine Überzeugung – unsere Freiheit behalten und die Wiedervereinigung Deutschlands in Frieden und Freiheit im Laufe der Zeit verwirklichen. ...
Weigerten wir uns, mit den Westmächten weiter über den Deutschlandvertrag und über die EVG zu verhandeln, so stießen wir die Westmächte in einer entscheidenden Frage und in einem entscheidenden Zeitpunkt vor den Kopf. Wir konnten den Russen doch nicht trauen!
Wir mußten wählen. Was die Russen wollten, war klar, sie wollten über die Neutralisierung Deutschlands schließlich dessen Einbeziehung in den sowjetischen Herrschaftsbereich. Was der Westen uns bot, war im Deutschlandvertrag und im Vertrag über die EVG festgehalten. ...
Die Bundesrepublik befand sich in einer gefährlichen Lage. Ein falscher Schritt konnte uns das Vertrauen der Westmächte kosten, ein falscher Schritt, und wir waren lediglich Verhandlungsobjekt zwischen Ost und West. Ich bin überzeugt, daß mit dem letzteren den Deutschen in der Sowjetzone nicht geholfen und daß die Freiheit der Bürger der Bundesrepublik im höchsten Maße gefährdet worden wäre. Ich war und bin fest überzeugt, daß eine gesicherte Zukunft für uns Deutsche nur im festen Anschluß an die freien Völker des Westens gegeben war und ist, ich war und bin überzeugt, daß nur eine feste, entschlossene Politik des Anschlusses an den Westen eines Tages die Wiedervereinigung in Frieden und Freiheit bringen wird.

Aus: Konrad Adenauer, Erinnerungen. Bd. II (1953–1955), a.a.O., S. 83 ff.

## 17. Adenauer und die deutsche Wiedervereinigung

Wie es in der Politik die Regel ist, lief auch bei Adenauer Widersprüchliches nebeneinander her: die Einsicht in die Konstellation, die nach dem Zusammenbruch dazu zwang, erst einmal mit der Teilung und der Unterdrückung in Ostdeutschland zu leben, und der Glaube (war es Überzeugung, war es bloßer Wille?), daß die Teilung nicht das letzte Wort der deutschen Geschichte sein könne. Auch die allem Anschein nach von ihm seit den 20er Jahren vertretene Auffassung, die ordnungspolitische Zugehörigkeit Deutschlands zu den westlichen Demokratien müsse durch eine außenpolitische Westorientierung abgesichert werden, um die lastenden Gegensätze zu Frankreich abzubauen und die innere Bedrohung der deutschen Demokratie durch anti-demokratische und zugleich nationalistische Kräfte abzuwehren, bedeutete für ihn nicht eine Absage an die Idee der Reichseinheit, obwohl im konkreten Fall der Jahre 1952 bis 1955 die aus diesem Motiv resultierende Absage an die sowjetischen Neutralisierungsinitiativen eben tatsächlich ein Nein zur Wiedervereinigung unter Bedingungen bedeutete, die die außenpolitische Westbindung verhindert hätten. Was bei der Bewertung seiner Wiedervereinigungspolitik im einzelnen häufig als ein schwer vereinbarer Widerspruch von Wort und Tat, von Wollen und Können erscheint, war doch in erster Linie der Reflex einer Konstellation, in der das Natürliche und das Sittliche – nämlich die Wiedervereinigung eines geteilten Volkes und die Befreiung der unterdrückten Deutschen – mit den machtpolitischen Realitäten nicht zur Deckung zu bringen war.
Ein Verständnis der Deutschlandpolitik des Kanzlers muß noch eine weitere Grundgegebenheit in Rechnung stellen: das Meinungsklima der Adenauer-Ära. Es war ja nicht nur der Bundeskanzler, der in der Wiederherstellung der Reichseinheit die natürliche Ordnung der Dinge sah. Seine Partei, die CDU, SPD-Opposition, FDP, DP und BHE, selbst anfänglich die Kommunisten, empfanden es genau so. Die Verantwortung des Amtes zwang den Kanzler allerdings, den Realitäten besonders ernst Rechnung zu tragen. Eine Opposition, ein schwächerer Koalitionspartner, selbst Abgeordnete der eigenen Partei, ja selbst Kabinettsmitglieder mochten – mehr oder weniger entfernt von der letzten Verantwortung – Initiativen befürworten, die sie letztlich nicht verantworten mußten. Sie konnten auf das Wünschenswerte und Mögliche sehr viel größeres Gewicht legen. Ein Kanzler aber, der die Zügel der Politik so fest in Händen hielt wie Adenauer, konnte sich auch in der deutschen Frage den Luxus der Gesinnungsethik nicht leisten; er hatte den harten Pflichten der Verantwortungsethik zu entsprechen.

Angesichts der weit verbreiteten Neigung, das Wiedervereinigungsziel zu forcieren, ist es erstaunlich, wie stark sich Adenauer vor allem in den Jahren 1950 bis 1958 von realpolitischen Erwägungen leiten ließ – trotz der Kritik und des Drucks derer, die nicht verstehen wollten, weshalb er in der Wiedervereinigungsfrage allein seinem Kopf und nicht dem Herzen zu folgen bereit war. Thomas Dehler und seinesgleichen hingegen konnten folgenlos eine Wiedervereinigungspolitik des brennenden Herzens fordern. In der Nachtsitzung des Deutschen Bundestages am 23. Januar 1958 rechnete Dehler dem schweigenden Kanzler vor: „In der Welt geschieht nichts, was nicht mit Leidenschaft gefühlt, gewollt, durchgesetzt wird, nicht mit Nüchternheit, wahrlich nein! Wenn nicht das deutsche Volk leidenschaftlich eine Einheit sein will, zusammenkommen will, dann geben wir dieses nationale Ziel der deutschen Einheit auf ..."
Bis weit in die 50er Jahre hinein beruhte das seit 1949 von Adenauer als Bundeskanzler vertretene Ziel einer Befreiung der Ostzone auf einer breiten Allparteienplattform – allein die Kommunisten dissentierten. Die Doktrin der Alleinvertretung und die Negierung des Staatscharakters der DDR wurden damals allgemein begrüßt. Als der Bundeskanzler nach Gründung der DDR am 21. Oktober 1949 im Deutschen Bundestag erklärte: „Die Bundesrepublik Deutschland ist somit bis zur Erreichung der deutschen Einheit insgesamt die alleinige legitimierte staatliche Organisation des deutschen Volkes", verzeichnete das Protokoll „lebhafter Beifall und Händeklatschen rechts, in der Mitte und bei der SPD". Selbst als er am Ende dieser Ansprache das Ziel der Wiedervereinigungspolitik („Deutschland auf dem Boden des Rechts und der Freiheit zu einen") mit seinem Konzept der Westbindung koppelte („und es in eine europäische Ordnung hineinzuführen"), hat auch die SPD diesem Ziel applaudiert. Dasselbe galt für das in den folgenden Jahren entwickelte Konzept, an den Anfang des Wiedervereinigungsprozesses freie Wahlen zu stellen. Genausowenig wie bei den Sozialdemokraten oder den Freien Demokraten kann aus dieser seiner Forderung der Schluß gezogen werden, da er damit für Rußland Unerfüllbares verlangt habe, könne es ihm auch mit der Wiedervereinigung nicht ernst gewesen sein. Seine Ablehnung gesamtdeutscher Gespräche mit der DDR-Regierung wurde von der SPD-Opposition voll unterstützt. Alles schien noch im Fluß; es gab noch Grund genug, von der weltpolitischen Entwicklung zu erwarten, daß ein demokratischer deutscher Kernstaat im Westen auch die Irredenta in der Ostzone früher oder später mit magnetischer Kraft in den Bereich der Freien Welt ziehen konnte.
In der Tat sehen die meisten Zweifler an der Aufrichtigkeit Adenauerscher Wiedervereinigungspolitik das eigentliche Beweisstück für ihren Verdacht erst in der kompromißlosen Weigerung des Kanzlers, auf die sowjetische Notenoffensive des Jahres 1952 einzugehen und bei den Westmächten anzuregen, vor einem Inkrafttreten des Deutschlandvertrages und des EVG-Vertrages in neuen Viermächteverhandlungen die sowjetische Kompromißbereitschaft auszuloten. Damals erst trennten sich auch in der Deutschlandpolitik die Wege des Kanzlers und die der sozialdemokratischen Opposition. Erst Ende der 50er Jahre, als sich die Konstellation in Mitteleuropa für alle erkennbar dauerhaft verfestigt hatte, kehrte auch die Opposition wieder zum deutschlandpolitischen Kurs der Regierung zurück.
Das viel gebrauchte Schlagwort von den „verpaßten Gelegenheiten" der Jahre 1952 und 1953 stellt allerdings Adenauers damalige Grundsatzentscheidung unter eine falsche Beleuchtung. Gewiß, ein wesentliches Motiv bei seiner Weigerung, auf sofortige Vier-Mächte-Verhandlungen zu drängen, war die Erkenntnis, daß die sowjetischen Initiativen kurzfristig gewiß darauf abzielten, das Inkrafttreten der Verträge zu verhindern und mindestens durch Ingangsetzen einer langdauernden Runde von Ost-West-Verhandlungen aufzuhalten. Er fürchtete, ein Wiederzusammentritt des Rats der Außenminister in den Jahren 1952 oder 1953 könne bei einem ungünstigen Verlauf der Verhandlungen zu einem Wiederaufleben der Vier-Mächte-Kontrolle führen – auf Kosten der Deutschen, insbesondere aber auf Kosten der Bundesrepublik. Die Labilität der französischen Politik wie der öffentlichen Meinung in der Frage der deutschen Wiederaufrüstung ließ es als fraglich erscheinen, ob sich dann in Frankreich nicht endgültig jene Kräfte durchsetzen würden, die gegenüber Deutschland ein negatives Kontrollkonzept unter Einschluß der Sowjetunion verfolgten. Und er war sich auch darüber im klaren, daß damals jede positive Stellungnahme oder gar ein Drängen der

ja noch gar nicht souveränen Bundesregierung nicht nur in Paris, sondern auch in Washington tiefsitzendes Mißtrauen vor einem neuen Rapallo wecken konnte. Die erst neuerdings erschienenen „Erinnerungen" von François Seydoux rufen dies deutlich ins Gedächtnis!

Aber schon wer die öffentlichen Äußerungen des Kanzlers damals genau analysierte, konnte daneben ein anderes Motiv erkennen, das wohl ebenso gewichtig war wie die taktischen Überlegungen im Hinblick auf die Westverträge. Adenauer hatte nicht nur Zweifel daran, ob Rußland tatsächlich verhandeln wollte, und er schreckte nicht nur vor den politischen Rückwirkungen derartiger Verhandlungen oder eines deutschen Drängens auf Verhandlungen zurück. Ebenso offenkundig fürchtete er auch, wenn nicht sogar vor allem, die Verhandlungen auf Grundlage des sowjetischen Neutralisierungskonzepts könnten tatsächlich zum Erfolg führen! Ein neutralisiertes Deutschland schien ihm – so wie die internationale Konstellation nun einmal beschaffen war – bloß eine Vorstufe zur sowjetischen Machtübernahme in ganz Deutschland. Die USA würden sich militärisch aus Zentraleuropa zurückziehen, Deutschland würde sich nicht an der westeuropäischen Integration beteiligen können – mit allen daraus resultierenden Risiken für die Integration überhaupt –, eine dauerhafte Befriedung des deutsch-westlichen Verhältnisses, vor allem mit Frankreich würde dann wohl unterbleiben. ...

Die Frage ist berechtigt, ob er die Chancen eines blockfreien Deutschlands nur deshalb so düster eingeschätzt hat, weil ihm an der Wiedervereinigung überhaupt nicht viel lag. Bisher gibt es keine überzeugenden Quellen, die diese Vermutung stützen. Es stimmt zwar: die Sicherung der Demokratie in der Bundesrepublik hatte für ihn die unbedingte Priorität; sie ging der nationalstaatlichen Zielsetzung ganz eindeutig vor. Doch das war die Position *aller* demokratischen Parteien in der Bundesrepublik. Die Lagebeurteilungen des Kanzlers unterschieden sich von denjenigen der SPD, und erst recht von denen der neutralistischen bürgerlichen Kritiker um Heinemann, in erster Linie in der Einschätzung der kurzfristigen und mittelfristigen Risiken von Verhandlungen vor Abschluß der Westverträge. Man wird sich ein endgültiges Urteil auch hier vorbehalten müssen, bis die deutschen und alliierten Archive zugänglich sind. Solange aber wird man Adenauer nachträglich auch zubilligen müssen, daß ihm die Risiken zu Recht untragbar groß erschienen. Er gehörte einer Generation an, die in den 30er und frühen 40er Jahren erfahren hatte, wie leicht Demokratien durch falsche Außenpolitik ihre Freiheit verspielen konnten; anders als manche Politiker jener Jahre war er nicht bereit, die Risikoschwelle, die einer solchen Entwicklung im Wege lag, sehr niedrig anzusetzen.

Doch welches waren seine Zukunftsperspektiven für die Lösung der deutschen Frage im Sinn einer Wiedervereinigung in Frieden und Freiheit? Während der Jahre 1952 bis 1955 hat er eine Fülle von Argumenten gebraucht, um die Annahme zu stützen, nach einer definitiven Westbindung werde die Sowjetunion eher bereit sein, zu den Bedingungen des Westens über die Wiedervereinigung zu verhandeln. Es begegnen: das Argument, die Einheit des überlegenen Westens werde auch die Sowjetunion an den Verhandlungstisch zwingen und dort Erfolge erzielen; das Argument, die Sowjetunion könne auf die Dauer das Wettrüsten nicht durchhalten, wenn sie das eigene Land modernisieren und entwickeln wolle – dann müsse sie aber auch gegenüber dem überlegenen Westen an ihrer Westgrenze Konzessionen machen; das Argument, ein Aufbegehren der Völker im Ostblock könne zu einer Globalbereinigung der deutschen Frage zwingen; das Argument, die ungelöste deutsche Frage sei für den Frieden in der Welt so gefährlich, daß alle Staaten gezwungen seien, letzten Endes dem Wunsch der Deutschen nach Wiederherstellung ihrer staatlichen Einheit in freier Selbstbestimmung zu entsprechen. Seit 1955 kam auch noch die Spekulation auf langfristige Auswirkungen des sowjetisch-chinesischen Gegensatzes hinzu.

Da solche Argumente aber jeweils in erster Linie in der innenpolitischen Auseinandersetzung eine Rolle spielten, muß offenbleiben, wie fest Adenauer tatsächlich davon überzeugt war. Wahrscheinlich wird man ihm am ehesten gerecht, wenn man seine Position so vereinfacht: er hoffte, und er glaubte auf Grund seiner geschichtlichen Erfahrung auch Grund zur Hoffnung zu haben, daß die Konstellation sich zugunsten des Westens verändern könnte. Wann, wie und wie aussichtsreich aber sich solche Entwicklungen gestalten könnten, mußte der Zukunft anheimgestellt werden. Eindeutig klar schien ihm nur, daß ein Eingehen auf die sowjetischen Offerten (oder auch auf die diesbezüglichen Forderungen der SPD) in den Jahren 1952 bis 1954 verhängnisvoll gewesen wäre und deshalb keine vernünftige Option darstellte. Zugespitzt gesagt: er hätte wohl zwischen 1952 und 1955 dieselbe Politik betrieben, auch wenn er im vorweg schon gewußt hätte, daß sich seine Erwartungen bezüglich einer positiven Entwicklung in der deutschen Frage nicht erfüllen würden, wie es sich dann tatsächlich zeigen sollte.

Aus: Hans-Peter Schwarz, Das Spiel ist aus und alle Fragen offen, in: Konrad Adenauer 1876/1976, hrsg. von Helmut Kohl, Stuttgart 2. Aufl. 1976, S. 171 ff.

## 18. Das Dilemma der SPD und die Wiedervereinigung

Das Beharren auf Entscheidungsfreiheit zeigte die Halbheit der sozialdemokratischen Konzeption. Die SPD hätte sich nämlich die Frage stellen müssen, ob denn für die Sowjetunion eine mit voller Entscheidungsfreiheit – gerade für die Frage des internationalen und wiederum besonders des militärischen Status eines wiedervereinigten Deutschland – ausgestattete gesamtdeutsche Regierung annehmbar sein würde; ob die Sowjetunion der Bildung einer solchen gesamtdeutschen Regierung durch freie Wahlen zustimmen würde, ohne *vorher* genau zu wissen, welchen Gebrauch diese Regierung von ihrer Entscheidungsfreiheit machen würde, also zu riskieren, daß das wiedervereinigte Deutschland voll – auch militärisch – in das westliche Vertragssystem eingegliedert werden könnte.

Wenn es der SPD mit der Rücksichtnahme auf die Sowjetunion ernst gewesen sein sollte, dann hätte sie auch konsequent sein und ihrerseits eine Vorwegbindung des wiedervereinigten Deutschland fordern und anbieten müssen, nämlich die Verpflichtung, daß ein wiedervereinigtes Deutschland auf die Teilnahme an bestimmten Vertragsprojekten von vornherein verzichtet. Das Bestehen auf Entscheidungsfreiheit mußte die angedeutete Bereitschaft, den deutschen militärischen Beitrag als Preis anzubieten, fragwürdig und unglaubhaft machen; zu einem solchen Geschäft gehört, daß man den zu entrichtenden Preis vorher verbindlich nennt.

Ganz offensichtlich befand sich die SPD hier in einem Dilemma. Auf der einen Seite erkannte sie die Notwendigkeit einer Rücksichtnahme auf sowjetisches Interesse, daher lehnte sie die von den Westmächten zweifellos beabsichtigte Vorwegbindung eines wiedervereinigten Deutschland ab. Auf der anderen Seite wollte sie nicht auf die Gewährung voller Souveränität und Gleichberechtigung verzichten. Daher forderte sie Entscheidungsfreiheit. Wenn diese aber lediglich formal verstanden wurde, um dem Prinzip der Gleichberechtigung und Souveränität zu entsprechen, dann hätte darin keine Rücksichtnahme auf die Sowjetunion gelegen. Wäre sie mit der Absicht gefordert worden, sie im Sinne des sowjetischen Wunsches nach Bündnisfreiheit Deutschlands zu gebrauchen, dann hätte man besser gleich die Bereitschaft zur Vorwegbindung in der anderen Richtung erklären, sich also in der Frage des internationalen, vor allem militärischen Status, von vornherein auf diese Bündnislosigkeit festlegen sollen. Das wäre konsequent gegenüber der Sowjetunion gewesen, und die SPD hätte dieser Konzeption, also der Bereitschaft zum Geschäft, gewisse Erfolgschancen geben können. Die Erfolgschancen wären allerdings nicht allein von der Sowjetunion abhängig gewesen, sondern ebenso von der Zustimmung der Westmächte zu dieser Konzeption. Zunächst war die sozialdemokratische Konzeption in diesem Dilemma, mit dem Ergebnis der eben geschilderten Halbheit, gefangen.

Immer wieder wurde die Bindung eines wiedervereinigten Deutschland abgelehnt: „Wer heute diese Frage unbedingt entscheiden will, bringt sie auf, weil er offenbar entschlossen ist, die deutsche Einheit nicht zustande kommen zu lassen“ (F. Erler). Aber nicht nur diese vorherige Bindung eines wiedervereinigten Deutschland wurde von der SPD als mit dem Ziel der Wiedervereinigung unvereinbar bezeichnet, auch in der militärischen Westintegration der Bundesrepublik sah sie ein solches Hindernis: „Es ist einfach nicht wahr, daß Militärbündnis nach Westen und deutsche Einheit gleichermaßen erreicht werden können, jedenfalls nicht ohne Krieg. Ist erst mal die Bundesrepublik auf 50 Jahre Bestandteil der westlichen Militärorganisation, dann kann für den gleichen

Zeitraum die deutsche Einheit abgeschrieben werden“ (F. Erler). Damit hatte die SPD-Opposition zwar eine eindeutige Reihenfolge postuliert – Bemühungen um die Wiedervereinigung müßten vor jeder Integrationsmaßnahme unternommen werden –, aber der deutsche militärische Beitrag wurde auch von ihr nicht ausdrücklich als Preis genannt, der bei solchen Wiedervereinigungs-Bemühungen, also Vier-Mächte-Verhandlungen, angeboten werden sollte.
Dabei forderte die SPD eine Wiedervereinigung, die einer Kapitulation der Sowjetunion gleichkommen mußte: „Die deutsche Einheit wird nicht geschaffen, indem man die Unfreiheit des Ostens auf den Westen überträgt. Sie ist nur möglich dadurch, daß man die Freiheit des Westens auch dem Osten gibt.“ Und das hieß: „Freie Wahlen stehen am Anfang.“ In diesem Willen zur Befreiung kam erneut die Anschluß-Konzeption zum Ausdruck. Wie ernst es der SPD damit war, erwies sich am Festhalten an freien Wahlen: als erstes und wichtigstes Ziel von Vier-Mächte-Verhandlungen wurde die Prüfung der Frage bezeichnet, ob freie Wahlen möglich seien. Es wurde sogar noch hinzugefügt: „Man hätte sich in der Antwort auf die russische Note darauf beschränken sollen, den Russen zu sagen, daß man mit ihnen in Verhandlungen über freie gesamtdeutsche Wahlen eintreten wolle und daß alle materiellen Fragen in einer zweiten, nach Abhaltung gesamtdeutscher Wahlen einzuberufenden Konferenz erörtert und gelöst werden sollten“ (C. Schmid). Das war wieder nichts anderes als der Anspruch auf sowjetische Kapitulation, ohne vorherige Festlegung des internationalen Status des wiedervereinigten Deutschland, also ohne das klare Angebot einer Gegenleistung für diesen Verzicht.

Aus: Rudolf Hrbek, Die SPD, Deutschland und Europa, Bonn 1972, S. 160ff.

## 19. Deutsches Manifest vom 29. 1. 1955

(Verabschiedet in der Frankfurter Paulskirche)

Aus ernster Sorge um die Wiedervereinigung Deutschlands sind wir überzeugt, daß jetzt die Stunde gekommen ist, Volk und Regierung in feierlicher Form zu entschlossenem Widerstand gegen die sich immer stärker abzeichnenden Tendenzen einer endgültigen Zerreißung unseres Volkes aufzurufen.
Die Antwort auf die deutsche Schicksalsfrage der Gegenwart – ob unser Volk in Frieden und Freiheit wiedervereinigt werden kann oder ob es in dem unnatürlichen Zustand der staatlichen Aufspaltung und einer fortschreitenden menschlichen Entfremdung leben muß – hängt heute in erster Linie von der Entscheidung über die Pariser Verträge ab.
Die Aufstellung deutscher Streitkräfte in der Bundesrepublik und in der Sowjetzone muß die Chancen der Wiedervereinigung für unabsehbare Zeit auslöschen und die Spannung zwischen Ost und West verstärken. Eine solche Maßnahme würde die Gewissensnot großer Teile unseres Volkes unerträglich steigern. Das furchtbare Schicksal, daß sich die Geschwister einer Familie in verschiedenen Armeen mit der Waffe in der Hand gegenüberstehen, würde Wirklichkeit werden.
In dieser Stunde muß jede Stimme, die sich frei erheben darf, zu einem unüberhörbaren Warnruf vor dieser Entwicklung werden. Unermeßlich wäre die Verantwortung derer, die die große Gefahr nicht sehen, daß durch die Ratifizierung der Pariser Verträge die Tür zu Viermächteverhandlungen über die Wiederherstellung der Einheit Deutschlands in Freiheit zugeschlagen wird.
Wir appellieren an Bundestag und Bundesregierung, alle nur möglichen Anstrengungen zu machen, damit die vier Besatzungsmächte dem Willen unseres Volkes zur Einheit Rechnung tragen.
Die Verständigung über eine Viermächtevereinbarung zur Wiedervereinigung muß vor der militärischen Blockbildung den Vorrang haben.
Es können und müssen die Bedingungen gefunden werden, die für Deutschland und seine Nachbarn annehmbar sind, um durch Deutschlands Wiedervereinigung das friedliche Zusammenleben der Nationen Europas zu sichern.
Das deutsche Volk hat ein Recht auf seine Wiedervereinigung.

Zit. nach: Europa-Archiv 6 (1955), S. 7350

# I/5 Die Pariser Verträge und die Souveränität der Bundesrepublik

## Arbeitsthemen

1. *Wieweit stimmen die Lageanalysen von Ollenhauer und Adenauer überein? Wo weichen sie voneinander ab? Was bedeutet dies für ihre methodischen Ansätze in der deutschen Frage? (Nr. 1 a und 1 b)*
2. *Weshalb plädiert Willy Brandt für eine Zurückstellung des Ratifizierungsverfahrens der Pariser Verträge? Womit begründet Franz-Josef Strauß die gegenläufige Formel „zuerst ratifizieren, dann verhandeln"? (Nr. 2 a und 2 b)*
3. *Wie definiert der NATO-Vertrag die Funktion dieses Militärbündnisses? In welcher Form sind NATO und Vereinte Nationen verbunden? (Nr. 3)*
4. *Von welchen Intentionen sieht Adenauer die amerikanische Politik gegen Deutschland bestimmt? Welche Schlußfolgerungen zieht er daraus für seine eigene Politik? Weshalb fürchtet der Bundeskanzler in den frühen 50er Jahren die Rückkehr zur Konstellation von Potsdam? Inwiefern läßt sich Adenauers Haltung gegenüber der Sowjetunion als Funktion seiner Amerikapolitik interpretieren? Warum konnte eine Neutralisierung der Bundesrepublik für die USA nicht in Frage kommen? Welche beiden Aspekte der amerikanischen Option für die deutsche Wiedervereinigung lassen sich unterscheiden? (Nr. 4)*

## Materialien

### 1. Briefwechsel zwischen Ollenhauer und Adenauer über die Pariser Verträge

*a) Brief Ollenhauers vom 23. 1. 1955*

Das deutsche Volk steht an einem entscheidenden Punkt in der Geschichte der Nachkriegszeit.

Die Abstimmung der gesetzgebenden Körperschaften der Bundesrepublik über das Pariser Vertragswerk, dessen Kernstück die Aufstellung deutscher Streitkräfte im Rahmen der Westeuropäischen Union und der NATO ist, ist von schicksalsschwerer Bedeutung für die Zukunft des ganzen deutschen Volkes. Die Annahme des Vertragswerkes führt nach unserer Überzeugung zu einer verhängnisvollen Verhärtung der Spaltung Deutschlands.

Der Deutsche Bundestag dagegen hat wiederholt einstimmig beschlossen, die Wiederherstellung der Einheit Deutschlands als die vordringlichste Aufgabe der deutschen Politik zu behandeln.

Die Wiederherstellung der Einheit Deutschlands ist nur möglich auf dem Wege von Verhandlungen zwischen den vier Besatzungsmächten.

Die Haltung der Sowjetunion läßt erkennen, daß nach der Ratifizierung der Pariser Verträge Verhandlungen über die deutsche Einheit nicht mehr möglich sein werden.

Dies bedeutet: Die Bundesrepublik und die sogenannte „Deutsche Demokratische Republik" bleiben gegen den Willen des deutschen Volkes nebeneinander bestehen. Zugleich werden dadurch die Spannungen zwischen West und Ost verschärft, deren schwerste Last vom ganzen deutschen Volk diesseits und jenseits des Eisernen Vorhangs zu tragen wäre.

Diese Lage erfordert nach Auffassung weitester Kreise des deutschen Volkes jede mögliche Anstrengung der Bundesrepublik, eine solche Entwicklung um der Einheit, der Freiheit und des Friedens unseres Volkes willen zu verhindern. Ohne eine solche Anstrengung bleibt im Ausland der Irrtum bestehen, als ob man in Deutschland die Wiedervereinigung in Freiheit nicht als das vordringlichste Ziel betrachtet.

Die deutsche Frage kann nicht allein durch die Regierung der Bundesrepublik gelöst werden. Sie ist auch nicht zu lösen durch Verhandlungen der Bundesregierung mit Pankow.

Die deutsche Einheit kommt weder durch Versprechungen nur des Westens oder nur des Ostens. Wirklichkeit kann sie nur dadurch werden, daß die Mächte des Westens als auch des Ostens sich

über die Einheit in Freiheit einigen und ohne Verzögerung alle praktischen Schritte tun, um diese Einigung in die Tat umzusetzen.
Eine solche Politik entspricht auch der von den Besatzungsmächten selbst übernommenen Verpflichtung, für die Wiederherstellung der deutschen Einheit zu wirken.
Die Sozialdemokratische Partei Deutschlands ist der Überzeugung, daß noch nicht alle Möglichkeiten erschöpft sind, um vor der Ratifizierung der Pariser Verträge endlich einen ernsthaften Versuch zu unternehmen, auf dem Wege von Vier-Mächte-Verhandlungen die Einheit Deutschlands in Freiheit wiederherzustellen. Die Erklärung der Sowjetregierung vom 15. Januar 1955 enthält hinsichtlich der in allen vier Zonen Deutschlands und Berlin durchzuführenden Wahlen Vorschläge, die Verhandlungen über diesen Punkt aussichtsreicher machen als während der Berliner Konferenz im Januar 1954. Die Sowjetunion hat in ihrer Erklärung außerdem zum erstenmal dem Gedanken einer internationalen Kontrolle der Wahlen zugestimmt.
Die Sowjetunion behauptet jetzt also, zu freien und international beaufsichtigten Wahlen bereit zu sein. Ob die Sowjetunion zu diesem Angebot steht und ob mit ihr Vereinbarungen über ein Wahlgesetz getroffen werden können, das in unserem Sinne freiheitlich ist, darf nicht vorweg beurteilt, sondern kann nur in Verhandlungen selbst geklärt werden. Man muß die Sowjetunion jetzt beim Wort nehmen.
Man hat es 1952 versäumt, die Ernsthaftigkeit der damaligen Angebote der Sowjetunion zu erproben. Uns jetzt der gleichen Unterlassung schuldig zu machen, würde vor dem deutschen Volk nicht verantwortet werden können ...

*b) Antwortschreiben Adenauers vom 29. 1. 1955*

Ich brauche nicht besonders zu betonen, daß der Bundesregierung ebenso wie allen Schichten und Ständen des deutschen Volkes die Wiedervereinigung Deutschlands in Frieden und Freiheit das vordringlichste Ziel ist. Ich bin überzeugt, daß, wenn beide Teile Deutschlands frei in ihrem Handeln wären, diese Vereinigung sich in kürzester Zeit und ohne jede Schwierigkeit vollziehen würde. Aber wir sind nicht frei. Unser Land ist als Folge des verlorenen Krieges von vier Mächten besetzt. Wir müssen, wenn wir richtig handeln wollen, vor allem unsere eigene Lage richtig beurteilen. Wie Sie in Ihrem Brief richtig schreiben, kann die Wiedervereinigung nur durch die Einigung der vier Besatzungsmächte erfolgen. Es genügt nicht, sich mit der Sowjetunion zu einigen; wir brauchen auch die Zustimmung der drei Westmächte, um zu einem befriedigenden Ergebnis zu kommen. Es ist in dem Pariser Vertragswerk gelungen, die drei Westmächte für eine Form der Wiederherstellung der deutschen Einheit zu gewinnen, die unseren Auffassungen entspricht, nämlich für eine Wiedervereinigung in Frieden und Freiheit. Allerdings ist die Verpflichtung der Westmächte, gemeinsam mit uns die Wiedervereinigung in Frieden und Freiheit herbeizuführen, nicht bedingungslos eingegangen worden; sie ist an die Ratifizierung der Pariser Verträge geknüpft. Es kommt jetzt darauf an, die Sowjetunion zu einer Änderung ihrer bisher völlig negativen Haltung in der deutschen Frage zu bewegen.
Ihre Auffassung, daß man es 1952 versäumt habe, die Ernsthaftigkeit des sowjetischen Angebotes zu erproben, ist nicht zutreffend. Dieses sowjetische Angebot wurde von den Westmächten im Einvernehmen mit uns sorgfältig geprüft und mit Gegenvorschlägen beantwortet; die Sowjetunion brach jedoch im September 1952 den Notenwechsel mit den Westmächten ab. ...
Die Sowjetregierung hat in der nicht an die drei Westmächte gerichteten, sondern gegenüber der Presse abgegebenen Erklärung vom 15. Januar nur gesagt, daß sie unter gewissen Bedingungen zu Verhandlungen über freie Wahlen bereit sei. Dabei fällt auf, daß im russischen Text nicht das Wort „Kontrolle“ für diese Wahlen gebraucht wird, sondern, obwohl dieses eindeutige Wort Kontrolle in der russischen Sprache existiert, ein weniger präzises Wort, das auch im Sinne von „Beobachtung“ verstanden werden kann. Über unsere anderen Verlangen hat sie entweder geschwiegen oder zu erkennen gegeben, daß sie bis auf weiteres das Nebeneinanderbestehen der Bundesrepublik und der „DDR“ anstrebt ...

Die Sowjetunion hat bisher unserem Programm der Wiedervereinigung nicht zugestimmt. Im Gegenteil, sie hält offenbar, wie ihr Verlangen der Bündnislosigkeit des zukünftigen Deutschlands zeigt, an ihrer für uns unannehmbaren bisherigen Konzeption des zukünftigen Status Deutschlands fest. Die drei Westmächte haben sich zwar verpflichtet, für den von uns, d. i. dem Bundestage, immer wieder geforderten Status einzutreten, aber unter der Bedingung der Ratifizierung der bisher noch nicht von allen in Frage kommenden Staaten ratifizierten Verträge.
Dazu kommt, daß die Westmächte es aus berechtigten Gründen ablehnen, zur Zeit, d. i. vor der Ratifizierung der Pariser Verträge, eine Viererkonferenz vorzuschlagen, daß sie aber nach der Ratifizierung dazu bereit sind. Wenn wir jetzt trotzdem die drei Westmächte ersuchen, an die Sowjetunion heranzutreten, werden diese das Ersuchen unter Hinweis auf ihre von Sowjetrußland nicht beantwortete Note vom 29. November 1954 ablehnen. Wir laufen dann Gefahr, daß die Ratifizierung der Pariser Verträge nicht erfolgt, daß also die Verpflichtung der drei Westmächte, mit uns zusammen die Wiedervereinigung in Frieden und Freiheit zu betreiben, nicht zustande kommt, daß andererseits die Sowjetunion ebenfalls keine solche Verpflichtung übernimmt, kurz, daß sich Deutschland, wie so oft in den letzten Jahrzehnten, ohne Freunde zwischen sämtliche Stühle gesetzt hat. Wir bleiben dann im Zustand der Unfreiheit, bis sich die vier Siegermächte geeinigt haben. Unsere Wirtschaft, die auf Ein- und Ausfuhr angewiesen ist, erhält dann einen vernichtenden, alle Volksschichten treffenden Schlag, da sie auf dem Vertrauen der anderen Länder in die Stetigkeit unserer politischen Entwicklung beruht.
Über alles, was die Sowjetunion in den letzten Tagen und Wochen zur deutschen Frage geäußert hat, läßt sich nach der Ratifizierung genau so gut verhandeln wie vorher. Natürlich kommt es darauf an zu erforschen, ob die Sowjetunion durch internationale Verhandlungen auf dem Gebiete der Sicherheit und des Handels bewogen werden kann, der Wiedervereinigung Deutschlands in Freiheit zuzustimmen. Eine derartige Bereinigung der politischen Verhältnisse in Europa würde auch der Sowjetunion erhebliche Vorteile bringen. Ich bin zuversichtlich, daß es uns im Verein mit den Westmächten gelingen wird, die sowjetische Führung von unseren und der Westmächte friedlichen und konstruktiven Absichten zu überzeugen, so daß sie auch nach der Ratifizierung der Pariser Abkommen zu aussichtsreichen Verhandlungen bereit ist.

Zit. nach: Konrad Adenauer, Erinnerungen, Bd. II (1953–1955), a. a. O., S. 413 ff.

## 2. Die Pariser Verträge in der Parlamentsdebatte am 24. 2. und am 26. 2. 1955

*a) Willy Brandt (SPD) als Hauptberichterstatter des Auswärtigen Ausschusses*

Hauptgegenstand der politischen Erörterungen gerade auch zu diesem Teil des Vertragswerks war jedoch ..., wie die etwaige Wiederbewaffnung der Bundesrepublik auf das Ringen um die Wiedervereinigung einwirken würde und ob die Wiederbewaffnung mit einer erfolgversprechenden Politik der Wiedervereinigung Deutschlands zu vereinbaren sei. Die Mehrheit des Auswärtigen Ausschusses hat es als einen großen Vorteil und Fortschritt bezeichnet, daß sich alle 14 NATO-Mächte für die Wiedervereinigung Deutschlands ausgesprochen und zur Mitwirkung an ihrer Erreichung verpflichtet haben, daß sie die Bundesregierung als Sprecher des deutschen Volkes anerkennen – wie die drei Westmächte es zuvor schon getan haben – während andererseits die Bundesregierung bekundet hat, daß sie zur Erreichung dieses Ziels der Wiedervereinigung, worüber im Ausschuß keine Meinungsverschiedenheiten herrschten, keine Gewalt anwenden wolle.
Die Mehrheit argumentierte weiter, die Bundesrepublik müsse aus dem Objektzustand herauskommen, in dem sie sich völkerrechtlich noch immer befinde. Die westliche Seite in der weltpolitischen Auseinandersetzung müsse – wie ich es auch einleitend schon erwähnte – durch deutsche Mitwirkung stärker werden, um zu Verhandlungen mit der sowjetischen Großmacht unter annehmbaren Bedingungen gelangen zu können. Der Bundeskanzler hat sich für solche Verhandlungen nach der Ratifizierung und nach sorgfältiger diplomatischer Vorbereitung ausgesprochen. Er hat sich auch für die Aufnahme diplomatischer Beziehungen zwischen der Bundesrepublik und der

Regierung der Sowjetunion ausgesprochen. Im übrigen meint die Mehrheit des Auswärtigen Ausschusses, eine unzumutbare Beeinträchtigung der deutschen Bewegungsfreiheit im Hinblick auf die Wiedervereinigung werde durch die Verträge nicht eintreten. Über andere Erwägungen hinaus gelte der völkerrechtliche Grundsatz, daß eine grundlegende Veränderung der Verhältnisse, wie etwa im Falle der Wiedervereinigung, zu einer Revision von Verträgen dieser Art, von Verträgen überhaupt, berechtige.
Die Minderheit hat andererseits bekanntlich die Forderung vertreten, daß noch vor der Ratifizierung dieses Vertragswerks und gerade seines militärischen Teils auf der Ebene der vier Mächte, die 1945 gemeinsam über Deutschland die Kontrolle übernommen haben, verhandelt werden müßte, daß jedenfalls ernsthaft sondiert werden sollte, ob sich gegenüber früher günstigere Bedingungen für die Verwirklichung einer Politik mit Sicht auf die deutsche Einheit entwickelt haben sollten. Die Minderheit hat der Befürchtung Ausdruck gegeben, daß solche Verhandlungen sonst unmöglich gemacht oder an die Voraussetzung einer Aufrechterhaltung des Status quo gebunden werden könnten.

### *b) Franz Josef Strauß (CDU/CSU)*

Mit Ihrer Vorstellung, meine Damen und Herren von der SPD, daß vier Besatzungsmächte über die Zusammenlegung ihrer vier Besatzungszonen verhandeln sollen, kommen wir doch leider zu der Ausgangslage der Konferenz von Potsdam zurück. Herr Molotow hat sich in seiner letzten Rede auf die Rechte und Verpflichtungen der Sowjetunion aus den Abkommen von Jalta und Potsdam berufen. Sie müssen uns doch zugestehen, daß dank den Pariser Verträgen wir die Garantie haben, daß kein Weg mehr zu Jalta und Potsdam jemals zurückführen wird. ...
Die Ablehnung der Pariser Verträge rückt jedenfalls die Wiedervereinigung Deutschlands in Frieden und Freiheit in den Bereich der politischen Unmöglichkeit. Damit ist nicht gesagt, daß die Annahme der Pariser Verträge uns in einer genau festzulegenden Zeit die Wiedervereinigung schenkt. Aber die Annahme der Pariser Verträge bringt die solidarische Verpflichtung der Westmächte, die deutsche Wiedervereinigung zu unterstützen. Sie bringt die Souveränität der Bundesrepublik, und sie bringt die Ausgangsgrundlage für eine Konferenz mit der Sowjetunion, bei der der Westen weder gespalten noch seine Völker mehr gegeneinander ausgespielt werden können, noch die Bundesrepublik Deutschland als Objekt fremder Politik mißbraucht werden kann.
Gegen unsere Forderung: Zuerst ratifizieren, dann verhandeln! bringen Sie, meine Damen und Herren von der SPD, als hauptsächlichen Vorwand die Behauptung, daß die Sowjetunion nach der Ratifizierung nicht mehr bereit sei, sich überhaupt auf Verhandlungen einzulassen. Ohne Zweifel gibt es eine Reihe von Erklärungen der sowjetischen und der sowjetzonalen Machthaber, daß die Ratifizierung der Pariser Verträge, auch die bedingte Ratifizierung der Pariser Verträge, die Wiedervereinigung Deutschlands außerordentlich erschweren und Verhandlungen darüber auf unabsehbare Zeit unmöglich machen würde. Wir meinen aber, daß Sie nicht an die absolute Stichhaltigkeit solcher sowjetischer Erklärungen etwa im Sinne biblischer Wahrheiten glauben sollten. Wenn Sie dieselbe Glaubensfähigkeit auch gegenüber allen Erklärungen des Herrn Bundeskanzlers aufbringen würden, wären wir sehr zufrieden.
Was verleitet Sie, meine Damen und Herren von der SPD, diese sowjetischen Behauptungen für bare Münze zu nehmen? Die Sowjets haben schon viel erklärt, was sie später nicht gehalten haben. Natürlich haben die Sowjets und ihre deutschen Gerichtsvollzieher in der Sowjetzone ein lebenswichtiges Interesse daran, das Zustandekommen der Pariser Verträge zu verhindern, sicherlich nicht deshalb, weil sie einen Angriff der deutschen Militaristen mit amerikanischer Hilfe befürchten, sondern deshalb, weil das Zustandekommen der Pariser Verträge einen schweren Rückschlag der Sowjetpolitik und eine echte Niederlage im Kalten Krieg bedeuten würde ...
Wir wissen, worum es in dieser Stunde geht. Wir sind uns mit der Opposition einig über das Ziel: die Wiedervereinigung. Wir sind uns mit ihr einig in der Erkenntnis, daß darüber Verhandlungen mit der Sowjetunion geführt werden müssen. Wir unterscheiden uns aber dadurch, daß wir erstens

das Sicherheitsbündnis mit den Westmächten und die Souveränität der Bundesrepublik vor diesen Verhandlungen durchsetzen wollen, zweitens, daß wir die Neutralisierung eines wiedervereinigten Deutschlands als Übergangszustand zur Bolschewisierung ablehnen müssen.

Zit. nach: Verhandlungen des Deutschen Bundestages. Stenographische Berichte. Zweite Wahlperiode, 69. Sitzung, S. 3527 und 3578 ff.

## 3. Der Nordatlantik-Pakt vom 4. 4. 1949

Die vertragschließenden Staaten bekräftigen ihren Glauben an die Ziele und Grundsätze der Satzung der Vereinten Nationen und ihren Wunsch, mit allen Völkern und allen Regierungen in Frieden zu leben.
Sie sind entschlossen, die Freiheit, das gemeinsame Erbe und die Zivilisation ihrer Völker, die auf den Grundsätzen der Demokratie, der Freiheit der Person und der Herrschaft des Rechts beruhen, zu gewährleisten.
Sie sind bestrebt, die innere Festigkeit und das Wohlergehen im nordatlantischen Gebiet zu fördern.
Sie sind entschlossen, ihre Bemühungen für die gemeinsame Verteidigung und für die Erhaltung des Friedens und der Sicherheit zu vereinigen.
Sie schließen daher diesen Nordatlantikpakt.

*Artikel 1*

Die vertragschließenden Staaten verpflichten sich, in Übereinstimmung mit der Satzung der Vereinten Nationen jeden internationalen Streitfall, an dem sie beteiligt sein mögen, auf friedlichem Wege so zu regeln, daß der internationale Friede, die Sicherheit und die Gerechtigkeit nicht gefährdet werden, und sich in ihren internationalen Beziehungen jeder Gewaltandrohung oder Gewaltanwendung zu enthalten, die mit den Zielen der Vereinten Nationen nicht vereinbar ist.
...

*Artikel 5*

Die vertragschließenden Staaten sind sich darüber einig, daß ein bewaffneter Angriff gegen einen oder mehrere von ihnen in Europa oder Nordamerika als ein Angriff gegen sie alle angesehen werden wird; sie vereinbaren daher, daß im Falle eines solchen bewaffneten Angriffs jeder von ihnen in Ausübung des in Artikel 51 der Satzung der Vereinten Nationen anerkannten Rechts der individuellen oder kollektiven Selbstverteidigung dem Vertragsstaat oder den Vertragsstaaten, die angegriffen werden, Beistand leistet, indem jeder von ihnen unverzüglich für sich und im Zusammenwirken mit den anderen Vertragsstaaten die Maßnahmen, einschließlich der Anwendung von Waffengewalt, trifft, die sie für erforderlich erachtet, um die Sicherheit des nordatlantischen Gebiets wiederherzustellen und zu erhalten.
Von jedem bewaffneten Angriff und allen daraufhin getroffenen Gegenmaßnahmen ist unverzüglich dem Sicherheitsrat Mitteilung zu machen. Die Maßnahmen sind einzustellen, sobald der Sicherheitsrat diejenigen Schritte unternommen hat, die notwendig sind, um den internationalen Frieden und die internationale Sicherheit wiederherzustellen und zu erhalten.

*Artikel 6*

Im Sinne des Artikels 5 gilt als bewaffneter Angriff auf einen oder mehrere Vertragsstaaten jeder bewaffnete Angriff auf das Gebiet irgendeines dieser Staaten in Europa oder Nordamerika, auf die algerischen Departements Frankreichs, auf die Besatzungsstreitkräfte eines Vertragsstaates in Europa, auf die der Gebietshoheit eines Vertragsstaates unterstehenden Inseln im nordatlantischen Gebiet nördlich des Wendekreises des Krebses oder auf die Schiffe oder Flugzeuge eines Vertragsstaates in diesem Gebiet ...

Zit. nach: Johannes Hohlfeld (Hrsg.), Dokumente der deutschen Politik und Geschichte, Bd. 6, a. a. O., S. 283 f.

## 4. Adenauer, die USA und die deutsche Wiedervereinigung

Der Ansatzpunkt für die deutsche Politik lag nach Ansicht Adenauers darin, daß für die von den USA angestrebte Stabilisierung Westeuropas Deutschland „unentbehrlich“ war. Gleichzeitig galt: „Ein Land in Fesseln ist kein guter, vollwertiger Partner. Meines Erachtens werden unsere Fesseln daher allmählich fortfallen.“

Selbstverständlich war es Adenauer klar, daß der amerikanischen Politik dabei keine altruistischen Motive zugrunde lagen. Die amerikanische Politik würde sich nur deswegen positiv für Deutschland auswirken, weil es „im Interesse der Vereinigten Staaten“ lag, „daß Deutschland wieder stark würde“.

Aus seiner Einschätzung der amerikanischen Interessenlage zog Adenauer freilich nicht den Schluß, daß sich die Bundesrepublik damit begnügen könne, passiv die Entwicklung der Dinge abzuwarten. Im Gegenteil war es seine Absicht, durch erhöhte deutsche Aktivität auf die amerikanische Politik positiv einzuwirken. Er hielt es für einen Fehler, davon auszugehen: „Amerika ist auf uns angewiesen; wir können warten!“ Adenauer glaubte wohl nicht ernsthaft an einen wieder auflebenden amerikanischen Isolationismus, vor dem er in vereinfachender Weise für den Fall warnte, daß Europa und die Bundesrepublik zu wenig an eigenen Anstrengungen unternähmen. Vielmehr gingen seine Bedenken, wie er mehrfach präzisierte, dahin, die USA würden Westeuropa nicht an der Elbe, sondern am Rhein verteidigen, wodurch „das ganze deutsche Gebiet zwischen Rhein und dem Eisernen Vorhang für den Fall eines Krieges Kriegsschauplatz wäre“. ...

Adenauer blieb stets von einem latenten Mißtrauen gegen die amerikanische Politik erfüllt. Es richtete sich sowohl gegen die Beständigkeit ihrer Zielsetzung wie gegen ihr taktisches Vermögen. Vieles deutet darauf hin, daß er die politischen Fähigkeiten der amerikanischen Führung nicht allzu hoch einschätzte (jedenfalls nicht so hoch wie die der sowjetischen Regierung); teilweise fehlte ihm auch das Einfühlungsvermögen in den amerikanischen politischen Prozeß mit seinen Besonderheiten. Dulles schätzte er gerade deswegen so hoch ein, weil er in seinen Augen – anders als Eisenhower – Strategie und Taktik der Politik beherrschte.

Die deutschen und amerikanischen Interessen waren nicht von vorneherein identisch. Es konnte sich nach Adenauers Ansicht nur darum handeln, die amerikanische Politik zu beeinflussen, wo es möglich war, und sich ihr dort anzupassen, wo sie einer Einwirkung von deutscher Seite unzugänglich blieb. Insbesondere hatten seiner Meinung nach die USA nicht die „geringste Absicht“, die Entstehung eines neutralen, bewaffneten Gesamtdeutschland zuzulassen. Wirklichkeitssinn in der deutschen Außenpolitik zeige sich darin, „daß man von einer gegebenen Weltlage ausgeht und dann darin den besten Platz für Deutschland sucht“.

Diese Formulierung deutet darauf hin, daß die ideologische Bindung an den Westen die weitgehende Ausrichtung der deutschen Politik auf die USA nicht hinreichend erklärt. Die gemeinsamen christlich-humanistischen Wertvorstellungen waren gewiß eine wichtige Stütze für die politische Zusammenarbeit. Mußte jedoch nicht ein auch für Deutschland vorteilhafter Prozeß des Gebens und Nehmens hinzukommen? ...

Solange die Bundesrepublik noch nicht souverän war, bestand nach Ansicht Adenauers die latente Gefahr, daß die Westmächte doch auf die sowjetischen Appelle, zur Konstellation von Potsdam zurückzukehren, eingehen würden. Das deutsche Mißtrauen richtete sich somit zwar in erster Linie gegen die Sowjetunion, weil sie die treibende Kraft für eine Wiederherstellung der Vier-Mächte-Kontrolle über Deutschland war, aber zugleich auch gegen die Westmächte, von deren Haltung Erfolg oder Mißerfolg der Moskauer Bestrebungen ganz abhing.

In dieser Negativhaltung, in dem Bestreben, die sowjetischen Pläne zu vereiteln, liegt vielleicht die tiefste Begründung für Adenauers Politik bis 1955. In dem vielzitierten Interview mit Ernst Friedlaender vom 11. Juni 1953 gab er die bislang zugleich knappste und umfassendste Erklärung für seine Politik:

„Bismarck hat von seinem Alpdruck der Koalitionen gegen Deutschland gesprochen. Ich habe auch meinen Alpdruck: Er heißt: Potsdam. Die Gefahr einer gemeinsamen Politik der Großmächte zu

Lasten Deutschlands besteht seit 1945 und hat auch nach Gründung der Bundesrepublik weiter bestanden. Die Außenpolitik der Bundesrepublik war von jeher darauf gerichtet, aus dieser Gefahrenzone herauszukommen. Denn Deutschland darf nicht zwischen die Mühlsteine geraten, dann ist es verloren."

Somit ist Adenauers Politik gegenüber der Sowjetunion nur aus seiner Amerikapolitik heraus zu verstehen, und umgekehrt: Die deutsche Politik befand sich im Spannungsfeld der amerikanischen und der sowjetischen Politik. Weil die Sowjetunion Ziele anstrebte, die nach Meinung Adenauers mit den deutschen Lebensrechten unvereinbar waren, mußte Deutschland zwangsläufig Unterstützung bei der Macht suchen, mit der die Sowjetunion in Gegensatz geraten war. Die Anlehnung an die USA wiederum hatte eine noch schroffere Haltung gegenüber der UdSSR zur Folge, weil jeder Anschein, daß Bonn einen Ausgleich mit Moskau (d.h. auf Kosten Washingtons) suchte, das lebenswichtige Bündnis mit den USA gefährdet hätte. Die Politik der Sowjetunion war für Adenauer der wichtigste Grund, das Bündnis mit den USA zu suchen. ...

Dulles hatte die Rolle Deutschlands aus amerikanischer Sicht bereits vor seinem Amtsantritt so definiert:

„Ein wieder zum Leben erwecktes Deutschland kann auch ein großer Vorteil für den Westen sein. Indem es Ostdeutschland in seinen Bann zieht, kann der Westen eine vorgeschobene strategische Position in Mitteleuropa gewinnen, die die sowjetisch-kommunistischen militärischen und politischen Positionen in Polen, der Tschechoslowakei, Ungarn und anderen benachbarten Ländern, untergräbt."

Es lag in der Logik dieser Konzeption, daß die USA eine Neutralisierung der Bundesrepublik oder Gesamtdeutschlands nicht in Erwägung ziehen konnten, da dadurch der westliche Einflußbereich zurückgedrängt statt ausgedehnt worden wäre. So trafen verschiedene Überlegungen zusammen, die nach amerikanischer Ansicht gegen ein neutrales Deutschland sprachen: die Politik des Zurückdrängens; die Integration Westeuropas, an der den USA aus verschiedenen Gründen gelegen war; der Aufbau einer wirksamen westeuropäischen Verteidigung.

Auf den letztgenannten Aspekt hatte auch Lyndon B. Johnson, der Vorsitzende der demokratischen Fraktion im Senat, am 27.8.1953 mit Nachdruck hingewiesen: „Das deutsche Volk steht im Herzen Europas als der einigende Faktor, der eine kontinentale Verteidigung um sich bilden kann. Ohne Deutschland kann keine wirksame Verteidigung gegen den Kommunismus aufgebaut werden." Die amerikanische Deutschlandpolitik war von beiden Parteien getragen („bipartisan policy") ... Ein weiteres Argument gegen die Neutralisierung Deutschlands war negativer Art und rührte von der Rolle her, die Deutschland bis 1945 in Europa gespielt hatte: die USA sahen in einem neutralen Deutschland eine Gefahr für die Sicherheit Europas. Im Senatskomitee für Auswärtige Beziehungen führte Dulles am 6. Juni 1955 aus: „Ich denke, es ist sehr wichtig, daß ein wiedervereinigtes Deutschland in den Westen integriert ist ... Ich glaube, daß ein in seiner Position der Neutralität gelassenes Deutschland – oder einige Leute nennen es Disengagement im Zentrum Europas – unter der fast unwiderstehlichen Versuchung stünde, die eine Seite gegen die andere auszuspielen, und daß das eine sehr gefährliche Situation wäre, gefährlich für den Westen, gefährlich für die Sowjetunion und gefährlich für die Deutschen selbst ..."

... Die USA empfanden eine mögliche eigenständige Politik Bonns gegenüber der Sowjetunion stets als unmittelbare Gefahr für ihre Interessen in Europa. Die Konsequenzen waren für Dulles klar: „Nie zuvor hatte ein so zahlreiches (zwischen 65 und 70 Millionen) und potentiell so mächtiges Volk eine so einzigartige Gelegenheit, zwischen zwei entgegengesetzten Gruppen zu handeln. Wenn die Deutschen sich wieder wie im Herbst 1939 mit dem Sowjetkommunismus verbänden, würde diese Kombination Europa hinwegfegen. Der Sieg einer sowjetisch-deutschen Allianz wäre so sicher, daß es in der Tat zweifelhaft ist, ob es irgendeinen organisierten Widerstand gäbe."

Derartige Gefahren ließen sich nur dadurch bannen, daß die Bundesrepublik eng an die USA gebunden und ihrer Politik einen Rahmen vorgeschrieben wurde, innerhalb dessen sie sich zu bewegen hatte ...

Bei der Herausbildung des besonderen Verhältnisses zwischen Deutschland und den USA wurde der deutsche Verzicht auf Wahlfreiheit zwischen dem westlichen Lager und der Sowjetunion zweifelsohne als Zugeständnis angesehen, dem eine westliche bzw. amerikanische Gegenkonzession zu entsprechen habe. Das Prinzip des „do ut des" bildet den Kern der Pariser Verträge. „Die Bindung Deutschlands an den Westen war nur unter einer Voraussetzung möglich, und Adenauer konnte seine prowestliche Politik nur unter einer Bedingung durchbringen: Der Westen mußte bereit sein, die Wiedervereinigung Deutschlands mit allen ihm verfügbaren Mitteln zu fördern. ... Der heikle Punkt bei diesem Handel war, daß die Deutschen westliche Interessen nur verteidigen würden, wenn der Westen deutsche Interessen verteidigt" (John Mander). Die Festlegung der USA als der maßgebenden Macht auf das Ziel der Wiedervereinigung Deutschlands hatte zwei Aspekte, den einer statischen und den einer dynamischen Politik.

Der statische Aspekt bestand darin, die DDR nicht als Staat anzuerkennen und die Bonner Theorie zu übernehmen, wonach es nur einen deutschen Staat und nur eine rechtmäßige deutsche Regierung gibt. In der Londoner Schlußakte vom 3. Oktober 1954 erklären die drei Westmächte, „daß sie die Regierung der Bundesrepublik Deutschland als die einzige deutsche Regierung betrachten, die frei und rechtmäßig gebildet und daher berechtigt ist, für Deutschland als Vertreter des deutschen Volkes in internationalen Angelegenheiten zu sprechen".

Auf der Grundlage dieses Prinzips versprachen die Westmächte, eine friedensvertragliche Regelung für ganz Deutschland zu einem „wesentlichen Ziel" der gemeinsamen Politik mit der Bundesrepublik zu machen. In der politischen Praxis nahm diese Zielsetzung die konkrete Form eines Junktims zwischen Wiedervereinigung und Abrüstung an. Dieses Junktim wurde zwar von den USA mit wechselndem und im Laufe der Jahre abnehmendem Nachdruck vertreten! Das Maximalprogramm Bonns, nach dem die Wiedervereinigung Priorität vor Abrüstungsmaßnahmen haben müsse, war jedoch nie wirklicher Bestandteil der amerikanischen Politik.

Aus: Bruno Bandulet, Adenauer zwischen West und Ost. Alternativen der deutschen Außenpolitik von 1952 bis 1963, München 1970, S. 34f.; 38ff.; 55f.; 90f.

## I/6 Das Saarproblem und seine Lösung

### Arbeitsthemen

1. *Welchem übergreifenden Ziel ordnet Adenauer die Lösung der Saarfrage unter? Was will Carlo Schmid mit der Formel von der „neuen Irredenta im Westen" und dem Verweis auf den Freistaat Danzig andeuten? Weshalb kritisiert er den Beitritt des Saarlandes zum Europarat? (Nr. 1 a und 1 b)*
2. *Auf welche Entschärfung des Saarproblems hatten sich die Bundesrepublik und Frankreich im Rahmen der Pariser Verträge verständigt? Welche Reaktion auf das Referendum an der Saar ließ die Erklärung des französischen Außenministeriums vom gleichen Tag erkennen (Nr. 2 a und 2 b)*
3. *Welche Umstände hatten in den Jahren 1954/55 eine prodeutsche Veränderung des Meinungsklimas im Saarland bewirkt? Weshalb plädierte Adenauer dennoch für die Zustimmung zum Saar-Statut? Inwiefern wurde die französische Haltung gegenüber dem Ergebnis der Volksabstimmung als „Wunder an der Saar" empfunden? Warum konnte die Saar-Lösung nicht als Modell für die deutsche Frage dienen? (Nr. 3)*

## Materialien

### 1. Kontroverse Positionen in der Saarfrage

*a) Rede Adenauers im Bundestag vom 30.5.1951*

In der Saarfrage hat sich in der letzten Zeit einiges ereignet, was die Bundesregierung zwingt, zu dem gesamten Problem der Saar erneut Stellung zu nehmen. Zu den Tatsachen, die neuerdings eingetreten sind, gehören das Verbot der Einreise von Bundestagsabgeordneten ins Saargebiet, das Verbot der Demokratischen Partei im Saargebiet und endlich der Brief, den der französische Außenminister Herr Schuman am 9. Mai 1951 an den Ministerpräsidenten Hoffmann gerichtet hat.[1])
Der Deutsche Bundestag hat sich zuletzt am 10. März 1950 eingehend mit der Saar befaßt. Die Ausführungen, die ich damals machte, faßte ich in folgenden Punkten zusammen: „Die endgültige Regelung der Verhältnisse an der Saar muß in einem mit uns, d.h. mit der Bundesrepublik zu schließenden Friedensvertrag erfolgen. Daraus ergibt sich, daß vor Abschluß eines Friedensvertrages an der Saar keine Verhältnisse geschaffen werden dürfen, deren Änderung durch den Friedensvertrag nicht mehr möglich ist.
Wir haben den dringenden Wunsch, daß an der Saar die Grundsätze der Freiheit und der Demokratie verwirklicht werden. Wir wünschen eine Regelung der Saarfrage, die den Interessen aller beteiligten Staaten einschließlich Frankreichs und auch des Saargebiets gerecht wird."
Ich habe aber damals keinen Zweifel darüber gelassen, daß die Saarfrage unter keinen Umständen zu einer Störung der Bemühungen, zwischen Deutschland und Frankreich gute Beziehungen herzustellen, und damit zu einer Erschwerung des Aufbaues von Westeuropa führen dürfte.
An diesen Grundsätzen hat sich für mich nichts geändert, insbesondere auch nicht an dem letzten Grundsatz. So unangenehm und so störend die von mir eingangs erwähnten Vorfälle sind, so sind sie doch letzten Endes zeit- und personenbedingt; sie geben aber keine Veranlassung, von der Linie der für Deutschland, Frankreich, Europa und den Weltfrieden entscheidenden Politik der Integration Europas und der Herstellung eines guten Einvernehmens zwischen Frankreich und Deutschland, das die Grundlage dieser Integration Europas ist, abzugehen. Es sei mir aber gestattet, hier dem dringenden und lebhaften Wunsche Ausdruck zu geben, daß die Weltlage und die Erfordernisse unserer Zeit, die für alle Völker gelten, in Paris das gleiche Verständnis, die gleiche Würdigung finden wie bei uns, auch gegenüber bagatellhaften Querelen aus Saarbrücken.

*b) Stellungnahme Carlo Schmids (SPD) vom 30.5.1951*

Es steht doch fest – und hier nützt doch kein Versuch, über die Tatsachen hinwegzublicken –: trotz Europa-Politik, trotz Schumanplan ist die Loslösung der Saar von Deutschland ein integrierender Hauptbestandteil der französischen Außenpolitik geblieben. Und es steht fest – Sie sehen es doch jede Woche –, daß die französische Regierung keine Gelegenheit vorübergehen läßt, die erhofften Endresultate dieser Politik durch Schaffung vollendeter Tatsachen vor einer endgültigen rechtlichen Regelung vorwegzunehmen. Immer wieder können wir beobachten, daß sie mit viel Geschick und viel Beharrlichkeit darauf ausgeht, solche Gelegenheiten zu schaffen …
Darum handelt die Bundesregierung nur dann richtig, wenn sie der Erhaltung der Zugehörigkeit der Saar zu Deutschland innerhalb ihrer Politik eine zentrale Stellung einräumt – auch um Europas willen, das nur auf dem Fundament des Rechts aufgebaut werden kann, und weil man sich an Europa versündigt, wenn man – und sei es auch nur durch Unterlassen – die Hand dazu böte, daß sich durch blindes Verschulden drüben im Westen eine neue Irredenta bildet. Wir sollten nicht vergessen, welches Unglück über die Welt gekommen ist, weil man einmal einen Freistaat Danzig geschaffen hat! …
Nun, hat die Bundesregierung immer nach dieser Erkenntnis gehandelt? Sie sagt es.

[1]) In dem Brief wurde das Verbot der DPS empfohlen (Anmerkung des Herausgebers)

Sie hat gewissen Warnungen gegenüber, die wir ausgesprochen haben, erklärt, daß sie die Maßnahmen, vor denen wir warnten, gerade um der Saar willen treffe, deren Lage sie so bessern wolle und werde. Die Bundesregierung hat geglaubt, der Eintritt Deutschlands in den Europarat gleichzeitig mit Vertretern der Saar-Bevölkerung werde der französischen Politik an der Saar die Grundlage und die Intensität nehmen. Man sagte uns: Nun, sobald wir Deutschen in Straßburg sind, verliert auch die Frage der Zugehörigkeit des Saargebietes zu Deutschland jedes politische Interesse für die Franzosen. Wir hatten soviel Glauben nicht und haben gewarnt, die Franzosen würden diesen Schritt vielleicht dahin auswerten, daß die Bundesrepublik sich mit dem an der Saar geschaffenen Zustand abgefunden hätte. Man hat uns der Kleingläubigkeit dem Geiste Straßburgs gegenüber geziehen, und es fiel damals häufig das böse und törichte Wort von unserem angeblichen Nationalismus. Nun, am 20. Februar 1951 hat der französische Außenminister vor dem Senat erklärt, zwar habe die Bundesregierung das Saarland und die Saarregierung nicht anerkannt, aber das Bestehen des de-facto-Zustandes an der Saar sei unter anderem tatsächlich – nicht de jure, aber tatsächlich – durch die Bundesrepublik dadurch anerkannt worden, daß ihre Vertreter neben denen des Saargebiets auf den Bänken des Europarats Platz genommen hätten.

Zit. nach: Verhandlungen des Deutschen Bundestages. Stenographische Berichte, 1. Wahlperiode, 144. Sitzung, S. 5664 f. bzw. S. 5682 f.

## 2. Die Saarfrage in den Jahren 1954 und 1955

### *a) Das Saarstatut vom 23. 10. 1954*

Die Regierung der Bundesrepublik Deutschland und die Regierung der Französischen Republik, die letztere, nachdem sie die Saarländische Regierung konsultiert und nachdem sie deren Zustimmung erlangt hat, sind in dem Bestreben, die saarländische Wirtschaft in weitestem Umfang zu entwickeln und jeden Anlaß zu Streitigkeiten in den gegenseitigen Beziehungen zu beseitigen, über folgende Grundsätze einig geworden, die die Grundlage einer Lösung der Saarfrage bilden werden:

I.

Ziel der ins Auge gefaßten Lösung ist es, der Saar im Rahmen der Westeuropäischen Union ein europäisches Statut zu geben. Nachdem dieses Statut im Wege der Volksabstimmung gebilligt worden ist, kann es bis zum Abschluß eines Friedensvertrages nicht mehr in Frage gestellt werden.

II.

Ein europäischer Kommissar nimmt die Vertretung der Saarinteressen auf dem Gebiet der auswärtigen Angelegenheiten und der Landesverteidigung wahr. Der Kommissar überwacht die Beachtung des Statuts. Der Kommissar wird vom Minsterrat der Westeuropäischen Union ernannt. Er ist diesem Rat verantwortlich. Der Kommissar darf weder Franzose noch Deutscher noch Saarländer sein. Bei der Mehrheit, mit der er ernannt wird, müssen sich die Stimmen Frankreichs und der Bundesrepublik Deutschland befinden, auch die Zustimmung der Saar ist erforderlich …

VI.

Die politischen Parteien, die Vereine, die Zeitungen und die öffentlichen Versammlungen werden einer Genehmigung nicht unterworfen.
Sobald das europäische Statut durch Volksabstimmung gebilligt ist, kann es bis zum Abschluß eines Friedensvertrages nicht in Frage gestellt werden.
Jede von außen kommende Einmischung, die zum Ziele hat, auf die öffentliche Meinung an der Saar einzuwirken, insbesondere in Form der Beihilfe oder der Unterstützung für politische Parteien, für Vereinigungen oder die Presse, wird untersagt. …

X.

Die in Artikel I vorgesehene Volksabstimmung findet drei Monate nach Inkrafttreten der Bestimmungen, die im ersten Absatz von Artikel VI vorgesehen sind, statt.

Zit. nach: Robert H. Schmidt, Saarpolitik 1945–1957, Bd. III (1954–1957), Berlin 1962, S. 685 ff.

*b) Das französische Außenministerium zum Abstimmungsergebnis vom 23.10.1955*

Vor Jahresfrist hatten die französische Regierung und die Regierung der Deutschen Bundesrepublik gemeinsam beschlossen, sich nach der Stimmabgabe des Saarvolkes über das europäische Regime der Saar zu richten. Die Volksabstimmung vom Sonntag hat nicht jene positive Antwort gebracht, welche den Interessen Europas zu entsprechen schien. Die französische Regierung nimmt vom Entscheid der Mehrheit der Saarbevölkerung Kenntnis. Die damit geschaffene Lage kann nur im legalen Rahmen der existierenden Institutionen betrachtet werden. Ruhe und Respekt vor der Legalität bleiben die notwendigen Voraussetzungen für die Ausübung der demokratischen Freiheiten. Frankreich seinerseits bleibt seinem Ideal der europäischen Zusammenarbeit treu. Trotz der Schwierigkeiten ist es entschlossen, den Fortschritt dieser Zusammenarbeit zu sichern.

Zit. nach: Archiv der Gegenwart 1955, S. 5432

## 3. Die Lösung der Saarfrage

Zur gleichen Zeit, als alle Hoffnungen auf Wiedervereinigung mit der Ostzone auf eine ferne Zukunft vertagt werden mußten, vollzog sich an der Saar die Wiedervereinigung im kleinen.
Seit den Landtagswahlen Ende November 1952 war im Saarland ein erheblicher Stimmungsumschwung erfolgt. Damals hatten immerhin 93 Prozent der Bevölkerung an den Wahlen teilgenommen, die allerdings ohne Beteiligung pro-deutscher Parteien durchgeführt werden mußten. Aber nur 24 Prozent hatten sich an die Parole der deutsch-orientierten Gruppen gehalten und ungültige Stimmzettel abgegeben. Im Frühjahr 1955, als nach zähem Hin und Her zwischen Deutschland und Frankreich die letzten Modalitäten der Abstimmung geklärt wurden, sah das Bild anders aus. Eine im Saargebiet durchgeführte Umfrage des Instituts für Demoskopie in Allensbach vom April, in der nach der besten Dauerlösung gefragt wurde, zeigte, daß bereits 43 Prozent der Befragten den endgültigen Anschluß an Deutschland wünschten. 27 Prozent sprachen sich für eine Autonomie-Lösung aus, 13 Prozent für die Umwandlung des Saarlandes in ein europäisches Gebiet unter einer internationalen europäischen Kommission.
Die Motive für den Meinungswandel lagen in nicht geringem Maß im wirtschaftlichen Bereich. Im Verlauf des Jahres 1954 wurde nicht nur in der Saar-Wirtschaft und von den mit Wirtschaftsfragen befaßten Ministern, sondern auch von einem wachsenden Teil der Bevölkerung erkannt, daß das von Ministerpräsident Hoffmann jahrelang vertretene Konzept der Wirtschaftseinheit Saar-Lothringen nicht mehr der Wirklichkeit entsprach. Die durch Frankreich verstärkt ausgebaute lothringische Stahlindustrie hatte sich zu einer gefährlichen Konkurrenz der Stahlwerke an der Saar ausgewachsen, und die Erzversorgung mit lothringischer Minette wurde unsicher. Es zeichnete sich auch bereits ab, daß der französische Bedarf nach Saarkohle in Zukunft rückläufig sein würde mit der Folge, daß die Saarbergwerke auf dem französischen Markt gleichfalls mit erbitterter Konkurrenz zu rechnen haben würden. Nun wurde es für das Saarland zu einer wirtschaftlichen Existenzfrage, die alten Absatzmärkte in Deutschland, insbesondere in Süddeutschland, erneut zu erschließen. Dem standen aber viele Bestimmungen des Saarländisch-Französischen Wirtschaftsabkommens und die Verkaufspolitik der nach wie vor unter Zwangsverwaltung stehenden Betriebe entgegen. Wie man in Bonn wußte, gab es seit 1954 im Kabinett Hoffmann eine Gruppe, die als einzige Lösung eine Art gemeinsamen deutsch-französischen Markts an der Saar ansah.
Der weitgehend von der Montanindustrie abhängigen Saarbevölkerung blieb das nicht verborgen. Zudem waren die Verhältnisse in der Bundesrepublik nunmehr soweit stabilisiert, daß der früher vorhandene Anreiz, das eigene Land aus der Konkursmasse des Reiches herauszulösen, gleichfalls nicht mehr gegeben war. Auch die repressiven Methoden, die von der Regierung Hoffmann zur Niederhaltung der pro-deutschen Opposition eingesetzt wurden, wirkten inmitten der westeuropäischen Demokratien Mitte der fünfziger Jahre anachronistisch und reizten zum Widerstand. Ebensowenig paßten die Versuche Frankreichs noch in die politische Landschaft, in letzter Stunde die weiterhin sequestrierten Röchling-Werke in französische Eigentümerschaft zu überführen.

So kam es nicht ganz überraschend, daß in dem Augenblick, als drei Monate vor der Abstimmung über das Saar-Statut die politischen Freiheiten eingeführt wurden, der große Dammbruch erfolgte. Knapp drei Wochen, nachdem die drei pro-deutschen Parteien und die freie Presse zugelassen worden waren, sprachen sich bei einer Umfrage des *Emnid*-Instituts in Bielefeld bereits 79 Prozent der Befragten für ein Nein zum Saar-Statut aus, nur 21 Prozent für ein Ja. Die Demokratische Partei Saar (DPS), die Deutsche Sozialdemokratische Partei (DSP) und nach einigen internen Auseinandersetzungen auch die Saar-CDU entschieden sich für die Nein-Parole. Ihre Versammlungen hatten gewaltigen Zustrom, während es bei den Auftritten des Ministerpräsidenten zu Demonstrationen und Tumulten kam.
Zum ersten und einzigen Mal in ihrer Geschichte erlebten die Bundesbürger aus der Ferne den Durchbruch einer vaterländischen deutschen Bewegung. Von Anfang an stand ein großer Teil der meinungsbildenden Presse – an ihrer Spitze die *Frankfurter Allgemeine* – auf seiten der Gegner des Statuts. SPD und FDP unterstützten jene Saar-Parteien, die die Rückkehr zu Deutschland auf ihre Fahnen geschrieben hatten.
Die einzige Unterstützung von Belang erhielten die Befürworter des Statuts um den saarländischen Ministerpräsidenten vom Bundeskanzler. Dieser ließ zwar durchaus erkennen, daß er für die Parole der Gegner Hoffmanns – „Der Dicke muß weg!" – viel übrig hatte, aber er fürchtete, daß eine Ablehnung zwischen Deutschland und Frankreich einen Scherbenhaufen hinterlassen würde. Dagegen hegte er die Zuversicht, daß sich hinter der Fassade des Saar-Statuts faktisch doch eine Art Rückgliederung durchsetzen würde. Zwar hatte er während der Pariser Verhandlungen im Oktober 1954 zu Journalisten in seiner Umgebung von seiner Vermutung gesprochen, bei einer Volksabstimmung werde es eine negative Mehrheit geben und man solle ja diese Möglichkeit nicht groß herausstreichen, um die Ratifikation in der französischen Kammer nicht zu gefährden. Aber es dürfte doch zutreffen, daß er mit Blick auf die Gesamtheit der deutsch-französischen Beziehungen ein „Ja" lieber gesehen hätte ...
Er ging sogar so weit, durch den Deutschland-Union-Dienst (DUD) und eine wohl unter französischem Druck so formulierte Rede in Bochum, die er kurz vor seiner Abreise nach Moskau hielt, zum Ja für das Statut aufzurufen.
Dementsprechend führte die Saar-Regierung den Abstimmungskampf zu einem erheblichen Teil mit Zitaten und Plakatabbildungen des Bundeskanzlers. Die drei pro-deutschen Saarparteien antworteten auf die Bochumer Rede mit der Bildung des Deutschen Heimatbundes Saar, konnten aber nicht verhindern, daß die Argumente des Bundeskanzlers, wie die Umfragen erkennen ließen, bei manchen Gehör fanden.
Von beiden Seiten wurde im Saarland mit einer für das apolitische Klima jener Jahre beispiellosen Erbitterung gekämpft. Vor allem im christlichen Lager waren die bei dieser Gelegenheit geschlagenen Wunden so tief, daß es Jahre dauerte, bis eine gewisse Beruhigung eingetreten war.
Das Ergebnis der Abstimmung vom 23. Oktober 1955 war aber eindeutig: 96 Prozent der Bevölkerung nahmen an der Abstimmung teil, davon sprachen sich 67 Prozent gegen das Statut, praktisch also für die Rückkehr zu Deutschland aus. Noch in der Nacht nach der Abstimmung trat die Regierung Hoffmann zurück und machte damit den Weg für Neuwahlen frei. Bei diesen gleichfalls unter freien Bedingungen am 18. Dezember 1955 durchgeführten Landtagswahlen erhielten die durch ihre jahrelange Autonomiepolitik diskreditierten Regierungsparteien nur noch 28 Prozent der abgegebenen Stimmen. Wahlsieger wurden die Saar-CDU mit 25 Prozent, die in der Person von Hubert Ney den neuen Ministerpräsidenten stellte, sowie die Demokratische Partei Saar (DPS) mit 24 Prozent, deren redegewaltiger Führer Heinrich Schneider der stärkste Motor des Abstimmungskampfes war.
Als das eigentliche Wunder an der Saar betrachteten damals viele die französische Reaktion. Die Pariser Regierung, die lange Jahre hindurch wenig Bedenken gehabt hatte, das deutsch-französische Verhältnis und die europäische Einigung durch eine harte Saarpolitik zu belasten, erwies sich nun als bemerkenswert guter Verlierer. Der unverzügliche Rücktritt Hoffmanns war auch mit auf ihre Einflußnahme zurückzuführen, und in den folgenden Wochen und Monaten war das Bestre-

ben ganz offensichtlich, das gescheiterte Unternehmen möglichst geräuschlos, aber um den Preis erheblicher deutscher wirtschaftlicher Konzessionen zu liquidieren ...
Rückblickend läßt sich feststellen, daß die Bundesrepublik selten ein so gutes Geschäft gemacht hat. Die aufgewandten Summen waren bescheiden im Vergleich zu dem politischen Gewinn, der in der Eingliederung des Saarlands in die Bundesrepublik am 1. Januar 1957 bestand und in der dauerhaften Lösung eines Konflikts, der die deutsch-französischen Beziehungen seit dem Ersten Weltkrieg immer wieder belastet hatte.
Häufig wurde jetzt im Hinblick auf die Saar-Lösung die Auffassung geäußert, man müsse versuchen, auch das Problem der DDR in erster Linie durch wirtschaftliche Leistungen aus der Welt zu schaffen. Aber die Größenordnungen beider Konflikte waren unvergleichbar, und im Osten ist der Einsturz des Regimes Hoffmann nach der Herstellung politischer Freiheiten gewiß ebenso sorgsam registriert worden wie in Bonn.

Aus: Hans-Peter Schwarz, Die Ära Adenauer 1949–1957, a.a.O., S. 282 ff.

# I/7 Adenauers Moskaureise und die Hallstein-Doktrin

## Arbeitsthemen

1. *Vor welcher Mißdeutung wollte Adenauer seine Einwilligung in die Aufnahme diplomatischer Beziehungen mit der Sowjetunion durch seinen Brief an Bulganin schützen? Wie reagierte die Sowjetregierung auf den – von Adenauer artikulierten – westdeutschen Rechtsstandpunkt? (Nr. 1 und 2)*
2. *Inwiefern dokumentiert der – erst 1975 publizierte – Bericht Adenauers über seine Moskauer Verhandlungen eine klare Analyse der sowjetischen Position gegenüber der deutschen Frage, aber zugleich ein – von seinen öffentlichen Bekundungen abweichendes – Eingeständnis faktischer Ausweglosigkeit? (Nr. 3)*
3. *Wie soll das Problem der deutschen Doppelvertretung im Ausland vermieden werden? Womit wird die Ausnahme Sowjetunion begründet? (Nr. 4)*
4. *Wodurch sieht der SPD-Politiker Fritz Heine erfolgversprechende Verhandlungen in der Wiedervereinigungsfrage zwischen der Sowjetunion und den Westalliierten blockiert? Weshalb plädiert er für einen neuen strategischen Ansatz der SPD? (Nr. 5)*
5. *Weshalb mußten die genannten außenpolitischen Schritte und die starren Positionsbeschreibungen des Jahres 1955 desillusionierend in der Wiedervereinigungsfrage wirken? Was bedeutet in diesem Zusammenhang die Aussage, die Wiedervereinigung sei ein „innerdeutsches Problem"? Welche Aufschlüsse gibt in diesem Punkt die Erklärung der DDR-Regierung aus dem Jahr 1955? (Nr. 6 und S. 420 ff.)*

## Materialien

### 1. Der Adenauer-Bulganin-Brief vom 14. 9. 1955

Herr Ministerpräsident,
Aus Anlaß der Aufnahme diplomatischer Beziehungen zwischen der Regierung der Bundesrepublik Deutschland und der Regierung der UdSSR erkläre ich:
1. Die Aufnahme der diplomatischen Beziehungen zwischen der Regierung der Bundesrepublik Deutschland und der Regierung der UdSSR stellt keine Anerkennung des derzeitigen beiderseitigen territorialen Besitzstandes dar. Die endgültige Festsetzung der Grenzen Deutschlands bleibt dem Friedensvertrag vorbehalten.
2. Die Aufnahme diplomatischer Beziehungen mit der Regierung der Sowjetunion bedeutet keine

Änderung des Rechtsstandpunktes der Bundesregierung in bezug auf ihre Befugnis zur Vertretung des deutschen Volkes in internationalen Angelegenheiten und in bezug auf die politischen Verhältnisse in denjenigen deutschen Gebieten, die gegenwärtig außerhalb der effektiven Hoheitsgewalt liegen.
Diese Erklärung habe ich heute abend der Presse mitgeteilt.
Genehmigen Sie, Herr Ministerpräsident, den Ausdruck meiner ausgezeichneten Hochachtung.

*Adenauer*

## 2. Die TASS-Erklärung vom 15.9.1955

Das Schreiben wurde am 14. September vormittags kurz vor dem Abflug der deutschen Delegation dem sowjetischen Ministerpräsidenten zugeleitet und der Empfang durch eine Quittung (ausgestellt vom Geschäftsführer des Ministerrats der UdSSR, Zygitschko) förmlich bestätigt. Das Schreiben wurde jedoch nicht förmlich beantwortet, die Sowjetregierung hat indes ihre rechtliche und politische Präzisierung in einer TASS-Erklärung vom 15. September 1955 bekanntgegeben:
„Bundeskanzler Adenauer hat am 14. September auf der Pressekonferenz in Moskau seine Erklärungen zur Frage der Grenzen Deutschlands und a. m. abgegeben.
Im Zusammenhang damit ist TASS von der Sowjetregierung beauftragt worden, folgendes zu erklären:
„Die Sowjetregierung betrachtet die Deutsche Bundesrepublik als einen Teil Deutschlands. Ein anderer Teil Deutschlands ist die Deutsche Demokratische Republik. Im Zusammenhang mit der Herstellung diplomatischer Beziehungen zwischen der Sowjetunion und der Deutschen Bundesrepublik hält es die Regierung der UdSSR für erforderlich zu erklären, daß die Frage der Grenzen Deutschlands durch das Potsdamer Abkommen gelöst worden ist und daß die Deutsche Bundesrepublik ihre Jurisdiktion auf dem Gebiet ausübt, das unter ihrer Hoheit steht."

Zit. nach: Dieter Blumenwitz: Der Adenauer-Bulganin-Brief und die Aufnahme diplomatischer Beziehungen zwischen der Bundesrepublik Deutschland und der Sowjetunion, in: Konrad Adenauer und seine Zeit, Bd. 2, a. a. O., S. 161 f.

## 3. Adenauer über seine Moskauer Verhandlungen

(Bericht vor dem Bundesvorstand der CDU am 30.9.1955 in Bonn)

Was die Frage der Wiederherstellung der deutschen Einheit von russischer Seite aus gesehen angeht, so bitte ich Sie, sich folgendes vor Augen zu halten. Militärische Gründe spielen dabei für die Russen gar keine Rolle. Es spielt für die Russen auch gar keine Rolle, ob jetzt vielleicht noch einige Fabriken da sind, die etwas wert sind. Es spielt für die Russen keine Rolle, daß 17 oder 18 Millionen Menschen da sind. Für die Russen spielt ein ganz anderer Gesichtspunkt eine entscheidende Rolle. Das trat in den Gesprächen auch sehr klar zutage. Wenn Sowjetrußland die Zone hergibt, dann gibt es damit ein Gebiet preis, das – wie Chruschtschow sich ausdrückte – die Segnungen des Kommunismus erfahren hat. Es gibt diese Menschen zurück an den Kapitalismus mit all seinen Schrecken. Das war nach seiner Sprechweise gut ausgedrückt und entsprach vielleicht auch seiner Überzeugung. Denn man muß sich klarmachen, daß die DDR das am weitesten vorgeschobene Bollwerk des Kommunismus ist, und wenn die Russen dieses Bollwerk räumten – und die Gewährung freier Wahlen würde gleichbedeutend sein mit einer solchen Räumung –, dann gäben sie damit unmißverständlich zu verstehen, daß sie ihr Ziel, Westeuropa unter die kommunistische Macht zu bringen, aufgeben. Das würde sowohl auf die Kommunistische Partei Frankreichs wie auf die Kommunistische Partei Italiens sowie auf die Krypto-Kommunisten Deutschlands einen verheerenden Eindruck ausüben; denn dann verlören sie ihre Mitläufer und alle diejenigen, die glauben, daß von einem zur Macht gekommenen Kommunismus irgend etwas zu ernten sei.
Daher ist – man muß das verstehen vom Standpunkt der Russen aus – die Aufgabe der Sowjetzone für sie ein großes Opfer, weil sie damit – ich wiederhole das nochmals – dokumentieren, daß sie

ihr Ziel, Westeuropa dem Kommunismus zu unterwerfen, aufgeben. Sie werden das nur dann tun, wenn sie etwas dafür bekommen; was, das wird sich finden, aber sie wollen etwas dafür haben.
Die Pariser Verträge sind ihnen in diesem Zusammenhang völlig gleichgültig, sie spielen überhaupt keine Rolle. Chruschtschow sagte: Sie sind den Pariser Verträgen beigetreten. Das ist eine Realität. Wir sind Menschen, die die Realitäten als Realität nehmen. Wir stellen gar nicht das Verlangen an Sie, die Pariser Verträge preiszugeben. – Sie müssen also diese ganze Frage, damit Sie ihre Bedeutung und ihre Schwere richtig sehen, vom Standpunkt der Russen aus betrachten, wie ich es eben zu skizzieren versucht habe. Dann werden Sie mit mir darüber übereinstimmen, daß aber auch gar nichts, was Deutschland gewähren kann – es sei denn das Opfer seiner Freiheit und Übertritt zum Kommunismus –, die Russen dazu bewegen wird, ihre westliche Bastion preiszugeben ...

Zit. nach: Konrad Adenauer, Reden 1917–1967. Eine Auswahl, hrsg. von Hans-Peter Schwarz, Stuttgart 1975, S. 312 f.

## 4. Die Hallstein-Doktrin

(Presse-Interview mit dem Leiter der Politischen Abteilung des Auswärtigen Amts, Wilhelm Grewe, aus Anlaß der Botschafter-Konferenz in Bonn am 11. 12. 1955)

*Frage:* Ist es richtig, daß auf dieser Botschafter-Konferenz die Politik der Bundesregierung dahingehend definiert worden ist, daß sie die diplomatischen Beziehungen mit jedem Staat abbrechen würde, der etwa Pankow anerkannt?
*Antwort:* Man wird zunächst sagen müssen, daß man nicht ganz generell festlegen kann, in welchem Augenblick eine Anerkennung im völkerrechtlichen Sinne vorliegt. Es gibt da eine Reihe von Zwischenstufen, die sowohl in der Staatspraxis wie im Völkerrecht umstritten sind. Klar ist – und das haben wir oft genug deutlich gemacht –, daß die Intensivierung der Beziehungen mit Pankow von uns als eine unfreundliche Handlung empfunden wird. Auf unfreundliche Akte anderer Staaten kann man mit verschieden gestuften Maßnahmen reagieren, kann entweder seinen Botschafter zunächst einmal zur Berichterstattung zurückberufen, oder man kann auch einen weiteren Abbau einer solchen Mission vornehmen. Kurz, es gibt eine ganze Reihe von Maßnahmen, die noch vor dem Abbruch der diplomatischen Beziehungen liegen. Und es ist klar, daß man einen so schwerwiegenden Schritt wie den Abbruch diplomatischer Beziehungen immer nur nach sehr reiflicher Überlegung und in einer sehr ernsten Situation tun wird. Aber so viel ist klar, daß diese ganze Frage für uns in der Tat eine äußerst ernste Frage ist und daß in dem Augenblick, in dem das Problem der Doppelvertretung Deutschlands bei dritten Staaten auftaucht, wir wahrscheinlich gar nicht anders können, als sehr ernste Konsequenzen daraus zu ziehen.
*Frage:* Daß wir jede Anerkennung Pankows als unfreundlichen Akt betrachten würden, haben wir ja auch schon vorher gesagt?
Antwort: Das ist bereits im Bundestag und bei verschiedenen Gelegenheiten deutlich genug gesagt worden.
*Frage:* Nun könnte natürlich jemand einwenden: Warum stellt ihr keine diplomatischen Beziehungen zu Polen, der ČSSR oder den südosteuropäischen Staaten her, nachdem ihr ja solche mit Moskau eingegangen seid?
*Antwort:* Ich begrüße es sehr, daß Sie gerade diese Frage stellen, denn diese nach meinem Gefühl falsche Analogie wird in der Tat immer wieder gezogen. Wenn wir in Moskau die Tatsache hinnehmen, daß in Zukunft dort neben unserem Botschafter auch ein Botschafter des Pankow-Regimes sein wird, so nur deswegen, weil die Sowjetunion in ihren Beziehungen zu uns eben eine ganz besondere Stellung einnimmt. Sie gehört zu den ehemaligen vier Besatzungsmächten. Sie gehört zu denjenigen vier Mächten, die die Spaltung Deutschlands durch die Einteilung Deutschlands in militärische Besatzungszonen herbeigeführt haben und die daher auch allein im Zusammenwirken die Einheit Deutschlands wiederherstellen können. Wenn wir die Beziehungen mit Moskau aufgenommen haben, obgleich solche Beziehungen zur „DDR“ bestehen, so doch nur mit

der Maßgabe, die ja auch in dem Notenwechsel mit Moskau ihren Ausdruck gefunden hat, daß diese diplomatischen Beziehungen ein Mittel sein sollen auf dem Wege zur Überwindung der Spaltung und zur Wiederherstellung der Einheit Deutschlands. Dazu können uns aber diplomatische Beziehungen mit Polen, Ungarn, Rumänien und anderen kommunistischen Staaten nicht verhelfen. Das ist der große Unterschied.

Zit. nach: Georg Fülberth (Hrsg.), Geschichte der Bundesrepublik in Quellen und Dokumenten, Köln 1982, S. 141 f.

## 5. Die Wiedervereinigungsfrage in der Sackgasse

(Aus Briefen Fritz Heines an den amerikanischen Gewerkschaftsführer Jay Lovestone)

*Brief vom 1. 8. 1955*

Für mich ist klar, daß wir für längere Zeit keine Wiedervereinigung in dem Sinne bekommen, wie wir sie angestrebt haben... So wie ich die Dinge sehe, haben die Russen davon Kenntnis genommen, daß Westdeutschland im NATO-Bund ist, und sie haben offenbar die Überzeugung gewonnen, daß keine Chance besteht, Westdeutschland aus diesem Vertrag wieder herauszulösen. Sie haben sich offensichtlich darauf eingerichtet und bauen nun den anderen Teil ihrer Position aus: Stärkung von Pankow, Versuch der Koexistenz sowohl der beiden Weltmächte wie der beiden deutschen Staaten, Aufrechterhaltung des status quo ...

*Brief vom 10. 8. 1955*

Natürlich ist ein vereinigtes Deutschland nicht gezwungen, der NATO beizutreten oder bei der NATO zu bleiben. Aber jedermann weiß – und das schließt wohl die Westmächte wie die Sowjetunion ein –, daß die Bindung der Bundesrepublik an die NATO einen außerordentlich starken Sog für die Beibehaltung dieser Bindung darstellt und daß auch Westdeutschland mindestens in der gegenwärtigen Zeit mit einer Mehrheit von 90% oder mehr für den Westen ist.
Aber man muß natürlich immer wieder sehen, daß Sowjetrußland im Besitz der Sowjetzone ist und daß die Sowjetunion [im Durchschlag steht irrtümlich: „Sowjetzone", K. K.] stark genug ist, diesen Besitz zu behalten, daß keine Verhandlung der Welt sie dazu zwingen wird, die Sowjetzone zu räumen, es sei denn zu Bedingungen, die für sie akzeptabel erscheinen.
Das Problem ist ja nun doch, gibt es Bedingungen, die sowohl für Washington wie für Moskau wie für Deutschland gleichermaßen akzeptabel sind? Ich habe vorderhand den Eindruck: Nein ...

*Brief vom 27. 9. 1955*

Was die Frage unserer künftigen Außenpolitik betrifft, so ist unsere Meinung die folgende: Wir sehen mit großem Bedauern, daß wir mit unserer Auffassung Recht behalten, daß Wiedervereinigung ... und NATO-Mitgliedschaft ... unvereinbar sind ... Auf der anderen Seite sehen wir auch durchaus ein, daß in demselben Augenblick, in dem sich unsere Vorhersage so restlos bestätigt hat, unsere eigene Politik überprüft werden muß. Selbst wenn die Bundesrepublik jetzt aus der NATO ausscheiden würde (was sicher nicht der Fall ist), würden die Russen zweifellos nicht bereit sein, freie Wahlen und die Wiedervereinigung in unserem Sinne zuzubilligen. Wir müssen uns also nach neuen Möglichkeiten für die Wiedervereinigung umsehen ...

Zit. nach: Kurt Klotzbach, Der Weg zur Staatspartei, a. a. O., S. 352

## 6. Die Verfestigung der Standpunkte im Jahre 1955

Der Sommer 1955 war eine Zeit fieberhafter diplomatischer Aktivität. Die Sowjetregierung wiederholte auf der Genfer Konferenz der Regierungschefs im Juli 1955 ihren Standpunkt, daß die deutsche Mitgliedschaft in der NATO und WEU vorläufig jede Möglichkeit einer Wiedervereinigung zunichte mache. Den Ausführungen Bulganins zufolge kam eine Wiedervereinigung nur im Rahmen eines europäischen Sicherheitssystems und nur auf dem Wege der Verhandlungen zwischen den beiden deutschen Staaten in Frage.

Chruschtschow erklärte in seiner Eigenschaft als Generalsekretär der KPdSU am 27. Juli 1955 in einer Rede in Berlin, auf keinen Fall dürfe die deutsche Frage auf Kosten der Deutschen Demokratischen Republik beigelegt werden; eine mechanische Wiedervereinigung (d.h. eine Wiedervereinigung durch freie Wahlen) ohne vorherige Schritte seitens beider deutscher Staaten sei unrealistisch[1]). Auch bei dieser Gelegenheit ließ die Sowjetunion also keinen Zweifel daran, daß die Wiedervereinigung von östlicher Seite als ein Problem betrachtet wurde, das zwischen der DDR und der Bundesrepublik Deutschland gelöst werden mußte. Am 10. September unterzeichnete die Sowjetunion einen Vertrag mit den Ostdeutschen, der ihnen die Souveränität gewährte und damit eine völlig „unabhängige" Außenpolitik ermöglichte[2]). Der Vertrag erwähnte insbesondere, daß Beziehungen zwischen der „Deutschen Demokratischen Republik" und der Bundesrepublik Deutschland ausschließlich Angelegenheit der DDR-Regierung seien; und dies angesichts der Tatsache, daß Adenauer zur selben Zeit (9.–13. September) gerade in Moskau war und die Sowjetunion drei Tage später diplomatische Beziehungen zur Bundesrepublik aufnehmen sollte.

Am 13. September vereinbarte Adenauer den Botschafteraustausch mit der Sowjetunion; aber die sowjetische Deutschland-Haltung wurde dadurch nicht aufgetaut. Es ist zweifelhaft, daß Adenauer sich überhaupt irgendwelche sinnvollen politischen Konzessionen von Moskau erhoffte. Ob Adenauer eine Möglichkeit der Einflußnahme auf die sowjetische Politik sah oder nicht, es bleibt die Tatsache, daß der Kanzler sich mit dem Versprechen der Freilassung der deutschen Kriegsgefangenen, die sich immer noch in der Sowjetunion befanden, zufriedengab. Die SPD benutzte Adenauers Moskauer Mission, das dabei getroffene Abkommen mit der Sowjetunion und die harte sowjetische Haltung, die sich im Spätsommer und Herbst 1955 zeigte, als Rechtfertigung für die frühere sozialdemokratische Opposition gegen die NATO. Im Anschluß an Adenauers Moskaureise übte Ollenhauer in seiner Rede vor dem Bundestag am 23. September scharfe Kritik an der Regierung. Der SPD-Führer billigte natürlich die Aufnahme diplomatischer Beziehungen mit der Sowjetunion, bezeichnete aber den Eintritt Westdeutschlands in die NATO als eine Hypothek der deutschen Ostpolitik, die die Verhandlungsposition der Bundesrepublik geschwächt und die Unnachgiebigkeit der Sowjets in der Deutschlandfrage vertieft habe:

> „Die Moskauer Verhandlungen haben nun zweifelsfrei klargestellt, daß die Pariser Verträge nicht der Schlüssel zur Wiedervereinigung Deutschlands sind. Die Sowjetunion hat vielmehr wahr gemacht, was sie vor der Ratifizierung der Verträge angekündigt hat. Sie lehnt die Wiederherstellung der Einheit Deutschlands ab, wenn die Bundesrepublik Mitglied der NATO ist, und sie verlangt außerdem jetzt mit Nachdruck, daß an künftigen Verhandlungen über die Wiedervereinigung die Pankower Regierung beteiligt wird... Damit ist genau die Situation eingetreten, vor der die SPD vor der Ratifizierung der Pariser Verträge mit allem Ernst und mit aller Leidenschaft gewarnt hat."

Ollenhauer betonte, daß die sowjetische Position stärker sei als je zuvor. Die Westmächte seien der Sowjetunion in der Zeit von 1951–1954 nicht energisch genug entgegengetreten, so daß die Sowjets jetzt im Bewußtsein ihrer Stärke vor einer Zustimmung zur Wiedervereinigung noch größere Konzessionen verlangen würden. Wenn man sie überhaupt noch dazu bringen wolle, einem Sicherheitssystem in Europa unter Einschluß eines wiedervereinigten Deutschlands zuzustimmen, müsse die Vorstellung aufgegeben werden, daß „die Wiedervereinigung mit der Eingliederung der Bundesrepublik oder ganz Deutschlands in die NATO verwirklicht werden" könne.

Die Behauptung der SPD, daß die Sowjetunion 1955 in Europa eine stärkere Position hatte als 1952 und daß sie folglich weniger gewillt sei, die deutsche Wiedervereinigung in Betracht zu ziehen, mag ein faires Argument gewesen sein. Man kann verstehen, daß die SPD diese These als taktische Waffe gegen die Adenauer-Regierung, die in Moskau nicht gerade eine gute Figur gemacht hatte, einsetzte. Auf der anderen Seite entwickelte die SPD jedoch kein wirklich neues Konzept, mit dem sie der angeblich neuen sowjetischen Haltung hätte begegnen können. Sie ließ es mit ihrer Opposition gegen die NATO und gegen jegliches westdeutsche Sicherheitsarrangement ein-

[1]) vgl. S. 419f.
[2]) vgl. S. 430f.

schließlich der Wiederbewaffnung der Bundesrepublik bewenden. Die angeblich neue sowjetische Haltung hatte die SPD nicht veranlaßt, ihre eigene Haltung entweder in Richtung auf eine Bejahung des westlichen Sicherheitssystems oder die Aufnahme von Verhandlungen mit der ostdeutschen Regierung zu revidieren. Die Parteiführung hielt weiterhin an der Idee fest, daß die Sowjetunion durch einen Rückzug Westdeutschlands aus der NATO und durch das Versprechen, kein gegen die Sowjetunion gerichtetes militärisches Bündnis einzugehen, bewogen werden könne, der Wiedervereinigung zuzustimmen. Auch der totale Mißerfolg der Genfer Außenministerkonferenz vom 27. Oktober bis 16. November 1955 schien diese Vorstellung nicht zu erschüttern. Die Westmächte begnügten sich damit, den Eden-Plan zu wiederholen und einen Sicherheitspakt nach der Wiedervereinigung anzubieten. Molotow ließ sich in seiner Rede am 8. November in Genf des langen und breiten über die sozio-ökonomischen Errungenschaften in Ostdeutschland, die es zu erhalten gelte, aus. Der sowjetische Außenminister lehnte eine Wiedervereinigung, die die gesellschaftliche Entwicklung Ostdeutschlands in irgendeiner Weise behindern würde, emphatisch ab und beharrte auf dem Standpunkt, daß die Wiedervereinigung ein innerdeutsches Problem sei, das nur durch Verhandlungen zwischen der DDR und der Bundesrepublik Deutschland bewältigt werden könne. Er unterstützte den ostdeutschen Vorschlag für einen paritätisch besetzten Gesamtdeutschen Rat aus Mitgliedern der Volkskammer und des Bundestages. Freie Wahlen in Deutschland wurden von Molotow rundweg abgelehnt, indem er erklärte, eine derartige mechanische Wiedervereinigung durch freie Wahlen in Anwesenheit ausländischer Streitkräfte schädige die Interessen der „Arbeiterklasse". Statt dessen forderte er, daß der Westen die Existenz zweier deutscher Staaten auf dem deutschen Territorium anerkenne. Die Endgültigkeit, mit der Molotow die westlichen Vorschläge zurückwies, und die Entschiedenheit, mit der er die ostdeutsche Marionettenregierung unterstützte, machten deutlich, daß die Sowjetunion nicht an eine Wiedervereinigung unter anderen Bedingungen als der völligen Kapitulation des Westens in Europa dachte.

Aus: Abraham Ashkenasi, Reformpartei und Außenpolitik, Köln 1968, S. 104 ff.

# II. Aspekte der innenpolitischen Entwicklung der Bundesrepublik 1949–1955

## Übersicht

**1949** 15. Juli: Die CDU begründet mit den Düsseldorfer Leitsätzen ihr endgültiges Abrücken von einem auf teilweiser Planung und Sozialisierung beruhenden Wirtschaftssystem, wie sie es noch im Ahlener Programm vom Februar 1947 propagiert hatte, und vollzieht eine uneingeschränkte Option für die Soziale Marktwirtschaft. Die Düsseldorfer Leitsätze bilden zugleich die programmatische Plattform für das Zusammengehen mit der FDP.

8. August: Das „Gesetz zur Milderung sozialer Notstände" führt als Vorstufe zum Lastenausgleich die Soforthilfe für Vertriebene, Flüchtlinge, Kriegssach- und Währungsgeschädigte und politisch Verfolgte ein. Diese Soforthilfe soll – durch eine Vermögensabgabe der Nichtgeschädigten finanziert (Soforthilfefonds) – für Unterhalt, Berufsausbildung, Existenzaufbau, Hausratsbeschaffung und Wohnungsbau gewährt werden.

Sommer 1949: Der Wahlkampf zu den Bundestagswahlen wird angesichts der Tatsache, daß der Parlamentarische Rat auf eine Präjudizierung der Wirtschaftsordnung verzichtet hat, weitgehend zu einem Entscheid über die Alternative Marktwirtschaft oder sozialistische Gemeinwirtschaft verkürzt. Demgemäß rückt nicht Adenauer in den Mittelpunkt, sondern Ludwig Erhard, „der Optimismus ausstrahlende Protagonist der Sozialen Marktwirtschaft" (H.-P. Schwarz). Dennoch verlaufen die Auseinandersetzung und die Bemühung um die Gunst der Wähler, obwohl so viel auf dem Spiel steht, ungeachtet einiger polemischer Überspitzungen – etwa Schumachers Etikettierung der katholischen Kirche als „fünfte Besatzungsmacht" – insgesamt wesentlich ruhiger als spätere Wahlkampagnen.

14. August: Die Wahlen zum ersten Bundestag erbringen bei einer Wahlbeteiligung von 78,5% ein leichtes Übergewicht der CDU/CSU mit 31% der Stimmen gegenüber der SPD mit 29,2%. Gemäß dem vom Parlamentarischen Rat beschlossenen Wahlgesetz vom 15.6. 1949 wurden 60% der Abgeordneten direkt in den Wahlkreisen gewählt (Mehrheitswahl) und 40% über Landeslisten der Parteien (Verhältniswahl). Die Gesamtzahl der Mandate wird nach dem Verhältniswahlsystem errechnet und verteilt. Dabei werden Parteien berücksichtigt, die in einem Bundesland mindestens 5% der Zweitstimmen oder ein Direktmandat errungen haben.

21. August: Noch ehe die offiziellen Gremien der CDU und CSU mit der Frage von Koalitionsverhandlungen befaßt werden, erreicht Adenauer, der sowohl im Landtag von Nordrhein-Westfalen wie im Parlamentarischen Rat die Verbindungen zu den Liberalen gepflegt hat, auf der Rhöndorfer Konferenz (einer Zusammenkunft von 24 führenden Unions-Politikern in seinem Haus) ein eindeutiges Votum für das parlamentarische Bündnis mit der FDP, obwohl in keinem Bundesland eine Koalition nach dem angestrebten Bonner Modell besteht. Eingeschlossen ist die Vereinbarung der Kandidatur Adenauers als Bundeskanzler und die von Theodor Heuss, dem FDP-Vorsitzenden, als Bundespräsident.

12. September: Die erste Bundesversammlung, zusammengesetzt aus 402 Abgeordneten des Bundestags und 402 der Länderparlamente, wählt in Bonn im zweiten Durchgang mit 416 Stimmen, d.h. der erforderlichen absoluten Mehrheit, Theodor Heuss zum Bundespräsidenten; der SPD-Vorsitzende Kurt Schumacher erreicht 312 Stimmen. Den Ausschlag für Heuss geben die 17 Abgeordneten der Bayernpartei, die „als eine Art Sicherheitsnetz für das bürgerliche Lager" (H.-P. Schwarz) fungieren.

15. September: Der erste Bundestag wählt Konrad Adenauer mit 202 Stimmen, d.h. mit einer Stimme über der gesetzlich vorgeschriebenen Mehrheit – seiner eigenen Stimme, wie der CDU-Vorsitzende freimütig bekannte – zum Bundeskanzler. Adenauer hat gegen die Intention eines beträchtlichen Teils der CDU eine bürgerliche Koalition aus CDU/CSU, FDP und DP durchgesetzt und die enttäuschte SPD in die Oppositionsrolle verwiesen. Die Ernennung von Ludwig Erhard, dem „Vater der Sozialen Marktwirtschaft", zum Bundeswirtschaftsminister bedeutet – in Konsequenz des vor allem unter wirtschafts- und gesellschaftspolitischen Aspekten geführten Wahlkampfes – die definitive Entscheidung gegen jedes planwirtschaftliche und auf Sozialisierung der Schlüsselindustrien gerichtete Konzept.

12.–14. Oktober: Die 16 Einzelgewerkschaften, die als überparteiliche und überkonfessionelle Industriegewerkschaften an die Stelle der früheren Richtungs- und Berufsverbände getreten sind, gründen in München den „Deutschen Gewerkschaftsbund für das Gebiet der Bundesrepublik Deutschland" (DBG) mit Sitz in Düsseldorf. Erster Vorsitzender wird Hans Böckler, der zuvor dem DGB in der britischen Zone vorgestanden hat. Die Kontroverse um die Alternative „Dachorganisation oder zentralistisches Gebilde" (Th. Pirker) ist in einer Kompromißlösung aufgefangen worden, wie sie sich vor allem in der Doppelrolle der Vorsitzenden der Industriegewerkschaften spiegelt, die nämlich kraft Amtes zugleich dem Bundesvorstand angehören.
Der DGB erstrebt gemäß dem auf dem Gründungskongreß verabschiedeten Programm nicht nur arbeits- und sozialrechtliche Verbesserungen für seine über 5 Millionen Mitglieder, sondern darüber hinaus die Mitbestimmung der Arbeitnehmer, die Sozialisierung der Schlüsselindustrien und eine zentrale Wirtschaftsplanung bei freier Wahl von Beruf, Arbeitsplatz und Konsum.

19. Oktober: Mit dem Bundesverband der Deutschen Industrie (BDI), der als Dachorganisation zur Wahrnehmung der wirtschaftlichen Belange der deutschen Industrie im In- und Ausland in Köln gegründet wird, findet nach Entstehung der Bundesvereinigung der Deutschen Arbeitgeberverbände (BDA) und des Deutschen Industrie- und Handelstags (DIHT) die Etablierung der wichtigsten Säule unternehmerischer Interessenvertretung in der Bundesrepublik statt.

3. November: Nachdem der Parlamentarische Rat mit knapper Mehrheit für Bonn als Regierungssitz votiert hat, bestätigt der neue Bundestag mit 200 zu 176 Stimmen diese Entscheidung. Die in diesem Zusammenhang von der SPD-Opposition geäußerten Bestechungsvorwürfe führen zwar zur Einsetzung eines parlamentarischen Untersuchungsausschusses, bleiben jedoch ungeklärt.

**1950** 8. Januar: Der BHE (= Bund der Heimatvertriebenen und Entrechteten) wird als antisozialistische Vertriebenen- bzw. Flüchtlingspartei gegründet und operiert – von Schleswig-Holstein ausgehend – bald im gesamten Bundesgebiet.

7. März: Der Bundestag verabschiedet angesichts der desolaten wirtschaftlichen Lage der früheren Reichshauptstadt, deren Industrieproduktion 1949 nur noch 19% im Vergleich zu 1936 beträgt, das Berlinhilfegesetz, das vorsieht, durch Bundesgarantien (Warenbezug, Finanzbürgschaften) und Steuererleichterungen die Wirtschaftskraft der geteilten Stadt zu stärken. Die Berlinhilfe wird u.a. durch das am 19.10.1948 eingeführte „Notopfer Berlin" finanziert.

25. Juni: Der Beginn des Korea-Krieges (vgl. S. 230; 249ff.) beschwört die Gefahr eines Dritten Weltkriegs. Sie und der für notwendig erachtete deutsche Militärbeitrag beschleunigen nicht nur das Ende der Besatzungszeit, sondern schaffen durch einen weltweiten Rüstungsboom eine einmalige Konstellation für die deutsche Exportwirtschaft. Ihr bietet sich die Chance, die Nachfrage nach Investitionsgütern zu befriedigen und verlorene Märkte zurückzugewinnen.

5. August: In der „Charta der Heimatvertriebenen", verkündet am 5. Jahrestag des Potsdamer Abkommens in Stuttgart-Bad Cannstatt, erklärt der Zentralverband der vertriebenen Deutschen seinen Verzicht auf Rache und Vergeltung. Er bekennt sich zu einem geeinten freien Europa und fordert die Anerkennung des Rechts auf Heimat als eines von Gott gegebenen Grundrechts.

20. Dezember: Das Bundesversorgungsgesetz (BVG) vereinheitlicht die Kriegsopferversorgung für Beschädigte und Hinterbliebene in Form von Geld- und Sachleistungen.

1951 11. Januar: Die festgefahrenen und auf eine Kraftprobe mit der Bundesregierung zugespitzten Verhandlungen um die Mitbestimmung im Montanbereich, die angesichts der Ratifizierung des Schuman-Plans und der damit bevorstehenden Aufhebung des Ruhrstatuts aufgenommen wurden, werden flottgemacht durch eine Unterredung zwischen Adenauer und dem DGB-Vorsitzenden Böckler, bei der sich der Kanzler überraschend als Anwalt dieser umstrittenen Forderung erweist. Adenauers Kalkül liegt die Annahme zugrunde, daß sich gewissermaßen im Gegenzug zur Einführung der Montan-Mitbestimmung, der der DGB aufgrund der Schlüsselbedeutung der Ruhrindustrie eine Pilotfunktion zuschreibt, die Billigung eines deutschen Verteidigungsbeitrags durch die Gewerkschaften erreichen lasse. Dies scheint ihm angesichts der lautstarken moralischen Verurteilungen dieser Absicht bis in das bürgerliche Lager hinein ein dringlich gebotener Beruhigungsversuch, der jedoch – zumindest was die Gewerkschaften betrifft – nicht ganz gelingt.

16. März: Gemäß dem Gesetz über den Bundesgrenzschutz kommt es zum Aufbau einer dem Bundesminister des Innern unterstellte Sonderpolizei, der die Bewachung der Grenzen und der Bundesorgane in Bonn obliegt. Bei drohender Gefahr kann der Bundesgrenzschutz im gesamten Bundesgebiet eingesetzt werden.

11. Mai: Wesentlich zur personellen Kontinuität der Bürokratie und zur „Seßhaftigkeit der Verwaltungselite in den Stürmen des politischen Wandels" (R. Dahrendorf) trägt bei das Gesetz zu Art. 131 Grundgesetz „Über die Rechtsverhältnisse von Personen einschließlich der Flüchtlinge und Vertriebenen, die am 8.5.1945 im öffentlichen Dienst standen, aus anderen als beamten- oder tariflichen Gründen ausgeschieden und bisher nicht oder nicht ihrer früheren Stellung entsprechend verwendet werden". Denn mit ihm „kehrten bis auf einen geringen Rest vor allem die Entnazifizierten [immerhin waren 98% als Mitläufer und Entlastete eingestuft worden] in den aktiven Dienst zurück bzw. wurden den Ländern und Gemeinden, die bisher noch Distanz gewahrt hatten, aufgezwungen, so daß nicht viel zum Status quo ante fehlte" (L. Niethammer), sondern im Gegenteil nach dem Zustrom von Flüchtlingen und Vertriebenen in etlichen Behörden mehr ehemalige Pgs (Parteigenossen) saßen als unter Hitler. Allerdings konnte man auch bei dieser Gruppe nach den Erfahrungen des Zusammenbruchs – mit Ausnahmen – kaum noch besondere Sympathie für Nationalismus und Nationalsozialismus voraussetzen.

21. Mai: Das „Gesetz über die Mitbestimmung der Arbeitnehmer in den Aufsichtsräten und Vorständen der Unternehmen des Bergbaus und der Eisen und Stahl erzeugenden Industrie" (Montanindustrie), das zu diesem Zeitpunkt nur 800000 Arbeiter und Angestellte dieses Sektors betrifft (und bis heute gilt), wird verabschiedet. Danach bilden Unternehmen mit mehr als 1000 Arbeitnehmern einen in der Regel 11-köpfigen Aufsichtsrat, den Anteilseigner und Arbeitnehmer (möglich sind maximal 3 außerbetriebliche Mitglieder) paritätisch besetzen. Das 11. Mitglied, das bei Stimmgleichheit (Patt) entscheidet und besondere Voraussetzungen der Neutralität erfüllen muß, wählen Arbeitgeber- und Arbeitnehmervertreter gemeinsam. Der Arbeitsdirektor, das für Personal- und Ausbildungsfragen zuständige und für die Zusammenarbeit mit dem Betriebsrat verantwortliche Vorstandsmitglied, darf vom Aufsichtsrat nur mit mindestens 3 Arbeitnehmerstimmen bestellt werden. Bei der weiterhin kritisch-

reservierten Einschätzung des Gesetzes in der Arbeiterschaft spielen zwei Umstände eine Rolle: einmal, daß den Arbeitnehmervertretern nicht die erhoffte dominante Stellung im Aufsichtsrat zugebilligt wird, und zum anderen, daß die sektorale Begrenzung unüberwindbar scheint.

**1952** 4. Januar: Das sog. dritte Überleitungsgesetz stellt die Rechtseinheit zwischen West-Berlin und dem Bund sicher. Mit Ausnahme bestimmter Gesetze, so der Verteidigungsgesetze, ist West-Berlin verpflichtet, Bundesgesetze einen Monat nach Verkündigung unverändert zu übernehmen. Das Abgeordnetenhaus stellt die Übernahme ohne besondere Lesung fest, meist pauschal für eine Reihe von Gesetzen. Dieses „Als-ob-Verhältnis" (Th. Eschenburg) zwischen der Bundesrepublik und Berlin erkennt die Sowjetunion nicht an.

10. März: Errichtung der Bundesanstalt für Arbeitsvermittlung und Arbeitslosenversicherung in Nürnberg, der die Arbeitsämter in den Bundesländern angeschlossen werden. Sie verstärkt durch „Sofortprogramme" die Arbeitsbeschaffungsmaßnahmen der Bundesregierung. Der Gründung der Bundesanstalt ist die Installierung der Selbstverwaltung bei den Sozialversicherungsträgern, in denen die Sozialpartner in allen Organen paritätisch vertreten sind, vorausgegangen.

17. März: Das Wohnungsbau-Prämiengesetz führt, um den Wohnungsbau anzuregen und die Bildung von Eigenkapital zu fördern, nach Familienstand und Aufwendungshöhe differenzierte Prämien für dem Wohnungsbau geltende Sparleistungen (z. B. Bausparen) ein.

26. Mai: In Reaktion auf den Abschluß des Deutschland-Vertrages (vgl. S. 277 ff.) richten die DDR-Behörden eine 5 km breite Sperrzone an der Grenze zur Bundesrepublik ein, reduzieren die Übergänge zwischen Ost- und West-Berlin und machen Reisen von West-Berlinern in die DDR von Passierscheinen abhängig.
Die forcierte Sowjetisierung in der DDR, die zu einer schweren Ernährungskrise, spürbaren Produktionsverlusten und zugleich zu weiteren Zwangsmaßnahmen des Regimes geführt hat, verstärkt die ohnehin schon zahlenmäßig erhebliche Westflucht, zu der sich vor allem die Familien von Bauern, Handwerkern und mittleren Unternehmern entschließen (vgl. S. 370 und 377 ff.).

19. Juli: Das Betriebsverfassungsgesetz, das von den Koalitionsfraktionen im Bundestag ungeachtet der heftigen parlamentarischen und außerparlamentarischen Opposition verabschiedet wird, schreibt vor, in allen privaten Betrieben und gemeinwirtschaftlichen Unternehmungen mit mindestens 5 ständigen wahlberechtigten Arbeitnehmern als deren besondere Interessenvertretung einen Betriebsrat zu wählen. Bei Aktiengesellschaften und ähnlich verfaßten Großunternehmen soll eine Drittelparität der – von der Belegschaft gewählten – Arbeitnehmervertretung im Aufsichtsrat gewährleistet sein. Eine Mitbestimmung auf der Ebene des Vorstandes oder der Geschäftsführung kennt das BVG nicht. Obwohl weltweit als beispielhaftes Modell partnerschaftlicher Zusammenarbeit von Kapital und Arbeit bewundert, bedeutet das Betriebsverfassungsgesetz aus der Sicht der deutschen Gewerkschaften eine bittere und demonstrative Niederlage; denn sie können weder die geforderte volle Parität und die Einrichtung von überregionalen Wirtschaftsräten noch gar die angestrebte „Neuordnung und Demokratisierung der privatkapitalistisch strukturierten Wirtschaft" durchsetzen. Die vereinbarte Regelung begünstigt eher die gesellschaftliche Integration der Arbeitnehmer als die proklamierte Überwindung der Vorherrschaft des Kapitals durch den Faktor Arbeit. Das BVG dokumentiert für die Gewerkschaften, daß tiefgreifende Strukturveränderungen des privatkapitalistischen Systems nicht durchzusetzen sind, und bewirkt insofern für den DGB die Verlagerung des Engagements auf die traditionelle tarif- und sozialpolitische Interessenwahrnehmung.

14. August: Verabschiedung des Lastenausgleichsgesetz (LAG). Danach sollen, nachdem „die Frage des Lastenausgleichs von Anfang an als ein zentrales gesellschaftspolitisches Problem für die Bundesrepublik" (K.-D. Bracher) empfunden wurde, im Rahmen der volkswirtschaftlichen Möglichkeiten Schäden und Verluste reguliert werden, die durch Zerstörung und Vertreibung in der Kriegs- und Nachkriegszeit entstanden sind. Diese Ausgleichszahlungen sollen jedoch den Rechtsanspruch auf Rückkehr und Heimat für die Vertriebenen und Flüchtlinge nicht beeinträchtigen.
Zur LAG-Finanzierung müssen Nichtgeschädigte mit nennenswertem Vermögen jährlich Vermögens-, Hypotheken- oder Kreditgewinnabgaben an den Ausgleichsfonds abführen, den das Bundesausgleichsamt in Bad Homburg als Sondervermögen des Bundes verwaltet. Damit sollen die finanziellen Folgen des verlorenen Krieges auf die Gesamtbevölkerung verteilt werden. Die Ausgleichszahlungen, die aufgrund unterschiedlichen Rechtsanspruchs und in differenzierter Höhe gewährt werden, erfolgen als

Hauptentschädigung für verlorene existenztragende Vermögen, Kriegsschadenrente, Hausratsentschädigung oder Härtefondsleistungen. Anschließende Spezialgesetze regeln z. B. die Rechtsstellung der Vertriebenen und Flüchtlinge und die Wiedergutmachung für Opfer der NS-Verfolgung.

10. September: Im sog. Luxemburger Abkommen verpflichtet sich die Bundesrepublik, eine kollektive Wiedergutmachung im Waren- und Dienstleistungswert von 3 Mrd. DM an Israel und 450 Mill. DM an jüdische Organisationen zu zahlen. Die ratenweise in 12 bis 14 Jahren zu leistende Globalentschädigung soll vor allem die Eingliederung jüdischer Flüchtlinge aus Deutschland erleichtern, die der Staat Israel aufgenommen hat. Ähnliche Wiedergutmachungsverträge zugunsten von NS-Opfern schließt die Bundesrepublik noch mit 12 europäischen Staaten ab. Die DDR lehnt gleichartige Wiedergutmachungsleistungen prinzipiell ab.

23. Oktober: Das Bundesverfassungsgericht – am 12. 3. 1951 als „Hüter der Verfassung" mit Sitz in Karlsruhe installiert – verbietet auf Antrag der Bundesregierung die im Oktober 1949 gegründete Sozialistische Reichspartei (SRP) als rechtsradikal und verfassungswidrig, da sie die Menschenrechte mißachte, den Antisemitismus neu belebe und die Demokratie bekämpfe.

**1953** 1. Juli: Das von Adenauer vorgelegte und vom Bundestag einstimmig gebilligte „Sofortprogramm zur Wiedervereinigung" geht weiterhin von der Vorbedingung freier gesamtdeutscher Wahlen aus und fordert politische Handlungsfreiheit für das geeinte Deutschland.

6. September: Die Wahlen zum zweiten Bundestag werden nach dem neuen Wahlgesetz vom 8. 7. 1953 durchgeführt, wobei die 484 Abgeordneten je zur Hälfte in den Wahlkreisen (Erststimme: Direktmandate) und nach Landeslisten der Parteien (Zweitstimme: Verhältniswahl) zu wählen sind. Sitze erhalten nur Parteien, die im Bundesgebiet mindestens 5% der Zweitstimmen oder ein Direktmandat erringen.
Das Wahlergebnis, das nicht nur die Stellung Adenauers innerhalb seiner Partei endgültig festigt, sondern zugleich „den eigentlichen Beginn der Kanzlerdemokratie markiert" (H.-P. Schwarz), erbringt für die CDU/CSU einen erdrutschartigen Zuwachs auf 45,2% der Stimmen und fast die Hälfte der Bundestagsmandate. Die SPD hingegen bleibt mit 28,8% hinter den Erwartungen zurück; auch die FDP büßt gegenüber der ersten Bundestagswahl und erst recht im Vergleich zu den so erfolgreichen Landtagswahlen mit einem 9,5%-Ergebnis erhebliche Stimmenanteile ein. Von den kleineren Parteien überwindet lediglich der BHE mit 5,9% der Zweitstimmen noch die neugeschaffene Sperrklausel.

7. Oktober: Der zweite Bundestag, in dem die Regierungskoalition aus CDU/CSU, FDP, DP und BHE über 333 von 487 Mandaten und damit über die verfassungsrechtlich gewichtige Zweidrittelmehrheit verfügt, wählt Konrad Adenauer (mit 304 gegen 148 Stimmen bei 14 Enthaltungen) erneut zum Bundeskanzler.

**1954** 17. Juli: Die Bundesversammlung wählt in West-Berlin ohne Gegenkandidaten den bisherigen Amtsinhaber Theodor Heuss im ersten Wahlgang mit 871 (von 987) Stimmen erneut zum Bundespräsidenten.

13. November: Das Kindergeldgesetz verfügt einen Rechtsanspruch für das dritte und jedes weitere Kind bis zum 18. Lebensjahr auf Kindergeld, dessen Finanzierung durch Beiträge der Arbeitgeber sicherzustellen ist. Ab 1. 7. 1964 trägt der Bund das wiederholt erhöhte und erweiterte Kindergeld.

**1955** 5. August: Das Bundespersonalvertretungsgesetz regelt die Rechte der Beschäftigten im öffentlichen Dienst. Demgemäß stehen dem Personalrat – wie dem Betriebsrat in der Privatwirtschaft – Beteiligungsrechte bei organisatorischen, personellen und sozialen Fragen zu.

## Einführung in die Arbeitsthemen

Obwohl die wirtschaftliche Entwicklung in der Bundesrepublik nach der Währungsreform einen deutlichen Anstieg der Produktionskurve mit sich brachte, zeigte sich bereits ab Ende 1949 eine spürbare Rückläufigkeit. Sie signalisierte sich in einem neuerlichen Anwachsen der Arbeitslosenzahl und einem offenkundigen Kapitalmangel: beides Ausdruck struktureller wie konjunktureller Defizite. So verhinderte einerseits die Devisenknappheit kurzfristige Exporterfolge, da der Verlust der Ostgebiete und die – durch Vertriebene und Zugewanderte – vergrößerte Bevölkerungszahl eine erhebliche Einfuhr von Ernährungsgütern verlangten, und bewirkte andererseits die niedrige Einkommensstruktur der Arbeitnehmer eine – nach Abebben der Kaufwelle im Gefolge der Währungsreform – unzulängliche Inlandsnachfrage. Mit 40% der öffentlichen Ausgaben überhaupt waren die Leistungen für Alte, Kriegsopfer, Kriegshinterbliebene und Versehrte zwar außergewöhnlich hoch, doch konnten angesichts der individuell bescheidenen Größenordnung von ihnen keine belebenden Impulse für die Wirtschaft insgesamt ausgehen.

Während die SPD für Konjunkturprogramme der öffentlichen Hand, finanziert durch deficit spending, Investitionsplanung und -kontrolle, Steigerung der Massenkaufkraft und verbesserte Sozialleistungen plädierte, hielt die Bundesregierung – in erster Linie repräsentiert durch den Wirtschaftsminister Ludwig Erhard – am unbedingten Vorrang der Ausweitung der Produktionskapazität und der internationalen Wettbewerbsfähigkeit fest. Durch großzügige Abschreibungsvergünstigungen und Senkung der Einkommensteuer für Selbständige sollten Investitionen durch Selbstfinanzierung, d. h. letztlich über die Preise, ermöglicht werden. Dies bedeutete allerdings, daß von dem Zuwachs des Volksvermögens fast ausschließlich die Kapitaleigentümer profitierten, während – von SPD und Gewerkschaften kritisiert – Lohnerhöhungen für die Arbeitnehmer erst ab 1952 allmählich erreicht werden konnten.

„Die Durststrecke des wirtschaftspolitischen Kurses von Ludwig Erhard ging zu Ende, als der Korea-Boom voll einsetzte" (H.-P. Schwarz), doch hat dieser geographisch so ferne Konflikt, der im Juni 1950 mit der nordkoreanischen Invasion in den Süden des geteilten Landes begann und zeitweilig die Gefahr eines Dritten Weltkrieges zu implizieren schien, nicht nur die ökonomischen Rahmenbedingungen für die Bundesrepublik in entscheidender Weise verändert, sondern zugleich fieberhafte Planungen für die Verteidigung Westeuropas ausgelöst. Denn die mögliche Parallele zum geteilten Deutschland drängte sich auf und ließ – auch angesichts von Drohungen der DDR, die zum „nationalen Widerstand" gegen die „Marionettenregierung in Bonn" aufruft – die Furcht vor einem zweiten Korea in Europa keineswegs allein als überängstliche Spekulation erscheinen.

Waren die industriellen Kapazitätsreserven der USA, Großbritanniens und Frankreichs durch die Herstellung von Rüstungsgütern in hohem Maße ausgelastet, nutzte die deutsche Exportwirtschaft diese unverhoffte Konstellation, indem sie – zudem von jeder Produktion von Kriegsmaterial durch Verbot der Besatzungsmächte ausgeschlossen – Investitionsgüter anbot und verlorenes Terrain auf dem internationalen Markt zurückgewann. Koreakrieg und deutsches „Wirtschaftswunder" stehen also in engem Zusammenhang.

Selbst für die Anfangsjahre der Bundesrepublik kann – entgegen dem vordergründigen Eindruck – keineswegs von einem eindeutigen Primat der Außenpolitik gesprochen werden. Auf den Feldern der Wirtschafts- und Sozialpolitik mußten gleicherweise schwierige und für die Abstützung der künftigen demokratischen Entwicklung wesentliche formative Entscheidungen getroffen werden. Zu ihnen rechnete die Regelung der Mitbestimmungsfrage, wo bereits bei der Gründung der Bundesrepublik vorgegebene Bestimmungen in einzelnen Länderverfassungen eine bundeseinheitliche Gesetzgebung geradezu notwendig machten. Es war verständlich, daß die Gewerkschaften jenes Modell innerbetrieblicher Mitbestimmung durch geltendes deutsches Recht abgesichert und auf Bundesebene realisiert sehen wollten, das – dank der britischen Militärverwaltung – in der eisenschaffenden Industrie Nordrhein-Westfalens hatte durchgesetzt werden können. Wenn die Gewerkschaften für ihre Initiative den gleichen Sektor wählten, hing dies mit der zutreffenden Erkenntnis zusammen, daß die Position der Eigentümer im Montanbereich angesichts der alliierten Einflechtungsauflagen bedroht war. Obwohl Adenauer davon überzeugt war, daß es zum Wiederaufbau der Fabriken und zur Verhinderung der Demontagen des organisierten Zusammenwirkens von Kapital und Arbeit bedurfte, bestanden in Kabinett und Koalitionsfraktionen erhebliche Vorbehalte selbst gegen ein eingeschränktes Paritätsprinzip, die der Kanzler nicht einmal gänzlich überwinden konnte, als im Januar 1951 ein Massenstreik der Hüttenarbeiter im Ruhrgebiet sich ankündigte. Denn Adenauer hätte für das Gesetz über die Montan-Mitbestimmung, das sein Ansehen im Gewerkschaftslager so nachhaltig mehrte, eine parlamentarische Mehrheit ohne Stimmen aus den Reihen der SPD nicht zustande gebracht.

Ähnliche Bedeutung kam der Lösung zweier vergleichbarer innenpolitischer Schlüsselprobleme zu: der Regelung des Lastenausgleichs und der Eingliederung der Vertriebenen. Obwohl zeitlich auseinanderliegend, war die sachliche Kohärenz beider Komplexe offenkundig. Sie betrafen weitgehend eine identische Bevölkerungsgruppe, deren soziale und politische Integration – angesichts der befürchteten Anfälligkeit für radikale Lösungen und Überzeugungen als vordringlich angesehen – über die administrativen Maßnahmen hinaus in erster Linie dem wirtschaftlichen Boom verdankt wurde. Denn er ermöglichte die Entfaltung von individueller wie kollektiver Selbsthilfe für die Vertriebenen und erklärt, weshalb diese Gruppe – obgleich ihre Verbände das „Recht auf Heimat" weiterhin proklamierten – sich mit der neuen Situation in weitem Umfang arrangierte.

Ihre vorrangige Option für das CDU-Lager schloß – vielfach durch kirchliche Bindungen zusätzlich fundiert – eine konservative Grundhaltung und einen prononcierten Antikommunismus ein. „Mehr und mehr wurden die Vertriebenen neben den Katholiken zu einem weiteren Wählerstamm, auf dessen Vertrauen in den fünfziger Jahren die Macht Adenauers beruhte" (H.-P. Schwarz).
Die Probe aufs Exempel lieferten die Bundestagswahlen vom September 1953, deren Ausgang – von dem Nationalökonomen Wilhelm Röpke „als ein großer Treffer in der langen Serie der Nieten unserer Zeitgeschichte" apostrophiert – der CDU/CSU fast die Hälfte der Bundestagsmandate bescherte und den BHE nur mit Mühe die neugeschaffene 5%-Hürde überwinden ließ, da die meisten Vertriebenen direkt für den Kanzler gestimmt hatten. Ausgewirkt hatte sich jedoch insgesamt der kontinuierliche Aufschwung der deutschen Wirtschaft seit der zweiten Jahreshälfte 1952, der sich in beträchtlichen Steigerungen von Produktion und Export ebenso ausdrückte wie in fühlbaren Lohnerhöhungen und einem – trotz des permanenten Zustroms von Sowjetzonen-Flüchtlingen – imponierenden Rückgang der Arbeitslosigkeit. Dieser Befund wurde als Gütesiegel der Sozialen Marktwirtschaft und damit als Bestätigung der frühen wirtschaftspolitischen Grundsatzentscheidung interpretiert. Lediglich soziale Härten gruppenspezifischer Natur, die das Bild der allgemeinen Prosperität trübten, schienen noch zu beheben.
War damit die prinzipielle ökonomische Weichenstellung durch ihren Erfolg plausiblem Streit entzogen, so blieb doch – nach den historischen Erfahrungen im 20. Jahrhundert voll verständlich – das Bewußtsein lebendig, daß „außenpolitische Sicherheit die Voraussetzung gesunder wirtschafts- und sozialpolitischer Verhältnisse im Innern ist" (H.-P. Schwarz). Ihre Schlüsselbedeutung für die Konsolidierung der Zweiten Republik erklärt hinreichend, weshalb die großen Kontroversen der folgenden Jahre sich auf den Kurs der Außenpolitik konzentrierten.

## II/1 Wirtschaftspolitik, Sozialpolitik und innere Ordnung

### Arbeitsthemen

1. *Durch welche Mißstände sieht Schumacher die wirtschaftliche Situation in der Bundesrepublik im Sommer 1949 gekennzeichnet? Welches pauschale Gegenrezept hält er im Interesse der „kleinen Leute" für geboten? Welche abweichende Beschreibung der wirtschaftlichen Verhältnisse gibt Adenauer? Wie kommt die Diskrepanz zustande? (Nr. 1 a und 1 b)*
2. *Welche praktische Schlußfolgerung zog Adenauer aus dem Wahlergebnis vom 14. 8. 1949? Inwiefern kamen ihm dabei die Forderungen der SPD entgegen (Nr. 2 und 5)*
3. *Auf welchen Umstand führt die CDU den wirtschaftlichen Umschwung nach der Währungsreform zurück? Durch welche Vorzüge sieht sie das System der Sozialen Marktwirtschaft gekennzeichnet? Gegen welche Alternativen wird Front gemacht? Welche Rolle wird dem Staat in der Sozialen Marktwirtschaft zugedacht?*
   *Wie wird das Verhältnis der Düsseldorfer Leitsätze zum Ahlener Programm definiert? Von welchem Schlüsselbegriff sind die Düsseldorfer Leitsätze durchzogen (Nr. 3)*
4. *Weshalb plädiert Jakob Kaiser für einen „dritten Weg"? Womit rechtfertigt er seine bedingte Zustimmung zu den Düsseldorfer Leitsätzen? Warum hält er es für unzureichend, bei der „Inthronisation des Verbrauchers" stehen zu bleiben? (Nr. 4)*
5. *Wodurch sind Duktus und Reichweite des „Dürkheimer Dokuments" (K. Klotzbach) bestimmt? Was mußte es aktuell für die – von einigen Repräsentanten der CDU noch unternommenen – Bemühungen um eine Große Koalition bedeuten? (Nr. 5)*
6. *Welche Problemfelder mußte der erste Bundestag gesetzgeberisch regeln? Weshalb erwies sich die Eingliederung der Vertriebenen und Flüchtlinge als eine schwer lösbare Aufgabe? (Nr. 6)*
7. *Welche grundsätzlichen Positionen werden in der Charta der Heimatvertriebenen formuliert? Welche aktuellen und situationsbezogenen Forderungen werden erhoben? Durch welche – jeder irgendwie gearteten Radikalität entsagende – Haltung ist der Aufruf insgesamt geprägt? Inwiefern bleibt allerdings die zentrale Formel von „Recht auf Heimat" vieldeutig? Weshalb kann die Polarität von „Recht auf Heimat" und „Eingliederung" nicht aufgelöst werden? (Nr. 7)*

8. *Wie sollte der Komplex Lastenausgleich ermöglicht und durchgeführt werden? An welchen Kriterien sollte die Anspruchsberechtigung festgemacht werden? Welche instruktiven Details vermittelt der Bericht von Gerd Bucerius über Größenordnung und Abwicklung des Lastenausgleichs? (Nr. 8 und 9)*
9. *Durch welche wirtschaftlichen Schwierigkeiten waren die Anfänge der Bundesrepublik gekennzeichnet? Inwiefern verknüpften sich strukturelle und konjunkturelle Probleme? Welches Lösungskonzept propagierte die Bundesregierung? Weshalb erscheint – trotz offenkundiger Ungleichheiten – seine Etikettierung als „Laissez-faire-Kapitalismus“ nicht gerechtfertigt? Welche Risiken implizierte es jedoch? (Nr. 10)*
10. *Mit welchen Vorwürfen attackiert das Flugblatt der SPD vom Mai 1951 die Wirtschaftspolitik der Bundesregierung? Inwiefern hätte die Regierung Adenauer diese Bilanz wohl als unvermeidlichen Zwischenschritt verteidigt? (Nr. 11)*
11. *Mit welchen Kriterien grenzt Ludwig Erhard das von ihm verfochtene Konzept der „Sozialen Marktwirtschaft“ vom Manchesterliberalismus ab? Inwiefern hinderten – nach Auffassung des Wirtschaftsministers – spezifische und überwindbare Rahmenbedingungen bisher die zureichende Entfaltung der sozialen Komponente? (Nr. 12)*
12. *Zu welcher besonderen Zurückhaltung und Loyalität sucht der Beschluß der Bundesregierung die Angehörigen des öffentlichen Dienstes zu verpflichten? Läßt sich eine Gemeinsamkeit der indizierten Organisationen ausmachen? Mit welchen differenzierten Sanktionen werden deren Sympathisanten im öffentlichen Dienst bedroht? (Nr. 13)*
13. *Woraus erklärt sich die Kontinuität des bundesdeutschen Berufsbeamtentums über den Umbruch des Jahres 1945 hinweg? Wofür sind die Fälle Globke und Oberländer symptomatisch? Welche Möglichkeiten bot das 131er Gesetz? Welche Sonderstellung nahm der militärische Sektor ein? Inwiefern läßt sich jedoch auch von einem Kontinuitätsbruch reden? (Nr. 14)*
14. *Welche Verschiebungen der Wähleranteile weist das Ergebnis der Bundestagswahl von 1953 gegenüber der von 1949 auf? Mit welchem Recht läßt sich das Resultat als Bestätigung der Politik Adenauers interpretieren? (Nr. 15)*
15. *Wodurch wurde die Entstehung von Splitterparteien während der ersten Legislaturperiode des Bundestages begünstigt? Welche Faktoren förderten die Parteienkonzentration ab 1953? Worauf beruhte der sog. Kanzlereffekt Adenauers? (Nr. 15 und 16)*

## Materialien

### 1. Aufrufe zur ersten Bundestagswahl am 14. 8. 1949

*a) Kurt Schumacher (SPD)*

Die Frankfurter *[Sitz des Wirtschaftsrates]* Wirtschaftspolitik freilich hat diese staatsbildenden Kräfte im deutschen Volke gestört. Sie hat versucht, durch den Klassenkampf von oben einen Staat der Verdiener und Nutznießer zu schaffen. Diese Politik kommt in ihrem Ergebnis den kommunistischen Zersetzungsbedürfnissen entgegen. Praktisch haben wir die Preisdiktatur der großen Warenhorter und Sachwertbesitzer in den letzten 13 Monaten erfahren. Im Vergleich zu 1936 sind Löhne und Gehälter nur wenig, die Preise aber außerordentlich gestiegen. So zahlen die kleinen Leute jetzt in Deutschland innere Reparationen an die wirtschaftlich Starken. Die Arbeitslosigkeit steigt trotz der günstigen sommerlichen Verhältnisse. Die Zahl der offenen Stellen sinkt immer weiter. Sogar die Arbeitslosigkeit bei den Bauarbeitern nimmt stetig zu. Selbst der Bau von Werkarbeiterwohnungn stockt. Das Volkseinkommen ist in den letzten Monaten gesunken. Die Produktion beginnt in vielen Zweigen zu stagnieren und selbst rückläufige Entwicklungen in der Produktionshöhe zeigen sich an. Eine gesunde und sozial geordente Wirtschaft ist aber das Fundament des Staates. Selbst die reichsten Länder der Welt können heute auf Planung, Lenkung und Kontrolle bei der Versorgung mit Krediten und Rohstoffen und der Regelung der Ein- und Ausfuhr nicht verzichten. Man kann aus Westdeutschland nicht einen kapitalistischen Naturschutzpark im Stil von 1840 machen, ohne die Kaufkraft der Massen weiter zu stören und damit die wirtschaftliche Entwicklung entscheidend zu gefährden.

*b) Konrad Adenauer (CDU)*

Sie *[das heißt die Wähler]* haben zu entscheiden, ob in einer sozial verpflichteten Marktwirtschaft freie Unternehmer-Initiative unter Teilnahme des Arbeiters am Gewinn sich entfaltet oder ob in der sozialisierten Wirtschaft der Staat Preis und Lohn durch seine Bürokratie festsetzt und in der Zwangswirtschaft der Kaufmann zum staatlichen Warenverteiler degradiert wird. Die Stellungnahme der Christlich Demokratischen Union zu diesem Problem liegt klar. Für unsere Partei war immer die Persönlichkeit, der Einzelmensch, Richtschnur unseres politischen Handelns. Nie die Klasse, nie die Masse. Wer hat denn die Menschen davon erlöst, in Schlangen nach Lebensmitteln oder Bezugsscheinen anzustehen? Wer hat sie davon befreit, noch länger das Objekt der Wirtschaftsbürokratie zu sein? Wer hat von Industrie, von Handel und Gewerbe die Fesseln der Zwangswirtschaft genommen? Heute tut die SPD so, als ob die stabile Währung, die Lieferungen des Marshallplanes und der milde Winter allein für die Erholung unserer Wirtschaft verantwortlich seien. Nun, England hatte eine stabile Währung. Es hatte auch Marshallplan-Lieferungen in viel größerem Ausmaß wie wir. Und einen milden Winter hat es auch gehabt. Heute können wir, nach den Ereignissen der letzten Wochen *[gemeint: die Abwertung des englischen Pfundes]* von einem Zusammenbruch der sozialistischen Wirtschaft in diesem Lande sprechen. Es war der Entschluß der Männer in Frankfurt am Main, mit der Vergangenheit und ihrem Zwang radikal zu brechen und der Wirtschaft die Freiheit zu geben, die sie braucht.

Zit. nach: Emil Kroher (Hrsg.), Entscheidungen zur Geschichte der Bundesrepublik Deutschland, Starnberg 1967, S. 65 f. bzw. S. 67 f.

## 2. Ergebnis der Bundestagswahl vom 14. 8. 1949

Wahlberechtigt: 31 207 620
Gültige Stimmen: 23 732 398

Wahlbeteiligung: 78,5%
Mandate: 402

| | Stimmen absolut | Stimmen-anteil | Mandate WK | LL | insg. | Mandats-anteil in % |
|---|---|---|---|---|---|---|
| CDU/CSU | 7 359 084 | 31,0 | 115 | 24 | 139 | 34,6 |
| SPD | 6 934 975 | 29,2 | 96 | 35 | 131 | 32,8 |
| FDP/DVP/BDV | 2 829 920 | 11,9 | 12 | 40 | 52 | 12,9 |
| KPD | 1 361 708 | 5,7 | – | 15 | 15 | 3,7 |
| BP | 986 478 | 4,2 | 11 | 6 | 17 | 4,2 |
| DP | 939 934 | 4,0 | 5 | 12 | 17 | 4,2 |
| Z | 727 505 | 3,1 | – | 10 | 10 | 2,5 |
| WAV | 681 888 | 2,9 | – | 12 | 12 | 3,0 |
| DReP/DKP | 429 031 | 1,8 | – | 5 | 5 | 1,2 |
| NG | 248 305 | 1,0 | 1 | – | 1 | 0,2 |
| RSF | 216 749 | 0,9 | – | – | – | – |
| SSW | 75 388 | 0,3 | – | 1 | 1 | 0,2 |
| EVD/SzT | 26 162 | 0,1 | – | – | – | – |
| RVP/RWVP | 21 931 | 0,1 | – | – | – | – |
| Unabhängige | 893 342 | 3,8 | 2 | – | 2 | 0,5 |

(WK = Wahlkreis, LL = Landesliste)

Abkürzungen der Parteinamen:

| | |
|---|---|
| BDV | Bremer Demokratische Volkspartei |
| BP | Bayernpartei |
| DP | Deutsche Partei |
| DKP | Deutsch-Konservative Partei |
| DReP | Deutsche Rechts-Partei |
| EVD | Europäische Volksbewegung Deutschlands |
| RSF | Radikal-Soziale Freiheitspartei |
| RVP/RWVP | Rheinische Volkspartei/Rheinisch-Westf. Volkspartei |
| SSW | Südschleswigscher Wählerverband |
| SzT | Sammlung zur Tat |
| WAV | Wirtschaftliche Wiederaufbauvereinigung |
| Z | Zentrum |

Nach: Heino Kaack, Geschichte und Struktur des deutschen Parteiensystems. Opladen 1971, S. 196

## 3. Die Düsseldorfer Leitsätze der CDU vom 15.7.1949

Das wirtschaftliche und soziale Leben des deutschen Volkes ging nach dem Kriege immer mehr einem Zustand völliger Auflösung entgegen.

In der ersten Hälfte des Jahres 1948 war der Tiefpunkt erreicht. Produktion und Arbeitsmoral waren auf ein Minimum abgesunken. Der Kampf um die Ware, der ein Kampf gegen den Hunger war, führte zu rücksichtslosem Egoismus. Die Korruption griff in erschreckendem Maße um sich. Die niedrigsten Instinkte wurden geweckt. Die allgemeine Demoralisierung drang sogar bis in die Kreise der Jugend vor.

Der 20. Juni 1948 brachte den Umschwung.

Die von der CDU vertretene Wirtschaftspolitik führte zu einer wirtschaftspolitischen Wende. Die menschliche Arbeit erhielt wieder ihren Sinn. Die Arbeitsleistung der Menschen aller Schichten erfuhr eine bedeutende Erhöhung. Die industrielle Produktion stieg rasch und steil an und erreichte in wenigen Monaten eine Verdoppelung. Die Aufhebung der Bezugscheinwirtschaft gab dem Verbraucher wieder die Freiheit zurück. Nach langen Jahren bitterster Entbehrung konnte erstmalig wieder dringendster Bedarf gedeckt werden. Die Läden füllten sich, Mut, Kraft und Energie wurden entfacht und das ganze Volk aus dem Zustand der Lethargie gerissen.

Die Währungsreform allein hat diesen Umschwung nicht herbeigeführt. Sie schaffte die technischen Voraussetzungen. Der wesentlichste Impuls aber kam aus der Inkraftsetzung marktwirtschaftlicher Grundsätze. Diese marktwirtschaftlichen Grundsätze wurden durch die von der CDU vertretene „soziale Marktwirtschaft" am 20. Juni 1948 zur Grundlage der deutschen Wirtschaftspolitik gemacht ...

Nachdem die Kritiker durch die Entwicklung der Ereignisse widerlegt worden sind, melden sie sich erneut mit dem Vorwurf, unsere Wirtschaftspolitik führe zurück zu kapitalistischen Formen und zu altem Liberalismus unsozialer, monopolistischer Prägung. Nichts liegt der CDU ferner als ein solcher Weg. Aufbauend auf dem Ahlener Programm erstrebt sie die soziale Marktwirtschaft.

Was versteht die CDU unter sozialer Marktwirtschaft?

Die „soziale Marktwirtschaft" ist die sozial gebundene Verfassung der gewerblichen Wirtschaft, in der die Leistung freier und tüchtiger Menschen in eine Ordnung gebracht wird, die ein Höchstmaß von wirtschaftlichem Nutzen und sozialer Gerechtigkeit für alle erbringt. Diese Ordnung wird geschaffen durch Freiheit und Bindung, die in der „sozialen Marktwirtschaft" durch echten Leistungswettbewerb und unabhängige Monopolkontrolle zum Ausdruck kommen. Echter Leistungswettbewerb liegt vor, wenn durch eine Wettbewerbsordnung sichergestellt ist, daß bei gleichen Chancen und fairen Wettkampfbedingungen in freier Konkurrenz die bessere Leistung belohnt wird. Das Zusammenwirken aller Beteiligten wird durch marktgerechte Preise gesteuert.

Marktgerechte Preise sind Motor und Steuerungsmittel der Marktwirtschaft. Marktgerechte Preise entstehen, indem Kaufkraft und angebotene Gütermenge auf den Märkten zum Ausgleich gebracht werden. Wichtigste Vorbedingung, um diesen Ausgleich herbeizuführen, ist ein geordnetes Geldwesen.

In einer solchen Wirtschaftsordnung ist jeder Betrieb und jeder Haushalt im Rahmen der für alle gleichen Gesetze an Stelle einer lenkenden Behörde Herr seiner wirtschaftlichen Entschlüsse. Die einzelnen Betriebe planen in eigener Verantwortung, was sie erzeugen, und bieten ihre Erzeugnisse dem Markt an. Auf dem Markt findet ein Wettkampf der Erzeuger um die Gunst der Verbraucher statt. Wenn die Erzeuger richtig geplant haben, bezahlen die Verbraucher gute Preise, wenn sie falsch planen, werden die Erzeugnisse von den Verbrauchern abgelehnt oder nur zu niedrigeren Preisen abgenommen. Im ersteren Falle werden die Erzeuger durch Gewinn belohnt und zu größerer Produktion angeregt, im letzeren Falle werden sie durch Verlust gestraft und zur Umstellung auf eine andere, dem Verbraucher genehmere Produktion angehalten. Auf diese Weise bestimmen die Verbraucher mittelbar, was produziert werden soll, und können gleichzeitig frei über ihr Einkommen verfügen.

Die „soziale Marktwirtschaft" steht im scharfen Gegensatz zum System der Planwirtschaft, die wir ablehnen, ganz gleich, ob in ihr die Lenkungsstellen zentral oder dezentral, staatlich oder selbstverwaltungsmäßig organisiert sind.

Das System der Planwirtschaft beraubt den schaffenden Menschen seiner wirtschaftlichen Selbstbestimmung und Freiheit. Die Planwirtschaft bringt die Unternehmer in Abhängigkeit von der Staats- und Selbstverwaltungsbürokratie und verwandelt sie dadurch in Beamte und Kommissare. Sie schaltet den Einfluß der Verbraucher auf die Erzeugung aus und bringt damit auch den Arbeitern und Angestellten keine Vorteile. Die Planwirtschaft hemmt die Erzeugung, indem sie in die Hand der Lenkungsstellen Machtvollkommenheiten legt, denen die Menschen in keiner Weise gewachsen sind. Sie mutet ihnen Aufgaben zu, die ihre Einsicht weit übersteigen. Stattet man die Lenkungsstellen mit den umfassenden Vollmachten aus, die zur Lösung ihrer Aufgabe erforderlich sind, so führt dies zur Diktatur der Verwaltungsbeamten und zum Ende der Demokratie und des Rechtes. Versucht man aber die Lenkungsstellen einer demokratischen Aufsicht zu unterwerfen, können sie ihre Aufgabe nicht lösen, weil die Natur der Aufgabe schnelles Handeln erfordert und keine umständlichen Kontrollen verträgt. Die Planwirtschaft kann weder das Problem der höchstmöglichen Produktion noch das Problem einer gerechten Verteilung der Erzeugnisse meistern. Sie kann letzten Endes nicht auf die Lenkung des Absatzes verzichten und beschränkt damit den Verbraucher in der freien Bestimmung über sein Einkommen. Statt einer freiheitlichen Ordnung entsteht mit zwingender Folgerichtigkeit die Diktatur oder das Chaos.

Ein geschichtlich fast tragischer Irrtum ist es zu glauben, daß arme Volkswirtschaften bzw. Völker sich zur Überwindung der Not der Planwirtschaft bedienen müssen, während die Marktwirtschaft nur reichen Volkswirtschaften zieme. Das Gegenteil ist richtig. Arme Volkswirtschaften können sich den Luxus und die Verschwendung der Planwirtschaft nicht leisten, während reiche Volkswirtschaften meist zu spät die Fehler des Systems der Planwirtschaft erkennen. Wirtschaftliche Not kann man durch zwei Verfahren zu überwinden suchen: die Planwirtschaft will die Armut gerecht verwalten und verteilen, die Marktwirtschaft will durch den Leistungswettbewerb auf allen Stufen die Armut überwinden. Es ist würdiger und erfolgreicher, sich durch einen Notstand durchzuarbeiten als durchzuhungern.

Die „soziale Marktwirtschaft" steht auch im Gegensatz zur sogenannten „freien Wirtschaft" liberalistischer Prägung. Um einen Rückfall in die „freie Wirtschaft" zu vermeiden, ist zur Sicherung des Leistungswettbewerbs die unabhängige Monopolkontrolle nötig. Denn so wenig der Staat oder halböffentliche Stellen die gewerbliche Wirtschaft und einzelne Märkte lenken sollen, so wenig dürfen Privatpersonen und private Verbände derartige Lenkungsaufgaben übernehmen.

Die freie Wirtschaft alten Stils hat es den Unternehmern erlaubt, sich zu Kartellen und Marktverbänden zusammenzuschließen, um die Preise zu diktieren, die Erzeugung nach Belieben einzuschränken und den Wirtschaftskampf mit Mitteln der Gewalt, der Verdrängung und der Schadenszufügung, mit Sperren, Kampfpreisen und Boykott zu führen. Dabei wurde der Gedanke des Wettbewerbs verfälscht, verschleiert und seiner motorischen Wirkung beraubt. Nur allzu oft waren nicht gleiche und gerechte Startbedingungen für alle Marktbeteiligten verwirklicht. So kam es in der freien Wirtschaft alten Stils oft zu wirtschaftlicher Ausbeutung der Schwachen durch die Mächtigen und zu wirtschaftlichem Gewalt- und Schädigungskrieg. Die Leidtragenden waren die wirtschaftlich und sozial Schwachen, insbesondere die Verbraucher.

Weil wir die unsozialen Auswüchse einer solchen „freien" Wirtschaft vermeiden wollen, weil wir in ihr eine verfälschte Marktwirtschaft sehen, fordern wir neben dem Leistungswettbewerb die Monopolkontrolle. Erst eine wirksame Monopolkontrolle verhindert, daß Privatpersonen und private Verbände Lenkungsaufgaben in der Wirtschaft übernehmen können. Erst die Monopolkontrolle führt dazu, daß der Verbraucher mittelbar Art und Umfang der Produktion bestimmt und damit zum Herrn der Wirtschaft wird. Dadurch führt die von uns geforderte Wirtschaftsordnung neben den im Ahlener Programm genannten Mitteln zu wahrer Wirtschaftsdemokratie, und deshalb nennen wir sie die „soziale Marktwirtschaft".

Die „soziale Marktwirtschaft" verzichtet auf Planung und Lenkung von Produktion, Arbeitskraft und Absatz.

Dadurch ist der Staat von der Sorge der zentralen Lenkung entlastet. Ihm bleibt die Aufgabe, das Recht zu setzen und zu hüten, den Wettbewerb zu fördern und das Geldwesen zu ordnen. In der „sozialen Marktwirtschaft" treten die durch Gesetz verankerte Ordnung und das Preissystem, d.h. also ein übersehbares und berechenbares System von Ordnungsmitteln, an die Stelle eines behördlichen oder privaten monopolistischen Ermessens, das von niemand wirksam kontrolliert werden kann.

Die „soziale Marktwirtschaft" bejaht jedoch die planvolle Beeinflussung der Wirtschaft mit den organischen Mitteln einer umfassenden Wirtschaftspolitik auf Grund einer elastischen Anpassung an die Marktbeobachtung. Diese Wirtschaftspolitik führt in sinnvoller Kombination von Geld- und Kredit-, Handels- und Zoll-, Steuer-, Investitions- und Sozialpolitik sowie anderen Maßnahmen dazu, daß die Wirtschaft in Erfüllung ihrer letzten Zielsetzung der Wohlfahrt und der Bedarfsdeckung des ganzen Volkes dient. Diese Bedarfsdeckung hat selbstverständlich auch eine angemessene Versorgung des notleidenden Teiles der Bevölkerung zu umfassen.

Die vorwiegend eigentumsrechtlichen und gesellschaftspolitischen Grundsätze des Ahlener Programms werden anerkannt, jedoch nach der marktwirtschaftlichen Seite hin ergänzt und fortentwickelt.

Zur Verwirklichung der sozialen Marktwirtschaft stellen wir folgende Leitsätze auf:

1. Der Leistungswettbewerb ist gesetzlich sicherzustellen. Monopole und Träger marktwirtschaftlicher Macht sind einer institutionell verankerten, unabhängigen und nur dem Gesetz unterworfenen Monopolkontrolle zu unterstellen …
2. Wir erstreben gesetzliche Maßnahmen zur Vertiefung einer echten Verantwortung in der Wirtschaft …
3. Gesetzliche Maßnahmen zur Verschärfung der Publizität, vor allem bei den Kapitalgesellschaften, müssen getroffen werden …
4. Eine zentrale Aufsicht des Geldwesens ist zum Schutze der Währung erforderlich …
5. Marktgerechte Preise müssen entstehen und dürfen weder von staatlicher noch von privater Seite durch Willkür oder Diktat verfälscht werden. Solche Eingriffe verdrängen die Ware vom Markt. Wir bejahen jedoch die organische Preisbeeinflussung mit den Mitteln der Wirtschaftspolitik, insbesondere der Geld-, Kredit- und Steuerpolitik, damit die Ware bei sinkenden Preisen in steigendem Maße zum Markt drängt …
6. Im Interesse der deutschen Wettbewerbsfähigkeit auf den Weltmärkten streben wir eine Senkung des deutschen Preisniveaus an. Hierdurch wird zugleich eine Erhöhung des Realeinkommens erzielt …
7. Die Bildung von Löhnen und die Festsetzung von Arbeitsbedingungen muß dem Tarifvertragssystem überlassen sein. Leistungslohn und Lohnerhöhungen im Rahmen marktwirtschaftlich richtiger Preise sind zu bejahen. Sie erhöhen Kaufkraft und Nachfrage ebenso wie Senkung der Preise …
8. Technik und Wissenschaft sind mit Nachdruck zu fördern. Sie schaffen neue Bedürfnisse und Arbeitsmöglichkeiten. Sie senken die Gestehungskosten …
9. Die „soziale Marktwirtschaft" schließt freie Berufswahl, Niederlassungsfreiheit, Gewerbefreiheit und Freizügigkeit ein. Beim Handwerk muß jedoch wie bisher der Befähigungsnachweis (Meisterprüfung) erbracht werden. Das gleiche gilt für alle Berufe, für deren Ausübung der Befähigungsnachweis sachlich notwendig ist …
10. Die „soziale Marktwirtschaft" bejaht und fördert das private Eigentum. Eine gerechte Verteilung der wirtschaftlichen Erträge und eine soziale Gesetzgebung müssen aus den vermögenslosen Schichten unseres Volkes in großem Umfange besitzende Eigentümer machen. Neben größtmöglichster Streuung des Eigentums bejahen wir im industriellen Raum Unternehmungsformen in Gemeineigentum dann, wenn sie wirtschaftlich zweckmäßig, betriebstechnisch möglich und politisch notwendig sind …
11. Die Bildung von Sparkapital wollen wir nachdrücklich fördern …
12. Wir fordern eine umfassende Steuerreform insbesondere durch Abbau der geltenden Steuertarife in allen Stufen und durch Vereinfachung des gesamten Steuerwesens …

13. Es müssen wirksame Sicherungen gegen Wirtschaftskrisen und Massenarbeitslosigkeit geschaffen werden ...
14. Den Außenhandel wollen wir mit allen Mitteln fördern. Der Marshallplan (ERP) wird von uns bejaht ...
15. Eine deutsche Handelsflotte muß wieder geschaffen werden ...
16. Die „soziale Marktwirtschaft" kann nur dann verwirklicht werden, wenn sie das Vertrauen aller Schichten des Volkes besitzt, d.h., wenn sich Unternehmer, Arbeiter, Angestellte und Verbraucher aktiv an ihrer Durchführung beteiligen ...
Die „soziale Marktwirtschaft" ist diejenige Ordnung, welche die Ausrichtung der Erzeugung auf die wirklichen Wünsche der Verbraucher und die billigste Versorgung des Gesamtbedarfs mit dem geringsten Aufwand an politischer und gesellschaftlicher Macht gewährleistet. Die Eindämmung von Macht aber ist die Aufgabe, vor die uns die Erfahrungen unserer eigenen jüngsten Vergangenheit und gewisser außerdeutscher Entwicklungsvorgänge stellen. Es sind also nicht nur wirtschaftliche und soziale Überlegungen, sondern auch politische und kulturelle Gründe, die uns veranlassen, die „soziale Marktwirtschaft" zu fordern. Wir sehen in ihr eine Wirtschaftsordnung, die zu echter Freiheit führt. Wer frei sein will, muß sich dem Wettbewerb unterwerfen und darauf verzichten, Macht auf dem Markt zu erstreben. Wer Macht auf dem Markt besitzt, d.h. wer nicht durch Wettbewerb kontrolliert ist, darf nicht frei sein ...

Zit. nach: Dokumente zur parteipolitischen Entwicklung in Deutschland, hrsg. von Ossip K. Flechtheim, Bd. 2, Berlin 1963, S. 58 ff.

## 4. Die wirtschaftspolitische Konzeption der CDU-Sozialausschüsse

(Rede Jakob Kaisers vom 23.7. 1949)

Mit einfachen Entweder-oder-Lösungen ist die wirtschaftliche Gesundung und die soziale Befriedung in Deutschland nicht zu erreichen. Es ist nach meiner Meinung eine sekundäre Frage: Ob man für eine Freie Marktwirtschaft mit staatlichen Regelungen und sozialen Sicherungen eine Lanze bricht. Oder ob man für eine gemäßigt sozialistische Wirtschaft unter Einschaltung echter Unternehmerinitiative eintritt. Es ist das schließlich auch eine Frage der Zeitverhältnisse. Entscheidend ist allein, daß beide Wege den längst überfälligen Kapitalismus überwinden helfen. Beide Wege: Freiere Wirtschaftsmethoden, ergänzt durch soziale Politik, und regulierte Wirtschaft, aufgelockert durch freie Initiative. Fortschrittliche christliche Demokraten und gemäßigte Sozialisten haben das hüben und drüben längst eingesehen. Aber jede loyale Zusammenarbeit wird verhindert durch eine intolerante, lärmende und zerstörende marxistische Propagandapolitik. Durch die Politik von Hannover mit ihren patentierten Allheilmitteln.
Wir können nur unserer Auffassung treu bleiben: Wir lehnen eine Wirtschaftsreform ab, die auf den Krücken des Staates, von einer herrschenden Parteiclique gelenkt, Produktion, Güterumlauf und Verbrauch in unerträglicher Weise von außen her zu steuern trachtet. Wir lehnen eine solche Form genau so ab wie eine Wirtschaftsmethode, die den Staat zum Nachtwächter degradiert. Die sich aller staatlichen Kontrolle und Regelung entzieht. Die auf dem Rücken der lohnabhängigen Schichten einigen Bevorzugten ein bequemes Dasein ermöglicht. Die bitteren Erfahrungen der letzten Jahrzehnte sollten uns veranlassen, einen dritten Weg mit Geduld, Zähigkeit und Ausdauer zu suchen. Sozial verbrämte Lösungsversuche einer liberalen Privatwirtschaft können die Leidenswunde der Menschheit, die soziale Frage, heute weniger denn je lösen. Sie können es ebensowenig wie Zwangslösungen, die ja doch nur zu einem Staatsgefängnis führen, das Unternehmer, Arbeiter und Verbraucher in gleicher Weise der Freiheit beraubt ...
Und nun ein Wort zu den Düsseldorfer Leitsätzen, insbesondere zu den wirtschafts- und sozialpolitischen: Wir haben diesen Leitsätzen zugestimmt, weil wir durch das Beispiel der Mäßigung unter Beweis stellen wollen, daß wir auf keinen Fall doktrinär sein wollen. Wir haben aber selbstverständlich bei Beratung der Leitsätze entscheidenden Wert darauf gelegt, daß die Grundforderungen

der Arbeiterschaft und der Zusammenhang mit dem wirtschaftlichen Ordnungsbild der christlich-demokratischen Arbeiterschaft gewahrt bleibt. Es ist selbstverständlich, daß die eigentumsrechtlichen und gesellschaftspolitischen Grundsätze des Ahlener Programms anerkannt bleiben, wenn sie auch nach der marktwirtschaftlichen Seite der Ergänzung bedurften.

Wir haben zur Anerkennung gebracht, daß nicht der Wettbewerb allein das Ordnungsprinzip der Wirtschaft sein darf. Er muß gebunden bleiben an das Gesetz sozialer Gerechtigkeit. Neben der wirtschaftlichen Freiheit hat die Bindung an das Gemeinwohl, neben dem marktwirtschaftlichen Prinzip haben staatliche Kontrollen und Regelungen zu ihrem Recht zu kommen. Anstelle reiner Planwirtschaft und ihren mechanischen Zwangsmethoden tritt eine organisch marktgerechte Planung mit den indirekten Mitteln einer elastischen Geld-, Kredit-, Handels- und Zoll-, Steuer- und Investitionspolitik.

Was die Sozialisierung angeht, so haben wir sie nie für ein Allheilmittel erklärt. Wir halten aber nach wie vor genossenschaftliche und gemischt-wirtschaftliche Formen des Gemeineigentums für machtverteilend, machtausgleichend und zweckdienlich. Diese Formen sind möglich bei Anerkennung eines echten Unternehmertums und bei voller Selbständigkeit des Handwerks.

Im übrigen werden durch Kapital- und Kreditlenkung, durch staatliche Regelungen und ein unabhängiges Monopolamt in manchen Fällen ausreichende Sicherungen gegen den Mißbrauch wirtschaftlicher Macht geschaffen. Und zwar in solchen Fällen ohne einschneidende, eigentumsrechtliche Veränderungen vornehmen zu müssen.

Echte Wirtschaftsdemokratie kann selbstverständlich nicht allein durch die Inthronisation des Verbrauchers geschaffen werden. Sondern nur durch sinnvolle Einführung demokratischer Formen im Sinne der Mitwirkung und Mitbestimmung der Arbeitnehmer in Betrieben, Unternehmungen und Selbstverwaltungskörperschaften der Wirtschaft. Diese Wirtschaftsdemokratie gesetzlich zu gewährleisten, ist eine der Hauptaufgaben des kommenden Bundestages.

Die soziale Hypothek, die auf dem deutschen Wirtschaftskörper lastet, erfordert heute stärker noch als früher eine Übereinstimmung wirtschaftlicher Leistungsfähigkeit und sozialer Gerechtigkeit. Soziale Maßnahmen unter Verzicht auf volkswirtschaftliche Produktivität bedeuten Verschleuderung. Produktionssteigerung im Stil von Stachanow und Hennecke bedeutet Erbarmungslosigkeit.

Zit. nach: Erich Kosthorst, Jakob Kaiser. Bundesminister für gesamtdeutsche Fragen 1949–1957, Stuttgart 1972, S. 48 ff.

## 5. Das Oppositionsprogramm der SPD

(Die sog. Dürkheimer 16 Punkte vom 30. 8. 1949)

Die Sozialdemokratische Partei Deutschlands geht bei ihrer Politik von der Erkenntnis aus, daß eine lebenskräftige Demokratie nur auf dem Fundament sozialer Gerechtigkeit erbaut werden kann. Nur auf dieser Grundlage wird die Deutsche Bundesrepublik ihre Aufgabe erfüllen, die deutsche Einheit zu schaffen und Deutschland in ein neu geordnetes Europa einzugliedern.

Das Ergebnis der Wahlen vom 14. August beschwört die Gefahr herauf, daß die bisherige Wirtschaftspolitik fortgeführt, die deutsche Arbeitskraft ruiniert und die Spannungen zwischen den Klassen so gesteigert werden, daß die staatsbildenden Kräfte gelähmt und die deutsche Demokratie zerstört wird.

Die Voraussetzung für ein gesundes Staatswesen kann nur geschaffen werden, wenn das deutsche Volk folgende Grundsätze in seinem öffentlichen Leben durchsetzt:

1. Überwindung der Arbeitslosigkeit durch eine Politik der Vollbeschäftigung. Dazu ist die Stärkung der Kaufkraft und die Erhöhung des Reallohnes erforderlich. Abwehr weiterer Preissteigerungen. Umbau des Steuersystems durch Entlastung der kleinen Einkommen.
2. Planung und Lenkung der Kredite und Rohstoffe zur Befriedigung des volkswirtschaftlichen Bedarfs. Ablehnung einer vom bloßen Profitinteresse bestimmten Wirtschaftspolitik.
3. Sozialer Lastenausgleich durch Zugriff auf die Vermögen selbst und nicht auf die Erträgnisse der Vermögen.

4. Sofortige Inangriffnahme des Wohnungsbaues unter besonderer Förderung des sozialen Wohnungsbaues durch den Bund.
5. Wirtschaftliche und gesellschaftliche Seßhaftmachung und Freizügigkeit für die Vertriebenen und Kriegsgeschädigten durch zentrale Maßnahmen. Schaffung eines Flüchtlingsministeriums. Zusätzliche Finanzhilfe an die mit Flüchtlingen überbelegten Länder.
6. Neuordnung der Sozialversicherung, des Rentenwesens und Versorgung der Kriegsbeschädigten mit dem Ziel der Verbesserung der Leistungen. Hilfe für die Opfer der Diktaturen.
7. Mitbestimmung der Arbeitenden in den Betrieben und gleichberechtigte Einbeziehung der Gewerkschaften in die Selbstverwaltung der Wirtschaft.
8. Politische und wirtschaftliche Entmachtung des großen Eigentums und der Manager durch Sozialisierung der Grundstoff- und Schlüsselindustrien.
9. Sicherung der freien Entfaltung des gewerblichen und bäuerlichen Mittelstandes.
10. Sicherung und Stärkung der kommunalen Selbstverwaltung, insbesondere durch einen den Gemeindeaufgaben gerecht werdenden Bundesfinanzausgleich.
11. Beschränkung der alliierten Einwirkungen auf bestimmte und reine Kontrollmaßnahmen. Änderung des Ruhrstatuts. Abwehr der Demontage deutscher Friedensindustrien.
12. Einbeziehung Berlins als zwölftes Land in die Deutsche Bundesrepublik. Bis dahin schnelle und wirksame Hilfe für Berlin.
13. Ablehnung der Oder-Neiße-Linie als deutsche Ostgrenze. Verbleib des Saargebietes im deutschen Staatsverband. Abwehr neuer Gebietsabtretungen.
14. Unermüdlicher Appell an die moralischen Kräfte der Welt für die Freilassung der Kriegsgefangenen und Frauen. Rückführung der Verschleppten. Kampf gegen Sklavenarbeit in jeder Form und gegen die Konzentrationslager in der sowjetischen Besatzungszone.
15. Wahrung des im Grundgesetz vorgesehenen Vorrechts des Bundestages gegenüber partikularen Gewalten und Interessen. Die Bundesgewalt muß imstande sein, die äußeren und inneren Kriegsfolgelasten gerecht zu verteilen und die Funktionen des deutschen Staates zu erfüllen.
16. Sicherung der Freiheit der Lehre, der Verkündung und der Übung jeder Religion und jeder Weltanschauung. Bekämpfung des Mißbrauchs kirchlicher Einrichtungen und Personen als Instrumente des politischen Machtkampfes. Abwehr jedes Versuchs, die sozialen und politischen Probleme durch Entfachung eines Kulturkampfes zu vernebeln.

Die Sozialdemokratische Partei kämpft unter Ablehnung jeglicher Art von Nationalismus für die Gleichberechtigung aller Völker und für die Neuordnung Europas. Darum kämpft sie für die Wiedervereinigung Deutschlands auf der Grundlage der persönlichen und staatsbürgerlichen Freiheit und Gleichheit in allen Besatzungszonen, insbesondere der sowjetischen Zone.

Nur diese Politik hält die Sozialdemokratische Partei für möglich und erfolgreich. Sie ist bereit, hierfür mit allen ihr zu Gebote stehenden Kräften einzutreten. Jede andere Politik wird sie mit der gleichen Entschiedenheit bekämpfen.

Zit. nach: Susanne Miller, Die SPD vor und nach Godesberg, in: Die zweite Republik. 25 Jahre Bundesrepublik Deutschland – eine Bilanz, hrsg. von Richard Löwenthal und Hans-Peter Schwarz, Stuttgart 1974, S. 383 f.

## 6. Die innenpolitischen Problemfelder

Die Vertreter des *ersten Deutschen Bundestages* hatten ein umfangreiches Gesetzgebungswerk zu bewältigen, das die spezifischen Probleme und Nöte der Zeit widerspiegelte und das Maß der Aufbauarbeit ahnen läßt. Einige wichtige Gesetze seien hier genannt.

Um die bestehende Wohnungsnot zu lindern, wurde am 28. März 1950 ein *Wohnbaugesetz* verabschiedet, durch das eine staatliche Finanzierung für den Bau von 1,8 Millionen billigen Wohnungen für sechs Millionen Deutsche in den folgenden sechs Jahren vorgesehen wurde. Dieser soziale Wohnungsbau sollte in der Regel nur Personen mit einem Monatseinkommen von weniger als 600 DM zugute kommen. Der Mietpreis pro Quadratmeter Wohnfläche wurde auf 1 bis 1,10 DM angesetzt.

Am 19. Oktober 1950 verabschiedete der Bundestag das *Bundesversorgungsgesetz,* das die Ansprüche der Kriegsbeschädigten und Kriegshinterbliebenen regelte. Bei einem Aufwand von 3,2 Milliarden DM jährlich wurden Renten und kostenlose ärztliche Versorgung gewährt. Arbeitsfähige Kriegsversehrte erhielten Anspruch auf einen Arbeitsplatz.
Eine wichtige Regelung im Verhältnis zwischen Arbeitgebern und Arbeitnehmern brachte das am 10. April 1951 verabschiedete *Gesetz zur Mitbestimmung der Arbeitnehmer in der eisenschaffenden Industrie und im Bergbau.* Es sicherte eine bereits von der britischen Militärregierung eingeführte Beteiligung von Arbeitern und Angestellten in den Aufsichtsräten der Betriebe. Umfassender noch war das hart umstrittene *Betriebsverfassungsgesetz* vom 19. Juli 1952, nach dem ein Drittel der Betriebs- und Aufsichtsratsmitglieder mit gewählten Arbeitnehmern zu besetzen war. Den Betriebsbelegschaften kam dadurch ein Mitbestimmungsrecht in sozialen, personellen und wirtschaftlichen Angelegenheiten zu. Die Personalvertretung im öffentlichen Dienst wurde durch ein besonderes Gesetz geregelt.
Jahrelange Diskussionen erforderte das *Gesetz über den allgemeinen Lastenausgleich,* das am 16. Mai 1952 verabschiedet werden konnte. Die Lösung des Problems, wie ein Ausgleich zwischen den vom Krieg und den Kriegsfolgen betroffenen Bevölkerungskreisen und den nicht oder minder Betroffenen zu schaffen sei, war von den Besatzungsmächten den Deutschen selbst überlassen worden. 1949 hatte der Wirtschaftsrat ein Soforthilfegesetz als Zwischenlösung beschlossen, das Abgaben von erhaltenen Vermögenswerten für Flüchtlinge und Kriegsgeschädigte vorsah. Die endgültige Regelung setzte einerseits Ausgleichsabgaben für Vermögen und für durch die Währungsreform erzielte Hypotheken- und Kreditgewinne, andererseits Ausgleichsleistungen in Form von Hauptentschädigungen, Darlehen, Renten, Unterhaltsbeihilfen, Hausratsentschädigungen, Wohnraumhilfen und Währungsausgleiche für verlorene Sparguthaben fest. Auch Sowjetzonenflüchtlinge sollten aus einem besonderen Härtefonds Hilfe erhalten.
Vertriebene und Flüchtlinge aufzunehmen und sozial und wirtschaftlich einzugliedern, war für die Bundesrepublik eine besonders wichtige und nicht leicht zu bewältigende Aufgabe. Die zu treffenden Maßnahmen gestalteten sich vor allem deshalb so schwierig, weil der Strom der *Sowjetzonenflüchtlinge* unaufhörlich weiterging. Von Semptember 1949 bis Ende 1952 beantragten 675 000 Menschen die Notaufnahme. Die Gesamtzahl der aus der Sowjetzone und Berlin nach Westdeutschland Zugewanderten betrug Ende 1952 1,9 Millionen, das waren 3,9 Prozent der Gesamtbevölkerung. Daneben gab es 8,3 Millionen (17 Prozent) Heimatvertriebene aus den Ostgebieten, die zum Teil noch in Lagern und Notunterkünften lebten und sehr ungleich über das Bundesgebiet verteilt waren. So betrug 1949 der Anteil der Vertriebenen in Schleswig-Holstein 35,2 Prozent der Bevölkerung, in der gesamten Bundesrepublik jedoch nur 15,9 Prozent. Mit 37,9 Prozent überstieg der Anteil der Vertriebenen an der Gesamtzahl der Arbeitslosen ein Drittel.
1950 verabschiedete der Bundestag ein *Notaufnahmegesetz,* wonach nur solche Flüchtlinge besondere Unterstützung erhalten sollten, die die Sowjetzone oder Ost-Berlin wegen Gefährdung für Leib und Leben und persönliche Freiheit verließen. 1951 lebten noch 340 000 Menschen in Massenlagern. Wohnungen mußten zur Verfügung gestellt und Arbeitsplätze geschaffen werden. Umsiedlungsaktionen, die Hunderttausende von Heimatlosen umfaßten, entlasteten die am stärksten betroffenen Bundesländer. Ein *Vertriebenengesetz* von 1953 definierte den Begriff „Flüchtling“ juristisch, verbesserte die Eingliederungsmöglichkeiten und regelte deren staatliche Finanzierung. Nachdem in den Jahren vor der Währungsreform vom Staat schätzungsweise 4,7 Milliarden Reichsmark für Vertriebene bezahlt wurden, betrug die Summe der öffentlichen Aufwendungen von 1948 bis 1953 23,9 Milliarden DM ...
Hilfe war auch für die immer noch aus *Kriegsgefangenschaft* heimkehrenden Soldaten nötig. Während die Westmächte bereits bis Ende 1948 die letzten deutschen Kriegsgefangenen entlassen hatten, erfolgte die Rückführung aus der Sowjetunion erheblich langsamer. Besonders bedrückend war diese Frage, weil über die Zahl der noch in sowjetischen Lagern befindlichen ehemaligen Soldaten keine Klarheit bestand und viele Angehörige die Hoffnung hegten, daß Vermißte dort noch

am Leben seien. 1950 gab die sowjetische Regierung bekannt, daß sie bislang fast zwei Millionen deutsche Kriegsgefangene entlassen habe und daß nur noch 13 500 Kriegsverbrecher zurückgehalten würden. Die Bundesregierung bezweifelte diese Angabe und rechnete auf Grund früherer sowjetischer Meldungen noch mit etwa 1,5 Millionen Gefangenen. Die Vollversammlung der Vereinten Nationen forderte alle Staaten auf, noch zurückgehaltene Kriegsgefangene zu entlassen. 1953 glaubte das Auswärtige Amt in Bonn, daß immer noch etwa 100 000 Gefangene und überdies 134 000 verschleppte Zivilpersonen in der Sowjetunion wären. Jedoch bestand damals nur mit 16 000 Gefangenen Briefverbindung. Von Zeit zu Zeit trafen Rückkehrertransporte aus dem Osten ein. Erst 1955, nach Adenauers Besuch in Moskau, kam man zu dem Schluß, daß die von den Deutschen noch vermutete Zahl zu hoch gewesen war. Viele Menschen mußten die Hoffnung, daß Angehörige noch am Leben wären, aufgeben. Für die Heimkehrer verabschiedete der Bundestag 1950 ein *Gesetz,* das ihnen ein *Entlassungsgeld* von 150 DM und eine *Übergangshilfe* in Form von Bekleidungsstücken und Gebrauchsgegenständen sicherte.
Die zunehmende Konsolidierung der Bundesrepublik in den ersten Jahren ihres Bestehens kommt besonders deutlich in der *wirtschaftlichen Entwicklung* zum Ausdruck. Hatten sich schon im ersten Jahr nach der Währungsreform deutliche Anzeichen einer wirtschaftlichen Besserung gezeigt, so setzte in den frühen fünfziger Jahren ein erstaunlich schneller Aufschwung ein, den die Aufhebung industrieller Beschränkungen durch die Besatzungsmächte und der Koreaboom begünstigten. Mehr und mehr Menschen wurden in den Arbeitsprozeß eingegliedert. Die Zahl der *Arbeitslosen,* die 1950 einen Höchststand erreichte, nahm in den folgenden Jahren ständig ab. Die Nachfrage nach Konsumgütern stieg zusehends, und dementsprechend wuchs auch der Lebensstandard der Bevölkerung.

Aus: Günter Moltmann, Die Entwicklung Deutschlands von 1949 bis zu den Pariser Verträgen 1955, in: Herbert Lilge: Deutschland 1945–1963, 3. Aufl. Hannover 1967, S. 86 ff.

## 7. Charta der deutschen Heimatvertriebenen

(Verkündet vom Zentralverband der vertriebenen Deutschen am 5. 8. 1950 in Bad Cannstatt)

Im Bewußtsein ihrer Verantwortung vor Gott und den Menschen, im Bewußtsein ihrer Zugehörigkeit zum christlich-abendländischen Kulturkreis,
im Bewußtsein ihres deutschen Volkstums und in der Erkenntnis der gemeinsamen Aufgabe aller europäischen Völker
haben die erwählten Vertreter von Millionen Heimatvertriebener nach reiflicher Überlegung und nach Prüfung ihres Gewissens beschlossen, dem deutschen Volk und der Weltöffentlichkeit gegenüber eine feierliche Erklärung abzugeben, die die Pflichten und Rechte festlegt, welche die deutschen Heimatvertriebenen als ihr Grundgesetz und als unumgängliche Voraussetzung für die Herbeiführung eines freien und geeinten Europas ansehen.
1. Wir Heimatvertriebenen verzichten auf Rache und Vergeltung. Dieser Entschluß ist uns ernst und heilig im Gedenken an das unendliche Leid, welches im besonderen das letzte Jahrzehnt über die Menschheit gebracht hat.
2. Wir werden jedes Beginnen mit allen Kräften unterstützen, das auf die Schaffung eines geeinten Europas gerichtet ist, in dem die Völker ohne Furcht und Zwang leben können.
3. Wir werden durch harte, unermüdliche Arbeit teilnehmen am Wiederaufbau Deutschlands und Europas.
Wir haben unsere Heimat verloren. Heimatlose sind Fremdlinge auf dieser Erde. Gott hat die Menschen in ihre Heimat hineingestellt. Den Menschen mit Zwang von seiner Heimat trennen, bedeutet ihn im Geiste töten.
Wir haben dieses Schicksal erlitten und erlebt. Daher fühlen wir uns berufen zu verlangen, daß das Recht auf die Heimat als eines der von Gott geschenkten Grundrechte der Menschheit anerkannt und verwirklicht wird.

Solange dieses Recht für uns nicht verwirklicht ist, wollen wir aber nicht zur Untätigkeit verurteilt beiseite stehen, sondern in neuen geläuterten Formen verständnisvollen und brüderlichen Zusammenlebens mit allen Gliedern unseres Volkes schaffen und wirken. Darum fordern und verlangen wir heute wie gestern:

1. Gleiches Recht als Staatsbürger, nicht nur vor dem Gesetz, sondern auch in der Wirklichkeit des Alltags.
2. Gerechte und sinnvolle Verteilung der Lasten des letzten Krieges auf das ganze deutsche Volk und eine ehrliche Durchführung dieses Grundsatzes.
3. Sinnvollen Einbau aller Berufsgruppen der Heimatvertriebenen in das Leben des deutschen Volkes.
4. Tätige Einschaltung der deutschen Heimatvertriebenen in den Wiederaufbau Europas.

Die Völker der Welt sollen ihre Mitverantwortung am Schicksal der Heimatvertriebenen als der vom Leid dieser Zeit am schwersten Betroffenen empfinden.

Die Völker sollen handeln, wie es ihren christlichen Pflichten und ihrem Gewissen entspricht.

Die Völker müssen erkennen, daß das Schicksal der deutschen Heimatvertriebenen, wie aller Flüchtlinge, ein Weltproblem ist, dessen Lösung höchste sittliche Verantwortung und Verpflichtung zu gewaltiger Leistung fordert.

Wir rufen Völker und Menschen auf, die guten Willens sind, Hand anzulegen ans Werk, damit aus Schuld, Unglück, Leid, Armut und Elend für uns alle der Weg in eine bessere Zukunft gefunden wird.

Zit. nach: Gerhart Binder, Geschichte im Zeitalter der Weltkriege. Unsere Epoche von Bismarck bis heute, Bd. II, Stuttgart 1977, S. 1214

## 8. Das Lastenausgleichsgesetz vom 14. 8. 1952

In Anerkennung des Anspruchs der durch den Krieg und seine Folgen besonders betroffenen Bevölkerungsteile auf einen die Grundsätze der sozialen Gerechtigkeit und die volkswirtschaftlichen Möglichkeiten berücksichtigenden Ausgleich von Lasten und auf die zur Eingliederung der Geschädigten notwendige Hilfe sowie unter dem ausdrücklichen Vorbehalt, daß die Gewährung und Annahme von Leistungen keinen Verzicht auf die Geltendmachung von Ansprüchen auf Rückgabe des von den Vertriebenen zurückgelassenen Vermögens bedeutet, hat der Bundestag mit Zustimmung des Bundesrates das nachstehende Gesetz beschlossen:

§ 1 Ziel des Lastenausgleichs

Die Abgeltung von Schäden und Verlusten, die sich infolge der Vertreibungen und Zerstörungen der Kriegs- und Nachkriegszeit ergeben haben sowie die Milderung von Härten, die infolge der Neuordnung des Geldwesens im Geltungsbereich des Grundgesetzes einschließlich Berlin (West) eingetreten sind, bestimmt sich nach diesem Gesetz; die erforderlichen Mittel werden nach Maßgabe dieses Gesetzes aufgebracht (Lastenausgleich).

§ 2 Zur Durchführung des Lastenausgleichs werden Ausgleichsabgaben erhoben und Ausgleichsleistungen gewährt.

§ 3 Ausgleichsabgaben

Als Ausgleichsabgaben werden erhoben:

1. eine einmalige Vermögensabgabe,
2. eine Sonderabgabe auf Gewinne aus Schulden, für die Grundpfandrechte bestellt worden sind (Hypothekengewinnabgabe),
3. eine Sonderabgabe auf Schuldnergewinne gewerblicher Betriebe (Kreditgewinnabgabe).

§ 4 Ausgleichsleistungen

Als Ausgleichsleistungen werden gewährt:

1. Hauptentschädigung,
2. Eingliederungsdarlehen,
3. Kriegsschadenrente,

4. Hausratentschädigung,
5. Wohnraumhilfe,
6. Leistungen aus dem Härtefonds,
7. Leistungen auf Grund sonstiger Förderungsmaßnahmen,
8. Entschädigung im Währungsausgleich für Sparguthaben Vertriebener,
9. Entschädigung nach dem Altsparergesetz,
10. Darlehen, die ... zur verstärkten Förderung der Flüchtlingssiedlung gewährt werden ...

§ 11 Vertriebener

(1) Vertriebener ist, wer als deutscher Staatsangehöriger oder deutscher Volkszugehöriger seinen Wohnsitz in den zur Zeit unter fremder Verwaltung stehenden deutschen Ostgebieten oder in den Gebieten außerhalb der Grenzen des Deutschen Reichs nach dem Gebietsstand vom 31. Dezember 1937 hatte und diesen im Zusammenhang mit den Ereignissen des Zweiten Weltkriegs infolge Vertreibung, insbesondere durch Ausweisung oder Flucht, verloren hat. Bei mehrfachem Wohnsitz muß derjenige Wohnsitz verlorengegangen sein, der für die persönlichen Lebensverhältnisse des Betroffenen bestimmend war.

(2) Als Vertriebener gilt, wer als deutscher Staatsangehöriger oder deutscher Volkszugehöriger

1. nach dem 30. Januar 1933 die in Absatz 1 genannten Gebiete verlassen und seinen Wohnsitz außerhalb des Deutschen Reichs genommen hat, weil aus Gründen politischer Gegnerschaft gegen den Nationalsozialismus oder aus Gründen der Rasse, des Glaubens oder der Weltanschauung nationalsozialistische Gewaltmaßnahmen gegen ihn verübt worden sind oder ihm drohten,

2. auf Grund der während des Zweiten Weltkrieges geschlossenen zwischenstaatlichen Verträge aus außerdeutschen Gebieten oder während des gleichen Zeitraums auf Grund von Maßnahmen deutscher Dienststellen aus den von der deutschen Wehrmacht besetzten Gebieten umgesiedelt worden ist (Umsiedler),

3. nach Abschluß der allgemeinen Vertreibungsmaßnahmen die zur Zeit unter fremder Verwaltung stehenden deutschen Ostgebiete, Danzig, Estland, Lettland, Litauen, die Sowjetunion, Polen, die Tschechoslowakei, Ungarn, Rumänien, Bulgarien, Jugoslawien, Albanien oder China verlassen hat oder verläßt, es sei denn, daß er, ohne aus diesen Gebieten vertrieben und bis zum 31. März 1952 dorthin zurückgekehrt zu sein, nach dem 8. Mai 1945 einen Wohnsitz in diesen Gebieten begründet hat (Aussiedler) ...

§ 12 Vertreibungsschäden

(1) Ein Vertreibungsschaden im Sinne dieses Gesetzes ist unter den Voraussetzungen des Absatzes 2 ein Schaden, der einem Vertriebenen im Zusammenhang mit den gegen Personen deutscher Staatsangehörigkeit oder deutscher Volkszugehörigkeit gerichteten Vertreibungsmaßnahmen in den zur Zeit unter fremder Verwaltung stehenden deutschen Ostgebieten oder in Gebieten außerhalb der Grenzen des Deutschen Reichs nach dem Gebietsstand vom 31. Dezember 1937 entstanden ist

1. an Wirtschaftsgütern, die zum land- und forstwirtschaftlichen Vermögen, zum Grundvermögen oder zum Betriebsvermögen im Sinne des Bewertungsgesetzes gehören,
2. an folgenden Wirtschaftsgütern, soweit sie nicht unter Nr. 1 fallen:
a) an Gegenständen, die für die Berufsausübung oder für die wissenschaftliche Forschung erforderlich sind,
b) an Hausrat,
c) an Reichsmarkeinlagen,
d) an anderen privatrechtlichen goldwerten Ansprüchen als Reichsmarkspareinlagen,
e) an Anteilen an Kapitalgesellschaften sowie an Geschäftsguthaben bei Erwerbs- und Wirtschaftsgenossenschaften,
f) an Gewerbsberechtigungen im Sinne des Bewertungsgesetzes.
3. als Verlust an Wohnraum,
4. als Verlust der beruflichen und sonstigen Existenzgrundlage ...

§ 16 Unbeschränkte Abgabepflicht
(1) Unbeschränkt abgabepflichtig sind
1. natürliche Personen, die zu Beginn des 21. Juni 1948 einen Wohnsitz oder ihren gewöhnlichen Aufenthalt im Geltungsbereich des Grundgesetzes oder in Berlin (West) gehabt haben;
2. die folgenden Körperschaften, Personenvereinigungen und Vermögensmassen, die zu Beginn des 21. Juni 1948 ihre Geschäftsleitung oder ihren Sitz im Geltungsbereich des Grundgesetzes oder in Berlin (West) gehabt haben:
a) Kapitalgesellschaften ...,
b) Erwerbs- und Wirtschaftsgenossenschaften,
c) Versicherungsvereine auf Gegenseitigkeit,
d) sonstige juristische Personen des privaten Rechts ...
§ 31 Die Vermögensabgabe beträgt einheitlich 50 vom Hundert des abgabepflichtigen Vermögens ...
§ 246 Schadensgruppen und Grundbeträge
(1) Auf Grund der Schadensfeststellung wird der unmittelbar Geschädigte in eine der nachfolgenden Schadensgruppen eingestuft. Die Hauptentschädigung bemißt sich nach einem Grundbetrag, welcher der Schadensgruppe entspricht, in die der unmittelbar Geschädigte eingereiht worden ist.

Zit. nach: Die Welt nach 1945. Geschichte in Quellen, a.a.O., S. 256 ff.

## 9. Gerd Bucerius: Rechnung für Hitlers Krieg

*Lastenausgleich – die größte Vermögensabgabe der Geschichte*

Manchmal fällt einem der Abschied nicht schwer. Seit dem 1. April 1949 mußte ich an das Finanzamt jedes Vierteljahr 650 Mark „Lastenausgleich" zahlen, jährlich 2 600, in dreißig Jahren zusammen 78 000 Mark. Das ist vorbei. Eben habe ich die letzte Rate gezahlt (und den Dauerauftrag bei der Bank widerrufen).

2 600 Mark im Jahr, das hat mich in den letzten Jahren nicht mehr getroffen. Dank Nannens *stern* und trotz schwerer Verluste in der *Zeit* war ich schließlich recht wohlhabend geworden (und das Geld weniger wert). Aber in den fünfziger Jahren gingen die Geschäfte schlecht; meine Ausgaben waren größer als die Einnahmen; die Zukunft war ungewiß; und ich mußte mich sehr verschulden. Da war der Lastenausgleich eine arge Last.

Sie war mir auferlegt worden, weil ich am Stichtag der Währungsreform (30. Juni 1948) Vermögen gehabt hatte. Daß ich es inzwischen verloren hatte, spielte keine Rolle. Wie mir ging es vielen: Über drei Millionen Westdeutsche, die etwas Vermögen gerettet hatten, sollten zahlen. 37 Milliarden wurden ihnen aufgebrummt, die sie, mit Zinsen, in dreißig Jahren abstottern mußten.

„Die Vermögensabgabe beträgt fünfzig Prozent des abgabepflichtigen Vermögens" (§ 31 Lastenausgleichsgesetz, LAG). Mein Vermögen waren zwei leicht beschädigte, im Krieg heruntergewirtschaftete, aber schuldenfreie Mietgrundstücke (beide am Stichtag der Währungsreform unverkäuflich) und einige noch nicht wieder notierte Aktien. Das „abgabepflichtige" Vermögen wurde – Beschädigung hin, Beschädigung her – nach dem Einheitswert berechnet; es waren bei mir etwa 96 000 Mark. Die Hälfte ging an den Lastenausgleich. Man brauchte aber nicht gleich bar zu bezahlen – so viele Grundstücke und Aktien hätten sich in kurzer Zeit gar nicht versilbern lassen. Deshalb: „Die Abgabeschuld wird am 1. April 1949 in gleichen Jahresleistungen, die Tilgung und Verzinsung umfassen, abgetragen" (§ 22 LAG). Diese Jahresleistung waren sechs Prozent der festgesetzten Schuld (für Mietgrundstücke nur fünf Prozent; für die Landwirtschaft vier). Die Laufzeit der Jahresleistungen wurde auf dreißig Jahre festgesetzt.

Lange hatte man gestritten, ob der Einheitswert als Meßlatte für die Abgabe nicht zu niedrig sei. Ich bin mir damals (mit 48 000 Mark Abgabeschuld) ziemlich gerupft vorgekommen – aber das meint jeder Schuldner. Sicher waren die Jahresleistungen niedrig. Eine Bank hätte von mir mehr verlangt. Ich habe deshalb meine „echte Schuld" immer um ein Drittel niedriger eingeschätzt.

„Echt" abgegeben habe ich von meinen 96 000 Mark also etwa 32 000 Mark. Daß mir der Rest blieb, war in der allgemeinen Armut ein Geschenk. Es half mir, nach der Währungsreform den ersten DM-Kredit von der Bank zu bekommen, den die *Zeit* zum Überleben brauchte (meine Partner waren mittellos); die Bank verlangte als Sicherheit alles, was ich besaß.
37 Milliarden der neuen Deutschen Mark, zu zahlen von drei Millionen Bürgern, das war die größte Vermögensabgabe der Weltgeschichte.
Ein gewaltiges Gesetz; heute ist es fast vergessen. Wie kam es zustande? Nach dem Kriege waren in das Gebiet der heutigen Bundesrepublik (damals „Tri-Zone" genannt) zunächst sechs, später fast zehn Millionen Vertriebene aus dem Osten gekommen, viele nur mit durchgewetzten Schuhsohlen, einige mit einem kleinen Koffer, die ganz Klugen mit Unterlagen darüber, was sie im Osten verloren hatten. Das waren zusammen etwa vierzig Milliarden Reichsmark. Der Bombenkrieg hatte zudem fast ein Drittel des deutschen Hausbesitzes zerstört. Verlust etwa zwölf Milliarden Reichsmark. Auch die Währungsreform hatte Schäden verursacht: Wer einem anderen ein Darlehen von tausend Reichsmark gegeben hatte, konnte nur noch zehn Prozent davon, also hundert Deutsche Mark fordern. Wer ein Sparkassenguthaben von tausend Reichsmark hatte, bekam sogar nur 65 Deutsche Mark. Alle Hypotheken waren auf ein Zehntel abgewertet. Verluste: etwa zehn Milliarden. Alle Schäden zusammen ergeben sechzig Milliarden Reichsmark.
Die Vertriebenen, die Bombengeschädigten und die Währungsgeschädigten verlangten, wir sollten an ihrem Schicksal teilhaben; wir sollten Beträchtliches aus unserem Vermögen zur Deckung ihrer Schäden abgeben. Alle, auch die Geschädigten, waren sich darüber klar, daß die dazu nötigen riesigen Vermögensbewegungen den Wiederaufbau ernstlich hätten verhindern können, ginge man nicht behutsam zu Werke. Auf der einen Seite also Millionen schwer Geschädigter; ihre Unzufriedenheit drohte unsere Gesellschaft zu sprengen. Auf der anderen Seite eine darniederliegende Wirtschaft mit ungewisser Zukunft ...
Wer einen Prozentsatz vom Vermögens- oder Hausratsschaden ersetzen will, muß erst einmal feststellen, wieviel der Vertriebene einst besessen hatte. „In der kalten Heimat waren sie alle reich", erboste man sich damals an westlichen Kaminen. Befragt, ob die Vertriebenen gemogelt hätten, sagten mir die Ämter aber: „Kaum". Freilich hätten die Vertriebenen den Wert ihres verlorenen Besitzes schon mal überschätzt. Aber auch damit seien sie nicht durchgekommen.
Schnell und in aller Stille hatten die Lastenausgleichsämter eine staunenswerte Organisation aufgebaut. Meldete ein Vertriebener aus Breslau, er habe ein Speditionsunternehmen verloren, so ging der Vorgang an eine beim Landesausgleichsamt Hamburg gebildete Stelle, genannt „Vorort". Dort wurden alle Schadensmeldungen gesammelt, die Speditionen betrafen; auch über Schiffe, Nahrungsmittelindustrie, Feinkost, Kolonialwaren, Nährmittel, Fische und Fischwaren, Öle und Fette. Der „Vorort Baden-Württemberg" bearbeitete die Schäden aus der Fahrzeugindustrie, den Dekorationsbetrieben, Holzwaren und Süßwarenindustrie. Da sich beim „Vorort Hamburg" nicht nur der eine Fuhrunternehmer aus Breslau, sondern auch die Konkurrenz meldete, bekam man Gelegenheit, die Betriebe untereinander und die Glaubwürdigkeit ihrer Inhaber zu vergleichen. Das bremste manchen Höhenflug bei den Anmeldungen.
Daneben gab es 41 „Heimatauskunftsstellen". Alle Schadensfälle aus der Provinz Posen wurden zum Beispiel bei der „Heimatauskunftsstelle Hamburg" gesammelt. Die Heimatauskunftsstelle Lübeck war für Ostpreußen zuständig und so weiter. Akribisch wurden alle Unterlagen zusammengetragen, miteinander verglichen, die Antragsteller zu präzisen Auskünften gezwungen. Noch vorhandene Grundbücher wurden dort deponiert, Grundbuchauszüge (die die Vertriebenen mitgebracht hatten) gesammelt. Telephon- und Adreßbücher sind dort verfügbar. Noch kürzlich hat die Bundesbahndirektion in Altona der Heimatauskunftsstelle Hamburg zwei Zentner Personalakten aus dem Osten zur Verfügung gestellt.
Ein fast unheimlich präzises Bild über die Vermögens- und Einkommensverhältnisse der vertriebenen Bürger aus dem Osten ist so entstanden – für Mogelei kaum Raum, wenn sie je beabsichtigt wurde. Die Vertriebenen waren nicht nur tüchtig, sie waren auch ehrlich.

Aus: „Die Zeit" vom 13.4. 1979

## 10. Das Wagnis der Marktwirtschaft

Der Auftrieb, den der Abschluß des Petersberger Abkommens[1]) der Bundesregierung gebracht hatte, hielt nicht lange an. Ihre Popularitätskurve, die von der rasch aufblühenden Zunft der Demoskopen von jetzt an monatlich ermittelt wurde, sackte ab, und die Zahl der Unzufriedenen nahm zu. Für Adenauer begann eine der kritischsten Perioden seiner gesamten Kanzlerschaft, die erst nach Verkündung des Schuman-Plans im Mai 1950 durch ein kurzes Zwischenhoch abgelöst wurde.

Die Hauptschwierigkeiten kamen aus dem wirtschaftlichen Bereich. Hier hatte sich die Erholung, die nach der Währungsreform stürmisch eingesetzt hatte, im Jahr 1949 spürbar verlangsamt. Immerhin war die Produktionskurve bis November 1949 merklich angestiegen; aber dann wurde sie beunruhigend rückläufig. Der Index der Industrieproduktion sackte von 104 im November 1949 auf 93 im Januar 1950 ab. Entsprechend erhöhten sich die ohnehin beträchtlichen Arbeitslosenzahlen. Im September 1949, als die neue Regierung ihr Amt antrat, beliefen sie sich auf 8,8 Prozent von 13,6 Millionen Beschäftigten; im Februar 1950 waren bereits 13,5 Prozent arbeitslos – knapp unter 2 Millionen.

Die Gründe für diese ungünstige Entwicklung waren sowohl struktureller wie konjunktureller Natur. Für die Überwindung der immer noch unerträglich drückenden Kriegsfolgen war eine sehr viel höhere Produktivität erforderlich als nur die des Jahres 1936. Doch überall fehlte es an Kapital. Erschwerend wirkten sich auch die vielfältigen alliierten Produktionsbeschränkungen und die politischen Unsicherheiten vor allem im Bereich der Grundstoffindustrie aus.

Immerhin hatte der Außenhandel eine vergleichsweise günstige Entwicklung genommen. Doch auch hier konnten die Ungleichgewichte noch längst nicht als überwunden angesehen werden. Zwar waren die klaffenden Devisenlücken zur Deckung der dringendsten Nahrungsmittel-, Rohstoff- und Grundstoffimporte erst einmal mit ERP-Mitteln geschlossen und deren Weiterfließen bis 1952 einigermaßen gesichert. Aber noch eine Studie aus dem Jahr 1950 schätzte, daß bis zum Ausgleich der Zahlungsbilanz fünf Jahre vergehen würden. 1949 mußte rund ein Drittel der Einfuhren aus ausländischen Zuschüssen bezahlt werden. Und die deutsche Arbeitsproduktivität lag aufgrund der Investitionslücke merklich niedriger als im westlichen Ausland.

Gegenüber der Vorkriegszeit waren Export- und Importstruktur noch total verzerrt. Der Fertigwarenexport, einst das Rückgrat des deutschen Außenhandels, zog erst langsam wieder an. Er wurde durch die Investitionslücke im Inland und durch die politischen Rahmenbedingungen ebenso behindert wie durch die Barriere der in Westeuropa bestehenden Handelshemmnisse. Hinzu kamen nun noch die anfänglich ungünstigen Auswirkungen der Abwertungen der westeuropäischen Währungen im September 1949.

Auf der Einfuhrseite waren im Jahr 1949 noch 49 Prozent Ernährungsgüter. Das gesamte Reich hatte 1936 rund 35 Prozent importiert. So konnten die für künftige Exporterfolge entscheidend wichtigen Rohstoff- und Halbfertigwarenimporte aufgrund von Devisenknappheit und verschlechterter *terms of trade* nur mühsam gesteigert werden.

Auf dem Ernährungssektor machte sich der Verlust der Ostgebiete und die um 21 Prozent vergrößerte Bevölkerungszahl voll bemerkbar. Immerhin hatte der Harmssen-Bericht von Ende 1947 prophezeit: „Ohne Wiederherstellung des status quo im Osten kann nur Tod oder Auswanderung von 20 Millionen Deutschen die Ernährungslage wirksam erleichtern." Inzwischen war man zwar etwas optimistischer geworden. Aber für Hunderttausende von Vertriebenen, die in den industriearmen Gebieten Schleswig-Holsteins, des nördlichen Niedersachsen und im Bayerischen Wald zusammengedrängt waren, fehlte es an Arbeitsplätzen. Während der Vertriebenen- und Zuwandereranteil an der Bevölkerung im April 1949 16 Prozent betrug, machte ihr Anteil an den Arbeitslosen fast 40 Prozent aus.

Zu diesen und anderen strukturellen Problemen kam die relative konjunkturelle Abschwächung.

[1]) vgl. S. 230

Der Kaufwelle in den Monaten nach der Währungsreform war eine verringerte Inlandsnachfrage gefolgt. Sie resultierte sowohl aus dem Kapitalmangel der Unternehmen wie aus der insgesamt noch sehr niedrigen Einkommensstruktur der Arbeitnehmer. Der Brutto-Stundenverdienst der Industriearbeiter lag im September 1949 im Durchschnitt bei 120 Pfennigen, der Wochenverdienst bei rund 55 DM. Das reale Bruttoeinkommen der Beamten betrug noch im Herbst 1952 nur 85 bis 89 Prozent der Einkommen von 1938.
Die Leistungen der öffentlichen Hand für Alte, Kriegsopfer, Kriegshinterbliebene, Versehrte waren mit einem Anteil von rund 40 Prozent an den Ausgaben der öffentlichen Haushalte zwar sehr hoch. Aber da 14 bis 17 Millionen ganz oder teilweise von öffentlichen Sozialhilfeleistungen lebten, waren die Renten verzweifelt niedrig. Sie lagen damals im Durchschnitt unter 100 DM monatlich. Der Mindestsatz der Witwen- und Waisenrente belief sich beispielsweise ab Juni 1949 auf 40 DM monatlich, der Invalidenrente und des Ruhegeldes auf 50 DM monatlich. Vom privaten Konsum konnten also erst einmal keine entscheidenden konjunkturellen Impulse ausgehen.
Die Wirtschaftspolitik der Bundesregierung begegnete dieser Herausforderung mit einem Konzept, das sich einerseits zwar in traditionellen Bahnen bewegte, andererseits aber reformerisch und eminent zeitgemäß war. Traditionell war die seit den Tagen des Frankfurter Wirtschaftsrats betriebene Wirtschaftspolitik insofern, als sie die fast unlösbar erscheinenden Schwierigkeiten einer im ganzen rohstoffarmen, von Nahrungsmitteleinfuhren abhängigen Wirtschaft mit dem Ausbau des Landes zu einer hochqualifizierten „Exportmaschine" beantwortete. Damit wurde an das alte Erfolgsrezept angeknüpft, mit dem sich Deutschland in der Wilhelminischen Ära schon einmal seinen Platz auf den Weltmärkten erobert hatte. Reformerisch war diese Politik, weil sie das Ziel des Wiederaufbaus und der Rückkehr zu den Weltmärkten mit dem Konzept des wirtschaftlichen Liberalismus anstrebte. Das bedeutete eine konsequente Abkehr von der bisher vorherrschenden Doktrin und Praxis, wie sie im Dritten Reich etabliert worden waren und unter der Besatzungsherrschaft bis Mitte 1948 ihre Fortsetzung gefunden hatten ...
Gab man dem Aufbau eines leistungsfähigen Produktionsapparates unbedingten Vorrang, so mußten kurzfristig die Härten und Ungerechtigkeiten einer konservativen Finanzpolitik akzeptiert werden. Es schien dann auch gerechtfertigt, mit jenen berühmten steuerpolitischen Instrumenten zu arbeiten, von denen in den ersten Jahren der Bundesrepublik saftige Anreize zur Investition ausgingen, die freilich gleichzeitig erst einmal die wirtschaftlich Starken prämiierten. Großzügige Abschreibungsvergünstigungen und eine Senkung der Einkommensteuer für Selbständige zielten, besonders in den Jahren 1949 und 1950 darauf ab, Investitionen durch Selbstfinanzierung zu ermöglichen. Da der Kapitalmarkt noch völlig darniederlag und ausländische Anleger zudem recht lange eine ausgeprägte Zurückhaltung an den Tag legten, mußte anfänglich wohl oder übel erst einmal eine Selbstfinanzierung der Unternehmen über die Preise akzeptiert werden. Dies führte allerdings dazu, daß der Zuwachs des Volkseinkommens in überdurchschnittlichem Ausmaß den Kapitaleigentümern zufloß. Das wurde von SPD und Gewerkschaften entsprechend scharf kritisiert. Die Regierung wußte natürlich, daß dies in absehbarer Zeit durch Lohnerhöhungen wieder ausgeglichen werden mußte, was dann tatsächlich seit 1952 auch geschah. Vorerst aber wurde durch Verzicht auf umfassende Investitionsplanung ein marktgerechter Einsatz der knappen Ressourcen erreicht, der Initiative und Leistungsfähigkeit hoch prämierte, den Grundstock für viele größere und kleine Unternehmen legte und den vom Krieg getroffenen Betrieben einen Wiederaufbau ihres Produktionsapparates erlaubte. Dabei wurde übrigens auch deutlich, daß bereits in den letzten Jahren der Wirtschaftsplanung des Dritten Reiches unter Albert Speer umfangreiche Modernisierungen vorgenommen worden waren, die jetzt späte Früchte trugen.
Das polemische Schlagwort vom Laissez-faire-Kapitalismus, das damals und später von den Kritikern dieser Politik verwendet wurde, verdeckte allerdings die Tatsache, daß auch die Wirtschaftspolitik der frühen Adenauer-Ära durchaus starke planerische Elemente beinhaltete und darüber hinaus auch den sozialpolitischen Erfordernissen gerecht zu werden suchte.
Dirigismus war anfänglich noch in vielen Bereichen unerläßlich: etwa bei der Rohstoffein- und -ausfuhr, in den Bereichen der Versorgung und des Verkehrs, im Wohnungswesen, beim Devisen-

geschäft, auf dem Kapitalmarkt und natürlich auf dem Ernährungssektor. Auch auf eine gewisse Investitionslenkung oder auf Direktinvestitionen der öffentlichen Hand konnte und wollte die Regierung nicht verzichten, sowohl beim Wohnungsbau wie in der zurückgebliebenen Grundstoffindustrie und beim Wiederaufbau des Verkehrswesens. Schließlich war auch die Steuergesetzgebung ein Instrument wirtschaftlicher Lenkung: Sie regte Investitionen im gewerblichen Produktionssek-

**11. Flugblatt der SPD vom Mai 1951**

# Bonner Bilanz!

## Dr. Adenauer regiert seit über 20 Monaten!

**RESULTAT**

Hunderttausende von Jugendlichen ohne Aussicht auf Lehrstellen.

1 400 000 Arbeitslose.

10 Millionen Menschen mit weniger als 100 DM Einkommen im Monat.

Sinkendes Real-Einkommen für die Mehrheit der Bevölkerung.

Noch immer kein Lastenausgleich für die Geschädigten.

**ABER**

200 neue Millionäre

Kohlenkarten und beginnende Zwangswirtschaft.

800 Millionen DM Devisenschiebungen.

Steigende Preise auf allen Gebieten.

Steigerung der Industriegewinne gegenüber 1936 um 330 Prozent.

## Abtreten, Herr Bundeskanzler!

Helft uns eine bessere Bundesregierung schaffen!

Wir versprechen keine Wunder – – –
aber wir halten unser Wort!

SPD

Herausgeber: Vorstand der SPD.

Aus: Hans-Peter Schwarz, Die Ära Adenauer 1949–1957, a.a.O., S. 81

tor, im Wohnungsbau, im Schiffsbau an und prämiierte das Sparen. Das langfristige Konzept war durchaus marktwirtschaftlich orientiert, die Praxis aber erst einmal die einer gemischtwirtschaftlichen Ordnung.
Auch die sozialen Komponenten fehlten nicht. Eine nach wie vor dirigistische Landwirtschaftspolitik hielt die Lebensmittelpreise niedrig. Die öffentlichen Haushalte waren durch fürsorgerische Maßnahmen für das Millionenheer der Mittellosen und durch die Bereitstellung von Starthilfen für die Vertriebenen aufs äußerste angespannt. Entsprechend drückend war die Besteuerung. 1913 machte die Steuerlast einschließlich der Sozialversicherungsbeiträge nur rund 10,1 Prozent des Bruttosozialprodukts aus, 1938 waren es 28,4 Prozent, 1949 31,6 Prozent und 1951 32,2 Prozent – also fast ein Drittel! Dabei erfaßte die Steuerprogression auch relativ niedrige Einkommen. Entsprechend groß war vielfach der Unmut über die Steuervergünstigungen für Kapitaleigentümer. Umverteilungsmaßnahmen zugunsten der Arbeitnehmer generell waren jedoch in dieser Phase noch nicht möglich. Immerhin ließ sich die den Gewerkschaften abverlangte Lohndisziplin mit dem Hinweis auf die 14 bis 17 Millionen Nicht-Erwerbstätigen rechtfertigen, die am Rande des Existenzminimums zu leben gezwungen waren.
Freilich wirkten jetzt die Ungleichheiten provozierend. Während die Misere vor der Währungsreform noch mehr oder weniger alle betroffen hatte, standen nun die Millionen Minderbemittelter und große Gruppen der Arbeitnehmerschaft vor vollen Geschäften und wurden oft Zeugen des Luxus einer bereits wieder in guten Einkommensverhältnissen lebenden Schicht der Eigentümer alten Vermögens oder neu zu Reichtum Gekommener. Derartige krasse Ungleichheiten durften nur von kurzer Dauer sein, wenn sie nicht zu einem politischen Umschwung führen sollten. Die Befürworter der neuen Wirtschaftspolitik waren sich darüber voll im klaren.
So gesehen war die Erhardsche Wirtschaftspolitik der Jahre 1949 bis 1951 ein Wettlauf mit der Zeit. Ganz offenkundig bedeutete sie ein Wagnis und für die Parteien, die sie trugen, ein erhebliches Risiko. Sie setzte bewußt auf mittelfristige Erfolge und nicht auf kurzfristige Erleichterung oder gar auf Verteilungsgerechtigkeit. Strukturelle Arbeitslosigkeit wurde im Interesse der Stärkung von Produktionskapazität und internationaler Wettbewerbsfähigkeit erst einmal in Kauf genommen.

Aus: Hans-Peter Schwarz, Die Ära Adenauer 1949–1957, a.a.O., S. 77 ff.

## 12. Ludwig Erhard: Die „soziale Marktwirtschaft" zieht Bilanz

Kürzlich bin ich im Ausland gefragt worden, warum wir die westdeutsche Wirtschaftspolitik eigentlich als „soziale Marktwirtschaft" bezeichnen. Von außen her sei nicht so sehr das soziale wie das freiheitliche Prinzip zu erkennen. Man möchte wissen, wo die Wendung gegenüber alten liberalen Auffassungen und Prinzipien liegt. Das Prinzip zu würdigen ist tatsächlich wichtig, weil heute alle freien Völker Europas vor der Aufgabe stehen, über den engen nationalen Raum hinauszufinden. Im Gegensatz zum manchesterlichen Liberalismus bin ich der Auffassung, daß die von ihm gesetzte Freiheit allenthalben mißbraucht worden ist: durch eine Freiheit, die man sich genommen hat, um die Freiheit zu unterbinden. In Deutschland wird mir von industrieller Seite oft gesagt, es müsse doch die Freiheit bleiben, Kartelle bilden und Preise fixieren zu dürfen. Damit bin ich nicht einverstanden.
Die heutige Wirtschaftspolitik beruht auf dem Grundsatz eines unverfälschten und ungehemmten Leistungswettbewerbs. Sie will dafür sorgen, daß trotz dieses Leistungswettbewerbs die wirtschaftliche Expansion nicht unterbrochen wird. Vor allen Dingen aber will sie dafür sorgen, daß der wirtschaftliche Fortschritt in allen Teilen der Wirtschaft Eingang findet. Bei uns ist jeder einzelne Betrieb darauf angewiesen, in der Fortschrittlichkeit der Technik, in der Rationalisierung mit am Zuge zu bleiben, um sich selbst behaupten zu können. Darüber hinaus wollen wir dafür sorgen, daß die Fortschritte der Wirtschaft sich nicht nur in Renten niederschlagen, sondern sich auswirken in einer Verbesserung des Lebensstandards aller Menschen. Wenn gesagt wird, im Mittelpunkt der westdeutschen Wirtschaftspolitik stehe der Markt, dann ist das nur eine unvollkommene Feststel-

lung. Gewiß ist der Markt im funktionellen Sinne die entscheidende Institution, doch im Mittelpunkt steht eigentlich der Verbraucher. Für eine gesunde und soziale Wirtschaftspolitik gibt es nach meiner Ansicht nur einen Maßstab: das ist der Verbrauch. Es gibt nur einen Richter: das ist der Verbraucher! ...

Gegenüber der gelegentlich zu hörenden Behauptung, die soziale Marktwirtschaft sei eigentlich nur die Verbrämung von irgendwelcher wirtschaftlicher Interessenpolitik, verweise ich darauf, daß wir in Westdeutschland 1948 eine Politik betreiben mußten, die es der Unternehmungswirtschaft gestattet hat, nun auch so viel zu erwirtschaften, daß sie den veralteten und verschlissenen Produktionsapparat tatkräftig aufbauen konnte. Zu jener Zeit standen hinter uns 10 Millionen Flüchtlinge mit ungefähr 2½ Millionen erwerbsfähigen Menschen, die in die Arbeit hineindrängten. Wir hatten keine Zeit, zunächst einmal zu sagen, in 10 oder 15 Jahren werde sich das schon allmählich aufsaugen. Die Flüchtlinge warteten darauf, arbeiten zu können, um leben zu können! Wir mußten die uns aus der Zerstörung überkommenen Arbeitsplätze wieder so ergiebig werden lassen, daß sie auch vom Standpunkt der Weltwirtschaft und eines weltweiten Wettbewerbs gesichert sind. Wenn wir in drei Jahren die deutsche Leistung wieder so hochgezogen haben, daß wir antreten können vor der übrigen Welt, und wenn wir dazu über zwei Millionen neue Arbeitsplätze geschaffen und das Realeinkommen des Arbeiters über den Vorkriegsstand erhöht haben, dann kann diese Wirtschaftspolitik sich mit Fug und Recht „sozial" nennen. Diese Wirtschaftspolitik ist gerade deshalb so sozial, weil sie bei scheinbarer brutaler Härte in bezug auf die Entfaltung des Wettbewerbs durch dieses Prinzip eben doch dafür sorgt, daß in dem dauernden Fortschritt der Leistung, in der Hingebung der Leistung an das ganze Volk, an den Verbrauch, an den Lebensstandard die beste soziale, die beste ökonomische und wahrscheinlich auch die beste politische Wirkung erzielt werden.

Aus: Bulletin der Bundesregierung vom 28.2. 1953, S. 323 f.

## 13. Politische Betätigung von Angehörigen des öffentlichen Dienstes gegen die demokratische Grundordnung

(Beschluß der Bundesregierung vom 19.9. 1950)

Die Gegner der Bundesrepublik verstärken ihre Bemühungen, die freiheitliche demokratische Grundordnung zu untergraben. Jede Teilnahme an solchen Bestrebungen ist unvereinbar mit den Pflichten des öffentlichen Dienstes. Alle im unmittelbaren oder mittelbaren Bundesdienst stehenden Personen haben sich gemäß § 3 des vorläufigen Bundespersonalgesetzes durch ihr gesamtes Verhalten zur demokratischen Staatsordnung zu bekennen. Wer als Beamter, Angestellter oder Arbeiter im Bundesdienst an Organisationen oder Bestrebungen gegen die freiheitliche demokratische Staatsordnung teilnimmt, sich für sie betätigt oder sie sonst unterstützt, wer insbesondere im Auftrag oder im Sinne der auf Gewalthandlungen abzielenden Beschlüsse des 3. Parteitages der kommunistischen SED[1]) und des sogenannten „National-Kongresses" wirkt, macht sich einer schweren Pflichtverletzung schuldig.

Zu den Organisationen, deren Unterstützung mit den Dienstpflichten unvereinbar sind, gehören insbesondere:

1. die Kommunistische Partei Deutschlands mit allen ihren Unterorganisationen,
2. die sozialdemokratische Aktion,
3. die Freie Deutsche Jugend (FDJ),
4. die Vereinigung der Sowjetfreunde,
5. die Gesellschaft zum Studium der Kultur der Sowjet-Union,
6. der Kulturbund zur demokratischen Erneuerung Deutschlands,
7. der gesamtdeutsche Arbeitskreis für Land- und Forstwirtschaft,
8. das Komitee der Kämpfer für den Frieden,
9. das Komitee der Jungen Friedenskämpfer,

[1]) vgl. Nr. 1, S. 396 f.

10. Die Vereinigung der Verfolgten des Naziregimes (VVN),
11. die Sozialistische Reichspartei,
12. die sogenannte „Schwarze Front" (Otto-Strasser-Bewegung),
13. die „Nationale Front" (Dachorganisation).

Die Bundesregierung ersucht die Dienstvorgesetzten, gegen Beamte, Angestellte und Arbeiter, die ihre Treuepflicht gegenüber der Bundesrepublik durch Teilnahme an solchen Organisationen oder Bestrebungen verletzen, die erforderlichen Maßnahmen zu ergreifen. Gegen Schuldige ist unnachsichtig die sofortige Entfernung aus dem Bundesdienst, und zwar bei Beamten auf Lebenszeit durch Einleitung eines förmlichen Dienststrafverfahrens unter gleichzeitiger vorläufiger Dienstenthebung und Gehaltseinbehaltung, bei Beamten auf Widerruf durch Widerruf, bei Angestellten und Arbeitern durch fristlose Kündigung herbeizuführen.

Die Bundesregierung empfiehlt den Landesregierungen, sofort entsprechende Maßnahmen zu treffen.

Zit. nach: Gemeinsames Ministerialblatt 1 (1950), Nr. 12, S. 93

## 14. Zur Kontinuität des Berufsbeamtentums

Es ist zwar sicher richtig, daß weder 1947 in Frankfurt (bei der Etablierung der Bizonenverwaltung) noch 1949 in Bonn die Möglichkeit bestand, eine Zentralverwaltung von einer „tabula rasa" aus neu aufzubauen, wenn die anstehenden immensen Probleme mit einiger Aussicht auf Erfolg überhaupt gelöst werden sollten. Dennoch gehört das Ausmaß der Restauration im öffentlichen Dienst und das fehlende politische Fingerspitzengefühl in einigen herausgehobenen Personalentscheidungen zu jenen fatalen Hypotheken, die nicht zuletzt bei der nachgewachsenen jüngeren Generation die innere Glaubwürdigkeit eines freiheitlich-demokratischen Rechtsstaates belastet haben. Die starke Kontinuität des Berufsbeamtentums läßt sich geradezu als ein generelles Merkmal aller großen Umbrüche der deutschen Geschichte des 20. Jahrhunderts verstehen. Wenn auch in unterschiedlichen Erscheinungsformen und Auswirkungen hat sich das Berufsbeamtentum 1918, 1933 und 1945 mit dem ihm eigenen Beharrungsvermögen zu halten gewußt. Die Versuche der Westalliierten zur strukturellen Reform des öffentlichen Dienstes (allgemeine Zugänglichkeit, Leistungsprinzip, Einschränkung der aktiven politischen Tätigkeit ohne Aufgabe des Beamtenstatus, Beseitigung der Privilegien, Ablehnung des Juristenmonopols) wurden von der Bundesregierung – seit dem Zusammentritt des zu 61 Prozent aus Beamten bestehenden Parlamentarischen Rats von der Beamtenlobby wirkungsvoll unterstützt – erfolgreich torpediert, so daß im Bundesbeamtengesetz von 1953 die zuletzt im Reichsbeamtengesetz von 1937 fixierten Grundsätze des Beamtentums für Bund, Länder und Gemeinden voll wiederhergestellt wurden. Darüber hinaus kehrte das alte Personal in großem Umfang zurück. Daß dieser Prozeß nach dem Ende des Dritten Reiches erneut unaufhaltsam schien, war freilich nicht nur auf die Sachzwänge zurückzuführen, sondern wesentlich auch auf den durch den weltpolitischen Konstellationswandel und die Teilung Deutschlands hervorgerufenen Stopp des Entnazifizierungsverfahrens, das schließlich in eine umfassende Rehabilitierung einmündete.

Auf Veranlassung Adenauers als Präsident des Parlamentarischen Rates stellte ein Sachverständigengremium bereits Ende 1948 Überlegungen zum Personal einer künftigen Bundesverwaltung an. Das Ergebnis lautete: Es gebe nur ein geringes Potential an für die Bundesministerien geeigneten Kräften, da politisch nicht belastetes geeignetes Personal zumeist schon in festen und befriedigenden Stellungen sei. Verblieben seien im wesentlichen solche, die zumindest formale Beziehungen zum Nationalsozialismus gehabt hätten. Eine Liste von 26 Kandidaten für ein künftiges Bundesinnenministerium enthielt dann auch nur einen Namen ohne jede NS-Belastung. Von diesen 26 hatten 15 im Reichsinnenministerium gearbeitet (darunter auch Hans Globke), acht im preußischen Innenministerium. Drei von ihnen waren beim Entnazifizierungsverfahren in die Gruppe IV (Mitläufer), 20 (darunter Globke) in V (Entlastete) eingestuft worden.

Inwieweit die beiden hier genannten Ministerien hinsichtlich ihres Pg-Anteils repräsentativ für die

Bundes- und Länderministerien sind, läßt sich nicht sagen, da derartige Angaben über die personelle Erstausstattung fehlen oder nur fragmentarisch vorliegen. Verbietet sich über Einzelbeispiele hinaus eine generelle Aussage, zumal eine im administrativen Bereich ohnehin hohe nominelle NSDAP-Mitgliedschaft allein noch wenig Hinweise auf den Grad der politischen Belastung bot, gab es andererseits herausragende Einzelfälle, die bereits in der zeitgenössischen Diskussion Gegenstand heftiger Kritik wurden. Zu ihnen gehörte in erster Linie der von 1949 bis 1953 als Abteilungsleiter und danach zehn Jahre als Staatssekretär im Bundeskanzleramt fungierende Jurist Hans Globke. Obwohl sich Politiker wie Bundesinnenminister Heinemann und der ehemalige Widerstandskämpfer Jakob Kaiser für ihn einsetzten – er selber hielt einen Staatssekretärposten für inopportun und bot später auch mehrmals seinen Rücktritt an –, war sein Name mit dem Kommentar zu den Nürnberger Rassegesetzen von 1935 verbunden. Globke hatte zwar nicht der NSDAP angehört, der Grund dafür lag jedoch darin, daß sein Aufnahmeantrag von 1940 am Einspruch des Leiters der Parteikanzlei Bormann gescheitert war. Dabei spielten seine politische Tätigkeit im früheren Zentrum und seine Verbindung zu kirchlichen Kreisen eine wesentliche Rolle. Globke wurde zur Schaltstelle der Personalpolitik im Bundeskanzleramt. Daß seine überragenden administrativen Fähigkeiten und seine engen, in die Nähe des Widerstands gerückten Verbindungen zum katholischen Klerus im Dritten Reich für die Verteidiger Globkes seinerzeit schwerer wogen als seine erhebliche politische Kompromittierung, wirft ein bezeichnendes Schlaglicht auf die Form der Auseinandersetzung mit dem Dritten Reich in der frühen Bundesrepublik. Ein gravierender Fall war auch die Ernennung Theodor Oberländers zum Minister für Vertriebene (1953–1960). Ihm wurde vorgeworfen, als Kommandeur des Bataillons „Nachtigall" 1941 in Lemberg für Massenhinrichtungen verantwortlich gewesen zu sein, doch wurde ein Ermittlungsverfahren eingestellt. Adenauer selber bezeichnete dessen Vergangenheit als „tiefbraun".

Auf einer prinzipiell anderen Ebene wird man demgegenüber die Ausfüllung des Artikels 131 des Grundgesetzes ansiedeln müssen, der eine bundesgesetzliche Regelung für die öffentlichen Bediensteten vorschrieb, die „aus anderen als beamten- oder tarifrechtlichen Gründen ausgeschieden" und noch nicht wieder eingesetzt waren. Ein entsprechendes Gesetz, das mit den Stimmen der Regierungsparteien und der SPD verabschiedet wurde, trat im Mai 1951 in Kraft. Danach erhielten ca. 150000 Angehörige des öffentlichen Dienstes, die durch die Entnazifizierung ihre Stellung verloren hatten, ihre Versorgungsansprüche und Arbeitsmöglichkeit im Staatsdienst zurück. Das Gesetz verpflichtete die öffentlichen Arbeitgeber, 20 Prozent ihrer Etats für die Einstellung dieses Personenkreises zu verwenden, dabei jedoch darauf zu achten, daß untragbare Personen keinen Anspruch haben sollten. In der Praxis boten sich hier jedoch zahlreiche Schlupflöcher, durch die auch schwer belastete Beamte wieder in den Staatsdienst gelangen konnten. Eine fast völlig ungebrochene Kontinuität ergab sich vor allem im Bereich der Justiz. Auch belastete Richter wurden in großer Zahl wieder eingestellt.

Das Rehabilitierungsproblem stellte sich auch noch auf einer weiteren Ebene. Die seit Ausbruch des Korea-Krieges forcierte deutsche Wiederbewaffnung ließ sich nicht ohne Unterstützung des alten militärischen Personals realisieren. Auch hier forcierten somit die äußeren Umstände eine starke personelle Kontinuität. Darüber hinaus aber war es zur inneren Legitimation einer neuen Armee notwendig, Politik und Militär im Dritten Reich sorgsam voneinander zu trennen und so eine „reine" soldatische Tradition zu erhalten. In diesem Sinne gab Adenauer am 3. Dezember 1952 vor dem Bundestag eine pauschale Ehrenerklärung ab, welche die Verstrickung der Armee in verbrecherische Angriffskriege ausklammerte: „Ich möchte heute vor diesem Hohen Hause im Namen der Bundesregierung erklären, daß wir alle Waffenträger unseres Volkes, die im Namen der hohen soldatischen Überlieferungen ehrenhaft zu Lande, auf dem Wasser und in der Luft gekämpft haben, anerkennen. Wir sind überzeugt, daß der gute Ruf und die große Leistung des deutschen Soldaten trotz aller Schmähungen während der vergangenen Jahre in unserem Volke noch lebendig sind und auch bleiben werden. Es muß unsere gemeinsame Aufgabe sein – und ich bin sicher, wir werden sie lösen –, die sittlichen Werte des deutschen Soldatentums mit der Demokratie zu verschmelzen".

Bei aller Betonung von Kontinuitäten in der personellen und sozialen Rekrutierung der Verwaltung, der Justiz und des Militärs in der frühen Bundesrepublik kann gleichwohl nicht übersehen werden, daß im Unterschied zu Weimar diese Gruppen nach der Erfahrung von Nationalsozialismus und Entnazifizierung nun erstmals bereit waren, einen demokratischen Staat und seine Spielregeln zu akzeptieren. Insofern stand neben dem starken Element der Kontinuität auch das des Kontinuitätsbruchs.

Aus: Christoph Kleßmann, Die doppelte Staatsgründung, a.a.O., S. 252 ff.

## 15. Ergebnis der Bundestagswahl vom 6.9.1953

Wahlberechtigt: 33 121 066 | Wahlbeteiligung: 83,2%
Gültige Stimmen: 27 551 376 | Mandate: 487

| | Stimmen absolut | Stimmen-anteil in % | Mandate WK | LL | insg. | Mandats-anteil in % |
|---|---|---|---|---|---|---|
| CDU/CSU | 12 444 055 | 45,2 | 172 | 71 | 243 | 49,9 |
| SPD | 7 944 953 | 28,8 | 45 | 106 | 151 | 31,0 |
| FDP | 2 629 169 | 9,5 | 14 | 34 | 48 | 9,9 |
| GB-BHE | 1 616 956 | 5,9 | – | 27 | 27 | 5,5 |
| DP | 986 230 | 3,2 | 10 | 5 | 15 | 3,1 |
| KPD | 607 761 | 2,2 | – | – | – | – |
| BP | 465 641 | 1,7 | – | – | – | – |
| GVP | 318 476 | 1,1 | – | – | – | – |
| DRP | 295 746 | 1,1 | – | – | – | – |
| Z | 217 078 | 0,8 | 1 | 2 | 3 | 0,6 |
| DNS | 70 726 | 0,3 | – | – | – | – |
| SSW | 44 585 | 0,2 | – | – | – | – |

(WK = Wahlkreis, LL = Landesliste)

Abkürzungen der Parteinamen:

| | | | |
|---|---|---|---|
| BP | Bayernpartei | GB | Gesamtdeutscher Block |
| DP | Deutsche Partei | GVP | Gesamtdeutsche Volkspartei |
| DNS | Deutschnationale Sammlung | SSW | Südschleswigscher Wählerverband |
| DRP | Deutsche Reichs-Partei | Z | Zentrum |

Nach: Heino Kaack, Geschichte und Struktur des deutschen Parteiensystems, Opladen 1971, S. 216

## 16. Parteienentwicklung und Kanzlereffekt

Die erste Legislaturperiode (1949–1953) brachte eine kurze Blüte verschiedener Splitterparteien mit sich, nachdem am 17. März 1950 die Besatzungsmächte den Lizenzierungszwang aufgehoben hatten. Vor allem rechtsradikale Gruppen gründeten jetzt Parteien, deren wichtigste die Sozialistische Reichspartei (SRP) war. Entscheidende parlamentarische Bedeutung erlangten die Splitterparteien nicht, so daß anders als in Weimar sowohl Regierung als auch Opposition von „systemkonformen" Parteien getragen wurden.

Die Entstehung von Splitterparteien wurde noch durch einen anderen Umstand begünstigt. Vor 1953 konnte von einer politischen Dominanz der CDU/CSU, wie sie für die folgenden beiden Legislaturperioden charakteristisch war, noch nicht gesprochen werden. Deshalb mochte es 1951/53 sinnvoll erscheinen, Parteien zu konstituieren, die gegen die politische, vor allem die außenpolitische Grundlinie der Regierung Adenauer Alternativen bieten konnten. Aus einer solchen Überlegung resultierte die Gründung der Gesamtdeutschen Volkspartei (GVP) im Herbst 1952, die eine neutralistische, teilweise auch pazifistische Außenpolitik konzipierte, jedoch ohne sich damit durchsetzen zu können.

Die Bundestagswahl von 1953 bewirkte insgesamt eine deutliche Konzentration des Parteiensystems. Jetzt nahm die Ära Adenauer ihre eigentliche Gestalt an, denn die Wahl brachte der CDU/CSU einen gegenüber 1949 um über 14 Prozent höheren Wähleranteil, während die Zugewinne der SPD gering waren. Die SPD hatte es nicht vermocht, in bürgerliche Wählerschichten einzudringen. Die Wahl war ein Votum für die Politik Adenauers; seine Position in der CDU/CSU war fortan ebenso unangreifbar wie die Dominanz der Union im Parteiensystem. 1953 war unübersehbar geworden, daß die CDU als bürgerlich-antisozialistische Sammelpartei imstande war, Wählergruppen auf der Rechten einzuschmelzen, während die SPD auf der Linken kaum Stimmen gewinnen konnte. Im zweiten Bundestag waren an kleineren Parteien nur noch die DP und das Zentrum vertreten sowie der 1950 neugegründete Block der Heimatvertriebenen und Entrechteten (BHE) als Interessenpartei der Vertriebenen und Kriegsopfer. Nach einigen erheblichen Erfolgen bei Landtagswahlen in den Jahren vor 1953, wo der BHE mehr als 10 Prozent der Stimmen erhalten hatte, lag sein Anteil in der Bundestagswahl nur noch bei 5,9 Prozent. Die fortschreitende Integration der Heimatvertriebenen, das zeigte sich hier schon deutlich, würde der Partei über kurz oder lang die Existenzgrundlage entziehen. Einen völligen Mißerfolg mußte die GVP mit nur 1,1% der Stimmen verbuchen; ihre Opposition gegen die Außenpolitik der Bundesregierung hatte trotz aller Unruhe während der Auseinandersetzungen um die Wiederbewaffnung keine Resonanz gefunden. Der Trend zur Konzentration des Parteiensystems und zur Dominanz der CDU/CSU in ihm setzte sich in der Bundestagswahl von 1957 fort, als die Union die absolute Mehrheit der Stimmen erhielt ...

Der geringe Fundus an Tradition ermöglichte der CDU/CSU eine flexible Haltung in programmatischer und organisatorischer Hinsicht; der „Kanzlereffekt" resultierte aus der Gewohnheit Adenauers, sich weniger als CDU-Vorsitzender und damit als Repräsentant eines Teils der Gesamtgesellschaft, sondern vielmehr sich als Volkskanzler darzustellen und die Funktion des Regierungschefs als über den Parteien schwebend erscheinen zu lassen. Das konnte um so leichter gelingen, als der SPD nach dem Tod Kurt Schumachers eine echte personelle Alternative zu Adenauer fehlte. Das Erscheinungsbild des starken Kanzlers ermöglichte es Adenauer, die Erfolge nicht nur in der Außenpolitik – die in der Tat seine eigenen waren –, sondern vor allem in der Wirtschaftspolitik auf sein Erfolgskonto zu buchen. Die Wirtschaftspolitik war in den Augen der Wähler der ausschlaggebende Faktor, und da diese Politik antisozialistisch war, fügte sie sich zusammen mit der Außenpolitik bruchlos in das insgesamt „gegen links" gerichtete Regierungskonzept ein. Die Unterschiede in dieser Frontstellung, die ja innenpolitisch gegen die Sozialdemokratie, außenpolitisch gegen die Sowjetunion und allgemein „den Kommunismus" gerichtet war, verwischte Adenauer in seinen öffentlichen Ausführungen zumeist.

Aus: Anselm Doering-Manteuffel, Die Bundesrepublik in der Ära Adenauer, a.a.O., S. 141ff.

## II/2 Die Gewerkschaften – Erfolge und Grenzen

### Arbeitsthemen

1. *Mit welchen Argumenten macht der DGB gegen die Zwangswirtschaft und gegen die Marktwirtschaft Front? Wodurch soll der vom DGB propagierte volkswirtschaftliche Gesamtplan gekennzeichnet sein? Weshalb wird die Vergesellschaftung der Schlüsselindustrien gefordert? Warum wird die Demokratisierung der Wirtschaft für notwendig gehalten? (Nr. 1)*
2. *Für welche Kategorien von Unternehmungen fordert der DGB einen paritätisch besetzten Aufsichtsrat? Wie soll die Mitwirkung der Gewerkschaften sichergestellt werden? (Nr. 2)*
3. *Welches Konzept der Zusammenarbeit zwischen Arbeitgebern und Arbeitnehmern verfochten die Unternehmer? Wie*

*stellten sie sich die Relationen im Aufsichtsrat vor? Welche Kriterien sollten die Arbeitnehmer-Vertreter im Aufsichtsrat erfüllen? (Nr. 3)*

4. *Mit welchen Argumenten wendet sich Adenauer gegen die Streikankündigung in der Montanindustrie zur Durchsetzung der Mitbestimmung? In welchem umfassenden Verständnis hält Böckler die Mitbestimmung für notwendig? Welche abweichende Interpretation der Bestimmungen des Grundgesetzes trägt der DGB-Vorsitzende vor? (Nr. 4a und 4b)*
5. *Wie verteilen sich gemäß dem Mitbestimmungsgesetz für die Montanindustrie vom 21.5.1951 die Gewichte im Aufsichtsrat? Durch welche Vorkehrungen soll die Neutralität des 11. Mitglieds sichergestellt werden? (Nr. 5)*
6. *Weshalb lehnt der DGB – gemäß dem in 10 Millionen Exemplaren verteilten Aufruf – das geplante Betriebsverfassungsgesetz ab? Warum mußte er dieses Konzept als einen mitbestimmungspolitischen Rückschritt und als eine herausfordernde Enttäuschung empfinden? (Nr. 6)*
7. *Welche Kompetenz spricht Adenauer – unter Rekurs auf die bei einem früheren analogen Konflikt bezogene Position – den Gewerkschaften ausdrücklich ab? Mit welcher Duplizität sucht er den DGB einzuschüchtern? (Nr. 7 und 4a)*
8. *Welche Rechte gestand das Betriebsverfassungsgesetz den Betriebsräten zu? Welche enthielt es ihnen vor? Inwiefern bestätigte die verabschiedete Version die Befürchtungen des DGB? (Nr. 8 und 6)*
9. *Weshalb sprach der DGB – in diametralem Gegensatz zur Arbeitgeberseite – von „rücksichtslosem Einsatz der Parlamentsmehrheit"? Inwiefern bedeutete der Verweis auf die nächsten Bundestagswahlen einen Abschied von der selbstbewußten Rolle eines Anwaltswirtschaftsdemokratischer Neuordnung und ein Einschwenken auf die Position des Bundeskanzlers? Weshalb entpuppte er sich als eine bloße Drohung? (Nr. 9)*

## Materialien

### 1. Wirtschaftspolitische Grundsätze des DGB

(Beschlossen auf dem Gründungskongreß des DGB vom 12.10.–14.10.1949 in München)

Grundsatzforderungen:

I. Eine Wirtschaftspolitik, die unter Wahrung der Würde freier Menschen die volle Beschäftigung aller Arbeitswilligen, den zweckmäßigsten Einsatz aller volkswirtschaftlichen Produktivkräfte und die Deckung des volkswirtschaftlich wichtigen Bedarfs sichert.

II. Mitbestimmung der organisierten Arbeitnehmer in allen personellen, wirtschaftlichen und sozialen Fragen der Wirtschaftsführung und Wirtschaftsgestaltung.

III. Überführung der Schlüsselindustrien in Gemeineigentum, insbesondere des Bergbaus, der Eisen- und Stahlindustrie, der Großchemie, der Energiewirtschaft, der wichtigen Verkehrseinrichtungen und der Kreditinstitute.

IV. Soziale Gerechtigkeit durch angemessene Beteiligung aller Werktätigen am volkswirtschaftlichen Gesamtertrag und Gewährung eines ausreichenden Lebensunterhaltes für die infolge Alter, Invalidität oder Krankheit nicht Arbeitsfähigen.

Eine solche wirtschaftspolitische Willensbildung und Wirtschaftsführung verlangt eine zentrale volkswirtschaftliche Planung, damit nicht private Selbstsucht über die Notwendigkeiten der Gesamtwirtschaft triumphiert.

Volkswirtschaftliche Planung hat nichts gemein mit der Zwangswirtschaft der vergangenen Jahre. Die kriegswirtschaftliche Zielsetzung verhinderte nach dem Motto „Kanonen statt Butter" die Erzeugung wichtigster Konsumgüter und führte durch die Bevorzugung der unproduktiven Rüstungspolitik trotz Anspannung aller Kapazitäten zwangsläufig zur Bewirtschaftung aller knappen Wirtschaftsgüter. Die nach dem Kriege verbliebene Zwangswirtschaft vermochte an diesem Notstand zunächst nichts zu ändern, da alle produktiven Kräfte erschöpft, die staatlichen Zusammenhänge zerrissen waren und die deutsche Währung vernichtet war.

Die Zwangswirtschaft der vergangenen Jahre war nicht mehr als eine Notstandsmaßnahme zur Verteilung lebenswichtiger Güter, die zur Vollversorgung nicht ausreichten und ohne Zwangsbewirtschaftung zum Untergang der nicht zahlungsfähigen Bevölkerung geführt hätten. Wo der Gütermangel behoben ist, verlieren Bezugsscheine und Rationierungskarten für Konsumgüter ihren Sinn. Die ausreichende Güterversorgung wird um so schneller herbeigeführt und dauernd gesichert, je besser durch volkswirtschaftliche Planung die Ausnutzung aller produktiven Kräfte erreicht wird.

Volkswirtschaftliche Planung steht aber auch im Gegensatz zu der chaotischen Marktwirtschaft, die in Deutschland seit der Währungsreform herrscht und zu ungeheuerer Kapitalverschwendung durch Fehlinvestitionen und Erzeugung von Luxusgütern, zur Ausbeutung der Verbraucher durch ungerechtfertigt hohe Preise, zu Kurzarbeit und Arbeitslosigkeit und sozialer Unsicherheit sowie zu einem weitgehenden Verfall der Wirtschaftseinheit geführt hat. Derartige wirtschaftliche Zustände sind nicht unabwendbares Schicksal, sondern Folgen einer fehlerhaften Wirtschaftsordnung und einer falschen Wirtschaftsführung.

Als die Wirtschaftswissenschaft die Gesetze der freien Marktwirtschaft niederschrieb, rechnete sie nicht mit der immer stärkeren Entwicklung jener Großunternehmungen, Trusts, Konzerne und Kartelle, die die Gesetze der freien Marktwirtschaft aufhoben. Heute ist die Marktwirtschaft weder frei noch sozial. Heute verhindert sie die freie Entfaltung; sie verschärft die ohnehin schon großen Gegensätze zwischen reich und arm. Sie ist unsozial und durch ihre Planlosigkeit unfähig, den schwierigen Aufgaben des Wiederaufbaues in Deutschland gerecht zu werden.

Volkswirtschaftliche Planung ist durchaus vereinbar mit den Grundrechten der menschlichen Freiheit. Die für die Mehrzahl der Menschen wichtigste Freiheit, die von Not und der Furcht vor Not, wird durch sie erst erreicht werden. Volkswirtschaftliche Planung und die freie Konsumwahl, das Recht auf den Wechsel des Arbeitsplatzes und die Freiheit der Berufswahl sind keine Gegensätze. Der privaten Initiative und dem Leistungswettbewerb der Betriebsleitungen verbleibt im Rahmen der Lenkungsmaßnahmen ein weiter Spielraum.

Die Gewerkschaften fordern, daß der Auflösung des deutschen Wirtschaftslebens mit allen zur Verfügung stehenden Kräften entgegengearbeitet wird. Nur eine einheitlich geplante deutsche Wirtschaftspolitik kann den Wiederaufbau und die Existenzsicherung des schaffenden Volkes gewährleisten.

1. Volkswirtschaftlicher Gesamtplan

Jede konstruktive Wirtschaftsführung braucht einen volkswirtschaftlichen Gesamtplan, hinter dem der Wille stehen muß, alle Mittel der modernen Wirtschaftspolitik zur Durchführung des Planes einzusetzen. Eines der wichtigsten Mittel ist die Geld- und Kreditpolitik, die in die staatliche Konjunktur- und Investitionsplanung einzuordnen ist. Als Vertreter des Produktionsfaktors Arbeit haben die Gewerkschaften ein Anrecht darauf, an allen Planungs- und Lenkungsorganen maßgeblich beteiligt zu sein. Das Bankwesen ist entsprechend seiner gemeinwirtschaftlichen Aufgabe neu zu ordnen.

Die Organisation der Wirtschaftsverwaltung, insbesondere der verwaltungsmäßige Aufbau der Bundesregierung und der übrigen Bundes- und Landesbehörden, muß eine einheitliche und geschlossene Wirtschaftspolitik durch Koordination aller beteiligten Stellen, insbesondere der Wirtschafts-, Ernährungs-, Finanz- und Arbeitsministerien sowie der Zentralbankleitung gewährleisten.

In dem Maße, wie in der Wirtschaft die Willkür des freien Spiels der Kräfte durch bewußte Planung und Lenkung überwunden wird, müssen sich auch die Aufgaben und Funktionen der staatlichen Finanzpolitik verändern. Bisher beschränkt auf fiskalische Aufgaben, wird sie zu einem wichtigen Instrument der Wirtschaftsführung, insbesondere durch Regulierung der Kapitalbildung, Steuerung der Selbstfinanzierung und Lenkung der Investitions- und Betriebskredite. In einer planmäßig geführten Wirtschaft ist die staatliche Finanzpolitik in der Lage, mit dem Mittel der Krediterweiterung brachliegende produktive Kräfte und Mittel zum Einsatz zu bringen, ohne inflatorische Schäden herbeizuführen.

2. Überführung der Schlüsselindustrien in Gemeineigentum

Lenkungsmaßnahmen allein reichen zur Sicherung einer einheitlichen Wirtschaftspolitik nicht aus, nachdem die Entwicklung der modernen Industriestaaten – insbesondere im Kohlenbergbau, in der Eisen- und Stahlindustrie sowie in der Großchemie – zur Zusammenballung von Großunternehmungen und damit zur Schaffung von Machtgebilden geführt hat, die das gesamte gesellschaftliche Leben durchdringen und unter bestimmten Voraussetzungen in der Lage sind, Parteien, Parlamente und Regierungen unter ihre Botmäßigkeit zu zwingen.

Die Gewerkschaften fordern daher, gestützt auf die Artikel 14 und 15 des Grundgesetzes, die Vergesellschaftung der gewerblichen Urproduktion (Kohle-, Erz- und Ölgewinnung), der Basisindustrien (Eisen- und Stahlerzeugung, Industrien chemischer Grundstoffe), der Energiewirtschaft, der Versorgungsbetriebe, der wichtigen Verkehrseinrichtungen und der Kreditinstitute. Die Überführung in Gemeineigentum soll nur in Ausnahmefällen, in denen dies besonders zweckmäßig erscheint, durch Verstaatlichung erfolgen. Im allgemeinen sind besondere Körperschaften der wirtschaftlichen Selbstverwaltung zu bilden. In allen Aufsichts- und Verwaltungsorganen ist den Gewerkschaften ein maßgeblicher Einfluß einzuräumen. Nur so ist es möglich,

die Produktion der Grundstoffindustrien zu lenken;

die Kapazitäten dieser Industrien dem Bedarf anzupassen und entsprechend auszunutzen;

die Verteilung der entscheidenden Grundstoffe auf die volkswirtschaftlich zweckmäßigste Weise vorzunehmen;

eine demokratische Kontrolle dieser Unternehmungen zu sichern, deren Vorstände heute keiner wirklichen Kontrolle unterliegen;

die privatwirtschaftliche Ausnutzung dieser Schlüsselpositionen, z.B. in Form unangemessener Monopolpreise, zu verhindern;

den politischen Mißbrauch wirtschaftlicher Machtstellungen, z.B. die Korruption der öffentlichen Meinung, der Parteien und des Staatsapparates mit Hilfe finanzieller Zuwendungen, unmöglich zu machen.

In den Bereichen, die schon in größerem Umfange unter der Kontrolle der öffentlichen Hand stehen – z.B. Elektrizitäts-, Gas- und Verkehrswirtschaft –, müssen die volkswirtschaftlichen Gesichtspunkte gegenüber allen regionalen, fachlichen, privatwirtschaftlichen und sonstigen Sonderinteressen durchgesetzt werden. Dies erfordert u.a. den zentralen Ausgleich von Elektrizitätsversorgung und -verbrauch sowie die organisatorische Zusammenfassung von Schienen-, Binnenschiffahrts- und Straßenverkehr.

3. Demokratisierung der Wirtschaft notwendig

Die Erfahrungen der Jahre 1918 bis 1933 haben gelehrt, daß die formale politische Demokratie nicht ausreicht, eine echte demokratische Gesellschaftsordnung zu verwirklichen. Die Demokratisierung des politischen Lebens muß deshalb durch die Demokratisierung der Wirtschaft ergänzt werden. Soweit der Staat im Interesse einer vernünftigen Dezentralisierung öffentliche Funktionen auf Organe der Selbstverwaltung der Wirtschaft überträgt, dürfen dies nur paritätisch besetzte Organe sein, in denen Arbeitnehmer und Unternehmer gleichberechtigt sind.

Zit. nach: Montanmitbestimmung. Dokumente ihrer Entstehung. Hrsg. von Jürgen Peters, Köln 1979, S. 141 ff.

## 2. Vorschlag des DGB zur Mitbestimmung im Betrieb vom 14. 10. 1949

1. Aktiengesellschaften und Kommanditgesellschaften auf Aktien müssen in Abänderung der entsprechenden gesetzlichen Bestimmungen für Unternehmungen, die in der Regel mehr als 300 Belegschaftsmitglieder beschäftigen oder sonst von besonderer wirtschaftlicher Bedeutung sind (Banken, Versicherungen, Holdinggesellschaften usw.), folgende Regelung treffen:

a) Der Aufsichtsrat der Gesellschaft muß zur Hälfte aus Vertretern von Nichtaktionären bestehen.

b) Als Vertreter von Nichtaktionären im Aufsichtsrat sind durch die Gesellschafterversammlung auf Vorschlag der Spitzenorganisation der Gewerkschaften Vertreter des Betriebsrates und der Gewerkschaften zu berufen.

c) Vorstandsmitglieder, die für die arbeits-, sozial- und personalpolitischen Maßnahmen des Be-

triebes verantwortlich sind, dürfen nicht gegen die Stimmen der Arbeitnehmervertreter im Aufsichtsrat bestellt werden ...
3. Alle anderen Unternehmungen in der Form von Kapital- oder Personalgesellschaften, die in der Regel mehr als 300 Belegschaftsmitglieder beschäftigen oder sonst von besonderer wirtschaftlicher Bedeutung sind, müssen neben ihrer Geschäftsleitung einen Aufsichtsrat bilden, der in seiner Zusammensetzung, seinen Rechten und Pflichten dem Aufsichtsrat im Sinne des Aktiengesetzes mit den nach 1. geforderten Abänderungen entspricht ...
4. Unternehmungen, die weniger als 300 Belegschaftsmitglieder beschäftigen oder für die eine besondere wirtschaftliche Bedeutung nicht anerkannt wird, haben den Aufsichtsrat nach den unter 1. genannten Gesichtspunkten umzubilden. Als Vertreter der Nichtaktionäre werden in diesem Falle zwei Mitglieder des Betriebsrates in den Aufsichtsrat berufen.
5. Zur Behandlung von Produktions- und sonstigen wirtschaftlichen Fragen in Betrieben mit Aufsichtsorganen nach Ziffer 1., 2., 3. und 4. wird ein Wirtschaftsausschuß gebildet. Der Betriebsrat benennt im Zusammenwirken mit der zuständigen Gewerkschaft die Mitglieder dieses Wirtschaftsausschusses aus den betriebsangehörigen Sachverständigen.
Zu ihnen tritt eine gleiche Anzahl von Vertretern und Sachverständigen der Betriebsleitung.
Der Wirtschaftsausschuß tritt monatlich mindestens einmal zusammen und behandelt alle Produktions- und sonstigen wirtschaftlichen Fragen des Betriebes. Den Mitgliedern des Wirtschaftsausschusses steht das zur Erfüllung ihrer Aufgaben erforderliche Informationsrecht zu, wobei die vertrauliche Behandlung zu gewährleisten ist.
Meinungsverschiedenheiten sind dem Aufsichtsrat zur Entscheidung zu unterbreiten.

Zit. nach: Johannes Hohlfeld (Hrsg.), Dokumente der deutschen Politik und Geschichte, Bd. 6, Berlin o. J. (1952), S. 447

### 3. Gegenvorschläge der Unternehmer vom Mai 1950

1. Zur Förderung der Zusammenarbeit und zur Stärkung des Vertrauensverhältnisses zwischen Arbeitgebern und Belegschaft ist eine regelmäßige Unterrichtung der Belegschaft über die Wirtschaftslage des Betriebes durch den Arbeitgeber notwendig. Eine solche Unterrichtung soll den Arbeitnehmern Einblick in die wirtschaftlichen Vorgänge des Unternehmens vermitteln und ihnen Möglichkeit und Gelegenheit geben, nicht nur unterrichtet zu werden, sondern gegebenenfalls auch durch eigene Vorschläge Anteil an der wirtschaftlichen Fortentwicklung ihres Betriebes zu nehmen.
2. Zu diesem Zweck soll der Arbeitgeber verpflichtet sein, dem Betriebsrat mindestens vierteljährlich einen mündlichen Bericht zu erstatten über die wirtschaftliche Lage und den Gang des Betriebes, insbesondere über die Produktion, den Umsatz, den Auftragsbestand und die voraussichtliche Entwicklung des Unternehmens.
3. Der Arbeitgeber soll verpflichtet sein, die grundsätzlichen Fragen der Arbeitsplanung mit dem Betriebsrat zu besprechen und ihm Gelegenheit zu beratender Stellungnahme zu geben.
Das gleiche gilt bei Durchführung folgender Maßnahmen:
a) Änderung des Betriebszweckes,
b) wesentliche Änderungen des Betriebsumfanges,
c) umfangreiche Betriebseinschränkungen,
d) grundlegende Veränderungen der Betriebsanlagen und grundlegende Umstellungen einzelner Abteilungen.
4. In den Aufsichtsorganen der Unternehmungen sollen 1–3, höchstens ⅓ der Mitglieder der Arbeitnehmerschaft vorbehalten bleiben. Im Sinne der Auffassung der Unternehmer, daß die Mitwirkung an gemeinsamen innerbetrieblichen Einrichtungen Angelegenheit der in den Betrieben tätigen Arbeiter ist, soll der Betriebsrat für die Vertreter der Arbeitnehmer im Aufsichtsrat Belegschaftsmitglieder des Betriebes benennen, die mindestens 30 Jahre alt und 10 Jahre in dem betreffenden Unternehmen tätig sind.

Zit. nach: Montanmitbestimmung – Dokumente ihrer Entstehung, a. a. O., S. 147 f.

## 4. Briefwechsel Böckler–Adenauer: Mitbestimmung und Streikrecht

*a) Adenauer an Böckler vom 27. 11. 1950*

...

Über das Mitbestimmungsrecht wird das Parlament Entscheidungen treffen ...
Mit Besorgnis erfüllt mich die Ankündigung der Industrie-Gewerkschaft Metall über die Durchführung einer Urabstimmung in den eisenschaffenden Betrieben. Das Rechtsbewußtsein und die Rechtsordnung haben den Arbeitern das Streikrecht in allen Fragen des Tarifvertrages zugestanden. Der angekündigte Streik geht aber über diesen Rahmen hinaus. Ein solcher Streik könnte nur das Ziel haben, die Entscheidung der frei gewählten Volksvertretung durch die Androhung oder Herbeiführung wirtschaftlicher Schäden, die alle treffen, in die Richtung der gewerkschaftlichen Wünsche zu drängen. Ich befürchte, daß damit ein Weg beschritten wird, der letztlich zu einem Konflikt mit der staatsrechtlichen Grundordnung führen kann.
Die Bundesregierung würde es daher sehr begrüßen, wenn der Bundesvorstand des DGB der Industrie-Gewerkschaft Metall in dieser Frage Zurückhaltung empfehlen und die parlamentarische Entscheidung abwarten würde ...

*b) Antwortschreiben Böcklers vom 11. 12. 1950*

...

Die deutschen Gewerkschaften sind der Ansicht, daß die allgemeine politische Entwicklung in der Welt mit aller Deutlichkeit zeigt, daß nur durch eine lebendige soziale Ordnung der Vermassung und dem Totalitarismus Einhalt geboten werden kann. Sie sind weiterhin der Meinung, daß es für die Demokratie in Deutschland lebenswichtig ist, daß sie nicht nur auf den politischen Bereich beschränkt bleibt, sondern ihre sinngemäße Ergänzung auch durch die Einführung demokratischer Grundsätze in der Wirtschaftsführung und Wirtschaftsgestaltung erhält. Den Beweis für ihre Auffassung sehen die deutschen Gewerkschaften in der Tatsache des Mißbrauchs wirtschaftlicher Macht zu politischen Zwecken in der Vergangenheit und in der traurigen Folgeerscheinung dieses Mißbrauchs, nämlich Krieg und Zerstörung.
Die deutschen Gewerkschaften haben wiederholt dem Bundestag und der Bundesregierung sowie der Öffentlichkeit ihre Ansicht über die Wirtschaftsdemokratie und ihre diesbezüglichen Wünsche bekanntgegeben. Sie stehen nach wie vor zu ihren Forderungen, weil sie in deren Verwirklichung die einzige Garantie für eine demokratische und zukunftssichere Entwicklung unseres Landes sehen.
In Ihrem Schreiben haben Sie die Auffassung vertreten, daß das Rechtsbewußtsein und die Rechtsordnung den Arbeitern das Streikrecht nur in Fragen des Tarifvertrages zugestanden haben. Ich kann dieser Ihrer Ansicht nicht beipflichten.
In diesem Zusammenhang möchte ich auf Artikel 9, Absatz 3 des Grundgesetzes verweisen, in dem den Arbeitnehmern das Koalitionsrecht eingeräumt wird zur Wahrung und Förderung der Arbeits- und Wirtschaftsbedingungen. Es wird also den Arbeitnehmern nicht nur das Recht zugestanden, sich zu vereinigen zur Regelung der Lohn- und Arbeitsbedingungen, sondern auch, um ihren Auffassungen und ihren Interessen entsprechende Wirtschaftsbedingungen zu gestalten. Auch das Tarifvertragsgesetz des Wirtschaftsrates vom 9. April 1949 sagt in seinem Paragraphen 4, daß außer betrieblichen auch betriebsverfassungsrechtliche Fragen Gegenstand tarifvertraglicher Regelung sein können. Unter Betriebsverfassung muß aber die Gesamtheit der Regeln über die Rechtsstellung der Arbeitnehmerschaft im Betrieb einschließlich ihrer Organe, ihrer Rechte und Pflichten, und ihrer Stellung zum Arbeitgeber verstanden werden. Zu den Regeln über die Rechtsstellung der Arbeitnehmerschaft im Betrieb gehört ganz zweifellos auch das Mitbestimmungsrecht, und zwar nicht nur in sozialer und personeller, sondern auch in wirtschaftlicher Hinsicht.
Der Hauptvorstand der Industrie-Gewerkschaft Metall befindet sich ebenso wie der Hauptvorstand der Industrie-Gewerkschaft Bergbau in Fragen des Mitbestimmungsrechtes in voller Über-

einstimmung mit dem Bundesvorstand des Deutschen Gewerkschaftsbundes und damit auch mit mir.
Wollen Sie, Herr Bundeskanzler, in dem Verhalten der Gewerkschaften den unbedingten Willen der organisierten deutschen Arbeitnehmerschaft sehen, den demokratischen Gedanken in Deutschland durch eine Demokratisierung auch der Wirtschaft so fest zu verwurzeln, daß er wirklich zum Allgemeingut des deutschen Volkes wird ...

Zit. nach: Theo Pirker: Die blinde Macht. Die Gewerkschaftsbewegung in Westdeutschland Bd. I, München 1960, S. 188 ff.

## 5. Gesetz über die Mitbestimmung der Arbeitnehmer in den Aufsichtsräten und Vorständen der Unternehmen des Bergbaus und der Eisen und Stahl erzeugenden Industrie vom 21. 5. 1951

§ 1
(1) Die Arbeitnehmer haben ein Mitbestimmungsrecht in den Aufsichtsräten und in den zur gesetzlichen Vertretung berufenen Organen nach Maßgabe dieses Gesetzes in
a) den Unternehmen, deren überwiegender Betriebszweck in der Förderung von Steinkohle, Braunkohle oder Eisenerz oder in der Aufbereitung, Verkokung, Verschwelung oder Brikettierung dieser Grundstoffe liegt und deren Betrieb unter der Aufsicht der Bergbehörden steht,
b) den Unternehmen der Eisen und Stahl erzeugenden Industrie in dem Umfang, wie er im Gesetz Nr. 27 der Alliierten Hohen Kommission vom 16. Mai 1950[1]) (Amtsblatt der Alliierten Hohen Kommission für Deutschland S. 299) bezeichnet ist, soweit diese Unternehmen in „Einheitsgesellschaften" im Sinne des Gesetzes Nr. 27 überführt oder in anderer Form weiterbetrieben und nicht liquidiert werden.
c) den Unternehmen, die von einem vorstehend bezeichneten oder nach Gesetz Nr. 27 der Alliierten Hohen Kommission zu liquidierenden Unternehmen abhängig sind, wenn sie die Voraussetzungen nach Buchstabe a) erfüllen oder überwiegend Eisen und Stahl erzeugen.
(2) Dieses Gesetz findet nur auf diejenigen in Absatz 1 bezeichneten Unternehmen Anwendung, welche in Form einer Aktiengesellschaft, einer Gesellschaft mit beschränkter Haftung oder einer bergrechtlichen Gewerkschaft mit eigener Rechtspersönlichkeit betrieben werden und in der Regel mehr als eintausend Arbeitnehmer beschäftigen oder „Einheitsgesellschaften" sind.
...
§ 4
(1) Der Aufsichtsrat besteht aus elf Mitgliedern. Er setzt sich zusammen aus
a) vier Vertretern der Anteilseigner und einem weiteren Mitglied,
b) vier Vertretern der Arbeitnehmer und einem weiteren Mitglied,
c) einem weiteren Mitglied.
(2) Die in Absatz 1 bezeichneten weiteren Mitglieder dürfen nicht
a) Repräsentant einer Gewerkschaft oder einer Vereinigung der Arbeitgeber oder einer Spitzenorganisation dieser Verbände sein oder zu diesen in einem ständigen Dienst- oder Geschäftsbesorgungsverhältnis stehen,
b) im Laufe des letzten Jahres vor der Wahl eine unter Buchstabe a) bezeichnete Stellung innegehabt haben,
c) in den Unternehmen als Arbeitnehmer oder Arbeitgeber tätig sein,
d) an dem Unternehmen wirtschaftlich wesentlich interessiert sein.
(3) Alle Aufsichtsratsmitglieder haben die gleichen Rechte und Pflichten. Sie sind an Aufträge und Weisungen nicht gebunden.
...

[1]) Das Gesetz der Allierten Hohen Kommission hatte, „um übermäßige Konzentration wirtschaftlicher Macht zu beseitigen und die Entwicklung eines Kriegspotentials zu verhindern", die Eigentumsansprüche im Kohlenbergbau und in der Stahl- und Eisenindustrie vorläufig suspendiert (Anmerkung des Herausgebers).

§ 13
(1) Als gleichberechtigtes Mitglied des zur gesetzlichen Vertretung berufenen Organs wird ein Arbeitsdirektor bestellt. Der Arbeitsdirektor kann nicht gegen die Stimmen der Mehrheit der nach § 6 gewählten Aufsichtsratsmitglieder[1]) bestellt werden. Das gleiche gilt für den Widerruf der Bestellung.
(2) Der Arbeitsdirektor hat wie die übrigen Mitglieder des zur gesetzlichen Vertretung berufenen Organs seine Aufgaben im engsten Einvernehmen mit dem Gesamtorgan auszuüben. Das Nähere bestimmt die Geschäftsordnung.
...

Zit. nach: Montanmitbestimmung. Dokumente ihrer Entstehung, a. a. O., S. 207 ff.

## 6. Flugblatt des DGB zum geplanten Betriebsverfassungsgesetz vom 12. 5. 1952

Arbeiter, Angestellte und Beamte!
1945 lag die deutsche Wirtschaft in Trümmer. Während Ihr in Fabriken, Kontoren und Verwaltungen am Wiederaufbau Deutschlands unter größten Entbehrungen gearbeitet habt, waren diejenigen, die den Zusammenbruch Deutschlands verschuldeten, von der Bildfläche verschwunden.
Ihr allein habt das vollbracht, was andere als das „deutsche Wirtschaftswunder" bezeichnen.
Eure Leistung wurde damals anerkannt und in höchsten Tönen gepriesen. Maßgebliche Unternehmer, Vertreter der Verwaltungen und aller politischen Parteien bekannten sich einmütig zu einer neuen Wirtschaftsordnung auf der Grundlage der völligen Gleichberechtigung der Arbeitnehmer.
Aus dieser Erkenntnis geschichtlicher Notwendigkeiten entstanden neben den wirtschaftspolitischen Grundsätzen des Deutschen Gewerkschaftsbundes das Ahlener Programm, zustimmende Erklärungen der Regierungen und verantwortlicher Persönlichkeiten in Wirtschaft und Staat.
Was aber geschieht heute?
Man sperrt sich immer mehr dagegen, diese Versprechen einzulösen. In der Montanindustrie konnte das Mitbestimmungsrecht nur unter größten Schwierigkeiten durchgesetzt werden. Seitdem ist der Widerstand noch mehr gewachsen.
Die echte Mitbestimmung der Arbeitnehmerschaft in der übrigen Wirtschaft und in der Verwaltung soll verhindert werden.
Das zeigt besonders das beabsichtigte Betriebsverfassungsgesetz.
Es beweist die klare Absicht, ein wirkliches Mitbestimmungsrecht der Arbeitnehmer zu vereiteln.
Es bestätigt die überlebten Vorrechte der Arbeitgeber!
Es beläßt die Arbeitnehmer in ihrer Stellung als Wirtschaftsuntertan!
Darüber hinaus nimmt der Entwurf des Betriebsverfassungsgesetzes Euch Rechte, die Ihr vor 1933 gehabt habt, die Euch nach 1945 durch Länderverfassungen, Ländergesetze oder betriebliche Vereinbarungen gesichert waren und in der schwierigen Zeit des Wiederaufbaus ihre Bewährungsprobe bestanden haben.
Dazu kommt die Absicht, die gewerkschaftliche Einheit von Arbeitern, Angestellten und Beamten zu untergraben und durch ein Ausnahmerecht für den öffentlichen Dienst die verschiedenen Gruppen gegeneinander auszuspielen.
Der Deutsche Gewerkschaftsbund vermag die Verantwortung für diese Entwicklung nicht mehr zu tragen!
Dieser Entwurf darf nicht Gesetz werden!
Der Deutsche Gewerkschaftsbund und die ihm angeschlossenen Gewerkschaften rufen Euch auf zum Kampf für ein fortschrittliches Betriebsverfassungsrecht als Grundlage der demokratischen Ordnung in Wirtschaft und Verwaltung.
Es geht hier nicht um gewerkschaftliches „Machtstreben".

[1]) Gemeint sind die Mitglieder gemäß § 4 Abs. 1 b (Anmerkung des Herausgebers).

Es geht um eine gerechte Ordnung.
Es geht um den Bestand der Demokratie.
Es geht um die Stabilität der Wirtschaft.
Es geht um die Sicherung Deines Arbeitsplatzes.
Es geht um das Wohl der gesamten Nation.
Haltet Euch bereit! Übt Disziplin! Folgt den Weisungen Eurer Gewerkschaften!

Deutscher Gewerkschaftsbund
Der Bundesvorstand
*Christian Fette*
Vorsitzender

Zit. nach: Theo Pirker, Die blinde Macht, Bd. I, a. a. O., S. 254 ff.

## 7. Antwort Adenauers an den DGB vom 16. 5. 1952

Die Gewerkschaften haben selbstverständlich das Recht, ihre Meinung im Rahmen der Gesetze in jeder ihnen zweckmäßig erscheinenden Form dem Parlament und der Öffentlichkeit bekanntzugeben. Ich kenne die vom Deutschen Gewerkschaftsbund in Aussicht genommenen Kampfmaßnahmen im einzelnen nicht. Ich erinnere aber daran, was ich in ähnlicher Situation in meinem Schreiben vom 14. 12. 1950 dem damaligen Vorsitzenden des Bundesvorstandes des Deutschen Gewerkschaftsbundes, Dr. h. c. Hans Böckler, gesagt habe. Ich darf auch heute keinen Zweifel darüber aufkommen lassen, daß ich eine organisierte Schädigung der Volkswirtschaft durch Streiks, die nur unternommen werden, um der Parlamentsmehrheit den gewerkschaftlichen Willen aufzuzwingen, als einen Verstoß gegen das Grundgesetz und als eine gefährliche Störung der inneren Ordnung unseres Staatswesens ansehen muß. Der Wähler allein hat das Recht, durch die Abgabe seiner Stimme bei Wahlen die Zusammensetzung des Parlaments zu bestimmen und damit die parlamentarische Willensbildung zu beeinflussen.
Im kommenden Jahr werden Neuwahlen zum Deutschen Bundestag stattfinden. Hier bietet sich dem Deutschen Gewerkschaftsbund eine Möglichkeit, auf dem in unserer Verfassung vorgesehenen Wege seine Auffassung über eine einheitliche und fortschrittliche Betriebsverfassung durchzusetzen.
Die Ankündigung gewerkschaftlicher Kampfmaßnahmen fällt zeitlich zusammen mit der aus der Sowjetzone kommenden Drohung, das Zustandekommen des Deutschland-Vertrages unter anderem durch Ausrufung eines Generalstreiks in der Bundesrepublik zu verhindern. Wenn von seiten des Deutschen Gewerkschaftsbundes auch erklärt wird, daß die Ausrufung eines Generalstreiks nicht geplant sei, so werden doch Maßnahmen angekündigt, die in ihrem Ergebnis noch viel wirksamer sein sollen. Beachten Sie bitte auch, daß die Beratungen über den Entwurf eines Betriebsverfassungsgesetzes in den zuständigen Ausschüssen des Bundestages noch nicht abgeschlossen sind. Weite Kreise des deutschen Volkes werden das zeitliche Zusammenfallen unter diesen Umständen nicht für einen bloßen Zufall halten. Befürchten Sie nicht auch, daß Ihnen und dem Deutschen Gewerkschaftsbund politische Ziele unterstellt werden, die Sie nicht billigen? …

Zit. nach: Theo Pirker, Die blinde Macht, Bd. I, a. a. O., S. 261 f.

## 8. Das Betriebsverfassungsgesetz vom 19. 7. 1952

…

§ 8

(1) In allen Betrieben, die in der Regel mindestens fünf ständige wahlberechtigte Arbeitnehmer beschäftigen, von denen drei wählbar sind, werden Betriebsräte gebildet.

(2) In Betrieben der Land- und Forstwirtschaft ist ein Betriebsrat zu bilden, wenn mindestens zehn ständige wahlberechtigte Arbeitnehmer vorhanden sind, von denen mindestens drei wählbar sind.

...

§ 10

(1) Arbeiter und Angestellte müssen entsprechend ihrem zahlenmäßigen Verhältnis im Betriebsrat vertreten sein, wenn dieser aus mindestens drei Mitgliedern besteht.

...

§ 49

(1) Arbeitgeber und Betriebsrat arbeiten im Rahmen der geltenden Tarifverträge vertrauensvoll und im Zusammenwirken mit den im Betrieb vertretenen Gewerkschaften und Arbeitgebervereinigungen zum Wohl des Betriebs und seiner Arbeitnehmer unter Berücksichtigung des Gemeinwohls zusammen.
(2) Arbeitgeber und Betriebsrat haben alles zu unterlassen, was geeignet ist, die Arbeit und den Frieden des Betriebs zu gefährden. Insbesondere dürfen Arbeitgeber und Betriebsrat keine Maßnahmen des Arbeitskampfes gegeneinander durchführen. Arbeitskämpfe tariffähiger Parteien werden hierdurch nicht berührt.
(3) Arbeitgeber und Betriebsrat sollen einmal im Monat zu einer gemeinschaftlichen Besprechung zusammentreten. Sie haben über strittige Fragen mit dem ernsten Willen zur Einigung zu verhandeln und sich gegenseitig Vorschläge für die Beilegung von Meinungsverschiedenheiten zu machen.
(4) Die Anrufung von Schiedsstellen und Behörden ist erst zulässig, nachdem eine Einigung im Betrieb nicht erzielt wurde.

...

§ 56

(1) Der Betriebsrat hat, soweit eine gesetzliche oder tarifliche Regelung nicht besteht, in folgenden Angelegenheiten mitzubestimmen:
a) Beginn und Ende der täglichen Arbeitszeit und der Pausen;
b) Zeit und Ort der Auszahlung der Arbeitsentgelte;
c) Aufstellung des Urlaubsplans;
d) Durchführung der Berufsausbildung;
e) Verwaltung von Wohlfahrtseinrichtungen, deren Wirkungsbereich auf den Betrieb oder das Unternehmen beschränkt ist, ohne Rücksicht auf ihre Rechtsform;
f) Fragen der Ordnung des Betriebs und des Verhaltens der Arbeitnehmer im Betrieb;
g) Regelung von Akkord- und Stücklohnsätzen;
h) Aufstellung von Entlohnungsgrundsätzen und Einführung von neuen Entlohnungsmethoden.

...

§ 60

(1) In Betrieben mit in der Regel mehr als zwanzig wahlberechtigten Arbeitnehmern hat der Betriebsrat nach Maßgabe der Vorschriften dieses Abschnitts in personellen Angelegenheiten mitzuwirken und mitzubestimmen.
(2) Personelle Angelegenheiten im Sinne dieses Gesetzes sind: Einstellungen, Umgruppierungen, Versetzungen und Entlassungen.

...

§ 61

(1) Der Arbeitgeber hat bei jeder geplanten Einstellung dem Betriebsrat rechtzeitig den für den Bewerber in Aussicht genommenen Arbeitsplatz mitzuteilen und Auskunft über die Person des Bewerbers zu geben.
(2) Hat der Betriebsrat gegen eine Einstellung Bedenken, so hat er diese unter Angabe von Grün-

den innerhalb einer Woche dem Arbeitgeber schriftlich mitzuteilen. Erfolgt keine Verständigung, so ist der Arbeitgeber zur vorläufigen Einstellung berechtigt. Der Betriebsrat kann jedoch innerhalb einer Frist von zwei Monaten das Arbeitsgericht anrufen zur Feststellung, daß ein Grund zur Verweigerung der Zustimmung (Absatz 3) vorliegt.
(3) Der Betriebsrat kann die Zustimmung nur verweigern, wenn
a) die Einstellung einen Verstoß gegen ein Gesetz, eine Verordnung oder gegen eine Bestimmung in einem Tarifvertrag oder in einer Betriebsvereinbarung oder gegen eine gerichtliche Entscheidung oder eine behördliche Anordnung darstellen würde oder
b) der durch bestimmte Tatsachen begründete Verdacht besteht, daß die Einstellung eines für den Arbeitsplatz nicht geeigneten Bewerbers nur mit Rücksicht auf persönliche Beziehungen erfolgen soll, oder
c) der durch bestimmte Tatsachen begründete Verdacht besteht, daß die Einstellung erfolgt, um andere geeignete Arbeitnehmer oder Bewerber aus Gründen der Abstammung, Religion, Nationalität, Herkunft, des Geschlechts, politischer oder gewerkschaftlicher Betätigung oder Einstellung zu benachteiligen, oder
d) die durch bestimmte Tatsachen begründete Besorgnis besteht, daß der Bewerber den Betriebsfrieden durch unsoziales oder gesetzwidriges Verhalten stören würde.
...

§ 66

(1) Der Betriebsrat ist vor jeder Kündigung zu hören.
(2) Ist zu erwarten, daß in Betrieben
a) mit in der Regel mehr als 20 und weniger als 50 Arbeitnehmern mehr als 5 Arbeitnehmer,
b) mit in der Regel mindestens 50 und weniger als 500 Arbeitnehmern 10 vom Hundert der im Betrieb regelmäßig beschäftigten Arbeitnehmer oder aber mehr als 25 Arbeitnehmer,
c) mit in der Regel mindestens 500 Arbeitnehmern mindestens 50 Arbeitnehmer
eingestellt werden können oder entlassen werden müssen, so hat der Arbeitgeber dies so früh wie möglich dem Betriebsrat mitzuteilen und mit ihm über Art und Umfang der erforderlichen Einstellungen oder Entlassungen sowie über die Vermeidung von Härten bei Entlassungen zu beraten.
...

§ 72

(1) Bei geplanten Betriebsänderungen, die wesentliche Nachteile für die Belegschaft oder erhebliche Teile der Belegschaft zur Folge haben können, hat der Betriebsrat in Betrieben mit in der Regel mehr als zwanzig wahlberechtigten Arbeitnehmern ein Mitbestimmungsrecht. Als Betriebsänderungen im Sinne des Satzes 1 gelten:
a) Einschränkung und Stillegung des ganzen Betriebs oder von wesentlichen Betriebsteilen;
b) Verlegung des ganzen Betriebs oder von wesentlichen Betriebsteilen;
c) Zusammenschluß mit anderen Betrieben;
d) grundlegende Änderungen des Betriebszwecks oder der Betriebsanlagen, soweit sie nicht offensichtlich auf einer Veränderung der Marktlage beruhen;
e) Einführung grundlegend neuer Arbeitsmethoden, soweit sie nicht offensichtlich dem technischen Fortschritt entsprechen oder ihm dienen.
(2) Kommt ein Interessenausgleich nicht zustande, so kann der Unternehmer oder der Betriebsrat eine behördliche Stelle um Vermittlung ersuchen. Geschieht dies nicht oder bleibt der Vermittlungsversuch ergebnislos, so kann der Unternehmer oder der Betriebsrat eine Vermittlungsstelle anrufen, die, wenn nichts anderes vereinbart wird, aus zwei Beisitzern und einem unparteiischen Vorsitzenden besteht. Je ein Beisitzer wird vom Unternehmer und dem Betriebsrat bestellt und nach Möglichkeit aus dem Personenkreis der Betriebsangehörigen entnommen. Über die Person des Vorsitzenden sollen beide Seiten sich einigen. Kommt eine Einigung nicht zustande, so bestellt den Vorsitzenden der Oberlandesgerichtspräsident.
...

§ 73

(1) Unternehmer und Betriebsrat sollen der Vermittlungsstelle bestimmte Vorschläge zur Beilegung der Meinungsverschiedenheiten machen. Die Vermittlungsstelle hat eine Einigung der Parteien zu versuchen. Kommt eine Einigung zustande, so ist sie schriftlich niederzulegen und von den Parteien und vom Vorsitzenden zu unterschreiben.
(2) Gelingt eine Einigung nicht, so hat die Vermittlungsstelle von sich aus einen Einigungsvorschlag zur Beilegung der Meinungsverschiedenheiten zu machen; sie kann dabei von den Vorschlägen der Parteien abweichen. Der Einigungsvorschlag ergeht mit einfacher Mehrheit, falls Unternehmer und Betriebsrat nichts anderes vereinbart haben; er ist unter Angabe des Tages, an dem er ergangen ist, vom Vorsitzenden der Vermittlungsstelle zu unterschreiben und schriftlich zu begründen, wenn nicht die Parteien ausdrücklich auf eine Begründung verzichtet haben.
...

§ 76

(1) Der Aufsichtsrat einer Aktiengesellschaft oder einer Kommanditgesellschaft auf Aktien muß zu einem Drittel aus Vertretern der Arbeitnehmer bestehen.

Zit. nach: Georg Fülberth (Hrsg.), Geschichte der Bundesrepublik in Quellen und Dokumenten, a.a.O., S. 113 ff.

## 9. Die Gewerkschaften und das Betriebsverfassungsgesetz

Am 19. Juli 1952 wird das Betriebsverfassungsgesetz in 3. Lesung mit 195 gegen 139 Stimmen bei 7 Enthaltungen im Bundestag angenommen. Der Entwurf ist Gesetz!
Die Arbeitgeber bezeichnen dieses Gesetz als „das fortschrittlichste Gesetz zur Regulierung der Beziehungen von Arbeitgebern und Arbeitnehmern in den Betrieben in der ganzen Welt"! Sie begrüßen, daß mit dem Betriebsverfassungsgesetz die Entscheidungsfreiheit des Unternehmers über die wirtschaftliche Führung seines Betriebes rechtlich endgültig gesichert ist. Die ‚Neue Zürcher Zeitung' schreibt Mitte August über das Betriebsverfassungsgesetz: „Wenngleich die Unternehmerinitiative gesichert und die Grundlage der privatkapitalistischen Wirtschaftsverfassung aufrechterhalten worden sind, so muß doch festgestellt werden, daß den Opponenten ein tiefer Einbruch gelungen ist."
Für die Gewerkschaften sah das Ergebnis des Kampfes aber ganz anders aus. „Die Quelle" schreibt über die Bedeutung der Niederlage in ihrer Nummer vom August 1952:
„Das Entscheidende ist, daß mit dem beschlossenen Gesetz die dringend notwendige Neuordnung und Demokratisierung der Wirtschaft – wie schon einmal in der Weimarer Republik – verhindert, an der grundsätzlichen Struktur der kapitalistischen Wirtschaft nichts verändert wird und das alleinige Entscheidungsrecht der Unternehmer aufrechterhalten bleibt."
Der 19. Juli 1952 war für die Gewerkschaften ein schwarzer Tag. Die Gewerkschaftsführer fühlten sich wieder einmal überspielt, hintergangen, brüskiert. In einer Rundfunkrede erklärte Christian Fette am gleichen Tag:
„Meine sehr verehrten Hörerinnen und Hörer!
Und der Entwurf wird doch Gesetz! Dies ist der Eindruck, der sich jedem aufdrängt, der Gelegenheit nahm, den Ablauf der Aussprache über das Betriebsverfassungsgesetz in zweiter Lesung zu verfolgen.
Es ist offensichtlich eine Demonstration der Koalitionsparteien gegen die Gewerkschaften. Im Hennecke-Tempo wurden wichtige Paragraphen bereits im Ausschuß für Arbeit und Wirtschaft zur Verabschiedung gebracht.
Jetzt im Parlament erleben wir dieselbe Methode. Keine ernsthafte Diskussion über Abänderungsanträge der sozialdemokratischen Fraktion, die den Forderungen des Deutschen Gewerkschaftsbundes Rechnung trugen.
Alle Anträge – ganz gleich, ob sie sich auf Dinge bezogen, die an sich strittig waren, oder auf sol-

che, die im wesentlichen sogar von Vertretern der Koalitionsparteien vorher als annehmbar bezeichnet wurden, wurden abgelehnt.
Die Begründungen der sozialdemokratischen Sprecher wurden kaum beachtet, und man machte auch gar nicht den Versuch, sich mit ihnen auseinanderzusetzen. Man begnügte sich mit der Erklärung, daß die Koalitionsparteien den Antrag ablehnen.
Es war offensichtlich für jeden, daß die Absicht vorherrschte, unter allen Umständen alles abzulehnen, was irgendwie den gewerkschaftlichen Forderungen entgegenkommen könnte.
Ein trauriges Bild also, das sich dem objektiven Beobachter im Bundestag bot. Keine sachliche Diskussion, sondern rücksichtsloser Einsatz der Parlamentsmehrheit gegen alle Abänderungswünsche des Deutschen Gewerkschaftsbundes. Gestützt auf diese Mehrheit beschloß man auch, am Samstag die dritte Lesung durchzuführen.
Ich beschränke mich auf diese sachlichen Feststellungen.
Der geschäftsführende Vorstand des Deutschen Gewerkschaftsbundes wird am Montag zur Situation Stellung nehmen. Die Art der Erledigung im Parlament ist eine Herausforderung des Deutschen Gewerkschaftsbundes. Aber dennoch wird unser Handeln diktiert bleiben von der großen Verantwortung gegenüber unseren Mitgliedern und dem deutschen Volk. Lassen Sie mich in Erinnerung rufen, was der Bundeskanzler in einem Brief vom 16. Mai 1952 an mich schrieb:
„Im kommenden Jahr werden Neuwahlen zum Deutschen Bundestag stattfinden. Hier bietet sich dem Deutschen Gewerkschaftsbund eine Möglichkeit, auf dem in unserer Verfassung vorgesehenen Wege seine Auffassung über eine einheitliche und fortschrittliche Betriebsverfassung durchzusetzen."
Wir werden den Bundeskanzler nicht enttäuschen und Sorge tragen, daß alle Wahlberechtigten wissen, welche Abgeordneten im Parlament sich für die Forderungen des Deutschen Gewerkschaftsbundes eingesetzt haben.
Wir sind sicher, daß die schaffenden Menschen die Art der Verabschiedung des Betriebsverfassungsgesetzes bei den kommenden Wahlen noch gut in Erinnerung haben werden."
Der Hinweis auf die kommenden Bundestagswahlen sollte eine Drohung für die Bundesregierung darstellen, aber er war tatsächlich eine Unterwerfung der Gewerkschaften unter die Grundgesetze der repräsentativen Demokratie: die Gewerkschaften waren gezähmt!

Aus: Theo Pirker, Die blinde Macht, Bd. I, a. a. O., S. 282 ff.

## II/3 Die Anfangsjahre der Bundesrepublik im Spiegel der Statistik

### Arbeitsthemen

1. *Anhand welcher Daten läßt sich der industrielle Aufstieg in den Jahren 1950–1955 festmachen? Welche Ungleichgewichte verrät das Schaubild? (Nr. 1)*
2. *Welche generelle Tendenz läßt sich an der Entwicklung des Sozialprodukts ablesen? Inwiefern bestätigt das Schaubild das Schlagwort vom „Koreaboom"? Welche Veränderungen erfuhren die Relationen zwischen Dienstleistungen und Produktion in der Phase von 1948 bis 1955? (Nr. 2)*
3. *Inwiefern signalisiert die Entwicklung auf dem Arbeitsmarkt einen eindeutigen Aufschwung? Welchen kritischen – durch den Zustrom der DDR-Flüchtlinge verschärften – Tatbestand galt es zu überwinden? (Nr. 3 und 4)*

4. *Welche Korrespondenzen lassen sich zwischen der Lohnentwicklung und dem Verbrauch von Nahrungs- und Genußmitteln erkennen? (Nr. 5 und 6)*
5. *Welches Defizit an Wohnraum ergab sich als Folge von Kriegszerstörung und Flüchtlingszustrom? In welchem Ausmaß gelang die Überwindung bis Herbst 1956? Welche Rolle spielten staatliche Maßnahmen bei diesem Prozeß? (Nr. 7 und 8)*
6. *Weshalb stellte die Kapitalbildung das Schlüsselproblem in der deutschen Nachkriegswirtschaft dar? Welche Auffälligkeiten zeigt die Struktur der Kapitalbildung bis 1954? Worauf sind diese zurückzuführen? Welche Funktion kam dem Staat bei Kapitalbildung und Kapitalverwendung zu? (Nr. 9 und 10)*
7. *Welche sektoralen Verschiebungen in den Anlageinvestitionen lassen sich für die Jahre 1949–1954 registrieren? Worauf sind sie wohl zurückzuführen? (Nr. 11)*
8. *Welche Veränderungen dokumentiert die Statistik des Außenhandels in der Phase 1948–1955? In welcher Größenordnung bewegte sich der innerdeutsche Handel? (Nr. 12)*
9. *Inwiefern widersprach die wirtschaftliche Entwicklung in Westdeutschland ab 1948 den Erfahrungen nach dem Ersten Weltkrieg? Wie ist dieser – den zeitgenössischen Erwartungen zuwiderlaufende – Trend zu erklären? Was bedeutete er für die politische Stabilität? (Nr. 13)*

## Materialien

### 1. Die Entwicklung der Industrie in der Bundesrepublik 1950–1955

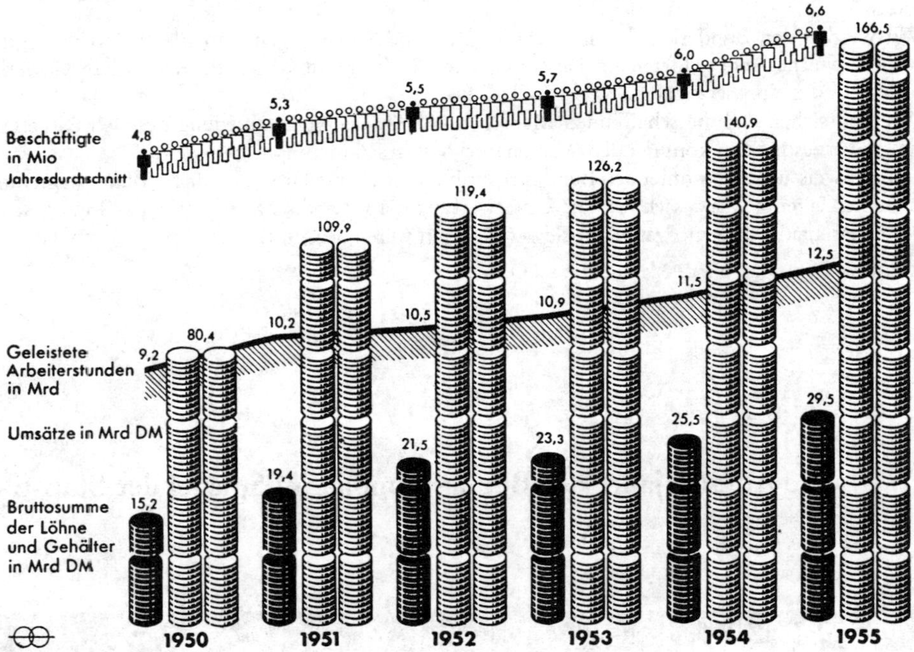


Nach: Informationen zur Politischen Bildung Nr. 168 (1976), S. 23

## 2. Steigendes Sozialprodukt im Bundesgebiet
in jeweiligen Preisen

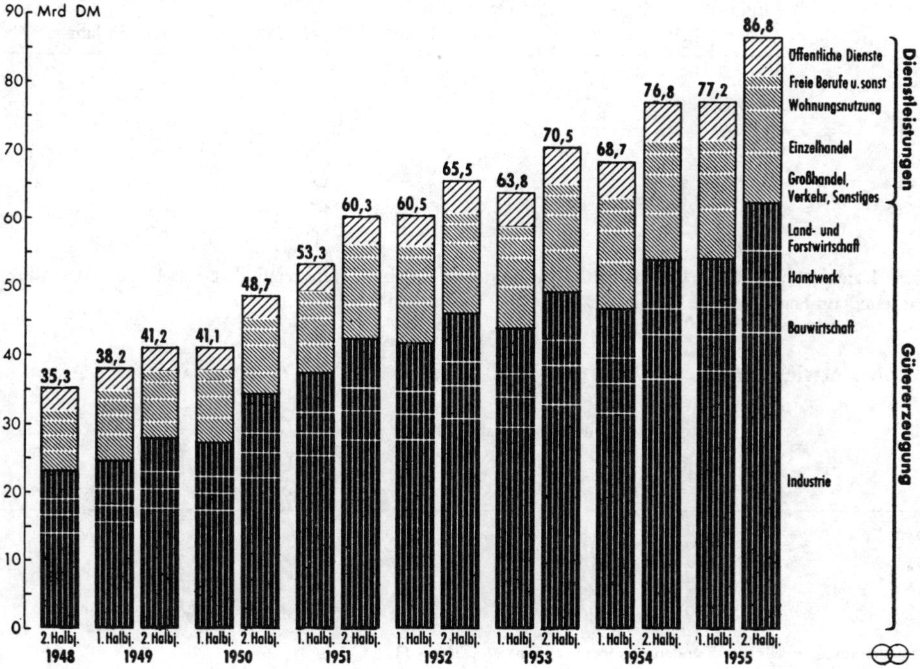


Nach: Informationen zur Politischen Bildung, Nr. 168 (1976), S. 23

## 3. Beschäftigte, Arbeitslose, offene Stellen, Gastarbeiter
(Jahresdurchschnitte in 1 000)

| Jahr | Beschäftigte | Registrierte Arbeitslose | Quote in % | offene Stellen | Gastarbeiter | Quote der Gastarbeiter in % |
|---|---|---|---|---|---|---|
| 1950 | 20 376 | 1 584 | 11,0 | 142 | – | – |
| 1951 | 20 895 | 1 435 | 10,4 | 124 | – | – |
| 1952 | 21 300 | 1 385 | 9,5 | 128 | – | – |
| 1953 | 21 810 | 1 265 | 8,4 | 140 | – | – |
| 1954 | 22 395 | 1 225 | 7,6 | 166 | 72 | 0,4 |
| 1955 | 23 230 | 935 | 5,6 | 239 | 80 | 0,4 |
| 1956 | 23 830 | 765 | 4,4 | 236 | 98 | 0,5 |
| 1957 | 25 335 | 759 | 3,7 | 249 | 108 | 0,6 |
| 1958 | 25 530 | 780 | 3,7 | 258 | 127 | 0,6 |

Nach: Harald Winkel, Wirtschaft im geteilten Deutschland 1945–1970, Wiesbaden 1974, S. 102

## 4. Zustrom von DDR-Flüchtlingen

| Jahr | Insgesamt 1 000 | Darunter in % unter 14 Jahren | 14–65 Jahre | über 65 Jahre |
|---|---|---|---|---|
| 1949 | 59,2 | | | |
| 1950 | 197,8 | | | |
| 1951 | 165,6 | | | |
| 1952 | 182,4 | 19,5 | 79,0 | 1,5 |
| 1953 | 331,4 | 22,8 | 74,6 | 2,6 |
| 1954 | 184,2 | 21,0 | 74,7 | 4,3 |
| 1955 | 252,9 | 17,4 | 78,6 | 4,0 |

Nach: Daten zu Wirtschaft, Gesellschaft, Politik und Kultur der Bundesrepublik Deutschland 1950–1975, bearbeitet von Franz Neumann, Baden-Baden 1976, S. 8

## 5. Lohnentwicklung

| Jahr | Bruttostundenlohn der Industriearbeiter Nominal 1950 = 100 | | Real 1950 = 100 | |
|---|---|---|---|---|
| 1950 | 100 | | 100 | |
| 1951 | 114,9 | (14,9)[1] | 106,7 | (6,7) |
| 1955 | 142,2 | (6,8) | 129,1 | (5,0) |
| 1960 | 209,0 | (9,3) | 173,5 | (7,8) |

[1]) In Klammern jeweils die Veränderung gegenüber dem Vorjahr in v. H.

Nach: Harald Winkel, Wirtschaft im geteilten Deutschland, a. a. O., S. 105

## 6. Jahresverbrauch (Wirtschaftsjahr) ausgewählter Nahrungs- und Genußmittel
je Kopf der Bevölkerung in kg

| Jahr | 1936 | 1950 | 1955 | 1960 |
|---|---|---|---|---|
| Rindfleisch ohne Fett | 11,7 | 11,3 | 13,8 | 17,3 |
| Schweinefleisch ohne Fett | 29,3 | 19,2 | 24,5 | 29,6 |
| Geflügel | 1,5 | 1,6 | 2,2 | 4,4 |
| Butter | 8,5 | 6,3 | 6,9 | 8,5 |
| Zucker | 22,5 | 27,4 | 28,3 | 29,1 |
| Eier | 7,4 | 7,4 | 9,9 | 13,1 |
| Frischobst (Kern- u. Steinobst) | 29,2 | 40,3 | 45,2 | 81,4 |
| Zitrusfrüchte (Südfrüchte) | 8,5 | 7,7 | 14,7 | 21,9 |
| Kartoffeln | 170,8 | 184,0 | 157,0 | 132,0 |
| Zigaretten Stück | 567 | 498 | 860 | 1619 |
| Kaffee kg | 1,9 | 0,6 | 1,8 | 2,9 |
| Tee g | 67 | 50 | 104 | 114 |
| Bier l | 58,7 | 37,3 | 66,1 | 120 |
| Wein l | 6,7 | 8,2 | 7,9 | 11,2 |
| Schaumwein l | | 0,11 | 0,41 | 1,18 |

Nach: Harald Winkel, Wirtschaft im geteilten Deutschland, a. a. O., S. 95

## 7. Verbesserung der Wohnverhältnisse in der Bundesrepublik

(ohne West-Berlin) von 1950 bis 1956 – in Millionen –

| Merkmal | Herbst 1950 | Herbst 1956 | Veränderung in % |
|---|---|---|---|
| 1. Wohnungen | | | |
| a) Normalwohnungen | 9,438 | 12,734[a]) | + 34,9 |
| b) Notwohnungen[b]) | 0,5405 | 0,4848 | – 10,3 |
| 2. Haushaltungen in: | | | |
| a) Normalwohnungen | 14,634 | 15,964 | + 9,1 |
| b) Notwohnungen | 0,6268 | 0,5306 | – 15,3 |
| c) Unterkünfte[c]) | 0,7620 | 0,6052 | – 20,6 |

a) Darunter 136 200 Wohnungen in Behelfsheimen von 30 qm und mehr als 23 400 Wohnungen in einsturzgefährdeten Gebäuden
b) Wohnungen in Behelfsheimen unter 30 qm, Wohnbaracken, Nissenhütten, Bunkern, Wohnlauben, Wellblechbaracken, Bretterbuden, Gebäuderesten, Wohnwagen, Kellerwohnungen usw.
c) Unterkünfte außerhalb von Wohnungen sind Lager, Fremdenheime, Gasthäuser und dgl.

Zit. nach: Christoph Kleßmann, Die doppelte Staatsgründung, a.a.O., S. 495 f.

## 8. Wohnungswirtschaft

Die Beschaffung von ausreichendem Wohnraum, um der Wohnungs- und Flüchtlingsnot Herr zu werden, erwies sich nach 1945 als eine der dringlichsten Aufgaben, die wegen ihres Umfangs und ihrer großen sozialen Bedeutung nur mit Hilfe des Staates zu lösen war.
Da zugunsten der alle Kräfte beanspruchenden Rüstungswirtschaft der seit Ende des Ersten Weltkrieges in Deutschland bestehende Wohnungsmangel auch nach 1933 nicht beseitigt worden war, ergab sich bereits bei Kriegsbeginn ein Defizit von rd. 1 Mio. Wohnungen. Während des Krieges waren in Westdeutschland rd. 2,5 Mio. Wohnungen zerstört worden, in vielen Großstädten über zwei Drittel des Bestandes; durch den Flüchtlingszustrom erhöhte sich der Fehlbedarf auf rd. 6 Mio. Wohnungen, ohne die Nachfrage durch die natürliche Bevölkerungsvermehrung in Rechnung zu stellen. Trotz strenger staatlicher Wohnraumbewirtschaftung blieben für viele Menschen Bunker, Baracken, Kasernen, Keller und Gartenlauben für lange Zeit einzige Unterkunft. Mit Notprogrammen und strengen Bewirtschaftungsmaßnahmen gelang es nur unvollkommen, bei Mietern und Vermietern Unzuträglichkeiten zu vermeiden. Dies galt besonders für Städte und Ballungsräume, die zum Teil den Zuzug von Einwohnern völlig gesperrt hatten, aber auch für Gebiete, in die 1945 starke Flüchtlingsströme gekommen waren (z.B. lebten in Schleswig-Holstein 27% Vertriebene, in Rheinland-Pfalz nur 8%).
Erst nach Gründung der Bundesrepublik Deutschland und Stabilisierung der Währung setzte ein starker Neubau von Wohnungen ein, staatlich gefördert durch das erste Wohnungsbaugesetz vom 24. April 1950, das vor allem den sozialen Wohnungsbau als gemeinsame Aufgabe von Bund, Ländern und Gemeinden herausstellte. Die Sozialwohnungen sollten in erster Linie einkommensschwachen Wohnungssuchenden, Kriegsgeschädigten und Flüchtlingen zugute kommen. Durch Zinszuschüsse und öffentliche Darlehen wurden hier Wohnungen erstellt, deren niedrige „Sozialmiete" bei begrenzter Wohnfläche und einfacher Ausstattung zu einer regen Nachfrage der Wohnungssuchenden führte. Wohnungsämter mußten die Zuteilung nach der Dringlichkeit regeln (Familiengröße, gegenwärtige Unterbringung usw.). Die Zahl der im sozialen Wohnungsbau öffentlich geförderten Wohnungen (1950 = 255 000 von insgesamt 371 900) erreichte 1952 mit 317 500 von insgesamt 460 800 ihren Höhepunkt und nahm dann zugunsten der frei finanzierten Wohnungen ab. Stand in den ersten Jahren nach 1949 noch die Förderung des Mietwohnungsbaues, vor allem in den zerstörten Städten, im Vordergrund, so wurde ab 1953 stärker das Eigentum im Wohnungsbau gefördert, sei es in Form des Eigenheimes oder der Eigentumswohnung, für die das Wohnungseigentumsgesetz vom 15. März 1951 die rechtlichen Grundlagen geschaffen hatte.

Aus: Harald Winkel, Wirtschaft im geteilten Deutschland, a.a.O., S. 160 f.

## 9. Struktur der Kapitalbildung in der Bundesrepublik 1948–1954

| | 1948/II | 1949 | 1950 | 1951 | 1952 | 1953 | 1954 |
|---|---|---|---|---|---|---|---|
| Bruttoersparnis[a]) (absolut in Mrd. DM) | 8,8 | 17,1 | 22,1 | 29,2 | 34,3 | 35,4 | 39,9 |
| davon in v.H. | | | | | | | |
| Privater Sektor | | | | | | | |
| Private Ersparnis | 22,7 | 14,0 | 9,0 | 7,9 | 12,6 | 15,3 | 16,8 |
| Unternehmensersparnis[b]) | 53,4 | 61,4 | 65,2 | 65,1 | 61,7 | 52,8 | 52,1 |
| Staat ausschließlich fiskalpolitischer Wirkungen[c]) | 23,9 | 24,6 | 25,8 | 27,0 | 25,7 | 31,9 | 31,1 |
| Staat einschließlich fiskalpolitischer Wirkungen[d]) | – | 35,7 | 36,2 | 33,6 | 34,7 | 42,4 | 42,3 |

a) Einschließlich Vorratsbildung.
b) Einschließlich der Ersparnisse durch steuerliche Absetzungen.
d) Einschließlich Sozialversicherung.
d) Steuerliche Absetzungsmöglichkeiten und dadurch verursachte Budget-Verluste.

Nach: Heiner R. Adamsen, Faktoren und Daten der wirtschaftlichen Entwicklung in der Frühphase der Bundesrepublik Deutschland 1948–1954, in: Archiv für Sozialgeschichte 18 (1978) S. 235

## 10. Der Prozeß von Kapitalbildung und -verwendung

Mit der Relativierung der vielfach als Wachstumsverursacher aufgefaßten Vorgänge Währungsreform und Marshall-Plan stellt sich für den Betrachter die Frage, was denn nun die eigentlichen Wachstumsauslöser und -stimuli gewesen sind. Eine gesicherte und eindeutige Antwort ist darauf heute (noch) nicht möglich, zumal damit das Problem einer langfristigen industriellen Entwicklungstheorie mit angelegt ist. Der Versuch, die wahren „Triebkräfte des Wiederaufstiegs" zu bestimmen, muß daher beim Verweis auf ein komplexes Ursachenbündel stehenbleiben, dem die Diskrepanz zwischen Berufsstruktur des Arbeitspotentials auf der einen und der Arbeitsplatzstruktur des Kapitalstocks auf der anderen Seite überzuordnen ist. Für den Abbau dieser Diskrepanz kam der Investitionsrate und der Investitionspolitik eine hohe Bedeutung zu: Während der Zeit des Wiederaufbaus wurden Kapitalbildung, Kapitalverwendung und ihre Steuerung durch die Wirtschaftspolitik zu strategischen Bereichen. Daher erscheint es notwendig, vor der Betrachtung der Struktur von Entstehung und Verwendung des Sozialproduktes während des ersten Wachstumszyklus in der Nachkriegszeit das Problem der Kapitalbildung und -verwendung zu behandeln. Daß zwischen diesen beiden Komplexen enge Querverbindungen bestehen, bedarf keiner näheren Erläuterung.

Zunächst einmal ist die Aufteilung des in einer Wirtschaft erstellten Gesamtprodukts in Konsum und Investition ein gesellschaftliches Grundproblem, dessen Lösung über die Höhe künftiger Produktion und gegenwärtiger Konsumtion entscheidet. Für die Wiederaufbaujahre in Westdeutschland galt zusätzlich: Sowohl der Verlust der Agrarüberschußgebiete wie der Zuwachs der Erwerbsbevölkerung und die strukturellen Verwendungen innerhalb der Industrie durch die Zonenaufteilung erforderten gesamtwirtschaftliches Wachstum und ein Höchstmaß an Investitionen. Die unsichere Informationslage in den ersten Nachkriegsjahren über das wirtschaftliche Leistungsvermögen, das Wissen um die wirtschaftspolitischen Ausgangsprobleme sowie die Tatsache einer durch Krieg und Vorwährungsreformzeit aufgestauten Nachfrage machten die Kapitalbildung zum Schlüsselproblem der staatlichen Wiederaufbaupolitik. Daß dabei das absolute Niveau des Investitionsvolumens möglichst groß sein sollte, darüber herrschte ein breiter gesellschaftlicher Konsens, jedoch waren die Methode der Kapitalgewinnung und die Einflußnahme auf die Verwendung in der Frühphase der Bundesrepublik umstritten.

Die gesamtwirtschaftliche Ersparnis und damit das Investitionsvolumen waren in der Frühphase der Bundesrepublik, verglichen mit den Vorkriegserfahrungen, außerordentlich hoch. Das Gesamtvolumen einschließlich Vorratsbildung lag real im Durchschnitt der Jahre 1949/1951 um 21 v.H., im Durchschnitt der Jahre 1952/1954 um 63 v.H. über dem Wert von 1936. Die industrielle Investitionsquote war im Durchschnitt der Jahre 1948/1954 doppelt so hoch wie 1936; die gesamtwirtschaftliche Investitionsquote begann 1949 mit 30 v.H. über dem 1936er Stand und stieg kontinuierlich bis 1954 an, wo sie um 46 v.H. größer war als 1936.
Interessanter und zugleich wirtschaftspolitisch brisanter war jedoch die Struktur dieser Kapitalbildung: Auffällig hieran sind zunächst der niedrige Anteil der privaten Ersparnis (Durchschnitt 1948/54: 14 v.H.) und der hohe Staatsanteil (Durchschnitt 1948/1954: 27 v.H.) an der Bruttoersparnis. Werden noch die fiskalpolitischen Wirkungen beim Staat mitberücksichtigt, die durch die verschiedenen steuerlichen Anreize für die Kapitalbildung entstanden, so erhöht sich der Staatsanteil auf über ein Drittel der Gesamtersparnis. Diese Zahlen belegen, daß sich der Kapitalbildungsprozeß weniger mit marktwirtschaftlichen Methoden als mit umfangreicher Beteiligung des Staates vollzog. Die Ursachen dafür lagen in Haushaltsüberschüssen und zwei zeitbedingten Faktoren: Es gab keine nennenswerten Verteidigungsausgaben und keine kriegsbedingten Staatsschulden. Aus der Tatsache des hohen Staatsanteils an der Kapitalbildung ist mehrfach auf die, trotz entgegengesetzter Wirtschaftsphilosophie, dominierende Rolle des Staates in der Wiederaufbauperiode geschlossen worden. Ein eindeutiger Beweis dafür kann allerdings nicht nur in diesen Angaben gesehen werden. Zudem geht dann ein wesentliches Charakteristikum des Kapitalbildungsprozesses in dieser Zeit verloren, wie es auch bereits aus Tab. Nr. 9 deutlich wird: Der Staat griff zwar massiv in den Kapitalbildungsprozeß ein, überließ die Verfügungsgewalt und damit das Eigentumsrecht aber der privaten Wirtschaft. Genau dies war trotz allen marktwirtschaftlichen Philosophierens die Kapitalbildungsstrategie Erhards für die Wiederaufbaujahre.

Aus: Heiner R. Adamsen, Faktoren und Daten der wirtschaftlichen Entwicklung, a.a.O., S. 233 ff.

## 11. Struktur der Brutto-Anlageinvestitionen nach Wirtschaftsbereichen 1949–1954

(in v.H.[a])

| | 1949 | 1950 | 1951 | 1952 | 1953 | 1954 |
|---|---|---|---|---|---|---|
| Industrie[b]) | 25,7 | 25,0 | 27,6 | 28,0 | 27,7 | 28,4 |
| darunter Bergbau | 4,4 | 3,8 | 4,2 | 5,4 | 6,2 | 5,7 |
| Grundstoff- und Produktionsgüterindustrien | 6,7 | 7,2 | 8,9 | 9,9 | 9,7 | 11,1 |
| Investitionsgüterindustrien | 5,6 | 5,9 | 7,1 | 6,8 | 6,5 | 6,5 |
| Verbrauchsgüterindustrien | 5,1 | 4,6 | 4,4 | 3,2 | 2,8 | 2,9 |
| Nahrungs- und Genußmittelindustrien | 3,9 | 3,5 | 3,0 | 2,7 | 2,4 | 2,3 |
| Energieversorgungsbetriebe | 7,7 | 8,1 | 7,4 | 7,9 | 7,7 | 8,1 |
| Nachrichten- und Verkehrswesen[c]) | 13,2 | 10,2 | 9,6 | 9,8 | 11,4 | 10,6 |
| Wohnungswirtschaft[d]) | 16,8 | 19,5 | 21,1 | 21,6 | 24,4 | 25,5 |
| Landwirtschaft | 6,3 | 6,2 | 6,6 | 6,4 | 5,4 | 5,7 |
| Übrige Gewerbe[e]) | 21,7 | 21,6 | 18,2 | 16,8 | 12,9 | 11,8 |
| Öffentliche Verwaltung[f]) | 8,6 | 9,4 | 9,5 | 9,5 | 10,6 | 10,0 |

a) Rundungsfehler möglich; jeweilige Preise.
b) Ohne Bau und Energie sowie Kleinbetriebe mit weniger als 10 Beschäftigten.
c) Ohne öffentliche Verkehrsinvestitionen.
d) Einschließlich Bergarbeiterwohnungsbau.
e) Handel, Handwerk, Bauwirtschaft und Sonstige.
f) Bund, Länder und Gemeinden, Sozialversicherung und Lastenausgleich, ohne öffentliche Unternehmen.

Nach: Heiner R. Adamsen, Faktoren und Daten der wirtschaftlichen Entwicklung, a.a.O., S. 238

## 12. Außenhandel des Vereinigten Wirtschaftsgebietes und der Bundesrepublik (einschließlich Berlin-West) 1948–1955

(in Millionen RM/DM)

| | Einfuhr | Ausfuhr | Summe | Wachstum (in %) | Anteil des innerdt. Handels (in %) |
|---|---|---|---|---|---|
| 1948[1]) | 3163,8 (117,8)*) | 1816,9 (148,9) | 4980,6 (266,7) | | 5,08 |
| 1949[2]) | 7330,1 (206,3) | 3805,5 (221,7) | 11135,6 (428,0) | +123,6 + 60,5 | 3,70 |
| 1950[3]) | 11373,9 (342,1) | 8362,2 (328,5) | 19736,1 (670,6) | + 77,2 + 56,7 | 3,28 |
| 1951[3]) | 14725,5 (122,6) | 14576,8 (148,2) | 29302,3 (270,8) | + 48,5 − 59,6 | 0,91 |
| 1952[3]) | 16202,9 (79,5) | 16908,8 (145,6) | 33111,7 (225,1) | + 13,0 − 16,9 | 0,67 |
| 1953 | 16010,4 (287,3) | 18525,6 (251,6) | 34536,0 (538,9) | + 4,3 +139,4 | 1,53 |
| 1954 | 19337,1 (439,9) | 22035,2 (417,7) | 41372,3 (857,6) | + 19,8 + 59,1 | 2,03 |
| 1955 | 24472,4 (580,7) | 25716,8 (521,1) | 50189,2 (1101,8) | + 21,3 + 28,4 | 2,14 |

*) In Klammern jeweils der Interzonen- bzw. der innerdt. Handel
1) Ohne Handel mit Berlin
2) Ohne Handel mit Berlin-West; keine Angaben für Januar–April
3) Ohne Handel mit Berlin-West

Nach: Wirtschaft und Statistik, Jg. 1 (1949/50)
Statistisches Jahrbuch der Bundesrepublik Deutschland 1952 ff.

## 13. Zur Struktur der wirtschaftlichen Entwicklung 1949–1954

Die wirtschaftliche Entwicklung in der Frühphase der Bundesrepublik war durch einen ersten Wachstumszyklus mit einmaligen Durchschnittswachstumsraten von über 10 v. H. gekennzeichnet. In seinem Verlauf wurde der Vorkriegsstand nicht nur wieder erreicht, sondern größtenteils deutlich überschritten. Dies galt – bis auf die Wohnraumversorgung – für nahezu alle ökonomischen Basisdaten. Die rasche Überwindung der Kriegsfolgen stand im Gegensatz zu zeitgenössischen Erwartungen und den deutschen Erfahrungen nach dem Ersten Weltkrieg, hatte damals, nach einer gleichlangen Nachkriegsperiode, das reale Sozialprodukt je Kopf doch gerade den Vorkriegsstand erst wieder erreicht. Die außerordentliche Dynamik dieses ersten Wachstumsschubes löste die grundsätzlichen Wiederaufbauprobleme und schuf durch industrielle Rekonstruktion und Außenhandelsoffensive die auf nahezu 30 Jahre dauerhaften Grundlagen für die ökonomische Stabilität der Bundesrepublik. Vielfach wird eine „spontane Aufwallung der unternehmungslustigen Privatwirtschaft" (A. Shonfield), unterstützt durch die Ordnungspolitik der „Sozialen Marktwirtschaft", die Währungsreform und die Marshall-Plan-Hilfe als Grundlage dieser Entwicklung gesehen. Dieses Bild muß aber korrigiert werden. Wie gerade der für den Wiederaufbau wesentliche Bereich der Kapitalbildung und -verwendung sowie die staatliche Investitionspolitik zeigten, war der Einfluß des Staates größer, als es die offizielle Doktrin vermuten ließ. Andererseits bestand aber auch kein ausformulierter Wiederaufbauplan. Die im Rückblick monolithisch erscheinende Wiederaufbaupolitik entfesselte die Marktkräfte zunächst nur im Konsumgüterbereich und förderte über gezielte Steueranreize die Kapitalbildung der Unternehmen. Die Mechanismen dieser effektvollen Politik und damit die Verteilung der Wachstumslasten durch den Staat wurden nach außen hin jedoch durch die realen Wohlstandssteigerungen überdeckt. Grundsätzliche Verteilungskonflikte waren in der Frühphase der Bundesrepublik vergleichsweise selten – ökonomisches Wachstum ermöglichte Verteilungsspielräume und gab die Grundlage für politische Stabilität.

Aus: Heiner R. Adamsen, Faktoren und Daten der wirtschaftlichen Entwicklung, a.a.O., S. 244

## III. Der „Aufbau des Sozialismus" in der DDR und der Anschluß an das sowjetische Bündnissystem

### Übersicht

**1949** 15./16. Mai: In der Sowjetischen Besatzungszone finden „Wahlen" zum „3. Deutschen Volkskongreß" aufgrund einer Einheitsliste statt, für die nur mit „ja" oder „nein" gestimmt werden kann. Es kommt zu schweren Manipulationen und Fälschungen der Ergebnisse. Dieser „Kongreß" bestätigt Ende Mai den „Entwurf einer Verfassung der Deutschen Demokratischen Republik".

7. Oktober: Der „Deutsche Volksrat", hervorgegangen aus dem „Volkskongreß", erklärt sich zur „Provisorischen Volkskammer der Deutschen Demokratischen Republik" und setzt die Verfassung in Kraft. In den nächsten Tagen werden eine „Provisorische Regierung" und eine „Provisorische Länderkammer" gebildet. Wilhelm Pieck (SED) wird Präsident, Otto Grotewohl (SED) Ministerpräsident der DDR. 7 der 18 Mitglieder der neuen Regierung gehören der (Ost-)CDU und der LDP an. Diese beiden Parteien dringen noch auf „Einhaltung der Verfassung" und auf Wahlen innerhalb einer „parlamentarisch-demokratischen Staatsform" (CDU-Organ „Neue Zeit" am 19. 10. 1949); die fälligen Wahlen zu den Landtagen werden jedoch bereits auf den 15. 10. 1950 verschoben. Dem Ministerium des Inneren (Karl Steinhoff, SED) werden die Hauptverwaltungen für Volkspolizei – einschließlich der kasernierten Bereitschaftsverbände – und für „Schutz der Volkswirtschaft" (ab 8. 2. 1950 „Ministerium für Staatssicherheit") angegliedert.

Oktober bis Dezember: Austausch diplomatischer Vertreter mit den Ostblockstaaten. Von anderen Staaten wird die DDR nicht anerkannt. Als Instrument der Deutschland-Politik der SED wird die „Nationale Front des demokratischen Deutschland" gebildet, der auch „progressive" Mitglieder der Blockparteien und Parteilose angehören dürfen; die „Nationale Front", die selbst als sogenannte Massenorganisation auftrat, löst mit der Zeit den „antifaschistisch-demokratischen Block" ab, der bisher die Unterordnung der anderen Parteien unter die Politik der SED besorgte.

Dezember: Oberstes Gericht und Oberste Staatsanwaltschaft der DDR werden gebildet. Das Oberste Gericht entscheidet in Straftaten von „überragender Bedeutung" in erster und letzter Instanz und kann Urteile anderer Gerichte aufheben. Die Justizministerien der Länder werden aufgelöst. Das Oberste Gericht wird (auch in zahlreichen Schauprozessen) wichtiges Instrument zur Festigung des Systems und Instanz für die Auslegung der Verfassung. Gerichte der DDR verurteilen allein 1950 insgesamt über 78 000 politische Angeklagte, darunter 15 zum Tode.

**1950** Januar: Das Gesetz über den „Volkswirtschaftsplan" der DDR für das Jahr 1950 wird verkündet. Der Plan „erfaßt alle Wirtschaftszweige sowie die Hauptaufgaben auf dem Gebiet der Kultur und des Gesundheitswesens". In § 9 wird gefordert: Zur „Selbstkostensenkung ... ist es notwendig, die Produktion in erster Linie durch Entwicklung der Aktivistenbewegung, Aufstellung technisch begründeter Arbeitsnormen, Einführung des Leistungslohnes und die Einstellung unproduktiver Arbeit zu heben".

Januar: Die Mitglieder der LDP werden durch die Parteiführung aufgefordert, eine Erklärung zu unterschreiben, in der sie vorbehaltlos die Politik der Regierung der DDR und der Nationalen Front billigen. Der Vorsitzende der CDU Sachsens, Hugo Hickmann, der eine Neutralisierung Deutschlands und freie und geheime Wahlen fordert, wird zum Rücktritt gezwungen. Die „Säuberung" beider Parteien beginnt.

April: „Gesetz der Arbeit" wird verkündet. Es enthält das „Recht auf Arbeit" und auf Vermittlung eines „zumutbaren Arbeitsplatzes", wobei das Ministerium für Planung einen „Arbeitskräfteplan" aufstellt. Frauen erhalten „für gleiche Arbeit gleichen Lohn". An die Stelle der Betriebsräte treten Betriebsgewerkschaftsleitungen des FDGB. Leistungslohnkataloge sollen aufgestellt, technisch begründete Arbeitsnormen „der Aktivisten auf die anderen Arbeiter im Betrieb ... übertragen" und ständig erhöht werden. Der FDGB mit 4,7 Millionen Mitgliedern wird zum Herrschaftsinstrument der SED, die in der FDGB-Satzung (September 1950) als „bewußter Vortrupp der Arbeiterklasse" bezeichnet wird.

Mai: Herabsetzung der Volljährigkeit von 21 auf 18 Jahre. „Deutschlandtreffen" der „Freien Deutschen Jugend" (FDJ) in Berlin. Die ursprünglich propagandistisch herausgestellte Möglichkeit einer „Besetzung West-Berlins" durch die 500000 versammelten Jugendlichen wird nicht realisiert. Die 1,5 Millionen Mitglieder umfassende FDJ – ihr ist die Kinderorganisation „Junge Pioniere" mit 1,6 Millionen Mitgliedern zugeordnet – erkennt ebenfalls die „führende Rolle der SED" an und wird damit auch offiziell zu einer der „Massenorganisationen", die der Umsetzung der SED-Politik dienen.

Juni: Regierungsdelegationen der DDR vereinbaren „Deklarationen" mit der Regierung Polens, der ČSR und Ungarns, die die Eingliederung der DDR in den Ostblock bestätigen. Die Oder-Neiße-Grenze wird anerkannt („Görlitzer Vertrag" vom 6.7.1950), die „durchgeführte Umsiedlung der Deutschen" aus der ČSR wird als „unabänderlich, gerecht und endgültig gelöst" bezeichnet. Die DDR empfiehlt sich damit Polen und der ČSR als der deutsche Staat, der ihnen die Ergebnisse des Zweiten Weltkrieges sichert.

25. Juli: Walter Ulbricht erhält auf dem 3. Parteitag der SED das nach stalinschem Vorbild geschaffene Amt des „Generalsekretärs". Ein neues Parteistatut erklärt zum „Ziel der Partei" den „Sozialismus, der die Errichtung der politischen Herrschaft der Arbeiterklasse zur Voraussetzung hat". Um die „monolithische Einheit" der Partei zu sichern, werden der „Kampf gegen Spione und Agenten", vor allem gegen die „Tito-Clique", und die „Ausrottung der Überreste" des „Sozialdemokratismus" gefordert. Die ersten großen „Säuberungen" innerhalb der SED-Führung beginnen, im Rahmen einer Parteiüberprüfung werden 1950/51 rund 150000 Mitglieder aus der SED ausgeschlossen.

17. August: Die Regierung billigt den von der SED vorgelegten Fünfjahrplan 1951–1955.

15. Oktober: Die „Wahlen" in der DDR werden nach Ausschaltung weiterer oppositioneller Politiker in Ost-CDU und LDP aufgrund einer „Einheitsliste der Nationalen Front" in zumeist „offener Abstimmung" durchgeführt. In den folgenden Jahren erkennen die beiden „bürgerlichen Parteien" auch in ihren Satzungen die „führende Rolle" der SED und die Notwendigkeit des „marxistisch-leninistischen Weges" beim „Aufbau des Sozialismus" an. Nach den „Wahlen" legen Volkskammer, Länderkammer und Regierung der DDR das Attribut „provisorisch" ab.

30. November: Einem Beschluß der Außenminister der Ostblockstaaten folgend, schlägt Grotewohl namens der Regierung der DDR der Bundesregierung die Bildung eines „Gesamtdeutschen Konstituierenden Rates" vor „unter paritätischer Zusammensetzung aus Vertretern Ost- und Westdeutschlands". Der Vorschlag wird in den nächsten Jahren als Kampagne unter dem Motto „Deutsche an einen Tisch" fortgeführt. Vorschlag und Kampagne sollen offensichtlich dazu dienen, die Forderung der Bundesregierung nach freien Wahlen und Wiedervereinigung propagandistisch zu unterlaufen und gleichzeitig eine Aufwertung der DDR-Regierung zu erreichen.

15. Dezember: „Gesetz zum Schutze des Friedens" wird erlassen. „Boykotthetze gegen demokratische Einrichtungen und Organisationen, Mordhetze gegen demokratische Politiker, Völkerhaß, militaristische Propaganda und Kriegshetze" werden unter strenge Strafen gestellt. Gesetzeswortlaut und Praxis des Obersten Gerichts machen deutlich, daß unter diesen Formulierungen jegliche Äußerungen gegen die DDR und andere Ostblockstaaten verstanden werden können. § 10 Abs. 3 lautet: „Die Zuständigkeit des Obersten Gerichts der DDR ist auch dann gegeben, wenn die Tat von deutschen Staatsbürgern nicht im Gebiet der DDR begangen worden ist, auch wenn der Täter im Gebiet der DDR keinen Wohnsitz oder gewöhnlichen Aufenthalt hat." In den kommenden Jahren drohen SED-Politiker westdeutschen Politikern und Publizisten ausdrücklich mit diesem Gesetz.

31. Dezember: Nach Angaben der Bundesregierung flüchteten im Jahre 1950 197788 Personen in die Bundesrepublik und Berlin (West), 1949 waren es 125245.

1951 17. März: Entschließung des ZK der SED gegen den „Formalismus in Kunst und Literatur", der zum „Kosmopolitismus" führe und „eine direkte Unterstützung der Kriegspolitik des amerikanischen Imperialismus" bedeute. Gefordert wird ein „sozialistischer Realismus" nach dem „Beispiel der großen sozialistischen Sowjetunion, die die fortschrittlichste Kultur der Welt geschaffen hat". In der Folge werden in den kommenden Jahren als abweichend geltende Richtungen der modernen Kunst unterdrückt. Mißtrauen und Verbote der Partei treffen selbst so prominente Künstler wie Bert Brecht und Hanns Eisler.

31. Dezember: 1951 flüchteten 165648 Bewohner der DDR in die Bundesrepublik und nach Berlin (West).

1952 26. Mai: Als Antwort auf die Unterzeichnung des Deutschland- und des EVG-Vertrages (vgl. S. 233 f.; 265 ff.) richtet die DDR eine 5 km-breite Sperrzone an der Grenze zur Bundesrepublik ein und macht Reisen von West-Berlinern in die DDR von Passierscheinen abhängig.

Mai/Juni: Das „IV. Parlament der FDJ" ergänzt die „Verfassung" des Jugendverbandes. Neu wird in Art. 4 festgelegt: „Die Verteidigung des Friedens, unserer Heimat und der demokratischen Errungenschaften ist für jedes Mitglied eine hohe patriotische Pflicht. Die FDJ erzieht die Jugend im Geiste des Patriotismus zur Kühnheit, zur Wachsamkeit, zur Wahrung staatlicher Geheimnisse. Der Dienst in der Deutschen Volkspolizei ist für Mitglieder der FDJ Ehrendienst." Pieck nimmt den Vorbeimarsch von FDJ-Verbänden mit umgehängtem Gewehr ab. Die „Bereitschaftspolizei" ist bereits im Januar mit schweren sowjetischen Waffen ausgerüstet worden; sie wird im Oktober zur „Kasernierten Volkspolizei" (KVP) umbenannt, die über alle drei Waffengattungen verfügt.

Juli: Die „2. Parteikonferenz" der SED verkündet den „planmäßigen Aufbau des Sozialismus". Gemeint ist die vollständige Übernahme des sowjetischen Gesellschafts- und Wirtschaftssystems. Ulbricht im Schlußwort: „Wir werden siegen, weil uns der große Stalin führt." Er spricht vom „abgrundtiefen Verrat der Tito-Clique", von der „verbrecherischen Tätigkeit der Slansky-Gruppe in der Tschechoslowakei, der Gomulka-Gruppe in Polen" und bereitet einen Schauprozeß gegen führende SED-Funktionäre vor. Nachdem die industrielle Produktion bereits zu knapp 80 v. H. verstaatlicht ist, beginnt die Sozialisierung der Landwirtschaft und des Handwerks in der Form von Genossenschaften. Auflösung der Länder in der DDR und Umwandlung in Bezirke, um die Anleitung des Staatsapparates durch die SED zu vereinfachen.

31.12.: 1952 flüchteten 182393 Personen aus der DDR in die Bundesrepublik und nach Berlin (West).

1953 10. Januar: Übernahme der Präsidentschaft der USA durch den Republikaner Eisenhower, den Oberbefehlshaber der alliierten Invasionsstreitkräfte 1944/45 und NATO-Oberbefehlshaber in Europa 1950/52. Im Wahlkampf haben die Republikaner die „Containment"-(Eindämmungs-)Politik der Demokraten für „unmoralisch" erklärt, da sie halb Europa den totalitären Sowjets überlasse. Insbesondere der neue Außenminister Dulles tritt für ein „Roll back" ein; die UdSSR soll durch machtpolitischen und ideologischen Druck dazu gebracht werden, auf ihre in Krieg und Nachkrieg erworbenen Einflußgebiete zu verzichten.

5. März: Tod Stalins. Trauersitzung des ZK der SED, Landestrauer wird angeordnet. Machtkämpfe in der UdSSR. Erwartung von Erleichterungen bei den osteuropäischen Völkern. Differenzen in der westlichen Allianz, ob die Unsicherheit der sowjetischen Führung machtpolitisch ausgenutzt oder eine Verständigung („Entspannung") gesucht werden soll.

April: Beschluß des Sekretariats des ZK der SED „gegen das Versöhnlertum in ideologischen Fragen." Freischaffenden Berufsgruppen sowie in Berlin (West) arbeitenden Bewohnern der DDR werden die Lebensmittelkarten entzogen. Die evangelisch-lutherischen Bischöfe Deutschlands protestieren gegen den „Kirchenkampf" in der DDR: „Wir wissen von vielen Fällen, in denen junge Menschen von der Schule verwiesen und am Abschluß ihrer Ausbildung gehindert wurden. Uns ist weiterhin bekannt geworden, daß Verhaftungen vorgenommen werden, ohne daß den Beschuldigten der Grund ihrer Verhaftung mitgeteilt oder den Angehörigen der Aufenthaltsort der Verhafteten bekanntgegeben wird."

28. Mai: Die DDR-Regierung ordnet an, eine „Überprüfung der Arbeitsnormen durchzuführen." Als

Ziel wird angegeben, „zunächst eine Erhöhung der für die Produktion entscheidenden Arbeitsnormen im Durchschnitt um mindestens zehn Prozent bis zum 30. Juni 1953 sicherzustellen." Bei dieser „Erhöhung grundsätzlich falscher Normen" soll ein Lohnausgleich nicht gezahlt werden.

9./11. Juni: Unter sowjetischem Druck – die neue Moskauer Führung verlangt eine flexiblere Haltung in der Innen- und Deutschlandpolitik der DDR – fassen das Politbüro der SED am 9.6. und der Ministerrat der DDR am 11.6. Beschlüsse über einen „Neuen Kurs". Partei- und Staatsführung räumen ein, „in der Vergangenheit eine Reihe von Fehlern begangen" zu haben. Zwangsmaßnahmen gegen Bauern, Selbständige, Lehrer, Schüler und Studenten werden zurückgenommen; Interzonenreisen sollen künftig erleichtert werden. Eine bessere Versorgung der Bevölkerung wird versprochen.

16. Juni: An der Normenfrage wird deutlich, daß es innerhalb der SED-Führung zwei unterschiedliche Richtungen gibt. Im Zentralorgan „Neues Deutschland" spricht sich der Chefredakteur Rudolf Herrnstadt am 14.6. gegen „Normenschaukelei" aus; das FDGB-Organ „Tribüne" verteidigt am 16.6. die Normenerhöhungen. Daraufhin kommt es in Ostberlin zu spontanen Bauarbeiterstreiks. Erst jetzt erklären Politbüro und Ministerrat, sie seien bereit, die „von den einzelnen Ministerien angeordnete obligatorische Erhöhung der Arbeitsnormen gemeinsam mit den Gewerkschaften zu überprüfen."

17. Juni: Aus spontanen Streiks entwickelt sich in Berlin und in vielen anderen Orten der DDR eine von Arbeitern getragene politische Aufstandsbewegung, die von sowjetischen Truppen unter Verhängung des Ausnahmezustandes und mit Waffengewalt niedergeschlagen wird. Am 17.6. und in den Folgetagen kommt es zu standrechtlichen Erschießungen und zu Massenverhaftungen. Die Westmächte halten sich betont zurück. Unter dem Eindruck des Arbeiteraufstandes gewinnen in der sowjetischen Führung die Kreise die Oberhand, die den Ulbricht-Flügel in der SED und die von ihm geprägte DDR weiter stützen.

24.–26. Juli: In der 15. Sitzung des ZK der SED wird zwar erklärt, „das schablonenhafte Übertragen der Formen und Methoden der Arbeit in der Sowjetunion auf die DDR" sei „fehlerhaft", jedoch sei die „Grundlinie der Partei" richtig gewesen. Die Ereignisse des 17. Juni seien die Folge einer vom Westen gelenkten „faschistischen Provokation." „Kapitulanten" und „Versöhnler", unter ihnen Herrnstadt und Justizminister Max Fechner, werden aus der SED-Führung ausgeschlossen. Fechner, der noch am 29.6. das Streikrecht als „verfassungsmäßig garantiert" bezeichnete, wird wegen „staatsfeindlicher Tätigkeit" verhaftet. Nachfolgerin wird Hilde Benjamin, bisher Vizepräsidentin des Obersten Gerichts.

31. Dezember: 1953 flüchteten 391 390 Bewohner der DDR in die Bundesrepublik und nach Berlin (West).

**1954** 1. Januar: Die letzten 33 „Sowjetischen Aktiengesellschaften" (SAG) werden an die DDR zurückgegeben. Damit enden die Reparationsbelastungen der DDR, jedoch zahlt die UdSSR noch einige Zeit für die Erzeugnisse dieser wie der meisten anderen Betriebe, die zeitweise SAG-Betriebe gewesen sind, nur Stopp- und Vorzugspreise.

25. März: Nach dem ergebnislosen Ende der Berliner Viermächtekonferenz (25.1.–18.2.) veröffentlicht die Regierung der UdSSR eine Erklärung über die Souveränität der DDR. Damit ist „die absolute Abhängigkeit der DDR von der Besatzungsmacht beendet" (H. Weber).

März/April: Der IV. Parteitag der SED beschließt ein neues Parteistatut, das die Angleichung der SED an die KPdSU fortsetzt. In der Präambel heißt es: „Die SED ist die Partei der deutschen Arbeiterklasse, ihr bewußter und organisierter Vortrupp. Sie vereinigt in ihren Reihen Angehörige der Arbeiterklasse, der werktätigen Bauernschaft und der schaffenden Intelligenz. Die Partei läßt sich in ihrer gesamten Tätigkeit vom Marxismus-Leninismus leiten. Die Partei ist die führende Kraft aller Organisationen der Arbeiterklasse und der Werktätigen, der gesellschaftlichen und staatlichen Organisationen und führt erfolgreich den Aufbau des Sozialismus. Sie arbeitet ständig an der Fertigung und Entwicklung der Staatsmacht der Arbeiter und Bauern." Damit wird gleichzeitig das Ende des „Neuen Kurses" deutlich; die Bezeichnung wird nicht mehr verwendet.

17. Oktober: „Wahlen" für Volkskammer und Bezirkstage, nach einer Einheitsliste und fast nirgends mehr geheim durchgeführt. 99,45% „Ja"-Stimmen.

31. Dezember: 1954 flüchteten 184 198 Bewohner der DDR in die Bundesrepublik und nach Berlin (West)

1955 5. Mai: Der Deutschland-Vertrag (vgl. S. 235 f.; 277 f.; 309 ff.) tritt in Kraft. Die Bundesrepublik wird souverän. Aufnahme der Bundesrepublik in die NATO. Angesichts der vertraglichen Bindung der souveränen Bundesrepublik an die westliche Allianz hält die UdSSR die Zeit für gekommen, die tatsächlich bereits bestehende feste Einbindung der DDR in den Ostblock stärker als bisher nach außen zu dokumentieren. Der Anschein einer gewissen Offenheit der deutschen Frage wird aufgegeben.

14. Mai: Die UdSSR schließt mit Albanien (das 1968 austritt), Bulgarien, der DDR, Polen, Rumänien, der ČSR und Ungarn einen politischen und militärischen Beistandspakt (Warschauer Vertrag), der die bestehenden bilateralen Freundschafts- und Beistandspakte ergänzt. Ein „Vereintes Kommando" der Streitkräfte der Teilnehmerstaaten wird gebildet, in das die DDR am 28. 1. 1956 offiziell aufgenommen wird.

15. Mai: Unterzeichnung des Österreichischen Staatsvertrages. Abzug der Besatzungstruppen. Die vier Großmächte garantieren die Neutralität Österreichs.

Juli: Die „Gipfelkonferenz" der vier Großmächte in Genf bringt trotz versöhnlicher Haltung und einer gewissen Entspannung („Geist von Genf") keine weiterführenden Ergebnisse in der deutschen Frage. Auf der Rückreise erklärt der sowjetische Parteichef Chruschtschow in Ost-Berlin, daß die politischen und sozialen „Errungenschaften" der DDR erhalten bleiben müßten und an eine „mechanische Wiedervereinigung" nicht zu denken sei. Die Sowjetunion vertritt nunmehr offiziell die These vom Bestehen zweier deutscher Staaten auf nicht absehbare Dauer.

September: Bundeskanzler Adenauer mit einer CDU-Delegation (unter Einschluß des SPD-Politikers Carlo Schmid) in Moskau (9.–13. 9.). Aufnahme diplomatischer Beziehungen zwischen der UdSSR und der Bundesrepublik (s. Abschnitt I 17). Die UdSSR sagt Rückführung deutscher Kriegsgefangenen zu. Nach Regierungsverhandlungen in Moskau (17.–20. 9.) wird die „volle Souveränität" der DDR von der Sowjetregierung bestätigt, das Amt des Hohen Kommissars aufgehoben und ein Beistandspakt abgeschlossen. Jedoch bleiben „die aus den entsprechenden Viermächtebeschlüssen erwachsenden Rechte und Verpflichtungen der UdSSR im Hinblick auf ganz Deutschland und Berlin unberührt."

27. Oktober: Auf der 25. Sitzung des ZK der SED wird eine umfangreiche Entschließung über „Die neue Lage und die Politik der SED" verabschiedet. Als Voraussetzung für eine Annäherung der beiden Teile Deutschlands werden grundlegende „Veränderungen in Westdeutschland" gefordert, die auf eine Übernahme des volksdemokratischen Systems hinauslaufen. Die DDR wird bezeichnet als „der rechtmäßige deutsche Staat, von dessen Erfolgen die Sicherung des Friedens und ein glückliches Leben des deutschen Volkes abhängen."

31. Dezember: 1955 flüchteten 252 870 Bewohner der DDR in die Bundesrepublik und nach Berlin (West).

## Einführung in die Arbeitsthemen

„Beginn der sozialistischen Umgestaltung" und „planmäßige Errichtung der Grundlagen des Sozialismus in allen Bereichen" – das sind die Stichwörter, mit denen in der DDR-Geschichtsschreibung die Periode der Jahre 1949–1955 bezeichnet wird. Den historischen Realitäten entsprechen diese ideologisch bestimmten Etikettierungen nur mit Einschränkung: Unter „Sozialismus" ist hier zu verstehen die möglichst vollständige Übernahme des marxistisch-leninistischen Herrschafts- und Gesellschaftssystems in seiner stalinistischen Ausprägung. Die Voraussetzungen für diese Übernahme waren auf dem Gebiet der sowjetischen Besatzungszone Deutschlands bereits vor der Gründung eines eigenen Staates während der „antifaschistisch-demokratischen Periode" gelegt worden.

Nach 1949 wurde nunmehr offen von der „Diktatur des Proletariats" und von der „Führungsrolle der (kommunistischen) Partei" gesprochen. Die formal geltende, weitgehend bürgerlich-demokratische Verfassung von 1949 und das angebliche Mehrparteiensystem hatten die Funktion einer Fassade, wohl vor allem im Hinblick auf doch noch mögliche gesamtdeutsche Entwicklungen. Die SED, im „demokratischen Zentralismus" ausgerichtet auf den Generalsekretär Ulbricht, befahl Staat, Wirtschaft, Justiz, Kultur und Massenorganisationen und versuchte, mit Hilfe ihres Meinungsmonopols und des zu dieser Zeit noch mehr offen ausgeübten Terrors in alle Lebensbereiche hinein zu wirken. Den Höhepunkt ihrer stalinistischen Entwicklung erreichte die DDR 1952 mit der von der 2. Parteikonferenz der SED verkündeten These vom „Aufbau des Sozialismus", verbun-

den mit einem „verschärften Klassenkampf". Der dabei um die Person Stalins getriebene Kult war grotesk; ohne ihn ist aber die politische Kultur jener Jahre unverständlich.
Diese von einer starren Ideologie bestimmte Politik verstärkte die objektiven Schwierigkeiten, die die DDR als Teilnachfolgestaat des Deutschen Reiches ohnehin hatte. Sie verdankte ihr Entstehen letztlich dem Sicherheitsinteresse der UdSSR. In einem abgetrennten Wirtschaftsgebiet waren die hohen Reparationsforderungen der Sowjetunion zu befriedigen; erst 1954 wurden die als „Sowjetische Aktiengesellschaften" geführten wichtigsten Betriebe der DDR völlig in deutsche Verwaltung zurückgegeben. Anders als in den osteuropäischen Ländern, die als geschlossene Nationalstaaten in das sowjetische System überführt wurden, hatten die Mitteldeutschen innerhalb der eigenen Nation in der Bundesrepublik den anderen deutschen Staat, dessen Entwicklung und die Lebensmöglichkeiten seiner Bevölkerung, vor Augen. Über 1,5 Millionen DDR-Bewohner, darunter vornehmlich Erwerbstätige und ein hoher Anteil von Jugendlichen unter 25 Jahren, ließen sich im Zeitraum von 1949 bis 1955 als Flüchtlinge in der Bundesrepublik bzw. in Berlin (West) registrieren. Aber der überwiegende Teil blieb, versuchte mit den Verhältnissen in seiner Heimat zurechtzukommen, so gut es ging; einige waren auch vom Pathos des Aufbaus einer neuen, gerechteren Gesellschaft überzeugt.
Die Hoffnungen, Sehnsüchte, Enttäuschungen und Leiden der Menschen sind in Geschichtsquellen meist nur indirekt erkennbar. Das gilt besonders für die DDR und diese Periode. Noch immer ist die offizielle Geschichtsschreibung der DDR maskenhaft erstarrt, werden allenfalls Formeln variiert. Es gibt keine Diskussion um Fehler und verschüttete Alternativen; Akten und Memoiren werden kaum veröffentlicht. Immerhin gab es schwere Konflikte auch innerhalb der Führungskreise: Minister kamen ins Zuchthaus, und nur Stalins Tod bewahrte die DDR vor einem großen Schauprozeß gegen führende SED-Politiker. Um den 17. Juni hielten sogar einige für möglich, die Sowjetunion könne die SED oder die DDR aufgeben. In DDR-Veröffentlichungen werden diese Themen nicht behandelt. Auch auf westlicher Seite war das Interesse an diesem Teil der DDR-Geschichte bisher gering: Die Grundentscheidungen waren bis 1949 gefallen. Was bis 1955 folgte, war – mit Ausnahme der Krise des Jahres 1953 – Vollzug. Aber erst dieser Vollzug machte die DDR zum zunehmend gleichberechtigten und gewichtigen Staat im sowjetischen Hegemonialbereich, zum „unveräußerlichen Bollwerk".
Gleichzeitig kündigten sich neue Entwicklungen an: Auf der Genfer Gipfelkonferenz des Jahres 1955 wurde deutlich, daß die Großmächte sich anschickten, das Ost-West-Verhältnis zu ordnen und zu „entspannen". Das mußte auch und gerade für die beiden Staaten in Deutschland, die soeben souverän geworden und nun auch nach außen in ihre stützenden Paktsysteme eingeordnet waren, Konsequenzen haben. Seit der Krise von 1953, nach dem Tode Stalins und einsetzenden Veränderungen in wichtigen Staaten des Ostblocks, wurde auch in der DDR mehr Rücksicht genommen auf die Zustimmung der Beherrschten. Als sozialistische Alternative einer gesamtdeutschen Entwicklung aber war die DDR bereits langwirkend diskreditiert. So geben die Ereignisse und Prozesse der Jahre 1949 bis 1955 auch Auskunft darüber, warum die DDR lange Zeit und fast ohne Differenzierung als „abschreckendes Beispiel" wirken konnte.

## III/1 Die politische und gesellschaftliche Umformung

### Arbeitsthemen

1. *Wie beschreibt ein (offizielles) Lehrbuch der DDR im Jahre 1981 rückschauend auf die Staatsgründung*
   - *deren ideologische und machtpolitische Bedeutung*
   - *das Verhältnis der SED zu den anderen Parteien*
   - *mögliche Entwicklungen in der deutschen Frage? (Nr. 1)*
2. *Welche Schlaglichter wirft die Quelle Nr. 2 auf die offizielle Darstellung? (Nr. 1) Vor welchen Problemen steht die SED im Verhältnis zur Arbeiterschaft? (Nr. 2)*
3. *Welches Verhältnis zwischen Staats- und Parteiführung einerseits und den Regierten andererseits wird aus der Beschreibung der inneren Konflikte der DDR als Klassenkampf-Situation erkennbar? Welche Machtkämpfe und Interessengegensätze stehen dahinter? Welche Folgen werden aus der Sicht der Betroffenen deutlich? (Nr. 3 a–c)*
4. *Welche Rolle spielten die „Wahlen" von 1950 und 1954 bei der Formierung der DDR als „Volksdemokratie"? (Nr. 4 a und 4 b)*

5. *Wie wird die Rolle der „sozialistischen Rechtspflege der DDR" als Instrument der Machtsicherung und -erweiterung begründet? (Nr. 5 a) Welche Folgen ergeben sich für die Betroffenen? (Nr. 5 b) Welche Unterschiede bestehen zur Rechtsauffassung des freiheitlich-demokratischen Staates?*
6. *Welches Verhältnis von Staat/Partei und Kunst werden aus den offiziellen Äußerungen der SED erkennbar? Welche Rolle spielt dabei das Vorbild der „sozialistischen Sowjetunion"? Welche Mittel zur Lenkung werden benutzt? (Nr. 6 a und b)*
7. *Was versteht die SED 1952 unter „Aufbau des Sozialismus"? Welche Mittel sind zur „Stärkung" der Staatsmacht vorgesehen? Welche Rollen sind der Partei, der Bevölkerung und den einzelnen sozialen Gruppen zugeschrieben? Wie wird das Verhältnis zu „Westdeutschland" beurteilt? (Nr. 7)*
8. *Durch welche Elemente war das Verhältnis der SED zu KPdSU und Stalinismus in den frühen 50er Jahren bestimmt? Welche Rückschlüsse lassen sich daraus für die politische Kultur der DDR in dieser Phase ziehen? (Nr. 7, 8 a und 8 b sowie III/3 Nr. 1)*
9. *Welche Einschätzung des Stalinismus wird in der neuesten Version der offiziellen Parteigeschichte der SED formuliert? (Nr. 8 c)*
10. *Was spricht dafür, daß die Strukturveränderungen in der DDR und die Art ihrer Durchsetzung einen wesentlichen Einfluß auf die politische Entscheidungen und öffentliche Meinung in der Bundesrepublik hatten? (vgl. S. 307 f., 351 f.)*

## Materialien

### 1. Der „Charakter der Staatsmacht"

Mit der Gründung der DDR gewann der Charakter der Staatsmacht im Osten Deutschlands eine neue Qualität. In ihr trat die weitere Veränderung des politischen Kräfteverhältnisses zugunsten der Arbeiterklasse zutage, deren Partei nunmehr an der Spitze einer zentralen Regierung stand. Erprobte Führer der revolutionären Arbeiterbewegung und solche Politiker, die sich als deren Verbündete bewährt hatten, bekleideten die höchsten Staatsämter. Im Klassenkampf erfahrene Funktionäre der SED, wie Max Fechner, Heinrich Rau, Fritz Selbmann, Karl Steinhoff und Paul Wandel, leiteten wichtige Ministerien. Allerdings verfügten auch reaktionäre bürgerliche Politiker noch über Einfluß in leitenden Gremien ihrer Parteien, in Länderregierungen und in einigen zentralen Staatsorganen. CDU und LDPD befanden sich in einem komplizierten Wandlungsprozeß von bürgerlichen zu kleinbürgerlich-demokratischen Parteien. In ihnen besaßen bereits jene Politiker maßgeblichen Einfluß, die in der Auseinandersetzung mit der Monopolbourgeoisie und ihren Interessenvertretern an der Seite der Arbeiterklasse standen. Auf die Grundsätze des antifaschistisch-demokratischen Blocks vom 19. August 1949 gestützt, nahmen alle Parteien unter Führung der SED an der Ausarbeitung und Durchführung einer Regierungspolitik teil, die von den Zielen der Arbeiterklasse bestimmt war. *Die DDR entstand als sozialistischer Staat, der die Funktionen der Diktatur des Proletariats auszuüben begann.* Ihre sozialpolitische Grundlage war das Bündnis der beiden Hauptklassen der Gesellschaft, der Arbeiterklasse und der werktätigen Bauernschaft: Sie war ein Arbeiter- und Bauern-Staat. Die DDR wurde unter antifaschistisch-demokratischen Losungen gegründet, doch dem objektiven Inhalt des geschichtlichen Prozesses nach erreichte die Arbeiterklasse unter Führung der SED bei der Verwirklichung ihrer historischen Mission durch die Gründung der DDR eine höhere Stufe. In der Gesellschaft wurden die sozialistischen Elemente bestimmend.
Die Arbeiter-und-Bauern-Macht wurde zum Hauptinstrument beim Aufbau der Grundlagen des Sozialismus. So erwies sich ihre Gründung als *entscheidende Zäsur, die den Umschlag von der antifaschistisch-demokratischen Umwälzung zur sozialistischen Revolution,* zur zweiten Etappe des Übergangsprozesses vom Kapitalismus zum Sozialismus, *markierte.* Der Revolutionsverlauf erreichte jene Stufe, die die meisten Volksdemokratien schon 1947/1948 erreicht hatten. Wie diese entwikkelte sich die DDR voll im Einklang mit dem Charakter der weltgeschichtlichen Epoche. Auch in ihr wirkten die allgemeinen Gesetzmäßigkeiten der sozialistischen Revolution und des Aufbaus des Sozialismus, die die SED schöpferisch anwandte. Die Übereinstimmung der gesellschaftlichen

Umwälzungen in der DDR mit denjenigen in den volksdemokratischen Ländern verstärkte sich. Schaffung und Entwicklung der DDR bildeten den Hauptbeitrag der deutschen Arbeiterklasse zum revolutionären Weltprozeß in dessen 1944/1945 eingeleiteter höherer Etappe. Damit wurde dem Weltsystem des Sozialismus ein bedeutendes politisches, ökonomisches und wissenschaftlich-technisches Potential zugeführt und an dessen westlicher Grenze zum imperialistischen Lager ein festes Bollwerk geschaffen. Die DDR genoß in der erbitterten Auseinandersetzung mit dem Imperialismus die aktive Solidarität der Bruderländer. Sie erbrachte den praktischen Beweis, daß – bei Wirken einer starken und erfahrenen marxistisch-leninistischen Partei der Arbeiterklasse – *der Sozialismus auch in einem industriell entwickelten Land seinen Siegeszug antreten kann* – in einem Lande, das ein Hort barbarischer Reaktion, dessen herrschende Klasse Hauptaggressor in zwei Weltkriegen sowie die „Speerspitze" des Weltimperialismus gegen die Sowjetunion gewesen war und in dem der Reformismus beträchtliche Teile der Arbeiterklasse beeinflußt hatte ... Die Gründung der DDR war eine schwere Niederlage für den Imperialismus. Das internationale und das Kräfteverhältnis in Deutschland hatten es jedoch nicht zugelassen, den antiimperialistisch-demokratischen Friedensstaat auf dem gesamten deutschen Territorium zu errichten und die nationale Einheit gegen die imperialistische Spaltungspolitik zu bewahren. Während in der BRD[1]) die bürgerliche deutsche Nation fortbestand, bildeten sich mit dem revolutionären Prozeß des Übergangs vom Kapitalismus zum Sozialismus Grundlagen und mit der Gründung der DDR *der staatliche Rahmen für das Entstehen der sozialistischen deutschen Nation*. Solange die Wiedererrichtung des Imperialismus in der BRD nicht abgeschlossen war und er seine Herrschaft nicht konsolidiert hatte, bestanden jedoch noch Möglichkeiten, den objektiven Abgrenzungsprozeß rückgängig zu machen und die Herausbildung zweier unabhängig voneinander existierenden deutschen Nationen zu verhindern.

Aus: Rolf Badstübner und Autoren-Kollektiv, Geschichte der Deutschen Demokratischen Republik, hrsg. vom Wiss. Beirat für Geschichtswissenschaft beim Ministerium für Hoch- und Fachschulwesen. Berlin (Ost) 1981, S. 117f.

## 2. Die Realität in der ZK-Diskussion (1955)

Diskussionsbeitrag Alois Pisnik:

In einem Betrieb im Kreise Staßfurt hat ein Diskussionsredner – er hat sehr großen Beifall besonders bei den Arbeitern gefunden – politische Schlußfolgerungen gezogen aus den wirtschaftlichen Schwächen und Mißständen, die dort angeführt wurden, Mißstände in der Produktion, im Betrieb und in der Versorgung der Menschen. Er sagte u.a.: „Es sind nun schon zehn Jahre her, aber noch immer klappt es nicht. Man hat gesagt, daß nach dem ersten Fünfjahrplan ein Lebensstandard erreicht wird wie nie zuvor. Aber die Lage ist seit 1953 schlechter geworden; dabei sind wir am Ende des Fünfjahrplans, und wir haben die Aufgaben erfüllt und übererfüllt. Ihr kennt die Lage unten nicht, ihr kennt die Stimmung der Menschen nicht. Das ist auch bei der Regierung der Fall; ihr werdet über die wirkliche Lage unten nicht informiert." In einem solchen Ton weiter: „Als die Kapitalisten noch da waren, da hat es besser geklappt, da war keine Planwirtschaft, aber sie haben die Arbeit besser organisiert." Dieser Mann stand nicht allein. Er fand eine ziemlich breite Zustimmung, vor allem bei den Arbeiterinnen und Arbeitern, während sich die dort anwesende technische Intelligenz zurückhielt.

Ähnliche Momente sind auch zum Ausdruck gekommen bei einer Aussprache, die ich im Kreis Oschersleben in der Pumpenfabrik hatte. Dort haben wir eine sehr große Westflucht zu verzeichnen. Auf Grund dieser Tatsache bin ich hingegangen und habe mit Arbeitern Aussprachen durchgeführt. Auch dort wurde die Betonung auf die Versorgungsfragen gelegt. Man hat ganz offen zum Ausdruck gebracht, die Lage in Westdeutschland sei besser, es gäbe viele Beweise dafür. Man hat Briefe angeführt von denen, die nach Westdeutschland gegangen waren, die in ihrem Schreiben

[1]) Abkürzung für „Bundesrepublik Deutschland" im offiziellen Sprachgebrauch der DDR.

ausgerechnet haben, wie es ihnen hier ergangen ist und wie es ihnen drüben ergeht. Wenn sie oft auch weniger verdienen, so könnten sie sich doch mehr dafür leisten.
Eine sehr ernste Geschichte war auch in einer Gewerkschaftsgruppenversammlung, die im Karl-Marx-Werk in Magdeburg nur Angehörige der Intelligenz umfaßte. Dort ist die Intelligenz sehr massiv gegen unsere Republik und gegen unsere Regierung aufgetreten. Es waren aber solche, die eine ausgezeichnete fachliche Arbeit leisten. Als ihnen das in einer späteren Aussprache entgegengehalten wurde, sagten sie: „Wir sind interessiert daran, daß wir eine gute Arbeit leisten, wir sind aber nicht mit der Ordnung einverstanden, wie sie hier besteht. Drüben ist die Ordnung besser, das ist unsere Meinung."

Diskussionsbeitrag Walter Ulbricht:

Ungeachtet aller bedeutenden positiven Tatsachen können wir nicht an dem Umstand vorbeigehen, daß nach der Beseitigung des kapitalistischen Zwangs durch Hunger, Arbeitslosigkeit und Not ein Teil der Arbeiter ein falsches Verhältnis zur Arbeit und damit zu unserem Staat an den Tag legt. Diese Menschen wollen für sich persönlich das Ziel verwirklichen, trotz niedriger Arbeitsproduktivität und schlechter Leistungen viel Geld zu verdienen und gut zu leben. Typische Erscheinung eines solchen Verhaltens sind: Arbeitsbummelei, Vortäuschung von Krankheit, achtloses Umgehen mit volkseigenen Maschinen, Geräten und Werkzeugen, ja sogar Vergeudung von Volkseigentum. Es ist klar, daß solche Zeitgenossen versuchen, sich auf Kosten ihrer Kollegen, auf Kosten des Volkes durchs Leben zu schlagen, wobei sie die Beseitigung des kapitalistischen Zwangs und die hohen sozialen Leistungen des Arbeiter-und-Bauern-Staates ausnutzen. Bezeichnenderweise sind es sehr oft jugendliche Arbeiter, bei denen Bummelei und Vortäuschung von Krankheit auftreten.
Wir können nicht verschweigen, daß es sich jährlich um einige hundert Millionen Mark handelt, die durch das falsche Verhalten rückständiger Kollegen der Verbesserung der Lebenslage und der Arbeitsbedingungen aller ehrlich und fleißig arbeitenden Werktätigen entzogen werden.

Aus: Überarbeitetes Protokoll des 25. Plenums des ZK der SED – Als parteiinternes Material gedruckt, Nr. 01985. W. Ulbricht S. 18, A. Pisnik S. 77 f.

## 3. Aspekte des gesellschaftlichen Umbaus

### *a) Soziale Schichtung und Staatsloyalität aus offizieller Sicht*

Der Übergang zur sozialistischen Etappe des revolutionären Prozesses erfolgte auf der Grundlage veränderter Beziehungen zwischen den Klassen und Schichten. Neue Züge kennzeichneten das soziale Antlitz der werktätigen Klassen und Schichten. Die Arbeiterklasse hatte *erste sozialistische Wesenszüge* erworben. Jeder sechste Arbeiter war Mitglied der SED. *Endgültig setzte sich der neue Inhalt der Arbeiterbewegung durch*. Gleichzeitig hatte sich die Zusammensetzung der Arbeiterklasse verändert. Aus dem Produktionsprozeß waren mehr als Hunderttausend der Besten ausgeschieden, um Leitungsfunktionen zu übernehmen. Bisher nichtberufstätige Frauen sowie Angehörige anderer Klassen und Schichten stießen zur Arbeiterklasse. Noch war ein bedeutender Teil der Arbeiter in der privaten Wirtschaft beschäftigt. Sein politisch-ideologisches Niveau und seine Organisiertheit waren niedriger als bei der im sozialistischen Sektor tätigen Mehrheit der Arbeiterklasse. Größere Teile der Klasse besaßen kleinbürgerliche Denk- und Verhaltensweisen und waren vom Reformismus beeinflußt. *Der Formierungsprozeß der Hauptkraft der sozialistischen Revolution war noch im Fluß.*
*Zur zentralen Figur des Dorfes war der Mittelbauer geworden*. Vor allem dank der staatlichen Agrarpolitik, z. B. der nach der sozialen Position der Bauern differenzierten Ablieferungspflicht, hatten sich *die werktätigen Bauern merklich aus der Abhängigkeit von den Großbauern gelöst und ökonomisch wie politisch enger mit der Arbeiterklasse verbunden*. Die Festigung des Bündnisses äußerte sich im Ausbau der dörflichen Parteiorganisationen der SED sowie der DBD, der MAS, der VEAB, in der Bildung der VdgB/BGH und der Zunahme der Patenschaftsbeziehungen zwischen VEB und fortschrittlichen Bauern. Doch die kapitalistischen Großbauern besaßen noch starke Positionen. Ihre 47 500 Wirtschaften verfügten über ein Viertel der landwirtschaftlichen Nutzfläche, und sie lieferten etwa ein

Drittel der pflanzlichen bzw. ein Viertel der tierischen Marktproduktion. In privaten Land- und Forstwirtschaftsbetrieben arbeiteten mehr als 410 000 Arbeiter und Angestellte. In vielen Dörfern und bäuerlichen Genossenschaften gaben die Großbauern den Ton an, hemmten die Demokratisierung, verschafften sich Vorteile bei der Zuteilung von Düngemitteln und kamen häufig ihren Ablieferungspflichten nicht voll nach, weil sie ihre Erzeugnisse illegal verkauften, insbesondere nach Westberlin. Sie strebten – ebenso wie starke Mittelbauern – eine kapitalistische Erweiterung ihrer Höfe an. Auf dem Lande veränderten sich überkommene Denk- und Verhaltensweisen nur langsam.

Die Intelligenz, die nur zum kleinen Teil der Arbeiterklasse bzw. politisch-ideologisch mit der SED verbunden war, verhielt sich in ihrer Mehrheit loyal zur Arbeiter-und-Bauern-Macht. Diese Mehrheit bewährte sich bei der praktischen Bewältigung der wirtschaftlichen, wissenschaftlich-technischen und kulturellen Aufgaben des Zweijahrplanes zunehmend als Verbündeter der Arbeiterklasse. Eine große Rolle bei ihrer Gewinnung als Bündnispartner spielten der humanistische Charakter der Staatspolitik sowie die Pflege der progressiven und der nationalen Traditionen. Das Entstehen einer neuen, besonders der pädagogischen Intelligenz, prägte das Antlitz dieser Schicht politisch und sozial bereits deutlich. Im Gefolge ihrer früheren Stellung in der bürgerlichen Gesellschaft verlief ihre Entwicklung jedoch besonders kompliziert. Bei einem großen Teil der technischen Intelligenz bestanden alte Bindungen an die Konzerne bzw. wurden von diesen reaktiviert. Viele Wissenschaftler blieben dem bürgerlichen Prinzip einer apolitischen „Freiheit der Wissenschaft“ verhaftet. Bürgerliche Denk- und Verhaltensweisen herrschten in der Intelligenz vor.

Das Kleinbürgertum hatte sich in der antifaschistisch-demokratischen Umwälzung dank der Schwächung des Kapitalismus durch die Liquidierung des Monopolkapitals stärker entfalten können, die Zahl der kleinen Warenproduzenten war gestiegen. Erstmalig in der Geschichte verfügte es über eigene politische Interessenvertretungen, die mit der revolutionären Partei der Arbeiterklasse fest zusammenarbeiteten. Die dabei gesammelten Erfahrungen und Formen der Zusammenarbeit waren ein entscheidender politischer Wirkungsfaktor. Zunächst jedoch erblickten zahlreiche Angehörige des Kleinbürgertums in der Gründung der DDR, in deren gesellschaftspolitischer und sozialer Ordnung einen Abschluß des revolutionären Prozesses, mit dessen Ergebnis sie sich identifizierten und das bei einer Wiedervereinigung als Richtschnur dienen sollte. Einerseits also von Illusionen über das „freie Spiel der Kräfte“ in Wirtschaft und Politik beeinflußt, wurden sie andererseits von der imperialistischen Politik des kalten Krieges und der Zerreißung Deutschlands, von Restauration, Remilitarisierung und Neonazismus in der BRD abgestoßen und fühlten sich als Bürger des antifaschistisch-demokratischen deutschen Staates zu dessen konsequenter Politik des Friedens und der demokratischen Wiedervereinigung hingezogen.

Die Bourgeoisie als Klasse[1]) war durch die Liquidierung ihrer monopolkapitalistischen Fraktion, die Isolierung und die Entmachtung der reaktionären Kräfte im Staatsapparat, in CDU und LDPD sowie durch deren Entwicklung von bürgerlich-demokratischen zu kleinbürgerlich-demokratischen Parteien entscheidend geschwächt, besaß aber in Stadt und Land noch beträchtlichen Einfluß. So existierten 1950 in der Industrie etwa 17 500 private Betriebe. Doch schränkten der Ausbau des volkseigenen Sektors in Industrie, Landwirtschaft, Handel und Verkehrswesen, das Vertragssystem zwischen VEB und Privatbetrieben sowie die Finanz-, Steuer- und Kreditpolitik der Arbeiter-und-Bauern-Macht ihre ökonomischen und letztlich auch politischen Möglichkeiten weiter ein. Während die Arbeiterklasse einerseits mit Erfolg darum rang, die gemeinsame Kampffront gegen die Kriegs-, Remilitarisierungs- und Spaltungspolitik des Imperialismus mit den patriotischen Kreisen des Bürgertums zu stabilisieren, vertieften sich andererseits objektive sozialökonomische Widersprüche zwischen dem sozialistischen und dem kapitalistischen Sektor, der mit der kleinen Warenproduktion zusammen noch eine starke sozialökonomische Quelle für eine mögliche Re-

[1]) Ob die Bourgeoisie nach der antifaschistisch-demokratischen Umwälzung der gesellschaftlichen Verhältnisse noch eine „komplette“ Klasse oder, wie verschiedentlich zu lesen, eine „Restklasse“ war, oder ob nur noch bestimmte „kapitalistische Klassenkräfte“ existierten, bedarf der weiteren Untersuchung.

stauration des Kapitalismus darstellte. Auch ermunterten die Bildung der BRD und das Wiedererstarken des Imperialismus Teile der Bourgeoisie zu restaurativen Vorstößen.
Insgesamt prägten widersprüchliche Tendenzen den Entwicklungsstand der Klassen und Schichten. Den bedeutenden Ergebnissen des revolutionären Prozesses, den in der Gesellschaft bereits bestimmenden Elementen des Sozialismus, wirkten die ständige Reproduktion der kapitalistischen und der kleinen Warenproduktion sowie entsprechender politisch-ideologischer Positionen, die ständige Einflußnahme des Imperialismus sowie das Fortwirken bürgerlicher und kleinbürgerlicher Denk- und Verhaltensweisen aus der kapitalistischen Vergangenheit entgegen. Dies begünstigte Schwankungen bei den mit der Arbeiterklasse verbündeten Klassen und Schichten sowie in Teilen der Arbeiterklasse selbst. *Anfang der 50er Jahre war die Frage „Wer – wen?" noch nicht entschieden, aber ihre Vorentscheidung unübersehbar zugunsten der Arbeiterklasse ausgefallen.*

Aus: R. Badstübner, a. a. O., S. 129 ff.

*b) „Klassenkampf auf dem Dorfe"*

Bauern, das ist nicht nur in Deutschland so, sind meist konservativ und häufig reaktionär. Doch dies gilt nicht nur für jene, die 1946 enteignet wurden, sondern auch für die mittleren Bauern. Also begannen die Kommunisten 1949, als die gröbste Not vorüber war, eine Aktion, der man den Namen „Klassenkampf auf dem Dorfe" gab. Plötzlich gab es wieder Unterschiede auf dem Lande, „werktätige Einzelbauern" nannte man die Kleinen und die Neusiedler, „Großbauern" schimpfte man jene mit Altbesitz zwischen 20 und 100 Hektar. Sie seien Ausbeuter und damit Klassenfeinde, hieß es. Sie mußten doppelt so viel abliefern wie die Neubauern, und bei der Versorgung mit Saatgut und Geräten benachteiligte man sie auch. Die staatlichen Maschinenausleihstationen, die in jener Zeit eingerichtet wurden, arbeiteten für die Altbauern zuletzt und für einen dreimal so hohen Preis. Und wer von den Alten sein Soll nicht schaffte, dem wurde Enteignung angedroht. Bericht eines Altbauernpaars:
*Er:* „Die Neubauern haben damals neun Doppelzentner pro Hektar abgeliefert, unser Soll lag bei 21 dz. Was der Staat für den Zentner Weizen zahlte, hat kaum die Unkosten gedeckt. Leben konnte keiner davon. Leben – das heißt Geräte kaufen, Gespannzeug, das Scheunentor ausbessern – das sollten wir von den freien Spitzen bezahlen, von dem, was über das Ablieferungssoll hinaus zum freien Verkauf geblieben ist. Denn das hat den dreifachen Preis gebracht. Wir Altbauern haben aber keine freien Spitzen gehabt, im Gegenteil. Ich habe mal beim staatlichen Handel einige hundert Eier gekauft, damals noch für 70 Pfennige das Stück, nur um mein Soll erfüllen zu können. Bei der Ablieferung wurden mir 10 Pfennig pro Stück gezahlt."
*Sie:* „Großartig haben sich die Neubauern benommen, denen wir ein paar Jahre zuvor auch ausgeholfen hatten. ‚Wieviel Milch fehlt Euch ... 200 Liter? Sag mir ruhig, wieviel Du brauchst, Anna, wir machen das schon wieder glatt, wenn andere Zeiten kommen', so haben sie uns damals unter die Arme gegriffen. Und danach, nach dem 17. Juni ist es ja dann auch besser geworden."
Dieser Bericht verschweigt, daß die Monate vor dem 17. Juni auch auf dem Lande für viele unmenschlich hart gewesen sind. Die Ernte war schlecht 1952, Zehntausende von Bauern konnten ihr Soll nicht erfüllen, Tausenden drohte der Prozeß, über 60 000 flüchteten in jenen Monaten in die Bundesrepublik. Die Wende brachte auf dem Lande der Neue Kurs. Das Ablieferungssoll wurde gesenkt, für die „freien Spitzen" gab es offene Bauernmärkte, und die Daheimgebliebenen wurden dringend gebeten, den brachliegenden Boden der Geflüchteten zu übernehmen – zwischen 1953 und 55 lag ein Fünftel des Bodens brach.

Aus: Hanns-Werner Schwarze, Die DDR ist keine Zone mehr, Köln 1969, S. 167 f.

*c) Vergesellschaftung des Handels*

Während in der Bundesrepublik die Lebensmittelkarten verschwanden und die Preise sich nach Angebot und Nachfrage einpendelten, blieben im anderen Teil Deutschlands die Lebensmittelkarten, und die Nachfrage überstieg weiterhin das Angebot. Also hat der Staat sich als Einzelhändler und als Abschöpfer von Kaufkraft zugleich versucht. Das war sicher eine Maßnahme gegen den

Schwarzen Markt, doch es war zugleich legaler Schwarzer Markt: „Freie Verkaufsläden" mit dem Namen HO = Handelsorganisation. Schlüter erinnert sich, daß dort zuerst das Pfund Butter 65 Mark gekostet hat, das Schweineschnitzel zehn Mark und ein Stück Buttercremetorte fünf Mark. Er verkaufte Kunsthonig auf Zuckermarken für 80 Pennige, markenfrei kostete er in der HO 13 Mark.

Den Kaufmann an der Ecke haben diese Geschäfte zunächst nicht gestört, der Kreis der Interessenten war zu klein. Vielmehr hat ihn verstört, daß und wie man 1950 den privaten Großhandel ausschaltete. Schlüter weiß noch genau, was mit seinem Buttergrossisten geschah: „Es kam über Nacht. Plötzlich schrieben alle Zeitungen, die privaten Großhändler seien Schieber und Spekulanten, Parasiten und Profitjäger. Dann kam eine Regierungsanordnung, wonach alle Fett- und Zuckerwaren nicht mehr durch private Grossisten verteilt werden durften, sondern nur noch vom Konsum. Bald darauf wurde der staatliche Großhandel gegründet. Vorerst durfte mein Grossist unter Kontrolle dieses staatlichen Großhandels weiterarbeiten. Aber 1951 haben sie ihm das Geschäft beschlagnahmt, weil er angeblich einen Autoreifen für seinen Lieferwagen schwarz gekauft haben soll. Seine modernen Lagerräume, die Kühlanlagen kamen dem staatlichen Großhandelskontor gerade recht."

Heute gibt es noch drei, vier Prozent private Großhändler, alles andere gehört dem Staat ... Und da der Staat der Konsumgenossenschaft und den HO-Läden mehr und bessere Waren gab, war damit ein Grundstein für die gesellschaftliche Umwandlung im Handel gelegt.

Der zweite Grundstein macht die Formen und Methoden noch deutlicher, mit denen drüben das gesellschaftliche System gewaltsam verändert worden ist. Beispielhaft beschrieben werden sie von einem sogenannten Volkskontrolleur, Mitglied eines der Kontrollausschüsse, die von der Regierung eingesetzt worden waren, um Schieber und Spekulanten auszuschalten. Der Kontrolleur erzählte davon nach seiner Flucht:

„Bei uns in Halle gab es 20 Kontrollausschüsse. Ich leitete den Ausschuß 7. Eines Tages wurde ich zur Partei bestellt. Man sagte mir, HO und Konsum brauchten in meinem Bezirk drei Lebensmittelgeschäfte und zwei Schlächtereien in günstiger Verkehrslage. Bis Dienstag solle ich Vorschläge machen. Ich machte bis Dienstag Vorschläge. Ich habe insgesamt sieben Geschäfte auf der Hauptstraße genannt. Fünf davon haben wir herausgesucht, darunter drei Lebensmittelhandlungen. Mein Auftrag war, dort erfolgreich Volkskontrolle zu machen. Frist vierzehn Tage. Zwei Tage später bestellten sie mich wieder, um mir zu sagen, daß wir in die Schlächtereien nicht zu gehen brauchten, weil die Sache dort vom Finanzamt erledigt werde."

Das Finanzamt hatte die Möglichkeit, die beiden Schlächtereien über die Steuerabrechnung zu enteignen. Der eine Inhaber verlor sein Geschäft, weil er seinen Gesellen verpflegte, ohne diese Sachleistung in Lohn umzurechnen und dafür den Arbeitgeberanteil an die Sozialversicherung zu zahlen. Der andere verlor es, weil er sich 1947 für einige Pfund Schmalz eine Wurstschneidemaschine beschafft und sie im Inventarverzeichnis nicht angegeben hatte. Beide Delikte schlummerten seit Jahren in den Akten des Finanzamtes, bis man sie brauchte. Doch weiter im Bericht des Volkskontrolleurs:

„Es fehlten also noch die drei Lebensmittelgeschäfte in der Hauptstraße. Das erste haben wir vier Stunden vergeblich durchsucht. Endlich fanden zwei von uns irgendwo in einer Ecke an einem alten Senfglas, das lange unbenutzt stand, weil es keinen Senf gab, am unteren Rand verkrustete alte Senfreste. Also Enteignung wegen katastrophaler hygienischer Zustände. Im zweiten Geschäft brauchten wir nicht zu suchen. Oben auf dem Ladentisch stand ein alter Ständer für Niveadosen mit der Aufschrift dieser Firma, obwohl es diese Creme bei uns nicht gab. Der Händler hatte andere Cremedosen aus einem volkseigenen Betrieb hineingetan. Das war ‚Irreführung der Bevölkerung'. Im Schreibtisch des dritten Lebensmittelhändlers fanden wir vier alte Platten Kaltleim, noch Vorkriegsware: Enteignung wegen Hortung bewirtschafteter Waren."

So wurden aus 16 000 Konsum- und HO-Geschäften nach einem Jahrzehnt 90 000. Weitere 10 000 bis 15 000 kamen inzwischen durch „sozialistische Planung" in Neubauvierteln hinzu.

Aus: Hanns-Werner Schwarze, Die DDR ist keine Zone mehr, a. a. O., S. 144 f.

## 4. Die Etablierung der „Volksdemokratie"

### *a) „Wahlen" in der DDR (1950)*

Am 15. Oktober 1950 fanden die verschobenen Wahlen zur Volkskammer und den Landtagen statt. Da es nur noch Einheitslisten gab, stand das Ergebnis von vornherein fest. Im Juli 1950 hatte der „Demokratische Block" (wie sich der Antifa-Block seit Juni 1949 nannte) die Sitze nach einem generellen Schlüssel aufgeteilt. Danach erhielten die SED 25 Prozent, CDU und LDPD je 15 Prozent, NDPD und DBD je 7,5 Prozent der Abgeordneten, der Rest verteilte sich auf die Massenorganisationen.

Die Kandidatenlisten ließen erkennen, wie weit die Säuberung der Parteien inzwischen fortgeschritten war. Von den 32 LDPD-Mitgliedern des Thüringer Landtags kandidierte keiner mehr, von den 20 CDU-Abgeordneten in Thüringen waren nur noch vier übriggeblieben. Von den 100 Abgeordneten, die im Jahre 1946 in den Landtag von Brandenburg gewählt worden waren, standen nur mehr neun auf der Einheitsliste von 1950, in Mecklenburg wurden von den 90 Abgeordneten noch zehn übernommen. Im Land Sachsen-Anhalt war auf der Kandidatenliste nicht ein einziger mehr verzeichnet, der bei der letzten Wahl im Jahre 1946 gewählt worden war.

Die Wahlen, die – unter Bruch der Verfassung – in vielen Orten nicht geheim, sondern offen durchgeführt wurden, zeigten das bei sowjetischen Abstimmungen übliche Bild: 98,73% Wahlbeteiligung, 99,72% „Ja"-Stimmen für die Einheitsliste. Allein die Flüchtlingszahlen der folgenden Jahre bewiesen nachdrücklich die Brüchigkeit solcher Treuebekenntnisse der Wähler und den berechtigten Zweifel an der Legitimation der so Gewählten.

In der Volkskammer erhielt die Fraktion der SED 100 Sitze, CDU und LDPD besaßen je 60 Mandate, der FDGB 40, NDPD und DBD je 30, FDJ und Kulturbund je 20, DFD und VVN je 15 und VdgB und Genossenschaften je fünf Sitze. Da die meisten Abgeordneten der Massenorganisationen der SED angehörten, verfügte die SED wieder über die absolute Mehrheit. Auch die neue Regierung spiegelte den verstärkten Einfluß der SED wider. Unter Ministerpräsident Grotewohl stellte die SED jetzt von fünf Stellvertretern zwei (Ulbricht und Rau). Die neugebildeten Ministerien für Staatssicherheit (Zaisser, SED), Maschinenbau (Ziller, SED) und Leichtindustrie (Feldmann, NDPD) und die Aufteilung des Ministeriums für Arbeit und Gesundheitswesen (Arbeitsminister Chwalek, SED) stärkten die SED-Vorherrschaft im Kabinett. Wesentlich aber war, daß nunmehr die Beschlüsse des SED-Politbüros für die Regierung verbindlich waren (auch wenn das offiziell noch nicht eingestanden wurde).

Die Landesregierungen wurden drastisch umgebildet, die SED stellte nun in allen fünf Ländern den Ministerpräsidenten und wieder den Innenminister. Auch auf dieser Ebene wuchs der Einfluß der SED, vor allem aber ging durch die stetige Zentralisierung die Bedeutung der unteren Staatsorgane permanent zurück. 1950 fand, nach der heutigen DDR-Darstellung, „der Prozeß der Errichtung der Arbeiter-und-Bauern-Macht als einer Staatsmacht vom Typ der Diktatur des Proletariats im wesentlichen seinen Abschluß":

Die Wahl am 15. Oktober war ein klares Bekenntnis zur Sowjetunion. Die Massen der Bevölkerung der DDR haben gelernt, daß Liebe zum Frieden heißt: Liebe zur Sowjetunion, Liebe zu Stalin. Die Wahlen waren ein hinreißendes Bekenntnis der Bevölkerung der DDR zum einheitlichen, unabhängigen, demokratischen und friedliebenden Deutschland. Die Wahlen waren ein Bekenntnis zu einer Demokratie höheren Typus, wie wir sie in Deutschland bisher nicht kannten (Neues Deutschland vom 17. Oktober 1950).

Aus: Hermann Weber, Kleine Geschichte der DDR. Köln 1980, S. 55

### *b) „Wahlen" in der DDR (1954)*

Der Strukturwandel der DDR ging weiter. Im Oktober 1954 fanden wieder Wahlen für die Volkskammer und die Bezirkstage statt. Es war nun schon fast das gewohnte Bild, wenn es auch bei dieser Abstimmung nur eine Einheitsliste gab, 98,4 Prozent Abstimmende und 99,45 Prozent „Ja"-Stimmen registriert wurden. Die Wahl erfolgte fast nirgends mehr geheim, sie war bloße Akklamation. Von den 400 Abgeordneten der vergangenen Legislaturperiode wurden lediglich

180 wieder als Kandidaten nominiert und „gewählt". Von den Volkskammerabgeordneten des Jahres 1950 hatte der SSD inzwischen acht verhaftet (Dertinger, CDU, Erben, Hamann, Hedermann, Kielblock, Lekscas und Zipper, alle LDP, sowie Zeuge, SED). 17 Abgeordnete waren in die Bundesrepublik geflüchtet. 44 hatten während der Legislaturperiode auf Druck der SED und der Besatzungsmacht ihr Mandat niederlegen müssen.
Die Ohnmacht der Volkskammer und die Macht der SED-Führung traten so offen zutage. Das zeigte sich auch in der Zusammensetzung der neuen Regierung: Von 28 Ministern gehörten 20 der SED an, von den 13 Mitgliedern des Präsidiums neun. Fünf der Regierungsmitglieder waren gleichzeitig im Politbüro der SED, 11 im ZK der Einheitspartei. Diese Personalunion ist ein Indiz dafür, wie weit die SED sich ihrem Ziel genähert hatte, den Staats- und Verwaltungsapparat der DDR nach sowjetischem Muster umfassend anzuleiten, zu beherrschen und zu kontrollieren. Neben die Personalunion, die Verschmelzung von Parteiorganen mit der Staatsführung (die auf allen Ebenen von oben nach unten zu beobachten war), trat die Reglementierung des Staatsapparats durch die SED-Grundorganisationen und Parteigruppen in allen Organen des Staates und über direkte Anweisungen der Parteileitungen. Die SED dominierte im Staat unverhohlen.
Inzwischen war auch das Parteiensystem gefestigt, die Disziplinierung von CDU und LDP so weit fortgeschritten, daß diese die „Führungsrolle" der SED voll anerkannten. In der Praxis war auf die DDR, mit Modifikationen, das politische Leitungssystem der UdSSR übertragen.

Aus: Hermann Weber, Kleine Geschichte der DDR, a.a.O., S. 83

## 5. Rechtspolitik als Machtinstrument

*a) Die SED als „führende Kraft der sozialistischen Rechtspflege der DDR"*

Die SED ging von Anfang an von Lenins Erkenntnis aus, daß die Machtfrage die Grundfrage der Revolution ist und widmete deshalb dem Aufbau des neuen Staates besondere Aufmerksamkeit …
Die Partei analysierte die gesellschaftliche Entwicklung und zog in ihren Beschlüssen grundlegende Schlußfolgerungen für die weitere Arbeit insgesamt und in allen Bereichen. Das geschah durch die Beschlüsse der Parteitage und -konferenzen der SED, der Tagungen ihres Zentralkomitees sowie der Bezirks- und Kreisleitungen. Ihre Durchführung wurde durch verschiedenartige Maßnahmen und Veranstaltungen, vor allem aber durch die unermüdliche Tätigkeit der Parteimitglieder in den Grundorganisationen in den Betrieben, staatlichen Organen und Einrichtungen gesichert. Zwar beschäftigte sich nicht jede dieser Tagungen und nicht jeder Beschluß ausdrücklich oder ausführlich mit den Aufgaben und Fragen der Justiz. Auf einer zentralen Parteiaktivtagung von Funktionären der Justiz im Januar 1952 betonte der damalige Leiter der Abteilung Staatliche Verwaltung im Zentralkomitee der SED, Anton Plenikowski, in Auseinandersetzung mit den Vorstellungen mancher Mitglieder, die SED kümmere sich zu wenig um die Justiz, und dies sei Ursache der meisten Fehler und Schwächen: „Genossen, die dies sagen, … machen (so) einen entscheidenden Fehler. Die Organe der Justiz sind Teile des Staatsapparates, und deshalb gelten alle die Anweisungen, Maßnahmen, Beschlüsse der Partei, die sich auf den Staatsapparat beziehen, unmittelbar auch für die Genossen im Justizapparat. Aber die Genossen der Parteileitungen und auch der Parteiorganisationen haben es nicht verstanden, diese großen Anleitungen, in denen sich die führende Rolle unserer Partei für den ganzen Staatsapparat verwirklicht, für ihr Arbeitsgebiet anzuwenden. Obwohl sie in der Theorie die Vorstellungen der Gewaltenteilung überwunden haben, gehen sie doch noch oft davon aus, daß die Justiz – die Gerichte, die Staatsanwaltschaft – eben doch noch etwas Besonderes sei und daß sie mit Sonderanleitungen versehen werden müßte."
Im Bestreben, die Enge dieser kritisierten Auffassung vieler Mitarbeiter der Justiz zu überwinden, wurden alle Beschlüsse der SED – ihrer Parteitage und -konferenzen und der meisten Tagungen ihres Zentralkomitees – in Leitartikeln der Zeitschrift „Neue Justiz" ausgewertet. Dabei wurden gerade auch die Beschlüsse und deren Teile erläutert, die keinen äußerlich erkennbaren Bezug zur Justiz hatten. Diese Artikel, die viele Fragen der Gesetzlichkeit und des Rechts behandelten, bildeten die Grundlage einer kontinuierlichen politischen Anleitung der Justizorgane.

Es entsprach jedoch sowohl der Bedeutung, die die Partei dem Recht und der Rechtspflege zumaß, als auch ihrer Sorge um die in der Justiz arbeitenden Genossen, daß es auch viele direkte Hinweise und Bemerkungen zur Justiz und zu ihrer Arbeit gab.

Aus: Hilde Benjamin und Autoren-Kollektiv, Zur Geschichte der Rechtspflege der DDR 1949–1961, hrsg. von der Akademie für Staats- und Rechtswissenschaften der DDR. Berlin (Ost) 1980, S. 42 f.

*b) Aus einem Brief von Thomas Mann an Walter Ulbricht (Juni 1951)*

In diesen Zusammenhang, Herr Ministerpräsident, möchte ich die Angelegenheit stellen, von der ich mir erlaube, Ihnen zu sprechen. Es handelt sich um die Prozesse – wenn dieses Wort am Platz ist –, die im April und Mai dieses Jahres in Waldheim (Sachsen) gegen 3 000 oder mehr Personen geführt worden sind, welche vorher Jahre lang – fünf Jahre zum Teil – in Konzentrationslagern der deutschen Sowjetzone verwahrt gewesen waren. Zur Rechtsprechung über sie wurden vom Landgericht Chemnitz zwölf große und acht kleinere Strafkammern zusammengestellt – Sondergerichte (obgleich meines Wissens nach einer gewissen Kontollratsproklamation die Wiedereinsetzung von Sondergerichten verboten ist), bei denen es an jedem Einschlag juristischer Vorbildung fehlte und fehlen sollte, Volksgerichte also, deren Verfahren das summarischste war.

Zehn Verhandlungen etwa fanden in einer Stunde statt. Kein Verteidiger wurde zugelassen, kein Entlastungszeuge gehört. Gefesselt, obgleich den wenigsten eigentlich kriminelle Taten zur Last gelegt waren, wurden die Angeklagten, die im voraus Verurteilten dem Gericht vorgeführt, das nach Vorschrift Zuchthausstrafen von 15, 18, 25 Jahren, auch lebenslängliche über sie aussprach. Die in den Lagern von Waldheim, Bautzen und Brandenburg hingebrachte langjährige Haftzeit, in deren Verlauf schon viele an Tuberkulose erkrankt waren, wurde in keinem Falle angerechnet.

Diese unglückseligen, schon zertretenen, seelisch zerbrochenen und blutspuckenden, einem schnellen oder langsamen Tode anheimgegebenen Menschenreste waren angeklagt – und damit auch schon überführt – der Kollaboration mit dem nationalsozialistischen Herrschaftssystem, – und wie ich über den Nationalsozialismus und den Faschismus im Allgemeinen denke, brauche ich hier nicht zu wiederholen. Ich tauge schlecht zum Verteidiger derer, die es mit ihm hielten und ihm zur Hand gingen, was übrigens mehr oder weniger, mit ehrenvollen Ausnahmen, das ganze deutsche Volk getan hat.

Aber ich frage Sie, Herr Ministerpräsident, – nicht rhetorisch „vor aller Welt", sondern von Mensch zu Mensch: Hat es irgendeinen Sinn, diese armen Kreaturen, schwache, anpassungsbedürftige Durchschnittsmenschen, die es nicht anders wußten, als daß man den Mantel nach dem Winde hängen muß und zweifellos heute wieder bereit wären, ihn nach dem neuen Winde zu hängen –, hat es einen Sinn, sie ganz im wildesten Stil des Nazismus und seiner „Volksgerichte", ganz im Stil jenes zur Hölle gefahrenen Roland Freisler, der genau so seine Zuchthaus- und Todessprüche verhängte, aburteilen zu lassen und damit der nichtkommunistischen Welt ein Blutschauspiel zu geben, das ein Ansporn ist allem Haß, aller Furcht, aller Propaganda für die „Unvermeidlichkeit" des Krieges – und eine moralische Niederlage für alle, die diesen Krieg für das größte Unheil halten, das die Menschheit treffen könnte? ...

Herr Ministerpräsident! ... Sie wissen vielleicht nicht, welches Grauen und welche Empörung, geheuchelt oft, aber oft tief aufrichtig, jene Prozesse mit ihren Todesurteilen – denn es sind lauter Todesurteile – auf dieser Weltseite hervorgerufen haben, wie nutzbar sie sind dem bösen Willen und wie abträglich dem guten. Ein Gnadenakt, großzügig und summarisch, wie die Massenaburteilungen von Waldheim es in nur zu hohem Grade waren, das wäre eine solche gesegnete, der Hoffnung auf Entspannung und Versöhnung dienende Geste, eine Friedenstat.

Nutzen Sie Ihre Macht, um diesen Gnadenakt herbeizuführen! Darum bittet, das rät Ihnen ein alter Mann, in dessen Denken und Dichten die Idee der Gnade längst bestimmend hineinwirkt. Das deutsche Wort „gnadenlos" hat einen eigentümlich doppelten Sinn. Es bedeutet zugleich „unbarmherzig" und „unbegnadet". Unbegnadet ist der starre Wahn, allein die ganze Wahrheit und das Recht auf unerbittliche Grausamkeit zu besitzen. Wer aber Gnade übt, der wird Gnade finden.

Zit. nach: Ernst Deuerlein, DDR 1945–1970. Geschichte und Bestandsaufnahme. 4. Aufl. München 1972, S. 118 f.

## 6. Kulturpolitik der SED

*a) III. Deutsche Kunstausstellung, Dresden (Februar/März 1953)*

*Aus der Eröffnungsrede Otto Grotewohls*

Die Bilder unserer Künstler sollen wahrheitsgetreu die Gestalten der patriotischen Bewegung zeigen und mit beißendem Spott und scharfer Satire die Feinde des Volkes und Verräter der Nation geißeln ... Die Massen unseres Volkes wünschen in den Werken unserer bildenden Kunst das Bild ihres eigenen Lebens wiederzufinden ... Mit sorgfältiger Hand, erfüllt vom Geiste des Humanismus, fühlen wir uns verpflichtet, alle Keime des sozialistischen Realismus so vielfältig zu entwikkeln, zu pflegen und das Unkraut zu beseitigen, damit sie sich voller Reife entfalten können. Je freier und je reifer sich die Darstellung der Wirklichkeit in der Kunst entfalten kann, um so stärker wird die materielle Gewalt der erhabenen Ideen des Sozialismus ... Es ist wichtig, das Studium und die Auswertung der fortschrittlichen Kunst der anderen Völker, besonders der Kunst der sozialistischen Sowjetunion, zu pflegen ...

Unsere Künstler sollen lernen, diszipliniert und exakt ihre künstlerischen Aufgaben zu erfüllen. Man darf nichts dem Selbstlauf, der Eingebung, dem Zufall oder der zündenden Inspiration überlassen ... Die Entwicklung zum sozialistischen Realismus zeigt uns, daß heute die ideologische Klärung zu den Problemen des Marxismus-Leninismus ein Vorgang und eine Voraussetzung ist, auf die kein realistischer Künstler verzichten kann. Darüber hinaus zeigt uns die Entwicklung in der Sowjetunion auf allen Gebieten des künstlerischen Schaffens, daß eine gesellschaftliche Leitung und Lenkung des künstlerischen Schaffens in eine bestimmte Richtung nicht nur möglich ist, sondern daß sie das künstlerische Schaffen erst in eine notwendige gesellschaftliche Bahn lenkt.

*„Sächsische Zeitung" (SED), Dresden, 28. 2. 1953:*

Während im Albertinum die Gemälde und Plastiken der besten Künstler Deutschlands davon zeugen, daß ihre Schöpfer im heißen Bemühen um das realistische Kunstwerk Erfolge errungen haben, hängen im Alexander-Puschkin-Haus, dem Haus der Deutsch-Sowjetischen Freundschaft in Dresden, die Bilder der sowjetischen Meister, die unseren Künstlern Vorbild sind. Die Sowjetmenschen haben uns geholfen, die Schätze unseres nationalen Kulturerbes zu heben und den Formalismus zu überwinden ... Die Erfolge konnten wir schneller erringen, weil die historischen Beschlüsse des Zentralkomitees der KPdSU zu Fragen der Literatur und Kunst, der Rechenschaftsbericht des Genossen Malenkow auf dem XIX. Parteitag und vor allem die theoretischen Arbeiten des Genossen Stalin allen solchen Kunstschaffenden die Richtung für ihre Arbeit gegeben haben. Dankerfüllt senden wir dem Sowjetvolk und seinem genialen Führer unsern brüderlichen Gruß.

*„Leipziger Volkszeitung" (SED), Leipzig, 1. 3. 1953:*

Von dem bekannten westdeutschen Künstler Otto Dix (Hemmenhofen, Bodensee) wird kein Bild auf der Ausstellung vertreten sein. Als letztes seiner Bilder stand ein Selbstporträt zur Diskussion, von dem die Jury der Ansicht war, daß es das menschliche Antlitz verzerrt. Für die Ablehnung der Jury war kennzeichnend, daß es ihr einzig und allein darauf ankam, gegenständliche Arbeiten in die Ausstellung aufzunehmen und lieber auf einen „prominenten" Namen zu verzichten ...

*„Junge Welt" (FDJ), Ostberlin, 3. 3. 1953:*

Begeisterung löst das Bild „Freundschaft" der beiden Künstler Rudolf und Fritz Werner aus. Ein sowjetischer Soldat sitzt auf dem Trittbrett seines Lastkraftwagens und unterhält sich mit vier deutschen Jungen. Im Hintergrund sehen wir den Marktplatz einer mitteldeutschen Kleinstadt. „Seht doch, wie lebendig die Gesichter gezeichnet sind!" rief ein junges Mädchen aus, als es das Bild sah.

Zit. nach: K. P. Werth, Polit-Kunst in der SBZ, hrsg. vom Bundesministerium für Gesamtdeutsche Fragen. Bonn, 3. Aufl. o. J., S. 22, 43 f.

*b) Das Politbüro der SED zur Literaturkritik und zur „Propagierung des fortschrittlichen Buches", 26.5.1953*

Die fortschrittliche Literatur spielt eine wichtige Rolle im Kampf des deutschen Volkes für Frieden, Einheit, Demokratie und Sozialismus. Vor ihr steht die Aufgabe, die Werktätigen mit sozialistischem Bewußtsein zu erfüllen und sie zu patriotischen Taten zu begeistern.

Gestützt auf die Beschlüsse der II. Parteikonferenz, unter Anwendung der großen Lehren des XIX. Parteitages der KPdSU, haben die deutschen Schriftsteller und Dichter sichtbare Fortschritte in der Anwendung der Methode des sozialistischen Realismus erzielt. Die wissenschaftlich-technische Fachliteratur ist ein wichtiger Hebel zur Hebung des allgemeinen Bildungsniveaus und zur ideologischen und fachlichen Erziehung der Werktätigen und dient damit wirksam dem Aufbau des Sozialismus.

Ein ernstes Hemmnis für die weitere Hebung des ideologischen und künstlerischen Niveaus unserer Literatur und für deren Popularisierung ist das fast völlige Fehlen einer wirklichen Literaturkritik und Bibliographie, dieses wichtigsten Instruments zur ideologischen und künstlerischen Erziehung der Leser und der Autoren …

Die Literaturschaffenden der Deutschen Demokratischen Republik haben schon bedeutende schöpferische Erfahrungen gesammelt, die im Interesse der weiteren Entwicklung der Literatur verallgemeinert werden müssen. Die Kritik verallgemeinert diese Erfahrungen in sehr geringem Maße, wirft nicht an Hand der literarischen Werke die grundlegenden Fragen der marxistisch-leninistischen Ästhetik, speziell der Literaturtheorie, auf, und befaßt sich nicht mit der Ausarbeitung der Fragen des sozialistischen Realismus.

Aus: Dokumente der SED, Bd. V. Berlin (Ost) 1956, S. 533 ff.

## 7. Aus dem Beschluß „Zur gegenwärtigen Lage und zu den Aufgaben im Kampf für Frieden, Demokratie und Sozialismus"

(Angenommen auf der 2. Parteikonferenz der SED am 12.7.1952)

…

Sechstens: Die politischen und die ökonomischen Bedingungen sowie das Bewußtsein der Arbeiterklasse und der Mehrheit der Werktätigen sind so weit entwickelt, daß der Aufbau des Sozialismus zur grundlegenden Aufgabe in der Deutschen Demokratischen Republik geworden ist. Das deutsche Volk, aus dem die bedeutendsten deutschen Wissenschaftler Karl Marx und Friedrich Engels, die Begründer des wissenschaftlichen Sozialismus, hervorgegangen sind, wird unter der Führung der Arbeiterklasse die großen Ideen des Sozialismus verwirklichen.

Siebentens: Das Hauptinstrument bei der Schaffung der Grundlagen des Sozialismus ist die Staatsmacht. Deshalb gilt es, die volksdemokratischen Grundlagen der Staatsmacht ständig zu festigen. Die führende Rolle hat die Arbeiterklasse, die das Bündnis mit den werktätigen Bauern, der Intelligenz und anderen Schichten der Werktätigen geschlossen hat …

Achtens: Der Aufbau des Sozialismus erfordert:

a) Durchführung der grundsätzlichen Aufgaben der Volksmacht: den feindlichen Widerstand zu brechen und die feindlichen Agenten unschädlich zu machen; die Heimat und das Werk des sozialistischen Aufbaus durch die Organisierung bewaffneter Streitkräfte zu schützen; ihre Funktion als Instrument des Aufbaus des Sozialismus auszuüben.

Die Stärkung der demokratischen Staatsmacht ist zu einer dringenden Notwendigkeit geworden. Es ist eine Verwaltungsreform durchzuführen, die eine engere Verbundenheit der staatlichen Verwaltungsorgane mit den Volksmassen, die systematische Anleitung dieser Organe und eine strenge Kontrolle der Durchführung der Gesetze und Verordnungen der Volkskammer und der Regierung sichert. Es ist notwendig, die Bevölkerung zur Achtung der demokratischen Gesetzlichkeit und zum Schutze des sozialistischen Eigentums zu erziehen und die demokratische Ordnung allseitig zu festigen …

b) Die Hauptaufgabe auf wirtschaftlichem Gebiet ist die Schaffung der ökonomischen Grundlagen des Sozialismus durch die weitere Erfüllung des Fünfjahrplans zur Entwicklung der Volkswirtschaft.
Die Parteikonferenz lenkt die Aufmerksamkeit der Parteimitglieder im Staatsapparat und in der Industrie auf die Notwendigkeit der Rekonstruktion der Hüttenindustrie, des Bergbaus, des Schwermaschinenbaus und der Energiewirtschaft und der raschesten Beseitigung der Engpässe in der Entwicklung der Energiewirtschaft, des Schwermaschinenbaus, des Hüttenwesens und der Rohstoffbasis, ohne deren Überwindung die erfolgreiche Erfüllung des Fünfjahrplans nicht möglich ist.
Eine gewaltige Rolle im Kampf für die Erfüllung und Übererfüllung des Fünfjahrplans müssen die Maßnahmen zur Steigerung der Arbeitsproduktivität, zur Senkung der Selbstkosten, zur Qualitätsverbesserung der Produktion und zur Einführung eines strengen Sparsamkeitsregimes in allen Zweigen der Volkswirtschaft sowie in allen Gliedern der wirtschaftlichen und staatlichen Verwaltung spielen.
c) Der breiteste sozialistische Wettbewerb ist zu entfalten, die Erfahrungen der Neuerer sind weitestens zu verbreiten und zu popularisieren. Die Bewegung der Aktivistenbrigaden nach dem Beispiel der Genossen Franik und Kramer sowie die Rationalisatoren- und Erfinderbewegung sind systematisch zu fördern.
Das Tempo des sozialistischen Aufbaus ist entscheidend abhängig von der Überwindung der Überreste des kapitalistischen Denkens und der kapitalistischen Methoden in der volkseigenen Wirtschaft ...
d) Den Landarbeitern und werktätigen Bauern, die sich auf völlig freiwilliger Grundlage zu Produktionsgenossenschaften zusammenschließen, ist die notwendige Hilfe zu gewähren und dadurch zugleich das Bündnis der Arbeiterklasse mit den werktätigen Bauern zu festigen. Gleichzeitig ist im Rahmen der Bündnispolitik die Zusammenarbeit mit den individuell arbeitenden Klein- und Mittelbauern weiter zu stärken und die gegenseitige Hilfe, die unter der Leitung der VdgB (BHG) erfolgt, weiterzuführen. Das geringschätzige Verhalten zur Bauernschaft, das ein Ausdruck des Sozialdemokratismus ist, muß entschieden überwunden werden.
e) Die Lösung der großen Aufgaben des sozialistischen Aufbaus erfordert die Heranbildung einer neuen Intelligenz aus den Reihen der Jugend und der Aktivisten des Neuaufbaus. Es ist eine hohe Pflicht der erwachsenen Arbeiter und der technischen Intelligenz, die junge Generation zu lehren und anzuhalten, damit sie Meister ihres Faches wird und Kämpfer für den Sozialismus. Das sektiererische Verhalten zur alten Intelligenz, die loyal und angestrengt an der Durchführung des Fünfjahrplans arbeitet, muß überwunden werden.
f) Es sind besondere Maßnahmen zu treffen, um die Frauen, die mehr als die Hälfte der Bevölkerung ausmachen, gleichberechtigt in das große Werk des sozialistischen Aufbaus einzubeziehen.
g) Durch Verbesserung der Arbeit an den Akademien, Universitäten, Fachschulen und Instituten, durch Entwicklung der Forschungsarbeit, Organisierung wissenschaftlicher Konferenzen und vor allem durch die Aneignung und weiteste Verbreitung der Ergebnisse der Sowjetwissenschaft ist die Wissenschaft zu einer hohen Blüte zu entwickeln.
h) Das Kulturleben ist durch Pflege des klassischen Erbes, durch die schöpferische Entwicklung eines realistischen Kunstschaffens zur Entfaltung zu bringen. Vor allem sind den Arbeitern, Angestellten und der Intelligenz in den Großbetrieben die bedeutenden Werke der Literatur und Kunst zu vermitteln. Besonders ist die Kulturarbeit im Dorf zu fördern.
i) Sache aller fortschrittlichen Kräfte ist es, aus den Erfahrungen des Kampfes der Kommunistischen Partei der Sowjetunion (Bolschewiki) ... zu lernen, wie der Sozialismus aufgebaut wird.
Neuntens: Der Aufbau des Sozialismus in der Deutschen Demokratischen Republik ist ein Schlag gegen die reaktionären Machthaber in Westdeutschland. Der Aufbau des Sozialismus ist der Ausdruck des festen Willens der Bevölkerung der Deutschen Demokratischen Republik und Berlins, mit aller Kraft den Frieden zu erhalten. Zugleich gibt der Aufbau des Sozialismus der Bevölkerung

in ganz Deutschland die Möglichkeit, sich mit eigenen Augen davon zu überzeugen, daß der Weg der Demokratie und des Sozialismus der einzige Weg ist, der den Interessen des Volkes entspricht und der deutschen Nation eine große Zukunft als gleichberechtigte Nation im Kreise der friedliebenden Völker gewährleistet.
Zehntens:
a) Die leitenden Parteiorgane haben die Pflicht, allseitig die führende Rolle der Partei zu verwirklichen, das Kampfbewußtsein in der Partei zu stärken, sich enger mit der Arbeiterklasse und den Volksmassen zu verbinden, die Vorschläge und Kritik der Massen sorgfältig zu beachten und in der Partei und im gesellschaftlichen Leben die Kritik und Selbstkritik breit zur Entfaltung zu bringen. Die Partei als die höchste Klassenorganisation der Arbeiterklasse muß umfassend und allseitig den Kampf der Klasse und der Massen führen und sich dabei auf die jeweils wichtigsten Aufgaben konzentrieren ...
b) Die Partei muß jedes Mitglied zur äußersten Wachsamkeit erziehen und verhindern, daß feindliche Elemente in die Partei der Arbeiterklasse eindringen oder durch die Verbreitung bürgerlicher Ideologien ihre Kampfkraft schwächen. Parteifeindliche Elemente sind unerbittlich aus den Reihen der Partei zu entfernen.
Die Partei und jedes einzelne ihrer Mitglieder müssen größere revolutionäre Wachsamkeit üben und einen entscheidenden Kampf gegen versöhnlerische Tendenzen gegenüber den Feinden der Partei und des Volkes führen. Das Verbrechen der Tito-Clique, die verbrecherische Tätigkeit der Gruppe Slansky in der Tschechoslowakei, der Gruppe Gomulka in Polen ... zeigen, wie der Feind seine verbrecherische Tätigkeit in unseren Reihen durchzuführen versucht. Dagegen kann sich die Partei nur schützen durch einen entschiedenen Kampf gegen Versöhnlertum gegenüber den Feinden und durch die breite Entfaltung der Kritik und Selbstkritik, durch die Entfaltung der Wachsamkeit aller Parteimitglieder und der Werktätigen ...
Auf ideologischem Gebiet ist die wichtiste Aufgabe, die Arbeiterklasse und die Masse der Werktätigen mit sozialistischem Bewußtsein zu erfüllen und zugleich den täglichen konsequenten Kampf gegen die bürgerlichen Ideologien zu führen. Die Propagandisten werden verpflichtet, die neuen theoretischen Probleme, wie sie von der II. Parteikonferenz gestellt worden sind, auszuarbeiten und zu popularisieren. Das Studium der Geschichte der KPdSU (B), das die Grundlage unserer gesamten Parteischulung bildet, und das Studium der Werke des Genossen Stalin ist noch gründlicher durchzuführen. Es sind Konsultationen zu veröffentlichen und mündliche Konsultation in den Parteikabinetten zu organisieren. Im Interesse der Lösung der großen Aufgaben des Aufbaus des Sozialismus gilt es, die Freude am wissenschaftlichen Studium zu wecken.
Vorwärts im Kampf für Frieden, Einheit, Demokratie und Sozialismus!

Aus: Geschichte der deutschen Arbeiterbewegung, hrsg. vom Institut für Marxismus-Leninismus beim ZK der SED. Berlin (Ost) 1966, Bd. 7, S. 402 ff. (Ziff. 6 bis 9, Ziff. 10 fehlt hier);
Ziff. 10 Zit. nach: Hermann Weber (Hrsg.), Der deutsche Kommunismus. Dokumente. 2. Auflage, Köln 1964, S. 449 f.

## 8. Der Stalinkult

*a) „Danksagung" von Johannes R. Becher*

I
In seinen Werken reicht er uns die Hand.
Band reiht an Band sich in den Bibliotheken,
Und niederblickt sein Bildnis von der Wand.
Auch in dem fernsten Dorf ist er zugegen.

Mit Marx und Engels geht er durch Stralsund,
Bei Rostock überprüft er die Traktoren,
Und über einen dunklen Wiesengrund
Blickt in die Weite er, wie traumverloren.

Er geht durch die Betriebe an der Ruhr,
Und auf den Feldern tritt er zu den Bauern,
Die Panzerfurche – eine Leidensspur.
Und Stalin sagt: ‚Es wird nicht lang mehr dauern.'

In Dresden sucht er auf die Galerie,
Und alle Bilder sich vor ihm verneigen.
Die Farbentöne leuchten schön wie nie
Und tanzen einen bunten Lebensreigen.

Mit Lenin sitzt er abends auf der Bank,
Ernst Thälmann setzt sich nieder zu den beiden,
Und eine Ziehharmonika singt Dank,
Da lächeln sie, selbst dankbar und bescheiden.

Die Jugend zeigt euch ihre Meisterschaft
In Sport und Spiel – und ihr verteilt die Preise.
Dann summt ihr mit die Worte ‚lernt und schafft',
Wenn sie zum Abschied singt die neue Weise.

II

Dort wird er sein, wo sich von ihm die Fluten
Des Rheins erzählen und der Kölner Dom.
Dort wird er sein in allem Schönen, Guten,
Auf jedem Berg, an jedem deutschen Strom.

Dort wirst du, Stalin, stehn, in voller Blüte
Der Apfelbäume an dem Bodensee,
Und durch den Schwarzwald wandert seine Güte,
Und winkt zu sich heran ein scheues Reh.

Nun lebt er schon und wandert fort in allen,
Und seinen Namen trägt der Frühlingswind,
Und in dem Bergsturz ist sein Widerhallen,
Und Stalins Namen buchstabiert das Kind.

Im Wasserfall und in dem Blätterrauschen
Ertönt dein Name, und es zieht dein Schritt
Ganz still dahin. Wir bleiben stehn und lauschen
Und folgen ihm und gehen leise mit.

Gedenke, Deutschland, deines Freunds, des besten.
O danke Stalin, keiner war wie er
So tief verwandt dir. Osten ist und Westen
In ihm vereint. Er überquert das Meer.

Und kein Gebirge setzt ihm eine Schranke,
Kein Feind ist stark genug, zu widerstehn
Dem Mann, der Stalin heißt, denn sein Gedanke
Wird Tat, und Stalins Wille wird geschehn.

Veröffentlicht in „Sinn und Form", der von der Akademie der Künste der DDR herausgegebenen Zeitschrift, in Heft 4/1953, zit. nach: Manfred Jäger, Kultur und Politik in der DDR. Ein historischer Abriß. Köln 1982, S. 66.

*b) Trauersitzung des Zentralkomitees der SED nach Stalins Tod (1953)*

Das Zentralkomitee der Sozialistischen Einheitspartei Deutschlands trat am 6. März 1953, abends 18 Uhr, zu einer feierlichen Trauersitzung anläßlich des Ablebens des Vorsitzenden des Ministerrats der UdSSR und Sekretärs des Zentralkomitees der Kommunistischen Partei der Sowjetunion,

J. W. Stalin, zusammen. Das Zentralkomitee der Sozialistischen Einheitspartei Deutschlands nahm stehend die Mitteilung des Zentralkomitees der Kommunistischen Partei der Sowjetunion, des Ministerrats der UdSSR und des Präsidiums des Obersten Sowjets der UdSSR entgegen und stimmte der Absendung des nachfolgenden Telegramms an das Zentralkomitee der Kommunistischen Partei der Sowjetunion zu:

Teure Genossen!

Die Sozialistische Einheitspartei Deutschlands und die Bevölkerung der Deutschen Demokratischen Republik trägt mit Ihnen und dem ganzen Sowjetvolk den unermeßlichen Schmerz, der uns alle durch das Ableben des großen Führers der fortschrittlichen Menschheit, Josef Wissarionowitsch Stalin, betroffen hat.

Die Nachricht, daß das Herz des Mitkämpfers und genialen Fortsetzers der Sache Lenins, unseres weisen Lehrers und Vaters, aufgehört hat zu schlagen, erfüllt alle Genossen, alle deutschen Friedensfreunde und Demokraten mit großer Trauer.

Mit Josef Wissarionowitsch Stalin ist der große Wissenschaftler des Marxismus-Leninismus, der weise Führer der Werktätigen im Kampfe um den Sozialismus, der geniale Feldherr des Großen Vaterländischen Krieges des Sowjetvolkes, der überragende Kämpfer für die Erhaltung und Festigung des Friedens in der Welt dahingegangen.

Das Lebenswerk J. W. Stalins wird auf Jahrhunderte die Entwicklung des Weltgeschehens beeinflussen.

...

Das Zentralkomitee der Sozialistischen Einheitspartei Deutschlands gelobt an der Bahre des großen unsterblichen Führers:

Die Sozialistische Einheitspartei Deutschlands wird sich noch fester und geschlossener um das von Stalin geschmiedete Zentralkomitee der Kommunistischen Partei der Sowjetunion zusammenschließen;

die Sozialistische Einheitspartei Deutschlands wird der siegreichen Lehre J. W. Stalins stets die Treue wahren;

die Sozialistische Einheitspartei Deutschlands wird auf der Grundlage der Stalinschen Lehren ihre Reihen ideologisch und organisatorisch festigen;

die Sozialistische Einheitspartei Deutschlands wird ihre Anstrengungen vervielfachen, um die Sache von Marx und Engels, Lenin und Stalin in ganz Deutschland zum Siege zu führen.

...

Das Zentralkomitee der Sozialistischen Einheitspartei Deutschlands ist überzeugt, daß die Bevölkerung der Deutschen Demokratischen Republik ihre Anstrengungen vermehren wird, um das Band der unverbrüchlichen Freundschaft mit dem großen Sowjetvolke, das an der Spitze des Weltfriedenslagers steht, noch fester zu knüpfen. Die Werktätigen unserer Republik werden noch intensiver die volksdemokratischen Grundlagen unseres Staates festigen und die Grundlagen des Sozialismus errichten; sie werden mit noch größerer Wachsamkeit die Störungsversuche aller Feinde vereiteln und die Staatsmacht der Deutschen Demokratischen Republik weiter stärken. Die Bevölkerung der Deutschen Demokratischen Republik wird mit noch größerer Kraft den Kampf um die Erhaltung des Friedens und um die Wiederherstellung der Einheit Deutschlands führen.

In diesen Tagen der Trauer geloben wir unsere unverbrüchliche Verbundenheit mit dem Zentralkomitee der KPdSU als der führenden Kraft der internationalen Arbeiterbewegung.

J. W. Stalin ist nicht mehr unter uns, aber sein Werk lebt fort in alle Zeiten!

Wir geloben, sein Vermächtnis unter Einsatz aller unserer Kräfte zu verwirklichen zum Wohle des ganzen werktätigen Volkes!

Es lebe die unbesiegbare Sache von Marx, Engels, Lenin und Stalin!

Es lebe das Zentralkomitee der Kommunistischen Partei der Sowjetunion!

Es lebe die enge, unzerstörbare Freundschaft des deutschen Volkes mit dem Sowjetvolk!

Zentralkomitee der Sozialistischen Einheitspartei Deutschlands. Berlin, den 6. März 1953.

Zit. nach: Hermann Weber (Hrsg.), Der deutsche Kommunismus, a. a. O., S. 492 ff.

*c) Die Parteigeschichte der SED über die Entstalinisierung*

Der XX. Parteitag [der KPdSU im Februar 1956] erörterte weitere Schritte zur Überwindung des Personenkults und seiner Folgen. Dieser war im Zusammenhang mit einer Reihe konkreter historischer Bedingungen entstanden, äußerte sich in einer Überbetonung der Rolle und der Leistungen J. W. Stalins und hatte zur Verletzung der Leninschen Normen des Parteilebens und von Gesetzen des Sowjetstaates geführt. Es zeugte von der Kraft und dem revolutionären Geist der KPdSU, daß sie derartige Erscheinungen aufdeckte, entschlossen gegen den Personenkult, der dem Marxismus-Leninismus und dem Sozialismus wesensfremd ist, auftrat und alles unternahm, um seine Folgen auf allen Gebieten der Parteiarbeit, der staatlichen und ideologischen Tätigkeit auszumerzen. Der Parteitag beschloß Maßnahmen, um die Leninschen Normen des Parteilebens und die Kollektivität der Leitung sorgsam zu wahren, die sozialistische Gesetzlichkeit strikt einzuhalten und die sozialistische Demokratie allseitig zu entwickeln.

Aus: Geschichte der SED – Abriß, bestätigt durch eine Kommission des Politbüros der SED. Berlin (Ost) 1978, S. 343

## III/2 Die wirtschaftliche Entwicklung

### Arbeitsthemen

1. *Welche Ziele verfolgte und welche Methoden benutzte die zentrale Planung der Volkswirtschaft in der DDR zu Zeiten des ersten Fünfjahrplanes? Woran wird die enge Verbindung politischer und wirtschaftlicher Ziele deutlich? (Nr. 1 a)*
2. *Welche Schwächen des Planungssystems sind erkennbar? (Nr. 1 b)*
3. *Welche Wirtschaftszweige wurden bevorzugt, welche benachteiligt? Welche Auswirkungen ergaben sich daraus für die Struktur der Facharbeiterschaft? Weshalb waren die Einzelbetriebe an „weichen" Plänen interessiert? Wo folgte die Wirtschaftsplanung der DDR dem sowjetischen Modell? Wo löste sie sich? (Nr. 2)*
4. *Welche Ursachen und welche Folgen hatte die Leistungsschwäche der Landwirtschaft? (Nr. 3)*
5. *Inwieweit korrespondierten Investitionsplanung und Produktionsentwicklung in der Phase des ersten Fünfjahrplanes 1951–55? (Nr. 4 a und 4 b)*
6. *Welches Ausmaß erreichte die Verstaatlichung der einzelnen Wirtschaftsbereiche bis 1955? (Nr. 4 c–e)*
7. *Welche Auswirkungen hatte die Wirtschaftsentwicklung auf die Versorgungslage der Bevölkerung? (Nr. 4 f)*

### Materialien

#### 1. Planungssystem und Rahmenbedingungen

*a) Die Hauptaufgaben des ersten Fünfjahrplans (1951–1955)*

(Beschluß des Dritten Parteitages der SED vom 20. bis 24. Juli 1950)

Die Hauptaufgaben des ersten Fünfjahrplans zur Entwicklung der Volkswirtschaft der Deutschen Demokratischen Republik für die Jahre 1951 bis 1955 sind:

1. Im Interesse des gesamten deutschen Volkes und des Kampfes um die Einheit des demokratischen Deutschlands ist eine schnelle Entwicklung der Produktionskräfte der Republik zu gewährleisten. Bis zum Ende des Jahrfünfts muß die friedliche Industrieproduktion im Verhältnis zum Stand des Jahres 1950 ein Ausmaß von 190 Prozent erreichen. Die vorgesehene Erhöhung der industriellen Produktion bedeutet die Verdoppelung der Produktion im Vergleich zum Jahre 1936.

Außerdem ist eine weitere Zunahme der landwirtschaftlichen Produktion und eine entsprechende Entwicklung des Transportwesens, des Handels und des Handwerks zu sichern.
Der volkseigene Sektor, dem die wichtigste Bedeutung in der Wirtschaft zukommt, ist zu entwickeln und zu festigen. Gleichzeitig ist im Interesse des Volkes die Privatinitiative und die Initiative des Unternehmertums im Rahmen der Gesetze zu nutzen.
2. Auf der Grundlage des Wachstums der Produktion und durch die Beseitigung der schweren Kriegsfolgen muß der Vorkriegslebensstandard der Bevölkerung erreicht und zum Ende des Fünfjahrplans bedeutend überschritten werden. Das gilt im besonderen für den Verbrauch von Nahrungsmitteln und wichtigen Industriewaren pro Kopf der Bevölkerung.
3. Im Verlauf des Fünfjahrplans ist ein bedeutender Aufschwung des kulturellen Niveaus der gesamten Bevölkerung, die weitere Entwicklung der Volksbildung und eine Blütezeit der fortschrittlichen deutschen Wissenschaft, Kultur und Kunst zu erreichen.
Das Studium der Arbeiter- und Bauernkinder sowie der Kinder der Geistesschaffenden an Fach- und Hochschulen ist zu fördern, eine neue fortschrittliche Intelligenz heranzubilden, eine breite Nachwuchsschulung in den Berufsschulen zu entfalten, das Schulwesen durch Einführung der Zehnklassenschulen in allen Städten und Industriezentren weiterzuentwickeln.
4. Zur Förderung der Volksgesundheit ist eine größere Zahl von Plätzen in Erholungsstätten, die breite Organisierung der Urlaubsreisen und die Entwicklung der Sportmöglichkeiten sicherzustellen.
Um die weitere Entwicklung des Gesundheitswesens zu gewährleisten, ist der Neubau von Polikliniken, Ambulanzen und Landambulatorien sowie die Ausbildung einer größeren Zahl von qualifizierten medizinischen Fachkräften vorzusehen.
5. Dieser friedliche wirtschaftliche und kulturelle Aufbau der Republik wird ohne ausländische Verschuldung, ohne Krisen und Arbeitslosigkeit durch die eigenen Kräfte des Volkes mit Hilfe der freundschaftlichen Beziehungen und wirtschaftlicher Zusammenarbeit mit der großen Sowjetunion und den Ländern der Volksdemokratie durchgeführt.
6. Durch den friedlichen wirtschaftlichen und kulturellen Aufbau wird die Deutsche Demokratische Republik – das Fundament für ein einheitliches, friedliches und demokratisches Deutschland – gefestigt. Mit der Erfüllung des Fünfjahrplans wird ein wuchtiger Schlag gegen die Kolonialpolitik der imperialistischen Westmächte in Deutschland geführt sowie die Vereinigung des gesamten deutschen Volkes auf der Grundlage eines einheitlichen, demokratischen und friedlebenden Deutschlands gesichert.

Zit nach: Dokumente der Sozialistischen Einheitspartei Deutschlands, Bd. III Berlin (Ost) 1952, S. 132 f.

### *b) Aus dem Alltag der Plankommission*

Es erschien eine Gruppe von Fachleuten und Parteifunktionären aus dem Stahlwerk Riesa. Leuschner hörte sich ihre Sorgen an, machte sich nur wenige Notizen und war überaus freundlich. Dann stellte er ganz primitive Fragen: „So, euch fehlen also Westgeld und Material. Wie, glaubt ihr, soll ich euch das beschaffen?"
„Unser Ministerium hat für eine Reihe fehlender Produkte keine Materialkontingente erhalten", sagte der leitende Ingenieur. „Die Staatliche Plankommission ist als einzige Stelle befugt – so wurde uns jedenfalls gesagt –, zusätzliche Kontingente auszuschreiben."
„Das ist leicht. Das will ich gern machen. Etwas ausschreiben kann jedes Kind. Aber glaubt ihr, daß durch ein beschriebenes Stück Papier das fehlende Material angerollt kommt?" „Das müßte das Staatssekretariat für Materialversorgung wohl regeln."
„In Ordnung! Das Staatssekretariat für Materialversorgung wird das Stahlwerk Riesa beauftragen, seine Produktion um 10 Prozent zu erhöhen. Das läßt sich ebenfalls durch ein Blatt Papier und eine Unterschrift anordnen."
Die Riesaer lachten gekünstelt: „Aber wir sind doch gerade deshalb hier, weil wir wegen Materialschwierigkeiten nicht einmal unsere planmäßige Produktion bringen können."

„Dann wird das Staatssekretariat für Materialversorgung das Stahlwerk Riesa bestrafen – wird auch durch ein Blatt Papier und eine Unterschrift geregelt."
Unsere ungeladenen Gäste rutschten auf ihren Stühlen hin und her. Ich sah ihnen an, daß sie Leuschner am liebsten die größten Grobheiten an den Kopf geworfen hätten. Der lehnte breit an seinem Schreibtisch, und sein Grienen bewies, daß er die Gedanken der anderen erriet. Niemand sagte ein Wort. Dann wurde Leuschner plötzlich ernst und hielt einen regelrechten Vortrag: „Jetzt will ich euch mal etwas sagen, liebe Genossen. Wir haben ein von der Volkskammer beschlossenes Gesetz über den Volkswirtschaftsplan. Darin ist festgelegt, was in allen Wirtschaftszweigen produziert werden soll, welche Arbeitskräfte zur Verfügung gestellt werden, das Material, die Finanz- und Investitionsmittel sind von der Staatlichen Plankommission verteilt – und nun muß die Arbeit beginnen. Aufgabe der Ministerien ist es, diesen Plan aufzugliedern, an die Betriebe weiterzugeben und dafür zu sorgen, daß er eingehalten wird. Im Laufe des Jahres stellt sich dann heraus, daß der eine oder andere Betrieb seine Aufgaben nicht erfüllt. Darunter leiden die Werke, die von dem säumigen Produzenten abhängen, und der ganze Plan kommt durcheinander. Das bringt die Betriebe in Schwierigkeiten. Eure Einwände, eure Sorgen, eure Forderungen sind vollauf berechtigt. Ich bitte, mir zu glauben, daß ich an keinem eurer Worte zweifle. Aber ich verlange von euch dasselbe Vertrauen. Und nun will ich euch ganz ehrlich meine Meinung sagen: Euer Minister schickt euch jetzt also zu mir, um von der Staatlichen Plankommission zusätzlich Geld und Material anzufordern. Wißt ihr, was das ist? Milde gesagt, eine Unverschämtheit! Wenn ich Betriebsleiter in Riesa wäre und zu meinem Minister ginge, von diesem aber an die Staatliche Plankommission verwiesen würde, ich würde ihm den Schreibtisch umkippen."
Sein Ton wurde schärfer: „Die Staatliche Plankommission hat überhaupt nichts mit den Betrieben zu tun. In unserer Republik gibt es über 20 000 Betriebe. Wo kämen wir hin, wenn sich die Plankommission um jedes Werk kümmern wollte? Die Regierung hat die Ministerien und Bezirksverwaltungen schließlich nicht umsonst geschaffen. Für euch ist einzig und allein das Ministerium für Berg- und Hüttenwesen zuständig. Aber wißt ihr, warum euch euer Ministerium zu mir schickt? Weil die Leute dort Schiß haben, einfach Schiß! Die wissen genau: Wenn sie selber zu uns kämen und zusätzlich Material verlangten, würden wir sie hochkantig zur Tür hinauswerfen, weil sie es nicht verstanden haben, die Produktion so zu organisieren, daß der Plan erfüllt wird. Sollen sie doch erst einmal die Schweinereien in Brandenburg, Calbe, Thale und so weiter abstellen!" Und Leuschner stellte die Dinge so hin, als sei an allen Schwierigkeiten des vorbildlichen Stahlwerks Riesa nur die Schlamperei in den Schwesterwerken schuld. Er ließ sogar durchblicken, daß das Ministerium auf Kosten der Riesaer andere Werke bevorzuge. So dauerte es nicht lange, und er hatte seine Besucher aufgeweicht. Sie gingen mit dem Bewußtsein aus dem Hause, die Plankommission tue zwar alles Denkbare, um die Wünsche der Betriebe zu befriedigen, aber ihr Ministerium habe schändlich versagt.

Aus: Fritz Schenk, Im Vorzimmer der Diktatur. 12 Jahre Pankow. Köln 1962, S. 174 ff.

## 2. Die Wirtschaftspolitik der DDR aus westlicher Sicht

Nach dem Auslaufen des noch primär auf Wiederherstellung des wirtschaftlichen Vorkriegsniveaus ausgerichteten Zweijahrplans (1949/50) realisierte die DDR mit dem 1950 verabschiedeten ersten Fünfjahrplan erstmals das sowjetische Konzept umfassender Planwirtschaft und paßte sich zugleich dem Planrhythmus der Sowjetunion an. Als generelle Zielsetzung formulierte ein Beschluß des Dritten Parteitages der SED die Verdoppelung der industriellen Produktion im Vergleich zu 1936. Über die damit verbundene beträchtliche Steigerung des materiellen Lebensstandards hinaus wurde mit dem Plan zugleich eine ausdrückliche Förderung von Bildung, Kultur und Wissenschaft (u.a. durch die Einführung von 10-Klassen-Schulen) anvisiert. Der auf diese Weise forcierte wirtschaftliche und kulturelle Aufbau sollte „das Fundament für ein einheitliches, friedliebendes und demokratisches Deutschland" abgeben.

War diese politische Floskel auch ohne reale Bedeutung, so sind gleichwohl die Antriebskräfte für das Wirtschaftswachstum in der DDR ökonomisch und politisch begründet. Es sollte nicht nur möglichst schnell Ersatz für die durch Krieg und Demontage entstandenen Verluste, sondern auch ein Ausgleich für die durch die Spaltung Deutschlands entstandenen Disproportionen geschaffen werden. Das hieß zugleich Verminderung der Abhängigkeit von westdeutschen Lieferungen. Primär galt diese Zielsetzung für die Industrie, aber auch das Verkehrswesen war davon betroffen. So läßt sich beispielsweise der kostspielige Ausbau Rostocks zu einem Überseehafen nur vor diesem Hintergrund verstehen. Der erste Fünfjahrplan war vor allem auf eine schnelle Steigerung der Schwerindustrie ausgerichtet. Das entsprach sowohl einem – in allen Ländern des sowjetischen Machtbereichs befolgten – stalinistischen Dogma als auch der spezifischen Situation Ostdeutschlands, dem durch die Teilung die schwerindustrielle Basis fast vollständig entzogen war. Es ist jedoch bezeichnend, daß die Alternative zum Aufbau einer eigenen Schwerindustrie, die ökonomisch sinnvollere Arbeitsteilung innerhalb des RGW, kaum erwogen wurde. Das erreichte quantitative Wachstum kam in erster Linie der Industrie zugute. Der Qualifikationsgrad der Industriearbeiterschaft wuchs entsprechend. Der Prozentsatz der Ungelernten in der sozialistischen Industrie sank von 1952 bis 1956 von 13,5 Prozent auf 9,5 Prozent, der Anteil der Angelernten von 41,2 auf 39,0 und der Facharbeiteranteil stieg von 45,3 auf 51,5 Prozent. Insgesamt wuchs die Zahl der Beschäftigten in der Industrie (ohne Handwerk und Bau) von 2,256 Millionen (1950) auf 2,683 Millionen (1955), d.h. um 18,9 Prozent.

Diese Forcierung des industriellen Wachstums wurde mit einer Vernachlässigung des Konsumgütersektors erkauft und rief zeitweilig akute Versorgungsengpässe hervor, so daß insbesondere nach dem 17. Juni 1953 durch Einschränkungen in der Schwerindustrie Korrekturen an den Planzielen vorgenommen werden mußten.

Die technische Durchführung der Wirtschaftsplanung lehnte sich unter der generellen Parole „von der Sowjetunion lernen, heißt siegen lernen" eng an das sowjetische Vorbild an. Eine zentralisierte Planungsbürokratie mit der Staatlichen Plankommission an der Spitze gab detaillierte Plandaten vor und ließ damit den Betrieben kaum Spielräume. Deren Interesse bestand vor allem in möglichst „weichen" Plänen, um die vorgegebenen Kennziffern erfüllen zu können, so daß hinsichtlich der tatsächlichen Produktionskapazität charakteristische Verzerrungen zustandekamen, weil der Einzelbetrieb seine wirklichen Leistungsreserven möglichst zu verschleiern suchte, um den Plan erfüllen und übererfüllen zu können und so in den Genuß von Prämien zu kommen. Diese Einstellung wurde insbesondere durch die anfänglich dominierende Orientierung der Planwirtschaft an der Mengenplanung gefördert, die man später als „Tonnenideologie" kritisierte. Erhielt z.B. ein Stahlwerk sein Plansoll in Tonnen, bestand die Tendenz, möglichst großflächigen, dicken Stahl zu walzen, waren dagegen die Planvorgaben in Stückzahlen oder Maßen festgelegt, überwogen leichte und dünne Formate. Das hier angelegte Problem einer sinnvollen Abstimmung zwischen zentraler und betrieblicher Planung blieb der Hauptansatzpunkt aller späteren ökonomischen Reformdebatten.

Obwohl bei der Realisierung des Fünfjahrplans vielfältige Schwierigkeiten auftauchten, die von der SED großenteils auf „organisierte Stör- und Sabotageaktionen" zurückgeführt wurden, zu deren Bekämpfung u.a. „Volkskontrollausschüsse" dienen sollten, konnten die gesteckten Ziele – anders als bei späteren Plänen – insgesamt erreicht und der Plan zu 102,6 Prozent erfüllt, die Arbeitsproduktivität um 55 Prozent gesteigert werden.

Seit Ende der vierziger Jahre zeigten sich im Zusammenhang mit der Einführung staatlicher Planwirtschaft auch deutliche sozialstrukturelle Veränderungen. Die Zahl der Beschäftigten stieg von 5,8 Millionen (Dezember 1945) auf fast 7,8 Millionen (1955), obwohl die Bevölkerungszahl ständig zurückging (in diesem Zeitraum flohen etwa 1,4 Millionen Bewohner der DDR). Die Arbeiter- und Angestelltenzahl wuchs bis 1955 auf fast 6 Millionen, d.h. 77 Prozent aller Berufstätigen. Gleichzeitig läßt sich ein allmählicher Rückgang der Selbständigen feststellen, wobei diese im Handwerk und in der Landwirtschaft noch überwiegend vertreten waren. Hier lag somit eine auffällige Abweichung gegenüber dem sowjetischen Modell des Stalinismus vor. Im Jahre 1955 existierte trotz des 1952 verkündeten „Aufbaus des Sozialismus" nach wie vor ein bedeutender privater Sektor: Neben etwa einer Million Einzelbauern (12 Prozent der Berufstätigen) gab es 300 000 private Handwerker und 150 000 Einzelhändler, während in den Landwirtschaftlichen Produktionsgenossenschaften (LPG) lediglich 190 000 Bauern organisiert waren. Die Vollkollektivierung wurde in der DDR erst im Frühjahr 1960 durchgesetzt.

Aus: Christoph Kleßmann, Die doppelte Staatsgründung. Deutsche Geschichte 1945–1955, Göttingen 1982, s. 269 ff.

### 3. Landwirtschaftliche Produktionsgenossenschaften

Am 20. Juli 1952 veröffentlichte „Neues Deutschland" das Statut der Landwirtschaftlichen Produktionsgenossenschaft Worin Krs. Seelow. Mit der Bestätigung dieses Musterstatuts durch das Politbüro der SED begann eine Kampagne für die Kollektivierung der Landwirtschaft, für die Schaffung landwirtschaftlicher Produktionsgenossenschaften (LPG). Die Bauern wurden aufgerufen, ihr Ackerland in Produktionsgenossenschaften einzubringen und es gemeinsam zu bewirtschaften. Etwas später erfolgte die Gründung von LPGs, in denen der Großteil des Viehbestandes gemeinsam gehalten wurde. Mit einer Agitationswelle und dem entsprechenden staatlichen Nachdruck trieb die SED die Kollektivierung voran. Im Juli 1952 bestanden 59 LPG, Ende Dezember 1952 bereits 1 185 Genossenschaften mit 160 000 ha Nutzfläche und ein Jahr nach der Parteikonferenz im Juni 1953 hatten sich schon 5 074 LPG gebildet.

Inzwischen unterschied man drei Typen der LPG: Typ I: landwirtschaftlicher Betrieb mit genossenschaftlicher Bewirtschaftung und Nutzung des von den Mitgliedern eingebrachten Ackerlandes, jedoch individueller Nutzung der übrigen land- und forstwirtschaftlichen Flächen und individuellem Eigentum an Vieh, Maschinen und Geräten. (Zum Teil bereits freiwillig genossenschaftliche Viehhaltung.)

Typ II: landwirtschaftlicher Betrieb mit genossenschaftlicher Bewirtschaftung und Nutzung des von den Mitgliedern eingebrachten Ackerlandes und genossenschaftlichen Eigentums an Zugtieren, Maschinen und Geräten, jedoch individueller Nutzung der übrigen land- und forstwirtschaftlichen Flächen und individuellem Eigentum an Zucht- und Nutzvieh.

Typ III: landwirtschaftlicher Betrieb mit genossenschaftlicher Bewirtschaftung und Nutzung der von den Mitgliedern eingebrachten land- und forstwirtschaftlichen Flächen und genossenschaftlichem Eigentum an Zugtieren, Maschinen und Geräten sowie an Zucht- und Nutzvieh. Am Jahresende 1952 gab es 1 649 LPG Typ I, 91 Typ II und 166 Typ III; Ende 1953 waren es 2 596 Typ I, 169 Typ II und 1 926 Typ III.

Die Folge der forcierten Kollektivierung war eine steigende Flucht der bäuerlichen Bevölkerung in die Bundesrepublik. Während 1951 4 000 Bauern flüchteten, waren es 1952 14 000 und 1953 37 000. Die erste große Welle der Kollektivierung führte auch zu einem Rückgang der landwirtschaftlichen Produktion.

Im Frühjahr 1953 zeigten sich die bedenklichen Folgen des sogenannten Aufbaus des Sozialismus. Die kritiklose Übernahme des stalinistischen Systems der Sowjetunion führte zu einer Verschlechterung der Lebenslage der Massen, die Mangelwirtschaft wurde permanent. Durch rigorose Steuern wurde der Mittelstand Repressalien unterworfen, die Großbauern wurden verfolgt, der Kirchenkampf wurde verschärft, in der Wirtschaft wurden „Fachkräfte als „Saboteure" denunziert und die Arbeiter durch Normerhöhungen bedrängt. Der Unwille gegen das Regime wuchs.

Aus: Hermann Weber, Von der SBZ zur DDR, 2. Aufl. Hannover 1968, S. 74

## 4. Aus der Wirtschaftsstatistik der DDR

*a) Daten zum ersten Fünfjahrplan*

Investitionsplanung für den Zeitraum von 1950 bis 1955

| | |
|---|---|
| insgesamt: | 28,6 Milliarden DM-Ost |
| davon Bergbau und Industrie | 15,4 Milliarden DM-Ost |
| Wohnungsbau | 3,5 Milliarden DM-Ost |
| Transportwesen | 2,8 Milliarden DM-Ost |
| Land-, Forst- und Wasserwirtschaft | 1,8 Milliarden DM-Ost |
| Handel | 0,5 Milliarden DM-Ost |
| Soziale und kulturelle Zwecke | 4,6 Milliarden DM-Ost |

Kürzung des geplanten Investitionsvolumens im Juni 1953 („Neuer Kurs")
Neuer Planansatz:
Investitionen insgesamt
23,1 Milliarden DM-Ost

Investitionen eines Planjahres (1955)
insgesamt 5,9 Milliarden DM-Ost
davon: Staatliche Investitionen
4,870 Milliarden DM-Ost
zum Vergleich 1950:
2,209 Milliarden DM-Ost

Aus: Christoph Kleßmann, Die doppelte Staatsgründung, a.a.O., S. 505

*b) Produktionsdaten der DDR 1950–1955 im Vergleich*

| Rohstoff/ Produkt | Mengen-einheit | 1936[1] BDtl. | DDR | 1950 BDtl. | DDR | 1955 BDtl. | DDR |
|---|---|---|---|---|---|---|---|
| Rohbraunkohle | Mio. t | 56,6 | 101,1 | 75,8 | 137,0 | 90,3 | 200,6 |
| Roheisen | Mio. t | 12,9 | 0,2 | 9,5 | 0,3 | 16,5 | 1,5 |
| Rohstahl | Mio. t | 14,5 | 1,2 | 11,8 | 1,0 | 17,0 | 2,5 |
| Walzstahl | Mio. t | 9,9 | 0,9 | 8,2 | 0,8 | 14,2 | 1,9 |
| Elektroenergie | Mrd. kWh | 24,1 | 14,0 | 44,0 | 19,5 | 76,5 | 28,7 |
| Kalisalze | Mio. t | 0,7 | 0,9 | 1,1 | 1,3 | 2,0 | 1,6 |
| Schwefelsäure | Mio. t | 1,1 | 0,3 | 1,2 | 0,2 | 1,9 | 0,5 |
| PKW | 1 000 St. | 181,5 | 60,8 | 219,4 | 7,2 | 762,2 | 22,2 |
| LKW | 1 000 St. | 43,7 | 19,1 | 81,7 | 1,0 | 140,4 | 14,2 |
| Traktoren[2]) | 1 000 St. | – | – | 92,0 | 19,2 | 187,7 | 22,1 |
| Radiogeräte | Mio. St. | – | – | 2,0 | 0,3 | 2,8 | 0,7 |
| Fernseher | 1 000 St. | – | – | – | – | 316,0 | 39,0 |
| Kühlschränke | 1 000 St. | – | – | – | – | 524,0 | 17,0 |

[1]) jeweils entsprechendes Gebiet des Deutschen Reiches
[2]) DDR einschl. landwirtschaftlicher Maschinen mit Traktorantrieb

Aus: Hellmuth Kalus, Wirtschaftszahlen aus der SBZ. Bonn 1964, S. 48, 54 ff., 58, 67 f., 74, 76 f.

*c) Entwicklung der landwirtschaftlichen Produktionsgenossenschaften (LPG) bis 1955*

| Jahr | Zahl aller LPG | davon Typ III | Anteil aller LPG an der landwirtschaftlichen Nutzfläche |
|---|---|---|---|
| 1952 | 1 906 | – | 3,3 v.H. |
| 1953 | 5 389 | – | 12,7 v.H. |
| 1954 | 4 958 | 2 736 | 12,0 v.H. |
| 1955 | 5 879 | 4 375 | 17,7 v.H. |

Aus: Statistisches Jahrbuch der DDR 1956. Berlin (Ost) 1957, S. 350

*d) Beschäftigte nach Wirtschaftszweigen und Eigentumsformen in der DDR 1952–1955*

| | 1952 absolut | 1952 vH | 1953 absolut | 1953 vH | 1955 absolut | 1955 vH |
|---|---|---|---|---|---|---|
| Industrie | 2621 | 33,4 | 2723 | 34,2 | 2750 | 33,4 |
| sozialistisch | 2042 | 26,0 | 2210 | 27,8 | 2249 | 27,3 |
| privat | 579 | 7,4 | 513 | 6,4 | 501 | 6,1 |
| Bau (Industrie und Handwerk) | 485 | 6,2 | 508 | 6,4 | 488 | 6,0 |
| sozialistisch | 263 | 3,4 | 273 | 3,4 | 228 | 2,7 |
| privat | 222 | 2,8 | 235 | 3,0 | 260 | 3,3 |
| Produzierendes Handwerk | 603 | 7,7 | 565 | 7,1 | 590 | 7,2 |
| sozialistisch | 1 | – | 2 | – | 1 | – |
| privat | 602 | 7,7 | 563 | 7,1 | 589 | 7,2 |
| Land-, Forst-, Wasserwirtschaft | 1702 | 21,7 | 1673 | 21,0 | 1775 | 21,6 |
| sozialistisch | 219 | 2,8 | 353 | 4,4 | 498 | 6,1 |
| privat | 1483 | 18,9 | 1320 | 16,6 | 1277 | 15,5 |
| Verkehr und Post | 541 | 6,9 | 538 | 6,8 | 560 | 6,8 |
| sozialistisch | 498 | 6,3 | 519 | 6,5 | 523 | 6,4 |
| privat | 43 | 0,6 | 29 | 0,3 | 37 | 0,3 |
| Handel | 836 | 10,7 | 865 | 10,8 | 904 | 11,0 |
| sozialistisch | 508 | 6,5 | 573 | 7,2 | 588 | 6,4 |
| privat | 328 | 4,2 | 292 | 3,6 | 316 | 3,9 |
| Bereiche außerhalb der materiellen Produktion | 1066 | 13,6 | 1083 | 13,6 | 1165 | 14,2 |
| sozialistisch | 751 | 9,6 | 772 | 9,7 | 881 | 10,7 |
| privat | 315 | 4,0 | 311 | 3,9 | 284 | 3,5 |
| insgesamt | 7853 | 100,0 | 7955 | 100,0 | 8231 | 100,0 |
| davon sozialistischer Anteil | | 54,6 | | 59,0 | | 60,3 |

Aus: Statistisches Jahrbuch der DDR 1956, Berlin (Ost) 1957, S. 169f.

*e) Verkaufsstellen und Umsatz im Einzelhandel nach Eigentumsformen in den Jahren 1950 und 1955*

| | 1950 | | | | 1955 | | | |
|---|---|---|---|---|---|---|---|---|
| | Anzahl | Anteil in v.H. | Umsatz in Mill. DM | Anteil in v.H. | Anzahl | Anteil in v.H. | Umsatz in Mill. DM | Anteil in v.H. |
| Verkaufsstellen insgesamt | 242381 | 100 | 17260 | 100 | 229800 | 100 | 31559 | 100 |
| davon: staatliche Handelsorganisation (HO) | 2294 | 0,9 | 4551 | 26,4 | 25114 | 10,9 | 11170 | 35,4 |
| Industrieläden | – | – | – | – | 81 | 0 | 133 | 0,4 |
| Konsumgenossenschaften | 14073 | 5,8 | 2937 | 17,0 | 29055 | 12,7 | 8755 | 27,8 |
| Sonstiger sozialistischer Einzelhandel | 7007 | 2,9 | 666 | 3,8 | 8750 | 3,8 | 1400 | 4,4 |
| Privater Einzelhandel | 219007 | 90,4 | 9106 | 52,8 | 166800 | 72,6 | 10101 | 32,0 |

Aus: Statistisches Jahrbuch der DDR 1955, S. 233, zitiert nach: Zweiter Tätigkeitsbericht, a.a.O., S. 176

*f) Entwicklung der HO-Preise (DM)*[1])

| Zeitpunkt | Weizenmehl kg | Zucker kg | Schweinefleisch (Kamm) kg | Jagdwurst kg | Bockwurst Stück | Butter kg | Margarine kg | Eier Stück |
|---|---|---|---|---|---|---|---|---|
| 1948 Ende | 20,– | – | – | – | – | – | 110,– | – |
| 1949 Juli | 8,– | 15,– | 51,– | 44,– | 3,60 | 70,– | 50,– | 2,– |
| 1950 Januar | 6,– | 12,– | 40,– | 44,– | 3,60 | 60,– | 36,– | 2,– |
| 1951 Januar | 1,32 | 12,– | 15,– | 17,– | 1,88 | 24,– | 14,– | 0,60 |
| 1952 Januar | 1,32 | 3,– | 11,20 | 13,50 | 1,49 | 20,– | 12,– | 0,60 |
| 1953 Januar | 1,32 | 3,– | 11,20 | 13,50 | 1,49 | 20,– | 8,– | 0,55 |
| 1954 Januar | 1,32 | 3,– | 11,20 | 12,20 | 1,24 | 20,– | 6,– | 0,45 |

| Zeitpunkt | Herren-Sporthemd Stück | Frauenkleid (Kunstseide) Stück | Schlüpfer für Frauen (Kunstseide) Stück | Damen-Strümpfe (Kunstseide I. Wahl) Paar | Teppich Haargarn 2 × 3 m Stück | Glühlampe (20 Watt) Stück |
|---|---|---|---|---|---|---|
| 1948 Ende | 100,– | – | – | 36,– | – | – |
| 1949 Juli | 60,– | 195,– | 25,– | 20,– | 1 145,50 | 20,– |
| 1950 Januar | 56,– | 113,50 | 20,– | 15,– | 630,– | 7,– |
| 1951 Januar | 40,– | 108,50 | 20,– | 10,50 | 594,– | 4,70 |
| 1952 Januar 21,20 | 72,50 | 12,80 | 4,40 | 409,50 | 2,30 | |
| 1953 Januar 21,20 | 72,50 | 12,80 | 3,70 | 409,50 | 2,30 | |
| 1954 Januar 17,68 | 62,60 | 7,50 | 2,60 | 409,50 | 1,30 | |

Aus: Statistische Praxis, (Ost) Berlin 1954, Nr. 10, zitiert nach:
Hermann Weber, Von der SBZ zur DDR 1945–1967, 2. Aufl. Hannover 1968, S. 155

[1]) Die Bruttolöhne je Arbeitsstunde betrugen 1951 für Maurer 1,60 Mark, für Schlosser 1,78 Mark. Die Mehrheit der Arbeiter verdiente unter 312,– Mark brutto im Monat, bis 1955 stieg der Durchschnittsverdienst von Arbeitern und Angestellten auf 345 Mark (H. Weber, Kleine Geschichte der DDR, a. a. O., S. 63).

# III/3 Der Ausbau der „bewaffneten Kräfte"

## Arbeitsthemen

1. *Welche Rolle schreibt Honecker der FDJ für die „Festigung und Stärkung der DDR" zu? Welches Bild der Sowjetunion wird beschworen? Womit wird die propagierte paramilitärische Ausbildung in der FDJ begründet? In welchen Zusammenhängen wird dabei der Begriff „Friede" verwendet? (Nr. 1)*
2. *Welche Verbindung stellt Ulbricht zwischen dem Aufbau der „Nationalen Streitkräfte" und der „weiteren Stärkung der volksdemokratischen Grundlagen" her? Was meint er mit der Formel von der „doppelten Versklavung" der DDR-Bevölkerung? (Nr. 2)*
3. *Welche Rückwirkungen hatten nach Ihrer Einschätzung diese Ereignisse in der DDR auf die Wiederbewaffnungsdebatte in der Bundesrepublik? (Nr. 2 und 3, vgl. S. 251 f.)*
4. *Welche charakteristischen Unterschiede bestehen zwischen den Wehrdienst-Artikeln in den Verfassungen der beiden deutschen Staaten? (Nr. 3 und GG Art. 4 Abs. 4, Art. 12 a, Art. 73)*

## 1. Der FDJ-Vorsitzende Honecker zum „Ehrendienst" der Jugend, Mai 1952

„In dieser Situation fällt unserer Freien Deutschen Jugend die ehrenvolle Aufgabe zu, sich als treuer Helfer und als zuverlässige Kampfreserve der Partei der Arbeiterklasse zu bewähren und die Regierung der Deutschen Demokratischen Republik vorbehaltlos in der Durchführung aller Maßnahmen zu unterstützen, die der Festigung und Stärkung unserer Deutschen Demokratischen Republik und damit der erfolgreichen Durchführung des Kampfes gegen den Generalkriegsvertrag und für den Abschluß eines Friedensvertrages mit Deutschland dienen …
In dem großen Stalin verehren heute Millionen junger deutscher Patrioten den Führer und Lehrer der gesamten fortschrittlichen Menschheit, den genialen Schöpfer der Großbauten des Kommunismus, den Organisator und Inspirator aller Siege des Weltfriedenslagers. Wo immer in der Welt das Wort ‚Frieden' ausgesprochen wird, ist Stalin gegenwärtig. Ihm gilt unser Dank, der Dank von Millionen deutschen Jugendlichen für all das, was seit der Zerschlagung des barbarischen Hitler-Faschismus unser Leben schöner und inhaltsreicher macht. Ihm gilt unsere Verpflichtung, in der gegenwärtigen Periode des Kampfes um die Erhaltung des Friedens unter der Führung der Sozialistischen Einheitspartei Deutschlands jedes Hindernis aus dem Wege räumen zu helfen, das sich der Herstellung der Einheit unseres Vaterlandes entgegenstellt … Es lebe das unerschütterliche Bollwerk des Friedens, die große sozialistische Sowjetunion, und der Inspirator all unserer Siege, der große und weise Genosse Stalin! – Hurra! – Hurra! – Hurra! …
Nie haben wir ein Hehl daraus gemacht, daß wir bereit sind, im Falle der Verwandlung Westdeutschlands in eine Aggressionsbasis gegen friedliebende Völker die bewaffnete Verteidigung unserer Heimat zu organisieren. Bereits im Jahre 1950 hat der Zentralrat der FDJ angesichts der wachsenden Provokationen des imperialistischen Lagers erklärt, daß es die friedliebende deutsche Jugend als eine hohe Ehre und Verpflichtung ansehen muß, im Falle einer Aggression an der Seite der Sowjetunion den Frieden zu verteidigen.
Es ist daher nur die Fortsetzung unseres entschlossenen Eintretens für den Frieden, wenn unsere Freie Deutsche Jugend in der gegenwärtigen Situation im Interesse der Erhaltung des Friedens, des Schutzes unserer Heimat und unserer Errungenschaften dem Präsidenten unserer Deutschen Demokratischen Republik, Wilhelm Pieck, und dem Ministerpräsidenten Otto Grotewohl die Versicherung abgibt, daß sie sich bei der Organisierung des bewaffneten Schutzes unserer Heimat voll und ganz auf die Jugend der Deutschen Demokratischen Republik verlassen können …
Daher gilt es vor allem, unsere deutsche Volkspolizei, die mit der Waffe in der Hand auf Wacht für den Frieden steht, durch die Jugend zu stärken. Der Dienst in der deutschen Volkspolizei ist für jeden FDJler Ehrendienst am deutschen Volk …
Es besteht auch gar kein Hinderungsgrund, im Interesse der Erfüllung der Kampfbereitschaft für den Frieden jene Sportarten unserer Jugend zu pflegen, die nicht nur das Auge üben, sondern auch die Jugend in die Lage versetzen, sich auf die Verteidigung der Heimat vorzubereiten. Wir schlagen daher dem Parlament vor, alle Anträge in bezug auf die Einführung des Schießsports, des Segel- und Motorflugsports, des Fallschirmsports … in einem Beschluß zusammenzufassen und im Zusammenhang mit der Diskussion über den Bericht zur Durchführung des Gesetzes zur Förderung der Jugend an den Stellvertreter des Ministerpräsidenten, Walter Ulbricht, die Bitte zu richten, die Jugend in der Schaffung solcher Einrichtungen zu unterstützen, die es ihr ermöglichen, in den angeführten Sportarten einen hohen Leistungsstand zu erzielen …"
…
Unmittelbar nach dem IV. Parlament der FDJ [27.–30. 5. 1952 in Leipzig, wo dem Honecker diese Rede gehalten hatte] begann deren Militarisierungsprozeß. Die Großkampagne zur gar nicht immer sehr freiwilligen Werbung für die kasernierten Einheiten der Volkspolizei wurde eingeleitet auf der Basis der Richtlinien des Patenschaftsvertrages der FDJ über die Einheiten der Volkspolizei, der

auf dem IV. Parlament beschlossen worden war. Hier hieß es eindeutig, daß es die Aufgabe jedes Mitgliedes der Freien Deutschen Jugend sei, die besten Mitglieder in die Einheiten der Volkspolizei zu delegieren. Jeder FDJler habe die patriotische Pflicht, sich „Fachkenntnisse auf dem Gebiet des Schießens, des Segelfluges, des Nachrichtenwesens, des Fallschirmsprungs sowie der Geländekunde und des Geländewesens anzueignen, um seine Bereitschaft zur Verteidigung des Friedens zu erhöhen".

Aus: Heinz Lippmann, Honecker. Porträt eines Nachfolgers. Köln 1971, S. 139ff., 144.

## 2. Walter Ulbricht zu den „nationalen Streitkräften" auf der II. Parteikonferenz der SED vom Juli 1952

1. Die nationalen Streitkräfte werden die Armee des vom Imperialismus befreiten Volkes in der Deutschen Demokratischen Republik sein ...
2. Die nationalen Streitkräfte werden die Armee zur Verteidigung der Heimat sein, zum Schutze der sozialistischen Errungenschaften unseres Volkes. Möge diese Volksarmee so stark sein, so gut ausgerüstet, und so ausgezeichnet die Waffentechnik beherrschen, daß den Feinden des deutschen Volkes der Drang nach militärischen Provokationen vergeht.
3. Die nationalen Streitkräfte werden die freie und friedliche Arbeit des Volkes und seine Errungenschaften schützen.
4. Die nationalen Streitkräfte werden ein Werkzeug zur weiteren Stärkung der volksdemokratischen Grundlagen unserer staatlichen Ordnung sein.
5. Die nationalen Streitkräfte sollen erfüllt sein vom Haß gegen die amerikanischen, englischen und französischen Imperialisten, die die Bevölkerung der doppelten Versklavung unterwerfen wollen. Sie werden erfüllt sein vom Willen zur Wiederherstellung der Einheit unseres Vaterlandes. Die nationalen Streitkräfte werden sich brüderlich verbunden fühlen mit allen patriotischen Kräften Westdeutschlands.
6. Die nationalen Streitkräfte sollen erfüllt sein von der unverbrüchlichen Freundschaft zur Sowjetunion und zum Führer der Völker, Generalissimus Stalin. Sie sollen sich verbunden fühlen mit den Ländern der Volksdemokratie, die den Sozialismus aufbauen, sowie mit dem nationalen Befreiungskampf der unterdrückten Völker in den Kolonien und Halbkolonien ...

Zit. nach: Helmut Bohn u.a., Die Aufrüstung in der Sowjetischen Besatzungszone Deutschlands, hrsg. vom Bundesministerium für Gesamtdeutsche Fragen. Bonn 1960, S. 18.

## 3. Gesetz zur Ergänzung der Verfassung vom 26.9.1955

§ 1

Der Artikel 5 der Verfassung der Deutschen Demokratischen Republik wird wie folgt ergänzt:
„Der Dienst zum Schutze des Vaterlandes und der Errungenschaften der Werktätigen ist eine ehrenvolle nationale Pflicht der Bürger der Deutschen Demokratischen Republik."

§ 2

Der Artikel 112 der Verfassung der Deutschen Demokratischen Republik wird wie folgt ergänzt:
„Der Republik obliegt die Gesetzgebung über den militärischen Schutz der Heimat und über den Schutz der Zivilbevölkerung."

§ 3

Die Organisierung des Dienstes zum militärischen Schutze der Heimat und zum Schutze der Zivilbevölkerung wird durch Beschluß des Ministerrates geregelt.

§ 4

Dieses Gesetz tritt mit seiner Verkündung in Kraft.

Das vorstehende, vom Präsidenten der Volkskammer im Namen des Präsidiums der Volkskammer unter dem siebenundzwanzigsten September neunzehnhundertfünfundfünfzig ausgefertigte Gesetz wird hiermit verkündet.

Der Präsident
der Deutschen Demokratischen
Republik
*W. Pieck*

Zit. nach: Günter Albrecht (Hrsg.): Dokumente zur Staatsordnung der DDR, Bd. 1, Berlin (Ost) 1959, S. 453

## III/4 Die Krise des 17. Juni 1953 und ihre Konsequenzen

### Arbeitsthemen

1. *Wie beleuchtet die DDR-Geschichtsschreibung die Krisensituation Anfang 1953? Welche Rolle wird dabei dem „brutalen und gefährlichen Feind" und seinen Mitteln zugeschrieben? Welche Gründe werden für die steigende Unzufriedenheit der Bevölkerung angegeben? (Nr. 1)*
2. *Welchen Gruppen in der Bevölkerung kommt der Politbüro-Beschluß vom 9. Juni entgegen? Ist es berechtigt zu sagen, „die seit Juli 1952 beschleunigte Umwandlung der DDR in eine Volksdemokratie" sei damit „abgebrochen" worden (A. Baring)? (Nr. 2)*
3. *Woran läßt sich ablesen, daß die ursprüngliche Forderung der Arbeiter nach Rücknahme der Normenerhöhung zu einem grundsätzlichen politischen Protest eskalierte? Wie verhielt sich die Besatzungsmacht gegenüber dieser Demonstration? Womit könnte ihr anfängliches Verhalten erklärt werden? (Nr. 3 und 5)*
4. *Wie beurteilt das ZK der SED nach der Niederschlagung des Arbeiteraufstandes durch sowjetische Truppen*
   - *Auslösung und Scheitern des „Putschversuchs",*
   - *„Generallinie", „Kurs" und Maßnahmen der Partei,*
   - *die Beteiligten am „Putschversuch",*
   - *die „Schlüsselrolle" des Justizministers Fechner und das Verhalten einiger Mitglieder des Politbüros? (Nr. 4, vgl. auch Nr. 6)*
5. *Wie sieht Arnulf Baring die Zusammenhänge zwischen Vorgängen in der UdSSR und den Ereignissen um den 17. 6. 1953? (Nr. 5 und 6) Wie begründet er seine These, der Arbeiteraufstand habe die Position Walter Ulbrichts gestärkt? (Nr. 6)*
6. *Welche Organisationen waren von den weitreichenden „Säuberungen" nach dem 17. 6. betroffen? (Nr. 7)*
7. *Mit welchen Argumenten weist Fricke die SED-These vom „vorbereiteten konterrevolutionären Putsch" zurück? Welche Bilanz zieht er aus den Ereignissen des 17. Juni 1953 im Hinblick auf weitere Entwicklungen in der DDR und im Ostblock? (Nr. 8)*

### Materialien

#### 1. Probleme des sozialistischen Aufbaus

Der planmäßige Aufbau des Sozialismus in der DDR stellte die Arbeiterklasse und ihre marxistisch-leninistische Partei vor schwierige Probleme. War doch die sozialistische Ordnung in einem entwickelten Industrieland zu errichten, in dem die aggressivsten Kräfte des Imperialismus geherrscht hatten, von dem zwei Weltkriege ausgegangen waren, dazu im kleineren, wirtschaftlich schwächeren, an Rohstoffen ärmeren und von den Kriegsfolgen schwerer betroffenen Territorium

eines vom Imperialismus gespaltenen Landes. Die sozialistische Umwälzung mußte unter den Bedingungen der offenen Grenze zu einem gefährlichen und brutalen Feind erfolgen, der sein starkes ökonomisches Potential, seine internationalen Verbindungen, seine großen Erfahrungen in der Bekämpfung des gesellschaftlichen Fortschritts und in der Irreführung der Werktätigen zielstrebig einsetzte, um die Arbeiter-und-Bauern-Macht zu beseitigen. Insbesondere nutzte er die noch bestehende Abhängigkeit der DDR von Lieferungen aus der BRD rücksichtslos für seine Zwecke aus.
Die Errichtung einer schwerindustriellen Basis in der DDR stieß auf große Schwierigkeiten. Die anfangs noch geringe Roheisenerzeugung hemmte den Aufbau der Betriebe des Schwermaschinenbaus. Teile des überlasteten Energienetzes mußten häufig abgeschaltet werden, was zu Produktionsausfällen führte. Es fehlte an Erfahrungen bei der Herstellung neuer Sortimente. Die imperialistische Spionage- und Sabotagetätigkeit vergrößerte die wirtschaftlichen Schwierigkeiten erheblich. Die pausenlose antikommunistische Hetze, die über die imperialistischen Rundfunkstationen und über viele andere Kanäle in die DDR drang, hemmte die Entwicklung des Bewußtseins vieler Menschen. Dazu kam, daß die großen Mittel, die für die Entwicklung der Grundstoffindustrie und für die sozialistische Umgestaltung der Landwirtschaft erforderlich waren, keine so rasche Verbesserung der Lebenslage der Bevölkerung zuließen, wie das wünschenswert gewesen wäre. Für die notwendigen Maßnahmen zum Schutz der Arbeiter-und-Bauern-Macht mußten zusätzliche Mittel bereitgestellt werden, die nicht im Fünfjahrplan vorgesehen waren.
Im ersten Quartal 1953 konnte der Volkswirtschaftsplan nur zu 96,7 Prozent erfüllt werden, darunter in der Nahrungs- und Genußmittelindustrie lediglich zu 90 Prozent.
Unter dem Einfluß des Kalten Krieges des Imperialismus verschärften sich die in der DDR bestehenden gesellschaftlichen Widersprüche, besonders zwischen den sozialistischen und den kapitalistischen Kräften. In der Privatindustrie und bei den Großbauern stiegen die Steuerrückstände beträchtlich an. Zahlreiche Unternehmer und Großbauern horteten und verschoben Waren, sabotierten die Ablieferungspflicht und betrieben großangelegte Spekulationsgeschäfte. Andere ruinierten ihre Betriebe und ließen sie im Stich. Der Staat reagierte auf die Verschärfung der Klassengegensätze mit Maßnahmen, die insgesamt auf eine beschleunigte Einschränkung des Kapitalismus gerichtet waren. In ihrem Gefolge sowie durch Produktionseinstellungen und Republikflucht von Unternehmern ging 1953 die Zahl der Privatbetriebe gegenüber dem Vorjahr um mehr als 2 000 zurück. Dadurch sank die Produktion besonders in der Konsumgüterindustrie. Die Zahl der Großbauernwirtschaften verringerte sich in der gleichen Zeit um 16 000, das heißt etwa um ein Drittel. Ihre Übernahme stellte für den noch nicht gefestigten genossenschaftlichen Sektor eine schwere Belastung dar und machte zusätzliche Hilfe durch die Arbeiterklasse notwendig. Es kam zu größeren Versorgungsschwierigkeiten.
Der außerordentliche Druck des Imperialismus und die zeitweiligen besonderen Schwierigkeiten des sozialistischen Aufbaus, die auch in einigen volksdemokratischen Staaten auftraten, gaben ehemaligen Faschisten und anderen reaktionären Elementen Auftrieb und führten zu Zweifel und Unzufriedenheit, vor allem unter den kleinbürgerlichen Bevölkerungsschichten. Die vom Sektor der kleinen Warenproduktion ausgehenden Störungen verstärkten sich. Das illegale Verlassen der Republik nahm zu. Auch die Verbindung der SED zu Teilen der Arbeiterklasse begann sich zu lockern.
Die Führung der SED rief die Parteiorganisationen und die Staatsorgane auf, die Wachsamkeit zu erhöhen und den konterrevolutionären Vorstößen entschlossen zu begegnen. Vielen Feinden der Arbeiter-und-Bauern-Macht wurde das Handwerk gelegt. Den Sicherheitsorganen gelang es jedoch nicht, das weitverzweigte imperialistische Agentennetz zu zerschlagen. Die Justizorgane, die mit harten Strafen gegen die Feinde des Sozialismus vorgingen, unterschieden mitunter zu wenig zwischen tatsächlichen Gegnern des Sozialismus und solchen Bürgern, die aus anderen Gründen gegen die Gesetze verstoßen hatten. Es wurde auch versucht, eine Reihe von Schwierigkeiten mit administrativen Maßnahmen zu überwinden.
Das begünstigte Tendenzen, die geduldige Überzeugungsarbeit zu vernachlässigen. Besonders bei der Erhöhung von Arbeitsnormen und in der Bündnispolitik wirkten sich solche Tendenzen nachteilig aus.

In Übereinstimmung mit der KPdSU und der Regierung der UdSSR legten das Politbüro des ZK der SED am 9. und der Ministerrat der DDR am 11. Juni 1953 eine Reihe politischer und ökonomischer Maßnahmen fest, die auf die Festigung der Arbeiter-und-Bauern-Macht und der Verbindungen der SED zur Arbeiterklasse und anderen werktätigen Klassen und Schichten gerichtet waren. Im Zusammenhang mit einer Herabsetzung des Planes der Schwerindustrie leiteten sie eine spürbare Verbesserung der Lebenslage der Arbeiterklasse, der werktätigen Bauern, der Intelligenz, der Handwerker und Einzelhändler ein. Auch einige Maßnahmen zur Einschränkung des Kapitalismus wurden aufgehoben. Die Beschlüsse vom 9. und 11. Juni 1953 wurden als „Politik des neuen Kurses" bezeichnet.

Aus: DDR – Werden und Wachsen, a. a. O., S. 238 ff.

## 2. SED-Politbüro leitet Neuen Kurs ein

Das Politbüro des Zentralkomitees der SED hat in seiner Sitzung vom 9. Juni 1953 beschlossen, der Regierung der Deutschen Demokratischen Republik die Durchführung einer Reihe von Maßnahmen zu empfehlen, die der entschiedenen Verbesserung der Lebenshaltung aller Teile der Bevölkerung und der Stärkung der Rechtssicherheit in der Deutschen Demokratischen Republik dienen. Das Politbüro des ZK der SED ging davon aus, daß seitens der SED und der Regierung der Deutschen Demokratischen Republik in der Vergangenheit eine Reihe von Fehlern begangen wurden, die ihren Ausdruck in Verordnungen und Anordnungen gefunden haben, wie zum Beispiel der Verordnung über die Neuregelung der Lebensmittelkartenversorgung, über die Übernahme devastierter landwirtschaftlicher Betriebe, in außerordentlichen Maßnahmen der Erfassung, in verschärften Methoden der Steuererhebung usw. Die Interessen solcher Bevölkerungsteile wie der Einzelbauern, der Einzelhänder, der Handwerker, der Intelligenz wurden vernachlässigt. Bei der Durchführung der erwähnten Verordnungen und Anordnungen sind außerdem ernste Fehler in den Bezirken, Kreisen und Orten begangen worden. Eine Folge war, daß zahlreiche Personen die Republik verlassen haben.
Das Politbüro hat bei seinen Beschlüssen das große Ziel der Herstellung der Einheit Deutschlands im Auge, welches von beiden Seiten Maßnahmen erfordert, die die Annäherung der beiden Teile Deutschlands konkret erleichtern.
Aus diesen Gründen hält das Politbüro des ZK der SED für nötig, daß in nächster Zeit im Zusammenhang mit Korrekturen des Planes der Schwerindustrie eine Reihe von Maßnahmen durchgeführt werden, die die begangenen Fehler korrigieren und die Lebenshaltung der Arbeiter, Bauern, der Intelligenz, der Handwerker und der übrigen Schichten des Mittelstandes verbessern. Auf der Sitzung am 9. Juni hat das Politbüro Maßnahmen auf dem Gebiet des Handels und der Versorgung, auf landwirtschaftlichem Gebiet und auch hinsichtlich der Erleichterung des Verkehrs zwischen der Deutschen Demokratischen Republik und Westdeutschland festgelegt.
Um die Erzeugung von Waren des Massenbedarfs zu vergrößern, die von kleinen und mittleren Privatbetrieben hergestellt werden, und um das Handelsnetz zu erweitern, wird vorgeschlagen, den Handwerkern, Einzel- und Großhändlern, privaten Industrie-, Bau- und Verkehrsbetrieben in ausreichendem Umfange kurzfristig Kredite zu gewähren. Die Zwangsmaßnahmen zur Beitreibung von Rückständen an Steuern und Sozialversicherungsbeiträgen, die bis zum Ende des Jahres 1951 entstanden sind, sollen für Klein-, Mittel- und Großbauern, Handwerker, Einzel- und Großhändler, private Industrie-, Bau- und Verkehrsbetriebe, das heißt in der gesamten privaten Wirtschaft, ausgesetzt werden.
Wenn Geschäftseigentümer, die in letzter Zeit ihre Geschäfte geschlossen oder abgegeben haben, den Wunsch äußern, diese wieder zu eröffnen, so ist diesem Wunsche unverzüglich Rechnung zu tragen. Außerdem soll die HO zur besseren Versorgung der Bevölkerung sofort Agenturverträge mit dem privaten Einzelhandel abschließen.
Das Politbüro schlägt ferner vor, daß die Verordnungen über die Übernahme devastierter landwirt-

schaftlicher Betriebe aufgehoben werden und die Einsetzung von Treuhändern wegen Nichterfüllung der Ablieferungspflichten oder wegen Steuerrückständen untersagt wird. Die Bauern, die im Zusammenhang mit Schwierigkeiten in der Weiterführung ihrer Wirtschaft ihre Höfe verlassen haben und nach Westberlin oder nach Westdeutschland geflüchtet sind (Kleinbauern, Mittelbauern, Großbauern), sollen die Möglichkeit erhalten, auf ihre Bauernhöfe zurückzukehren. Ist das in Ausnahmefällen nicht möglich, so sollen sie vollwertigen Ersatz erhalten. Es soll ihnen mit Krediten und landwirtschaftlichem Inventar geholfen werden, ihre Bauernwirtschaften zu entwickeln. Strafen, die wegen Nichterfüllung von Ablieferungsverpflichtungen oder Steuerverpflichtungen ausgesprochen wurden, sollen überprüft werden ...

Das Politbüro schlägt weiter vor, daß alle republikflüchtigen Personen, die in das Gebiet der Deutschen Demokratischen Republik und den demokratischen Sektor von Berlin zurückkehren, das auf Grund der Verordnung vom 17. Juli 1952 zur Sicherung von Vermögenswerten beschlagnahmte Eigentum zurückerhalten. Ist in Einzelfällen die Rückgabe nicht möglich, so soll Ersatz geleistet werden. Zurückkehrenden Republikflüchtigen darf aus der Tatsache der Republikflucht keine Benachteiligung entstehen. Sie sollen durch die zuständigen Organe der Räte der Bezirke und Kreise entsprechend ihrer fachlichen Qualifikation wieder in das wirtschaftliche und gesellschaftliche Leben eingegliedert werden und ihre vollen Bürgerrechte erhalten. (Deutscher Personalausweis, Lebensmittelkarte usw.) Für die Rückkehrer sind Auskunftsstellen einzurichten, die ihnen in allen Fragen Rat und Auskunft erteilen.

Das Politbüro ist ferner der Auffassung, daß die Frage der Aufenthaltsgenehmigungen für Westdeutsche und Westberliner sowie die Frage der Ausstellung von Interzonenpässen im Sinne der Erleichterung des Verkehrs zwischen Ost- und Westdeutschland neu geregelt werden müssen. Bei Antrag auf Ausstellung von Aufenthaltsgenehmigungen für Westdeutsche und Westberliner sind familiäre Gründe anzuerkennen, ebenso bei Anträgen auf Ausstellung von Interzonenpässen. Insbesondere ist Wissenschaftlern und Künstlern die Teilnahme an Tagungen in Westdeutschland zu ermöglichen ...

Das Politbüro schlägt ferner vor, daß alle im Zusammenhang mit der Überprüfung der Oberschüler und der Diskussion über die Tätigkeit der Jungen Gemeinde aus den Oberschulen entfernten Schüler sofort wieder zum Unterricht zuzulassen sind und daß ihnen die Möglichkeit gegeben wird, die versäumten Prüfungen nachzuholen. Ebenso sollen die im Zusammenhang mit der Überprüfung der Oberschulen ausgesprochenen Kündigungen und Versetzungen von Lehrern rückgängig gemacht werden. Die in den letzten Monaten ausgesprochenen Exmatrikulationen an Hochschulen und Universitäten sollen sofort überprüft und bis zum 20. Juni 1953 entschieden werden. Bei Immatrikulationen an den Hochschulen und Universitäten dürfen befähigte Jugendliche aus den Mittelschichten nicht benachteiligt werden.

Ferner empfiehlt das Politbüro der Regierung der Deutschen Demokratischen Republik, die Justizorgane zu beauftragen, diejenigen Verurteilten sofort zu entlassen, die nach dem Gesetz zum Schutz des Volkseigentums zu ein bis drei Jahren verurteilt worden sind, mit Ausnahme der Fälle, in denen schwere Folgen eintraten ...

Das Politbüro hat schließlich beschlossen, der Regierung der Deutschen Demokratischen Republik zu empfehlen, daß ab 1. Juli 1953 wieder an alle Bürgern der Deutschen Demokratischen Republik und des demokratischen Sektors von Groß-Berlin Lebensmittelkarten entsprechend den gesetzlich festgelegten Tätigkeitsmerkmalen ausgegeben werden. Es wird weiter vorgeschlagen, die im April 1953 durchgeführten Preiserhöhungen für Marmelade, Kunsthonig und andere Süß- und Backwaren mit Wirkung vom 15. Juni 1953 rückgängig zu machen, die Fahrpreisermäßigungen in Höhe von 50 Prozent ab 1. Juli 1953 bei Arbeiterrückfahrkarten auf alle berechtigten Personen ohne Rücksicht auf die Höhe ihres Einkommens auszudehnen, die Fahrpreisermäßigungen für Schüler und Lehrlinge und auch bestimmte Schichten der Arbeiter wiederherzustellen und auch die Fahrpreisermäßigungen für Schwerbeschädigte, Kleingärtner usw. sowie die Erstattung von Fahrgeld durch die Sozialversicherung beim Besuch bei Fachärzten wieder einzuführen.

Zit. nach: Dokumente der SED, Band IV, a. a. O., S. 428 ff.

## 3. Der 16. und 17. Juni 1953 in Berlin

Aufgeregt erschien im Vorzimmer des Politbüros ein Abgesandter der Berliner Parteileitung namens Brandt und verlangte Jendretzky zu sprechen. Als dieser zusammen mit Herrnstadt erschien, berichtete Brandt, von der Stalinallee aus setze sich ein Demonstrationszug von Arbeitern in Bewegung, die die Aufhebung der Normenerhöhung verlangten. Das müsse jetzt sofort geschehen. „Du meinst", fragte Herrnstadt, „man muß sich hinter die Forderungen der Arbeiter stellen – sie sind berechtigt?" Brandt bejahte, und die beiden Parteiführer versprachen, sofort einen entsprechenden Antrag einzubringen.

Brandt setzte sich in den Korridor und wartete. Einmal kam Semjonow aus dem Sitzungssaal, erhielt Informationen und verschwand wieder. Mehrere Stunden vergingen. Endlich erschien Ulbricht. Das Politbüro, sagte er, habe die Normenerhöhung aufgehoben; Bruno Baum von der Berliner Parteileitung solle das den Demonstranten mitteilen und sie bewegen, wieder auseinanderzugehen. Nur mit Mühe verbarg der Generalsekretär seine Erregung. Als jedoch Baum, begleitet von Brandt, den Alexanderplatz erreichte, war der Demonstrationszug bereits auf mehrere tausend Menschen angeschwollen. Aus den Seitenstraßen kamen immer mehr dazu. Von den Fenstern der Mietshäuser und Verwaltungsgebäude winkten die Menschen den Demonstranten zu. Rufe wurden laut „Wir wollen freie Menschen sein und keine Sklaven", „Wir verlangen freie Wahlen", „Es hat alles keinen Zweck, der Spitzbart, der muß weg", „Spitzbart, Bauch und Brille[1]) sind nicht Volkes Wille". Baum kapitulierte: „Hier kann man nichts mehr machen." Zurückgekehrt in die Bezirksleitung, erfuhr er, der Chef der Ostberliner Polizei, Waldemar Schmidt, habe schon am frühen Morgen gegen die sich sammelnden Demonstranten vorgehen und die „Rädelsführer" verhaften lassen wollen, aber Karlshorst habe das verboten. Jetzt beschwerte sich der Polizeipräsident über die „knieweichen Russen" und schlug dem inzwischen eingetroffenen Jendretzky vor, die Sowjets umzustimmen. Doch dieser antwortete, er wolle nicht als Arbeiterschlächter handeln.

Inzwischen hatte der Demonstrationszug die Leipziger Straße und das Haus der Ministerien erreicht. Die Anführer verlangten Grotewohl und Ulbricht zu sprechen. Einer der wenigen im Regierungsgebäude, die die Nerven behielten, der Industrieminister Selbmann, ließ sich mit Ulbricht verbinden und forderte den Generalsekretär auf, mit den Arbeitern zu sprechen. Aber Ulbricht antwortete, er sei in der Sitzung, er könne nicht kommen. Und als Selbmann noch einmal drängte, erwiderte er: „Es regnet ja, die gehen jetzt doch auseinander ..."

Ein ähnliches Beispiel für die Geisteshaltung der SED-Führer hatte der Berliner Bezirkssekretär Bruno Baum schon am 15. Juni geliefert. Grotewohl hatte seine Sekretärin mit einem Brief Berliner Bauarbeiter in die Bezirksleitung geschickt, in dem die Arbeiter von der Regierung die Aufhebung der Normenerhöhung gefordert und für den 16. Juni die Entsendung einer Delegation angekündigt hatten, die sich an Ort und Stelle die Antwort des Ministerpräsidenten holen werde. Bei Ablehnung ihrer berechtigten Forderung, hatten die Bauarbeiter geschrieben, würden sie streiken. Baum hatte die Sekretärin mit der Antwort entlassen, Grotewohl solle auf keinen Fall nachgeben. Wenn die Delegation erst über die roten Teppiche im Amtssitz des Ministerpräsidenten wandle, werde ihr so feierlich zumute, daß sie nur noch zahm verhandeln könne. Das wisse man ja aus der kapitalistischen Zeit.

Am Abend des 16. Juni sprach dann Ulbricht zusammen mit Grotewohl vor eilig zusammengeholten ausgewählten Parteiaktiviten im Berliner *Friedrichstadtpalast,* und verkündete die Aufhebung der Normenerhöhung. Jetzt bekannte er sich auch erstmals zum Neuen Kurs und sagte, „daß die Partei einen falsch erkannten Kurs verläßt und den richtigen einschlägt". Aber es war zu spät.

Am nächsten Morgen, dem 17. Juni, hatte der Arbeiteraufstand von Berlin auf alle Bezirke übergegriffen. In den späten Vormittagsstunden verließ Ulbricht – wahrscheinlich in einem sowjetischen Panzer – das *Haus der Einheit,* den Sitz der Parteiführung, und zog sich nach Kienbaum auf einen Gutshof des ZK zurück, der in der Nähe eines sowjetischen Flugplatzes lag. Am Mittag verkündete

[1]) Seinerzeit in der DDR gebräuchliche Spitznamen für Ulbricht, Pieck und Grotewohl.

General Dibrowa den Ausnahmezustand. In allen Bezirken übernahm die Besatzungsmacht die Regierungsgewalt, verhängte das Kriegsrecht, setzte starke Panzerverbände ein und gab den Befehl, gegen Demonstranten, die den Anordnungen der Truppe nicht Folge leisteten, mit Waffengewalt vorzugehen. Standgerichte wurden gebildet, die verhängten Todesurteile auf der Stelle vollstreckt. Am Abend war der Aufstand in Berlin niedergeschlagen. Ulbricht kehrte zurück.

Aus: Carola Stern, Ulbricht. Eine politische Biographie. Frankfurt/Main 1966, S. 155 ff.

## 4. Beschluß des ZK der SED: Der Neue Kurs und die Aufgaben der Partei vom 26.7.1953

I.

1. Getragen von der hohen Verantwortung für die beschleunigte Herstellung der Einheit Deutschlands, für die Erhaltung des Friedens in Europa und für das Wohlergehen der Bevölkerung der Deutschen Demokratischen Republik, hat die Sozialistische Einheitspartei Deutschlands in den Beschlüssen des Politbüros vom 9. Juni und des Zentralkomitees vom 21. Juni 1953 eine Änderung des politischen Kurses in der Deutschen Demokratischen Republik vorgeschlagen, die von der Regierung angenommen wurde und zu den Beschlüssen des Ministerrats vom 11. Juni und der folgenden Zeit führte.

Das Wesen des neuen Kurses besteht darin, in der nächsten Zeit eine ernsthafte Verbesserung der wirtschaftlichen Lage und der politischen Verhältnisse in der Deutschen Demokratischen Republik zu erreichen und auf dieser Grundlage die Lebenshaltung der Arbeiterklasse und aller Werktätigen bedeutend zu heben. Durch die Steigerung der Erzeugung der Nahrungs- und Genußmittelindustrie und der Leichtindustrie auf Kosten der Schwerindustrie; durch die Entfaltung der Initiative des privaten Handels und der Privatindustrie sowie durch die Förderung der bäuerlichen Wirtschaften soll eine Verbesserung der materiellen Lage der Bevölkerung erzielt werden. Das gesamte öffentliche Leben soll weiter demokratisiert und gleichzeitig der Verkehr der Deutschen von Ost und West erleichtert werden. Diese Maßnahmen verfolgen zugleich das große nationale Ziel, die Kräfte des Friedens zu stärken und die Wiedervereinigung Deutschlands voranzubringen ...

4. Die Verkündung und Durchführung des neuen Kurses hat die Kriegstreiber und Feinde der deutschen Einheit in Verwirrung gebracht und in Wut versetzt. Sie erkannten die große Gefahr, die der neue Kurs für die Verwirklichung ihrer verbrecherischen Kriegspläne, für die Verwirklichung des Generalkriegsvertrages bedeutet, und beschlossen deshalb, den von langer Hand vorbereiteten Tag X beschleunigt festzusetzen, um die Durchführung des neuen Kurses zu stören ...

8. Der faschistische Putschversuch am 17. Juni ist gescheitert. Die Mehrheit der Bevölkerung der DDR, besonders der Arbeiterklasse, hat die Provokateure nicht unterstützt, sondern energisch zurückgewiesen. Der von den Putschisten geplante und proklamierte Generalstreik war nicht zustande gekommen, weil die überwältigende Mehrheit der Arbeiter nicht mitmachte. Nur etwa fünf Prozent der Arbeiterschaft der Republik hat an Streiks teilgenommen ...

Der 17. Juni hat bewiesen, daß in der DDR eine von den Amerikanern organisierte und unterstützte faschistische Untergrundbewegung vorhanden ist. An diesem Tage traten in einigen Städten (Magdeburg, Halle, Görlitz u.a.) ganze Gruppen maskierter Volksfeinde aus der Anonymität hervor und provozierten Unruhen. Es wurden illegale faschistische Organisationen mit eigenen Zentren, eigener Disziplin und ständigen Verbindungen mit den Agentenorganisationen in Westberlin aufgedeckt ...

10. Außerdem bestanden in einigen Städten (Magdeburg, Leipzig u.a.) illegale Organisationen aus ehemaligen SPD-Mitgliedern, die noch immer den arbeiterfeindlichen Auffassungen des Sozialdemokratismus anhingen und darum leicht Opfer der Agenten des Ostbüros wurden, welche unter den Arbeitern faschistische Losungen verbreiteten und Streiks organisierten. Die ehrlichen Arbeiter, die früher Mitglieder der SPD waren und den Agenten Gehör schenkten, begriffen nicht, daß sie damit gegen ihre eigenen Klasseninteressen und gegen die alten Ideale der deutschen Arbeiterbewegung auftraten.

Es ist die Aufgabe unserer Parteiorganisationen, diesen schwankenden und irregeleiteten früheren Sozialdemokraten zu helfen, den Klassencharakter des Putschversuches zu erkennen, den Sozialdemokratismus zu überwinden und den Weg in die Reihen des klassenbewußten Proletariats zurückzufinden. Dies ist mit dem systematischen Kampf gegen die noch vorhandenen Agenturen des Ostbüros zu verbinden, um ihrem schädlichen Treiben ein Ende zu machen.

II.

In einigen Städten waren auch verschiedene andere feindliche Gruppen konzentriert, wie brandleristische Spionagegruppen, Trotzkisten, SAP-Gruppen und andere. Auch aus unserer Partei entfernte feindliche Elemente beteiligten sich aktiv an den Provokationen.

Die Betriebsorganisationen der Partei hatten verabsäumt, alle diese Feinde zu isolieren und aus den Großbetrieben zu entfernen. Daraus entsteht für die Partei die ernste Aufgabe, besonders in den Großbetrieben mit Hilfe der Arbeiter die feindlichen Elemente zu entlarven und für ihre Entlassung aus den Betrieben zu sorgen ...

14. Nach der Niederschlagung der Provokationen unternahm der Feind den Versuch, seine ans Licht getretenen Agenturen vor dem Zugriff der demokratischen Staatsorgane zu schützen.

Der staatsfeindlicher Tätigkeit überführte frühere Justizminister Fechner hat seine Position ausgenutzt, um die faschistischen Provokateure vor der verdienten Strafe zu schützen. Auf Anweisung Fechners wurde eine Reihe aktiver Organisatoren feindlicher Aktionen freigelassen. Die Justizorgane erhielten von ihm die Orientierung auf ausnahmslose Freisprechung von amerikanischen Agenten und Rädelsführern der Provokationen.

Dies war eine direkte und bewußte Hilfe für den Feind – die amerikanischen und westdeutschen Sabotageorganisationen und Faschisten.

Zur gleichen Zeit trug Fechner als Minister der Justiz die Verantwortung für zahlreiche Ungesetzlichkeiten und ungerechtfertigt hohe Strafen gegenüber den Werktätigen der Republik.

Das Zentralkomitee beschließt, Fechner als Feind der Partei und des Staates aus dem ZK der SED und aus den Reihen der SED auszuschließen.

15. Der Versuch der Feinde des deutschen Volkes, die Partei und die Regierung durch die faschistische Provokation von der Durchführung des neuen Kurses abzubringen, ist gescheitert.

Die Generallinie der Partei war und bleibt richtig ...

29. Trotz dieser richtigen Generallinie hat die Partei in der letzten Zeit eine Reihe Fehler begangen. Diese Fehler waren folgende:

a) Die Partei, die den richtigen Kurs auf den Aufbau der Grundlagen des Sozialismus in der DDR genommen hatte, beschritt den falschen Weg der beschleunigten Lösung dieser Aufgabe ohne entsprechende Berücksichtigung der realen inneren und äußeren Voraussetzungen. Das führte zu einem überspitzten Entwicklungstempo der Wirtschaft, besonders in der Schwerindustrie, zu falschen Versuchen der Verdrängung und Liquidierung des städtischen Mittel- und Kleinbürgertums sowie der Großbauernschaft auf dem Lande, was nachteilige Folgen für die Versorgung der Bevölkerung hatte und in gewissem Maße zur Störung der richtigen Beziehungen zwischen der Partei und den werktätigen Massen und zur Anwendung von Methoden des Administrierens an Stelle einer breiten und geduldigen Aufklärungsarbeit unter den Massen führte.

b) Es war richtig, daß die Parteiorganisationen die in der DDR auf Initiative der werktätigen Bauern entstandene Bewegung zur Bildung von Landwirtschaftlichen Produktionsgenossenschaften unterstützten. Die Parteiorganisationen haben jedoch in einigen Kreisen die Verletzung des Prinzips der strengsten Freiwilligkeit bei der Bildung solcher Produktionsgenossenschaften geduldet, haben versucht, ihr zahlenmäßiges Wachstum zu forcieren, ohne der organisatorisch-wirtschaftlichen Festigung der bestehenden Genossenschaften die nötige Aufmerksamkeit zu widmen, was die Hauptaufgabe der Partei auf dem Gebiete des genossenschaftlichen Aufbaus im Dorfe ist ...

IV.

27. Die Partei hat die in der Vergangenheit begangenen Fehler erkannt, anerkannt und offen ausgesprochen, um allen das Wesen des neuen Kurses verständlich zu machen und seine Durchführung zu erleichtern. Dabei war sich die Parteiführung bewußt, daß durch das offenmütige Bekennen der

Fehler Schwierigkeiten entstehen konnten. Dennoch entschloß sie sich für diesen Weg und veröffentlichte das Kommuniqué vom 9. Juni, um den neuen Kurs weithin sichtbar zu machen.
Die freimütige Anerkennung der begangenen Fehler vor den breitesten Massen wurde von den Feinden ausgenutzt, um die Partei zu diskreditieren und lügnerisch zu behaupten, die ganze Politik der Partei sei falsch gewesen. Auch diese Behauptung diente dem Zwecke, die Partei von dem neuen Kurs abzubringen. Die Partei ließ und läßt sich jedoch durch keinerlei Verleumdung beirren und von dem Weg abdrängen, den sie als geschichtlich richtig und notwendig erkannt hat.
V.
Das Zentralkomitee verurteilt besonders die unrichtige, kapitulantenhafte Linie, die in einer Reihe Aufsätze des Organs des ZK, „Neues Deutschland", vertreten wurde, dessen Chefredakteur, Genosse Herrnstadt, in der Zeitung eine kapitulantenhafte, im Wesen sozialdemokratische Auffassung zum Ausdruck brachte.
Das Zentralkomitee beauftragt das Politbüro, die Redaktionen zu überprüfen und für eine konsequente Haltung der Presse Sorge zu tragen ...
f) Im Politbüro des ZK machte sich bei einigen Genossen ein Zurückweichen vor der feindlichen Propaganda bemerkbar, die das Hauptfeuer gegen den Kern der Parteiführung richtete. Diese Genossen traten als parteifeindliche Fraktion mit einer defätistischen, gegen die Einheit der Partei gerichteten Linie auf und vertraten eine die Partei verleumdende, auf die Spaltung der Parteiführung gerichtete Plattform (Genosse Zaisser und Herrnstadt).
Das Politbüro beschließt den Ausschluß der Genossen Zaisser und Herrnstadt aus dem Zentralkomitee der SED.
Im Politbüro vertrat Genosse Ackermann gegenüber diesen Genossen eine versöhnlerische Position ...[1])

Zit. nach: Dokumente der Sozialistischen Einheitspartei Deutschlands, Bd. IV, Berlin (Ost) 1954, S. 449 ff. und (mit Anmerkung) nach: Hermann Weber, Der deutsche Kommunismus, a. a. O., S. 597

## 5. Die UdSSR und der Neue Kurs

Inzwischen hatte Stalins Tod in Moskau neuen Männern zur Macht verholfen. Trotz aller Auseinandersetzungen untereinander, von denen wir heute wissen, mußte ihr gemeinsames Bestreben dahin gehen, während einer unvermeidlich schwierigen Übergangszeit dem Kreml seine Rolle nach außen und im Innern zu sichern ...
Offenbar strebte die Sowjetführung außenpolitisch durch Verhandlungen mit den Westmächten, innenpolitisch durch Zugeständnisse an das Sicherheits- und Konsumbedürfnis der Sowjetbürger, ja aller Bewohner des europäischen Ostblocks eine – jedenfalls zeitweilige – Entspannung an. Deutschland war möglicherweise dazu ausersehen, die außenpolitischen Chancen einer entspannten Innenpolitik praktisch zu erkunden. Jedenfalls wurde in der DDR, die durch ihre hastige und harte Politik seit der zweiten Parteikonferenz angesichts ihrer offenen Westgrenze in einer besonders prekären Lage war, zuerst jene Schwenkung vollzogen, die unter dem Namen eines „Neuen Kurses" bald darauf auch in Ungarn, dann in Rumänien und Bulgarien, in der Tschechoslowakei und zuletzt in Polen vorgenommen wurde.
Der politische Berater der Sowjetischen Kontrollkommission in Berlin, Wladimir Semjonow, war am 22. April nach Moskau zurückgerufen worden; anscheinend, um seinen Standpunkt zur deutschen Frage darzulegen. Am 28. Mai – also am gleichen Tage, an dem der Ministerrat der DDR die administrative Normenerhöhung beschloß, – löste die Regierung der UdSSR die Kontrollkomission auf, ersetzte sie durch eine Hohe Kommission und ernannte zu deren Chef W. Semjonow, der am 5. Juni nach Berlin zurückkehrte.

[1]) Auf der 17. Tagung des ZK der SED (23. Januar 1954) wurden Zaisser und Herrnstadt aus der SED ausgeschlossen. Ackermann wurde aus dem ZK entfernt und erhielt eine „strenge Rüge". Die ZK-Mitglieder Jendretzky und Elli Schmidt wurden ihrer Funktionen enthoben. Am 31. Juli 1956 beschloß das ZK: „Die Parteistrafen für die Genossen Ackermann, Jendretzky und Elli Schmidt wurden aufgehoben."

Die Sowjetführung ließ gegenüber dem Politbüro der SED ihre schon am 15. April geäußerte Skepsis und Besorgnis über die Entwicklung in der DDR wiederholen; sie betonte, daß eine Revision der bisherigen Politik unterläßlich sei. Sonderlieferungen der Sowjetunion kämen nicht in Betracht, da man selbst einen neuen Kurs und eine Verbesserung des Lebensstandards der Bevölkerung anstrebe. Die SED müsse ihre Wirtschaftspolitik umstellen und alle Maßnahmen ergreifen, die die Lebensbedingungen in der DDR rasch verbessern könnten. Statt der seit Monaten überall in der DDR vorbereiteten Feiern für Ulbrichts 60. Geburtstag rieten die sowjetischen Genossen, der Generalsekretär möge sich Lenins 50. Geburtstag zum Vorbild nehmen, der sich – wie Semjonow lächelnd in der SED-Politbürositzung sagte – zum Abend ein paar Gäste eingeladen habe. Die entscheidenden Gesichtspunkte der Beschlüsse, die man in Moskau von der SED-Führung erwartete, hatte Semjonow schriftlich mitgebracht; sie wurden wörtlich vom Politbüro übernommen.
Am 9. Juni 1953 beschloß das Politbüro der SED, das seit der Rückkehr Semjonows in Permanenz getagt hatte, „der Regierung der DDR die Durchführung einer Reihe von Maßnahmen zu empfehlen, die der entscheidenden Verbesserung der Lebenshaltung aller Teile der Bevölkerung und der Stärkung der Rechtssicherheit in der DDR dienen“ ... Zugleich stellte der Beschluß ganz offen fest, daß die SED und die Regierung der DDR „in der Vergangenheit eine Reihe von Fehlern“ begangen hätten – ein Eingeständnis, das die *Tägliche Rundschau,* das Organ der sowjetischen Besatzungsmacht, in einem Leitartikel vom 13. Juni durch die Feststellung ergänzte, die ehemalige sowjetische Kontrollkommission sei „in gewissem Grade ebenfalls für die begangenen Fehler verantwortlich“.
Am 11. Juni erschien der Beschluß – ohne jeden Kommentar – im *Neuen Deutschland.* Am selben Tage traf der Ministerrat der DDR alle die Entscheidungen, die ihm nahegelegt worden waren.

Aus: Arnulf Baring, Der 17. Juni 1953, Stuttgart 1983, S. 40 ff.

### 6. Der 17. Juni, die innerparteiliche Opposition und die UdSSR

Die Meinungsverschiedenheiten und Machtkämpfe im SED-Führungskern sind erst Ende Juli nach außen gedrungen; danach brauchte Ulbricht noch Monate, bis er seine beiden Hauptgegner, Herrnstadt und Zaisser, die er zunächst nur aus dem Politbüro hatte verdrängen können, auch aus der Partei ausschließen lassen konnte. Zwar weiß man im Westen immer noch wenig darüber, was seine Widersacher im einzelnen wirklich gewollt haben, wie sie vorgegangen sind und vor allem wann sie ihre oppositionellen Vorschläge entwickelt haben. Was bekannt ist, stammt aus den Reden, in denen die siegreiche Ulbrichtgruppe sich mit ihnen auseinandergesetzt hat, und man darf bezweifeln, daß sie bei dieser Gelegenheit eine abgewogene und gerechte Darstellung geben wollte. Aber in großen Zügen kann man sich ein Bild machen. Rudolf Herrnstadt und Wilhelm Zaisser, zeitweise unterstützt von Anton Ackermann und Elli Schmidt (der später vorgehalten wurde, im Politbüro „eine der gröbsten Formulierungen“ gegen Ulbricht gebraucht zu haben) und gedeckt von den „Versöhnlern“ Hans Jendretzky und Heinrich Rau, „traten als parteifeindliche Fraktion mit einer defätistischen, gegen die Einheit der Partei gerichteten Linie auf“ – wie es im Kommuniqué der 15. ZK-Tagung hieß – „und vertraten eine verleumdende, auf die Spaltung der Parteiführung gerichtete Plattform“. Was steckt hinter diesen vagen, ja irreführenden Formulierungen? Die Plattform, eine schriftlich ausgearbeitete interne Diskussionsgrundlage, hat es tatsächlich gegeben; das Politbüro hat sie am 16. Juni 1953 zur gleichen Zeit diskutiert, als sich die Bauarbeiter zum Demonstrationszug formierten. Inhalt der Plattform war eine scharfe Kritik der bisherigen SED-Politik, Reformforderungen in der Wirtschaft und im Staatsapparat, vor allem aber die Bereitschaft zu einer völligen Reorganisation der Partei. Sie sollte (wie Hermann Matern auf dem IV. Parteitag zitierte) „zur Partei des Volkes werden“, „die berechtigten Interessen auch der anderen Klassen und Klassenteile vertreten“. Voraussetzung aller dieser Vorhaben war die Ablösung Ulbrichts, der die bisherige Linie der Partei verkörpert und verantwortet hatte. Ulbricht und seine Anhänger haben von der Herrnstadt-Zaisser-Gruppe behauptet, ihr Reformprogramm wäre der Restaurierung des

Kapitalismus in der DDR gleichgekommen; sie haben behauptet, Zaisser habe sogar mit der Möglichkeit gerechnet, daß zur Erhaltung des Friedens die DDR aufgegeben werden müsse, was bekanntlich der Absicht Berijas entsprochen habe. Zaisser hat bestritten, sich in diesem Sinne geäußert zu haben. Es ist in der Tat wenig wahrscheinlich, daß die Partei-Opposition so pessimistische Erwägungen anstellte. Denn sie war sich mit Ulbricht über das Ziel eines sozialistischen Deutschlands völlig einig; die Meinungsverschiedenheiten betrafen nur den Weg, den man einschlagen, die Mittel, die man anwenden, die Taktik, derer man sich bedienen müsse, um dieses Ziel am schnellsten und besten zu erreichen.

Herrnstadt und Zaisser, die wahrscheinlich (neben Ulbricht) die besten persönlichen Beziehungen zu führenden sowjetischen Genossen hatten und sich sicherlich für ihre Plattform Rückendeckung gesucht hatten, haben sich in der SED-Führung vor allem aus zwei Gründen nicht durchsetzen können.

Einmal haben die Verhaftung und der Sturz Berijas wenige Tage nach dem Juni-Aufstand die SED-Opposition in ein schiefes Licht und dadurch um ihre Chancen gebracht.

Ulbricht hat Ende Juli 1953 behauptet, daß Berija durch zwei Sonderbeauftragte in Ostberlin ohne Wissen des Politbüros Verhandlungen geführt und Herrnstadt wie Zaisser dabei den Auftrag gegeben habe, ihn, Ulbricht, zu stürzen. Die Zentrale Parteikontrollkommission der SED hat nach den Worten Herrmann Materns auf dem IV. Parteitag trotz eingehender Nachforschungen „keine Hinweise auf direkte Einwirkungen des Verbrechers Berija“ entdecken können. Sie hat lediglich festgestellt, man müsse „die fraktionelle Tätigkeit von Herrnstadt/Zaisser ... im Zusammenhang“ der Tatsachen sehen, die aus den Veröffentlichungen über den Berija-Prozeß bekanntgeworden seien. Diesen Zusammenhang zeigen die Beschuldigungen an, die gegen Berija erhoben wurden und die den Vorwürfen gegen Herrnstadt und Zaisser gleichen. Wie die Mitglieder des SED-Zentralkomitees auf ihrer 15. Tagung aus einem internen Moskauer Rundschreiben entnehmen konnten, wurde Berija vorgeworfen, eine „kapitulantenhafte“ Politik getrieben zu haben, die den Kapitalismus restauriert hätte, gegen die Landwirtschaftlichen Produktionsgenossenschaften und gegen den Aufbau des Sozialismus in Deutschland aufgetreten und in seiner Kompromißbereitschaft so weit gegangen zu sein, daß seine Politik zur Aufgabe des Sozialismus in der DDR hätte führen können. Malenkow wurde nach seinem Sturz in diese Anklage einbezogen. Der Wahrheitsgehalt solcher Vorwürfe ist fraglich; denn die Absicht der Ankläger ist offenkundig: die eigene Stellung zu festigen, indem man den ausgeschalteten Konkurrenten diskreditiert. Seit vielen Jahren gibt es in der Sowjetunion einen Personenkult mit umgekehrten Vorzeichen, in dem Berija etwa den gleichen Platz 1953 einnahm wie Trotzki eine Generation früher, und die angebliche Bereitschaft, im Zuge einer neuen Politik die Interessen der DDR zu verraten und notfalls die DDR opfern zu wollen, ist zu einem beliebten Vorwurf unter politischen Gegnern im Ostblock geworden – wie die wiederholten und wechselseitigen Verdächtigungen des sowjetischen und chinesischen Lagers zeigen. Was immer aber Berija, Herrnstadt und Zaisser wirklich gewollt haben mögen – die Tatsache, daß sich eine Verbindung zwischen dem gestürzten Chef des sowjetischen Staatssicherheitsdienstes, dem unmittelbaren Vorgesetzten Zaissers, und den deutschen Ulbricht-Gegnern konstruieren ließ, hat es Ulbricht sehr erleichtert, der Lage Herr zu werden.

Vielleicht hätte er dennoch das Scheitern seiner Politik und die Niederlage seiner Partei im Juni 1953 nicht überlebt, wenn es Moskau nicht offenbar nach dem Juniaufstand für bedenklich gehalten hätte, Ulbricht abzulösen. Mußte Ulbrichts Sturz nicht als Zugeständnis an die Aufrührer aufgefaßt und damit als Ermutigung zu neuen Forderungen verstanden werden? Hier liegt der zweite, der entscheidende Grund für den Fehlschlag des Versuchs, Ulbricht als Parteiführer auszuschalten. Nicht trotz, sondern wegen der Schwäche, die der SED-Staat am 17. Juni gezeigt hatte, konnte sich Ulbricht behaupten, mußte ihn Moskau stützen, statt ihn zu stürzen. Die aufbegehrenden Arbeiter und die konspirierenden Spitzenfunktionäre haben ihn in ungewolltem Zusammenwirken nicht zu Fall gebracht, sondern gemeinsam vor dem drohenden Fall bewahrt.

Aus: Arnulf Baring, Der 17. Juni 1953, a. a. O., S. 120ff.

## 7. Die „Säuberungen“ nach dem 17. Juni

Die personellen Veränderungen großen Stils umfaßten alle Parteiebenen und auch den FDGB. Am wenigsten war noch das ZK betroffen, aus dem ein Drittel der 80 Mitglieder und Kandidaten ausschied. Aus den SED-Bezirksleitungen wurden bis 1953 62 Prozent der Mitglieder entfernt, auf Kreisebene mußten bis 1954 von den Ersten Sekretären 53 Prozent ihren Platz räumen, und auch auf der Ebene der Grundorganisationen wurde rund die Hälfte der Funktionäre ausgetauscht. Über die Betriebsparteiorganisationen, die dem Druck der Normenkampagne besonders intensiv ausgesetzt waren, liegen keine quantitativen Angaben vor. Jedoch zeigen Beispiele – etwa die Leuna-Werke –, wie schwer es die Parteiführung hatte, angesichts massiver Opposition die Lage in ihrem Sinne wieder zu stabilisieren. Noch deutlicher hatte der FDGB die Erbitterung über die ständige Normenerhöhung zu spüren bekommen, so daß während des Aufstandes im Konflikt zwischen Staats- und Arbeiterinteressen vielfach ganze Organisationseinheiten abtrünnig wurden und sich auf ihre eigentliche Rolle als Interessenvertretung besannen. Um so gründlicher fiel die anschließende „Säuberung“ aus. Die Zentralvorstände der Metall- und der Holz/Bau-Gewerkschaft wurden völlig umbesetzt, insgesamt wurden bei den Gewerkschaftswahlen 1953 71 Prozent der FDGB-Kader ausgewechselt.
Trotz dieser umfassenden „Säuberungen“ und der zahlreichen Prozesse gegen Teilnehmer am Aufstand – insgesamt sind 1 383 zu Freiheitsstrafen Verurteilte namentlich bekannt – trat für 1953/54 im Zeichen des „Neuen Kurses“ eine gewisse Lockerung und Verbesserung der politischen und ökonomischen Situation ein, doch signalisierte bereits der Vierte Parteitag der SED im April 1954, daß die Zielsetzungen von 1952 unvermindert galten und lediglich in verlangsamtem Tempo realisiert werden sollten. Bereits wenige Wochen nach dem Aufstand hatte das ZK in seiner umfassenden und kritischen Lagebeurteilung im Hinblick auf die „Errichtung der Grundlagen des Sozialismus“ festgestellt: „Diese Generallinie der Partei war und bleibt richtig.“

Aus: Christoph Kleßmann, Die doppelte Staatsgründung, a. a. O., S. 280 ff.

## 8. Die Lehren des 17. Juni

Zusammenfassend lassen sich aus dem Arbeiteraufstand vom 17. Juni 1953 folgende Lehren ableiten:
Erstens ist es historisch unumstößliche Tatsache, daß die Erhebung von den Bauarbeitern der Ostberliner Stalinallee ausging und hernach generell von Arbeitern in Industriebetrieben und auf Baustellen getragen wurde. Erst in einem fortgeschrittenen Stadium, als sich die aufständischen Massen in Ost-Berlin und vielen Städten der DDR zu Demonstrationszügen formierten oder zu Kundgebungen sammelten, schlossen sich ihnen überall Menschen auch anderer sozialer Schichten und beruflicher Gruppen an, vor allem große Teile der jungen Generation.
Zweitens war für den Aufstand charakteristisch, daß sich die ursprünglich von den Arbeitern aufgestellten wirtschaftlichen und sozialen Forderungen spontan zu politischen Forderungen der gesamten Bevölkerung erweiterten. Nicht für die Lockerung der Normenschraube allein gingen die Menschen auf die Straße – ihre Forderungen lauteten „Nieder mit der Regierung“, „Fort mit Ulbricht und Grotewohl“, „Freie Wahlen“ und „Freiheit für alle politischen Häftlinge“. Der Arbeiteraufstand richtete sich folglich in seinem ersten Stadium gegen ökonomische und soziale Mißstände der Herrschaft der SED – und im zweiten Stadium gegen diese Herrschaft selbst. Durch die Forderung nach freien Wahlen wurde sie prinzipiell in Frage gestellt. Es entsprach den historischen Traditionen des mitteldeutsch-sächsischen Raumes, wenn dabei sozialdemokratische Tendenzen manifest wurden.
Drittens haben Zustandekommen, Umfang und Verlauf des Arbeiteraufstands in Ost-Berlin und der DDR seine Spontaneität bewiesen. Die von der SED zur politischen Selbstrechtfertigung geschaffene und bis heute kolportierte Legende vom „konterrevolutionären Putschversuch“, den „westliche Agentenzentralen“ damals von langer Hand vorbereitet und inszeniert hätten, ist längst

in sich zusammengefallen. Ständiges Wiederholen macht sie nicht glaubwürdig. Nicht zuletzt dadurch, daß dem Aufstand jede Planung und Lenkung, jede Koordination und Organisation fehlte, ist es den Sowjettruppen möglich gewesen, ihn binnen weniger Stunden niederzuschlagen.

Viertens ist festzuhalten, daß sich die Erhebung am 17. Juni 1953 in keinem bekannten Fall gegen die sowjetische Besatzungsmacht richtete, obschon umgekehrt nur der Einsatz der Sowjettruppen die Herrschaft der SED zu sichern imstande war. Hinter der formalen Macht, die die SED ausgeübt hatte, war so die reale Macht sichtbar geworden. Dagegen waren antisowjetische Losungen nicht Sache der Aufständischen. Vereinzelte Ausschreitungen gegen Sowjetpanzer und Soldaten, besonders in Ost-Berlin, stehen dazu nicht im Widerspruch. Unter den gegebenen Bedingungen wäre ein Aufstand gegen die Sowjetarmee zwar ohnehin politisch sinnlos gewesen, aber es beweist den ursprünglichen Sinn der Aufständischen eben dafür, wenn sie ihre Forderungen und Aktionen allein gegen die Herrschaft der SED richteten. War es denn gänzlich irreal, den Mächtigen in Moskau durch eine eklatante Demonstration gegen das Ulbricht-Regime die Notwendigkeit eines Kurswechsels ihrer Deutschlandpolitik klarzumachen?

Fünftens machten der Aufstand vom 17. Juni 1953 und sein tragisches Ende der Arbeiterschaft wie der gesamten Bevölkerung im Staat der SED bewußt, daß sie auf sich allein gestellt blieben, als sich die „levée en masse" entfesselt hatte. Die Erfahrung, daß die internationalen Kräfteverhältnisse und Machtkonstellationen einer Veränderung des politischen Status quo in Deutschland entgegenstanden und jede Hilfe von außen unmöglich machten, hat in der Folgezeit den Prozeß der Anpassung in der DDR, des Sich-Arrangierens mit dem Regime, nachhaltig begünstigt, besonders nach dem 13. August 1961. Nicht nur für den Osten, auch für den Westen wurde so der Stichtag für den Bau der Berliner Mauer zur historischen Konsequenz aus der Niederwerfung des Arbeiteraufstandes am 17. Juni 1953.

Dennoch blieb der Aufstand – das ist die sechste Lehre – historisch nicht ohne Sinn. Die Arbeiter in der DDR hatten ein Beispiel dafür gegeben, daß sie auch unter den Bedingungen einer kommunistischen Diktatur eine Kraft sind und einen Willen haben, daß sie erfolgreich ihre Interessen verteidigen können, wenn sie zusammenstehen. So gesehen war der Arbeiteraufstand vom 17. Juni 1953 – mit den Worten von Heinz Brandt – „ein erstes Fanal, etwas noch nie Dagewesenes, Keimform des Neuen", das Menetekel eines historischen Prozesses, der sich 1956 in der ungarischen Revolution und 1968 im „Prager Frühling" fortsetzte – und der in den siebziger und frühen achtziger Jahren das kommunistische Regime in Polen bis in die Grundfesten erschütterte. Der Prozeß der Selbstemanzipation – wie eng auch immer ihre Grenzen sind – ist nicht aufzuhalten.

Die bisherigen Erfahrungen mit politischen Massenbewegungen und revolutionären Aktionen im Ostblock haben aber auch gezeigt, daß sie nur Erfolg haben, wenn ein Minimum an Koordination und Organisation gewährleistet ist, wenn sie Richtung und Ziel durch eine Führung erhalten. Eine solche Führung kann unter den Bedingungen der sowjetischen Hegemonie in der DDR wahrscheinlich nur aus der SED selbst hervorgehen, und ihre Ziele müssen im Rahmen der sowjetischen Macht- und Sicherheitsinteressen bleiben.

Karl Wilhelm Fricke, Der Arbeiteraufstand. Vorgeschichte, Verlauf, Folgen, in: Ilse Spittmann, K. W. Fricke, Der 17. Juni – Arbeiteraufstand in der DDR, Köln 1983, S. 19f.

# III/5 Die Frage der nationalen Einheit

## Arbeitsthemen

1. *Welche Bedingungen nennt die „Nationale Front" für die Einheit Deutschlands? Mit welchen Mitteln soll die Einheit erreicht werden? Wie bezeichnet die „Nationale Front" die tragenden politischen Kräfte der Bundesrepublik? (Nr. 1 a) Welche Gemeinsamkeiten und welche Unterschiede bestehen gegenüber den offiziellen Bemühungen der Regierung der DDR? Wie schätzen Sie die Wirkung dieser Erklärungen auf Öffentlichkeit und führende Politiker der Bundesrepublik ein? (Nr. 1 a und 1 b) Inwiefern wurde Grotewohls Konzept direkter Verhandlungen durch die Stalin-Note desavouiert? (vgl. I/4, Nr. 2, S. 282ff.)*
2. *Was meint Chruschtschow mit den Begriffen „Interessen der Deutschen Demokratischen Republik" (auf deren Kosten die deutsche Frage nicht gelöst werden kann) und „Interesse des deutschen Volkes selbst" (in dem eine „Vereinigung Deutschlands" durchaus liegen kann)? (Nr. 2)*
3. *Welche Möglichkeiten und Voraussetzungen für ein „einiges, friedliches und demokratisches Deutschland" beschreibt der Beschluß der 25. Tagung des ZK der SED vom Oktober 1955? Warum wendet sich das ZK zwar an die „ganze deutsche Arbeiterklasse" und an die „friedliebenden Kräfte" in ganz Deutschland, nicht aber an Parteien, Parlament oder Regierung in der Bundesrepublik? Woran wird erkennbar, daß die ausführlich beschriebenen Voraussetzungen auf eine völlige Änderung der freiheitlichen Ordnung der Bundesrepublik zielen? Welche dabei verwendeten Begriffe sind offensichtlich mehrdeutig? (Nr. 3; vgl. auch Nr. 4 b)*
4. *Wie beschreibt der ZK-Beschluß die Position der DDR? Inwiefern ist es berechtigt, von einer die Realitäten verleugnenden ideologischen Sicht und einem ideologisch-moralischen Alleinvertretungsanspruch zu sprechen? (Nr. 3; vgl. auch III/1, Nr. 2)*
5. *Wie werden die Positionen der Regierungen der beiden deutschen Staaten in der deutschen Frage Ende 1955 beschrieben? Welche Argumente werden jeweils benutzt im Blick auf äußere Sicherheit und innenpolitische Ordnung? Inwiefern kommt der unterschiedlichen Haltung zur Frage freier Wahlen besondere Bedeutung zu? (Nr. 4 a und 4 b)*
6. *Halten Sie es für berechtigt, in der Erklärung der Regierung der DDR sowie in den Äußerungen Chruschtschows eine Bestätigung der Analyse der Bundesregierung bzw. Adenauers (vor seinen Verhandlungen mit der sowjetischen Regierung) zu sehen? (Nr. 2, 4 a und 4 b; I/5, Nr. 1 b)*

## Materialien

### 1. Das Verhältnis zur Bundesrepublik 1950

*a) Aus dem Programm der Nationalen Front des demokratischen Deutschland, angenommen auf der 2. Tagung des Nationalrats am 15. 2. 1950*

Durch die Bildung der Republik und die Schaffung der großen Nationalen Front des demokratischen Deutschland wurde den anglo-amerikanischen Imperialisten und ihren deutschen Helfershelfern ein für allemal der Weg zur Versklavung ganz Deutschlands versperrt.

Der Zusammenschluß aller patriotischen Kräfte der Nationalen Front des demokratischen Deutschland und ihr gemeinsamer Kampf werden die Sicherung des Friedens in Mitteleuropa ermöglichen und den Aufstieg eines friedlichen, unabhängigen, demokratischen Deutschlands gewährleisten ...

Die Nationale Front des demokratischen Deutschland stellt sich die entscheidende Aufgabe der Mobilisierung und Organisierung der Deutschen für die Befreiung Deutschlands von der Anwesenheit und den Umtrieben der anglo-amerikanischen Imperialisten. Jeder Deutsche im Osten, Westen, Süden und Norden Deutschlands, der seine Heimat und den Frieden liebt, gehört als aktiver Kämpfer in die Nationale Front ...

Gegen die Feinde des Friedens, gegen die Feinde der Sowjetunion, des besten Freundes des deutschen Volkes, gibt es keine Neutralität, sondern nur Kampf bis zur endgültigen Sicherung des Friedens.

Zitiert nach: Geschichte der deutschen Arbeiterbewegung, a. a. O., Bd. 7, S. 349 f.

*b) Brief des Ministerpräsidenten der Deutschen Demokratischen Republik, Otto Grotewohl, an den Bundeskanzler der Bundesrepublik Deutschland, Konrad Adenauer, vom 30. 11. 1950*

Durch die Spaltung Deutschlands wurde ein nationaler Notstand herbeigeführt, der durch die Remilitarisierung und Einbeziehung Westdeutschlands in die Pläne der Kriegsvorbereitungen verschärft wurde. Das deutsche Volk ist tief beunruhigt über die Bedrohung seiner nationalen Interessen durch die imperialistischen Kräfte.

Angesichts dieser Lage ist die Erhaltung des Friedens, der Abschluß eines Friedensvertrages sowie die Wiederherstellung der Einheit Deutschlands vor allem von der Verständigung der Deutschen selbst abhängig. Wir halten eine solche Verständigung für möglich, da das ganze deutsche Volk eine friedliche Regelung wünscht. Es würde den Wünschen aller friedliebenden Deutschen entsprechen, wenn ein Gesamtdeutscher Konstituierender Rat unter paritätischer Zusammensetzung aus Vertretern Ost- und Westdeutschlands gebildet würde, der die Bildung einer gesamtdeutschen souveränen demokratischen und friedliebenden provisorischen Regierung vorzubereiten hätte und den Regierungen der UdSSR, USA, Großbritanniens und Frankreichs die entsprechenden Vorschläge zur gemeinsamen Bestätigung unterbreiten würde. Gleichzeitig würde er die genannten Regierungen bis zur Bildung einer gesamtdeutschen Regierung bei der Ausarbeitung des Friedensvertrages konsultieren. Über diesen Vorschlag kann unter Umständen eine Befragung des deutschen Volkes durchgeführt werden.

Wir glauben, daß der Gesamtdeutsche Konstituierende Rat die Vorbereitung der Bedingungen zur Durchführung einer gesamtdeutschen Wahl für eine Nationalversammlung übernehmen könnte. So würde die Bildung eines Gesamtdeutschen Konstituierenden Rates sofort die Voraussetzung für die unverzügliche Aufnahme der Beratungen zum Abschluß eines Friedensvertrags schaffen, und gleichzeitig könnte der Rat die Vorbereitungen zur Regierungsbildung treffen.

Die Regierung der Deutschen Demokratischen Republik ist bereit, im Geiste ehrlicher Verständigung über alle Fragen zu verhandeln, die mit der Bildung und den Aufgaben eines Gesamtdeutschen Konstituierenden Rates verbunden sind.

Weite Kreise der Bevölkerung in Ost- und Westdeutschland sind der Meinung, daß der nächste Schritt zur Lösung der nationalen Lebensfragen unseres Volkes sein müßte, den vier Besatzungsmächten einen gemeinsamen deutschen Vorschlag zu unterbreiten. Von diesem Willen der friedliebenden Bevölkerung ausgehend, unterbreitet die Regierung der Deutschen Demokratischen Republik der Regierung der Bundesrepublik den Vorschlag, Besprechungen über die Bildung eines Gesamtdeutschen Konstituierenden Rates zwischen den beiden Regierungen aufzunehmen. Wir schlagen vor, daß dazu von jeder Regierung sechs Vertreter ernannt werden. Über Ort und Zeit könnte zwischen den Staatssekretären der Ministerpräsidenten eine Verständigung erfolgen.

Berlin, den 30. November 1950 Regierung der Deutschen Demokratischen Republik
*Otto Grotewohl,* Ministerpräsident

Zit. nach: Geschichte der deutschen Arbeiterbewegung, a.a.O., Bd. 7, S. 367f.

## 2. Aus der Rede Chruschtschows am 26.7.1955 in Berlin

Wir haben in Genf aufrichtig erklärt, daß unter den Bedingungen, daß auf dem Gebiet Deutschlands zwei Staaten mit verschiedener gesellschaftlicher und wirtschaftlicher Ordnung entstanden sind, daß Westdeutschland Teilnehmer des Nordatlantikpaktes und der Westeuropäischen Union ist, die Lösung des deutschen Problems eine schwierige Angelegenheit ist. Für seine Lösung unter den gegenwärtigen Bedingungen sind große und ernsthafte Anstrengungen sowohl seitens der Großmächte als auch insbesondere seitens des deutschen Volkes in beiden Teilen Deutschlands selbst erforderlich. Das beste aber wäre, wenn die deutsche Frage die Deutschen selbst lösen würden, die zweifelsohne den richtigen Weg für die Entwicklung Deutschlands wählen können.

Man kann nicht umhin zu berücksichtigen, daß jetzt in Europa neue Verhältnisse entstanden sind

und daß wir auf der Suche nach Wegen zur Vereinigung Deutschlands diese Verhältnisse in Rechnung stellen müssen. Ist denn nicht klar, daß die mechanische Vereinigung beider Teile Deutschlands, die sich in verschiedenen Richtungen entwickeln, eine unreale Sache ist?
In der entstandenen Situation ist der einzige Weg zur Vereinigung Deutschlands die Schaffung eines Systems der kollektiven Sicherheit in Europa, die Festigung und Entwicklung wirtschaftlicher und politischer Kontakte zwischen beiden Teilen Deutschlands.
Man kann die deutsche Frage nicht auf Kosten der Interessen der Deutschen Demokratischen Republik lösen. Wir sind davon überzeugt, daß die Werktätigen der Deutschen Demokratischen Republik sich nicht mit einem Standpunkt einverstanden erklären können, der nur die Interessen der westlichen Ländergruppen zuungunsten der Interessen der Deutschen Demokratischen Republik berücksichtigt.
Kann die Deutsche Demokratische Republik damit einverstanden sein, daß sie in den Nordatlantikpakt und in die Westeuropäische Union einbezogen wird und auf ihre Schultern die Lasten des Wettrüstens abgewälzt werden?
Können die Werktätigen der Deutschen Demokratischen Republik auf die Beseitigung aller ihrer politischen und sozialen Errungenschaften, auf die Beseitigung aller ihrer demokratischen Umgestaltungen eingehen?
Wir sind überzeugt, daß sich die Werktätigen der Deutschen Demokratischen Republik niemals einverstanden erklären werden, einen solchen Weg zu gehen.
Wir zweifeln ebenfalls nicht daran, daß die überwiegende Mehrheit der Bevölkerung Westdeutschlands die Politik der Remilitarisierung und des Wettrüstens nicht gutheißt, da sie gut all die schweren Folgen dieser Politik erkennt. In den Tagen der Genfer Konferenz erhielt die sowjetische Delegation Tausende von Botschaften; sie wurde von zahlreichen Delegationen, darunter auch der Bevölkerung Westdeutschlands, besucht, die von den Regierungschefs der vier Mächte eine Lösung der deutschen Frage forderten, die das vereinigte Deutschland auf den Weg einer friedlichen und demokratischen Entwicklung führt.
Große Bedeutung für die Vereinigung Deutschlands kann die Annäherung zwischen der Deutschen Demokratischen Republik und der Deutschen Bundesrepublik haben. Diese beiden Staaten könnten im Interesse des ganzen deutschen Volkes eine umfassende Zusammenarbeit auf allen Gebieten des innerdeutschen Lebens herstellen, was zweifelsohne die Lösung der Aufgabe der Wiedervereinigung Deutschlands erleichtern würde.
Genossen! Die Sowjetregierung wird auch künftig beharrlich und konsequent eine Politik vertreten, die auf die Vereinigung Deutschlands im Interesse des deutschen Volkes selbst gerichtet ist. Die Sowjetregierung wird dazu beitragen, daß das große deutsche Volk einen einheitlichen, demokratischen und souveränen Staat schaffen kann, der in der Familie der friedliebenden Völker einen würdigen Platz einnimmt. Wir stellen mit großer Befriedigung fest, daß sich zwischen der Deutschen Demokratischen Republik und der Sowjetunion die freundschaftlichen Beziehungen festigen. Wir geben unserer festen Überzeugung Ausdruck, daß sich diese Beziehungen auch künftig auf der Grundlage der Gleichberechtigung, der gegenseitigen Achtung und der Nichteinmischung in die inneren Angelegenheiten entwickeln und festigen werden ...

Zit. nach: Hermann Weber, Von der SBZ zur DDR, a.a.O., S. 159 f.

## 3. Die neue Lage und die Politik der Sozialistischen Einheitspartei Deutschlands

(Beschluß der 25. Tagung des ZK der SED vom 27. 10. 1955)

Die Deutsche Demokratische Republik als der rechtmäßige, souveräne deutsche Staat hat eine Stellung, die ihr eine große Verantwortung bei der Mitarbeit in den Fragen der kollektiven Sicherheit in Europa und der Wiedervereinigung Deutschlands auferlegt. Durch den Vertrag zwischen der Deutschen Demokratischen Republik und der UdSSR ist auch die internationale Autorität der Deutschen Demokratischen Republik gewachsen.

Die Lage in Deutschland wird dadurch charakterisiert, daß es unmöglich ist, ganz Deutschland in den Nordatlantik-Kriegspakt zu zwingen, daß aber die friedliebenden demokratischen Kräfte noch Zeit benötigen, um eine Änderung der Bonner Politik herbeizuführen. damit sie sich von der Remilitarisierung abwendet und zu einer Zusammenarbeit für die kollektive Sicherheit in Europa und für die friedliche demokratische Lösung der deutschen Frage bereit ist. Deshalb ist es notwendig, die Aktionsgemeinschaft der ganzen deutschen Arbeiterklasse herzustellen, ihr Bündnis mit den Bauern zu schaffen und alle anderen friedliebenden Kräfte um sie zusammenzuschließen.
*Aus dem Kampf der friedliebenden und demokratischen Kräfte in Deutschland gegen die Kräfte des Militarismus und der Reaktion wird das einige, friedliebende und demokratische Deutschland erwachsen.*
Diese geschichtliche Aufgabe kann nur gelöst werden, wenn die Sozialistische Einheitspartei Deutschlands – geleitet von der siegreichen Lehre des Marxismus-Leninismus – ihre ideologische, politische, wirtschaftliche und kulturelle Tätigkeit entsprechend diesen höheren Aufgaben entwikkelt, damit die Staatsmacht, die Nationale Front des demokratischen Deutschlands und die in ihr zusammengefaßten Parteien und Massenorganisationen des demokratischen Blocks die großen geschichtlichen Aufgaben mit Kampfentschlossenheit und politischer Zielklarheit erfüllen können.
Die großen Erfolge, die unter der Führung der Partei der Arbeiterklasse im Osten Deutschlands seit 1945 errungen wurden, zeigen, welch große Fähigkeiten und Kraft das Volk besitzt, wenn an seiner Spitze die einige Arbeiterklasse kämpft, die von der marxistisch-leninistischen Partei geführt wird.

...

Die Übereinstimmung der Friedenspolitik der Deutschen Demokratischen Republik und der Interessen der westdeutschen Werktätigen erfordert die Herstellung enger Beziehungen. *Der Maßstab für den ernsten Willen zur Wiedervereinigung Deutschlands ist die Zusammenarbeit mit der Deutschen Demokratischen Republik.* Die Zusammenarbeit der Werktätigen Westdeutschlands mit den Parteien und Massenorganisationen, der Nationalen Front des demokratischen Deutschlands und die Annäherung der beiden deutschen Staaten entspricht unserer seit Jahren verfolgten Politik der Verständigung der Deutschen untereinander.
Der Kampf um die Sicherung des Friedens und die Wiedervereinigung Deutschlands ist ein harter Kampf aller deutschen Parteien auf politischem, wirtschaftlichem und kulturellem Gebiet. Das erfordert die allseitige Entwicklung der Kontakte zwischen allen Bevölkerungsschichten in Ost und West. Mehr denn je gilt jetzt die Losung: Deutsche an einen Tisch! Die Nationale Front des demokratischen Deutschlands muß mehr noch als bisher alle deutschen Patrioten im nationalen und sozialen Kampf mobilisieren.
Die Wiedervereinigung Deutschlands kann nur das Resultat des Volkskampfes gegen den Militarismus in Westdeutschland und der gemeinsamen Anstrengungen der Kräfte des Friedens und der Verständigung in der Welt sein.
Ein friedliebendes und demokratisches Deutschland kann nicht durch einen mechanischen und formalen Vorgang, durch einen einfachen juristischen Akt entstehen, sondern *kann und wird nur das Ergebnis des gemeinsamen Kampfes der Mehrheit unseres Volkes gegen die Kräfte des Militarismus sein.*
Auf der einen Seite stehen die Volksmassen, die sich ein friedliches, freies, wohlhabendes und glückliches Leben wünschen und die deshalb zutiefst an Frieden, Demokratie und sozialem Fortschritt interessiert sind. Das sind die Arbeiter, die Bauern, die wissenschaftliche, technische und künstlerische Intelligenz, die Handwerker, weite Kreise des Handels und der Industrie. Diese große Mehrheit des deutschen Volkes hat das demokratische Recht und besitzt vereinigt die Kraft, das neue Deutschland des Friedens und der Demokratie zu gestalten. Diese Mehrheit kann, muß und wird das politische, wirtschaftliche und kulturelle Antlitz des wiedervereinigten Deutschlands bestimmen.

...

*Wie soll das neue Deutschland gestaltet werden?*

1. *Ein wiedervereinigtes Deutschland* soll ein friedliebendes Deutschland sein. Deshalb muß die Macht der Militaristen gebrochen werden. Die friedliebenden Kräfte müssen in Deutschland be-

stimmen und nicht jene Konzernherren, feudalen Offiziere und anderen Militaristen, die Deutschland schon zweimal in die Kriegskatastrophe getrieben haben. Die Brechung der sozialen Macht der Kriegsinteressenten durch Überführung der Grundstoffindustrien in Volkseigentum auch in Westdeutschland ergibt sich als geschichtliche Notwendigkeit aus der Lehre des Zweiten Weltkrieges, die im Potsdamer Abkommen von den vier Großmächten zur Beseitigung des deutschen Militarismus formuliert wurde. Sie entspricht ebensosehr dem heutigen Wunsch aller europäischen Völker nach einer dauerhaften Sicherheit, daß keine neue Aggression mehr von deutschem Boden ausgehen kann.

2. *Ein wiedervereinigtes demokratisches Deutschland* muß die volle Souveränität besitzen. Es darf keine ausländischen militärischen Stützpunkte haben und keine ausländischen Besatzungstruppen. Seine Grenzen werden garantiert durch einen Vertrag über die kollektive Sicherheit in Europa. In einem solchen freien Deutschland sichert sich das Volk seine demokratischen Grundrechte. Damit das Volk nicht wie in der Republik von Weimar machtlos der Reaktion ausgeliefert ist und die Interessen des Friedens, der Demokratie und des sozialen Fortschritts dauerhaft gesichert werden, müssen die politischen Vertrauensleute der Militaristen und Imperialisten aus dem Staatsapparat entfernt werden und an ihre Stelle aufrechte Demokraten aus allen Schichten unseres Volkes treten. Die erfahrensten und fähigsten Kräfte der Arbeiterklasse, der werktätigen Bauern und der Intelligenz und aus anderen demokratischen Kreisen sollen im Staatsapparat die wichtigsten Funktionen ausüben. Durch die Beseitigung der kapitalistischen Monopole wird es unmöglich gemacht, daß Abgeordnete und Parteiführer gekauft und Staatsfunktionäre korrumpiert werden können. Unter solchen Verhältnissen werden alle politischen Organe in freier und geheimer Wahl vom Volke gewählt. Es entspricht den gemeinsamen Interessen der Mehrheit der Bevölkerung, daß die Presse, der Rundfunk und die anderen Mittel der öffentlichen Meinungsbildung nicht mehr in den Händen ausländischer und kapitalistischer Kräfte zur Propagierung des Militarismus, der Völkerhetze und des Krieges bleiben. Die öffentliche Meinungsbildung muß, frei von dieser volksfeindlichen Verwirrung, zur Sache des Volkes selbst werden.

3. *In einem wiedervereinigten demokratischen Deutschland,* das aus der Vereinigung von zwei deutschen Staaten mit verschiedener gesellschaftlicher und wirtschaftlicher Ordnung entsteht, wird es volkseigene und kapitalistische Betriebe geben. In ihm werden Konsumgenossenschaften und die bäuerlichen Genossenschaften große Möglichkeiten zu ihrer Entwicklung haben, aber es wird auch ein weiter Raum für die Privatinitiative in der Industrie, Landwirtschaft und im Handel gegeben sein.

4. *In einem solchen wiedervereinigten demokratischen Deutschland* wird endlich der Beschluß der Moskauer Konferenz der vier Außenminister vom März/April 1947 auf Durchführung der Bodenreform in ganz Deutschland verwirklicht. Durch diese Bodenreform, die eine geschichtliche Grundbedingung für die Demokratisierung Deutschlands ist, erhalten auch Hunderttausende landarmer Bauern, Landarbeiter und Umsiedler in Westdeutschland den Boden, der bisher von junkerlichen Parasiten ausgesogen werden konnte, und werden die Garantien für eine demokratische Entwicklung im Dorfe geschaffen.

5. *In einem solchen wiedervereinigten demokratischen Deutschland* wird unsere nationale humanistische Kultur einer neuen herrlichen Blüte entgegengeführt werden. Wissenschaft und Kunst werden ihre besondere Pflege dadurch erfahren, daß sie in eine lebendige Beziehung zu unserem Volk und zu seinem besten fortschrittlichen Streben treten. Die ganze kulturelle Entwicklung wird ihr festes Fundament in einer Schulreform erhalten, die den begabten Söhnen und Töchtern unseres ganzen Volkes die Wege bis zur höchsten Bildung öffnet. Durch diese demokratische Erneuerung werden alle Güter der Kultur zum gemeinsamen Besitz und alle kulturellen Fragen zum gemeinsamen Interesse der Mehrheit der Bevölkerung. Das neue friedliche und freie Deutschland wird geboren aus dem gemeinsamen Kampf der Arbeiterklasse und aller friedliebenden Menschen in ganz Deutschland – heute und morgen.

Dieses neue Deutschland muß und wird eine Großmacht des Friedens, der Demokratie und des sozialen Fortschritts sein, damit es als souveräner Staat seinen geachteten Platz in der Familie der friedliebenden Völker Europas und der Welt einnehmen kann.

...

*Die Deutsche Demokratische Republik – die Bastion des Friedens, der Demokratie und des Fortschritts*
*Die Deutsche Demokratische Republik ist der rechtmäßige deutsche Staat,* der seine Legitimation aus dem Willen und der Kraft des Volkes hat, ein für allemal die Wiederholung des verhängnisvollen Weges von Krise und Krieg zu verhindern ...
Die *Deutsche Demokratische Republik* ist *der einzige souveräne deutsche Staat,* in dem das wirtschaftliche und politische Leben nicht von ausländischen Monopolen kontrolliert und beeinflußt wird. *Von der Deutschen Demokratischen Republik geht die nationale Souveränität Deutschlands aus.*
*Die Deutsche Demokratische Republik ist das Vaterland des Volkes.* Die Arbeiterklasse ist die führende Kraft im Staat im Bündnis mit den werktätigen Bauern, der fortschrittlichen Intelligenz und anderen Werktätigen. Indem sich die Arbeiterklasse von der kapitalistischen Ausbeutung befreite und die werktätigen Bauern von der Knechtung durch das Finanzkapital, die Intelligenz vom Druck der kapitalistischen Monopole, wurde in der Deutschen Demokratischen Republik die Freiheit des Volkes verwirklicht. In der Deutschen Demokratischen Republik können die Volksmassen zum ersten Male in der Geschichte unseres Volkes völlig frei ihre gewaltige schöpferische Rolle erfüllen. Seitdem eine wirkliche Volksmacht errichtet wurde, die Großbetriebe volkseigen sind und der Boden denen gehört, die ihn bebauen, hat das Volk ein wirkliches Vaterland. *Die Freiheit des Volkes geht von der Deutschen Demokratischen Republik aus.*
*In der Deutschen Demokratischen Republik ist die Sozialistische Einheitspartei Deutschlands die einigende politische Kraft ... Von der Deutschen Demokratischen Republik gehen Einheit der Arbeiterklasse, das Bündnis der Arbeiterklasse mit den werktätigen Bauern und die Gemeinschaft aller patriotischen Bürger aus.*
...
*Die Deutsche Demokratische Republik gibt in ihrer Außenpolitik für ganz Deutschland das Beispiel der friedlichen und freundschaftlichen Beziehungen zur Sowjetunion und zu allen anderen friedliebenden Völkern.* Der Vertrag über die Beziehungen zwischen der Deutschen Demokratischen Republik und der Sowjetunion basiert auf der Gleichberechtigung, der gegenseitigen Hilfe und der Nichteinmischung in die inneren Angelegenheiten der Vertragspartner. Dieser Vertrag entspricht den Grundsätzen der neuen Beziehungen, die sich zwischen der Sowjetunion und den volksdemokratischen Ländern sowie den Ländern, die sich von den imperialistischen Mächten losgesagt haben, entwickelt haben.
Die Deutsche Demokratische Republik ist eine durch nichts aus der Welt zu schaffende Tatsache von großer historischer Bedeutung. Ihre Existenz und ihre Entwicklung sind ein entscheidender Beitrag zur Stärkung der Kräfte des Friedens, der Demokratie und des Sozialismus in ganz Deutschland. Ihre Existenz und ihre Festigung bilden auch eine grundlegende Voraussetzung für die Schaffung eines einheitlichen, friedlichen und demokratischen Deutschlands des Volkes.

Zit.nach: Dokumente der SED, Bd. V, Berlin (Ost) 1956, S. 445 f., 459 ff.

## 4. Die unterschiedlichen Grundpositionen zur deutschen Frage 1955

*a) Aus der Erklärung der Regierung der DDR zur Genfer Konferenz – abgegeben am 1. 11. 1955 vor der Volkskammer*

Die Deutsche Demokratische Republik ist das Bollwerk der demokratischen und friedliebenden Kräfte des deutschen Volkes. Sie ist gewillt, ihren Beitrag zu leisten, um den Frieden in Europa durch gemeinsame Maßnahmen aller europäischen Staaten zu sichern. Sie ist bereit, die Rechte und Pflichten eines gesamteuropäischen Vertrages über kollektive Sicherheit zu übernehmen.
Zur Vereinigung der beiden deutschen Staaten in einem einheitlichen, demokratischen, friedliebenden, souveränen Deutschland sind erst die notwendigen äußeren und inneren Voraussetzungen zu schaffen.
...
Es ist eine unleugbare geschichtliche Wahrheit, daß die antidemokratischen und militaristischen Kreise in Deutschland oftmals ihre Pläne mit Hilfe von Wahlen verwirklichten. Bekanntlich kam

durch Wahlen ein solcher Mann wie Papen zur Macht, der den Ausnahmezustand verkündete und die sozialdemokratische Regierung Preußens verjagte. Auf dem gleichen Wege wurde der Junker und Militarist Hindenburg Reichspräsident, der Hitler die Regierungsmacht auslieferte. Ebenso ist bekannt, daß Hitler Wahlen ausnutzte, um der faschistischen Diktatur den Anschein der Legalität zu geben. Hitler wurde von den Kräften des Monopolkapitals und des Junkertums unterstützt, die heute die Bundesrepublik beherrschen. Sie finanzierten die nationalistischen und faschistischen Parteien; sie unterdrückten die Parteien und Organisationen der Arbeiterklasse mit wirtschaftlichem und politischem Terror; sie führten mit den Revancheparolen breite Massen des Volkes irre; sie schürten den Nationalismus bis zur Weißglut und errichteten auf diese Weise mit angeblich freien Wahlen die blutige Hitlerdiktatur, um den Zweiten Weltkrieg vorzubereiten.

Derartige Wahlen brauchen die Monopolisten und Junker heute, um die Herrschaft der Militaristen in einem einheitlichen Deutschland wiederherzustellen, um der Arbeiterklasse in der Deutschen Demokratischen Republik die volkseigenen Betriebe zu rauben und sie den Kriegsverbrechern zu übereignen, um den Bauern den Boden, den sie durch die Bodenreform erhalten haben, zu entreißen und ihn den Junkern zurückzugeben, um die volkseigenen Güter und die Landwirtschaftlichen Produktionsgenossenschaften zu beseitigen, um alle sozialen Errungenschaften der Werktätigen in der Deutschen Demokratischen Republik aufzuheben. Es ist klar, daß es unter den Bedingungen einer Beherrschung Westdeutschlands durch die Militaristen, einer Remilitarisierung der Bundesrepublik und ihrer Bindung an aggressive Militärblocks keine freien gesamtdeutschen Wahlen geben kann.

Die Regierung der Deutschen Demokratischen Republik erklärt im Namen aller friedliebenden Kräfte, die in der Nationalen Front des demokratischen Deutschlands zusammengeschlossen sind, mit aller Entschiedenheit, daß eine Rückkehr in die Vergangenheit und die Verwandlung ganz Deutschlands in einen militaristischen Obrigkeitsstaat nicht zugelassen wird. Ein wiedervereinigtes friedliebendes und demokratisches Deutschland darf in keiner Weise durch Experimente politischer Abenteurer gefährdet oder in sein militaristisches Gegenteil verkehrt werden.

Auf dem Wege zur nationalen Wiedervereinigung Deutschlands als demokratischen und friedliebenden Staat gibt es keinen ernsthaften Schritt vorwärts, ohne die unbestreitbare Tatsache anzuerkennen, daß gegenwärtig zwei deutsche Staaten bestehen, in denen sich unterschiedliche soziale und ökonomische Systeme herausbildeten.

...

Es ist selbstverständlich, daß keine Wiedervereinigung Deutschlands möglich ist, die auf Kosten der sozialen, politischen und kulturellen Errungenschaften der werktätigen Menschen der Deutschen Demokratischen Republik gehen würde. Ebenso klar ist, daß es bei der Unterschiedlichkeit der Entwicklung im Westen und Osten Deutschlands keinen mechanischen Zusammenschluß der gegenwärtig bestehenden beiden deutschen Staaten geben kann ...

Die Regierung der Deutschen Demokratischen Republik schlägt die Bildung eines Gesamtdeutschen Rates vor, in den die gesetzgebenden Körperschaften der Deutschen Demokratischen Republik und der Deutschen Bundesrepublik ihre Vertreter entsenden. Dabei sind alle demokratischen Parteien und Organisationen in gegenseitigem Einverständnis zu berücksichtigen. Die Aufgabe dieses Gesamtdeutschen Rates soll sein, auf eine gegenseitige Annäherung der Deutschen aus West- und Ostdeutschland hinzuwirken und eine Zusammenarbeit auf allen Gebieten der innerdeutschen Beziehungen zu organisieren.

...

In der Wirtschaft und Verwaltung des wiedervereinigten Deutschlands kann kein Platz für Militaristen und Kriegsinteressenten sein. Aus zwei Weltkriegen und ihren Lehren ergibt sich die unabweisbare Forderung nach Sicherheiten gegen den Mißbrauch der wirtschaftlichen Macht für die Vorbereitung und Führung von imperialistischen Kriegen. Diese Sicherheiten fordert nicht nur das deutsche Volk, sie entsprechen auch dem Verlangen aller europäischer Völker nach einem dauerhaften Frieden.

Ein wiedervereinigtes friedliebendes Deutschland muß auch frei sein von der Herrschaft der mili-

taristischen Junker. Das setzt die Durchführung der Bodenreform voraus, wie es 1947 bereits auf der Moskauer Außenministerkonferenz der vier Mächte festgelegt wurde. Sie würde Hunderttausenden landarmen Bauern, Landarbeitern und Umsiedlern eine gesicherte Existenz geben und eine demokratische Entwicklung des Dorfes ermöglichen.
Im künftigen einheitlichen Deutschland muß garantiert sein, daß die demokratischen und sozialen Errungenschaften der Arbeiterklasse und aller Werktätigen der Deutschen Demokratischen Republik nicht angetastet werden und sich frei entwickeln können. Neben dem Volkseigentum und dem verschiedenartigsten genossenschaftlichen Eigentum wird es in dem wiedervereinigten Deutschland auch kapitalistisches Eigentum geben ...
Ein wiedervereinigtes friedliebendes Deutschland muß im Besitz der vollen staatlichen Souveränität sein. Es muß frei sein von allen ausländischen militärischen Stützpunkten und allen ausländischen Truppen sowie von allen Bindungen an Militärbündnisse. Die Unantastbarkeit seiner Grenzen wird durch einen Vertrag über kollektive Sicherheit in Europa garantiert, dem Deutschland mit gleichen Rechten und Pflichten angehört. Dieses einheitliche, demokratische, friedliebende Deutschland wird als souveräner Staat über eigene nationale Streitkräfte für die Verteidigung der Heimat verfügen.
Das künftige einheitliche Deutschland, das die Regierung der Deutschen Demokratischen Republik anstrebt, wird eine Republik des Friedens, der Demokratie und des sozialen Fortschritts sein. Es wird einen geachteten Platz im Kreis der friedliebenden Völker Europas und der Welt einnehmen.

Zit. nach: Die Bemühungen der Bundesrepublik zur Wiederherstellung der Einheit Deutschlands durch gesamtdeutsche Wahlen, hrsg. vom Bundesministerium für gesamtdeutsche Fragen. Dokumente und Akten. Teil II, Nov. 1953 – Nov. 1955. Bonn 1958, S. 264, 266 ff.

*b) Aus der Erklärung der Bundesregierung zum Abschluß der Genfer Konferenz vom 1. 12. 1955*

Die Beobachterdelegation der sogenannten „DDR" hat ... in einer offiziellen Verlautbarung vom 5. November 1955 bemerkt, freie Wahlen könnten in Deutschland nur durchgeführt werden, „nachdem ... die gegenwärtig die Bundesrepublik beherrschenden antidemokratischen und faschistischen Kräfte ihre Machtposition verloren haben". Und im Beschluß des 25. Plenums des Zentralkomitees der SED heißt es: „Wer unter diesen Bedingungen von freien Wahlen spricht, der will die Versklavung des deutschen Volks durch die imperialistische Bourgeoisie, die gegenwärtig in Westdeutschland herrscht." Der sowjetische Außenminister hält eine lange Periode der Vorbereitung für nötig, in der seiner Auffassung nach zahlreiche Vorbedingungen erfüllt werden müssen, wodurch erst eine Situation geschaffen würde, die die Regelung der deutschen Frage erlaubt. Lassen Sie mich diese Bedingungen im einzelnen erwähnen.
1. Die Schaffung eines europäischen Sicherheitssystems auf der Basis des Status quo. Dies bedeutet, daß die Teilung Deutschlands aufrechterhalten werden soll und daß damit das Sicherheitssystem seinen Zweck nicht erfüllen, sondern wertlos bleiben würde. Die Bundesregierung begrüßt und fördert die Schaffung eines europäischen Sicherheitssystems, da die Schaffung von wirksamen Voraussetzungen für die Sicherheit in Europa und die Vermeidung eines Krieges von lebenswichtiger Bedeutung für das deutsche Volk sind. Aber sie muß – wie es auch die Westmächte getan haben und weiter tun werden – ein Sicherheitssystem als in der Anlage verfehlt und unwirksam ansehen, das auf der Teilung Deutschlands aufbaut.
2. Allmähliche Auflösung der militärischen Gruppierungen in Europa. Dies bedeutet, daß zwar der Nordatlantikpakt, die Westeuropäische Union und der Warschauer Pakt aufgelöst werden sollen, daß aber die zweiseitigen Bündnisse und Abhängigkeiten zwischen der Sowjetunion und ihren Satellitenstaaten unverändert bestehen blieben. Die Bundesregierung würde in einer solchen Situation eine schwere Gefährdung der Sicherheit Europas und damit auch Deutschlands erblicken.
...
4. Die Räumung Gesamtdeutschlands von alliierten Truppen. Dies bedeutet praktisch, daß sich die britischen und amerikanischen Truppen über den Kanal und den Ozean zurückziehen sollen, wäh-

rend die sowjetischen Truppen in einer Entfernung von der Ostgrenze Deutschlands stationiert bleiben, die von einer motorisierten Armee in wenigen Stunden durchschritten werden könnte. Die Bundesregierung ist daher der Auffassung, daß die Rückführung der alliierten Truppen in naher Zukunft nach wie vor die Sicherheit der Bundesrepublik und Berlins aufs stärkste gefährden würde.

5. Die Entmilitarisierung Deutschlands. Dies bedeutet, daß im Herzen Europas ein militärisches Vakuum geschaffen würde, das die Intervention von kommunistischer Seite begünstigen, ja geradezu provozieren würde.

6. Die Normalisierung der Beziehungen der Vier Mächte mit den beiden Teilen Deutschlands. Dies bedeutet, daß die Westmächte das Pankow-Regime anerkennen sollen, das nicht über einen echten Auftrag des Volkes verfügt und auf Willkür und Terror gegründet ist. Die gesamte übrige freie Welt soll dadurch beeinflußt werden, diese Anerkennung ebenfalls zu vollziehen.

7. Die Errichtung eines Gesamtdeutschen Rates aus Vertretern des Bundestages und der sowjetzonalen Volkskammer. Dies bedeutet, daß unter Vermeidung freier Wahlen dem Pankow-Regime eine gleichberechtigte Teilnahme an einer gesamtdeutschen Regierung gesichert werden soll. Die frei gewählten Vertreter des Bundestages haben es stets abgelehnt, sich mit den Helfershelfern der Unterdrückung in der sowjetisch besetzten Zone an einen Tisch zu setzen.

In den Vorbedingungen des Herrn Molotow heißt es dann:

8. Die Garantierung der politischen, wirtschaftlichen und sozialen Errungenschaften der werktätigen Bevölkerung der sogenannten „DDR" in einem wiedervereinigten Deutschland. Dies bedeutet, daß eine gesamtdeutsche Regierung gebunden sein soll, auf die Einführung einer freiheitlichen Ordnung in der sowjetisch besetzten Zone zu verzichten. Die zu garantierenden Errungenschaften stellen sich u.a. dar in der Zerstörung der rechtsstaatlichen Ordnung, in überfüllten Gefängnissen und Zuchthäusern, in der Unterdrückung der Rede-, Presse- und Versammlungsfreiheit, in der Verweigerung sozialer Sicherheit, in der Unterdrückung des Streikrechts und in der Verneinung des Eigentums.

Die in steigender Zahl flüchtenden verzweifelten Menschen sind ein beredtes Zeugnis für die Bewertung der sowjetzonalen Errungenschaften.

Die Bundesregierung ist der Auffassung, daß nach der Wiedervereinigung dem deutschen Volk selbst Gelegenheit gegeben werden muß, auf dem Weg der freien Wahlen über die Beibehaltung oder Verwerfung dieser sogenannten „Errungenschaften" zu entscheiden. Eine von außen auferlegte innenpolitische Beschränkung der Entscheidungsfreiheit wäre mit den Prinzipien der Demokratie und des Selbstbestimmungsrechts unvereinbar.

Weitere sowjetische Vorbedingungen sind:

9. Die Ausschaltung der „Junker, Monopolkapitalisten, Militaristen usw. aus ihren ‚beherrschenden Stellungen' in der Bundesrepublik".... Im Beschluß des 25. Plenums des Zentralkomitees der SED heißt es: Es „müssen die politischen Vertrauensleute der Militaristen und Imperialisten aus dem Staatsapparat entfernt werden ..." Das bedeutet: Der Bundesrepublik soll ein politischer, wirtschaftlicher und sozialer Aufbau aufgezwungen werden, der dem in freien Wahlen zum Ausdruck gekommenen Selbstbestimmungswillen des Volkes nicht entspricht. Mit demagogischen Schlagworten wird hier versucht, die Kaltstellung aller Personen durchzusetzen, die den Kommunisten mißliebig sind und daher willkürlich in eine der genannten Rubriken eingereiht werden.

Wir sollten uns über die Folgen einer solchen Entwicklung klar sein. Wir alle, die wir unser Mandat dem deutschen Volk verdanken, gleichgültig, welcher Partei wir angehören, ja schlechthin alle, die in Deutschland politische Verantwortung tragen, fallen unter diese Kategorie. Wir alle, die wir aus politischer Überzeugung und politischer Verantwortung den Kommunismus als Form der staatlichen, sozialen und wirtschaftlichen Ordnung ablehnen, würden diesem unerbittlichen Säuberungsprozeß zum Opfer fallen. Wenn ich das feststelle, dann nicht um die eigene Existenz, wohl aber die eigene Verantwortung zu verteidigen.

Die Bundesregierung hat es nicht nötig, sich gegen die Anwürfe aus Pankow zu verwahren; ein Vergleich mit den dortigen Verhältnissen genügt ...

Man will die sogenannte politische Säuberung des Staatsapparates und seine Besetzung mit „Volksdemokraten". Dem Rundfunk und der Presse will man die eigentliche und ursprüngliche Aufgabe der objektiven Berichterstattung und der Diskussion nehmen, um sie zu Instrumenten der staatlichen Allmacht zu machen. Man spricht von der Schulreform, nicht um die Schulen zu verbessern, sondern um sie zu Einrichtungen umzugestalten, in denen die Menschen schon in frühester Jugend dem Prozeß der Entpersönlichung und Entmenschlichung ausgesetzt werden.
Das alles, um in einer pervertierten Umkehrung des Begriffes Demokratie dem Menschen im Staate Einfluß und Verantwortung zu nehmen und ihn aus dem handelnden Subjekt zum leidenden Objekt umzuformen.
Man übertreibt nicht, wenn man sagt, daß die von der Sowjetunion geforderten Voraussetzungen zur Wiedervereinigung sich nicht auf die Neutralisierung beschränken, sondern darüber hinaus innenpolitische Forderungen enthalten, die darauf hinauslaufen würden, Gesamtdeutschland zu einer „Volksdemokratie" zu machen. Die Sowjetunion ist gegenwärtig offensichtlich noch nicht entschlossen, die Teilung Deutschlands aufzuheben, da sie keine erfolgreiche Möglichkeit zur Erreichung dieses Zieles sieht.

Zit. nach: Die Bemühungen der Bundesrepublik . . ., a. a. O., S. 280 ff.

## III/6 Die Integration in den Ostblock

### Arbeitsthemen

1. *Welche Ziele nennt Staatspräsident Wilhelm Pieck für die Außenpolitik der DDR? Woran wird die totale Blockgebundenheit deutlich? (Nr. 1 a)*
2. *Welche Bedeutung hat innerhalb dieser Zielsetzung der Vorschlag der Ostblockstaaten zur Bildung eines Gesamtdeutschen Konstituierenden Rates? (Nr. 1 a und 1 b; vgl. auch III/5, Nr. 1 b)*
3. *Wie ist es zu erklären, daß – im Gegensatz zur Bundesrepublik – die DDR die Oder-Neiße-Grenze und die Vertreibungen sofort und ohne Vorbehalte anerkennt? (Nr. 2 a und b, Nr. 7)*
4. *Welche Zielsetzungen und welche Grenzen werden aus der Erklärung der UdSSR über die Souveränität der DDR vom 25. 3. 1954 erkennbar? (Nr. 3 a) Mit welchen Argumenten begründet die Bundesregierung ihre „Nichtanerkennung" dieser Souveränität? (Nr. 3 b)*
5. *Worin geht der Warschauer Pakt über einen reinen Beistandspakt hinaus? Wie wird die Vorherrschaft der UdSSR innerhalb des Paktsystems gesichert? (Nr. 4 a und 4 b) Welche Gemeinsamkeiten und welche Unterschiede bestehen zwischen dem Warschauer Pakt und dem NATO-Vertrag? (Nr. 4 und I/5 Nr. 3, S. 313)*
6. *Inwieweit unterstützt der Vertrag zwischen UdSSR und DDR vom 20. 9. 1955 die Souveränität der DDR? Wo begrenzt er sie? (Nr. 5)*
7. *Wie begründet die DDR-Geschichtsschreibung rückschauend 1955 als „Schlüsseljahr"? Welche Bedeutung hat diese Sicht für das gegenwärtige Verhältnis der beiden deutschen Staaten und die weitere Entwicklung der deutschen Frage? (Nr. 6)*
8. *Ist die These berechtigt, die DDR habe „in den ersten 6 Jahren ihres Bestehens keine eigene Außenpolitik betreiben können"? Ist 1955 eine Änderung eingetreten? (Nr. 6 und 7; vgl. auch III/5, Nr. 2)*

## 1. Der Beginn der Außenpolitik

*a) „Die Aufgaben der Außenpolitik der DDR"*

(Aus einer Rede Piecks auf dem III. Parteitag der SED vom 20.–24.7.1950)

1. Kampf für den Frieden, für das Verbot der Atomwaffe und für die Erklärung der Regierung zu Kriegsverbrechern, die als erste die Atomwaffe anwendet. Unversöhnlicher und aktiver Kampf gegen die Kriegsbrandstifter in Deutschland. Als Verbrechen am deutschen Volk erklären wir alle Verpflichtungen und Abkommen, die auf die Einbeziehung Deutschlands in einen neuen Krieg und in aggressive Kriegsblocks – einschließlich des Europarats, des Nordatlantikpaktes und des Schuman-Plans – gerichtet sind. Keine dieser Verpflichtungen und keines dieser Abkommen wird von uns jemals als rechtskräftig anerkannt werden. Wir bekennen uns zur vollen und unbegrenzten Unterstützung der Kräfte in der ganzen Welt, die für den Frieden, die Gleichberechtigung und Freundschaft zwischen den Völkern eintreten.
2. Kampf für den schnellsten Abschluß eines gerechten Friedensvertrages mit Deutschland und darauffolgender Abzug aller Besatzungstruppen aus Deutschland.
3. Wiederherstellung der politischen und wirtschaftlichen Einheit Deutschlands auf demokratischen und friedlichen Grundlagen.
4. Enge und unzerstörbare Freundschaft Deutschlands mit der großen Sowjetunion, dem Bollwerk des Friedens und der Demokratie in der ganzen Welt. Allseitige Entwicklung unserer wirtschaftlichen und kulturellen Beziehungen zur Sowjetunion.
5. Freundschaft mit den Ländern der Volksdemokratie, der Chinesischen Volksrepublik, Korea, Vietnam und allen friedliebenden Völkern und Entfaltung unserer wirtschaftlichen und kulturellen Beziehungen zu ihnen.
6. Herstellung freundschaftlicher Beziehungen zu allen Ländern, die eine Friedenspolitik betreiben und die nationalen Interessen des deutschen Volkes anerkennen.
7. Volle und bedingungslose Anerkennung der Potsdamer Beschlüsse über die Demokratisierung Deutschlands und die in ihnen vorgesehenen Verpflichtungen Deutschlands gegenüber anderen Völkern.
8. Aufrichtige und gewissenhafte Erfüllung der internationalen Verpflichtungen, die die Deutsche Demokratische Republik in ihren Abkommen mit anderen Ländern eingegangen ist.
9. Freier und ungehinderter Zugang Deutschlands zu den Weltmärkten. Besondere Förderung der Handelsbeziehungen Deutschlands mit der Sowjetunion, China und den Ländern Ost- und Südosteuropas als den natürlichen Handelspartnern Deutschlands. Abschluß langfristiger Handelsabkommen mit allen Ländern, die der deutschen Industrie gesicherten Absatz bieten sowie Rohstoffe und Halbfabrikate liefern.
10. Allseitige Stärkung der Deutschen Demokratischen Republik als Bollwerk des Friedens und der Demokratie in Deutschland.

Zit. nach: Boris Meissner (Hrsg.): Rußland, die Westmächte und Deutschland, Hamburg 1953, S. 235

*b) Aus der Prager Erklärung der Außenminister Bulgariens, der DDR, Polens, Rumäniens, der ČSR, Ungarns und der UdSSR vom 20./21.10.1950*

Geleitet von den Interessen der Erhaltung des Friedens und der Sicherheit in Europa und unter Berücksichtigung des berechtigten Verlangens des deutschen Volkes nach ehestem Zustandekommen einer friedlichen Regelung für Deutschland, erachten die Regierungen der UdSSR, Albaniens, der Tschechoslowakei, Bulgariens, Polens, Rumäniens, Ungarns und der Deutschen Demokratischen Republik für dringend geboten:

1. Veröffentlichung einer Erklärung der Regierungen der USA, Großbritanniens, Frankreichs und der Sowjetunion, daß sie die Remilitarisierung Deutschlands und seine Einbeziehung in irgend-

welche Aggressionspläne nicht zulassen und konsequent das Potsdamer Abkommen zur Sicherung der Voraussetzungen für die Bildung eines einheitlichen, friedliebenden, demokratischen deutschen Staates in die Tat umsetzen werden.

2. Aufhebung aller Beschränkungen der Entwicklung der deutschen Friedenswirtschaft und Verhinderung einer Wiederherstellung des deutschen Kriegspotentials.

3. Unverzüglichen Abschluß eines Friedensvertrages mit Deutschland unter Wiederherstellung der Einheit des deutschen Staates in Übereinstimmung mit dem Potsdamer Abkommen und mit der Maßgabe, daß die Besatzungstruppen aller Mächte binnen Jahresfrist nach Abschluß des Friedensvertrages aus Deutschland zurückgezogen werden.

4. Bildung eines aus Vertretern Ost- und Westdeutschlands paritätisch zusammengesetzten Gesamtdeutschen Konstituierenden Rates, der die Bildung einer provisorischen, demokratischen, friedliebenden, gesamtdeutschen souveränen Regierung vorbereiten und den Regierungen der UdSSR, der USA, Großbritanniens und Frankreichs die entsprechenden Vorschläge zwecks gemeinsamer Bestätigung unterbreiten soll und der bis zur Bildung einer gesamtdeutschen Regierung zur Konsultation bei der Ausarbeitung des Friedensvertrages heranzuziehen ist. Unter bestimmten Umständen kann eine unmittelbare Befragung des deutschen Volkes über diesen Vorschlag durchgeführt werden.

Zitiert nach: Geschichte der deutschen Arbeiterbewegung, a.a.O., Band 7, S. 365 f.

## 2. Die Anerkennung der Oder-Neiße-Grenze

*a) Die Warschauer Deklaration vom 6.6. 1950*

Die Delegation der Provisorischen Regierung der Deutschen Demokratischen Republik und die Regierung der Republik Polen haben, von dem Wunsche erfüllt, den Frieden zu festigen und das unter der Führung der Sowjetunion stehende Friedenslager im Kampfe gegen die Umtriebe der imperialistischen Kräfte zu stärken sowie in Anbetracht der Errungenschaften der Deutschen Demokratischen Republik bei der Festigung der neuen demokratischen Ordnung und der Entwicklung der Kräfte, die sich um die Nationale Front des demokratischen Deutschland scharen, vereinbart, daß es im Interesse der Weiterentwicklung und Vertiefung der gutnachbarlichen Beziehungen, des Friedens und der Freundschaft zwischen dem deutschen und dem polnischen Volke liegt, die festgelegte, zwischen den beiden Staaten bestehende unantastbare Friedens- und Freundschaftsgrenze an der Oder und Lausitzer Neiße zu markieren.

Auf die Weise verwirklicht die Deutsche Demokratische Republik die Erklärung ihres Ministerpräsidenten Grotewohl vom 12. Oktober 1949.

In Durchführung dieser Vereinbarung beschlossen beide Parteien, innerhalb Monatsfrist die Markierung der festgelegten und bestehenden Grenze an der Oder und Lausitzer Neiße sowie die Frage der Grenzübergänge, des lokalen Grenzverkehrs und der Schiffahrt auf den Grenzgewässern durch ein Abkommen zu regeln.

Zit. nach: Tägliche Rundschau vom 8.6. 1950

*b) Das Görlitzer Abkommen vom 6.7. 1950*

(Abkommen zwischen den Regierungen der Deutschen Demokratischen Republik und der Polnischen Republik über die Oder-Neiße-Grenze)

*Artikel 1:* Die Hohen Vertragschließenden Parteien stellen übereinstimmend fest, daß die festgelegte und bestehende Grenze, die von der Ostsee entlang die Linie westlich von der Ortschaft Swinoujscie und von dort entlang den Fluß Oder bis zur Einmündung der Lausitzer Neiße und die Lausitzer Neiße entlang bis zur tschechoslowakischen Grenze verläuft, die Staatsgrenze zwischen Deutschland und Polen bildet.

*Artikel 2:* Die laut vorliegendem Abkommen markierte deutsch-polnische Staatsgrenze grenzt in vertikaler Linie auch den Luft- und Seeraum sowie das Innere der Erde ab.

…

*Artikel 8:* Ausgefertigt am 6. Juli 1950 in Zgorzelce (Görlitz) in zwei Urschriften, beide in deutscher und polnischer Sprache, wobei beide Wortlaute die gleiche Gültigkeit haben.

Zit. nach: Ernst Deuerlein (Hrsg.): DDR-Geschichte und Bestandsaufnahme, a. a. O., S. 109 f.

## 3. Die UdSSR und die Souveränität der DDR

*a) Aus der Erklärung der Regierung der UdSSR über die Beziehungen zur DDR vom 25. 3. 1954*

1. Die Sowjetunion nimmt mit der Deutschen Demokratischen Republik die gleichen Beziehungen auf wie mit anderen souveränen Staaten.
Die Deutsche Demokratische Republik wird die Freiheit besitzen, nach eigenem Ermessen über ihre inneren und äußeren Angelegenheiten einschließlich der Frage der Beziehungen zu Westdeutschland zu entscheiden.
2. Die Sowjetunion behält in der Deutschen Demokratischen Republik die Funktionen, die mit der Gewährleistung der Sicherheit in Zusammenhang stehen und sich aus den Verpflichtungen ergeben, die der UdSSR aus den Viermächteabkommen erwachsen.
Die Sowjetregierung hat die Erklärung der Regierung der Deutschen Demokratischen Republik zur Kenntnis genommen, daß sie die Verpflichtungen einhalten wird, die sich für die Deutsche Demokratische Republik aus dem Potsdamer Abkommen über die Entwicklung Deutschlands als eines demokratischen und friedliebenden Staates ergeben, sowie die Verpflichtungen, die mit dem zeitweiligen Aufenthalt sowjetischer Truppen auf dem Gebiet der DDR im Zusammenhang stehen.
3. Die Überwachung der Tätigkeit der staatlichen Organe der Deutschen Demokratischen Republik, die bisher vom Hohen Kommissar der UdSSR in Deutschland wahrgenommen wurde, wird aufgehoben.
In Übereinstimmung damit werden die Funktionen des Hohen Kommissars der UdSSR in Deutschland auf den Kreis der Fragen beschränkt, die mit der obengenannten Gewährleistung der Sicherheit und mit der Aufrechterhaltung der entsprechenden Verbindungen mit den Vertretern der Besatzungsbehörden der USA, Großbritanniens und Frankreichs in den Fragen gesamtdeutschen Charakters im Zusammenhang stehen und die sich aus den vereinbarten Beschlüssen der vier Mächte über Deutschland ergeben.
Die Regierung der UdSSR ist der Ansicht, daß das Bestehen des „Besatzungsstatuts", das von den Vereinigten Staaten von Amerika, Großbritannien und Frankreich für Westdeutschland festgelegt wurde, nicht nur mit den demokratischen Prinzipien und den nationalen Rechten des deutschen Volkes unvereinbar ist, sondern unter den gegenwärtigen Verhältnissen, da es die Annäherung zwischen Ost- und Westdeutschland erschwert, auch eines der Haupthindernisse auf dem Wege zur nationalen Wiedervereinigung Deutschlands ist.

Zit. nach: Die Bemühungen der Bundesrepublik zur Wiederherstellung der Einheit Deutschlands durch gesamtdeutsche Wahlen, hrsg. vom Bundesministerium für Gesamtdeutsche Fragen. a. a. O., S. 89 f.

*b) Aus der Erklärung der Bundesregierung über die Nichtanerkennung der Souveränität der DDR vom 7. 4. 1954*

Die Regierung der Sowjetunion hat am 25. März erklärt, daß sie mit der sogenannten Deutschen Demokratischen Republik die gleichen Beziehungen aufnehme, wie mit anderen souveränen Staaten. Die DDR werde die Freiheit besitzen, nach eigenem Ermessen über ihre inneren und äußeren Angelegenheiten einschließlich der Beziehungen zu Westdeutschland zu entscheiden.
Mit dieser Erklärung sucht die Sowjetregierung den Anschein zu erwecken, daß der von ihr besetzte Teil Deutschlands ein selbständiges, souveränen Staaten gleichgestelltes Staatswesen geworden sei.
Die sowjetische Erklärung vermag jedoch nichts gegen die Tatsache, daß es nur einen deutschen Staat gibt, gegeben hat und geben wird, und daß es einzig und allein die Organe der Bundesrepu-

blik Deutschland sind, die heute diesen niemals untergegangenen deutschen Staat vertreten. Daran ändert auch die schmerzliche Wirklichkeit nichts, daß die deutsche Staatsgewalt heute nicht einheitlich in allen Teilen Deutschlands ausgeübt werden kann.
In jenen Teilen Deutschlands, in denen heute das Grundgesetz der Bundesrepublik Deutschland gilt, konnten die Organe des deutschen Staates nach 1945 auf rechtmäßigem Wege – d.h. durch freie Wahlen, die den unverfälschten Willen des deutschen Volkes zum Ausdruck brachten – wiedergeschaffen werden. In allen Ländern der heutigen Bundesrepublik haben nach 1945 freie Wahlen stattgefunden, aus denen Volksvertretungen und verfassungsmäßig geordnete, verantwortliche Regierungen hervorgegangen sind. Vertreter der frei gewählten Landtage haben sich zu einer verfassunggebenden Versammlung zusammengefunden und haben im Grundgesetz der Bundesrepublik Deutschland eine freiheitlich-demokratische Verfassung geschaffen, die von den Volksvertretungen der Länder geprüft und angenommen worden ist. In den Bundestagswahlen von 1949 und 1953 hat sich das deutsche Volk unmittelbar zu dieser neuen verfassungsmäßigen Ordnung Deutschlands bekannt. Schon 1949 bei einer Wahlbeteiligung von 78,5 v.H. erhielten die Kommunisten nur 1,5 von 25 Millionen Stimmen, also 6 v.H., 1953 erhielten sie bei der sehr starken Wahlbeteiligung von 86,2 v.H. nur noch etwas über 600000 von 28 Millionen Stimmen, d.h. nur noch 2,2 v.H. Diese Zahlen beweisen, wie das deutsche Volk über ein kommunistisches Regime denkt, das nicht wagen kann, in der von ihm beherrschten Zone freie Wahlen abzuhalten, das die Länder mit ihren Volksvertretungen unter Bruch der eigenen Verfassung beseitigt hat und dessen „Volkskammer" die willenlose Unterwürfigkeit des Hitlerschen Reichstages noch überbietet – ein Regime, dessen einzige entscheidende Partei eine verhaßte Minderheit bildet und das sich am 17. Juni 1953 nur mit brutaler Anwendung von Waffengewalt gegen die Empörung und Verzweiflung der gesamten Bevölkerung am Ruder halten konnte.
Die Bundesrepublik war und ist daher berechtigt, auch für jene 18 Millionen Deutschen zu handeln und zu sprechen, denen schon 1949 versagt war, bei der Schaffung des Grundgesetzes mitzuwirken, und die bis zum heutigen Tage nicht die Freiheit haben, ihren politischen Willen zum Ausdruck zu bringen. Die Bundesregierung fühlt sich deshalb nach wie vor verpflichtet, alle Anstrengungen zu unternehmen, um die Verbindung zu den Deutschen in der sowjetisch besetzten Zone offenzuhalten. Sie wird alles in ihrer Macht Stehende tun, um die tragischen Folgen der Teilung Deutschlands zu überwinden.
Niemals werden wir anerkennen, daß die durch List, Betrug und Gewalt zur Herrschaft gelangten Machthaber der Sowjetzone befugt sind, deutsche Staatsgewalt auszuüben. Wir würden uns selbst entehren und alle Opfer der kommunistischen Gewaltherrschaft beleidigen, wenn wir jene Machthaber als Partner beim Werke der Wiedervereinigung Deutschlands anerkennen würden. Ein freies Deutschland könnte aus der Zusammenarbeit mit ihnen nicht hervorgehen. Niemals werden wir uns mit der Spaltung Deutschlands abfinden und die Existenz zweier deutscher Staaten hinnehmen.

Zit. nach: Die Bemühungen der Bundesrepublik ..., a.a.O., S. 92 f.

## 4. Der Warschauer Pakt vom 14.5.1955

*a) Aus dem Vertragstext*

*Vertrag über Freundschaft, Zusammenarbeit und gegenseitigen Beistand*

zwischen der Volksrepublik Albanien, der Volksrepublik Bulgarien, der Ungarischen Volksrepublik, der Deutschen Demokratischen Republik, der Volksrepublik Polen, der Rumänischen Volksrepublik, der UdSSR und der Tschechoslowakischen Republik.

... Artikel 4

Im Falle eines bewaffneten Überfalles in Europa auf einen oder mehrere Teilnehmerstaaten des Vertrages seitens irgendeines oder einer Gruppe von Staaten wird jeder Teilnehmerstaat des Vertrages in Verwirklichung des Rechts auf individuelle oder kollektive Selbstverteidigung in Übereinstimmung mit Artikel 51 der Satzungen der Organisation der Vereinten Nationen dem Staat oder den Staaten, die einem solchen Überfall ausgesetzt sind, sofortigen Beistand individuell und in Vereinbarung mit den anderen Teilnehmerstaaten des Vertrages mit allen Mitteln, die ihnen erforderlich scheinen, einschließlich der Anwendung von militärischer Gewalt, erweisen. Die Teilnehmerstaaten des Vertrages werden sich unverzüglich über gemeinsame Maßnahmen beraten, die zum Zwecke der Wiederherstellung und Aufrechterhaltung des Weltfriedens und der Sicherheit zu ergreifen sind.

Von den Maßnahmen, die auf Grund dieses Artikels ergriffen wurden, wird dem Sicherheitsrat entsprechend den Bestimmungen der Satzungen der Organisation der Vereinten Nationen Mitteilung gemacht. Diese Maßnahmen werden eingestellt, sobald der Sicherheitsrat die Maßnahmen ergreift, die zur Wiederherstellung und Erhaltung des Weltfriedens und der Sicherheit erforderlich sind.

Artikel 5

Die vertragschließenden Seiten kamen überein, ein Vereintes Kommando derjenigen ihrer Streitkräfte zu schaffen, die nach Vereinbarung zwischen den Seiten diesem auf Grund gemeinsam festgelegter Grundsätze handelnden Kommando zur Verfügung gestellt werden. Sie werden auch andere vereinbarte Maßnahmen ergreifen, die zur Stärkung ihrer Wehrfähigkeit notwendig sind, um die friedliche Arbeit ihrer Völker zu schützen, die Unantastbarkeit ihrer Grenzen und Territorien zu garantieren und den Schutz gegen eine mögliche Aggression zu gewährleisten.

Artikel 6

Zur Durchführung der in diesem Vertrag vorgesehenen Beratungen zwischen den Teilnehmerstaaten des Vertrages und zur Erörterung von Fragen, die im Zusammenhang mit der Verwirklichung dieses Vertrages entstehen, wird ein politischer beratender Ausschuß gebildet, in den jeder Teilnehmerstaat des Vertrages ein Regierungsmitglied oder einen anderen besonders ernannten Vertreter delegiert.

Der Ausschuß kann, wenn es erforderlich ist, Hilfsorgane schaffen.

Artikel 7

Die vertragschließenden Seiten übernehmen die Verpflichtung, sich an keinen Koalitionen oder Bündnissen zu beteiligen und keine Abkommen abzuschließen, deren Zielsetzung den Zielen dieses Vertrages widerspricht.

Die vertragschließenden Seiten erklären, daß ihre Verpflichtungen aus bestehenden internationalen Verträgen nicht im Widerspruch zu den Bestimmungen dieses Vertrages stehen ...

Zit. nach: Die Organisation des Warschauer Vertrages. Dokumente und Materialien 1955–1980, hsg. vom Ministerium für Auswärtige Angelegenheiten der DDR. Berlin (Ost) 1980, S. 14 f.

*b) Die Souveränität der Mitgliedsländer*

Der multilaterale Vertrag ergänzte die bisher bestehenden bilateralen Beistandsabkommen; auch entlastete er, zumindest theoretisch, die Sowjetunion etwas, denn im Falle eines Angriffes auf ein Mitgliedsland waren nun sämtliche Partnerstaaten zur Hilfe verpflichtet. Der Sowjetunion gelang es mit diesem Pakt, die RGW-Länder fest und auf Dauer an sich zu binden. Der Vertragstext verbot nicht nur jeglichen Beitritt zu anderen Bündnissen, er enthielt auch keinerlei Bestimmungen über den eventuellen Austritt eines Signatarstaates. In Ausführung des Vertrages wurde 1956 ein Beratender Politischer Ausschuß mit einer Reihe von Unterorganen konstituiert, doch hat er die ihm zugedachte Rolle eines eigenständigen Gremiums mit beschließender Gewalt nicht verwirklichen können, die nationalen Vorbehalte gegen eine Majorisierung waren zu groß. Im militärischen Bereich wurde ein Vereinigtes Oberkommando in Moskau geschaffen, dessen Oberbefehl in sowjetischer Hand liegt, auch nachgeordnete Kommandostellen sind mit Vertretern der Sowjetarmee besetzt. Neben regelmäßig abgehaltenen Manövern, in denen das Zusammenwirken der nationalen Verbände geübt wird, schuf man in den Volksdemokratien als ständige Koordinations- und Kontrollorgane des Oberkommandos eigene Militärstäbe, die ausschließlich mit sowjetischen Militärs besetzt wurden. Ihre Angehörigen erhielten 1962 sogar diplomatischen Status. Damit war die Kontrolle über die Armeen der Volksdemokratien fest in sowjetischer Hand, die nationalen Oberkommandos wurden auch formal weisungsgebunden. Der Pakt selbst bot darüber hinaus die Möglichkeit, gegebenenfalls gegen unerwünschte Entwicklungen militärisch zu intervenieren. Er institutionalisierte so in den osteuropäischen Staaten die sowjetische Herrschaft, die in der Fortdauer der Stationierung sowjetischer Truppen aufgrund neuer bilateraler Abkommen auch ihren sichtbaren Ausdruck fand.

Der Einschränkung der Souveränität ihrer Länder haben die Führer der Volksdemokratien nicht nur auf Druck Moskaus hin zugestimmt. Die Wiederaufrüstung der Bundesrepublik wurde allgemein als ein bedrohlicher, gegen die RGW-Länder gerichteter Akt aufgefaßt, als Bestätigung der stets unterstellten aggressiven Tendenzen der NATO, die im Kontext der amerikanischen „roll-back"-Devise damit eine neue Qualität erhielten. Neben der DDR, die sich auch ob der Wiedervereinigungsforderung als besonders gefährdet ansah, wuchs vor allem in Polen und der CSSR, in denen die Erinnerung an die Gewaltpolitik des nationalsozialistischen Deutschland noch höchst virulent war (und gehalten wurde), die Furcht vor einem deutschen „Revanchismus". In Polen war es die Sorge um die sogenannten „wiedergewonnenen Westgebiete", die man durch das Festhalten der Bonner Regierung an den aus dem Potsdamer Kommuniqué sich ergebenden Rechtspositionen gefährdet sah. In Prag war man wegen der Ansprüche der sudetendeutschen Vertriebenen besorgt, deren Organisationen nicht ohne Einfluß auf die Bonner Politik waren. In Warschau wie in Prag waren sich die Regierungen bei der Zurückweisung der Bonner Ansprüche breiter Unterstützung auch durch die nichtkommunistische Bevölkerung sicher, erhielten sie patriotische Zustimmung für die zu ergreifenden Abwehrmaßnahmen. Im übrigen bildete die Einschränkung der Souveränität durch den Warschauer Pakt die zuverlässigste Garantie für die Erhaltung ihrer Macht, eine Garantie, die das formalrechtliche Zugeständnis an die bislang schon praktizierte Moskauer Herrschaft wert war.

Aus: Gert Robel, Vom Tod Stalins zur Ära Breshnew. Die RGW-Staaten seit 1953, in: Fischer-Weltgeschichte, Bd. 35, Das Zwanzigste Jahrhundert II, hrsg. von W. Benz und H. Graml, Frankfurt/M. 1983, S. 368 ff.

## 5. Vertrag über die Beziehungen zwischen der DDR und der UdSSR vom 20.9.1955

Artikel 1

Die Vertragschließenden Seiten bestätigen feierlich, daß die Beziehungen zwischen ihnen auf völliger Gleichberechtigung, gegenseitiger Achtung der Souveränität und der Nichteinmischung in die inneren Angelegenheiten beruhen.

In Übereinstimmung hiermit ist die Deutsche Demokratische Republik frei in der Entscheidung über Fragen ihrer Innenpolitik und Außenpolitik, einschließlich der Beziehungen zur Deutschen Bundesrepublik, sowie der Entwicklung der Beziehungen zu anderen Staaten.

Artikel 2

Die Vertragschließenden Seiten erklären ihre Bereitschaft, im Geiste aufrichtiger Zusammenarbeit an allen internationalen Handlungen teilzunehmen, deren Ziel die Gewährleistung des Friedens und der Sicherheit in Europa und in der ganzen Welt ist und die mit den Grundsätzen der Satzung der Organisation der Vereinten Nationen übereinstimmen.

Zu diesem Zweck werden sie sich gegenseitig über alle wichtigen internationalen Fragen beraten, die die Interessen beider Staaten berühren, und alle ihnen zu Gebote stehenden Maßnahmen ergreifen mit dem Ziel, eine Verletzung des Friedens nicht zuzulassen.

Artikel 3

In Übereinstimmung mit den Interessen beider Länder und die Grundsätze der Freundschaft befolgend, kommen die Vertragschließenden Seiten überein, die zwischen der Deutschen Demokratischen Republik und der Union der Sozialistischen Sowjetrepubliken bestehenden wirtschaftlichen, wissenschaftlich-technischen und kulturellen Verbindungen weiter zu entwickeln und zu festigen, sich gegenseitig jede mögliche wirtschaftliche Hilfe zu erweisen und die erforderliche wirtschaftliche und wissenschaftlich-technische Zusammenarbeit zu verwirklichen.

Artikel 4
Die zum gegenwärtigen Zeitpunkt in Übereinstimmung mit den bestehenden internationalen Abkommen auf dem Gebiet der Deutschen Demokratischen Republik stationierten sowjetischen Truppen verbleiben zeitweilig in der Deutschen Demokratischen Republik mit Zustimmung der Regierung der Deutschen Demokratischen Republik zu Bedingungen, die durch eine zusätzliche Vereinbarung zwischen der Regierung der Deutschen Demokratischen Republik und der Regierung der Sowjetunion festgelegt werden.
Die zeitweilig auf dem Gebiet der Deutschen Demokratischen Republik stationierten sowjetischen Truppen werden sich nicht in die inneren Angelegenheiten der Deutschen Demokratischen Republik und in das gesellschaftspolitische Leben des Landes einmischen.
Artikel 5
Zwischen den Vertragschließenden Seiten besteht Übereinstimmung darüber, daß es ihr Hauptziel ist, auf dem Wege entsprechender Verhandlungen eine friedliche Regelung für ganz Deutschland herbeizuführen. In Übereinstimmung hiermit werden sie die erforderlichen Anstrengungen für eine friedensvertragliche Regelung und die Wiederherstellung der Einheit Deutschlands auf friedlicher und demokratischer Grundlage unternehmen.
Artikel 6
Der Vertrag wird bis zur Wiederherstellung der Einheit Deutschlands als friedliebender und demokratischer Staat oder bis die Vertragschließenden Seiten zu einem Übereinkommen über die Änderung oder Außerkraftsetzung dieses Vertrages gelangen, Gültigkeit haben.

Zitiert nach: Geschichte der deutschen Arbeiterbewegung, a. a. O., Band 7, S. 487 f.

## 6. Das „Schlüsseljahr" 1955

(Aus dem Vortrag des DDR-Historikers Heinz Heitzer auf der zentralen wissenschaftlichen Konferenz der Historiker zur Geschichte der DDR anläßlich des 30. Jahrestages der Gründung der DDR am 16. 5. 1979 in Berlin)

Im Kampf um den Frieden, gegen den kalten Krieg des Imperialismus nimmt das Jahr 1955 eine Schlüsselstellung ein. Damals fielen Entscheidungen, die die Entwicklung bis heute mitbestimmen. Es wurden Strategien weiter ausgearbeitet und politische Ziele artikuliert, die viele Jahre lang der Auseinandersetzung zwischen Sozialismus und Imperialismus das Gepräge gaben. In aller Deutlichkeit trat zutage, daß Frieden und Sozialismus eine Einheit bilden, während Kriegsvorbereitung und Aggressivität zum Wesen des Imperialismus gehören.
Das herausragende, weit in die Zukunft weisende Ereignis des entscheidungsvollen Jahres 1955 war der Abschluß des Warschauer Vertrages über Freundschaft, Zusammenarbeit und gegenseitigen Beistand. Die Streitkräfte der verbündeten sozialistischen Staaten mit der sowjetischen Armee als ihrer Hauptkraft übernahmen gemeinsam die Aufgabe, die sozialistische Gemeinschaft und ihre Glieder vor allen feindlichen Anschlägen zu schützen. Damit erreichte das Bündnis der europäischen sozialistischen Staaten seine bis dahin höchste Entwicklungsstufe. Zugleich wurde Erfordernissen der internationalen Klassenauseinandersetzung entsprochen, die Zeitpunkt und Form des Vertrages wesentlich mitbestimmten. Auch die politische, die wirtschaftliche und die Zusammenarbeit auf geistig-kulturellem Gebiet der sozialistischen Staaten gestaltete sich wesentlich enger. Das multilaterale Bündnis der sozialistischen Staaten zeugte davon, daß die progressiven Ergebnisse des Zweiten Weltkrieges und der europäischen Nachkriegsentwicklung feste Gestalt angenommen hatten. Die Gemeinschaft der verbündeten sozialistischen Staaten bildete den Kern des sozialistischen Weltsystems. Von ihr gingen die stärksten Impulse für den revolutionären Weltprozeß aus.
Der sozialistischen Staatengemeinschaft untrennbar zugehörig war die Deutsche Demokratische Republik. Ihre Mitgliedschaft im Warschauer Vertrag und der im September 1955 abgeschlossene Freundschaftsvertrag mit der UdSSR setzten den imperialistischen Plänen zur Beseitigung der Arbeiter-und-Bauern-Macht unüberwindliche Schranken. Sie garantierten die Unabhängigkeit, Inte-

grität und sozialistische Entwicklung der DDR. Zu den folgenschweren Ereignissen des Jahres 1955 gehörte aber auch das Inkrafttreten der Pariser Verträge, die die Eingliederung der BRD in die NATO festlegten und ihr die Möglichkeit einräumten, eine Armee unter Leitung ehemaliger faschistischer Generäle aufzustellen. Der Imperialismus hatte seinen aggressiven Militärpakt unmittelbar bis an die Westgrenze des sozialistischen Weltsystems vorgerückt, wobei der BRD die Rolle eines Stoßkeils gegen den Sozialismus zugedacht war.

Die Pariser Verträge machten vollends deutlich, daß es der Monopolbourgeoisie nicht nur in Frankreich, Italien und anderen westeuropäischen Ländern, sondern auch in der BRD gelungen war, mit Hilfe der USA ihre Herrschaft zu behaupten und erneut zu konsolidieren. Diese Verträge ketten die westeuropäischen Staaten, insbesondere die BRD, an den USA-Imperialismus und seine Weltherrschaftspolitik. Wie die Geschichte erwies, besiegelten sie auf lange Zeit die Teilung Europas in einander feindliche Militärblöcke.

Das Jahr 1955 war auch eine einschneidende Zäsur in der nationalen Frage, für deren Lösung im Sinne des Friedens und des gesellschaftlichen Fortschritts die DDR mit aller Kraft eingetreten war. Die Mitgliedschaft der DDR im Warschauer Vertrag einerseits und der BRD in der NATO andererseits machten vor aller Welt offenkundig, daß auf deutschem Boden zwei in ihrer Gesellschafts- und Staatsordnung und in den Prinzipien ihrer Innen- und Außenpolitik völlig gegensätzliche Staaten entstanden waren und sich konsolidiert hatten. Während sich in der DDR als gesetzmäßiges Resultat der sozialistischen Revolution die sozialistische deutsche Nation herauszubilden begann, bestand in der BRD die bürgerliche Nation mit dem für sie charakteristischen Klassenantagonismus fort. Es war eingetreten, was die sozialistischen Staaten warnend vorausgesagt hatten: Die Pariser Verträge und die Aufrüstung der BRD versperrten den Weg zur Bildung eines einheitlichen demokratischen deutschen Staates, sie zementierten die Zerreißung Deutschlands.

All dies bedeutete, daß in Europa eine neue Lage entstanden war. Die Formierung der Hauptkräfte der beiden Weltsysteme hatte einen gewissen Abschluß gefunden; sie standen sich als sozialökonomisch determinierte politisch-militärische Bündnissysteme gegenüber. Die im Ergebnis des Zweiten Weltkrieges entstandene politisch-territoriale Struktur Europas hatte sich verfestigt. Auch in der Auseinandersetzung zwischen der sozialistischen DDR und der imperialistischen BRD waren schwerwiegende Entscheidungen gefallen ...

Ausgehend von der gemeinsamen außenpolitischen Strategie der Staaten des Warschauer Vertrages, entwickelte auch die SED ihre Politik weiter. Das geschah vor allem auf der 25. Tagung des Zentralkomitees im Oktober 1955. Die SED stellte fest: „Die Sicherung eines langwährenden friedlichen Zusammenlebens aller Staaten, unabhängig von ihrer politischen und gesellschaftlichen Ordnung, ist das Hauptanliegen der Völker." Angesichts der neuen Lage war die Sicherung des Friedens auch die Hauptfrage im Hinblick auf die Beziehungen zwischen DDR und BRD. Die SED sprach sich für ein System der kollektiven Sicherheit unter Teilnahme beider Staaten aus. Da die vom Imperialismus geschaffenen Tatsachen eine Vereinigung von DDR und BRD ausschlossen, konnte die Alternative nur darin bestehen, zwischen beiden Staaten normale Beziehungen herzustellen, die – wenngleich diese Schlußfolgerung noch nicht direkt gezogen wurde – der Sache nach nur Beziehungen im Geiste der friedlichen Koexistenz sein konnten.

Für den Fall grundlegender demokratischer Veränderungen in der BRD, die nur im Klassenkampf durchzusetzen waren, zog die SED die Möglichkeit in Betracht, daß auf längere Sicht Bedingungen für die schrittweise Annäherung und spätere Vereinigung von DDR und BRD auf antiimperialistisch-demokratischer Grundlage entstehen könnten. Dem entsprach der 1957 und in den folgenden Jahren unterbreitete Vorschlag einer deutschen Konföderation. Wie die weitere Entwicklung bewies, wurde jedoch die Divergenz von DDR und BRD immer größer. Allein die von der SED seit der 25. Tagung des ZK im Jahre 1955 ausgearbeitete Politik, zwischen der DDR und der BRD Beziehungen im Geiste der friedlichen Koexistenz herzustellen, erwies sich als geschichtlich realisierbar.

Die SED ging davon aus, daß sich die DDR als fester Bestandteil des sozialistischen Weltsystems entwickelte. Sie konzentrierte ihre ganze Kraft darauf, die Arbeiter-und-Bauern-Macht zu stärken, die Grundlagen des Sozialismus zu festigen und auszubauen, das Bündnis mit der Sowjetunion und den anderen sozialistischen Staaten immer enger zu gestalten. Nur so konnte die DDR ihrer Verantwortung für das Gedeihen des Weltsozialismus und für die Sicherung des Friedens gerecht werden.

Zit. nach: Zeitschrift für Geschichtswissenschaft. Berlin (Ost), Heft 9/1979, S. 835 ff.

## 7. Die Etappen der DDR-Außenpolitik bis 1955

Die am 7. Oktober 1949 in der damaligen sowjetischen Besatzungszone gegründete Deutsche Demokratische Republik hat in den ersten 6 Jahren ihres Bestehens keine eigene Außenpolitik betreiben können. Ihre Außenpolitik war Ausfluß der sowjetischen Besatzungspolitik. Die „immerwährende" Freundschaft mit der Sowjetunion und eine enge Zusammenarbeit mit ihr hat der DDR-Ministerpräsident Grotewohl schon in seiner ersten Regierungserklärung am 12. Oktober 1949 als Grundpfeiler der Außenpolitik der DDR bezeichnet. „Frieden und Freundschaft mit der Sowjetunion sind Voraussetzung für ein Aufblühen, ja für die nationale Existenz des deutschen Volkes und Staates", sagte er damals. Gleichzeitig bekannte sich die DDR zu der Verpflichtung, Reparationen an die Sowjetunion – von der Polen dann seinen Anteil erhielt – zu leisten: „Der Weg des Friedens, den die Regierung zu gehen entschlossen ist, enthält auch die Anerkennung der uns auferlegten Reparationsverpflichtungen", heißt es in der Regierungserklärung. Die Last der Reparationen drückte die DDR in den ersten Jahren ihres Bestehens schwer. Mehrfach versuchte sie, die Sowjetunion zu einer Lockerung zu bewegen.

„Die Politik des Friedens und der Freundschaft zur Sowjetunion findet ihre Ergänzung im Verhältnis zu den Volksdemokratien, vor allem mit unseren Nachbarn, dem neuen Polen und der Tschechoslowakischen Republik", erklärte Grotewohl im Oktober 1949. Das bedeutete: Anerkennung der Oder-Neiße-Grenze und Anerkennung der territorialen Integrität der Tschechoslowakei in den Grenzen von 1945. Am 15. Oktober 1949 nahm die Sowjetunion diplomatische Beziehungen zur DDR auf, bis zum Frühjahr 1950 folgten alle kommunistischen Staaten in Europa und Asien, mit Ausnahme Jugoslawiens. Es wurden „Missionen" ausgetauscht, die erst in den Jahren 1953/54 zu Botschaften oder Gesandtschaften erhoben wurden.

Die Außenpolitik der DDR war in dieser Anfangsphase darauf gerichtet, internationale Bedingungen zu schaffen, „die die Sicherung und allseitige Festigung der jungen Staatsmacht begünstigten". Da die DDR ein Geschöpf der Sowjetunion ist, blieb ihr gar nichts anderes übrig, als in enger Anlehnung an die Sowjetunion und die anderen sozialistischen Länder zu versuchen, ihre Eigenstaatlichkeit zu behaupten und um ihre völkerrechtliche Anerkennung zu ringen ...

Das Jahr 1950 ist für die DDR gekennzeichnet durch die Bemühungen zur Bereinigung des Verhältnisses zu den sozialistischen Nachbarländern. Eine DDR-Delegation unter Leitung Ulbrichts besucht im Juni Polen, die Tschechoslowakei und Ungarn. In der „Deklaration von Warschau" erkennt die DDR die Oder-Neiße-Grenze als zwischen den beiden Staaten bestehende unantastbare Freundschafts- und Friedensgrenze an. Am 6. Juli 1950 wird von den Ministerpräsidenten beider Länder ein entsprechendes Abkommen unterzeichnet. Als Ergebnis der Verhandlungen der DDR-Regierungsdelegation mit der tschechoslowakischen Führung wird am 23. Juni 1950 eine Gemeinsame Deklaration unterzeichnet, in der beide Staaten versichern, daß es zwischen ihnen keine strittigen und offenen Fragen gibt. Wörtlich heißt es: „Unsere beiden Staaten haben keine Gebiets- oder Grenzansprüche, und ihre Regierungen betonen ausdrücklich, daß die ... Umsiedlung der Deutschen aus der Tschechoslowakischen Republik unabänderlich gerecht und endgültig gelöst ist." In dieser Formulierung, die die Austreibung der Sudetendeutschen für rechtens erklärt, wird nach DDR-Ansicht „die klare Ablehnung des Münchner Abkommens von 1938" ausgedrückt. In Ungarn wird am 24. Juni 1950, während des Besuches der DDR-Delegation ebenfalls eine Deklaration veröffentlicht, in der beide Regierungen „im Bewußtsein, daß zwischen beiden Ländern keine strittigen oder ungelösten Fragen bestehen", versichern, künftig eng zusammenarbeiten zu wollen.

Wenige Tage später bricht der Korea-Krieg aus. Das „sozialistische Lager" rückt näher zusammen. Auf dem III. Parteitag der SED im Juli 1950, an dem Delegationen von 23 „Bruderparteien" teilnehmen, wird beschlossen, die Freundschaft mit der Sowjetunion „eng und unzerstörbar" zu gestalten, die Freundschaft mit den „volksdemokratischen Staaten" zu festigen, die wirtschaftlichen und kulturellen Beziehungen zu diesen Staaten „allseitig zu entwickeln" und damit das sozialistische Lager zu stärken. Auf dem Parteitag wird auch der Fünfjahrplan zur Entwicklung der Volkswirtschaft der DDR in den Jahren 1951–1955 in den Grundzügen festgelegt. Er sieht die Vertiefung der Wirtschaftsbeziehungen zu den sozialistischen Ländern vor, die sich am 25. Januar 1949 in Warschau im „Rat für Gegenseitige Wirtschaftshilfe" (RGW) zusammengeschlossen hatten. Am 28. September 1950 wird die DDR als vollberechtigtes Mitglied in den RGW aufgenommen. Sie schließt zwischen 1951 und 1952 langfristige Handelsabkommen mit der Sowjetunion, die ihr wichtigster Rohstofflieferant wird, und mit den anderen Volksdemokratien. Am 20./21. Oktober 1950 findet in Prag eine Außenministerkonferenz der Ostblockstaaten statt. Dies ist die erste internationale Konferenz, an der die DDR teilnimmt. Die Konferenz, die den Abschluß eines Friedensvertrages mit Deutschland und die Wiederherstellung der Einheit des deutschen Staates sowie den Abzug aller Besatzungstruppen fordert, schlägt die Bildung eines aus Vertretern der Bundesrepublik und der DDR paritätisch besetzten „Gesamtdeutschen Konstituierenden Rates" vor, der die Bildung einer gesamtdeutschen Regierung vorbereiten soll. Dieser Gedanke wird von der DDR in den folgenden Jahren immer wieder lanciert, stößt aber in der Bundesrepublik und bei den Westmächten ebenso auf Ablehnung wie die sowjetische Note vom 10. März 1952, in der den Westmächten der Entwurf für einen deutschen Friedensvertrag unterbreitet wird. Es wird keine Einigung über Zeitpunkt, Kontrolle und Verfahren der vom Westen geforderten freien Wahlen in ganz Deutschland erzielt ...

Um die Wende von 1953 zu 1954 verändert die Sowjetunion offensichtlich ihre Deutschlandpolitik. Immer mehr scheint sie jetzt an die Stelle ihrer Politik der Neutralisierung eines wiedervereinigten Gesamtdeutschlands die Konzeption der zwei deutschen Staaten zu setzen, die sich unabhängig voneinander entwickeln. Die Antwort der Sowjetunion auf die erfolglos verlaufene Außenministerkonferenz der vier Mächte in Berlin im Frühjahr 1954 ist die am 25. März 1954 veröffentlichte Erklärung der Regierung der UdSSR über die Anerkennung der Souveränität der DDR. Darin heißt es: „Die DDR wird die Freiheit besitzen, nach eigenem Ermessen über ihre inneren und äußeren Angelegenheiten einschließlich der Frage der Beziehungen zu Westdeutschland zu entscheiden." Wenige Tager später folgt die Souveränitätserklärung der DDR, und auf dem IV. Parteitag der SED im März wird, da nun mit einem längeren Nebeneinanderbestehen der DDR und der Bundesrepublik gerechnet werden müsse, die „Anerkennung" der nun souveränen DDR durch die Westmächte gefordert.

Als erstes nimmt die DDR ihre „souveränen Rechte auf uneingeschränkte Ausübung der Paß- und Visahoheit" voll wahr und erläßt im September 1954 das Paßgesetz der DDR. Damit will sie zugleich das Allied Travel Board in Berlin treffen, das für die Erteilung von Reisegenehmigungen für Bewohner der DDR bei Reisen ins westliche Ausland zuständig ist. Im gleichen Monat vereinbaren die Sowjetunion und die DDR die Aufnahme normaler konsularischer Beziehungen und die Errichtung von Konsulaten. Nachdem die Bundesrepublik mit der Unterzeichnung der Pariser Verträge im Oktober 1954 und ihrer Ratifizierung im März 1955 in die Westeuropäische Union und in die NATO aufgenommen worden ist, wodurch auch das Besatzungsregime in der Bundesrepublik aufgehoben wird, erklärt die Sowjetunion durch einen Erlaß des Obersten Sowjets am 25. Januar 1955 „im Hinblick auf die Festigung und Entwicklung freundschaftlicher Beziehungen zwischen der Sowjetunion und der DDR, die auf der Anerkennung der Grundsätze der Souveränität und der Gleichberechtigung beruhen", die Beendigung des Kriegszustandes mit Deutschland. Im Mai 1955 beschließen die Sowjetunion, Polen, die Tschechoslowakei, Ungarn, Rumänien, Bulgarien, Albanien und die DDR den Abschluß eines „Vertrages über Freundschaft, Zusammenarbeit und gegenseitigen Beistand". Dieser „Warschauer Vertrag" ist die Grundlage des „Warschauer Paktes". Gleichzeitig wird die Bildung eines „Vereinten Kommandos der Streitkräfte der

Teilnehmerstaaten des Warschauer Paktes" bekanntgegeben, die Bildung eines „Politischen Beratenden Ausschusses" angekündigt. Die DDR, die damals noch keine reguläre Armee besitzt, sondern nur eine getarnte in Gestalt der Kasernierten Volkspolizei, beschließt im Januar 1956 die Schaffung einer „Nationalen Volksarmee", als deren Gründungstag offiziell der 1. März 1956 gilt. Die Streitkräfte der DDR werden wenig später vollständig und endgültig in die militärische Organisation des Warschauer Paktes integriert.
Im Juli 1955 findet in Genf die Konferenz der Regierungschefs der vier Großmächte statt. Die Sowjetunion erklärt sich zwar dazu bereit, die Außenminister damit zu beauftragen, „die Regelung des deutschen Problems und der Wiedervereinigung Deutschlands mittels freier Wahlen" anzustreben, doch schon auf der Rückreise erklärt Chruschtschow in Ost-Berlin, die mechanische Vereinigung beider Teile Deutschlands sei eine unreale Sache. Vor allem könne die deutsche Frage nicht auf Kosten der DDR gelöst werden. Einer Beseitigung aller ihrer politischen und sozialen Errungenschaften und ihrer „demokratischen Umgestaltung" werde die Sowjetunion niemals zustimmen. Die DDR erklärt, nach der Inkraftsetzung der Pariser Verträge könne es nicht mehr unmittelbar um die Herstellung eines friedlichen Einheitsstaates gehen, jetzt komme es darauf an, ein friedliches Nebeneinanderbestehen zwischen der DDR und der Bundesrepublik zu sichern und in Verhandlungen zwischen beiden Staaten Schritt um Schritt eine Annäherung zu fördern. Die „Viermächteverantwortung" für die Wiedervereinigung Deutschlands wird von der DDR energisch bestritten. Es müsse von der Existenz zweier Staaten mit unterschiedlicher sozialer und ökonomischer Ordnung ausgegangen werden, sagt Grotewohl in einer Regierungserklärung am 12. August 1955, und deshalb sei es höchste Zeit, daß „die aggressive Alleinvertretungsanmaßung der Bundesrepublik" aufgegeben werde. Alle Schritte zur „Normalisierung der Beziehungen" zwischen den beiden deutschen Staaten seien nur auf der Grundlage der völligen Gleichberechtigung möglich.
Den vorläufigen Schlußpunkt in dem Bemühen der Sowjetunion, die DDR als zweiten deutschen Staat aufzubauen und international hoffähig zu machen, bildet der „Vertrag über die Beziehungen zwischen der DDR und der UdSSR vom 20. September 1955", durch den sich nach Ansicht Walter Ulbrichts „eine neue Qualität" der Außenpolitik der DDR ergab. Durch diesen Vertrag erhält die DDR – zumindest de jure – endgültig die Rechte eines souveränen Staates. Freilich bleibt auch jetzt der Handlungsspielraum der DDR-Regierung beschränkt. Ohne oder gar gegen Moskau kann in Ost-Berlin keine Außenpolitik getrieben werden …
Der Ministerrat der Sowjetunion beschließt am 20. September 1955 die Auflösung der Hohen Kommission der Sowjetunion in Deutschland. Die „Funktionen der Aufrechterhaltung der entsprechenden Verbindungen zu den Vertretern der USA, Großbritanniens und Frankreichs in der Bundesrepublik Deutschland in Fragen, die sich aus den Beschlüssen der vier Mächte über Gesamtdeutschland ergeben", werden dem Botschafter der Sowjetunion in der DDR übertragen. Der Vertrag zwischen der Sowjetunion und der DDR wurde kurz nach dem Besuch Konrad Adenauers in Moskau abgeschlossen, bei dem die Aufnahme diplomatischer Beziehungen zwischen der Bundesrepublik und der Sowjetunion vereinbart worden war. Schon damals hatte die Sowjetunion erklärt, daß sie die Bundesrepublik als einen Teil Deutschlands betrachte, ein anderer sei die DDR: „Im Zusammenhang mit der Herstellung diplomatischer Beziehungen zwischen der Sowjetunion und der Deutschen Bundesrepublik hält es die Regierung der UdSSR für erforderlich, zu erklären, daß die Frage der Grenzen Deutschlands durch das Potsdamer Abkommen gelöst worden ist und daß die Deutsche Bundesrepublik ihre Jurisdiktion auf dem Gebiet ausübt, das unter ihrer Hoheit steht." Durch den Vertrag mit der DDR rückt die Sowjetunion die Beziehungen zwischen den beiden Teilen Deutschlands, die sie als gleichberechtigte, unabhängige Staaten ansieht, auf die völkerrechtliche Ebene. Fortan wird aus der Wiedervereinigungspolitik der Sowjetunion und der DDR die Politik der „Normalisierung" der Beziehungen zwischen den beiden deutschen Staaten.

Aus: Peter Jochen Winters, Die Außenpolitik der DDR, in: Handbuch der deutschen Außenpolitik, hrsg. von Hans-Peter Schwarz, München 1975, S. 778 ff.

# Kommentierendes Register

Das folgende Register soll die Arbeit mit dem Buch durch ergänzende Hinweise unterstützen. Es verzichtet folglich weitgehend auf Angaben, die bereits aus den Übersichten, Einführungen und Materialien hervorgehen.

**Abendroth, Wolfgang** (98) (geb. 1906). Jurist. 1933 aus dem Staatsdienst entlassen. 1937–1941 wegen illegaler politischer Arbeit in Zuchthaushaft, anschließend in der Strafdivision 999. Nach 1945 in der Justizverwaltung der SBZ tätig. Ab 1947 Professor an den Universitäten Leipzig und Jena. Seit 1949 Hochschullehrer im Westen (bis 1951 in Wilhelmshaven; bis 1972 in Marburg). Wichtige Veröffentlichungen zur inneren Struktur der Bundesrepublik aus marxistischer Perspektive.

**Acheson, Dean** (154; 233) (1893–1971). Jurastudium. 1941–1947 Unterstaatssekretär im Außenministerium. Wesentlich beteiligt an der Formulierung der UN-Satzung, der Vorbereitung der Nato und der Initiierung einer wirtschaftlichen Europahilfe, des späteren Marshall-Plans (s. dort). 1949–1953 Außenminister. In dieser Funktion bemühte sich Acheson um die Zurückdrängung des Kommunismus (roll back, s. dort) und die Einigung Europas. Nach seinem Rücktritt Wiederaufnahme seiner Anwaltstätigkeit. Von den Präsidenten Kennedy und Johnson in den frühen 60er Jahren als außenpolitischer Berater herangezogen.

**Ackermann, Anton (eigentlich: Hanisch, Eugen)** (7; 20; 36; 68; 76; 121; 212; 413; 414) (1905–1973). Seit 1926 Mitglied der KPD. 1928 Absolvent der Lenin-Parteischule in Moskau, 1935 Mitglied des ZK der KPD, Teilnahme am Spanischen Bürgerkrieg; 1945 Rückkehr aus der UdSSR nach Deutschland, Mitbegründer und Chefideologe der SED; entwickelte die These vom „besonderen deutschen Weg zum Sozialismus“, die er im September 1948 widerrief. 1954 aller Ämter enthoben und aus dem ZK ausgeschlossen. 1956 rehabilitiert.

**Adenauer, Konrad** (34; 36; 39; 65; 86ff.; 93f. 99; 100f.; 106; 174; 199; 229; 230; 231; 232; 233; 234; 235; 236; 237; 238; 239; 242; 243; 244f.; 248; 249; 251ff.; 256; 258; 265; 266; 267f.; 272; 273; 274; 275; 279; 280; 281; 282; 287; 288; 293; 296; 301; 302; 304ff.; 307; 309ff.; 314ff.; 317; 320; 321ff.; 325; 326; 327; 328; 330; 331; 332; 335f.; 347; 349; 352; 353; 354; 355; 356; 360; 363; 379; 418; 438) (1876–1967). Jurist. 1906 Beitritt zur Zentrumspartei. 1909 Erster Beigeordneter, 1917 Oberbürgermeister der Stadt Köln. 1920–1933 Mitglied und Präsident des Preußischen Staatsrats. 1926 unter den Kandidaten für das Amt des Reichskanzlers. Im März 1933 von den Nationalsozialisten als Oberbürgermeister entlassen. Verhaftung nach dem 20. Juli 1944. Im Mai 1945 von den amerikanischen Militärbehörden wieder zum Oberbürgermeister von Köln berufen; schon im Oktober „wegen Unfähigkeit“ von der britischen Militärregierung entlassen. Obwohl an der Gründung der CDU im Rheinland nicht unmittelbar beteiligt, widmete sich Adenauer ab Herbst 1945 engagiert dem Aufbau dieser Partei. Bereits im März 1946 Vorsitzender für den Bereich der britischen Besatzungszone und Fraktionsvorsitzender im Landtag von Nordrhein-Westfalen. Seine Wahl zum Präsidenten des Parlamentarischen Rates (1. 9. 1948) unterstrich nicht nur Adenauers politisches Ansehen, sondern verschaffte ihm auch einen ständigen Kontakt zu den westlichen Militärgouverneuren. Am 15. 9. 1949 Wahl zum Bundeskanzler (mit einer Stimme Mehrheit) in einer Koalitionsregierung aus CDU/CSU. FDP und DP, der er bis Oktober 1963 blieb. Adenauer füllte die im Grundgesetz verankerte Richtlinienkompetenz des Bundeskanzlers (Art. 65) in einer Weise aus, die das bezeichnende Attribut „Kanzlerdemokratie“ bald gerechtfertigt erscheinen ließ. Überzeugt von einer Bedrohung Deutschland und Europas durch die Sowjetunion, glaubte der westdeutsche Regierungschef – seit Oktober 1950 Bundesvorsitzender der CDU (bis 1966) und ab März 1951 zugleich Außenminister –, die Konsolidierung der Bundesrepublik und die Möglichkeit der Wiedervereinigung nur durch eine politische, wirtschaftliche und – ab 1950 – auch militärische Anlehnung an die Westmächte erreichen zu können, und richtete seine praktische Politik an diesen Zielsetzungen aus. Zwar rückten die Erfolge der Westintegration, die in der Rückgewinnung der Souveränität und der gleichberechtigten Aufnahme der Bundesrepublik in die Nato (Mai 1955) gipfelten, die nationale Einheit eher in weitere Ferne, doch gelang es Adenauer, der (im Oktober 1953 als Bundeskanzler wiedergewählt) „jede Art von Schaukelpolitik und jeden Versuch, die Bundesrepublik oder ein wiedervereinigtes Deutschland in eine bindungsfreie Position zu bringen, als direkten Abmarsch in die Hölle verstanden und entsprechend bekämpft hat“ (H.-P. Schwarz), diesen Tatbestand vor der bundesdeutschen Öffentlichkeit zu verschleiern. Im Gegenteil: Der wirtschaftliche Wiederaufstieg der Bundesrepublik unter dem Vorzeichen der Sozialen Marktwirtschaft, der der Westintegration korrespondierte, steigerte die Popularität des Bundeskanzlers und stärkte das politische Gewicht der Unionsparteien CDU und CSU, die – nach beträchtlichem Zuwachs im September 1953 – bei den Bundestagswahlen im September 1957 die absolute Mehrheit errangen.

**Agartz, Viktor** (127)
(1897–1964). Studium von Jura und Volkswirtschaft. 1919 Beitritt zur SPD. 1931 Vorstandsmitglied der Kölner Konsumgenossenschaft. 1933 entlassen. Tätigkeit als Wirtschaftsprüfer. 1946 von der britischen Militärregierung mit der Leitung des Zentralamtes für Wirtschaft betraut. 1947 Mitglied des Landtags in Nordrhein-Westfalen.
1948–1955 Mitgeschäftsführer des wirtschaftswissenschaftlichen Instituts der Gewerkschaften. Wegen seiner marxistischen Orientierung in ständige Auseinandersetzungen mit SPD und DGB verstrickt. Zwar wurde er 1957 in einem Prozeß wegen des Verdachts landesverräterischer Beziehungen zur SED, in dem ihn Gustav Heinemann verteidigte, freigesprochen, doch bewahrte ihn das nicht vor dem Ausschluß aus SPD und DGB.

**AHK (= Alliierte Hohe Kommission)** (229; 230; 232; 233; 235; 240; 244; 253; 277; 361)
Gemäß der Festlegung im Besatzungsstatut vom April 1949 wurde die Funktion der Militärregierungen in den westlichen Besatzungszonen (bzw. dann der Bundesrepublik) und West-Berlin durch die Drei-Mächte-Kontrolle der Alliierten Hohen Kommission abgelöst, die auf dem Petersberg bei Königswinter residierte. Die wichtigste Institution der Alliierten Hohen Kommission, deren Befugnisse in den Bundesländern von Landeskommissaren wahrgenommen wurden, war der Rat der drei Hohen Kommissare, in dem der Vorsitz monatlich wechselte. Nach Revisionen des Besatzungsstatuts, die zu einer schrittweisen Einschränkung der Zuständigkeiten der Alliierten Hohen Kommission geführt hatten, entzog der Abschluß des Deutschlandsvertrages im Mai 1955 mit der Rückgewinnung der westdeutschen Souveränität ihr endgültig die rechtliche Basis.

**Ahlener Programm** (39; 65; 90ff.; 94; 146; 326; 332; 335)
Das am 3. Februar 1947 in Ahlen beschlossene Programm der CDU für die britische Zone zielte auf eine Neugestaltung der Wirtschaft, indem es unter dem Leitgedanken des machtverteilenden Prinzips monopolistische Gebilde des Privatkapitalismus ebenso verwarf wie den Staatskapitalismus. Sie sollten entflochten bzw. im Bereich von Bergbau und eisenschaffender Großindustrie vergesellschaftet werden. Zugleich wird eine Förderung der Klein- und Mittelbetriebe verlangt und von der „dringend notwendigen Unternehmerinitiative" gesprochen. Daneben wird ein „Mitbestimmungsrecht der Arbeitnehmer" gefordert. Insgesamt blieb das eine kurzfristige Konstellation im Vorfeld der Landtagswahlen in Nordrhein-Westfalen am 20.4. 1947 artikulierende und eine Abgrenzung gegenüber der SPD ermöglichende Ahlener Programm ohne nennenswerte Bedeutung.

**Aktivistenbewegung** (42; 121ff.; 167)
Bezeichnung für die nach dem Beispiel der Sowjetunion seit 1948 in der SBZ von SED und FDGB in Gang gesetzte Mobilisierung der Arbeiterschaft, sich bei der Erfüllung der Wirtschaftspläne und der Entwicklung der Arbeitsproduktivität in besonderer Weise individuell oder als Gruppe zu engagieren. Der Staat honoriert den als freiwillig ausgegebenen herausragenden Einsatz, der sich in Leistungsrekorden, Betriebsverbesserungen und Erfindungen ausdrückt, mit Titeln („Held der Arbeit") und Geldprämien.

**Albers, Johannes** (94)
(1890–1963). Schriftsetzerlehre. 1919–1933 Sekretär der christlichen Gewerkschaft in Köln. Im Dritten Reich Tätigkeit in der Versicherungsbranche. Nach dem 20. Juli 1944 inhaftiert. An der Gründung der CDU im Rheinland 1945 maßgeblich beteiligt. 1946–1950 Landtagsabgeordneter in Nordrhein-Westfalen.
1949–1957 Mitglied des Bundestags. Vorsitzender der Sozialausschüsse der Arbeitnehmer in der CDU.

**Alleinvertretungsanspruch** (230; 236; 238; 242; 305; 316; 438)
Den bereits in der Präambel des Grundgesetzes enthaltenen Alleinvertretungsanspruch, der aus der sog. Identitätsthese abgeleitet wurde, der Formel von der rechtlichen Identität der Bundesrepublik mit dem früheren deutschen Staat, griff Bundeskanzler Adenauer in einer Regierungserklärung vom 21. 10. 1949 auf, indem er – auf die fehlende freie demokratische Willensbildung in der DDR abhebend – die Formel prägte: „Die Bundesrepublik Deutschland ist bis zur Erreichung der deutschen Einheit insgesamt die alleinige legitimierte staatliche Organisation des deutschen Volkes" und „allein befugt, für das deutsche Volk zu sprechen". Dieser Anspruch, der einen überparteilichen Konsens artikulierte und von den Westmächten wiederholt vertraglich bestätigt wurde, bestimmte für die nächsten zwei Jahrzehnte die bundesdeutsche Position. Er wurde offiziell revidiert durch den Grundvertrag vom 21. 12. 1972 („Vertrag über die Grundlagen der Beziehungen zwischen der Bundesrepublik Deutschland und der DDR"), dessen Verfassungsmäßigkeit das Bundesverfassungsgericht ausdrücklich bestätigte. In ihm wird von zwei deutschen Staaten ausgegangen, die ihre beiderseitige Unabhängigkeit und Selbständigkeit in inneren und äußeren Angelegenheiten ak-

zeptieren, wenngleich sie die Reichweite dieser Anerkennung im Blick auf die Frage der Wiedervereinigung unterschiedlich auslegen.

**Antifaschistische Ausschüsse** (32; 149)
Bezeichnung für die unmittelbar nach Kriegsende 1945 entstandenen Komitees, die sich die Bekämpfung und Ausschaltung faschistischer Organisationen und ihrer Anhänger zum Ziel setzten. Darüber hinaus widmeten sie sich der Behebung der praktischen Notsituation der Bevölkerung. Ihr Wirken blieb jedoch Episode aufgrund interner Differenzen zwischen kommunistischen und nichtkommunistischen Gruppen und des Mißtrauens der Besatzungsmächte; sie wurden noch im Sommer 1945 aufgelöst.

**Antifaschistischer Block** (2; 8; 20; 33; 40; 67; 68; 75; 119; 216; 223; 227; 375; 381; 387)
In der SBZ wurde von der KPD – entsprechend ihrem Gründungsaufruf vom Juni 1945 – „die Schaffung eines Blocks der antifaschistischen demokratischen Parteien" mit maßgeblicher Unterstützung durch die SMAD betrieben und am 14.7. durch Vertreter der KPD, SPD, CDU und LDPD verwirklicht. Dabei bedeutete Blockpolitik keine Koalitionspolitik, bei der Mehrheitsbeschlüsse durch Kompromisse erreicht werden; sie forderte vielmehr von allen Parteien die Anerkennung der „führenden Rolle" der KPD und machte Einheitsbeschlüsse zum Prinzip.

**Appeasement** (164)
(von engl. to appease = befrieden, beschwichtigen). Bezeichnung für die Grundtendenz der britischen Außenpolitik zwischen den beiden Weltkriegen, die auf eine Verständigung der Westmächte mit dem besiegten Deutschland abgestellt und dafür auch zu einer partiellen Korrektur des Versailler Vertrags bereit war. Die Appeasement-Politik fand ihren signifikanten Höhepunkt im Münchener Abkommen vom September 1938 (s. München-Politik).

**Arndt, Adolf** (237; 243)
(1904–1974). Studium der Rechtswissenschaft, Nationalökonomie und Philosophie. 1929 Eintritt in den preußischen Justizdienst. 1933 „aus rassischen Gründen" entlassen. 1945 Oberstaatsanwalt in Marburg; dann (bis 1949) Ministerialrat im hessischen Justizministerium. 1946 Beitritt zur SPD. 1949–1969 Mitglied des Bundestags; 1949–1961 Geschäftsführer der SPD-Fraktion, zu deren maßgebendem Sprecher in rechtspolitischen Fragen Arndt bald avancierte. Im Februar 1961 erstritt Arndt als Vertreter des Landes Hessen vor dem Bundesverfassungsgericht das sog. Fernseh-Urteil, das die Fernsehpläne Adenauers vereitelte und allgemeine Richtlinien für die Unabhängigkeit von Funk und Fernsehen festlegte. 1956–1964 Sitz im Parteivorstand. 1963–1964 Berliner Senator für Wissenschaft und Kunst.

**Arnold, Karl** (94; 174; 229; 236)
(1901–1958). Anfänglich Facharbeiter in der Lederindustrie, dann hauptamtlicher Funktionär in der christlichen Arbeiterbewegung; Mitgliedschaft im Zentrum. Ab 1933 an politischer Betätigung gehindert und im Zusammenhang mit dem 20. Juli 1944 verhaftet, war Arnold 1945 Mitbegründer der CDU in Düsseldorf, wo er 1946 zum Oberbürgermeister gewählt wurde. Ab Juni 1947 (bis 1956) Ministerpräsident von Nordrhein-Westfalen galt Arnold als ein führender Exponent des linken Flügels seiner Partei. 1949 erster Präsident des Bundesrats. Im Februar 1956 durch konstruktives Mißtrauensvotum von SPD, FDP und Zentrum gestützt. 1957 Erringung eines Direktmandates für den Bundestag. Neben Jakob Kaiser der bedeutendste innerparteiliche Gegenspieler Adenauers. 1958 Vorsitzender der Sozialausschüsse der CDU.

**Atlantikpakt** (s. Nato)

**Attlee, Clement** (2; 16)
(1883–1967). Von 1922–1955 Unterhausabgeordneter der britischen Labour Party, 1935–1955 Parteivorsitzender. Als Oppositionsführer Gegner der Appeasement-Politik. 1940 stellv. Premierminister in Churchills Kabinett der „nationalen Konzentration". 1945 Teilnahme an den Konferenzen von San Francisco und Potsdam, während der Konferenz von Potsdam zum Premierminister gewählt. In seine Amtszeit (bis 1951) fallen das Sozialisierungsprogramm seiner Partei, die Gewährung der Unabhängigkeit an Indien (1947), die Gründung der NATO und die Beteiligung Großbritanniens am Korea-Krieg (1950).

**Augstein, Rudolf** (238; 245 f.; 272)
(geb. 1923). Journalist und Schriftsteller. Von 1942 bis 1945 Wehrdienst. Seit 1946 Herausgeber (zeitweise auch Chefredakteur) des Nachrichtenmagazins „Der Spiegel". Seit 1956 Mitgliedschaft in der FDP. Oktober 1962 bis Februar 1963 in Untersuchungshaft wegen Verdachts auf Landesverrat, begründet mit einem militärpolitischen Artikel im „Spiegel". 1965 Strafverfahren eingestellt. Im November 1972 Wahl in den Bundestag über die Landesliste der FDP in Nordrhein-Westfalen. Januar 1973 Mandatsverzicht. In den 50er Jahren vehementer Kritiker der Adenauerschen Außen- und Deutschlandpolitik.

**BDI (= Bundesverband der Deutschen Industrie)** (327)
Der im Herbst 1949 in Köln gegründete Bundesverband der Deutschen Industrie war der Nachfolger des 1933 zwangsweise in die „Reichsgruppe Industrie" umgewandelten Reichsverbandes der Deutschen Industrie. Der BDI ist mit seinen 39 Industrieverbänden (vom „Verband der Automobilindustrie" bis zum „Verein der Zuckerindustrie") und seinen 13 Landesvertre-

tungen (den überfachlichen Zusammenschlüssen von Industrieverbänden innerhalb eines Bundeslandes) die Spitzenorganisation der Industrie in der Bundesrepublik. Er vertritt deren wirtschaftliche und wirtschaftspolitische Interessen gegenüber Verwaltung, Gesetzgeber und gesellschaftlichen Gruppen wie gegenüber Gesprächspartner im Ausland. Sein erster Präsident von 1949 bis 1971 war Fritz Berg, Inhaber einer mittelgroßen Metallwarenfabrik in Altena/Westfalen.

**Becher, Johannes R.** (393 f.) (1891–1958). Gehörte seit Erscheinen des Doppelbandes „Verfall und Triumph" (Gedichte und Prosa, 1914) zu den führenden deutschen expressionistischen Schriftstellern. 1917 Mitglied der USPD, später des Spartakus-Bundes und der KPD; 1928 Mitbegründer und Vorsitzender des Bundes Proletarisch-revolutionärer Schriftsteller. Ging 1933 ins Exil, seit 1935 in Moskau; 1935–1945 Chefredakteur der Zeitschrift „Internationale Literatur, Deutsche Blätter", die die Stalinsche Kulturpolitik vertrat. Abkehr von den expressionistischen Anfängen, Übergang zu einem pathetischen und volkstümelnden nachklassischen bzw. nachromantischen Stil. 1945 Rückkehr nach Berlin. Mitbegründer und Präsident des „Kulturbundes zur demokratischen Erneuerung Deutschlands" (bis 1957); 1950 Vizepräsident, 1952–1956 Präsident der Deutschen Akademie der Künste; seit 1954 Minister für Kultur der DDR; seit 1950 Mitglied des ZK der SED. Textdichter der Nationalhymne der DDR.

**Befreiungsgesetz** (2; 22 f.; 35; 36)
Auf amerikanische Initiative am 5.3. 1946 von den drei Länderregierungen der US-Zone als „Gesetz zur Befreiung von Nationalsozialismus und Militarismus" verabschiedet. Es bestimmte die Einführung eines laiengerichtsförmigen Systems von Spruchkammern und öffentlichen Klägern, das zur Behandlung jedes Einzelfalles verpflichtete. Obwohl durch eine generelle Amnestie für junge und kaum Betroffene die Spruchkammern von 2,8 Millionen Fällen entlastet wurden, befaßten sie sich zunächst vornehmlich mit Bagatellfällen und schoben die Aburteilung der Hauptschuldigen vor sich her. Daß diese ab Frühjahr 1948 im Zuge der Verschärfung des Kalten Krieges nachsichtige Richter fanden, hat der Kritik an der Arbeit der Spruchkammern, denen man weithin ein Übermaß an Denunziation und Korruption unterstellte, neuen Auftrieb gegeben.

**Benjamin, Hilde** (378; 389) (geb. 1902). Jurastudium. Ab 1926 Rechtsanwältin in Berlin. 1927 Beitritt zur KPD. 1933 Berufsverbot. 1936 wegen illegaler politischer Betätigung zu sechs Jahren Zuchthaus verurteilt. 1945 Staatsanwalt in der SBZ. 1949–1953 Vizepräsident des Obersten Gerichts der DDR. Vorsitzende in zahlreichen Schauprozessen. 1953 Justizminister als Nachfolgerin von Max Fechner, was Hilde Benjamin bis 1967 blieb. 1950–1967 Abgeordnete der Volkskammer. Seit 1954 Mitglied des ZK der SED. Ab 1968 Professor an der Akademie für Staats- und Rechtswissenschaften.

**Bergpredigt** (72)
Die bei Matthäus 5–7 mitgeteilte und auf einen nicht näher bezeichneten Berg in Galiläa verlegte Rede Jesu. Sie kulminiert in dem Gebot der unbedingten Nächstenliebe bis zur Liebe des Feindes, die sich in der konkreten Tat äußert. Strittig sind zwischen und innerhalb der christlichen Konfessionen Ausmaß der Verbindlichkeit und Geltungsbereich der Bergpredigt.

**Berija, Lawrentij Pawlowitsch** (415) (1899–1953). Ingenieur. 1917 Beitritt zur bolschewistischen KP. Ab 1921 Aufstieg in der sowjetischen Geheimpolizei (GPU). Ab 1934 Mitglied des ZK der KPdSU. Im Zweiten Weltkrieg Chef der Geheimpolizei und Mitglied des Verteidigungskomitees. 1945 Marschall; 1946 stellvertretender Ministerpräsident und Mitglied des Politbüros. Obwohl er einer der engsten Vertrauten Stalins war, unterlag Berija – zunächst Innenminister – in dem Machtkampf um dessen Nachfolge. Im Juli 1953 wurde er sämtlicher Ämter enthoben und aus der KPdSU ausgeschlossen. Im Dezember 1953 in einem Geheimprozeß als „Verräter und imperialistischer Agent" verurteilt und hingerichtet.

**Berliner Blockade** (167; 168; 169; 176 ff.; 181; 215; 229) (24.6. 1948–12.5. 1949). Sperrung aller Zufahrtswege zu Lande und zu Wasser und damit jeglichen Personen-, Güter- und Postverkehrs zwischen Westdeutschland und den Berliner Westsektoren durch die UdSSR. Versuch, die Westsektoren der Stadt (2,5 Mio. Einwohner) auszuhungern und die Präsenz der Westmächte in der Stadt zu beseitigen. Unmittelbarer Anlaß war die Währungsfrage, im wesentlichen jedoch der Versuch der UdSSR, die auf der Londoner Sechsmächte-Konferenz vom Frühjahr 1948 beschlossene wirtschaftliche und politische Vereinigung der Westzonen zu verhindern. Die Berliner Blockade scheiterte an der amerikanisch-britischen „Luftbrücke" und am Durchhaltewillen der Westberliner Bevölkerung, deren Haltung Deutschland nach 1945 erstmalig wieder Sympathien in Westeuropa und in den USA zurückgewann.

**Berliner Erklärung** (32)
Nach der bedingungslosen Kapitulation erklärten die Alliierten am 5.6. 1945 in der sog. Berliner Deklaration, daß es in Deutschland keine zentrale Regierung oder Behörde (no central government or authority) mehr gebe, die fähig sei, „die Verantwortung für die Aufrechterhaltung der Ord-

nung, für die Verwaltung des Landes und für die Ausführung der Forderungen der siegreichen Mächte zu übernehmen". Die vier Mächte okkupierten demgemäß als Alliierter Kontrollrat die oberste Regierungsgewalt für „Deutschland als Ganzes", wiesen aber darauf hin, daß dies keine Annexion bedeute. Die Grenzen Deutschlands sollten später festgelegt werden. Doch wurde als Ausgangslage der Umfang Deutschlands in den Grenzen vom 31.12. 1937 verstanden.

**Berner Konferenz** (21)
(30.1.–2.2. 1939). Parteikonferenz der KPD in der Emigration, tagte in der Nähe von Paris, später als XIV. Parteitag bezeichnet. Beschlüsse von programmatischer Bedeutung; Die Zusammenarbeit mit allen Hitler-Gegnern in einer Volksfront wird bestätigt. Die „neue demokratische Republik" soll „die Schwächen der Weimarer Republik gegenüber der Reaktion nicht wiederholen, eine gründliche Demokratisierung des Staatsapparates durchführen" und sich eng an die UdSSR anschließen. Eine „Einheitspartei der deutschen Arbeiterklasse" soll die politischen Grundlagen schaffen. (Demgegenüber hatte noch im Mai 1933 das ZK der KPD die SPD als „Hauptstütze" des Hitler-Staates und der „Kapitalsdiktatur" bezeichnet).

**Besatzungsstatut** (168; 170; 175; 180; 197f.; 199; 216; 229; 232; 240; 252; 267)
Das auf der Konferenz der westlichen Außenminister in Washington (April 1949) verabschiedete und anschließend dem Parlamentarischen Rat in Bonn zugeleitete Besatzungsstatut bildete die Rechtsgrundlage für die Beziehungen zwischen den Westmächten, d.h. der Alliierten Hohen Kommission, und der Bundesrepublik. Es räumte eine deutsche Selbstverwaltung unter alliierter Aufsicht ein. Wichtige Sektoren wie Abrüstung, Ruhrkontrolle und Außenhandel blieben der deutschen Zuständigkeit entzogen. Um die faktische und juristische Revision des Besatzungsstatus bemühte sich Adenauer mit Geschick und Erfolg. Als es durch den Deutschlandsvertrag im Mai 1955 komplett rechtlich annulliert wurde, war es längst in der politischen Praxis entscheidend überwunden worden.

**Bevin, Ernest** (160; 161; 167; 281)
(1881–1951). Ab 1911 Gewerkschaftsfunktionär der Dockarbeiter. Bevin gründete 1922 die englische Transportarbeiter-Gewerkschaft, die damals größte Gewerkschaft der Welt, und wurde ihr Generalsekretär. Zugleich spielte er eine führende Rolle in der Labour Party. 1940–1945 Arbeitsminister. Von Juli 1945–März 1951 Außenminister. In dieser Funktion betonte er die britisch-amerikanische Zusammenarbeit und trug wesentlich zum Abschluß des Nordatlantik-Paktes bei.

**BHE (= Block der Heimatvertriebenen und Entrechteten)** (304; 327; 330; 332; 354; 355)
Nachdem sich Ende der 40er Jahre auf lokaler Ebene vielerorts Interessenverbände zur Vertretung der etwa 10 Millionen notdürftig untergebrachten und mit Eingliederungsschwierigkeiten konfrontierten Flüchtlinge und Heimatvertriebenen gebildet hatten, wurde Anfang 1950 in Schleswig-Holstein der BHE von Waldemar Kraft gegründet, der bei der dortigen Landtagswahl des gleichen Jahres auf Anhieb 23,4% aller Stimmen errang. Durch diesen großen Erfolg ermutigt – der freilich auch wesentlich aus dem Umstand abzuleiten ist, daß die Vertriebenen zunächst nach vorhandenem Wohnraum und ohne Rücksicht auf die Arbeitsmarktlage verteilt worden waren – konstituierte sich der BHE in anderen Bundesländern und im Januar 1951 als Bundesverband. Politisches Gewicht erlangte er zu Beginn der 50er Jahre neben Schleswig-Holstein vor allem in Baden-Württemberg, Bayern, Hessen und Niedersachsen. Um die Anhängerschaft zu behaupten, firmierte der BHE seit dem ersten Bundesparteitag unter dem Namen GB (= Gesamtdeutscher Block)/BHE, verstand sich jedoch – politisch und ideologisch ohne klare Konturen; „Der GB/BHE ist weder Rechts- noch Linkspartei, sondern die Partei des Rechts" (Programm von 1952) – weiterhin in erster Linie als Interessenverband. Im Bundestag mit 27 Mandaten und im zweiten Kabinett Adenauer von 1953–1957 mit den Ministern Waldemar Kraft (Minister für Sonderaufgaben) und Theodor Oberländer (Minister für Vertriebene) vertreten, spaltete sich der GB/BHE im Jahre 1956 wegen Differenzen in der Außenpolitik (Übertritt der beiden Minister zur CDU) und ging in die Opposition. Bereits die Bundestagswahl von 1957, bei der die Partei mit 4,6% der Zweitstimmen an der Sperrklausel gescheitert war, signalisierte einen aus der fortschreitenden wirtschaftlichen und sozialen Konsolidierung (zu der der BHE in wechselnden Koalitionen durch eine pragmatische Politik in den Ländern beigetragen hatte) zu erklärenden erheblichen Schwund des Wählerpotentials und den politischen Niedergang des GB/BHE überhaupt.

**Bidault, Georges** (160; 161; 234)
(1899–1983). Während der deutschen Besatzung führendes Mitglied der französischen Widerstandsbewegung. In der Vierten Republik mehrfach Außen- und Verteidigungsminister. 1946 und 1949–1950 Ministerpräsident. 1949–1952 Vorsitzender der (christlich-demokratischen) MRP. Förderer der europäischen Einigung und der atlantischen Bündnispolitik. Geriet 1959 in entschiedenen Gegensatz zur Algerienpolitik de Gaulles, 1963–1968 im Exil.

**Bismarck, Otto von** (315)

(1815–1898). Gründer des Deutschen Reiches (1871) und Kanzler von 1871–1890. Durch eine diplomatisch geschmeidige und auf Sicherung des Status quo gerichtete Außenpolitik verstand er es, das Mißtrauen der europäischen Großmächte gegenüber dem deutschen Nationalstaat abzubauen und gegnerische Koalitionen zu verhindern. Innenpolitisch sah er sich einer Reihe von Konflikten gegenüber, unter denen das Spannungsverhältnis zu Parlament und Parteien – vor allem zur Sozialdemokratie – am schwersten wog.

**Bizone** (38; 40; 42; 49; 104; 105; 118; 127; 140; 148; 172; 194)
Nachdem die Initiative, die vier Zonen wirtschaftlich zu verschmelzen, im Kontrollrat lediglich auf die Zustimmung der USA und Großbritanniens gestoßen war, wurde am 2.12. 1946 die ökonomische Vereinigung deren beider Zonen zur Bizone beschlossen. Ihr Bestehen seit 1.1. 1947 zog, die Errichtung von fünf Zweizonen-Verwaltungsämtern unter deutscher Leitung, doch unter Kontrolle der amerikanischen und britischen Militärregierung – durch den sog. Bipartite Board – nach sich. Obwohl zunächst unter wirtschaftlichem Vorzeichen errichtet, ließ die Doppelzone, zumal nach der Zentralisierung der Bizonenverwaltung am 10. 6. 1947 in Frankfurt/M. und nach ihrer Parlamentarisierung im Wirtschaftsrat, allmählich stärkere politische Bindungen entstehen.

**Blank, Theodor** (231; 236)
(1905–1972). 1930–1933 Sekretär des Zentralverbandes christlicher Fabrik- und Transportarbeiter. 1936–1939 Studium der Mathematik und Physik. Nach 1945 CDU-Stadtverordneter in Dortmund. Mitglied im Landtag von Nordrhein-Westfalen und im Wirtschaftsrat des Vereinigten Wirtschaftsgebiets. 1949–1969 Bundestagsabgeordneter. Ab 1950 „Beauftragter des Bundeskanzlers für die mit der Vermehrung der alliierten Truppen zusammenhängenden Fragen“ (sog. Dienststelle Blank). In dieser Funktion hatte Blank maßgeblich organisatorischen Anteil an der Wiederbewaffnung in der Bundesrepublik. 1955–1956 erster Bundesminister für Verteidigung. 1957–1965 Bundesarbeitsminister.

**Blücher, Franz** (245; 458)
(1896–1959). Bis 1945 Tätigkeit im Gemeinnützigen Wohnungsbau und im Bankwesen. 1945 Mitbegründer der FDP in den Westzonen. 1946–1947 Finanzminister in Nordrhein-Westfalen. 1948 Mitglied des Frankfurter Wirtschaftsrates, wo Blücher nachdrücklich für die Zusammenarbeit mit der CDU eintrat. 1949–1954 Bundesvorsitzender der FDP. In den beiden ersten Kabinetten Adenauer (1949–1957) Vizekanzler und Bundesminister für den Marshall-Plan bzw. für wirtschaftliche Zusammenarbeit. 1949–1951 deutscher Vertreter bei der Internationalen Ruhrbehörde. Blücher gehörte 1956 während der Koalitionskrise zu den bündnistreuen Partnern Adenauers und verließ aus Protest gegen die Politik Dehlers in der Saarfrage die FDP.

**Bodenreform** (2; 25; 34; 37; 38; 59; 64; 75; 78; 107; 119f.; 124; 210; 422; 424)
Die nach 1945 in der SBZ durchgeführte Bodenreform, die sich im Rückblick als erster Schritt zur Zwangskollektivierung erweist, wurde vor allem politisch begründet mit der „Liquidierung der Herrschaft der Junker und Großgrundbesitzer“, die immer „eine der Hauptquellen der Aggression und der Eroberungskriege“ gewesen sei. Demgegenüber standen bei der Bodenreform in den westlichen Besatzungszonen, die nur einen sehr begrenzten Umfang erreichte, wirtschaftliche und soziale Motive – wie die Existenzsicherung und Eingliederung von Flüchtlingen – im Vordergrund.

**Böckler, Hans** (95; 327; 328; 356; 360f.; 363)
(1875–1951). Gewerkschaftsführer. Ab 1894 Mitglied der SPD und seit 1903 Funktionär des Deutschen Metallarbeiter-Verbandes (DMV) in verschiedenen Städten. 1927 Bezirksleiter des ADBG für Rheinland und Westfalen-Lippe. 1924–1928 Stadtverordneter der SPD in Köln, 1928–1933 Reichstagsabgeordneter. Im Herbst 1933 kurzfristig verhaftet. Kontakte zur Widerstandsgruppe Goerdeler und Leuschner. Ab August 1945 profilierte Beteiligung am Wiederaufbau der Gewerkschaften auf der – von der britischen Militärregierung erzwungenen – Basis autonomer Industrieverbände, die sich – zuerst im Bereich der britischen Zone – zu einem mit hinreichenden Vollmachten ausgestatteten, gleichfalls demokratisch verfaßten Bund zusammenschließen. Dessen Vorsitz übernimmt Böckler bei der Konstituierung im April 1947. Initiative zur Gründung der Ruhrfestspiele in Recklinghausen. Die Mandate im Zonenbeirat und im Landtag von Nordrhein-Westfalen gibt er bald wieder zugunsten der gewerkschaftlichen Arbeit auf. Seine unangefochtete Autorität macht seine Wahl zum Vorsitzenden des DGB auf Bundesebene, der im Oktober 1949 in München gegründet wird, zur Selbstverständlichkeit. Im Dezember 1949 Wahl zum Vizepräsidenten des Internationalen Bundes Freier Gewerkschaften. Vor allem engagiertes Bemühen um die Durchsetzung der Mitbestimmung als Einstieg in die Demokratisierung der Wirtschaft“, was Ende Januar 1951 für den Sektor der Montanindustrie – unter Beteiligung des Bundeskanzlers – kurz vor dem Tode Böcklers noch erreicht wurde. Gleichfalls im Januar 1951 – gemeinsam mit Konrad Adenauer – Ehrenbürger von Köln.

**Bormann, Martin** (353)
(1900–1945). Seit 1927 Mit-

glied der NSDAP. Ab 1930 Aufstieg in der Funktionärshierarchie. 1941 Leiter der Parteikanzlei. Ab 1943 als „Sekretär des Führers" der engste Mitarbeiter Hitlers, dessen uneingeschränktes Vertrauen er genoß und der ihn in seinem Testament als Parteiminister einsetzte. Verfechter einer entschieden kirchenfeindlichen Politik. Beging beim Scheitern seines Ausbruchsversuchs aus Berlin Selbstmord (2. 5.)

**Brandler, Heinrich** (486)
(1881–1967). Maurer, 1901 Mitglied der SPD, im Ersten Weltkrieg des Spartakusbundes. Mitbegründer der KPD in Chemnitz. Nach der „Märzaktion" 1921, einem von der KPD auf Betreiben der Moskauer Komintern unterstützten Aufstandsversuch im mitteldeutschen Industriegebiet, verhaftet und zu 5 Jahren Zuchthaus verurteilt. Flucht in die UdSSR. Ende 1922 Rückkehr, Vorsitzender der KPD. Als sog. „rechter" Kommunist versuchte er, „Realpolitik" zu treiben und die „revolutionäre Situation" des Jahres 1923 (Ruhrkampf, Inflation) in einer „Einheitsfront" mit linken Sozialdemokraten und Gewerkschaftlern zu nutzen. Im Oktober 1923 kurze Zeit Leiter der Staatskanzlei des Landes Sachsen. Nach der Niederlage dieser Politik (Hamburger Aufstand der KPD, Eingreifen der Reichswehr in Sachsen und Bayern) seiner Funktion als KPD-Führer enthoben. Übersiedlung nach Moskau. 1928 Rückkehr nach Deutschland gegen den Willen der Komintern-Führung, 1929 als „Rechtsabweichler" aus der KPD ausgeschlossen. Mitbegründer und Führer der KP-Opposition (KPO), die für mehr innerparteiliche Demokratie und gegen den KPD-Kurs der Spaltung der Gewerkschaften eintrat. Die KPO besaß vor allem in Sachsen und Thüringen starke Positionen. Teile von ihr schlossen sich 1932 als SAP (s. dort) an. Brandler emigrierte 1933 nach Frankreich, 1941 nach Kuba. 1949 Rückkehr nach Westdeutschland, ohne wieder wesentlichen politischen Einfluß zu erlangen.

**Brandt, Heinz** (410; 417)
(geb. 1909). Seit 1932 Mitglied der KPD. Ab 1933 illegale politische Arbeit. 1934–1945 in verschiedenen Konzentrationslagern inhaftiert. 1946–1954 Sekretär für Agitation und Propaganda der SED in Ost-Berlin. 1954–1958 Tätigkeit im Verlagswesen. 1958 Flucht in die Bundesrepublik. 1959 Beitritt zur SPD. Redakteur der IG-Metall-Zeitschrift „Metall" in Frankfurt/M. Im Juni 1961 während eines Gewerkschaftskongresses in West-Berlin als angeblicher Spion in die DDR entführt. 1964 aufgrund breiter internationaler Solidarität entlassen. Wiederaufnahme der Funktion bei der IG Metall. Ab Mitte der 70er Jahre Engagement in der Ökologie-Bewegung. 1980 Übertritt von der SPD zu den „Grünen".

**Brandt, Willy** (309; 311 f.)
(geb. 1913). 1930 Eintritt in die SPD. 1931 Übertritt zur von der SPD abgesplitterten Sozialistischen Arbeiterpartei (SAP) und Führer ihrer Jugendorganisation in Lübeck. April 1933 Flucht über Kopenhagen nach Oslo. Politische und journalistische Tätigkeit. 1937 Pressekorrespondent auf republikanischer Seite im Spanischen Bürgerkrieg. 1938 Ausbürgerung aus Deutschland. Annahme der norwegischen Staatsangehörigkeit. Juli 1940 Flucht nach Schweden. 1944 Wiedereintritt in die SPD (Stockholm). 1945–1947 als Berichterstatter skandinavischer Zeitungen in Westdeutschland und Berlin. Im Jahr 1947 Wiedereinbürgerung in Schleswig-Holstein unter Beibehaltung seines Exilnamens Willy Brandt (ursprünglich: Herbert Ernst Karl Frahm). Ab 1948 Vertreter des SPD-Parteivorstandes in Berlin. 1949–1957 Mitglied im Bundestag, zugleich ab 1950 im Berliner Abgeordnetenhaus (bis 1969), dessen Präsident er von 1955–1957 war. Von 1957–1966 als Nachfolger Otto Suhrs Regierender Bürgermeister von West-Berlin. Ab 1964 Vorsitzender der SPD in der Bundesrepublik.

**Brauer, Max** (175; 183)
(1887–1973). Als sozialdemokratischer Politiker 1919–1924 Bürgermeister, 1924–1933 Oberbürgermeister von Altona. 1933 von den Nationalsozialisten abgesetzt und verhaftet. In der Emigration Beauftragter des Völkerbundes in China und Lehrtätigkeit an Universitäten in den USA. 1946–1953 und 1957–1961 Erster Bürgermeister von Hamburg.

**Brecht, Bertolt** (122; 123; 377)
(1898–1956). Der erfolgreichste deutsche Dramatiker des 20. Jhs. 1933 Emigration in die Schweiz, später nach Skandinavien, in die UdSSR und die USA. In seinen großen Dramen der Exilzeit („Leben des Galilei", 1938; „Mutter Courage und ihre Kinder", 1939; „Der gute Mensch von Sezuan", 1942; „Der kaukasische Kreidekreis", 1945), die er als Explikationen seiner Theorie vom epischen Theater („Lehrstücke") versteht, will Brecht über das Prinzip der „Verfremdung" Illusion und Beglückung ausschalten und stattdessen das kritische Bewußtsein des Zuschauers und Lesers formen, „damit nichts unveränderlich gelte". Nach seiner Rückkehr (1948) gründete Brecht, nachdem ihm von den westlichen Alliierten die Einreise nach Westdeutschland verweigert worden war, in Ost-Berlin das „Berliner Ensemble".

**Brentano, Heinrich von** (236; 270)
(1904–1964). Jurist. 1945 Mitbegründer der CDU in Hessen. 1946–1949 Fraktionsvorsitzender der CDU im ersten hessischen Landtag. 1948/49 Mitglied des Parlamentarischen Rates. 1949–1964 Bundestagsabgeordneter. 1949–1955 Vorsitzender der CDU-Fraktion. Besonderes Engage-

ment in der Frage der europäischen Einigung und der deutsch-französischen Aussöhnung. 1955–1961 Außenminister. In dieser Funktion bewegte sich Brentano konsequent in den Bahnen Adenauers und verfocht nachdrücklich die Hallstein-Doktrin, da der Alleinvertretungsanspruch Bonns (s. dort) lediglich auf diese Weise gesichert werden könne.

**Briand, Aristide** (275)
(1862–1932). Seit 1902 sozialistischer Abgeordneter, seit 1906 in den meisten französischen Kabinetten als Minister bzw. Ministerpräsident. Als Außenminister (seit 1926) trat Briand für eine Annäherung an Deutschland, für die Rheinlandräumung und die allgemeine Abrüstung ein.

**Brückentheorie** (99; 105 f.; 241)
Bezeichnung für das vor allem von dem CDU-Politiker Jakob Kaiser in den Jahren 1946/1947 vertretene Denkmodell, demgemäß Deutschland als Brücke zwischen den verschieden strukturierten Staatensystemen Begegnung und Ausgleich ermöglichen solle. Deutschland sollte sich nicht einer Schaukelpolitik zwischen Ost und West verschreiben, sondern die Funktion eines Vermittlers und Puffers zwischen der Sowjetunion und den Westmächten übernehmen. In Kaisers Augen verlangte diese Rolle konkrete, innenpolitisch abzustützende Garantien von deutscher Seite: Die Sowjetunion sollte sich in diesem Sinne durch eine den Kapitalismus überwindende, gemäßigt sozialistische Wirtschafts- und Gesellschaftsreform in Deutschland gesichert fühlen, die Westmächte durch eine demokratische Verfassung in Form des parlamentarischen Repräsentativsystems. Die Initiative Kaisers scheiterte in erster Linie an den gegenläufigen deutschlandpolitischen Absichten der Siegermächte.

**Brüning, Heinrich** (275)
(1885–1970). Von 1924–1933 Abgeordneter des Zentrums im Reichstag, ab 1929 Fraktionsführer. Nach dem Bruch der Großen Koalition (März 1930) Reichskanzler in einem Kabinett der bürgerlichen Mitte ohne ausreichenden parlamentarischen Rückhalt. Nach der von ihm betriebenen Auflösung des widerspenstigen Reichstags (Juli 1930) bewirkte der spektakuläre Wahlerfolg der NSDAP im September 1930 eine Tolerierung der durch das Notverordnungsrecht des Reichspräsidenten abgestützten deflationistischen Wirtschaftspolitik Brünings, mit der er die sich verschärfende Wirtschaftskrise einzudämmen suchte. Die Entfremdung zwischen Brüning und Hindenburg, der ihm vor allem die nicht zustande gebrachte Rechtsschwenkung der Regierung verübelte, führte zum Sturz des auf außenpolitischem Gebiet durchaus erfolgreichen Reichskanzlers. Nach Kriegsende wandte sich Brüning gegen die Neugründung des Zentrums und setzte sich für die Bildung einer Partei auf breiter christlicher Grundlage ein. Trotz mehrfacher Angebote lehnte er es ab, wieder politisch tätig zu werden. 1951–1954 Professor für Politische Wissenschaften in Köln. 1957 kehrte Brüning endgültig in die USA zurück.

**Brüsseler Konferenz der KPD** (21)
Auf der sog. Brüsseler Konferenz der KPD, die im Oktober 1935 bei Moskau stattfand, votierten die Delegierten für eine Abkehr von der bisher vertretenen These vom „Sozialfaschismus" (s. dort) und für eine neue Volksfrontstrategie. Anlaß für diesen Kurswechsel war die Erkenntnis einer grundlegenden Fehleinschätzung, was Konsolidierung und Wirksamkeit der nationalsozialistischen Gewaltherrschaft betraf. An Stelle des inhaftierten Thälmann wurde Wilhelm Pieck zum Parteivorsitzenden gewählt.

**Buber, Martin** (262)
(1878–1965). Jüdischer Religionsphilosph. 1924–1933 Professor für jüdische Religionswissenschaft und Ethik in Frankfurt/M. 1938–1951 Professor für Sozialphilosophie an der Hebräischen Universität in Jerusalem. 1953 Friedenspreis des Deutschen Buchhandels. Schöpfer einer bedeutenden Bibelübersetzung. Sein Hauptziel war die menschliche und politische Erneuerung des abendländischen Judentums aus dem Geist der Bibel.

**Bucerius, Gerd** (333; 345 f.)
(geb. 1906). Rechtsanwalt und Verleger. 1945–1946 Bausenator in Hamburg. 1947–1949 Mitglied im Frankfurter Wirtschaftsrat. 1949–1962 Bundestagsabgeordneter für die CDU, aus der er – unter Niederlegung seines Mandats – nach einem lange schwelenden Konflikt mit Adenauer im November 1962 austrat. Gründer und Verleger der Wochenzeitschrift „Die Zeit" (1946–1977) und der Illustrierten „Stern" (1947–1970).

**Bulganin, Nikolai Alexandrowitsch** (236; 321; 324)
(1895–1975). 1917 Eintritt in die KP. 1922–1927 Tätigkeit in den Organen des Volkswirtschaftsrates. 1927–1931 Direktor eines Elektrowerkes in Moskau. 1931–1937 Vorsitzender des Moskauer Stadtsowjets. 1934–1958 Mitglied des ZK der KPdSU. 1938–1941 stellvertretender Vorsitzender des Rates der Volkskommissare der UdSSR und Leiter der Staatsbank. Im Zweiten Weltkrieg in führenden militärischen Funktionen aktiv. 1948–1958 Mitglied des Politbüros bzw. des Präsidiums des ZK der KPdSU. 1947–1949 und 1953–1955 Verteidigungsminister der UdSSR. 1947 Marschall der Sowjetunion. 1953–1955 Erster stellvertretender Vorsitzender, 1955–1958 Vorsitzender des Ministerrates der UdSSR. Im März 1958 vom Amt des Ministerpräsidenten entbunden; im September 1958 aus dem Präsidium des ZK ausgeschlossen und als Mitglied der im April 1957 gestürzten „partei-

feindlichen Gruppe“ bezeichnet.

**Byrnes, James Francis** (3; 30f.; 38; 44; 273)
(1879–1972). Ab 1911 langjähriges Mitglied des Repräsentantenhauses und des Senats der USA (Demokrat), 1941 Richter am Obersten Bundesgericht. 1942 Übernahme der Ämter für wirtschaftliche Stabilisierung und Rüstung. Nahm an der Konferenz von Jalta teil. 1945–1947 Außenminister. Seine Stuttgarter Rede (6.9. 1946) galt als Signal einer neuen versöhnenden Haltung gegenüber (West-)Deutschland. 1951–1955 Gouverneur von South Carolina.

**CDU (= Christlich-Demokratische Union)** (33; 35; 36; 39; 40; 42; 65; 81ff.; 86f.; 90ff.; 105; 126; 127; 128; 148; 149; 168; 174; 193; 195; 196; 200; 232; 249; 288; 301; 304; 326; 327; 330; 332; 334; 335ff.; 355)
Der bereits in der zweiten Hälfte des 19.Jh. wiederholt, doch erfolglos unternommene Versuch, Katholiken und Protestanten in einer christlichen Partei zu vereinen, glückte erst nach den Erfahrungen mit dem Nationalsozialismus und dem totalen Zusammenbruch im Jahre 1945. Die Initiative zur Parteigründung – wobei dem Plädoyer der Fuldaer Bischofskonferenz für den interkonfessionellen Sammlungsgedanken vom August 1945 eine entscheidende Bedeutung für die westdeutsche CDU zukam – ging von zwei Zentren aus: von Berlin und vom Rheinland. Trotz politisch-ideologischer Differenzen trafen sich führende Repräsentanten im Dezember 1945 auf der „Reichstagung der CDU“ in Godesberg, wo sie sich auf den Parteinamen und ein gemeinsames Programm einigten. Lediglich die bayerischen Delegierten schlossen sich als eine organisatorisch selbständige Gruppe aus und konstituierten die Christlich-Soziale Union in Bayern (CSU). Da die alliierten Militärbehörden Zusammenschlüsse der Parteiorganisationen über die Zonengrenzen hinweg nicht zuließen, begnügte sich die CDU mit einer Arbeitsgemeinschaft, in der Konrad Adenauer, Vorsitzender in der britischen Zone, rasch zu einer dominierenden Führungsrolle gelangte. Die Vereinigung der CDU zur Bundespartei erfolgte erst im Oktober 1950 in Goslar. Erster Vorsitzender wurde Konrad Adenauer (bis 1966).
Im Bundestag bildete die CDU, die bei den Bundestagswahlen 1949: 31%, 1953: 45,2% und 1957: 50,2% der Stimmen erreichte, eine Fraktionsgemeinschaft mit der CSU. Mit Konrad Adenauer stellte sie ab 1949 den ersten Bundeskanzler, was zu einer weitgehenden Identität von Partei- und Regierungspolitik führte und den – dem Unionskonzept ohnehin immanenten – Trend zur Honoratiorenpartei verstärkte. Die entscheidende programmatische Grundlage für die Regierungspolitik der CDU/CSU bildeten die Düsseldorfer Leitsätze vom Juli 1949 mit ihrem eindeutigen Bekenntnis für einen „sozialreformierten Kapitalismus“ (G. Ambrosius). Obwohl explizit bestritten, stellten sie mit ihrer Option für das Konzept der Sozialen Marktwirtschaft und ihrem Verzicht auf „Planung und Lenkung von Produktion, Arbeitskraft und Absatz“ im Grunde eine Absage an das Ahlener Programm (s. dort) dar. Das Hamburger Programm vom April 1953, das die für alle CDU-Programme typische Mischung von Grundsatzerklärung und Aktionsprogramm besonders deutlich erkennen läßt und bis 1968 das verbindliche Gesamtprogramm blieb, bestätigte diese wirtschaftspolitischen Prinzipien und sprach sich für die deutsche Wiederbewaffnung als „Politik des Friedens“ und für eine Integration der Bundesrepublik in das westliche Bündnissystem als notwendige Voraussetzung für die „politische Einigung Gesamtdeutschlands in Freiheit“ aus.

**CDU (Ost)** (2; 33; 35; 36; 38; 39; 40; 41; 57; 58; 68; 75; 106; 215; 227; 376; 381; 384; 387; 388)
Bei der Neugründung politischer Parteien setzte sich 1945 in Berlin und in der sowjetischen Besatzungszone wie in Westdeutschland der Gedanke einer einheitlichen christlichen Partei durch, die Katholiken und Protestanten vereinigte. Obgleich von der Sowjetischen Militäradministration zur Mitbegründung des von der KPD dominierten „Antifaschistischen Blocks“ gezwungen, der eine Oppositionstätigkeit verhindern sollte, versuchte die CDU (Ost) ein Gegengewicht zur KPD/SED zu bilden und eine eigene Konzeption der Zusammenarbeit mit der sowjetischen Besatzungsmacht zu entwickeln (Theorien der „Brücke“ zwischen Ost und West und eines eigenständigen „christlichen Sozialismus“). Die SMAD setzte noch 1945 ihre Vorsitzenden Andreas Hermes und Walther Schreiber (Konflikt um die Bodenreform) und 1947 deren Nachfolger Jakob Kaiser (s. dort) und Ernst Lemmer (Konflikt um die „Volkskongreßbewegung“) ab. 1948/50 wurde auch der Widerstand in den Landesverbänden gebrochen. Die insbesondere bei den einzigen freien Landtagswahlen 1946 erfolgreiche Partei verlor die Hälfte ihrer Mitglieder und fast das gesamte Führungspersonal. Unter dem Vorsitz von Otto Nuschke erkannte die CDU (Ost) die alleinige Vorherrschaft der SED an. Auf dem 6. Parteitag 1952 erklärte Nuschke: „Wir sind eine einschränkungslos sozialistische Partei.“ Im System der von der leninistischen SED abhängigen Parteien hatte die CDU (Ost) nunmehr die Aufgabe, christlich gebundene Bevölkerungsschichten und deren Organisationen in die sozialistische Gesellschaft integrieren zu helfen.

**CDU-Saar** (s. CVP)

**Chamberlain, Neville** (159) (1869–1940). Ab 1918 Abgeordneter der britischen Konservativen, 1930–1940 Parteivorsitzender. Langjähriger Gesundheits- und Finanzminister, 1937–1940 Premierminister. Galt als Hauptvertreter der umstrittenen Appeasement-Politik, die den Frieden in Europa durch Ausgleich mit dem nationalsozialistischen Deutschland zu sichern suchte (Münchener Abkommen 1938). Angesichts des ungezügelten NS-Expansionismus (Einmarsch in Prag, März 1939) Übergang zu einer entschiedenen Abwehrhaltung (Garantieerklärung an Polen). Nach der Niederlage in Norwegen 1940 gestürzt.

**Charta der Heimatvertriebenen** (328; 332; 342f.)
Die von einem überparteilichen Zusammenschluß der Vertriebenen (Zentralverband vertriebener Deutscher) im August 1950 verabschiedete und das politische Selbstverständnis dieses Bevölkerungsteils widerspiegelnde Charta der deutschen Heimatvertriebenen proklamierte den Verzicht auf Rache und Vergeltung und den Anspruch auf das „Recht auf Heimat als einem der von Gott geschenkten Grundrechte der Menschheit" einerseits und die Forderung auf gerechte Verteilung der Kriegslasten und auf sinnvollen „Einbau aller Berufsgruppen der Heimatvertriebenen in das Leben des deutschen Volkes" andererseits. Die Polarität zwischen den beiden Postulaten, Recht auf Heimat und Eingliederung in die westdeutsche Gesellschaft, blieb in der Charta unaufgelöst. In der praktischen Politik gewann jedoch der Aspekt der Integration eindeutig die Oberhand.

**Christlicher Sozialismus** (65; 85f.; 106)
Ein in der frühen CDU vornehmlich von Jakob Kaiser und den Kölner Dominikanern verfochtenes Konzept, das – unter Ablehnung der marxistischen Strategie – die Brechung der politischen und wirtschaftlichen Macht der Monopole und die Humanisierung des Produktions- und Verteilungsprozesses mit Hilfe der Vergesellschaftung der Schlüsselindustrien (Kohle, Kali, Eisen und Stahl) und der Mitbestimmung mit Ertragsbeteiligung der Arbeitnehmer vorsah. Der christliche Sozialismus trat jedoch bereits seit 1946 innerparteilich zunehmend in den Hintergrund, je mehr bürgerliche Kräfte in der CDU vordrangen und Adenauer, der den Antisozialismus als entscheidenden Integrationsimpuls der neuen, sozial heterogenen Partei ansah, seinen Führungsanspruch durchsetzen konnte.

**Chruschtschow, Nikita Sergejewitsch** (236; 301; 322; 323; 325; 379; 418ff.; 438) (1894–1971). 1918 Eintritt in die KP. 1929–1931 Besuch der Industrieakademie in Moskau. 1931–1937 Parteisekretär in Moskau. 1934–1966 Mitglied des ZK der KPdSU. 1938–1945 Erster Sekretär des ZK der KP in der Ukraine. 1938–1964 Mitglied des Politbüros bzw. des Präsidiums des ZK der KPdSU. Im Zweiten Weltkrieg tat sich Chruschtschow als politischer Kommissar – 1943 zum Generalleutnant befördert – vor allem bei der Organisation der Partisanenbewegung in der Ukraine hervor. Ab September 1953 Erster Sekretär des ZK der KPdSU, in welcher Funktion er vor allem den Prozeß der Entstalinisierung (Enthüllung der von Stalin begangenen Verbrechen, Rehabilitierung vieler Stalin-Opfer, „Überwindung des Personenkults" und Rückkehr zur „sozialistischen Gesetzlichkeit") einleitete. Als Nachfolger Bulganins (März 1958) gleichzeitig Vorsitzender des Ministerrates der UdSSR. Im Oktober 1964 als Partei- und Regierungschef angesichts zunehmender wirtschaftlicher Mißerfolge und der Verschärfung des Konflikts mit der Volksrepublik China gestürzt.

**Churchill, Winston** (1; 2; 4; 5; 10f.; 109; 156; 163; 231; 245; 248; 250f.) (1874–1965). 1900 als Abgeordneter der Konservativen ins britische Unterhaus gewählt. Als Gegner der Schutzzollpolitik 1905 Übergang zu den Liberalen, 1925 Rückkehr zu den Konservativen. 1906–1929 zahlreiche Staatsämter (u.a. Innenminister, 1. Lord der Admiralität, Munitions-, Kriegs-, Kolonial- und Finanzminister). 1929–1939 ohne politisches Amt, schriftstellerische Tätigkeit, publizistischer Kampf gegen die Appeasement-Politik und Warnung vor der nationalsozialistischen Gefahr. 1939 wieder 1. Lord der Admiralität und im Mai 1940 unter öffentlichem Druck Premier- und Verteidigungsminister einer Regierung der „Nationalen Konzentration" mit der Labour Party. Während des Krieges Symbol des britischen Widerstandswillens; Churchill verhieß seinem Land „Blut, Mühsal, Tränen, Schweiß" als Preis für Freiheit und Selbstbehauptung. 1941 zusammen mit US-Präsident F.D. Roosevelt Verkündung der Atlantik-Charta; nach dem deutschen Überfall auf die UdSSR maßgeblicher Förderer der „Großen Allianz" der „Anti-Hitler-Koalition" trotz Mißtrauens gegenüber Gesellschaftsform und Expansionsstreben der UdSSR. Entsprechend der schwächeren Position Großbritanniens blieb Churchills Einfluß hinter dem Roosevelts und Stalins zurück; er konnte seine Vorstellungen von einem Zurückdrängen der sowjetischen Einflusses im Nachkriegseuropa nicht durchsetzen. 1945 während der Potsdamer Konferenz abgewählt. Gab in der Nachkriegszeit durch seine Reden wichtige Anstöße zur westeuropäischen Einigung und zur Schaffung der NATO. 1951–1955 erneut Premierminister. 1953 Nobelpreis für Literatur für seine Geschichte des Zweiten Weltkrieges.

**Chwalek, Roman** (387) (1898–1955). Lehre als Maschinenschlosser; Gewerkschaftsfunktionär im Einheitsverband deutscher Eisenbahner, 1928 ausgeschlossen, seitdem Revolutionäre Gewerkschaftsopposition (RGO). Seit 1920 Mitglied der KPD, seit 1930 Reichstagsabgeordneter. 1933 verhaftet, 1934 zu drei Jahren Zuchthaus verurteilt, danach Einlieferung in das KZ Sachsenhausen. 1945 1. Vorsitzender des Berliner FDGB (s. dort), ab 1948 Leiter der IG Eisenbahn der SBZ. Ab 1950 Minister für Arbeit, ab 1953 Minister für Eisenbahnwesen der DDR.

**Clay, Lucius Dubignon** (3; 16; 30; 37; 42; 97; 127; 130; 177; 179; 197; 200) (1897–1978). Amerikanischer General und Diplomat. Ab April 1945 Stellvertreter von General Eisenhower als Oberbefehlshaber der amerikanischen Besatzungstruppen in Deutschland. 1947–1949 Militärgouverneur in der amerikanischen Besatzungszone. Überwand als Initiator der Luftbrücke die sowjetische Blockade Berlins und wirkte entscheidend an der Vereinigung der Westzonen mit.

**Comecon** (s. Rat für Gegenseitige Wirtschaftshilfe)

**containment** (150; 151; 377) (engl. Eindämmung, lat. continere „zurückhalten"). Insbesondere von George F. Kennan (1944–1946 US-Botschaftsrat in Moskau, anschließend Chef eines außenpolitischen Planungsausschusses) 1946/47 entworfenes Konzept der US-Außenpolitik zur „Eindämmung der kommunistischen Weltreligion". Ging davon aus, daß die UdSSR weniger durch militärischen Druck als vielmehr durch Umsturzversuche beabsichtige, den Status quo in Europa und Asien zu verändern. Jeder sowjetische Druck sollte durch Gegendruck beantwortet und der sowjetische Einflußbereich nach Kennans Ansicht vor allem mit wirtschaftlich-finanziellen Mitteln (Marshall-Plan) „eingedämmt" werden. Das Eindämmungskonzept führte zum Ausbau des Paktsystems der NATO (1949) und zu einem Verhalten im „Kalten Krieg" (s. dort), das in der Mitte zwischen antikommunistischen Kreuzzugsideen und neoisolationistischen Tendenzen lag (Beispiele: Berliner Luftbrücke 1948/49; Korea-Krieg 1950–1953).

**Cordon sanitaire** (4) (frz., Sperrgürtel zur Abriegelung eines Seuchengebietes). Konzept der französischen Außenpolitik nach dem Ersten Weltkrieg, das darauf abzielte, das bolschewistische Rußland zu isolieren, um ein Übergreifen der Weltrevolution zu verhindern. Ein Gürtel kleinerer und mittlerer Staaten in Ost-Mitteleuropa (Schwerpunkt Polen) sollte, von Frankreich gestützt, einen Sperrgürtel zwischen der UdSSR und dem Deutschen Reich bilden. Nach dem Zweiten Weltkrieg mit umgekehrtem Vorzeichen von der UdSSR aufgenommen: Sperrgürtel der „Volksdemokratien" als Schutz vor westlich-kapitalistischer „Ansteckung".

**CSU (= Christlich-Soziale Union)** (36; 65; 88 ff.; 168; 195; 196; 200; 307; 330; 355) Die „Christlich-Soziale Union in Bayern", wie ihr offizieller Name lautet, entstand – nach Zusammenschlüssen auf lokaler Ebene – im Januar 1946 als Landespartei. Als ausgesprochene christlich-interkonfessionelle Sammlungspartei („Volksbewegung aller Stände und Konfessionen", „christliches Bollwerk Bayern") gegründet, errang die CSU unter ihrem Gründungsvorsitzenden Josef Müller („Ochsensepp") bei den Wahlen zur Verfassunggebenden Landesversammlung und zum ersten Landtag jeweils die absolute Mehrheit, erlitt jedoch schon bei der zweiten Landtagswahl im November 1950 eine herbe Niederlage mit einer Halbierung ihres Stimmenanteils. Ursächlich dafür war der sog. Bruderstreit in Bayern, d. h. die Abspaltung und Formierung der Bayernpartei im März 1948 auf Landesebene, nachdem die amerikanische Militärregierung ihre restriktive Lizenzierungspolitik gelockert hatte. Zwar wurde die CSU im Dezember 1954 wieder die stärkste Partei, mußte jedoch in die Opposition gehen, da SPD, BP, FDP und BHE unter Wilhelm Hoegner (SPD) eine Mehrheitskoalition bildeten. Ab 1957 stellte sie ständig den Regierungschef, ab 1962 allein die bayerische Regierung. Obwohl die CSU bereits im Frankfurter Wirtschaftsrat 1947/48 und im Parlamentarischen Rat 1948/49 eine Fraktionsgemeinschaft mit der CDU einging, war das Verhältnis der beiden Schwesterparteien trotz weitgehender ideologisch-programmatischer Gemeinsamkeiten nie spannungsfrei gewesen. Differenzen gab es bereits bei der Konzipierung des Grundgesetzes, dessen föderalistische Ausgestaltung der CSU nicht weit genug ging, so daß sie – nahezu geschlossen – im bayerischen Landtag ihre Zustimmung verweigerte und auch den Beitritt zur Bundesorganisation der CDU ablehnte. Ausdruck dieser Selbständigkeit und des Selbstverständnisses als „Quasi-Bundespartei" (Alf Mintzel), die der Landesvorsitzende Franz Josef Strauß (seit März 1961) stets betonte, ist auch die Tatsache, daß die CSU ihre Abgeordneten im Bundestag in einer Landesgruppe mit eigener Geschäfts- und Pressestelle zusammenfaßt.

**CVP (= Christliche Volkspartei Saar)** (40; 236; 320) Im Saarland, das ab 1945 unter französischer Besatzung und Verwaltung stand, durften – bis zum Wegfall der Genehmigungspflicht durch den deutsch-französischen Vertrag über das Saarstatut vom 23. 10. 1954 – nur Parteien gegründet werden, die eine pro-französische Orientierung, d. h. die politische Trennung von Deutschland und den – zumindest wirtschaftlichen –

Anschluß an Frankreich propagierten. Zu ihnen gehörte vor allem die im Januar 1946 zwar als Nachfolger der Zentrumspartei, jedoch als interkonfessionelle christliche Weltanschauungspartei gegründete CVP, die Partei des Ministerpräsidenten Johannes Hoffmann, die bis 1955 eine hegemoniale Stellung im saarländischen Parteiensystem einnahm. Da der frankophile Kurs der Parteiführung, der häufig vorgeworfen wurde, das Saarland aus dem gesamtdeutschen Schicksal herausstehlen zu wollen, an der Baiss nicht unwidersprochen blieb, entstand im Juni 1952 eine Konkurrenzpartei in Gestalt der CDU-Saar. Dieser Partei, die sich – wie vor allem die DPS (s. dort) – dem Konzept Adenauers, „die Saar auf dem Altar seiner Europapolitik zu opfern" (F. Dingel), widersetzte, wurde jedoch (bis Sommer 1955) die Zulassung verweigert. Die Ablehnung des von der CVP ohne Einschränkung unterstützten Saarstatus in der Volksabstimmung vom 23. 10. 1955 bedeutete das Ende der Ära Hoffmann und leitete den Niedergang der Partei ein. Bereits bei den Landtagswahlen im Dezember 1955 mußte die CVP eine Halbierung ihres Stimmenanteils von 54,7% (November 1952) auf 21,8% hinnehmen. Im Herbst 1959 löste sich die CVP zugunsten der CDU auf.

**Dahlem, Franz** (68)
(1892–1981). Nach vorausgegangener Mitgliedschaft in SPD und USPD von 1920–1924 Abgeordneter der KPD im Preußischen Landtag bzw. von 1928–1933 im Reichstag. 1934 Emigration über Prag nach Paris. Teilnahme am Spanischen Bürgerkrieg. 1939–1942 in Frankreich interniert, dann an die Gestapo ausgeliefert und in das KZ Mauthausen überführt. 1945–1953 Mitglied des ZK, des Politbüros und des Sekretariats der KPD bzw. der SED. Wichtiger Gegenspieler Ulbrichts.

**Dahrendorf, Gustav** (68)
(1901–1954). Für die SPD von 1927–1933 Mitglied der Hamburger Bürgerschaft; ab 1931 Reichstagsabgeordneter. Im Frühjahr 1933 verhaftet, doch nach drei Monaten freigelassen. Tätigkeit in der Kohlenbranche. Nach dem 20. Juli 1944 erneut inhaftiert und wegen „Nichtanzeige eines hochverräterischen Unternehmens" zu 7 Jahren Zuchthaus verurteilt. Als Mitglied des Zentralausschusses im Sommer 1945 mitbeteiligt am Aufbau der SPD in der SBZ und zunächst von der Nützlichkeit eines Zusammengehens mit der KPD überzeugt, bekämpfte Dahrendorf bald den Kurs Grotewohls, der die Zwangsvereinigung zu akzeptieren bereit war. Im Frühjahr 1946 Flucht nach Westdeutschland. 1947 Vizepräsident des Zweizonen-Wirtschaftsrates.

**Daladier, Edouard** (275)
(1884–1970). Seit 1919 radikalsozialistischer Abgeordneter. Von 1924–1937 in wechselnden Funktionen Mitglied mehrerer Kabinette. 1938–1940 französischer Ministerpräsident und Mitunterzeichner des Münchener Abkommens. 1940 Verhaftung durch die Vichy-Regierung. 1943–1945 in Deutschland interniert. 1946–1958 erneut Parlamentsabgeordneter.

**DBPD (= Demokratische Bauernpartei Deutschlands)** (216; 387)
In modernen parlamentarischen Systemen sind die landwirtschaftlichen Produzenten nur unter besonderen Umständen bereit und auch imstande, politische Parteien zur Vertretung ihrer spezifischen Interessen zu gründen. In industriell hochentwickelten Ländern mit einem sich ständig vermindernden Anteil der bäuerlichen Bevölkerung starker Differenzierung der Einkommens- und Lebensverhältnisse auf dem Lande und zunehmender Verflechtung mit den Bedürfnissen nichtlandwirtschaftlicher Produzenten und Konsumenten liegt es für die Eigentümer und Arbeiter in landwirtschaftlichen Betrieben nahe, ihre politischen Belange im Rahmen nicht-berufsständischer Parteien geltend zu machen. Die im April 1948 – mit Hilfe der SMAD und übergewechselter SED-Mitglieder als Führungsgruppe gegründete und mit der Notwendigkeit des „Bündnisses der werktätigen Bauern mit der Arbeiterklasse" ideologisch vage abgestützte – DBPD sollte auch keineswegs der parlamentarischen Vertretung bäuerlicher Interessen, sondern im Grunde der Verschleierung eines Scheinpluralismus im faktischen Einparteiensystem dienen. Denn obwohl das Gründungsprogramm die DBPD auf die Sicherung der Bodenreform und speziell des Privateigentums der Klein- und Mittelbauern verpflichtete, billigte die Parteiführung dessen ungeachtet die Kollektivierung der Landwirtschaft in allen ihren Phasen und die Agrarpolitik der SED überhaupt. Die DBPD hat heute etwa 70000 Mitglieder.

**Dehler, Thomas** (281; 301 f.; 303; 305; 444; 458)
(1897–1967). 1923–1945 Anwaltstätigkeit in München und Bamberg. 1926–1933 Ortsvorsitzender der DDP in Bamberg. Im Dritten Reich Kontakte zur Widerstandsbewegung um Carl Goerdeler. Vorübergehende Verhaftungen. 1947–1949 Präsident des Oberlandesgerichts in Bamberg. 1946–1956 Landesvorsitzender der FDP in Bayern. 1946–1949 bayerischer Landtagsabgeordneter. 1948/49 Mitglied des Parlamentarischen Rates. 1949–1967 Mandat im Bundestag. 1949–1953 im ersten Kabinett Adenauer Bundesjustizminister. Da Dehler es bei seinem lebhaft streitbaren Temperament und der Neigung zu spontanen Äußerungen trotz offenkundiger Ressortkompetenz an der von Amts wegen gebotenen verbalen Zurückhaltung – vor allem in seiner Kritik am Bundesver-

fassungsgericht – mangeln ließ, berücksichtigte ihn Adenauer bei der Regierungsbildung 1953 nicht mehr. Diese Zurücksetzung, die Dehler als ungerecht empfand, ließ aus dem Bewunderer Adenauers einen der schärfsten Kritiker der Politik des Regierungschefs werden. 1953–1957 Fraktionsvorsitzender der FDP im Bundestag. 1954–1957 Bundesvorsitzender der FDP. Ab 1960 Vizepräsident des Bundestages.

**Demontagen** (5; 25 f.; 40; 42)
Bezeichnung für den Abbau wirtschaftlicher Anlagen in Deutschland durch die Siegermächte des Zweiten Weltkriegs. Gemäß Vereinbarung der Alliierten – vor allem bei der Potsdamer Konferenz – sollten sich die Demontagen in erster Linie auf Betriebe der Stahl-, Maschinen- und chemischen Industrie erstrecken. Angesichts späterer Reduktionen der ursprünglichen Ansprüche beliefen sich die Demontagen in den Westzonen auf etwa 8% des Potentials von 1936. In der SBZ dagegen wurden 60% aller Industrieanlagen abgebaut. Im Unterschied zum Protest der Gewerkschaften in den Westzonen, brachte der FDGB keine Einsprüche gegen die Demontagepolitik der SMAD vor.

**Dertinger, Georg** (388)
(1902–1968). Journalist. 1945 Mitbegründer der CDU in der sowjetischen Besatzungszone (s. CDU-Ost), 1946–1949 deren Generalsekretär. Förderte nach der Absetzung Jakob Kaisers zusammen mit Otto Nuschke die enge Zusammenarbeit der CDU (Ost) mit der SED; 1949–1953 der erste Außenminister der DDR, Unterzeichnung des Görlitzer Vertrages (s. dort). Im Januar 1953 als „Spion und Verräter" verhaftet, ein Jahr später zu 15 Jahren Zuchthaus verurteilt (seine Sekretärin wurde hingerichtet). 1964 begnadigt.

**Deutscher Volkskongreß** (38; 39; 40; 41; 167; 168; 215 f.; 223; 375)
Der „Deutsche Volkskongreß für Einheit und gerechten Frieden" wurde Ende 1947 im Rahmen einer großen Propagandakampagne von der SED ins Leben gerufen, um die sowjetische Position auf der Londoner Außenministerkonferenz zu stützen. Als die CDU-Führung der sowjetischen Besatzungszone unter Jakob Kaiser (s. dort) ihre Mitarbeit verweigerte, wurde sie von der Besatzungsmacht abgesetzt. Im Dezember 1947, März 1948 und Mai 1949 tagten drei sog. Volkskongresse. Von den ca. 2000 Mitgliedern gehörte der überwiegende Teil der SED an oder sympathisierte mit ihr, weniger als ein Drittel kam aus den Westzonen. Zum „3. Volkskongreß" fanden am 15. und 16. Mai 1949 erstmalig sog. Wahlen nach einer Einheitsliste in der SBZ statt; die Wähler konnten nur mit „Ja" oder „Nein" stimmen. Das Ergebnis wurde manipuliert und war auch dann noch für die SED enttäuschend (60,1% „Ja"). Der so „gewählte" 3. Volkskongreß verabschiedete schließlich die „Verfassung der DDR" und wählte einen „Deutschen Volksrat", der sich am 7. Oktober 1949 als „Provisorische Volkskammer der DDR" (s. dort) konstituierte.

**Deutscher Volksrat** (41; 168; 215; 216; 223; 227; 375)
Vom „Deutschen Volkskongreß für Einheit und gerechten Frieden" (1947–1949) in der SBZ gebildetes ständiges Gremium zwischen den Kongressen mit anfangs 400 Mitgliedern (300 aus der SBZ, 100 aus den Westzonen). Die sog. Volkskongreßbewegung wurde Ende 1947 im Rahmen einer großen Propagandakampagne von der SED ins Leben gerufen, um die sowjetische Position in der Deutschlandpolitik zu stärken. Als die Führung der CDU-Ost (s. dort) unter Jakob Kaiser ihre Mitarbeit verweigerte, wurde sie von der Besatzungsmacht abgesetzt. Von 1947–1949 tagten drei sog. Volkskongresse. Von den ca. 2000 Mitgliedern gehörte der überwiegende Teil der SED an oder sympathisierte mit ihr, weniger als ein Drittel kam aus den Westzonen. Zum „3. Volkskongreß" fanden am 15. und 16. Mai 1949 erstmalig sog. Wahlen nach einer Einheitsliste in der DDR statt, wobei die Wähler nur mit „Ja" oder „Nein" stimmen konnten und das Ergebnis manipuliert wurde. Der aus dem so gewählten „3. Volkskongreß" entstandene „2. Deutsche Volksrat" konstituierte sich am 7. Oktober 1949 als „Provisorische Volkskammer" der DDR. Die Aufgaben der sog. Volkskongreßbewegung wurden nach der Gründung der DDR von der „Nationalen Front des demokratischen Deutschland" übernommen (s. dort).

**Deutsches Manifest** (s. Frankfurter Manifest)

**Deutschlandvertrag (Generalvertrag)** 233; 235; 265 ff.; 272; 274; 277 ff.; 301; 303; 304; 305; 329; 363; 379)
Im September 1951 vereinbarten die Außenminister von Frankreich, Großbritannien und den USA in Washington eine vollständige Umgestaltung der deutsch-alliierten Beziehungen" und ließen der Bundesregierung durch die Alliierten Hohen Kommissare den Entwurf eines „Generalvertrags" („Vertrag über die Beziehungen zwischen der Bundesrepublik Deutschland und den Drei Mächten") überreichen. Der Vertragstext, für den sich – auf Initiative Adenauers – die eigentlich nichtoffizielle Bezeichnung „Deutschlandvertrag" eingebürgert hat (dem Generalvertrag sollte mit einem weniger doppeldeutigen, nationaler klingenden Namen zu größerer Popularität verholfen werden), wurde – einschließlich von vier Zusatzverträgen – am 26. 5. 1952 in Bonn unterzeichnet, erlangte jedoch aufgrund eines umstrittenen Junktims mit dem EVG-Vertrag, der am 30. 8. 1954 von der französischen Nationalversammlung abgelehnt wurde,

keine Gültigkeit. Demgemäß trat der Deutschlandvertrag nicht in der ursprünglichen, sondern in der durch die Pariser Verträge vom 5. 5. 1955 revidierten Fassung in Kraft. Mit ihm gewann die Bundesrepublik ihre Souveränität (mit Vorbehalten in Form alliierter Sonderrechte) zurück. Sie wurde darüber hinaus gleichberechtigtes Mitglied in WEU und Nato. Damit war das Besatzungsstatut erloschen; die Alliierten Hohen Kommissare wurden durch Botschafter ersetzt und die diplomatischen Missionen der Bundesrepublik in Washington, London und Paris in den Rang von Botschaften erhoben.

**DGB (= Deutscher Gewerkschaftsbund)** (95; 230; 248; 261; 272; 327; 328; 329; 331; 348; 355 ff.)
Nach 1945 erfolgte ein nach Zonen getrennter Wiederaufbau der Gewerkschaften. Im August 1948 kam es – nach mehreren Interzonenkonferenzen – zum Abbruch der Kontakte zwischen den Gewerkschaften der Westzonen und dem zentralistisch organisierten FDGB der Ostzone. Die westdeutschen Gewerkschaftbünde bildeten einen Gewerkschaftsrat für das Vereinigte Wirtschaftsgebiet (Sitz in Frankfurt/M.) und gründeten nach dem Zusammenschluß der Industriegewerkschaften im Oktober 1949 den DGB, eine Einheitsgewerkschaft mit parteipolitischer Unabhängigkeit und Neutralität. Unter dem Vorsitz Hans Böcklers (bis 1951) gelang dem DGB der Einstieg in die paritätische Mitbestimmung in Form der sog. Montanmitbestimmung, jedoch konnte er diesen sektoralen Erfolg, der nur etwa 800 000 Arbeiter und Angestellte betraf, nicht auf die Großunternehmen anderer Wirtschaftszweige ausdehnen. Das Betriebsverfassungsgesetz vom Oktober 1952, das die Mitbestimmung durch den Betriebsrat in den Klein- und Mittelbetrieben regelte und ihm in Großbetrieben, wenn sie Aktiengesellschaften waren, ein Drittel der Aufsichtsratssitze einräumte, wurde angesichts dieser eindeutigen Begrenzungen von den Gewerkschaften als Rückschlag und Niederlage begriffen. Die gewerkschaftliche Forderung auf Überwindung der Vorherrschaft des Kapitals durch den Faktor Arbeit wurde nicht durchgesetzt, wie auch die Überführung der Schlüsselindustrien in Gemeineigentum ein gänzlich unerfülltes Postulat blieb. Obwohl der DGB an diesen sozialistischen Ordnungsvorstellungen auch unter den Nachfolgern Böcklers (Christian Fette 1951–1952; Walter Freitag 1952–1956) programmatisch festhielt, dominierte in der tages und tarifpolitischen Praxis der Revisionismus. Diese pragmatische Ausrichtung wurde erzwungen durch die Erfordernisse der Wiederaufbaujahre, die politischen Kräfteverhältnisse im Bundestag und die Struktur der Einheitsgewerkschaft. So steuerte der DGB in der höchst umstrittenen Frage der westdeutschen Wiederbewaffnung ebenso einen eher zustimmenden Kurs, wie er auch die Politik der Westintegration von Anfang an gebilligt hatte – freilich auch, um dem Bundeskanzler als Gegenleistung eine demokratische Wirtschaftsverfassung abverlangen zu können. Trotz gelegentlichen Schwankens konnte es eigentlich keinen Zweifel geben, daß sich die Gewerkschaften in der Bundesrepublik bereits in den 50er Jahren als reformerische Interessenvertretung der Arbeitnehmerschaft verstanden, die die parlamentarische Demokratie wie die Soziale Marktwirtschaft als Rahmenbedingungen akzeptierte und damit ihre Rolle als Sozialpartner annahm.

**Dieckmann, Johannes** (223; 227)
(1893–1969). In der Weimarer Republik Mitglied der DVP und Mitarbeiter Stresemanns. 1945 Mitbegründer der LDPD (s. dort) in Sachsen. Im Gegensatz zu anderen LDPD-Führern, die ausgeschaltet oder verhaftet wurden, nach 1947 bereit, Vorherrschaft und politische Linie der SED zu akzeptieren. Ab 1949 Präsident der Volkskammer der DDR und stellvertretender Vorsitzender der LDPD.

**Dirks, Walter** (262)
(geb. 1901). Nach Studium der Theologie Tätigkeit als Publizist und Schriftsteller. 1923–1933 Kulturredakteur der Rhein-Mainischen Volkszeitung. 1924 Eintritt in die Zentrumspartei. 1933 vorübergehend verhaftet. 1934–1943 Feuilletonredakteur der „Frankfurter Zeitung". Ab 1945 Mitbegründer und Herausgeber der „Frankfurter Hefte": 1949–1957 Redakteur beim Südwestfunk; 1956–1966 Leiter der Hauptabteilung Kultur des Westdeutschen Rundfunks.

**Djilas, Milovan** (4; 164)
(geb. 1911). Bereits 1937 Mitglied des ZK und des Politbüros der KP Jugoslawiens, enger Mitarbeiter Titos (s. dort). Im Zweiten Weltkrieg im Obersten Stab der jugoslawischen Befreiungsarmee, 1944 Verbindungsmann Titos in Moskau. Ab 1945 Minister und ZK-Sekretär. Nach dem Bruch mit Stalin führender Theoretiker des jugoslawischen Selbstverwaltungssozialismus (Titoismus). Forderte konsequente demokratische Erneuerung, verlor 1954 alle seine Ämter und verließ die KP. Wegen seiner Schriften (u.a. „Die neue Klasse", dt. 1958, und „Gespräche mit Stalin", dt. 1962), die nur im Westen veröffentlicht werden konnten, viele Jahre im Gefängnis, erst 1966 begnadigt.

**Dominotheorie** (159)
Bildhafter Begriff: Wenn von einer Kette dachförmig und paarweise gegeneinander gestellter Dominosteine einer entfernt wird, fällt die gesamte Kette in sich zusammen. Auf die Außenpolitik übertragen: Wenn ein Staat in einem System zu Fall gebracht wird (das

System wechselt), fallen auch die anderen Staaten.

**DP (= Displaced person = Verschleppte Person)** (48; 195; 196; 200; 264; 304; 334; 354; 355)
Bei Ende des Zweiten Weltkriegs befanden sich 6,5 Millionen von insgesamt 11 Millionen Zwangsarbeitern und Verschleppten als „bevölkerungs- und arbeitspolitische Hinterlassenschaft des Dritten Reiches" (W. Jacobmeyer) im Bereich der westlichen Besatzungszonen. Obwohl die Alliierten deren vollständige Rückführung in die Heimatländer vereinbart hatten und die Unterbringung in Lagern (Assembly Centers) höchstens als Zwischenstufe betrachteten, stockte ab Herbst 1945 die zunächst erfolgreiche Repatriierungsaktion – immerhin waren seit Mai 1945 über 4,5 Millionen zurücktransportiert worden – keineswegs primär aus technischen Gründen. Die mangelnde Homogenität der DPs, die nicht nur 20 verschiedene Nationalitäten entstammten, sondern sich zum Teil nun auch mit gewandelten politischen Verhältnissen in ihren Heimatländern konfrontiert sahen, erwies sich als das größte Hindernis der angestrebten summarischen Lösung. Nach dieser Phase der Stagnation eröffnete die ab Juli 1947 zuständige IRO (= International Refugee Organization) mit ihrem resettlement-Konzept, d.h. der Wiederansiedlung – zumeist in Übersee –, neue Möglichkeiten und reduzierte die DPs in den Westzonen bis Ende 1950 auf rd. 200000; deren Betreuung wurde dann zur Sache der deutschen Stellen in Bund und Ländern.

**DPS (= Demokratische Partei Saar)** (40; 236; 317; 320)
Die im Herbst 1945 gegründete, doch erst im Oktober 1946 zugelassene DPS durchlief bis 1950 den Weg von einer frankophilen zu einer deutschen Oppositionspartei. Da sie jedoch nicht nur gegen die Separationspolitik der CVP Front machte, sondern – den regionalen Gegebenheiten Rechnung tragend – in ihrer Programmatik das Christentum betonte und in das Wählerreservoir der regierenden CVP einzudringen drohte, wurde die DPS unter dem Vorwurf der angeblichen Verfassungsfeindlichkeit im Mai 1951 verboten. Die erst im Juli 1955 wiederzugelassene DPS war die einzige Partei des Saarlandes, die mit ihrer westdeutschen Bruderpartei in der wichtigen Frage der Lösung des Saarproblems, dem zentralen programmatischen Ziel der DPS überhaupt, auf einer Linie lag. Im August 1957 wurde die DPS, die sich nicht scheute, die „kleine Wiedervereinigung" als Modell für die „große Wiedervereinigung" zu empfehlen, ein Landesverband der FDP.

**Dritter Weg** (332; 338)
Dieser in vielfältigen Bezügen gebrauchte Begriff dient in der Regel zur Etikettierung einer programmatischen Alternative, die zwischen einem Sozialismus sowjetischer Observanz und einer bürgerlich-kapitalistischen Gesellschaftsordnung angesiedelt ist. Die Beibehaltung des kommunistischen Prinzips der Vergesellschaftung der Produktionsmittel lehnen die Befürworter eines Dritten Weges wie die alles reglementierende bürokratische Verwaltung ab und fordern eine Demokratisierung von Wirtschaft, Staat und Gesellschaft, die sich vor allem in der Zulassung nicht-kommunistischer unabhängiger Parteien und in allgemeiner Pressefreiheit artikulieren soll. Ansätze zur Realisierung eines Dritten Weges, den seine Verfechter als „demokratischen Sozialismus" bezeichneten, gab es 1968 in der ČSSR im sog. Prager Frühling (s. dort). Der Begriff Dritter Weg wurde in den frühen 50er Jahren in Westdeutschland zur Bezeichnung eines spezifischen außenpolitischen Konzepts verwendet, das ein wiedervereinigtes neutralisiertes Gesamtdeutschland propagierte. Es sollte als „eine ins Riesige vergrößerte Schweiz" (Paul Sethe) weder in ein westliches noch in ein östliches militärisches und politisches Bündnissystem integriert sein, jedoch seine politische Bewegungsfreiheit und territoriale Integrität auf eine verbindliche Garantie der Großmächte gründen und durch eine doppelte wirtschaftliche Verflechtung absichern. Im parlamentarischen Raum stand diese Alternative der Blockfreiheit und Neutralität nie ernsthaft zur Debatte. Daran konnten auch die – zudem außerhalb des Bundestags unternommenen – Vorstöße prominenter Politiker wie Gustav Heinemann und Karl Georg Pfleiderer, die das Streben nach Wiedervereinigung und die Aufnahme Deutschlands in die EVG bzw. Nato als „Widerspruch in sich selbst" (Pfleiderer) kennzeichneten, nichts ändern. Sie blieben Einzelgänger. Überhaupt ist es zu einer gemeinsamen Aktion der vielfältigen Organisationen, die, freilich mit Nuancen – so in der Frage nationaler Streitkräfte – einer deutschen Politik in Unabhängigkeit von Ost und West das Wort redeten, nicht gekommen. Gemeinsam traf sie allerdings die regierungsamtliche Diffamierung, „Dummköpfe allerersten Ranges oder Verräter" (Adenauer) zu sein.

**DSP** (s. SPS)

**Dudek, Walter** (108; 133f.) (1890–1964). Jurist. Frühe Mitgliedschaft in der SPD. 1925–1933 Oberbürgermeister von Harburg-Wilhelmsburg. Im Dritten Reich kaufmännische Tätigkeit. 1946–1953 Finanzsenator in Hamburg.

**Düsseldorfer Leitsätze** (s. CDU)

**Dulles, John Foster** (107; 130; 234; 236; 314; 315; 377) (1888–1959). Amerikanischer Jurist und Politiker. 1918/19 Mitglied der amerikanischen Friedensdelegation in Paris. Berater der Republikanischen Partei in außenpolitischen Fragen. Tätigkeit in der Wirtschaft. 1945 als Vertreter der USA beteiligt an der Gründung der UN; danach Mitglied und Leiter der US-Delegation bei den UN (1946–1950). 1953–1959 Außenminister unter dem republikanischen Präsidenten Eisenhower. Vertrat – in Abkehr von Trumans Kurs des containment (s. dort) – gegenüber dem Ostblock eine „Politik der Stärke" (s. dort), die durch die Drohung mit dem überlegenen amerikanischen Atompotential, die Schaffung eines weltweiten Netzes von Militärbündnissen (wozu auch die Einbeziehung der Bundesrepublik gehörte) und die Verstärkung der Auslandshilfen ein befreiendes Zurückdrängen des Kommunismus (roll back) anstrebte. Die tatsächliche Entwicklung im sowjetischen Einflußbereich lief in den 50er Jahren jedoch eher auf eine Festigung hinaus, zumal sich die USA bei den Krisen in der DDR (1953) und in Ungarn (1956) jeder Intervention enthielten.

**DWK (= Deutsche Wirtschaftskommission)** (27; 39; 40; 143; 167; 207; 210; 211; 226; 237)
Auf Befehl der SMAD wurden im Juni 1947 die schon im Sommer 1945 gebildeten deutschen wirtschaftlichen Zentralverwaltungen in der SBZ durch weitere ergänzt und zur DWK zusammengefaßt. Doch die entscheidende Änderung erfolgte im Februar bzw. Juni 1948, als die DWK einmal die Befugnis erhielt, verbindliche Verfügungen an die Landesverwaltungen zu erlassen, und zum anderen eine zentrale Kontrollkommission bei DWK errichtet wurde, um Verwaltung und planwirtschaftlichen Aufbau in der SBZ zu überwachen.

**EAC** (s. Europäische Beratende Kommission)

**Eden, Sir Robert Anthony** (233; 234; 236; 245; 326)
(1897–1977). Englischer Politiker. 1923–1957 konservativer Abgeordneter im Unterhaus. 1935–1938 Außenminister. Aufgabe des Regierungsamtes aus Protest gegen Chamberlains Appeasement-Politik. 1940–1945 wieder Außenminister; ebenso 1951–1955, wo er auf den Außenministerkonferenzen in Berlin (1954) und Genf (1955) Vorschläge (sog. Eden-Pläne) zur stufenweisen Wiederherstellung der Einheit Deutschlands und zur Befriedung Europas durch Schaffung einer entmilitarisierten Zone vorlegte. Das vorgeschlagene Zugeständnis uneingeschränkter außenpolitischer Entscheidungsfreiheit einer künftigen gesamtdeutschen Regierung ließ jedoch die Sowjetunion nicht von ihrer ablehnenden Haltung abrücken. 1955–1957 war Eden Premierminister. 1961 wurde er – als Earl of Avon – Mitglied des Oberhauses.

**Ehard, Hans** (39; 103; 175; 180; 184)
(1887–1980). Ab 1919 Tätigkeit im bayerischen Justizdienst. 1924 Anklageführer im Prozeß gegen Hitler und Ludendorff. 1933–1945 Senatspräsident am Oberlandesgericht München. Als führender Repräsentant der CSU ab Dezember 1946 (bis 1954) bayerischer Ministerpräsident und Initiator der Münchener Ministerpräsidenten-Konferenz im Juni 1947. Verfolgte bis zur Gründung der Bundesrepublik einen betont föderalistischen Kurs.

**Eisenhower, Dwight David** (49; 51; 236; 273; 314; 377)
(1890–1969). Amerikanischer General und Politiker. Juni 1942 Oberbefehlshaber der amerikanischen Truppen in Europa (Sitz in London). November 1942 Oberbefehlshaber der alliierten Truppen in Afrika. Im Juni 1944 leitete Eisenhower die Invasion in Nordfrankreich. Von Juli bis November 1945 Oberbefehlshaber der amerikanischen Besatzungstruppen in Deutschland und Mitglied des Alliierten Kontrollrates. 1945–1947 Generalstabschef des Heeres. 1948 Ausscheiden aus dem aktiven militärischen Dienst. 1950–1952 Oberbefehslhaber der Nato. 1953–1961 Präsident der USA (Republikaner). Innenpolitisch seit Beginn seiner zweiten Amtszeit zunehmend kritisiert, weil die erwarteten Sozialreformen und Bürgerrechtsgesetze nicht zustande kamen, aber auch weil der Vorsprung der UdSSR in der Raumfahrt bestehen blieb, profilierte sich Eisenhower, der 1953 den Koreakrieg beendet hatte, durch eine Vermittlungspolitik im Nahen Osten (1957) und Verständigungsbemühungen mit der Sowjetunion (Chrischtschow-Besuch in den USA, 1959).

**Eiserner Vorhang** (11; 274; 314)
Bildhafter Begriff, der vom Theater auf die Politik übertragen wurde. Mit ihm kennzeichnete der englische Premierminister Winston Churchill 1946 die Maßnahmen und Methoden, mit denen die UdSSR ihren Herrschafts- und Einflußbereich schon im Auftakt des Kalten Krieges gegenüber der westlichen Welt völlig abzuschirmen versuchte.

**Eisler, Hanns** (377)
(1898–1962). Komponist. 1919–1923 Studium bei Arnold Schönberg, erfolgreiche eigene Zwölftonkompositionen. Ende der 20er Jahre enge Zusammenarbeit mit Bert Brecht (s. dort); bewußte, auch künstlerische Bindung an die KPD. 1933 Exil, seit 1938 in den USA; 1948 Rückkehr nach Europa, seit 1950 in der DDR, vertonte deren Nationalhymne. Eisler geriet 1953 wegen seines Bühnenwerkes „Johannes Faustus" in ernsthafte Schwierigkeiten mit der spätstalinistischen Kulturpolitik der DDR.

**EKiD (oder EKD = Evangelische Kirche in Deutschland)** (34; 56)
Ein Bund der deutschen evangelischen Christen, gegründet am 13.7. 1948 in Eisenach, von 25 völlig selbständigen lutherischen, reformierten und unierten Gliedkirchen; in ihr soll die bestehende Glaubens-

gemeinschaft der deutschen evangelischen Christenheit in Bekenntnis, Lehre und Kultus sichtbar werden. Die Organe der EKiD sind: die Synode, die Kirchenkonferenz und der Rat. Die 8 Landeskirchen auf dem Gebiet der DDR gehörten zunächst zur EKD; 1969 bildeten sie einen eigenen Zusammenschluß, den „Bund der Evangelischen Kirchen in der DDR".

**EKGS** (s. Montanunion)

**Encke, Hans** (86)
(1896–1976). Evangelischer Geistlicher. Ab 1925 Pfarrer in verschiedenen Kölner Kirchengemeinden. 1933–1945 zum Kreis der Bekennenden Kirche gehörend. 1945–1964 Superintendent des Kirchenkreises Köln. An den Gründungsversammlungen der CDU in Köln beteiligt.

**Engels, Friedrich** (391; 393; 395)
(1820–1895). Der Sohn eines Barmer Textilfabrikanten kam in den 40er Jahren des 19. Jahrhunderts in Berlin mit philosophischen und in Manchester mit sozialpolitischen Fragen in Berührung. Geprägt wurde er durch die enge Bindung an Karl Marx (seit 1844). Sein Werk „Die Lage der arbeitenden Klassen in England" (1845) gehört zu den frühen Grundlagen der politischen Ökonomie des Marxismus. Zahlreiche weitere eigene und gemeinsame Schriften mit Karl Marx, darunter insbesondere das „Kommunistische Manifest" von 1848. Lebte nach der Beteiligung an der 48er Revolution in England. War bis 1869 im väterlichen Zweigwerk in Manchester tätig, um Karl Marx finanziell unterstützen zu können. Nach 1870 widmete er sich ausschließlich der Theorie und praxis des Sozialismus. Engels hatte wesentlichen Anteil an der Begründung des Marxismus, seiner Ausbreitung und Entwicklung.

**Entnazifizierung** (2; 4; 5; 22ff.; 35; 36; 352; 354)
Sammelbezeichnung für alle Maßnahmen der Besatzungsmächte in Deutschland nach 1945, die darauf abzielten, die NS-Herrschaft und ihre Grundlagen zu beseitigen und Vorsorge gegen ihre Wiederbelebung zu treffen. Dabei standen zwei Ziele im Vordergrund: einerseits die Aufhebung der NS-Gesetzgebung und die Bestrafung von Kriegsverbrechern, andererseits die Ausschaltung der NS-Anhänger und die Demokratisierung der deutschen Gesellschaft.

**Erhard, Ludwig** (41; 42; 108; 119; 132f.; 135f.; 141f.; 326; 327; 331; 333; 350f.; 373)
(1897–1977). Nationalökonom und Politiker. 1928–1942 Dozent am Institut für Wirtschaftsbeobachtung der Handelshochschule Nürnberg. 1942–1945 Leitung eines eigenen Instituts für Industrieforschung in Nürnberg. Nach Kriegsende Wirtschaftsberater der amerikanischen Militärregierung und Leiter des Wirtschaftsamtes in seiner Heimatstadt Fürth. 1945–1946 im bayerischen Kabinett Hoegner (SPD). Minister für Handel und Gewerbe. 1947 Leiter der Sonderstelle Geld und Kredit in den Bizonen-Verwaltung in Bad Homburg. 1947 Berufung zum Honorarprofessor der Staatswirtschaftlichen Fakultät der Universität München. 1948–1949 Direktor der Verwaltung für Wirtschaft des Vereinigten Wirtschaftsgebiets in Frankfurt/M. Am Tag der Währungsreform (20.6. 1948) verkündete Erhard gegen den Widerstand der Besatzungsmächte das Ende der Zwangswirtschaft. Juni 1949 Beitritt zur CDU. 1949–1963 Bundeswirtschaftsminister. Oktober 1957 Ernennung zum Vizekanzler im dritten Kabinett Adenauer. 1963–1966 Bundeskanzler.
Der – durch externe und interne Faktoren geförderte – wirtschaftliche Wiederaufstieg der Bundesrepublik in den frühen 50er Jahren, für den das Etikett „Deutsches Wirtschaftswunder" geläufig wurde, verknüpfte sich rasch mit dem Namen Ludwig Erhard und seinem Konzept der Sozialen Marktwirtschaft. Obwohl sich der Optimismus ausstrahlende Wirtschaftsminister nie als Parteipolitiker im engeren Sinne verstand, trug seine Popularität wesentlich zu den Wahlerfolgen Adenauers und der CDU bei.

**Erler, Fritz** (237; 271f.; 307; 308)
(1913–1967). 1928–1933 Mitglied der Sozialistischen Arbeiterjugend in Berlin. 1932–1938 Tätigkeit in der Berliner Stadtverwaltung. Illegale politische Arbeit in der Gruppe „Neu Beginnen". 1938 verhaftet. 1939 Verurteilung durch den Volksgerichtshof zu zehn Jahren Zuchthaus wegen Vorbereitung zum Hochverrat. 1939–1945 im Zuchthaus Brandenburg und im KZ Aschendorfer Moor im Emsland. 1945–1946 Landrat in Biberach an der Riß. 1946 mehrmonatige Internierung im Lager Balingen wegen Auseinandersetzungen mit der französischen Besatzungsmacht. 1946 Mitglied der Beratenden Landesversammlung für Württemberg-Hohenzollern; 1947 Mitglied des dortigen Landtags, 1947 Landrat in Tuttlingen. 1949–1967 Abgeordneter des Bundestages. 1951 Wahl in den Vorstand der SPD-Bundestagsfraktion, 1956 in den Parteivorstand. 1957 stellvertretender Fraktionsvorsitzender. Erler, der dank seiner intellektuellen und rhetorischen Fähigkeiten bald zu den profiliertesten Parlamentariern gehörte, widmete sich vor allem dem Feld der Wiedervereinigungs- und Sicherheitspolitik.

**ERP (= European Recovery Program)** (130; 131; 246; 347)
Bezeichnung für das amerikanische Hilfsprogramm zur wirtschaftlichen Wiederbelebung Europas. Initiiert durch eine Rede des amerikanischen Außenministers George C. Marshall vom 5.6. 1947, in der er die USA aufforderte, durch ein spezifisches Wirtschafts-

programm die verwüsteten europäischen Länder beim Wiederaufbau ihrer Produktionskapazitäten zu unterstützen und sie damit als gleichberechtigte Partner zur Rückkehr in den Welthandel zu befähigen. Die Einzelheiten dieses Programms wurden in mehreren Konferenzen mit den europäischen Staaten erörtert, aus denen der Ausschuß für europäische wirtschaftliche Zusammenarbeit (OEEC) mit 16 beteiligten Ländern hervorging. Die UdSSR lehnte die Mitarbeit als Einmischung in die Souveränität der europäischen Staaten ab, womit das ERP von Anfang an zur „Scheidelinie zwischen Ost und West" (K. Düwell) wurde und die vorhandenen Differenzen zwischen der Sowjetunion und den westlichen Verbündeten verstärkte. Von April 1948 bis Juni 1952 erhielt Europa insgesamt 13,15 Milliarden US-Dollar als Wirtschaftshilfe. Die Bundesrepublik und West-Berlin erhielten 1,7 Milliarden Dollar, während 2,8 Milliarden nach Frankreich und 3,4 Milliarden nach Großbritannien flossen. Allein schon diese Größenordnungen beweisen die relative Bedeutung der ERP-Mittel für die Ankurbelung der deutschen Wirtschaft. Der politische Stellenwert dieses Hilfsprogramms für die definitive Westbindung der Bundesrepublik muß dagegen hoch veranschlagt werden.

**Europäische Beratende Kommission** (1)
(European Advisory Commission). Von 1943–1945 bestehendes Gremium auf Botschafterebene mit Sitz in London, in dem Großbritannien, die USA und die UdSSR, später auch Frankreich „europäische Fragen, die mit der Fortführung des Krieges auftauchen", prüfen sollten mit dem Ziel der „Sicherung engster Zusammenarbeit". Die EAC verabschiedete am 12.9. 1944 das „Protokoll betreffend die Besatzungszonen in Deutschland und die Verwaltung von Groß-Berlin" und am 14.11. 1944 das „Abkommen über das Kontrollsystem in Deutschland".

**Europarat** (230; 231; 239; 241; 250; 252; 316)
Die im Mai 1949 geschaffene Organisation von 10 europäischen Staaten (gegenwärtig 21 Mitglieder; es fehlen: Finnland und der Ostblock), der die Bundesrepublik seit Mai 1951 als Vollmitglied angehört, erstrebt eine engere Verbindung zwischen ihren Mitgliedern durch Förderung des gemeinsamen wirtschaftlichen und sozialen Fortschritts. Mit Rücksicht auf WEU und Nato besitzt der Europarat in Fragen der Verteidigung keinerlei Zuständigkeit. Überhaupt schränkt er die souveränen Rechte der ihn tragenden Nationalstaaten nicht ein, was seine oft beklagte Machtlosigkeit in erster Linie erklärt. Der in Straßburg residierende Europarat besitzt neben dem Generalsekreteriat zwei weitere Organe: die zweimal im Jahr tagende Beratende Versammlung mit aus den Parlamenten der Mitgliedstaaten – je nach Größe – entsandten Abgeordneten und den Ministerausschuß mit den Außenministern der Mitgliedstaaten oder ihren Stellvertretern. Das Komitee der Außenminister fungierte als Exekutive; seine Beschlüsse bedürfen der Einstimmigkeit. Bedeutung gewann die vom Europarat im September 1953 verabschiedete Europäische Konvention der Menschenrechte und Grundfreiheiten, zumal der 1959 installierte Europäische Gerichtshof für Menschenrechte mit Sitz in Straßburg, besetzt mit je einem Richter der Mitgliedstaaten als Appellationsinstanz bei Verstößen angerufen werden kann.

**EVG (= Europäische Verteidigungsgemeinschaft)** (231; 232; 233; 234; 263; 265ff.; 272; 274; 275ff.; 280; 300; 301; 303; 305)
Die Intention von Bundeskanzler Adenauer, über das Angebot eines westdeutschen Verteidigungsbeitrags die Souveränität der Bundesrepublik zurückzugewinnen, erhielt verstärkte Resonanz durch den Beginn des Koreakrieges im Juni 1950. Der englische Premierminister Winston Churchill schlug im August 1950 der Beratenden Versammlung des Europarats die Aufstellung einer Europa-Armee unter Beteiligung westdeutscher Kontingente vor, eine Idee, die im Konzept des französischen Ministerpräsidenten René Pleven vom Oktober 1950 präzisere Gestalt annahm. Die langwierigen Verhandlungen führten zu einem Vertragsentwurf über die Europäische Verteidigungsgemeinschaft (EVG) von sechs Mitgliedstaaten, der am 27.5. 1952 in Paris unterzeichnet wurde. Die Einzelheiten wurden in vier „Protokollen" geregelt unter denen dem „Militärprotokoll", das Organisation und Aufstellung der Streitkräfte bestimmte, Schlüsselbedeutung zukam. Ihm gemäß sollten die Grundeinheiten bis zur Division national, die höheren Einheiten, die Kommandobehörden und die Versorgungseinrichtungen international besetzt sein. Während die Parlamente Belgiens, der Bundesrepublik (nach heftigen Auseinandersetzungen), Italiens, Luxemburgs und der Niederlande das Vertragswerk billigten, lehnte die französische Nationalversammlung am 30.8. 1954 im Zusammenspiel der Nationalisten und der Kommunisten seine Erörterung ab, womit die EVG gescheitert war. Zwar wurde durch den Beitritt der Bundesrepublik zur WEU und zur Nato im Mai 1955 eine Ersatzlösung gefunden, doch gingen ihr entscheidende Implikationen ab, die die EVG geboten hätte: nicht nur „ein geeintes Europa zu einem Faktor der Weltpolitik zu machen", sondern zugleich „die Bundesrepublik mit der Niederlage zu versöhnen und sie als eine ideell und territorial saturierte politische Einheit zu etablieren" (A. Baring). Der

Gedanke der Integration war mit dem Ende der EVG nachdrücklich und – wie sich zeigen sollte – auf Dauer abgeblockt. Adenauer wußte dies und sprach bis zuletzt vom Votum der französischen Nationalversammlung im August 1954 als einer „Tragödie“, als einem „schrecklichen Schlag“.

**fait accompli** (239)
(frz. = vollendete Tatsache)

**Faßbinder, Klara** (262)
(1890–1974). Seit 1935 freie Schriftstellerin. Übersetzerin von Paul Claudel. 1945–1955 Professorin für Kunstgeschichte an der Pädagogischen Akademie Bonn. 1952 führendes Mitglied der Gesamtdeutschen Volkspartei, danach der Deutschen Friedensunion, einer 1960 gegründeten Linkspartei mit betont pazifistischer Ausrichtung.

**Faure, Edgar** (236)
(geb. 1908). Französischer Politiker und Schriftsteller. 1940 Anschluß an die Widerstandsbewegung. 1943–1944 Mitglied des Nationalen Befreiungskomitees in Algier. 1945–1946 einer der französischen Anklagevertreter bei den Nürnberger Prozessen. 1946–1958 radikalsozialistischer Abgeordneter in der Nationalversammlung. 1952 und 1955/1956 Ministerpräsident. Faure befürwortete 1958 die Berufung de Gaulles zum Ministerpräsidenten, was zu seinem Ausschluß aus der radikalszialistischen Partei führte. 1962–1966 Jura-Professor in Dijon. 1964 reiste Faure als Sonderbeauftragter der Regierung in die UdSSR und nach China. 1966–1968 Landwirtschaftsminister. 1968–1969 Unterrichtsminister. 1972–1973 Sozialminister. 1973–1978 Präsident der Nationalversammlung. Seit 1979 Mitglied des Europäischen Parlaments.

**FDGB (= Freier Deutscher Gewerkschaftsbund)** (32; 36; 122; 216; 376; 378; 387; 416)
1945 als Einheitsgewerkschaft von kommunistischen, sozialdemokratischen und christlichen Gewerkschaftlern gegründet. Nach schweren inneren Auseinandersetzungen proklamierte die FDGB-Führung im November 1948 („Bitterfelder Tagung“) den Leistungslohn und damit die Abkehr von den „überholten gewerkschaftlichen Traditionen in der Lohn- und Tarifpolitik“. Die Industriegewerkschaften wurden zu „Trägern der Planerfüllung“, als „Hauptanliegen“ galt künftig die „Steigerung der Arbeitsproduktivität“. Auflösung der Betriebsräte. Der 3. FDGB-Kongreß im September 1950 „erbrachte für die weitere Entwicklung der Klassenorganisation der Arbeiterklasse bedeutsame Ergebnisse: Opportunistische Auffassungen wie das ‚Nur-Gewerkschaftlertum‘ und die ‚parteipolitische Neutralität der Gewerkschaften‘ endgültig überwindend, bekannte er sich zum ‚Marxismus-Leninismus als Weltanschauung der Arbeiterklasse‘, zur führenden Rolle der SED, zur Freundschaft mit der Sowjetunion‘ und zu den Prinzipien des proletarischen Internationalismus. Der FDGB unternahm große Anstrengungen, um die Gewerkschaften zum Organisator der Wettbewerbs und zu Schulen der Wirtschaftsführung zu entwikkeln“ (Badstübner u. a., Geschichte der DDR Berlin (Ost) 1981, S. 126). Der FDGB wurde damit auch offiziell eine der Massenorganisationen, die als „Transmissionsriemen“ der Partei wirken. In den von der „Nationalen Front“ (s. dort) zusammengestellten Listen der Volkskammer stellt er die zweitstärkste Fraktion. Seit 1949 ist er Mitglied des (kommunistischen) Weltgewerkschaftsbundes. Der FDGB verwaltet die gesamte Sozialversicherung der DDR, kontrolliert den Arbeitsschutz und unterhält einen großangelegten Erholungs- und Feriendienst, der fast alle Urlaubsmöglichkeiten in der DDR monopolisiert. Das Streikrecht wird vom FDGB mit Hinweis auf die Vergesellschaftung der Produktionsmittel abgelehnt. Im Rahmen der Wirtschaftspläne werden Betriebskollektivverträge abgeschlossen, die beide Seiten (Betriebsgewerkschafts- und Werkleitungen) zur Planerfüllung verpflichten und den Ausbau sozialer und kultureller Einrichtungen festlegen.

**FDJ (= Freie Deutsche Jugend)** (36; 216; 281; 351; 376; 377; 387; 403; 404 f.)
Die einzige erlaubte Jugendorganisation der SBZ bzw. DDR, der Jugendliche vom 14. Lebensjahr ab angehören und der die „Pionierorganisation Ernst Thälmann“ für die Schüler der 1. bis 7. Klassen angeschlossen ist. Nach dem Zweiten Weltkrieg setzte sich die KPD-Führung für die Gründung einer „einheitlichen freien Jugendbewegung“ und nicht für deren Reorganisation auf der Basis einzelner Parteien ein. Die offizielle Gründung der FDJ erfolgte im März 1946. Auf dem „1. Parlament der FDJ“ im Juni 1946 versprach der FDJ-Vorsitzende Erich Honecker (1946–1955), die Überparteilichkeit „wie unseren Augapfel zu hüten“. Im Januar 1948 riefen CDU und LDPD ihre Vertreter aus dem Zentralrat der FDJ ab, der überparteiliche Charakter der Jugendorganisation schien ihnen nicht mehr gewährleistet. Die Umformung der FDJ zu einer „sozialistischen Massenorganisation“ wurde auf dem „4. Parlament der FDJ“ im Mai 1952 bestätigt: „Die FDJ anerkennt die führende Rolle der Arbeiterklasse und der großen SED auf allen Gebieten des demokratischen Aufbaus.“ Gleichzeitig wurde der FDJ die Aufgabe übertragen, die „Kampfreserve der Partei“ und den militärischen Nachwuchs zu stellen. Walter Ulbricht (s. dort) sagte auf dem Kongreß: „Wir begrüßen es deshalb, daß der Zentralrat der FDJ alles tut, was möglich ist, um alle militärischen Fähigkeiten in unserer Jugend zu entwickeln, damit sie ihre Aufgabe, den Schutz und die Verteidigung unseres Vaterlandes, in Ehren

durchführen kann." Heute wird die Aufgabe der FDJ so beschrieben: „Anliegen des Jugendverbandes ist es, alle Jugendlichen zu gewinnen, sich mit ganzer Kraft für die allseitige Stärkung der DDR, die weitere Festigung des Bruderbundes mit der Sowjetunion, die Annäherung zwischen den Ländern und Nationen der sozialistischen Gemeinschaft, die Verteidigung des Sozialismus sowie für antiimperialistische Solidarität einzusetzen." (Kleines politisches Wörterbuch, Berlin Ost 1978, S. 248). Mitglieder sind vor allem Schüler, Studenten und Armeeangehörige. Eine Nichtmitgliedschaft kann nachteilig für Ausbildungs- und Berufschancen sein.

**FDP (= Freie Demokratische Partei)** (34; 40; 65; 83 f.; 106; 126; 127; 128; 168; 194; 195; 200; 264; 304; 320; 326; 327; 330)
Unmittelbar nach dem politischen Zusammenbruch kam es in verschiedenen Besatzungszonen zur Wiedergründung liberaler Parteien unter divergenten Beziehungen. Im Dezember 1948 Zusammenschluß auf der Ebene der drei westlichen Besatzungszonen und West-Berlins vollzogen. Angesichts des breiten, von den Landesverbänden repräsentierten Spektrums – vom Linksliberalismus bis zum konservativen Nationalliberalismus reichend – blieb der Einfluß der Parteispitze jedoch gering. Programmatische Zentralforderung war die uneingeschränkte Konstituierung einer privatkapitalistischen Wirtschaft. Die FDP lehnte daher die staatliche Wirtschaftslenkung ebenso ab wie das Mitbestimmungsrecht der Gewerkschaften und die Sozialisierung. Diese privatwirtschaftliche Wirtschaftskonzeption führte die FDP bereits im Frankfurter Wirtschaftsrat an die Seite der CDU und zum Eintritt in das erste Kabinett Adenauer. Mit 11,9% der Stimmen als drittstärkste Partei aus den Bundestagwahlen im August 1949 hervorgegangen, unterstützte die FDP, die mit Theodor Heuss von 1949–1959 den Bundespräsidenten stellte, die Politik Adenauers auf allen wesentlichen Feldern, setzte lediglich nationalere und liberalere Akzente. 1953 erreichte die FDP bei den Bundestagswahlen 9,5% und setzte trotz absoluter Mehrheit der CDU/CSU unter ihrem Vorsitzenden Franz Blücher (s. dort) die Koalition fort, von der sie sich in den folgenden Jahren mehrheitlich allerdings zunehmend entfernte. Bereits 1954 kritisierte der neue Parteivorsitzende Thomas Dehler (s. dort), der als Bundesjustizminister 1953 abgelöst worden war, scharf die Deutschlandpolitik Adenauers, weil sie die Spaltung vertiefe. Die von der CDU lancierte Idee einer Wahlrechtsänderung (sog. Grabenwahlsystem) und eine Kontroverse um die Lösung der Saarfrage verschärften die Spannungen. Im Februar 1956 zerbrachen das Regierungsbündnis und die Partei, als die FDP in Nordrhein-Westfalen eine Koalition mit der SPD einging. Die Ministerriege und 12 weitere Bundestagsabgeordnete des rechten Flügels traten aus der FDP aus, gründeten die Freie Volkspartei (FVP) und stützten weiter die Regierung Adenauer.

**Fechner, Max** (75; 378; 381; 406; 412)
(1892–1973). Werkzeugmacher. Ab 1911 Mitglied der SPD (1917–1922 der USPD); 1928–1933 Landtagsabgeordneter in Preußen; 1933/34 und 1944 im KZ. 1945 Vorsitzender des Zentralausschusses der SPD in der SBZ. Befürworter der Vereinigung mit der KPD. 1946 stellvertretender Parteivorsitzender der SED neben Ulbricht (s. dort), ab 1950 Mitglied des ZK der SED. 1948/49 Präsident der Deutschen Zentralverwaltung für Justiz in der SBZ, ab 1952 Justizminister der DDR. Im Zusammenhang mit dem Juni-Aufstand 1953 abgesetzt, verhaftet und aus der SED ausgeschlossen. 1956 amnestiert, 1958 wieder in die SED aufgenommen.

**Feldmann, Wilhelm** (387)
(geb. 1910). Jurist. Geriet 1944 als Offizier der deutschen Wehrmacht in sowjetische Kriegsgefangenschaft. Antifa-Schüler. 1948 entlassen. 1949 Mitglied des Parteivorstandes der Nationaldemokratischen Partei (NDPD) (s. dort) und der Volkskammer. 1950–1958 Minister für Leichtindustrie der DDR.

**Fette, Christian** (363; 366)
(1895–1971). Schriftsetzerlehre. Bis 1933 in der Buchdruckergewerkschaft tätig. Im Dritten Reich wiederholt in Haft. Ab 1947 Vorsitzender der Industriegewerkschaft Druck und Papier. 1951–1952 Vorsitzender der DGB.

**Fischer-Kontroverse** (151)
1961 erschien das Buch des Hamburger Historikers Fritz Fischer (geb. 1908) „Griff nach der Weltmacht. Die Kriegszielpolitik des kaiserlichen Deutschland 1914/18". Es löste eine lebhafte wissenschaftliche und politische Diskussion über den Schuldanteil des Deutschen Reiches am Ersten Weltkrieg und über die Frage der Kontinuität des Weltmachtstrebens der deutschen Führungsschichten aus, die in ihren Wirkungen über die Fachgrenzen weit hinausreichte und auch heute noch nicht abgeschlossen ist.

**Florin, Wilhelm** (7)
(1894–1944). In den zwanziger Jahren Reichstagsabgeordneter der KPD und Mitglied ihres Politbüros. KPD-Führer im Ruhrgebiet. 1933 Emigration nach Moskau, dort Sekretär der Komintern.

**Frankfurter Dokumente** (167; 174 f.; 180; 184)
Von den Militärgouverneuren der drei Westzonen am 1.7. 1948 in Frankfurt den Ministerpräsidenten der westdeutschen Länder übergeben. Die drei Dokumente enthalten das Ergebnis der Londoner Sechs-Mächte-Konferenz über Deutschland (s. dort). Sie nen-

nen die westalliierten Rahmenbedingungen für die Ausarbeitung einer „demokratischen Verfassung" und damit eines westdeutschen Staates. Sie wurden zunächst von den Ministerpräsidenten zurückhaltend aufgenommen und später in konfliktreichen Verhandlungen modifiziert (s. Parlamentarischer Rat).

**Frankfurter Manifest** (235; 281; 308)
Das Manifest wurde am 29.1. 1955 auf einer von dem Vorsitzenden der SPD, Erich Ollenhauer, und dem stellvertretenden Vorsitzenden des DGB, Georg Reuter, dem Soziologen Alfred Weber und dem Theologen Helmut Gollwitzer einberufen. Versammlung mit etwa 1000 Teilnehmern in der Frankfurter Paulskirche verabschiedet. Das Frankfurter Manifest wurde von zahlreichen linken und liberalen Intellektuellen unterzeichnet und diente der außerparlamentarischen Protestbewegung („Paulskirchenbewegung") als programmatische Plattform gegen die Wiederbewaffnung im Rahmen der Nato.

**Freisler, Roland** (389)
(1893–1945) Teilnahme am Ersten Weltkrieg, russische Gefangenschaft, 1917–1920 bolschewistischer Kommissar in der Ukraine. Seit 1925 Mitglied der NSDAP. Als Präsident des Volksgerichtshofes (seit 1942) einer der radikalsten Verfechter nationalsozialistischen Strafrechts, stellte er die Justiz – besonders in den Prozessen gegen die Angehörigen der Widerstandsbewegung vom 20.7. 1944 – in den Dienst des politischen Terrors.

**Freitag, Walter** (235)
(1889–1958). Dreherlehre. 1907 Beitritt zum Metallarbeiterverband. 1908 zur SPD. 1920 Bezirksleiter des Deutschen Metallarbeiterverbandes in Hagen. 1932 Abgeordneter im Preußischen Landtag. Im Dritten Reich wiederholt in KZ-Haft. Ab 1946 Landtagsabgeordneter in Nordrhein-Westfalen. Im gleichen Jahr Mitbegründer und Vorsitzender der Metallarbeitergewerkschaft. Ab 1950 Vorsitzender der Industriegewerkschaft Metall. 1949–1953 Bundestagsabgeordneter. 1952–1956 Vorsitzender des DGB.

**Friedlaender, Ernst** (292; 297; 315)
(1895–1973). Publizist. Im Dritten Reich in die Schweiz emigriert. 1946–1950 stellvertretender Chefredakteur und Herausgeber der „Zeit". Anschließend bis 1960 Rundfunkkommentator in Hamburg, Leitartikler des Hamburger Abendblatts und der Berliner Morgenpost. 1954–1957 Präsident des Deutschen Rates der Europa-Union.

**Frings, Josef** (195; 248; 253f.)
(1887–1978). Seit 1924 Pfarrer in Köln, wo er bald in engen Kontakt zu dem damaligen Oberbürgermeister Konrad Adenauer trat. 1942–1969 Erzbischof in Köln. 1946 Ernennung zum Kardinal. Als Vorsitzender der Fuldaer Bischofskonferenz (1945–1965) „kam ihm die dominierende Sprecherrolle im deutschen Episkopat zu" (Klaus Gotto). Sein Beitritt zur CDU im November 1948 war ein vieldiskutiertes Ereignis, doch mußte Frings schon im Mai 1949 – aufgrund einer Intervention des Papstes – die Partei Adenauers wieder verlassen. Pius XII. sah durch die parteipolitische Bindung des Kölner Kardinals die Fortgeltung des Reichskonkordats, woran der Vatikan nachdrücklich interessiert war, tangiert. Es verbot nämlich im Art. 32 die Mitgliedschaft von Geistlichen in politischen Parteien, ja sogar jede politische Aktivität. Doch änderte die Aufgabe der förmlichen Mitgliedschaft nichts an der eindeutigen Parteinahme von Frings für die CDU, die sich vor allem in Hirtenbriefen artikulierte und jeweils vehementen Protest bei der SPD auslöste.

**Frontier-These** (158)
(frontier, engl. „Front"). „Frontier" war die Bezeichnung für die äußerste Grenze europäischer Besiedlung und Zivilisation in Nordamerika, bis Ende des 19. Jhs. ständig nach Westen vordringend. Die Frontier-These sieht in dem Optimismus, der Selbständigkeit und dem erfolgreichen Vorwärtsdrängen der Pioniere den wahren Geist der US-Gesellschaft, der sich immer wieder vor neuen Aufgaben zu bewähren habe.

**Fünfte Kolonne** (161)
Ein auf den Spanischen Bürgerkrieg zurückgehendes Schlagwort, das den kollektiven Verrat politischer Gruppen bezeichnet, die in Konfliktsituationen die Loyalität gegenüber dem eigenen Land zugunsten einer Macht außerhalb des Landes aufgeben. Dabei tritt also an die Stelle der nationalstaatlichen die ideologische Bindung. Häufig zitierte Beispiele waren im Zweiten Weltkrieg die faschistischen Gruppen in mit Deutschland im Krieg befindlichen Ländern oder – in der frühen Phase des Ost-West-Konflikts – die kommunistischen Parteien in der westlichen Welt.

**Fulbright, James William** (164)
(geb. 1905). Amerikanischer Politiker der Demokratischen Partei. Ab 1935 Professor für Politische Wissenschaften und Jura. Als Abgeordneter im Repräsentantenhaus (1943–1945) forderte Fulbright ein internationales kollektives Sicherheitssystem und setzte als Senator für Arkansas (ab 1945) ein großzügiges akademisches Austauschprogramm der USA mit nichtkommunistischen Ländern durch. In den 50er Jahren Vorsitzender des Senatsausschusses für Auswärtige Angelegenheiten.

**Gandhi, Mohandas Karamchand, genannt seit 1915 Mahatma (= die große Seele)** (248; 255)
(1869–1948). Indischer Politiker. Jurastudium in London. 1893 geht Gandhi nach Südafrika, wo er zum politischen Führer der indischen Einwanderer wird und den passiven

Widerstand gegen die gesetzliche Diskriminierung organisiert. 1914 kehrt er nach Indien zurück und proklamiert – von hoher Religiosität und asketischer Lebensweise bestimmt – den gewaltlosen Kampf gegen die britische Herrschaft durch „Nicht-Mitarbeit“ und „bürgerlichen Ungehorsam“. 1921 regt er das „häusliche Handspinnen“ an, um Indien von der britischen Textilwirtschaft unabhängig zu machen. 1930 initiiert Gandhi den „Marsch zum Meer“, um das britische Monopol der Salzgewinnung zu brechen. Obwohl mehr als 20mal festgenommen und – in der Summe – fast 6 Jahre eingesperrt, läßt er sich vor allem nicht von seiner spezifischen Form des Protests gegen britische Pläne, den Hungerstreik, abbringen. Im April 1947 erreicht Gandhi die Unabhängigkeit Indiens und legt in der Folge alle politischen Ämter nieder. Während der blutigen Auseinandersetzungen zwischen Hindus und Mohammedanern, die Gandhi um der Einheit des Landes willen verhindern will, wird er von einem fanatischen Hindu ermordet.

**Gaulle, Charles de** (45) (1890–1970). Französischer General und Politiker. 1939 Kommandeur einer Panzerdivision. Ab Juni 1940 organisierte de Gaulle von England aus den Widerstand gegen die deutsche Besatzung und die Vichy-Regierung; im Juli 1940 von ihr zum Tode verurteilt. 1943 wurde er – gegen mehrere Rivalen – Präsident des Comité Français de Libération Nationale, aus dem 1944 die provisorische Regierung der französischen Republik hervorging. September 1944 bis November 1945 Regierungschef, am 13. 11. 1945 von der konstituierenden Nationalversammlung zum Ministerpräsidenten und provisorischen Staatsoberhaupt gewählt. Im Januar 1946 trat de Gaulle zurück, da er nicht genügend Unterstützung in der Nationalversammlung fand. Im April 1947 gründete er das – bis 1953 existierende – Rassenblement du Peuple Français (RPF), eine über die politischen Parteien hinausreichende Vereinigung, die den Plan einer durchgreifenden Verfassungsreform in Richtung einer starken Präsidialgewalt verfocht. 1958–1969 Staatspräsident.

**Generalvertrag (s. Deutschlandvertrag)**

**Genfer Gipfelkonferenz** (236; 324; 379; 380; 420)
Die Genfer Gipfelkonferenz vom 18. 7.–23. 7. 1955 mit den Regierungschefs Eisenhower, Bulganin/Chruschtschow.
Eden und Faure fixierte zwar letztmals als gemeinsames Ziel der vier Mächte die Wiederherstellung der deutschen Einheit, doch markierten Verlauf und Ergebnis eine „Art Wasserscheide zwischen der Nachkriegszeit und einer neuen Ära der Ost-West-Beziehungen“ (H.-P. Schwarz). Die deutschen Frage wurde von den Themen Entspannung und Abrüstung an den Rand gedrängt, der Status quo der Teilung Deutschlands substantiell akzeptiert und dem Konzept der Bundesregierung, mit Hilfe der Westmächte der Wiedervereinigung näherzukommen, lediglich mit verbaler Deklamation genügt. Bezeichnend war, daß Chruschtschow direkt vom Genfer Gipfel nach Ost-Berlin flog, wo er in aller Schärfe betonte, die Politik der Stärke sei gescheitert und die Wiedervereinigung in erster Linie Sache der Deutschen selbst. Damit war im Grunde die Realität zweier deutscher Staaten festgestellt (s. Zweistaaten-Theorie).

**Gesamtdeutscher Konstituierender Rat** (232; 326; 376; 419; 424; 426; 429; 437)
Der Vorschlag zur Bildung eines paritätisch besetzten „Gesamtdeutschen Konstituierenden Rates“, der gleichzeitig „gesamtdeutsche Wahlen für eine Nationalversammlung“ vorbereiten, „Beratungen zum Abschluß eines Friedensvertrages“ vorbereiten und „Vorbereitungen zur Regierungsbildung treffen“ könne, wurde von DDR-Ministerpräsident Grotewohl am 30. 11. 1950 in einem direkten Brief Bundeskanzler Adenauer unterbreitet. Die Bundesregierung erklärte in einer Pressekonferenz am 15. 1. 1951, daß eine paritätische Besetzung des Konstituierenden Rates von vornherein ein Übereinkommen ausschlösse, daß stattdessen, wie bereits früher gefordert, eine frei gewählte Nationalversammlung die weiteren Schritte vorbereiten müsse und zunächst die Bedingungen für freie Wahlen zu schaffen seien.

**Gestapo (= Geheime Staatspolizei)** (65)
Ab Anfang 1934 offiziell etablierte politische Polizei des Dritten Reiches unter Himmler und Heydrich, die bei ihrer präventiven „Bekämpfung staatsgefährlicher Personen, Institutionen und Ideen“ durch keinerlei Bindung an Recht und Gesetz behindert war. Aus ihren Reihen rekrutierte sich zu wesentlichen Teilen das Personal für die Leitung der Konzentrationslager und die Einsatzgruppen in den im Zweiten Weltkrieg besetzten Gebieten.

**Globke, Hans** (333; 352; 353) (1898–1973). Jurist. Tätigkeit im Verwaltungsdienst. Ab 1932 Ministerialrat im Reichsinnenministerium, zuständig für Staatsangehörigkeitsfragen. Globke verfaßte 1935 – zusammen mit Wilhelm Stuckart – einen Kommentar zu den Nürnberger Rassegesetzen. 1946–1949 Vizepräsident des Landesrechnungshofes von Nordrhein-Westfalen. Ab 1950 Ministerialdirigent im Bundeskanzleramt, dessen Ausbau zu einer wirkungsvollen Schalt- und Koordinierungsstelle Globke intensiv vorantrieb. 1953–1963 Staatssekretär und Leiter des Bundeskanzleramtes. Wegen seiner Tätigkeit im Dritten Reich war Globke heftigen Angriffen ausgesetzt, doch Adenauer ließ seinen engsten Mitarbeiter nicht fallen. 1961 wurde

Globke in einem Ermittlungsverfahren von dem Vorwurf, in intensiven Verbindungen zu Adolf Eichmann gestanden zu haben, freigesprochen. 1963 trat er gemeinsam mit dem Bundeskanzler Adenauer zurück.

**Gniffke, Erich** (68)
(1895–1964). Kaufmann. Seit 1913 Mitglied der SPD. Im Dritten Reich Kontakte zum Widerstand; wiederholt verhaftet. 1945 Mitbegründer der SPD in Berlin; Mitglied des Zentralausschusses. Ab April 1946 Mitglied im Zentralsekretariat der SED. Vorsitzender des Volksrates. Im Oktober 1948 Flucht nach Westdeutschland.

**Godesberger Programm** (491)
Das im November 1959 beschlossene Godesberger Grundsatzprogramm markiert eine wichtige Etappe in der Serie sozialdemokratischer Parteiprogramme insofern, als der traditionelle Widerspruch zwischen revolutionär-marxistischer Programmatik und sozialreformerischer Praxis der SPD überwunden wurde. Die Preisgabe marxistischer Gedanken und Zielsetzungen wurde kompensiert durch das Bekenntnis zu den Grundwerten des demokratischen Sozialismus (Freiheit, Gerechtigkeit und Solidarität). Statt der Beseitigung der kapitalistischen Produktionsverhältnisse durch Sozialisierung und Planwirtschaft wird die Kontrolle wirtschaftlicher Macht – vornehmlich durch das Instrument der Mitbestimmung – gefordert. Die Entideologisierung ließ die SPD zur Volkspartei werden und machte sie für weite bürgerliche Schichten wählbar. Im ökonomisch-politischen „Orientierungsrahmen 85" von 1975 wurde eine Konkretisierung und Umsetzung wichtiger Ziele des Godesberger Programms beschlossen.

**Goebbels, Joseph** (6; 133)
(1897–1945). 1926 Gauleiter der NSDAP von Berlin-Brandenburg. 1929 Reichspropagandaleiter. Ab März 1933 Reichsminister für Volksaufklärung und Propaganda und Präsident der Reichskulturkammer. Ab 1944 „Generalbevollmächtigter für den totalen Kriegeinsatz". Von Hitler testamentarisch zu seinem Nachfolger als Reichskanzler bestimmt. Endete durch Selbstmord.

**Gomulka, Wladyslaw** (377; 393)
(1905–1982). Polnischer Politiker. Schlosser; 1926 Gewerkschaftsfunktionär und Mitglied der KP; 1932–1934 und 1936–1939 in Haft; während der deutschen Besetzung Untergrundarbeit. Mitbegründer der neuen KP (Polnische Arbeiterpartei). 1943–1948 deren Generalsekretär, 1945–1949 stellvertretender Ministerpräsident und Minister für die „Westgebiete". Gomulka erstrebte einen eigenständigen „polnischen Weg zum Sozialismus" und widersetzte sich der Gründung der Kominform. 1948/49 aller Partei- und Regierungsämter enthoben, wurde er 1951–1954 ohne Prozeß als „Nationalist" und „Titoist" in Haft gehalten. 1956 rehabilitiert und im „polnischen Oktober" erneut zum Parteiführer gewählt. Die in ihn gesetzten Hoffnungen einer größeren Liberalität und Effektivität des Systems und einer größeren Unabhängigkeit von der Sowjetunion konnte er nicht erfüllen. Er stürzte 1970 nach Arbeiterunruhen.

**Grenzabkommen von Görlitz** (273; 376; 429 f.)
Am 6. 7. 1960 schloß die DDR mit der Volksrepublik Polen einen Vertrag, der die Oder-Neiße-Linie (s. dort) als „unantastbare Friedens- und Freundschaftsgrenze" anerkannte. Der Vertrag wurde im (jetzt polnischen) Ostteil von Görlitz (Zgorzelec) unterzeichnet. Die Regierung der Bundesrepublik sowie Sprecher der Regierungen der USA und Großbritanniens bestritten am 9. 6. 1950 der DDR das Recht, Verträge im Namen des deutschen Volkes zu schließen und die Grenzfrage einseitig zu regeln. Die Führung der DDR, die keine Rücksicht auf die Gefühle der eigenen Bevölkerung zu nehmen brauchte, bekam so besondere Bedeutung für Polen als Garant der „wiedergewonnenen Westgebiete".

**Grewe, Wilhelm** (266; 279 f.; 323 f.)
(geb. 1911). Jurist und Diplomat. Professor für Staats- und Völkerrecht in Berlin (ab 1942), in Göttingen (ab 1945) und in Freiburg (1947–1955). Seit 1951 Tätigkeit im Auswärtigen Amt und außenpolitischer Berater Adenauers. 1951 Delegationsleiter bei den Verhandlungen zur Ablösung des Besatzungsstatuts. 1953–1958 Leiter der Rechts- bzw. Politischen Abteilung im Außenministerium. 1958–1962 Botschafter in den USA. 1962–1971 ständiger Vertreter der Bundesrepublik bei der Nato. 1971–1976 Botschafter in Tokio und gleichzeitig in der Mongolischen Volksrepublik (1974–1976).

**Gromyko, Andrej Andrejewitsch** (233)
(geb. 1909). 1931 Eintritt in die KPdSU. Studium der Wirtschaftswissenschaften. Seit 1939 Tätigkeit im diplomatischen Dienst. 1943–1946 Botschafter in den USA. 1946–1948 ständiger Vertreter im Weltsicherheitsrat der UN. 1947–1952 stellvertretender Außenminister. 1952–1953 Botschafter in England. Ab 1957 Außenminister. Seit 1956 Mitglied im Zentralkomitee der KPdSU, ab 1973 Sitz im Politbüro.

**Grotewohl, Otto** (32; 35; 64; 68; 69; 76; 77; 123; 211; 215; 216; 224; 225; 227; 232; 233; 280; 285; 287; 375; 376; 387; 390; 404; 410; 416; 418 f.; 436; 438)
(1884–1964). Buchdruckerlehre. Seit 1912 Mitglieschaft in der SPD. 1914–1918 Militärdienst. 1918–1922 Mitglied der USPD, danach wieder der SPD. 1920–1925 Abgeordneter im Braunschweigischen

Landtag. 1921/22 Innen- und Volksbildungsminister, 1923/24 Justizminister in Braunschweig. Dort ab 1925 Landesvorsitzender SPD. 1925–1933 Reichstagsabgeordneter. 1933–1945 kaufmännische Tätigkeit in Hamburg und Berlin. 1938/39 vorübergehend inhaftiert. 1945–1946 Vorsitzender des Zentralausschusses der SPD in Berlin und der SBZ. Entscheidend beteiligt an der Fusion mit der KPD. Ab April 1946 – neben Wilhelm Pieck – Vorsitzender der SED (bis 1950); danach Mitglied des Zentralkomitees und des Politbüros. Seit 1947 Präsident des Volkskongresses und ab Oktober 1949–1964 Ministerpräsident der DDR. In dieser Funktion stand er durchgängig im Schatten Ulbrichts.

**GVP (= Gesamtdeutsche Volkspartei)** (354; 355)
Die GVP entstand im November 1952 als Nachfolgeorganisation der „Notgemeinschaft für den Frieden Europas", mit der sie in der Ablehnung der Wiederbewaffnung und forcierten Westintegration übereinstimmte. Der führende Repräsentant dieser neutralistischen Splitterpartei war Gustav Heinemann, Gründungsmitglied der CDU und Innenminister im ersten Kabinett Adenauer, der im Oktober 1950 aus Protest gegen die Wiederbewaffnung zurückgetreten war und später die CDU verlassen hat. Das Gründungsdokument der GVP („Manifest an das deutsche Volk") forderte Unabhängigkeit von den Großmächten und Wiedervereinigung ohne Blockbindung und Aufrüstung. Im Juli 1953 ließ sich die GVP – im Blick auf die Bundestagswahlen – auf ein taktisch bedingtes Bündnis mit dem „Bund der Deutschen" ein, einer zum Teil kommunistisch orientierten Gruppierung unter dem früheren Reichskanzler Joseph Wirth (Zentrum), erreichte jedoch mit nur 1,2% der Stimmen ein enttäuschendes Ergebnis. Als sich herausstellte, daß die GVP über diese Marge der Erfolglosigkeit kaum hinausgelangen werde, löste sich die Partei im Vorfeld der Bundestagswahlen 1957 auf und empfahl ihren Mitgliedern, sich der SPD anzuschließen. In Konsequenz dieses Schrittes gehörte Gustav Heinemann ab September 1957 als SPD-Abgeordneter dem Bundestag an.

**Hallstein, Walter** (232; 237)
(1901–1982). Jurist und Politiker. Professor für Privat- und Gesellschaftsrecht in Rostock (1930–1941), in Frankfurt (1941–1948) und in Georgetown (1948–1949). 1950–1951 Staatssekretär im Bundeskanzleramt, 1951–1958 im Auswärtigen Amt. 1958–1967 Präsident der Kommission der EWG; 1968–1974 Präsident der Europäischen Bewegung; 1969–1972 Bundestagsabgeordneter der CDU.

**Hallstein-Doktrin** (237; 323 ff.)
Ein nach Walter Hallstein benannter, doch von Wilhelm Grewe mitformulierter außenpolitischer Grundsatz vom Herbst 1955, wonach die Bundesrepublik – gemäß dem von ihr reklamierten Alleinvertretungsanspruch für das gesamte deutsche Volk – mit keinem Staat diplomatische Beziehungen aufnehmen oder unterhalten solle, der seinerseits in diplomatischen Beziehungen mit der DDR steht oder solche eingeht. Die im September 1955 aufgenommenen Beziehungen zur UdSSR als vierter Besatzungsmacht sollten die Ausnahme bleiben. Für ein Jahrzehnt – angewandt 1957 gegenüber Jugoslawien und 1963 gegenüber Kuba – erwies sich die Hallstein-Doktrin als ein effektives Mittel zur Verhinderung der diplomatischen Anerkennung der DDR durch nichtkommunistische Staaten. Die Initiative zu einer neuen Ostpolitik Ende der 60er Jahre unter Bundeskanzler Willy Brandt bedeutete zugleich die endgültige Abkehr von der Hallstein-Doktrin.

**Hamann, Karl** (388)
(1903–1973). Vor 1933 Mitglied der Deutschen Demokratischen Partei; 1945 Mitbegründer der LPD (s. dort) und Mitglied des Zentralvorstandes sowie des thüringischen Landesvorstandes; seit 1948 (Mit-) Vorsitzender der LDPD, ab 1949 Minister für Handel und Versorgung der DDR. Ende 1952 abgesetzt, verhaftet und 1954 wegen „Sabotage und Schädlingsarbeit" zu 10 Jahren Zuchthaus verurteilt; 1956 entlassen, Flucht in die Bundesrepublik.

**Hankey, Robert Maurice Alers** (297 f.)
(geb. 1905). Baron (seit 1939). Ab 1927 Tätigkeit im Diplomatischen Dienst mit Stationen in Berlin, Paris, Warschau u.a. 1946–1949 Leiter der Nord-Abteilung im Londoner Außenministerium. 1949–1950 Sonderbotschafter in Madrid und Budapest. 1951–1953 Botschafter in Stockholm. 1954–1960 ständiger Vertreter Großbritanniens bei der OEEC und OECD. Das Memorandum Hankeys über die deutsche Einheit vom 14. 5. 1948 war im Außenministerium – soweit erkennbar – auf uneingeschränkte Zustimmung gestoßen.

**Harich, Wolfgang** (122)
(geb. 1923). Philosophiestudium. 1946 Mitglied der SED. Theaterkritiker der „Täglichen Rundschau", des Organs der SMAD. Ab 1949 Professor für Philosophie an der Humboldt-Universität in Ost-Berlin. 1956–1965 als „Konterrevolutionär" inhaftiert.

**Harriman, William Averell** (130; 159)
(geb. 1891). Amerikanischer Politiker der Demokratischen Partei. Nach Studium und Betätigung in der Wirtschaft ab 1941 Sonderbotschafter. 1942–1946 Botschafter in Moskau. Berater Roosevelts auf den Kriegskonferenzen von 1943 bis 1945. Im Jahre 1946 für kurze Zeit Botschafter in London. 1946–1948 Handelsminister. 1948–1950

Sonderbeauftragter für den Marshall-Plan.

**Heidelberger Programm** (69) 1925 nach der (Wieder-)Vereinigung von SPD und USPD beschlossenes Parteiprogramm der deutschen Sozialdemokraten. Auf dem Boden der Verfassung der demokratischen Republik soll durch eine systematische Reformpolitik und durch die Eroberung der politischen Macht für die Arbeiterklasse die Vergesellschaftung der Produktionsmittel als Voraussetzung einer sozialistischen Gesellschaft erkämpft werden. Das Programm brachte die „notwendige theoretische Klärung" nicht (H. Grebing); die Kluft zwischen revolutionärer Theorie und reformistischer Praxis blieb.

**Heine, Fritz** (321; 324) (geb. 1904). 1922 Beitritt zur SPD. Angestellter im Bank- und Versicherungswesen. 1933 Emigration in die CSSR. Enger Kontakt zum Exilvorstand um Wels, Ollenhauer und Stampfer, für den er mehrmals Kurierdienste in das deutsche Reichsgebiet erledigte. 1938 Übersiedlung nach Paris, wo er in den Parteivorstand kooptiert und mit der Redaktion des „Neuen Vorwärts" betraut wurde. Beim Einmarsch der deutschen Truppen 1940 war Heine für kurze Zeit in Südfrankreich interniert, bis ihm die Flucht nach Portugal gelang. 1941 ging er nach London, wo er Mitglied des Exilvorstandes wurde. 1945 Rückkehr nach Deutschland. 1946–1957 Pressechef und Mitglied des Vorstandes der SPD.

**Heinemann Gustav** (56; 231; 248; 249; 254ff.; 259ff; 272; 281; 296; 301; 302f.; 353) (1899–1976). 1918–1923 Studium der Rechtswissenschaft und der Volkswirtschaft. 1928–1949 Justitiar bzw. Vorstandsmitglied der Rheinischen Stahlwerke in Essen. 1933–1945 Mitglied der Bekennenden Kirche. 1945 Mitbegründer der CDU in Essen und im Rheinland. 1945–1967 Mitglied im Rat der EKD. 1946–1949 Oberbürgermeister von Essen. 1947–1948 zugleich Justizminister in Nordrhein-Westfalen unter Karl Arnold. 1947–1950 Landtagsabgeordneter in Nordrhein-Westfalen. 1949–1955 Präses der gesamtdeutschen Synode des EKD. 1949–1950 Bundesinnenminister in der ersten Regierung Adenauer. Oktober 1950 Rücktritt von diesem Amt wegen der von Adenauer – zudem ohne Konsultation des Kabinetts – eingeleiteten westdeutschen Wiederaufrüstung, in der Heinemann angesichts der angestrebten militärischen Einbeziehung der Bundesrepublik in den Westblock einen unwiderruflichen Schritt zur Vertiefung der deutschen Spaltung erblickte. Die in seiner Sicht „latente Unaufrichtigkeit in der Begründung der Politik der Stärke" (G. Jasper) brachte Heinemann, dessen erstaunliche politische Karriere auch künftig von grundsatztreuer Geradlinigkeit geprägt war, in Opposition zum Kurs des Bundeskanzlers. 1952 Austritt aus der CDU. Mitbegründer der Gesamtdeutschen Volkspartei (GVP), die parlamentarisch unbedeutend blieb und 1957 aufgelöst wurde. Heinemann wechselte im gleichen Jahr zur SPD, die er von 1957–1969 im Bundestag vertrat. 1958–1969 Mitglied im Parteivorstand der SPD. 1966–1969 Bundesjustizminister in der Regierung der Großen Koalition. 1969–1974 Bundespräsident.

**Hennecke, Adolf** (123; 339; 366) (1905–1974). Bergarbeiter. Stellte 1948 einen Förderrekord im Zwickauer Kohlenrevier auf. Als Vorbild eines Aktivisten, der der einschlägigen Bewegung seinen Namen gab, von der Führung der SED gefeiert und 1949 mit dem Nationalpreis der DDR ausgezeichnet.

**Hermes, Andreas** (33; 35; 68) (1878–1964). Nach Studium der Land- und Volkswirtschaft Mitarbeiter in der Deutschen Landwirtschaftlichen Gesellschaft in Berlin. 1920–1923 Reichsminister für Ernährung und Landwirtschaft bzw. für Finanzen. 1928–1933 Reichstagsabgeordneter für das Zentrum. 1930–1933 Präsident des Reichsverbandes der landwirtschaftlichen Genossenschaften. Seit 1942 Verbindung zum Widerstand des 20. Juli. Nach dem Stauffenberg-Attentat verhaftet und verurteilt. Juni 1945 Mitbegründer und Vorsitzender der CDU in Berlin und in der SBZ. Im Dezember 1945 von der sowjetischen Besatzungsmacht abgesetzt wegen seiner Weigerung, der Bodenreform zuzustimmen. Anfang 1946 Übersiedelung in die amerikanische Zone. 1947–1949 Mitglied des Wirtschaftsrates des Vereinigten Wirtschaftsgebiets. 1948–1954 Präsident des Deutschen Bauernverbandes.

**Herrnstadt, Rudolf** (378; 410; 413; 414; 415) (1903–1966). Journalist, bis 1933 Korrespondent des liberalen „Berliner Tageblatts" in Warschau und Moskau. 1924 Mitglied der KPD; nach 1933 Referent im geheimen Nachrichtendienst der Roten Armee. 1943 Mitbegründer des „Nationalkomitees Freies Deutschland". 1945 Rückkehr nach Berlin. Chefredakteur der (halbamtlichen Ost-)„Berliner Zeitung", ab 1949 des SED-Zentralorgans „Neues Deutschland"; ab 1950 Mitglied des ZK und des Politbüros der SED. 1953 führend in der Fronde gegen Ulbricht (s. dort). Wegen „parteifeindlicher Fraktionsbildung" nach dem Juni-Aufstand zusammen mit Zaisser (s. dort) seiner Ämter enthoben und 1954 aus der Partei ausgeschlossen.

**Hesse, Hermann** (262) (1877–1962). Deutscher Schriftsteller. Berühmt wurde Hesse vor allem durch die Romane „Narziß und Goldmund" (1936), in dem er die Konfrontation des ästhetischen mit dem ethischen Menschen gestaltete, und „Das Glasperlenspiel" (1943), seinem östliche und westliche Weisheit vereinenden Alterswerk. 1946 erhielt Hesse den Nobelpreis für Literatur, 1955 den Friedenspreis des Deutschen Buchhandels.

**Heuss, Theodor** (38; 195; 234; 262; 327; 330) (1884–1963). Nach dem Studium von Kunstgeschichte und Staatswissenschaften schloß sich Heuss dem Kreis um den Liberalen Friedrich Naumann an. Betätigung als Journalist. 1920–1933 Dozent an der Hochschule für Politik in Berlin. Seit 1910 Mitglied der Fortschrittlichen Volkspartei, seit 1918 der DDP, die er 1924–1928 und 1930–1933 im Reichstag vertrat. Trotz Publikationsverbots journalistische und literarische Betätigung im Dritten Reich. 1945–1946 Kultusminister von Württemberg-Baden; 1947 Professor für Neuere Geschichte und Politische Wissenschaften an der TH Stuttgart. 1946 Mitbegründer der FDP. Im gleichen Jahr Vorsitzender in der amerikanischen Zone, im Juni 1949 in allen westlichen Besatzungszonen und in West-Berlin. Als Landtagsabgeordneter von Württemberg-Baden wurde Heuss Mitglied des Parlamentarischen Rats. Maßgebend an der Ausarbeitung des Grundgesetzes beteiligt. Im September 1949 Wahl zum Bundespräsidenten. In dieser Funktion wirkte Heuss, der im Juli 1954 mit überwältigender Mehrheit (871 und 987 abgegebenen Stimmen) wiedergewählt wurde, dank seiner liberalen Haltung und profunden humanistischen Bildung prägend und integrierend in der jungen Bonner Demokratie. Die verfassungsrechtlich enggezogenen Grenzen des Präsidentenamtes respektierend, bemühte sich Heuss um demokratische Tradition und politische Kultur: Einführung des Bundesverdienstkreuzes, Festlegung des Deutschlandliedes als Nationalhymne, Wiederbegründung der Friedensklasse des „Pour le mérite" (Wissenschaft und Künste). Eine Kandidatur, die durch eine Änderung des Grundgesetzes ermöglicht werden sollte, lehnte Heuss im Juni 1959 ab.

**Hickmann, Hugo** (376) (1877–1955). Vor 1933 Mitglied der Deutschen Volkspartei. 1945 Mitgebründer der CDU in der SBZ, (s.: CDU-Ost), Vorsitzender des Landesverbandes Sachsen, ab 1948 stellv. Vorsitzender der CDU in der SBZ, bzw. DDR; ab 1946 Mitglied des Sächsischen Landtags, ab 1948 Mitglied des „Deutschen Volksrates" (s. dort) bzw. der „Provisorischen Volkskammer", Vizepräsident des „Deutschen Volkskongresses". Versuchte, die Eigenständigkeit der CDU zu wahren und freie Wahlen nach der Verfassung der DDR zu erreichen. Durch scharfe Angriffe der SED Anfang 1950 gezwungen, alle Ämter niederzulegen.

**Himmeroder Denkschrift** (249)
Auf Veranlassung von Bundeskanzler Adenauer trafen sich Anfang Oktober 1950 hohe Offiziere der früheren Wehrmacht zu einer Klausurtagung, um ein Konzept für einen westdeutschen Militärbeitrag „im Rahmen einer übernationalen Streitmacht zur Verteidigung Westeuropas" zu entwickeln. Aus Gründen strengster Geheimhaltung fand die Zusammenkunft im Kloster Himmerod in der Eifel statt. Die dort erarbeiteten Überlegungen, die die Planungen der folgenden Jahre bestimmten, wurden von den Generalen Speidel, Heusinger und Foertsch, die später Führungspositionen in der Bundeswehr bekleiden sollten, in einer Denkschrift zusammengefaßt und dem Kanzler zugeleitet. Sie ging von einer möglichst weit östlich und offensiv zu führenden Verteidigung mit Hilfe einer starken Panzerwaffe aus und sah insgesamt 12 mit modernstem Gerät ausgerüstete, in Armeekorps zusammengefaßte deutsche Divisionen von 250000 Mann vor, die durch eine taktische Luftwaffe und eine Küstenmarine unterstützt werden sollten. Ganz offenkundig war nicht an reine Abschreckungsstreitkräfte gedacht, sondern an eine Armee, die im Verbund mit den Westalliierten einen Verteidigungskrieg erfolgreich und außerhalb des Gebiets der Bundesrepublik bestehen konnte.

**Hindenburg, Paul von Beneckendorff und von** (424) (1847–1934). Offizierslaufbahn, 1911 als General verabschiedet. 1914 Oberbefehlshaber in Ostpreußen, Sieg über die Russen bei Tannenberg. Als Generalfeldmarschall und Oberbefehlshaber Ost volkstümlichster deutscher Heerführer im Ersten Weltkrieg. Übernahm 1916 zusammen mit General Ludendorff die „Oberste Heeresleitung", die zwischen 1916–1918 die Suprematie in Politik und Wirtschaft errang, wobei Kaiser und zivile Regierung immer mehr in den Hintergrund traten. Setzte angesichts der Niederlage 1918 das Waffenstillstandsgesuch durch und stellt sich nach der Novemberrevolution zusammen mit Ludendorffs Nachfolger Groener dem Rat der Volksbeauftragten zur Verfügung; leitete den Rückmarsch deutsche Truppen. Legte 1919 den Oberbefehl nieder und trug zur Entstehung der „Dolchstoßlegende" bei, nach der den „Novemberverrätern" die Schuld an der Niederlage zugeschrieben wurde. 1925 wurde Hindenburg als Kandidat der vereinigten Rechtsparteien („Ersatzkaiser") zum Reichspräsidenten gewählt, 1932 in der Krise der Weimarer Republik als Kanidat der Mitte und der gemäßigten Linken wiedergewählt. Hindenburg hielt sich streng an die verfassungsmäßigen Grenzen seines Amtes, hatte jedoch kein positives Verhältnis zum parlamentarischen System der Weimarer Republik. Ab 1930 stützte er Präsidialkabinette, die ohne parlamentarische Mehrheit regierten (mit Hilfe des Notverordnungsartikels 48), und geriet unter den Einfluß antiparlamentarischer Ratgeber; er trug damit zum Ende der Weimarer Republik bei. Trotz persönlicher Bedenken ernannte er im Januar 1933 Hitler zum Reichskanzler und lieferte damit den Nationalsozialisten die Staatsmacht aus.

**Hitler, Adolf** (2; 3; 4; 5; 6; 36; 65; 67; 68; 130; 133; 157; 159; 300; 320; 345; 424)
(1889–1945). Führer der NSDAP. 1933–1945 deutscher Reichskanzler.

**HO (=Staatliche Handelsorganisation)** (143; 386; 403; 408)
Bezeichnung für das im November 1948 in der SBZ gegründete und Fachgeschäfte, Dienstleistungsbetriebe, Gaststätten und Warenhäuser umfassende staatliche Handelsunternehmen. Die HO – schon in den 50er Jahren mit mehr als einem Drittel am gesamten Einzelhandelsumsatz in der DDR beteiligt – war durch Verordnung der Deutschen Wirtschaftskommission angeblich zur Bekämpfung des Schwarzen Marktes errichtet worden, indem sie Mangelwaren zu überhöhten Preisen verkaufte. Nach der Konstituierung der DDR erhielt die HO das Monopol für den freien Verkauf bewirtschafteter Waren (bis zur Abschaffung der Lebensmittelkarten im Jahre 1958). Der Staat nahm die HO als wirtschaftspolitisch-gesellschaftliches und finanzpolitisches Instrument in Anspruch. Sie beschleunigte die Sozialisierung des Einzelhandels und diente der Finanzierung von Staatsausgaben, indem sie die Abschöpfung der überschüssigen Massenkaufkraft ermöglichte.

**Höcherl, Hermann** (281; 303)
(geb. 1912). Jurist. 1949–1976 CSU-Abgeordneter im Bundestag. 1957–1961 Vorsitzender der CSU-Landesgruppe. 1961–1965 Bundesinnenminister. 1965–1969 Bundesminister für Ernährung, Landwirtschaft und Forsten.

**Höcker, Wilhelm** (102)
(1886–1955). Seit 1911 Mitglied der SPD. Von 1920–1933 Abgeordneter im mecklenburgischen Landtag. Juni 1945 Landespräsident von Mecklenburg-Vorpommern. April 1946 Beitritt zur SED. Juli 1951 Verzicht auf sein Regierungsamt.

**Hoffmann Johannes** (236; 317; 319; 320; 321)
(1890–1967). Journalist. In den frühen 30er Jahren exponierter Kampf in der katholischen Opposition gegen die Rückgliederung des Saarlandes an Hitler-Deutschland. 1935 Emigration nach Südamerika. Spätsommer 1945 Rückkehr. Im Januar 1946 Gründung der Christlichen Volkspartei (CVP) im Saarland (s. dort), deren Vorsitz Hoffmann übernahm. 1947 Landtagsabgeordneter und Ministerpräsident des Saargebiets, dessen politische Autonomie und Europäisierung – unter wirtschaftlichem Anschluß an Frankreich – er erstrebte. Demgemäß warb Hoffmann für die Annahme des Saarstatuts im Herbst 1955 und trat unmittelbar nach dessen Ablehnung durch die saarländische Bevölkerung vom Amt des Ministerpräsidenten zurück. 1956 Verzicht auf den Vorsitz in der – 1959 aufgelösten – CVP.

**Hohe Behörde in Luxemburg** (232; 244; 246)
Bezeichnung für die 1952–1966 in Luxemburg residierende Exekutive der Montanunion.

**Honecker, Erich** (36; 403; 404 f.)
(geb. 1912). Dachdeckerlehre. Seit 1926 Mitglied des Kommunistischen Jugendverbandes (KJV), 1929 der KPD. Ab 1931 Sekretär des KJV im Saargebiet. 1935 wegen illegaler politischer Betätigung verhaftet und zu einer 10jährigen Zuchthausstrafe verurteilt. April 1945 Befreiung aus dem Zuchthaus Brandenburg. Im Juni 1945 zum Jugendsekretär beim ZK der KPD ernannt. 1946–1955 Vorsitzender der FDJ (s. dort). Seit 1946 Mitglied des Parteivorstandes bzw. ZK der SED; ab 1950 Kandidat, ab 1958 Mitglied des Politbüros. 1955–1957 Schulung in der UdSSR, später in der SED-Führung für Militär- und Sicherheitsfragen verantwortlich. 1971 1. Sekretär (später: Generalsekretär) der SED, 1976 Vorsitzender des Staatsrates der DDR.

**Hoover, Herbert** (107; 129; 158)
(1874–1964). Amerikanischer Politiker aus der Republikanischen Partei. 1917–1919 als Leiter des Kriegsernährungsamtes Organisator der amerikanischen Lebensmittelversorgung, nach Kriegsende Initiator eines umfassenden Quäkerhilfsprogramms für Europa (Hoover-Speisungen). 1921–1928 Handelsminister. 1929–1933 Präsident der USA. Verkündete 1931 das Hoover-Moratorium, das eine Stundung aller Kriegsschulden der europäischen Regierungen durch die USA zur Folge hatte. Während des Zweiten Weltkriegs erneut in karitativen Organisationen tätig.

**Hundereinunddreißiger Gesetz (131er Gesetz)** (24; 328; 353)
Nach Art. 131 Grundgesetz sind die Rechtsverhältnisse von Personen einschließlich der Flüchtlinge und Vertriebenen, die am 8. Mai 1945 im öffentlichen Dienst standen und aus anderen als beamtenrechtlichen und tariflichen Gründen ausgeschieden und nicht wiederverwendet worden sind, durch Gesetz zu regeln. Das Gesetz ist am 19. 5. 1951 erlassen worden. In der Praxis führte es zur Wiederbeschäftigung vieler Personen, die durch ihre Tätigkeit während der NS-Diktatur als belastet galten, im öffentlichen Dienst.

**Indochina-Konflikt** (275)
Die 1887 von Frankreich errichteten und zur Indochinesischen Union zusammengeschlossenen Protektorate An-

nam, Tongking, Kambodscha, Kotschinchina und Laos waren im Laufe des Zweiten Weltkrieges unter die Herrschaft Japans geraten, das am 10.3. 1945 ein unabhängiges Vietnam (ohne Kambodscha und Laos) proklamiert hatte. Nach der Kapitulation Japans (15.8. 1945) und seinem Rückzug aus Indochina rief der KP-Führer Ho Chi Minh (Vietminh-Bewegung) am 2.9. 1945 die Demokratische Republik Vietnam (DRV) aus. Nachdem Frankreich schon 1949 gezwungen war, die Unabhängigkeit von Vietnam, Kambodscha und Laos innerhalb der Französischen Union anzuerkennen, mußte es nach erneuten verlustreichen Auseinandersetzungen (Niederlage in der Dschungelfestung Dien Bien Phu im Mai 1954) in die Beschlüsse der Genfer Indochina-Konferenz (April–Juli 1954) einwilligen und sich ganz aus Indochina zurückziehen. Zu den Ergebnissen der Konferenz gehörte auch die „provisorische" Teilung von Vietnam entlang dem 17. Breitengrad in Nord-Vietnam (Staatspräsident Ho Chi Minh) und Süd-Vietnam.

**Industrieplan** (12; 13; 36; 40; 118)
Am 26.3. 1946 verabschiedete der Alliierte Kontrollrat einen Industrieplan für Deutschland, der das Produktionsniveau auf 50–55% der Vorkriegszeit und den individuellen Ernährungsstand auf täglich 2000 Kalorien festlegte. Diese Quoten wurden jedoch zunächst nicht erreicht. Zur Gewährleistung dieses Standards sollte ein vorgesehener Export von 3 Milliarden Mark vorrangig für die unumgänglichen Einfuhren verwendet werden. Die sowjetische Besatzungsmacht unterlief diese Vereinbarung, indem sie erhebliche Teile der laufenden Produktion für Reparationszwecke entnahm. Die Amerikaner und Briten reagierten darauf mit der Bildung der Bizone und – sobald es sich als notwendig erwies – im August 1947 mit der Revision des Industrieplanes, die auf den Stand von 1936 abzielte.

**Internationaler Militärgerichtshof (abgekürzt: I. M.)** (3; 5; 21f.)
1945 auf Grund eines Abkommens zwischen Großbritannien, Frankreich, der UdSSR und den USA errichtet mit dem Ziel der Verfolgung und Bestrafung der Hauptkriegsverbrecher. Der I.M. führte vom 20.11. 1945–1.10. 1946 den Nürnberger Prozeß durch. Dem I.M. gehörten je ein Richter und Stellvertreter jedes Vertragsstaates an. Hauptankläger der vier Länder beschuldigten 24 Hauptangeklagte und 6 Organisationen, Kriegsverbrechen, Verbrechen gegen den Frieden und Verbrechen gegen die Menschlichkeit begangen zu haben. Deutsche Anwälte waren als Verteidiger zugelassen. Ausgesprochen wurden 12 Todesurteile (darunter gegen Göring, Ribbentrop und Keitel), 3 mal lebenslänglich sowie 5 Haftstrafen zwischen 10 und 20 Jahren; SS, Gestapo und das Führerkorps der NSDAP wurden zu verbrecherischen Organisationen erklärt.

**Irredenta** (237; 316; 317)
Ein 1877 geprägter Begriff für die Gewinnung der „unerlösten Gebiete" (terre irredente), d.h. der nach der Einigung Italiens (1861–1866) noch im österreichisch-ungarischen Besitz verbliebenen italienischsprachigen Territorien Trient, Triest, Istrien und Dalmatien. Verallgemeinert bezeichnet Irredenta das Bestreben ethnischer Minderheiten, sich mit einem benachbarten Nationalstaat gleicher Sprache zu vereinigen.

**Jalta (Abkommen von Jalta)** (1; 4; 10; 11; 14; 29; 33; 171; 239; 312)
Hafenstadt an der Südküste der Krim, ehemaliger Sommersitz der Zaren. Vom 4.–11.2. 1945 Ort des zweiten Gipfeltreffens der drei führenden Mächte der Anti-Hitler-Koalition (Churchill, Stalin, Roosevelt). Vereinbarungen über politische und militärische Maßnahmen zur Beendigung des Zweiten Weltkrieges und zur Gründung der UN. Die Ergebnisse werden im Westen zwiespältig beurteilt, z.B.: Einerseits Versuch, durch eine „Erklärung über das befreite Europa" und eine „Regierung der nationalen Einheit" in Polen die Möglichkeit freier demokratischer Entwicklung auch im sowjetischen Machtbereich zu erhalten, andererseits praktische Zugeständnisse an die UdSSR, die – gestützt auf das Vordringen ihrer Truppen – ihre Einflußsphäre erheblich ausweiten kann. Die Ergebnisse von Jalta bedeuteten „die Anerkennung des sich neu einpendelnden tatsächlichen Gleichgewichts der Supermächte" (L. Gruchmann).

**Jedermann-Programm** (141)
Nachdem auf der Basis des Leitsätze-Gesetzes der Frankfurter Wirtschaftsrat zum 1. Juli 1948 die Preis-Freigabe für fast alle Produkte der gewerblichen Wirtschaft verfügt hatte, war es rasch zu erheblichen Preissteigerungen und einer Verdoppelung der Arbeitslosenzahl gekommen. Dieser Entwicklung begegnete die Wirtschaftsbürokratie mit verschiedenen Maßnahmen, zu denen ein periodisch veröffentlichter Preisspiegel und das sog. Jedermann-Programm gehörten. Das im September 1948 angelaufene Jedermann-Programm sah vor, besondere Rohstoffkontingente solchen Firmen zuzuteilen, die bereit waren, nach Art und Qualität genau umschriebene Konsumgüter schnell und kostengünstig zu erzeugen. Das Jedermann-Programm, ursprünglich auf den Sektor Bekleidung und Schuhe begrenzt, wurde nach kurzer Zeit zu einem breiten Versorgungsprogramm ausgeweiter.

**Jendretzky, Hans** (410; 413; 414)
(geb. 1897). Schlosserlehre. 1919 Mitglied der USPD. 1920 der KPD; 1926 hauptamtlicher Funktionär, Leiter des Roten Frontkämpferbun-

des in Berlin; 1928–1932 preußischer Landtagsabgeordneter. 1934–1938 in Haft, danach Arbeit als Schlosser, 1944 erneut verhaftet. 1945 Leiter der Abteilung Arbeit des Magistrats von Groß-Berlin. 1946–1948 Vorsitzender des FDGB in der SBZ. Ab 1948 Leiter der Berliner SED, ab 1950 Kandidat des Politbüros. Nach dem Juni-Aufstand 1953 als Mitglied der Gruppe Zaisser-Herrnstadt aller Funktionen enthoben; 1956 rehabilitiert. Mitglied des ZK der SED. 1957–1960 stellvertretender Innenminister.

**Johnson, Lyndon Baines** (315)
(1908–1973). Ursprünglich Lehrer. 1937–1949 Mitglied des Repräsentantenhauses für die Demokratische Partei. 1949–1961 Senator von Texas. 1953–1961 Fraktionsvorsitzender der Demokraten im Senat. 1961–1963 Vizepräsident; 1963–1969 Präsident der USA.

**Kaisen, Wilhelm** (102; 175)
(1887–1979). Seit 1905 Mitglied der SPD. 1921–1933 Mandat in der Bremer Bürgerschaft. 1927–1933 Senator für Wohlfahrt in Bremen. Während der Jahre 1933–1945 als Kleinlandwirt tätig. Wiederholt verhaftet. 1945–1965 Bürgermeister und Senatspräsident in Bremen. 1946–1950 Mitglied des SPD-Parteivorstandes.

**Kaiser, Jakob** (33; 35; 39; 40; 41; 68; 85; 99; 105f.; 167; 215; 279; 332; 338f.; 353)
(1888–1961). Buchbinderlehre. Seit 1912 in der christlichen Gewerkschaftsbewegung und im Zentrum aktiv (1932–1933 Reichstagsabgeordneter des Zentrums. 1933 Opposition gegen die Gleichschaltung der Gewerkschaften. Gehörte zur Arbeitergruppe in der Widerstandsbewegung vom 20. Juli. Juni 1945 Mitbegründer der CDU in Berlin. Ab Dezember 1945 Vorsitzender der CDU in Berlin und in der SBZ; im Dezember 1947 von der SMAD abgesetzt. 1948–1949 Mitglied des Parlamentarischen Rates in Bonn. Repräsentant des linken Flügels der CDU. 1949–1957 Mitglied des Bundestages und Bundesminister für gesamtdeutsche Fragen.

**Kalinin, Michail Iwanowitsch** (162)
(1875–1946). Als Mitglied der Bolschewiki führend an den Revolutionen von 1905 und 1917 beteiligt. 1919–1946 (nominelles) Staatsoberhaupt Sowjetrußlands bzw. der UdSSR.

**Kalter Krieg** (150ff.; 157; 168; 226; 268; 273; 300; 313; 384; 407)
Schlagwortartige Bezeichnung für die Konfrontation der seit dem Zweiten Weltkrieg entstandenen Machtblöcke unter Führung der USA und der Sowjetunion. Die Furcht beider Seiten vor dem Risiko eines direkten militärischen Zusammenstoßes und der Vernichtungskraft moderner Waffen hielt die Blöcke bisher davon ab, ihren ideologischen und machtpolitischen Konflikt in einem umfassenden „heißen“ Krieg auszutragen. Sie versuchten stattdessen durch Militärbündnisse, diplomatischen Druck, wirtschaftliche Bindungen und Pressionen, Propaganda und Geheimdiensttätigkeit die eigene Machtposition zu stärken und neutrale Länder auf ihre Seite zu ziehen.

**Kanka, Karl** (127)
(1904–1974). Jurist. 1945 Mitbegründer der hessischen CDU und Mitglied der Verfassunggebenden Landesversammlung. 1946–1958 Landtagsabgeordneter in Hessen.

**Kapp-Putsch** (s. Kapp, Wolfgang)

**Kapp, Wolfgang** (6)
(1858–1922). 1906–1916 Generaldirektor der Landwirtschaftskreditbank „Ostpreußische Landschaft“. 1917 Gründung der Deutschen Vaterlandspartei, einer „Einigungspartei zur Stärkung des Siegeswillens“, zusammen mit Großadmiral Tirpitz. Der Putschversuch in Berlin (März 1920), bei dem die Reichswehrführung der Reichsregierung ihren Schutz versagte und sie zum Ausweichen nach Stuttgart zwang, brach nach wenigen Tagen zusammen, da die Gewerkschaften zu einem Generalstreik, dem auch die Beamtenschaft sich anschloß, aufriefen.

**Karlshorst** (20; 410)
Ortsteil des Bezirks Lichtenberg von Berlin (Ost). 1945–1949 Sitz der SMAD (= Sowjetische Militäradministration in Deutschland). Ziel der SMAD, der höchsten sowjetischen Besatzungsbehörde in der SBZ, war die Etablierung einer volksdemokratischen Ordnung in der SBZ. Mittel waren u.a. Befehle, die Gesetzeskraft hatten, und eine gezielte Besetzung der Schlüsselpositionen in der deutschen Verwaltung mit KPD-Mitgliedern. Nach Gründung der DDR wurde die SMAD in eine SKK (= Sowjetische Kontrollkommission) umgewandelt, die ebenfalls ihren Sitz in Karlshorst hatte und 1955 aufgelöst wurde. Die SKK übte noch direkte Einflüsse auf Partei- und Regierungsstellen der DDR aus.

**Kasernierte Volkspolizei** (42; 375; 377; 404; 438)
Von 1948–1956 Bezeichnung für die militärischen Streitkräfte der SBZ bzw. der DDR. 1952 wurde die KVP mit sowjetischen Waffen ausgerüstet. Sie verfügte über 7 Divisionen mit etwa 100 000 Mann Infanterie. Artillerie, Panzern, Nachrichtentruppen und Pionieren, seit 1951 auch über Luft- und Seestreitkräfte. Die Ausbildung erfolgte nach sowjetischem Muster. Zu den Führungskräften zählten auch ehemalige Offiziere der Deutschen Wehrmacht, die als „umgeschulte militärische Fachkräfte“ galten. Seit 1952 wurde der militärische Charakter der KVP nicht mehr verschleiert; die FDJ (s. dort) begann mit einer massiven Werbung des militärischen Nachwuchses.

**Kennan, George Frost** (2; 5; 15f.; 150; 151; 152f.; 154; 159)
(geb. 1904). Seit 1926 im diplomatischen Dienst der USA. Stationen u.a. baltische Staaten, Prag, Berlin. 1944–1946 Botschaftsrat in Moskau (s. long telegram). Entwarf als Chef eines außenpolitischen Planungsausschusses (1947–1949) die Grundsätze der „Containment"-Politik (s. dort) gegenüber der UdSSR. 1952 Botschafter in Moskau, nach Kritik an der UdSSR auf deren Drängen abberufen. Langjährige Lehrtätigkeit an der Universität Princeton, zahlreiche historische und politische Veröffentlichungen. Seit Ende der 50er Jahre Vorschläge zum „Disengagement" der Machtblöcke, betont bis heute die Notwendigkeit eines nüchternen Interessenausgleichs zwischen den Supermächten.

**Kernstaats-These** (184)
Nach dieser These wird die Bundesrepublik Deutschland als Kern des (juristisch nicht untergegangenen) Deutschen Reiches und des künftigen wiedervereinigten Deutschlands gesehen. Die These wurde z.Zt. der Gründung der Bundesrepublik von allen maßgeblichen Politikern und politischen Parteien vertreten und fand ihren Niederschlag in der Präambel des Grundgesetzes. Andererseits sprach W. Pieck (s. dort) in seiner Antrittsrede 1949 von „dem deutschen Kerngebiet, der DDR, mit der die widerrechtlich von Deutschland losgelösten und dem Besatzungsstatut unterworfenen Teile" zu vereinigen sind.

**Kiesinger, Kurt Georg** (236)
(geb. 1904). Jurist. 1935–1940 Rechtsanwalt beim Kammergericht in Berlin. 1940–1945 stellvertetender Leiter der Rundfunkabteilung im Auswärtigen Amt. 1948 Landesgeschäftsführer der CDU in Württemberg-Hohenzollern.
1949–1958 und 1969–1980 Bundestagsabgeordneter der CDU. 1954–1958 Vorsitzender des Ausschusses für Auswärtige Angelegenheiten. 1955–1959 Vizepräsident der Beratenden Versammlung des Europarats. 1958–1966 Ministerpräsident von Baden-Württemberg. 1966–1969 Bundeskanzler der Großen Koalition.

**Kloster Walberberg** (34)
Dominikanerkloster in der Nähe von Köln. Mit der Albertus-Magnus-Akademie geistiger Mittelpunkt der deutschen Dominikaner, in deren Mauern und mit deren maßgeblicher Beteiligung im Sommer 1945 die Kölner Leitsätze, das christlich-sozialistische Konzept der frühen CDU, formuliert wurden.

**Koch, Waldemar** (68)
(1880–1963). Von 1912–1914 Direktor des AEG-Konzerns in England. Nach dem Krieg Tätigkeit in verschiedenen Zweigen der Wirtschaft. Ab 1930 Dozent an der TH Berlin. 1934 Entzug der Lehrbefugnis. 1945 Mitbegründer und Vorsitzender der LDPD. Dezember 1945 Absetzung durch die SMAD. 1949–1953 Professor an der TU in West-Berlin.

**Koenig, Pierre** (177; 184; 197; 200)
(1898–1970). Französischer Berufsoffizier. 1940 nach der militärischen Niederlage Frankreichs Flucht nach England. Anschluß an de Gaulle. 1943 Einsatz auf dem nordafrikanischen Kriegsschauplatz. Nach der Befreiung von Paris bis Kriegsende Gouverneur der französischen Hauptstadt. 1945–1949 Oberbefehlshaber der französischen Besatzungsarmee in Deutschland. Chef der Militärverwaltung. Mitglied im Alliierten Kontrollrat.

**Komendatura** (8)
Russische Bezeichnung für die interalliierte Behörde (Inter-Allied Governing Authority), die nach den „Feststellungen über das Kontrollverfahren in Deutschland" für die Verwaltung von Groß-Berlin zuständig sein sollte. Sie bestand aus den vier Kommandanten, die abwechselnd das Amt des Hauptkommandanten ausübten und die Tätigkeit der deutschen Dienststellen in der Stadt überwachten.

**Kominform** (163)
(„Informationsbüro der kommunistischen und Arbeiterparteien") Bestand von 1947 bis 1956; sollte „die Gleichschaltung der Tätigkeit der kommunistischen Parteien auf Grund gegenseitiger Übereinkunft" organisieren. Dem Kominform gehörten unter Führung der KPdSU die kommunistischen Parteien der Ostblockländer sowie Frankreichs und Italiens an. 1948/49 Resolutionen gegen den „Titoismus" (s. Tito), die zum Ausschluß der KP Jugoslawiens sowie zu blutigen Säuberungen und Prozessen in verschiedenen Ostblockländern führten.

**Kommunistisches Manifest** (72)
Titel der von Karl Marx und Friedrich Engels im Frühjahr 1848 veröffentlichten programmatischen Flugschrift, die erstmals die marxistische Theorie zusammenfaßte. Wegen seines Inhalts und seiner aufrüttelnden Sprache einer der meistgelesenen Texte der Weltliteratur.

**Kontrollrat** (1; 2; 4; 9; 10; 12; 13; 14; 22; 30; 31; 32; 35; 36; 38; 39; 41; 43; 167; 171; 172; 173; 215; 273; 389)
Der Alliierte Kontrollrat stellte das oberste Kontrollorgan der vier Besatzungsmächte für Deutschland in den Jahren 1945–1948 dar, gebildet aus den vier Oberbefehlshabern der Streitkräfte der Siegermächte. Er hatte die Aufgabe, durch Proklamationen, Gesetze und Direktiven (die nur einstimmig verabschiedet werden konnten) die für erforderlich gehaltene Einheitlichkeit des Vorgehens in den Besatzungszonen zu gewährleisten, gemeinsame Entscheidungen zu treffen über grundsätzliche, ganz Deutschland angehende Fragen und die Verwaltung von Groß-Berlin zu leiten. Als Exekutivorgan des Kontrollrats fungierte der

Ständige Koordinierungsausschuß, dem fast 200 Kommissionen zuarbeiteten. Differenzen zwischen den Siegermächten blockierten die Tätigkeit des Kontrollrats von Anfang an: So kam die beabsichtigte Schaffung deutscher Zentralverwaltungen ebensowenig zustande wie eine Verständigung über Einfuhr- und Ausfuhrquoten. Schließlich bereitete die Kontroverse über die Einbeziehung der drei westlichen Besatzungszonen in das amerikanische Aufbauprogramm für Europa (ERP) das Ende des Alliierten Kontrollrats vor, als sich nämlich am 20. 3. 1948 die drei westlichen Militärgouverneure weigerten, dem russischen Vertreter Auskünfte über die Londoner Sechsmächte-Besprechungen zu geben. Gelegentliche spätere Versuche, den Kontrollrat wiederzubeleben, blieben ohne Ergebnis.

**Korea-Krieg** (230; 231; 233; 248; 249; 252; 258; 328; 331; 353; 367; 437)
Im Spannungsfeld des Kalten Krieges waren nach Abzug sowjetischer und amerikanischer Truppen aus Nord- bzw. Südkorea bewaffnete Auseinandersetzungen zwischen beiden Landesteilen entstanden. Nach einem Überfall nordkoreanischer Streitkräfte am 25.6. 1950, bald verstärkt von 300 000 sog. Freiwilligen aus der Volksrepublik China, wurden die südkoreanischen Truppen von amerikanischen See- und Luftverbänden unter General Mac Arthur unterstützt. Der amerikanische General wurde auch – bis April 1951 – Oberbefehlshaber der nach Beschluß des UN-Sicherheitsrates im Juli 1950 aufgestellten UN-Truppen aus 15 Nationen. Die Gegenoffensive vom September 1950 führte zum Zusammenbruch der nordkoreanischen Front im Süden. Nachdem eine Stagnation der militärischen Bewegungen unmittelbar nördlich des 38. Breitengrades eingetreten war, begannen im Juli 1951 die zwei Jahre dauernden Waffenstillstandsverhandlungen, die zu einem völkerrechtlichen Abkommen führten. Ihm gemäß gilt der 38. Breitengrad als Demarkationslinie zwischen beiden Landesteilen, die zudem durch eine entmilitarisierte Zone und eine UN-Überwachungstruppe geschützt wird. Der Korea-Krieg verstärkte in den USA und in Westeuropa Besorgnisse vor einer kommunistischen Expansion sowie antikommunistische Ressentiments und beschleunigte die Wiederbewaffnung der Bundesrepublik. Zugleich beendete der „Korea-Schock" die seit 1945 praktizierte Abrüstungspolitik der USA: Die Rüstungsproduktion wurde ostentativ gesteigert, der Rüstungshaushalt vervierfacht, die Zahl der Streitkräfte drastisch erhöht. Die DDR-Regierung sprach vom „Modellfall Korea" und nährte damit in der Bundesrepublik ohnehin vorhandene politisch-militärische Gleichsetzungen zwischen dem Schicksal Koreas und der Lage in Deutschland.

**KPD (= Kommunistische Partei Deutschlands)** (2; 3; 5; 6; 20; 21; 27; 32; 33; 34; 35; 36; 37; 42; 64; 65; 67; 68; 70; 72; 75; 76 ff.; 80; 87; 107; 124; 125; 126; 128; 145; 148; 168; 195; 196; 210; 215; 238; 239; 273)
Im Dezember 1918 von dem radikalen Flügel der Vorkriegs-Sozialdemokratie gegründet, gewann die KPD Ende 1920 den Rang einer Massenpartei durch den Zusammenschluß mit einem großen Teil der USPD. In der Stabilisierungsphase der Weimarer Republik 1924–1928 wandelte sich die KPD von einer linksradikalen Arbeiterpartei mit einem hohen Maß an innerer Demokratie zu einer stalinistischen Partei mit straffer Führung durch den Apparat und eindeutiger Orientierung an den sowjetischen Weisungen. Die Weltwirtschaftskrise brachte der KPD einen beträchtlichen Mitgliederzuwachs (1932: 360 000 Mitglieder), doch verweigerte sie sich gemäß der Sozialfaschismus-These der Komintern einer Zusammenarbeit mit der Sozialdemokratie. Nach dem Reichstagsbrand vom 27. 2. 1933 wurde die KPD aufgelöst und das Gros der Funktionäre verhaftet. In Illegalität und Widerstand gedrängt, hatte die KPD in den Jahren 1933–1945 hohe Verluste in Deutschland zu beklagen, doch fielen prominente geflohene Parteiführer in der UdSSR auch den Stalinschen Säuberungen zum Opfer. Von der russischen Besatzungsmacht von Anfang an unterstützt, konnte sich die neugegründete KPD in der SBZ Schlüsselpositionen in Politik und Wirtschaft sichern, jedoch nicht zur Mehrheitspartei aufsteigen. Dies erhoffte sie sich von der Fusion mit der SPD, die sie – obwohl zunächst ausgeschlagen – im April 1946 vollzog. Doch auch der neuen SED (= Sozialistische Einheitspartei Deutschlands) gelang der kurzfristige Durchbruch nicht. Die KPD blieb in den Westzonen als selbständige Partei bestehen, doch operierte sie gänzlich im Schlepptau der SED und gewann kaum nennenswerten Anhang. Bei den Bundestagwahlen 1949 mit 5,7% der Stimmen bedacht und mit 15 Abgeordneten im Parlament vertreten, erreichte die KPD in der Bundesrepublik im September 1953 nur noch einen Stimmenanteil von 2,2%, womit sie an der inzwischen eingeführten 5%-Sperrklausel scheiterte und zur politischen Bedeutungslosigkeit herabsank. Durch Urteil des Bundesverfassungsgerichts wurde sie im August 1956 als verfassungsfeindliche Partei verboten. Im September 1968 erfolgte eine Wiedergründung in Gestalt der DKP.

**KPdSU (= Kommunistische Partei der Sowjetunion)** (7; 42; 123; 124; 214; 225; 226; 227; 325; 378; 381; 390; 393; 395; 396; 408)

Die KPdSU, die diesen Namen seit 1925 führt, entstand aus der im Jahre 1898 gegründeten Sozialdemokratischen Arbeiterpartei Rußlands (SDAPR). Zunächst locker und demokratisch strukturiert, nahm sie unter dem Einfluß Lenins (s. dort) eine straffe revolutionäre Organisation an und propagierte die Diktatur des Proletariats als unerläßliche Voraussetzung der erstrebten gesellschaftlichen Revolution, was zur Abspaltung der sog. menschewistischen Gruppe führte (1903). Obwohl die Bolschewisten sich nach der Februarrevolution von 1917 in der Minderheit befanden, forderte Lenin die sofortige Machtübernahme. Sie ließ sich erst nach der siegreichen Oktoberrevolution verwirklichen, womit sich die Partei Lenins aus einer Untergrundbewegung entschlossener Berufsrevolutionäre in eine autoritär geführte Staatspartei verwandelte, die alle potentielle Gegner ausschaltete. Stalin (s. dort), der im Januar 1924 die Nachfolge Lenins antrat und das Sekretariat der Partei zum wichtigsten Herrschaftsinstrument ausbaute, befestigte schrittweise seine persönliche Diktatur, indem er in mehreren Säuberungen während der 30er Jahre die letzten eigenständigen Parteifunktionäre – soweit sie nicht bereits emigriert waren wie etwa Trotzki (s. dort) – beseitigte. Nach Stalins Tod am 5. 3. 1953 kam es zu einem Machtkampf, in dessen Verlauf Staatssicherheitschef Berija hingerichtet wurde und aus dem Chruschtschow (s. dort) als Sieger hervorging. Mit Hilfe der Kommunistischen Internationale (Komintern, 1919–1943) dirigierte die KPdSU die anderen kommunistischen Parteien, die sich nur als territoriale Gliederungen einer einheitlichen kommunistischen Weltbewegung zu verstehen hatten, in Wirklichkeit jedoch den Interessen der stalinschen Innen- und Außenpolitik untergeordnet wurden. Die KPdSU hielt diesen unbedingten Führungsanspruch auch nach dem Zweiten Weltkrieg aufrecht. Das 1947 gegründete „Informationsbüro der kommunistischen und Arbeiterparteien" (Kominform), dem außer den KPn der Ostblockstaaten die KPn Frankreichs und Italiens angehörten, erreichte nicht mehr die Bedeutung der Komintern. In der Folgezeit gelang es der KPdSU im wesentlichen nur, ihren ideologischen Führungsanspruch im Machtbereich der Sowjetunion unmittelbar durchzusetzen.

**Kreutz, Benedikt** (86)
(1879–1949). Päpstlicher Hausprälat. 1921–1949 Präsident des Deutschen Caritas-Verbandes.

**Kreyssig, Gerhard** (136)
(1899–1982). Nationalökonom. 1931–1945 Leiter der wirtschaftspolitischen Abteilung des Internationalen Gewerkschaftsbundes in Berlin, Paris und London. 1946 Wirtschaftsredakteur der Süddeutschen Zeitung in München. 1947–1949 Mitglied der SPD-Fraktion im Wirtschaftsrat.

**Külz, Wilhelm** (38; 68; 106; 215)
(1875–1948). Jurist. Seit 1918 Mitglied der Deutschen Demokratischen Partei, die er von 1920–1933 im Reichstag vertrat. 1926–1927 Reichsinnenminister. Ab 1931 Oberbürgermeister von Dresden. 1933 entlassen. Nach 1945 Mitbegründer der LDPD in Berlin und in der SBZ. Aufsehen erregte seine Zustimmung zur Bodenreform. Ab November 1945 bis zu seinem Tod (April 1948) Vorsitzender der LDPD.

**Labour Party** (2; 98; 155; 245)
Die englische Arbeiterpartei – im Februar 1900 gegründet – erlebte ihren politischen Durchbruch im Gefolge des Gewerkschaftsgesetzes von 1913, das den Gewerkschaften die politische Betätigung und die finanzielle Unterstützung politischer Parteien gestattete. In der Phase von 1914–1939 wiederholt an der Regierung beteiligt, erwies sich die Labour Party als eine nationale Partei mit gemäßigt sozialistischem Programm. Sie hatte 1940 als Koalitionspartner der Konservativen entscheidenden Anteil an der Wahl Churchills zum Ministerpräsidenten. Als Churchill 1945 die Fortführung der Koalition ablehnte, gelang der Labour Party ein überwältigender Wahlsieg. Der Parteiführer Clement Attlee wurde Premierminister, Ernest Bevin Außenminister. Die neue Regierung verstaatlichte Kohlenbergwerke, Transportwesen, Strom- und Gasversorgung, Fernmeldewesen, zivilen Flugverkehr, Eisen- und Stahlindustrie und die Bank von England. Ein umfassendes Sozial- und Krankenversicherungssystem wurde eingerichtet. Wesentlich durch diese Umstellungen wurde das Land in erhebliche Wirtschafts- und Zahlungsbilanzschwierigkeiten gestürzt, die die Labour Party in Unterstützung des Mittelstandes weitgehend einbüßen ließen.

**Länderrat** (34; 37)
Bezeichnung für die von 1945–1949 regelmäßig tagende Konferenz der Ministerpräsidenten der anfangs drei, dann vier Länder der amerikanischen Besatzungszone (Bayern, Nord-Württemberg/Nord-Baden, Hessen, Bremen). Der Länderrat sollte eine einheitliche Gesetzgebung in der US-Zone gewährleisten und hatte deshalb die Befugnis, Gesetzesvorlagen auszuarbeiten, die dann von den einzelnen Ländern getrennt in Kraft gesetzt wurden. Eine eigene Rechtssetzungskompetenz besaß der Länderrat nicht.

**LAG (= Lastenausgleichsgesetz)** (326; 329 f.; 331; 333; 341; 343 ff.; 349)
Nach Vorläufern etwa in Gestalt des Flüchtlings- und Soforthilfegesetzes wurde im August 1952 das Lastenausgleichsgesetz (LAG) verabschiedet, das – um die Kriegs- und Kriegsfolgelasten möglichst gleichmäßig zu verteilen – die Erhebung von Ausgleichsabgaben, die einem

Ausgleichsfonds (gespeist außerdem durch Zuschüsse des Bundes und der Länder) zufließen sollten, und die Zahlung von Ausgleichsleistungen nach unterschiedlichen Anspruchskriterien vorsah. Über den Lastenausgleich, dessen schwierige Abwicklung ständige gesetzliche Nachbesserungen bis Ende der 70er Jahre verlangte, sollte ebenso eine Abgeltung von Kriegs- und Vertreibungsschäden wie eine Milderung von Härten der Währungsreform bewerkstelligt werden.

**LDPD (= Liberal-Demokratische Partei Deutschlands)** (2; 33; 36; 38; 57; 58; 68; 75; 106; 216; 227; 375; 376; 381; 384; 387; 388)
Eine der neben der SED bestehenden Parteien in der SBZ bzw. DDR. Bei der Gründung im Juli 1945 stand sie in der Tradition der bürgerlich-liberalen Deutschen Demokratischen Partei und der mehr rechts stehenden Deutschen Volkspartei; sie versuchte, innerhalb des „Blocks der antifaschistisch-demokratischen Parteien" eine politische Selbständigkeit als betont nichtsozialistische und demokratische Partei zu wahren. Nach der Absetzung Jakob Kaisers (s. dort) und der Gleichschaltung der Ost-CDU für einige Zeit letzte Organisation für Oppositionsmöglichkeiten gegen die SED, insbesondere 1949/50. Dieser Widerstand war Ende 1950 gebrochen; im Juli 1952 erklärte die Partei offiziell ihre Bereitschaft zur Mitarbeit „am planmäßigen Aufbau des Sozialismus in der DDR". Die LDPD war damit auf die Funktion der „Transmission des Bürgertums in die sozialistische Gesellschaft" (Krippendorf) reduziert.

**Lehmann, Helmut** (68)
(1882–1959). 1918 Mitglied des Arbeiter- und Soldatenrats in Dresden. 1933–1945 wegen Widerstandstätigkeit verfolgt und wiederholt in Haft. 1945–1946 Mitglied des Zentralausschusses der SPD, dann des ZK der SED. 1947–1949 Mitglied des thüringischen Landtags, anschließend der Volkskammer.

**Lehr, Robert** (231)
(1883–1956). Jurist. Mitglied der DNVP. 1924–1933 Oberbürgermeister von Düsseldorf. 1945 Mitbegründer der CDU und Oberpräsident der Provinz Nordrhein. 1947–1950 Landtagsabgeordneter in Nordrhein-Westfalen. 1948/49 Mitglied des Parlamentarischen Rates. 1949 Abgeordneter im Bundestag (CDU). 1950–1953 Bundesinnenminister.

**Leitsätze-Gesetz** (108; 135 ff.)
Am 18.6.1948, unmittelbar vor Verkündung der Währungsreform durch die Militärregierungen, nahm der Wirtschaftsrat ein von Ludwig Erhard initiiertes „Gesetz über die wirtschaftspolitischen Leitsätze nach der Geldreform" an, das die Verwaltung autorisierte, Warenbewirtschaftung und Preisvorschriften in weitem Umfang zu beseitigen. Ausgenommen blieben die Preise für Grundnahrungsmittel und Wohnungsmieten.

**Lemmer, Ernst** (35; 41; 68; 167; 215)
(1898–1970). Nach Kriegsdienst und Studium der Nationalökonomie von 1922–1933 Generalsekretär der Hirsch-Dunckerschen Gewerkschaften. Seit 1919 Mitglied der Deutschen Demokratischen Partei, die er von 1924–1933 im Reichstag vertrat. 1933–1945 Korrespondent ausländischer Zeitungen in Berlin. 1945 Mitbegründer der Ost-CDU. Von Dezember 1945–1947 Stellvertreter Jakob Kaisers im Parteivorsitz, mit dem zusammen er abgesetzt wurde, als er ebenfalls sich gegen die Teilnahme am Deutschen Volkskongreß aussprach. 1945–1949 Vorstandsmitglied beim FDGB. Seit 1956 mehrfach Minister im Bundeskabinett unter Konrad Adenauer.

**Lenin (seit 1904 politischer Deckname für Uljanow), Wladimir Iljitsch** (7; 211; 388; 394; 395; 396; 414)
(1870–1924). Ab 1887 (nach Abschluß seiner juristischen Studien und Hinrichtung seines älteren Bruders wegen Vorbereitung eines Attentats auf Zar Alexander III.) in Verbindung mit der revolutionären Bewegung in Rußland. 1895 Gründung des „Kampfbundes zur Befreiung der Arbeiterklasse". Verhaftung wegen revolutionärer Propaganda und Verbannung nach Sibirien. 1900 Emigration (München, London, Genf). Gründung der Zeitung „Iskra". Auf dem II. Parteitag der Sozialdemokratischen Arbeiterpartei Rußlands (1903) entstand die bolschewistische Partei, deren anerkannter Führer Lenin bis zu seinem Tode blieb. Teilnahme an dem ersten russischen Revolutionsversuch 1905 in Petersburg. Erneute Emigration (zuletzt in Zürich). Ab 1912 Herausgabe der „Prawda". Ende März 1917 Rückkehr nach Rußland. Nach der Oktoberrevolution Vorsitzender des Rates der Volkskommissare und Befürworter des Friedens von Brest-Litowsk. Regisseur der Etablierung des Sowjetsystems gegen innere und äußere Widerstände. Ab Mai 1922 nach Schlaganfall in seiner politischen Arbeit behindert. Lenins in zahlreichen Schriften, Aufsätzen und Reden niedergelegte Ideen bilden, als „Marxismus-Leninismus" bezeichnet, die ideologische Grundlage des Herrschaftssystems der UdSSR und der von ihr abhängigen Staaten.

**Leonhard, Wolfgang** (20)
(geb. 1921). Emigrierte mit seiner Mutter in die UdSSR. 1945 Rückkehr nach Berlin als Angehöriger der „Gruppe Ulbricht", die für die Durchsetzung der kommunistischen Politik in der SBZ sorgen sollte. 1947–1949 Lehrer an der SED-Parteihochschule. 1950 Flucht in den Westen. Publizistische Auseinandersetzung mit dem Sowjet-Kommunismus, u.a. „Die Revolution entläßt ihre Kinder" (1955).

**Leuschner, Bruno** (211; 397 f.)

(1910–1965). Industriekaufmann. Seit 1931 Mitglied der KPD. Im Dritten Reich illegale Parteiarbeit. 1936–1945 in KZ-Haft. Nach 1945 in der SBZ führende Funktionen in der Wirtschaftsplanung. 1950 Mitglied des ZK der SED. 1952–1961 Vorsitzender der Staatlichen Plankommission. Ab 1955 Stellvertreter des Vorsitzenden des Ministerrates.

**Liebknecht, Karl** (123) (1871–1919). Seit 1908 Mitglied des preußischen Abgeordnetenhauses (SPD), 1912 des Reichstags. Bekämpfte die Burgfriedenspolitik der SPD und stimmte im Dezember 1914 und im August 1915 gegen die Kriegskredite. 1916 Ausschluß aus der SPD-Fraktion. Nach einer pazifistischen Kundgebung am 1.5. 1916 in Berlin wegen Hochverrats zu vier Jahren Zuchthaus verurteilt, proklamierte Liebknecht – im Oktober 1918 begnadigt – am 9.11. 1918 vom Berliner Schloß aus die „freie sozialistische Republik" und gründete am 30.12. 1918 zusammen mit Rosa Luxemburg die KPD. Beteiligung an dem gegen die mehrheitssozialdemokratischen Volksbeauftragten gerichteten Januaraufstand in Berlin. Am 15.1. 1919 – zusammen mit Rosa Luxemburg – von Freikorpsoffizieren festgenommen und ermordert.

**Lieutenant, Arthur** (68) (1884–1963). 1945–1949 Geschäftsführer der LDPD in der SBZ und 1948–1949 Finanzminister im Land Brandenburg. 1949 Flucht in den Westen.

**Lloyd, John Selwyn** (298f.) (1904–1978). Jurist. Ab 1930 Tätigkeit als Anwalt. 1939 Eintritt in die Territorialarmee; Aufstieg zum Brigadegeneral. Ab 1945 konservativer Unterhausabgeordneter. 1951–1954 Staatsminister im Auswärtigen Amt unter Churchill. 1954–1955 Versorgungsminister. 1955 Verteidigungsminister. 1955–1960 Außenminister. 1971–1976 Sprecher des Unterhauses.

**Londoner Konferenz** (41; 167; 168; 170ff.; 173; 178; 182; 184; 215; 242) Nachdem die Konferenz des Rates der Außenminister vom 25.11.–15.12. 1947 in London ergebnislos endete, beschlossen Frankreich, Großbritannien und die USA, für ihre Besatzungszonen eine gemeinsame staatliche Ordnung zu schaffen. An den erforderlichen Beratungen nahmen auf Wunsch Frankreichs die Benelux-Staaten teil. Die Sechs-Mächte-Konferenz, die sog. Londoner Konferenz, tagte vom 23.2.–5.3. und vom 20.4.–1.6. 1948 in London. Die Konferenz erarbeitete die Londoner Empfehlungen, die am 7.6. veröffentlicht wurden. Ihr Inhalt wurde in die Frankfurter Dokumente übernommen, die die Militärgouverneure am 1.7. 1948 den Ministerpräsidenten der westlichen Besatzungszonen übergaben. Damit war der Weg zur Bildung der Bundesrepublik frei.

**Londoner Protokoll** (1; 8f.) Von der Europäischen Beratenden Kommission (s.dort) am 12.9. 1944 verabschiedetes „Protokoll betreffend die Besatzungszonen in Deutschland und die Verwaltung in Groß-Berlin". Grundlage der Einteilung Deutschlands in Besatzungszonen und der Errichtung der Vier-Mächte-Verwaltung in Berlin.

**long telegram (Kennans)** (2; 152f.) Außergewöhnlich langer Drahtbericht aus 8000 Wörtern, den George F. Kennan (s.dort) als Geschäftsträger der USA in Moskau am 22.2. 1946 an das US-Außenministerium sandte. Das Telegramm analysiert den sowjetischen Standpunkt und die „kollektive Psychologie" (D. Yergin) der sowjetischen Machthaber und zieht Folgerungen für die Politik der USA. Das Telegramm hatte in Washington eine außergewöhnliche Resonanz und wurde an alle maßgeblichen Stellen verteilt.

**LPG (= Landwirtschaftliche Produktionsgenossenschaft)** (400; 402; 415) „Wichtigste Organisationsform der genossenschaftlich-sozialistischen Produktion in der Landwirtschaft der DDR, die auf Gemeineigentum werktätiger Kollektive als einer der Formen des sozialistischen Eigentums an den Produktionsmitteln und kollektiver Arbeit der Mitglieder beruht" (Kleines politisches Wörterbuch, Berlin-Ost 1978, S.523). Die Kollektivierung gilt offiziell als notwendige Übergangsstufe auf dem Weg zur „industriemäßigen Produktion in der Landwirtschaft". Das stets betonte Prinzip der Freiwilligkeit wurde seit Beginn der Bildung von LPG im Jahr 1952 ständig verletzt, insbesondere bei der Vollendung der Zwangskollektivierung, die erst 1960 erfolgte. Es gab drei LPG-Typen, die sich im Ausmaß der Vergesellschaftung des Bodens und der Produktionsmittel sowie in der Verteilung der Einkünfte unterschieden. Die Hauptformen waren: Typ I („Jeder macht seins") mit privaten Wiesen, Gärten, Wäldern und begrenztem Ackerland und Viehbesitz, der nur als Übergangsform galt: Typ III („Alles einerlei"), bei dem Boden, Viehbestände, Maschinen und Wirtschaftsgebäude in die LPG einzubringen waren und gemeinsam genutzt wurden. Die jeweiligen Kollektivierungsschübe führten zu großen Fluchtbewegungen aus der DDR.

**Lubliner Komitee** (1) „Polnisches Komitee der Nationalen Befreiung"; am 22. Juli 1944 gegründet, als sowjetische Truppen in breiter Front den Bug überschritten. Arbeitete von der Stadt Lublin aus. Volksfrontähnlicher Zusammenschluß polnischer Politiker unter kommunistischer Führung, von der UdSSR abhängig. Gerichtet gegen die von der überwiegenden Mehrheit der Bevölkerung als einzige legitime Vertretung

Polens anerkannte Exilregierung in London und deren im Untergrund arbeitende „Heimatarmee“ in Polen. Das Lubliner Komitee erkannte im Gegensatz zur Exilregierung die sowjetischen Vorherrschafts- und Gebietsansprüche an.

**lucus a non lucendo** (187)
Wörtlich: Hain (lucus) nach dem Nicht-Leuchten (lucendo). Verkürztes Zitat der Empfehlung des römischen Rhetoriklehrers Quintilian „Werden wir nicht auch bei einigen Wörtern Ableitungen aus dem Gegenteil zulassen wie „Hain“ (lucus), weil er, durch Schatten dunkel, wenig Licht hat“ (lucet)? Analoges Beispiel eines im Grunde etymologisch abwegigen Erklärungsversuchs: Hund (canis) nach dem Nicht-Singen (a non canendo).

**Lüdemann, Hermann** (103)
(1880–1959). Ingenieur. 1915–1922 SPD-Stadtverordneter in Berlin. 1920–1929 Landtagsabgeordneter in Preußen. 1922–1927 preußischer Finanzminister. 1929–1932 Oberpräsident in Schlesien. 1933–1935 und 1944–1945 in KZ-Haft. 1945 Landesgeschäftsführer der SPD in Mecklenburg. 1946 Minister des Innern, 1947–1949 Ministerpräsident von Schleswig-Holstein.

**Luftbrücke (Berliner)** (167; 169)
(26.6. 1948–12.5. 1949). Antwort der Westmächte auf die von der UdSSR verhängte Berliner Blockade (s. dort). Angeregt und durchgesetzt von General L. D. Clay (s. dort). Große Improvisations- und Organisationsleistung. Die tägliche Transportmenge an Lebensmitteln, Kohle und Rohmaterial wurde von 4500 t auf 10 000 t gesteigert. Insgesamt flogen die Alliierten über 1,4 Mio. t ein. In der Regel landete alle 2 bis 3 Minuten ein Flugzeug, am Ende waren 230 amerikanische und 150 britische Maschinen beteiligt. 88 Flieger fanden den Tod.

**Macmillan, Harold** (236)
(geb. 1894). Verleger. 1924–1929 und 1931–1964 konservativer Abgeordneter im Unterhaus. Kritiker der Appeasement-Politik von Neville Chamberlain. 1942–1945 Vertreter des britischen Kriegskabinetts im alliierten Hauptquartier in Nordafrika. 1945 Minister für Luftfahrt, 1951–1954 für Wohnungsbau und innere Verwaltung; 1954–1955 für Verteidigung. 1955 Außenminister. 1955–1957 Schatzkanzler. 1957–1963 Premierminister.

**Magnet-Theorie** (44; 99; 104; 130; 249)
Bezeichnung für die in den Jahren zwischen 1947 und 1949 von Adenauer, Reuter und vor allem Schumacher verfochtene politische Konzeption, nach der die Wiedervereinigung der getrennten Teile Deutschlands die rasche wirtschaftliche Gesundung der Westzonen und deren westeuropäische Einbindung voraussetze, damit sie ihre Anziehungskraft als „ökonomischer und politischer Magnet“ gegenüber der Situation der Ostzone entfalten könnten und durch die „Macht der Umstände“ (Schumacher) eine „gewissermaßen automatische Entwicklung in Richtung auf einen Anschluß“ (H.-P. Schwarz) ausgelöst werde.

**Maier, Reinhold** (181 f.)
(1889–1971). Jurist 1912 Beitritt zur Demokratischen Volkspartei; später der Deutschen Demokratischen Partei (DDP). 1924–1933 Mitglied des Württembergischen Landtags. 1929–1933. Wirtschaftsminister in Württemberg. 1932–1933 Reichstagsabgeordneter für die DDP bzw. Deutsche Staatspartei. Seine aus einer jüdischen Familie stammende Frau emigrierte im August 1939 mit den beiden Kindern nach England und konnte erst 1946 zurückkehren. 1945 Mitbegründer der Demokratischen Volkspartei (später FDP) in Württemberg. August 1945 bis September 1953 Ministerpräsident von Württemberg-Baden, der nördlichen Landeshälfte, bzw. ab April 1952 von Baden-Württemberg, d.h. des Südweststaats, an dessen Bildung er maßgeblichen Anteil hatte. Maier, dessen singuläre Stellung in der Bundesrepublik darauf beruhte, daß er der einzige Regierungschef eines Bundeslandes aus den Reihen der FDP war, repräsentierte – aus der württembergischen Kernlandschaft, dem Remstal östlich von Stuttgart stammend – den südwestdeutschen Liberalismus mit seiner traditionell liberal-demokratischen und föderalistischen Ausrichtung („Schwarz-rot-gold bis auf die Knochen“). Außenpolitisch stand er in prinzipieller Opposition zu der von Adenauer betriebenen Politik der Westintegration und unterstützte das Ost-West-Konzept des schwäbischen FDP-Abgeordneten Karl Georg Pfleiderer, das eine Demilitarisierung und spätere Neutralisierung für ein wiedervereintes Deutschland in Kauf nehmen wollte (s. Dritter Weg). 1953–1959 Mitglied des Bundestages. 1957–1960 Bundesvorsitzender der FDP. Danach Ehrenvorsitzender.

**Malenkow, Georgi Maximilianowitsch** (163; 390; 415)
(geb. 1902). Ab 1938 persönlicher Sekretär Stalins, seit 1939 Mitglied und Sekretär des ZK der KPdSU und Leiter der Kaderverwaltung. 1941–1945 Mitglied des Obersten Verteidigungsrates. 1946–1953 stellvertretender Ministerpräsident. 1953 nach Stalins Tod dessen Nachfolger als Ministerpräsident. 1955 durch Chruschtschow und seine Anhänger verdrängt. 1957 als „Parteifeind“ aller Ämter enthoben.

**Mann, Thomas** (389)
(1875–1955). Einer der bedeutendsten deutschen Erzähler des 20. Jahrhunderts. Werke u.a. „Buddenbrooks“ (1909), „Der Tod in Venedig“ (1913), „Der Zauberberg“ (1924), „Joseph und seine Brüder“ (1933–1942), „Doktor Faustus“ (1947). Vermied es im Gegensatz zu seinem Bruder Heinrich M. lange Zeit, sich in

den politischen Tageskampf zu begeben, betonte die Autonomie des Künstlers. Identifizierte sich jedoch mit der Weimarer Republik und blieb nach Beginn der NS-Diktatur im Exil, ab 1939 in den USA; warnte in zahlreichen Rundfunkansprachen und Vortragsreisen vor der NS-Diktatur und deren Folgen. 1952 Rückkehr nach Europa (Schweiz). Er besaß große internationale Autorität in Fragen der Moral und der Humanität. In der DDR werden seine Werke als „Literatur des bürgerlich-kritischen Realismus" interpretiert und hoch geschätzt.

**Marshall, George** (39; 150; 152; 154; 155f.; 157; 158; 167)
(1880–1959). Amerikanischer Militär und Politiker. 1939–1945 Generalstabschef. 1945–1946 Sonderbotschafter in China, wo er ohne Erfolg zwischen Tschiang Kai-schek und den Kommunisten zu vermitteln suchte. 1947–1949 Außenminister. Marshall vertrat die Politik der Eindämmung, entwickelte das nach ihm benannte Hilfsprogramm für Europa, den Marshall-Plan, und propagierte das Konzept einer internationalen Verteidigungsorganisation, der Nato. 1949–1950 Präsident des amerikanischen Roten Kreuzes.

**Marshall-Plan** (39; 40; 106; 107; 118; 129ff.; 150; 155f.; 160; 163; 167; 172; 239; 334; 372; 374)
In einer Rede vom 5.6. 1947 forderte der amerikanische Außenminister George Marshall sein Land auf, ein wirtschaftliches Hilfsprogramm vorzubereiten, das die unter den Kriegsfolgen leidenden europäischen Länder in die Lage versetzen sollte, ihre Produktionskapazitäten wieder aufzubauen und nach der Zwangspause am Welthandel teilzunehmen. Die Einzelheiten dieses Programms wurden in mehreren Konferenzen mit den europäischen Staaten erörtert. Aus ihnen ging 1948 der Ausschuß für europäische wirtschaftliche Zusammenarbeit (OEEC) hervor, in dem 16 europäische Länder vertreten waren. Die gesetzliche Grundlage für die Hilfe der USA bildete die „Foreign Assistance Act" vom 3.4. 1948, die eine Unterstützung bis Mitte 1952 vorsah. Die Sowjetunion verhinderte, daß die in ihrem unmittelbaren Einflußbereich liegenden Staaten Mittel- und Osteuropas in den Marshall-Plan einbezogen wurden, da sie ihn als ein „Instrument des Dollarimperialismus" ansah (s. European Recovery Program).

**Marx, Karl** (71; 255; 391; 393; 395)
(1818–1883). Nach der philosophischen Promotion 1842/43 Mitarbeiter und Redakteur der „Rheinischen Zeitung" in Köln; ging 1843 nach Paris, 1845 nach Brüssel; jeweils Ausweisung. Während der Revolution 1848/49 Rückkehr nach Köln, Herausgabe der „Neuen Rheinischen Zeitung", die sich für den linken Flügel der Demokraten engagierte; ab 1849 Exil in London. Begründer des wissenschaftlichen Sozialismus. Lebenslange Arbeit am Ausbau seiner Theorie von Gesellschaft und Geschichte (Historischer Materialismus, Politische Ökonomie, Kapitalismuskritik), in deren Zentrum die proletarische Revolution als Mittel zur Verwirklichung einer (utopischen) humanen Gesellschaft steht.

**Matern, Hermann** (414; 415)
(1893–1971). Gerberlehre. 1911–1914 Mitglied der SPD, Austritt aus Protest gegen die Kriegskreditbewilligung; ab 1918 USPD, ab 1919 KPD. 1928 KPD-Bezirkssekretär, 1932 Mitglied des Preußischen Landtags; 1933 Verhaftung, 1934 Flucht aus dem Gefängnis, Emigration u.a. nach Holland, Frankreich und Schweden. Mai 1941 Übersiedlung in die UdSSR; Mitbegründer des „Nationalkomitee Freies Deutschland". 1945 Vorsitzender der KPD in Sachsen, 1946 der SED in Berlin. Ab 1946 Mitglied des Politbüros der SED, ab 1948 ununterbrochen Vorsitzender der Zentralen Parteikontrollkommission beim ZK der SED; trug in diesen Funktionen wesentlich zur Ausschaltung aller Anti-Ulbricht-Gruppen in der SED bei.

**McCloy, John** (161; 249)
(geb. 1895). 1941–1945 Unterstaatssekretär im US-Kriegsministerium, Durchführung des Leih- und Pachtprogramms. 1947–1949 Präsident der Internationalen Bank für Wiederaufbau und Entwicklung (Weltbank). 1949–1952 Hoher Kommissar für Deutschland. Bereitete Revision des Besatzungsstatuts und die Rückgewinnung der Souveränität der Bundesrepublik vor.

**Meier, Otto** (68)
(1889–1962). Kaufmännische Lehre. Seit 1911 Mitglied der SPD; ab 1917 der USPD. 1921–1933 Abgeordneter im Preußischen Landtag. 1922 Rückkehr zur SPD. Nach 1933 illegale Parteiarbeit; 1944 verhaftet. 1945 Mitglied des Zentralausschusses der SPD; Chefredakteur des SPD-Organs „Das Volk". 1946–1950 gehörte Meier zum Parteivorstand und Zentralsekretariat der SED. Danach ohne politischen Einfluß.

**Mendès-France, Pierre** (234; 266; 275)
(geb. 1907). Jurist. 1932–1940 und 1946–1958 radikalsozialistischer Abgeordneter der französischen Nationalversammlung. 1941 Flucht zu General de Gaulle nach London. 1944–1945 Wirtschaftsminister der Provisorischen Regierung. 1947–1958 Direktor des Internationalen Währungsfonds. 1954–1955 Ministerpräsident, in welcher Funktion er den Indochina-Krieg (s. dort) beendete und die Spannungen zu Tunesien durch Zusicherung der vollen inneren Autonomie beilegte. 1956–1957 Staatsminister und stellvertretender Ministerpräsident. 1958 bekämpfte Mendès-France im Gegensatz zur Mehrheit seiner Partei die An-

nahme der Verfassung der V. Republik. Daher 1959 aus der radikalsozialistischen Partei ausgeschlossen.

**Menzel, Walter** (99 f.)
(1901–1963). SPD-Politiker. 1946–1950 Innenminister in Nordrhein-Westfalen. Mitglied des Parteivorstandes und Vorsitzender des verfassungspolitischen Ausschusses der SPD. 1948–1949 Mitglied des Parlamentarischen Rates in Bonn.

**Mikojan, Anastas Iwanowitsch** (20)
(1895–1978). Als enger Mitarbeiter Stalins ab 1923 Mitglied des ZK, ab 1935 des Politbüros der KPdSU. Als Wirtschaftsfachmann Inhaber hoher Regierungsämter, ab 1937 stellvertretender Vorsitzender des Rates der Volkskommissare bzw. des Ministerrates. 1964/65 Staatsoberhaupt. Unterstützte Chruschtschow auf dem XX. Parteitag (1956) bei den Angriffen gegen den Stalinschen „Personenkult".

**Mikolajczyk, Stanislaw** (150)
(1901–1966). In der Vorkriegszeit führende Tätigkeit in der Polnischen Bauernpartei. Ab 1940 stellvertretender Ministerpräsident, ab 1943 Ministerpräsident der polnischen Exilregierung in London. Ab 1945 entsprechend den Vereinbarungen von Jalta (s. dort) stellvertretender Ministerpräsident der „Provisorischen Regierung der Nationalen Einheit" und Vorsitzender der Bauernpartei. Floh 1947 nach Wahlen „unter terroristischen Bedingungen" (A. Hillgruber) in die USA.

**Molotow, Wjatscheslaw Michailowitsch (ursprünglicher Name: Skrjabin)** (29 f.; 160; 163; 166; 234; 236; 312; 326; 426)
(geb. 1890). Ab 1912 leitender Redakteur der bolschewistischen Parteizeitung Prawda. 1915–1916 in der Verbannung. 1917–1921 in verschiedenen Parteifunktionen tätig. 1921–1931 Sekretär des Zentralkomitees der KPdSU. 1921–1957 Mitglied des ZK und 1926–1957 des Politbüros bzw. des Präsidiums des ZK. 1930–1941 Vorsitzender des Rates der Volkskommissare der UdSSR. 1939–1949 Volkskommissar des Auswärtigen bzw. Außenminister. Einer der engsten Mitarbeiter Stalins. 1946–1957 Erster stellvertretender Vorsitzender des Ministerrates. Nach Stalins Tod (März 1953) zudem Außenminister. Aufgrund seiner scharfen Kritik an der Entstalinisierungs- und Koexistenzpolitik Chruschtschows verlor Molotow im Juni 1956 das Amt des Außenministers. Mehr als eineinhalb Jahrzehnte hatte der die UdSSR bei allen wichtigen internationalen Verhandlungen vertreten. Im Juli 1957 wurde er als Führer der im Machtkampf unterlegenen „parteifeindlichen Gruppe" aller Partei- und Staatsämter enthoben und zeitweilig geächtet. 1957–1960 Botschafter in der Mongolischen Volksrepublik. 1962 als „Parteifeind" endgültig aus der KPdSU ausgeschlossen.

**Monnet, Jean** (230)
(1888–1979). Wirtschaftspolitiker. 1919–1923 stellvertretender Generalsekretär des Völkerbundes. 1943 Mitbegründer des französischen Befreiungskomitees in Algerien. 1946–1950 Leiter des neuerrichteten Amtes für wirtschaftliche Planung. Maßgeblich an der Ausarbeitung eines großen Modernisierungsprogramms für die Wirtschaft Frankreichs und seiner überseeischen Gebiete beteiligt (sog. Monnet-Pläne). Zudem entscheidende Mitwirkung beim Entwurf des Schuman-Plans für den Zusammenschluß der westeuropäischen Schwerindustrie. 1952–1955 Vorsitzender der Hohen Behörde der Montanunion. 1953 mit dem internationalen Karlspreis der Stadt Aachen ausgezeichnet.

**Monroe-Doktrin** (154)
Bezeichnung für die von dem US-Präsidenten James Monroe am 2. 12. 1823 abgegebene Erklärung, die USA würden alle Kolonisationsversuche, Gebietsübertragungen und Interventionen nichtamerikanischer Mächte gegenüber unabhängigen amerikanischen Staaten als unfreundliche, gegen Frieden und Sicherheit der USA gerichtete Handlungen betrachten, sich ihrerseits aber aller Einmischung in europäische Angelegenheiten enthalten. Die Monroe-Doktrin bedeutete also negativ eine Politik des Isolationismus, positiv einen Anspruch auf Schutz- und Mitspracherecht in allen den amerikanischen Kontinent betreffenden Fragen. Der letztgenannte, einen Hegenmonialanspruch bezeichnende Aspekt wurde von F. D. Roosevelt in eine „Politik der guten Nachbarschaft" uminterpretiert.

**Montanunion** (230; 232; 237; 244 ff.; 247; 266)
Landläufig gewordene Bezeichnung für die EGKS (= Europäische Gemeinschaft für Kohle und Stahl). In der Absicht, dem trotz des Ruhrstatuts (s. dort) nicht hinreichend befriedigten Sicherheitsbedürfnis Frankreichs entgegenzukommen und für die angestrebte politische Einigung Europas eine ökonomische Grundlage zu schaffen, regte Adenauer im März 1950 die Bildung einer deutsch-französischen Wirtschaftsunion an. Der französische Außenminister Schuman schlug, diesen Anstoß aufnehmend, am 9. 5. 1950 vor, „die Gesamtheit der französisch-deutschen Kohle- und Stahlproduktion unter eine gemeinsame Hohe Behörde zu stellen, in einer Organisation, die den anderen europäischen Ländern zum Beitritt offensteht". Diese Produktions- und Absatzgemeinschaft sollte allen beteiligten Ländern „die notwendigen Grundstoffe für ihre industrielle Produktion zu gleichen Bedingungen liefern und die Zusammenfassung der Interessen verwirklichen, die für die Schaffung einer Wirtschaftsgemeinschaft unerläßlich ist". Am 30. 6. 1950 beschlossen die Regierungen Belgiens, der Bundesrepublik,

Italiens, Luxemburgs und der Niederlande, den französischen Vorschlag eines gemeinsamen Marktes für Kohle und Stahl anzunehmen. Sie einigten sich darauf, eine Hohe Behörde zu installieren, deren Entscheidungen für die teilnehmenden Länder bindend sein sollten, und kündigten an, der Übertragung von Hoheitsrechten zuzustimmen. Die Verhandlungen unter Führung des französischen Wirtschaftspolitikers Jean Monnet, die sich fast ein Jahr hinzogen, wurden mit der Unterzeichnung des Vertrags über die Gründung der EGKS, für die sofort das abkürzende Etikett Montanunion gebräuchlich wurde, am 18.4. 1951 in Paris beendet. Nach der Ratifizierung durch die Mitgliedstaaten trat der Vertrag zur Montanunion, die den Auftakt zu weiteren europäischen Teilgemeinschaften (EWG und Euratom) bildete und später mit ihnen verschmolzen wurde, im Juli 1952 in Kraft.

**Morgenthau, Henry** (1; 4; 118; 158)
(1891–1967). Zunächst Landwirtschaftspolitiker; 1934 bis 1945 Finanzminister der USA. Entwarf 1944 den nach ihm benannten Plan, der die Rückverwandlung Deutschlands in ein Agrarland und den baldigen Abzug der US-Truppen aus Europa vorsah. Morgenthau stellte sich bewußt gegen das US-Außenministerium und die Europäische Beratende Kommission (s. dort), die er als zu deutschfreundlich ansah.

**Moskauer Konferenz (von 1947)** (97; 168; 236; 422; 425)
In den Monaten März und April 1947 fand in Moskau eine Konferenz der Außenminister der USA, Großbritanniens, Frankreichs und der UdSSR statt, die sich – mit dem zentralen Komplex der Behandlung Deutschlands befaßt – jedoch nicht auf eine gemeinsame Politik verständigen konnten. Die Moskauer Konferenz markiert insofern eine wichtige Etappe auf dem Weg zur Teilung Deutschlands.

**Müller-Armack, Alfred** (108; 144)
(1901–1978). Volswirtschaftler und Politiker. Ab 1934 Professor für Wirtschaftswissenschaften und Kultursoziologie in Münster und in Köln. Er prägte den Begriff „Soziale Marktwirtschaft" (s. dort). 1958–1963 Staatssekretär im Bundeswirtschaftsministerium.

**Münchener Abkommen** (159; 436)
Nach einer von Hitler geschürten Krise und unter Kriegsdrohungen des Deutschen Reiches zustande gekommener Vertrag zwischen Deutschland, Großbritannien, Frankreich und Italien, der am 29./30.9. 1938 in München unterzeichnet wurde. Ohne die Tschechoslowakei zu beteiligen, vereinbarten die vier Mächte, die mehrheitlich deutschsprachigen Gebiete dieses Staates mit 3,6 Mio Einwohnern (darunter aber 800000 Tschechen) an das Deutsche Reich zu übertragen. Die vorgesehene internationale Garantie für die schwer erschütterte und kaum lebensfähige Rest-ČSR wurde von Hitler erfolgreich sabotiert; am 15.3. 1939 zogen deutsche Truppen in Prag ein, der tschechische Reststaat wurde annektiert. Nach dem Zweiten Weltkrieg wurden die deutschen Einwohner der wiederhergestellten ČSR unter brutalen Umständen und großen Opfern vertrieben. Die zum Münchener Abkommen führende Politik wird heute als ein Beispiel für übergroße Nachgiebigkeit und mangelnden Widerstand gegenüber erpresserisch vorgebrachte Forderungen eines totalitären Regimes angesehen. Nach langen Diskussionen über die Frage, ob das Münchener Abkommen von Anfang an ungültig war, haben 1973 die ČSSR und die Bundesrepublik in einem „Vertrag über die Gegenseitigen Beziehungen" das Münchener Abkommen für nichtig erklärt mit der Einschränkung, daß sich daraus keine negativen Rechtsfolgen für die damals tschechischen, jetzt bundesdeutschen Staatsangehörigen und keine materiellen Ansprüche der ČSSR ergeben.

**Münchener Ministerpräsidenten-Konferenz** (39; 99)
Auf Initiative des bayerischen Ministerpräsidenten Hans Ehard (s. dort) für den 6./7. Juni 1947 nach München einberufene Versammlung der deutschen Ministerpräsidenten aus Ost und West, um einen gemeinsamen Weg zur Zusammenarbeit „im Sinne wirtschaftlicher Einheit und künftiger politischer Zusammenfassung" zu suchen. Die Konferenz scheiterte bereits am Vorabend, als eine Einigung über die Tagesordnung, die die westdeutschen Vertreter auf „Ernährungsnot, Wirtschaftsnot und Flüchtlingsnot" begrenzt sehen wollten, nicht gelang. Die ostdeutschen Ministerpräsidenten nahmen die Ablehnung ihrer Forderung, über die „Bildung einer deutschen Zentralregierung" zu verhandeln, zum Anlaß, die Konferenz vor Eröffnung zu verlassen. Dieser Verlauf zeigte symptomatisch, wie weit die Spaltung Deutschlands bereits vorangeschritten war.

**München-Politik** (159)
Bezeichnung für die zum Münchener Abkommen hinführende Politik der Westmächte in den 30er Jahren. Im Münchener Abkommen vom September 1938 stimmten Großbritannien, Frankreich und Italien – ohne Konsultierung der tschechoslowakischen Regierung – der Abtretung des Sudetenlandes an Deutschland zu, was jedoch Hitler nicht hinderte, im März 1939 den tschechischen Reststaat zu überfallen und zu annektieren. Der Begriff „München-Politik" meint also eine Politik der übergroßen Nachgiebigkeit und des mangelnden Widerstands gegenüber erpresserisch vorgebrachten Forderungen eines totalitären Regimes.

**Murphy, Robert Daniel** (19) (1894–1978). Seit 1921 im diplomatischen Dienst der USA; 1944–1949 politischer Berater Eisenhowers und der amerikanischen Militärregierung für Deutschland.

**Nagy, Ferenc** (150; 162) (1903–1979). Seit 1930 Generalsekretär der ungarischen „Partei der Kleinen Landwirte". Errang bei Wahlen im November 1945 die absolute Mehrheit und wurde Ministerpräsident. 1947 während eines Auslandsaufenthalts von den Kommunisten der „Verschwörung gegen den Staat" beschuldigt, verzichtete auf Rückkehr. Exil in den USA.

**Nannen, Henry** (345) (geb. 1913). Journalist. 1948 Gründer der Illustrierten „Stern". Bis 1983 deren Chefredakteur.

**Nationale Front** (375; 376; 418; 420; 421) Als „Nationale Front des demokratischen Deutschland" (später: „der DDR") 1949 gegründet; dem im Februar 1950 gebildeten „Nationalrat der N.F." gehörten Vertreter der in der DDR bestehenden Parteien und der Massenorganisationen sowie eine nicht genannte Zahl westdeutscher Bürger an. In dem gleichzeitig veröffentlichten Programm wurde die Vorbereitung einer „Volksabstimmung für ein geeintes Deutschland, für einen Friedensvertrag und für den Abzug der Besatzungstruppen" angekündigt. Die Nationale Front war in den Folgejahren Hauptträger der Versuche, die propagandistische Arbeit der SED in die Bundesrepublik zu tragen. Erst ab 1955 überwogen die innenpolitischen Aufgaben. Hier löste die Nationale Front den „Block der antifaschistisch-demokratischen Parteien" ab in der Aufgabe, die Tätigkeit der in der DDR bestehenden Parteien und Organisationen unter der Führung der SED zu koordinieren. In dieser Rolle wird sie seit 1968 in der Verfassung der DDR (Art. 3) erwähnt; sie ist der offizielle Träger der Einheitslisten bei den sog. Wahlen in der DDR.

**Nationalkomitee Freies Deutschland** (6; 216) Mit sowjetischer Unterstützung im Juli 1943 in Krasnogorsk bei Moskau gegründete Organisation deutscher Kriegsgefangener und kommunistischer Emigranten mit dem Ziel, die Wehrmacht zur Abwendung vom NS-Regime zu bewegen. Arbeitete eng mit dem „Bund deutscher Offiziere" zusammen. Beide versuchten – nach den Erfahrungen von Stalingrad –, Deutschlands Zusammenbruch zu verhindern. Ihre betont nationale Propaganda blieb ohne Erfolg. Beide Organisationen wurden 1945 aufgelöst. Einige Mitglieder kamen später in Schlüsselstellungen in der SBZ, andere wurden in der UdSSR wegen Kriegsverbrechen verurteilt.

**Nationale Volksarmee (NVA)** (438) Bezeichnung der bewaffneten Streitkräfte der DDR seit 1956 (vorher: Kasernierte Volkspolizei, s. dort). „Der militärische Klassenauftrag besteht darin, Schulter an Schulter in fester Waffenbrüderschaft mit der ruhmreichen Sowjetarmee und den anderen sozialistischen Bruderarmeen die sozialistische Ordnung und das friedliche Leben der Bürger der DDR und aller anderen Staaten der sozialistischen Gemeinschaft zuverlässig gegen alle Angriffe der aggressiven Kräfte des Imperialismus und der Reaktion zu schützen ... und den Gegner entscheidend zu schlagen" (Honecker nach: Kleines politisches Wörterbuch, Berlin-Ost 1978, S. 612). Die Politorgane der NVA (Politoffiziere u.a.) sind eng verknüpft mit der SED- und der FDJ-Organisation. Seit 1962 besteht Wehrpflicht. Wehrdienstverweigerer müssen seit 1964 Wehrersatzdienst als Bausoldaten ohne Waffe leisten. Sie unterstehen Berufssoldaten und werden mit Ausnahme der Waffenausbildung als Soldaten behandelt.

**Nato** 235; 259; 265; 267; 269; 276; 300; 301; 309; 311; 313f.; 324; 325; 326; 379; 420; 425; 427; 428; 435) Abkürzung für North Atlantic Treaty Organization (= Nordatlantikpakt). Im April 1949 als mehrseitiges Verteidigungsbündnis gegründet. Gründungsstaaten: Frankreich (1966 Austritt aus dem militärischen Bereich), Großbritannien, die Beneluxländer, die USA, Kanada, Norwegen, Irland, Portugal, Italien und Dänemark; spätere Mitglieder: Griechenland (1952; 1974 Austritt aus dem militärischen Bereich); die Türkei (1952); die Bundesrepublik (1955) und Spanien (1982). Die Nato sollte der – vor dem Hintergrund des verschärften Ost-West-Konflikts (s. Berliner Blockade) – als Bedrohung empfundenen militärischen Präsenz der Sowjetunion in Europa ein Gegengewicht entgegensetzen. Die Nato versteht sich jedoch im Unterschied zu dem – im Mai 1955 – formierten Warschauer Pakt nicht nur als Militärbündnis, sondern sieht darüber hinaus ein ständiges gemeinsames Vorgehen auf politischem, wirtschaftlichem und kulturellem Gebiet vor. Sicherheitspolitisches Ziel ist die gemeinsame Abwehr feindlicher Aggressionen gegen einen oder mehrere Bündnispartner, allerdings entscheidet jede Signatarmacht autonom, ob und mit welchen Mitteln sie ihrer Beistandspflicht nachkommt. Das strategische Konzept der massiven Vergeltung, wonach jeder Angriff auf einen Nato-Staat mit einem atomaren Gegenschlag beantwortet werden sollte, wurde 1967 abgelöst durch die Doktrin der „angemessenen Reaktion", die für eine stufenweise Gegenwehr („flexible response") plädiert. Oberstes politisches Organ der Nato ist der Ständige Rat, in dem alle Mitgliedsländer vertreten sind und der unter Vorsitz des Generalsekretärs auf Botschaftsebene oder als Ministertreffen zu Konsultationen über politische Entscheidungen der Allianz zusammentritt. Oberstes militärisches Organ ist der Militärausschuß, dem die Staatschefs der an der militärischen Struktur beteiligten Länder (für die Bundesrepublik der Generalinspekteur) angehören.

**NDPD (= National-Demokratische Partei Deutschlands)** 216; 387)
Im Juni 1948 von der SMAD (s. Karlshorst) für die SBZ zugelassene, von der SED gesteuerte Mittelstandpartei zur Sammlung ehemaliger Berufssoldaten und kleiner Nationalsozialisten, die nicht den bürgerlichen Parteien überlassen werden sollten. Anfangs nationalistische Töne, später völlig der SED angeglichen. Die Partei mußte sich niemals freien Wahlen stellen.

**Neuer Kurs** (378; 385; 408f.; 410; 411ff.; 416)
Bezeichnung für eine Reformpolitik der SED, die auf sowjetische Initiative hin durch den Beschluß des Politbüros vom 9. Juni 1953 eingeleitet und nach dem Juni-Aufstand einige Zeit fortgesetzt wurde. Nach einer Erklärung des ZK der SED vom 26.7. 1953 war es das Ziel des Neuen Kurses, „in der nächsten Zeit eine ernsthafte Verbesserung der wirtschaftlichen Lage und der politischen Verhältnisse in der DDR zu erreichen". Der nach dem Beschluß zum „Aufbau des Sozialismus" auf der 2. Parteikonferenz der SED im Juli 1952 unerträglich gewordene Druck sollte gemindert werden, um wenigstens ein Minimum an Zustimmung zum Herrschaftssystem der DDR zu erreichen. Die Wirtschaftspläne wurden zugunsten der Leicht- und Konsumgüterindustrie verändert, die verschärften Kampfansagen gegen bürgerliche Schichten zurückgenommen, die Kollektivierung der Landwirtschaft gestoppt. Erhöhte Rechtssicherheit, wahrheitsgemäße Presseberichterstattung und eine Entspannung des Verhältnisses zwischen Kirche und Staat wurden versprochen. 1955 erklärte Ulbricht den Neuen Kurs als fehlerhaft. Die SED machte ihre wirtschafts- und innenpolitischen Korrekturen weitgehend rückgängig.

**Neues Deutschland** (25; 212; 378; 413; 414)
Organ des ZK der SED. Gegründet 1946 in Berlin durch Vereinigung der „Deutschen Volkszeitung" (gegründet 1945 als Organ der KPD) und von „Das Volk" (gegründet 1945 als Organ der SPD).

**Neumann, Franz** (37)
(1904–1974). Schlosserlehre. 1933–1945 illegale Arbeit für die SPD. Wiederholt verhaftet. 1945 Leitung der SPD und stellvertretender Bürgermeister im Berliner Bezirk Reinikkendorf. 1946–1958 Landesvorsitzender der SPD in Berlin.

**New Deal** (4; 494)
(engl., aus dem Kartenspiel übernommen für Neuanfang, neue Politik). Bezeichnung für die Politik, mit der Präsident Franklin D. Roosevelt (s. dort) ab 1933 die Folgen der Weltwirtschaftskrise in den USA zu überwinden suchte. Erstmals Ausdehnung der Staatstätigkeit auf alle Bereiche des wirtschaftlichen und sozialen Lebens (Arbeitsbeschaffungsprogramme, Drosselung der Überproduktion, Sozialgesetzgebung, Förderung der Gewerkschaften, Beschränkung monopolitischer Tendenzen). Innenpolitisch umstritten (s. R. Taft) bewies das Programm in einem Zeitalter der Diktaturen die Funktionsfähigkeit des demokratischen Systems.

**Ney, Hubert** (320)
(1892–1984) Jurist. Seit 1924 anwaltliche Tätigkeit in Saarlouis. Engagierte sich 1935 als Zentrumspolitiker für die Wiedereingliederung des – dem Völkerbund unterstellten – Saargebiets in das Deutsche Reich. 1946 neben Johannes Hoffmann Mitbegründer der Christlichen Volkspartei im Saarland, von deren Separationspolitik sich Ney jedoch bald distanzierte. 1952 gründete er die – bis Juli 1955 illegale – CDU-Saar, deren Vorsitz er von 1952–1957 innehatte. Zusammen mit der DPS und der DSP formierte Ney den „Heimatbund" gegen die Annahme des Saarstatuts. 1955–1960 Landtagsabgeordneter. 1956–1957 Ministerpräsident. 1957–1959 Justizminister. 1959 Austritt aus der CDU.

**Niemöller, Martin** (34; 56; 258)
(1892–1984). 1910 Eintritt in die Kriegsmarine. 1918 U-Boot-Kommandant. Ab 1919 Studium der Theologie. 1931 Pfarrer in Berlin-Dahlem. 1933 nach Angriffen des NS-Regimes auf die Kirche Gründer und Vorsitzender des „Pfarrernotbundes". Mitorganisator der Bekennenden Kirche. Im Februar 1934 aus seinem Pfarramt entlassen, was Niemöller jedoch ignorierte. 1937–1945 als „persönlicher Gefangener" Hitlers in verschiedenen Konzentrationslagern inhaftiert. Leitete 1945–1956 das Kirchliche Außenamt. 1948–1955 Mitglied des Rates der Evangelischen Kirche in Deutschland (EKD). 1947–1964 Kirchenpräsident der Landeskirche von Hessen und Nassau. Niemöller bekämpfte in den frühen 50er Jahren leidenschaftlich aus pazifistischen Motiven die Wiederbewaffnung der Bundesrepublik und trat für eine Verständigung zwischen den Machtblöcken ein.

**Noske, Gustav** (6)
(1868–1946). Ab 1906 Reichstagsabgeordneter der SPD; im November 1918 während der Matrosenrevolte zum Gouverneur von Kiel ernannt; schlug als Leiter des Militärressorts des Rates der Volksbeauftragten bzw. als Reichswehrminister im Frühjahr 1919 in Berlin und in anderen Teilen des Reiches revolutionäre Aufstände nieder, um die Wahlen zur Nationalversammlung und die aus diesen hervorgehende Regierung zu sichern. Von rechts als „Novemberverbrecher", von links

als „Verräter an der Arbeiterklasse" bezeichnet. Mußte nach dem Kapp-Putsch im März 1920 zurücktreten.

**NSDAP (= Nationalsozialistische Deutsche Arbeiterpartei)** (12; 23; 35; 353)
Anfangs einer Splitterpartei mit verschwommenem rechtsextremem Gedankengut, der im September 1919 als Vertrauensmann der Reichswehr der Gefreite A. Hitler beitrat. 1921 wurde Hitler Vorsitzender; die Partei völlig auf ihn ausgerichtet. Nach mißglücktem Putsch (8./9. 11. 1923 in München) verboten, 1925 neu gegründet. Setzte sich im rechtsradikalen und völkischen Bereich als „Sammlungspartei" durch; in der Weltwirtschaftskrise gelang der Einbruch in breite Mittelschichten. Wahlerfolge ab 1930, im Juli 1932 stärkste Fraktion des Reichstages. In der NS-Diktatur allein zugelassene Staatspartei (ab 14. 7. 1933). Übernahme aller entscheidenden Positionen in Staat und Gesellschaft („Gleichschaltung"). Hitler bediente sich der Partei, ihrer Gliederungen und der zahlreichen angeschlossenen Verbände zur Durchsetzung seines totalitären Führungs- und Machtanspruches. Die Partei hörte mit Kriegsende auf zu bestehen. Der Alliierte Kontrollrat erklärte sie für „völlig und endgültig aufgelöst" und „illegal". Im Nürnberger Prozeß (s. Internationaler Militärgerichtshof) wurde ihr „Führerkorps" als „verbrecherische Organisation" bezeichnet.

**Nürnberger Gesetze** (353)
Bezeichnung für die vom nationalsozialistischen Reichstag am 15.9. 1935 aus Anlaß des Reichsparteitages in Nürnberg beschlossenen drei Gesetze: das „Reichsflaggengesetz", das „Reichsbürgergesetz" und das „Gesetz zum Schutze des deutschen Blutes und der deutschen Ehre". Sie bildeten eine einschneidende Etappe in der Judenverfolgung des Dritten Reiches, insofern sie die beabsichtigte völlige Entrechtung des jüdischen Bevölkerungsteils entscheidend vorantrieben.

**Nuschke, Otto** (215; 227)
(1883–1957). In der Weimarer Republik Mitglied der Deutschen Demokratischen Partei. 1945 Mitbegründer, nach der Absetzung Jakob Kaisers (s. dort) Vorsitzender der CDU der SBZ. Gehörte zu den bürgerlichen Politikern, die Vorherrschaft und politische Linie der SED akzeptierten. Ab 1949 stellvertretender Ministerpräsident der DDR.

**Oberländer, Theodor** (333; 353)
(geb. 1905). Studium der Agrarwissenschaften und der Nationalökonomie. 1933 Eintritt in die NSDAP. 1934 Professor für Agrarpolitik in Danzig. 1939 Reichsführer des „Bundes Deutscher Osten". 1940 Professor an der Karls-Universität in Prag. 1941 Kommandeur des Bataillons „Nachtigall" in Lemberg. Nach dem Krieg in diesem Zusammenhang für Massenhinrichtungen verantwortlich gemacht. 1950 Mitbegründer des Gesamtdeutschen Blocks/BHE und Landtagsabgeordneter in Bayern. 1951–1953 bayerischer Staatssekretär für das Flüchtlingswesen. 1953–1955 Bundestagsabgeordneter des GB/BHE. 1954–1955 Parteivorsitzender. 1956 Übertritt zur CDU, für die er 1957–1961 und 1963–1965 dem Bundestag angehörte. 1953–1960 Bundesminister für Vertriebene, Flüchtlinge und Kriegsgeschädigte. Die 1959 erhobenen Anklagen gegen Oberländer wegen dessen NS-Vergangenheit endeten in Ost-Berlin mit einer lebenslänglichen Zuchthausstrafe, in Bonn mit einer Einstellung des Verfahrens. Dennoch mußte ihn Adenauer 1960 als Minister ablösen.

**Oder-Neiße-Linie** (14; 15; 39; 44; 215; 238; 239; 241; 242; 273; 286; 288; 300; 301; 303; 340; 376; 427; 429 f.; 436)
Auf der Potsdamer Konferenz – unter dem Vorbehalt einer friedensvertraglichen Regelung – festgesetzte Trennungslinie zwischen den abgetrennten deutschen Ostgebieten und dem übrigen Deutschland. Von deutscher Seite anfangs einhellig abgelehnt, noch 1946 auch von der SED. Von Byrnes (s. dort) in seiner Stuttgarter Rede in Frage gestellt, daraufhin von Molotow (s. dort) als unveränderlich bezeichnet. Von der DDR 1950 im Görlitzer Vertrag mit Polen als „unantastbare Friedens- und Freundschaftsgrenze" anerkannt. Im Rahmen ihrer Ostpolitik verpflichtete sich die Bundesregierung 1970 im Warschauer Vertrag, diese Grenze als Westgrenze Polens zu achten.

**OEEC (= Organization for European Economic Cooperation)** (s. Marshall-Plan)

**Ökumenischer Rat der Kirchen** (34; 56)
Der Weltrat der Kirchen wurde 1948 unter Beteiligung der EKD in Amsterdam gegründet und hat seinen Sitz in Genf. Ihm gehören 250 Kirchen auf der Basis grundsätzlicher Gleichberechtigung hinsichtlich der gemeinsamen Willensbildung an.

**Österreichischer Staatsvertrag** (236; 379)
Nach langwierigen Verhandlungen (1947–1955) zwischen den österreichischen Regierungen und den vier Siegermächten, die durch die Auswirkungen des Kalten Krieges erschwert wurden, erreichte Österreich in einem „Staatsvertrag" („Vertrag über die Wiederherstellung eines unabhängigen und demokratischen Österreich") vom 15. 5. 1955 gegen die Zusicherung der „immerwährenden Neutralität" den Abzug der Besatzungstruppen und seine staatliche Unabhängigkeit. Die Einlösung dieser beiden Vereinbarungen des Staatsvertrages, der u. a. auch das Verbot des wirtschaftlichen und politischen Anschlusses an Deutschland enthält, erfolgte im Oktober 1955. Das „Österreich-Modell" wurde wiederholt –

unter Ignorierung der unterschiedlichen Dimensionen und der verfestigten Einbindung der Bundesrepublik und der DDR in rivalisierende Systeme – vergeblich als praktikabler Weg zur Lösung der deutschen Frage vorgeschlagen. Die hier vollzogene „reflektierte Absage an nationale Machtpolitik" (K. D. Erdmann) wurde zwar von vielen Deutschen als positive Herausforderung empfunden, jedoch von der politischen Führung in der Bundesrepublik abgelehnt. Darin lag auch ein signifikanter Unterschied zu Österreich, wo sich eine Allparteienregierung aus ÖVP und SPÖ schon 1945 für die Neutralität als Preis für die nationale Einheit ausgesprochen hatte.

**Offene Tür (Open Door)** (157)
Völkerrechtlicher Grundsatz, nach dem allen Staaten und deren Angehörigen Handel und wirtschaftliche Betätigung in einem Gebiet zu gleichen Bedingungen offenstehen. Insbesondere im Kolonialzeitalter meist vertraglich vereinbart. Grundlage des liberalen Welthandels. Steht im Gegensatz zu einer Politik, die Gebiete wirtschaftlich streng nach außen abschließt. Von ihren Gegnern wird eine Politik der Offenen Tür, da sie vor allen wirtschaftlich starken Staaten nutzt, als Teil einer wirtschafsimperialistischen Strategie bezeichnet.

**Ollenhauer, Erich** (69; 235; 309f.; 325)
(1901–1963). Kaufmännische Lehre. 1918 Eintritt in die SPD. 1928–1930 Vorsitzender der Sozialistischen Arbeiterjugend (SAJ). Ab April 1933 Mitglied des Parteivorstands der SPD. Stationen seiner Emigration: 1933 Prag, 1938 Paris, 1941–1946 London. Nach der Rückkehr im Februar 1946 stellvertretender Vorsitzender der SPD in den Westzonen. 1949 Bundestagsabgeordneter und stellvertretender Fraktionsvorsitzender. 1952–1963 Parteivorsitzender und Fraktionschef im Bundestag. In beiden Funktionen konnte er, der mehr ein Mann des Apparats war, trotz unermüdlichen redlichen Einsatzes aus dem Schatten seines brillanten Vorgängers Kurt Schumacher nicht heraustreten.

**Pankow** (310; 323; 324; 325; 426)
Im Zweiten Weltkrieg relativ wenig zerstörter nördlicher Vorort und Verwaltungsbezirk von Ost-Berlin. Sitz einiger Regierungsstellen der SBZ bzw. der DDR, weshalb Pankow lange Zeit – verallgemeinernd und abschätzig – als Synonym für die ostdeutsche Regierung stand.

**Papen, Franz von** (424)
(1879–1969). Ab 1918 Mitglied der Zentrumspartei, doch als Vertreter konservativ-monarchistischer Ansichten ein Außenseiter. 1920–1928 und 1930–1932 Abgeordneter des Preußischen Landtags. Im Juni 1932 Reichskanzler. Rücktritt im Dezember 1932. Im Kabinett Hitlers Vizekanzler und im Zusammenhang des „Röhm-Putsches" unter Hausarrest gestellt. In diplomatischer Mission nach Wien entsandt, wo er den „Anschluß" vorbereitete. 1938–1944 Botschafter in Ankara. Im Nürnberger Prozeß gegen die Hauptkriegsverbrecher wurde Papen freigesprochen.

**Pariser Verträge** (235; 281; 309ff.; 316; 323; 325; 435; 438)
Bezeichnung für ein – auf den Beschlüssen der Londoner Neun-Mächte-Konferenz von Anfang Oktober 1954 beruhendes – Bündel von Abkommen, unter denen die Gründung der Westeuropäischen Union – aus der Sicht der Bundesrepublik – das wichtigste war. Sie bedeutete die Schaffung eines aus den Benelux-Staaten, der Bundesrepublik, Frankreich, Großbritannien und Italien bestehenden Verteidigungssystem, das die gescheiterte Europäische Verteidigungsgemeinschaft (EVG) ersetzte und eine Voraussetzung für den westdeutschen Beitritt zur Nato bildete. Die am 23. Oktober 1954 unterzeichneten Pariser Verträge wurden Ende Februar 1955 vom Bundestag gegen die Stimmen der SPD und trotz einer beachtlichen außerparlamentarischen Opposition ratifiziert. Mit ihrem Inkrafttreten am 5.5. 1955 erlangte die Bundesrepublik ihre Souveränität, die allerdings erheblichen Einschränkungen unterworfen blieb.

**Parlamentarischer Rat** (148; 168; 169; 180; 183; 184; 185ff.; 193ff.; 240; 326; 327; 352)
(1.9. 1948–8.5. 1949). Verfassunggebende Versammlung, die das Grundgesetz der Bundesrepublik Deutschland ausarbeitete. Die Ministerpräsidenten der westdeutschen Länder hatten im Gegensatz zu den Frankfurter Dokumenten (s. dort) die Bezeichnungen „Parlamentarischer Rat" und „Grundgesetz" sowie die Wahl der Mitglieder des Parlamentarischen Rates durch die Länderparlamente durchgesetzt, um den provisorischen Charakter des entstehenden westdeutschen Staates zu betonen. Von den 65 Mitgliedern stellten CDU/CSU und SPD) je 27, FDP 5, DP, KPD und Zentrum je 2. Vorsitzender wurde K. Adenauer (CDU), Vorsitzender des wichtigen Hauptausschusses Carlo Schmid (SPD). Während der Beratungen des Parlamentarischen Rates kam es zu Kontroversen zwischen den Parteien und mit den Alliierten.

**Paul, Rudolf** (102; 103)
(1893–1978). Rechtsstudium. Seit 1920 im thüringischen Justizdienst. Mitglied der Deutschen Demokratischen Partei. 1933 entlassen. Im April 1945 von der amerikanischen Besatzungsmacht als Oberbürgermeister von Gera eingesetzt. Juli 1945 Präsident des Landes Thüringen. April 1946 Beitritt zur SED. September 1947 Flucht in den Westen, nachdem er zuvor gegen die Ausbeutung der SBZ durch die Sowjets protestiert hatte. Tä-

tigkeit als Rechtsanwalt in Frankfurt/M.

**Petersberg** (229)
Im Siebengebirge bei Königswinter gelegene Berggruppe. Das in etwa 300 m Höhe gebaute Hotel Petersberg war von 1946–1951 Sitz der Alliierten Hohen Kommissare.

**Petersberger Abkommen** (229; 230; 242; 243; 244; 272; 347)
Das am 22. 11. 1949 zwischen der Bundesregierung und den westlichen Besatzungsmächten geschlossene und nach dem Hotel Petersberg (s. dort) benannte Abkommen bildete den Auftakt zur Revision des Besatzungsstatuts, indem es u.a. die Aufnahme der Bundesrepublik in die Internationale Ruhrbehörde, den Beitritt zum Europarat und die Etablierung von Handels- und Konsularbeziehungen mit den westlichen Ländern vorsah. Über die Frage, ob das Abkommen ratifizierungsbedürftig sei, kam es zu einer heftigen parlamentarischen Kontroverse, die – auf Antrag der SPD – im Sommer 1953 durch das Bundesverfassungsgericht zugunsten der Regierung entschieden wurde. Das Gericht sah in dem Petersberger Abkommen keinen politischen Vertrag mit ausländischen Staaten, sondern lediglich eine Vereinbarung mit dem Kollektivorgan der Besatzungsmächte, das in Deutschland Herrschaftsgewalt ausübe.

**Pfleiderer, Karl Georg** (273; 281; 300f.)
(1899–1957). Jurastudium. Diplomat und Politiker. Zugehörigkeit zum Auswärtigen Amt von 1923–1945. Nach dem Krieg bis Februar 1947 interniert. Dank der Förderung von Reinhold Maier (s. dort) wurde Pfleiderer im Februar 1948 Landrat in Waiblingen (Württemberg). Dort kandidierte er – obwohl noch nicht Parteimitglied – auf einer Liste der DVP/FDP für den ersten Bundestag und errang ein Mandat. Da er erst 1950 der FDP beitrat, war er zunächst lediglich Hospitant der FDP-Fraktion, in der er ein Außenseiter blieb. Seine außenpolitischen Vorschläge vom Sommer 1952 (Waiblinger Rede) wurden nicht einmal in der Fraktion diskutiert, obwohl es dort durchaus einige Vorbehalte gegen die Westverträge Adenauers gab. Mit „Nein“ stimmte jedoch am Ende aus den Reihen der FDP nur Pfleiderer. 1955–1957 Botschafter in Belgrad.

**PG** (25; 328; 353)
Angehöriger (Parteigenosse) der NSDAP.

**Philip, André** (250)
(1902–1970). Seit 1920 Mitglied der Sozialistischen Partei. 1926 Professor für Politische Ökonomie in Lyon. Ab 1936 Abgeordneter in der Nationalversammlung. Enger Mitarbeiter Léon Blums. Bei Beginn des Zweiten Weltkrieges Verbindungsmann zwischen dem französischen Hauptquartier und dem britischen Expeditionskorps in Frankreich. Nach der Niederlage Anschluß an die Widerstandsbewegung. Wegen drohender Verhaftung Flucht zu de Gaulle nach London, dort Kommissar für Inneres und Arbeit im Nationalkomitee. Ab September 1944 Minister im Finanz- und Wirtschaftsressort. 1945 Gründer der Zeitung „Cité Soir“. Ab 1947 Leiter der französischen Europabewegung und Generaldelegierter im Europarat in Straßburg.

**Pieck, Wilhelm** (7; 8; 20; 42; 68; 76; 77; 123; 215; 216; 227; 375; 377; 404; 406; 410; 427; 428)
(1876–1960). Ab 1895 Mitglied der SPD, im Ersten Weltkrieg Mitglied der Gruppe Spartakus. 1919 Mitbegründer der KPD. In der Weimarer Republik viele Jahre Mitglied des Preußischen Landtages bzw. des Reichstages. Ab 1928 Mitglied des Exekutivkomitees der Komintern. Ab 1933 Exil in Frankreich und in der UdSSR. 1935 Vorsitzender der (Exil-)KPD. 1943 Mitbegründer des Nationalkomitees Freies Deutschland (s. dort). 1945 Vorsitzender in der KPD in der SBZ 1946–1954 zusammen mit Otto Grotewohl Vorsitzender der SED. 1949 bis zu seinem Tode Staatspräsident der DDR.

**Pinay, Antoine** (236)
(geb. 1891). Fabrikant. 1929 Bürgermeister von Saint Chamond. 1936–1944 Abgeordneter. 1941 Mitglied des Nationalrats unter Pétain. Da er während der deutschen Besatzung in seinen Ämtern verblieben war, gehörte Pinay nach der Befreiung zunächst zu den „Unwählbaren“. 1946–1958 Abgeordneter in der französischen Nationalversammlung für die Unabhängigen Republikaner. 1948–1950 Staatssekretär für Wirtschaftsfragen. 1952 Ministerpräsident und Finanzminister. Rücktritt wegen des Widerstandes gegen sein Programm einer Steuerreform. 1955–1956 Außenminister. 1958–1959 Finanzminister und dann bis 1960 Wirtschaftsminister. Einführung des Nouveau Franc.

**Pius XII. (Eugenio Pacelli)** (253)
(1876–1958). Ab März 1939 Papst. 1917–1929 Nuntius in Deutschland (München und Berlin). 1930 Kardinalstaatssekretär von Papst Pius XI. Maßgeblich am Abschluß des Konkordats mit dem Deutschen Reich beteiligt (Juni 1933). Als Papst war Pius XII. im Zweiten Weltkrieg um politische Neutralität und Wahrung von Chancen zur Friedensvermittlung bemüht. Seine Mahnungen an die Adresse des nationalsozialistischen Deutschland wegen der Judenverfolgung hielt er „ad maiora mala vitanda“ („um größere Übel zu vermeiden“), wie er im Oktober 1943 an den Berliner Bischof von Preysing schrieb, in allgemeinen Wendungen. Im Krieg und in der Nachkriegszeit leitete er Hilfsmaßnahmen für Kriegsgefangene und Flüchtlinge. Eindeutige Stellungnahmen gegen den Kommunismus nach 1945, die in der Exkommunikation der Mitglieder der Kommunistischen

Partei (Dekret vom 1.7. 1949) gipfelten. Die Kirchenregierung führte Pius XII. streng zentralistisch und autoritär. Die Marienverehrung förderte er durch das Dogma der Himmelfahrt Marias (1950). Nach seinem Tod wurde Pius XII. vorgeworfen, sich zu bereitwillig mit den faschistischen Systemen arrangiert und vor allem zu den Judenverfolgungen des Nationalsozialismus geschwiegen zu haben. Breitenwirkung erreichte diese Anklage vor allem durch das Theaterstück „Der Stellvertreter. Ein christliches Trauerspiel" (1963) von Rolf Hochhuth.

**Pleven, René** (231)
(geb. (1901). Jurist. Schloß sich im Juli 1940 de Gaulle an, mit dem er nach London emigrierte. Mitglied im Komitee der Nationalen Befreiung. Im August 1944 Rückkehr. 1944–1946 Minister in verschiedenen Ressorts. 1949–1950 Verteidigungsminister. Im Oktober 1950 Vorlage des sog. Pleven-Plans, der die Aufstellung einer gemeinsamen europäischen Armee – mit Eingliederung westdeutscher Kontingente – vorsah. 1945–1973 Abgeordneter der französischen Nationalversammlung (Demokratisches Zentrum). 1950–1952 Ministerpräsident. 1952–1954 Verteidigungsminister. 1958 letzter Außenminister der Vierten Republik.

**Poilu (franz. = behaart)** (251)
Seit dem Ersten Weltkrieg Spitzname für den französischen Soldaten.

**Politik der Stärke** (237; 258; 265; 270; 272; 280; 291; 292)
Ein spezifischer Begriff des Kalten Krieges, häufig von Bundeskanzler Adenauer zur Kennzeichnung der – in Anlehnung an die amerikanischen Außenminister Acheson und Dulles verfolgten – Außenpolitik der Bundesrepublik gebraucht. Ihr Kerngedanke war, der Bundesrepublik durch die politische, militärische und wirtschaftliche Integration in die westliche Gemeinschaft eine überlegene Position gegenüber dem Osten zu sichern. Ihre Zielsetzung war ambivalent. Tatsächlich angestrebt und auch erreicht wurde das defensive Ziel, die Ausdehnung des Kommunismus nach Westeuropa zu verhindern (Politik des containment, s. dort) und Westdeutschland zu einem souveränen und unwiderruflich zum Westen gehörenden Staat werden zu lassen. Um sich die innenpolitische Zustimmung für diese, dem Selbstverständnis der Bundesrepublik als Provisorium widerstreitende Politik zu verschaffen, stellte Adenauer die Politik der Stärke jedoch als ein offensives Konzept dar: Sie gewährleiste den kürzesten und sichersten Weg zur Wiedervereinigung, da „Einigkeit und Geschlossenheit des Westens und eine fanatische Liebe zur Freiheit schließlich Sowjetrußland dazu bringen" würden, „von seinen expansiven Plänen Abstand zu nehmen und andere Leute [d. h. das sowjetisch besetzte Osteuropa] so in Frieden lassen, wie die anderen Leute Sowjetrußland in Frieden" ließen. Nur aus einer Position der Stärke wären erfolgversprechende Verhandlungen mit der Sowjetunion über eine Neuordnung Europas möglich. Die Anhänger der Politik der Stärke, die Gewalt als Mittel zur Erreichung ihrer Ziele ausschlossen, griffen partiell auf die sog. Magnet-Theorie (s. dort) zurück. Militärisch wurde die Politik der Stärke durch die Nato-Strategie (s. dort) der „massiven Vergeltung" gestützt. Obwohl die offensive Komponente dieses Konzepts spätestens 1955 mit der Gründung des Warschauer Pakts (s. dort) offenkundig überholt war, wurde an ihr als einem rhetorischen Alibi, als „einem öffentlichen Glaubenssatz zur Befriedigung potenter gesellschaftlicher Organisationen" (F. R. Pfetsch) festgehalten. Offiziell wurde sie mit der Bildung der Großen Koalition (Dezember 1966) und endgültig durch die sozial-liberale Koalition (ab September 1969) zugunsten einer neuen Ost- und Friedenspolitik aufgegeben: Ausgleich mit der UdSSR und Osteuropa (Ostverträge, KSZE) und Normalisierung der Beziehungen mit der DDR (Grundvertrag).

**Potsdamer Abkommen** (2; 3; 4; 5; 11ff.; 15; 16f.; 19; 29; 30; 31; 33; 35; 36; 37; 42; 43; 59; 118; 131; 145; 171; 173; 225; 226; 236; 239; 273; 280; 286; 287; 298; 303; 312; 314; 315; 322; 328; 421; 428; 429; 433; 438)
Landläufige Bezeichnung für das von Stalin, Truman und Attlee unterzeichnete Abschlußkommuniqué der Potsdamer Konferenz vom 17.7.–2.8. 1945, der letzten Gipfelkonferenz der drei Großmächte der Anti-Hitler-Koalition über Deutschland. Die provisorische französische Regierung abkzeptierte am 4.8. 1945 im wesentlichen die in Potsdam getroffenen Vereinbarungen, die – unter teilweiser Betonung ihrer Vorläufigkeit – die Frage der Grenzen, der Reparationen, der Etablierung einer demokratischen Ordnung und der wirtschaftlichen Reorganisation betrafen.

**Prager Frühling** (417)
Bezeichnung für die Reformbewegung in der ČSSR in der ersten Hälfte des Jahres 1968, die auf einen „Sozialismus mit menschlichem Antlitz" gerichtet war. Das unter Parteichef Alexander Dubcek (5.1. 1968 bis 17.4. 1969) und Staatspräsident Ludvik Swoboda eingeleitete Programm sollte durch politische und wirtschaftliche Reformen demokratische Elemente wie Rechtssicherheit, Meinungsfreiheit und Freizügigkeit mit verbesserter wirtschaftlicher Effektivität verbinden, wobei sozialistische Gesellschaftsform und führende Rolle der Partei unangetastet bleiben sollten. Der „Prager Frühling" wurde durch den Einmarsch von Truppen des Warschauer Paktes unter Führung der UdSSR am 21.8. 1968 beendet. Anfänglicher

passiver Widerstand blieb wirkungslos. Die Reformpolitiker und ihre Anhänger wurden aus ihren Ämtern und Berufen gedrängt.

**Provisorische Volkskammer** (223; 225)
(7.10.1949–15.10.1950). Der auf dem 3. „Deutschen Volkskongreß" (s. dort) „gewählte" 2. „Deutsche Volksrat" konstituierte sich am 7.10.1949 zur Provisorischen Volkskammer. Ihr gehörten 330 Mitglieder an – SED 90, je 45 CDU und LDP, je 15 DBD und NDP, 30 FDGB, der Rest entfiel auf andere von der SED abhängige „gesellschaftliche Organisationen" und „Einzelpersönlichkeiten" –, die sämtlich im Rahmen einer „Einheitsliste" bestimmt wurden.

**Rapallo-Komplex** (236)
Nach dem Ersten Weltkrieg einigten sich die beiden Verliererstaaten, das Deutsche Reich und Sowjetrußland, während einer Weltwirtschaftskonferenz in Genua am 16.4.1922 in Rapallo auf einen „aus wirtschaftlichen und politischen Bedürfnissen herausgewachsenen Normalisierungs- und Liquidationsvertrag" (Th. Schieder). Die Westmächte sahen in dem Rapallo-Vertrag, mit dem die beiden geächteten Länder vor allem aus ihrer außenpolitischen Isolierung herauszutreten suchten, eine illoyale und verschwörerische Aktion. Nach dem Zweiten Weltkrieg wurde wiederholt im Westen die traumatische Erinnerung an den Vertrag von Rapollo, d. h. ein Arrangement Deutschlands und Sowjetrußlands auf Kosten der Westmächte, beschworen. Nicht zuletzt aus diesem Rapollo-Komplex heraus hat Adenauer Wert darauf gelegt, den Eindruck einer Schaukelpolitik zwischen West und Ost zu vermeiden und die Option für den Westen von jedem Zweifel freizuhalten.

**Rat für Gegenseitige Wirtschaftshilfe (RGW)** 399; 432; 437)
Im Januar 1949 von der UdSSR mit Bulgarien, Ungarn, Polen, Rumänien und der ČSR gegründete internationale Wirtschaftsorganisation; noch 1949 wurde Albanien aufgenommen (Mitgliedschaft ruht seit 1961), 1950 die DDR. Jugoslawien wurde 1956 zu Ratstagungen zugelassen. Offensichtlich geschaffen, um den von der UdSSR abhängigen Ländern ein Äquivalent für die verbotene Teilnahme an westlichen Wirtschaftsorganisationen (OEEC, Marshall-Plan) zu geben, gewann der RGW nur sehr langsam an Bedeutung. In den 50er Jahren gab es keine ständigen Organisationen, sondern nur unregelmäßige Ratstagungen. Die Versuche, den Wirtschaftsaustausch zwischen den Mitgliedsländern zu beleben, scheiterten an dem jeweils nur auf ein Land ausgerichteten System der Zentralverwaltungswirtschaft. Im wesentlichen blieb es bei Handelsabkommen zwischen einzelnen Ländern. Die Probleme, wie die nationalen Pläne miteinander verknüpft und wie eine internationale Zusammenarbeit und Arbeitsteilung der Mitgliedsländer erreicht werden können, sind bis heute nicht gelöst. Hauptgründe sind das jeweilige zentrale staatliche Planungs- und Außenhandelsmonopol, die in jedem Land nach anderen Kriterien festgelegten Preise und die nicht konvertierbaren Währungen.

**Rau, Heinrich** (211; 381; 387; 414)
(1899–1961). Schlosserlehre. 1916 Mitglied des Spartakus, 1918 der KPD), 1928–1933 Landtagsabgeordneter in Preußen. 1933–1935 inhaftiert, dann Emigration. Teilnahme am Spanischen Bürgerkrieg. Anschließend bis 1945 in KZ-Haft. 1948/49 Vorsitzender der DKW in der SBZ. Seit 1949 im Parteivorstand bzw. ZK der SED. Nach 1950 Minister in verschiedenen Ressorts.

**Reichsnährstand** (48)
Bezeichnung für die wirtschaftsständische Organisation des Nationalsozialismus, die alle in der Landwirtschaft tätigen Arbeitnehmer und Selbständigen umfaßte. Der Reichsnährstand mit über 16 Millionen Mitgliedern unter dem Reichsbauernführer Darré war zuständig für Produktion (im Zusammenhang mit dem Autarkiekonzept), für Marktordnung (Fixierung von Festpreisen) und für Ideologie (propagandistische Beeinflussung des Bauernstandes „Ehrentage des deutschen Bauerntums").

**Reimann, Max** (34)
(1898–1977). Werftarbeiter, dann Bergmann. 1919 Gründungsmitglied der KPD, 1920–1928 Bergarbeiter im Ruhrgebiet und KPD-Funktionär. 1932 Sekretär des Bergarbeiterverbandes im Ruhrgebiet. 1934 Emigration. 1936–1939 Mitglied des Auslandsbüros des ZK der KPD. 1939 Verhaftung (bis 1942 Zuchthaus Dortmund, bis 1945 KZ Sachsenhausen). 1945 beteiligt am Aufbau der KPD in Brandenburg. 1946 Vorsitzender der KPD Ruhrgebiet-West. 1947 Vorsitzender des Landesverbandes Nordrhein-Westfalen und der KPD der britischen Zone; 1948 in den Westzonen. 1948–1949 Mitglied des Parlamentarischen Rates.

**Renner, Heinz** (192f.)
(1892–1964). Journalist. Mitglied der KPD seit ihrer Gründung; seit 1923 Stadtverordneter in Essen. 1935 Emigration nach Frankreich, Haft in französischen und deutschen KZ-Lagern. 1946 Oberbürgermeister in Essen. 1946–1948 Minister in Nordrhein-Westfalen. Mitglied des Parlamentarischen Rates und des Bundestages (bis 1953) für die KPD.

**Reuter, Ernst** (40; 169; 180f.; 182; 184; 243)
(1889–1953). Sprachenstudium in Marburg und München. Seit 1912 Mitglied der SPD. 1916 schwerverwundet in russische Kriegsgefangenschaft geraten. Nach der Oktoberrevolution Vorsitzender eines Kriegsgefangenenkomi-

tees. Von Lenin 1918 zum Volkskommissar in der Wolgadeutschen Republik ernannt. Mit Kriegsende Rückkehr nach Deutschland. 1919 Aufbau der Berliner KPD-Organisation. 1921 Generalsekretär der KPD. Nach politischen Differenzen mit der Komintern im Januar 1922 Ausschluß aus der KPD und Rückkehr zur SPD. Redakteur des „Vorwärts". 1926–1931 Verkehrsdezernent im Magistrat von Berlin. 1931–1933 Oberbürgermeister von Magdeburg. 1932–1933 Reichstagsabgeordneter. Nach wiederholter Verhaftung emigrierte Reuter 1935 nach England, dann in die Türkei. 1935–1940 Berater des türkischen Wirtschaftsministeriums. 1940–1946 Professor für Kommunalwissenschaft in Ankara. 1946 Rückkehr nach Berlin. Erneut Verkehrsdezernent. Juni 1947 Wahl zum Oberbürgermeister. Das sowjetische Veto verhinderte bis zur endgültigen Spaltung Berlins im Jahre 1948 den Amtsantritt Reuters. In der Zeit der Blockade (Juni 1948 bis Mai 1949) stärkte Reuter den Widerstandswillen der Bevölkerung und wurde (1950–1953 Regierender Bürgermeister) zum Repräsentanten der Freiheit West-Berlins in der Weltöffentlichkeit. Reuter vertrat innerhalb der SPD prononciert eine prowestliche Bündnispolitik.

**Reynaud, Paul** (250)
(1878–1966). Jurist. 1928–1940 als Mitglied der Demokratischen Allianz Abgeordneter in der französischen Nationalversammlung. 1930 Finanzminister. 1931–1932 Kolonialminister. 1932 und 1938 Justizminister; 1938–1940 Finanzminister. Widersetzte sich der Appeasement-Politik Daladiers. 1940 Ministerpräsident und Verteidigungsminister. Rücktritt angesichts des deutschen Vormarsches. Anschließend Verhaftung durch die Vichy-Regierung: 1942 Auslieferung an Deutschland, dort inhaftiert. 1945 Befreiung und Rückkehr. 1946–1962 Abgeordneter für die Unabhängigen Republikaner. 1949–1954 Vorsitzender des Wirtschafts- und Finanzausschusses des Europarates. 1952 Präsident der Organisationskommission der Montanunion. 1953–1954 stellvertretender Ministerpräsident. Engagement für die deutsch-französische Verständigung und die europäische Integration. 1958 Vorsitzender des beratenden Komitees, das die Verfassung der Fünften Republik ausarbeitete. 1962 vergeblicher Kampf gegen die Verfassungsänderung de Gaulles zur Direktwahl des Staatspräsidenten.

**Rhöndorfer Konferenz** (327)
Auf dem Wege der Regierungsbildung nach der ersten Bundestagswahl (14.8. 1949) spielte eine Zusammenkunft führender CDU-Politiker am 21.8. 1949 im Hause von Konrad Adenauer, damals CDU-Vorsitzender in der britischen Zone, eine entscheidende Rolle. In dieser „Rhöndorfer Konferenz", der jede parteioffizielle Legitimation fehlte, wurden die Koalition mit der FDP vereinbart und die Kandidaturen von Adenauer als Bundeskanzler und Heuss als Bundespräsident abgesprochen.

**Robertson, Sir Brian Hubert** (177; 178; 179; 197; 200; 298)
(1896–1974). 1946–1947 stellvertretender britischer Militärgouverneur. 1947–1949 Chef der britischen Militärverwaltung in Deutschland, 1949–1950 britischer Hoher Kommissar für Deutschland. 1950–1953 Oberbefehlshaber der britischen Streitkräfte im Nahen Osten.

**Röpke, Wilhelm** (332)
(1899–1966). Volkswirtschaftler. Professor für Nationalökonomie in Marburg (1929–1933). 1933 aus politischen Gründen amtsenthoben. Emigration in die Türkei, wo Röpke in Istanbul bis 1937 einen Lehrauftrag wahrnahm. Dann Überwechseln in die Schweiz und Übernahme einer Professur an der Universität Genf (bis 1966). Röpke war ein profilierter Vertreter des Neoliberalismus und der Sozialen Marktwirtschaft.

**roll back** (377)
(engl. Zurückdrängen). Politisches Konzept des späteren US-Außenministers John Foster Dulles (im Amt 1953–1959), der im Präsidentschaftswahlkampf 1952 der Politik des containment (s. dort) unter Truman eine unmoralische und unamerikanische Passivität vorwarf. Eine republikanische Regierung unter Eisenhower (s. dort) werde die Eindämmung durch Befreiung ersetzen und den Kommunismus „zurückrollen". Mit friedlichen Mitteln, durch einen moralischen und nicht durch einen militärischen „Kreuzzug", sollten die Völker Osteuropas und Chinas von der kommunistischen Diktatur befreit werden. Dabei würde ständiger politischer und moralischer Druck des Westens den inneren Zerfall des Kommunismus beschleunigen; aktive Hilfe des Westens würde nicht nötig sein. Das Konzept weckte insbesondere nach Stalins Tod in Osteuropa Hoffnungen auf amerikanische Hilfe. Die Ereignisse in der DDR 1953 und in Ungarn 1956 zeigten jedoch, daß die UdSSR ihren Einflußbereich nötigenfalls mit militärischen Mitteln sicherte und das Konzept von Dulles, an dem er als langfristige Aufgabe festhielt, nicht den machtpolitischen Realitäten entsprach.

**Roosevelt, Franklin Delano** (1; 2; 4; 157; 158)
(1882–1945). Ab 1912 demokratisches Mitglied des Senats der USA. 1921 Kinderlähmung. 1928 Gouverneur von New York. Ab 1933 32. Präsident der USA, dreimal wiedergewählt. Führte innenpolitisch die New-Deal-Politik (s. dort) durch. Außenpolitisch 1933 Anerkennung der UdSSR, seit 1937/38 von der Notwendigkeit der Verteidigung der Demokratie gegen das imperialistische Vorgehen der Diktaturen in Deutsch-

land, Italien und Japan überzeugt. Gegen den Widerstand des Kongresses und der öffentlichen Meinung der USA dehnte er ab 1939 die Unterstützung Großbritanniens über die Grenzen der formell proklamierten Neutralität aus. Betrieb auch gegenüber Japan eine aktive Eindämmungspolitik. Nach dem japanischen Überfall auf Pearl Harbour und der deutschen Kriegserklärung einer der Führer der Anti-Hitler-Koalition. Suchte das Kriegsbündnis als Kern einer neuen Weltordnung für die Nachkriegszeit zu institutionalisieren und hatte wesentlichen Anteil an der Gründung der UN. Sein Verhalten gegenüber Stalin auf den Kriegskonferenzen wurde als zu entgegenkommend kritisiert (s. Teheran-Konferenz).

**Rote Armee** (7; 8; 27; 162; 163; 257)
Eigentlich: Rote Arbeiter- und Bauern-Armee. Bis 1946 offizielle Bezeichnung für die Streitkräfte der UdSSR; dann: Sowjetarmee. Schöpfer und erster Befehlshaber der Roten Armee war 1918 L.D. Trotzki (s. dort).

**Rütli-Schwur** (251)
Seit Ende des 15. Jh. nachweisbare Bezeichnung für das angeblich auf dem Rütli, einer Bergwiese über dem linken Ufer des Urner Sees im Kanton Uri, im August 1291 beschworene „ewige Bündnis" der Schweizer Urkantone Uri, Schwyz und Unterwalden. Der Rütli-Schwur gilt als Geburtsakt der Schweizer Eidgenossenschaft.

**Ruhrbehörde** (175; 229; 230; 232; 242; 243; 340)
Die Verwaltung des Ruhrreviers, des wichtigsten deutschen Industriegebiets zwischen Ruhr und Lippe, Hamm und Duisburg, war eine umstrittene Frage zwischen den Siegermächten nach Beendigung des Zweiten Weltkriegs. Nachdem Frankreich 1947 mit seiner Forderung nach Internationalisierung des Ruhrgebietes nicht durchgedrungen war, bestand es auf der Behandlung der Frage durch die Londoner Sechs-Mächte-Konferenz (Februar–Juni 1948). Die dort getroffene Vereinbarung, die im Blick auf den heraufziehenden Ost-West-Konflikt den Ausschluß der Sowjetunion und die Verweigerung einer Viermächte-Kontrolle intendierte, führte zum Abschluß des Ruhrstatuts (28.4. 1949), das die Errichtung einer internationalen Kontrollbehörde vorsah und die Nutzung des wirtschaftlichen Potentials des Ruhrgebiets für den Wiederaufbau Westeuropas sicherstellen sollte. Der Beitritt der Bundesrepublik zur Ruhrbehörde sollte nach ihrer – absehbaren – Konstituierung erfolgen, was im – parlamentarisch umstrittenen – Petersberger Abkommen vom 22.11. 1949 geschah. Das Ruhrstatut wurde im Juli 1952 durch die Europäische Gemeinschaft für Kohle und Stahl (s. Montanunion) abgelöst.

**Ruhrfrage** (2; 3; 30; 43; 167; 171; 173)
Das Ruhrgebiet ist der größte industrielle Ballungsraum Kontinental-Europas und war – neben Oberschlesien – das Herzstück der Kohle- und Stahlindustrie des Deutschen Reiches. Die Frage nach der Zukunft dieses Gebietes hatte bestimmenden Einfluß auf die Nachkriegspolitik. Morgenthau (s. dort) plante die Zerstörung der Industrie des Ruhrgebietes, Frankreich forderte die Trennung von Deutschland und die Internationalisierung, die UdSSR wünschte Beteiligung an der Kontrolle und Reparationslieferungen. Um das wirtschaftliche Potential des Ruhrgebietes für den Wiederaufbau Europas nutzen zu können und um gleichzeitig den Aufbau eines lebensfähigen westdeutschen Staates zu ermöglichen, wurde auf der Londoner Sechs-Mächte-Konferenz im Frühjahr 1948 schließlich ein Ruhrstatut beschlossen. Das Gebiet blieb bei Deutschland, wurde aber einer internationalen Ruhrbehörde unterstellt, die weitgehende Verfügungsgewalt über die Produktion und deren Verteilung besaß. Die Ansprüche der UdSSR wurden abgewiesen. 1952 wurde die Ruhrbehörde durch die Europäische Gemeinschaft für Kohle und Stahl abgelöst, die später Teil der EG wurde.

**Saarland** (39; 40; 230; 235; 236; 239; 241; 316 ff.)
Das Saargebiet entstand als politische Einheit durch das Saarstatut des Versailler Vertrags. Frankreich erhielt als Reparation das Eigentumsrecht an den Saargruben für 15 Jahre. Die Bevölkerung wurde einer Regierungskommission des Völkerbundes unterstellt, eine Volksabstimmung sollte 1935 über die endgültige Staatszugehörigkeit entscheiden. Sie wurde am 13.1.1935 unter internationaler Überwachung durchgeführt und ergab mit über 90% Zustimmung ein eindeutiges Bekenntnis für die Vereinigung mit dem Deutschen Reich, die am 1.3.1935 vollzogen wurde. Nach dem Zweiten Weltkrieg gehörte das Saargebiet ursprünglich zur französischen Besatzungszone und wurde 1946 auf Kosten von Rheinland-Pfalz territorial erweitert. Zugleich gliederte Frankreich das Gebiet aus seiner Besatzungszone und damit aus der Kompetenz des Alliierten Kontrollrats aus. 1947 wurde das Saargebiet dem französischen Zoll- und Währungssystem angeschlossen, nachdem es vorübergehend eine eigene „Saarmark" besessen hatte. Die – ohne Referendum angenommene – Verfassung vom 15.12. 1947 bekannte sich in ihrer Präambel zum wirtschaftlichen Anschluß an Frankreich und zur politischen Trennung von Deutschland. Die frankophile Regierung unter Johannes Hoffmann (CVP) versuchte diese Ziele vertraglich mit Frankreich abzusichern und durch den Beitritt des Saarlandes als assoziiertes Mittel des Europarats (Mai 1950) zusätzlich zu gewährleisten. Doch nicht nur in der Bundesrepublik, son-

dern auch im Saarland regte sich Widerstand gegen die Autonomie-Politik Hoffmanns (s. DPS), so daß das Saarproblem zu einer das deutsch-französische Verhältnis belastenden Streitfrage wurde. In den Vereinbarungen zwischen Adenauer und Mendès-France im Rahmen der Pariser Verträge vom Oktober 1954 (s. dort) wurde eine Europäisierung der Saar angestrebt, doch lehnten zwei Drittel der Saarbevölkerung diese Lösung (Saarstatut) in einem Referendum am 23. 10. 1955 ab. Die Regierung Hoffmann trat daraufhin zurück. Die ersten freien Landtagswahlen erbrachten im Dezember 1955 eine sich mit diesem Mehrheitsvotum identifizierende Regierungskoalition aus den Parteien des sog. Heimatbundes (CDU, DPS und DSP), die sich in die nun fortzuführenden deutsch-französischen Verhandlungen einschaltete. Durch den Vertrag von Luxemburg vom 27. 10. 1956 wurde das Saarland zum 1. 1. 1957 politisch ein Bestandteil der Bundesrepublik. Die wirtschaftliche Eingliederung erfolgte zwei Jahre später.

**SAG (= Sowjetische Aktiengesellschaft)** (6; 27; 28; 35; 124; 378; 380)
Gemäß SMAD-Befehl Nr. 167 vom 5. 6. 1946 wurden in der SBZ 25 Großunternehmen mit über 200 Einzelbetrieben in sog. Sowjetische Aktiengesellschaften überführt, d. h. zum „Eigentum der UdSSR aufgrund der Reparationsansprüche" erklärt. Dazu gehörten vor allem Betriebe des Uranbergbaus im Erzgebirge, im Vogtland und in Thüringen, auch Braunkohlebenzinwerke, Kalibergwerke und Werke der Stahl- und Elektroindustrie. Durch den Befehl Nr. 64 vom 17. 4. 1948 sollten sie zu „Volkseigenen Betrieben" gemacht und damit in verstaatlichter Form wieder in deutschen Besitz übergeleitet werden. In Wirklichkeit war die „Rückgabe", die Ende 1953 erfolgte, ein Rückkauf, für den die DDR wahrscheinlich mehr als 2,5 Milliarden Mark hat aufbringen müssen.

**SAP (= Sozialistische Arbeiter-Partei)** (69; 412)
Im Oktober 1931 von Mitgliedern des linken Flügels der SPD gebildet, die den „Tolerierungskurs" der Partei gegenüber der Präsidialregierung Brüning (s. dort) nicht mehr mittragen wollten und sich abspalteten. Starke Position vor allem in Sachsen. Die SAP zog andere linke Splittergruppen an, darunter auch die KPO (s. Brandler). Die „SAP-Gründung war der letzte Versuch in der Weimarer Republik, alle Kräfte innerhalb der Arbeiterbewegung zu sammeln, welche sowohl die SPD als auch die KPD ablehnten. Der Linksradikalismus der KPD und der Reformismus der SPD wurden von der SAP gleichermaßen bekämpft und die Entartung der KPD deutlich herausgestellt" (H. Weber). Der junge Willy Brandt war Mitglied der SAP. Die SAP wurde von der KPD erbittert bekämpft.

**Scharnagl, Karl** (86 f.)
(1881–1963). Ursprünglich Bäckermeister. 1925–1933 Oberbürgermeister von München. 1933 entlassen. Im Dritten Reich verfolgt und wiederholt verhaftet (u. a. im KZ Dachau). Mai 1945 wieder in das Oberbürgermeisteramt eingesetzt (bis 1948). Mitbegründer der CSU und Bruder des Münchener Weihbischofs Anton Scharnagl.

**Schiffer, Eugen** (68)
(1860–1954). Jurist. Als Abgeordneter für die Nationalliberalen von 1903–1918 im Preußischen Abgeordnetenhaus und von 1912–1917 im Reichstag. 1919 Mitglied der Weimarer Nationalversammlung und des Reichstags 1920–1924 für die Deutsche Demokratische Partei. 1919–1920 Reichsfinanzminister und 1921 Reichsjustizminister. 1945 Mitbegründer der LDP. 1945–1948 Leiter der Zentralen Justizverwaltung in der SBZ; dann Übersiedlung nach West-Berlin.

**Schlange-Schöningen, Hans** (48; 49)
(1886–1960). Großgrundbesitzer. Für die Deutschnationale Volkspartei (DNVP) von 1921–1928 Abgeordneter im Preußischen Landtag und von 1924–1932 im Reichstag. Doch 1930 Austritt aus der DNVP aus Protest gegen die Politik Hugenbergs. 1931–1932 Reichsminister ohne Geschäftsbereich und Reichskommissar für die Osthilfe. Im Dritten Reich ohne politische Funktion. 1945 Mitbegründer der CDU in den Westzonen; 1946 Leiter des deutschen Zentralamtes für Ernährung und Landwirtschaft in der britischen Zone; 1947–1949 Direktor der Verwaltung für Ernährung, Landwirtschaft und Forsten im Vereinigten Wirtschaftsgebiet (Bizone).

**Schmid, Carlo** (169; 170; 180; 184; 185 ff.; 191 f.; 193; 236; 237; 238; 265; 268 ff.; 280; 291 ff.; 308; 316; 317 f.; 379)
(1896–1979). Jurist und Politikwissenschaftler. Als Sohn eines deutschen Privatgelehrten und einer Französin in Perpignan (Südfrankreich) geboren. 1908 Übersiedlung der Familie nach Stuttgart. Besaß bis 1914 die französische und die deutsche Staatsangehörigkeit. Rückte im August 1914 als deutscher Kriegsfreiwilliger ein. Ab 1919 juristisches Studium. Ab 1925 Amtsrichter in Tübingen. 1929 Habilitation für Völkerrechte und Internationales Privatrecht. Aus politischen Gründen im Dritten Reich an einer akademischen Karriere gehindert. 1940–1945 Kriegsverwaltungsrat bei der Oberfeldkommandantur in Lille. Juni 1945 Professur für Öffentliches Recht und Völkerrecht in Tübingen (bis 1953); danach (bis 1970) für Politische Wissenschaften in Frankfurt/M. Juli 1945 Beitritt zur SPD. Februar 1946 Landesvorsitzender in Württemberg-Hohenzollern (bis 1952). Ab Herbst 1945 leitende Verwaltungspositionen in den

neukonstituierten Ländern Württemberg-Baden (Zentrum: Stuttgart), das zur amerikanischen Zone, und Württemberg-Hohenzollern (Zentrum: Tübingen), das zur französischen Zone gehörte. In einer „einzigartigen Doppelstellung" (Th. Stammen) fungierte Schmid als Staatsrat in der von Reinhold Maier (s. dort) geführten Regierung in Stuttgart, während er in Tübingen als Präsident der Provisorischen Regierung amtierte. In den von ihm konzipierten Verfassungsentwürfen für beide Landesteile entwickelte er Grundpositionen, die er später im Parlamentarischen Rat verfechten sollte (Juristische Verbindlichkeit der Grundrechte, konstruktives Mißtrauensvotum). 1947–1950 Stellverstretender Staatspräsident und Justizminister in Württemberg-Hohenzollern. Teilnahme an den Ministerpräsidenten-Konferenzen im Sommer 1948, wo er vergeblich gegen eine vorschnelle Weststaat-Lösung plädierte. Seit Juni 1947 Mitglied des Bundesvorstandes der SPD (bis 1973). Als Vorsitzender der SPD-Fraktion und des Hauptausschusses im Parlamentarischen Rat hat Carlo Schmid eine prägende und kaum zu überschätzende Rolle bei der Schaffung des Grundgesetzes gespielt.
Als jeweils direkt gewählter Abgeordneter des Wahlkreises Mannheim Mitglied des Bundestages (1949–1972) und Vizepräsident des Bonner Parlaments (mit Ausnahme der Jahre als Bundesminister 1966–1969). Aufgrund seiner profunden humanistischen Bildung, seiner juristischen Kompetenz und seiner rhetorischen Brillanz zählte Carlo Schmid bald zu den herausragenden Gestalten des Bundestages. Er engagierte sich – dem außenpolitischen Feld besonders zugewandt – seit 1950 zusätzlich auf der europäischen Ebene und trat früh für den Ausgleich mit dem Osten ein. Innerhalb der SPD-Führung gehörte Carlo Schmid zu den entscheidenden Reformern (s. Godesberger Programm). Er verstand (darin höchstens Theodor Heuss vergleichbar), die politische und wissenschaftliche Existenz mit literarischer Betätigung zu verbinden.

**Schmidt, Elli** (413; 414) (1908–1980). Schneiderin, 1927 Mitglied der KPD. 1932–1934 Besuch der Komintern-Schule in Moskau; 1940–1945 Sprecherin des Moskauer Rundfunks. Ab 1945 Leiterin des zentralen Frauensekretariats der KPD bzw. der SED, Mitglied des ZK der SED. Ab 1949 Vorsitzende des Demokratischen Frauenbundes Deutschlands (DFD), einer der von der SED abhängigen „Massenorganisationen"; ab 1950 Mitglied des ZK und Kandidat des Politbüros der SED; Im Februar 1953 zur Vorsitzenden des Staatlichen Komitees für Handel und Versorgung ernannt. Verlor nach dem Juni-Aufstand 1953 als Mitglied der Zaisser-Herrnstadt-Gruppe alle Funktionen. 1956 rehabilitiert, aber ohne politischen Einfluß.

**Schneider, Heinrich** (320) (1907–1974). Rechtsanwalt. 1955–1965 Landtagsabgeordneter der DPS, die im August 1957 ein Landesverband der FDP wurde. 1955–1962 Vorsitzender der wiedergegründeten Demokratischen Partei Saar (DPS; s. dort). 1957–1959 stellvertretender Ministerpräsident und Wirtschaftsminister. 1957–1965 Bundestagsabgeordneter der FDP. 1969 Parteiaustritt.

**Schneider, Reinhold** (262) (1903–1958). Schriftsteller. In seinem ausgedehnten literarischen Werk stehen Macht- und Glaubenskämpfe einerseits und das Widerspiel von irdischer Schuld und göttlicher Gnade in der Geschichte andererseits im Mittelpunkt. Seine glaubensstarken Sonette bieten ein eindrucksvolles Zeugnis des geistigen Widerstandes gegen den Nationalsozialismus. Schneider erhielt 1956 den Friedenspreis des Deutschen Buchhandels.

**Schoettle, Erwin** (136) (1899–1976). Zunächst im Druckereigewerbe tätig. 1919–1933 Mitglied des SPD-Landesvorstandes in Württemberg. 1933 Emigration in die Schweiz, 1939 nach Großbritannien. 1946 Rückkehr. Vorsitzender der SPD und Landtagsabgeordneter in Württemberg-Baden. 1947–1949 Mitglied des Frankfurter Wirtschaftsrats. Finanzexperte der SPD; auch ab 1949 im Bundestag.

**Schreiber, Walther** (35; 68) (1894–1958). Jurist. Für die Deutsche Demokratische Partei Abgeordneter in der Preußischen Nationalversammlung (1919–1921) und des Preußischen Landtags (1921–1933). Von 1925–1932 Minister für Handel und Gewerbe in Preußen. 1933–1945 Rechtsanwalt in Berlin. Nach Kriegsende Mitbegründer der CDU in der SBZ und bis Dezember 1945 stellvertretender Parteivorsitzender. Aus dieser Funktion von der SMAD entfernt. Seit 1947 Vorsitzender der CDU in West-Berlin. 1953-1955 Regierender Bürgermeister.

**Schroeder, Louise** (40; 184) (1887–1957). Seit 1910 Mitglied der SPD. 1919–1933 Stadtverordnete in Altona. 1919–1920 Mitglied der Weimarer Nationalversammlung und bis 1933 Reichstagsabgeordnete. 1920 Mitbegründerin der Arbeiterwohlfahrt. 1945 am Wiederaufbau der SPD in Berlin beteiligt. 1946 stellvertretender Bürgermeister von Berlin. Von Mai 1947 bis Dezember 1948 amtierender Oberbürgermeister anstelle des gewählten, doch von den Sowjets abgelehnten Ernst Reuter. 1948–1949 Berliner Stadtverordnete.

**Schumacher, Kurt** (34; 35; 37; 39; 64; 69ff.; 76; 99; 104f.; 106; 146; 148; 212; 213; 214; 230; 231; 238; 239; 241f.; 243; 245; 246f.; 248; 249; 256f.; 258; 272; 273; 280; 281; 293; 327; 332; 333; 355)
(1895–1952). 1914 Kriegsfreiwilliger. Bereits im Dezember

schwer verwundet. 1918 Mitglied des Arbeiter- und Soldatenrates. Eintritt in die SPD. Studium von Jura und Volkswirtschaft. Journalistische Betätigung. Ab 1924 Landtagsabgeordneter in Württemberg; ab 1930 Mitglied des Reichstags, wo er als Repräsentant des linken Flügels und kompromißloser Gegner der Nationalsozialisten hervortrat. Von 1933–1945 fast durchgehend in Konzentrationslagern inhaftiert. Begann im Frühsommer 1945 mit dem „Büro Dr. Schumacher" in Hannover den Wiederaufbau der SPD in den Westzonen. Wandte sich entschieden gegen die Vereinigung mit der KPD. Seit Mai 1946 Vorsitzender der SPD. 1948 Mitglied des Parlamentarischen Rates, doch hinderte ihn eine schwere Krankheit (Beinamputation) an konkreter Mitwirkung. Nachdem die SPD bei den ersten Bundestagswahlen im August 1949, die Schumacher als „Massenvotum gegen das eigene Interesse" interpretierte, die erhoffte absolute Mehrheit weit verfehlt hatte und sogar noch von der CDU/CSU knapp übertroffen worden war, blieb angesichts des Scheiterns der vom linken Flügel der CDU favorisierten Großen Koalition (s. Rhöndorfer Konferenz) für die SPD nur die Oppositionsrolle. Schmuacher, der am 12.9. 1949 nach vergeblich gegen Heuss bei der Präsidentenwahl kandidiert hatte, wurde Fraktionsvorsitzender. Als Oppositionsführer bekämpfte er – trotz prinzipieller Billigung des Zusammengehens mit den Westmächten – Ruhrstatut, Westintegration und EVG-Pläne der Regierung Adenauer, da sie ihm mit einseitigen Zugeständnissen verbunden und der Wiedervereinigung hinderlich schienen, in erbitterter Schärfe. Obwohl er die Konsequenzen einer forcierten Westintegration klar sah und auch aussprach, hat er bei seinem selbstbewußten Pochen auf nationale Gleichberechtigung und Selbstbestimmung insgesamt den konkreten Handlungsspielraum der deutschen Politik erheblich überschätzt.

**Schuman, Robert** (230; 233; 238; 244; 245; 246; 252; 275; 317; 347; 428) (1886–1963). Jurist. 1940 Staatssekretär. Nach der militärischen Niederlage im Sommer 1940 nach Deutschland deportiert. 1942 Flucht und Anschluß an die französische Widerstandsbewegung. 1944 Mitbegründer des Mouvement Répulicain Populaire (MRP). 1945–1946 Mitglied beider Konstituanten. 1946–1962 Abgeordneter in der Nationalversammlung. 1946–1947 Finanzminister. 1947–1948 Ministerpräsident. 1948–1952 Außenminister. Schuman schlug in dem nach ihm benannten Plan die Schaffung einer europäischen Gemeinschaft für Kohle und Stahl vor (Montanunion, s. dort) und förderte die Bemühungen um eine Europäische Verteidigungsgemeinschaft. 1955–1956 Justizminister. 1958–1960 erster Präsident des Europäischen Parlaments 1958 mit dem Aachener Karlspreis ausgezeichnet.

**Schweitzer, Albert** (262) (1875–1965). Arzt, Theologe, Organist und Kulturphilosoph. Nach Tätigkeit als Pfarrer in Straßburg und Arbeit als wissenschaftlicher Theologe gründete Schweitzer, der von 1905–1911 neben diesen Verpflichtungen noch Medizin studiert hatte, 1913 als Missionsarzt ein Tropen-Hospital in Lambarene (Gabun), das er mit Orgelkonzerten, Vortragsreisen und schriftstellerischer Arbeit zu finanzieren suchte. Dort wirkte Schweitzer – während des Ersten Weltkriegs zeitweilig erst in Afrika, dann in Frankreich interniert und danach für mehrere Jahre (bis 1924) an der Rückkehr gehindert – bis zu seinem Tode. Im Mittelpunkt seines Denkens stand seit 1915 die „Ehrfurcht vor dem Leben", aus der sich für ihn denknotwendig ein allgemeingültiges sittliches Grundprinzip der Erhaltung und Förderung des Lebens ergibt. Schweitzer erhielt 1951 den Friedenspreis des Deutschen Buchhandels, 1952 den Friedensnobelpreis und 1954 den Orden der Friedensklasse des Pour le mérite.

**SD (= Sicherheitsdienst des Reichsführers SS)** (65) Zur Überwachung gegnerischer Organisationen und möglicher Opposition in den eigenen Reihen richtete die SS 1931 unter Leitung von Reinhard Heydrich einen Nachrichtendienst ein, der SD genannt wurde. Nach 1933 übernahm die ebenfalls von Heydrich mitgeleitete Geheime Staatspolizei die meisten Aufgaben des SD, dem noch folgende Zuständigkeiten verblieben: Beobachtung von Kirchen und Sekten, Juden und Freimaurern; Beschaffung von politischen Nachrichten aus dem Ausland; Berichterstattung über die Wirkung der Maßnahmen von Regierung und Partei auf den Gebieten Verwaltung und Recht, Wissenschaft, Kunst und Volksbildung, Propaganda, Wirtschaft und Sozialpolitik; Beurteilung der politischen Zuverlässigkeit von Angehörigen aller Bevölkerungsschichten.

**Sechziger-Konferenz** (35; 77) Geläufige Bezeichnung für die am 20. und 21.12. 1945 in Berlin veranstaltete gemeinsame Konferenz von SPD und KPD, zu der jede Partei 30 Vertreter entsandte. Sie sollte die von der KPD seit Oktober verfolgte Vereinigung mit der SPD vorantreiben. Obwohl die SPD-Delegation unter Grotewohl von „undemokratischem Druck auf die Sozialdemokratie" sprach und die Fusion in die Zuständigkeit eines Reichsparteitages verwies, stimmte sie dem gemeinsamen Kommuniqué zu, in dem die „Erweiterung und Vertiefung" der aktuellen „Aktionseinheit" als „Auftakt zur Verwirklichung der politischen und organisatorischen Einheit der Arbeiterbewegung" bezeichnet wurde. Die Sechziger-Konferenz signalisierte insofern ein prinzipielles Nachgeben gegenüber der Verschmelzungsstrategie der KPD.

**SED (= Sozialistische Einheitspartei Deutschlands)** (3; 27; 37; 38; 40; 41; 42; 57; 58; 64; 65; 70; 75; 76ff.; 107; 122; 123; 142; 167; 168; 177; 207; 208; 209f.; 211f.; 213f.; 224; 226; 351; 375; 376; 377; 378; 379; 380; 381; 387; 388; 391ff.; 407; 408ff.; 411ff.; 415; 417; 420ff.; 436; 437)
Nachdem die aus der UdSSR in die SBZ zurückgekehrten Spitzenfunktionäre der KPD sich der sozialdemokratischen Forderung nach einer „einheitlichen politischen Kampforganisation der Arbeiterklasse" entzogen und sich anstelle der organisatorischen Einheit mit einer bloßen „Aktionseinheit" begnügt hatten, leiteten sie ab Herbst 1945 einen Kurswechsel ein und drängten – von der Besatzungsmacht unterstützt – auf die Vereinigung beider Parteien. Innerparteilicher Widerstand wurde mit Hilfe der SMAD ausgeschaltet. Nach getrennten Parteitagen erfolgte am 21. und 22.4. 1946 im Berliner Admiralspalast die Verschmelzung von KPD und SPD in der SBZ zur SED. Zu Vorsitzenden der SED wurden W. Pieck (KPD) und O. Grotewohl (SPD) gewählt. In dem ersten Parteiprogramm der SED wurde zwar als Endziel ein sozialistisches Deutschland propagiert, doch als unmittelbare Aufgabe bezeichnet, eine gesamtdeutsche, antifaschistische und parlamentarisch-demokratische Republik anzustreben. Versuche, die SED auch in den westlichen Besatzungszonen zu konstituieren, wurden durch den Widerstand der Sozialdemokratie und den Einspruch der Besatzungsbehörden verhindert. Für Berlin wurde durch Beschluß der Alliierten Kommandantur eine Sonderregelung getroffen, indem sowohl die SPD wie auch die SED in allen vier Sektoren der Stadt zugelassen wurden. Wenngleich die SED sich von Anfang an als Exekutivorgan der sowjetischen Besatzungsmacht betätigte und ihre „führende Rolle in der antifaschistisch-demokratischen Ordnung" betonte, verstand sie sich zunächst als Massenpartei und akzeptierte die paritätische Besetzung aller wichtigen Parteifunktionen mit je einem früheren KPD- und SPD-Mitglied. Ab Sommer 1948 erfolgte jedoch eine rasche und konsequente Bolschewisierung der Partei („Partei neuen Typus"), die nun – die zeitweilig vertretene Lehre eines deutschen Sonderwegs zum Sozialismus verwerfend – die Mitgliedschaft von einem ausdrücklichen Bekenntnis zur Sowjetunion und zur Ideologie des Marxismus-Leninismus abhängig machte. Außerdem dehnte die SED ihren Einfluß auf alle anderen Parteien, die Massenorganisationen und den gesamten Staats- und Wirtschaftsapparat aus.
Ein gewisser Abschluß dieser Entwicklung wurde auf dem III. Parteitag 1950 erreicht: „Die Delegierten nahmen ein neues Statut an, das die Resultate der Entwicklung der SED als marxistisch-leninistische Kampfpartei verankerte und die Mitglieder und Kandidaten stärker auf die neuen Aufgaben und Anforderungen beim Aufbau des Sozialismus orientierte. ‚Die SED', so hieß es im Statut, ‚ist die Partei der deutschen Arbeiterklasse, ihr bewußter und organisierter Vortrupp, die höchste Form ihrer Klassenorganisation. Sie vereinigt den fortschrittlichsten Teil der Werktätigen in ihren Reihen. Die Partei läßt sich in ihrer gesamten Tätigkeit vom Marxismus-Leninismus leiten. Ihr Ziel ist der Sozialismus, der die Errichtung der politischen Herrschaft der Arbeiterklasse zur Voraussetzung hat'. Die SED ist eine einheitliche Kampforganisation mit einer für alle Parteimitglieder in gleicher Weise verbindlichen Disziplin; Kritik und Selbstkritik sind ein Entwicklungsgesetz der Partei. Ihre Stärke liegt in der Geschlossenheit, in der Einheit des Willens und Handelns." (Geschichte der SED. Abriß. Berlin-Ost, 1978, S. 243).
Diese Einheit wurde durch rigorose Säuberungen aufrechterhalten. So forderte der III. Parteitag den „Kampf gegen Spione und Agenten", vor allem gegen die „Tito-Clique", und die Ausrottung der Überreste des „Sozialdemokratismus". Bei der Parteiüberprüfung 1950/51 schloß die Führung 150000 Mitglieder aus der SED aus, unter ihnen einige Führungsmitglieder, die der neue „Generalsekretär" Ulbricht als potentielle Opponenten ansah. Weitere umfassende Säuberungen folgten nach den Ereignissen des 17. Juni 1953. Nach sowjetischem Vorbild sollten künftig „Parteiaktivisten" Schwung in die SED bringen. „Damit schwanden die Reste innerparteilicher Demokratie weiter, denn die hauptamtlichen Funktionäre von Partei, Staat und Massenoperationen, die diese Aktivs bildeten, wurden zum Rückgrat der Partei" (H. Weber).

**Selbmann, Fritz** (27; 143; 211; 381)
(1899–1975). Bergarbeiter. 1920 Mitglied der USPD, 1923 der KPD. Hauptamtlicher Funktionär der KPD und des Roten Frontkämpferbundes im Rheinland und in Oberschlesien; 1928/29 Kominternschule in Moskau; 1930 Mitglied des Preußischen Landtags und des Reichstags; Bezirksleiter der KPD in Sachsen. 1933–1945 in Haft, ab 1940 im KZ. 1945/46 Vizepräsident der Landesverwaltung Sachsen; 1946–1948 sächsischer Minister für Industrie; 1948/49 stellv. Vorsitzender der Deutschen Wirtschaftskommission der SBZ. 1949–1955 Minister für Industrie bzw. Schwerindustrie; ab 1956 stellvertretender Vorsitzender des DDR-Ministerrates; ab 1954 Mitglied des ZK der SED. 1958 wegen „Managertums" scharf kritisiert, Verlust aller wichtigen Funktionen.

**Semjonow, Wladimir S.** (410; 413; 414)
(geb. 1911). 1938 Eintritt in die KPdSU, ab 1939 im diplomatischen Dienst; 1940/41 Berater der Botschaft in Berlin. Ab 1945 stellv. politischer Berater, ab 1946 politischer Berater der SMAD (s. Karlshorst), später der Sowjetischen Kontrollkommission in Deutschland. 1953/54 Hoher Kommissar der UdSSR in Deutschland und Botschafter in der DDR, initiierte den „Neuen Kurs" (s. dort) der SED. Ab 1955 stellv. Außenminister der UdSSR; seit 1978 Botschafter in Bonn.

**Sethe, Paul** (249; 272; 280; 281; 284ff.; 296)
(1901–1967). Publizist. 1949–1955 Mitherausgeber der Frankfurter Allgemeinen Zeitung, danach Kolumnist der „Welt" und der „Zeit".

**Severing, Carl** (6)
(1875–1952). Schlosserlehre. 1893 Beitritt zur SPD. 1901–1912 Gewerkschaftssekretär in Bielefeld. 1907–1911 Reichstagsabgeordneter. 1919–1920 Mitglied der Weimarer Nationalversammlung. Bis 1933 Abgeordneter des Reichstags und des Preußischen Landtags. 1920–1926 und 1930–1932 preußischer Innenminister. 1928–1930 Reichsminister des Innern. Nach 1945 betätigte sich Severing, der im Dritten Reich trotz politischer Verfolgung in Deutschland geblieben war, am Wiederaufbau der SPD. Von 1947–1949 Landtagsabgeordneter in Nordrhein-Westfalen.

**Seydoux, François** (306)
(1905–1981). Französischer Diplomat. 1956–1958 Botschafter in Wien, 1958–1962 und 1965–1970 in Bonn, 1962–1964 bei der Nato. 1970 mit dem Karlspreis der Stadt Aachen ausgezeichnet.

**Shdanow, Andrej Alexandrowitsch** (151; 156f.; 163; 296)
(1896–1948). 1915 Eintritt in die bolschewistische Partei. Politische Tätigkeit in der Roten Armee und in Provinzkomitees. Ab 1925 Kandidat, ab 1930 Mitglied des ZK der KPdSU; ab 1935 Kandidat, ab 1939 Mitglied des Politbüros. 1934–1944 Gebiets- und Stadtsekretär der Parteiorganisation Leningrads, bekannt durch erbarmungslose „Säuberungen". Galt als einer der engsten Mitarbeiter Stalins und möglicher Nachfolger. Nach 1945 Anführer einer als „Shdanowschtschina" bekannten terroristischen Kulturpolitik. Bei der Gründung der Kominform, des Informationsbüros der kommunistischen und Arbeiterparteien, im September 1947 hielt er die programmatische Rede.

**Shukow, Georgi Konstantinowitsch** (20; 77)
(1896–1974). Seit 1943 Marschall der Sowjetunion. Koordinierte die sowjetischen Truppen in den Schlachten von Moskau, Stalingrad und Leningrad. Nahm 1945 als „Sieger von Berlin" die Kapitulation der deutschen Truppen entgegen. 1945/46 Oberbefehlshaber der sowjetischen Truppen in Deutschland. Ab 1955 Verteidigungsminister, ab 1956 Mitglied des Politbüros, 1957 aller Ämter enthoben.

**Skylla und Charybdis** (94)
Skylla und Charybdis sind in der Odyssee Homers die Schrecken der antiken Seefahrer. An einer Meerenge – später von dem Geographen Strabon in der Straße von Messina lokalisiert – lauerte auf der einen Seite in einer Felshöhle Skylla, ein Ungeheuer mit sechs Hundeköpfen, das die Vorüberfahrenden verschlang, auf der anderen Seite die Charybdis, ein Felsenschlund, der dreimal am Tag das Wasser mit furchtbarer Gewalt einsog und wieder auswarf. Skylla und Charybdis stehen sprichwörtlich für Übel, vor denen man nach keiner Seite entrinnen kann.

**Slánsky, Rudolf** (377; 393)
(1901–1952). Tschechoslowakischer Politiker. 1921 Mitglied der KP, 1924 Chefredakteur des Parteiorgans „Rudé Právo", ab 1929 ZK- und Präsidiumsmitglied. Nach 1938 Mitglied der (Exil-)Parteileitung in Moskau, gegen Ende des Zweiten Weltkrieges Leitung von Partisanenkämpfen. Ab 1945 Generalsekretär der KPČ, 1951 stellv. Ministerpräsident. Ende 1951 als angeblicher Leiter eines „staatsfeindlichen Verschwörerzentrums" verhaftet und im ersten und größten stalinistischen Schauprozeß der ČSSR 1952 zum Tode verurteilt und hingerichtet. Das Todesurteil wurde 1963 aufgehoben, der Parteiausschluß blieb bestehen.

**SMAD (= Sowjetische Militäradministration in Deutschland)** (2; 3; 5; 19ff.; 24; 32; 33; 35; 36; 37; 38; 39; 40; 41; 42; 76; 122; 167; 207; 211; 225; 226)
Die SMAD, die höchste sowjetische Besatzungsbehörde in der SBZ, wurde durch Befehl Nr. 1 am 9. Juni 1945 mit Sitz in Karlshorst eingerichtet. Ihr Ziel war die Etablierung einer volksdemokratischen Ordnung in der SBZ, das sie durch gezielte Befehle und die durchgängige Besetzung von Schlüsselpositionen in den – seit Herbst 1945 bestehenden – deutschen Zentralverwaltungen mit KPD-Mitgliedern anstrebte. Durch diese Befehle, denen sie Gesetzeskraft zumaß, durchkreuzte die SMAD die Gesetzgebungsarbeit des Alliierten Kontrollrats, die von der Rechtseinheit in Deutschland ausging, jedoch zudem auch durch sowjetisches Veto jederzeit lahmgelegt werden konnte.

**Sokolowski, Wassili Danilowitsch** (20; 41; 167; 169; 177; 178; 179)
(1897–1968). Sowjetischer Marschall. Seit 1918 Aufstieg in der Roten Armee. Ab 1931 Mitglied in der KPdSU. Befehligte im Zweiten Weltkrieg. 1943/44 die Westfront und leitete 1944/45 den Stab der ersten ukrainischen Front. 1946–1949 Befehlshaber der sowjetischen Besatzungsstreitkräfte in Deutschland. Durch Verlassen des Alliierten Kontrollrats am 20.3.1948 signalisierte er den endgültigen

Bruch zwischen der Sowjetunion und den Westmächten in der Deutschlandpolitik.

**Soziale Marktwirtschaft** (41; 108; 144; 147; 194; 326; 327; 332; 333; 335ff.; 350f.; 374) Der Begriff wurde nach dem Zweiten Weltkrieg von Alfred Müller-Armack, einem der engsten wirtschaftspolitischen Berater Ludwig Erhards, geprägt. Ihrem programmatischen Anspruch nach stellt die damit bezeichnete Wirtschaftsordnung einen eindeutigen Gegensatz zu einem sozialistischen wie zu einem frühliberalen Wirtschaftssystem dar. Zu ihren wichtigsten Elementen rechnet: Der Schutz der Wettbewerbsordnung durch den Statt, die soziale Korrektur der Ergebnisse des marktwirtschaftlichen Prozesses und die Verbreiterung des Privateigentums an den Produktionsmitteln. Das Konzept der Sozialen Marktwirtschaft spielte beim wirtschaftlichen Wiederaufstieg in der Bundesrepublik im Laufe der 50er Jahre eine zentrale Rolle, doch konnten dem kapitalistischen System inhärente Tendenzen wie die Konzentration wirtschaftlicher Verfügungsmacht und die Aufhebung des Konkurrenzmechanismus nicht ausgeschaltet werden.

**Sozialfaschismus** (446; 469) Die 1928/29 zur offiziellen kommunistischen Ideologie erhobene Formel vom „Sozialfaschismus" führte zu einer verhängnisvollen Unterschätzung des „Hitlerfaschismus". Die Klassifizierung der Sozialdemokratie als „besonders gefährliche Form der faschistischen Entwicklung" (Thälmann) hat die Komintern erst ab 1934/35 beim allmählichen Übergang zu einer Volksfrontpolitik aufgegeben (s. Brüsseler und Berner Konferenz).

**SPD (= Sozialdemokratische Partei Deutschlands)** (2; 3; 20; 32; 33; 34; 35; 37; 38; 64; 67; 68; 69ff.; 73f.; 76f.; 87; 125; 126; 127; 128; 145; 146; 148; 149; 168; 174; 193; 195; 210; 211f.; 230; 232; 241; 243; 248; 251; 265; 270ff.; 303; 304; 307f.; 309f.; 320; 321; 325; 326; 327; 330; 331; 333; 334; 339f.; 348; 349; 353; 355) Die SPD kann als einzige Partei in der Bundesrepublik auf eine kontinuierliche Geschichte von über 100 Jahren zurückblicken. Im Dritten Reich verboten und in die Illegalität gedrängt, begriff sich die Sozialdemokratie nach der militärischen Niederlage von 1945 als die große nationale politische Potenz und als legitimer Vollstrecker der Demokratie. Unter der zupackenden Führung Kurt Schumachers trat die SPD dafür ein, eine breit fundierte demokratische Ordnung in Westdeutschland – stellvertretend für das Interesse der gesamten Nation – zu errichten. In den verfassungspolitischen Beratungen der Jahre 1947–1949 propagierten die Sozialdemokraten einen starken Staat, eine funktionierende Verwaltung und eine sozial gerechte Gesellschaftsordnung in den Westzonen. Nicht zuletzt die SPD-Vertreter sorgten im Parlamentarischen Rat dafür, daß bei der Konstruktion des Grundgesetzes – z.B. durch den Ausschluß plebiszitärer Möglichkeiten – Lehren aus der Weimarer Republik gezogen wurden. Die erste Bundestagswahl im August 1949 wurde zur herben Enttäuschung für die SPD, da sie mit ihrem Stimmenanteil hinter der CDU zurückblieb und in die Opposition gehen mußte. Obwohl grundsätzlich für die Westintegration und – zumindest unter ihrem Vorsitzenden Kurt Schumacher (s.dort) – keine pazifistische Partei, kritisierte die SPD die Bereitwilligkeit, mit der Adenauer auf die Wünsche der Westmächte einging. Erst Ende 1951 betonte die Sozialdemokratie die Zielantinomie zwischen militärischer Integration der Bundesrepublik in den Westen und dem Wiedervereinigungsgebot des Grundgesetzes. Aus dieser Position heraus bekämpfte die SPD den Abschluß der EVG und den Nato-Beitritt. Allerdings plädierte sie nicht für eine Neutralisierung West- bzw. Gesamtdeutschlands, sondern für ein System kollektiver Sicherheit, das auch die Sicherheitsinteressen der Sowjetunion einbeziehen wollte. Doch war dieses komplizierte Konzept schwer vermittelbar und nicht mehrheitsfähig, wie die Bundestagswahlen 1953 und 1957 deutlich belegten. Die SPD zog aus diesen Niederlagen die Konsequenzen, indem sie sich schrittweise mit den geltenden vertraglichen Vereinbarungen arrangierte und eine programmatische Öffnung zur linken Volkspartei einleitete (Demokratischer Sozialismus, s. Godesberger Programm.) Eine gewisse Balancesituation bestand allerdings darin, daß die SPD in mehreren Ländern an der Regierung beteiligt war bzw. sie allein stellte. Als Aushängeschild sozialdemokratischer Politik galt in den 50er Jahren vornehmlich das Bundesland Hessen (s. G.A.Zinn).

**Speer, Albert** (348) (1905–1981). Architekt- und Politiker. 1931 Eintritt in die NSDAP. Ab 1933 errichtete Speer – unter unmittelbarer planerischer Beteiligung von Hitler – gigantische Repräsentationsbauten für das NS-Regime in München, Nürnberg und Berlin. 1942 Reichsminister für Bewaffnung und Munition. Seine fortwährend ausgeweiteten Kompetenzen – seit 1943 Reichsminister für Rüstung und Kriegsproduktion – nutzte Speer zur Steigerung der deutschen Rüstung. Im Frühjahr 1945 erkannte er die Aussichtslosigkeit der Kriegslage und widersetzte sich den Zerstörungsbefehlen Hitlers. Das Internationale Militärtribunal in Nürnberg, vor dem sich Speer – vermutlich nicht ohne taktische Hintergedanken – zu seiner Mitverantwortung bekannte, verurteilte ihn 1946 wegen seiner Beteiligung am Zwangsarbeiterprogramm zu 20 Jahren Haft, die er im alliierten Militärgefängnis in Spandau verbüßte. Veröffentlichte „Erinnerungen" und „Spandauer Tagebücher".

**SPS (= Sozialdemokratische Partei des Saarlandes)** (40; 320)
Die SPS befand sich 1947–1951 und 1952–1954 in Koalitionen mit der frankophilen CVP, wodurch sie – heftigen internen Spannungen ausgesetzt – an einer Fundamentalopposition gegen das Autonomiekonzept der Regierung Hoffmann gehindert wurde und im Gegensatz zu ihrer westdeutschen Bruderpartei stand. Diese favorisierte demgemäß die Gründung einer – von 1952–1955 nicht zugelassenen – Konkurrenzpartei (DSP = Deutsche Sozialdemokratische Partei), die erst im Vorfeld des Abstimmungskampfes um das Saarstatut aus der Illegalität heraustreten konnte.

**SRP (= Sozialistische Reichspartei)** (330; 354)
Die im Oktober 1949 – durch Abspaltung des rechten Flügels der Deutschen Rechts-Partei (s. Thadden) – gegründete SRP erwies sich als ein Sammelbekken überzeugter Nationalsozialisten und stieg rasch zur bedeutendsten Partei der extremen Rechten auf. Bei den Landtagswahlen des Jahres 1951 erreichte sie in Niedersachsen und Bremen 11% und 7,7% der Stimmen. Aufgrund des unverhüllt propagierten nationalsozialistischen Gedankengutes (Aggressiver Rassismus und Chauvinismus, Führerprinzip und antidemokratische Binnenstruktur) verfügte das Bundesverfassungsgericht am 23. 10. 1952 die Auflösung der SRP.

**SS (= Schutzstaffel)** (17; 65)
Elitekader der NSDAP. 1925 zum Schutz des Parteiführers Hitler und zur Störung gegnerischer Parteiversammlungen gegründet. 1929 Heinrich Himmler Reichsführer der 280 Mann starken SS, die er zu einer weltanschaulich fixierten Partei-Polizei weiterentwikkelte, in ihr das rassische Ausleseprinzip als Aufnahmekriterium einführte und ihr Ordenscharakter (schwarze Uniform, eigene Symbolik) zu verleihen suchte. Befehlsmäßig noch dem Stabschef der SA unterstellt, wurde die SS am 30.6. 1934 mit der Liquidierung des sog. Röhm-Putsches betraut und anschließend von Hitler zur selbständigen Organisation in der NSDAP erhoben: „Stoßtrupp des Blutgedankens" (Himmler). Domänen der SS wurden ab 1941 die Versklavung und Ausrottung fremdvölkischer Gruppen und die Vernichtung der europäischen Juden.

**Stachanow, Alexej Grigorjewitsch** (123; 339)
1906–1977). Sowjetischer Aktivist. Als Hauer in einer Kohlengrube im Donezbecken wandte Stachanow bei der Kohlengewinnung neue Arbeitsmethoden mit dem Abbauhammer an. Er förderte in der Nacht vom 30.8. zum 31.8. 1935 das Fünfzehnfache der vorgeschriebenen Schichtleistung und legte damit den Grund für die Stachanow-Bewegung, einer Aktivistenbewegung mit Selbstverpflichtungen einzelner Arbeiter und Arbeiter-ruppen, der sog. Brigaden, zur Steigerung der Arbeitsproduktivität. Die Stachanow-Bewegung wurde zum Vorbild für die Hennecke-Bewegung (s. dort) in der SBZ.

**Stalin, Jossif Wissarionowitsch (ursprünglich: Dschugaschwili)** (1; 4; 16; 17; 20; 36; 151; 160; 161; 163; 164; 166; 168; 230; 233; 296; 301; 376; 377; 380; 387; 390; 393 ff.; 399; 405; 413)
(1879–1953). Seit 1894 Besuch eines orthodoxen Priesterseminars in Tiflis. 1899 wegen Propagierung marxistischer Gedanken relegiert. Anschluß an die russische Sozialdemokratie, bei deren Spaltung an den bolschewistischen Flügel. Seit 1905 in Kontakt zu Lenin und zwischen 1907 und 1917 mehrfach verbannt. 1912 in das Zentralkomitee der Partei und in die Redaktion der „Prawda" aufgenommen. Im März 1917 aus Sibirien nach Petrograd zurückgekehrt. Politischer Kommissar im Bürgerkrieg und Volkskommissar für das Nationalitätenwesen (1917–1923). 1919 Mitglied des Polit- und Organisationsbüros. Zunehmender Einfluß auf den Parteiapparat. 1922 Generalsekretär der Partei. In den Jahren 1924 bis 1929 Ausschaltung der innerparteilichen Rivalen. Ab 1928 Intensivierung der Industrialisierung und rücksichtsloser Kollektivierung der Landwirtschaft. Mehrere blutige „Säuberungen" ab 1935. Liquidierung aller vermeintlichen und tatsächlichen Gegner in Partei, Armee und Staat. In der Außenpolitik Übergang zu einem eindeutig expansionistischen Kurs (Abschluß des Nichtangriffspaktes mit Deutschland vom 23.8. 1939). Nach dem deutschen Angriff auf die Sowjetunion Leitung des Staatskomitees für Verteidigung. Zielstrebige Verhandlungsstrategie auf den Kriegskonferenzen mit den Westmächten (Teheran, Jalta, Potsdam). Schaffung der Voraussetzungen für die Ausdehnung der russischen Macht- und Einflußsphäre nach 1945 und letzte Steigerung des bürokratisch-terroristischen Herrschaftssystems, des Stalinismus.

**Stalin-Note** (233; 280; 281; 282 ff.)
Nach einer langen Phase deutschlandspolitischer Zurückhaltung bot Stalin in einer Note an die Westmächte vom 10. 3. 1952 (daher auch: März-Note) unter der Hauptbedingung der Neutralisierung Gesamtdeutschlands dessen Wiederherstellung als einheitlichen Staat und den Aufbau eigener nationaler Verteidigungstruppen an. Die Note fand – ungeachtet der Einigkeit über ihre Grundabsicht, nämlich die Bildung eines westeuropäischen Militärblocks mit Front gegen die Sowjetunion zu verhindern – in der Bundesrepublik ein unterschiedliches Echo und eine unterschiedliche Einschätzung. Während Adenauer in ihr ein reines Störmanöver im Blick

auf die – vor dem Abschluß stehenden – EVG-Verhandlungen erkannte und sie pauschal ablehnte, plädierte die Opposition für eine sorgfältige Prüfung des sowjetischen Vorstoßes. Entscheidend war – ungeachtet der Fortsetzung des Notenwechsels bis in den Herbst 1952 – daß die Westmächte (und mit ihnen Adenauer) „in der Neutralisierung keinen für Deutschland akzeptablen Existenzrahmen, sondern nur eine Vorstufe für die Bolschewisierung des gesamtdeutschen Territoriums und über kurz oder lang auch ganz Europas“ (K. Klotzbach) sahen. Für Adenauer war „nicht die Wiedervereinigung schlechthin das Ziel, sondern die Wiedervereinigung in Freiheit“ (W. Grewe). Geht man von diesen Konditionen aus, dann stößt der Vorwurf „der verpaßten Chance“, der in den politischen Debatten der späteren 50er Jahre erhoben wurde (und noch heute die wissenschaftliche Kontroverse beherrscht), ins Leere. Adenauer hat (ob er es gegen die in diesem zentralen Punkt widerstrebenden Westmächte überhaupt gekonnt hätte, darf man nachdrücklich bezweifeln) eine Lösung der deutschen Frage unter dem Vorzeichen der Neutralisierung nicht gewollt und mit allen ihm zur Verfügung stehenden Mitteln und Argumenten zu blockieren versucht.

**State-Department** (161)
Das Außenministerium der USA, geleitet vom Secretary of State.

**Steinhoff, Karl** (223; 375; 381)
(1892–1981). Jurist. 1923 Mitglied der SPD, ab 1926 Landrat des Kreises Zeitz, ab 1928 Regierungspräsident in Gumbinnen/Ostpreußen. 1933–1945 Syndikus einer Kartonagefabrik. 1945 SPD, 1946 SED, Ministerpräsident des Landes Brandenburg; 1949–1952 Innenminister der DDR. 1949/50 Kandidat des Politbüros, 1950–1954 Mitglied des ZK der SED. Ab 1952 Professor für Verwaltungsrecht an der Humboldt-Universität Ost-Berlin.

**Steltzer, Theodor** (68)
(1885–1967). Nationalökonom. Von 1920–1933 Landrat in Rendsburg. 1933 seines Amtes enthoben. Im Zweiten Weltkrieg stieß er zur Widerstandsbewegung und schloß sich dem Kreisauer Kreis um den Grafen Moltke an. Nach dem 20. Juli 1944 verhaftet, wurde Steltzer vom Volksgerichtshof zum Tode verurteilt, jedoch vor der Vollstreckung des Gerichtsspruches im April 1945 von den Alliierten befreit. Mitbegründer der CDU in Schleswig-Holstein, wo er von 1945–1947 als Ministerpräsident amtierte.

**Stock, Christian** (127)
(1884–1967). Ursprünglich Zigarrenarbeiter. Seit 1902 Mitglied der SPD. Ab 1910 hauptamtlicher Funktionär in der Tabakarbeiter-Gewerkschaft. 1919–1920 Mitglied der Weimarer Nationalversammlung. 1922 Direktor der Allgemeinen Ortskrankenkasse (AOK) in Heidelberg; 1933 in gleicher Funktion in Frankfurt/M. tätig. 1933–1945 Inhaber eines Zigarrengeschäftes; zeitweise in KZ-Haft. 1945 Präsident der Landesversicherungsanstalt in Hessen. Mitglied des hessischen Verfassungsausschusses. 1946–1950 Ministerpräsident in Hessen.

**Stolper, Gustav** (32; 33; 34; 53)
(1888–1947). Wirtschaftspublizist. Seit 1911 Redakteur und Herausgeber wirtschaftswissenschaftlicher Blätter, u. a. der 1926 von ihm gegründeten Zeitschrift „Der deutsche Volkswirt“. 1930–1932 Reichstagsabgeordneter der Deutschen Staatspartei. 1933 Emigration in die USA.

**Strauß, Franz Josef** (309; 312 f.)
(geb. 1915). Studium der Geschichte, Germanistik und Klassischen Philologie (1936–1941). November 1945 Mitbegründer der CSU. Ab 1946 Mitglied des Landesvorstands. 1948–1952 Generalsekretär. 1952–1961 stellvertretender Parteivorsitzender; ab 1961 CSU-Vorsitzender. 1946–1948 Landrat des Kreises Schongau. 1948/49 Mitglied des Frankfurter Wirtschaftsrates. 1949–1978 Bundestagsabgeordneter. 1953–1955 Bundesminister für Sonderaufgaben, 1955–1956 Minister für Atomfragen, 1956–1962 Verteidigungsminister. Strauß, der sich vor allem in außen- und verteidigungspolitischen Fragen engagierte, vertrat die „Politik der Stärke“ (s. dort) und forderte – vergeblich – eine atomare Bewaffnung der Bundeswehr. Er stand im Mittelpunkt verschiedener Affären, unter denen die sog. Spiegel-Affäre im Dezember 1962 seinen Rücktritt herbeiführte. Im Dezember 1966 kehrte Strauß (1963–1966 Vorsitzender der CSU-Fraktion) bei der Bildung der Großen Koalition als Finanzminister auf die Regierungsbank zurück. Seit 1978 bayerischer Ministerpräsident. Strauß, der schon früh seine glänzende rednerische Begabung und seine außergewöhnliche Kompetenz im militär- und wirtschaftspolitischen Bereich unter Beweis stellte, gehört – außerhalb Bayerns – zu den am stärksten polarisierenden und umstrittenen Spitzenpolitikern in der Bundesrepublik. Im politischen Kräftefeld der Unionsparteien hatte er sich rasch ein beachtliches Gewicht erkämpft.

**Stresemann, Gustav** (275; 296)
(1878–1929). Von 1907–1912 und 1914–1918 Reichstagsabgeordneter der Nationalliberalen Partei. Im Ersten Weltkrieg Befürworter annexionistischer Forderungen; in Opposition zu Bethmann Hollweg stehend und mitbeteiligt an dessen Sturz. Gegner der Friedensresolution der Reichstagsmehrheit im Juli 1917. Im Dezember 1918 Mitbegründer der DVP und – bis zu seinem frühen Tod – deren Vorsitzender. Von August bis November 1923 Reichskanzler einer Großen Koalition (SPD, Zentrum,

DDP, DVP), die den Abbruch des passiven Widerstandes im Ruhrgebiet, die Währungsstabilisierung und die Sanierung der Reichsfinanzen durchsetzte. Ab August 1923 Reichsaußenminister in wechselnden Kabinetten. Konsequenter Kurs einer Verständigung mit Frankreich. Neutralitätspolitik gegenüber der Sowjetunion. 1926 Friedensnobelpreis.

**Stuttgarter Schuldbekenntnis** (34; 44; 56)
Bezeichnung für die am 19. 10. 1945 vor einer Abordnung des Ökumenischen Rates abgegebenen Erklärung des Rates der Evangelischen Kirche in Deutschland anläßlich einer Tagung in Stuttgart. In der Gemeinschaft mit den Leiden des deutschen Volkes wird auch von einer „Solidarität der Schuld" gesprochen. Das Schuldbekenntnis fand bei vielen Einzelkirchen der Welt ein positives Echo, öffnete der EKD den Zugang zur ökumenischen Arbeit und leitete die weltweite Hilfe zur Linderung der Not in Deutschland ein. Das Echo in Deutschland, wo das Stuttgarter Schuldbekenntnis – entgegen der Absicht der Unterzeichner – von vielen als Eingeständnis einer Kollektivschuld gewertet wurde, war zwiespältig.

**Süsterhenn, Adolf** (170; 188ff.; 195)
(1905–1974). 1946–1951 Mitglied des Landtages von Rheinland-Pfalz für die CDU, zeitweilig Justiz- und Kultusminister, 1961–1969 Mitglied des Bundestages.

**tabula rasa** (45; 352)
Auf der „tabula", der antiken Schreibtafel, deren Schreibfläche mit Wachs bestrichen war, konnte die Schrift mit dem platten Ende des stilus, des Schreibstiftes, wieder gelöscht werden, wodurch sich eine „tabula rasa", d.h. eine leere Tafel, ergab. Dieses Bild wird in übertragenem Sinne auch auf politisch-historische Situationen bezogen.

**Taft, Robert** (478)
(1889–1953). Rechtsanwalt. Seit 1939 Senator der Republikanischen Partei. Gegner des New Deal. Setzte 1947 mit dem Abgeordneten F.A. Hartley den sog. Taft-Hartley-Act durch, ein Gesetz, das die Position der Gewerkschaften gegenüber den Unternehmungsleitungen erheblich schwächte, in dem es u.a. eine „Abkühlungsfrist" von 60 Tagen zwischen Ausrufung und Beginn eines Streiks verlangte. Taft vertrat eine isolationistische Außenpolitik. Als Führer des konservativen Flügels seiner Partei bewarb er sich 1940, 1948 und 1952 vergeblich um die Präsidentschaftskandidatur für die Republikaner.

**TASS (= Telegrafnoje Agenstwo Sowjetskogo Sojusa)** (322)
Staatliche sowjetische Nachrichtenagentur mit Sitz in Moskau. Seit 1925 als internationale Agentur mit Wort- und Bilddiensten in mehreren Sprachen.

**Teheran-Konferenz** (16)
(28. 11.–1. 12. 1943). Erste Gipfelkonferenz der „Großen Drei" der Anti-Hitler-Koalition. Abstimmung über den weiteren Kriegsverlauf (Eröffnung der „Zweiten Front" in Frankreich durch die Westmächte. Eintritt der UdSSR in Krieg gegen Japan). „Westverschiebung" Polens und Aufteilung Deutschlands grundsätzlich vereinbart. Europäische Beratende Kommission (s. dort) wird eingesetzt. Roosevelt verweigert engere, gegen Stalin gerichtete Zusammenarbeit mit Churchill; dessen Plan einer westlichen militärischen Initiative im Ost-Mittelmeerraum, der den sowjetischen Einfluß aufhalten soll, wird von ihm abgelehnt.

**Thälmann, Ernst** (394)
(1886–1944). Transportarbeiter. Ab 1903 Mitglied der SPD und 1917 der USPD. Deren Vorsitzender in Hamburg 1919–1920. Übertritt zur KPD (1920). 1924–1933 Reichstagsabgeordneter. 1924 Übernahme der Führung im Roten Frontkämpferbund. Sitz im Präsidium des Exekutivkomitees der Komintern. Kandidat der KPD bei den Reichspräsidentenwahlen 1925 und 1932. Ab Oktober 1925 Vorsitzender der KPD, deren Gleichschaltung mit der KPdSU und Konfrontation mit der SPD Thälmann forcierte. 1928 wegen parteiinterner Querelen als Vorsitzender abgelöst, doch auf Betreiben Stalins wieder eingesetzt. 1931 Ehrenmitglied der KPdSU. Wachsender Führerkult um Thälmann in Deutschland. Im März 1933 verhaftet und ohne Prozeß interniert. Im August 1944 im KZ Buchenwald auf Befehl Hitlers ermordet.

**Thomas von Aquin** (189)
(Etwa 1225–1274). Der bedeutendste Theologe und Philosoph des Mittelalters. Seine Ethik beruhte auf dem Grundgedanken, sittlich Handeln heiße, der Ordnung des Seins entsprechend handeln. Dies bedeute für das Leben des Einzelmenschen wie der Gemeinschaft die Respektierung des sittlichen Naturgesetzes und des Naturrechts. Diese für die private Existenz gültigen Normen seien auch für die politische Sphäre verbindlich, die primär am Gebot der Gerechtigkeit ausgerichtet werden müsse.

**Tito, Josip (eigentlich: Broz)** (4; 151; 160; 168; 376; 377; 393)
(1892–1980). Geriet 1915 als österreichisch-ungarischer Soldat in russische Gefangenschaft, diente später in der Roten Armee. 1920 Beteiligung am Aufbau der KP Jugoslawiens. 1928–1934 in Haft. 1934 Emigration. Mitglied des ZK und des Politbüros der KPJ. 1937 Generalsekretär. Im Spanischen Bürgerkrieg aktiv, organisiert nach der Besetzung Jugoslawiens 1941 die kommunistisch orientierte Befreiungsfront. 1943 Marschall. Setzt sich im Partisanenkrieg gegen deutsche und italienische Truppen durch und verdrängt auch die königstreuen Partisanen. Ab 1945 Ministerpräsident, Verteidigungsminister und Staatschef, ab 1953 Staatschef und Oberbefehlsha-

ber auf Lebenszeit. Beschritt nach Auseinandersetzungen in der Kominform (s. dort) und nach dem Bruch mit Stalin (1948) einen eigenen Weg zum Sozialismus, der als „Titoismus" von der UdSSR zeitweilig erbittert bekämpft wurde. Trotz innenpolitischer Auseinandersetzungen (s. Djilas) konnte Tito als Integrationsfigur die Einheit und Unabhängigkeit des Vielvölkerstaates Jugoslawien erhalten. In der internationalen Politik galt er als einer der Wortführer der „Blockfreien".

**Tommy** (251)
Scherzhafte Bezeichnung für den englischen Soldaten.

**Trotzki, Lew Dawidowitsch (eigentl. Bronstein)** (412; 415; 485)
(1879–1940). Russischer Revolutionär und Politiker. 1897 Anschluß an die sozialdemokratische Bewegung, 1898 verhaftet und nach Sibirien verbannt. 1902 Flucht nach London, Mitarbeit an der von Lenin gegründeten „Iskra". 1905 Vorsitzender des Petersburger Sowjets der Arbeiterdeputierten. 1906 zur lebenslänglichen Verbannung in Sibirien verurteilt. 1907 Flucht ins Ausland, als Journalist in Westeuropa und den USA tätig. Nach der Februarrevolution 1917 Rückkehr nach Rußland. Anschluß an Lenin und die Bolschewiki, deren Führungsprinzipien er vorher skeptisch gegenüberstand. Gewann den Petrograder Sowjet für die Bolschewiki und organisierte als Vorsitzender des Militärrevolutionären Komitees die Oktoberrevolution. 1917–18 Volkskommissar für Äußeres, stand mit der Parole „Weder Krieg noch Frieden" im Gegensatz zu Lenin, der den Friedensvertrag mit dem Deutschen Reich durchsetzte. 1918–1925 Volkskommissar für Verteidigung, schuf die Rote Armee (s. dort) und damit die Voraussetzung für den Sieg der Bolschewisten im Bürgerkrieg. Geriet in wachsenden Gegensatz zu Lenins Nachfolger Stalin, der die These vom „Sozialismus in einem Lande" vertrat, während Trotzki auf die „permanente Revolution" im Weltmaßstab setzte und die Bürokratisierung der Partei kritisierte. Stalin verdrängte mit Hilfe des rechten Parteiflügels Trotzki aus allen wichtigen Ämtern. 1926 wurde Trotzki nach Kasachstan verbannt, 1929 aus der UdSSR ausgewiesen. Für die KPdSU und die von ihr abhängigen kommunistischen Parteien galt damit Trotzki als der Parteifeind schlechthin, da er nicht bereit war, die Interessen der proletarischen Weltrevolution denen der UdSSR unterzuordnen, und auch im Exil den Kampf gegen den Stalinismus fortsetzte. 1940 in Mexiko von einem GPU-Agenten ermordet.

**Truman, Harry Spencer** (2; 10f.; 15; 16; 150; 151; 152; 163; 164)
(1884–1972). 1935 demokratischer Senator für Missouri. 1945 Vizepräsident der USA unter Roosevelt, nach dessen Tod von 1945–1953 33. Präsident (1948 wiedergewählt). 1945 Teilnahme an der Potsdamer Konferenz. Truman gab Befehl zum Abwurf der Atombomben auf Japan. Seit 1947 Versuch der Eindämmung (s. Containment) des sowjetischen Einflusses (Marshall-Plan, Truman-Doktrin, s. dort). Engagierte 1950 die USA im Korea-Krieg, in dessen Verlauf er energisch den Primat der zivilen vor der militärischen Gewalt durchsetzte (Absetzung Mac Arthurs). Führte auf dem Gebiet der Wirtschafts- und Sozialpolitik den New Deal (s. dort) seines Vorgängers fort.

**Truman-Doktrin** (97; 150; 151; 154f.; 160)
Von Truman in einer Rede vor dem Kongreß am 12.3. 1947 formulierte außenpolitische Leitlinie der USA, wonach die USA bereit waren, anderen „freien Völkern" auf deren Ersuchen hin militärische und wirtschaftliche Hilfe gegen die Gefährdung ihrer Freiheit von innen und außen zu leisten. Diente vorerst dazu, die Zustimmung des Kongresses für eine Militär- und Wirtschaftshilfe an Griechenland (Bürgerkrieg) und der Türkei zu erreichen, wurde bestimmend für das Verhalten der USA im „Kalten Krieg".

**Ulbricht, Walter** (7; 33; 68; 123; 168; 209f.; 211; 212; 215; 280; 376; 377; 378; 379; 383; 387; 389; 403; 404; 406; 410; 414; 415; 416; 417; 436; 438)
(1893–1973). Tischlerlehre. 1912 Beitritt zur SPD, 1919 zur KPD. Ab 1920 hauptamtlicher Parteifunktionär mit wiederholten Schulungsaufenthalten in Moskau. Ab 1926 Landtagsabgeordneter in Sachsen; ab 1928 Reichstagsabgeordneter. Oktober 1933. Emigration. Aufenthalte in Paris, Prag und Moskau. Teilnahme am Spanischen Bürgerkrieg von 1936–1938. Von 1938–1945 in der UdSSR. Während des Zweiten Weltkriegs Tätigkeit in der Politischen Verwaltung der Roten Armee, wo sich Ulbricht vor allem der Propaganda unter den deutschen Kriegsgefangenen widmete. 1943 Mitbegründer des Nationalkomitees Freies Deutschland. Am 29.4. 1943 Rückkehr nach Deutschland. Organisation der ersten Stadtverwaltung in Berlin. Maßgebliche Beteiligung am Aufbau von KPD und FDGB. Ab 1946 Mitglied in den höchsten Führungsgremien der SED. 1949 stellvertretender Ministerpräsident der DDR. 1950 Generalsekretär des ZK der SED. 1960 Vorsitzender des Staatsrats der DDR. Ulbricht war – nach Ausschaltung seiner innerparteilichen Gegner nach dem 17. Juni 1953 – der einflußreichste Politiker in der DDR, deren Entwicklung zur „sozialistischen Volksdemokratie" er – unter sowjetischer Anleitung – für fast zwei Jahrzehnte maßgeblich bestimmte.

**Unconditional Surrender (= Bedingungslose Kapitulation)** (45)
Die von dem amerikanischen Präsidenten Roosevelt auf der

Konferenz von Casablanca am 24. 1. 1943 aufgestellte Forderung nach bedingungsloser Kapitulation der Achsenmächte Deutschland und Italien bekräftigte das politische Kriegsziel der Alliierten unter Betonung seiner Konsequenzen für die Art der Kriegsbeendigung, nämlich der Vermeidung jeder Verhandlung und Vereinbarung mit dem niederzukämpfenden Gegner. Die Übergabe der deutschen Streitkräfte durch die bedingungslose Kapitulation vom 8. 5. 1945 unterschied sich daher in Form und Tragweite von früheren Parallelen, hatte aber dennoch rechtlich nur militärische Auswirkungen.

**Vae victis (= Wehe den Besiegten!)** (49)
Mit diesem bei Livius und anderen lateinischen Autoren überlieferten Ausruf soll der Anführer der Gallier, Brennus, der Sieger in der Schlacht an der Allia im Jahre 387 v. Chr. auch noch sein Schwert in die Waagschale geworfen haben, als die Römer beim Abwiegen der ihnen auferlegten Goldzahlung gegen die Verwendung falscher Gewichte protestierten.

**Vandenberg, Arthur Hendrik** (39; 154)
(1884–1951). Amerikanischer Politiker der republikanischen Partei. Tätigkeit als Journalist. Von 1928–1951 Senator für Michigan trat Vandenberg während des Zweiten Weltkriegs für eine neutralistische Politik der USA ein, doch rückte er zunehmend von diesem Kurs ab und war – seit 1946 Vorsitzender des Senatsausschusses für Auswärtige Angelegenheiten – einer der wichtigsten Befürworter des Containment-Konzepts, (s. dort), das durch Militär- und Wirtschaftshilfe ein weiteres Vordringen des Kommunismus zu verhindern suchte. Nicht zuletzt von der Initiative Vandenbergs ging 1948 die Gründung der Nato aus.

**VEB (= Volkseigener Betrieb)** (35; 40; 124; 227; 383; 384)
Bezeichnung für die verstaatlichten bzw. vom Staat errichteten Betriebe in der DDR. Die Abkürzung wird als Namenszusatz verwendet. Die VEB bilden die „Hauptform des sozialistischen Eigentums". „Die Tätigkeit der sozialistischen Betriebe beruht auf der politischen Macht der Arbeiterklasse, dem sozialistischen Eigentum an den Produktionsmitteln, der ökonomischen Funktion des sozialistischen Staates auf der Grundlage des demokratischen Zentralismus und den Grundsätzen der sozialistischen Planwirtschaft" (Kleines politisches Wörterbuch, Berlin-Ost 1978, S. 972). Der staatliche Charakter der VEB zeigt sich vor allem in der Ernennung und Abberufung der leitenden Personen, die die Betriebe nach dem „Prinzip der Einzelleitung" führen, durch staatliche Organe sowie deren enger Verflechtung mit dem Staatshaushalt. Die Selbständigkeit der VEB ist nicht nur durch die zentrale Planung, sondern auch durch die Bindung an die Vereinigungen Volkseigener Betriebe (VVB) oder Kombinate, die wie Konzerne wirken, stark eingeschränkt.

**Veni, creator spiritus (= Komm, Schöpfer Geist)** (56)
Alter Pfingsthymnus, der im ursprünglichen lateinischen Wortlaut oder in Übersetzung (z. B. der Luthers: Komm, Gott Schöpfer, Heiliger Geist) noch heute in allen christlichen Kirchen gesungen wird. Sein Verfasser ist wahrscheinlich Rabanus Maurus. Goethe dichtete 1820 den Hymnus nach, Gustav Mahler vertonte ihn in der 8. Sinfonie.

**Versailler Vertrag** (175)
Friedensvertrag mit dem Deutschen Reich nach dem Ersten Weltkrieg; unter Androhung der militärischen Besetzung Deutschlands unterzeichnet am 28.6. 1919. Wegen der einschneidenden territorialen (Gebietsabtretungen), wirtschaftlichen (Reparationen) und militärischen (Verbot moderner Waffen) Bestimmungen, vor allem aber wegen der Zuweisung der alleinigen Kriegsschuld an das Deutsche Reich und seine Verbündeten, Gegenstand leidenschaftlicher Auseinandersetzungen in Deutschland, die die Weimarer Republik entscheidend schwächten. Das Ziel, eine dauerhafte Friedensordnung zu errichten, wurde nicht erreicht. Der Kongreß der USA lehnte die Ratifizierung des Vertrags ab.

**Viermächte-Außenministerkonferenz in Paris** (3; 29)
(25.4.–15.5. und 15.6.–12.7. 1946). 2. Sitzung des von der Potsdamer Konferenz geschaffenen Rates der Außenminister, der vor allem die Friedensverträge mit den Achsenmächten und deren Satelliten vorbereiten sollte. Erstmalig traten die amerikanisch-sowjetischen Gegensätze in der deutschen Frage deutlich hervor; Sonderrolle Frankreichs. Die Ablehnung der amerikanischen Vorschläge veranlaßte Byrnes (s. dort) zu seiner Stuttgarter Rede.

**Währungsreform** (41 f.; 43; 108; 118; 119; 125; 133 ff.; 145; 167; 177; 194; 215; 330; 331; 345; 346; 347; 348; 350; 357; 372; 374)
Zur Beseitigung des Geldüberhangs und zur Vermeidung einer bei Aufhebung der Festpreise befürchteten offenen Inflation wurde am 21.6. 1948 durch alliierte Gesetze in den drei Westzonen die Reichsmark durch die Deutsche Mark (DM) abgelöst. Neben einer mengenmäßig begrenzten Erstausstattung der Wirtschaft mit neuem Geld im Verhältnis 1 RM = 1 DM (Kopfbetrag von 60,– DM, Betriebe 60,– DM pro Arbeitnehmer und öffentliche Körperschaften in Höhe der Ausgabensumme eines Monats) wurden RM-Guthaben grundsätzlich im Verhältnis 10:1, d. h. 10 RM für 1 DM, umgestellt. Angestoßen durch die Währungsreform in den Westzonen erfolgte auf Befehl der so-

wjetischen Besatzungsmacht vom 23.6. 1948 die Währungsumstellung in der SBZ. Mangels neuer Noten wurde zunächst mit Hilfe auf das Altgeld geklebter Coupons ein Kopfbetrag von 70,– RM im Verhältnis 1:1 und das übrige Stückgeld mit 10:1 umgetauscht. Die Couponmark wurde später gegen den gleichen Betrag der neuen DM (Ost) eingelöst. Die Umstellung der Sparguthaben erfolgte in der SBZ, ohne Anrechnung der Kopfquote unter Bevorzugung der kleinen Anleger im Verhältnis 1:1 bis zu 100,– RM. Die letzte Etappe der Währungsreform stellte die Einbeziehung der Westsektoren Berlins in das Währungssystem der westlichen Zonen dar, nachdem die drei westlichen Stadtkommandanten mit Befehl vom 23.6. 1948 die Ausdehnung der Währungsreform der SBZ auf ihren Stadtbereich für nichtig erklärt hatten.

**Wallace, Henry** (158)
(1888–1965). Ab 1933 Landwirtschaftsminister, ab 1941 Vizepräsident der USA unter Roosevelt. Vertreter des New Deal (s. dort). 1945/46 Handelsminister. Geriet in Gegensatz zu Trumans Eindämmungs-Politik (s. Containment). 1948 erfolgloser Präsidentschaftskandidat der von ihm gegründeten Progressive Party.

**Wandel, Paul** (381)
(geb. 1905). Maschinentechniker. 1926 Mitglied der KPD, Bezirkssekretär in Baden. 1932/33 Kominterschule in Moskau, anschließend Mitarbeiter der Komintern, später politischer Sekretär von Wilhelm Pieck. 1945 Chefredakteur des KPD-Zentralorgans „Deutsche Volkszeitung“; 1946–1949 Präsident der Deutschen Zentralverwaltung für Volksbildung, 1949–1952 Volksbildungsminister der DDR. Ab 1946 Mitglied, ab 1953 Sekretär des ZK der SED; 1958 als Ulbricht-Gegner von diesen Ämtern abgelöst. 1958 Botschafter in Peking, 1961–1964 stellv. Außenminister.

**Warschauer Pakt** (236; 379; 425; 427; 431 ff.; 343; 435; 437; 438)
Der am 14.5. 1955 in Warschau geschlossene multilaterale „Vertrag über Freundschaft, Zusammenarbeit und gegenseitigen Beistand“ (Mitglieder: UdSSR, Polen, Ungarn, Tschechoslowakei, DDR, Rumänien, Bulgarien und – bis 1968 – Albanien) verpflichtet die kommunistischen Länder Europas zu sofortigem wechselseitigem Beistand im Fall eines militärischen Angriffs auf einen oder mehrere Unterzeichnerstaaten. Wichtigstes militärisches Organ ist das Vereinte Oberkommando der Streitkräfte mit Sitz in Moskau, das – von einem ranghohen sowjetischen Militär geleitet – wie eine Außenstelle des sowjetischen Verteidigungsministeriums erscheint. Demgemäß kann auch der Pakt nicht als Bündnis gleichberechtigter Partner angesehen werden, sondern primär als ein Instrument zur sowjetischen Kontrolle Osteuropas, zumal die Bündnispartner durch bilaterale Beistandsverträge untereinander bereits verbunden waren bzw. noch wurden.

**Wehner, Herbert** (265; 270)
(geb. 1906). Kaufmännische Lehre; dann Journalist. Seit 1927 Mitglied der KPD. 1930–1931 stellvertretender Vorsitzender der KPD-Landtagsfraktion in Sachsen. 1933–1937 politische Tätigkeit im Untergrund. Emigration in die UdSSR, wo Wehner dem Zentralkomitee der Exil-KPD und der Komintern angehörte. In dessen Auftrag ging Wehner 1941 nach Stockholm, doch wurde er verhaftet und wegen „Gefährdung der schwedischen Freiheit und Neutralität“ zu zwei Jahren Zuchthaus verurteilt (1942–1944). In diese Zeit datiert sein Bruch mit dem Kommunismus. Die KPD hatte ihn zudem im Juni 1942 ausgeschlossen. 1946 kehrte Wehner nach Deutschland zurück und schloß sich der SPD an. 1946–1949 Redakteur beim sozialdemokratischen „Hamburger Echo“, 1949–1982 Bundestagsabgeordneter. 1949–1966 Vorsitzender des Ausschusses für Gesamtdeutsche und Berliner Fragen. Nach dem Tod Schumachers gewann Wehner eine Schlüsselstellung in der SPD und hatte – 1958 bis 1973 stellvertretender Vorsitzender – maßgeblichen Anteil an der Durchsetzung, weniger der Konzipierung des Godesberger Programms (s. dort) und der Wandlung der SPD zur Volkspartei. In der Regierung der Großen Koalition (1966–1969) Bundesminister für Gesamtdeutsche Fragen. 1969–1982 Fraktionsvorsitzender.

**Weitz, Heinrich** (88)
(1890–1963). Jurist. 1920–1927 Beigeordneter der Stadt Duisburg. 1927–1933 Oberbürgermeister von Trier. 1933–1945 Rechtsanwalt in Duisburg; 1945–1947 dort Oberbürgermeister. 1947–1951 Finanzminister im Kabinett Arnold. 1952–1961 Präsident des Deutschen Roten Kreuzes.

**Wennigser Kompromiß** (34; 69)
Auf der ersten Parteikonferenz der SPD nach dem Krieg (5.–7.10. 1945 im Kloster Wennigsen bei Hannover) verabschiedete Formel, nach der sich die Zuständigkeit Schumachers auf die Westzonen und die Grotewohls auf die Ostzone erstrecken sollte. Die SPD trug damit den faktischen Verhältnissen Rechnung, beförderte jedoch zugleich die innerparteilichen Gegensätze.

**Wessel, Helene** (262)
(1898–1969). Fürsorgerin. 1928–1933 Landtagsabgeordnete für das Zentrum in Preußen. 1945–1948 stellvertretende Vorsitzende der wiedergegründeten Zentrumspartei. 1948–1949 Mitglied des Parlamentarischen Rates. 1949–1953 Bundestagsabgeordnete.

1949–1952 Vorsitzende des Zentrums. Ende 1952 gründete sie – nach Austritt aus dem Zentrum – aus Opposition gegen Adenauers Politik der einseitigen Westintegration und der Aufrüstung der Bundesrepublik zusammen mit Gustav Heinemann die Gesamtdeutsche Volkspartei (GVP). 1957 nach Auflösung der GVP Übertritt zur SPD, für die Helene Wessel bis 1969 dem Bundestag angehörte.

**Westeuropäische Union (WEU)** (235; 236; 318; 324; 425; 437)
Im Zuge des Ost-West-Konflikts im Oktober 1954 (s. Pariser Verträge) abgeschlossener, die gescheiterte EVG ersetzender und am 5.5. 1955 in Kraft getretener Beistandspakt der westeuropäischen Länder innerhalb der Nato, dem Großbritannien, Frankreich, die Benelux-Staaten, die Bundesrepublik und Italien angehören. Vorläufer war der Brüsseler Pakt vom März 1948 (gegen Deutschland und Italien gerichtet). Die WEU kennt fünf Organe: 1. Rat (Außenminister der Mitgliedstaaten, 2. Versammlung (89 Vertreter der WEU-Staaten in der Beratenden Versammlung des Europarats), 3. Generalsekretariat (in London), 4. Amt für Rüstungskontrolle in Paris (ursprünglich vor allem zur Überwachung der Beschränkungen bei der deutschen Wiederaufrüstung), 5. Ständiger Rüstungsausschuß. Für die militärischen Aufgaben der WEU ist der Nato-Oberbefehlshaber zuständig.

**Wilson, Thomas Woodrow** (158)
(1856–1924). Ab 1890 Professor für Geschichte und Volkswirtschaft, ab 1910 Gouverneur von New Jersey (Demokrat), 1913–1921 28. Präsident der USA. Versuchte innenpolitisch wichtige Reformen durchzusetzen (Einkommensteuer, Anti-Trust-Gesetzgebung). Außenpolitisch Vertreter der Politik der „Offenen Tür" (s. dort). In einer Verbindung von politischen und wirtschaftlichen Interessen 1917 Abkehr vom Neutralitätskurs und Kriegserklärung an das Deutsche Reich. Verkündung der 14-Punkte am 8.1. 1918 als demokratisches Programm eines maßvollen Friedens und einer friedlichen Neuorganisation der Welt (Völkerbund). Scheiterte – trotz mäßigendem Einfluß – in den Beratungen über den Versailler Vertrag (s. dort) schließlich an der Reaktion des Kongresses, der die moralisch betonte Einbindung der USA in die Weltpolitik ablehnte (Neo-Isolationismus).

**Winzer, Otto** (68)
(1902–1975). Schriftsetzerlehre. 1925 Beitritt zur KPD. Bis 1933 Betätigung als Redakteur in Parteiverlagen. 1933–1935 illegale politische Arbeit. Dann Emigration über die Tschechoslowakei, Frankreich und Holland in die UdSSR (ab 1939). 1945 Rückkehr mit der „Gruppe Ulbricht", beteiligt an der Neugründung der KPD. Ab 1945 Mitglied des Parteivorstandes bzw. des Zentralkomitees vom KPD bzw. SED.

**Wirtschaftsrat** (38; 39; 40; 41; 42; 43; 98; 108; 119; 134; 145; 148; 333; 348; 360)
Durch Abkommen des amerikanischen und des britischen Militärgouverneurs wurde als wichtigstes Organ des Vereinigten Wirtschaftsgebiets der Bizone, am 10.6. 1947 der Wirtschaftsrat ins Leben gerufen, eine 52 Mitglieder umfassende, aus den Länderparlamenten beschickte indirekte Volksvertretung. Durch die Bildung von Fraktionen rangierten oft vor den Länderinteressen parteipolitische Gesichtspunkte im Wirtschaftsrat, dem das Recht zur Gesetzgebung, zur Aufsicht und Kontrolle gegenüber der Verwaltung oblag. Durch eine Änderung des Statuts vom Februar 1948 wurde die Mitgliederzahl verdoppelt; die Nominierungspraxis blieb jedoch bestehen. Dem Wirtschaftsrat zur Seite stand der aus zwei Vertretern je Land konstituierte Länderrat, der als eine Art zweiter Kammer an der Gesetzgebung beteiligt war und über ein suspensives Vetorecht verfügte.

**Wurm, Theophil** (34; 56; 86)
(1868–1953). Protestantischer Theologe. Seit 1920 Dekan in Reutlingen. 1929 Kirchenpräsident und 1933–1949 Landesbischof von Württemberg. Als führendes Mitglied der Bekennenden Kirche setzte sich Wurm für die Autonomie der kirchlichen Institutionen ein, wandte sich gegen das Euthanasieprogramm und artikulierte seine Ablehnung der nationalsozialistischen Judenverfolgung in Kanzelprotesten. 1945–1949 Vorsitzender des Rates der EKD.

**Young, Owen D.** (107; 130)
(1874–1962). Amerikanischer Wirtschaftsführer. Ab 1913 Rechtsberater in der Industrie. Als Vorsitzender der Pariser Sachverständigenkonferenz zur Regelung der Reparationsfrage arbeitete er im Jahre 1929 den Young-Plan aus. 1931 wurde Young Vorsitzender der amerikanischen Bundeskommission zur Bekämpfung der Arbeitslosigkeit. Nach 1932 trat Young politisch kaum noch hervor.

**Zaisser, Wilhelm** (387; 413; 414; 415)
(1893–1958). Volksschullehrer. 1918 Mitglied der USPD, 1920 der KPD; führend in der „Roten Armee" der Ruhr 1920. 1924 Militärschule in Moskau, danach im militärischen Nachrichtendienst der UdSSR tätig, u.a. in China. 1936–1938 Teilnahme am Spanischen Bürgerkrieg, als „General Gomez" Stabschef der Internationalen Brigaden. Während des Krieges in der UdSSR Leiter einer Antifaschule zur Umerziehung deutscher Kriegsgefangener. Nach 1946 Parteichef des Landes Sachsen-Anhalt, Innenminister des Landes Sachsen und Chefinstrukteur der Volkspolizei. Ab 1950 Minister für Staatssicherheit, Mitglied des ZK und des Politbüros der SED; nach dem Juni-Aufstand 1953 zusammen mit Herrn-

stadt aller Funktionen enthoben. 1954 aus der SED ausgeschlossen.

**Zentralausschuß der SPD** (32; 34; 35; 37; 64; 67; 68; 76; 77)
Aufgrund der frühen Freigabe der politischen Parteiarbeit durch die sowjetische Besatzungsmacht war es dem Berliner „Zentralausschuß der deutschen Sozialdemokratie", zu dessen Mitgliedern Grotewohl, Fechner, Gniffke und Dahrendorf gehörten, möglich, bereits am 15.6.1945 mit einem „Aufruf zur Neuordnung der Organisation" an die Öffentlichkeit zu treten und einen uneingeschränkten Führungsanspruch anzumelden. Der Zentralausschuß stieß damit auf die konkurrierenden Ansprüche der Londoner Exil-SPD und des „Büros Dr. Schumacher" in Hannover; er mußte sich demgegenüber auf den Bereich der SBZ konzentrieren und ging dann im April 1946 im gemeinsamen Vorstand der SED auf.

**Zentralkomitee (ZK)** (32; 34; 64; 67; 68; 75; 382f.; 388; 391; 394f.; 408; 410; 412; 413; 415; 416; 420; 435)
In kommunistischen Parteien das offiziell oberste Führungsorgan zwischen den Parteitagen; entspricht organisatorisch dem Parteivorstand in anderen Parteien. Das ZK – von den Delegierten des Parteitages aus ihren Reihen gewählt – kann je nach Größe der Partei über 100 Mitglieder und Kandidaten umfassen. Die Kandidaten des ZK haben beratende Stimme. Die satzungsgemäße Aufgabe des ZK besteht darin, zwischen den Parteitagen die gesamte Tätigkeit der Partei zu leiten. In der Regel finden Plenartagungen des ZK jedoch nur in mehrmonatlichen Abständen statt. Die ZK-Mitglieder wählen aus ihrem Kreis das Politbüro und das Sekretariat des ZK als Exekutivorgane. Während dem Politbüro die politische Leitung, d.h. die Richtlinienkompetenz, zukommt, ist das Sekretariat mit der Abwicklung der laufenden Arbeit beauftragt und damit das eigentliche Vollzugsorgan. Das Sekretariat des ZK gliedert sich in Abteilungen, deren Vorsteher weisungsberechtigt sind und den Rang von Ministern einnehmen. Auf den nichtöffentlichen Plenartagungen des ZK werden vornehmlich Beschlußvorlagen von Politbüro bzw. Sekretariat behandelt und ihre Umsetzung in die Praxis erörtert.

**Zentrum** (67; 195; 234; 334; 353; 354; 355)
Die Deutsche Zentrumspartei hatte sich im Dezember 1870 – nach mehreren Ansätzen seit 1848 – als politische Interessenvertretung des deutschen Katholizismus gebildet. Obwohl als interkonfessionelle Partei angelegt, hatte sie – durch die Erfahrung des Bismarckschen Kulturkampfes verstärkt – ihr Wählerreservoir fast ausschließlich in der katholischen Bevölkerung, was dem Zentrum einen Stimmenanteil von rd. 20% sicherte. Versuche, dieses konfessionelle Ghetto aufzubrechen, scheiterten im Kaiserreich und in der Weimarer Republik („Parlament im Parlament"). Obwohl das Zentrum dem Hitlerschen Ermächtigungsgesetz zugestimmt hatte, wurde die Partei im Zuge der Etablierung des NS-Staates zur Selbstauflösung gezwungen (Juli 1933). Nach 1945 plädierte die Mehrzahl der überlebenden Zentrumsführer – unterstützt von großen Teilen des katholischen Klerus – für die Gründung einer überkonfessionellen bürgerlichen Sammlungspartei in Gestalt von CDU/CSU. Dennoch erfolgte im Oktober 1945 die Wiedergründung der Deutschen Zentrumspartei. Die leicht links-orientierte, betont konfessionelle und föderalistische Zentrumspartei, die 1949 die Zustimmung zum Grundgesetz verweigerte, kam über Anfangserfolge im regionalen Rahmen (Nordrhein-Westfalen 1947: 9,8% der Stimmen bei der Landtagswahl) nicht hinaus. 1949 mit 10 und 1953 mit 3 Mandaten vertreten, schaffte sie mit 0,3% der Stimmen 1957 den Einzug in den Bundestag nicht mehr.

**Ziller, Gerhart** (387)
(1912–1957). Elektromonteur. 1927 Mitglied des Kommunistischen Jugendverbandes, 1930 der KPD. Nach 1933 mehrmals in Haft. 1946 Abteilungsleiter in der sächsischen Landesverwaltung, 1949 Industrieminister des Landes Sachsen; 1950–1953 Minister für Maschinenbau der DDR; ab 1953 Sekretär für Wirtschaft des ZK der SED. Gehörte zur Opposition gegen Ulbricht und verübte 1957 Selbstmord.

**Zinn, Georg-August** (491)
(1901–1976). Jurist. 1920 Beitritt zur SPD. 1929 stadtverordneter in Kassel. Dort als Rechtsanwalt tätig. 1933 inhaftiert. Oktober 1945 Landgerichtsdirektor in Kassel. Bereits wenige Wochen später von amerikanischen Militärbehörden zum hessischen Justizminister ernannt. 1947 Vizepräsident des Frankfurter Wirtschaftsrats. 1948/49 Mitglied des Parlamentarischen Rates; darin Vorsitzender des Rechts- und Redaktionsausschusses. 1949 Annahme eines Bundestagsmandats. Aufgabe des Ministeramtes in Hessen. Dezember 1950 Wahl zum hessischen Ministerpräsidenten. Zinn, der dieses Amt bis Oktober 1969 – zumeist auf absolute Mehrheiten der SPD gestützt – ausübte, erwies sich in wichtigen Konflikten mit der Bundesregierung als engagierter Föderalist und als erfolgreicher Initiator reformerischer Impulse in der Landespolitik (Werbeslogan: „Hessen vorn").

**Zörgiebel, Karl Friedrich** (6)
(1878–1963). Küferlehre. 1919 SPD-Vertreter in der verfassunggebenden preußischen Landesversammlung; 1920 Reichstagsabgeordneter. 1922–1933 Polizeipräsident in Köln, Berlin (ab 1926) und Dortmund (ab 1931). Im Dritten Reich wiederholt in Haft. 1948–1953 Landespolizeipräsident in Rheinland-Pfalz.

**Zonenbeirat** (34; 39)
Bezeichnung für das in der britischen Besatzungszone aus den „Länderkonferenzen“ entwickelte, durch Anordnung der Militärregierung vom 15.2. 1946 gegründete Quasi-Parlament, dem u.a. Adenauer, Schumacher und Ollenhauer angehörten. Aus dem Zonenbeirat entstammten die politischen Kräfte, die für die deutsche Verfassung eine bundesstaatliche Lösung forderten.

**Zweistaaten-Theorie** (236; 326; 379)
Bezeichnung für die – konsequent seit Sommer 1955 – von der UdSSR vertretene und von der DDR aufgegriffene, doch den Vereinbarungen des Potsdamer Abkommens („Deutschland als Ganzes“) widerstreitende These, daß in Gestalt der Bundesrepublik und der DDR zwei selbständige deutsche Staaten entstanden seien. Der dagegen von der Bundesrepublik seit ihrer Gründung verfochtene Alleinvertretungsanspruch (s. dort) wurde im Zuge der neuen Ostpolitik Ende der 60er Jahre aufgegeben. Heute hat sich zwar – wie auch im Grundvertrag mit der DDR vom Dezember 1972 bestätigt – die Auffassung durchgesetzt, daß zwei deutsche Staaten existieren, die – auf der Basis der Gleichberechtigung – ihre Unabhängigkeit in inneren und äußeren Angelegenheiten und ihre territoriale Integrität wechselseitig respektieren wollen, jedoch wird im Unterschied zur Zweistaaten-Theorie der DDR in der Bundesrepublik vom Bestehen besonderer staats- und völkerrechtlicher Beziehungen zwischen diesen beiden Staaten ausgegangen. Das – auf einen Normenkontrollantrag der Bayerischen Staatsregierung ergangene – Urteil des Bundesverfassungsgerichts zum Grundvertrag vom Juli 1973 hat zwar die Vereinbarkeit des Vertrags mit dem Grundgesetz festgestellt, jedoch darauf hingewiesen, daß die beiden deutschen Staaten Teile des fortbestehenden Gesamtdeutschlands seien, der Grundvertrag nur eine „faktische Anerkennung der DDR besonderer Art“ enthalte und die Wiederherstellung der staatlichen Einheit – gemäß dem Wiedervereinigungsgebot in der Präambel des Grundgesetzes – für alle Organe der Bundesrepublik nach wie vor als verfassungsrechtliche Verpflichtung zu gelten habe. Die DDR hat diese Auslegung zurückgewiesen.


987654321